全国计算机技术与软件专业技术资格（水平）考试指定用书

信息系统项目管理师教程
（第3版）

谭志彬　柳纯录　主编　/　周立新　卢光明　副主编

清华大学出版社
北京

内 容 简 介

本书是全国计算机技术与软件专业技术资格（水平）考试办公室组织编写的考试指定用书，本书根据 2017 年出版的《信息系统项目管理师考试大纲（第 2 版）》编写，对信息系统项目管理师岗位所要求的主要知识及应用技术进行了阐述。

本书内容包括：信息化和信息化系统、信息系统项目管理基础、项目立项管理、项目整体管理、项目范围管理、项目进度管理、项目成本管理、项目质量管理、项目人力资源管理、项目沟通管理和干系人管理、项目风险管理、项目采购管理、项目合同管理、信息文档管理与配置管理、知识管理、项目变更管理、战略管理、组织级项目管理、流程管理、项目集管理、项目组合管理、信息系统安全管理、信息系统综合测试与管理、项目管理成熟度模型、量化的项目管理、知识产权与标准规范、管理科学基础知识、项目管理过程实践和案例分析等。

本书是信息系统项目管理师考试应试者必读教材，也可作为信息化教育的培训与辅导用书，还可作为高等院校相关专业的教学与参考用书。

图书在版编目（CIP）数据

信息系统项目管理师教程/谭志彬，柳纯录主编. —3 版. —北京：清华大学出版社，2017(2021.9重印)
（全国计算机技术与软件专业技术资格（水平）考试指定用书）
ISBN 978-7-302-48145-4

Ⅰ. ①信…　Ⅱ. ①谭…　②柳…　Ⅲ. ①信息系统-项目管理-工程师-资格考试-自学参考资料　Ⅳ. ①G202

中国版本图书馆 CIP 数据核字（2017）第 201136 号

责任编辑： 杨如林　柴文强
封面设计： 常雪影
责任校对： 徐俊伟
责任印制： 杨　艳

出版发行： 清华大学出版社
网　　址：http://www.tup.com.cn, http://www.wqbook.com
地　　址：北京清华大学学研大厦 A 座　　邮　　编：100084
社 总 机：010-62770175　　邮　　购：010-83470235
投稿与读者服务：010-62776969，c-service@tup.tsinghua.edu.cn
质量反馈：010-62772015，zhiliang@tup.tsinghua.edu.cn
印 装 者： 三河市天利华印刷装订有限公司
经　　销： 全国新华书店
开　　本： 185mm×230mm　　印　张：59　　防伪页：1　　字　数：1264 千字
版　　次： 2005 年 3 月第 1 版　　2017 年 10 月第 3 版　　印　次：2021 年 9 月第21次印刷
定　　价： 138.00 元

产品编号：075369-01

前　言

计算机技术与软件专业技术资格（水平）考试（以下简称软考）中的信息系统项目管理师岗位自2005年开考以来，截至2016年底，累计培养了近6万名高级项目管理人员，这些技术管理类的专业技术人才在信息系统建设、管理与应用、运维等方面发挥了重要作用，为保证信息系统项目建设质量和提高信息系统项目开发绩效做出了贡献。

采用现代管理理论作为计划、设计、控制的方法论，将计算机系统、数据库、网络、安全设施、应用软件等部件（或者虚拟资源）按照规划的结构和秩序，有机地整合到一个有清晰边界的信息系统中，以到达预定的系统目标，这个过程称为信息系统项目开发。综合运用相关知识、技能、工具和技术在一定的时间、成本、质量等要求下为实现预定的系统目标而进行的管理计划、设计、开发、实施、运维等方面的活动称为信息系统项目管理。实施项目管理的项目管理工程师（项目经理）和项目管理师（高级项目经理）岗位已经成为信息化建设过程中不可缺少的重要岗位，对这个岗位的人才选拔和评价是信息通信行业人才队伍建设的重要组成部分。

在信息技术的推动下，人类社会已经并正在加速进入全新发展时期，基于智能、网络和大数据的新经济业态正在形成，信息系统项目管理将面临新的行业背景和形势。而在信息化的历程中，项目管理的知识、方法和技术也有相当程度的发展。2017年，为适应当前信息技术和项目管理技术的发展现状，全国计算机技术与软件专业技术资格（水平）考试办公室广泛吸纳当前最新的研究成果，在原大纲的基础上，组织专家对信息系统项目管理师考试大纲进行了较大幅度的修改，增加了云计算、物联网、大数据、智慧城市、移动互联等方面的要求，对项目管理的知识体系重新进行了梳理，并按照项目管理过程组的要求，完善和丰富了应用技术科目的考试内容。

依据新修订的信息系统项目管理师考试大纲，工业和信息化部教育与考试中心组织专家对信息系统项目管理师教程（以下简称教程）进行了修订。修订的教程在论述项目管理知识体系时尽量做到体例一致，叙述方式及逻辑一致，专业用语一致；述及的方法、工具和技术，与实际工作开展结合紧密，可以直接在信息系统项目管理的实践中运用。我们认为，在信息领域实施项目管理，信息系统项目管理师（高级项目经理）具有丰富的行业知识对项目的成功无疑是至关重要的，因此修订教程用了较大篇幅概括了信息和信息化知识，特别是增加了关于新一代信息技术及其应用、国家信息化发展规划等方面的阐述。结合高级项目管理人才的岗位要求，教程中还增加了信息系统服务管理、信息系统规划、量化的项目管理等内容，这些行业知识、管理知识以及相关应用是广大专业技术人员在“十三五”期间开展信息系统开发项目工作时要经常面对的。与上一版教程相比，教程中用“项目集管理”的概念代替了“大型、复杂、多项目管理”的概念。同时考虑到高级人才工作经验丰富，要更注重对项目进行宏观掌控，教程中适当减少了项目管理有关概念和方法论的叙述。

另外，为了便于参加软考的专业技术人员复习应考，修订教程部分章节还提供了一些习题。

第1章信息化和信息系统、第5章项目范围管理、第13章项目合同管理、第26章知识产权与标准规范、第27章管理科学基础知识由谭志彬编写；第2章信息系统项目管理基础、第3章项目立项管理、第4章项目整体管理、第11章项目风险管理、第24章项目管理成熟度模型、第25章量化的项目管理由周立新编写；第9章项目人力资源管理、第28章项目管理过程实践和案例分析由耿洪彪编写；第15章知识管理、第19章流程管理由王勇编写；第16章项目变更管理、第17章战略管理、第18章组织级项目管理、第20章项目集管理、第21章项目组合管理、第22章信息系统安全管理由卢光明编写；第6章项目进度管理由岳彩云编写；第7章项目成本管理由职亮亮、刘鹏飞编写；第8章项目质量管理由张树玲编写；第10章项目沟通管理和干系人管理由李娜、职亮亮编写；第12章项目采购管理由乔登俭、孙佩编写；第14章信息文档管理与配置管理由刘玲、孔波编写；第23章信息系统综合测试与管理由李含欢、刘继华、李聪霞编写。

另外，曹济和温丽参与了本书部分章节的编写与审校工作，彭晓楠等参加了本书的策划以及部分章节的审校，杜刚为本书部分章节绘制了插图，谭志彬和柳纯录依据考试大纲对全书做了内容统筹、章节结构设计和统稿。清华大学出版社的柴文强和杨如林为本书的编写做了大量的组织管理工作，在此表示感谢。

由于编者水平所限，书中难免有不当之处，恳请读者不吝赐教并提出宝贵意见，相信读者的反馈将会为未来本书再次修订提供良好的帮助。

编　者

2017年6月

目　　录

第 1 章　信息化和信息系统

自 20 世纪 90 年代以来，信息技术不断创新，信息产业持续发展，信息网络广泛普及，信息化成为全球经济社会发展的显著特征，并逐步向一场全方位的社会变革演进。进入 21 世纪，信息化对经济社会发展的影响更加深刻。广泛应用、高度渗透的信息技术正孕育着新的重大突破。信息资源日益成为重要生产要素、无形资产和社会财富，被认为是与土地、能源、材料同等重要的战略资源。互联网开辟了无限广阔的信息空间，成为信息传播和知识扩散的崭新的重要载体，同时也加剧了各种文化、思想的相互交流和融合。电子政务在提高行政效率、改善政府效能、扩大民主参与等方面的作用日益显著。智慧城市的建设使城市的管理和服务更加智能和有效。信息安全的重要性与日俱增，成为各国面临的共同挑战。信息化使现代战争形态发生重大变化，是世界新军事变革的核心内容。全球数字鸿沟呈现扩大趋势，发展失衡现象日趋严重。发达国家信息化程度高，发展目标清晰，已经步入了信息化社会；越来越多的发展中国家跨越鸿沟，主动迎接信息化发展带来的新机遇，逐渐跟上信息时代的节奏，实现技术发展同步。

在信息技术的推动下，人类社会已经并正在加速进入全新发展时期，基于智能、网络和大数据的新经济业态正在形成，而“融合”是这个时期的主要特征，表现为信息技术和工业制造深度融合、人和机器的融合、信息资源和材料资源的融合，在这个形势下，世界政治、经济、产业、文化和军事发展模式的竞争新格局必将重塑。而诸如教育、医疗、公共服务、社会交往等社会生活的方方面面开始从局部智能走向全局智能，极大地改变了人们的生活方式和行为模式。

在充满前所未有的创新活力的同时，信息化正以更快地速度推进生产力的发展，围绕智能制造、云计算、网络空间、移动互联、工业互联、大数据、信息安全等领域的竞争态势和展现出的技术水平，代表着一个国家的信息能力。加快信息化的融合发展，已经成为世界各国的共同选择，信息产业已经成为了影响国家核心竞争力的战略制高点。

信息化是一场比工业化更加深刻和更加广泛的社会变革，它要求在产品或服务的生产过程中实现管理流程、组织机构、生产技能和生产工具的变革。在这场变革中，一定要造就一支规模更为宏大的人才队伍，这支队伍不但有业务专家与技术专家，还得有项目管理专业人员。这是因为，作为信息化主体的计算机信息系统工程是一项复杂的社会和技术工程，无论是内容、规模、深度和广度，还是技术、工具、业务和流程，都在不断地在发展和创新。

1.1 信息系统与信息化

信息是一种客观事物，它与材料、能源一样，都是社会的基础资源。但是，理性认识信息却只有几十年的历史。1948 年，美国科学家香农（Claude E. Shannon）在对通信理论深入研究的基础上，提出了信息的概念，创立了信息理论（人们通常将香农于 1948 年 10 月发表的论文《通信的数学理论》（*A Mathematical Theory of Communication*）作为现代信息论研究的开端）。此后，人们对信息的研究迅速增加，形成了一个新的学科——信息论。至今，信息论已发展成为一个内涵非常丰富的学科，与控制论和系统论并称为现代科学的“三论”。计算机技术和网络技术的迅速发展和普及，更加重了“三论”在现代科学技术中的地位。同时，信息论为计算机技术和网络技术的发展提供了方向上的指导，为信息化提供了较好的理论支撑。

1.1.1 信息的基本概念

香农指出，信息就是能够用来消除不确定性的东西。香农不但给出了信息的定义，还给出了信息的定量描述，并确定了信息量的单位为比特（bit）。1 比特的信息量，在变异度为 2 的最简单情况下，就是能消除非此即彼的不确定性所需要的信息量。这里的“变异度”是指事物的变化状态空间为 2，例如，大和小、高和低、快和慢等。

香农将热力学中的熵引入信息论。在热力学中，熵是系统无序程度的度量，而信息与熵正好相反，信息是系统有序程度的度量，表现为负熵，计算公式如下：

$$H(x) = -\sum P(x_i)\log_2 P(x_i)$$

式中，x_i 代表 n 个状态中的第 i 个状态，$P(x_i)$ 代表出现第 i 个状态的概率，$H(x)$ 代表用以消除系统不确定性所需的信息量，即以比特为单位的负熵。

1. 信息的特征

香农关于信息的定义揭示了信息的本质，同时，人们通过深入研究，发现信息还具有很多其他的特征，列举如下。

（1）客观性。信息是客观事物在人脑中的反映，而反映的对象则有主观和客观的区别，因此，信息可分为主观信息（例如，决策、指令和计划等）和客观信息（例如，国际形势、经济发展和一年四季等）。主观信息必然要转化成客观信息，例如，决策和计划等主观信息要转化成实际行动。因此，信息具有客观性。

（2）普遍性。物质决定精神，物质的普遍性决定了信息的普遍存在。

（3）无限性。客观世界是无限的，反映客观世界的信息自然也是无限的。无限性可分为两个层次，一是无限的事物产生无限的信息，即信息的总量是无限的；二是每个具体事物或有限个事物的集合所能产生的信息也可以是无限的。

（4）动态性。信息是随着时间的变化而变化的。

（5）相对性。不同的认识主体从同一事物中获取的信息及信息量可能是不同的。

（6）依附性。信息的依附性可以从两个方面来理解，一方面，信息是客观世界的反映，任何信息必然由客观事物所产生，不存在无源的信息；另一方面，任何信息都要依附于一定的载体而存在，需要有物质的承担者，信息不能完全脱离物质而独立存在。

（7）变换性。信息通过处理可以实现变换或转换，使其形式和内容发生变化，以适应特定的需要。

（8）传递性。信息在时间上的传递就是存储，在空间上的传递就是转移或扩散。

（9）层次性。客观世界是分层次的，反映它的信息也是分层次的。

（10）系统性。信息可以表示为一种集合，不同类别的信息可以形成不同的整体。因此，可以形成与现实世界相对应的信息系统。

（11）转化性。信息的产生不能没有物质，信息的传递不能没有能量，但有效地使用信息，可以将信息转化为物质或能量。

由于获取信息满足了人们消除不确定性的需求，因此信息具有价值，而价值的大小决定于信息的质量，这就要求信息满足一定的质量属性，包括：

（1）精确性，对事物状态描述的精准程度。

（2）完整性，对事物状态描述的全面程度，完整信息应包括所有重要事实。

（3）可靠性，指信息的来源、采集方法、传输过程是可以信任的，符合预期。

（4）及时性，指获得信息的时刻与事件发生时刻的间隔长短。昨天的天气信息不论怎样精确、完整，对指导明天的穿衣并无帮助，从这个角度出发，这个信息的价值为零。

（5）经济性，指信息获取、传输带来的成本在可以接受的范围之内。

（6）可验证性，指信息的主要质量属性可以被证实或者证伪的程度。

（7）安全性，指在信息的生命周期中，信息可以被非授权访问的可能性，可能性越低，安全性越高。

信息应用的场合不同，其侧重面也不一样。例如，对于金融信息而言，其最重要的特性是安全性；而对于市场信息而言，其最重要的特性是及时性。

2. 信息的功能

信息在人类认识世界和改造世界的过程中，与物质、能源一样，发挥着十分重要的作用。其主要功能如下。

（1）为认识世界提供依据。人们认识世界，首先要获取认识对象的有关信息，并通过对这些信息的加工获得有关知识，从而形成正确的认识。

（2）为改造世界提供指导。人们认识世界的目的是改造世界，而改造世界就必须有正确的观念作指导。这些观念包括活动的计划、环境分析、结果的预测和发展变化的对策等，这些都离不开信息的指导。

（3）为有序的建立提供保证。人们所有活动的目的都是使得客观世界变得更加有序。

这种有序至少要包括两种情况，一是使得本来有序的客观世界得到改善，变得更加有序；二是打破原来的有序，建立一种新的有序。无论哪种情况，都需要有信息的保证。

（4）为资源开发提供条件。人类社会的生存和发展要建立在资源之上，所有这些资源可分为两类，即有形资源和无形资源。有形资源包括物质和能量，物质供给材料、能量供给动力，是人类发展的基础；无形资源主要是信息资源，信息供给智力，是人类发展的精神力量。无论是开发有形资源还是无形资源，都需要信息。

（5）为知识生产提供材料。生产是人类生存和发展的基础和前提，既包括物质产品的生产，也包括精神产品的生产，其中知识的生产是精神产品生产的主要内容，而信息则为知识的生产提供材料。

3．信息的传输模型

信息是有价值的一种客观存在。信息技术主要为解决信息的采集、加工、存储、传输、处理、计算、转换、表现等问题而不断繁荣发展。信息只有流动起来，才能体现其价值，因此信息的传输技术（通常指通信、网络等）是信息技术的核心。信息的传输模型，如图1-1所示。

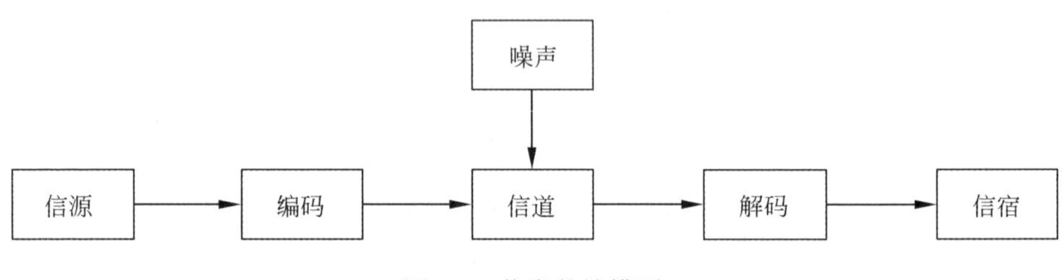

图1-1 信息传输模型

- 信源：产生信息的实体，信息产生后，由这个实体向外传播。如QQ使用者，他通过键盘录入的文字（如：你好！）是需要传播的信息。
- 信宿：信息的归宿或接收者，如使用QQ的另一方（当然这一方也是信源），他通过计算机屏幕接收QQ使用者发送的文字（如：你好！）。
- 信道：传送信息的通道，如TCP/IP网络。信道可以从逻辑上理解为抽象信道，也可以是具有物理意义的实际传送通道。TCP/IP网络是一个逻辑上的概念，这个网络的物理通道可以是光纤、铜轴电缆、双绞线，也可以是4G网络，甚至是卫星或者微波。
- 编码器：在信息论中是泛指所有变换信号的设备，实际上就是终端机的发送部分。它包括从信源到信道的所有设备，如量化器、压缩编码器、调制器等，使信源输出的信号转换成适于信道传送的信号。在QQ应用中，键盘敲击会使键盘由不确定状态转换为某种确定状态，此时信息产生了，通过一系列的信号采集、加工、转换、编码，信息最终被封装为TCP/IP包，推入TCP/IP网络，开始传播之旅。

从信息安全的角度出发，编码器还可以包括加密设备，加密设备利用密码学的知识，对编码信息进行加密再编码。

- 译码器：译码器是编码器的逆变换设备，把信道上送来的信号（原始信息与噪声的叠加）转换成信宿能接受的信号，可包括解调器、译码器、数模转换器等。在上述 QQ 应用中，TCP/IP 包被解析，信息将显示在信宿的电脑屏幕上，发送者传送信息的不确定性消除了。
- 噪声：噪声可以理解为干扰，干扰可以来自于信息系统分层结构的任何一层，当噪声携带的信息大到一定程度的时候，在信道中传输的信息可以被噪声掩盖导致传输失败。

当信源和信宿已给定、信道也已选定后，决定信息系统性能就在于编码器和译码器。设计一个信息系统时，除了选择信道和设计其附属设施外，主要工作也就是设计编、译码器。一般情况下，信息系统的主要性能指标是它的有效性和可靠性。有效性就是在系统中传送尽可能多的信息；而可靠性是要求信宿收到的信息尽可能地与信源发出的信息一致，或者说失真尽可能小。为了提高可靠性，在信息编码时，可以增加冗余编码，犹如“重要的话说三遍”，恰当的冗余编码可以在信息受到噪声侵扰时被恢复，而过量的冗余编码将降低信道的有效性和信息传输速率。

概括起来，信息系统的基本规律应包括信息的度量、信源特性和信源编码、信道特性和信道编码、检测理论、估计理论以及密码学。

1.1.2　信息系统的基本概念

系统是由相互联系、相互依赖、相互作用的事物或过程组成的具有整体功能和综合行为的统一体。在日常生活中，经常使用“系统”的概念，例如，经济领域中的商业系统和金融系统，自然界中的水利系统和生态系统等。从数学角度来看，系统是一个集合，是由许多相互作用、相互依存的事物（集合元素），为了达到某个目标组成的集合。研究系统的一般理论和方法，称为系统论。系统是系统论的主要研究对象，而要研究系统，首先应该认识系统的特性。

1. 系统的特性

系统的总体特性是系统整体上的属性，系统的这些特性通常是很难提前预测的，只有当所有子系统和元素被整合形成完全的系统之后才能表现出来。

（1）目的性。定义一个系统、组成一个系统或者抽象出一个系统，都有明确的目标或者目的，目的性决定了系统的功能。

（2）整体性。系统是一个整体，元素是为了达到一定的目的，按照一定的原则，有序地排列起来组成系统，从而产生出系统的特定功能。

（3）层次性。系统是由多个元素组成的，系统和元素是相对的概念。元素是相对于它所处的系统而言的，系统是从它包含元素的角度来看的，如果研究问题的角度变一变，系统就成为更高一级系统的元素，也称为子系统。

（4）稳定性。系统的稳定性是指：受规则的约束，系统的内部结构和秩序应是可以预见的；系统的状态以及演化路径有限并能被预测；系统的功能发生作用导致的后果也是可以预估的。稳定性强的系统使得系统在受到外部作用的同时，内部结构和秩序仍然能够保持。

（5）突变性。突变性是指系统通过失稳，从一种状态进入另一种状态的一种剧烈变化过程，它是系统质变的一种基本形式。

（6）自组织性。开放系统在系统内外因素的作用下，自发组织起来，使系统从无序到有序，从低级有序到高级有序。

（7）相似性。系统具有同构和同态的性质，体现在系统结构、存在方式和演化过程具有共同性。系统具有相似性，根本原因在于世界的物质统一性。

（8）相关性。元素是可分的和相互联系的，组成系统的元素必须有明确的边界，可以与别的元素区分开来。另外，元素之间是相互联系的，不是哲学上所说的那种普遍联系，而是实实在在的、具体的联系。

（9）环境适应性。系统总处在一定环境中，与环境发生相互作用。系统和环境之间总是在发生着一定的物质和能量交换。

对于信息系统而言，以下特性会表现得比较突出，项目管理人员对此要有正确认识。

（1）开放性。系统的开放性是指系统的可访问性。这个特性决定了系统可以被外部环境识别，外部环境或者其他系统可以按照预定的方法，使用系统的功能或者影响系统的行为。系统的开放性体现在系统有可以清晰描述并被准确识别、理解的所谓接口层面上。

（2）脆弱性。这个特性与系统的稳定性相对应，即系统可能存在着丧失结构、功能、秩序的特性，这个特性往往是隐藏不易被外界感知的。脆弱性差的系统，一旦被侵入，整体性会被破坏，甚至面临崩溃，系统瓦解。

（3）健壮性。当系统面临干扰、输入错误、入侵等因素时，系统可能会出现非预期的状态而丧失原有功能、出现错误甚至表现出破坏功能。系统具有的能够抵御出现非预期状态的特性称为健壮性，也称鲁棒性（robustness）。要求具有高可用性的信息系统，会采取冗余技术、容错技术、身份识别技术、可靠性技术等来抵御系统出现非预期的状态，保持系统的稳定性。

2. 信息系统

简单地说，信息系统就是输入数据，通过加工处理，产生信息的系统。面向管理和支持生产是信息系统的显著特点，以计算机为基础的信息系统可以定义为：结合管理理论和方法，应用信息技术解决管理问题，提高生产效率，为生产或信息化过程以及管理和决策提供支撑的系统。管理模型、信息处理模型和系统实现条件三者的结合，产生信息系统，其抽象模型，如图 1-2 所示。

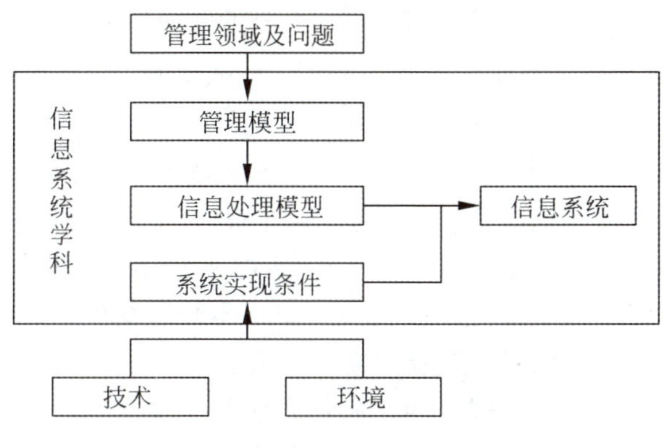

图 1-2　信息系统

管理模型是指系统服务对象领域的专门知识，以及分析和处理该领域问题的模型，也称为对象的处理模型；信息处理模型指系统处理信息的结构和方法。管理模型中的理论和分析方法，在信息处理模型中转化为信息获取、存储、传输、加工和使用的规则；系统实现条件指可供应用的计算机技术和通信技术、从事对象领域工作的人员，以及对这些资源的控制与融合。

信息系统可以是手工的，也可以是计算机化的，本书中讨论的信息系统是计算机化的信息系统。信息系统的组成部件包括硬件、软件、数据库、网络、存储设备、感知设备、外设、人员以及把数据处理成信息的规程等。

从用途类型来划分，信息系统一般包括电子商务系统、事务处理系统、管理信息系统、生产制造系统、电子政务系统、决策支持系统等。

采用现代管理理论（例如，软件工程、项目管理等）作为计划、设计、控制的方法论，将硬件、软件、数据库、网络等部件按照规划的结构和秩序，有机地整合到一个有清晰边界的信息系统中，以到达既定系统的目标，这个过程称为信息系统集成。

1.1.3　信息化的基本概念

所谓信息化在不同的语境中有不同的含义。用作名词，通常指现代信息技术应用，特别是促成应用对象或领域（比如政府、企业或社会）发生转变的过程。例如，“企业信息化”不仅指在企业中应用信息技术，更重要的是通过深入应用信息技术，促成企业的业务模式、组织架构乃至经营战略发生革新或转变。“信息化”用作形容词时，常指对象或领域因信息技术的深入应用所达成的新形态或状态。例如，“信息化社会”指信息技术应用到一定程度后达成的社会形态，它包含许多只有在充分应用现代信息技术才能达成的新特征。

信息化是推动经济社会发展转型的一个历史性过程。在这个过程中，综合利用各种信息技术，改造、支撑人类的各项政治、经济、社会活动，并把贯穿于这些活动中的各种数据有效、可靠地进行管理，经过符合业务需求的数据处理，形成信息资源，通过信息资源的整合、融合，促进信息交流和知识共享，形成新的经济形态，提高经济增长质量。

信息化从“小”到“大”分为以下五个层次：

（1）产品信息化。产品信息化是信息化的基础，有两个含义。一是指传统产品中越来越多地融合了计算机化（智能化）器件，使产品具有处理信息的能力，如智能电视、智能灯具等；另一个含义是产品携带了更多的信息，这些信息是数字化的，便于被计算机设备识别读取或被信息系统管理，如集成了车载电脑系统的小轿车。

（2）企业信息化。企业信息化是指企业在产品的设计、开发、生产、管理、经营等多个环节中广泛利用信息技术，辅助生产制造，优化工作流程，管理客户关系，建设企业信息管理系统，培养信息化人才并建设完善信息化管理制度的过程。企业信息化是国民经济信息化的基础，涉及生产制造系统、ERP、CRM、SCM等。

（3）产业信息化。指农业、工业、交通运输业、生产制造业、服务业等传统产业广泛利用信息技术来完成工艺、产品的信息化，进一步提高生产力水平；建立各种类型的数据库和网络，大力开发和利用信息资源，实现产业内各种资源、要素的优化与重组，从而实现产业的升级。

（4）国民经济信息化。指在经济大系统内实现统一的信息大流动，使金融、贸易、投资、计划、通关、营销等组成一个信息大系统，使生产、流通、分配、消费等经济的四个环节通过信息进一步联成一个整体。

（5）社会生活信息化。指包括商务、教育、政务、公共服务、交通、日常生活等在内的整个社会体系采用先进的信息技术，融合各种信息网络，大力开发有关人们日常生活的信息服务，丰富人们的物质、精神生活，拓展人们的活动时空，提升人们生活、工作的质量。目前正在兴起的智慧城市（详见1.7.6节）、互联网金融等是社会生活信息化的体现和重要发展方向。

信息化的核心是要通过全体社会成员的共同努力，在经济和社会各个领域充分应用基于现代信息技术的先进社会生产工具（表现为各种信息系统或软硬件产品），创建信息时代社会生产力，并推动生产关系和上层建筑的改革（表现为法律、法规、制度、规范、标准、组织结构等），使国家的综合实力、社会的文明素质和人民的生活质量全面提升。

信息化的基本内涵启示我们：信息化的主体是全体社会成员，包括政府、企业、事业、团体和个人；它的时域是一个长期的过程；它的空域是政治、经济、文化、军事和社会的一切领域；它的手段是基于现代信息技术的先进社会生产工具；它的途径是创建信息时代的社会生产力，推动社会生产关系及社会上层建筑的改革；它的目标是使国家的综合实力、社会的文明素质和人民的生活质量全面提升。

我国大规模开展信息化工作已经20多年，信息系统已成为保障国家安全、支撑政府行政职能、维护社会和谐稳定、促进民生经济发展等各大战略层面的重要支柱。二十多年来，我国陆续建成了以“两网、一站、四库、十二金”工程为代表的国家级信息系统，形成了以信息系统为核心支撑的国家信息化运行体系。“十二五”期间，“智慧城市”作为新兴的国家级战略规划，其建设成效又将直接影响我国各大城市在国际社会的竞争力和影响力。

- “两网”，是指政务内网和政务外网。
- “一站”，是指政府门户网站。
- “四库”，即建立人口、法人单位、空间地理和自然资源、宏观经济等四个基础数据库。
- “十二金”，以“金”字冠名的 12 个重点业务系统。分为三类，第一类是对加强监管、提高效率和推进公共服务起到核心作用的办公业务资源系统、宏观经济管理系统建设（金宏）；第二类是增强政府收入能力、保证公共支出合理性的金税、金关、金财、金融监管（含金卡）、金审 5 个业务系统建设；第三类是保障社会秩序、为国民经济和社会发展打下坚实基础的金盾、金保、金农、金水、金质 5 个业务系统建设。

在国家信息化的过程中，出台了一些规范、指导信息系统建设的通用体系模型，其中，1997 年由国务院信息化工作领导小组发布的《国家信息化“九五”规划和 2010 年远景目标纲要》中提出的国家信息化体系对我国信息化建设具有深远影响。

国家信息化体系包括信息技术应用、信息资源、信息网络、信息技术和产业、信息化人才、信息化政策法规和标准规范 6 个要素，这 6 个要素按照如图 1-3 所示的关系构成了一个有机的整体。

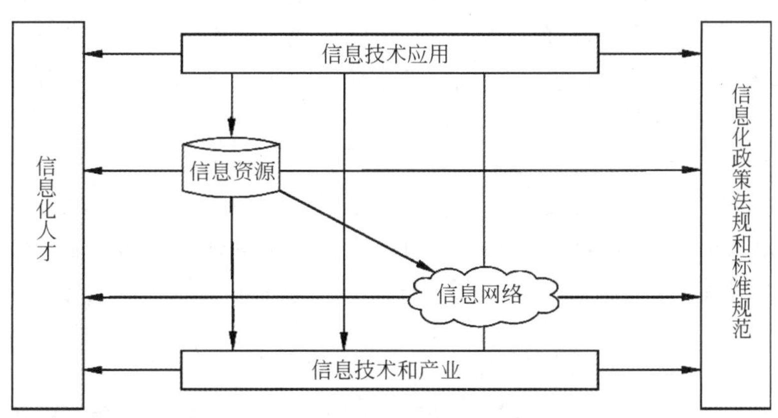

图 1-3　国家信息化体系六要素关系图

（1）信息资源。信息资源的开发和利用是国家信息化的核心任务，是国家信息化建设取得实效的关键，也是我国信息化的薄弱环节。信息资源开发和利用的程度是衡量国家信息化水平的一个重要标志。

（2）信息网络。信息网络是信息资源开发和利用的基础设施，包括电信网、广播电视网和计算机网络。这三种网络有各自的形成过程、服务对象和发展模式，它们的功能有所交叉，又互为补充。信息网络在国家信息化的过程中将逐步实现三网融合，并最终做到三网合一。

（3）信息技术应用。信息技术应用是指把信息技术广泛应用于经济和社会各个领域，它直接反映了效率、效果和效益。信息技术应用是信息化体系六要素中的龙头，是国家信息化建设的主阵地，集中体现了国家信息化建设的需求和效益。

（4）信息技术和产业。信息产业是信息化的物质基础，包括微电子、计算机、电信等产品和技术的开发、生产、销售，以及软件、信息系统开发和电子商务等。从根本上来说，国家信息化只有在产品和技术方面拥有雄厚的自主知识产权，才能提高综合国力。

（5）信息化人才。人才是信息化的成功之本，而合理的人才结构更是信息化人才的核心和关键。合理的信息化人才结构要求不仅要有各个层次的信息化技术人才，还要有精干的信息化管理人才、营销人才，法律、法规和情报人才。

（6）信息化政策法规和标准规范。信息化政策和法规、标准、规范用于规范和协调信息化体系各要素之间的关系，是国家信息化快速、有序、健康和持续发展的保障。

1.1.4 信息系统生命周期

信息系统是面向现实世界人类生产、生活中的具体应用的，是为了提高人类活动的质量、效率而存在的。信息系统的目的、性能、内部结构和秩序、外部接口、部件组成等由人来规划，它的产生、建设、运行、完善构成一个循环的过程，这个过程遵循一定的规律。另外，信息系统建设周期长、投资大、风险大，比一般技术工程有更大的难度和复杂性，其在使用过程中，随着其生存环境的变化，要不断维护、修改，当它不再适应的时候就要被淘汰，就要由新系统代替老系统。为了工程化的需要，有必要把这些个过程划分为一些具有典型特点的阶段，每个阶段有不同的目标、工作方法，阶段中的任务也由不同类型的人员来负责。这个过程称为信息系统的生命周期。

软件在信息系统中属于较复杂的部件，可以借用软件的生命周期来表示信息系统的生命周期，软件的生命周期通常包括：可行性分析与项目开发计划、需求分析、概要设计、详细设计、编码、测试、维护等阶段。信息系统的生命周期可以简化为系统规划（可行性分析与项目开发计划）、系统分析（需求分析）、系统设计（概要设计、详细设计）、系统实施（编码、测试）、运行维护等阶段。

另外，为了便于论述针对信息系统的项目管理，信息系统的生命周期还可以简化为立项（系统规划）、开发（系统分析、系统设计、系统实施）、运维及消亡四个阶段，在开发阶段不仅包括系统分析、系统设计、系统实施，还包括系统验收等工作。如果从项目管理的角度来看，项目的生命周期又划分为启动、计划、执行和收尾4个典型的阶段。

5阶段的生命周期，如图1-4所示。

1. 系统规划阶段

系统规划阶段的任务是对组织的环境、目标及现行系统的状况进行初步调查，根据组织目标和发展战略，确定信息系统的发展战略，对建设新系统的需求做出分析和预测，同时考虑建设新系统所受的各种约束，研究建设新系统的必要性和可能性。根据需要与可能，给出拟建系统的备选方案。对这些方案进行可行性研究，写出可行性研究报告。可行性研究报告审议通过后，将新系统建设方案及实施计划编写成系统设计任务书。

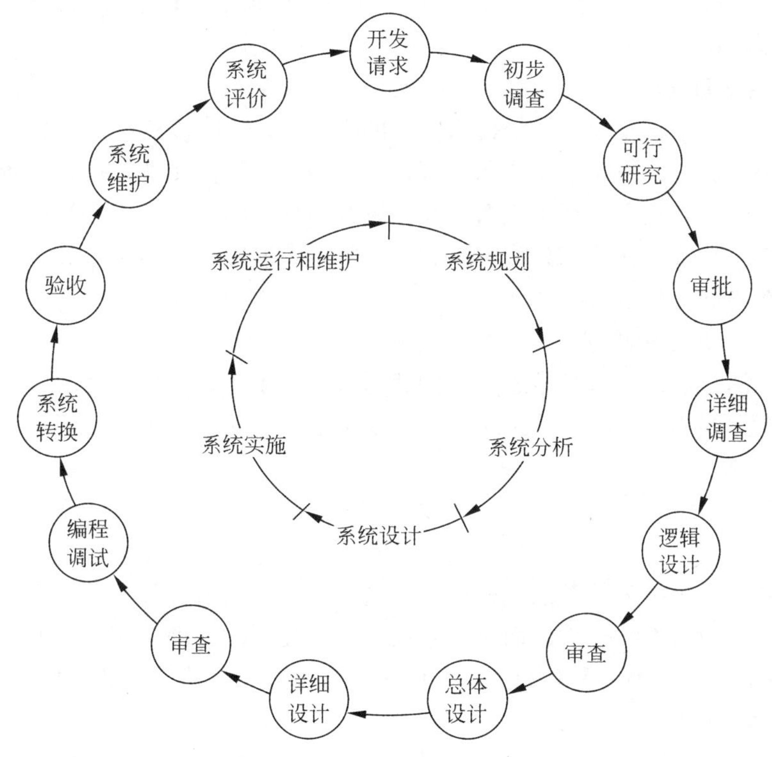

图 1-4　信息系统的生命周期

2. 系统分析阶段

系统分析阶段的任务是根据系统设计任务书所确定的范围，对现行系统进行详细调查，描述现行系统的业务流程，指出现行系统的局限性和不足之处，确定新系统的基本目标和逻辑功能要求，即提出新系统的逻辑模型。

系统分析阶段又称为逻辑设计阶段。这个阶段是整个系统建设的关键阶段，也是信息系统建设与一般工程项目的重要区别所在。系统分析阶段的工作成果体现在系统说明书中，这是系统建设的必备文件。它既是给用户看的，也是下一个阶段的工作依据。因此，系统说明书既要通俗，又要准确。用户通过系统说明书可以了解未来系统的功能，判断是不是所要求的系统。系统说明书一旦讨论通过，就是系统设计的依据，也是将来验收系统的依据。

3. 系统设计阶段

简单地说，系统分析阶段的任务是回答系统“做什么”的问题，而系统设计阶段要回答的问题是“怎么做”。该阶段的任务是根据系统说明书中规定的功能要求，考虑实际条件，具体设计实现逻辑模型的技术方案，也就是设计新系统的物理模型。这个阶段又称为物理设计阶段，可分为总体设计（概要设计）和详细设计两个子阶段。这个阶段的技术文档是系统设计说明书。

4. 系统实施阶段

系统实施阶段是将设计的系统付诸实施的阶段。这一阶段的任务包括计算机等设备的购置、安装和调试、程序的编写和调试、人员培训、数据文件转换、系统调试与转换等。这个阶段的特点是几个互相联系、互相制约的任务同时展开，必须精心安排、合理组织。系统实施是按实施计划分阶段完成的，每个阶段应写出实施进展报告。系统测试之后写出系统测试分析报告。

5. 系统运行和维护阶段

系统投入运行后，需要经常进行维护和评价，记录系统运行的情况，根据一定的规则对系统进行必要的修改，评价系统的工作质量和经济效益。

1.2 信息系统开发方法

信息系统是一个极为复杂的人机交互系统，它不仅包含计算机技术、通信技术和网络计划，以及其他的工程技术，而且，它还是一个复杂的管理系统，需要管理理论和方法的支持。因此，与其他工程项目相比，信息系统工程项目的开发和管理显得更加复杂，所面临的风险也更大。

同时，由于我国开展信息化工作的时间并不长，用户基础比较薄弱，发达地区和边远地区还存在一些差别，市场变化很大。那么，如何选择一个合适的开发方法，以保证在多变的市场环境下，在既定的预算和时间要求范围内，开发出让用户满意的信息系统，这是项目经理所必须要面临的问题。

信息系统的开发需要大量的人力、物力、财力和时间的投入。在系统开发时，为了更好地控制时间、质量、成本，并使用户满意，除了技术、管理等因素外，系统开发方法也起着很重要的作用。

常用的开发方法包括结构化方法、面向对象方法、原型化方法、面向服务的方法等。

1.2.1 结构化方法

结构是指系统内各个组成要素之间的相互联系、相互作用的框架。结构化方法也称为生命周期法，是一种传统的信息系统开发方法，由结构化分析（Structured Analysis，SA）、结构化设计（Structured Design，SD）和结构化程序设计（Structured Programming，

SP）三部分有机组合而成，其精髓是自顶向下、逐步求精和模块化设计。

结构化方法假定待开发的系统是一个结构化的系统，其基本思想是将系统的生命周期划分为系统规划、系统分析、系统设计、系统实施、系统维护等阶段。这种方法遵循系统工程原理，按照事先设计好的程序和步骤，使用一定的开发工具，完成规定的文档，在结构化和模块化的基础上进行信息系统的开发工作。结构化方法的开发过程一般是先把系统功能视为一个大的模块，再根据系统分析与设计的要求对其进行进一步的模块分解或组合。

总结起来，结构化方法的主要特点列举如下：

（1）开发目标清晰化。结构化方法的系统开发遵循“用户第一”的原则，开发中要保持与用户的沟通，取得与用户的共识，这使得信息系统的开发建立在可靠的基础之上。在开发过程中，开发人员应该始终与用户保持联系，从调查研究入手，充分理解用户的需求和业务活动，不断地让用户了解工作的进展情况，校准工作方向。

（2）开发工作阶段化。结构化方法每个阶段的工作内容明确，注重对开发过程的控制。每个阶段工作完成后，要根据阶段工作目标和要求进行审查，这使各阶段工作有条不紊地进行，便于项目管理与控制。

（3）开发文档规范化。结构化方法每个阶段工作完成后，要按照要求完成相应的文档，以保证各个工作阶段的衔接与系统维护工作的便利。

（4）设计方法结构化。在系统分析与设计时，从整体和全局考虑，自顶向下地分解；在系统实现时，根据设计的要求，先编写各个具体的功能模块，然后自底向上逐步实现整个系统。

结构化方法是目前最成熟、应用较广泛的一种工程化方法，它特别适合于数据处理领域的问题，但不适应于规模较大、比较复杂的系统开发，这是因为结构化方法具有以下不足和局限性：

（1）开发周期长。采用结构化方法进行系统开发，按照顺序历经各个阶段，直到系统实施阶段结束后，用户才能使用系统。业界将这种现象形象地比喻为“只闻其声，不见其人”。这样，一方面使用户在较长的时间内不能得到（甚至无法感觉到）一个可实际运行的物理系统；另一方面，由于开发周期长，系统的环境（例如，市场环境、业务结构等）必定会有变化，这就使得最后开发出来的系统在投入使用之前就已经面临淘汰，这种系统难以适应环境变化。

（2）难以适应需求变化。在信息系统集成项目中，用户需求的变化是不可避免的，然而，结构化方法要求分析师在系统分析阶段充分掌握和理解用户需求。否则，如果在系统分析阶段需求不明确，或者需求经常变更，就会导致后续的开发过程返工甚至无法进行。这是很多信息系统集成项目失败的主要原因之一，因为分析师不一定是用户业务领域的行业专家，可能与用户“隔行如隔山”，交流起来比较困难，想一次性就准确描述用户的需求的企图注定是个幻想。

（3）很少考虑数据结构。结构化方法是一种面向数据流的开发方法，比较注重系统功能的分解与抽象，兼顾数据结构方面不多。尽管结构化方法也包括数据建模和数据库设计，但它仍是以模块为系统开发的核心环节，而且，从 SA 阶段的数据流图到 SD 阶段的模块结构图的转变也比较困难。

以上问题在实际应用中有的已经解决，同时也产生了其他一些方法，例如，原型法、面向对象方法等。

1.2.2 面向对象方法

面向对象（Object-Oriented，OO）方法认为，客观世界是由各种对象组成的，任何事物都是对象，每一个对象都有自己的运动规律和内部状态，都属于某个对象类，是该对象类的一个元素。复杂的对象可由相对简单的各种对象以某种方式而构成，不同对象的组合及相互作用就构成了系统。

OO 方法是当前的主流开发方法，拥有很多不同的分支体系，主要包括 OMT（Object Model Technology，对象建模技术）方法、Coad/Yourdon 方法、OOSE（Object-Oriented Software Engineering，面向对象的软件工程）方法和 Booch 方法等，而 OMT、OOSE 和 Booch 已经统一成为 UML（United Model Language，统一建模语言）。

使用 OO 方法构造的系统具有更好的复用性，其关键在于建立一个全面、合理、统一的模型（用例模型与分析模型）。与结构化方法类似，OO 方法也划分阶段，但其中的系统分析、系统设计和系统实现三个阶段之间已经没有“缝隙”。也就是说，这三个阶段的界限变得不明确，某项工作既可以在前一个阶段完成，也可以在后一个阶段完成；前一个阶段工作做得不够细，在后一个阶段可以补充。

OO 方法使系统的描述及信息模型的表示与客观实体相对应，符合人们的思维习惯，有利于系统开发过程中用户与开发人员的交流和沟通，缩短开发周期。OO 方法可以普遍适用于各类信息系统的开发，但是，OO 方法也存在明显的不足。例如，必须依靠一定的 OO 技术支持，在大型项目的开发上具有一定的局限性，不能涉足系统分析以前的开发环节。

当前，一些大型信息系统的开发，通常是将结构化方法和 OO 方法结合起来。首先，使用结构化方法进行自顶向下的整体划分；然后，自底向上地采用 OO 方法进行开发。因此，结构化方法和 OO 方法仍是两种在系统开发领域中相互依存的、不可替代的方法。

1.2.3 原型化方法

结构化方法和面向对象方法有一个共同点，即在系统开发初期必须明确系统的功能要求，确定系统边界。从工程学角度来看，这是十分自然的：解决问题之前必须明确要解决的问题是什么。然而，对于信息系统建设而言，明确问题本身不是一件轻松的事情。

原型化方法也称为快速原型法，或者简称为原型法。它是一种根据用户初步需求，利用系统开发工具，快速地建立一个系统模型展示给用户，在此基础上与用户交流，最终实现用户需求的信息系统快速开发的方法。

1. 原型的概念和分类

通常，原型是指模拟某种产品的原始模型。在系统开发中，原型是系统的一个早期可运行的版本，它反映最终系统的部分重要特性。如果在获得一组基本需求说明后，通过快速分析构造出一个小型的系统，满足用户的基本要求，使得用户可在试用原型系统的过程中得到亲身感受和受到启发，做出反应和评价，然后开发者根据用户的意见对原型加以改进。随着不断试验、纠错、使用、评价和修改，获得新的原型版本，如此周而复始，逐步减少分析和通信中的误解，弥补不足之处，进一步确定各种需求细节，适应需求的变更，从而提高了最终产品的质量。

从原型是否实现功能来分，可分为水平原型和垂直原型两种。水平原型也称为行为原型，用来探索预期系统的一些特定行为，并达到细化需求的目的。水平原型通常只是功能的导航，但并未真实实现功能。水平原型主要用在界面上；垂直原型也称为结构化原型，实现了一部分功能。垂直原型主要用在复杂的算法实现上。

从原型的最终结果来分，可分为抛弃式原型和演化式原型。抛弃式原型也称为探索式原型，是指达到预期目的后，原型本身被抛弃。抛弃式原型主要用在解决需求不确定性、二义性、不完整性、含糊性等；演化式原型为开发增量式产品提供基础，逐步将原型演化成最终系统。主要用在必须易于升级和优化的场合，特别适用于 Web 项目。

2. 原型法的开发过程

原型法的开发过程如图 1-5 所示。

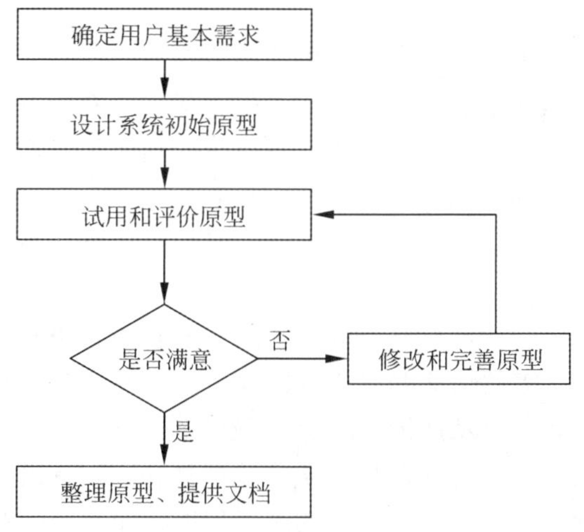

图 1-5　原型法的开发过程

- 确定用户基本需求。在需求分析师和用户的紧密配合下，快速确定系统的基本需求。这些需求可能是不完全的、粗略的，但却是最基本的、易于描述和定义的。这个阶段一般不产生对外的正式文档，但对于大型系统而言，应该形成一个初步需求文档。

- 设计系统初始原型。在快速分析的基础上，根据基本需求，尽快实现一个可运行的系统。构造原型时要注意两个基本原则，即集成原则（尽可能用现有系统和模型来构成，这需要相应的原型工具）和最小系统原则（耗资一般不超过总投资的 10%）。
- 试用和评价原型。用户在开发人员的协助下试用原型，根据实际运行情况，评价系统的优点和不足，指出存在的问题，进一步明确用户需求，提出修改意见。
- 修改和完善原型。根据修改意见和新的需求进行修改。如果用修改原型的过程代替快速分析，就形成了原型开发的迭代过程。开发人员和用户在一次次的迭代过程中不断将原型完善，以接近系统的最终要求。
- 整理原型、提供文档。如果经过修改或改进的原型，得到参与者一致认可，则原型开发的迭代过程可以结束。

根据以上介绍可知，利用原型法可为系统开发提供一种完整的、灵活的、近似动态的需求规格说明方法。

3. 原型法的特点

从原型法的开发过程可以看出，原型法从原理到流程都是十分简单的，并无任何高深的理论和技术，所以得到了广泛应用。原型法的特点主要体现在以下几个方面。

- 原型法可以使系统开发的周期缩短、成本和风险降低、速度加快，获得较高的综合开发效益。
- 原型法是以用户为中心来开发系统的，用户参与的程度大大提高，开发的系统符合用户的需求，因而增加了用户的满意度，提高了系统开发的成功率。
- 由于用户参与了系统开发的全过程，对系统的功能和结构容易理解和接受，有利于系统的移交，有利于系统的运行与维护。

但是，作为一种开发方法，原型法也不是万能的，它也有不足之处，主要体现在以下两个方面。

- 开发的环境要求高，例如，开发人员和用户的素质、系统开发工具、软硬件设备等，特别是原型法需要快速开发工具的支持，开发工具的水平是原型法能否顺利实施的第一要素。原型法成败的关键及效率的高低，在于原型构建的速度。
- 管理水平要求高。系统的开发缺乏统一的规划和开发标准，难以对系统的开发过程进行控制。例如，如何确定用户的满意程度，如何控制对系统原型的修改次数等，都是较难协调的问题。

由以上的分析可以看出，原型法的优点主要在于能更有效地确认用户需求。从直观上来看，原型法适用于那些需求不明确的系统开发。事实上，对于分析层面难度大、技术层面难度不大的系统，适合于原型法开发；而对于技术层面的困难远大于其分析层面的系统，则不宜用原型法。

从严格意义上来说，目前的原型法不是一种独立的系统开发方法，而只是一种开发思想，它只支持在系统开发早期阶段快速生成系统的原型，没有规定在原型构建过程中必须使用哪种方法。因此，它不是完整意义上的方法论体系。这就注定了原型法必须与其他信息系统开发方法结合使用，用原型法进行需求获取和分析，以经过修改、确定的原型系统作为系统开发的依据，在此基础上完善用户需求规格说明书。

1.2.4　面向服务的方法

OO 的应用构建在类和对象之上，随后发展起来的建模技术将相关对象按照业务功能进行分组，就形成了构件（Component）的概念。对于跨构件的功能调用，则采用接口的形式暴露出来。进一步将接口的定义与实现进行解耦，则催生了服务和面向服务（Service-Oriented，SO）的开发方法。

从应用的角度来看，组织内部、组织之间各种应用系统的互相通信和互操作性直接影响着组织对信息的掌握程度和处理速度。如何使信息系统快速响应需求与环境变化，提高系统可复用性、信息资源共享和系统之间的互操作性，成为影响信息化建设效率的关键问题，而 SO 的思维方式恰好满足了这种需求。

目前，SO 方法是一个较新的领域，许多研究和实践还有待进一步深入。但是，它代表着不拘泥于具体技术实现方式的一种新的系统开发思想，已经成为信息系统建设的大趋势，越来越多的组织开始实施 SO 的信息系统。

1.3　常规信息系统集成技术

系统集成是指将计算机软件、硬件、网络通信等技术和产品集成为能够满足用户特定需求的信息系统，包括总体策划、设计开发、实施、服务及保障。本节将从这些方面所涉及的技术主题展开论述。

1.3.1　网络标准与网络协议

网络协议是为计算机网络中进行数据交换而建立的规则、标准或约定的集合。网络协议由三个要素组成，分别是语义、语法和时序。语义是解释控制信息每个部分的含义，它规定了需要发出何种控制信息，以及完成的动作与做出什么样的响应；语法是用户数据与控制信息的结构与格式，以及数据出现的顺序；时序是对事件发生顺序的详细说明。人们形象地将这三个要素描述为：语义表示要做什么，语法表示要怎么做，时序表示做的顺序。

1．OSI 协议

国际标准化组织（ISO）和国际电报电话咨询委员会（CCITT）联合制定的开放系统互连参考模型（Open System Interconnect，OSI），其目的是为异种计算机互连提供一个共同的基础和标准框架，并为保持相关标准的一致性和兼容性提供共同的参考。OSI采用了分层的结构化技术，从下到上共分七层：

（1）物理层：该层包括物理连网媒介，如电缆连线连接器。该层的协议产生并检测电压以便发送和接收携带数据的信号。具体标准有 RS232、V.35、RJ-45、FDDI。

（2）数据链路层：它控制网络层与物理层之间的通信。它的主要功能是将从网络层接收到的数据分割成特定的可被物理层传输的帧。常见的协议有 IEEE 802.3/.2、HDLC、PPP、ATM。

（3）网络层：其主要功能是将网络地址（例如，IP 地址）翻译成对应的物理地址（例如，网卡地址），并决定如何将数据从发送方路由到接收方。在 TCP/IP 协议中，网络层具体协议有 IP、ICMP、IGMP、IPX、ARP 等。

（4）传输层：主要负责确保数据可靠、顺序、无错地从 A 点传输到 B 点。如提供建立、维护和拆除传送连接的功能；选择网络层提供最合适的服务；在系统之间提供可靠的透明的数据传送，提供端到端的错误恢复和流量控制。在 TCP/IP 协议中，具体协议有 TCP、UDP、SPX。

（5）会话层：负责在网络中的两节点之间建立和维持通信，以及提供交互会话的管理功能，如三种数据流方向的控制，即一路交互、两路交替和两路同时会话模式。常见的协议有 RPC、SQL、NFS。

（6）表示层：如同应用程序和网络之间的翻译官，在表示层，数据将按照网络能理解的方案进行格式化；这种格式化也因所使用网络的类型不同而不同。表示层管理数据的解密加密、数据转换、格式化和文本压缩。常见的协议有 JPEG、ASCII、GIF、DES、MPEG。

（7）应用层：负责对软件提供接口以使程序能使用网络服务，如事务处理程序、文件传送协议和网络管理等。在 TCP/IP 协议中，常见的协议有 HTTP、Telnet、FTP、SMTP。

2．网络协议和标准

IEEE 802 规范定义了网卡如何访问传输介质（如光缆、双绞线、无线等），以及如何在传输介质上传输数据的方法，还定义了传输信息的网络设备之间连接建立、维护和拆除的途径。遵循 IEEE 802 标准的产品包括网卡、桥接器、路由器以及其他一些用来建立局域网络的组件。IEEE 802 规范包括：802.1（802 协议概论）、802.2（逻辑链路控制层 LLC 协议）、802.3（以太网的 CSMA/CD 载波监听多路访问/冲突检测协议）、802.4（令牌总线 Token Bus 协议）、802.5（令牌环 Token Ring 协议）、802.6（城域网 MAN 协议）、802.7（FDDI 宽带技术协议）、802.8（光纤技术协议）、802.9（局域网上的语音/数据集成规范）、802.10（局域网安全互操作标准）、802.11（无线局域网 WLAN 标准协议）。

以太网规范 IEEE 802.3 是重要的局域网协议，内容包括：

- IEEE 802.3　标准以太网　10Mb/s　传输介质为细同轴电缆
- IEEE 802.3u　快速以太网　100Mb/s　双绞线
- IEEE 802.3z　千兆以太网　1000Mb/s　光纤或双绞线

FDDI/光纤分布式数据接口是于 20 世纪 80 年代中期发展起来一项局域网技术，它提供的高速数据通信能力要高于当时的以太网（10Mb/s）和令牌网（4 或 16Mb/s）的能力。

广域网协议包括：PPP 点对点协议、ISDN 综合业务数字网、xDSL（DSL 数字用户线路的统称：HDSL、SDSL、MVL、ADSL）DDN 数字专线、x.25、FR 帧中继、ATM 异步传输模式。

3．TCP/IP

Internet 又称互联网，是一个囊括全球数十亿电脑和移动终端的巨大的计算机网络体系，它把全球数百万计算机网络和大型主机连接起来进行交互。Internet 是一个不受政府管理和控制的、包括成千上万相互协作的组织和网络的集合体。TCP/IP 协议是 Internet 的核心。

1）应用层协议

在应用层中，定义了很多面向应用的协议，应用程序通过本层协议利用网络完成数据交互的任务。这些协议主要有 FTP、TFTP、HTTP、SMTP、DHCP、Telnet、DNS 和 SNMP 等。

- FTP（File Transport Protocol，文件传输协议）是网络上两台计算机传送文件的协议，运行在 TCP 之上，是通过 Internet 将文件从一台计算机传输到另一台计算机的一种途径。FTP 的传输模式包括 Bin（二进制）和 ASCII（文本文件）两种，除了文本文件之外，都应该使用二进制模式传输。FTP 在客户机和服务器之间需建立两条 TCP 连接，一条用于传送控制信息（使用 21 号端口），另一条用于传送文件内容（使用 20 号端口）。
- TFTP（Trivial File Transfer Protocol，简单文件传输协议）是用来在客户机与服务器之间进行简单文件传输的协议，提供不复杂、开销不大的文件传输服务。TFTP 建立在 UDP（User Datagram Protocol，用户数据报协议）之上，提供不可靠的数据流传输服务，不提供存取授权与认证机制，使用超时重传方式来保证数据的到达。
- HTTP（Hypertext Transfer Protocol，超文本传输协议）是用于从 WWW 服务器传输超文本到本地浏览器的传送协议。它可以使浏览器更加高效，使网络传输减少。HTTP 建立在 TCP 之上，它不仅保证计算机正确快速地传输超文本文档，还确定传输文档中的哪一部分，以及哪部分内容首先显示等。
- SMTP（Simple Mail Transfer Protocol，简单邮件传输协议）建立在 TCP 之上，是一种提供可靠且有效的电子邮件传输的协议。SMTP 是建模在 FTP 文件传输服务上的一种邮件服务，主要用于传输系统之间的邮件信息，并提供与电子邮件有关的通知。

- DHCP（Dynamic Host Configuration Protocol，动态主机配置协议）建立在 UDP 之上，基于客户机/服务器模型设计的。所有的 IP 网络设定数据都由 DHCP 服务器集中管理，并负责处理客户端的 DHCP 要求；而客户端则会使用从服务器分配下来的 IP 环境数据。DHCP 通过租约（默认为 8 天）的概念，有效且动态地分配客户端的 TCP/IP 设定。当租约过半时，客户机需要向 DHCP 服务器申请续租；当租约超过 87.5%时，如果仍然没有和当初提供 IP 的 DHCP 服务器联系上，则开始联系其他的 DHCP 服务器。DHCP 分配的 IP 地址可以分为三种方式，分别是固定分配、动态分配和自动分配。
- Telnet（远程登录协议）是登录和仿真程序，建立在 TCP 之上，它的基本功能是允许用户登录进入远程计算机系统。以前，Telnet 是一个将所有用户输入送到远程计算机进行处理的简单的终端程序。目前，它的一些较新的版本是在本地执行更多的处理，可以提供更好的响应，并且减少了通过链路发送到远程计算机的信息数量。
- DNS（Domain Name System，域名系统）在 Internet 上域名与 IP 地址之间是一一对应的，域名虽然便于人们记忆，但机器之间只能互相认识 IP 地址，它们之间的转换工作称为域名解析，域名解析需要由专门的域名解析服务器来完成，DNS 就是进行域名解析的服务器。DNS 通过对用户友好的名称查找计算机和服务。当用户在应用程序中输入 DNS 名称时，DNS 服务可以将此名称解析为与之相关的其他信息，例如，IP 地址。
- SNMP（Simple Network Management Protocol，简单网络管理协议）是为了解决 Internet 上的路由器管理问题而提出的，它可以在 IP、IPX、AppleTalk 和其他传输协议上使用。SNMP 是指一系列网络管理规范的集合，包括协议本身、数据结构的定义和一些相关概念。目前，SNMP 已成为网络管理领域中事实上的工业标准，并被广泛支持和应用，大多数网络管理系统和平台都是基于 SNMP 的。

2）传输层协议

传输层主要有两个传输协议，分别是 TCP 和 UDP（User Datagram Protocol，用户数据报协议），这些协议负责提供流量控制、错误校验和排序服务。

- TCP 是整个 TCP/IP 协议族中最重要的协议之一，它在 IP 协议提供的不可靠数据服务的基础上，采用了重发技术，为应用程序提供了一个可靠的、面向连接的、全双工的数据传输服务。TCP 协议一般用于传输数据量比较少，且对可靠性要求高的场合。
- UDP 是一种不可靠的、无连接的协议，可以保证应用程序进程间的通信，与 TCP 相比，UDP 是一种无连接的协议，它的错误检测功能要弱得多。可以这样说，TCP 有助于提供可靠性，而 UDP 则有助于提高传输速率。UDP 协议一般用于传输数据量大，对可靠性要求不是很高，但要求速度快的场合。

3）网络层协议

网络层中的协议主要有 IP、ICMP（Internet Control Message Protocol，网际控制报文协议）、IGMP（Internet Group Management Protocol，网际组管理协议）、ARP（Address Resolution Protocol，地址解析协议）和 RARP（Reverse Address Resolution Protocol，反向地址解析协议）等，这些协议处理信息的路由和主机地址解析。

- IP 所提供的服务通常被认为是无连接的和不可靠的，它将差错检测和流量控制之类的服务授权给了其他的各层协议，这正是 TCP/IP 能够高效率工作的一个重要保证。网络层的功能主要由 IP 来提供，除了提供端到端的分组分发功能外，IP 还提供很多扩充功能。例如，为了克服数据链路层对帧大小的限制，网络层提供了数据分块和重组功能，这使得很大的 IP 数据包能以较小的分组在网络上传输。
- ARP 用于动态地完成 IP 地址向物理地址的转换。物理地址通常是指计算机的网卡地址，也称为 MAC（Media Access Control，媒体访问控制）地址，每块网卡都有唯一的地址；RARP 用于动态完成物理地址向 IP 地址的转换。
- ICMP 是一个专门用于发送差错报文的协议，由于 IP 协议是一种尽力传送的通信协议，即传送的数据可能丢失、重复、延迟或乱序传递，所以需要一种尽量避免差错并能在发生差错时报告的机制，这就是 ICMP 的功能。
- IGMP 允许 Internet 中的计算机参加多播，是计算机用做向相邻多目路由器报告多目组成员的协议。多目路由器是支持组播的路由器，它向本地网络发送 IGMP 查询，计算机通过发送 IGMP 报告来应答查询。多目路由器负责将组播包转发到网络中所有组播成员。

1.3.2　网络设备

当前，信息在网络中的传输主要有以太网技术和网络交换技术，而网络交换技术日渐普及。

网络交换是指通过一定的设备，如交换机等，将不同的信号或者信号形式转换为对方可识别的信号类型从而达到通信目的的一种交换形式，常见的有数据交换、线路交换、报文交换和分组交换。在计算机网络中，按照交换层次的不同，网络交换可以分为物理层交换（如电话网）、链路层交换（二层交换，对 MAC 地址进行变更）、网络层交换（三层交换，对 IP 地址进行变更）、传输层交换（四层交换，对端口进行变更，比较少见）和应用层交换。

在网络互连时，各节点一般不能简单地直接相连，而是需要通过一个中间设备来实现。按照 OSI 参考模型的分层原则，这个中间设备要实现不同网络之间的协议转换功能，根据它们工作的协议层不同进行分类，网络互连设备有中继器（实现物理层协议转换，在电缆间转换二进制信号）、网桥（实现物理层和数据链路层协议转换）、路由器（实现网络层和以下各层协议转换）、网关（提供从最底层到传输层或以上各层的协议转换）和交换机等。在实际应用中，各厂商提供的设备都是多功能组合，向下兼容的。表 1-1 则是对以上设备的一个总结。

表 1-1 网络互连设备

互 联 设 备	工 作 层 次	主 要 功 能
中继器	物理层	对接收信号进行再生和发送，只起到扩展传输距离用，对高层协议是透明的，但使用个数有限（例如，在以太网中只能使用4个）
网桥	数据链路层	根据帧物理地址进行网络之间的信息转发，可缓解网络通信繁忙度，提高效率。只能够连接相同MAC层的网络
路由器	网络层	通过逻辑地址进行网络之间的信息转发，可完成异构网络之间的互联互通，只能连接使用相同网络层协议的子网
网关	高层（第4～7层）	最复杂的网络互联设备，用于连接网络层以上执行不同协议的子网
集线器	物理层	多端口中继器
二层交换机	数据链路层	是指传统意义上的交换机，多端口网桥
三层交换机	网络层	带路由功能的二层交换机
多层交换机	高层（第4～7层）	带协议转换的交换机

随着无线技术运用的日益广泛，目前，市面上基于无线网络的产品非常多，主要有无线网卡、无线AP、无线网桥和无线路由器等。

1.3.3 网络服务器

网络服务器是指在网络环境下运行相应的应用软件，为网上用户提供共享信息资源和各种服务的一种高性能计算机（或者计算机集群），英文名称叫作Server（Cluster）。而集群对客户端而言，逻辑上仍是一台计算机。

服务器既然是一种高性能的计算机，它的构成肯定与我们平常所用的计算机（PC）有很多相似之处，诸如有CPU（中央处理器）、内存、硬盘、各种总线等，只不过它是能够提供各种网络服务（网络、Web应用、数据库、文件、打印等）以及其他方面的高性能应用，它的高性能主要体现在高速度的运算能力、长时间的可靠运行、强大的外部数据吞吐能力等方面，是网络的中枢和信息化的核心。由于服务器是针对具体的网络应用特别制定的，因而服务器又与普通PC在处理能力、稳定性、可靠性、安全性、可扩展性、可管理性等方面存在很大的区别。而最大的差异就是在多用户多任务环境下的可靠性上。用PC当作服务器的用户一定都曾经历过突然的停机、意外的网络中断、不时的丢失存储数据等事件，这都是因为PC的设计制造从来没有保证过多用户多任务环境下的可靠性，而一旦发生严重故障，其所带来的经济损失将是难以预料的。但一台服务器所面对的是整个网络的用户，需要7×24小时不间断工作，所以它必须具有极高的稳定性，另一方面，为了实现高速以满足众多用户的需求，服务器通过采用对称多处理器（SMP）安装、插入大量的高速内存来保证工作。它的主板可以同时安装几个甚至几十、上百个 CPU（服务器所用 CPU 也不是普通的 CPU，是厂商专门为服务器开发生产的）。内存方面当然也不一样，无论在内存容量，还是性能、技术等方面都有根本的不同。另外，服务器为了保证足够的安全性，还采用了大量普通电脑没有的技术，如冗余技术、系统备份、在线诊断技术、故障预报警技术、内存纠错技术、热插拔技术和远程诊断技术等，使绝大多数故障能够在不停机的情况下得到及时的修复，具有极强的可管理性（manageability）。

1.3.4　网络存储技术

目前，主流的网络存储技术主要有三种，分别是直接附加存储（Direct Attached Storage，DAS）、网络附加存储（Network Attached Storage，NAS）和存储区域网络（Storage Area Network，SAN）。

1. 直接附加存储

DAS 是将存储设备通过 SCSI（Small Computer System Interface，小型计算机系统接口）电缆直接连到服务器，其本身是硬件的堆叠，存储操作依赖于服务器，不带有任何存储操作系统。因此，有些文献也将 DAS 称为 SAS（Server Attached Storage，服务器附加存储）。DAS 的适用环境如下：

（1）服务器在地理分布上很分散，通过 SAN 或 NAS 在它们之间进行互连非常困难时；

（2）存储系统必须被直接连接到应用服务器（例如，Microsoft Cluster Server 或某些数据库使用的“原始分区”）上时；

（3）包括许多数据库应用和应用服务器在内的应用，它们需要直接连接到存储器上时。

由于 DAS 直接将存储设备连接到服务器上，这导致它在传递距离、连接数量、传输速率等方面都受到限制。因此，当存储容量增加时，DAS 方式很难扩展，这对存储容量的升级是一个巨大的瓶颈；另一方面，由于数据的读取都要通过服务器来处理，必然导致服务器的处理压力增加，数据处理和传输能力将大大降低；此外，当服务器出现宕机等异常时，也会波及到存储数据，使其无法使用。目前，DAS 基本上已经被 NAS 所代替。

2. 网络附加存储

采用 NAS 技术的存储设备不再通过 I/O 总线附属于某个特定的服务器，而是通过网络接口与网络直接相连，由用户通过网络访问。NAS 存储系统的结构，如图 1-6 所示。

NAS 存储设备类似于一个专用的文件服务器，它去掉了通用服务器的大多数计算功能，而仅仅提供文件系统功能，从而降低了设备的成本。并且为方便存储设备到网络之间以最有效的方式发送数据，专门优化了系统硬软件体系结构。NAS 以数据为中心，将存储设备与服务器分离，其存储设备在功能上完全独立于网络中的主服务器，客户机与存储设备之间的数据访问不再需要文件服务器的干预，同时它允许客户机与存储设备之间进行直接的数据访问，所以不仅响应速度快，而且数据传输速率也很高。

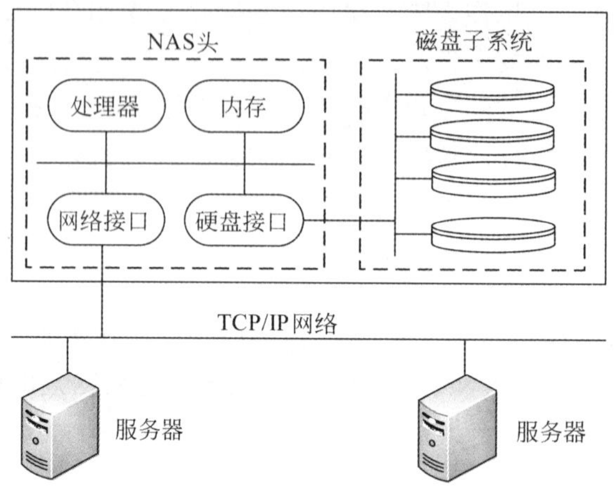

图 1-6　NAS 存储系统的结构

NAS 技术支持多种 TCP/IP 网络协议，主要是 NFS（Net File System，网络文件系统）和 CIFS（Common Internet File System，通用 Internet 文件系统）来进行文件访问，所以 NAS 的性能特点是进行小文件级的共享存取。在具体使用时，NAS 设备通常配置为文件服务器，通过使用基于 Web 的管理界面来实现系统资源的配置、用户配置管理和用户访问登录等。

NAS 存储支持即插即用，可以在网络的任一位置建立存储。基于 Web 管理，从而使设备的安装、使用和管理更加容易。NAS 可以很经济地解决存储容量不足的问题，但难以获得满意的性能。

3. 存储区域网络

SAN 是通过专用交换机将磁盘阵列与服务器连接起来的高速专用子网。它没有采用文件共享存取方式，而是采用块（block）级别存储。SAN 是通过专用高速网将一个或多个网络存储设备和服务器连接起来的专用存储系统，其最大特点是将存储设备从传统的以太网中分离了出来，成为独立的存储区域网络 SAN 的系统结构，如图 1-7 所示。

根据数据传输过程采用的协议，其技术划分为 FC SAN、IP SAN 和 IB SAN 技术。

（1）FC SAN。FC（Fiber Channel，光纤通道）和 SCSI 接口一样，最初也不是为硬盘设计开发的接口技术，而是专门为网络系统设计的，随着存储系统对速度的需求，才逐渐应用到硬盘系统中。光纤通道的主要特性有：热插拔性、高速带宽、远程连接、连接设备数量大等。FC SAN 由三个基本的组件构成，分别是接口（SCSI、FC）、连接设备（交换机、路由器）和协议（IP、SCSI）。这三个组件再加上附加的存储设备和服务器就构成一个 SAN 系统。它是专用、高速、高可靠的网络，允许独立、动态地增加存储设备，使得管理和集中控制更加简化。FC SAN 有两个较大的缺陷，分别是成本和复杂性，其原因就是因为使用了 FC。在光纤通道上部署 SAN，需要每个服务器上都要有 FC 适配器、专用的 FC 交换机和独立的布线基础架构。这些设施使成本大幅增加，更不用说精通 FC 协议的人员培训成本。

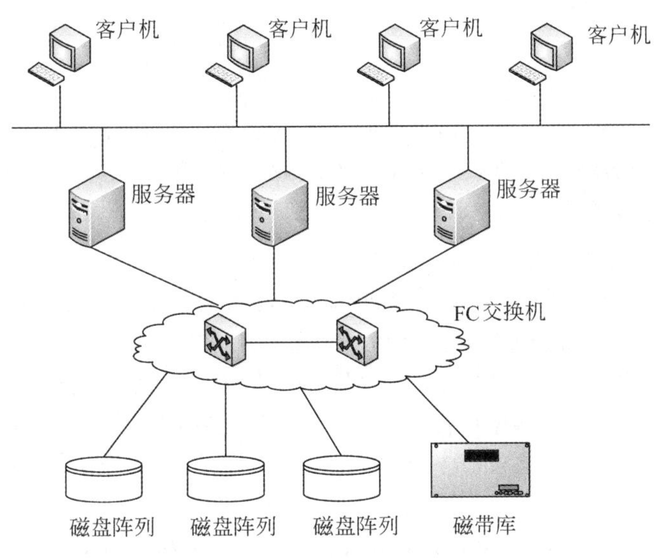

图 1-7　SAN 存储系统的结构

（2）IP SAN。IP SAN 是基于 IP 网络实现数据块级别存储方式的存储网络。由于设备成本低，配置技术简单，可共享和使用大容量的存储空间，因而逐渐获得广泛的应用。在具体应用上，IP 存储主要是指 iSCSI（Internet SCSI）。iSCSI 基于 IP 网络实现 SAN 架构，既具备了 IP 网络配置和管理简单的优势，又提供了 SAN 架构所拥有的强大功能和扩展性。iSCSI 是连接到一个 TCP/IP 网络的直接寻址的存储库，通过使用 TCP/IP 协议对 SCSI 指令进行封装，可以使指令能够通过 IP 网络进行传输，而过程完全不依赖于地点。

（3）IB SAN。IB（InfiniBand，无限带宽）是一种交换结构 I/O 技术，其设计思路是通过一套中心机构（IB 交换机）在远程存储器、网络以及服务器等设备之间建立一个单一的连接链路，并由 IB 交换机来指挥流量。这种结构设计得非常紧密，大大提高了系统的性能、可靠性和有效性，能缓解各硬件设备之间的数据流量拥塞。而这是许多共享总线式技术没有解决好的问题，因为在共享总线环境中，设备之间的连接都必须通过指定的端口建立单独的链路。

网络存储技术的目的都是为了扩大存储能力，提高存储性能。这些存储技术都能提供集中化的数据存储并有效存取文件；都支持多种操作系统，并允许用户通过多个操作系统同时使用数据；都可以从应用服务器上分离存储，并提供数据的高可用性；同时，都能通过集中存储管理来降低长期的运营成本。因此，从存储的本质上来看，它们的功能都是相同的。事实上，它们之间的区别正在变得模糊，所有的技术都在用户的存储需求下接受挑战。在实际应用中，需要根据系统的业务特点和要求（例如，环境要求、性能要求、价格要求等）进行选择。

1.3.5 网络接入技术

目前，接入 Internet 的主要方式可分两个大的类别，即有线接入与无线接入。其中，有线接入方式包括 PSTN、ISDN、ADSL、FTTx+LAN 和 HFC 等，无线接入方式包括 GPRS、3G 和 4G 接入等。

1. PSTN 接入

PSTN（Public Switching Telephone Network，公用交换电话网络）是指利用电话线拨号接入 Internet，通常计算机需要安装一个 Modem（调制解调器），将电话线插入到 Modem 上，在计算机上利用拨号程序输入接入号码进行接入。PSTN 的速度较低，一般低于 64Kb/s。目前，该技术由于速度极慢，已很少用于家庭或办公网络接入，而只是用在一些特定的领域中，例如，传真和 POS 机等。

2. ISDN 接入

ISDN（Integrated Services Digital Network，综合业务数字网）俗称“一线通”，是在电话网络的基础上构造的纯数字方式的综合业务数字网，能为用户提供包括语音、数据、图像和传真等在内的各类综合业务。ISDN 的基本速率接口为 2B+D 信道，共 144Kb/s 带宽，一般使用 RJ-45 接口，最高可提供 30B+D 的带宽，也称为初始速率接口（Primary Rate Interface，PRI），PRI 通过 30 个分立的或组合的 64Kb/s 信道和一个 16Kb/s 的 D 信道提供最高达 2.048Mb/s 的传输速率。

ISDN 的 B 信道是基本信道，提供 64Kb/s 带宽来传送语音或数据资料；D 信道作为控制信道，提供 16Kb/s 或 64 Kb/s 的带宽，在 ISDN 网络端与用户端之间传输频带信号，此通道也可用于传输 X.25 资料，但需要交换机的支持。

3. ADSL 接入

ADSL（Asymmetrical Digital Subscriber Loop，非对称数字用户线路）的服务端设备和用户端设备之间通过普通的电话线连接，无需对入户线缆进行改造，就可以为现有的大量电话用户提供 ADSL 宽带接入。随着标准和技术的成熟及成本的不断降低，ADSL 日益受到电信运营商和用户的欢迎，成为接入 Internet 的主要方式之一。ADSL 的特点是上行速度和下行速度不一样，并且往往是下行速度大于上行速度。

目前，比较成熟的 ADSL 标准主要有两种，分别是 G.DMT 和 G.Lite。G.DMT 是全速率的 ADSL 标准，提供 8Mb/s 的下行速率和 1.5Mb/s 的上行速率，但要求用户安装分离器，而 G.Lite 是一种速率较慢的 ADSL，它不需要在用户端进行线路的分离。G.Lite

标准的最大下行速率为 1.5Mb/s，最大上行速率为 512Kb/s。

4．FTTx+LAN 接入

光纤通信是指利用光导纤维（简称为光纤）传输光波信号的一种通信方法，相对于以电为媒介的通信方式而言，光纤通信的主要优点有传输频带宽，通信容量大、传输损耗小、抗电磁干扰能力强、线径细、重量轻、资源丰富等。

随着光纤通信技术的平民化，以及高速以太网的发展，现在许多宽带智能小区就是采用以千兆以太网技术为主干，充分利用光纤通信技术完成接入的。实现高速以太网的宽带技术常用的方式是 FTTx+LAN（光纤+局域网），根据光纤深入用户的程度，可以分为五种，分别是 FTTC（Fiber To The Curb，光纤到路边）、FTTZ（Fiber To The Zone，光纤到小区）、FTTB（Fiber To The Building，光纤到楼）、FTTF（Fiber To The Floor，光纤到楼层）和 FTTH（Fiber To The Home，光纤到户）。

无源光纤网络（Passive Optical Network，PON）是实现 FFTB 的关键技术，在光分支点不需要节点设备，只需安装一个简单的光分支器即可，因此，具有节省光缆资源、带宽资源共享、节省机房投资、设备安全性高、建网速度快和综合建网成本低等优点。目前，PON 主要有 APON（ATM PON）和 EPON（Ethernet PON）两种。APON 选择 ATM 和 PON 作为网络协议和平台，其上、下行方向的信息传输都采用 ATM 传输方案，下行速率为 622Mb/s 或 155Mb/s，上行速率为 155Mb/s。光节点到前端的距离可长达 10～20km，或者更长。采用无源双星型拓扑结构，使用时分复用和时分多址技术，可以实现信元中继、局域网互联、电路仿真、普通电话业务等；EPON 是以太网技术发展的新趋势，其下行速率为 100Mb/s 或者 1000Mb/s，上行为 100Mb/s。在 EPON 中，传送的是可变长度的数据包，最长可为 65 535 个字节，简化了网络结构、提高了网络速度。

5．HFC 接入

同轴光纤技术（Hybrid Fiber-Coaxial，HFC）是将光缆敷设到小区，然后通过光电转换节点，利用有线电视（Community Antenna Television，CATV）的总线式同轴电缆连接到用户，提供综合电信业务的技术。这种方式可以充分利用 CATV 原有的网络，由于具有建网快、造价低等特点，使其逐渐成为最佳的接入方式之一。

HFC 的用户端需要使用一个称为 Cable Modem（电缆调制解调器）的设备，它不单纯是一个调制解调器，还集成了调谐器、加/解密设备、桥接器、网络接口卡、虚拟专网代理和以太网集线器的功能于一身，它无须拨号、可提供随时在线的永远连接。HFC 采用频分复用技术和 64QAM 调制，其上行速率已达 10Mb/s 以上，下行速率更高。

6．无线接入

无线网络是指以无线电波作为信息传输媒介。无线网络既包括允许用户建立远距离无线连接的全球语音和数据网络，也包括为近距离无线连接进行优化的红外线技术及射频技术，与有线网络的用途十分类似，最大的不同在于传输媒介的不同。目前最常用的无线网络接入技术主要有 WiFi 和移动互联接入（4G）。

1.3.6 网络规划与设计

网络工程的建设是一个极其复杂的系统工程，是对计算机网络、信息系统建设和项目管理等领域知识的综合利用的过程，项目团队必须根据用户单位的需求和具体情况，结合当前网络技术的发展和产品化程度，经过充分的需求分析和市场调研，确定网络建设方案，依据方案有计划、分步骤地实施。按照实施过程的先后，网络工程可分为网络规划、网络设计和网络实施三个阶段，本节主要介绍网络规划与网络设计阶段的工作。

1. 网络规划

网络规划是网络建设过程中非常重要的环节，同时也是一个系统性的过程。网络规划应该以需求为基础，同时考虑技术和工程的可行性。具体来说，网络规划包括网络需求分析、可行性分析和对现有网络的分析与描述。

（1）需求分析。需求分析的基本任务是深入调查用户网络建设的背景、必要性、上网的人数和信息量等，然后进行纵向的、更加深入细致的需求分析和调研，在确定地理布局、设备类型、网络服务、通信类型和通信量、网络容量和性能，以及网络现状等与网络建设目标相关的几个主要方面情况的基础上形成分析报告，为网络设计提供依据。需求分析通常采用自顶向下的结构化方法，从功能需求、通信需求、性能需求、可靠性需求、安全需求、运行与维护需求和管理需求等方面着手，逐一深入，在调研的基础上进行充分的分解，从而为网络设计提供基础。

（2）可行性分析。通常从技术可行性、经济可行性、操作可行性等方面进行论证。

（3）对现有网络的分析与描述。如果是在现有网络系统的基础上进行升级，那么，网络规划阶段的一项重要工作就是对现有网络进行分析。对现有网络系统进行调研，主要从服务器的数量和位置、客户机的数量和位置、同时访问的数量、每天的用户数、每次使用的时间、每次数据传输的数据量、网络拥塞的时间段、采用的协议和通信模式等方面进行。

2. 网络设计

完成网络规划之后，将进入网络系统的设计阶段，这个阶段通常包括确定网络总体目标和设计原则，进行网络总体设计和拓扑结构设计，确定网络选型和进行网络安全设计等方面的内容。为了能够更好地分析与设计复杂的大型网络，在计算机网络设计中，主要采用分层（分级）设计模型，它类似于软件工程中的结构化设计。通过一些通用规则来设计网络，就可以简化设计、优化带宽的分配和规划。在分层设计中，引入了三个关键层的概念，分别是核心层、汇聚层和接入层。

网络中直接面向用户连接或访问网络的部分称为接入层，将位于接入层和核心层之间的部分称为分布层或汇聚层。接入层的目的是允许终端用户连接到网络，因此，接入层交换机（或路由器，下同）具有低成本和高端口密度特性。

汇聚层是核心层和接入层的分界面，完成网络访问策略控制、数据包处理、过滤、寻址，以及其他数据处理的任务。汇聚层交换机是多台接入层交换机的汇聚点，它必须能够处理来自接入层设备的所有通信量，并提供到核心层的上行链路，因此，汇聚层交换机与接入层交换机比较，需要更高的性能，更少的接口和更高的交换速率。

网络主干部分称为核心层，核心层的主要目的在于通过高速转发通信，提供优化、可靠的骨干传输结构，因此，核心层交换机应拥有更高的可靠性，性能和吞吐量。核心层为网络提供了骨干组件或高速交换组件，在纯粹的分层设计中，核心层只完成数据交换的特殊任务。需要根据网络需求的地理距离、信息流量和数据负载的轻重来选择核心层技术。在主干网中，考虑到高可用性的需求，通常会使用双星（树）结构，即采用两台同样的交换机，与汇聚层交换机分别连接，并使用链路聚合技术实现双机互联。

网络设计工作包括：

（1）网络拓扑结构设计。确立网络的物理拓扑结构是整个网络方案规划的基础，物理拓扑结构的选择往往和地理环境分布、传输介质与距离、网络传输可靠性等因素紧密相关。选择拓扑结构时，应该考虑的主要因素有：地理环境、传输介质与距离以及可靠性。

（2）主干网络（核心层）设计。主干网技术的选择，要根据以上需求分析中用户方网络规模大小、网上传输信息的种类和用户方可投入的资金等因素来考虑。

（3）汇聚层和接入层设计。汇聚层的存在与否，取决于网络规模的大小。

（4）广域网连接与远程访问设计。根据网络规模的大小、网络用户的数量，来选择对外连接通道的技术和带宽。

（5）无线网络设计。无线网络的出现就是为了解决有线网络无法克服的困难。无线网络首先适用于很难布线的地方（比如受保护的建筑物、机场等）或者经常需要变动布线结构的地方（如展览馆等）。另外，因为无线网络支持十几公里的区域，因此对于城市范围的网络接入也能适用，可以设想一个采用无线网络的 ISP 可以为一个城市的任何角落提供高速互联网接入。

（6）网络安全设计。网络安全是指网络系统的硬件、软件及其系统中的数据受到保护，不因偶然的或者恶意的原因而遭受到破坏、更改、泄露，系统连续可靠正常地运行，网络服务不中断。信息安全的基本要素如下。

- 机密性：确保信息不暴露给未授权的实体或进程。
- 完整性：只有得到允许的人才能修改数据，并且能够判别出数据是否已被篡改。
- 可用性：得到授权的实体在需要时可访问数据，即攻击者不能占用所有的资源而阻碍授权者的工作。
- 可控性：可以控制授权范围内的信息流向及行为方式。
- 可审查性：对出现的网络安全问题提供调查的依据和手段。

为了达成上述目标，需要做的工作有：制定安全策略、用户验证、加密、访问控制、审计和管理。

（7）设备选型。网络通信设备选型包括核心交换机选型、汇聚层/接入层交换机选型、远程接入与访问设备选型；网络安全设备选型包括防火墙选型、入侵检测设备选型、信息加密设备选型、身份认证设施选型等。

1.3.7 数据库管理系统

目前，常见的数据库管理系统主要有 Oracle、MySQL、SQL Server、MongoDB 等，这些数据库中，前三种均为关系型数据库，而 MongoDB 是非关系型的数据库。本节简单介绍这些数据库管理系统。

1. Oracle

Oracle 是甲骨文公司的一款关系数据库管理系统。它是在数据库领域一直处于领先地位的产品。可以说 Oracle 数据库系统是目前世界上流行的关系数据库管理系统，系统可移植性好、使用方便、功能强，适用于各类大、中、小、微机环境。它是一种高效率、可靠性好的适应高吞吐量的数据库解决方案。

Oracle 的结构包括数据库的内部结构、外存储结构、内存储结构和进程结构。在 Oracle 中，数据库不仅指物理上的数据，还包括处理这些数据的程序，即 DBMS 本身。Oracle 提供了 PL/SQL、Designer/2000、Forms 等开发和设计工具。

除了以关系格式存储数据外，Oracle 支持面向对象的结构（如抽象数据类型）。一个对象可以与其他对象建立联系，也可以包含其他对象，还可以用一个对象视图支持面向对象的接口数据而无须对表做任何修改。

无论是面向对象的结构还是关系结构，Oracle 数据库都将其数据存储在物理的数据文件中。数据库结构提供数据存储到文件的逻辑图，允许不同类型的数据分开存储，这些逻辑划分即是表空间。在 Oracle 中，除了存储数据的文件外，还有 DBMS 的代码文件、日志文件和其他一些控制文件、跟踪文件等。外存储结构主要包括表空间和文件结构。

Oracle 数据库在运行中使用两种类型的内存结构，分别是系统全局区和程序全局区。系统全局区是数据库运行时存放系统数据的内存区域，它由所有服务器进程和客户进程共享；程序全局区是单个存放 Oracle 进程工作时需要的数据和控制信息的，程序全局区不能共享。

2. MySQL

MySQL 是一个关系型数据库管理系统，由瑞典 MySQL AB 公司开发，目前属于 Oracle 旗下产品。MySQL 是目前最流行的关系型数据库管理系统之一，大量小型 Web 应用都采用该数据库管理系统。

MySQL 是一种关联数据库管理系统，关联数据库将数据保存在不同的表中，而不是将所有数据放在一个大仓库内，这样就增加了速度并提高了灵活性。

MySQL 所使用的 SQL 语言是用于访问数据库的最常用标准化语言。MySQL 软件采用了双授权政策，它分为社区版和商业版，由于其体积小、速度快、总体拥有成本低，尤其是开放源码这一特点，一般中小型网站的开发都选择 MySQL 作为网站数据库。

3. SQL Server

SQL Server 是微软公司的数据库产品，SQL Server 的分布式体系结构把应用程序对数据库的访问和数据库引擎分离开来。SQL Server 的核心数据库服务器运行在基于 Windows 的服务器之上。基于 Windows 的服务器一般通过以太局域网与多个客户机系统连接。这些客户机系统一般是运行 SQL Server 客户机软件的 PC 机。这些 PC 机既可以是单独的桌面系统，也可以是其他网络服务的平台，如 IIS Web 服务器。

SQL Server 与流行的开发工具和桌面应用程序紧密集成，例如，可以从由 Visual Basic、Visual C++、PowerBuilder、Delphi、Visual FoxPro 和许多其他 PC 开发环境下开发的客户应用程序中访问 SQL Server 数据库。SQL Server 与流行开发工具所使用的几种数据访问接口兼容，例如，可以通过 Microsoft JET Engine 和 Data Access Objects（DAO）、Remote Data Objects（RDO）、ActiveX Data Objects（ADO）、OLE DB、ODBC（Open Database Connectivity，开放数据库互连）、SQL Server 内置 DB-Library 以及第三方开发工具来访问 SQL Server 数据库。对于无缝桌面数据库访问，SQL Server 使用 OLE DB 提供者和 ODBC 驱动程序，这些驱动程序允许从任何与 ODBC 或者 OLE DB 兼容的桌面应用程序中访问 SQL Server 数据库。OLE DB 和 ODBC 可以从数百个简化设计的桌面应用程序中为特定的查询、数据分析、自定义报表打开 SQL Server 数据库。桌面集成减少了自定义的编程工作。SQL Server 对 ODBC 的支持允许其他平台，如 Macintosh 或各种 Unix 系统访问 SQL Server 数据库。

SQL Server 的 4 个基本服务器组件包括 Open Data Services、MS SQL Server、SQL Server Agent 和 MSDTC。

4. MongoDB

MongoDB 是一个基于分布式文件存储的数据库。由 C++语言编写。旨在为 Web 应用提供可扩展的高性能数据存储解决方案。

MongoDB 是一个介于关系数据库和非关系数据库之间的产品，是非关系数据库当中功能最丰富，最像关系数据库的。它支持的数据结构非常松散，类似 Json 的 bson 格式，因此可以存储比较复杂的数据类型。Mongo 最大的特点是它支持的查询语言非常强大，其语法有点类似于面向对象的查询语言，几乎可以实现类似关系数据库单表查询的绝大部分功能，而且还支持对数据建立索引。

1.3.8　数据仓库技术

在了解数据仓库的概念之前，我们需要先来理解一些相关基础概念。

（1）ETL（Extract/Transformation/Load，清洗/转换/加载）：用户从数据源抽取出所需的数据，经过数据清洗、转换，最终按照预先定义好的数据仓库模型，将数据加载到数据仓库中去。

（2）元数据：关于数据的数据，指在数据仓库建设过程中所产生的有关数据源定义，目标定义，转换规则等相关的关键数据。同时元数据还包含关于数据含义的商业信息。典型的元数据包括：数据仓库表的结构、数据仓库表的属性、数据仓库的源数据（记录系统）、从记录系统到数据仓库的映射、数据模型的规格说明、抽取日志和访问数据的公用例行程序等。

（3）粒度：数据仓库的数据单位中保存数据的细化或综合程度的级别。细化程度越高，粒度级就越小；相反，细化程度越低，粒度级就越大。

（4）分割：结构相同的数据被分成多个数据物理单元。任何给定的数据单元属于且仅属于一个分割。

（5）数据集市：小型的，面向部门或工作组级数据仓库。

（6）ODS（Operation Data Store，操作数据存储）：能支持企业日常的全局应用的数据集合，是不同于DB的一种新的数据环境，是DW扩展后得到的一个混合形式。四个基本特点：面向主题的、集成的、可变的、当前或接近当前的。

（7）数据模型：逻辑数据结构，包括由数据库管理系统为有效进行数据库处理提供的操作和约束；用于表示数据的系统。

（8）人工关系：在决策支持系统环境中用于表示参照完整性的一种设计技术。

传统的数据库技术在联机事务处理中获得了成功，但是无法满足随着市场竞争的加剧而带来的管理人员对决策分析数据提供的要求。传统的数据库系统中缺乏决策分析所需的大量历史数据信息，因为传统的数据库一般只保留当前或近期的数据信息。为了满足中高层管理人员预测、决策分析的需要，在传统数据库的基础上产生了能够满足预测、决策分析需要的数据环境——数据仓库。

数据仓库是一个面向主题的、集成的、非易失的、且随时间变化的数据集合，用于支持管理决策。

大众观点的数据仓库的体系结构如图1-8所示。

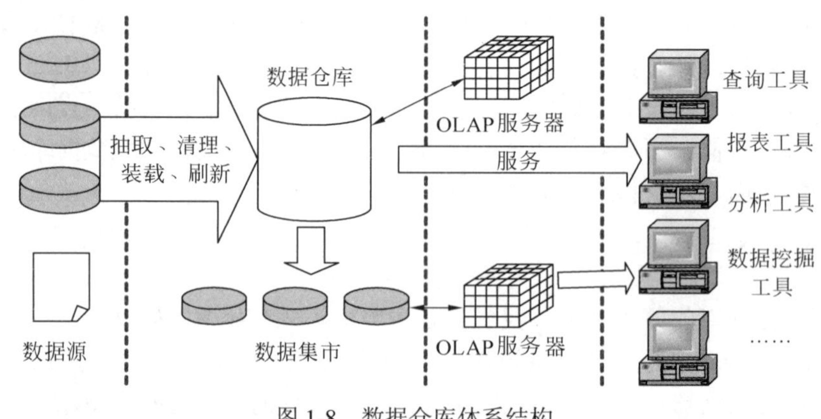

图1-8 数据仓库体系结构

（1）数据源：是数据仓库系统的基础，是整个系统的数据源泉。通常包括企业内部信息和外部信息。内部信息包括存放于关系型数据库管理系统中的各种业务处理数据和各类文档数据。外部信息包括各类法律法规、市场信息和竞争对手的信息等。

（2）数据的存储与管理：是整个数据仓库系统的核心。数据仓库的真正关键是数据的存储和管理。数据仓库的组织管理方式决定了它有别于传统数据库，同时也决定了其对外部数据的表现形式。要决定采用什么产品和技术来建立数据仓库的核心，则需要从数据仓库的技术特点着手分析。针对现有各业务系统的数据，进行抽取、清理，并有效集成，按照主题进行组织。数据仓库按照数据的覆盖范围可以分为企业级数据仓库和部门级数据仓库（通常称为数据集市）。

（3）OLAP 服务器：对分析需要的数据进行有效集成，按多维模型予以组织，以便进行多角度、多层次的分析，并发现趋势。其具体实现可以分为：ROLAP、MOLAP 和 HOLAP。ROLAP 基本数据和聚合数据均存放在 RDBMS 之中；MOLAP 基本数据和聚合数据均存放于多维数据库中；HOLAP 基本数据存放于 RDBMS 之中，聚合数据存放于多维数据库中。

（4）前端工具：主要包括各种查询工具、报表工具、分析工具、数据挖掘工具以及各种基于数据仓库或数据集市的应用开发工具。其中数据分析工具主要针对 OLAP 服务器，报表工具、数据挖掘工具主要针对数据仓库。

1.3.9　中间件技术

目前还没有对中间件形成一个统一的定义，下面是两种现在普遍比较认可的定义：

（1）在一个分布式系统环境中处于操作系统和应用程序之间的软件。

（2）中间件是一种独立的系统软件或服务程序，分布式应用软件借助这种软件在不同的技术之间共享资源，中间件位于客户机服务器的操作系统之上，管理计算资源和网络通信。

中间件作为一大类系统软件，与操作系统、数据库管理系统并称“三套车”，其重要性是不言而喻的，中间件的优点应该说都是有目共睹的。它的优越性体现在以下几个方面：缩短应用的开发周期、节约应用的开发成本、减少系统初期的建设成本、降低应用开发的失败率、保护已有的投资、简化应用集成、减少维护费用、提高应用的开发质量、保证技术进步的连续性、增强应用的生命力。

中间件的任务是使应用程序开发变得更容易，通过提供统一的程序抽象，隐藏异构系统和分布式系统下低级别编程的复杂度。中间件分类有很多方式和很多种类型。在这里我们由底向上从中间件的层次上来划分，可分为底层型中间件、通用型中间件和集成型中间件三个大的层次。

（1）底层型中间件的主流技术有 JVM（Java Virtual Machine，Java 虚拟机）、CLR（Common Language Runtime，公共语言运行库）、ACE（Adaptive Communication

Environment，自适配通信环境）、JDBC（Java Database Connectivity，Java 数据库连接）和 ODBC（Open Database Connectivity，开放数据库互连）等，代表产品主要有 SUN JVM 和 Microsoft CLR 等。

（2）通用型中间件的主流技术有 CORBA（Common Object Request Broker Architecture，公共对象请求代理体系结构）、J2EE、MOM（Message-Oriented Middleware，面向消息的中间件）和 COM 等，代表产品主要有 IONA Orbix、BEA WebLogic 和 IBM MQSeries 等。

（3）集成型中间件的主流技术有 WorkFlow 和 EAI（Enterprise Application Integration，企业应用集成）等，代表产品主要有 BEA WebLogic 和 IBM WebSphere 等。

在这个大的层次划分下，中间件还可以细化为通信处理（消息）中间件、事务处理（交易）中间件、数据存储管理中间件、Web 服务中间件、安全中间件、跨平台和构架的中间件、专用平台中间件、数据流中间件、门户中间件、工作流中间件等。

中间件技术在集成中扮演着重要的角色，我们可以从不同层次采用不同种类，不同技术的中间件产品进行应用集成。如图 1-9 所示，我们可以从传输、消息、组件、业务流程等各个层面分别加以集成。

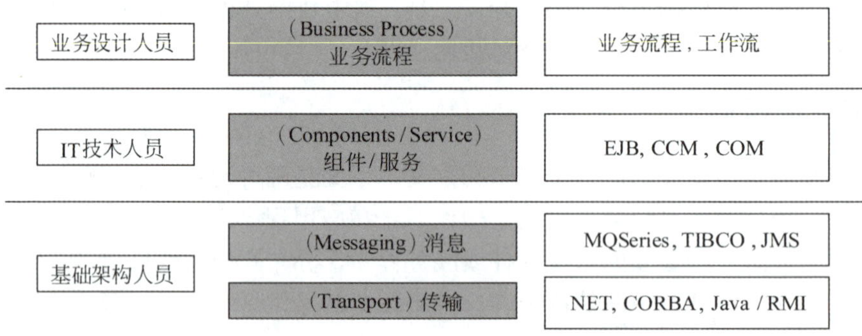

图 1-9 不同层次的集成示意图

从图 1-9 中我们还可以看出，为了完成不同层次的集成，可以采用不同的技术、产品：

（1）为了完成系统底层传输层的集成，可以采用 CORBA 技术。

（2）为了完成不同系统的信息传递，可以采用消息中间件产品。

（3）为了完成不同硬件和操作系统的集成，可以采用 J2EE 中间件产品。

同样，目前中间件的竞争焦点也主要集中在集成应用平台上，大多中间件公司都已经或准备将下一步的工作重点放在集成市场上。

1.3.10 高可用性和高可靠性的规划与设计

可用性（availability）是系统能够正常运行的时间比例。经常用两次故障之间的时间长度或在出现故障时系统能够恢复正常的速度来表示。

可靠性（reliability）是软件系统在应用或系统错误面前，在意外或错误使用的情况下维持软件系统的功能特性的基本能力。

由于可靠性指标直接影响可用性指标，所以一般我们将这两个指标一并分析与讨论。

高可用性（High Availability）通常用来描述一个系统经过专门的设计，从而减少停工时间，而保持其服务的高度可用性。

计算机系统的可用性用平均无故障时间（MTTF）来度量，即计算机系统平均能够正常运行多长时间，才发生一次故障。系统的可用性越高，平均无故障时间越长。可维护性用平均维修时间（MTTR）来度量，即系统发生故障后维修和重新恢复正常运行平均花费的时间。系统的可维护性越好，平均维修时间越短。计算机系统的可用性定义为：MTTF/（MTTF+MTTR）*100%。由此可见，计算机系统的可用性定义为系统保持正常运行时间的百分比。所以，想要提高一个系统的可用性，要么提升系统的单次正常工作的时长，要么减少故障修复时间。常见的可用性战术如下：

- 错误检测：用于错误检测的战术包括命令/响应、心跳和异常。
- 错误恢复：用于错误恢复的战术包括表决、主动冗余、被动冗余。
- 错误预防：用于错误预防的战术包括把可能出错的组件从服务中删除、引入进程监视器。

1.4　软件工程

软件工程是指应用计算机科学、数学及管理科学等原理，以工程化的原则和方法来解决软件问题的工程，其目的是提高软件生产率、提高软件质量、降低软件成本。IEEE对软件工程的定义是：将系统的、规范的、可度量的工程化方法应用于软件开发、运行和维护的全过程及上述方法的研究。

软件工程由方法、工具和过程三个部分组成。软件工程方法是完成软件工程项目的技术手段，它支持整个软件生命周期；软件工程使用的工具是人们在开发软件的活动中智力和体力的扩展与延伸，它自动或半自动地支持软件的开发和管理，支持各种软件文档的生成；软件工程中的过程贯穿于软件开发的各个环节，管理人员在软件工程过程中，要对软件开发的质量、进度、成本进行评估、管理和控制，包括人员组织、计划跟踪与控制、成本估算、质量保证和配置管理等。

1.4.1　需求分析

软件需求是指用户对新系统在功能、行为、性能、设计约束等方面的期望。根据IEEE的软件工程标准词汇表，软件需求是指用户解决问题或达到目标所需的条件或能力，是系统或系统部件要满足合同、标准、规范或其他正式规定文档所需具有的条件或能力，以及反映这些条件或能力的文档说明。

1. 需求的层次

简单地说，软件需求就是系统必须完成的事以及必须具备的品质。需求是多层次的，包括业务需求、用户需求和系统需求，这三个不同层次从目标到具体，从整体到局部，从概念到细节。

（1）业务需求。业务需求是指反映企业或客户对系统高层次的目标要求，通常来自项目投资人、购买产品的客户、客户单位的管理人员、市场营销部门或产品策划部门等。通过业务需求可以确定项目视图和范围，项目视图和范围文档把业务需求集中在一个简单、紧凑的文档中，该文档为以后的开发工作奠定了基础。

（2）用户需求。用户需求描述的是用户的具体目标，或用户要求系统必须能完成的任务。也就是说，用户需求描述了用户能使用系统来做些什么。通常采取用户访谈和问卷调查等方式，对用户使用的场景（scenarios）进行整理，从而建立用户需求。

（3）系统需求。系统需求是从系统的角度来说明软件的需求，包括功能需求、非功能需求和设计约束等。功能需求也称为行为需求，它规定了开发人员必须在系统中实现的软件功能，用户利用这些功能来完成任务，满足业务需要。功能需求通常是通过系统特性的描述表现出来的，所谓特性，是指一组逻辑上相关的功能需求，表示系统为用户提供某项功能（服务），使用户的业务目标得以满足；非功能需求是指系统必须具备的属性或品质，又可细分为软件质量属性（例如，易用性、可维护性、效率等）和其他非功能需求。设计约束也称为限制条件或补充规约，通常是对系统的一些约束说明，例如，必须采用国有自主知识产权的数据库系统，必须运行在UNIX操作系统之下等。

2. 质量功能部署

质量功能部署（Quality Function Deployment，QFD）是一种将用户要求转化成软件需求的技术，其目的是最大限度地提升软件工程过程中用户的满意度。为了达到这个目标，QFD将软件需求分为三类，分别是常规需求、期望需求和意外需求。

（1）常规需求。用户认为系统应该做到的功能或性能，实现越多用户会越满意。

（2）期望需求。用户想当然认为系统应具备的功能或性能，但并不能正确描述自己想要得到的这些功能或性能需求。如果期望需求没有得到实现，会让用户感到不满意。

（3）意外需求。意外需求也称为兴奋需求，是用户要求范围外的功能或性能（但通常是软件开发人员很乐意赋予系统的技术特性），实现这些需求用户会更高兴，但不实现也不影响其购买的决策。意外需求是控制在开发人员手中的，开发人员可以选择实现更多的意外需求，以便得到高满意、高忠诚度的用户，也可以（出于成本或项目周期的考虑）选择不实现任何意外需求。

3. 需求获取

需求获取是一个确定和理解不同的项目干系人的需求和约束的过程。需求获取是一件看上去很简单，做起来却很难的事情。需求获取是否科学、准备充分，对获取出来的结果影响很大，这是因为大部分用户无法完整地描述需求，而且也不可能看到系统的全貌。因此，需求获取只有与用户的有效合作才能成功。

常见的需求获取方法包括用户访谈、问卷调查、采样、情节串联板、联合需求计划等。

4. 需求分析

在需求获取阶段获得的需求是杂乱的，是用户对新系统的期望和要求，这些要求有重复的地方，也有矛盾的地方，这样的要求是不能作为软件设计的基础的。一个好的需求应该具有无二义性、完整性、一致性、可测试性、确定性、可跟踪性、正确性、必要性等特性，因此，需要分析人员把杂乱无章的用户要求和期望转化为用户需求，这就是需求分析的工作。

需求分析将提炼、分析和审查已经获取到的需求，以确保所有的项目干系人都明白其含义并找出其中的错误、遗漏或其他不足的地方。需求分析的关键在于对问题域的研究与理解。为了便于理解问题域，现代软件工程方法所推荐的做法是对问题域进行抽象，将其分解为若干个基本元素，然后对元素之间的关系进行建模。

使用SA方法进行需求分析，其建立的模型的核心是数据字典，围绕这个核心，有三个层次的模型，分别是数据模型、功能模型和行为模型（也称为状态模型）。在实际工作中，一般使用实体联系图（E-R图）表示数据模型，用数据流图（Data Flow Diagram，DFD）表示功能模型，用状态转换图（State Transform Diagram，STD）表示行为模型。E-R图主要描述实体、属性，以及实体之间的关系；DFD从数据传递和加工的角度，利用图形符号通过逐层细分描述系统内各个部件的功能和数据在它们之间传递的情况，来说明系统所完成的功能；STD通过描述系统的状态和引起系统状态转换的事件，来表示系统的行为，指出作为特定事件的结果将执行哪些动作（例如，处理数据等）。

OOA的基本任务是运用OO方法，对问题域进行分析和理解，正确认识其中的事物及它们之间的关系，找出描述问题域和系统功能所需的类和对象，定义它们的属性和职责，以及它们之间所形成的各种联系。最终产生一个符合用户需求，并能直接反映问题域和系统功能的OOA模型及其详细说明。OOA模型包括用例模型和分析模型，用例是一种描述系统需求的方法，使用用例的方法来描述系统需求的过程就是用例建模；分析模型描述系统的基本逻辑结构，展示对象和类如何组成系统（静态模型），以及它们如何保持通信，实现系统行为（动态模型）。

5. 软件需求规格说明书

软件需求规格说明书（Software Requirement Specification，SRS）是需求开发活动的产物，编制该文档的目的是使项目干系人与开发团队对系统的初始规定有一个共同的理解，使之成为整个开发工作的基础。SRS是软件开发过程中最重要的文档之一，对于任何规模和性质的软件项目都不应该缺少。

在国家标准 GB/T 8567-2006 中，提供了一个 SRS 的文档模板和编写指南，其中规定 SRS 应该包括以下内容。

（1）范围。本部分包括 SRS 适用的系统和软件的完整标识，（若适用）包括标识号、标题、缩略词语、版本号和发行号；简述 SRS 适用的系统和软件的用途，描述系统和软件的一般特性；概述系统开发、运行和维护的历史；标识项目的投资方、需方、用户、承建方和支持机构；标识当前和计划的运行现场；列出其他有关的文档；概述 SRS 的用途和内容，并描述与其使用有关的保密性和私密性的要求；说明编写 SRS 所依据的基线。

（2）引用文件。列出 SRS 中引用的所有文档的编号、标题、修订版本和日期，还应标识不能通过正常的供货渠道获得的所有文档的来源。

（3）需求。这一部分是 SRS 的主体部分，详细描述软件需求，可以分为以下项目：所需的状态和方式、需求概述、需求规格、软件配置项能力需求、软件配置项外部接口需求、软件配置项内部接口需求、适应性需求、保密性和私密性需求、软件配置项环境需求、计算机资源需求（包括硬件需求、硬件资源利用需求、软件需求和通信需求）、软件质量因素、设计和实现约束、数据、操作、故障处理、算法说明、有关人员需求、有关培训需求、有关后勤需求、包装需求和其他需求，以及需求的优先次序和关键程度。

（4）合格性规定。这一部分定义一组合格性的方法，对于第（3）部分中的每个需求，指定所使用的方法，以确保需求得到满足。合格性方法包括演示、测试、分析、审查和特殊的合格性方法（例如，专用工具、技术、过程、设施和验收限制等）。

（5）需求可追踪性。这一部分包括从 SRS 中每个软件配置项的需求到其涉及的系统（或子系统）需求的双向可追踪性。

（6）尚未解决的问题。如果有必要，可以在这一部分说明软件需求中的尚未解决的遗留问题。

（7）注解。包含有助于理解 SRS 的一般信息，例如，背景信息、词汇表、原理等。这一部分应包含为理解 SRS 需要的术语和定义，所有缩略语和它们在 SRS 中的含义的字母序列表。

（8）附录。提供那些为便于维护 SRS 而单独编排的信息（例如，图表、分类数据等）。为便于处理，附录可以单独装订成册，按字母顺序编排。

另外，国家标准《计算机软件需求说明编制指南》（GB/T 9385—1988）也给出了一个详细的 SRS 写作大纲，由于该标准年代久远，一些情况已经与现实不符，本书不再介绍。

6. 需求验证

资深软件工程师都知道，当以 SRS 为基础进行后续开发工作，如果在开发后期或在交付系统之后才发现需求存在问题，这时修补需求错误就需要做大量的工作。相对而言，在系统分析阶段，检测 SRS 中的错误所采取的任何措施都将节省相当多的时间和资金。因此，有必要对于 SRS 的正确性进行验证，以确保需求符合良好特征。需求验证也称为需求确认，其活动是为了确定以下几个方面的内容。

（1）SRS 正确地描述了预期的、满足项目干系人需求的系统行为和特征。

（2）SRS 中的软件需求是从系统需求、业务规格和其他来源中正确推导而来的。

（3）需求是完整的和高质量的。

（4）需求的表示在所有地方都是一致的。

（5）需求为继续进行系统设计、实现和测试提供了足够的基础。

在实际工作中，一般通过需求评审和需求测试工作来对需求进行验证。需求评审就是对 SRS 进行技术评审，SRS 的评审是一项精益求精的技术，它可以发现那些二义性的或不确定性的需求，为项目干系人提供在需求问题上达成共识的方法。需求的遗漏和错误具有很强的隐蔽性，仅仅通过阅读 SRS，通常很难想象在特定环境下的系统行为。只有在业务需求基本明确，用户需求部分确定时，同步进行需求测试，才可能及早发现问题，从而在需求开发阶段以较低的代价解决这些问题。

7. UML

UML 是一种定义良好、易于表达、功能强大且普遍适用的建模语言，它融入了软件工程领域的新思想、新方法和新技术，它的作用域不限于支持 OOA 和 OOD，还支持从需求分析开始的软件开发的全过程。

从总体上来看，UML 的结构包括构造块、规则和公共机制三个部分。

- 构造块。UML 有三种基本的构造块，分别是事物（thing）、关系（relationship）和图（diagram）。事物是 UML 的重要组成部分，关系把事物紧密联系在一起，图是多个相互关联的事物的集合。
- 规则。规则是构造块如何放在一起的规定，包括为构造块命名；给一个名字以特定含义的语境，即范围；怎样使用或看见名字，即可见性；事物如何正确、一致地相互联系，即完整性；运行或模拟动态模型的含义是什么，即执行。
- 公共机制。公共机制是指达到特定目标的公共 UML 方法，主要包括规格说明（详细说明）、修饰、公共分类（通用划分）和扩展机制四种。

1）UML 中的事物

UML 中的事物也称为建模元素，包括结构事物（structural things）、行为事物（behavioral things，也称动作事物）、分组事物（grouping things）和注释事物（annotational things，也称注解事物）。这些事物是 UML 模型中最基本的 OO 构造块。

（1）结构事物：结构事物在模型中属于最静态的部分，代表概念上或物理上的元素。UML 有七种结构事物，分别是类、接口、协作、用例、活动类、构件和节点。

（2）行为事物：行为事物是 UML 模型中的动态部分，代表时间和空间上的动作。UML 有两种主要的行为事物。第一种是交互（内部活动），交互是由一组对象之间在特定上下文中，为达到特定目的而进行的一系列消息交换而组成的动作。交互中组成动作的对象的每个操作都要详细列出，包括消息、动作次序（消息产生的动作）、连接（对象之间的连接）；第二种是状态机，状态机由一系列对象的状态组成。

（3）分组事物：分组事物是 UML 模型中组织的部分，可以把它们看成是个盒子，模型可以在其中进行分解。UML 只有一种分组事物，称为包。包是一种将有组织的元素分组的机制。与构件不同的是，包纯粹是一种概念上的事物，只存在于开发阶段，而构件可以存在于系统运行阶段。

（4）注释事物：注释事物是 UML 模型的解释部分。

2）UML 中的关系

UML 用关系把事物结合在一起，主要有下列四种关系：

（1）依赖（dependency）：依赖是两个事物之间的语义关系，其中一个事物发生变化会影响另一个事物的语义。

（2）关联（association）：关联描述一组对象之间连接的结构关系。

（3）泛化（generalization）：泛化是一般化和特殊化的关系，描述特殊元素的对象可替换一般元素的对象。

（4）实现（realization）：实现是类之间的语义关系，其中的一个类指定了由另一个类保证执行的契约。

3）UML 2.0 中的图

UML 2.0 包括 14 种图，分别列举如下：

（1）类图（class diagram）：类图描述一组类、接口、协作和它们之间的关系。在 OO 系统的建模中，最常见的图就是类图。类图给出了系统的静态设计视图，活动类的类图给出了系统的静态进程视图。

（2）对象图（object diagram）：对象图描述一组对象及它们之间的关系。对象图描述了在类图中所建立的事物实例的静态快照。和类图一样，这些图给出系统的静态设计视图或静态进程视图，但它们是从真实案例或原型案例的角度建立的。

（3）构件图（component diagram）：构件图描述一个封装的类和它的接口、端口，以及由内嵌的构件和连接件构成的内部结构。构件图用于表示系统的静态设计实现视图。对于由小的部件构建大的系统来说，构件图是很重要的。构件图是类图的变体。

（4）组合结构图（composite structure diagram）：组合结构图描述结构化类（例如，构件或类）的内部结构，包括结构化类与系统其余部分的交互点。组合结构图用于画出结构化类的内部内容。

（5）用例图（use case diagram）：用例图描述一组用例、参与者及它们之间的关系。用例图给出系统的静态用例视图。这些图在对系统的行为进行组织和建模时是非常重要的。

（6）顺序图（sequence diagram，也称序列图）：顺序图是一种交互图（interaction diagram），交互图展现了一种交互，它由一组对象或参与者以及它们之间可能发送的消息构成。交互图专注于系统的动态视图。顺序图是强调消息的时间次序的交互图。

（7）通信图（communication diagram）：通信图也是一种交互图，它强调收发消息的对象或参与者的结构组织。顺序图和通信图表达了类似的基本概念，但它们所强调的概念不同，顺序图强调的是时序，通信图强调的是对象之间的组织结构（关系）。在 UML 1.X 版本中，通信图称为协作图（collaboration diagram）。

（8）定时图（timing diagram，也称计时图）：定时图也是一种交互图，它强调消息跨越不同对象或参与者的实际时间，而不仅仅只是关心消息的相对顺序。

（9）状态图（state diagram）：状态图描述一个状态机，它由状态、转移、事件和活动组成。状态图给出了对象的动态视图。它对于接口、类或协作的行为建模尤为重要，而且它强调事件导致的对象行为，这非常有助于对反应式系统建模。

（10）活动图（activity diagram）：活动图将进程或其他计算结构展示为计算内部一步步的控制流和数据流。活动图专注于系统的动态视图。它对系统的功能建模和业务流程建模特别重要，并强调对象间的控制流程。

（11）部署图（deployment diagram）：部署图描述对运行时的处理节点及在其中生存的构件的配置。部署图给出了架构的静态部署视图，通常一个节点包含一个或多个部署图。

（12）制品图（artifact diagram）：制品图描述计算机中一个系统的物理结构。制品包括文件、数据库和类似的物理比特集合。制品图通常与部署图一起使用。制品也给出了它们实现的类和构件。

（13）包图（package diagram）：包图描述由模型本身分解而成的组织单元，以及它们之间的依赖关系。

（14）交互概览图（interaction overview diagram）：交互概览图是活动图和顺序图的混合物。

4）UML 视图

UML 对系统架构的定义是系统的组织结构，包括系统分解的组成部分，以及它们的关联性、交互机制和指导原则等提供系统设计的信息。具体来说，就是指以下 5 个系统视图：

（1）逻辑视图：逻辑视图也称为设计视图，它表示了设计模型中在架构方面具有重要意义的部分，即类、子系统、包和用例实现的子集。

（2）进程视图：进程视图是可执行线程和进程作为活动类的建模，它是逻辑视图的一次执行实例，描述了并发与同步结构。

（3）实现视图：实现视图对组成基于系统的物理代码的文件和构件进行建模。

（4）部署视图：部署视图把构件部署到一组物理节点上，表示软件到硬件的映射和分布结构。

（5）用例视图：用例视图是最基本的需求分析模型。

另外，UML 还允许在一定的阶段隐藏模型的某些元素、遗漏某些元素，以及不保证模型的完整性，但模型逐步地要达到完整和一致。

8. 面向对象分析

OOA 的基本任务是运用 OO 方法，对问题域进行分析和理解，正确认识其中的事物及它们之间的关系，找出描述问题域和系统功能所需的类和对象，定义它们的属性和职责，以及它们之间所形成的各种联系。最终产生一个符合用户需求，并能直接反映问题域和系统功能的 OOA 模型及其详细说明。

OOA 模型独立于具体实现，即不考虑与系统具体实现有关的因素，这也是 OOA 和 OOD 的区别之所在。OOA 的任务是“做什么”，OOD 的任务是“怎么做”。

面向对象分析阶段的核心工作是建立系统的用例模型与分析模型。

1）用例模型

SA（结构化分析）方法采用功能分解的方式来描述系统功能，在这种表达方式中，系统功能被分解到各个功能模块中，通过描述细分的系统模块的功能来达到描述整个系统功能的目的。采用 SA 方法来描述系统需求，很容易混淆需求和设计的界限，这样的描述实际上已经包含了部分的设计在内。因此，系统分析师常常感到迷惑，不知道系统需求应该详细到何种程度。一个极端的做法就是将需求详细到概要设计，因为这样的需求描述既包含了外部需求也包含了内部设计。SA 方法的另一个缺点是分割了各项系统功能的应用环境，从各项功能项入手，很难了解到这些功能项如何相互关联来实现一个完整的系统服务的。

从用户的角度来看，他们并不想了解系统的内部结构和设计，他们所关心的是系统所能提供的服务，这就是用例方法的基本思想。用例方法是一种需求合成技术，先获取需求，记录下来，然后从这些零散的要求和期望中进行整理与提炼，从而建立用例模型。在 OOA 方法中，构建用例模型一般需要经历四个阶段，分别是识别参与者、合并需求获得用例、细化用例描述和调整用例模型，其中前三个阶段是必需的。

（1）识别参与者：参与者是与系统交互的所有事物，该角色不仅可以由人承担，还可以是其他系统和硬件设备，甚至是系统时钟。参与者一定在系统之外，不是系统的一部分。可以通过下列问题来帮助系统分析师发现系统的参与者：谁使用这个系统？谁安装这个系统？谁启动这个系统？谁维护这个系统？谁关闭这个系统？哪些（其他的）系统使用这个系统？谁从这个系统获取信息？谁为这个系统提供信息？是否有事情自动在预计的时间发生？

（2）合并需求获得用例：将参与者都找到之后，接下来就是仔细地检查参与者，为每一个参与者确定用例。首先，要将获取到的需求分配给与其相关的参与者，以便可以针对每个参与者进行工作，而无遗漏；其次，进行合并操作。在合并之前，要明确为什么要合并，知道了合并的目的，才可能选择正确的合并操作。合并后，将产生用例。将识别到的参与者和合并生成的用例，通过用例图的形式整理出来，以获得用例模型的框架。

（3）细化用例描述：用例建模的主要工作是书写用例规约（use case specification），

而不是画图。用例模板为一个给定项目的所有人员定义了用例规约的结果，其内容至少包括用例名、参与者、目标、前置条件、事件流（基本事件流和扩展事件流）和后置条件等，其他的还可以包括非功能需求和用例优先级等。

（4）调整用例模型：在建立了初步的用例模型后，还可以利用用例之间的关系来调整用例模型。用例之间的关系主要有包含、扩展和泛化，利用这些关系，把一些公共的信息抽取出来，以便于复用，使得用例模型更易于维护。

- 包含关系。当可以从两个或两个以上的用例中提取公共行为时，应该使用包含关系来表示它们。其中这个提取出来的公共用例称为抽象用例，而把原始用例称为基本用例或基础用例。
- 扩展关系。如果一个用例明显地混合了两种或两种以上的不同场景，即根据情况可能发生多种分支，则可以将这个用例分为一个基本用例和一个或多个扩展用例，这样使描述可能更加清晰。
- 泛化关系。当多个用例共同拥有一种类似的结构和行为的时候，可以将它们的共性抽象成为父用例，其他的用例作为泛化关系中的子用例。在用例的泛化关系中，子用例是父用例的一种特殊形式，子用例继承了父用例所有的结构、行为和关系。

2）分析模型

前文从用户的观点对系统进行了用例建模，但捕获了用例并不意味着分析的结束，还要对需求进行深入分析，获取关于问题域本质内容的分析模型。分析模型描述系统的基本逻辑结构，展示对象和类如何组成系统（静态模型），以及它们如何保持通信，实现系统行为（动态模型）。

为了使模型独立于具体的开发语言，系统分析师需要把注意力集中在概念性问题上而不是软件技术问题上，这些技术的起点就是领域模型。领域模型又称为概念模型或简称为域模型，也就是找到那些代表事物与概念的对象，即概念类。概念类可以从用例模型中获得灵感，经过完善将形成分析模型中的分析类。每一个用例对应一个类图，描述参与这个用例实现的所有概念类，而用例的实现主要通过交互图来表示。例如，用例的事件流会对应产生一个顺序图，描述相关对象如何通过合作来完成整个事件流，复杂的备选事件流也可以产生一个或多个顺序图。所有这些图的集合就构成了系统的分析模型。

建立分析模型的过程大致包括定义概念类、确定类之间的关系、为类添加职责、建立交互图等，其中有学者将前三个步骤统称为 CRC（Class-Responsibility-Collaborator，类-责任-协作者）建模。

类之间的主要关系有关联、依赖、泛化、聚合、组合和实现等，它们在 UML 中的表示方式，如图 1-10 所示。

（1）关联关系。关联提供了不同类的对象之间的结构关系，它在一段时间内将多个类的实例连接在一起。关联体现的是对象实例之间的关系，而不表示两个类之间的关系。其余的关系涉及类元自身的描述，而不是它们的实例。对于关联关系的描述，可以使用关联名称、角色、多重性和导向性来说明。

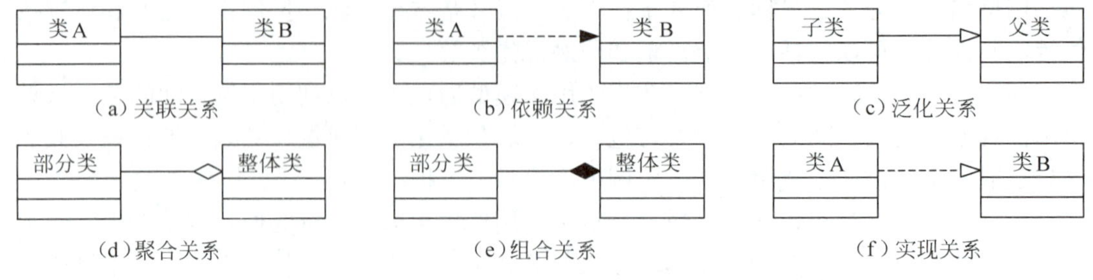

图 1-10 类之间的关系表示

（2）依赖关系。两个类 A 和 B，如果 B 的变化可能会引起 A 的变化，则称类 A 依赖于类 B。依赖可以由各种原因引起，例如，一个类向另一个类发送消息、一个类是另一个类的数据成员、一个类是另一个类的某个操作参数等。

（3）泛化关系。泛化关系描述了一般事物与该事物中的特殊种类之间的关系，也就是父类与子类之间的关系。继承关系是泛化关系的反关系，也就是说，子类继承了父类，而父类则是子类的泛化。

（4）共享聚集。共享聚集关系通常简称为聚合关系，它表示类之间的整体与部分的关系，其含义是“部分”可能同时属于多个“整体”，“部分”与“整体”的生命周期可以不相同。例如，汽车和车轮就是聚合关系，车子坏了，车轮还可以用；车轮坏了，可以再换一个新的。

（5）组合聚集。组合聚集关系通常简称为组合关系，它也是表示类之间的整体与部分的关系。与聚合关系的区别在于，组合关系中的“部分”只能属于一个“整体”，“部分”与“整体”的生命周期相同，“部分”随着“整体”的创建而创建，也随着“整体”的消亡而消亡。例如，一个公司包含多个部门，它们之间的关系就是组合关系。公司一旦倒闭，也就没有部门了。

（6）实现关系。实现关系将说明和实现联系起来。接口是对行为而非实现的说明，而类中则包含了实现的结构。一个或多个类可以实现一个接口，而每个类分别实现接口中的操作。

1.4.2 软件架构设计

软件架构为软件系统提供了一个结构、行为和属性的高级抽象，由构件的描述、构件的相互作用（连接件）、指导构件集成的模式以及这些模式的约束组成。软件架构不仅指定了系统的组织结构和拓扑结构，并且显示了系统需求和构件之间的对应关系，提供了一些设计决策的基本原理。

软件架构虽脱胎于软件工程，但其形成同时借鉴了计算机架构和网络架构中很多宝贵的思想和方法。近年来，软件架构已完全独立于软件工程，成为计算机科学的一个最新的研究方向和独立学科分支。软件架构研究的主要内容涉及软件架构描述、软件架构风格、软件架构评估和软件架构的形式化方法等。解决好软件的复用、质量和维护问题，是研究软件架构的根本目的。

1. 软件架构风格

软件架构设计的一个核心问题是能否达到架构级的软件复用，也就是说，能否在不同的系统中，使用同一个软件架构。软件架构风格是描述某一特定应用领域中系统组织方式的惯用模式（idiomatic paradigm）。架构风格定义了一个系统“家族”，即一个架构定义、一个词汇表和一组约束。词汇表中包含一些构件和连接件类型，而约束指出系统是如何将这些构件和连接件组合起来的。架构风格反映了领域中众多系统所共有的结构和语义特性，并指导如何将各个构件有效地组织成一个完整的系统。

Garlan 和 Shaw 对通用软件架构风格进行了分类，他们将软件架构分为数据流风格、调用/返回风格、独立构件风格、虚拟机风格和仓库风格。

（1）数据流风格：数据流风格包括批处理序列和管道/过滤器两种风格。

（2）调用/返回风格：调用/返回风格包括主程序/子程序、数据抽象和面向对象，以及层次结构。

（3）独立构件风格：独立构件风格包括进程通信和事件驱动的系统。

（4）虚拟机风格：虚拟机风格包括解释器和基于规则的系统。

（5）仓库风格：仓库风格包括数据库系统、黑板系统和超文本系统。

2. 软件架构评估

软件架构设计是软件开发过程中关键的一步。对于当今世界上庞大而复杂的系统来说，没有一个合适的架构而要有一个成功的软件设计几乎是不可想象的。不同类型的系统需要不同的架构，甚至一个系统的不同子系统也需要不同的架构。架构的选择往往会成为一个系统设计成败的关键。但是，怎样才能知道为系统所选用的架构是恰当的呢？如何确保按照所选用的架构能顺利地开发出成功的软件产品呢？要回答这些问题并不容易，因为它受到很多因素的影响，需要专门的方法来对其进行评估。软件架构评估可以只针对一个架构，也可以针对一组架构。在架构评估过程中，评估人员所关注的是系统的质量属性。

在分析具体架构评估方法之前，我们先来了解两个概念，分别是敏感点（sensitivity point）和权衡点（tradeoff point）。敏感点是一个或多个构件（和/或构件之间的关系）的特性，权衡点是影响多个质量属性的特性，是多个质量属性的敏感点。例如，改变加密级别可能会对安全性和性能产生非常重要的影响。提高加密级别可以提高安全性，但可能要耗费更多的处理时间，影响系统性能。如果某个机密消息的处理有严格的时间延迟要求，则加密级别可能就会成为一个权衡点。

从目前已有的软件架构评估技术来看，可以归纳为三类主要的评估方式，分别是基于调查问卷（或检查表）的方式、基于场景的方式和基于度量的方式。这三种评估方式中，基于场景的评估方式最为常用。

基于场景的方式主要包括：架构权衡分析法（Architecture Tradeoff Analysis Method，ATAM）、软件架构分析法（Software Architecture Analysis Method，SAAM）和成本效益分析法（Cost Benefit Analysis Method，CBAM）中。在架构评估中，一般采用刺激（stimulus）、环境（environment）和响应（response）三方面来对场景进行描述。刺激是场景中解释或描述项目干系人怎样引发与系统的交互部分，环境描述的是刺激发生时的情况，响应是指系统是如何通过架构对刺激作出反应的。

基于场景的方式分析软件架构对场景的支持程度，从而判断该架构对这一场景所代表的质量需求的满足程度。例如，用一系列对软件的修改来反映易修改性方面的需求，用一系列攻击性操作来代表安全性方面的需求等。这一评估方式考虑到了所有与系统相关的人员对质量的要求，涉及的基本活动包括确定应用领域的功能和软件架构之间的映射，设计用于体现待评估质量属性的场景，以及分析软件架构对场景的支持程度。

不同的系统对同一质量属性的理解可能不同，例如，对操作系统来说，可移植性被理解为系统可在不同的硬件平台上运行，而对于普通的应用系统而言，可移植性往往是指该系统可在不同的操作系统上运行。由于存在这种不一致性，对一个领域适合的场景设计在另一个领域内未必合适，因此，基于场景的评估方式是特定于领域的。这一评估方式的实施者一方面需要有丰富的领域知识，以对某一质量需求设计出合理的场景；另一方面，必须对待评估的软件架构有一定的了解，以准确判断它是否支持场景描述的一系列活动。

1.4.3 软件设计

软件设计是需求分析的延伸与拓展。需求分析阶段解决“做什么”的问题，而软件设计阶段解决“怎么做”的问题。同时，它也是系统实施的基础，为系统实施工作做好铺垫。合理的软件设计方案既可以保证系统的质量，也可以提高开发效率，确保系统实施工作的顺利进行。从方法上来说，软件设计分为结构化设计与面向对象设计。

1. 结构化设计

SD 是一种面向数据流的方法，它以 SRS 和 SA 阶段所产生的 DFD 和数据字典等文档为基础，是一个自顶向下、逐步求精和模块化的过程。SD 方法的基本思想是将软件设计成由相对独立且具有单一功能的模块组成的结构，分为概要设计和详细设计两个阶段，其中概要设计又称为总体结构设计，它是开发过程中很关键的一步，其主要任务是将系统的功能需求分配给软件模块，确定每个模块的功能和调用关系，形成软件的模块结构图，即系统结构图。在概要设计中，将系统开发的总任务分解成许多个基本的、具体的任务，而为每个具体任务选择适当的技术手段和处理方法的过程称为详细设计。根据任务的不同，详细设计又可分为多种，例如，输入/输出设计、处理流程设计、数据存储设计、用户界面设计、安全性和可靠性设计等。

在 SD 中，需要遵循一个基本的原则：高内聚，低耦合。内聚表示模块内部各成分之间的联系程度，是从功能角度来度量模块内的联系，一个好的内聚模块应当恰好做目标单一的一件事情；耦合表示模块之间联系的程度。紧密耦合表示模块之间联系非常强，松散耦合表示模块之间联系比较弱，非耦合则表示模块之间无任何联系，是完全独立的。

2. 面向对象设计

OOD 是 OOA 方法的延续，其基本思想包括抽象、封装和可扩展性，其中可扩展性主要通过继承和多态来实现。在 OOD 中，数据结构和在数据结构上定义的操作算法封装在一个对象之中。由于现实世界中的事物都可以抽象出对象的集合，所以 OOD 方法是一种更接近现实世界、更自然的软件设计方法。

OOD 的主要任务是对类和对象进行设计，包括类的属性、方法，以及类与类之间的关系。OOD 的结果就是设计模型。对于 OOD 而言，在支持可维护性的同时，提高软件的可复用性是一个至关重要的问题，如何同时提高软件的可维护性和可复用性，是 OOD 需要解决的核心问题之一。在 OOD 中，可维护性的复用是以设计原则为基础的。常用的 OOD 原则如下。

（1）单一职责原则：设计功能单一的类。本原则与结构化方法的高内聚原则是一致的。

（2）开放-封闭原则：对扩展开放，对修改封闭。

（3）李氏（Liskov）替换原则：子类可以替换父类。

（4）依赖倒置原则：要依赖于抽象，而不是具体实现；针对接口编程，不要针对实现编程。

（5）接口隔离原则：使用多个专门的接口比使用单一的总接口要好。

（6）组合重用原则：要尽量使用组合，而不是继承关系达到重用目的。

（7）迪米特（Demeter）原则（最少知识法则）：一个对象应当对其他对象有尽可能少的了解。本原则与结构化方法的低耦合原则是一致的。

3. 设计模式

设计模式是前人经验的总结，它使人们可以方便地复用成功的软件设计。当人们在特定的环境下遇到特定类型的问题，采用他人已使用过的一些成功的解决方案，一方面可以降低分析、设计和实现的难度，另一方面可以使系统具有更好的可复用性和灵活性。设计模式包含模式名称、问题、目的、解决方案、效果、实例代码和相关设计模式等基本要素。

根据处理范围不同，设计模式可分为类模式和对象模式。类模式处理类和子类之间的关系，这些关系通过继承建立，在编译时刻就被确定下来，属于静态关系；对象模式处理对象之间的关系，这些关系在运行时刻变化，更具动态性。

根据目的和用途不同，设计模式可分为创建型（Creational）模式、结构型（Structural）

模式和行为型（Behavioral）模式三种。创建型模式主要用于创建对象，包括工厂方法模式、抽象工厂模式、原型模式、单例模式和建造者模式等；结构型模式主要用于处理类或对象的组合，包括适配器模式、桥接模式、组合模式、装饰模式、外观模式、享元模式和代理模式等；行为型模式主要用于描述类或对象的交互以及职责的分配，包括职责链模式、命令模式、解释器模式、迭代器模式、中介者模式、备忘录模式、观察者模式、状态模式、策略模式、模板方法模式、访问者模式等。

1.4.4 软件工程的过程管理

在无规则和混乱的管理条件下，先进的软件开发技术和工具并不能发挥应有的作用。于是，人们认识到，改进软件过程的管理是解决上述难题的突破口。但是，各个软件组织的过程成熟度有着较大的差别。为了做出客观、公正的比较，就需要建立一种衡量的标准。使用此标准一方面可以评价软件开发方的质量保证能力，在软件项目评标活动中选择开发方；另一方面，该标准也必然成为软件组织加强质量管理和提高软件产品质量的依据。

软件过程是软件生命周期中的一系列相关活动，即用于开发和维护软件及相关产品的一系列活动。软件产品的质量取决于软件过程，具有良好软件过程的组织能够开发出高质量的软件产品。在软件过程管理方面，最著名的是能力成熟度模型集成（Capability Maturity Model Integration，CMMI），它融合了多种模型，形成了组织范围内过程改进的单一集成模型，其主要目的是消除不同模型之间的不一致和重复，降低基于模型进行改进的成本。CMMI 继承了 CMM 的阶段表示法和 EIA/IS731 的连续式表示法。这两种表示方法各有优缺点，均采用统一的 24 个过程域，它们在逻辑上是等价的，对同一个组织采用两种模型分别进行 CMMI 评估，得到的结论应该是相同的。

（1）阶段式模型。阶段式模型基本沿袭 CMM 模型框架，仍保持 4 个成熟等级，但关键过程域做了一些调整和扩充，如表 1-2 所示。

表 1-2 过程域的阶段式分组

成熟度等级	过 程 域
可管理级	需求管理、项目计划、配置管理、项目监督与控制、供应商合同管理、度量和分析、过程和产品质量保证
已定义级	需求开发、技术解决方案、产品集成、验证、确认、组织级过程焦点、组织级过程定义、组织级培训、集成项目管理、风险管理、集成化的团队、决策分析和解决方案、组织级集成环境
量化管理级	组织级过程性能、定量项目管理
优化管理级	组织级改革与实施、因果分析和解决方案

当组织通过了某一等级过程域中的全部过程，即意味着该组织的成熟度达到了这一等级。利用阶段式模型对组织进行成熟度度量，概念清晰、易于理解、便于操作。

（2）连续式模型。与阶段式模型相比，连续式模型没有与组织成熟度相关的几个阶段。连续式模型将 24 个过程域按照功能划分为过程管理、项目管理、工程和支持四个过程组。每组包含的过程域如表 1-3 所示。

表 1-3 连续式模型的过程域分组

连续式分组	过 程 域
过程管理	组织级过程焦点、组织级过程定义、组织级培训、组织级过程性能、组织级改革与实施
项目管理	项目计划、项目监督与控制、供应商合同管理、集成项目管理、风险管理、集成化的团队、定量项目管理
工程	需求管理、需求开发、技术解决方案、产品集成、验证、确认
支持	配置管理、度量和分析、过程和产品质量保证、决策分析和解决方案、组织级集成环境、因果分析和解决方案

1.4.5 软件测试及其管理

软件测试是在将软件交付给客户之前所必须完成的重要步骤。目前，软件的正确性证明尚未得到根本的解决，软件测试仍是发现软件错误（缺陷）的主要手段。根据国家标准《计算机软件测试规范（GB/T 15532—2008）》，软件测试的目的是验证软件是否满足软件开发合同或项目开发计划、系统/子系统设计文档、SRS、软件设计说明和软件产品说明等规定的软件质量要求。通过测试，发现软件缺陷，为软件产品的质量测量和评价提供依据。

GB/T 15532—2008 还规定了测试用例设计原则和测试用例要素。其中，测试用例设计的原则有基于测试需求的原则、基于测试方法的原则、兼顾测试充分性和效率的原则、测试执行的可再现性原则；每个测试用例应包括名称和标识、测试追踪、用例说明、测试的初始化要求、测试的输入、期望的测试结果、评价测试结果的准则、操作过程、前提和约束、测试终止条件。

1. 测试的方法

软件测试方法可分为静态测试和动态测试。静态测试是指被测试程序不在机器上运行，而采用人工检测和计算机辅助静态分析的手段对程序进行检测。静态测试包括对文档的静态测试和对代码的静态测试。对文档的静态测试主要以检查单的形式进行，而对代码的静态测试一般采用桌前检查（Desk Checking）、代码走查和代码审查。经验表明，使用这种方法能够有效地发现 30%～70%的逻辑设计和编码错误。

动态测试是指在计算机上实际运行程序进行软件测试，一般采用白盒测试和黑盒测试方法。白盒测试也称为结构测试，主要用于软件单元测试中。它的主要思想是，将程序看作是一个透明的白盒，测试人员完全清楚程序的结构和处理算法，按照程序内部逻辑结构设计测试用例，检测程序中的主要执行通路是否都能按预定要求正确工作。白盒测试方法主要有控制流测试、数据流测试和程序变异测试等。另外，使用静态测试的方法也可以实现白盒测试。例如，使用人工检查代码的方法来检查代码的逻辑问题，也属于白盒测试的范畴。白盒测试方法中，最常用的技术是逻辑覆盖，即使用测试数据运行被测程序，考察对程序逻辑的覆盖程度。主要的覆盖标准有语句覆盖、判定覆盖、条件覆盖、条件/判定覆盖、条件组合覆盖、修正的条件/判定覆盖和路径覆盖等。

黑盒测试也称为功能测试，主要用于集成测试、确认测试和系统测试中。黑盒测试将程序看作是一个不透明的黑盒，完全不考虑（或不了解）程序的内部结构和处理算法，而只检查程序功能是否能按照 SRS 的要求正常使用，程序是否能适当地接收输入数据并产生正确的输出信息，程序运行过程中能否保持外部信息（例如，文件和数据库等）的完整性等。黑盒测试根据 SRS 所规定的功能来设计测试用例，一般包括等价类划分、边界值分析、判定表、因果图、状态图、随机测试、猜错法和正交试验法等。

2. 测试的类型

根据国家标准 GB/T 15532—2008，软件测试可分为单元测试、集成测试、确认测试、系统测试、配置项测试和回归测试等类别。

（1）单元测试。单元测试也称为模块测试，测试的对象是可独立编译或汇编的程序模块、软件构件或 OO 软件中的类（统称为模块），其目的是检查每个模块能否正确地实现设计说明中的功能、性能、接口和其他设计约束等条件，发现模块内可能存在的各种差错。单元测试的技术依据是软件详细设计说明书，着重从模块接口、局部数据结构、重要的执行通路、出错处理通路和边界条件等方面对模块进行测试。

（2）集成测试。集成测试的目的是检查模块之间，以及模块和已集成的软件之间的接口关系，并验证已集成的软件是否符合设计要求。集成测试的技术依据是软件概要设计文档。除应满足一般的测试准入条件外，在进行集成测试前还应确认待测试的模块均已通过单元测试。

（3）确认测试。确认测试主要用于验证软件的功能、性能和其他特性是否与用户需求一致。根据用户的参与程度，通常包括以下类型。

- 内部确认测试。内部确认测试主要由软件开发组织内部按照 SRS 进行测试。
- Alpha 测试和 Beta 测试。对于通用产品型的软件开发而言，Alpha 测试是指由用户在开发环境下进行测试，通过 Alpha 测试以后的产品通常称为 Alpha 版；Beta 测试是指由用户在实际使用环境下进行测试，通过 Beta 测试的产品通常称为 Beta 版。一般在通过 Beta 测试后，才能把产品发布或交付给用户。
- 验收测试。验收测试是指针对 SRS，在交付前以用户为主进行的测试。其测试对象为完整的、集成的计算机系统。验收测试的目的是，在真实的用户工作环境下，检验软件系统是否满足开发技术合同或 SRS。验收测试的结论是用户确定是否接收该软件的主要依据。除应满足一般测试的准入条件外，在进行验收测试之前，应确认被测软件系统已通过系统测试。

（4）系统测试。系统测试的对象是完整的、集成的计算机系统，系统测试的目的是在真实系统工作环境下，验证完整的软件配置项能否和系统正确连接，并满足系统/子系统设计文档和软件开发合同规定的要求。系统测试的技术依据是用户需求或开发合同，除应满足一般测试的准入条件外，在进行系统测试前，还应确认被测系统的所有配置项已通过测试，对需要固化运行的软件还应提供固件。一般来说，系统测试的主要内容包括功能测试、健壮性测试、性能测试、用户界面测试、安全性测试、安装与反安装测试等，其中，最重要的工作是进行功能测试与性能测试。功能测试主要采用黑盒测试方法；性能测试主要验证软件系统在承担一定负载的情况下所表现出来的特性是否符合客户的需要，主要指标有响应时间、吞吐量、并发用户数和资源利用率等。

（5）配置项测试。配置项测试的对象是软件配置项，配置项测试的目的是检验软件配置项与 SRS 的一致性。配置项测试的技术依据是 SRS（含接口需求规格说明）。除应满足一般测试的准入条件外，在进行配置项测试之前，还应确认被测软件配置项已通过单元测试和集成测试。

（6）回归测试。回归测试的目的是测试软件变更之后，变更部分的正确性和对变更需求的符合性，以及软件原有的、正确的功能、性能和其他规定的要求的不损害性。回归测试的对象主要包括以下四个方面。

- 未通过软件单元测试的软件，在变更之后，应对其进行单元测试。
- 未通过配置项测试的软件，在变更之后，首先应对变更的软件单元进行测试，然后再进行相关的集成测试和配置项测试。
- 未通过系统测试的软件，在变更之后，首先应对变更的软件单元进行测试，然后再进行相关的集成测试、配置项测试和系统测试。
- 因其他原因进行变更之后的软件单元，也首先应对变更的软件单元进行测试，然后再进行相关的软件测试。

3. 面向对象的测试

OO 系统的测试目标与传统信息系统的测试目标是一致的，但 OO 系统的测试策略与传统的结构化系统的测试策略有很大的不同，这种不同主要体现在两个方面，分别是测试的焦点从模块移向了类，以及测试的视角扩大到了分析和设计模型。

与传统的结构化系统相比，OO 系统具有三个明显特征，即封装性、继承性与多态性。正是由于这三个特征，给 OO 系统的测试带来了一系列的困难。封装性决定了 OO 系统的测试必须考虑到信息隐蔽原则对测试的影响，以及对象状态与类的测试序列；继承性决定了 OO 系统的测试必须考虑到继承对测试充分性的影响，以及误用引起的错误；多态性决定了 OO 系统的测试必须考虑到动态绑定对测试充分性的影响、抽象类的测试，以及误用对测试的影响。

4. 软件调试

软件调试（排错）与成功的测试形影相随。测试成功的标志是发现了错误，根据错误迹象确定错误的原因和准确位置，并加以改正，主要依靠软件调试技术。软件调试是一个相当艰苦的过程，究其原因，除了开发人员心理方面的障碍外，还因为隐藏在程序中的错误具有下列特殊的性质。

（1）错误的外部征兆远离引起错误的内部原因，对于高度耦合的程序结构，此类现象更为严重。

（2）纠正一个错误造成了另一个错误现象（暂时）的消失。

（3）某些错误征兆只是假象。

（4）因操作人员一时疏忽造成的某些错误征兆不易追踪。

（5）错误是由于分时而不是程序引起的。

（6）输入条件难以精确地再构造（例如，某些实时应用的输入次序不确定）。

（7）错误征兆时有时无，此现象对嵌入式系统尤其普遍。

（8）错误是由于把任务分布在若干台不同处理机上运行而造成的。

尽管软件调试不是一门好学的技术，但还是有若干行之有效的方法和策略的，常用的软件调试策略可以分为蛮力法、回溯法和原因排除法三类。软件调试与测试的区别主要体现在以下几个方面。

（1）测试的目的是找出存在的错误，而调试的目的是定位错误并修改程序以修正错误。

（2）调试是测试之后的活动，测试和调试在目标、方法和思路上都有所不同。

（3）测试从一个已知的条件开始，使用预先定义的过程，有预知的结果；调试从一个未知的条件开始，结束的过程不可预计。

（4）测试过程可以事先设计，进度可以事先确定；调试不能描述过程或持续时间。

5. 软件测试管理

软件测试的管理包括过程管理、配置管理和评审工作。

（1）过程管理。过程管理包括测试活动管理和测试资源管理。软件测试应由相对独立的人员进行。根据软件项目的规模、完整性级别和测试类别，软件测试可由不同机构组织实施。一般情况下，软件测试人员应包括测试项目负责人、测试分析员、测试设计员、测试程序员、测试员、测试系统管理员和配置管理员等。

开始软件测试工作，一般应具备下列条件（准入条件）：具有测试合同（或项目计划）；具有软件测试所需的各种文档；所提交的被测软件已受控；软件源代码已正确通过编译或汇编。

结束软件测试工作，一般应达到下列条件（准出条件）：已按要求完成了合同（或项目计划）所规定的软件测试任务；实际测试过程遵循了原定的软件测试计划和软件测试说明；客观、详细地记录了软件测试过程和软件测试中发现的所有问题；软件测试文档齐全，符合规范；软件测试的全过程自始至终在控制下进行；软件测试中的问题或异常有合理解释或正确有效的处理；软件测试工作通过了测试评审；全部测试工具、被测软件、测试支持软件和评审结果已纳入配置管理。

（2）配置管理。应按照软件配置管理的要求，将测试过程中产生的各种工作产品纳入配置管理。由开发组织实施的软件测试，应将测试工作产品纳入软件项目的配置管理；由独立测试组织实施的软件测试，应建立配置管理库，将被测试对象和测试工作产品纳入配置管理。

（3）评审。测试过程中的评审包括测试就绪评审和测试评审。测试就绪评审是指在测试执行前对测试计划和测试说明等进行评审，评审测试计划的合理性和测试用例的正确性、完整性和覆盖充分性，以及测试组织、测试环境和设备、工具是否齐全并符合技术要求等；测试评审是指在测试完成后，评审测试过程和测试结果的有效性，确定是否达到测试目的，主要对测试记录和测试报告进行评审。

1.4.6 软件集成技术

在企业信息化建设的过程中，由于缺乏统一规划和总体布局，往往形成多个信息孤岛。信息孤岛使数据的一致性无法得到保证，信息无法共享和反馈，需要重复多次的采集和输入。信息孤岛是企业信息化一个重要的负面因素，其主要原因既有技术因素也有管理因素，还有业务流程和标准方面的因素。如何将众多的信息孤岛联系起来，以便让不同的系统之间交互信息，是当前很多企业都面临的一个问题。

此时集成技术应运而生，集成包括软硬件以及网络的集成，在本节我们主要介绍软件层次的集成技术——企业应用集成（Enterprise Application Integration，EAI）。

企业应用集成技术可以消除信息孤岛，它将多个企业信息系统连接起来，实现无缝集成，使它们就像一个整体一样。EAI 是伴随着企业信息系统的发展而产生和演变的，企业的价值取向是推动 EAI 技术发展的原动力，而 EAI 的实现反过来也驱动企业竞争优势的提升。

EAI 所连接的应用包括各种电子商务系统、ERP、CRM、SCM、OA、数据库系统和数据仓库等。从单个企业的角度来说，EAI 可以包括表示集成、数据集成、控制集成和业务流程集成等多个层次和方面。当然，也可以在多个企业之间进行应用集成。

1. 表示集成

表示集成也称为界面集成，这是比较原始和最浅层次的集成，但又是常用的集成。这种方法将用户界面作为公共的集成点，把原有零散的系统界面集中在一个新的界面中。其模型，如图 1-11 所示。

表示集成是黑盒集成，无须了解程序与数据库的内部构造。常用的集成技术主要有屏幕截取和输入模拟技术。表示集成通常应用于以下几种情况。

（1）在现有的基于终端的应用系统上配置基于 PC（Personal Computer，个人计算机）的用户界面。

（2）为用户提供一个看上去统一，但是由多个系统组成的应用系统。

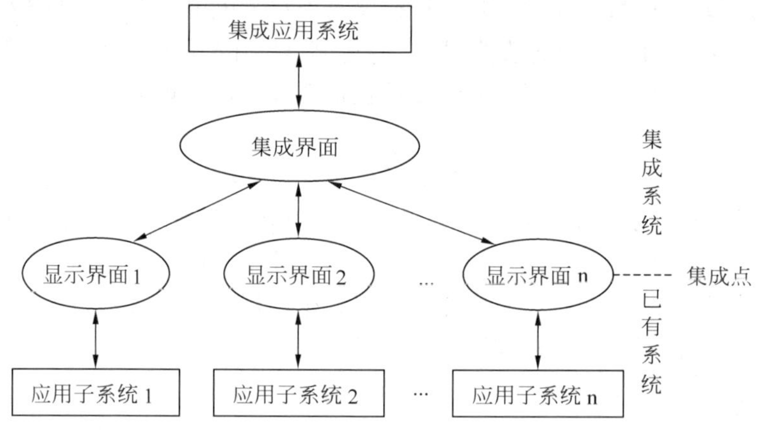

图 1-11　表示集成示意图

（3）当只有可能在显示界面上实现集成时。

从图 1-11 中可以看出，表示集成的实现是很简单的，也是很不彻底的，只是做了一层“外装修”，而额外多出来的集成界面也将可能成为系统的性能瓶颈。

2. 数据集成

为了完成控制集成和业务流程集成，必须首先解决数据和数据库的集成问题。在集成之前，必须首先对数据进行标识并编成目录，另外还要确定元数据模型，保证数据在数据库系统中分布和共享。因此，数据集成是白盒集成，其模型如图 1-12 所示。

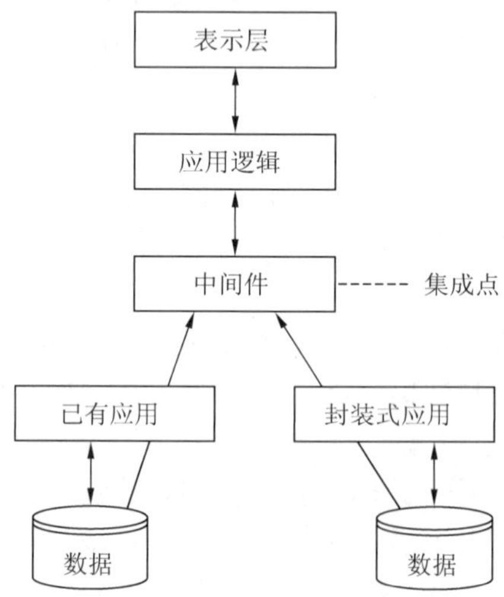

图 1-12　数据集成示意图

有很多不同的中间件工具可以用于数据集成。例如，批量文件传输，即以特定的或是预定的方式在原有系统和新开发的应用系统之间进行文件传输；用于访问不同类型数据库系统的 ODBC（Open DataBase Connectivity，开放数据库互连）标准接口；向分布式数据库提供连接的数据库访问中间件技术等。通常在以下情况下，将会使用数据集成：

（1）需要对多种信息源产生的数据进行综合分析和决策。

（2）要处理一些多个应用系统需要访问的公用信息库。

（3）当需要从某数据源获得数据来更新另一个数据源时，特别是它们之间的数据格式不相同时。

相对而言，数据集成比表示集成要更加灵活。但是，当业务逻辑经常发生变化时，数据集成就会面临困难。

3. 控制集成

控制集成也称为功能集成或应用集成，是在业务逻辑层上对应用系统进行集成的。控制集成的集成点存于程序代码中，集成处可能只需简单使用公开的 API（Application Programming Interface，应用程序编程接口）就可以访问，当然也可能需要添加附加的代码来实现。控制集成是黑盒集成，其模型如图 1-13 所示。

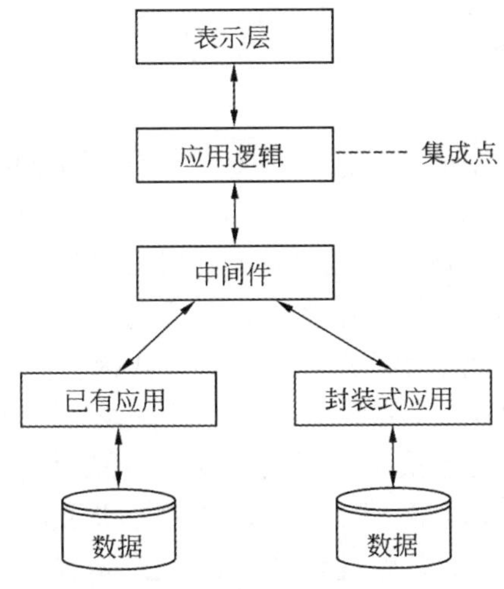

图 1-13　控制集成示意图

实现控制集成时，可以借助于远程过程调用或远程方法调用、面向消息的中间件、分布式对象技术和事务处理监控器来实现。控制集成与表示集成、数据集成相比，灵活性更高。表示集成和数据集成适用的环境下，都适用于控制集成。但是，由于控制集成是在业务逻辑层进行的，其复杂度更高一些。而且，很多系统的业务逻辑部分并没有提供 API，这样，集成难度就会更大。

4. 业务流程集成

业务流程集成也称为过程集成，这种集成超越了数据和系统，它由一系列基于标准的、统一数据格式的工作流组成。当进行业务流程集成时，企业必须对各种业务信息的交换进行定义、授权和管理，以便改进操作、减少成本、提高响应速度。

业务流程集成不仅要提供底层应用支撑系统之间的互连，同时要实现存在于企业内部的应用之间，本企业和其他合作伙伴之间的端到端的业务流程的管理，它包括应用集成、B2B 集成、自动化业务流程管理、人工流程管理、企业门户，以及对所有应用系统和流程的管理和监控等。

5. 企业之间的应用集成

EAI 技术可以适用于大多数要实施电子商务的企业，以及企业之间的应用集成。EAI 使得应用集成架构里的客户和业务伙伴，都可以通过集成供应链内的所有应用和数据库实现信息共享。也就是说，能够使企业充分利用外部资源。例如，一些企业的 SCM 系统可能包括交易系统，EAI 技术可以首先在交易双方之间创建连接，然后再共享数据和业务过程；企业要顺利开展电子商务，可以利用 EAI 技术，使企业的信息系统与合作伙伴的信息系统之间能够实现无缝而及时的通信。

1.5 新一代信息技术

本节主要介绍网络应用中的一些前沿技术，它们是网络应用未来的主流，将使网络应用发生根本性的转变。

战略性新兴产业是以重大技术突破和重大发展需求为基础，对经济社会全局和长远发展具有重大引领带动作用，知识技术密集、物质资源消耗少、成长潜力大、综合效益好的产业。加快培育和发展战略性新兴产业对推进我国现代化建设具有重要战略意义。依据《国务院关于加快培育和发展战略性新兴产业的决定》（国发〔2010〕32 号），新一代信息技术属于现阶段我国七个战略性新兴产业，要重点培育和发展。到 2020 年，新一代信息技术与节能环保、生物、高端装备制造产业等将成为国民经济的支柱产业。

新一代信息技术产业包括：加快建设宽带、泛在、融合、安全的信息网络基础设施，推动新一代移动通信、下一代互联网核心设备和智能终端的研发及产业化，加快推进三网融合，促进物联网、云计算的研发和示范应用。着力发展集成电路、新型显示、高端软件、高端服务器等核心基础产业。提升软件服务、网络增值服务等信息服务能力，加快重要基础设施智能化改造。大力发展数字虚拟等技术，促进文化创意产业发展。

大数据、云计算、互联网+、物联网、智慧城市等是新一代信息技术与信息资源充分利用的全新业态，是信息化发展的主要趋势，也是信息系统集成行业今后面临的主要业务范畴。

1.5.1 物联网

物联网（The Internet of Things）是指通过信息传感设备，按约定的协议，将任何物品与互联网相连接，进行信息交换和通信，以实现智能化识别、定位、跟踪、监控和管理的一种网络。物联网主要解决物品与物品（Thing to Thing，T2T）、人与物品（Human to Thing，H2T）、人与人（Human to Human，H2H）之间的互连。与传统互联网不同的是，H2T是指人利用通用装置与物品之间的连接，从而使得物品连接更加简化，而H2H是指人之间不依赖于PC而进行的互连。另外，许多学者在讨论物联网时，经常会引入M2M的概念，可以解释为人与人（Man to Man）、人与机器（Man to Machine），或机器与机器（Machine to Machine）。在物联网应用中有两项关键技术，分别是传感器技术和嵌入式技术。

传感器（Sensor）是一种检测装置，能感受到被测量的信息，并能将检测感受到的信息，按一定规律变换成为电信号或其他所需形式的信息输出，以满足信息的传输、处理、存储、显示、记录和控制等要求。在计算机系统中，传感器的主要作用是将模拟信号转换成数字信号。RFID（Radio Frequency IDentification，射频识别）是物联网中使用的一种传感器技术，可通过无线电信号识别特定目标并读写相关数据，而无需识别系统与特定目标之间建立机械或光学接触。

嵌入式技术是综合了计算机软硬件、传感器技术、集成电路技术、电子应用技术为一体的复杂技术。经过几十年的演变，以嵌入式系统为特征的智能终端产品随处可见；小到人们身边的MP3，大到航天航空的卫星系统。如果将物联网用人体做一个简单比喻，传感器相当于人的眼睛、鼻子、皮肤等感官；网络就是神经系统，用来传递信息；嵌入式系统则是人的大脑，在接收到信息后要进行分类处理。

物联网架构可分为三层，分别是感知层、网络层和应用层。感知层由各种传感器构成，包括温湿度传感器、二维码标签、RFID标签和读写器、摄像头、GPS等感知终端。感知层是物联网识别物体、采集信息的来源；网络层由各种网络，包括互联网、广电网、网络管理系统和云计算平台等组成，是整个物联网的中枢，负责传递和处理感知层获取的信息；应用层是物联网和用户的接口，它与行业需求结合，实现物联网的智能应用。

物联网的产业链包括传感器和芯片、设备、网络运营及服务、软件与应用开发和系统集成。作为物联网“金字塔”的塔座，传感器将是整个链条需求总量最大和最基础的环节。将整体产业链按价值分类，硬件厂商的价值较小，占产业价值大头的公司通常都集多种角色为一体，以系统集成商的角色出现。

物联网技术在智能电网、智慧物流、智能家居、智能交通、智慧农业、环境保护、医疗健康、城市管理（智慧城市）、金融服务保险业、公共安全等方面有非常关键和重要的应用。

物联网在城市管理中综合应用就是所谓的智慧城市。智慧城市建设主要包括以下几部分：① 通过传感器或信息采集设备全方位地获取城市系统数据。② 通过网络将城市数据关联、融合、处理、分析为信息。③ 通过充分共享、智能挖掘将信息变成知识。④ 结合信息技术，把知识应用到各行各业形成智慧。

智慧城市建设参考模型包括有依赖关系的五层和对建设有约束关系的三个支撑体系，如图1-14所示。

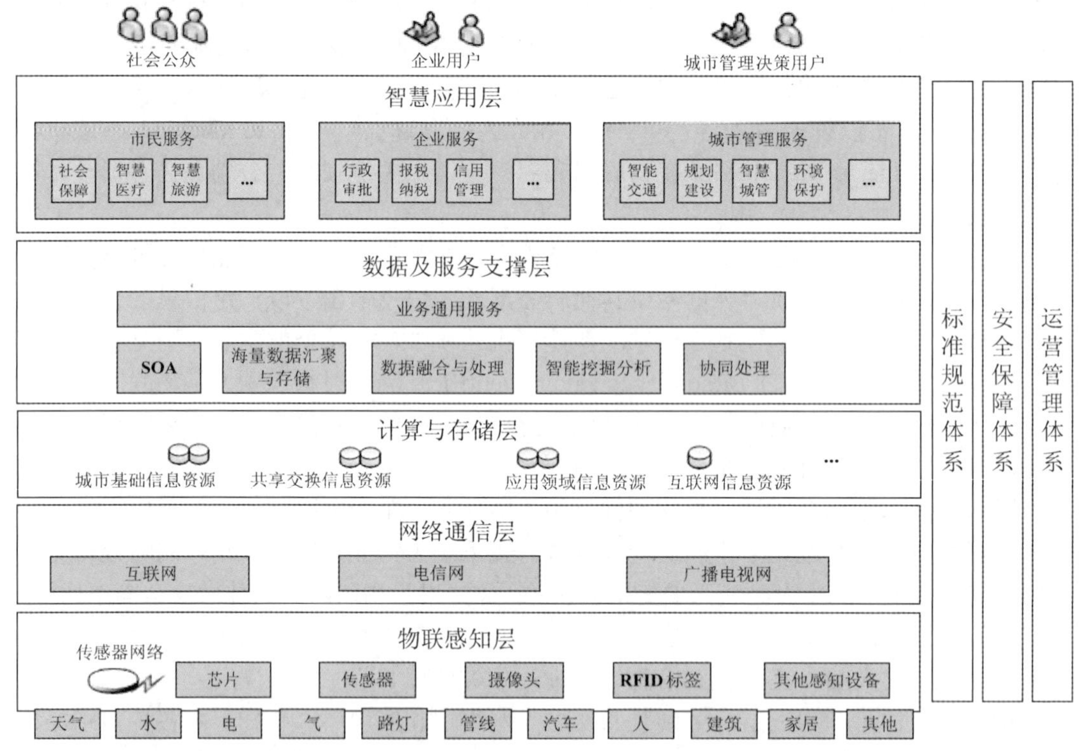

图1-14 智慧城市建设参考模型

1. 功能层

（1）物联感知层：提供对城市环境的智能感知能力，通过各种信息采集设备、各类传感器、监控摄像机、GPS终端等实现对城市范围内的基础设施、大气环境、交通、公共安全等方面信息采集、识别和监测。

（2）通信网络层：广泛互联，以互联网、电信网、广播电视网以及传输介质为光纤的城市专用网作为骨干传输网络，以覆盖全城的无线网络（如WiFi）、移动4G为主要接入网，组成网络通信基础设施。

（3）计算与存储层：包括软件资源、计算资源和存储资源，为智慧城市提供数据存储和计算，保障上层对于数据汇聚的相关需求。

（4）数据及服务支撑层：利用 SOA（面向服务的体系架构）、云计算、大数据等技术，通过数据和服务的融合，支撑承载智慧应用层中的相关应用，提供应用所需的各种服务和共享资源。

（5）智慧应用层：各种基于行业或领域的智慧应用及应用整合，如智慧交通、智慧家政、智慧园区、智慧社区、智慧政务、智慧旅游、智慧环保等，为社会公众、企业、城市管理者等提供整体的信息化应用和服务。

2．支撑体系

（1）安全保障体系：为智慧城市建设构建统一的安全平台，实现统一入口、统一认证、统一授权、日志记录服务。

（2）建设和运营管理体系：为智慧城市建设提供整体的运维管理机制，确保智慧城市整体建设管理和可持续运行。

（3）标准规范体系：标准规范体系用于指导和支撑我国各地城市信息化用户、各行业智慧应用信息系统的总体规划和工程建设，同时规范和引导我国智慧城市相关 IT 产业的发展，为智慧城市建设、管理和运行维护提供统一规范，便于互联、共享、互操作和扩展。

1.5.2 云计算

网络大大扩展了计算机的计算能力和应用范围，尤其是随着互联网的出现，使得基于计算机的服务提供方与使用方之间能够进行友好度和扩展度都更优的充分交流。人们很早就提出和实现了基于网络的多台计算机的协同技术，例如，分布式技术、服务器集群技术、负载均衡技术和 Web Service 等，在互联网的基础上对这些技术进行扩展，再加入一些创新，就构成了云计算。

云计算是一种基于并高度依赖于 Internet，用户与实际服务提供的计算资源相分离，集合了大量计算设备和资源，并向用户屏蔽底层差异的分布式处理架构。

云计算（Cloud Computing），是一种基于互联网的计算方式，通过这种方式，在网络上配置为共享的软件资源、计算资源、存储资源和信息资源可以按需求提供给网上终端设备和终端用户。云计算也可以理解为向用户屏蔽底层差异的分布式处理架构，在云计算环境中，用户与实际服务提供的计算资源相分离，云端集合了大量计算设备和资源。

当使用云计算服务时，一般都可以达到前期成本的零投入，短时间内在云计算环境中搭建一个满足大规模计算需求的虚拟服务器或虚拟服务器集群。而且，用户不需要配置专门的维护人员，云计算服务的提供商也会为数据和服务器的安全做出相对较高水平的保护。由于云计算将数据存储在云端（分布式的云计算设备中承担计算和存储功能的部分），业务逻辑和相关计算都在云端完成，因此，终端只需要一个能够满足基础应用的普通设备即可。

云计算是推动信息技术能力实现按需供给、促进信息技术和数据资源充分利用的全新业态，是信息化发展的重大变革和必然趋势。发展云计算，有利于分享信息知识和创新资源，降低全社会创业成本，培育形成新产业和新消费热点，对稳增长、调结构、惠民生和建设创新型国家具有重要意义。

1. 云计算概念

所谓“云”是一种抽象的比喻，表示用网络包裹服务或者资源而隐蔽服务或资源共享的实现细节以及资源位置的一种状态。云计算是继大型机—终端计算模式转变为客户端—服务器计算模式之后的又一种计算模式的转变。在这种模式下，用户不再需要了解“云”中基础设施的细节，也不必具有相应的专业知识，更无须直接进行控制，可以将信息系统的运行维护完全交给“云”平台的管理者。云计算通常通过互联网来提供动态易扩展而且经常是虚拟化的资源，并且计算能力也可作为一种资源通过互联网流通。

云计算的主要特点包括：① 宽带网络连接，用户需要通过宽带网络接入“云”中并获得有关的服务，“云”内节点之间也通过内部的高速网络相连。② 快速、按需、弹性的服务，用户可以按照实际需求迅速获取或释放资源，并可以根据需求对资源进行动态扩展。

2. 云计算服务的类型

按照云计算服务提供的资源层次，可以分为IaaS、PaaS和SaaS三种服务类型。

IaaS（基础设施即服务），向用户提供计算机能力、存储空间等基础设施方面的服务。这种服务模式需要较大的基础设施投入和长期运营管理经验，但IaaS服务单纯出租资源，盈利能力有限。

PaaS（平台即服务），向用户提供虚拟的操作系统、数据库管理系统、Web应用等平台化的服务。PaaS服务的重点不在于直接的经济效益，而更注重构建和形成紧密的产业生态。

SaaS（软件即服务），向用户提供应用软件（如CRM、办公软件等）、组件、工作流等虚拟化软件的服务，SaaS一般采用Web技术和SOA架构，通过Internet向用户提供多租户、可定制的应用能力，大大缩短了软件产业的渠道链条，减少了软件升级、定制和运行维护的复杂程度，并使软件提供商从软件产品的生产者转变为应用服务的运营者。

3. 发展云计算的主要任务

1）增强云计算服务能力

大力发展公共云计算服务，实施云计算工程，支持信息技术企业加快向云计算产品和服务提供商转型。大力发展计算、存储资源租用和应用软件开发部署平台服务，以及企业经营管理、研发设计等在线应用服务，降低企业信息化门槛和创新成本，支持中小微企业发展和创业活动。积极发展基于云计算的个人信息存储、在线工具、学习娱乐等服务，培育信息消费。发展安全可信的云计算外包服务，推动政府业务外包。支持云计算与物联网、移动互联网、互联网金融、电子商务等技术和服务的融合发展与创新应用，积极培育新业态、新模式。鼓励大企业开放平台资源，打造协作共赢的云计算服务生态环境。引导专有云有序发展，鼓励企业创新信息化建设思路，在充分利用公共云计算服务资源的基础上，立足自身需求，利用安全可靠的专有云解决方案，整合信息资源，优化业务流程，提升经营管理水平。大力发展面向云计算的信息系统规划咨询、方案设计、系统集成和测试评估等服务。

2）提升云计算自主创新能力

加强云计算相关基础研究、应用研究、技术研发、市场培育和产业政策的紧密衔接与统筹协调。发挥企业创新主体作用，以服务创新带动技术创新，增强原始创新能力，着力突破云计算平台大规模资源管理与调度、运行监控与安全保障、艾字节级数据存储与处理、大数据挖掘分析等关键技术，提高相关软硬件产品研发及产业化水平。加强核心电子器件、高端通用芯片及基础软件产品等科技专项成果与云计算产业需求对接，积极推动安全可靠的云计算产品和解决方案在各领域的应用。充分整合利用国内外创新资源，加强云计算相关技术研发实验室、工程中心和企业技术中心建设。建立产业创新联盟，发挥骨干企业的引领作用，培育一批特色鲜明的创新型中小企业，健全产业生态系统。完善云计算公共支撑体系，加强知识产权保护利用、标准制定和相关评估测评等工作，促进协同创新。

3）探索电子政务云计算发展新模式

鼓励应用云计算技术整合改造现有电子政务信息系统，实现各领域政务信息系统整体部署和共建共用，大幅减少政府自建数据中心的数量。新建电子政务系统须经严格论证并按程序进行审批。政府部门要加大采购云计算服务的力度，积极开展试点示范，探索基于云计算的政务信息化建设运行新机制，推动政务信息资源共享和业务协同，促进简政放权，加强事中事后监管，为云计算创造更大市场空间，带动云计算产业快速发展。

4）加强大数据开发与利用

充分发挥云计算对数据资源的集聚作用，实现数据资源的融合共享，推动大数据挖掘、分析、应用和服务。开展公共数据开放利用改革试点，出台政府机构数据开放管理规定，在保障信息安全和个人隐私的前提下，积极探索地理、人口、知识产权及其他有关管理机构数据资源向社会开放，推动政府部门间数据共享，提升社会管理和公共服务能力。重点在公共安全、疾病防治、灾害预防、就业和社会保障、交通物流、教育科研、电子商务等领域，开展基于云计算的大数据应用示范，支持政府机构和企业创新大数据服务模式。充分发挥云计算、大数据在智慧城市建设中的服务支撑作用，加强推广应用，挖掘市场潜力，服务城市经济社会发展。

5）统筹布局云计算基础设施

加强全国数据中心建设的统筹规划，引导大型云计算数据中心优先在能源充足、气候适宜、自然灾害较少的地区部署，以实时应用为主的中小型数据中心在靠近用户所在地、电力保障稳定的地区灵活部署。地方政府和有关企业要合理确定云计算发展定位，杜绝盲目建设数据中心和相关园区。加快推进实施“宽带中国”战略，结合云计算发展布局优化网络结构，加快网络基础设施建设升级，优化互联网网间互联架构，提升互联互通质量，降低带宽租费水平。支持采用可再生能源和节能减排技术建设绿色云计算中心。

6）提升安全保障能力

研究完善云计算和大数据环境下个人和企业信息保护、网络信息安全相关法规与制度，制定信息收集、存储、转移、删除、跨境流动等管理规则，加快信息安全立法进程。加强云计算服务网络安全防护管理，加大云计算服务安全评估力度，建立完善党政机关云计算服务安全管理制度。落实国家信息安全等级保护制度，开展定级备案和测评等工作。完善云计算安全态势感知、安全事件预警预防及应急处置机制，加强对党政机关和金融、交通、能源等重要信息系统的安全评估和监测。支持云计算安全软硬件技术产品的研发生产、试点示范和推广应用，加快云计算安全专业化服务队伍建设。

1.5.3 大数据

数据是国家基础性战略资源，是 21 世纪的“钻石矿”。“十三五”时期是我国全面建成小康社会的决胜阶段，是新旧动能接续转换的关键时期，全球新一代信息产业处于加速变革期，大数据技术和应用处于创新突破期，国内市场需求处于爆发期，我国大数据产业面临重要的发展机遇。抢抓机遇，推动大数据产业发展，对提升政府治理能力、优化民生公共服务、促进经济转型和创新发展有重大意义。

大数据（big data），指无法在一定时间范围内用常规软件工具进行捕捉、管理和处理的数据集合，是需要新处理模式才能具有更强的决策力、洞察发现力和流程优化能力的海量、高增长率和多样化的信息资产。

1. 大数据的特点

业界通常用 5 个 V——Volume（大量）、Variety（多样）、Value（价值）、Velocity（高速）和 Veracity（真实性）来概括大数据的特征。

（1）Volume：指的是数据体量巨大，从 TB 级别跃升到 PB 级别（1PB=1024TB）、EB 级别（1EB=1024PB），甚至于达到 ZB 级别（1ZB=1024EB）。截至目前，人类生产的所有印刷材料的数据量是 200PB，而历史上全人类说过的所有的话的数据量大约是 5EB。当前，典型个人计算机硬盘的容量为 TB 量级，而一些大企业的数据量已经接近 EB 量级。

例如，在交通领域，某市交通智能化分析平台数据来自路网摄像头/传感器、公交、轨道交通、出租车以及省际客运、旅游、化危运输、停车、租车等运输行业，还有问卷调查和地理信息系统数据。4 万辆车每天产生 2000 万条记录，交通卡刷卡记录每天 1900 万条，手机定位数据每天 1800 万条，出租车运营数据每天 100 万条，电子停车收费系统数据每天 50 万条，定期调查覆盖 8 万户家庭等，这些数据在体量上就达到了大数据的规模。

（2）Variety：指的是数据类型繁多。这种类型的多样性也让数据被分为结构化数据和非结构化数据。相对于以往便于存储的以文本为主的结构化数据，非结构化数据越来越多，包括网络日志、音频、视频、图片、地理位置信息等，这些多类型的数据对数据的处理能力提出了更高要求。

（3）Value：指的是价值密度低。价值密度的高低与数据总量的大小成反比。以视频为例，一部 1 小时的视频，在连续不间断的监控中，有用数据可能仅有一二秒。如何通过强大的机器算法更迅速地完成数据的价值“提纯”成为目前大数据背景下亟待解决的难题。当然把数据集成在一起，并完成“提纯”是能达到 1+1 大于 2 的效果，这也正是大数据技术的核心价值之一。

（4）Velocity：指的是处理速度快。这是大数据区分于传统数据挖掘的最显著特征。根据 IDC 的“数字宇宙”的报告，预计到 2020 年，全球数据使用量将达到 35.2ZB。在如此海量的数据面前，处理数据的效率就是企业的生命。

（5）Veracity：指的是数据来自于各种、各类信息系统网络以及网络终端的行为或痕迹。

大数据是具有体量大、结构多样、时效性强等特征的数据，处理大数据需要采用新型计算架构和智能算法等新技术。大数据从数据源经过分析挖掘到最终获得价值一般需要经过 5 个主要环节，包括数据准备、数据存储与管理、计算处理、数据分析和知识展现。大数据技术涉及到的数据模型、处理模型、计算理论，与之相关的分布计算、分布存储平台技术、数据清洗和挖掘技术，流式计算、增量处理技术，数据质量控制等方面的研究和开发成果丰硕，大数据技术产品也已经进入商用阶段。

2．大数据的价值与应用

大数据像水、矿石、石油一样，正在成为新的自然资源，能不能挖掘资源中潜在的价值，成为这个时代能不能走向创富的重要条件。

大数据是以容量大、类型多、存取速度快、应用价值高为主要特征的数据集合，正快速发展为对数量巨大、来源分散、格式多样的数据进行采集、存储和关联分析，从中发现新知识、创造新价值、提升新能力的新一代信息技术和服务业态。坚持创新驱动发展，加快大数据部署，深化大数据应用，已成为稳增长、促改革、调结构、惠民生和推动政府治理能力现代化的内在需要和必然选择。

大数据产业指以数据生产、采集、存储、加工、分析、服务为主的相关经济活动，包括数据资源建设、大数据软硬件产品的开发、销售和租赁活动，以及相关信息技术服务。

前文提到，预计到 2020 年，全球拥有的数据量是 35.2ZB，在如此庞大的数据量面前，它所带来的信息以及反馈出来的事实，对于人们来说具有巨大的潜在价值。所以目前大数据的应用已一步步广泛深入我们生活的方方面面，涵盖电商、社交、金融、医疗、交通、教育、体育等各行各业。基于现有电子信息产业统计数据及行业抽样估计，2015年我国大数据产业业务收入2800亿元左右。

下面将列举一些大数据应用实例。

（1）大数据征信：个人信用数据的缺失目前是金融行业面临的最大问题之一。基于用户在互联网上的消费行为、社交行为、搜索行为等产生的海量数据，利用大数据技术进行分析与挖掘能得到个人信用数据，为金融业务提供有效支撑。在这个方面，阿里的芝麻信用是做得最好的。芝麻信用几乎打通了用户的身份特质，行为偏好，人脉关系，信用历史，履约能力等各类信息。这使得阿里在金融方面审批小额贷款的成本变得极低，据统计，传统银行平均审批一笔贷款的费用高达 2000 元，而阿里金融的蚂蚁微贷仅为0.3元。

（2）大数据风控：大数据风控目前应该是前沿技术在金融领域的最成熟应用，相对于智能投顾、区块链等还在初期的金融科技应用，大数据风控目前已经在业界逐步普及。目前，美国基本上都用三大征信局的信息，最传统的评分基本上都是用FICO来做的。各家平台会尝试着用机器学习、神经网络等大数据处理方法。

国内市场对于大数据风控的尝试还是比较积极。特别是大公司，可以将移动互联网的行为和贷款申请人联系到一起展开大数据风控。百度在风控层面上的进展还是比较突出，百度安全每天要处理数十亿网民搜索请求，保护数亿用户的终端安全，保护十万网站的安全，因此积累了大量的数据。

一个很具体的案例就是，通过海量互联网行为数据，比如监测相关设备ID在哪些借贷网站上进行注册、同一设备是否下载多个借贷App，可以实时发现多头贷款的征兆，把风险控制到最低。

（3）大数据消费金融：消费金融对大数据的依赖是天然形成的。比如说消费贷、工薪贷、学生贷，这些消费型的金融贷款很依赖对用户的了解。所以必须对用户画像进行分析提炼，通过相关模型展开风险评估，并根据模型及数据从多维度为用户描绘一个立体化的画像。

百度金融通过基于大数据和人工智能技术为基础的合作商户管理平台，为合作商户提供涵盖营销和金融服务的全面管理方案，降低获客成本，解决细分行业的微小需求。一方面可以降低风险，另一方面也能提升金融的安全度。腾讯和阿里的优势很大程度上是在渠道层面上的。阿里以电商-支付-信用为三级跳板，针对性很强。而支付宝接入消费金融产品之后有较强的渠道作用。腾讯的“微粒贷”已经接入到了微信支付当中。在消费金融的发展速度上，腾讯速度也不差。

（4）大数据财富管理：财富管理是近些年来在我国金融服务业中出现的一个新业务。主要为客户提供长期的投顾服务，实现客户资产的优化配置。这方面业务在传统金融机构中存在的比较多。不过因为技术能力不足，大数据财富管理在传统金融机构中相对弱势。

财富管理在互联网公司的业务中也非常流行。蚂蚁金服一开始最为简单的财富管理方式就是余额宝，后来逐渐演化成经过大数据计算智能推荐给用户的各种标准化的“宝宝”理财产品。百度金融是依托“百度大脑”通过互联网人工智能、大数据分析等手段，精准识别和刻画用户，提供专业的“千人千面”的定制化财富管理服务。

（5）大数据疾病预测：疾病预测平台是基于大数据积累和智能分析，利用用户的搜索数据和位置数据，统计出人们搜索流感、肝炎、肺结核和性病的信息时的时间和地点分布，并结合气温变化、环境指数、人口流动等因素建立预测模型，能够为用户提供多种传染病的趋势预测，帮助用户提早进行预防。Google 就曾经使用其搜索数据成功预测流感，当然其后有些预测并不准确，所以近些年，预测模型一直在改进。

3．大数据发展应用的目标

为全面推进我国大数据发展和应用，加快建设数据强国，2015 年，国务院印发了《促进大数据发展行动纲要》。纲要提出了立足我国国情和现实需要，推动大数据发展和应用在未来 5～10 年逐步实现以下目标。

（1）打造精准治理、多方协作的社会治理新模式。将大数据作为提升政府治理能力的重要手段，通过高效采集、有效整合、深化应用政府数据和社会数据，提升政府决策和风险防范水平，提高社会治理的精准性和有效性，增强乡村社会治理能力；助力简政放权，支持从事前审批向事中事后监管转变，推动商事制度改革；促进政府监管和社会监督有机结合，有效调动社会力量参与社会治理的积极性。2017 年底前形成跨部门数据资源共享共用格局。

（2）建立运行平稳、安全高效的经济运行新机制。充分运用大数据，不断提升信用、财政、金融、税收、农业、统计、进出口、资源环境、产品质量、企业登记监管等领域数据资源的获取和利用能力，丰富经济统计数据来源，实现对经济运行更为准确的监测、分析、预测、预警，提高决策的针对性、科学性和时效性，提升宏观调控以及产业发展、信用体系、市场监管等方面管理效能，保障供需平衡，促进经济平稳运行。

（3）构建以人为本、惠及全民的民生服务新体系。围绕服务型政府建设，在公用事业、市政管理、城乡环境、农村生活、健康医疗、减灾救灾、社会救助、养老服务、劳动就业、社会保障、文化教育、交通旅游、质量安全、消费维权、社区服务等领域全面推广大数据应用，利用大数据洞察民生需求，优化资源配置，丰富服务内容，拓展服务渠道，扩大服务范围，提高服务质量，提升城市辐射能力，推动公共服务向基层延伸，缩小城乡、区域差距，促进形成公平普惠、便捷高效的民生服务体系，不断满足人民群众日益增长的个性化、多样化需求。

（4）开启大众创业、万众创新的创新驱动新格局。形成公共数据资源合理适度开放共享的法规制度和政策体系，2018 年底前建成国家政府数据统一开放平台，率先在信用、交通、医疗、卫生、就业、社保、地理、文化、教育、科技、资源、农业、环境、安监、金融、质量、统计、气象、海洋、企业登记监管等重要领域实现公共数据资源合理适度向社会开放，带动社会公众开展大数据增值性、公益性开发和创新应用，充分释放数据红利，激发大众创业、万众创新活力。

（5）培育高端智能、新兴繁荣的产业发展新生态。推动大数据与云计算、物联网、移动互联网等新一代信息技术融合发展，探索大数据与传统产业协同发展的新业态、新模式，促进传统产业转型升级和新兴产业发展，培育新的经济增长点。形成一批满足大数据重大应用需求的产品、系统和解决方案，建立安全可信的大数据技术体系，大数据产品和服务达到国际先进水平，国内市场占有率显著提高。培育一批面向全球的骨干企业和特色鲜明的创新型中小企业。构建形成政产学研用多方联动、协调发展的大数据产业生态体系。

2017 年初，为贯彻落实《中华人民共和国国民经济和社会发展第十三个五年规划纲要》和《促进大数据发展行动纲要》，加快实施国家大数据战略，推动大数据产业健康快速发展，工业和信息化部编制了《大数据产业发展规划（2016－2020 年）》。

根据该规划，预计到 2020 年，技术先进、应用繁荣、保障有力的大数据产业体系基本形成。大数据相关产品和服务业务收入突破 1 万亿元 ，年均复合增长率保持 30%左右，加快建设数据强国，为实现制造强国和网络强国提供强大的产业支撑。

- 技术产品先进可控。在大数据基础软硬件方面形成安全可控技术产品，在大数据获取、存储管理和处理平台技术领域达到国际先进水平，在数据挖掘、分析与应用等算法和工具方面处于领先地位，形成一批自主创新、技术先进，满足重大应用需求的产品、解决方案和服务。
- 应用能力显著增强。工业大数据应用全面支撑智能制造和工业转型升级，大数据在创新创业、政府管理和民生服务等方面广泛深入应用，技术融合、业务融合和数据融合能力显著提升，实现跨层级、跨地域、跨系统、跨部门、跨业务的协同管理和服务，形成数据驱动创新发展的新模式。
- 生态体系繁荣发展。形成若干创新能力突出的大数据骨干企业，培育一批专业化数据服务创新型中小企业，培育 10 家国际领先的大数据核心龙头企业和 500 家大数据应用及服务企业。形成比较完善的大数据产业链，大数据产业体系初步形成。建设 10～15 个大数据综合试验区，创建一批大数据产业集聚区，形成若干大数据新型工业化产业示范基地。
- 支撑能力不断增强。建立健全覆盖技术、产品和管理等方面的大数据标准体系。建立一批区域性、行业性大数据产业和应用联盟及行业组织。培育一批大数据咨询研究、测试评估、技术和知识产权、投融资等专业化服务机构。建设 1～2 个运营规范、具有一定国际影响力的开源社区。
- 数据安全保障有力。数据安全技术达到国际先进水平。国家数据安全保护体系基本建成。数据安全技术保障能力和保障体系基本满足国家战略和市场应用需求。数据安全和个人隐私保护的法规制度较为完善。

1.5.4　移动互联

移动互联是移动互联网的简称，它是通过将移动通信与互联网二者结合到一起而形成的。其工作原理为用户端通过移动终端来对因特网上的信息进行访问，并获取一些所需要的信息，人们可以享受一系列的信息服务带来的便利。

移动互联网是互联网与移动通信各自独立发展后互相融合的新兴市场，目前呈现出互联网产品移动化强于移动产品互联网化的趋势。从技术层面的定义，以宽带 IP 为技术核心，可以同时提供语音、数据和多媒体业务的开放式基础电信网络；从终端的定义，用户使用手机、上网本、笔记本电脑、平板电脑、智能本等移动终端，通过移动网络获取移动通信网络服务和互联网服务。

移动互联网的核心是互联网，因此一般认为移动互联网是桌面互联网的补充和延伸，应用和内容仍是移动互联网的根本。

移动互联网有以下特点。

（1）终端移动性：移动互联网业务使得用户可以在移动状态下接入和使用互联网服务，移动的终端便于用户随身携带和随时使用。

（2）业务使用的私密性：在使用移动互联网业务时，所使用的内容和服务更私密，如手机支付业务等。

（3）终端和网络的局限性：移动互联网业务在便携的同时，也受到了来自网络能力和终端能力的限制：在网络能力方面，受到无线网络传输环境、技术能力等因素限制；在终端能力方面，受到终端大小、处理能力、电池容量等的限制。无线资源的稀缺性决定了移动互联网必须遵循按流量计费的商业模式。

（4）业务与终端、网络的强关联性：由于移动互联网业务受到了网络及终端能力的限制，因此，其业务内容和形式也需要适合特定的网络技术规格和终端类型。

作为一个新兴产业，移动互联通过不断的发展和完善，已经逐步成为人们生活中的一部分，有着非常重要的作用。此时的移动互联在市场领域和应用开发领域形成了一些特点，这些特点在移动互联领域内有着划时代的重要意义。

（1）重视对传感技术的应用。当今时代中，有关的移动网络设备向着智能化、高端化、复杂化的方向发展。在移动互联领域中，同样有向这些方面发展的趋势。在各类移动互联设备的应用中，开发商和设计师越来越注重传感技术，这就是移动互联网向智能化、高端化和复杂化发展的一个表现。利用传感技术能够实现网络由固定模式向移动模式的转变，方便广大用户。将传感技术应用到移动互联网中，极大地推动了移动互联网的成长。

（2）有效地实现人与人的连接。在移动互联网的未来发展方向中，实现人与人的连接，人的联网，是移动互联网应用的一个非常重要的方面。任何的时代产物必然是产生于人们的需求中，在移动互联网的发展过程中，注重客户需求和消费者的需要，市场的发展状态，将会获得更为宽广的发展前景。因此，移动互联在其应用过程中，要做到在注重提供浏览式服务方式的同时，更加注重与其他移动终端或是客户端的链接工作。

（3）浏览器竞争及孤岛问题突出。各类的浏览器主要存在于移动互联方面的竞争。最先开始于浏览器的平台竞争，随着网络技术的不断进步，不断发展，各类浏览器之间的竞争内容有发生了一些变化，由平台竞争转向了对浏览器深层次内容和应用开发方面的竞争，造成 App 混战局面。孤岛问题主要是移动互联在应用与应用方面之间的干扰问题，这类问题若得不到有效的解决，就会给整个行业生产成本造成严重影响。

1.6 信息系统安全技术

本章主要介绍信息系统安全问题和有关概念，简要概述了主要的信息系统安全技术。

在信息化社会中，计算机和网络在军事、政治、金融、工业、商业、人们的生活和工作等方面的应用越来越广泛，社会对计算机和网络的依赖越来越大。信息技术的广泛应用，互联网和移动互联网的深入普及，使得有关的信息安全成为信息系统规划、建设、运营时要面对的最重要问题。缺乏信息安全保障的信息系统将会给生产、经营、社会管理服务、个人资产、个人隐私等方面带来严重的损害。更为严重的是，由于信息泄露和信息系统非法入侵，金融安全、国防安全以至国家安全将面临非常严重的危险。

1.6.1 信息安全的有关概念

当前，较为常见的信息安全问题主要表现为：计算机病毒泛滥、恶意软件的入侵、黑客攻击、利用计算机犯罪、网络有害信息泛滥、个人隐私泄露。钓鱼网站、电信诈骗、社交软件诈骗等犯罪活动，已经成为直接骗取民众钱财的常见形式；网上有害信息泛滥，个人隐私泄露严重，严重危害网民的身心健康，危害社会的安定团结。

另外，随着物联网、云计算、三网融合、大数据等新一代信息技术的广泛应用，也给信息安全提出了新的需求和挑战。我国政府高度重视信息安全。2013 年底中央成立了网络安全与信息化领导小组，集中领导和规划我国的信息化发展和信息安全保障。

1. 信息安全概念

信息安全强调信息（数据）本身的安全属性，主要包括以下内容。

- 秘密性（Confidentiality）：信息不被未授权者知晓的属性。
- 完整性（Integrity）：信息是正确的、真实的、未被篡改的、完整无缺的属性。
- 可用性（Availability）：信息可以随时正常使用的属性。

信息必须依赖其存储、传输、处理及应用的载体（媒介）而存在，因此针对信息系统，安全可以划分为以下四个层次：设备安全、数据安全、内容安全、行为安全。其中数据安全即是传统的信息安全。

1）设备安全

信息系统设备的安全是信息系统安全的首要问题。这里主要包括三个方面：

（1）设备的稳定性：设备在一定时间内不出故障的概率。

（2）设备的可靠性：设备能在一定时间内正常执行任务的概率。

（3）设备的可用性：设备随时可以正常使用的概率。

信息系统的设备安全是信息系统安全的物质基础。除了硬件设备外，软件系统也是一种设备，也要确保软件设备的安全。

2）数据安全

其安全属性包括秘密性、完整性和可用性。

很多情况下，即使信息系统设备没有受到损坏，但其数据安全也可能已经受到危害，如数据泄露、数据篡改等。由于危害数据安全的行为具有较高的隐蔽性，数据应用用户往往并不知情，因此，危害性很高。

3）内容安全

内容安全是信息安全在政治、法律、道德层次上的要求。

（1）信息内容在政治上是健康的。

（2）信息内容符合国家的法律法规。

（3）信息内容符合中华民族优良的道德规范。

除此之外，广义的内容安全还包括信息内容保密、知识产权保护、信息隐藏和隐私保护等诸多方面。

如果数据中充斥着不健康的、违法的、违背道德的内容，即使它是保密的、未被篡改的，也不能说是安全的。因为这会危害国家安全、危害社会稳定、危害精神文明。因此，必须在确保信息系统设备安全和数据安全的基础上，进一步确保信息内容的安全。

4）行为安全

数据安全本质上是一种静态的安全，而行为安全是一种动态安全。

（1）行为的秘密性：行为的过程和结果不能危害数据的秘密性。必要时，行为的过程和结果也应是秘密的。

（2）行为的完整性：行为的过程和结果不能危害数据的完整性，行为的过程和结果是预期的。

（3）行为的可控性：当行为的过程出现偏离预期时，能够发现、控制或纠正。

行为安全强调的是过程安全，体现在组成信息系统的硬件设备、软件设备和应用系统协调工作的程序（执行序列）符合系统设计的预期，这样才能保证信息系统的“安全可控”。

2．信息安全技术

保障信息安全的技术包括：硬件系统安全技术、操作系统安全技术、数据库安全技术、软件安全技术、网络安全技术、密码技术、恶意软件防治技术、信息隐藏技术、信息设备可靠性技术等。其中，硬件系统安全和操作系统安全是信息系统安全的基础，密码和网络安全等是关键技术。网络安全技术主要包括防火墙、VPN、IDS、防病毒、身份认证、数据加密、安全审计、网络隔离等，密码技术有关内容见1.6.2节。

3．信息安全法律法规

确保信息安全是复杂的系统工程，仅仅靠技术措施是不够的，还应有健全的法律体系，完善的信息系统安全管理制度，另外对信息行业的从业人员的职业道德要求及培训也是非常重要的，信息系统用户也要有很强的信息安全意识。

我国信息安全的法律体系可分为四个层面：

（1）一般性法律规定。如宪法、国家安全法、国家秘密法、治安管理处罚条例等的法律法规并没有专门对信息安全进行规定，但是这些法律法规所规范和约束的对象包括涉及信息安全的行为。

（2）规范和惩罚信息网络犯罪的法律。这类法律包括《中华人民共和国刑法》《全国人大常委会关于维护互联网安全的决定》等。

（3）直接针对信息安全的特别规定。这类法律法规主要有《中华人民共和国计算机信息系统安全保护条例》《中华人民共和国计算机信息网络国际联网管理暂行规定》《计算机信息网络国际联网安全保护管理办法》《中华人民共和国电信条例》等。

（4）具体规范信息安全技术、信息安全管理等方面的规定。这类法律法规主要有《商用密码管理条例》《计算机病毒防治管理办法》《计算机软件保护条例》《计算机信息系统国际联网保密管理规定》《中华人民共和国电子签名法》《金融机构计算机信息系统安全保护工作暂行规定》等。此外还有一些地方性法规和规章。

国务院于1994年2月18日颁布《中华人民共和国计算机信息系统安全保护条例》，这是一个标志性的、基础性的法规。

4．信息安全等级保护

2007年，公安部、国家保密局、国家密码管理局、国务院信息化工作办公室制定了《信息安全等级保护管理办法》。根据这个办法，国家信息安全等级保护坚持自主定级、自主保护的原则。信息系统的安全保护等级应当根据信息系统在国家安全、经济建设、社会生活中的重要程度，信息系统遭到破坏后对国家安全、社会秩序、公共利益以及公民、法人和其他组织的合法权益的危害程度等因素确定。

《信息安全等级保护管理办法》将信息系统的安全保护等级分为以下五级：

第一级，信息系统受到破坏后，会对公民、法人和其他组织的合法权益造成损害，但不损害国家安全、社会秩序和公共利益。第一级信息系统运营、使用单位应当依据国家有关管理规范和技术标准进行保护。

第二级，信息系统受到破坏后，会对公民、法人和其他组织的合法权益产生严重损害，或者对社会秩序和公共利益造成损害，但不损害国家安全。第二级信息系统运营、使用单位应当依据国家有关管理规范和技术标准进行保护。国家信息安全监管部门对该级信息系统信息安全等级保护工作进行指导。

第三级，信息系统受到破坏后，会对社会秩序和公共利益造成严重损害，或者对国家安全造成损害。第三级信息系统运营、使用单位应当依据国家有关管理规范和技术标准进行保护。国家信息安全监管部门对该级信息系统信息安全等级保护工作进行监督、检查。

第四级，信息系统受到破坏后，会对社会秩序和公共利益造成特别严重损害，或者对国家安全造成严重损害。第四级信息系统运营、使用单位应当依据国家有关管理规范、技术标准和业务专门需求进行保护。国家信息安全监管部门对该级信息系统信息安全等级保护工作进行强制监督、检查。

第五级，信息系统受到破坏后，会对国家安全造成特别严重损害。第五级信息系统运营、使用单位应当依据国家管理规范、技术标准和业务特殊安全需求进行保护。国家指定专门部门对该级信息系统信息安全等级保护工作进行专门监督、检查。

《信息安全等级保护管理办法》明确规定，在信息系统建设过程中，运营、使用单位应当按照《计算机信息系统安全保护等级划分准则》（GB 17859—1999）、《信息系统安全等级保护基本要求》等技术标准，参照《信息安全技术信息系统通用安全技术要求》（GB/T 20271—2006）、《信息安全技术网络基础安全技术要求》（GB/T 20270—2006）、《信息安全技术操作系统安全技术要求》（GB/T 20272—2006）、《信息安全技术数据库管理系统安全技术要求》（GB/T 20273—2006）、《信息安全技术服务器技术要求》《信息安全技术终端计算机系统安全等级技术要求》（GA/T 671—2006）等技术标准同步建设符合该等级要求的信息安全设施。

GB 17859—1999 标准是计算机信息系统安全等级保护系列标准的核心，是实行计算机信息系统安全等级保护制度建设的重要基础。GB 17859—1999 标准规定了计算机系统安全保护能力的五个等级，即：用户自主保护级、系统审计保护级、安全标记保护级、结构化保护级、访问验证保护级。计算机信息系统安全保护能力随着安全保护等级的增高，逐渐增强。

5. 人员管理

绝大多数的信息系统安全威胁来自于人类自己。如有意对信息系统进行攻击和破坏的黑客以及无意的操作失误等。人员管理也就成为信息系统安全管理的关键。全面提高信息系统相关人员的技术水平、道德品质和安全意识等是信息系统安全的重要保证。

许多安全事件都是由内部人员引起的，因此，人员的素质和人员的管理是十分重要的。人员管理的核心是要确保有关业务人员的思想素质、职业道德和业务素质。

人员管理首先要求加强人员审查。人员审查必须根据信息系统所规定的安全等级确定审查标准。所有人员应明确其在安全系统中的职责和权限。所有人员的工作、活动范围应当被限制在完成其任务的最小范围内。对于人员管理的人事安全审查，要求对某人是否适合参与信息安全保障和接触敏感信息进行审查以判断是否值得信任。

信息安全教育对象，应当包括与信息安全相关的所有人员，如领导和管理人员，信息系统的工程技术人员，一般用户等。法规教育是信息安全教育的核心，只要与信息系统相关的人员都应该接受信息安全的法规教育。为了防止相关人员在操作信息系统时，由于误操作等引入安全威胁，对信息安全造成影响，应当对相关人员进行安全技术教育和培训。主要内容包括：信息安全技术包括加密技术、防火墙技术、入侵检测技术、漏洞扫描技术、备份技术、计算机病毒防御技术和反垃圾邮件技术等。此外，作为安全技术教育的一部分，还必须了解信息系统的脆弱点和风险，以及与此有关的风险防范措施和技术。安全意识教育主要包括：组织信息安全方针与控制目标，安全职责、安全程序及安全管理规章制度，适用的法律法规，防范恶意软件以及其他与安全有关的内容等。

1.6.2 信息加密、解密与常用算法

1. 信息加密概念

为了保证信息的安全性（即秘密性、完整性和可用性）需要采用信息加密技术对信息进行伪装，使得信息非法窃取者无法理解信息的真实含义；需要采用加密算法提取信息的特征码（校验码）或特征矢量，并与有关信息封装在一起，信息的合法拥有者可以利用特征码对信息的完整性进行校验；需要采用加密算法对信息使用者的身份进行认证、识别和确认，以对信息的使用进行控制。

加密技术的基本思想是伪装信息，使未授权者不能理解它的真实含义。加密前的原始数据称为明文，加密后的数据称为密文，从明文到密文的过程称为加密（Encryption）。用于对数据加密的一组数学变换称为加密算法。加密在加密密钥的控制下进行。

发信者将明文数据加密成密文，然后将密文数据送入网络传输或存入计算机文件，而且只给合法收信者分配密钥。合法收信者接收到密文后，实行与加密变换相逆的变换，去掉密文的伪装恢复出明文，这一过程称为解密（Decryption）。解密在解密密钥的控制下进行。用于解密的一组数学变换称为解密算法。

因为数据以密文形式存在于信息系统中，且只有合法用户掌握密钥。这样，即使密文被非法窃取，因为未授权者没有密钥而不能得到明文，因此未授权者也不能理解它的真实含义，从而达到确保数据秘密性的目的。

加密技术包括两个元素：算法和密钥。密钥加密技术的密码体制分为对称密钥体制和非对称密钥体制两种。相应地，对数据加密的技术分为两类，即对称加密（私人密钥加密）和非对称加密（公开密钥加密）。对称加密以数据加密标准（Data Encryption Standard，DES）算法为典型代表，非对称加密通常以RSA（Rivest Shamir Adleman）算法为代表。对称加密的加密密钥和解密密钥相同，而非对称加密的加密密钥和解密密钥不同，加密密钥可以公开而解密密钥需要保密。

2. 对称加密技术

对称加密采用了对称密码编码技术，它的特点是文件加密和解密使用相同的密钥，

即加密密钥也可以用作解密密钥，这种方法在密码学中叫作对称加密算法，对称加密算法使用起来简单快捷，密钥较短，且破译困难。数据加密标准于 1975 年由美国政府颁布。DES 的设计目标是，用于加密保护静态存储和传输信道中的数据，安全使用 10～15 年。除了数据加密标准（DES），另一个对称密钥加密系统是国际数据加密算法（IDEA），它比 DES 的加密性好，而且对计算机功能要求也没有那么高。IDEA 加密标准由 PGP（Pretty Good Privacy）系统使用。2001 年，美国政府颁布数据加密标准算法 AES （密码算法为 RIJNDAEL）以取代于 1998 年废止的 DES。

3．非对称加密技术

1976 年美国斯坦福大学的博士生 W.Diffie 和他的导师 M.Hellman 教授发表了“密码学新方向”的论文，第一次提出公开密钥密码的概念。公开密钥密码的基本思想是将传统密码的密钥 K 一分为二，分为加密钥 K_e 和解密钥 K_d，用加密钥 K_e 控制加密，用解密钥 K_d 控制解密，而且由计算复杂性确保由加密钥 K_e 在计算上不能推出解密钥 K_d。这样，即使是将 K_e 公开也不会暴露 K_d，也不会损害密码的安全。于是便可将 K_e 公开，而只对 K_d 保密。由于 K_e 是公开的，只有 K_d 是保密的，所以便从根本上克服了传统密码在密钥分配上的困难。当前公开密钥密码有基于大合数因子分解困难性的 RAS 密码类和基于离散对数问题困难性的 ELGamal 密码类。

1978 年美国麻省理工学院的三名密码学者 R.L.Rivest,A.Shamir 和 L.Adleman 提出了一种基于大合数因子分解困难性的公开密钥密码，简称为 RSA 密码。由于 RSA 密码，既可用于加密，又可用于数字签名，安全、易懂，因此 RSA 密码已成为目前应用最广泛的公开密钥密码。许多国家标准化组织，如 ISO、ITU、 SWIFT 和 TCG 等都已接收 RSA 作为标准。INTERNET 网的 Email 保密系统 GPG 以及国际 VISA 和 MASTER 组织的电子商务协议（SET 协议）中都将 RSA 密码作为传送会话密钥和数字签名的标准。

4．Hash 函数的概念

Hash 函数将任意长的报文 M 映射为定长的 Hash 码 h。Hash 函数的目的就是要产生文件、报文或其他数据块的“指纹”——Hash 码。Hash 码也称报文摘要，它是所有报文位的函数。它具有错误检测能力，即改变报文的任何一位或多位，都会导致 Hash 码的改变。在实现认证过程中发送方将 Hash 码附于要发送的报文之后发送给接收方，接收方通过重新计算 Hash 码来认证报文。Hash 函数可提供保密性、报文认证以及数字签名功能。

5．数字签名的概念

签名是证明当事者的身份和数据真实性的一种信息。在以信息化环境下，以网络为信息传输基础的事物处理中，事物处理各方应采用电子形式的签名，即数字签名（Digital Signature）。目前，数字签名已得到一些国家的法律支持。完善的数字签名体系应满足以下 3 个条件：

（1）签名者事后不能抵赖自己的签名。

（2）任何其他人不能伪造签名。

（3）如果当事的双方关于签名的真伪发生争执，能够在公正的仲裁者面前通过验证签名来确认其真伪。

利用 RSA 密码可以同时实现数字签名和数据加密。

6．认证的概念

认证（Authentication）又称鉴别、确认，它是证实某事是否名副其实或是否有效的一个过程。

认证和加密的区别在于：加密用以确保数据的保密性，阻止对手的被动攻击，如截取、窃听等；而认证用以确保报文发送者和接收者的真实性以及报文的完整性，阻止对手的主动攻击，如冒充、篡改、重播等。认证往往是许多应用系统中安全保护的第一道设防，因而极为重要。

认证系统常用的参数有口令、标识符、密钥、信物、智能卡、指纹、视网纹等。认证和数字签名技术都是确保数据真实性的措施，但两者有着明显的区别。

（1）认证总是基于某种收发双方共享的保密数据来认证被鉴别对象的真实性，而数字签名中用于验证签名的数据是公开的。

（2）认证允许收发双方互相验证其真实性，不准许第三者验证，而数字签名允许收发双方和第三者都能验证。

（3）数字签名具有发送方不能抵赖、接收方不能伪造和具有在公证人前解决纠纷的能力，而认证则不一定具备。

1.6.3 信息系统安全

信息系统一般由计算机系统、网络系统、操作系统、数据库系统和应用系统组成，与此对应，信息系统安全主要包括计算机设备安全、网络安全、操作系统安全、数据库系统安全和应用系统安全等。

1．计算机设备安全

保证计算机设备的运行安全，是信息系统安全最重要的内容之一。计算机设备安全要包括计算机实体及其信息的完整性、机密性、抗否认性、可用性、可审计性、可靠性等几个关键因素。其中机密性（秘密性）、完整性和可用性的定义参见 1.6.1 节。

- 抗否认性。抗否认性是指能保障用户无法在事后否认曾经对信息进行的生成、签发、接收等行为的特性。一般通过数字签名来提供抗否认服务。
- 可审计性。利用审计方法，可以对计算机信息系统的工作过程进行详尽的审计跟踪，同时保存审计记录和审计日志，从中可以发现问题。审计跟踪可以监控和捕捉各种安全事件，如多次的使用错误的口令试图进入系统，试图越权对某些程序或文件进行操作。审计跟踪可对这些操作的时间、终端号等一些有关的信息进行定位。审计跟踪的另一个主要功能是保存、维护和管理审计日志，因为审计日志是审计跟踪的最终结果，是记录系统出现问题的依据，是非常重要的文档资料，所以必需有好的保存和管理办法，使之不致被任意删除或篡改。

- 可靠性。计算机设备的可靠性是指计算机在规定的条件下和给定的时间内完成预定功能的概率。一般认为，影响计算机设备可靠性因素中，元器件是基础，设计是关键，环境是保证。想要提高信息系统的可靠性，除了保证系统的正常工作条件及正确使用和维护外，还要采用容错技术和故障诊断技术。容错技术是指用增加冗余资源的办法来掩盖故障造成的影响，使系统在元器件或线路有故障或软件有差错时，仍能正确地执行预定算法的功能。故障诊断技术则是通过检测和排除系统元器件或线路故障，或纠正程序的错误来保证和提高系统可靠性的方法。

1）物理安全

物理安全是保护计算机网络设备、设施以及其他媒体免遭地震、水灾、火灾等环境事故（如电磁污染等）及人为操作失误或错误及各种计算机犯罪行为导致的破坏。物理安全是整个计算机信息系统安全的前提。物理安全主要包括：场地安全（环境安全）；是指系统所在环境的安全，主要是场地与机房。

2）设备安全

设备安全包括设备的防盗和防毁，防止电磁信息泄漏，防止线路截获、抗电磁干扰以及电源的保护。

计算机及其外部设备在工作时能够通过地线、电源线、信号线、寄生电磁信号或谐波将有用信息辐射出来的过程，叫计算机的电磁泄漏。计算机设备包括主机、磁盘机、显示终端、打印机、磁带机等，工作时都会产生不同程度的电磁泄漏。泄漏的信息一旦被截，若能同时获得扫描同步信号，信息将被复现，导致信息安全事故发生。采用低泄射产品、电磁干扰器、电磁屏蔽室、滤波等技术可以有效地防止电磁泄漏带来的完全隐患。

3）存储介质安全

存储介质安全是指介质本身和介质上存储数据的安全。存储介质本身的安全包括介质的防盗；介质的防毁，如防霉和防砸等。存储数据安全包括介质数据的防盗（如防止介质数据被非法复制）；介质数据的销毁，包括介质的物理销毁（如介质粉碎等）和介质数据的彻底销毁（如消磁等），以防止介质数据删除或销毁后被他人恢复而泄漏信息；介质数据的防毁，防止意外或故意的破坏使介质数据丢失。

4）可靠性技术

计算机的可靠性工作，一般采用容错系统实现。容错主要依靠冗余设计来实现，以增加资源换取可靠性。根据冗余资源的不同，冗余技术分为硬件冗余、软件冗余、时间冗余和信息冗余，可以是元器件级、部件级的、系统级的冗余设计。典型的冗余技术有磁盘阵列、双机热备系统、集群系统等。

2．网络安全

网络作为信息的主要收集、存储、分配、传输、应用的载体，其安全对整个信息的安全起着至关重要甚至是决定性的作用。网络环境是信息共享、信息交流、信息服务的理想空间。互联网（Internet）与生俱有的开放性、交互性和分散性特征在满足人们开放、灵活、快速地分享信息的同时，由此也带来了以下问题。

（1）信息泄漏、信息污染、信息不易受控。

（2）信息泄密、信息破坏、信息侵权和信息渗透。

（3）网站遭受恶意攻击而导致损坏和瘫痪。

Internet 最早用于管理和科研，支撑其的 TCP/IP 网络协议，不论是其体系结构还是通信协议，都具有各种各样的安全漏洞，并且没有针对信息安全问题在协议层面做专门的设计，这是网络信息安全问题频繁出现且不易解决的根本原因。常见的网络威胁包括：

（1）网络监听。

（2）口令攻击。

（3）拒绝服务攻击（Dos）。

（4）漏洞攻击，例如利用 WEP 安全漏洞和 OpenSSL 安全漏洞实施攻击。

（5）僵尸网络（Botnet）。

（6）网络钓鱼（Phishing）。

（7）网络欺骗，主要有 ARP 欺骗、DNS 欺骗、IP 欺骗、Web 欺骗、Email 欺骗等。

（8）网站安全威胁，主要有 SQL（Structured Query Language）注入攻击、跨站攻击、旁注攻击等。

为了抵御上述网络威胁，并能及时发现网络攻击线索，修补有关漏洞，记录、审计网络访问日志，以尽可能地保护网络环境安全，可采取以下网络安全防御技术。

1）防火墙

防火墙是一种较早使用、实用性很强的网络安全防御技术，它阻挡对网络的非法访问和不安全数据的传递，使得本地系统和网络免于受到许多网络安全威胁。在网络安全中，防火墙主要用于逻辑隔离外部网络与受保护的内部网络。防火墙主要是实现网络安全的安全策略，而这种策略是预先定义好的，所以是一种静态安全技术。在策略中涉及的网络访问行为可以实施有效管理，而策略之外的网络访问行为则无法控制。防火墙的安全策略由安全规则表示。

2）入侵检测与防护

入侵检测与防护的技术主要有两种：入侵检测系统（Intrusion Detection System，IDS）和入侵防护系统（Intrusion Prevention System，IPS）。

入侵检测系统（IDS）注重的是网络安全状况的监管，通过监视网络或系统资源，寻找违反安全策略的行为或攻击迹象，并发出报警。因此绝大多数 IDS 系统都是被动的。

入侵防护系统（IPS） 则倾向于提供主动防护，注重对入侵行为的控制。其设计宗旨是预先对入侵活动和攻击性网络流量进行拦截，避免其造成损失。IPS 是通过直接嵌入到网络流量中实现这一功能的，即通过一个网络端口接收来自外部系统的流量，经过检查确认其中不包含异常活动或可疑内容后，再通过另外一个端口将它传送到内部系统中。这样一来，有问题的数据包，以及所有来自同一数据流的后续数据包，都能在 IPS 设备中被清除掉。

3）VPN

VPN（Virtual Private Network，虚拟专用网络），它是依靠 ISP（Internet 服务提供商）和其他 NSP（网络服务提供商），在公用网络中建立专用的、安全的数据通信通道的技术。VPN 可以认为是加密和认证技术在网络传输中的应用。

VPN 网络连接由客户机、传输介质和服务器三部分组成，VPN 的连接不是采用物理的传输介质，而是使用称之为“隧道”的技术作为传输介质，这个隧道是建立在公共网络或专用网络基础之上的。常见的隧道技术包括：点对点隧道协议（Point-to Point Tunneling Protocol，PPTP）、第 2 层隧道协议（Layer 2 Tunneling Protocol，L2TP）和 IP 安全协议（IPSec）。

4）安全扫描

安全扫描包括漏洞扫描、端口扫描、密码类扫描（发现弱口令密码）等。

安全扫描可以应用被称为扫描器的软件来完成，扫描器是最有效的网络安全检测工具之一，它可以自动检测远程或本地主机、网络系统的安全弱点以及所存在可能被利用的系统漏洞。

5）网络蜜罐技术

蜜罐（Honeypot）技术是一种主动防御技术，是入侵检测技术的一个重要发展方向，也是一个“诱捕”攻击者的陷阱。蜜罐系统是一个包含漏洞的诱骗系统，它通过模拟一个或多个易受攻击的主机和服务，给攻击者提供一个容易攻击的目标。攻击者往往在蜜罐上浪费时间，延缓对真正目标的攻击。由于蜜罐技术的特性和原理，使得它可以对入侵的取证提供重要的信息和有用的线索，便于研究入侵者的攻击行为。

特别需要指出的是，随着无线网络和移动互联网的广泛应用，无线网的安全防护越来越重要，与有线网络相比，无线网络所面临的安全威胁更加严重。所有常规有线网络中存在的安全威胁和隐患都依然存在于无线网络中；外部人员可以通过无线网络绕过防火墙，对专用网络进行非授权访问；无线网络传输的信息容易被窃取、篡改和插入；无线网络容易受到拒绝服务攻击和干扰；内部员工可以设置无线网卡以端对端模式与外部员工直接连接。常见的无线网络安全技术包括：无线公开密钥基础设施（WPKI）、有线对等加密协议（WEP）、Wi-Fi 网络安全接入（WPA/WPA2）、无线局域网鉴别与保密体系（WAPI）、802.11i （802.11 工作组为新一代 WLAN 制定的安全标准）等，限于篇幅，本书对此不展开叙述。

3．操作系统安全

操作系统位于硬件之上，其他软件之下，是计算机系统最基础的软件，操作系统安全是计算机系统软件安全的必要条件，若没有操作系统提供的基础安全性，信息系统的安全性是没有基础。缺乏这个安全的根基，构筑在其上的应用系统以及安全系统，如PKI、加密解密技术的安全性就得不到根本保障。操作系统实质是一个资源管理系统，管理计算机系统的各种资源，用户通过它获得对资源的访问权限。操作系统安全（Operating System Security）是指操作系统无错误配置、无漏洞、无后门、无特洛伊木马等，能防止非法用户对计算机资源的非法存取。操作系统的安全性（Security of Operating System）是指操作系统具有或应具有的安全功能，比如存储保护、运行保护、标识与鉴别、安全审计等。

针对操作系统的安全威胁按照行为方式划分，通常有下面四种：

（1）切断，这是对可用性的威胁。系统的资源被破坏或变得不可用或不能用，如破坏硬盘、切断通信线路或使文件管理失效。

（2）截取，这是对机密性的威胁。未经授权的用户、程序或计算机系统获得了对某资源的访问，如在网络中窃取数据及非法拷贝文件和程序。

（3）篡改，这是对完整性的攻击。未经授权的用户不仅获得了对某资源的访问，而且进行篡改，如修改数据文件中的值，修改网络中正在传送的消息内容。

（4）伪造，这是对合法性的威胁。未经授权的用户将伪造的对象插入到系统中，如非法用户把伪造的消息加到网络中或向当前文件加入记录。

按照安全威胁的表现形式来分，操作系统面临的安全威胁有以下几种：

（1）计算机病毒。

（2）逻辑炸弹。

（3）特洛伊木马。

（4）后门。后门指的是嵌在操作系统中的一段非法代码，渗透者可以利用这段代码侵入系统。安装后门就是为了渗透。对于操作系统中的后门或提供后门的机制，彻底防止的办法是不使用该操作系统，而采取自主开发的操作系统。

（5）隐蔽通道。隐蔽通道可定义为系统中不受安全策略控制的、违反安全策略、非公开的信息泄露路径。

操作系统安全性的主要目标是标识系统中的用户，对用户身份进行认证，对用户的操作进行控制，防止恶意用户对计算机资源进行窃取、篡改、破坏等非法存取，防止正当用户操作不当而危害系统安全，从而既保证系统运行的安全性，又保证系统自身的安全性。具体包括如下几个方面。

（1）身份认证机制：实施强认证方法，比如口令、数字证书等。

（2）访问控制机制：实施细粒度的用户访问控制，细化访问权限等。

（3）数据保密性：对关键信息，数据要严加保密。

（4）数据完整性：防止数据系统被恶意代码破坏，对关键信息进行数字签名技术保护。

（5）系统的可用性：操作系统要加强应对攻击的能力，比如防病毒，防缓冲区溢出攻击等。

（6）审计：审计是一种有效的保护措施，它可以在一定程度上阻止对计算机系统的威胁，并对系统检测，故障恢复方面发挥重要作用。

4．数据库系统安全

数据库系统是存储、管理、使用和维护数据的平台。数据库安全主要指数据库管理系统安全，其安全问题可以认为是用于存储而非传输的数据的安全问题。不过，普通的存储数据加密是不足以解决数据库的安全问题的。数据库系统的数据文件结构与一般文件有很大差异，对数据库系统的访问也不同于对一般文件的访问，其安全问题不同于一般用于存储的文件系统的安全。

一般而言，数据库安全涉及以下这些问题：

（1）物理数据库的完整性。保证数据库系统中的数据不因各种自然或者物理因素而被破坏，这些因素如地震、水灾、火灾、盗窃、电力问题或设备故障等。

（2）逻辑数据库的完整性。对数据库的结构化特征提供保证，确保数据库系统结构、数据库模式和数据库数据不被非法修改，事物处理及操作符合数据库各种完整性约束。

（3）元素安全性。确保数据库各种存储元素满足机密性、完整性、可用性等限制。

（4）可审计性。记录数据库中所有事务和操作，保留详细的审计和日志记录，提供事后追查、分析和取证工具。

（5）访问控制。确保只有授权用户或授权程序可以访问那些允许它们访问的数据元素，同时保证对不同用户限制使用不同的控制策略并允许灵活设置。

（6）身份认证。不允许一个未经授权的用户对数据库进行操作。

（7）可用性。数据库系统能够随时对授权用户提供高质量数据访问服务，让用户能够最大限度地访问允许他访问的数据。

（8）推理控制。推理控制机制必须保证用户不能从被公开发布的、授权可被访问的信息以及统计信息中，推导出秘密的、未被授权访问的信息以及统计信息。

（9）多级保护。根据应用的要求，可以将数据划分为不同密级的集合，也可以同一记录中的不同字段划分为不同的保密等级，还可以将同一字段的不同值划分为不同的安全等级，从而实现数据的等级划分以及用户依据相应等级安全策略要求的等级访问。

为了解决以上的安全目标，数据库安全在技术上采取了一系列的方法，具体包括：数据库访问控制技术、数据库加密技术、多级安全数据库技术、数据库的推理控制问题和数据库的备份与恢复等。

5．应用系统安全

互联网环境下，应用系统主要的应用模式是 B/S 或者 C/S，基本都是基于 TCP/IP 网络协议和数据库系统的，因此应用系统安全是以计算机设备安全、网络安全和数据库安全为基础的。同时，采取有效的防病毒、防篡改和版本检查审计，确保应用系统自身执行程序和配置文件的合法性、完整性是极其重要的安全保证措施。

在B/S应用模式下，应用系统的数据管理、业务处理逻辑、结果展现控制、并发处理等都是由服务器端完成的，而服务器端面向应用的主要服务基本是基于Web的，因此围绕Web的安全管理是应用系统安全最重要的内容之一。

基于Web的业务平台已经在电子商务、企业信息化中得到广泛应用，网络攻击者已经逐渐将关注点从传统网络服务器逐步转移到了对 Web 业务，他们利用网站操作系统的漏洞和Web服务程序的SQL注入漏洞等得到Web服务器的控制权限，轻则篡改网页内容，重则窃取重要内部数据，更为严重的则是在网页中植入恶意代码，带来严重的安全事故。当前Web面临的主要威胁包括：可信任站点的漏洞；浏览器和浏览器插件的漏洞；终端用户的安全策略不健全；携带恶意软件的移动存储设备；网络钓鱼；僵尸网络；带有键盘记录程序的木马等。

Web威胁防护技术主要包括：

1）Web访问控制技术

访问控制是Web站点安全防范和保护的主要策略，它的主要任务是保证网络资源不被非法访问者访问。访问Web站点要进行用户名、用户口令的识别与验证、用户账号的缺省限制检查。只要其中任何一关未过，该用户便不能进入某站点进行访问。

Web服务器一般提供了：通过IP地址、子网或域名；通过用户名/口令；通过公钥加密体系PKI（CA认证）等访问控制方法。

2）单点登录（Single Sign-On，SSO）技术

单点登录为应用系统提供集中统一的身份认证，实现“一点登录、多点访问”。单点登录系统采用基于数字证书的加密和数字签名技术，基于统一的策略的用户身份认证和授权控制功能，对用户实行集中统一的管理和身份认证。

3）网页防篡改技术

网页防篡改技术包括时间轮询技术、核心内嵌技术、事件触发技术、文件过滤驱动技术等。

时间轮询技术利用网页检测程序，以轮询方式读出要监控的网页，与真实网页相比较，来判断网页内容的完整性，对于被篡改的网页进行报警和恢复。但是由于目前网站页面通常数量庞大，检测轮巡时间很长，且占用系统资源较大，该技术逐渐被淘汰。

所谓核心内嵌技术即密码水印技术。该技术将篡改检测模块内嵌在Web服务器软件里，它在每一个网页流出时都进行完整性检查，对于篡改网页进行实时访问阻断，并予以报警和恢复。

所谓事件触发技术就是利用操作系统的文件系统或驱动程序接口，在网页文件的被修改时进行合法性检查，对于非法操作进行报警和恢复。

文件过滤驱动技术的原理是：将篡改监测的核心程序通过文件底层驱动技术应用到Web服务器中，通过事件触发方式进行自动监测，对文件夹的所有文件内容，对照其底层文件属性，经过内置散列快速算法，实时进行监测，若发现属性变更，则将备份路径文件夹内容复制到监测文件夹相应文件位置，使得公众无法看到被篡改页面。通过底层文件驱动技术，整个文件复制过程毫秒级，其所消耗的内存和CPU占用率也远远低于其他防篡改技术，是一种简单、高效、安全性又极高的一种防篡改技术。

4）Web内容安全

内容安全管理分为电子邮件过滤、网页过滤、反间谍软件三项技术，这三项技术不仅对内容安全市场发展起到决定性推动作用，而且对于互联网的安全起到至关重要的保障作用。

有关这个主题的详细介绍，有兴趣的读者可以参考《信息安全工程师教程》（清华大学出版社，张焕国主编）。

1.7　信息化发展与应用

本节主要介绍信息化发展趋势和技术特点，对我国信息化战略目标和重点任务进行综述。特别是针对电子政务、电子商务、企业信息化和两化融合等领域的发展思路、技术应用要点及其对经济社会的重要作用等进行了概要性阐述。

1.7.1　信息化发展与应用的新特点

信息技术和产业是我国进行信息化建设的基础。随着我国国民经济快速持续的发展和信息化进程的不断加快，各行各业对信息基础设施、信息产品与软件产品、信息技术和信息服务的需求急剧增长，这也为信息产业的发展提供了巨大的市场空间，从而带动我国信息产业的高速发展。

我国在“十三五”规划纲要中，将培育人工智能、移动智能终端、第五代移动通信（5G）、先进传感器等作为新一代信息技术产业创新重点发展，拓展新兴产业发展空间。

当前，信息技术发展的总趋势是从典型的技术驱动发展模式向应用驱动与技术驱动相结合的模式转变，信息技术发展趋势和新技术应用主要包括以下几个方面。

1. 高速度大容量

速度和容量是紧密联系的，海量信息四处充斥的现状，处理高速、传输和存储要求大容量就成为必然趋势。而电子元器件、集成电路、存储器件的高速化、微型化、廉价化的快速发展，又使信息的种类、规模以更高的速度膨胀，其空间分布也表现为“无处不在”，在时间维度上，信息可以整合到信息系统初建的20世纪80年代。

2. 集成化和平台化

以行业应用为基础的，综合领域应用模型（算法）、云计算、大数据分析、海量存储、信息安全、依托移动互联的集成化信息技术的综合应用是目前的发展趋势。信息系统集成化和平台化的特点，使得信息消费更注重良好的用户体验，而不必关心信息技术细节。

3. 智能化

随着工业和信息化的深度融合成为我国目前乃至今后相当长的一段时期的产业政策和资金投入的主导方向，以“智能制造”为标签的各种软硬件应用将为各行各业的各类产品带来“换代式”的飞跃甚至是“革命”，成为拉动行业产值的主要方向。

4. 虚拟计算

通常所说的虚拟计算，是一种以虚拟化、网络、云计算等技术的融合为核心的一种计算平台、存储平台和应用系统的共享管理技术。虚拟化已成为企业 IT 部署不可或缺的组成部分。虚拟计算应用于互联网上，是云计算的基础，也是云计算应用的一个主要表现，这已经是当今和未来信息系统架构的主要模式。

5. 通信技术

随着数字化技术的发展，通信传输向高速大容量长距离发展，光纤传输的激光波长从 1.3 微米发展到 1.55 微米并普遍应用。波分复用技术已经进入成熟应用阶段，光放大器代替光电转换中继器已经实用；相干光通信、光孤子通信已经取得重大进展。4G 无线网络和基于无线数据服务的移动互联网已经深入社会生活的方方面面，极大地影响了人们的工作和生活方式，成为了经济活动中最具发展创新活力的引擎。

6. 遥感和传感技术

感测与识别技术的作用是仿真人类感觉器官的功能，扩展信息系统（或信息设备）快速、准确获取信息的途径。传感技术同计算机技术与通信技术一起被称为信息技术的三大支柱。随着信息技术的进步和信息产业的发展，传感与交互控制在工业、交通、医疗、农业、环保等方面的应用将更加广泛和深入。可以说，传感和识别技术是“物联网”应用的重要基础，而“物联网”应用目前和未来将遍及国民经济和日常生活的方方面面，成为计算机软件服务行业的应用重点，也是工业和信息化深度融合的关键技术之一。

7. 移动智能终端

随着四核甚至八核并行移动处理器、Flash-Rom 等核心配件的发展及其在手机上的应用，手机的信息处理能力与传统个人电脑相比已不相上下；移动 4G 技术、WiFi 等无线数据通信方式的全面普及，手机的数据传输速度和能力也越来越高，使得智能手机完全具备了移动智能终端的处理能力。智能手机逐渐成为了人们通信、文档管理、社交、学习、出行、娱乐、医疗保健、金融支付等方面的便捷、高效的工具。智能手机的普及、良好用户体验应用的丰富和网络用户规模的不断扩大，使得移动互联网产业发展迅猛，而安全与隐私保护是移动互联网面临的重大课题。

8. 以人为本

信息技术不再是专家和工程师才能掌握和操纵的高科技，而开始真正地面向普通公众，为人所用。信息表达形式和信息系统与人的交互超越了传统的文字、图像和声音，机器或者设备感知视觉、听觉、触觉、语言、姿态甚至思维等技术或者手段已经在各种信息系统中大量出现，人在使用各类信息系统时可以完全模仿人与真实世界的交互方式，获得非常完美的用户体验。

9. 信息安全

在信息化社会中，计算机和网络在军事、政治、金融、工业、商业、人们的生活和工作等方面的应用越来越广泛，社会对计算机和网络的依赖越来越大，如果计算机和网络系统的信息安全受到危害将导致社会的混乱并造成巨大损失。信息安全关系到国家的国防安全、政治安全、经济安全、社会安全，是国家安全的重要组成部分。

建设网络强国要向着网络基础设施基本普及、自主创新能力增强、信息经济全面发展、网络安全保障有力的目标不断前进。围绕"建设网络强国"，主要应落实以下任务：要有自己的技术，有过硬的技术；要有丰富全面的信息服务，繁荣发展的网络文化；要有良好的信息基础设施，形成实力雄厚的信息经济；要有高素质的网络安全和信息化人才队伍；要积极开展双边、多边的互联网国际交流合作。

1.7.2 国家信息化发展战略

1. 我国信息化发展目标

我国正处在加快转变经济发展方式和全面建设小康社会的关键时期。推动信息化深入发展，对拉动有效投资和消费需求，加快推动经济结构调整和发展方式转变，不断改善民生具有重要意义。

近年来，我国信息化发展取得长足进展，经济社会信息化水平全面提升。与此同时，我国信息化发展还存在一些薄弱环节和突出问题，主要是网络、技术、产业与应用的统筹协调有待加强，宽带信息基础设施建设滞后，部分核心关键技术受制于人，信息资源开发利用和共享水平不高，一些领域存在低水平重复建设现象，数字鸿沟扩大，信息安全形势更趋复杂严峻，信息化发展体制机制有待健全等。

当前，围绕促进技术创新和产业转型升级，全球再次掀起加快信息化发展的浪潮，主要国家纷纷加快推进信息技术研发和应用，综合信息网络向宽带、融合、泛在方向演进，信息技术、产品、内容、网络和平台等加速融合发展，新的经济增长点不断催生，以互联网为代表的信息技术快速扩散，对国际政治、经济、社会和文化产生了深刻影响。

在上述背景下，根据《2006—2020 年国家信息化发展战略》，工业和信息化部会同国务院有关部门于 2013 年 9 月编制了《信息化发展规划》，作为指导今后一个时期加快推动我国信息化发展的行动纲领。

根据《2006—2020 年国家信息化发展战略》，2006—2020 年期间，我国信息化发展的战略目标是：综合信息基础设施基本普及，信息技术自主创新能力显著增强，信息产业结构全面优化，国家信息安全保障水平大幅提高，国民经济和社会信息化取得明显成效，新型工业化发展模式初步确立，国家信息化发展的制度环境和政策体系基本完善，国民信息技术应用能力显著提高，为迈向信息社会奠定坚实基础。具体目标如下。

（1）促进经济增长方式的根本转变。广泛应用信息技术，改造和提升传统产业，发展信息服务业，推动经济结构战略性调整。深化应用信息技术，努力降低单位产品能耗、物耗，加大对环境污染的监控和治理，服务循环经济发展。充分利用信息技术，促进我国经济增长方式由主要依靠资本和资源投入向主要依靠科技进步和提高劳动者素质转变，提高经济增长的质量和效益。

（2）实现信息技术自主创新、信息产业发展的跨越。有效利用国际国内两个市场、两种资源，增强对引进技术的消化吸收，突破一批关键技术，掌握一批核心技术，实现信息技术从跟踪、引进到自主创新的跨越，实现信息产业由大变强的跨越。

（3）提升网络普及水平、信息资源开发利用水平和信息安全保障水平。抓住网络技术转型的机遇，基本建成国际领先、多网融合、安全可靠的综合信息基础设施。确立科学的信息资源观，把信息资源提升到与能源、材料同等重要的地位，为发展知识密集型产业创造条件。信息安全的长效机制基本形成，国家信息安全保障体系较为完善，信息安全保障能力显著增强。

（4）增强政府公共服务能力、社会主义先进文化传播能力、中国特色的军事变革能力和国民信息技术应用能力。电子政务应用和服务体系日臻完善，社会管理与公共服务密切结合，网络化公共服务能力显著增强。网络成为先进文化传播的重要渠道，社会主义先进文化的感召力和中华民族优秀文化的国际影响力显著增强。国防和军队信息化建设取得重大进展，信息化条件下的防卫作战能力显著增强。人民群众受教育水平和信息技术应用技能水平显著提高，为建设学习型社会奠定基础。

2．我国信息化发展的主要任务和发展重点

1）促进工业领域信息化深度应用

围绕促进工业转型升级的要求，全方位、多层次推动信息技术在工业领域的覆盖渗透、应用集成和融合创新。

（1）推进信息技术在工业领域全面普及。深化信息技术在企业生产经营管理各环节的应用，大力推广数字化研发设计工具，促进研发流程变革和模式转型，实现多专业、跨企业研发协同创新。加快生产装备数字化和生产过程智能化，推广原材料工业集约化、装备制造业智能化、消费品工业精准化生产方式。全面普及企业资源计划、供应链、客户关系等管理信息系统，加快推动经营管理现代化进程。

（2）推动综合集成应用和业务协同创新。促进研发、生产、经营管理各环节信息集成和业务协同，推动企业从单项业务应用向多业务综合集成转变。以集成应用支撑业务流程优化，促进组织结构合理化、运营一体化和决策科学化。推动信息化应用从单一企业向全产业链协同创新转变。

（3）加快制造业服务化进程。推动制造企业完善研发设计、生产制造、市场营销、售后服务、回收处理的产品全生命周期信息集成和跟踪服务，面向客户提供个性化产品设计和整体解决方案，加强备品备件管理、在线实时监测、远程故障诊断、工控系统安全监控、网上支付结算等增值服务。继续深化制造业信息化科技工程，为制造业转型升级提供支撑。

（4）推广节能减排信息技术。推动重点行业节能减排信息技术的普及和深入应用，提高绿色研发设计能力，加大主要耗能、耗材设备和工艺流程的数字化、网络化和智能化改造。建立健全资源能源综合利用效率监测和评价体系，改进资源能源需求侧管理，提升资源能源供需双向调节水平。大力发展环保装备专用测控一体化技术，建立健全符合行业发展和区域生产力布局特点的主要污染物排放监测和固体废弃物综合利用信息管理系统，完善污染治理监督管理体系。

（5）建立两化融合服务支撑体系。完善企业信息化和工业化融合水平评估认定体系，推广行业评估规范，指导中介机构开展重点行业和企业两化融合发展水平评估，健全企业信息化水平评价工作机制。建立国家级信息化和工业化融合促进中心，支持面向具体行业的信息化公共服务平台发展。加强国家新型工业化产业示范基地、国家级信息化和工业化融合试验区建设，支持地方开展两化融合评估和监测，完善区域信息化服务体系。

2）加快推进服务业信息化

适应服务业发展和居民消费结构升级的需要，深化信息技术在服务业的应用，积极培育新型服务业态，推动现代服务业发展。

（1）引导电子商务健康发展。鼓励工业和商贸流通领域骨干企业开展网络采购和销售，加强供应链协同运作。推动中小微企业普及电子商务应用。鼓励电子商务服务平台向涵盖信息流、物流、资金流的全流程服务方向发展。丰富网络商品和服务，拓展网络购物渠道，满足不同层次消费需求。支持开展移动电子商务创新，支持境内企业开展跨境电子商务应用。完善安全、信用、金融、物流和标准等支撑体系，构建与电子商务发展相配套的服务体系。组织开展国家电子商务示范城市创建工作，积极营造有利于促进电子商务健康发展的政策环境，探索适应电子商务发展的监管模式，加快建立规范有序的电子商务市场秩序。

（2）提升物流信息化水平。促进信息技术应用与现代物流发展的融合创新，提高物流基础设施的信息化水平，鼓励发展新型物流业态和服务模式。加强跨行业的物流信息共享，建立完善行业性、区域性的公共物流信息服务体系。推动电子商务和物流信息化集成发展。

（3）提高服务业重点领域信息化水平。加快推动银行业、证券业和保险业信息共享，提高金融宏观调控和综合监管能力；运用信息技术推进金融产品和服务创新，促进消费金融发展；围绕增强普遍服务能力，提高面向中小微企业和农业农村的金融信息化服务水平。引导工业设计走专业化、高端化、网络化发展道路，建设一批实用、高效的工业设计公共服务平台。发展信息系统集成服务、互联网增值服务、信息安全服务和数字内容服务，发展地理信息产业。推动旅游、人力资源开发、餐饮、新闻出版、休闲娱乐和社区服务等服务行业采用信息技术创新服务品种和方式，完善服务体系，提升服务能力。

3）积极提高中小企业信息化应用水平

完善中小企业信息化服务体系，为中小企业信息化建设提供支持与服务，推动中小企业在核心业务环节深化信息技术应用。

（1）深化中小企业信息技术应用。加强适应不同行业中小企业特点和需求的研发工具、智能装备、过程控制系统和管理信息系统的研究开发和推广应用。提高网络环境下中小企业的协作配套能力，支持中小企业参与以行业骨干企业为核心的产业链协作。

（2）继续实施中小企业信息化推进工程。发展和完善面向产业集群和中小企业集聚区的信息化服务平台，重点支持面向中小企业提供云计算服务的公共服务平台发展，提供研发设计、经营管理、质量检验检测等服务。加快发展面向中小企业信息化的方案设计、监理实施、运行维护等第三方服务，不断完善中小企业信息化服务体系。

4）协力推进农业农村信息化

把推进农业农村信息化放在社会主义新农村建设的突出位置，充分发挥信息化在加快转变农业发展方式、改善农民生活、统筹城乡发展中的重要作用，加快信息强农惠农。

（1）完善农村综合信息服务体系。建立全国农业综合信息服务平台。按照政府主导、社会参与、资源整合、多方共建的原则，加快农村基层信息服务站和信息员队伍建设，形成村为节点、县为基础、省为平台、全国统筹的农村综合信息服务体系。

（2）加强涉农信息资源整合。科学规划各级政府部门涉农信息资源建设，集约建设涉农信息系统、服务平台和农业综合基础数据库。发展专业性信息资源服务平台，丰富农村信息服务内容。大力推进信息技术在农业生产、经营、管理和服务各环节的应用，引导农业生产经营向精准化、集约化、智能化方向发展。推进农业信息化试点示范，促进形成具有地方特色的农业信息化应用模式。

5）全面深化电子政务应用

加强顶层设计，继续深化电子政务应用，推进政府组织结构优化，提高公共服务能力。

（1）推进信息技术与政务工作深度融合。适应新时期保障和改善民生的新要求，优先支持教育、医疗卫生、就业和社会保障、住房等业务系统建设。深化财政、税收、工商、质检、海关、金融监管、价格、能源、工业经济运行等业务系统应用，寓管理于服务，提高市场监管和公共服务能力。继续加强审计监管、公共安全、国土资源、食品药品安全、安全生产、国防科技工业等信息系统建设，支撑提高政府依法履职能力。加快党委系统电子政务建设，为推行党内公开、提高各级党委工作效率提供技术保障。鼓励电子政务应用向云计算模式迁移，全面提升电子政务服务能力。

（2）提升基层电子政务服务能力。综合运用电信网、广播电视网和互联网，不断丰富电子政务公共服务手段。充分利用已有电子政务基础设施，支持开展电子政务集约建设和应用服务，更加注重推动电子政务服务向街道、社区和农村延伸。加强社区信息化建设，为公众培训、就业、社会保障、就医、家政、出行等提供综合信息服务，为残疾人、老年人、低保家庭提供专项信息服务。鼓励基层电子政务应用模式创新，支持基层政府开展以企业和公众为中心的电子政务服务模式创新试点示范。

（3）提高社会管理信息化水平。建立人口信息共享机制，支撑实施实有人口动态管理。建立全面覆盖、动态跟踪、信息共享、功能齐全的社会管理综合信息系统，形成政府主导、社会参与、服务全局的社会管理信息化体系。加强和完善信息网络管理，提高对虚拟社会的管理水平。运用信息技术开展舆情分析，健全网上舆论动态引导机制，确保社会信息采集和处理快捷高效。运用信息化手段改进信访工作方式，建设公众诉求信息管理平台，健全社会稳定风险评估体系。

6）稳步提高社会事业信息化水平

以促进基本公共服务均等化为目标，不断提高教育、医疗卫生、就业和社会保障等领域的信息化水平，为加快社会事业现代化提供坚实支撑。

（1）大力提高教育信息化水平。加快学校宽带网络建设，发展现代远程教育和网络教育，推进优质教育资源普及共享。加大中小学、各类职业院校和培训机构教师的信息素养和信息技术应用能力培训力度。加快开放公共数字化教学资源，构建面向全民的终身学习网络和服务平台。

（2）加快医疗卫生信息化建设。围绕健全医疗服务体系的需要，完善医疗服务与管理信息系统，加快建立居民电子健康档案和电子病历，为开展远程医疗、远程救治和推进优质医疗资源共享打下基础。完善疾病和公共卫生事件直报系统和疾控管理信息系统，促进建立覆盖疾控发源地、传染链、病源谱和预防救治的应急响应体系。在中西部尤其是边远地区，有计划、有步骤地开展网络化医疗辅导和诊断救治服务。逐步建立农村医疗急救信息网络。扩大新型农村合作医疗管理和信息服务系统的覆盖范围，为实现参保人口异地就医和即时结报提供技术保障。

（3）构建覆盖城乡居民的就业和社会保障信息服务体系。开展公共就业服务信息发布、需求预测、跟踪监测和失业预警，推动就业信息全国联网，完善就业和社会保障信息服务体系，推动信息服务向街道、社区和乡镇延伸。促进跨区域就业和社会保障信息共享，为养老、医疗、失业等社会保险关系的转移接续，异地居住退休人员管理，参保人员异地就医和结算等提供支撑。全面发行和应用社会保障卡，扩大社会保障覆盖范围。推进就业和社会保障信息服务体系覆盖农村劳动力转移就业、农村养老保险、减灾赈灾、社会救助、社会福利、最低生活保障、慈善事业等农村就业和社会保障领域。加快推进残疾人人口综合信息与就业和社会保障信息的共享，提高面向残疾人的信息无障碍服务能力。

7）统筹城镇化与信息化互动发展

发挥信息化在创新城市管理模式和提升城市服务能力方面的重要作用，为破解城市发展难题、实现精确高效管理提供有力支撑。

（1）提高城市运行管理的智能化水平。立足城市功能和空间生产力布局，依托信息网络基础设施，深化空间地理信息应用，推动各类城市管理信息的共享和协同。运用感知、传输、智能计算和处理技术，增强城市空间要素的可感知度，推广网格化管理模式，实现精细化管理，提高城市运行、管理和公共服务的信息化水平，引导智慧城市建设健康发展。

（2）推进社区信息化。推动社区网络和信息资源整合，鼓励建立覆盖区（县、市）或更大范围的社区综合信息管理和服务平台，实现数据一次采集、资源多方共享，优化区（县、市）、街道、社区等面向社会公众和企事业单位提供服务的流程，为逐步实现行政管理、社会事务、便民服务等社区管理服务一体化，健全新型社区管理和服务模式提供支撑。加快建设家庭服务业公益性信息服务平台，推动智能社区和智能家庭建设，推广普及智能建筑和智能家居。

（3）提高公共安全信息化管理水平。深入推进公共安全领域信息化建设，加强对公共场所、重大危险源、危险化学品的智能监管，建立健全安全生产监管信息化体系。开展重大自然灾害的预测预警，扩大监控监测覆盖面，加大对维稳、反恐、打击犯罪、治安防控等信息的综合应用，提高信息资源共享水平，完善社会治安防控信息体系。健全公共突发事件的信息报送、发布、应急响应和灾难救助机制。

8）加强信息资源开发利用

继续推动政务信息资源共享，不断增强公益性信息服务能力，提高信息资源开发利用水平。

（1）提高政务信息资源共享能力。强化人口、法人、金融、税收和空间地理等基础性信息资源的开发利用，加快建设统计信息资源开发利用工程，完善国民经济预测预警监测体系，建立健全应对气候变化、发展战略性新兴产业的统计、监测信息发布体系，提升政务信息资源的决策支持能力和社会化服务水平。按照加快推进社会信用体系建设的要求，利用人口和法人基础信息库，依托各部门业务信息系统，完善公民和法人的信贷、纳税、履约、生产、交易、服务、工程建设、参保缴费、审判执行等信用记录，实现信用信息的跨部门共享。以公民身份证号码为唯一身份标识，完善以居民身份证信息为基础、相关职能部门业务信息为补充的人口信息资源库，建立信息共享和校核机制，为创新社会管理提供支撑。

（2）加大公益性信息资源利用力度。建立公益性信息资源开发与利用的长效机制，加强农业、科技、教育、文化、卫生、人口和计划生育、就业和社会保障、法制、国土资源等重点领域信息资源的公益性开发利用。引导公益性信息服务机构发展，鼓励企业、公众和其他社会力量采取多种方式提供公益性信息服务。

（3）发展先进网络文化。实施先进网络文化发展工程，鼓励开发具有中国特色和自主知识产权的数字文化产品，推动网络知识的创造、整合与传播，增强信息化时代中华文化的国际影响力。加强重点新闻网站建设，规范管理综合性商业网站，构建积极健康的网络传播新秩序。积极推进数字图书馆、数字档案馆、数字博物馆、数字文化馆等公益性文化信息基础设施建设，完善公共文化信息服务体系。

（4）壮大数字内容产业。加快推进信息技术与文化内容的融合，引导数字内容资源制作、传播和利用，提高数字内容商品和服务的供给能力。建设数字内容公共服务平台，积极培育数字出版、数字视听、游戏动漫等新兴产业。促进数字内容与新型终端、互联网服务的结合，扩展数字内容产业链，创新经营模式和服务模式，提高数字内容产业附加值。培育壮大数字内容与网络文化产业骨干企业，鼓励创新商业模式。

9）构建下一代国家综合信息基础设施

把握信息网络演进升级的机遇，实施宽带中国战略，以宽带普及提速和网络融合为重点，加快构建宽带、融合、安全、泛在的下一代国家信息基础设施。

（1）加快宽带网络优化升级和区域协调发展。优化骨干网络架构，完善业务节点国际布局，提升国家骨干网传输能力。采用多种技术推进光纤向用户端延伸，扩大无线宽带网络覆盖，提升用户端接入能力。优化互联网数据中心空间布局，实现互联网信息源高速接入。支持东部地区积极利用光纤和新一代移动通信技术、下一代广播电视网技术，全面提升宽带网络速度与性能，基本实现城市光纤到楼入户，缩小与发达国家差距。支持中西部地区增加光缆路由，提升网络容量，扩大接入网络覆盖范围；引导大型云计算数据中心落户中西部条件适宜的地区。因地制宜采用光纤、铜线、同轴电缆、3G/LTE、微波、卫星等多种技术手段加快宽带网络从乡镇向行政村、自然村延伸，推进农村宽带进乡入村。

（2）促进下一代互联网规模商用和前沿布局。加快部署下一代互联网，抓紧开展IPv6商用试点，适时推动IPv6大规模部署和商用，加快推进IPv4向IPv6的网络过渡、业务迁移与商业运营，在设备制造、软件开发、运营服务等环节形成较完善的产业和协同创新链条。完善互联网国家顶层架构，升级骨干网络，实现高速度高质量互联互通，提升网络安全性、可靠性和效率。推动我国互联网国际互联架构优化，提升互联层次和流量转接水平。加快未来网络技术研发和战略布局，建设面向未来互联网创新发展的示范平台，开展新型架构及创新技术的试验和示范，突破关键核心技术，推动形成系列国际标准。

（3）建设安全可靠的信息应用基础设施。综合考虑业务需求、设施配套、信息安全保障等因素，引导形成布局合理、安全可靠的互联网数据中心基础设施，推进互联网数据中心的规模化、集约化、节能化、绿色化升级。加强统筹管理，逐步形成技术先进、安全可靠的内容分发网络（CDN）。

（4）加快推进三网融合。组织实施三网融合全面推广工作，在全国范围内推动广电、电信业务双向进入，加快网络基础设施建设和统筹规划，加快建立适应三网融合的标准体系，加大资源开发和业务创新力度，大力发展新兴融合型业务，培育壮大文化产业、信息内容产业和信息服务业。加强三网融合法制建设，强化网络信息和文化安全监管，建设可管可控的安全保障体系。

（5）优化国际通信网络布局。统筹规划海底光缆建设，完善跨境陆地光缆，与有条件的周边国家实现互联。丰富到亚太、北美、欧洲的国际路由，增加到非洲、南美的国际海底光缆。加快部署海外业务接入点和国际数据中心，提升为驻外机构和企业提供信息网络服务的能力。

10）促进重要领域基础设施智能化改造升级

加快能源、交通运输、水利、环境资源等领域的数字化、网络化、智能化改造升级，促进重要基础设施的精准管理和高效运行。

（1）加快建设智能电网。提高发电、输电、变电、配电等环节的信息化和智能化水平，实现电力流、信息流、业务流高度一体化。根据发展风电、太阳能等可再生能源的需要，建设具有自动平衡和优化输配能力的智能电网调度体系，实现可再生能源发电并网接入标准化和运行控制智能化。

（2）提高综合交通运输体系智能化水平。提高交通运输信息化、智能化水平，建设综合交通运输公共信息平台，逐步建立各种运输方式之间的信息采集、交换和共享机制。积极推动客货运输票务、单证等的联程联网系统建设，逐步完善高速公路全国监控、公路联网和不停车收费系统。建设以旅客为中心的开放式民航运输信息系统，推进航空运输企业深化电子商务应用。提高铁路通信信号现代化水平，完善高速铁路、繁忙干线调度集中系统，加快推进铁路客运服务电子化、网络化。提高航运信息化管理和服务水平。

（3）提升基础性资源信息化管理水平。加快推进水资源管理信息化、智能化进程，构建布局合理、动态监测、信息共享和科学决策的水利智能应用体系，强化水资源信息资源共享。建立健全环境资源监测系统，建立土地、矿产资源、森林等基础性资源全程动态监测、污染源控制、生态保护信息系统，提高国土资源和环境保护领域的预警、决策和执法能力。

11）着力提高国民信息能力

（1）积极开展国民信息技术教育和培训。完善中小学信息化学习环境，加快普及信息知识和信息技术教育。加强高等院校与政府、企业的合作，加大信息教育培训力度，提升高素质人才的信息技术应用和创新能力。加快向信息基础薄弱的地区和人群提供信息化知识和技能服务。开展国民信息素质状况动态监测和定期评估，有针对性地促进国民信息教育水平和信息能力提高。

（2）培养信息化人才队伍。构建以学校教育为基础，基础教育、高等教育、职业教育与继续教育相结合，政府引导与市场培训互为补充的信息化人才培养体系。通过高等教育、继续教育等多种途径和方式，加快培养创新型、专业技术型、技能型信息化人才。

12）加强网络与信息安全保障体系建设

（1）确保基础信息网络和重要信息系统安全。强化顶层设计和工作协调机制建设，加快建立以防为主、软硬结合的网络与信息安全保障体系。基础信息网络和重要信息系统要同步规划、同步建设、同步运行安全防护设施，提升防攻击、防病毒、防篡改、防瘫痪、防窃密能力。加强无线电安全管理和重要信息系统的无线电频率保障。加强互联网网站、地址、域名和接入服务单位的管理。建立信息安全审查制度，加强重要领域工业控制系统安全防护和管理，建立安全测评和风险评估制度。推进政府部门互联网安全接入防护工作，加强政府网站安全管理。强化电子文件的安全管理。加快涉密信息系统安全保密防护设施建设，完善保密机制，加强保密审查。加强国家网络空间战略预警和积极防御建设，增强网络信息安全的态势感知、监测预警、应急处理和执法能力。

（2）强化信息安全基础。加强信息安全技术攻关，集中力量攻克一批关键技术，突破芯片、关键元器件、基础软件和关键网络设备等核心技术瓶颈，提高信息技术装备安全可控水平，支持信息安全产业发展。建立完善信息资源和个人信息保护制度。加强信息安全风险评估、等级保护、信息安全通报、信息安全产品认证认可、信息安全应急处置等工作。加快推进网络信任体系建设和密码保障工作，规范电子认证服务，大力推广电子签名应用。完善信息安全基础设施，提高信息安全监管和执法能力。支持信息安全专业骨干队伍和应急技术支撑队伍建设，加强重要产品和系统安全漏洞分析评估。

（3）加强信息内容安全管理。加强互联网基础数据管理、新技术新业务准入管理和新业务安全评估。建立与信息网络新技术、新业务发展相适应的信息内容安全监管手段。加强网络侦查技术手段建设，严厉打击各类网络犯罪。加强重点新闻网站建设，规范管理综合商业网站，构建健康的网络传播秩序。以维护信息安全为目标，大力推进驻外机构、企业等采用国内通信运营商提供的服务。

1.7.3 电子政务

电子政务是政府机构应用现代信息和通信技术，将管理和服务通过网络技术进行集成，在网络上实现政府组织结构和工作流程的优化重组，超越时间、空间与部门分隔的限制，全方位地向社会提供优质、规范、透明、符合国际水准的管理和服务。电子政务作为信息技术与管理的有机结合，成为当代信息化最重要的领域之一。

电子政务与传统政务相比，在办公手段、业务流程以及与公众沟通的方式上都存在很大的区别。电子政务并不是要完全取代传统政务，也不是简单地将传统政务原封不动地搬到 Internet 上，而是要求政府部门运用网络和现代通信技术，对具体业务程序、工作方法、办公环境、组织和人员管理等进行优化和重组，打破传统政府的组织界限，使得政府部门之间、政府与社会公众之间可以通过各种电子化渠道相互沟通，并依据公众的需要，提供形式多样、方便快捷的服务方式。

电子政务已经成为国民经济信息化不可或缺的一环。信息化使许多政府原来不可能做到的事情不仅可以做到，而且可以做得更快、更好，帮助政府实现对国家的有效管理。今天，无论经济与社会的发展或者国家安全的保障，都不能没有电子政务的支持。

1. 建设原则

我国的电子政务建设必须适应改革开放和现代化建设对政务工作的要求，转变政府职能，提高工作效率和监管的有效性，更好地服务人民群众；必须以需求为导向，以应用促发展，通过积极推广和应用信息技术，增强政府工作的科学性、协调性和民主性，全面提高依法行政能力，加快建设廉洁、勤政、务实、高效的政府，促进国民经济持续快速健康发展和社会全面进步。在建设电子政务系统时，应遵循如下四大原则：

（1）统一规划，加强领导。电子政务建设必须按照国家信息化领导小组的统一部署，制定总体规划，避免重复建设。各级党政主要领导要亲自抓，防止各自为政。要正确处理中央与地方、部门与部门的关系，明确各自的建设目标和重点，充分发挥各方面的积极性，分类指导，分层推进，分步实施。

（2）需求主导，突出重点。电子政务建设必须紧密结合政府职能转变和管理体制改革，根据政府业务的需要，结合人民群众的要求，突出重点，稳步推进。要讲求实效，坚持经济效益和社会效益相统一。要重点抓好建设统一网络平台、建立标准、健全法制，建设和整合关系国民经济和社会发展全局的业务系统。

（3）整合资源，拉动产业。电子政务建设必须充分利用已有的网络基础、业务系统和信息资源，加强整合，促进互联互通、信息共享，使有限的资源发挥最大效益。要在符合标准的条件下优先使用国产设备与软件，逐步推进系统建设、运行维护的外包和托管模式，带动我国信息产业发展。

（4）统一标准，保障安全。加快制定统一的电子政务标准规范，大力推进统一标准的贯彻落实。要正确处理发展与安全的关系，综合平衡成本和效益，一手抓电子政务建设，一手抓网络与信息安全，制定并完善电子政务网络与信息安全保障体系。

2. 电子政务发展目标

根据《“十三五”国家信息化规划》（国发〔2016〕73 号），在网络强国战略和政府治理现代化的新形势下，我国需把电子政务建设和转变政府职能与创新政府管理紧密结合起来，逐步形成电子政务建设与行政管理体制改革相互促进、共同发展的体制机制，形成完善的电子政务绩效评估指标体系和标准。

在“十三五”期间，我国电子政务发展的主要目标和任务包括以下内容。

（1）建立国家电子政务统筹协调机制，完善电子政务顶层设计和整体规划。

（2）统筹共建电子政务公共基础设施，加快推进国家电子政务内网建设和应用，支持党的执政能力现代化工程实施，推进国家电子政务内网综合支撑能力提升工程。

（3）完善政务外网，支撑社会管理和公共服务应用。

（4）支持各级人大机关信息化建设，有效满足立法和监督等工作需求，为人民代表大会及其常委会履职提供信息技术支撑。

（5）支持政协信息化建设，推进协商民主广泛多层制度化发展。

（6）支持“智慧法院”建设，推行电子诉讼，建设完善公正司法信息化工程。

（7）实施“科技强检”战略，积极打造“智慧检务”。

（8）创新电子政务投资、建设及服务模式，探索建立第三方建设运行维护机制。

（9）完善国家电子政务标准体系，建立电子政务绩效评估监督制度。加强国家电子文件管理，促进电子文件规范应用。

3. 应用模式

电子政务根据其服务的对象不同，基本上可以分为以下四种模式：

（1）政府对政府（Government to Government，G2G）。G2G 是指政府上下级之间、不同地区和不同职能部门之间实现的电子政务活动，包括国家和地方基础信息的采集、处理和利用，例如，人口信息、地理信息、资源信息等；政府之间各种业务流程所需要采集和处理的信息，例如，计划管理、经济管理、社会经济统计、公安、国防、国家安全等；政府之间的通信系统，包括各种紧急情况的通报、处理和通信系统。

（2）政府对企业（Government to Business，G2B）。G2B 是政府向企业提供的各种公共服务，主要包括政府向企事业单位发布的各种方针、政策、法规和行政规定，即企事业单位从事合法业务活动的环境，包括产业政策、进出口、注册、纳税、工资、劳保、社保等各种规定；政府向企事业单位颁发的各种营业执照、许可证、合格证、质量认证等。

（3）政府对公众（Government to Citizen，G2C）。G2C 实际上是政府面向公众所提供的服务。政府对公众的服务首先是信息服务，例如，让公众知道政府的规定是什么，办事程序是什么，主管部门在哪里，以及各种关于社区公安和水、火、天灾等与公共安全有关的信息等，还包括户口、各种证件的管理等政府提供的各种服务。

（4）政府对公务员（Government to Employee，G2E）。G2E 是指政府与政府公务员即政府雇员之间的电子政务，也有学者把它称为内部效率效能电子政务模式。G2E 是政府机构通过网络技术实现内部电子化管理（例如，OA 系统等）的重要形式，也是 G2G、G2B 和 G2C 的基础。G2E 主要是利用 Intranet 建立起有效的行政办公和员工管理体系，为提高政府工作效率和公务员管理水平服务。

1.7.4　电子商务

电子商务（Electronic Commerce，EC）是利用计算机技术、网络技术和远程通信技术，实现整个商务过程的电子化、数字化和网络化。要实现完整的电子商务会涉及到很多方面，除了买家、卖家外，还要有银行或金融机构、政府机构、认证机构、配送中心等机构的加入才行。由于参与电子商务中的各方在物理上是互不谋面的，因此整个电子商务过程并不是物理世界商务活动的翻版，网上银行、在线电子支付等条件和数据加密、电子签名等技术在电子商务中发挥着不可或缺的作用。

电子商务应该具有以下基本特征。

（1）普遍性。电子商务作为一种新型的交易方式，将生产企业、流通企业、消费者以及金融企业和监管者集成到了数字化的网络经济中。

（2）便利性。参与电子商务的各方不受地域、环境、交易时间的限制，能以非常简捷的方式完成传统上较为繁杂的商务活动。

（3）整体性。电子商务能够规范事务处理的工作流程，将人工操作和电子信息处理集成为一个不可分割的整体，保证交易过程的规范和严谨。

（4）安全性。与传统的商务活动不同，电子商务必须采取诸如加密、身份认证、防入侵、数字签名、防病毒等技术手段确保交易活动的安全性。

（5）协调性。商务活动本身是一种磋商、协调的过程，客户与企业之间、企业与企业之间、客户与金融服务部门之间、企业与金融服务部门之间、企业与配送部门之间等需要有序地协作，共同配合来完成交易。

加快发展电子商务，是企业降低成本、提高效率、拓展市场和创新经营模式的有效手段，是提升产业和资源的组织化程度、转变经济发展方式、提高经济运行质量和增强国际竞争力的重要途径，对于优化产业结构、支撑战略性新兴产业发展和形成新的经济增长点具有非常重要的作用，对于满足和提升消费需求、改善民生和带动就业具有十分重要的意义，对于经济和社会可持续发展具有愈加深远的影响。

1. 电子商务的类型

按照依托网络类型来划分，电子商务分为EDI（电子数据交换）商务、Internet（互联网）商务、Intranet（企业内部网）商务和Extranet（企业外部网）商务。

按照交易的内容，电子商务可以分为直接电子商务和间接电子商务。直接电子商务向客户提供无形商品和各种服务，如电子书、软件、在线读物、视频、证券、期货、旅游产品等等，这些产品和服务可以直接通过网络向客户交付。间接电子商务包括向客户提供实体商品（有形商品）及有关服务，由于要求在广大地域和严格时限内送达，一般会将商品和服务交由现代物流配送公司和专业服务机构去完成配送工作。

按照交易对象，电子商务模式包括：企业与企业之间的电子商务（B2B）、商业企业与消费者之间的电子商务（B2C）、消费者与消费者之间的电子商务（C2C）。

电子商务与线下实体店有机结合向消费者提供商品和服务，称为O2O模式。

（1）B2B模式即Business To Business，就是企业和企业之间通过互联网进行产品、服务及信息的交换，其发展经过了电子数据交换（EDI）、基本的电子商务（Basic e-commerce）、电子交易集市和协同商务4个阶段。阿里巴巴（alibaba.com）是典型的B2B电子商务企业。

（2）B2C即Business To Consumer，就是企业和消费者个人之间的电子商务，一般以零售业为主，企业向消费者提供网上购物环境，消费者通过Internet访问相关网站进行咨询、购买活动。京东、当当、苏宁等是典型的B2C电子商务企业。

（3）C2C即Consumer To Consumer，就是消费者和消费者之间通过电子商务交易平台进行交易的一种商务模式，由于是个人与个人的交易，大众化成了C2C的最大特点。

诚信在这种模式中对买卖行为影响巨大，并具有很高的商业价值，而假货问题是监管的重点。淘宝、易趣等是典型的 C2C 电子商务交易平台，电子交易平台不仅提供交易的网络环境，还扮演着管理者的角色。

（4）O2O 即 Online To Offline，含义是线上购买线下的商品和服务，实体店提货或者享受服务。O2O 平台在网上把线下实体店的团购、优惠的信息推送给互联网用户，从而将这些用户转换为实体店的线下客户。借助 O2O，能够迅速地促进门店销售，特别适合餐饮、院线、会所等服务类连锁企业，并且通过网络能够迅速掌控消费者的最新反馈，进行个性化服务和获取高粘度重复消费。

除此之外，也可以将企业对政府的一些商务活动简称为 B2G（Business to Government，企业对政府），例如，政府采购企业的产品等；将个人对企业的一些商务活动简称为 C2B（Customer to Business，消费者对企业），例如，IT 行业中的独立咨询师为企业提供咨询和顾问服务。由此，还可以衍生出 C2G（Customer to Government，消费者对政府）等，只不过这些都是非主流的模式而已。

2. 电子商务系统的结构和要点

电子商务不仅包括信息技术，还包括交易规则、法律法规和各种技术规范。

电子商务的基础设施包括四个，即网络基础设施、多媒体内容和网络出版的基础设施、报文和信息传播的基础设施、商业服务的基础设施。此外，技术标准，政策、法律等是电子商务系统的重要保障和应用环境。

3. 电子商务的标准

国际标准化组织 ISO/IEC 信息技术标准化委员会所属的安全技术分委员会，主要负责开展安全标准的研制工作。该分技术委员会已制定和正在研制的国际标准主要涉及密码算法、散列函数、数字签名机制、实体鉴别机制、安全评估准则等领域，并对促进国际信息安全起了重要作用。为了迎接电子商务给全球带来的机遇和挑战，使之在全球范围内更有序地发展，ISO/IEC 成立了电子商务业务工作组，确定了电子商务急需建立标准的 3 个领域，具体如下。

（1）用户接口，主要包括用户界面、图像、对话设计原则等。

（2）基本功能，主要包括交易协议、支付方式、安全机制、签名与鉴别、记录的核查与保留等。

（3）数据及客体（包括组织机构、商品等）的定义与编码，包括现有的信息技术标准、定义报文语义的技术、EDI（Electronic Data Interchange，电子数据交换）本地化、注册机构、电子商务中所需的值域等。

当前，我国电子商务技术标准现状包含四个方面的内容，分别是数据交换标准、识别卡标准、通讯网络标准和其他相关的标准。我国把采用国际标准和国外先进标准作为一项重要的技术经济政策积极推行，现阶段国家电子商务标准体系由基础技术标准、业务标准、支撑体系标准和监督管理标准分体系构成，如图 1-15 所示。随着电子商务业务和技术的不断发展，国家电子商务标准体系将来可以继续扩展。

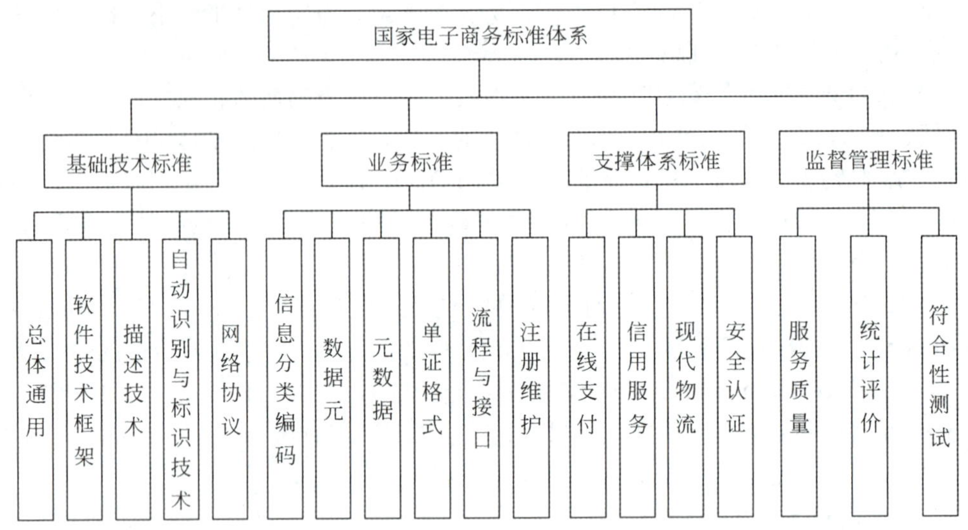

图 1-15 国家电子商务标准体系框架

1.7.5 工业和信息化融合

1. 企业信息化发展之路

概括地说，企业信息化就是："在企业作业、管理、决策的各个层面，科学计算、过程控制、事务处理、经营管理的各个领域，引进和使用现代信息技术，全面改革管理体制和机制，从而大幅度提高企业工作效率、市场竞争能力和经济效益。"信息技术作为崭新的工具已经或正在改变着企业的生产方式，改变着企业的生存环境。

企业生存环境变化的基本特征是信息的丰富性、流动性和价值化，企业的经营活动越来越需要围绕着信息的获取、传递、共享和应用来展开。企业只有运用信息技术提升传统的生产方式和管理方式，增强信息处理能力，使人、技术和过程三者协调发展，才能不断发展和强化其核心能力，赢得和保持竞争优势。

发达国家在100年前已完成工业化，其企业信息化也已经达到较高的水平，而我国企业信息化技术的应用总体上处于起步阶段，在产品设计、制造以及组织管理上与发达国家存在着很大的差距。但是，我们不能等工业化完成后才开始信息化或停下工业化只搞信息化，而是应该抓住网络革命的机遇，通过信息化促进工业化，通过工业化为信息化打基础，走信息化和工业化并举、融合、互动、互相促进、共同发展之路。

制造业是工业体系的基石和核心，是国民经济的主体，是立国之本、兴国之器、强国之基。十八世纪中叶开启工业文明以来，世界强国的兴衰史和中华民族的奋斗史一再证明，没有强大的制造业，就没有国家和民族的强盛。打造具有国际竞争力的制造业，是我国提升综合国力、保障国家安全、建设世界强国的必由之路。

当前，新一轮科技革命和产业变革与我国加快转变经济发展方式形成历史性交汇，国际产业分工格局正在重塑。必须紧紧抓住这一重大历史机遇，按照“四个全面”战略布局要求，实施制造强国战略，加强统筹规划和前瞻部署，力争通过三个十年的努力，到新中国成立一百年时，把我国建设成为引领世界制造业发展的制造强国，为实现中华民族伟大复兴的中国梦打下坚实基础。

我国的企业信息化经历了产品信息化、生产信息化、流程信息化、管理信息化、决策信息化、商务信息化等过程，而实施两化深度融合是企业落实《中国制造 2025》战略规划的重要途径。

电子信息制造业具有集聚创新资源与要素的特征，是当前全球创新最活跃、带动性最强、渗透性最广的领域，已经成为当今世界经济社会发展的重要驱动力。实施“中国制造 2025”，促进两化深度融合，加快从制造大国转向制造强国，需要电子信息产业有力支撑，大力发展新一代信息技术，加快发展智能制造和工业互联网；制订“互联网+”行动计划，推动移动互联网、云计算、大数据、物联网等应用，需要产业密切跟踪信息技术变革趋势，探索新技术、新模式、新业态，构建以互联网为基础的产业新生态体系。实施国家信息安全战略，需要尽快突破芯片、整机、操作系统等核心技术，大力加强网络信息安全技术能力体系建设，在信息对抗中争取主动权。

与此同时，信息产业各行业边界逐渐模糊，信息技术在各类终端产品中应用日益广泛，云计算、物联网、移动互联网、大数据、3D 打印等新兴领域蓬勃发展。价值链重点环节发生转移，组装制造环节附加值日趋减少，国际领先企业纷纷立足内容及服务环节加快产业链整合，以争夺产业链主导权。制造业、软件业、运营业与内容服务业加速融合，新技术、新产品、新模式不断涌现，对传统产业体系带来猛烈冲击，推动产业格局发生重大变革，既为我国带来发展的新机遇、新空间，也使我国面临着新一轮技术及市场垄断的严峻挑战。

2．我国企业信息化发展的战略要点

1）以信息化带动工业化

在推进企业信息化时，把工业化与信息化密切结合，注重以信息化带动工业化，发挥后发优势，坚持将信息化与工业化融为一体，相互促进，共同发展，加速产业升级和产业结构调整，实现经济结构的战略性转变，使国民经济健康发展。

2）信息化与企业业务全过程的融合、渗透

注重信息技术的高渗透性，使信息技术渗透到企业生产、经营和管理的各个方面，并与企业的整个业务流程高度融合，甚至就成为业务本身。

3）信息产业发展与企业信息化良性互动

企业信息化不可能从国外买来，必须主要依靠我们自己的信息产业，包括信息产品制造业、软件业、信息服务业和咨询业的强有力的支撑；同时企业信息化的全面推进，又为信息产业创造了巨大的市场需求，带来了新的发展机遇。因此，推进企业信息化，要与我国信息产业互相促进、共同发展。

4）充分发挥政府的引导作用

企业信息化面临着诸多政策环境问题，政府必须采取措施加以改善和解决。应发挥政府的指导、扶植及宏观调控作用，通过政策的制定、统筹规划及协调、资金投向的引导、重点项目的支持、规范市场竞争等，营造企业信息化的良好环境。

5）高度重视信息安全

信息化程度越高，信息安全问题越是重要和突出。信息化社会信息安全问题关系国家安全与稳定，关系到每一个企业切身利益。企业信息化必须高度重视信息安全问题。

6）企业信息化与企业的改组改造和形成现代企业制度有机结合

信息技术作为当代的先进生产力，必然要求与之相适应的生产关系。现代企业制度和科学管理是信息技术得以开花结果的肥沃土壤。失去了它们，信息化建设内在动力不足，容易出现投资浪费、利用率低，甚至系统闲置的现象。

要充分认识企业信息化建设只是企业现代化建设的一种手段和工具，它的主要作用就是对企业各种信息实行高度集成和快速处理，为企业供应链管理、产品设计制造和科学决策等提供重要支持。因此，企业信息化建设必须纳入企业现代化建设总体规划之中，从企业整体优化、系统工程和信息集成的角度出发，统筹兼顾，相辅相成，互为作用。

7）"因地制宜"推进企业信息化

我国的企业信息化要注意充分发挥后发优势和比较优势，不盲目仿效发达国家的发展道路和发展模式。充分考虑各区域、行业以及企业间发展的不平衡和各自特点，分类指导有效推进企业信息化进程，企业信息化推进的速度不能强求一律，信息化不仅要与本区域和领域的自身发展相协调，互为促进，而且要与国家信息化进程协调发展。

根据中央西部大开发的战略部署，西部地区企业信息化建设要服务并促进西部的经济和社会发展与进步。

3．推进信息化与工业化深度融合

两化融合是指电子信息技术广泛应用到工业生产的各个环节，信息化成为工业企业经营管理的常规手段。信息化进程和工业化进程不再相互独立进行，不再是单方的带动和促进关系，而是两者在技术、产品、管理等各个层面相互交融，彼此不可分割，并催生工业电子、工业软件、工业信息服务业等新产业。两化融合是工业化和信息化发展到一定阶段的必然产物。

工业化与信息化"两化融合"的含义是：一是指信息化与工业化发展战略的融合，即信息化发展战略与工业化发展战略要协调一致，信息化发展模式与工业化发展模式要高度匹配，信息化规划与工业化发展规划、计划要密切配合；二是指信息资源与材料、能源等工业资源的融合，能极大节约材料、能源等不可再生资源；三是指虚拟经济与工业实体经济融合，孕育新一代经济的产生，极大促进信息经济、知识经济的形成与发展；

四是指信息技术与工业技术、IT 设备与工业装备的融合，产生新的科技成果，形成新的生产力。

当前，发达国家纷纷实施“再工业化”和“制造业回归”战略，着力打造信息化背景下国家制造业竞争的新优势。我国已成为全球制造业第一大国，但工业大而不强，在核心技术、产品附加值、产品质量、生产效率、能源资源利用和环境保护等方面，与发达国家先进水平相比还存在较大的差距。同时，我国经济发展已进入一个新阶段，中高速、优结构、多挑战、新动力成为“新常态”的突出特点。加快转变发展方式、走新型工业化道路，大力推进两化深度融合，推进工业转型升级，已是势在必行。

近年来，两化融合在我国取得了积极成效。但也要看到，两化深度融合推进中还面临不少矛盾和问题。主要是，社会对两化融合必要性、紧迫性、艰巨性以及推动两化深度融合的方向、重点、路径、方法仍存在很多不同认识和看法；产业基础薄弱，标准和知识产权缺失、关键器件依赖进口、集成服务能力弱、核心技术受制于人等问题突出；体制机制障碍较多，促进新技术新应用发展的法律法规亟待完善，政策措施协调配套不足、支持力度不大。对此，我们必须高度重视，积极推动解决。

党的十八大报告指出，要坚持“四化同步发展，两化深度融合”，明确了两化深度融合成为我国工业经济转型和发展的重要举措之一。2013 年，为落实十八大精神，转变经济发展方式，工业和信息化部发布《信息化和工业化深度融合专项行动计划（2013—2018）》以全面提高工业发展质量和效益。

大力推进信息化和工业化深度融合，是党中央准确把握全球新一轮科技革命和产业变革趋势，站在历史和现实的高度，统筹经济社会发展全局做出的重大战略决策，对于新时期推动我国经济转型升级、重塑国际竞争新优势具有重大战略意义。主要发展方向是：

加快推动新一代信息技术与制造技术融合发展，把智能制造作为两化深度融合的主攻方向；着力发展智能装备和智能产品，推进生产过程智能化，培育新型生产方式，全面提升企业研发、生产、管理和服务的智能化水平。

研究制定智能制造发展战略。编制智能制造发展规划，明确发展目标、重点任务和重大布局。加快制定智能制造技术标准，建立完善智能制造和两化融合管理标准体系。强化应用牵引，建立智能制造产业联盟，协同推动智能装备和产品研发、系统集成创新与产业化。促进工业互联网、云计算、大数据在企业研发设计、生产制造、经营管理、销售服务等全流程和全产业链的综合集成应用。加强智能制造工业控制系统网络安全保障能力建设，健全综合保障体系。

加快发展智能制造装备和产品。组织研发具有深度感知、智慧决策、自动执行功能的高档数控机床、工业机器人、增材制造装备等智能制造装备以及智能化生产线，突破新型传感器、智能测量仪表、工业控制系统、伺服电机及驱动器和减速器等智能核心装置，推进工程化和产业化。加快机械、航空、船舶、汽车、轻工、纺织、食品、电子等行业生产设备的智能化改造，提高精准制造、敏捷制造能力。统筹布局和推动智能交通工具、智能工程机械、服务机器人、智能家电、智能照明电器、可穿戴设备等产品研发和产业化。

推进制造过程智能化。在重点领域试点建设智能工厂/数字化车间，加快人机智能交互、工业机器人、智能物流管理、增材制造等技术和装备在生产过程中的应用，促进制造工艺的仿真优化、数字化控制、状态信息实时监测和自适应控制。加快产品全生命周期管理、客户关系管理、供应链管理系统的推广应用，促进集团管控、设计与制造、产供销一体、业务和财务衔接等关键环节集成，实现智能管控。加快民用爆炸物品、危险化学品、食品、印染、稀土、农药等重点行业智能检测监管体系建设，提高智能化水平。

深化互联网在制造领域的应用。制定互联网与制造业融合发展的路线图，明确发展方向、目标和路径。发展基于互联网的个性化定制、众包设计、云制造等新型制造模式，推动形成基于消费需求动态感知的研发、制造和产业组织方式。建立优势互补、合作共赢的开放型产业生态体系。加快开展物联网技术研发和应用示范，培育智能监测、远程诊断管理、全产业链追溯等工业互联网新应用。实施工业云及工业大数据创新应用试点，建设一批高质量的工业云服务和工业大数据平台，推动软件与服务、设计与制造资源、关键技术与标准的开放共享。

加强互联网基础设施建设。加强工业互联网基础设施建设规划与布局，建设低时延、高可靠、广覆盖的工业互联网。加快制造业集聚区光纤网、移动通信网和无线局域网的部署和建设，实现信息网络宽带升级，提高企业宽带接入能力。针对信息物理系统网络研发及应用需求，组织开发智能控制系统、工业应用软件、故障诊断软件和相关工具、传感和通信系统协议，实现人、设备与产品的实时联通、精确识别、有效交互与智能控制。

1.7.6 智慧化

1. 智慧化概念

所谓智慧是指感知、学习、思考、判断、决策并指导行动的能力。传统上，智慧是高等动物具有的特征。随着信息技术的发展，大数据、云计算、网络传输、网络存储、各类传感器、控制器以及高速网络接入的成熟普遍应用，依托强大的计算能力和集成能力，使各类信息系统具备了智慧化能力，即不通过或极少通过人的干预而就能自动发挥管理和控制的功能，提供服务。把具有智慧化能力的设备或系统，称为智能化设备或智慧化系统，其综合应用于特定领域、地域或主题，称为“智能××”或“智慧××”，如智能交通，智慧城市等。

智能一般具有这样一些特点：一是具有感知能力，即具有能够感知外部世界、获取外部信息的能力，这是产生智能活动的前提条件和必要条件；二是具有记忆和思维能力，即能够存储感知到的外部信息及由思维产生的知识，同时能够利用已有的知识对信息进行分析、计算、比较、判断、联想、决策；三是具有学习能力和自适应能力，即通过与环境的相互作用，不断学习积累知识，使自己能够适应环境变化；四是具有行为决策能力，即对外界的刺激作出反应，形成决策并传达相应的信息。

2．智慧化应用

信息化和智慧化在解决交通、污染、食品药品安全、资源浪费等城市化问题方面有重大创新和突破性进展。下面以智慧城市为例，概要阐述智慧化应用。

随着信息技术的迅猛发展，城市智慧化已成为继工业化、电气化、信息化之后的“第四次浪潮”。智慧城市是新一轮信息技术变革和知识经济进一步发展的产物，是工业化、城市化与信息化深度融合的必然趋势。

国际电工委员会（IEC）对智慧城市的定义是：智慧城市是城市发展的新理念，是推动政府职能转变、推进社会管理创新的新方法，目标是使得基础设施更加智能、公共服务更加便捷、社会管理更加精细、生态环境更加宜居、产业体系更加优化。

智慧城市是利用新一代信息技术来感知、监测、分析、整合城市资源，对各种需求做出迅速、灵活、准确反应，为公众创造绿色、和谐环境，提供泛在、便捷、高效服务的城市形态。通过对新一代信息技术的创新应用来建设和发展智慧城市，是我国社会实现工业化、城镇化、信息化发展目标的重要举措，也是破解城市发展难题、提升公共服务能力、转变经济发展方式的必然要求。新一代信息技术包括云计算、大数据、物联网、地理信息、人工智能、移动计算等，是“互联网+”在现代城市管理的综合应用，是“数字城市”发展的必然和全面跃升。

智慧城市已经成为全球城市发展关注的热点，随着信息技术迅速发展和深入应用，城市信息化发展向更高阶段的智慧化发展已成为必然趋势。同时，智慧城市建设成败的关键不再是数字城市建设中建设大量IT系统，而是如何有效推进城市范围内数据资源的融合，通过数据和IT系统的融合来实现跨部门的协同共享、行业的行动协调、城市的精细化运行管理等。

智慧城市建设主要包括以下几部分：首先，通过传感器或信息采集设备全方位地获取城市系统数据；其次，通过网络将城市数据关联、融合、处理、分析为信息；第三，通过充分共享、智能挖掘将信息变成知识；最后，结合信息技术，把知识应用到各行各业形成智慧。

智慧城市建设参考模型包括有依赖关系的五层（功能层）和对建设有约束关系的三个支撑体系：

1）功能层

（1）物联感知层：提供对城市环境的智能感知能力，通过各种信息采集设备、各类传感器、监控摄像机、GPS终端等实现对城市范围内的基础设施、大气环境、交通、公共安全等方面信息采集、识别和监测。

（2）通信网络层：广泛互联，以互联网、电信网、广播电视网以及传输介质为光纤的城市专用网作为骨干传输网络，以覆盖全城的无线网络（如 WiFi）、移动 4G 为主要接入网，组成网络通信基础设施。

（3）计算与存储层：包括软件资源、计算资源和存储资源，为智慧城市提供数据存储和计算，保障上层对于数据汇聚的相关需求。

（4）数据及服务支撑层：利用 SOA（面向服务的体系架构）、云计算、大数据等技术，通过数据和服务的融合，支撑承载智慧应用层中的相关应用，提供应用所需的各种服务和共享资源。

（5）智慧应用层：各种基于行业或领域的智慧应用及应用整合，如智慧交通、智慧家政、智慧园区、智慧社区、智慧政务、智慧旅游、智慧环保等，为社会公众、企业、城市管理者等提供整体的信息化应用和服务。

2）支撑体系

（1）安全保障体系：为智慧城市建设构建统一的安全平台，实现统一入口、统一认证、统一授权、日志记录服务。

（2）建设和运营管理体系：为智慧城市建设提供整体的运维管理机制，确保智慧城市整体建设管理和可持续运行。

（3）标准规范体系：标准规范体系用于指导和支撑我国各地城市信息化用户、各行业智慧应用信息系统的总体规划和工程建设，同时规范和引导我国智慧城市相关 IT 产业的发展，为智慧城市建设、管理和运行维护提供统一规范，便于互联、共享、互操作和扩展。

通过智慧城市建设，可以实现或在可以预计的未来实现：

- 公共服务便捷化。在教育文化、医疗卫生、计划生育、劳动就业、社会保障、住房保障、环境保护、交通出行、防灾减灾、检验检测等公共服务领域，基本建成覆盖城乡居民、农民工及其随迁家属的信息服务体系，公众获取基本公共服务更加方便、及时、高效。
- 城市管理精细化。市政管理、人口管理、交通管理、公共安全、应急管理、社会诚信、市场监管、检验检疫、食品药品安全、饮用水安全等社会管理领域的信息化体系基本形成，统筹数字化城市管理信息系统、城市地理空间信息及建（构）筑物数据库等资源，实现城市规划和城市基础设施管理的数字化、精准化水平大幅提升，推动政府行政效能和城市管理水平大幅提升。
- 生活环境宜居化。居民生活数字化水平显著提高，水、大气、噪声、土壤和自然植被环境智能监测体系和污染物排放、能源消耗在线防控体系基本建成，促进城市人居环境得到改善。
- 基础设施智能化。宽带、融合、安全、泛在的下一代信息基础设施基本建成。电力、燃气、交通、水务、物流等公用基础设施的智能化水平大幅提升，运行管理实现精准化、协同化、一体化。工业化与信息化深度融合，信息服务业加快发展。

- 网络安全长效化。城市网络安全保障体系和管理制度基本建立，基础网络和要害信息系统安全可控，重要信息资源安全得到切实保障，居民、企业和政府的信息得到有效保护。

1.8　信息系统服务管理

本书中述及的信息系统服务管理属于软件与服务业范畴，主要指的是针对信息系统建设所进行的咨询顾问、规划评估、项目管理、监理、运行维护等工作，其主要特点是从业的专业技术人员拥有的知识、能力、经验和掌握的标准规范对服务管理项目的质量和绩效起了基础性和决定性的作用，这与软件开发项目是类似的。

信息系统服务是一个范围相当广泛的概念，覆盖了各行各业信息化建设的全过程。所有以满足企业和机构的业务发展所带来的信息化需求为目的，基于信息技术和信息化理念而提供的专业信息技术咨询服务、系统集成服务、项目管理服务、技术支持服务、运行维护服务等工作，都属于信息系统服务的范畴。其中信息技术咨询服务是信息系统服务的前端环节，为企业提供信息化建设规划和解决方案。而根据信息化建设方案选择合适的软硬件产品搭建信息化平台，根据企业的业务流程和管理要求进行软件和应用开发，以及系统建成后的长期维护和升级换代等，属于信息系统服务的中间及下游环节。

1.8.1　信息系统服务业及发展

根据《软件和信息技术服务业发展规划（2016—2020 年）》（工业和信息化部），“十二五”期间，我国软件和信息技术服务业规模、质量、效益全面跃升，综合实力进一步增强，在由大变强道路上迈出了坚实步伐。主要表现在以下方面。

（1）产业规模快速壮大，产业结构不断优化。业务收入从 2010 年的 1.3 万亿元增长至 2015 年的 4.3 万亿元，年均增速高达 27%，占信息产业收入比重从 2010 年的 16%提高到 2015 年的 25%。其中，信息技术服务收入 2015 年达到 2.2 万亿元，占软件和信息技术服务业收入的 51%；云计算、大数据、移动互联网等新兴业态快速兴起和发展。软件企业数达到 3.8 万家，从业人数达到 574 万人。

（2）创新能力大幅增强，部分领域实现突破。2015 年，软件业务收入前百家企业研发强度（研发经费占主营业务收入比例）达 9.6%。软件著作权登记数量达 29.24 万件，是 2010 年的 3.8 倍。新兴领域创新活跃，一批骨干企业转型发展取得实质性进展，平台化、网络化、服务化的商业模式创新成效显著，涌现出社交网络、搜索引擎、位置服务等一批创新性产品和服务。

（3）企业实力不断提升，国际竞争力明显增强。培育出一批特色鲜明、创新能力强、品牌形象优、国际化水平高的骨干企业，成为产业发展的核心力量。2015 年，企业研发创新和应用服务能力大幅增强，已有 2 家进入全球最佳品牌百强行列，国际影响力显著提升。一批创新型互联网企业加速发展，进入国际第一阵营，全球互联网企业市值前10强中，中国企业占4家。

（4）应用推广持续深入，支撑作用显著增强。软件技术加速向关系国计民生的重点行业领域渗透融合，有力支撑了电力、金融、税务等信息化水平的提升和安全保障。持续推进信息化和工业化深度融合，数字化研发设计工具普及率达61.1%，关键工序数控化率达45.4%，有效提高了制造企业精益管理、风险管控、供应链协同、市场快速响应等方面的能力和水平。加速催生融合性新兴产业，促进了信息消费迅速扩大，移动出行、互联网金融等新兴开放平台不断涌现，网上政务、远程医疗、在线教育等新型服务模式加速发展，2015年全国电子商务交易额达21.8万亿元。

（5）公共服务体系加速完善，服务能力进一步提升。软件名城、园区基地等建设取得新的进展，创建了8个中国软件名城，建设了17个国家新型工业化产业示范基地（软件和信息服务），以及一批产业创新平台、应用体验展示平台、国家重点实验室、国家工程实验室、国家工程中心和企业技术中心等，基本形成了覆盖全国的产业公共服务体系，软件测试评估、质量保障、知识产权、投融资、人才服务、企业孵化和品牌推广等专业化服务能力显著提升。产业标准体系进一步完善。行业协会、产业联盟等在服务行业管理、促进产业创新发展方面的作用日益突出。

（6）伴随着软件和信息技术服务业的发展，我国信息技术服务产业也快速增长。根据统计数据显示，2016年1～8月IT服务收入累计158 095亿万元，同比增长15.3%，占软件和信息技术服务业总收入的比重62.4%，信息技术服务已迎来持续的高速发展时期。2015年3月以来，国务院先后出台了《中国制造2025》《积极推进“互联网+”行动的指导意见》《国家信息化发展战略纲要》等重大政策文件，为各行各业的信息化建设提出了更高的要求，同时，也为信息技术服务的发展提供了更好的发展契机。

一般来说，信息系统项目属于典型的多学科合作项目，一般需要多种学科的配合，如地理信息技术、自动控制技术、传感技术、智能技术等。项目建设方要向客户提供具有针对性的整体应用解决方案，除了要有IT方面的技术外，必须还要有较丰富的行业经验。项目的销售过程不是简单的买卖，而是一个对客户需求进行完善和明确的过程，在这个过程中还要提供卓有成效的咨询和顾问服务，而且在各个业务环节中会涉及到不同专业技术，需要不同的技术和管理人才。

此外典型的信息系统项目有如下特点。

- 项目初期目标往往不太明确。
- 需求变化频繁。
- 智力密集型。
- 系统分析和设计所需人员层次高，专业化强。
- 涉及的软硬件厂商和承包商多，联系、协调复杂。
- 软件和硬件常常需要个性化定制。

- 项目生命期通常较短。
- 通常要采用大量的新技术。
- 使用与维护的要求高。
- 项目绩效难以评估和量化。

在信息系统项目中，由于用户的不同特点和需求，每一个信息系统项目都和其他工程不完全一样，因此需要进行一定的定制，带有一些非标准的问题，每一个项目都可以带来一些新意。同时，由于信息系统项目要求对用户的行业经验有较好的掌握，这也造成了信息系统开发企业的新客户发展较困难：一方面信息系统的行业特征较明显，而行业差异较大，渗透到其他行业较困难；另一方面客户来源主要受其他客户影响，因此对客户的服务要求较高，而客户的应用变化较快，需求不稳定，要客户满意相对困难。

另外，从信息系统项目的建设实践过程中来看，如果管理欠规范，则信息系统建设项目会普遍存在诸多问题，普遍存在的主要问题如下。

（1）系统质量不能完全满足应用的基本需求。

（2）工程进度拖后，延期。

（3）项目资金使用不合理或严重超出预算。

（4）项目文档不全甚至严重缺失。

（5）在项目实施过程中系统业务需求一变再变。

（6）项目绩效难以量化评估。

（7）系统存在着安全漏洞和隐患等。

（8）重硬件轻软件，重开发轻维护，重建设轻应用。

（9）信息系统服务企业缺乏规范的流程和能力管理。

（10）信息系统建设普遍存在产品化与个性化需求的矛盾。

（11）开放性要求高，而标准和规范更新快。

我国信息产业与信息化建设的主管部门和领导机构，在积极推进信息化建设的过程中对所产生的问题予以密切关注并且逐步采取了有效措施，各省、自治区、直辖市、计划单列市等地方政府的信息产业及信息化主管部门也积极参与并且发挥创造性，进行了有益的探索。

为了保证信息系统工程项目投资、质量、进度及效果各方面处于良好的可控状态，在针对出现的问题不断采取相应措施的探索过程中，逐步形成了中国特色的信息系统集成及服务管理体系，主要内容如下。

（1）信息系统集成、运维服务和信息系统监理及其管理。

（2）项目管理、运维服务和信息系统监理人员的水平评价。

（3）国家计划（投资）部门对规范的、具备信息系统项目管理能力的企业和人员的建议性要求。

（4）信息系统用户对规范的、具备信息系统项目管理能力的企业和人员市场性需求。

在市场经济条件下，政府主管部门的作用是加强“引导、规范、监管、服务”。而信息系统建设工程的突出特点是投资和风险都很巨大，因此政府主管部门对其进行合理规范与监管显得尤为重要。但是，我们也清醒地认识到这些制度需要与时俱进，同时也要考虑发挥市场经济中市场的力量，因此，研究与探讨国际上 IT 治理与管理的先进经验，规范信息化建设市场的秩序，保证信息系统工程的质量，降低风险，培育高素质的项目管理从业人员，提高信息服务与管理的效率与效益，以充分发挥信息系统项目的绩效，是实现我国信息化建设高质量发展和“两化深度融合”的重要工作。目前，有关部门也在不断探索，逐步引入和推行如信息技术服务标准（ITSS）评估、IT 服务管理体系（ITSMS）认证、信息安全管理体系（ISMS）认证、IT 审计、IT 治理等制度。

在信息系统服务中，项目管理（Project Management）就是一项非常重要的内容。项目管理是通过综合应用诸如启动、规划、实施、监视与控制和收尾等方法论以及对应的技术、工具，对项目资源、进度、范围、质量等进行计划、实施监控和变更的过程。项目经理（信息系统项目管理师，系统集成项目管理工程师）等专业管理人员通过项目管理负责实现信息系统项目的工程目标。

管理一个项目包括：

- 识别要求。
- 确定清楚而又能够实现的目标。
- 权衡质量、范围、时间和成本等互相约束的需求，使需求说明书、技术规格说明书、项目计划等适合于各种各样利害关系者（项目干系人）的不同需求与期望。

关于项目管理的详细讨论详见本教程的各个章节。

1.8.2 信息系统工程监理的概念和发展

根据《信息系统工程监理暂行规定》，信息系统工程是指信息化工程建设中的信息网络系统、信息资源系统、信息应用系统的新建、升级、改造工程。信息网络系统是指以信息技术为主要手段建立的信息处理、传输、交换和分发的计算机网络系统；信息资源系统是指以信息技术为主要手段建立的信息资源采集、存储、处理的资源系统；信息应用系统是指以信息技术为主要手段建立的各类业务管理的应用系统。

信息系统工程监理是指依法设立且具备相应资质的信息系统工程监理单位（以下简称为“监理单位”），受业主单位（建设单位）委托，依据国家有关法律法规、技术标准和信息系统工程监理合同，对信息系统工程项目实施的监督管理。

1. 信息系统工程为什么需要监理

信息系统工程的承建单位（主要是 IT 企业）一般在技术方面有着较大的优势，并且拥有与众多客户打交道的能力与经验，对用户心理已经做了很好的分析。他们往往不顾自身实力而大胆向用户承诺自己根本不可能完成的目标，或者为了自身利益拼命推销用户根本就不需要的功能。于是，用户很容易被 IT 供应商所描绘的美好前景所动，很快就做出了决策。但绝大多数用户由于其自身技术力量的限制，难以胜任从可行性分析、规划设计、招标、方案评审到工程验收全过程的管理与组织协调工作，只能任由承建单位的“忽悠”。

另一方面，从承建单位的角度来看，用户对信息系统的需求本来就是模糊的，或者无法清楚地表达自己的需求，在项目执行过程中一再追加（或变更）需求，而不愿追加相应的经费，造成建设单位与承建单位的纠纷，甚至双方上诉到法院的现象也不少见。

为了解决上述问题，在信息系统工程建设的过程中，除了需要用户提高自身水平、IT 供应商提高服务质量以外，来自第三方的力量越来越为人们所接受。因此，引进监理机制，借助第三方单位的技术和经验来规范项目的实施，保障项目的进度和质量非常必要。

2. 信息系统工程监理的内容

信息系统工程监理工作的主要内容可以概括为“四控、三管、一协调”，即投资控制、进度控制、质量控制、变更控制、合同管理、信息管理、安全管理和沟通协调。

（1）投资控制。信息系统工程的投资由软硬件设备购置投资、项目配套工程投资、项目集成费用和工程建设其他投资组成，主要包括设计阶段的投资控制和实施阶段的投资控制。

（2）进度控制。在工程实施过程中，监理工程师严格按照招标文件、合同和进度计划的要求，对工程进度进行跟进，确保整体施工有序进行。

（3）质量控制。在监理工作的各个阶段必须严格依照承建合同的要求，审查关键性过程和阶段性结果，检查其是否符合预定的质量要求，而且整个监理工作中应强调对工程质量的事前控制、事中监管和事后评估。

（4）变更控制。对变更进行管理，确保变更有序进行。对于信息系统集成项目来说，发生变更的环节比较多，因此变更控制显得格外重要。

（5）合同管理。有效解决建设单位和承建单位在项目执行过程中的合同争议，保障各方的正当权益。

（6）信息管理。科学地记录工程建设过程，保证工程文档的完整性和时效性，为工程建设过程的检查和系统后期维护提供文档保障。

（7）安全管理。完善安全生产管理体制，建立健全的安全生产管理制度、安全生产管理机构和安全生产责任制是安全生产管理的重要内容，也是实现安全生产目标管理的组织保证。

（8）沟通协调。在项目执行过程中，有效协调建设单位、承建单位，以及各相关单位的关系，为项目的顺利实施提供组织上的保证。

3. 信息系统工程监理的适用范围

在信息系统工程项目中引入监理机制，毫无疑问会带来诸多的好处，例如，产品质量提高、成本超支风险降低、信息存档保存完整等。但由于监理单位的引入需要额外支出一笔监理的费用，所以很多企业并不愿意聘请监理。按照国家相关规定，下列信息系统工程应当实施监理。

（1）国家级、省部级、地市级的信息系统工程。

（2）使用国家政策性银行或者国有商业银行贷款，规定需要实施监理的信息系统工程。

（3）使用国家财政性资金的信息系统工程。

（4）涉及国家安全、生产安全的信息系统工程。

（5）国家法律、法规规定的应当实施监理的其他信息系统工程。

1.8.3 信息系统运行维护的概念和发展

运行维护是信息系统生命周期中最重要，也是最长的一个阶段，在这个阶段中，需要保障信息系统安全、平稳地运行，并按照业务要求的时限及时排除故障，发挥信息系统的效能，保证组织业务的顺利开展。信息系统运行维护（简称运维），是信息技术服务的一类重要服务内容。在《信息技术服务 分类与代码》（GB/T 29264—2012）中，对运行维护服务（operation maintenance service）给出的定义是“采用信息技术手段及方法，依据需方提出的服务级别要求，对其信息系统的基础环境、硬件、软件及安全等提供的各种技术支持和管理服务”。

在 GB/T 29264—2012 中，将运行维护服务分成基础环境运维、硬件运维服务、软件运维服务、安全运维服务、运维管理服务和其他运行维护服务六类，每类运维服务及其说明见表 1-4。

表 1-4 运维服务分类与代码

代 码	类别名称	说 明
04	运行维护服务	不包括：硬件和软件产品保修期内的支持服务
0401	基础环境运维服务	对保证信息系统正常运行所必需的电力、空调、消防、安防等基础环境的运维。包括：机房电力、消防、安防等系统的例行检查及状态监控、响应支持、故障处理、性能优化等服务
0402	硬件运维服务	对硬件设备（网络、主机、存储、桌面设备以及其他相关设备等）及其附带软件的例行检查及状态监控、响应支持、故障处理、性能优化等服务
040201	网络运维服务	面向计算机网络设备的运维服务
040202	主机运维服务	面向计算机设备中的巨/大/中型机、小型机、PC 服务器等的运维服务
040203	存储运维服务	面向存储设备中的磁盘阵列、存储用光纤交换机、光盘库、磁带机、磁带库、网络存储设备等的运维服务

续表

代　码	类别名称	说　明
040204	桌面运维服务	面向台式机、便携式计算机、掌上电脑等计算机设备以及输入输出设备等的运维服务
040299	其他硬件运维服务	面向图像及音视频设备、视频监控设备、会议系统设备、终端设备、硬件设备虚拟化，以及其他硬件设备的运维服务，以及其他属于 0402 类而上述各小类未包含的服务
0403	软件运维服务	对软件（包括基础软件、支撑软件、应用软件等）的功能修改完善、性能调优，以及常规的例行检查和状态监控、响应支持等服务
040301	基础软件运维服务	面向操作系统、数据库系统、中间件、语言处理系统和办公软件等基础软件的运维服务
040302	支撑软件运维服务	面向需求分析软件、建模软件、集成开发环境、测试软件、开发管理软件、逆向工程软件和再工程软件等支撑软件的运维服务
040303	应用软件运维服务	面向各种应用软件的运维服务
040399	其他软件运维服务	凡属于 0403 类而上述各小类未包含的服务内容可纳入此类中
0404	安全运维服务	对信息系统提供的安全巡检、安全加固、脆弱性检查、渗透性测试、安全风险评估、应急保障等服务
0405	运维管理服务	整体承担基础环境、硬件、软件、安全等综合性运维而提供的管理服务
0499	其他运行维护服务	数据迁移服务、应用迁移服务、机房或设备搬迁服务等，以及其他属于 04 类而上述各类中未包含的服务

信息技术服务管理（IT 服务管理）的产生背景与信息技术的发展、企业或组织对信息技术的认识和应用密不可分。企业信息化的过程从技术驱动阶段（利用信息技术促进业务）发展到业务驱动阶段（将信息技术与组织的业务相结合，利用信息技术提高效率、降低成本），最终将发展到战略驱动阶段（根据企业战略目标制定业务流程并确定业务流程所依赖的信息技术服务）。信息技术服务管理就是伴随着企业信息化的发展而逐渐成熟的（注：在本书中，企业与组织的概念相近）。

应该说，早期的 IT 服务管理主要针对于企业内部的 IT 部门，传统的 IT 服务管理都是由企业内部的 IT 部门提供服务，即内部提供服务。它们和其他部门如人事、财务、物流、行政等部门同属于支撑部门，通常作为成本中心存在于企业中，被动地服务于业务。IT 部门是以专业技术为核心来组织服务的，根据专业领域划分为应用系统、系统软硬件平台、网络系统、机房配套等多个专业化服务团队，以专业技术为中心，由专业的服务团队提供专业的服务。传统的 IT 服务管理采用技术专业化分工的模式，能够为用户提供专业的服务，但是当涉及到跨技术方向时，存在由于划分过于清晰而存在各专业都未覆盖到的灰色地带，影响服务的整体质量。

研究和实践表明，在 IT 项目的生命周期中，大约 80%的时间与 IT 项目运营维护有关，而该阶段的投资仅占整个 IT 投资的 20%，形成了典型的“技术高消费”“轻服务、重技术”现象。IT 服务过程方面的问题，更多的不是来自技术，而是来自管理。

IT 服务管理（IT Service Management，ITSM）是一套帮助组织对 IT 系统的规划、研发、实施和运营进行有效管理的方法，是一套方法论。ITSM 是一套通过服务级别协议（SLA）来保证 IT 服务质量的协同流程，它融合了系统管理、网络管理、系统开发管理等管理活动和变更管理、资产管理、问题管理等许多流程的理论和实践。

ITSM 的核心思想是：IT 组织不管是组织内部的还是外部的，都是 IT 服务提供者，其主要工作就是提供低成本、高质量的 IT 服务。而 IT 服务的质量和成本则需从 IT 服务的客户（购买 IT 服务）方和用户（使用 IT 服务）方加以判断。

ITSM 是一种 IT 管理，与传统的 IT 管理不同，它是一种以服务为中心的 IT 管理。

1.8.4 信息技术服务管理的标准和框架

2000 年 11 月，英国标准协会（BSI）发布了以 ITIL 为核心的国家标准 BS15000；2005 年国际标准组织（ISO）正式发布了 ISO/IEC 20000 标准。

ISO/IEC 20000 标准对于企业或组织的 IT 服务管理有重要的指导作用，ISO/IEC 20000 具体规定了 IT 服务管理行业向企业及其客户有效地提供服务的、一体化的管理过程以及过程建立的相关要求，帮助识别和管理信息技术服务的关键过程，保证提供有效的信息技术服务以满足客户和业务的需求。它着重于通过“信息技术服务标准化”来管理信息技术问题，即将信息技术问题归类，识别问题的内在联系，然后依据服务级别协议进行计划、管理和监控，并强调与客户的沟通。我国目前以等同采用的方式，正式发布了两项 ISO/IEC 20000 标准，分别是：《GB/T 24405.1—2009 信息技术 服务管理 第 1 部分：规范》和《GB/T 24405.2—2010 信息技术 服务管理 第 2 部分：实践导则》。

2009 年 4 月，工业和信息化部软件服务业司成立了信息技术服务标准工作组（以下简称工作组），负责研究并建立信息技术服务标准体系，制定信息技术服务领域的相关标准。并按照信息服务生命周期提出一套完整的 IT 服务标准体系 ITSS（Information Technology Service Standards，信息技术服务标准），包含了 IT 服务的规划设计、部署实施、服务运营、持续改进和监督管理等全生命周期阶段应遵循的标准，涉及信息系统建设、运行维护、服务管理、治理及外包等业务领域是一套体系化的信息技术服务标准库，全面规范了信息技术服务产品及其组成要素，用于指导实施标准化和可信赖的信息技术服务。

信息技术服务标准（ITSS）体系的提出主要从产业发展、服务管控、业务形态、实现方式、服务安全、内容特征和行业应用七个方面考虑，分为基础标准、服务管控标准、服务业务标准、服务外包标准、服务安全标准、服务对象特征和行业应用标准，包含了信息技术服务的规划设计、部署实施、服务运营、持续改进和监督管理等全生命周期阶段应遵循的标准，涉及咨询设计、集成实施、运行维护、服务管控、服务运营和服务外包等业务领域。

ITSS 标准体系框架如图 1-16 所示。

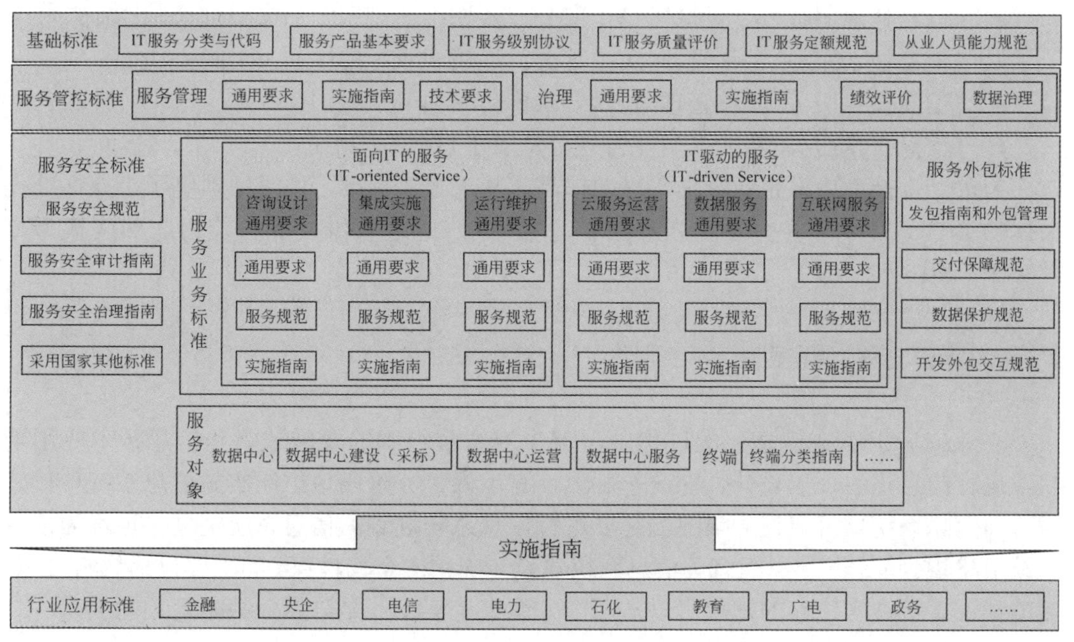

图 1-16　ITSS 标准体系框架

ITSS 体系框架内容如下所述。

（1）基础标准阐述 IT 服务分类、服务原理、从业人员能力规范等。

（2）服务管控标准阐述服务管理的通用要求、实施指南以及技术要求；阐述治理的通用要求、实施指南、绩效评价、审计以及对数据的治理；阐述信息技术服务监理规范等。

（3）服务业务标准按业务类型分为面向 IT 的服务标准（咨询设计，集成实施和运行维护）和 IT 驱动的服务标准（云服务运营、数据服务、互联网服务）。分为通用要求、服务规范和实施指南等，其中通用要求是对各业务类型基本能力要素的要求，服务规范是对服务内容和行为的规范，实施指南是对服务的落地指导。

（4）服务外包标准是信息技术服务采用外包方式时的通用要求及规范。

（5）服务安全标准确保服务安全可控。

（6）服务对象按照对象类型分为数据中心和终端。

（7）行业应用标准包含各行业应用的实施指南和结合行业特点的相关标准。

涉及到的标准主要有：

- 《信息技术服务 分类与代码》（GB/T 29264—2012）。
- 《信息技术服务 运行维护 第 1 部分：通用要求》（GB/T 28827.1—2012）。
- 《信息技术服务 运行维护 第 2 部分：交付规范》（GB/T 28827.2—2012）。
- 《信息技术服务 运行维护 第 3 部分：应急响应规范》（GB/T 28827.3—2012）。
- 《信息技术服务 运行维护 第 4 部分：数据中心规范》SJ/T 11564.4—2015。
- 《信息技术服务 咨询设计 第 1 部分：通用要求》SJ/T 11565.1—2015。
- 《信息技术服务 服务管理 技术要求》SJ/T 11435—2016。
- 《信息技术服务 从业人员能力规范》SJ/T 11623—2016。

为进一步推动运维企业管理水平的提高，基于上述标准，由“中国电子工业标准化技术协会信息技术服务分会”发布《信息技术服务 运行维护服务能力成熟度模型》ITSS.1—2015。

1.9 信息系统规划

企业或者组织在信息化的过程中，首先应结合组织的发展战略和信息技术应用现状，进行信息化的顶层设计，在此基础上，有步骤、分阶段地组织实施信息系统项目建设，而信息系统项目建设的前提就是要进行信息系统规划。信息系统规划（也称为信息系统战略规划）是一个组织有关信息系统建设与应用的全局性谋划，主要包括战略目标、策略和部署等内容，它的地位可以从两个方面来考察：一是与企业战略规划的关系；二是与企业信息化规划的关系。

组织要应对激烈市场竞争的挑战，特别是大型企业要实现跨地区、跨行业、跨国经营的战略目标，必然要实施技术创新战略、管理创新战略和市场开拓战略，要将组织工作重点转向技术创新、管理创新和制度创新的方向上来，信息化是必然的选择和必要的手段。从技术角度来看，信息化的核心和本质是企业运用信息技术，特别是新一代信息技术和现代管理方法，进行业务流程的梳理和再造，加强信息资源的管理和开发，进行知识的挖掘和知识管理，涉及到管理理念的创新、管理流程的优化、管理结构的重组和管理手段的革新等问题。

企业战略规划是科学评价企业面临的现状、未来的发展环境和空间，进而确定企业发展的总体和长远目标，制定各个阶段目标以及行动方案。

信息化规划是企业信息化建设的纲领和指南，是信息系统建设的前提和依据。信息化规划要以整个企业的发展目标和战略、企业各部门的目标与功能为基础，同时结合行业信息化方面的实践和对信息技术发展趋势的掌握，制定出企业信息化远景、目标和发展战略，从而达到全面、系统地指导企业信息化建设的目的，充分而有效地利用企业的信息资源，以全面满足企业战略目标实现的需要。

信息系统（战略）规划关注的是如何通过信息系统来支撑业务流程的运作，进而实现企业的关键业务目标，其重点在于对信息系统远景、组成架构、各部分逻辑关系进行规划。

大型企业在信息化过程中，往往涉及到大型信息系统的规划和建设，大型信息系统在实施和管理等方面需要更多地关注技术开放性、资源共享性和管理规范性。本节中有必要对大型信息系统项目进行一个简要概述。

1.9.1　大型信息系统

大型信息系统是指以信息技术和通信技术为支撑，规模庞大，分布广阔，采用多级网络结构，跨越多个安全域，处理海量的，复杂且形式多样的数据，提供多种类型应用的大系统。例如，全球范围的 B2C 电子商务系统，媒体社交系统，企业内部生产管理系统等等。

大型信息系统作为一种典型的大系统，除具有大系统的一些共性特点，同时具备以下独有的特点。

1. 规模庞大

大型信息系统包含的独立运行和管理的子系统甚多。例如，大型赛事的安全保障系统，包括分散在全国各地的数百个指挥中心、上百个场馆，核心指挥中心之间通过双链路互联，分指挥中心和核心指挥中心之间建立万兆连接，各场馆通过交换设备和千兆链路接入，所属的分指挥中心。

2. 跨地域性

大型信息系统分布广阔，部署不集中。例如某银行系统，有上万个网点分布在全国各个省市，上百个网点分布在海外；在物流系统中，通常订货方和接收订货方不在同一场所，发货人和收货人不在同一个区域等，这种在场所上相分离的企业或人之间的信息传送需要通过所处不同地域的系统来完成。

3. 网络结构复杂

大型信息系统一般采用多级网络结构、跨域多个安全域、网络关系复杂、接口众多。例如，大型企业的内网包括总部、研究院、研究所三级网络，鉴于业务和管理的需要，各研究所划分为独立的安全域，接受研究院的管理，研究院作为独立的安全域接受总部的管理。同时大型企业内网通常涉及对敏感信息或涉密信息的传输、访问、存储等，通常在企业内部网络划分多个不同级别的安全域，保障对信息资源的访问控制。

4. 业务种类多

大型信息系统提供的应用种类繁多，业务的处理逻辑复杂，各种业务之间的关联关系复杂。例如大型企业内网，每一家单位的科研生产网除了部署门户网站、ERP 系统、OA 系统、物资采购系统、财务系统、科研管理系统等自行独立管理和使用的业务系统外，还部署了各类管理系统，例如公文流转系统、网络会议系统、电子邮件系统等，各类业务系统之间存在着信息流转。

5. 数据量大

大型信息系统处理的业务和信息量大，存储的数据复杂、内容多且形式多样。例如，政府、银行、证券等行业，平均每家企业存储数据总量已经超过了 1PB，存储数据量最高的证券领域的大型信息系统，平均存储数据量已经近 4PB。

6. 用户多

大型信息系统的使用者多，角色多，对系统的访问、操作多。例如银行系统，每天包括分散在总行、分行、支行的银行工作人员，以及分布在全国各地的用户等使用者访问系统，完成各种交易、操作。

1.9.2 信息系统的规划方法

1. 信息系统规划原则

（1）规划要支持企业的战略目标。企业的战略目标是信息系统规划的出发点。信息系统规划从企业目标出发，分析企业管理的信息需求，逐步导出信息系统的战略目标和总体结构。

（2）规划整体上着眼于高层管理，兼顾各管理层、各业务层的要求。

（3）规划中涉及的各信息系统结构要有好的整体性和一致性。信息系统的规划和实现过程大体是一个自顶向下规划，自底向上实现的过程。采用自上而下的规划方法，可以保证系统结构的完整性和信息的一致性。

（4）信息系统应该适应企业组织结构和管理体制的改变，弱化信息系统对组织机构的依从性，提高信息系统的应变能力。组织机构可以有变动，但最基本的活动和决策大体上是不变的。

（5）便于实施。信息系统规划应给后续工作提供指导，要便于实施，考虑实用的同时要有一定的前瞻性。

2. 信息系统规划流程

抽象来说，企业实施信息系统规划主要包括以下步骤。

（1）分析企业信息化现状。

首先要明确并理解企业的发展战略，明确企业各个部门、各个分支机构为实现企业战略需要承担的工作以及各个部门的协作关系（业务流程）。

其次要分析企业目前的信息化程度和现有的信息资源，包括：正在应用的信息系统、信息化基础设施（如通信平台、存储平台等）、数据库、信息化制度、信息化相关人员现状、员工的信息化技能、信息系统的应用绩效等等。并对现有信息系统组织策略和运行情况进行评估。

再次，分析、研究信息技术在行业发展中起的作用，掌握信息技术本身的发展现状。

了解同行企业信息技术的应用情况等。信息技术的现状与未来的发展都会影响信息系统的规划。新一代信息技术的发展与应用，系统设计方法的改变，甚至法律法规和有关政策，竞争者行为等环境因素对规划的影响，都应认真分析，有关结论或者应对措施要纳入规划。

（2）制定企业信息化战略。

根据本企业的战略目标提出的信息化需求，明确企业信息化的总目标和相关任务，定义企业信息化的发展方向和企业信息化在实现企业战略过程中应起的作用，并制定信息技术部门在管理和实施信息化工作制度和办法。

（3）信息系统规划方案拟定和总体构架设计。包括技术路线、实施方案、运行维护方案等。

详细的流程或者步骤可以参考企业系统规划方法。

3. 信息系统规划方法

信息系统规划（Information System Planning，ISP）是从企业战略出发，构建企业基本的信息系统架构，对企业内、外信息资源进行统一规划、管理与应用，利用信息系统控制企业行为，辅助企业进行决策，帮助企业实现战略目标。

ISP 方法经历了三个主要阶段，各个阶段所使用的方法也不一样。第一个阶段主要以数据处理为核心，围绕职能部门需求的信息系统规划，主要的方法包括企业系统规划法、关键成功因素法和战略集合转化法；第二个阶段主要以企业内部管理信息系统为核心，围绕企业整体需求进行的信息系统规划，主要的方法包括战略数据规划法、信息工程法和战略栅格法；第三个阶段的方法在综合考虑企业内外环境的情况下，以集成为核心，围绕企业战略需求进行的信息系统规划，主要的方法包括价值链分析法和战略一致性模型。

下面主要介绍企业系统规划方法，其他方法请参考《系统分析师教程》（2005 版，第 7 章）有关内容。

企业系统规划（Business System Planning，BSP）方法是 IBM 公司于 20 世纪 70 年代提出的一种方法，主要用于大型信息系统的开发。对大型信息系统而言，BSP 采取的是自上而下的系统规划，而实现是自下而上分步进行。

BSP 方法是通过全面调查，分析企业信息需求，制定信息系统总体方案的一种方法。其活动步骤（流程），如图 1-17 所示。

项目确定后，即开始准备工作，主要包括：① 确定系统规划的范围，成立系统规划组（System Planning Group，SPG）；② 收集数据，包括企业的一般情况和现有系统的情况，收集有关数据后，形成正式的文档并进行分类，包括业务文档、技术文档和系统文档并对这些文档进行评审；③ 制订计划，画出系统规划工作的 PERT 图和甘特图，准备好各种调查表和调查提纲；④ 开好介绍会，宣布系统规划的业务领导，介绍规划范围、工作进度、目标系统的设想和关键问题，并介绍准备过程中收集到的资料。

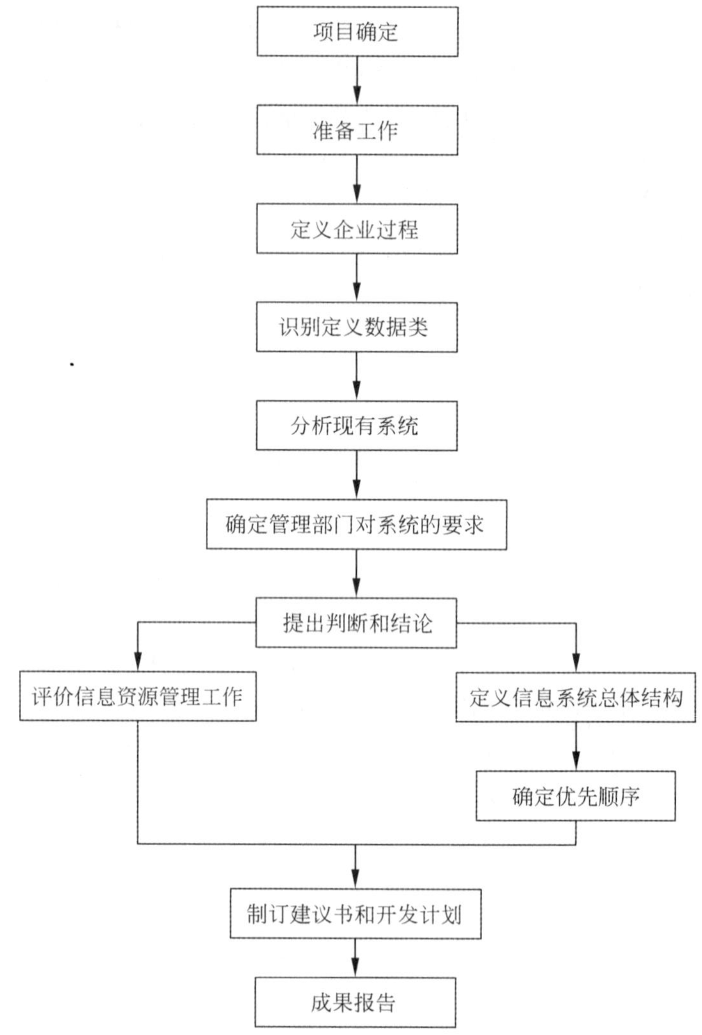

图 1-17 BSP 方法的步骤

定义企业过程。企业过程是企业资源管理所需要的、逻辑相关的一组决策和活动，定义企业过程可以作为识别信息系统的基础。按照企业过程所开发的信息系统，在企业组织结构发生变化时可以不必改变，也就是说，可以使信息系统尽量地独立于组织结构。定义企业过程主要涉及到三类资源：战略计划与管理控制、产品和服务以及支持性资源。定义企业过程根据企业目标分别从这三个方面来完成识别资源任务，然后进一步分析、合并、调整或删除，最后得到企业过程系统化的流程。

识别了企业过程之后，就要以企业资源为基础，通过其数据的类型识别出数据类。数据类是指支持企业过程所必要的逻辑上相关的数据，即数据按逻辑相关性归成类。数据类型是和信息生命周期（需求、分配、经营管理、获取）有关的，一般可分为存档类（库存类）、事务类、计划类和统计类（综合类）。

分析现有系统的步骤包括考察信息系统对过程的支持，识别当前的数据使用情况。

确定管理部门对系统的要求。一般情况下，这种要求是通过针对高层管理人员进行面谈得到的。

提出判断和结论。在收集情况的工作基本结束后，接下来的任务就是要对得到的事实加以分析，得出必要的结论。提出判断和结论需要按照以下步骤进行：检查前期工作的情况、确定判断和结论的范畴，分类判断，给出结论并文档化。

定义企业信息系统总体结构。为了将复杂的大型信息系统分解成便于理解和实现的部分，一般将信息系统分解为若干个相对独立而又相互联系的子（分）系统，即信息系统的主要组成部分。企业的信息系统总体结构图描述了每个子系统的范围，产生、控制和使用的数据，系统之间的关系，对给定过程的支持，以及子系统间的数据共享。

确定优先顺序。对于众多的子系统，需要确定优先顺序，其过程是：确定选择的标准、对子系统进行排序、描述优先子系统、选择实施方法。

评价信息资源管理工作。信息资源与人力、物力、财力和自然资源一样，都是企业的重要资源。信息资源管理是指企业在业务活动中（例如，生产和经营活动）对信息的产生、获取、处理、存储、传输和使用进行全面的管理。

制订建议书和开发计划。每个开发计划都应该包括项目的范围、主题和目标、预期成果、进度、潜在的效益、人员和职责、工具和技术、人员培训、通信、后勤和控制等内容。

最后形成成果报告。成果报告一般应包括研究的背景、系统目标和范围、研究方法、主要问题的识别、结论及建议、对后续项目的开发计划等。

1.9.3　信息系统的规划工具

（1）在制订计划时，可以利用 PERT 图和甘特图。

（2）访谈时，可以应用各种调查表和调查提纲。

（3）在确定各部门、各层管理人员的需求，梳理流程时，可以采用会谈和正式会议的方法。

（4）为把企业组织结构与企业过程联系起来，说明每个过程与组织的联系，指出过程决策人，可以采用建立过程/组织（Process/Organization，P/O）矩阵的方法。例如，表 1-5 是一个简单的 P/O 矩阵示例，其中“√”代表负责和决策，“*”代表过程主要涉及，“+”代表过程有涉及，空白表示过程不涉及。

（5）为定义数据类，在调查研究和访谈的基础上，可以采用实体法归纳出数据类。实体法首先列出企业资源，再列出一个资源/数据（Resource/Data，R/D）矩阵，如表 1-6 所示。

表 1-5 P/O 矩阵示例

过程 \ 组织		总 经 理	财 务 副 总	业 务 副 总
人事	人员计划	√	*	
	招聘培训			
	合同支付	√	*	+

表 1-6 R/D 矩阵示例

数据类型 \ 企业资源	产 品	顾 客	设 备	材 料	厂 商	资 金	人 事
存档数据	产品 零部件	客户	设备 负荷	原材料 付款单	厂家	财务会计 总账	雇员 工资
事务数据	订购	运输			材料接收	收款/付款	
计划数据	产品计划	销售区域 销售行业	设备计划 能力计划	需求 生产计划表		预算	人员计划
统计数据	产品需求	销售历史	设备利用率	分类需求	厂家行为	财务统计	生产率

（6）功能法也称为过程法，它利用所识别的企业过程，分析每个过程的输入数据类和输出数据类，与 RD 矩阵进行比较并调整，最后归纳出系统的数据类。功能法可以用 IPO（Input-Process-Output，输入-处理-输出）图表示。

（7）CU 矩阵。企业过程和数据类定义好后，可以企业过程为行，以数据类为列，按照企业过程生成数据类关系填写 C（Create），使用数据类关系填写 U（User），形成 CU 矩阵，如表 1-7 所示。

表 1-7 CU 矩阵示例

企业过程 \ 数据类	顾客	预算	产品	费用	销售	价格	计划
市场分析	U		U		U	U	U
产品调查	U		U		U	U	
销售预测	U	C	U		U	U	C
财务计划		U		U			C

1.10 企业首席信息官及其职责

CIO 是自 20 世纪 80 年代以来，在一些发达国家的企业中出现的一个引人注目的新职位。这种职务在国外的企业中是一种与企业其他的最高层管理人，如首席财务官（Chief Finance Officer，CFO）、首席技术官（Chief Technology Officer，CTO）、首席营运官（Chief Operation Officer，COO）等这一类职务相对应，相当于副总裁或副经理地位的重要职务。

在美国的政府机构内和非商业性机构也设有这种职务。

从技术角度来看，CIO 是负责制定企业的信息化政策和标准，实施组织信息系统规划，并对企业的信息资源进行管理和控制的高级管理人员，是企业的一个跨技术、跨部门的高层决策者。在传统的管理体制下，管理与技术是相对封闭的。管理者大多不关注 IT 在管理决策中的作用，而 IT 人员则很少关心企业的目标和战略。在这种情况下，CIO 从企业管理的角度有意识地选择和运用信息技术，通过对信息资源的充分发掘和有效利用来促进管理机制的变革和业务结构的调整和改善，从而提高企业的管理决策水平，增强企业在日趋激烈的竞争环境中的快速反应能力。因此，CIO 是企业决策层中的重要角色。

从 CIO 的职责角度来看，需要 CIO 是“三个专家”，即企业业务专家、IT 专家和管理专家。就目前我国人才培养体制和大学的专业设置来说，没有哪个专业是培养 CIO 的。相对而言，系统分析师是 CIO 的最佳人选，因为系统分析师满足 CIO 的“三个专家”的基本条件。为了帮助读者提前准备好“就职”CIO，下面简单介绍 CIO 的主要职责。

1. 提供信息，帮助企业决策

管理和技术是企业发展的两大关键。在当今时代，管理问题相对而言是比较稳定的，而技术（特别是信息技术）的热点变化得非常快。作为 IT 专家，CIO 必须密切注意信息技术的发展动态，分析新技术对经营管理与竞争战略的影响，以便及时作出快速反应。

随着现代企业内、外部环境的变化，CIO 的职能也在不断变化，其对企业决策的支持作用在不断加强。除了要对企业的信息系统负责外，还要越来越多地在企业里以一个风险投资家的身份出现。在一些大中型企业中，CIO 要利用他们的技术背景和行业知识为企业投资决策提供支持。

2. 帮助企业制定中长期发展战略

作为高层管理人员，CIO 运用其 IT 优势，有效地参与企业的重大决策，帮助企业制定发展战略，强化企业的竞争实力。CIO 不只是负责信息资源管理范围内的决策活动，而且必须参与企业发展的全局规划，帮助企业制定中长期发展战略。为此，要求 CIO 必须对影响整个企业生存与发展的各方面问题都有相当全面和清楚的了解。

具体来说，CIO 在帮助企业制定中长期发展战略方面，要做的工作主要有以下几个方面：

（1）深入了解和解读企业目标，分析市场变化，从信息化角度提出企业总体战略发展趋势、机会和风险。

（2）在深入分析的基础上，提出企业总体战略的信息化需求。

（3）从信息化的角度提出信息化对实现企业总体战略的支持作用。

（4）从信息化与业务结合的角度提出企业信息化规划。

3. 有效管理 IT 部门

CIO 是企业高层领导成员，因此，应当从企业全局来考虑问题。但是，CIO 同时又是IT方面的专家和领导者，有效地管理好企业IT部门也是CIO的一项责无旁贷的任务，而且，这项工作的好坏，决定了其他任务能否很好地完成。

企业信息化战略规划最后都要落实到具体的信息化项目上，而这些项目能否开发成功需要一个团队来实施，CIO正是项目实施的总负责人。企业信息化建设需要CIO既站在全局的高度进行协调，又要站在IT部门的角度做好实施的组织工作。

4. 制定信息系统发展规划

CIO是企业信息化的总负责人，要根据企业发展战略的需要，及时制定或修订企业信息系统发展规划，以实现企业总体战略目标。当企业战略发生变化时，CIO要及时投入信息技术力量和调动资源来响应这种变化，使企业的信息资源开发、利用策略与管理策略更加协调一致。作为IT管理专家，CIO要主持拟定企业信息化流程的大框架，以及信息化流程与管理流程、工作流程的集成，建立和规范企业信息管理的基础标准。

5. 建立积极的IT文化

文化的本质是群体历史行为的积累、沉淀和传承。企业的IT文化就是企业与IT有关的人员建立在IT平台上的共同思维方式、行为习惯、价值观和愿景，是企业信息化在人们思想上的反映。因此，CIO要把建立良好和健康的IT文化作为企业信息化的一项关键任务。CIO除了自己必须认同本企业文化，主观上重视IT文化建设外，对其真实内涵要正确理解，更重要的是还要有措施正确宣导并有效传承。

IT文化是企业文化的亚文化，必然是企业价值观与IT应用特性的结合、体现和细化，如果IT亚文化与企业母文化不兼容，甚至出现冲突，IT员工与其他员工就会像工作在不同的企业一样，出现是非标准不一、沟通难以畅通、人际交往困难，难以合作协同，最终影响各自的工作绩效。

1.11 本章练习

1. 选择题

（1）以下关于信息的理解，不正确的是________。

A. 信息是客观事物在人大脑中的反映，而每个人对信息的理解是有差异的，因此信息具有主观性

B. 不同的认识主体从同一事物中获取的信息及信息量可能是不同的，因此信息具有相对性

C. 信息可以表示为一种集合，不同类别的信息可以形成不同的整体，可以形成与现实世界相对应的信息系统，因此信息具有系统性

D. 信息的产生不能没有物质，信息的传递不能没有能量，但有效地使用信息，可以将信息转化为物质或能量，信息具有转化性

参考答案：A

（2）对信息进行编码并增加冗余编码的主要原因是________。

A．提高译码器的效率

B．充分利用信道的带宽

C．消除信道突发噪声的影响

D．确保信息安全

参考答案：C

（3）在架构设计时，可以利用特定的架构模式来设计某一类系统以满足用户需求，这体现了信息系统具有________的特点。

A．目的性　　B．开放性　　C．相关性　　D．相似性

参考答案：D

（4）为了确保网络服务器能够提供高性能、稳定、可靠的服务，当前主流的应用或部署方式是________。

A．采用多 CPU 服务器　　B．采用小型机

C．采用集群技术　　D．采用云计算

参考答案：D

（5）________是推动经济社会发展转型的一个历史性过程。在这个过程中，综合利用各种信息技术，改造、支撑人类的各项政治、经济、社会活动，并把贯穿于这些活动中的各种数据有效、可靠地进行管理，经过符合业务需求的数据处理，形成信息资源，通过信息资源的整合、融合，促进信息交流和知识共享，形成新的经济形态，提高经济增长质量。

A．工业化　　B．信息化　　C．数字化　　D．智能化

参考答案：B

（6）________是专注于系统的动态视图，将进程或其他计算结构展示为计算内部一步步的控制流和数据流。它对系统的功能建模和业务流程建模特别重要，并强调对象间的控制流程。

A．状态图　　B．活动图　　C．控制图　　D．顺序图

参考答案：B

（7）针对信息系统，安全可以划分为以下四个层次：设备安全、数据安全、内容安全、行为安全。其中________即是传统的信息安全。

A．设备安全　　B．数据安全　　C．内容安全　　D．行为安全

参考答案：B

2. 思考题

（1）请指出大数据的特点，并根据你的理解简要叙述大数据有哪些重要应用领域。

参考答案：略

（2）请总结归纳信息系统建设的特点，根据这些特点，请论述在实施信息系统项目管理时，应重点考虑哪些项目风险。

参考答案：略

（3）结合你的工作岗位，请简要论述应如何开展信息系统规划。

参考答案：略

（4）请简要叙述ITSS框架的主要内容。

参考答案：略

第 2 章　信息系统项目管理基础

2.1　项目管理基础

“项目”已经普遍存在于我们的工作和生活中，并对我们的工作和生活产生着重要的影响。人们关心项目的成功，探寻使项目满意完成的方法。项目是一个专业术语，有科学的定义，有其特点和规律。项目管理是一种方法体系，它有相对统一的内容、要求和技术。在本章中，我们将从项目和项目管理的定义入手，阐述项目的基本概念、基本特征、基本规律以及项目管理的基本概念、基本过程、基本方法和基本要求。这些内容是学习项目管理的基础。

2.1.1　项目的概念

人们把很多工作说成是项目，如开发一个软件、建立一个信息管理系统、修建一座水电站、一种新产品的引进、购一辆卡车、建希望工程等，然而，项目的科学含义是什么？人们又是如何理解项目的呢？美国的项目管理权威机构——项目管理协会 PMI 在《项目管理知识体系指南》中将项目定义为：

项目是为提供一项独特产品、服务或成果所做的临时性努力。

下面我们通过一个项目实例来进一步阐述项目的含义。项目实例：

桂城街道社区信息管理系统分五大板块十七个功能，其功能涵盖人口、楼房、商铺、卫生、绿化、安全、社区服务等。本社区管理系统旨在把社区用于日常管理的软件的功能集合起来，使社区管理工作更加有条理和方便，从而提高社区管理的工作效率。本社区管理系统 2005 年 2 月开始建设，要求在 2005 年 12 月 20 日完成，总成本 145 万元。

上面的“社区信息管理系统开发”是一个信息化建设项目，其中“社区信息管理系统”是一个独特的产品，并具有确定的开始和结束日期。以下活动都是项目：开发新产品或服务，如一款新手机；改变企业治理结构或其他组织结构、人员配备或作风，实施全新的经营流程；开发或购买新的信息系统；向火星发射探测器；在互联网上建立电子商务网站；影视创作等等。

2.1.2　项目的特点

为了正确理解项目的定义，认识项目对其主体提出的要求，进而提高项目管理能力，有必要认真弄清项目不同于日常业务的若干方面。项目的特点主要表现在以下几个方面。

1. 临时性（一次性）

临时性是指每一个项目都有确定的开始和结束日期，当项目的目的已经达到，或者已经清楚地看到该目的不会或不可能达到时，或者该项目的必要性已不复存在并已终止时，该项目即达到了它的终点。临时性不一定意味着时间短，许多项目都要延续好几年，如“长江三峡水利枢纽工程”“Windows 操作系统开发”。然而，在任何情况下项目的生命周期都是有限的，项目不是持续不断的努力。

临时性一般不适用于项目所产生的产品、服务或成果。大多数项目是为了得到持久的结果。例如，人民英雄纪念碑建设项目的产品“人民英雄纪念碑”就是为了要达到世代相传的目的。项目还经常会产生比项目本身更久远的、事先想到或未曾预料到的社会、经济和环境后果。

由于市场机会稍纵即逝，临时性意味着大部分项目都要在一定的时限内推出产品或提供服务。

项目的临时性意味着项目团队也具有临时性。项目团队作为一个工作单位的存在时间很少超过项目本身，即大部分项目都是由特意为其组建的专门团队负责实施，项目完成时，这个团队也就解散了，团队成员重新安排。

项目的一次性特点要求我们对待项目要慎之又慎，要付出极大的努力，做细致的工作，确保项目切实可行，符合人民和国家的长远利益。因为，没有后悔的机会。

2. 独特的产品、服务或成果

项目创造独特的可交付成果，如产品、服务或成果。项目可以创造生产出来可以量化的产品或制品，既可以本身就是最终可交付物，也可以是其他可交付物的组成部分，如一个软件产品，或软件部件；项目可以创造生产出提供服务的能力，如培训与咨询服务职能；项目可以创造生产出成果，如结果或文件，例如，研究项目提出可用以确定是否出现了一种趋势或某过程，是否能惠及社会的知识。

独特性是项目可交付成果的一种重要特征。例如，建设了多个中学的校园网络，其中每一个学校的校园网都是独特的，即不同的业主、不同的设计、不同的地点、不同的承建人等。重复部件的存在并不改变整个项目工作的独特本质。

3. 逐步完善

逐步完善是项目伴随临时性和独特性两个概念的特点之一。逐步完善意味着分步、连续的积累。例如，在项目的早期，项目范围的说明是粗略的，随着项目团队对目标和可交付成果的理解更完整和深入时，项目的范围也就更具体和详细。但逐步完善与范围渐变是不相同的。

在软件开发项目中，软件需求一般是逐渐明确的，软件项目需求说明书的逐步完善务必要与项目范围的恰当定义谨慎地协调起来，当项目是按合同实施时，尤其应当如此。如果项目范围即需要完成的任务，规定得恰如其分，则即便是在软件项目需求说明书的逐步完善过程中，项目范围仍应保持控制状态。

例如信息系统建设项目在开始时很可能被定义为“为中建总公司建立人力资源管理信息系统”。随着项目的进行，项目的产品可能就变得更为具体，如变成“建立中建总公司统一的人力资源管理信息系统，搭建统一的人力资源管理信息平台，消除各成员企业在人力资源管理上各自为政而造成的信息孤岛现象，为总公司领导的决策提供准确、全面、及时的人力资源信息，从而强化总公司对成员企业的指导与管控；并提供专用的数据接口，顺利的实现与中建总公司部分下级单位原有软件的数据交换、传递、汇总等工作。”下一轮随着与客户的进一步交互，逐步完善项目的需求定义。

以上是 PMI《项目管理知识体系指南》中归纳的项目的三个主要的特点。项目还有以下特点。

4. 资源约束

每一个项目都需要具备各种资源来作为实施的保证，而资源是有限的。所以，资源成本是项目成功实施的一个约束条件。

5. 目的性

项目工作的目的在于得到特定的结果，即项目是面向目标的。其结果可能是一种产品，也可能是一种服务。目标贯穿于项目始终，一系列的项目计划和实施活动都是围绕目标进行的。例如，一个软件项目的目标可以是开发一个人力资源管理信息系统。

时间、成本和质量是项目工作的三个主要目标，为取得项目的成功，必须同时考虑时间、成本和质量三个因素，这三个目标经常存在冲突。每一个项目都会在时间、成本和质量等方面受到约束，这些限制在项目管理中有时候被称为项目成功的三约束。另一个主要的约束是项目的范围。项目经理的责任就是在四个要素之间进行权衡以保证项目成功。由于项目的不确定性和资源使用的竞争性，很少有项目最终能够完完全全地按照原先预定的时间、成本和质量要求完成。随着时间的推进，项目发起人、项目组成员或其他的项目干系人对项目会有不同的看法。例如，某系统集成公司的高层领导认为项目组是不是应当在时间、成本和质量目标不变的情况下完成增大后的项目范围？为了做出好的决策，必须要由项目经理、项目组和发起人进行充分的协调和谈判，这是项目经理的重要任务。同样，项目中的其他一些要素也起着重要的作用。要平衡好这些项目矛盾，就需要好的项目管理。

2.1.3　项目与日常运作的关系

一般在一个组织中的工作分为两大类：项目与日常运作。每个组织都为实现某些目标而从事某种工作。日常运作或项目两者有时重叠。日常运作和项目也有许多共同之处：由人来做，受制于有限的资源，需要规划、执行和控制。如财务部的工作就可以看作是一种日常运作。

日常运作和项目两者之间的区分主要在于：

（1）日常运作是持续不断和重复进行的，而项目是临时性的、独特的。

（2）项目和日常运作的目标有本质的不同。项目的目标是实现其目标，然后结束项目，而持续进行的日常运作的目标一般是为了维持经营。

（3）项目的实现机制与日常运作大相径庭，因为当宣布的目标实现时，项目就结束了。相比之下，日常运作是确定一组新目标，然后持续进行。

项目是在组织中的所有层次上进行的。项目可能仅需一人，也可能需要成千上万人的参与。完成项目可能需要几个星期，也可能需要多年。项目可能只涉及组织中的一个单位，也可能要跨越若干个单位，如组成联合体和伙伴关系。

可以进一步将项目与日常运作的区别归纳，如表 2-1 所示。

表 2-1 项目于日常运作的区别

不 同 点	项 目	日 常 运 作
目的	独特的	常规的，普遍的
责任人	项目经理	部门经理
持续时间	有限的	相对无限的
持续性	一次性	重复性
组织结构	项目组织	职能部门
考核指标	以目标为导向	效率和有效性
资源需求	多变性	稳定性

2.1.4 项目和战略规划

战略（strategy）一词最早是军事方面的概念。在西方，“strategy”一词源于希腊语“strategos”，意为军事将领、地方行政长官。后来演变成军事术语，指军事将领指挥军队作战的谋略。企业战略是对企业各种战略的统称，其中既包括竞争战略、营销战略、发展战略、品牌战略、融资战略、技术开发战略、人才开发战略、资源开发战略等等。企业战略是层出不穷的，例如信息化就是一个全新的战略。企业战略虽然有多种，但基本属性是相同的，都是对企业的谋略，都是对企业整体性、长期性、基本性问题的计谋。战略管理包括以下三个过程：① 战略制定：确定企业任务，认定企业的外部机会与威胁，认定企业内部优势与弱点，建立长期目标，制定供选择战略，以及选择特定的实施战略。② 战略实施：树立年度目标、制定政策、激励员工和配置资源，以便使制定的战略得以贯彻执行。③ 战略评价：重新审视外部与内部因素；度量业绩；采取纠偏措施。

项目是组织管理在日常运作范围内无法处理的活动的一种手段。因此，项目经常被当作实现组织战略计划的一种手段使用，不管项目团队是该组织的员工，还是服务合同的承包者。下面的一项或多项战略考虑的因素，是项目批准的典型依据：① 市场需求（例如，由于汽油短缺，某汽车公司批准制造低油耗汽车）；② 营运需要（例如，某培训公司批准新设课程项目，以增加收入）；③ 客户要求（例如，电信局批准开发“市内电话信息管理系统”项目，为提高对市内电话的管理效率）；④ 技术进步（例如，电子公司在计算机内存技术改进后，批准研制新视频游戏机项目）；⑤ 法律要求（例如，油漆厂批准制定有毒材料使用须知项目）。

企业对于单个项目的管理可以认为是战术水平的，而着眼于企业战略层次对企业中的诸多项目实施总体管理则上升到了战略高度。从企业整体发展战略角度出发分析、识别、评价面对的所有项目并实施相应的管理策略。企业是一个复杂动态开放的系统，有效的项目管理活动必须能根据企业战略要求，它是服务于企业战略的项目管理方法，并要求企业从高层到基层每位员工的参与，在全方位的项目管理信息系统支持下，利用系统思维方法去解决企业范围内的项目管理问题，使企业战略项目管理的理念、方法等融入到企业文化之中。现代项目管理的日趋普及显示出其极强的生命力和作为一种新的企业管理模式的巨大优势，即使对于非典型的项目型企业，其经营活动也可以看作由众多的项目活动所构成。对于典型的项目型企业，一般在企业的战略实施过程中，将企业的战略转化为一系列的项目来实施企业的战略，按多项目或项目群来管理各个项目，达到企业的战略目标。一个优秀的项目经理应该了解企业的商业战略目标，与企业高层管理者紧密合作。

2.1.5 信息系统项目的特点

信息系统项目是根据用户需求，优选各种技术和产品，进行设计开发，将各个分离的“信息孤岛”连接成为一个完整、可靠、经济和有效的整体，并使之能彼此协调工作，发挥整体效益，达到整体优化的目的。现在的信息系统已不只是为用户提供信息共享的功能，而是要通过网络的建立，将复杂的硬件、软件、业务、信息、服务、人有机结合起来，以此为用户最大限度地整合各种信息资源，并在满足用户需求的基础上，提高用户的投资效率、管理效率与经营效率，最终帮助用户获取更大的利润。它是在系统工程科学方法的指导下，根据对用户需求的分析和计算机软硬件开发的技术规范，提出系统的解决方案，同时，将组成方案的硬件、软件、业务、人员等进行有机结合达到满足用户要求的完整体系。可以说，信息系统是以信息的集成为目标，功能的集成为结构，平台的集成为基础，人的集成为保证。只有实现了上述全方位的集成，才能建成一个很好的信息系统。

目前，信息系统项目无论对承包商，还是用户，都提出了新的要求。信息系统项目在为用户提供完整的解决方案时，不仅要在技术上实现客户的需求，同时还要对客户投资的实用性和有效性进行分析，为客户提供培训和技术支持服务；开发商不仅要具有从项目咨询、工程设计、施工、培训，到后期支持及服务的能力，还应具备从技术规范化到项目管理科学化等多方面的知识。

典型的信息系统项目有如下特点。

- 目标不明确。
- 需求变化频繁。

- 智力密集型。
- 设计队伍庞大。
- 设计人员高度专业化。
- 涉及的承包商多。
- 各级承包商分布在各地，相互联系复杂。
- 系统集成项目中需研制开发大量的软硬件系统。
- 项目生命期通常较短。
- 通常要采用大量的新技术。
- 使用与维护的要求非常复杂。

以上这些信息系统项目的特点是由于信息系统的特殊性所决定的。一般来说，信息系统项目属于典型的多学科合作项目，一般需要多种学科的配合，如地理信息系统（GIS），需要地理信息技术、电子技术、无线射频技术等。开发商要向客户提供具有针对性的整合应用解决方案，这就要求开发商除了要有IT方面的技术外，必须还要有较丰富的行业经验。项目的销售过程是对客户需求的完善和明确的过程，同时又是使客户建立信心的过程，因此在业务环节中会涉及到不同专业的人员和技术。

在信息系统项目中，由于用户的不同特点和需求，每一个信息系统项目都和其他工程不完全一样，因此需要进行一定的定制，带有一些非标准的问题，每一个项目都可以带来一些新意。同时，由于信息系统项目要求对用户的行业经验有较好的掌握，这也造成了信息系统开发企业的新客户发展较困难：一方面信息系统的行业特征较明显，而行业差异较大，渗透到其他行业较困难；另一方面客户来源主要受其他客户影响，因此对客户的服务要求较高，而客户的应用变化较快，需求不稳定，要客户满意相对困难。

2.1.6 项目管理定义

项目管理就是把各种知识、技能、手段和技术应用于项目活动之中，以达到项目的要求。项目管理是通过应用和综合诸如启动、计划、实施、监控和收尾等项目管理过程来进行的。管理一个项目包括：识别要求；确定清楚而又能够实现的目标；权衡质量、范围、时间和成本方面互不相让的要求；使技术规格说明书、计划和方法适合于各种各样项目干系人的不同需求与期望等内容。

我们从如下几个方面来理解项目管理：

（1）项目管理是一种管理方法体系。项目管理是一种已被公认的管理模式，而不是任意的一次管理过程。

项目管理不是一次任意的管理项目的实践过程，而是在长期实践和研究的基础上总结成的理论方法。应用项目管理，必须按项目管理方法体系的基本要求去做；不按项目管理模式管理项目，不能否认是管理了项目，但不能承认是采用了项目管理。

项目管理作为一种管理方法体系，在不同国家、不同行业以及它自身的不同发展阶段，无论在结构、内容上，还是在技术、手段上都有一定的区别。但它最基本的方面，也就是上述定义中所规定的那些内容，则始终如一，相对固定，且已形成为一种被公认的专业知识。

（2）项目管理的对象、目的。项目管理的对象是项目，即一系列的临时任务。“一系列”在此有着独特的含义，它强调项目管理的对象——项目是由一系列任务组成的整体系统，而不是这个整体的一个部分或几个部分。其目的是通过运用科学的项目管理技术，更好地实现项目目标。不能把项目管理的对象与企业管理的对象混为一谈，项目只是企业庞大系统的一部分；也不能把企业管理的目的当成项目管理的目的，企业管理的目的是多方面的，而项目管理的主要目的是实现项目的预定目标。

（3）项目管理的任务、职能。项目管理的职能与其他管理的职能是完全一致的，即是对组织的资源进行计划、组织、指挥、协调、控制。资源是指项目所在的组织中可得的、为项目所需要的那些资源，包括人员、资金、技术、设备等，在项目管理中，时间是一种特殊的资源。项目管理的任务是对项目及其资源的计划、组织、指挥、协调、控制。切记不能将项目管理的任务与项目本身的任务混淆。

（4）项目管理运用系统理论与思想。项目在实施过程中，实现项目目标的责任和权力往往被集中到一个人（项目经理）或一个小组身上。由于项目任务是分别由不同的人执行的，所以项目管理要求把这些任务和人员集中到一起，把它们当作一个整体对待，最终实现整体目标，因此，需要以系统的观点来管理项目。

（5）项目管理职能主要是由项目经理执行的。在一般规模的项目中，项目管理由项目经理带领少量专职项目管理人员完成，项目组织中的其他人员，包括技术与非技术人员负责完成项目任务，并接受管理。如果项目规模很小，那么项目组织内可以只有一个专职管理人员，即项目经理。对于大项目，项目管理的基本权力和责任仍属于项目经理，只是更多的具体工作会分给其他管理人员，项目组织内的专职管理队伍也会更大，甚至组成一个与完成项目任务的人员相对分离的项目管理机构。

2.1.7　项目管理的特点

项目管理具有以下基本特点：

（1）项目管理是一项复杂的工作。项目一般由多个部分组成，工作可能跨越多个部门，需要运用多种学科的知识来解决问题；项目工作通常没有或很少有以往的经验可以借鉴，执行中有许多未知因素，每个因素又常常带有不确定性，还需要将具有不同经历、来自不同组织的人员有机地组织在一个临时性的组织内，在技术性能、成本、进度等较为严格的约束条件下实现项目目标等等。比如一个软件开发项目，会涉及到研发部门、市场部门、工程实施部门等。

（2）项目管理具有创造性。由于项目具有一次性的特点，因而既要承担风险又必须发挥创造性。这也是与一般重复性管理的主要区别。创新可以是技术创新，可以是管理方法创新，也可以是流程的创新。比如在软件开发项目中，一般要采用新的技术、新的方法。微软公司每推出一个产品，其中都包含了大量的专利和技术创新。

创造总是带有探索性的，会有较高的失败率。有时为了加快进度和提高成功的概率，需要有多个试验方案并进。例如在新产品、新技术开发项目中，为了提高新产品、新技术的质量和水平，希望新构思越多越好，然后再进行严格的审查、筛选和淘汰，以确保最终产品和技术的优良性能或质量。而筛选淘汰下来的方案也并不完全是没用的，它们可以成为企业内部的技术储备，这种储备越多，企业越能应付外界条件的变化和具有应变能力。

（3）项目管理需要集权领导和建立专门的项目组织。项目的复杂性随其范围不同变化很大。项目愈大愈复杂，其所包括或涉及的学科、技术种类也愈多。项目进行过程中可能出现的各种问题多半是贯穿于各组织部门的，它们要求这些不同的部门作出迅速而且相互关联、相互依存的反应。在软件项目的开发中，要考虑硬件方面的特点、开发平台的特点和应用领域的特点等，这会涉及多个学科和多个部门。

（4）项目负责人（或称项目经理）在项目管理中起着非常重要的作用。项目负责人的位置是由特殊需要形成的，因为他行使着大部分传统职能组织以外的职能。项目负责人必须能够了解、利用和管理项目的技术逻辑方面的复杂性，必须能够综合各种不同专业观点来考虑问题。但只具备这些技术知识和专业知识仍是不够的，成功的管理还取决于预测和控制人的行为的能力。因此项目负责人还必须通过人的因素来熟练地运用技术因素，以达到其项目目标。也就是说项目负责人必须使他的组织成员成为一支真正的队伍，一个工作配合默契、具有积极性和责任心的高效率群体。

（5）社会经济、政治、文化、自然环境等对项目的影响。

几乎所有的项目都是在某种社会、经济和环境的条件下对之进行规划与付诸实施的，因此都会产生意料之中的和未曾意料的积极和消极影响。

项目团队应当将项目置于其所处的文化、社会、国际、政治和自然的环境及其同这些环境之间的关系中加以考虑：

- 文化与社会环境。项目团队需要理解项目与人们之间是如何相互影响的。要做到这一点，也许要求理解项目影响或对其有利害关系人群的经济、人口、教育、道德、种族、宗教状况，以及其他特征。项目经理还应当研究组织文化并确定组织是否已经承认管理该项目是有正当手续的，可以向各方面说明情况并获得了管理权限的角色。
- 国际与政治环境。某些团队成员需要熟悉相应的国际、国家、地区和当地的法律和习惯，以及可能影响本项目的政治气候。需要考虑的其他国际因素是举行面对面会议时的时区差别、国家与地区节假日、旅行出差要求与电话会议的后勤保证问题。
- 自然环境。如果项目影响到自然环境，某些团队成员应当具备有关能够影响本项目或受本项目影响的当地生态系统与地理的知识。

2.2　项目管理知识体系构成

许多管理项目的技术对于项目管理来说是独特的，例如工作分解结构（WBS），关键路径分析和挣值管理。然而，对于有效的项目管理来说，单纯具有这些知识是不够的。有效的管理要求项目管理组至少能理解和使用以下五方面的专门知识领域。

- 项目管理知识体系。
- 应用领域的知识、标准和规定。
- 项目环境知识。
- 通用的管理知识和技能。
- 软技能或人际关系技能。

图 2-1 描绘了这五方面专门知识领域之间的关系。虽然它们看起来是独立的，但一般又有交叉，没有一个方面是独立存在的。有效的项目团队会将它们整合到项目的方方面面。对于项目团队成员来说，没有必要要求所有人在这五个方面都是专家。实际上，对于任何一个人来说也不太可能具备项目所需要的所有知识和技能。

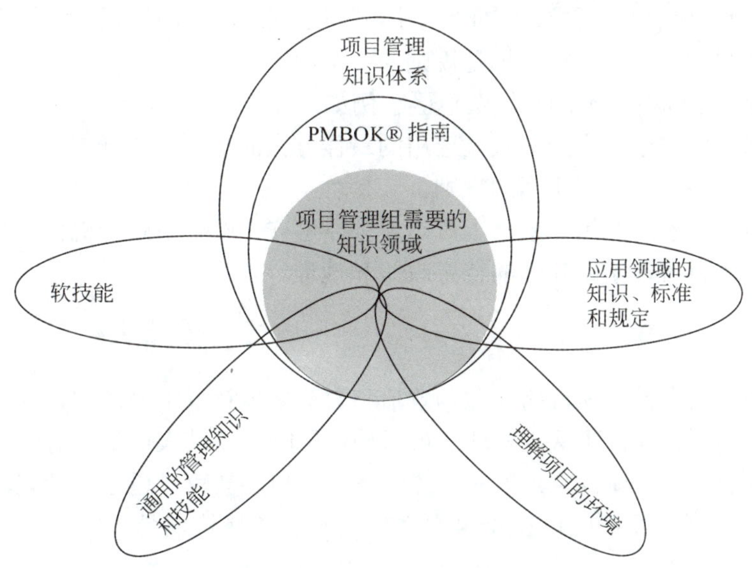

图 2-1　项目管理组需要的知识领域

2.2.1　项目管理知识体系

项目管理知识体系描述了对于项目管理领域来说独特的知识以及与其他管理领域

交叉的部分、美国项目管理协会发布的《项目管理知识体系指南》是大的项目管理知识体系的子集。

2.2.2 应用领域的知识、标准和规定

我们把项目按应用领域进行分类，同一应用领域的项目具有一些公共的元素，这些公共元素对于某些项目来说是重要的因素，但对于所有项目来说不是必需的或存在的。应用领域通常根据如下几方面来定义。

（1）职能部门和支持领域，如法律、产品和库存管理、市场营销、后勤和人事等。

（2）技术因素，如软件开发、水利和卫生工程、建筑工程等。

（3）管理专业领域，例如政府合同、地区开发和新产品开发等。

（4）工业组织，如汽车、化工、农业和金融服务等。

每个应用领域通常都有一系列公认的标准和实践，经常以规则的形式成文。国际标准化组织（ISO）是这样区分标准和规则的（ISO，1994）：

- 标准是“一致同意建立并由公认的机构批准的文件，该团体提供通用的和可重复使用的规则、指南、活动或其结果的特征，目的是在特定的背景下达到最佳的秩序。”一些标准的例子，如计算机磁盘的大小、液压机液体的耐热性规格。
- 规则是政府强制的要求，它制定了产品、过程或服务的特征，包括适用的管理条款，并强制遵守。建筑法规是规则的一个例子。

标准和规则之间有很大的一块灰色区。例如：

- 标准通常以描述一项为多数人选用的最佳方案的准则形式开始，然后随着其得到广泛的采用，变成了实际的规则。
- 规则可以在不同的组织层次上规定要强制遵守，例如由政府机构、执行组织的管理层、项目管理团队建立的特定政策和规程。

2.2.3 理解项目环境

项目管理团队应该在项目的社会、政治和自然环境背景下来考虑该项目。

（1）社会环境。项目团队需要理解项目如何影响人以及人们如何影响项目。这要求对项目所影响的人或对项目感兴趣的人的经济、人口、教育、道德、种族、宗教和其他特征有所理解。项目经理应该调查组织文化并确定项目管理是否被认为是一项正当的职业。

（2）政治环境。项目团队的一些成员可能需要熟悉影响项目的一些适用的国际、国家、地区和本地的法律、风俗和政治风气。

（3）自然环境。如果项目会影响到自然环境，那么小组的一些成员就应该对影响项目或被项目所影响的当地的生态和自然地理非常了解。

2.2.4　一般的管理知识和技能

一般的管理包括计划、组织、人事、执行和控制一个正在运行的企业的运作。它包括一些支持性的学科，如下。

- 财务管理和会计。
- 购买和采购。
- 销售和营销。
- 合同和商业法律。
- 制造和分配。
- 后勤和供应链。
- 战略计划、战术计划和运作计划。
- 组织结构、组织行为、人事管理、薪资、福利和职业规划。
- 健康和安全实践。

一般管理提供了很多构建项目管理技能的基础。通常说来，它们对于项目经理都是很重要的。对于任何一个特定的项目来说，许多通用管理领域的技能都是必须的。通用管理著作记载了这些技能，本质上它们应用到项目中是一样的。

2.2.5　软技能

软技能包括人际关系管理。软技能包含以下内容。

- 有效的沟通：信息交流。
- 影响一个组织："让事情办成"的能力。
- 领导能力：形成一个前景和战略并组织人员达到它。
- 激励：激励人员达到高水平的生产率并克服变革的阻力。
- 谈判和冲突管理：与其他人谈判或达成协议。
- 问题解决：问题定义和做出决策的结合。

2.3　IPMP/PMP

2.3.1　IPMA 和 IPMP 简介

国际项目管理协会（International Project Management Association，IPMA）创建于 1965 年，是一个非赢利性的专业性国际学术组织，其职能是促进国际项目管理的专业化发展。最初的成员多为欧洲国家，现已扩展到世界各大洲。IPMA 的成员主要是各个国家的项目管理学术组织，到目前为止共有英国、法国、德国、俄罗斯、中国等 30 多个国家的项目管理专业组织成为其成员组织。这些国家的组织用本国语言和英语开发本国项目管理的专业需求，IPMA 则以国际上广泛接受的英语作为工作语言来提供有关的国际层次的服务。

国际项目管理资质标准（IPMA Competence Baseline，ICB）是 IPMA 建立的知识体系。IPMA 委员会在 1998 年确认了 IPMA 项目管理人员专业资质认证全球通用体系（ICB）的概念，并决定在所有的会员国逐步实施 IPMA 审定的四级认证计划。

在 ICB 体系的知识和经验部分，IPMA 将其知识体系划分为 28 个核心要素和 14 个附加要素，如表 2-2 所示。

表 2-2 ICB 的知识与经验

核心要素（28 个）	项目和项目管理	项目管理的实施
	按项目进行管理	系统方法与综合
	项目背景	项目阶段与生命期
	项目开发与评估	项目目标与策略
	项目成功与失败的标准	项目启动
	项目收尾	项目结构
	范围与内容	时间进度
	资源	项目费用与融资
	技术状态与变化	项目风险
	效果度量	项目控制
	信息、文档与报告	项目组织
	团队工作	领导
	沟通	冲突与危机
	采购与合同	项目质量管理
附加要素（14 个）	项目信息管理	标准和规则
	问题解决	谈判、会议
	长期组织	业务流程
	人力资源开发	组织的学习
	变化管理	行销、产品管理
	系统管理	安全、健康与环境
	法律方面	财务与会计

国际项目管理专业资质认证（International Project Management Professional，IPMP）是 IPMA 在全球推行的四级项目管理专业资质认证体系的总称。IPMP 是一种对项目管理人员知识、经验和能力水平的综合评估证明，根据 IPMP 认证等级划分获得 IPMP 各级项目管理认证的人员，将分别具有负责大型国际项目、一般复杂项目、一般非复杂项目或具有从事项目管理专业工作的能力。

IPMA 依据国际项目管理专业资质标准，针对项目管理人员专业水平的不同将项目管理专业人员资质认证划分为四个等级，即 A 级、B 级、C 级、D 级，每个等级分别授予不同级别的证书：

- A 级（Level A）证书是认证的高级项目经理。获得这一级认证的项目管理专业人员有能力指导一个公司（或一个分支机构）的包括有诸多项目的复杂规划，有能力管理该组织的所有项目，或者管理一项国际合作的复杂项目。这类等级称为认证的高级项目经理（Certificated Projects Director，CPD）。
- B 级（Level B）证书是认证的项目经理。获得这一级认证的项目管理专业人员可以管理一般复杂项目。这类等级称为认证的项目经理（Certificated Project Manager，CPM）。
- C 级（Level C）证书是认证的项目管理专家。获得这一级认证的项目管理专业人员能够管理一般非复杂项目，也可以在所有项目中辅助项目经理进行管理。这类等级称为认证的项目管理专家（Certificated Project Management Professional，PMP）。
- D 级（Level D）证书是认证的项目管理专业人员。获得这一级认证的项目管理人员具有项目管理从业的基本知识，并可以将它们应用于某些领域。这类等级称为认证的项目管理专业人员（Certificated Project Management Practitioner，PMF）。

IPMA 编著的 ICB 描述了项目管理界定的能力的各个方面以及对知识、经验和个人素质的评估分类方法，同时还有对项目管理人员的总体印象的评价。ICB 的独特之处在于 ICB 可以转换成各会员国的国家专业资质标准（National Competence Baseline，NCB），只需接受全部 28 个基本要素和至少 6 个附加要素（由各国自行挑选），并全部接受个人素质和总体印象的各个方面。对于其他的 8 个知识和经验的附加要素，可在考虑该国国情特征和项目管理新发展后，将其删除或替换。这样的弹性扩大了 IPMA 在国际上的影响，事实也证明了这一点，IPMA 的 30 多个成员国已经建立了自己的 NCB。

2.3.2　PMI 和 PMP 简介

美国项目管理学会 PMI（Project Management Institute）成立于 1969 年，是一个有着近 10 万名会员的国际性学会。它致力于向全球推行项目管理，是由研究人员、学者、顾问和经理组成的最大的全球性项目管理专业组织。

项目管理的知识体系（Project Management Body of Knowledge，PMBOK），是 PMI 早在 20 世纪 70 年代末提出的。PMBOK 指南每四年更新一次，2012 年为第 5 版。在这个知识体系指南中，把项目管理划分为 10 个知识领域，即范围管理、时间管理、成本管理、质量管理、人力资源管理、沟通管理、干系人管理、采购管理、风险管理和整体管理。国际标准化组织以该文件为框架，制定了 ISO 10006 关于项目管理的标准。

这一知识体系指南的推出促进了世界项目管理行业的发展，推动和鼓励项目管理知识的推广和传播。它包括已验证的知识、广泛运用的传统作法以及使用有限的创新知识和超前作法，并且对被广泛接受的项目管理知识体系的子集进行了分类和描述。

美国的项目管理知识体系可以看成是一个动静结合的整体，包括动态的项目管理五大过程和静态的项目管理十大知识领域。

PMP（Project Management Professional）指项目管理专业人员资格认证。PMI 的资格认证制度从 1984 年开始，目前全球已经有 76 万多人通过认证。PMP 认证考试是严格评估项目管理人员知识技能是否具有高品质的资格认证考试。其目的是为了给项目管理人员提供统一的行业标准。这是 PMI 顺应“随着经济全球化的发展，项目管理人员必将扮演重要的角色”的趋势，率先设立的项目管理标准。1999 年，PMP 考试在所有认证考试中第一个获得 ISO 9001 国际质量认证。

要想获得 PMP 专业认证，考生须达到 PMI 规定的对项目管理专业知识的掌握程度及相应的培训、工作经验要求；另一方面，获得 PMP 证书的专业人员应继续从事项目工作，以不断适应项目管理发展的要求。

目前，PMP 认证只有一个级别，对参加 PMP 认证学员资格的要求与 IPMA 的 C 级相当。 PMP 应考人员必须具备以下条件：① 学士学位或同等的大学学历，至少具有 4500 小时的项目管理经历。② 虽不具备学士学位或同等学历，但具有至少 7500 小时的管理经历。申请人需要提交用英文写成的在规定时间范围内具有至少 4500～7500 工时的项目管理工作经验的书面材料，这一点就排除了很多不具备项目管理经验的人。根据 PMI 的有关规定，PMP 证书的有效期为三年。

2.4 PRINCE2

2.4.1 PRINCE2 定义与结构

PRINCE2 认证在国际上被称为项目管理王者认证，世界各地的许多企业将其作为他们管理项目的首选方法。全球五百强 95%以上的公司应用 PRINCE2，优先聘用具备 PRINCE2 资质的高级项目管理人员。目前，PRINCE2®认证风行全世界，PMBOK 提供了全面的项目管理知识体系，而 PRINCE2 提供最佳的项目管理方法论，更加接近项目的实施，更加重视项目的实际收益和回报。

PRINCE2 是一种基于流程的结构化项目管理方法。根据该方法，下列七个主要原则和主题（针对具体项目要求剪裁时）有助于降低所有类型和规模的项目中的风险。PRINCE2 与 PMBOK®指南有着相同的基础，但适用于诸多领域，它将 PMBOK®指南进行了具体化，同时解决了“如何在项目中实际运用这些概念”这一问题。

PRINCE2 的原则、主题和流程与《PMBOK®指南》一致，但 PRINCE2 不包含《PMBOK®指南》中所有知识点和细节。PRINCE2 关注于重要领域，因此项目经理可能仍需要深入了解《PMBOK®指南》和其他资源，以顺利完成项目管理工作的某些领域。PRINCE2 旨在以一种适于广泛项目环境的方式组织安排和着重介绍项目管理知识。PRINCE2 假设了解和采用该方法的用户具有一定的经验，能够自行填补其省略的细节。

在 PRINCE2 中，流程和主题的尺度和内容必须根据项目规模和性质以及运营该项目的组织特性进行剪裁。

PRINCE2 包括 4 个被称为要素的主要部分。这 4 个要素包括原则、流程、主题以及项目环境。图 2-2 描述了这些要素。

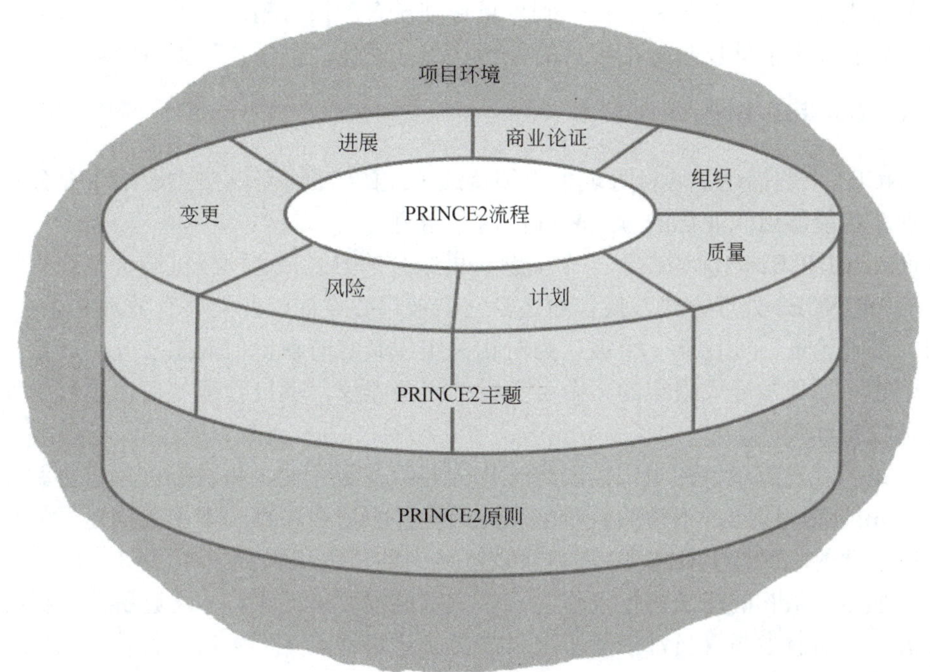

图 2-2　PRINCE2 的 4 个要素

2.4.2　PRINCE2 原则

PRINCE2 方法具有七个原则，强调通过“原则”定义项目—而不是填写表格或严格遵循该方法。这七个“原则”是：

（1）持续业务验证——以“商业论证主题”为例证，确保项目始终符合业务目标、实现战略与收益。

（2）吸取经验教训——在整个项目生命周期中总结、记录经验教训，并以此为鉴。

（3）明确定义的角色和职责——确保合理用人，令所有人明确自己的任务要求。

（4）按阶段管理——由于计划必须具有可管理性和预见性，因此需要分阶段计划、监督和控制项目，并在整个项目的重要间隔设置控制点。

（5）例外管理——PRINCE2 项目对时间、成本和范围这三个绩效目标（典型的“三元约束”）为各个层级的项目管理团队设置了明确的权力限制——与质量、风险和收益一起，提供了更加真实、全面的项目成功因素。

（6）关注产品——由于成功的项目是以产出（而非活动）为导向，因此PRINCE2项目特别强调交付物（PRINCE2称之为产品）的定义、生产和审批，从而实现统一的预期目标。

（7）根据项目环境剪裁——认识到项目管理没有严格（精确）的公式，流程和主题必须进行调整使之能够反映每个项目的独特状况（避免“机械式”项目管理）。

2.4.3 PRINCE2主题

PRINCE2主题描述了项目管理中必须持续关注的方面。对这些主题给予充分重视的项目经理，将能够以职业化的方式来胜任这一角色。

然而，PRINCE2的优势在于7个主题有机结合的方式，这种有机结合是因为每个主题特定的PRINCE2处理方式，换言而之，它们被精心设计以便能够有效地联系在一起。

（1）商业论证。项目从一个被认为对相关组织具有潜在价值的想法开始。本主题说明了这个想法如何发展成组织的一个可交付的投资建议，项目管理如何在项目中保持对组织目标的持续关注。

（2）组织。发起项目的组织需要将工作分配给各级经理，负责推进项目直到完成。项目是跨职能的，因此，正常的直线型职能结构并不适合项目。本主题描述了为有效管理项目所需要的临时性PRINCE2项目管理团队中的角色和职责。

（3）质量。最初的想法将仅仅作为一个宽泛的概要来理解。本主题解释了概要如何逐步发展，使所有参与人员都理解了交付产品的质量特点——然后项目管理如何确保这些要求能够在后来被交付。

（4）计划。PRINCE2项目是按照一系列经过批准的计划向前推进的。本主题通过描述制订计划所需步骤和所应用的PRINCE2技术，对质量主题进行补充。在PRINCE2中，计划要与组织中不同层次人员的需求相匹配。计划是项目生命周期中沟通和控制的重点。

（5）风险。项目通常比稳定的运营活动承担更多的风险。本主题说明了项目管理如何管理计划和项目环境中的不确定性。

（6）变更。本主题描述项目管理如何评估和处理对项目基线（项目计划与已经完成的产品）可能产生潜在影响的问题。问题可能是没有预料到的难题、变更请求或者质量不合格。

（7）进展。本主题关注计划持续的可交付性，解释了批准计划、监督实际绩效的决策流程，以及如果项目没有按照计划执行的上报流程。最终，进展主题决定项目是否应该和如何继续。

2.4.4 PRINCE2流程

PRINCE2是一种基于流程的项目管理方法。流程是为完成特定目标而设计的一组结构化的活动。它需要一个或多个确定的输入，并将这些输入转变成确定的输出。PRINCE2 有 7 个流程，它们提供了成功地指导、管理和交付项目所要求的一系列活动。

在项目生命周期中，项目管理委员会设定方向并制定关键决策。项目管理委员会的活动涵盖在项目指导流程中，该流程从项目之前就开始，一直到并包括最终阶段。

（1）项目准备流程：这个流程主要是项目指导和管理层用。它要解决“这个项目值得做吗？”

（2）项目指导流程：使项目管理委员会能够对项目的成功负责。由项目管理委员会做出关键决策，并进行总体控制，而把项目的日常工作托付给项目经理。

（3）项目启动流程：该流程是接下来项目开展工作的坚实基础，它需要定义项目控制的六个要素的基线，同时说明项目交付什么？怎样达到目标？谁来做？

（4）阶段控制流程：项目是在这个阶段完成工作，同时监督这些工作，处理问题，向项目管理委员汇报进展，保证项目在容许偏差范围内。

（5）阶段边界管理：是向项目管理委员会提供充分信息，评审当前阶段成果，批准下一阶段计划，确保项目的业务验证和风险可接受。

（6）产品交付管理流程：通过有关接受、执行和交付项目工作的正式要求，控制项目经理和小组经理的联系。

（7）项目收尾流程：提供一个固定点来确认对项目产品的验收，认可项目启动文件中最初设立的目标已经实现(或实现了已批准的变更目标)，或者项目不再有更多的贡献。

2.4.5　PRINCE2 环境

PRINCE2 的第 4 个要素是项目环境以及如何依据项目环境因素剪裁使用 PRINCE2。

项目环境意味着：依据组织和项目的特殊性，PRINCE2 必须被剪裁，比如项目的大小、复杂性、类型、地理和文化差异等。

2.5　组织结构对项目的影响

2.5.1　组织体系

以项目为基础的组织是指他们的业务主要由项目组成，这些组织可以分为两大类。

（1）其主要收入是源自依照合同为他人履行项目的组织：建筑师事务所、工程公司、咨询机构、建筑承包商、政府承包商、系统集成商等。

（2）采用项目制进行管理的组织：这些组织往往具有在某些方面有助于项目管理的管理系统。比如：他们的财务系统通常专门设计为能对多个项目同时进行核算、跟踪、汇报。

不以项目为手段进行管理的组织通常缺少被专门设计用于有效、高效支持项目需求的管理系统。缺少基于项目的管理系统经常会导致项目管理更加困难。在某些情况下，不以项目为手段进行管理的组织里会设有一个以项目制运作并具有相应支持系统的部门或其他子单位。项目管理团队应当了解他们的组织结构和体系会怎样影响项目。例如，如果该组织鼓励职能部门经理按员工工时向项目收费时，则项目管理班子就要加强控制，以确保所调来的员工被有效地使用于项目之上。

2.5.2 组织的文化与风格

大多数组织都已经形成了自己独特的、可描述的文化。这些文化体现在以下 4 个方面。

（1）组织的共同价值观、行为准则、信仰和期望。

（2）组织的方针、办事程序。

（3）组织对于职权关系的观点。

（4）众多其他的因素。

组织文化常常会对项目产生直接的影响。例如：

- 在一个进取心较强或具有开拓精神的组织中，团队所提出的非常规的或高风险性的建议更容易获得批准。
- 在一个等级制度严格的组织中，一个喜欢高度参与的项目经理可能经常会遇到麻烦。而在一个很民主的组织中，一个喜欢独裁的项目经理同样也会受到挑战。

2.5.3 组织结构

实施项目组织的结构往往对能否获得项目所需资源和以何种条件获取资源起着制约作用。组织结构可以比喻成一条连续的频谱，其一端为职能式，另一端为项目式，中间是形形色色的矩阵式。如图 2-3 所示为与项目有关的主要企业组织结构类型的关键特征。

组织类型 项目特点	职能型组织	矩阵型组织			项目型组织
		弱矩阵型组织	平衡矩阵型组织	强矩阵型组织	
项目经理的权力	很小和没有	有限	小～中等	中等～大	大～全权
组织中全职参与项目工作的职员比例	没有	0～25%	15%～60%	50%～95%	85%～100%
项目经理的职位	部分时间	部分时间	全时	全时	全时
项目经理的一般头衔	项目协调员/项目主管	项目协调员/项目主管	项目经理/项目主任	项目经理/计划经理	项目经理/计划经理
项目管理行政人员	部分时间	部分时间	部分时间	全时	全时

图 2-3 组织结构对项目的影响

传统的职能型组织，其结构如图 2-4 所示，这种层级结构中每个职员都有一个明确的上级。员工按照其专业分组，例如顶层的生产、市场、工程和会计部门。工程部内还可以进一步细分出支持整体组织的职能组织，像机械、电气部门。职能型组织内仍然可以有项目存在，但是项目的范围通常会限制在职能部门内。职能型组织内的工程部可以独立于制造或市场部门进行自己的项目工作。当一个纯职能型组织进行新产品开发时，设计阶段经常被称为设计项目，而且仅仅包括工程部的人员。当出现制造方面问题的时候，这些问题被逐级提交给本部门领导，部门领导再与制造部门的领导进行协商，问题的答复再由部门的领导逐级下传给工程项目经理。

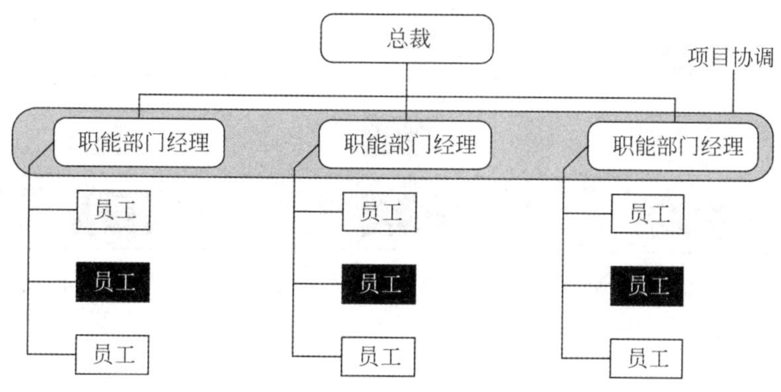

图 2-4　职能型组织

在频谱的另一端是项目型组织，其结构如图 2-5 所示。在项目型组织中，项目团队成员通常会被配置在一起。绝大部分的组织资源直接配置到项目工作中，并且项目经理拥有相当大的独立性和权限。项目型组织通常也有称为部门的单位，但这些部门或是直接向项目经理汇报工作，或是为不同项目提供支持服务。

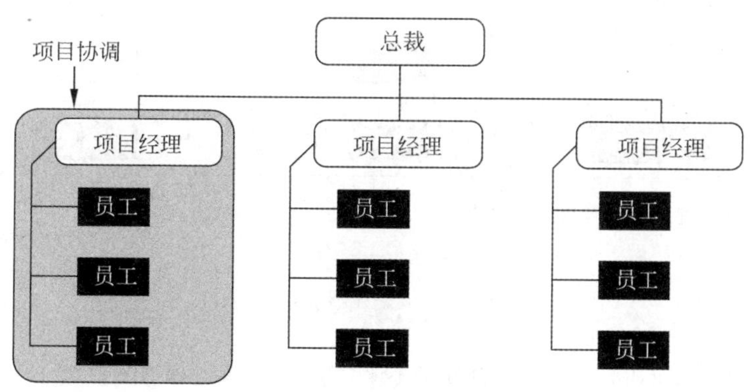

图 2-5　项目型组织

矩阵型组织，其结构如图 2-6 至图 2-8 所示，兼有职能型和项目型的特征。弱矩阵型组织保持着很多职能型组织的特征，项目经理的角色与其说是管理者，更不如说是协调人和发布人。同理，强矩阵型组织保持着很多项目型组织的特征，拥有很大职权的专职项目经理和专职项目行政管理人员。

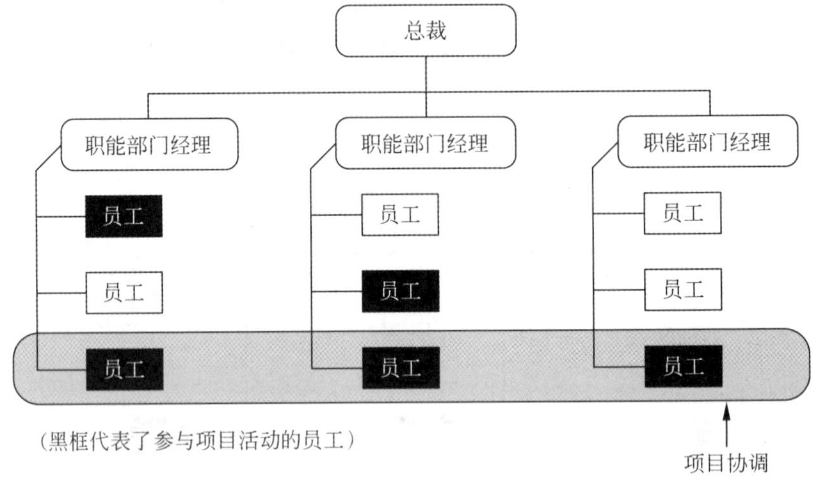

图 2-6　弱矩阵型组织

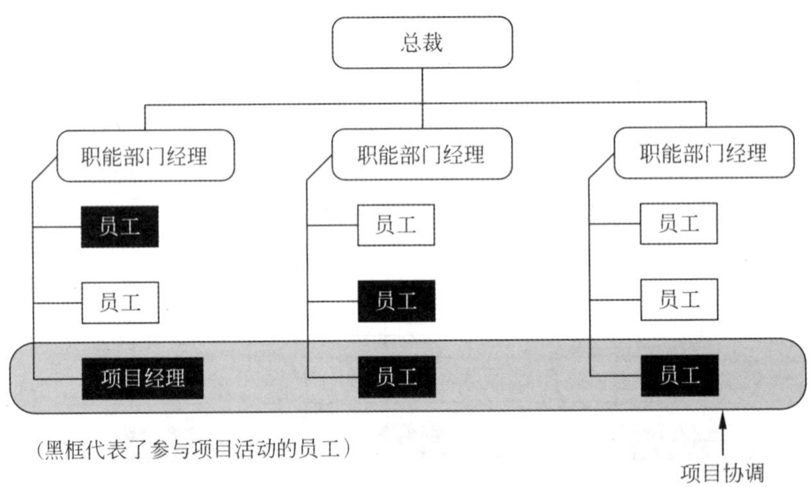

图 2-7　平衡矩阵型组织

多数现代组织在不同层次上包含所有这些结构，如图 2-9 所示（复合型组织）。例如，即使一个完全职能型的组织也可能会组建一个专门的项目团队来操作重要的项目，这样的项目团队可能具有很多项目型组织中项目的特征。团队中拥有来自不同职能部门的专职人员，可以制定自己的运作过程，并且可以脱离标准的正式报告机制进行运作。

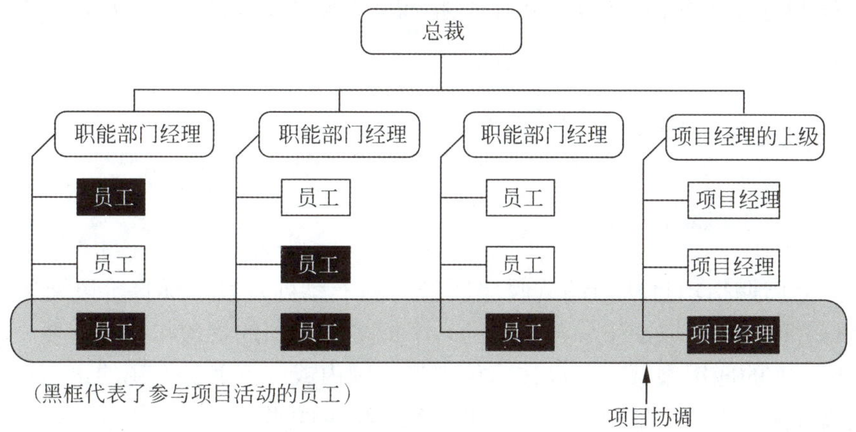

图 2-8　强矩阵型组织

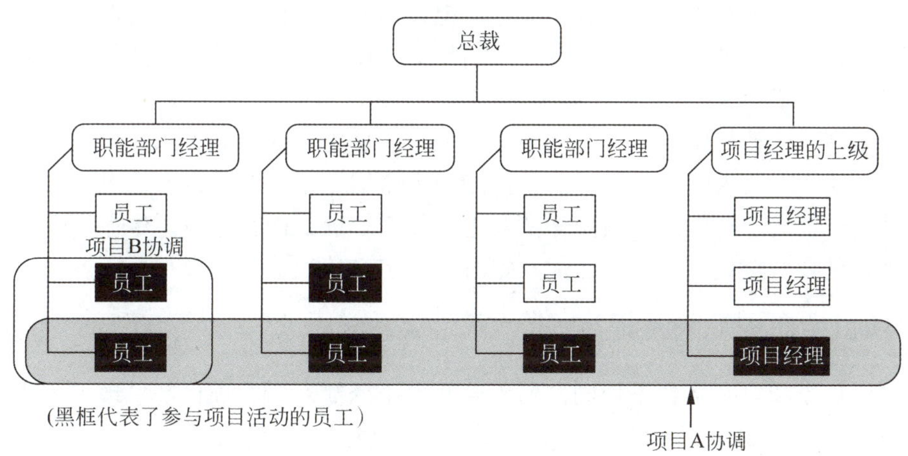

图 2-9　复合型组织

尽管在某些项目管理文件和研究指南中提到了“紧密矩阵”，但其并没有被普遍应用。紧密矩阵并不涉及具体的组织和管理结构，其主要指项目团队成员尽量在物理上被安置于一处，通常在同一房间内进行工作。“紧密矩阵”是对术语“集中办公”和“作战室”的一个替换。

2.5.4　PMO 在组织结构中的作用

很多组织认识到了开发和实现一个项目管理办公室的好处，对于那些采用矩阵型结构和项目型结构的组织来说，更是经常会认识到这一点，特别是当同时管理多个项目或一系列项目上层组织必须参与时。

PMO 可以存在于任何组织结构中，包括职能型组织，在图 2-3 中从左向右增加了使用 PMO 的可能性。

2.6 信息系统项目的生命周期

2.6.1 项目生命周期基础

项目生命周期指项目从启动到收尾所经历的一系列阶段。项目阶段通常按顺序排列，阶段的名称和数量取决于参与项目的一个或多个组织的管理与控制需要、项目本身的特征及其所在的应用领域。可以在总体工作范围内或根据财务资源的可用性，按职能目标或分项目标、中间结果或可交付成果，或者特定的里程碑，来划分阶段。阶段通常都有时间限制，有一个开始点、结束点或控制点。生命周期通常记录在项目管理方法论中。可以根据所在组织或行业的特性，或者所用技术的特性，来确定或调整项目生命周期。虽然每个项目都有明确的起点和终点，但具体的可交付成果及项目期间的活动会因项目的不同而有很大差异。不论项目涉及的具体工作是什么，生命周期都可以为管理项目提供基本框架。

从预测型（或计划驱动的）方法到适应型（或变更驱动的）方法，项目生命周期可以处于这个连续区间内的任何位置。在预测型生命周期中，在项目开始时就对产品和可交付成果进行定义，对任何范围变化都要进行仔细管理。而在适应型生命周期中，产品开发需要经过多次迭代，在每次迭代开始时才能定义该次迭代的详细范围。

2.6.2 项目生命周期的特征

项目的规模和复杂性各不相同，但不论其大小繁简，所有项目都呈现下列通用的生命周期结构（见图 2-10）。

- 启动项目。
- 组织与准备。
- 执行项目工作。
- 结束项目。

这个通用的生命周期结构常被用来与高级管理层或其他不太熟悉项目细节的人员进行沟通。不应把通用生命周期与项目管理过程组相混淆，因为过程组中的过程所包含的活动，可以在每个项目阶段执行和重复执行，也可以在整体项目层面执行和重复执行。项目生命周期独立于项目所生产（或改进）的产品的生命周期。但项目应该考虑该产品当前所处的产品生命周期阶段。通用的生命周期结构从宏观视角为项目间的比较提供了通用参照，即使项目的性质完全不同。

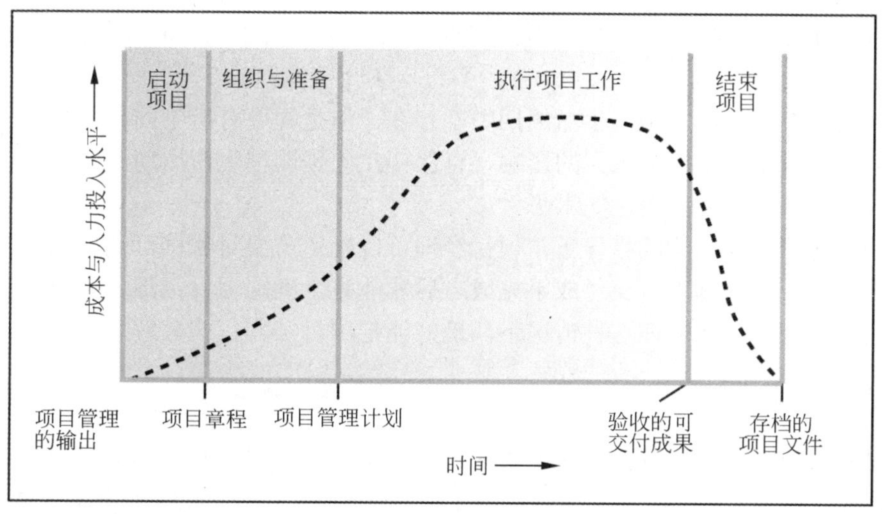

图 2-10　通用项目生命周期结构中典型的成本与人力投入水平

通用的生命周期结构具有以下特征：

（1）成本与人力投入在开始时较低，在工作执行期间达到最高，并在项目快要结束时迅速回落。这种典型的走势，如图 2-10 所示。

图 2-10 中成本和人力投入的典型走势可能并不适用于所有项目。有的项目在生命周期早期支出较大，以确保所需资源到位，例如，在生命周期很早的时点就配备全部人员。

（2）风险与不确定性在项目开始时最大，并在项目的整个生命周期中随着决策的制定与可交付成果的验收而逐步降低（见图 2-11）。

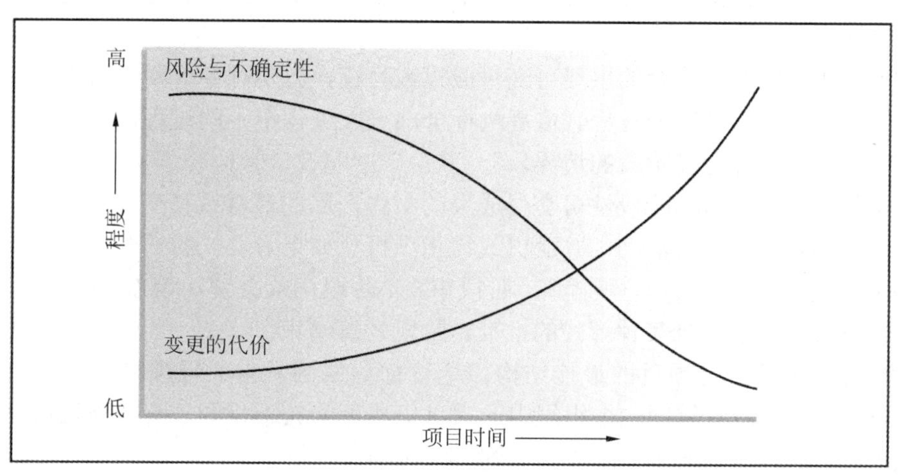

图 2-11　随项目时间而变化的变量影响

在不显著影响成本的前提下，改变项目产品最终特性的能力在项目开始时最大，并随项目进展而减弱。图 2-11 表明，做出变更和纠正错误的成本，随着项目越来越接近完成而显著增高。

上述特征在几乎所有项目生命周期中都存在，但是程度有所不同。特别是采用适应型生命周期，就是为了把干系人的影响一直保持在比预测型生命周期中更高的水平，而把变更的成本一直保持在更低的水平。

在通用生命周期结构的指导下，项目经理可以确定需要对哪些可交付成果施加更为有力的控制，或者，哪些可交付成果完成之后才能完全确定项目范围。大型复杂项目尤其需要这种特别的控制。在这种情况下，最好能把项目工作正式分解为若干阶段。

2.6.3 项目阶段

一个项目可以划分为任意数量的阶段。项目阶段是一组具有逻辑关系的项目活动的集合，通常以一个或多个可交付成果的完成为结束。如果待执行的工作具有某种独特性，就可以把它们当作一个项目阶段。项目阶段通常都与特定的主要可交付成果的形成相关。一个阶段可能着重执行某个特定项目管理过程组中的过程，但是也会不同程度地执行其他多数或全部项目管理过程。项目阶段通常按顺序进行，但在某些情况下也可重叠。各阶段的持续时间或所需投入通常都有所不同。具备这种宏观特性的项目阶段是项目生命周期的组成部分。

采用项目阶段结构，把项目划分成合乎逻辑的子集，有助于项目的管理、规划和控制。阶段划分的数量和必要性及每个阶段所需的控制程度，取决于项目的规模、复杂程度和潜在影响。但不论项目被划分成几个阶段，所有的项目阶段都具有以下类似特征。

- 各阶段的工作重点不同，通常涉及不同的组织，处于不同的地理位置，需要不同的技能组合。
- 为了成功实现各阶段的主要可交付成果或目标，需要对各阶段及其活动进行独特的控制或采用独特的过程。重复执行全部五大过程组中的过程，可以提供所需的额外控制，并定义阶段的边界。
- 阶段的结束以作为阶段性可交付成果的工作产品的转移或移交为标志。阶段结束点是重新评估项目活动，并变更或终止项目（如果必要）的一个当然时点。这个时点可称为阶段关口、里程碑、阶段审查、阶段门或关键决策点。在很多情况下，阶段收尾需要得到某种形式的批准，阶段才算结束。

尚没有适用于所有项目的最佳结构。尽管行业惯例常常引导项目优先采用某种结构，但同一个行业内甚至同一个组织中的项目仍然可能大不相同。有些项目仅有一个阶段，有些项目则有两个或多个阶段，如图 2-10 所示。

有些组织已经为所有项目制定了标准化的结构，而有些组织则允许项目管理团队自行选择和裁剪最适合其项目的结构。例如，某个组织可能将可行性研究作为常规的项目前工作，某个组织将其作为项目的第一个阶段，而另一个组织则可能视其为一个独立的项目。同样地，某个项目团队可能把一个项目划分成两个阶段，而另一个项目团队则可能把所有工作作为一个阶段进行管理。这些在很大程度上取决于具体项目的特性及项目团队或组织的风格。

当项目包含一个以上的阶段时，这些阶段通常按顺序排列，用来保证对项目的适当控制，并产出所需的产品、服务或成果。然而，在某些情况下，阶段交叠或并行可能有利于项目。

阶段与阶段的关系有两种基本类型：

（1）顺序关系。在顺序关系中，一个阶段只能在前一阶段完成后开始。项目的多个阶段完全按顺序排列。其按部就班的特点减少了项目的不确定性，但也排除了缩短项目总工期的可能性。

（2）交叠关系。在交叠关系中，一个阶段在前一阶段完成前就开始。这有时可作为进度压缩的一种技术，被称为“快速跟进”。阶段交叠可能需要增加额外的资源来并行开展工作，可能增加风险，也可能因尚未获得前一阶段的准确信息就开始后续工作而造成返工。

对于多阶段项目而言，各个阶段之间可能存在不同的关系（交叠、顺序、并行）。所需达到的控制水平和效果，以及所存在的不确定性程度，决定着应该采用何种阶段与阶段的关系。基于这些因素，上述两种关系可能在同一个项目的不同阶段间发生。

2.7　信息系统项目典型生命周期模型

2.7.1　瀑布模型

瀑布模型是一个经典的软件生命周期模型，一般将软件开发分为：可行性分析（计划）、需求分析、软件设计（概要设计、详细设计）、编码（含单元测试）、测试、运行维护等几个阶段，如图 2-12 所示。瀑布模型中每项开发活动具有以下特点。

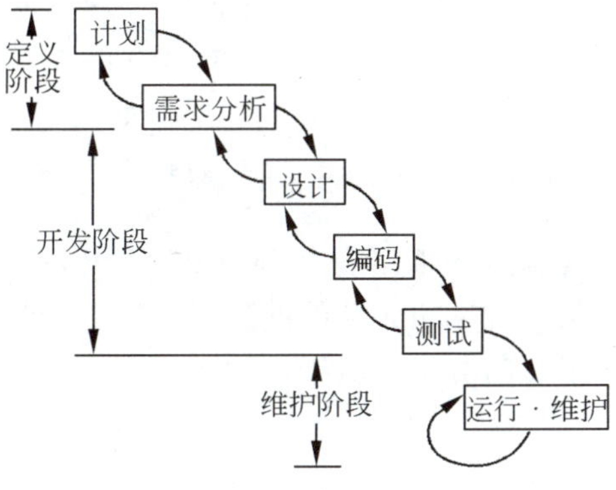

图 2-12　瀑布模型

（1）从上一项开发活动接受该项活动的工作对象作为输入。

（2）利用这一输入，实施该项活动应完成的工作内容。

（3）给出该项活动的工作成果，作为输出传给下一项开发活动。

（4）对该项活动的实施工作成果进行评审。若其工作成果得到确认，则继续进行下一项开发活动；否则返回前一项，甚至更前项的活动。尽量减少多个阶段间的反复。以相对来说较小的费用来开发软件。

2.7.2 螺旋模型

螺旋模型是一个演化软件过程模型，将原型实现的迭代特征与线性顺序（瀑布）模型中控制的和系统化的方面结合起来。使得软件的增量版本的快速开发成为可能。在螺旋模型中，软件开发是一系列的增量发布。在早期的迭代中，发布的增量可能是一个纸上的模型或原型；在以后的迭代中，被开发系统的更加完善的版本逐步产生。螺旋模型的整个开发过程，如图 2-13 所示。

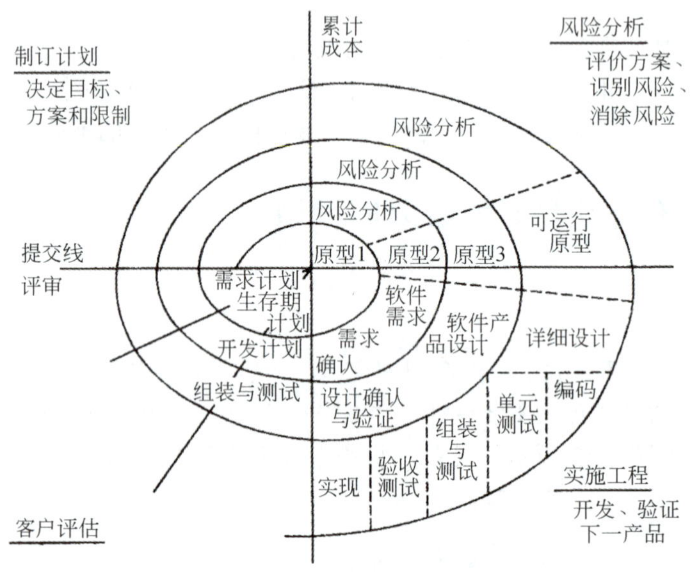

图 2-13 螺旋模型

图 2-13 中的螺旋线代表随着时间推进的工作进展；开发过程具有周期性重复的螺旋线状。四个象限分别标志每个周期所划分的四阶段：制订计划、风险分析、实施工程和客户评估。螺旋模型强调了风险分析，特别适用于庞大而复杂的、高风险的系统。

2.7.3 迭代模型

在大多数传统的生命周期中，阶段是以其中的主要活动命名的：需求分析、设计、编码、测试。传统的软件开发工作大部分强调一个序列化过程，其中一个活动需要在另一个开始之前完成。在迭代式的过程中，每个阶段都包括不同比例的所有活动。

迭代式开发模型，如图 2-14 所示，水平方向为时间维，从组织管理的角度描述整个软件开发生命周期，分四个阶段：初始、细化、构造、移交，可进一步描述为周期（Cycle）、阶段（Phase）、迭代（Iteration）；核心工作流从技术角度描述迭代模型的静态组成部分，包括：业务建模、需求获取、分析与设计、实现、测试、部署。图中的阴影部分描述了不同的工作流，在不同的时间段内工作量的不同，几乎所有的工作流在所有的时间段内均有工作量，只是大小不同而已。各阶段的主要任务如下。

（1）初始阶段：系统地阐述项目的范围，选择可行的系统构架，计划和准备业务案例。

（2）细化阶段：细化构想，细化过程和基础设施，细化构架并选择构件。

（3）构造阶段：资源管理、控制和过程最优化，完成构件的开发并依评价标准进行测试，依构想的验收标准评估产品的发布。

（4）移交阶段：同步并使并发的构造增量集成到一致的实施基线中，与实施有关的工程活动（商业包装和生产、人员培训等），根据完整的构想和需求集的验收标准评估实施基线。

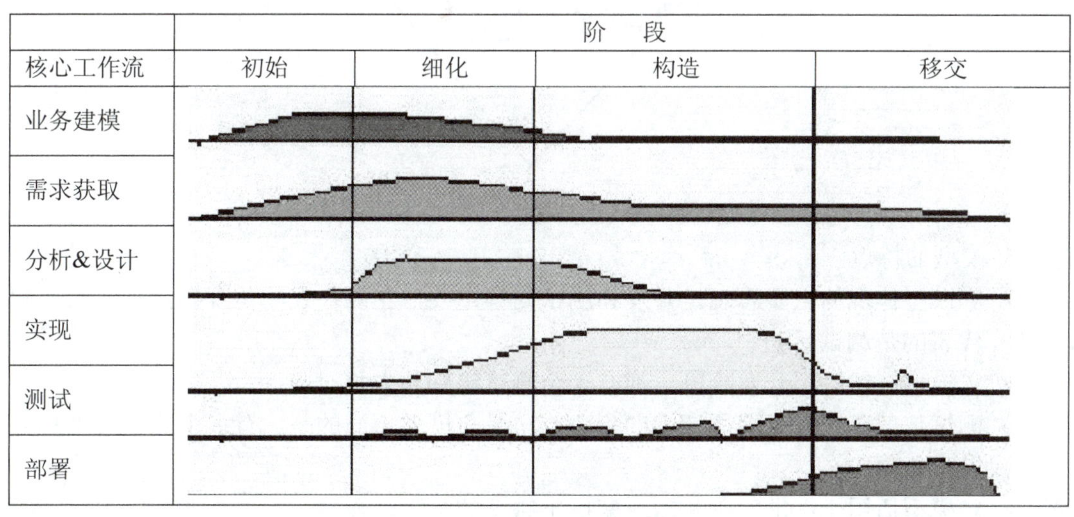

图 2-14　迭代模型

2.7.4　V 模型

V 模型从整体上看起来，就是一个 V 字型的结构，由左右两边组成。左边的下画线分别代表了需求分析、概要设计、详细设计、编码。右边的上画线代表了单元测试、集成测试、系统测试与验收测试，如图 2-15 所示。看起来 V 模型就是一个对称的结构，它的重要意义在于，非常明确的表明了测试过程中存在的不同的级别，并且非常清晰的描述了这些测试阶段和开发阶段的对应关系。

（1）单元测试：验证软件单元是否按照单元规格说明（详细设计说明）正确执行，即保证每个最小的单元能够正常运行。单元测试一般由开发人员来执行，首先设定最小的测试单元，然后通过设计相应的测试用例来验证各个单元功能的正确性。

（2）集成测试：检查多个单元是否按照系统概要设计描述的方式协同工作。集成测试的主要关注点是系统能够成功编译，实现了主要的业务功能，系统各个模块之间数据能够正常通信等。

（3）系统测试：验证整个系统是否满足需求规格说明。

（4）验收测试：从用户的角度检查系统是否满足合同中定义的需求或者用户需求。

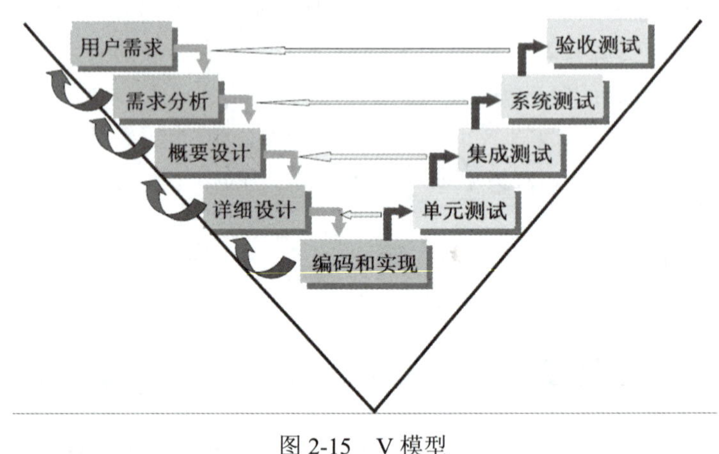

图 2-15 V 模型

V 模型的特点：

- V 模型体现的主要思想是开发和测试同等重要，左侧代表的是开发活动，而右侧代表的是测试活动。
- V 模型针对每个开发阶段，都有一个测试级别与之相对应。
- 测试依旧是开发生命周期中的阶段，与瀑布模型不同的是，有多个测试级别与开发阶段对应。
- V 模型适用于需求明确和需求变更不频繁的情形。

2.7.5 原型化模型

原型化模型第一步就是创建一个快速原型，能够满足项目干系人与未来的用户可以与原型进行交互，再通过与相关干系人进行充分的讨论和分析，最终弄清楚当前系统的需求，进行了充分的了解之后，在原型的基础上开发出用户满意的产品。在实际的项目过程中，借助于组织过程资产以及快速模型软件，一般在需求分析的时候，就可以建立一些简单的原型。原型化模型是极具意义的项目实践。

原型法认为在很难一下子全面准确地提出用户需求的情况下，首先不要求一定要对系统做全面、详细的调查、分析，而是本着开发人员对用户需求的初步理解，先快速开发一个原型系统，然后通过反复修改来实现用户的最终系统需求。

原型应当具备的特点如下。

（1）实际可行。

（2）具有最终系统的基本特征。

（3）构造方便、快速，造价低。

原型法的特点在于原型法对用户的需求是动态响应、逐步纳入的，系统分析、设计与实现都是随着对一个工作模型的不断修改而同时完成的，相互之间并无明显界限，也没有明确分工。系统开发计划就是一个反复修改的过程。适于用户需求开始时定义不清、管理决策方法结构化程度不高的系统开发，开发方法更易被用户接受；但如果用户配合不好，盲目修改，就会拖延开发过程。

可以将原型分类如下。

（1）抛弃型原型（Throw-It-Away Prototype），此类原型在系统真正实现以后就放弃不用了。

（2）进化型原型（Evolutionary Prototype），此类原型的构造从目标系统的一个或几个基本需求出发，通过修改和追加功能的过程逐渐丰富，演化成最终系统。

2.7.6　敏捷开发模型

敏捷软件开发又称敏捷开发，是一种从 20 世纪 90 年代开始逐渐引起广泛关注的一些新型软件开发方法，是一种应对快速变化的需求的一种软件开发能力。虽然在国外已经得到了广泛应用，在中国国内，敏捷开发用的还不算很多。但是随着 Agile 敏捷开发的流行，越来越多的公司采用敏捷开发用于软件产品和应用的开发。

敏捷开发是一种以人为核心、迭代、循序渐进的开发方法，相对于传统软件开发方法的“非敏捷”，更强调程序员团队与业务专家之间的紧密协作、面对面的沟通（认为比书面的文档更有效）、频繁交付新的软件版本、紧凑而自我组织型的团队、能够很好地适应需求变化的代码编写和团队组织方法，也更注重软件开发中人的作用。

Scrum 是一种迭代式增量软件开发过程，通常用于敏捷软件开发。包括了一系列实践和预定义角色的过程骨架。Scrum 中的主要角色包括同项目经理类似的 Scrum 主管角色负责维护过程和任务，产品负责人代表利益所有者，开发团队包括了所有开发人员。

2.8　单个项目的管理过程

项目管理就是将知识、技能、工具和技术应用于项目活动之中，以满足项目的要求。它是通过利用项目管理知识、技能、工具和技术的过程实现的，这些过程凭借每个过程的输入条件创造出成果。为了使项目取得成功，项目团队必须在项目管理过程组中选用实现项目目标所必需的合适过程；利用某种事先确定的途径来适应产品需求说明书和计划，使其满足项目和产品的要求；遵守需求说明书中的规定，满足项目干系人的需要、愿望和期望；权衡对范围、时间、费用、质量、资源和风险互相冲突的要求，以提交高质量的成果。

过程就是一组为了完成一系列事先指定的产品、成果或服务而需执行的互相联系的行动和活动。项目过程由项目团队实施，一般属于以下两大类之一：一类是项目管理过程，另一类是面向产品的过程。在大多数情况下，大多数项目都有共同的项目管理过程，它们通过有目的的实施而互相联系起来。其目的就是启动、规划、执行、监控和结束一个项目。这些过程互相影响，关系很复杂，使用一份文件或图形难以完全解释清楚。这些过程还在项目范围、成本、进度等方面互相作用，互相影响。而面向产品的过程规定与制作项目的产品。面向产品的过程一般都由项目生命期规定，并因应用领域而异。软件开发项目的面向产品的过程一般有：需求获取、需求分析、概要设计、详细设计、编码、单元测试、集成测试、验收测试和安装部署等。

项目管理过程和创造产品的过程，从项目开始到其结束始终彼此重叠与交互作用。例如，如果对如何制作规定的产品缺乏基本的理解，就无法确定项目的范围。

项目管理是综合努力。项目管理的综合性要求每一个项目和产品过程同其他过程恰当地配合与连接起来，只有这样才便于协调。过程之间的这些相互影响和作用经常要求对各种项目要求和目标进行权衡。大而复杂的项目可能要求某些过程反复多次才能确定和满足项目干系人的要求，并就这些过程的结果达成一致意见。在一个过程未采取成功的行动时，通常会对这一过程和其他有关的过程产生不利影响。例如，项目范围的改变几乎总会影响项目的成本，但并不一定会影响项目团队的士气或者产品的质量。具体的实施效果权衡因项目和组织而异。成功的项目管理包括积极地管理这些相互影响和相互作用的要求，以使其成功地满足赞助者、顾客和其他项目干系人的要求。

在实践中，项目管理各过程会以某种方式交叉及重叠。大多数经验丰富的实际项目管理人员都认识到，管理项目的办法不止一种。项目的细节被定义为必须实现的若干目标，这些目标能够实现与否取决于项目的复杂程度、风险、大小、时间限制、项目团队的经验、资源的有无与多寡、历史信息的数量、各个组织对项目管理的熟练程度、行业和应用领域等。

在美国项目管理协会出版的《项目管理知识体系指南》2012 版中归纳总结了 47 个项目管理过程。项目管理各过程按其在项目管理中的职能可归纳为 5 个过程组：启动、计划、执行、监督与控制、收尾，每一组都有一个或多个过程。必要的过程组及其过程可用做项目期间应用项目管理知识和技能的指导。此外，对于一个项目，项目管理各过程要反复多次使用，许多过程会在项目绩效期间进行多次重复和修改。项目经理及其项目团队应负责确定过程组中哪些过程将用于该项目，由何人使用，以及为了达到项目原定目的执行这些过程时应当遵守的严格程度。

项目管理各过程组成的 5 个过程组可以对应到 PDCA 循环，即戴明环："计划（Plan）—执行（Do）—检查（Check）—行动（Act）"循环。该循环各环节以结果相连，该循环一部分的结果变成了另一部分的依据。过程组的综合性比"计划—执行—检查—行动"循环更加复杂。规划过程组与"计划—执行—检查—行动"循环中的"计划"对应；执行过程组与"计划—执行—检查—行动"循环中的"执行"对应；而监控过程组与"计划—执行—检查—行动"循环中的"检查"和"行动"对应。此外，因为一个项目的管理是一种有限的努力，所以启动过程组是这些循环的开始，而收尾过程组是其结束。项目管理的综合性要求监督与控制过程组与其他过程组的所有方面相配合。

2.8.1　项目管理过程组

按项目管理过程在项目管理中的职能可以将组成项目的各个过程归纳为 5 组，叫作项目管理过程组：① 启动过程组；② 计划过程组；③ 执行过程组；④ 监督与控制过程组；⑤ 收尾过程组。

启动过程组定义并批准项目或项目阶段。包括"制定项目章程"和"识别项目干系人"两个过程。

计划过程组定义和细化目标，并为实现项目而要达到的目标和完成项目要解决的问题范围而规划必要的行动路线。包括项目整体管理中的"制订项目管理计划"过程，项目范围管理中的"收集需求""定义范围""创建工作分解结构"过程，项目时间管理中的"定义活动""排列活动顺序""估算活动资源""估算活动历时""制订进度计划"过程，项目成本管理中的"估算成本""制订预算"过程，项目质量管理中的"规划质量"过程，项目人力资源管理中的"制订人力资源计划"过程，项目沟通管理中的"规划沟通"过程，项目风险管理中的"规划风险管理""识别风险""实施定性风险分析""实施定量风险分析""规划风险应对"过程，项目采购管理中的"规划采购"等过程。

执行过程组整合人员和其他资源，在项目的生命期或某个阶段执行项目管理计划。包括项目整体管理中的"指导和管理项目执行"过程，项目质量管理中的"执行质量保证"过程，项目人力资源管理中的"组建项目团队""建设项目团队""管理项目团队"过程，项目沟通管理中的"管理沟通"过程，项目采购管理中的"实施采购"等过程。

监督与控制过程组要求定期测量和监控项目绩效情况，识别与项目管理计划的偏差，以便在必要时采取纠正措施，确保项目或阶段目标达成。包括项目整体管理中的"监督和控制项目工作""实施整体变更控制"过程，项目范围管理中的"核实范围""控制范围"过程，项目时间管理中的"控制进度"过程，项目成本管理中的"控制成本"过程，项目质量管理中的"执行质量控制"过程，项目沟通管理中的"控制沟通"过程，项目风险管理中的"监督与控制风险"过程，项目采购管理中的"控制采购"等过程。

收尾过程组正式验收产品、服务或工作成果，有序的结束项目或项目阶段。包括项目整体管理中的“结束项目或阶段”过程，项目采购管理中的“结束采购”过程。

任何一个项目所必需的这 5 个项目管理过程组之间的依赖关系很清楚，对于每一个项目都是按照同样的顺序进行的。它们与应用领域或行业关心的重点无关。各个过程组及其过程在项目完成之前经常被多次反复。过程在过程组内或过程组之间也相互作用和影响。

一个过程组包括以各自的依据和成果相互联系的项目管理过程，也就是说，一个过程的结果或成果变成了另一个过程的依据。例如，监控过程组不仅监视和控制某一过程组正在进行的工作，而且还监视和控制整个项目的成果。监控过程组还必须提供反馈，以便决定是否需要为了使项目符合项目管理计划而实施纠正或预防措施，或者适当地修改项目管理计划。过程组之间也有可能增添许多其他相互关系或相互影响。但是，过程组不是项目阶段，当大项目或复杂项目有可能分解为不同的阶段或者不同的子项目时，如可行性研究、概念推敲、设计、原型开发、建造、实验等，每一个阶段或子项目都要重复过程组的所有过程。

2.8.2 过程间的相互联系与交互作用

项目管理过程组之间是以它们所产生的成果相互联系。一个过程的成果一般成为另一过程的依据或成为项目的可交付成果。规划过程组为执行过程组提供正式的项目管理计划和项目范围说明书，并随着项目的绩效经常更新该项目管理计划。此外，过程组极少是孤立或只执行一次的事件，它们是在整个项目生命期内自始至终都以不同的程度互相重叠的活动。若将项目划分为阶段，则过程组不但在阶段内，而且也可能跨越阶段相互影响和相互作用。

在过程组及其过程之间，过程的成果互相联系，并影响其他过程组。例如，结束某一设计阶段就要求顾客验收设计文件。然后，设计文件就为执行过程组确定了产品说明书。当项目划分为阶段时，同样的过程组一般在项目生命期的每一阶段都重复，并有效地推动项目完成。

2.8.3 项目管理过程与项目管理知识领域间的映射

按照美国项目管理协会出版的《项目管理知识体系指南》第五版，项目管理有 5 个过程组，47 个过程，有项目整体管理、项目范围管理、项目时间管理、项目成本管理、项目质量管理、项目人力资源管理、项目沟通管理、项目干系人管理、项目风险管理和项目采购管理 10 个知识领域， 47 个项目管理过程同启动、计划、执行、监督与控制和收尾 5 个项目管理过程组及 10 个项目管理知识领域具有准确的对应关系。

每一个必要的项目管理过程都与大部分活动所在的过程组对应起来。例如，当某个通常属于规划过程组的过程在执行期间重新使用或更新之后，该过程仍然是在规划过程中进行的同一过程，而不是另外的新过程。

2.9 本章练习

（1）你管理着一个项目，该项目旨在向市场推介一个预期使用寿命很长的新产品。在这种情况下，项目定义中所描述的临时性概念________。

A．并不适用，因为项目将具有持久性成果

B．不适用于要研制出的产品

C．承认项目团队将比实际项目存在的时间久

D．并不适用，因为项目持续时间将很长

参考答案：B

（2）你意识到拥有领导力却不具备管理能力，或者拥有管理能力却不具备领导力，往往都会导致不良的项目结果。下述________关键责任最贴切地阐述了项目领导力？

A．制定愿景和战略，并激励大家将其实现

B．借助他人力量，完成任务

C．利用领袖魅力来激励他人，即便他们并不喜爱这种工作

D．利用可能适用的各种权力，作为激励工具

参考答案：A

（3）在________项目组织中，项目经理将可能对项目资源进行最严格的控制。

A．强矩阵型　　B．项目化型　　C．项目协调者　　D．弱矩阵型

参考答案：B

（4）项目 A 按矩阵组织形式进行管理，该项目经理向高级副总裁汇报工作，后者为项目提供直接的支持。在这种情况下，________描述最好地说明了项目经理的相对权力。

A．项目经理很可能不会被项目干系人质疑

B．在强矩阵型结构中，权力向职能经理倾斜

C．在弱矩阵型结构中，权力向项目经理倾斜

D．在强矩阵型结构中，权力向项目经理倾斜

参考答案：D

（5）属于项目的一个实例是________。

A．管理一个公司　　B．提供技术服务

C．建设一栋楼房　　D．提供金融服务

参考答案：C

（6）项目区别于其他任务（运作）的最基本特征是________。

A．目标明确性　　B．一次性　　C．整体性　　D．依赖性

参考答案：B

（7）项目的特征不包括________。

A．一次性　　B．冲突性　　C．唯一性　　D．稳定性

参考答案：D

（8）你刚被指派到公司的另一个部门中管理一个大的项目，试图了解该项目是关于什么的，谁是主要的项目干系人，管理好此项目，你首先应该________？

A．制订所有的项目计划

B．会见以前的项目经理，以找出他离开的原因

C．与你的老板见面，了解他对项目的看法

D．与你的新项目团队见面，认识和了解他们对项目的看法

参考答案：C

（9）在项目管理过程中，有一类人或组织会对项目的结果感兴趣，受到项目结果的影响，并希望影响项目的结果。这一类人或组织叫作________。

A．项目的发起人　　B．项目的客户

C．项目经理　　D．项目利益相关者

参考答案：D

（10）确定项目是否可行，是在哪个工作过程完成的？________

A．项目启动　　B．项目计划　　C．项目执行　　D．项目收尾

参考答案：A

（11）在项目已经启动以后，客户希望能得到一些信心来相信客户的目标是可以实现的。项目经理应该首先使用________文件来说服客户。

A．客户工作说明　　B．项目经理的范围说明

C．项目计划　　D．范围基线

参考答案：C

（12）下列________通常不是项目成功的标准的一部分。

A．客户满意度　　B．客户接受度

C．至少要达到75%的具体要求　　D．达到三重制约的要求

参考答案：C

第 3 章　项目立项管理

3.1　立项管理内容

项目立项一般包括提交项目建议书、项目可行性研究、项目招标与投标等内容。

3.1.1　项目建议书

1．项目建议书概念

项目建议书（又称立项申请）是项目建设单位向上级主管部门提交项目申请时所必须的文件，是该项目建设筹建单位或项目法人，根据国民经济的发展、国家和地方中长期规划、产业政策、生产力布局、国内外市场、所在地的内外部条件、本单位的发展战略等等，提出的某一具体项目的建议文件，是对拟建项目提出的框架性的总体设想。项目建议书是项目发展周期的初始阶段，是国家或上级主管部门选择项目的依据，也是可行性研究的依据，涉及利用外资的项目，在项目建议书批准后，方可开展对外工作。有些企业单位根据自身发展需要自行决定建设的项目，也参照这一模式首先编制项目建议书。

2．项目建议书内容

项目建议书应该包括的核心内容如下。

（1）项目的必要性。

（2）项目的市场预测。

（3）产品方案或服务的市场预测。

（4）项目建设必需的条件。

3.1.2　项目可行性研究报告

项目可行性研究报告是通过对项目的主要内容和配套条件，如市场需求、资源供应、建设规模、工艺路线、设备选型、环境影响、资金筹措、盈利能力等，从技术、经济、工程等方面进行调查研究和分析比较，并对项目建成以后可能取得的财务、经济效益及社会影响进行预测，从而提出该项目是否值得投资和如何进行建设的咨询意见，为项目决策提供依据的一种综合性的分析方法。可行性研究具有预见性、公正性、可靠性、科学性的特点。

可行性研究内容一般应包括以下内容。

（1）投资必要性。主要根据市场调查及预测的结果，以及有关的产业政策等因素，论证项目投资建设的必要性。

（2）技术的可行性。主要从事项目实施的技术角度，合理设计技术方案，并进行比较、选择和评价。

（3）财务可行性。主要从项目及投资者的角度，设计合理财务方案，从企业理财的角度进行资本预算，评价项目的财务盈利能力，进行投资决策，并从融资主体（企业）的角度评价股东投资收益、现金流量计划及债务偿还能力。

（4）组织可行性。制订合理的项目实施进度计划、设计合理的组织机构、选择经验丰富的管理人员、建立良好的协作关系、制订合适的培训计划等，保证项目顺利执行。

（5）经济可行性。主要是从资源配置的角度衡量项目的价值，评价项目在实现区域经济发展目标、有效配置经济资源、增加供应、创造就业、改善环境、提高人民生活等方面的效益。

（6）社会可行性。主要分析项目对社会的影响，包括政治体制、方针政策、经济结构、法律道德、宗教民族、妇女儿童及社会稳定性等。

（7）风险因素及对策。主要是对项目的市场风险、技术风险、财务风险、组织风险、法律风险、经济及社会风险等因素进行评价，制定规避风险的对策，为项目全过程的风险管理提供依据。

3.1.3 项目招投标

招投标，是招标投标的简称。招标和投标是一种商品交易行为，是交易过程的两个方面。招标投标是一种国际惯例，是商品经济高度发展的产物，是应用技术、经济的方法和市场经济的竞争机制的作用，有组织开展的一种择优成交的方式。这种方式是在货物、工程和服务的采购行为中，招标人通过事先公布的采购和要求，吸引众多的投标人按照同等条件进行平等竞争，按照规定程序并组织技术、经济和法律等方面专家对众多的投标人进行综合评审，从中择优选定项目的中标人的行为过程。其实质是以较低的价格获得最优的货物、工程和服务。

1．招标

招标是在一定范围内公开货物、工程或服务采购的条件和要求，邀请众多投标人参加投标；并按照规定程序从中选择交易对象的一种市场交易行为。

招标项目按照国家有关规定需要履行项目审批手续的，应当先履行审批手续，取得批准。

招标人应当有进行招标项目的相应资金或者资金来源已经落实，并应当在招标文件中如实载明。

招标有公开招标、邀请招标和议标等。

- 公开招标：是指招标人以招标公告的方式邀请不特定的法人或者其他组织投标。
- 邀请招标：是指招标人以投标邀请书的方式邀请特定的法人或者其他组织投标。

招标代理：招标人有权自行选择招标代理机构，委托其办理招标事宜。招标代理机构是依法设立从事招标代理业务并提供服务的社会中介组织。任何单位和个人不得以任何方式为招标人指定招标代理机构。

2．投标

1）投标基本概念

投标是与招标相对应的概念，它是指投标人应招标人的邀请，按照招标的要求和条件，在规定的时间内向招标人提交标书，争取中标的行为。

2）投标活动流程

（1）编制标书。

投标人首先取得招标文件，认真分析研究后，编制投标书。投标书实质上是一项有效期至规定开标日期为止的要约，内容必须十分明确，中标后与招标人签订合同所要包含的重要内容应全部列入，并在有效期内不得撤回标书、变更标书报价或对标书内容作实质性修改。为防止投标人在投标后撤标或在中标后拒不签订合同，招标人通常都要求投标人提供一定比例或金额的投标保证金。招标人决定中标人后，未中标的投标人已缴纳的保证金即予退还。

投标人在递交标书应注意的问题：

《招标投标法》第二十八条规定，投标人应当在招标文件要求提交投标文件的截止时间前，将投标文件送达投标地点。招标人收到投标文件后，应当签收保存，不得开启。投标人少于三个的，招标人应当依照本法重新招标。在招标文件要求提交投标文件的截止时间后送达的投标文件，招标人应当拒收。

（2）递交标书。

投标人必须按照招标文件规定的地点、在规定的时间内送达投标文件。投递投标书的方式最好是直接送达或委托代理人送达，以便获得招标机构已收到投标书的回执。

如果以邮寄方式送达的，投标人必须留出邮寄时间，保证投标文件能够在截止日期之前送达招标人指定的地点，而不是以“邮戳为准”。在截止时间后送达的投标文件，即已经过了招标有效期的，招标人应当原封退回，不得进入开标阶段。

（3）标书的签收。

招标人收到标书以后应当签收，不得开启。为了保护投标人的合法权益，招标人必须履行完备的签收、登记和备案手续。签收人要记录投标文件递交的日期和地点以及密封状况，签收人签名后应将所有递交的投标文件放置在保密安全的地方，任何人不得开启投标文件。

3．评标

评标由评标委员会负责。评标委员会由具有高级职称或同等专业水平的技术、经济等相关领域专家、招标人和招标机构代表等 5 人以上单数组成，其中技术、经济等方面专家人数不得少于成员总数的 2/3。开标前，招标机构及任何人不得向评标专家透露其即将参与的评标项目内容及招标人和投标人有关的情况。评标委员会成员名单在评标结果公示前必须保密。招标人和招标机构应当采取措施保证评标工作在严格保密的情况下进行。在评标工作中，任何单位和个人不得干预、影响评标过程和结果。评标委员会应严格按照招标文件规定的商务、技术条款对投标文件进行评审，招标文件中没有规定的任何标准不得作为评标依据，法律、行政法规另有规定的除外。评标委员会的每位成员在评标结束时，必须分别填写评标委员会成员评标意见表，评标意见表是评标报告必不可少的一部分。采用最低价评标法评标的，在商务、技术条款均满足招标文件要求时，评标价格最低者为推荐中标人；采用综合评价法评标的，综合得分最高者为推荐中标人。投标人应当提供在开标日前三个月内由其开立基本账户的银行开具的银行资信证明的原件或复印件。对投标文件中含义不明确的内容，可要求投标人进行澄清，但不得改变投标文件的实质性内容。澄清要通过书面方式在评标委员会规定的时间内提交。澄清后满足要求的按有效投标接受。按规定必须进行资格预审的项目，对已通过资格预审的投标人不能在资格复审时以资格不合格将其废标，但在招标周期内该投标人的资格发生了实质性变化不再满足原有资格要求的除外。不需进行资格预审的项目，对符合性检查、商务评标合格的投标人不能再因其资格不合格将其商务废标，但在招标周期内该投标入的资格发生了实质性变化不再满足原有资格要求的除外。

4．选定项目承建方

评标委员会应当按照招标文件确定的评标标准和方法，对投标文件进行评审和比较：设有标底的，应当参考标底。评标委员会完成评标后，应当向招标人提出书面评标报告，并推荐合格的中标候选人。招标人根据评标委员会提出的书面评标报告和推荐的中标候选人确定中标人。招标人也可以授权评标委员会直接确定中标人。

中标人的投标应当符合下列条件之一。

（1）能最大限度地满足招标文件中规定的各项综合评价标准。

（2）能满足招标文件的实质性要求，并且经评审的投标价格最低；但是投标价格低于成本的除外。

中标人确定后，招标人应当向中标人发出中标通知书，并同时将中标结果通知所有未中标的投标人。中标通知书对招标人和中标人具有法律效力。

招标人和中标人应当自中标通知书发出之日起 30 日内，按照招标文件和中标人的投标文件订立书面合同。招标人和中标人不得再订立背离合同实质性内容的其他协议。依法必须进行招标的项目，招标人应当自确定中标人之日起 15 天内，向有关行政监督部门提交招标投标情况的书面报告。

3.2 可行性研究

项目的可行性研究是项目立项前的重要工作，需要对项目所涉及的领域、投资的额度、投资的效益、采用的技术、所处的环境、融资的措施、产生的社会效益等多方面进行全面的评价，以便能够对技术、经济和社会可行性进行研究，以确定项目的投资价值。

信息系统项目开发的可行性一般包括了可能性、效益性和必要性三个方面，三者相辅相成，缺一不可。可能性包括了技术、物资、资金和人员支持的可行性；效益性包括了实施项目所能带来的经济效益和社会效益；必要性则比较复杂，包括社会环境、领导意愿、人员素质、认知水平等诸方面的因素。因此，在项目启动之前进行项目的可行性研究是非常必要的，而且也是必须的。

3.2.1　可行性研究的内容

可行性研究是一种系统的投资决策的科学分析方法。项目可行性研究是指，在项目投资决策前，通过对项目有关工程技术、经济、社会等方面的条件和情况进行调查、研究和分析，对各种可能的技术方案进行比较论证，并对投资项目建成后的经济效益和社会效益进行预测和分析，以考察项目技术上的先进性和通用性，经济上的合理性和赢利性，以及建设的可能性和可行性，继而确定项目投资建设是否可行的科学分析方法。

信息系统项目的可行性研究就是从技术、经济、社会和人员等方面的条件和情况进行调查研究，对可能的技术方案进行论证，以最终确定整个项目是否可行。信息系统项目进行可行性研究包括很多方面的内容，可以归纳成以下几个方面：技术可行性分析、经济可行性分析、运行环境可行性分析以及其他方面的可行性分析等。

1. 技术可行性分析

技术可行性分析是指在当前市场的技术、产品条件限制下，能否利用现在拥有的以及可能拥有的技术能力、产品功能、人力资源来实现项目的目标、功能、性能，能否在规定的时间期限内完成整个项目。

技术可行性分析一般应当考虑以下因素。

（1）进行项目开发的风险。在给定的限制范围和时间期限内，能否设计出预期的系统并实现必须的功能和性能。

（2）人力资源的有效性。可以用于项目开发的技术人员队伍是否可以建立，是否存在人力资源不足、技术能力欠缺等问题，是否可以在市场上或者通过培训获得所需要的熟练技术人员。

（3）技术能力的可能性。相关技术的发展趋势和当前所掌握的技术是否支持该项目的开发，市场上是否存在支持该技术的开发环境、平台和工具。

（4）物资（产品）的可用性。是否存在可以用于建立系统的其他资源，如一些设备以及可行的替代产品等。

技术可行性分析往往决定了项目的方向，一旦开发人员在评估技术可行性分析时估计错误，将会出现严重的后果，造成项目根本上的失败。

2. 经济可行性分析

经济可行性分析主要是对整个项目的投资及所产生的经济效益进行分析，具体包括支出分析、收益分析、投资回报分析以及敏感性分析等。

（1）支出分析：信息系统项目的支出可以分为一次性支出和非一次性支出两类。

- 一次性支出，包括开发费、培训费、差旅费、初试数据录入、设备购置费等费用。
- 非一次性支出，包括软、硬件租金、人员工资及福利、水电等公用设施使用费，以及其他消耗品支出等。

（2）收益分析：信息系统项目的收益包括直接收益、间接收益以及其他方面的收益等。

- 直接收益，指通过项目实施获得的直接经济效益，如销售项目产品的收入。
- 间接收益，指通过项目实施，通过间接方式获得的收益，如成本的降低。
- 其他收益。

（3）收益投资比、投资回收期分析：对投入产出进行对比分析，以确定项目的收益率和投资回收期等经济指标。

（4）敏感性分析：当诸如设备和软件配置、处理速度要求、系统的工作负荷类型和负荷量等关键性因素变化时，对支出和收益产生影响的估计。

除了上述的经济方面的分析外，一般还需要对项目的社会效益进行分析。例如，通过项目的实施，可以在管理水平、技术手段、人员素质等方面获得潜在的效益。

3. 运行环境可行性分析

信息系统项目的可行性分析不同于一般项目的可行性分析，信息系统项目的产品大多数是一个软件硬件配套的信息系统，或一套需要安装并运行在用户单位的软件、相关说明文档、管理与运行规程。只有硬件运转正常可靠、软件正常使用，并达到预期的技术（功能、性能）指标、经济效益和社会效益指标，才能称为信息系统项目开发是成功的。

而运行环境是制约信息系统在用户单位发挥效益的关键。因此，需要从用户单位（企业）的管理体制、管理方法、规章制度、工作习惯、人员素质（甚至包括人员的心理承受能力、接受新知识和技能的积极性等）、数据资源积累、硬件（包含系统软件）平台等多方面进行评估，以确定软件系统在交付以后，是否能够在用户单位顺利运行。

但在实际项目中，软（硬）件的运行环境往往是需要再建立的，这就为项目运行环境可行性分析带来不确定因素。因此，在进行运行环境可行性分析时，可以重点评估是否可以建立系统顺利运行所需要的环境以及建立这个环境所需要进行的工作，以便可以将这些工作纳入项目计划之中。

4. 其他方面的可行性分析

信息系统项目的可行性研究除了前面介绍的技术、经济和运行环境可行性分析外，还包括了诸如法律可行性、社会可行性等方面的可行性分析。

信息系统项目也会涉及到合同责任、知识产权等法律方面的可行性问题。特别是在系统开发和运行环境、平台和工具方面，以及产品功能和性能方面，往往存在一些软件版权问题，是否能够购置所使用环境、工具的版权，有时也可能影响项目的建立。

此外，在可行性分析方面，还包括了项目实施对社会环境、自然环境的影响，以及可能带来的社会效益分析。

总之，项目的可行性分析主要包括上述几个方面的内容，但是对于具体的项目应该根据实际情况选取重点进行可行性研究分析。

3.2.2 可行性研究的步骤

一般地，可行性研究分为初步可行性研究、详细可行性研究、可行性研究报告三个基本的阶段，可以归纳成几个基本步骤。

（1）确定项目规模和目标。

（2）研究正在运行的系统。

（3）建立新系统的逻辑模型。

（4）导出和评价各种方案。

（5）推荐可行性方案。

（6）编写可行性研究报告。

（7）递交可行性研究报告。

3.2.3 初步可行性研究

1. 初步可行性研究的定义及目的

初步可行性研究一般是在对市场或者客户情况进行调查后，对项目进行的初步评估。详细可行性研究需要对项目在技术、经济、社会、运行环境、法律等方面进行深入的调查研究和分析，是一项费时、费力的工作，特别是大型的或比较复杂的项目更是如此。因此，进行初步可行性评估，可以从几个方面进行衡量，以便决定是否开始详细可行性研究。

（1）分析项目的前途，从而决定是否应该继续深入调查研究。

（2）初步估计和确定项目中的关键技术及核心问题，以确定是否需要解决。

（3）初步估计必须进行的辅助研究，以解决项目的核心问题，并判断是否具备必要的技术、实验、人力条件作为支持。

因此，通过项目的初步可行性研究就应当能够回答下面的一些问题。

（1）项目进行投资建设的必要性。

（2）项目建设的周期。

（3）项目需要的人力、财力资源。

（4）项目的功能和目标是否可以实现。

（5）项目的经济效益、社会效益是否可以保证。

（6）项目从经济上、技术上是否是合理的。

经过初步可行性研究，可以形成初步可行性研究报告，该报告虽然比详细可行性研究报告粗略，但是对项目已经有了全面的描述、分析和论证，所以初步可行性研究报告可以作为正式的文献供决策参考；也可以依据项目的初步可行性研究报告形成项目建议书，通过审查项目建议书决定项目的取舍，即通常所称的“立项”决策。

2. 初步可行性研究的主要内容

初步可行性研究的结果及研究的主要内容基本与详细可行性研究相同。所不同的是占有的资源细节有较大差异。

初步可行性研究的主要内容大致如下。

（1）市场和生产能力。进行市场需求分析预测，渠道与推销分析，初步的销售量和销售价格预测；依据市场销售量做出初步开发规划。

（2）设备与材料投入分析，包括从需求、设计、开发、安装实施到运营的所有设备与材料的投入分析。

（3）网络规划、物理布局方案的选择。

（4）项目设计包括项目总体规划、信息系统设计和设备计划、网络工程规划等。

（5）项目进度安排。

（6）项目投资与成本估算，包括投资估算、成本估算、筹集资金的渠道及初步筹集方案。

3. 初步可行性研究的结果及作用

初步项目可行性研究的内容与详细的项目可行性研究基本相同，要包括以下内容：市场情况、信息系统设计开发能力、配件、网络物理布局、技术和设备选择、网络安装工程、企业管理费、人力资源、项目实施及经济评价。

在初步项目可行性研究之前可进行项目机会研究，如果就投资可能性已进行了项目机会研究，那么项目的初步可行性研究阶段往往可以省去。如果关于部门或资源的机会研究包括足够的项目数据，则可继续进入项目可行性研究阶段或决定终止进行这一研究，那么有时也可越过初步项目可行性研究阶段。然而，如果项目的经济效果使人产生疑问，就要进行初步项目可行性研究来确定项目是否可行，除非初步项目可行性研究的某一方面已通过详尽的市场研究或对一些其他的功能研究进行了深入的调查。可以通过捷径来决定投资支出和生产成本中的次要组成部分，但不能决定其主要组成部分。必须把估计项目的主要投资支出和生产成本作为初步项目可行性研究的一部分，但并不一定只依靠确实的报价单作为估计根据，以往的项目数据可作为主要的参考。

4. 辅助（功能）研究

辅助（功能）研究包括项目的一个或几个方面，但不是所有方面，并且只能作为初步项目可行性研究、项目可行性研究和大规模投资建议的前提或辅助。辅助研究分类如下。

（1）对要设计开发的产品进行的市场研究，包括市场的需求预测以及预期的市场渗透情况。

（2）配件和投入物资的研究，包括项目使用的基本配件和投入物资的当前和预测的可获得性，以及这些配件和投入的目前和预测的未来价格趋势。

（3）试验室和中间工厂的试验，根据需要进行试验以决定具体配件是否合适，设计方案是否可行。

（4）网络物理布局设计。

（5）规模的经济性研究，一般作为技术选择研究的一个部分进行。如果牵扯到几种技术和几种市场规模，则分开进行这些研究，但研究不扩大到复杂的技术问题中去。这些研究的主要任务是在考虑各种选择的技术、投资费用、开发成本和价格之后，评价最具经济性的设计开发规模。这种研究通常对几种规模的设计开发能力进行分析，研究该项目的主要特性，并计算出每种规模的结果。

（6）设备选择研究，如果项目的设备涉及到的部门多，来源分散，而且成本各不相同，就要进行这种研究。一般在投资或实施阶段进行设备订货，包括准备投标、招标并对其进行评价，以及订货和交货。如果涉及到巨额投资，项目的构成和经济性在极大的程度上取决于设备的类型及其成本和经营成本，所选设备直接影响项目的经营效果。在这种情况下，如果得不到标准化的成本，那么设备选择研究就是必不可缺少的。

辅助研究的内容视研究的性质和打算研究的项目各有不同，但由于其关系到项目的关键方面，因此其结论应为随后的项目阶段指明方向。在大多数情况下，投资前辅助研究如果在项目可行性研究之前或与项目可行性研究一起进行，其内容则构成项目可行性研究的一个必不可少的部分。

如果一项基本投入可能是确定项目可行性的一个决定因素，而辅助研究有可能表明否定的结果，那么应在初步项目可行性研究或项目可行性研究之前进行辅助研究。如果在所要求的对一项具体功能的详细研究过于复杂，不能作为项目可行性研究的一部分进行，辅助研究则与初步项目可行性研究或项目可行性研究分头同时进行。如果在进行项目可行性研究过程中发现，尽管作为决策过程一部分的初步评价可以早些开始，但比较稳妥的做法是对项目的某一方面进行更详尽的鉴别，那么就在完成该项目可行性研究之后再进行辅助研究。

辅助研究的费用必须和项目可行性研究的费用联系起来考虑，因为这种研究的一个目的就是要在项目可行性研究阶段节省费用。

3.2.4　详细可行性研究

机会研究、初步可行性研究、详细可行性研究、评估与决策是投资前时期的四个阶段。在实际工作中，前三个阶段依项目的规模和繁简程度可把前两个阶段省略或合二为一，但详细可行性研究是不可缺少的。升级改造项目只做初步和详细研究，小项目一般只进行详细可行性研究。

详细可行性研究是在项目决策前对项目有关的技术、经济、法律、社会环境等方面的条件和情况进行详尽的、系统的、全面的调查、研究、分析，对各种可能的技术方案进行详细的论证、比较，并对项目建设完成后所可能产生的经济、社会效益进行预测和评价，最终提交的可行性研究报告将成为进行项目评估和决策的依据。

1. 详细可行性研究的依据

进行详细可行性研究时，必须在国家有关法律、法规、政策、规划的前提下进行，同时还应当具备一些必须的技术资料。进行可行性研究工作的主要依据包括如下因素。

（1）国家经济和社会发展的长期规划，部门与地区的发展规划，以及国家和地方的相关政策、法律、法规和制度。

（2）项目主管部门对项目设计开发建设要求请示的批复。

（3）项目建议书或者项目建议书批准后签订的意向性协议。

（4）国家、地区、企业的信息化规划和标准。

（5）市场调研分析报告。

（6）技术、产品或工具的有关资料。

（7）国家有关经济法规、规定。如中外合资企业法、税收、外资、贷款等规定；国家关于信息化建设方面的标准、规范、定额资料；市场调查报告等。

2. 详细可行性研究的原则与程序框架

1）详细可行性研究的基本原则

（1）科学性原则。即要求按客观规律办事。这是可行性研究工作必须遵循的最基本的原则。遵循这一原则，要做到：

- 运用科学的方法和认真的态度来收集、分析和鉴别原始的数据和资料，以确保它们的真实和可靠。真实可靠的数据资料是可行性研究的基础和出发点。
- 要求每一项技术与经济的决定要有科学的依据，是经过认真的分析、计算而得出的。

（2）客观性原则。也就是要坚持从实际出发、实事求是的原则。信息化建设项目的可行性研究，要根据信息化建设的要求与具体条件进行分析论证而得出可行或不可行的结论：

- 首先要求承担可行性研究的单位正确地认识各种信息化建设条件。这些条件都是客观存在的，研究工作要求排除主观臆断，要从实际出发。
- 要实事求是地运用客观的资料做出符合科学的决定和结论。
- 可行性研究报告和结论必须是分析研究过程合乎逻辑的结果，而不掺杂任何主观成分。

（3）公正性原则。就是站在公正的立场上，不偏不倚。在信息化建设项目可行性研究的工作中，应该把国家的和人民的利益放在首位，综合考虑项目干系人的各方利益，决不为任何单位或个人而生偏私之心，不为任何利益或压力所动。实际上，只要能够坚持科学性与客观性原则，不是有意弄虚作假，就能够保证可行性研究工作的正确和公正，从而为项目的投资决策提供可靠的依据。

2）详细可行性研究的程序框架

详细可行性研究的程序框架，如图 3-1 所示。

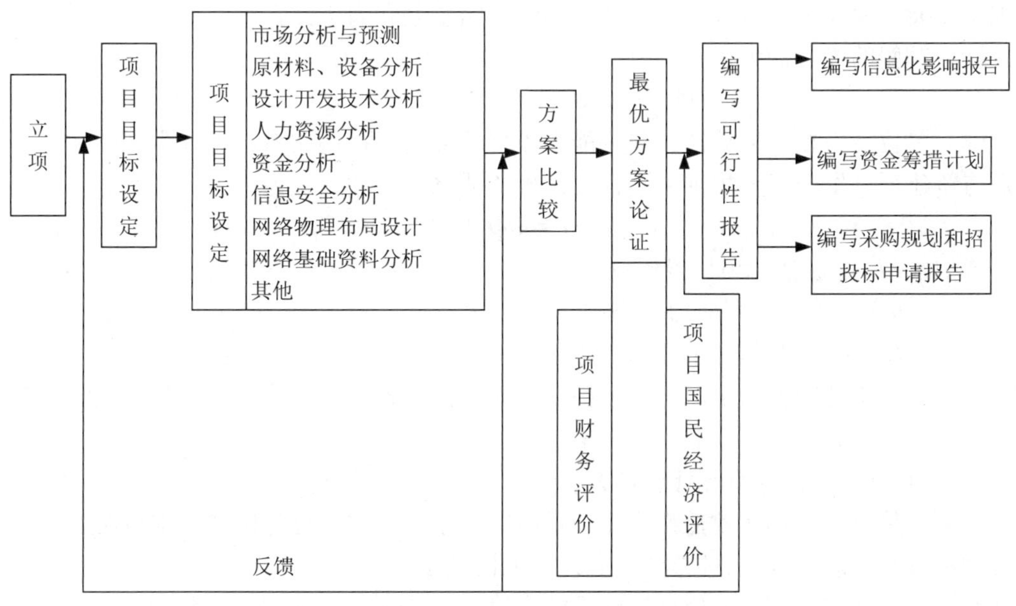

图 3-1　详细可行性研究的程序框架

3. 详细可行性研究的方法

可行性研究的方法很多，如经济评价法、市场预测法、投资估算法和增量净效益法等。这里仅介绍投资估算法和增量净效益法。

1）投资估算法

投资费用一般包括固定资金及流动资金两大部分，固定资金中又分为设计开发费、设备费、场地费、安装费及项目管理费等。投资估算是可行性研究中一个重要工作，投资估算的正确与否将直接影响项目的经济效果，因此要求尽量准确。

投资估算根据其进程或精确程度可分为数量性估算（即比例估算法）、研究性估算、预算性估算及投标估算的方法，主要有以下几种：

（1）指数估算法。即用“0.6 次方法则”，0.6 是公式的平均指数，其公式为：

$$x=y(c_2/c_1)^{0.6}C_F$$

式中，x——投资估算数。

y——同类老项目的实际投资数。

c_2——新项目的生产能力。

c_1——老项目的生产能力。

C_F——价格调整系数。

（2）因子估算法。因子是指主要设备与其他设备的比值。例如建造一艘船，已知船体为100万元，机器设备因子为0.6，各种仪表因子0.2，船上各种机械因子0.3，电气设备因子0.08，油漆因子为0.3，其他因子0.3，因子之和为1.55。

则一艘船的投资额为：

$$100\text{万元}\times(1+1.55)=255\text{万元}$$

（3）单位能力投资估算法。单位能力投资估算是根据历史资料得到生产能力投资，然后与新建项目生产能力相乘，进行项目投资估算，其关系式为：

$$K=\alpha Q$$

式中，K——被估算项目投资额。

α——单位生产能力投资额。

Q——被估算项目的生产能力。

这种方法十分简便明了，但比较粗糙，而且由于各地区新建、改造各种投资费都不同，因此，使用时要充分考虑各种因素。

2）增量净效益法（有无比较法）

将有项目时的成本（效益）与无项目时的成本（效益）进行比较，求得两者差额，即为增量成本（效益），这种方法称之为有无比较法。

有无比较法比传统的前后比较法更能准确地反映项目的真实成本和效益。因为前后比较法不考虑不上项目时项目的变化趋势，会人为地夸大或低估项目的效益。有无比较法则先对不上项目时企业的变动趋势作预测，将上项目以后的成本（效益）与其逐年做动态比较，因此得出的结论更科学、更合理。

4. 详细可行性研究的内容

详细可行性研究所涉及的内容很多，每一方面都有其处理问题的方法，信息系统项目详细可行性研究的内容，一般可以归纳如下。

（1）概述：提出项目开发的背景、必要性和经济意义，研究项目工作的依据和范围，产品交付的形式、种类、数量。

（2）需求确定：调查研究国内外客户的需求情况，对国内外的技术趋势进行分析，确定项目的规模、目标、产品、方案和发展方向。

（3）现有资源、设施情况分析：调查现有的资源（包括硬件设备、软件系统、数据、规章制度等种类与数量，以及这些资源的使用情况和可能的更新情况）。

（4）设计（初步）技术方案：确定项目的总体和详细目标、范围，总体的结构和组成，核心技术和关键问题、产品的功能与性能。

（5）项目实施进度计划建议。

（6）投资估算和资金筹措计划。

（7）项目组织、人力资源、技术培训计划：包括现有的人员规模、组织结构、人员层次、个人技术能力、人员技术培训计划等。

（8）经济和社会效益分析（效果评价）。

（9）合作/协作方式。

当完成这些方面的可行性分析工作后，将以可行性研究报告的形式提交出详细可行性研究的成果。本节将就详细可行性研究所涉及的主要内容和方法作一介绍。

1）市场需求预测

产品的需求预测是项目可行性研究的基础工作，这项工作的好坏将直接影响到项目可行性研究的水平。需求和市场分析的关键因素是就拟议中项目使用期间对某一具体产品的需求量做出估计，因为一个项目是否可行，除其他因素外，取决于预计的销售额或收入。在任何一个特定时间，需求大小都是若干可变因素的函数，这些可变因素包括市场构成，来自相同产品和代用品的其他供应来源的竞争，需求的收入弹性与价格弹性，市场对社会经济形式产生的反应，经销渠道和消费增长水平等。因此，需求估计比一般想象的复杂，而且，由于不仅需要估计对某一具体产品的需求，而且还要辨明其组成（产品组合）和各个部分或各消费者类别，以及其增长与敏感性所受到的社会与制度方面的限制。

（1）需求分析的内容。需求和市场研究的目的是在于提供关于产品的某些基本情报，这种产品的大致技术规格和特点必须在开始时就是确定的。需要提供的情报应概括如下。

- 市场当前需求的大小与组成，该市场的地域范围应当确定。
- 市场细分，主要按以下因素确定：最终用途（如消费者）；消费者类别（如消费者的不同收入水平）；地理区域（如区域市场、国内市场和出口市场）。
- 对整个市场及其各部分在项目使用期间的某段时期，最好是前十年的需求预测。
- 拟议中项目在国内与国际竞争发展和消费者反应变化的情况下，在所预测的时期内预期达到的市场渗透率。
- 作为预测增长与市场渗透依据的大致的定价结构。

推销条件通常也是需求和市场研究的一部分，这时包括：售后服务类型、预定的包装标准以及要建立的销售组织。支配出口市场的因素往往比支配国内市场的因素更为复杂，因此需要分别考虑进行估计和预测的方法。此外，在进行市场分析的过程中，也有可能提出对产品的规格、设计、性能、包装等进行适当的修改，以便适应所要供应的当地、国内或出口市场，当然这种改变不应改变产品原有的基本特性。

（2）需求预测。在市场和需求分析中，对市场需求作预测或许是最为重要而且无疑是最为复杂的部分，因为它是确定一个项目有无前途和适当的工厂生产能力的关键因素。

基本上来说，这种预测包括如下内容。

- 对某一种或几种产品的潜在需求的预测。
- 对潜在供应的估计。
- 对拟议中项目可能达到的市场渗透程度的估计。
- 某段时期内潜在需求的特性。需要有关于这些不同方面的数量和质量数字。

进行本国需求预测所必需的基本步骤如下。

- 确定、收集并分析关于当前消费量及其在一段时期内的变化率的现有数据。
- 按细分市场将该消费量数据分类。
- 确定以往需求的主要决定因素及其对以往需求的影响。
- 预测这些决定因素今后的发展及其对需求的影响。
- 通过以一种方法或几种方法的结合对这些决定因素进行推断来预测需求。

至于新产品的需求预测则较为困难，可能须对照其他国家在产品发展类似水平时的需求增长趋势以及经济和其他因素来看。

（3）预测方法。预测有效需求有各种不同的方法，包括比较简单的方法和复杂的数字程序，其中有些需要借助于计算机设备。在特定的情况下使用何种方法取决于产品的类型、产品所要供应市场的性质和需求增长的主要决定因素。常用的预测方法包括：时间序列预测法；因果回归预测模型；消费水平法（包括需求的收入弹性与价格弹性）；最终用途（消费系数）法。

时间序列预测法和因果回归预测模型由于较为复杂，在这里不作介绍。下面对消费水平法和最终用途法作一简单介绍。

- 消费水平法。这是一种运用标准和已确定系数来考虑消费水平的方法，当某一产品直接被消费时，就可采用这种有用的方法。例如，通过确定 1000 个居民拥有汽车的比率，或按收入水平、工业单位和政府中的汽车拥有系数，即可估计出对汽车的需求。一旦得知总需求量，即从总需求量中减去实际汽车总数，以得出新的需求量。

决定产品消费水平的一个主要因素是消费者的收入，这种收入首先影响到消费者愿为购买某一特定产品拨出的家庭预算。收入水平是几种产品的消费水平的主要指示数，除少数例外，大部分消费品的消费量和消费者的收入水平表现出高度的正相关。然而，相关程度随产品而各不相同。

- 最终用途或消费系数法。这种方法对评价中间产品特别适用，方法包括：① 验明一项产品所有可能的用途，例如供其他工业投入、直接消费需求进口和出口。② 取得或估计该项产品和使用该项产品的各项工业的投入产出系数。而后才有可能从所预测的各种消费工业的产出水平，得出对一项产品的消费加出口和纯进口的需要量。

2）配件和投入的选择供应

这也是进行项目可行性研究首先应考虑的问题。项目可行性研究应包括同配件和投入需要量有关的下列问题：

（1）配件和投入的分类。配件和投入应分为以下各类：配件；辅助材料；公用设施（水、电、气、燃料等）。

（2）配件投入的选择与说明。在很多项目中，不同的配件可用于同一生产。在这种情况下，必须对不同配件进行调查研究，在衡量全部有关因素后，确定哪一种配件最为适宜。如果各种可供选择的配件都易于得到的话，问题就在于技术是否经济，而不是配件的选择，尽管供应配件仍是一个基本问题。

（3）配件和投入的特点。

① 质量性能。鉴定配件和投入特性需作何种分析取决于投入的性质及其在特定项目中的用途。分析应当包括下列各种性能和特点：物理性能、机械性能、化学性能、电气和磁力性能等。

② 来源和可得数量。基本生产配件的来源及其经常的可得性，对于确定大部分工业项目的技术和经济方面的可行性及其规模来说是具有关键意义的。在许多项目中，对技术加工设备和产品组合的选择在很大程度上取决于基本配件的规格，而在其他工业中，潜在的可得数量决定项目的规模。在研究的初期阶段，应对可能需要的基本配件投入数量进行估价，主要是为了确定满足当前和长远需要的来源和可得性。同时只有在确定了企业设计开发能力和所用技术与设备之后才能对投入需要量作最后估价。

③ 单位成本。与可得性一样，对基本配件和投入的单位成本也必须进行详细的分析，因为这是确定项目是否经济的一个关键因素。如果是国内材料，一方面须参照过去的趋势以及对今后的预测考虑现价，另一方面须从供应弹性考虑。从对某一种材料的需求量日益增长来说，其供应弹性愈低，则价格就愈高。

④ 供应计划。在制订供应计划时，应使所收集的关于配件和投入的需要量及一般可得性和预计的单位成本等资料与项目可行性研究的其他成分联系在一起。这样，这份供应计划就可作为计算投入的数量和类别以及交货需要量的一个基础。任何供应计划都受所选用的技术与设备的影响，因为这两者都决定所需投入的技术规格。

供应计划的规模等于指明需要多少库存及多少储存设施。必须把额外的运输所需费用列入投资费用与生产成本的计算。供应计划的主要目的是确定配件和其他投入的年成本，这占全年生产成本的很大一部分。由此得出的结果将作为经济评价中资金流动表编制的基础。

3）信息系统结构及技术方案的确定

信息系统结构及其开发过程采用技术方案，是项目可行性研究中的技术选择问题，它对企业的经济效益有着直接的影响。要根据具体的技术经济条件选择“适宜技术”，并作相应的评价。采用新结构、新技术应有实验的根据，而不应采用不成熟的技术，因为工程项目的技术方案在技术上首先应是“可行”的。技术方案的选择，包括所采用技术和开发过程。当然，它与生产规模有着密切的关系。

项目可行性研究中技术评价应反映下述几个方面。

（1）技术的先进性。应从技术水平和实用两方面来进行评价，以判断是否达到国际先进水平、国际水平或国内先进水平。

（2）技术的实用性。指项目所采用的技术，对推动开发、推广应用、满足需要方面所具有的适应能力。

（3）技术的可靠性。指技术在使用中的可靠程度，即在规定时间内和规定条件下，信息系统工作性能符合要求和开发方法成功的概率。

（4）技术的连锁效果。指技术应用后对科学技术和其他领域的作用，如推动其他行业的发展、改善劳动条件、增加就业机会、改善人民生活、提高文化素养等。

（5）技术后果的危害性。指技术的应用是否会给社会带来不良影响，同时提出排除上述危害的难易程度和所需费用等。

4）技术与设备选择

（1）技术选择。项目可行性研究应该说明具体项目所需的技术，评价可供选择的各种技术，并按项目各组成部分的最佳结合选择最适合的技术。应估计获得这类技术所涉及的各种问题，还应说明与选择的技术相联系的具体设计和技术服务，同时选择和获得技术还必须与选择机器设备相呼应。

① 技术选择。在项目可行性研究中应对各种可供选择的技术进行评价，以确定对该公司来说的最佳技术。这种评价应联系到公司开发规模，开始时应该对开发产品数量、开发逐步上升和酝酿期限作数量估计，并对产品质量和适销性做出估价，然后应就这一段时期内各种可供选择的技术对资金投资费用和开发成本的影响做出估计。除上述的基本标准外，这种技术必须是经过全面检验的并在开发过程中应用的，最好是在提供这种技术的公司内应用的。虽然新的未经检验的或试用的技术不应认为是合适的，但也应避免使用将要过时的技术，这就意味着应该研究技术趋向和使用更先进技术的可能性。

技术的选择必须联系到项目可能得到的主要投入以及长期和短期的生产要素资源的适当结合，在某些情况下，现有软硬件平台可以决定要采用的技术。除了广泛的政策影响外，如果就地取材，那么材料和投入的供应能得到更好的保证，而且可能较少受到外界的影响。事实上，对许多产品来说，逐步一体化可能是较为可行的一种办法。

② 技术获得方式。在选择技术的同时，应找出能获得这种技术的其他来源。当必须在其他企业获得技术时，就必须决定获取的方法。这些方法可以分为：技术许可证交易、技术的全套购买和技术供应方分享所有权的合资经营企业。应该对这些获取方式所涉及的问题作出分析，包括：许可证交易、技术分解、合同内容、购买技术的方式以及许可证持有者参与合资经营企业所带来的问题等。

③ 技术费用。除选择技术和因此而可能需要的设计和技术服务外，在项目可行性

研究报告中还应估计技术和技术服务的费用。当然这种估价是困难的，如果能收集到资料，可参考同一行业其他项目的技术支付进行估价。也可按不同的支付方案估价，诸如按一次总付、按连续使用费率支付或两者结合。如果这种技术需要在一段时间内同技术许可方保持关系，那么采取支付使用费的方式可能较为合适。这种使用费率往往是实际销售额的百分之零点几到百分之三至五，视行业性质和企业开发规模而定。

（2）设备选择。设备选择和技术选择是相互依存的，在项目可行性研究报告中，应根据企业开发能力和所选择的开发技术来确定机械和设备方面的需要。

项目可行性研究阶段的设备选择，应概略说明通过使用某种开发技术达到某种开发规模所必需的机械设备最佳组合。在所有项目中，必须说明每一开发阶段的额定设备，并使之同下一开发阶段的开发能力和机械设备需要相联系。从投资角度来看，在符合各种机械功能和开发需要的条件下，设备费用要控制到最低限度。

确定设备要求应与评价报告的其他组成部分联系起来，这些组成部分大多数应在确定开发规模和开发过程时涉及，而另一些则可能是有关的。有时候，可能有基本设施方面的限制，如电力或运输供应方面的问题。有些情况下，高度先进的设备，在初期生产阶段可能不宜使用，因为需要有一段培训人员的时间。如果较先进的设备必须靠进口，那么由于总投资的限制或可得到的外汇有限也就可能取消或推迟使用这种设备。维修要求和有没有维修设施也可以是个重要因素。政府的政策，如进口管制等，可能限制某些类型设备进口，那就不得不按可得到的国内产品进行设备选择了。

5）网络物理布局设计

信息系统项目的网络物理布局主要考虑场地的电气特性、基本设施（网络基础设施）和社会经济环境等方面。

（1）基本设施。基本设施投资来源如何对于经营任何项目都是十分重要的，因此对于项目建议所需要的能源、运输、水、通信和住房均应做出估计，为此需要了解要设置的开发规模和采用的技术。

（2）社会经济环境。物理布局研究也应包括对下列方面的估计：可获得劳动力的情况、施工和维修设施、财政和法律规章。能否得到相关的技术人员是应当考虑的，当然大多数项目本身就包括了员工的培训计划。同时，应说明各地点使用的财政和法律规章及程序是否符合拟建项目的要求。

（3）当地条件。电力供应情况及其费用，必须做出估算。应当对当地的供水、劳动力供应情况等进行分析。

6）投资、成本估算与资金筹措

（1）总投资费用。投资费用就是固定资本与净周转资金的合计，固定资本是建设和装备一个投资项目所需的资金，除了固定投资外固定资本还包括开发前的所有投资费用，诸如：筹建开办费、项目可行性研究和其他咨询费、开发建设期间贷款利息、开发人员培训费以及试运转费用等；周转资金（或称流动资金）则相当于全部或部分经营该项目所需的资金，在项目评价阶段计算周转资金需要量很重要，应使它保持在一个合理的、必要的水平上；净周转资金则是流动资产减去短期负债，流动资产包括应收账款、存货（配件、辅助材料、供应品、包装材料、备件及小工具等）。在制品、成品和现金，短期负债主要包括应付账款（贷方）等。

在不同的研究设计阶段，投资估算的精确性不同。毛估和粗估，一般可据以否定或初步肯定一个项目，估计的精度一般在±30%。初步项目可行性研究要求估计在±20%，项目可行性研究要求估计在±10%，设计开发时则要达到±5%。

（2）资金筹措。为一个项目调拨资金，这不仅对任何投资决定而且对项目拟定和投资前分析都是明显的基本先决条件。如果一项项目可行性研究没有这样的合理保证的支持，那么这项研究就没有多大用处。大多数情况是，在进行项目可行性研究之前就应该对项目筹资的可能性做出初步估计。因此说明实际或可能的资金来源，包括自有资金、各种贷款及其偿还条件，是项目可行性研究最为基本和最为关键的内容。

大型投资项目，除了自筹资金外，通常还需一定数量的贷款。两者各占多少，要有适当的比例，因为贷款要付息，自筹资金要分红。自筹资金比例大，则盈利用来分红的就多；反之贷款比例大，则利息负债就多。一般认为自筹、贷款各半稳妥。自筹不足时可以多贷，这个限额通常是从50%～80%不等；相反，只有资金雄厚时，可以少贷。贷款基本上分为两种：

① 长期贷款。从国际金融组织，比如世界银行或某个国家银行财团获得。与设备制造商联系起来，又分为供方贷款和买方贷款。工业发达国家之间出于输出设备的竞争，这种贷款的条件比较优惠，利率也较低。

② 短期贷款。由商业银行信贷，通常作为企业的流动资金来源。这种贷款的利率，按国际金融市场牌价，高于长期贷款利率。

贷款和偿还问题，应与银行和财团商讨，并在项目可行性研究中拟定。

（3）开发成本。在项目可行性研究阶段，所遇到的另一个问题，就是开发活动的消耗和成本预算开支不精确，从而可能导致完全不同的结论。成本估算的精度也应当和投资估算的精度相当。成本计算，要以项目计划的各种消耗和费用开支为依据，计算全部成本和单位产品的成本。

大多数投资前的项目可行性研究报告只算开发总成本，这是因为在项目可行性研究阶段对各项成本，无论是配件、劳动力或管理费用，作为整体估算要比计算单位产品成本简单一些。开发总成本一般划分为四大类：研发成本、行政管理费、销售与分销费用、财务费用和折旧。前三类成本的总和称为经营成本。

开发成本在项目可行性研究中的用途为计算盈亏，计算净周转资金的需要量，并用于财务评价。

（4）财务报表。为了估计一个新建或扩建项目的资金需要，要编制一套财务报表。财务报表关系到管理决策，所以在对一个公司的财务状况分析中，必须注重所用的表格形式。只有当财务报表有标准的项目和格式，才能从事有意义的对比和分析。所以财务报表的格式，不应随意改变。

项目可行性研究中的财务报表，主要目的是向投资者系统说明项目编制以及随之而来的财务分析，因此财务报表包括：

① 现金流动表。仅仅找到资金来源是不够的，还必须使资金流入（资金和销售收益）在时间上与投资支出、开发成本和其他开支的流出配合一致。因此，就必须编制一个表明资金流入和流出的现金流动表，这种现金的流动表在项目的投资时期是相当重要的。

② 净收入报表。本报表是用来计算整个项目期间每一阶段的项目净收入或亏损的。它与现金流动表不同，因为收益是和在所涉及阶段中获得该收益所需的成本相联系的。为了使例子简化，配件、在制品和最终产品库存的变化都假定为零。

③ 预计资产负债表。资产负债表主要反映出项目整个使用期间某些阶段的总的财务情况，包括：现金结存和其他流动资产，固定资产以及为企业顺利经营所需的自有资本、借贷资本和短期负债。

7）经济评价及综合分析

（1）经济评价。经济评价分为企业经济评价和国民经济评价。

① 企业经济评价。对于一项投资来说，投资的准则乃是从投入资本取得最大的财务收益，亦即利润。因此，投资盈利率分析基本上就在于确定利润和投资的比率，同时在分析投资和利润两者之间的关系时应考虑时间因素，并对项目的整个寿命期进行总的评价。

企业经济评价大致可以分为三个步骤：第一步，进行分析的基础准备；第二步，编制财务报表；第三步，进行经济效果计算。

基础准备工作大致包括产品销售预测、技术方案拟定、产品的价格预测、投资估算以及产品成本估算等，在这些基础工作的基础上就可着手编制财务报表，接下来便可选择适当的评价方法和评价指标进行分析。

进行企业经济评价时可以使用静态评价方法，如投资收益率与投资回收期；但最好使用动态评价方法，如净现值法、内部收益率法、外部收益率法、动态投资回收期法以及收益/成本比值法等，以便考虑资金的时间价值。

② 国民经济评价。国民经济评价，就是从国民经济的利害得失出发，对项目所作的经济效果评估。就是将项目纳入整个国民经济系统之中，考虑对其他相关部门的影响，从国家和社会的全局出发去衡量项目在经济效果上是否可行。该评估要求比较真实地反映项目在寿命期间投入与产出的价值，国民经济的真正得失，因此在评估的方法上及数据处理不完全与企业经济评估相同。

国民经济评价是从国家的角度，评价项目对实现国家经济发展战略目标及对社会福利的实际贡献。它除了对项目的直接经济效果考虑外，还要考虑项目对社会的全面的费用效益状况。与企业经济评价不同，它将工资、利息、税金作为国家收益，它所采用的产品价格为社会价格，采用的贴现率也为社会贴现率。

（2）综合分析。在对项目进行了经济评价后，还需要对项目进行综合评价分析，这是因为一方面拟建项目未来的所处的环境可能随时发生一定的变化，另一方面需要分析项目的实施对整个社会以及国民经济的影响。

① 不确定性分析。任何项目的投资都取决于评选判据的计算，而计算判据的部分数据是估计预测的。因此，在计算的结果与未来的客观实际并不是肯定的情况下，就需要对未来情况进行不确定分析以及敏感性分析。产生不确定性的最普遍原因有：通货膨胀、技术变革、额定开发能力测定失实以及安装施工期和试运行期的长短。不确定分析分为三个步骤进行：盈亏平衡点分析、敏感性分析和概率分析，具体的方法可参考第 1 章。

② 综合分析。综合分析一般应结合项目具体情况选择分析评估以下各项。

- 政治和国防评估。
- 工业配置评估。
- 发展地区经济或部门经济的评估。
- 提高国家、地区和部门科技水平的评估。
- 减少进口、节约外汇和增加出口、创造外汇的评估。
- 环境保护的评估。
- 节约能源的评估。
- 节约劳动力和提供就业机会的评估。
- 产品质量评估。
- 提高社会福利和人民物质文化生活的评估。

5. 详细可行性研究的步骤及报告的编写

1）详细可行性研究的步骤

进行项目的详细可行性研究的步骤如下。

（1）委托与签订合同。

（2）组织人员和制订计划。

（3）调查研究与收集资料。

（4）方案设计与选优。

（5）经济分析和评价。

（6）编写详细可行性研究报告。

2）详细可行性研究的结构

可行性研究报告视项目的规模和性质，有简有繁。编写一份关于信息系统项目的可行性研究报告，可以考虑从如下几个方面进行。

第1部分　概述

1. 项目背景

（1）项目名称。

（2）项目承担单位、主管部门及客户。

（3）承担可行性研究的单位。

（4）可行性研究的工作依据。

（5）可行性研究工作的基本内容。

（6）基本术语和一些约定。

2. 可行性研究的结论

（1）项目的目标、规模。

（2）技术方案概述及特点。

（3）项目的建设进度计划。

（4）投资估算和资金筹措计划。

（5）项目财务和经济评价。

（6）项目综合评价结论。

第2部分　项目技术背景与发展概况

3. 项目提出的技术背景

（1）国家、地区、行业或企业发展规划。

（2）客户业务发展及需求的原因、必要性。

4. 项目的技术发展现状

（1）国内外的技术发展历史、现状。

（2）新技术发展趋势。

5. 编制项目建议书的过程及必要性

第3部分　现行系统业务、资源、设施情况分析

6. 市场情况调查分析

（1）项目所生产产品用途、功能、性能市场调研。

（2）市场相关（或替代）产品的调研。

（3）项目开发环境、平台、工具所需要产品的市场调研。

（4）市场情况预测。

7. 客户现行系统业务、资源、设施情况调查

（1）客户拥有的资源（硬件、软件、数据、规章制度等）及使用情况调查。

（2）客户现行系统的功能、性能、使用情况调查。

（3）客户需求。

第4部分　项目技术方案

8. 项目总体目标

（1）项目的目标、范围、规模、结构。
（2）技术方案设计的原则和方法。
（3）技术方案特点分析。
（4）关键技术与核心问题分析。

第5部分　实施进度计划

9. 项目实施进度计划
（1）项目实施的阶段划分。
（2）阶段工作及进度安排。
（3）项目里程碑。

第6部分　投资估算与资金筹措计划

10. 项目投资估算
（1）项目总投资概算。
（2）资金筹措方案。
（3）投资使用计划。

第7部分　人员及培训计划

11. 项目组人员组成
（1）项目组组织形式。
（2）人员构成。
（3）培训内容及培训计划。

第8部分　不确定性（风险）分析

12. 项目风险
（1）关键技术、核心问题（攻关）的风险。
（2）项目规模、功能、性能（需求）不完全确定性分析。
（3）其他不可预见性因素分析。

第9部分　经济和社会效益预测与评价

13. 经济效益预测
14. 社会效益分析与评价

第10部分　可行性研究结论与建议

15. 可行性研究报告结论
（1）可行性研究报告结论、“立项”建议。
（2）可行项目的修改建议和意见。
（3）不可性项目的问题及处理意见。
（4）可行性研究中的争议问题及结论。
16. 附件

3.2.5　效益的预测与评估

在进行项目的可行性分析时，经常为“收益分析”发愁。项目的效益表现形式各自不同，包括直接效益和间接效益；经济效益和社会效益；近期效益和远期效益；显性效益和隐性效益；微观效益和宏观效益等。有时可以用价值或其他量纲进行定量描述，更多的情况是难以定量描述和无法定量描述的。因此，如何评估项目的效益问题，已经成为一个急待解决的问题。项目的效益表现为多种形态，对于效益的量化及计算方法，中国最优化协会的王希贤把其归纳为以下 6 种。

1．函数求解法

$$Y=f(X)$$

其中，Y——效益，X——项目、子项目效益变量，X 包括工时节省、流动资金占用减少、生产周期缩短等因素，产生的效益一律换算成价值量。纯价值量的计算，应该是产出效益的总和减去投入总和（包括硬件、其他固定资产、软件、易耗品等）。如果固定资产折旧期为 5 年，计算一年效益时，扣除其投入时按 1/5 计。例如：

$$Y=\sum X_n-C_1*K_1-C_2/K_2-t$$

式中：X_n——各专项管理所获的经济效益，n——1，2，3，4，……。

C_1——因采用计算机管理方法、手段新增的固定资产价值。

K_1——固定资产折旧系数。

C_2——采用计算机方法、手段新增的低值易耗品及器具等的价值量。

K_2——C_2 的使用年限（$1\leqslant K\leqslant 5$，使用年限小于 1 年的 K_2=l；大于 5 年的 K_2=5）。

t——采用计算机方法、手段所用工时费用总额。

一般能建立函数关系的，多为直接效益或显性效益。

2．相关关系法

软件项目与效益之间虽然不能直接建立函数关系，但有明显的相关关系。由于软件项目或单项于系统的建立与应用，数据处理及时、传递迅速、信息准确，使整个企业或部门的某项指标明显变化，如表现为效益提高、定额改善、成本降低等，可按数理统计规律，如频数分布或概率情况，根据每个点的实测数据或统计数值，应用最小二乘法找出最佳拟合曲线或直线，这样就可以按函数求解法处理了。对于单变量影响效益提高的问题，在线性关系时，可建立一元线性回归方程。用最小二乘法，求 a、b 回归系数，可使总平方差 $\sum e_i^2$ 为最小，从而使 $y=a+b_X$ 与实测数据 y、a_i 的线性拟合最佳。

如果是多变量影响效益提高问题，仍以线性关系为主，可建立多元线性回归方程进行求解。

3．模糊数学法

如果软件项目与效益之间，既没有函数关系，又没有明显的相关关系，但隐约存在一些可意识到的模糊事项和模糊量值（未能准确判定定性和定量关系），可据此确定一些指标来评价项目，并授予权值进行打分，这样就把没有定性关系的问题，进行量化而变为可定量的问题予以评估计算。

4. 专家意见法（德尔菲法）

当需要对软件项目或子系统的成果、效益或者水平做出评价时，既缺乏翔实可靠的数据资料，又存在多种因素、多个变量，而且多因素、多变量之间又有相互影响和交互作用。这时，可采用德尔菲法（Delphi）法，请有经验的多方面的专家，从不同的专业视角进行评估，尽管每个专家的意见会存在一定的主观印象，甚至是偏见，但多个主观印象和偏见的综合，就会比较接近客观事物的真实水平。而且也可以采取进行多轮的Delphi法进行处理。

除了上面介绍的4种计算、评估方法外，在实际计算中还有常见的，更简便实用的计算方法很值得借鉴。

5. 成本降低法

当软件项目建立后，无论项目的成果还是功效的提高、流动资金占用的减少、设备利用率的提高、生产周期的缩短、产品开发速度的加快、市场占有率的提高等中的一项或几项，都会导致产品单位成本的降低，这种因为软件项目开发出的产品的应用，而导致总成本额的降低即可视为效益。

需要指出的是，总成本降低是由多种因素促成的，并不单是因为软件项目的建设，因而需要扣除其他因素所造成的成本降低的部分。或者，固定其他条件因素，仅计算软件项目建立前后的成本差额。这样，如果其他因素未改变时，新增的成本减少额度就是软件项目建设带来的效益。

6. 利润增加法

它是成本降低法的另一种算法，使用方法也同成本降低法一样，只是把统计计算对象由成本换成了利润。

项目的全部效益与建立项目所需的全部人力、财力、物力的投入比值，是衡量项目效果、决策取舍的依据，建设前应预测，建成后要评估。

计算投资总额应包括贷款利息，并考虑金钱的时间价值和贴现因素，建设周期力求缩短，重点做好开发的前期工作，包括项目规划、可行性报告、系统分析和人员培训等问题。要力求实效，开发一个项目，就要用好一个项目，避免过去那种先买硬件，再配备人员，最后才开发软件的倒置做法，不能让开发工作旷日持久，要尽量缩短投资回收期。

3.3　项目评估与论证

3.3.1　项目论证

1. 项目论证的概念

“先论证，后决策”是现代项目管理的基本原则。项目论证是指对拟实施项目技术上的先进性、适用性，经济上的合理性、盈利性，实施上的可能性、风险性进行全面科学的综合分析，为项目决策提供客观依据的一种技术经济研究活动。

项目论证应该围绕着市场需求、开发技术、财务经济三个方面展开调查和分析，市场是前提、技术是手段、财务经济是核心，通过详细论证，要回答以下五个方面的问题：

（1）项目产品或市场的需求如何？为什么要实施这个项目？

（2）项目实施需要多少人力、物力资源？供应条件如何？

（3）项目需要多少资金？筹资渠道如何？

（4）项目采用的技术是否先进适用？项目的生命力如何？

（5）项目规模搞多大？物理布局的指向性如何？

2. 项目论证的作用

任何项目都可能有多种方案来进行实施，不同的方案将产生出不同的效果。同时未来的环境也具有不确定性，同一方案在不同的状态下也可能产生出不同的效果。为了从多种可供实施的方案中选优，就需要对各种可供实施的方案进行分析、评价，预测其可能产生的各种后果。项目前评价通过对实施方案的技术、产品、配件未来的市场需求与供应情况以及项目的投资与收益情况的分析，从而得出各种方案的优劣以及在实施技术上是否可行、经济上是否合算等信息供决策参考。

项目前评价的作用主要体现在以下几个方面：

（1）项目论证是确定项目是否实施的依据。

（2）项目论证是筹措资金、向银行贷款的依据。

（3）项目论证是编制计划、设计、采购、施工以及机构设备、资源配置的依据。

（4）项目论证是防范风险、提高项目效率的重要保证。

3. 项目论证的阶段划分

项目论证一般分为机会研究、初步可行性研究和详细可行性研究三个阶段。对各个阶段的工作内容、费用、准确性要求，如表 3-1 所示。

表 3-1　项目论证的阶段划分

阶　段	工作内容	费　用	误差控制
机会研究	寻求投资机会，鉴别投资方向	占总投资的 0.2%～1%	±30%
初步可行性研究	初步项目是否有生命力，能否盈利	占总投资的 0.25%～1.5%	±20%
详细可行性研究	详细技术经济论证，在多方案比较的基础上选择出最优方案	中小项目占总投资的：1%～3% 大项目占总投资的：0.2%～1%	±10%

以上收费百分比只是表明三个阶段之间的相对关系，而不是绝对标准。由于项目之间的复杂性、涉及的工作范围和难易程度、论证人员的业务水平以及相互竞争程度有很大不同，所以收费百分比也会有较大差异。

4. 项目论证的一般程序

项目论证是一个连续的过程，它包括问题的提出、制定目标、拟订方案、分析评价、最后从多种可行的方案中选出一种比较理想的最佳方案，供投资者决策。具体讲，一般有以下七个主要步骤。

（1）明确项目范围和业主目标。主要是要明确问题，包括弄清项目论证的范围以及雇主的目标。

（2）收集并分析相关资料。包括实地调查以及技术研究和经济研究，每项研究所要包括的主要内容。需要量、价格、工业结构和竞争将决定市场机会，同时配件、能源、技术要求、运输、人力和外围工程又影响适当的技术的选择。

（3）拟定多种可行的能够相互替代的实施方案。达到目标通常会有多种可行的方法，因而就形成了多种可行的能够相互代替的技术方案。项目论证主要核心点是从多种可供实施的方案中选优，因此拟定相应的实施方案就是项目论证的一步关键工作。在列出技术方案时，既不能把实际上可能实施的方案漏掉，也不能把实际上不可能实现的方案当作可行方案列进去。否则的话，要么致使最后选出的方案可能不是实际最优的方案；要么由于所提方案缺乏可靠的实际基础造成不必要的浪费。所以，在建立各种可行的技术方案时，应当根据调查研究的结果和掌握的全部资料进行全面和仔细的考虑。

（4）多方案分析、比较。方案分析与比较阶段包括分析各个可行方案在技术上、经济上的优缺点；方案的各种技术经济指标如投资费用、经营费用、收益、投资回收期、投资收益率等的计算分析；方案的综合评价与选优，如敏感分析以及对各种方案的求解结果进行比较、分析和评价，最后根据评价结果选择一个最优方案。

（5）选择最优方案进一步详细全面地论证。包括进一步的市场分析，方案实施的技术要求，项目物理布局设计及服务设施、劳动力及培训，组织与经营管理，现金流量及经济财务分析，额外的效果等。

（6）编制项目论证报告、环境影响报告书和采购方式审批报告。项目论证报告的结构和内容常常有特定的要求，这些要求和涉及到的步骤，在项目论证报告的编制和实施中能有助于雇主。

（7）编制资金筹措计划和项目实施进度计划。项目的资金筹措在比较方案时，已作过详细考查，其中一些潜在的项目资金会在贷款者进行可行性研究时冒出来。实施中的期限和条件的改变也会导致资金的改变，这些都应根据项目前评价报告的财务分析做出相应的调整。同时应做出一个最终的决策，以说明项目可根据协议的实施进度及预算进行。

以上步骤只是进行项目论证的一般程序，而不是唯一的程序。在实际工作中，根据所研究问题的性质、条件、方法的不同，也可采用其他适宜的程序。

3.3.2 项目评估

1. 项目评估的含义及其依据

项目评估指在项目可行性研究的基础上，由第三方（国家、银行或有关机构）根据国家颁布的政策、法规、方法、参数和条例等，从项目（或企业）、国民经济、社会角度出发，对拟建项目建设的必要性、建设条件、生产条件、产品市场需求、工程技术、经济效益和社会效益等进行评价、分析和论证，进而判断其是否可行的一个评估过程。项目评估是项目投资前期进行决策管理的重要环节，其目的是审查项目可行性研究的可靠性、真实性和客观性，为银行的贷款决策或行政主管部门的审批决策提供科学依据。

政府主管部门对某些大型信息化建设项目的项目建议书也要进行评估，其程序和内容与对项目可行性研究的评估基本相同，只是重点对项目建设的必要性进行评估。

项目评估的最终成果是项目评估报告。

项目评估的依据包括如下项目。

（1）项目建议书及其批准文件。

（2）项目可行性研究报告。

（3）报送单位的申请报告及主管部门的初审意见。

（4）有关资源、配件、燃料、水、电、交通、通信、资金（包括外汇）等方面的协议文件。

（5）必需的其他文件和资料。

2. 项目评估的程序

项目评估工作一般可按以下程序进行。

（1）成立评估小组，进行分工，制订评估工作计划。评估工作计划一般应包括：评估目的、评估内容、评估方法和评估进度。

（2）开展调查研究，收集数据资料，并对可行性研究报告和相关资料进行审查和分析。尽管大部分数据在可行性报告中已经提供，但评估单位必须站在公正的立场上，核准已有数据的可靠性，并收集补充必要的数据资料，以提高评估的准确性。

（3）分析与评估。在上述工作基础上，按照项目评估内容和要求，对项目进行技术经济分析和评估。

（4）编写评估报告。

（5）讨论、修改报告。

（6）专家论证会。

（7）评估报告定稿。

3. 项目评估的内容

项目评估主要包括以下内容。

（1）项目与企业概况评估。

（2）项目建设的必要性评估。评估项目是否符合国家的产业政策、行业规划和地区规划，是否符合经济和社会发展需要，是否符合市场需求，是否符合企业的发展要求。

（3）项目建设规模评估。

（4）资源、配件、燃料及公用设施条件评估。

（5）网络物理布局条件和方案评估。

（6）技术和设备方案评估。

（7）信息安全评估。

（8）安装工程标准评估：采用的标准、规范是否先进、合理，是否符合国家有关规定。

（9）实施进度评估。项目的建设工期、实施进度、试运行、运营及系统转换所选择的方案及时间安排是否正确合理。

（10）项目组织、劳动定员和人员培训计划评估。

（11）投资估算和资金筹措。投资额估算采用的数据、方法和标准是否正确，是否考虑了汇率、税金、利息、物价上涨指数等因素。资金筹措的方法是否正确，资金来源是否正当、落实，外汇能否平衡等。

（12）项目的财务效益评估。基本数据的选定是否可靠，主要财务效益指标的计算及参数选取是否正确；推荐的方案是否是“最佳方案”。

（13）国民经济效益评估。在财务经济效益评估的基础上，重点对费用和效益的范围及其数值的调整是否正确进行核查。

（14）社会效益评估。对促进国家或地区社会经济发展，改善生产力布局，带来的经济利益和劳动就业效果、提高国家、部门或地方的科技水平、管理水平和文化生活水平的效益和影响等进行评估。

（15）项目风险评估。盈亏平衡分析、敏感性分析、项目主要风险因素及其敏感度和概率分析，项目风险的预防措施及处置方案。

4. 项目评估报告内容大纲

项目评估报告大纲应包括如下几个方面内容。

（1）项目概况。

- 项目基本情况。
- 综合评估结论。提出是否批准或可否贷款的结论性意见。

（2）详细评估意见。

（3）总结和建议。

- 存在或遗留的重大问题。
- 潜在的风险。
- 建议。

3.4　本章练习

（1）你在评估两个项目，管理层要求确定投资回报率。项目 A 的预计年销售收入为 350 万美元，该项目当年投资为 330 万美元。项目 B 的预计年销售收入为 1.05 亿美元，其当年投资估算为0.98 亿美元。根据投资回报率，你对这两个项目可得到________结论？

A．项目 B 的投资回报率为 7.1，大于项目 A

B．项目 A 的投资回报率为 6.1，比项目 B 的更为有利

C．项目 B 的投资回报率为 9.3，比项目 A 的更为有利

D．项目 A 的投资回报率为 5.7，比项目 B 的更为有利

参考答案：A

（2）你率领一个团队制定项目选择和优先级划分的方法。团队成员考虑了各个管理层关注的问题，包括财务回报、市场份额以及公众认知度。建立项目选择模型最重要的原则是________。

A．能力　　B．现实性　　C．易于使用　　D．成本

参考答案：B

（3）你正启动一个新项目，项目成员位于 5 个国家，组成虚拟团队。为了避免你的团队成员与职能经理在工作优先级上产生冲突，你要求项目发起人拟订________。

A．发给项目成员的备忘录，通知他们现在要为你工作

B．项目章程

C．发给职能经理的备忘录，通知他们你有权指示其下属工作

D．人力资源管理计划

参考答案：B

（4）在准备建议书的过程中，关键是________。

A．确定出谈判策略

B．制定了变更管理策略

C．确定了最终项目的角色和责任

D．在将建议书提交客户之前，已评审了合同条款与条件

参考答案：D

（5）你须为公司另建一座厂房，并已编制了一整套投标邀请书。你可能不会与卖方谈判，然而，你可能会也可能不会与报价最低的卖方签订合同，这在投标邀请书中已明确说明。在这种情况下，你应当准备________。

A．禁止卖方参加开标仪式，因为你需要时间决定将合同授予谁

B．尽可能完整地记录你授予合同的决策

C．通知卖方哪家中标了，并表示就此问题不会进行其他商讨

D．限制得到投标邀请书的卖方数量，以减少冲突

参考答案： B

（6）项目论证的第一个阶段是________。

A．初步可行性研究　　B．机会研究

C．详细可行性研究　　D．项目评估

参考答案： B

（7）当两个投资方案的投资规模不相等时，可用下列________指标比选方案。

A．利润总额　　B．内部收益率

C．财务净现值　　D．财务净现值率

参考答案： D

（8）项目财务效益评估的内容不包括________。

A．盈利能力分析　　B．清偿能力分析

C．劳动能力分析　　D．财务外汇效果分析

参考答案： C

（9）现有两银行可向某项目建设单位提供贷款，其中甲银行的年利率为10.3%，按年计息，而乙银行的年利率为10%，按月计息，则该项目建设单位的结论是________。

A．乙银行的实际利率低于甲银行的实际利率

B．向乙行借款合算

C．向甲行借款合算

D．甲行与乙行的实际利率是一样的

参考答案： C

（10）项目所采用的技术能够在一定的消耗水平下获得最好的经济效益是指项目技术条件的________。

A．技术先进性　B．技术的适用性　C．技术经济性　D．技术的可靠性

参考答案： C

第 4 章　项目整体管理

本章主要介绍项目整体管理的内容、过程、技术、工具与方法。

4.1　项目整体管理概述

项目管理包括范围、进度、成本、质量、人力资源、沟通、风险和采购等几个方面，但这些方面是相互影响与制约的。一般情况下，先制订出一个初步的整体计划，然后，详细制订各个分计划，再用整体管理的方法综合成一个一致的整体计划，在制订初步计划的过程中和综合成一致的整体计划的过程中，我们进行的就是项目整体管理计划的工作。

项目整体管理知识领域包括识别、确定、结合、统一与协调各项目管理过程组内不同过程与项目管理活动所需进行的各种过程和活动。从项目管理的角度来看，“整体管理”兼有统一、合并、结合各方面特征，包括为完成项目和满足顾客与其他利害关系者的要求，管理他们的期望而必须采取的贯穿项目整体的至关重要的行动。比如，如果追求高的质量，一般要增大成本，所以，要在“成本”与“质量”间进行平衡。从管理项目的角度,在任何给定的一天,“整体管理”都要从多种选择中决定应集中的资源和努力，预测潜在问题并加以处理，避免日后恶化，为项目的整体利益而协调工作。“整体管理”还必须努力在各个相互冲突的目标与方案之间权衡取舍。

在各个过程相互影响并作用之时，“整体管理”可在项目管理中发挥明显的重要作用。例如，制订应急计划的成本估算就要求将项目成本管理、项目时间管理以及项目风险管理过程中各详细说明的计划过程结合为整体。在识别出人员配备的各种办法带有风险时，必须重新考察上述一个或多个过程。项目的可交付成果也需要同实施组织或顾客组织的日常业务，或者考虑到将来问题和机会的长期战略规划结合为整体。

大多数有经验的项目管理人员都知道，管理项目并没有单一的办法。他们通过应用不同顺序与严格程度的项目管理知识、技能和过程，来达到各自理想的效果。然而，当在直觉上认为不需要某个具体过程时，并不等于就不应加以考虑。项目经理与项目团队必须考虑每一个过程，必须针对每一个项目的具体情况来确定每一个过程实施的水平。

项目与项目管理的整体性可以通过思考为完成项目而执行的其他活动而得到更深刻的理解。例如，项目管理团队执行的某些活动可能包括：

- 分析和理解范围。其中包括项目与产品要求、准则、假设、制约因素和与项目有关的其他影响。

- 将产品需求的具体准则形成文件，比如软件需求规格说明书。
- 准备工作分解结构。
- 采取适当的措施，使项目按照项目管理计划、形成整体的若干过程，在计划的范围内展开并付诸实施。
- 测量并监视项目状态、过程和成果。
- 分析项目风险。

在各项目管理过程组的子过程之间，经常反复多次产生联系，如范围、进度、成本会相互产生影响。计划过程组在项目的早期为执行过程组提供一份正式的项目管理计划，然后在项目的绩效发生变化时对该项目管理计划进行更新。

“整体管理”的基本任务就是为了按照实施组织确定的程序实现项目目标，将项目管理过程组中需要的各个过程有效形成整体。项目管理整体包括六个过程，在启动过程组有一个过程——制定项目章程；在计划过程组有一个过程——制订项目管理计划，这是我们在这一章所要讨论的主要内容；在执行过程组有一个过程——指导和管理项目执行；在监控过程组有两个过程——监控项目工作、整体变更控制；在收尾过程组有一个过程——结束项目或阶段，执行、监控和收尾过程组我们在后面的章节中再做介绍。

4.2 制定项目章程

首先，我们给出一个项目章程示例。

项目章程实例：

项目名称：CRM 软件开发。

总体里程碑进度表：2009 年 5 月 1 日开工，2009 年 11 月 5 日结束。

项目经理：李梧兵；联系电话：13501099989。

项目立项依据：公司业务经过多年的发展，公司已经拥有了大量的优质客户和一大批潜在的客户，为了稳定与发展公司的客户群，公司管理层决定开发一个 CRM 系统。

项目目标：以标准的客户关系管理理论为指导，结合公司的营销经验，在 6 个月时间里开发完成具备客户管理、市场管理、销售管理、服务管理、统计分析和 Call Center 六大功能的 CRM 客户管理管理软件。预算 6 个月投入为 50 万人民币。

项目干系人：

i. 赵维凯：项目发起人和赞助人，负责监督项目；

ii. 李梧兵：项目经理，负责计划，监控项目，对项目质量负责；

iii. 钱建国：IT 部门经理，负责为项目提供适当资源和培训；

iv. 王可佳：业务接口人，负责为项目提供业务需求。

签名：（以上所有干系人签名）

项目章程是正式批准项目的文件。由于项目章程要授权项目经理在项目活动中动用组织的资源，所以，项目经理任何时候都应在规划开始之前被委派，最好是在制定项目章程之时。

项目章程是由项目实施组织外部签发的，项目签发章程之后，就建立了项目与组织日常工作之间的联系。对于某些组织，只有在完成了分别启动的需求估计、可行性研究、初步计划或其他有类似作用的分析之后，才正式为项目签发项目章程并加以启动。制定项目章程基本上就是将业务需求、上项目的理由、当前对顾客要求的理解，以及用来满足这些要求的产品、服务或成果形成文件。项目章程应当包括以下内容（直接列入或援引其他文件）。

- 项目目的或批准项目的原因。
- 可测量的项目目标和相关的成功标准。
- 项目的总体要求。
- 概括性的项目描述。
- 项目的主要风险。
- 总体里程碑进度计划。
- 总体预算。
- 项目审批要求（用什么标准评价项目成功，由谁对项目成功下结论，由谁来签署项目结束）。
- 委派的项目经理及其职责和职权。
- 发起人或其他批准项目章程的人员的姓名和职权。

在多阶段项目的以后各阶段，制定项目章程过程的作用是验证原来为项目制定与颁发章程所做的各种决定。这一过程在必要时还核准项目下一阶段并更新该章程。

4.2.1　制定项目章程过程

制定项目章程是项目整体管理知识域的一个过程，也是项目启动过程组的主要过程。

制定项目章程的基本内容是核准项目或多阶段项目的阶段。制定项目章程是制定一份正式批准项目或阶段的文件；并记录能反映干系人需要和期望的初步要求的过程。它在项目执行组织与发起组织（或客户，如果是外部项目的话）之间建立起伙伴关系。项目章程的批准，标志着项目的正式启动。在项目中，应尽早确认并任命项目经理，由于项目章程将授权项目经理在项目活动中使用组织资源，项目经理应该参与制定项目章程。

项目由项目以外的人员批准，如发起人、项目管理办公室或项目组合指导委员会。项目启动者或发起人应该具有一定的职权，能为项目提供资金。他们亲自编制项目章程，或授权项目经理代为编制。项目章程经启动者签字，即标志着项目获得批准。可能因内部经营需要或外部影响而批准项目，故通常需要编制需求分析、商业论证或项目所涉及情形的描述。通过编制项目章程，就可以把项目与组织的战略及日常运营工作联系起来。

依据合同、工作说明书、商业论证、事业环境因素和组织过程资产，运用项目管理方法、项目管理信息系统，请专家进行咨询，制定项目章程。“制定项目章程”这一项目管理过程的依据为：

- 协议。
- 项目工作说明书。
- 商业论证。
- 事业环境因素。
- 组织过程资产。

在这个项目管理过程中采用的工具和技术是：

- 专家判断。
- 引导技术。

通过这个项目管理过程，得到的结果是：项目章程。

4.2.2 制定项目章程的依据

制定项目章程时，可利用的依据有合同、项目工作说明书、商业论证、事业环境因素和组织过程资产，下面对这几个依据进行详细说明。

1. 协议

协议定义了启动项目的初衷。协议有多种形式，包括合同、谅解备忘录、服务品质协议、协议书、意向书、口头协议、电子邮件或其他书面协议。通常，为外部客户做项目时，就用合同。

如果项目是为外部顾客而进行的，则来自顾客采购组织的合同是制定项目章程的重要依据。《合同法》规定“合同是平等主体的自然人、法人、其他组织之间设立、变更、终止民事权利义务关系的协议”。合同是买卖双方形成的一个共同遵守的协议，卖方有义务提供合同指定的产品和服务，而买方则有义务支付合同规定的价款。合同是一种法律关系，合同协议根据项目交付物的复杂程度可以很简单也可以很复杂。根据应用领域不同，合同有时也被称为协议、子合同或者采购单。

2. 项目工作说明书

工作说明书是对应由项目提供的产品或服务的文字说明。对于内部项目，项目发起人或赞助人根据业务需求、产品或服务要求提供一份工作说明书。对于外部项目，工作说明书属于顾客招标文件的一部分，如建议邀请书、信息请求、招标邀请书或合同中的一部分。工作说明书指明如下事项之一：

- 业务需求——组织的业务需求可能基于培训需求、市场需求、技术进步、法律要求或政府标准。

- 产品范围说明书——是项目创造的产品或服务要求与特征的文件。产品要求说明书一般在启动阶段不够详细，而在后来的过程中，当产品的特征经过逐步思考与推敲后逐渐地详细起来。这些要求中还应阐明欲创造的产品或服务与经营需要或激发这一需要的其他因素之间的关系。虽然产品要求说明书的形式与内容因行业而异，但在任何时候都应当足够详细，并能够用于以后的项目规划。
- 战略计划——所有的项目都应支持组织的战略目标。在做项目选择决策时，应当将实施组织的战略计划视为考虑因素。

3. 商业论证

商业论证或类似文件能从商业角度提供必要的信息，决定项目是否值得投资。为证实项目的价值，在商业论证中通常要包含业务需求和成本效益分析等内容。对于外部项目，可以由项目发起组织或客户撰写商业论证。

可基于以下一个或多个原因而编制商业论证：

- 市场需求（如为应对汽油紧缺，某汽车公司批准一个低油耗车研发项目）。
- 组织需要（如为提高收入，某培训公司批准一个新课程开发项目）。
- 客户要求（如为了给新工业园区供电，某电力公司批准一个新变电站建设项目）。
- 技术进步（如在计算机存储和电子技术取得进步之后，某电子公司批准一个项目，来开发更快速、更便宜、更小巧的笔记本电脑）。
- 法律要求（如某油漆制品厂批准一个项目，来编写有毒物质处理指南）。
- 生态影响（如某公司实施一个项目来减轻对环境的影响）。
- 社会需要（如为应对流感频发，某发展中国家的非政府组织批准一个项目，开发流感疫苗）。

在多阶段项目中，可通过对商业论证的定期审核，来确保项目能实现其商业利益。在项目生命周期的早期，项目发起组织对商业论证的定期审核，也有助于确认项目是否仍然必要。

4. 事业环境因素

在制定项目章程时，任何一种以及所有存在于项目周围并对项目成功有影响的组织事业环境因素与制度都必须加以考虑。其中包括，但不限于如下事项。

- 组织或公司的文化与组成结构。
- 政府或行业标准（如管理部门的规章制度、产品标准、质量标准与工艺标准）。
- 基础设施（如现有的软件与硬件基础设施）。
- 现有的人力资源（如技能、专业与知识；例如设计、开发、法律、合同发包与采购）。
- 人事管理（如雇用与解雇指导方针、员工业绩评价与培训记录）。
- 公司工作核准制度。
- 市场情况。

- 项目干系人风险承受力。
- 商业数据库（如标准的成本估算数据、行业风险研究信息与风险数据库）。
- 项目管理信息系统（如自动化工具套件，例如进度管理软件工具、配置管理系统、信息收集与分发系统，或者与其他在线自动化系统的连网接口）。项目管理信息系统（PMIS）是在组织内部使用的一套系统集成的标准自动化工具。项目管理团队利用项目管理信息系统制定项目章程，在细化项目章程时促进反馈，控制项目章程的变更和发布批准的项目章程。

5．组织过程资产

在制定项目章程及以后的项目文件时，任何一种以及所有用于影响项目成功的资产都可以作为组织过程资产。任何一种以及所有参与项目的组织都可能有正式或非正式的方针、程序、计划和原则，所有这些的影响都必须考虑。组织过程资产还反映了组织从以前项目中吸取的教训和学习到的知识，如完成的进度表、风险数据和实现价值数据。组织过程资产的组织方式因行业、组织和应用领域的类型而异。例如，组织过程资产可以归纳为如下两类。

（1）组织进行工作的过程与程序。

- 组织标准过程，如标准、方针（安全健康方针，项目管理方针）；软件生命周期与项目生命期，以及质量方针与程序（过程审计、目标改进、核对表，以及供组织内部使用的标准过程定义）。
- 标准指导原则、工作指令、建议评价标准与实施效果评价准则。
- 模板（如风险模板、工作分解结构模板与项目进度网络图模板）。
- 根据项目的具体需要修改组织标准过程的指导原则与准则。
- 组织沟通要求（如可利用的特定沟通技术，允许使用的沟通媒介、记录的保留，以及安全要求）。
- 项目收尾指导原则或要求（如最后项目审计、项目评价、产品确认，以及验收标准）。
- 财务控制程序（如进度报告、必要的开支与支付审查、会计编码，以及标准合同条文）。
- 确定问题与缺陷控制、问题与缺陷识别和解决，以及行动追踪的问题与缺陷管理程序。
- 变更控制程序，包括修改公司正式标准、方针、计划与程序，或者任何项目文件，以及批准与确认任何变更时应遵循的步骤。
- 风险控制程序，包括风险类型、概率的确定与后果，以及概率与后果矩阵。
- 批准与签发工作授权的程序。

（2）组织整体信息存储检索知识库。

- 过程测量数据库，用于搜集与提供过程与产品实测数据。

- 项目档案（如范围、费用、进度，以及质量基准、实施效果测量基准、项目日历、项目进度网络图、风险登记册、计划的应对行动，以及确定的风险后果）。
- 历史信息与教训知识库（如项目记录与文件，所有的项目收尾资料与文件记录，以前项目选择决策结果与绩效的信息；以及风险管理努力的信息）。
- 问题与缺陷管理数据库，包括问题与缺陷状态，控制信息，问题与缺陷解决和行动结果。
- 配置管理知识库，包括公司所有正式标准、方针、程序和任何项目文件的各种版本与基准。
- 财务数据库，包括如工时、发生的费用、预算以及任何项目费用超支等信息。

4.2.3　专家判断

专家判断经常用来评价制定项目章程所需要的依据。在这一过程中，此类专家判断及其知识将应用于任何技术与管理细节。任何具有专门知识或训练的集体或个人可提供此类专家知识，知识来源包括：

- 实施组织内部的其他单位。
- 咨询公司。
- 包括客户或赞助人在内的利害关系者。
- 专业和技术协会。
- 行业集团。

4.2.4　项目选择方法

项目选择方法的用途是确定组织选择哪一个项目。这些方法一般分为如下两大类。

- 效益测定方法，如比较法、评分模型、对效益的贡献或经济学模型。
- 数学模型，如利用线性、非线性、动态、整数或多目标编程算法。

财务方面的考虑向来是项目选择过程中的重要考虑因素。三个主要的项目财务价值评价方法包括净现值分析、投资收益和投资回收率分析。

1. 净现值分析

净现值分析是指把所有预期的未来现金流入与流出都折算成现值，以计算一个项目预期的净货币收益与损失。如果财务价值是项目选择的主要指标，那么只有净现值为正时项目才可给予考虑。为什么呢？因为正的净现值意味着项目收益会超过资本成本——即将资本进行别的投资的潜在收益。如果其他指标都一样的话，应该优先考虑净现值高的项目。表 4-1 举了两个不同项目的例子来说明这个概念。

请注意，这两个项目的现金流总和都等于 5000 美元。但由于考虑了货币的时间价值，它们的净现值是不一样的。今天挣的钱比将来挣的钱值钱。第 1 年项目 1 有 5000 美元的负现金流，而项目 2 只有 1000 美元的负现金流。虽然不折现的话两个项目都有相同的现金流总和，但这些现金流并不具备可比较的财务价值。因此，净现值分析可以用来合理地比较跨越多年的项目现金流。

表 4-1 净现值分析示例

折现率	10%					
项目 1	第一年	第二年	第三年	第四年	第五年	合计
收益	0	2000	3000	4000	5000	14000
成本	5000	1000	1000	1000	1000	9000
现金流	−5000	1000	2000	3000	4000	5000
NPV	2316					
项目 2	第一年	第二年	第三年	第四年	第五年	合计
收益	1000	2000	4000	4000	4000	15000
成本	2000	2000	2000	2000	2000	10000
现金流	−1000	0	2000	2000	2000	5000
NPV	3201					
比较结果	项目 2					

确定 NPV 要遵循以下步骤：

（1）确定项目的现金流入与流出。表 4-2 就已经给出这种例子。注意现金流入是以项目收益的形式给出的，而现金流出是以项目成本投入的形式给出的。每年的现金流是用每年的收益减每年的成本得出的。

表 4-2 项目 1 的净现值、投资收益和投资回收率分析

折现率	10%					
项目 1	第一年	第二年	第三年	第四年	第五年	合计
成本	5000	1000	1000	1000	1000	−9000
折现因子	0.91	0.83	0.75	0.68	0.62	
折现成本	−4545	−826	−751	−683	−621	−7427
收益	0	2000	3000	4000	5000	14000
折现因子	0.91	0.83	0.75	0.68	0.62	
折现收益	0	1653	2254	2732	3105	9743
净现金流现值	−4545	826	1503	2049	2484	2316
累计净现金流现值	−4545	−3719	−2216	−167	2316	4633
ROI	31%					

（2）选定折现率。折现率是指可以接受的最低的投资回收率，也被称做要求收益率、

筛选率或资本机会成本等。多数组织都是用他们投资于其他风险相当的项目中可能的收益率为折现率。表 4-2 使用的折现率是每年 10%。

（3）计算净现值。计算净现值有好几种方法。大多数电子表格都自带有 NPV 的计算功能。表 4-1 中，计算结果得到项目 1 的净现值为 2 316 美元，项目 2 的净现值为 3201 美元。由于两个项目的净现值都为正，所以两个项目都可选用。但是项目 2 的净现值比项目 1 要高，所以这两者之中项目 2 是更好的选择。

NPV 计算的数学表达式是：

$$\mathrm{NPV}=\sum_{t=1}^{n} A/(1+r)^{t}$$

式中，t 表示现金流的持续时间，A 表示每年的现金流量，r 是折现率。该公式的一个更为简单的使用方法就是先确定每年的折现率，然后将它们用于每年的成本和收益。将折现收益与折现成本相加就得到了净现值，这里假设成本是负值表示的。表 4-2 与表 4-3 举例说明了这种计算方法。

表 4-3　项目 2 的净现值、投资收益和投资回收率分析

折现率	10%					
项目 2	第一年	第二年	第三年	第四年	第五年	合计
成本	2000	2000	2000	2000	2000	−10000
折现因子	0.91	0.83	0.75	0.68	0.62	
折现成本	−1818	−1653	−1503	−1365	−1242	−7582
收益	1000	2000	4000	4000	4000	15000
折现因子	0.91	0.83	0.75	0.68	0.62	
折现收益	909	1653	3005	2732	2484	10783
净现金流现值	−909	0	1503	1366	1242	3201
累计净现金流现值	−909	−909	594	1960	3201	6403
ROI	42%					

根据前面例子中用的折现率 10%或 0.10，你可以根据这个折现率算得每年的折现因子。每年的折现因子如下：

第一年：折现因子=1/（1+0.10）^{1}＝0.91

第二年：折现因子=1/（l+0.10）^{2}＝0.83

第三年：折现因子=1/（l+0.10）^{3}＝0.75

第四年：折现因子=1/（1+0.10）^{4}＝0.68

第五年：折现因子=1/（l+0.10）^{5}＝0.62

然后，可以将折现因子乘上每年的成本，得到每年的折现成本。同样，也可以得到每年的折现收益。要得到净现值，将成本以负值表示，将折现收益与折现成本相加即得。

注意表 4-2 所得的项目 1 的净现值 2316，以及表 4-3 中所得的项目 2 的净现值 3201 与表 4-1 中相应的计算值是一样的。

2. 投资收益率分析

另一个重要的财务指标就是投资收益率。ROI 是将净收入除以投资额的所得值。例如，假设你今天投了 100 美元。第二年增值到 110 美元，你的投资收益率就是（110−100）/100，即 0.10 或 10%。在计算多年份项目的投资收益率时，最好对收益和投资进行折现。表 4-2 与表 4-3 给出了这类计算。比如，可以这样计算项目 1 的投资收益率：

ROI=（总的折现收益−总的折现成本）/折现成本

ROI=（9747−7427）/7427=31%

ROI 越大越好。项目 2 的 ROI 是 42%，因此，从投资收益率指标考虑的话，项目 2 比项目 1 更好。许多组织都有自己的要求收益率。要求收益率是每项投资中要求的最低要达到的收益率，经常是以该组织投资其他风险相当的项目所可能获得的收益率为准。

3. 投资回收期分析

投资回收期分析是另一个项目选择过程中要用到的重要财务分析工具。投资回收期就是以净现金流入补偿净投资所用的时间。换句话说，投资回收期分析就是要确定得经过多长时间累计收益就可以超过累计成本以及后续成本。当累计折现收益与成本之差开始大于零时，回收就完成了。表 4-2 与表 4-3 举例说明了如何计算投资回收期、净现值和投资收益率。项目 1 的投资在第 5 年的初期就全部回收了（见表 4-2），而项目 2 则在第 3 年就回收了（见表 4-3）。因此，项目 2 由于回收期更短，所以优于项目 1。

许多公司对于投资回收期的长度都会建议在某个长度以内。他们可能会要求所有的 IT 项目的投资回收期在 3 年、甚至 2 年以内，而不考虑预期净现值和投资收益率。为有利于项目的选择，项目经理必须知道组织对项目的财务期望。还有一点也很重要，即上级管理人员必须明白财务估计的局限性，特别是对那些 IT 项目来说更是这样。例如，对于 IT 项目来说，要对项目成本和项目收益进行很好的估计是非常困难的。这个问题在“项目成本管理”中有更进一步的讨论。

4.2.5 项目启动会议

良好的开端是成功的一半，项目启动会议是一个项目的开始，因此其对于项目的顺利开展非常重要。我们知道，项目启动会议一般由项目经理负责组织和召开。然而，有不少项目经理对项目启动会议不重视、走过场，或虽然知道其重要但不知道如何才能将其开好。

项目启动会议是启动项目的一种常用方式。召开项目启动会议的主要目的在于使项目的主要利益相关者明确项目的目标、范围、需求、背景及各自的职责与权限。开好项目启动会议要做好如下五个方面的工作：

（1）确定会议目标。项目启动会议的具体目标包括建立初始沟通、相互了解、获得支持、对项目方案达成共识等。

（2）做好会议前的准备工作。它包括审阅项目文件、召开预备会议、明确关键问题、编制初步计划、编制人员和组织计划、开发团队工作环境、准备会议材料等。

（3）明确并通知参加会议的人员。典型的项目启动会议都是由项目经理作为项目主持人，参加的人员有项目委托人、组织的高层领导、客户的项目经理、客户部门的负责人、职能部门经理及项目全体人员。

（4）明确会议的主要议题。它包括采用的项目开发过程、项目产品、项目资源和进度、项目管理系统及下一步的工作等。

（5）做好记录。项目启动大会，一定要作好记录，这些记录可以很好地给自己留存一个档案，今后如果有类似的活动可以进行参考，而且可以很好地进行总结，将好的方面继续发扬，不好的可以进行改进。

4.2.6　项目目标

目标与目的不同。目的是想要达到的地点或境地或想得到的结果。而目标是行动对象或欲使其达到的境地或标准。目标应该是具体的、可度量的、可达到的、与企业战略目标相关的和有时间限制的。

目标的用途之一是衡量目的是否已经达到，结果是否符合事先说明的需要和要求。从数目上讲，目的可能只有一个，而目标可以有多个。项目要创造独特的产品或服务，或完成独特的任务。而创造独特的产品或服务，或完成独特的任务的目的又是什么呢？是为了解决组织遇到的问题、利用出现的机会或者满足组织的发展需要。

如何判断组织遇到的问题、应当利用的机会或组织的发展需要是否已经解决，或是否得到满足呢？问题解决、机会利用或需要和要求满足的程度又如何呢？对于这里的“是否”和“程度”，可以使用若干个指标的大小来加以衡量。

例如某项目应取得的成果是一部反映城镇住房制度改革的电视节目。那么，对于这一项目就可以用如下指标或标准回答“是否反映”和“反映得如何”这两个问题。

（1）内容是否客观、完整，是否如实介绍了改革的缘由、发起、过程、重大事件、重要角色，以及改革的结果。

（2）观点是否正确，即是否宣传了城镇住房制度改革的本来用意；是否告诉了观众，城镇住房制度改革实际上是国民收入分配制度的改革；观众是否因此建立了信心，坚信通过这样的改革，一定能够通过自己辛勤的劳动圆满解决自己家庭的居住问题。

（3）该节目的制作费用是否超过了预算，超过了多少。

（4）该节目的制作是否按期完成，如果未能按期完成，则延误了多长时间。

（5）摄制组人员是否健康、安全，是否发生过事故。如发生事故，情况严重吗？

（6）节目质量如何，画面、色彩、亮度、解说词和人物对白、音调、音乐等是否均达到了要求。

（7）……

项目的目标要指明属于项目的费用、时间、性能指标、材料用量等变数之中的哪一个，还要有计量单位，例如元、天、错误率、公斤、立方米等。

一般来说，目标必须要量化，是可度量的。不过，有些目标难以用具体的数量进行衡量。

以上列出来的 6 个指标，指标（1）、（2）和（6）是有关项目成果的，可称为“成果指标”；而指标（3）、（4）和（5）是有关制约节目制作组的，可称为“制约条件指标”或“管理指标”。此外，指标（3）和（4）明显可以用具体的数量来回答，而指标（1）、（2）、（5）和（6）就不能。指标（2）不但不能以数量衡量，即使用话也说不清楚，因为直到现在，人们也没有就城镇住房制度改革的本来用意和本质达成一致意见。

如果将这些指标当作鼓励或劝阻人们行动的因素，则它们就成了人们追求或力图避免的目标：成果指标变成了成果目标；而制约条件指标或管理指标变成了约束（条件）目标或管理目标。

成果目标和约束目标之间经常发生矛盾，甚至发生冲突。如果电视节目制作项目的经费多一些，摄制组就可以多访问一些改革当事人、多买些住房制度改革的文件和研究成果；期限若宽松一些，就可以在后期制作时多加推敲、加工、润色等等。反过来，若将开支严格限制在预算内，而且期限绝对不能超过，则节目内容和艺术效果就可能达不到要求。

项目团队一定要分清成果目标和约束目标的轻重缓急，一般说来，约束目标应让位于成果目标。不但如此，多个成果目标和多个约束目标中间，也要分清各自的主次。例如，在竞争日趋激烈的今天，就民间替代产品研制项目的预算目标与时间目标这两个约束目标之间而言，一般是时间目标的重要性高于预算和费用目标。多个目标的轻重缓急或优先顺序，可以根据项目委托人、项目班子和其他利害关系者的要求、经验、常识、判断等，使用层次分析法（AHP）或其他定性和定量方法来确定。

项目目标要量化。可以量化的目标，例如，时间目标和成本（费用）目标应当有一个允许变动的范围。只有这样，才便于测量项目的进展，及时发现问题；便于在不同的目标发生冲突时做出权衡；便于判定项目的目标是否能够实现；便于在必要时改变项目的方向或及时果断地中断项目。实际上，达到的目标可用来决定项目的开始、暂停、结束或取消。

含混不清的目标难以测定，难以判断项目的目的是否已经达到，无法激励人们制定实现项目目的的战略。

项目通常有多个目标，目标的多少取决于项目范围和考虑的层次。目标还可以划分为若干层次。例如，农村开发项目的目的可能是引进良种、改进耕作、提高产量、增加收入。这些目的也可能就是目标。其中增加收入是最终目的，属于最高的目标；而引进良种和改进耕作是底层目标。

有了上面的一般性说明，就可以更明确地概括项目管理应当做的工作，可为项目管理再下一个定义：项目管理就是规划、组织、指导和控制项目的逐步发展和逐步完善，使其能够以可能最优的方式，取得最优的结果而实现项目的要求和预期目的。

在制定一些目标来衡量项目管理的优劣或效率时，或者将其作为激励项目班子成员的手段，一定要注意以下几点：

（1）将成果目标和约束目标区分开来。

（2）将目的和手段区别开来。

（3）不制定无法量化或无法实现的目标。

（4）不转移项目管理人员的努力方向。

4.2.7 引导技术

引导技术可用于指导项目章程的制定。头脑风暴、冲突处理、问题解决和会议管理等，都是引导者可以用来帮助团队和个人完成项目活动的关键技术。

4.3 制订项目管理计划

4.3.1 项目管理计划

在介绍与讨论项目管理计划之前，我们先看一个网上花店系统的项目管理计划实例。

1. 项目名称

京华网上花店系统。

2. 项目背景

随着互联网技术的飞速发展，互联网已经走进千家万户，“京华”鲜花店为了突破时空限制，降低交易成本，节约客户订购、支付和配送的时间，方便客户购买，决定进入电子商务网上鲜花销售市场，建立一个京华网上销售系统，利用互联网在线支付平台进行交易，实现网络营销与传统营销双通道同时运行的新型鲜花营销模式。

建设网上花店将取得以下几方面的收益：① 网上销售带来量的增加。预计网站运营起半年内花店收入增长 10%，一年半内销售收入增长 50%。② 网上销售带来的成本节约。预计鲜花销售成本可减少 20%～30%。③ 品牌增值带来的收益：网上商店的运作将扩大“京华”的知名度，提升“京华”品牌，最终使“京华”成为北京地区有影响力的鲜花网上销售企业。

3. 项目范围管理计划，范围基准

京华网上花店系统的总体目标是成为北京地区有影响力的鲜花网上销售企业，这一目标将分三个阶段实现。

项目的范围定为采用现有的各种网络技术、构建一个鲜花、礼品等商品多级查询、选择、订购的一个网上销售系统，为客户提供方便、快捷、安全的网上购物环境。

项目可交付成果包括一个网上购物商城，提供各类管理文档，开发技术文件，系统使用和用户手册，并对人员提供必要的培训。详细的可交付物说明参见 WBS 文档。

项目范围管理的方法为：

（1）范围说明书只有项目经理有权更新和发布。

（2）范围说明书是制定项目 WBS 的基础和依据。

（3）对项目范围说明书的更改或调整可能会引起合同变更，要对此慎重。

4. 项目进度管理计划，进度基准

项目建设周期约需要 6 个月。

5. 项目成本管理计划，成本基准

项目建设预计投入 20 万元，用于平台搭建、软硬件资源购买、技术支持及管理和人员的费用。成本预算方案见表 4-4。

表 4-4 成本预算方案

序号		项目	费用（元）
设备	1	服务器	23 000
软件	3	操作系统软件	5 000
	4	数据库软件	15 000
	5	防病毒软件	300
网站功能开发	3	项目人员费用	20 000
	4	应用系统开发费用	50 000
网站推广	5	网上推广	10 000
	6	网下推广	20 000
网站运营/维护	7	人员费用	50 000 元/年
	8	主机托管/网站维护	7 000 元/年
	9	国内域名/国际域名	600 元/年
合计		首年费用合计	143 300
		每年运营/维护费用	57 600
共计：200 900 元			

6. 项目质量管理计划

项目开发过程中按照公司制定的 CMMI 三级标准过程来进行。在里程碑会议和周例会上按照公司的软件开发质量检查表、质量评审过程进行质量审查，提出改进措施并及时进行改进。详细的质量检查表、质量检查过程标准参见公司标准。

7. 项目人力资源计划

金建文（项目经理） 主要负责经营策略与项目规划

蒋长敏　　　　　主要负责网站开发
邓　苗　　　　　主要负责网站的制作和维护
程智磊　　　　　主要负责市场调查和业务流程设计

8. 项目沟通计划

利用 BBS 建立一个项目共享区，所有项目干系人都通过这个共享区进行交流与沟通。项目的进展情况通过项目例会和里程碑会议进行检查与收集。项目沟通计划可根据项目实际情况进行及时调整。

9. 项目风险管理计划，风险登记册

项目实施过程中可能遇到的风险及防范措施如下。

1）技术风险

（1）黑客攻击，或者病毒入侵会导致网站死机或者不能访问，影响网上花店的运作。防范措施是加强病毒和入侵检测，设置好防火墙。

（2）设备硬件损坏导致网站不能访问或者数据丢失，使花店客户遭受损失。防范措施是做好数据备份以及硬件备份。

（3）开发方出现问题使开发进度缓慢导致实施进度无法跟上计划。防范措施一是多方比较慎重选择合作方；二是签订规范合理合同，在出现纠纷时能通过法律途径保护本网站的正当权益。

2）经营风险

（1）网站宣传推广效果不好，网站访问量少。防范措施是推广网站时应根据企业的自身情况选定合适的搜索引擎注册，并且隔一段时间观察排名情况，总结出哪些搜索引擎能带来实际效果。注意跟进，积累数据，为了以后的业务开展积累经验，不断改进网站推广方式。还要注意引进结合网下的多种推广方式。

（2）由于目前企业计算机人才缺乏，对外包单位依赖较大，网站一旦出现问题只能由其解决。防范措施是加强员工两个方面的技术培训，一是要求电子商务员熟悉网站各模块的操作，二是要求网络管理员熟悉网站系统的管理以及网站应用系统的程序。

（3）若项目运营得比较成功，客户量增大，客户订单增长迅速，花店接纳客户能力（快速供货能力）会受到考验。防范措施是加强与供应商的合作与联系，提高双方的反应能力，避免出现订单积压、供货链断裂的现象。

3）管理风险

（1）由于业务流的改变，网上花店人员对新的销售流程不熟悉导致花店动作出现混乱。防范措施是加强对花店人员的业务培训，主要是网上业务流程的培训。

（2）由于有网上与网下两种销售方式，其中的协调可能会出现问题。防范措施是统一协调制订网上网下的营销方案，加强各部门对网上销售业务的培训，以及准备应急的方案。

4）市场风险

可能出现多家竞争对手，使竞争激烈，导致预期销售量减少。防范措施是加强对竞争对手的分析，及时调整经营策略。

10. 项目采购计划

项目所需要的硬件和软件的采购计划如下。

（1）硬件选型方案所需设备如表 4-5 所示。

表 4-5　硬件选型方案

No	名　　称	型　　号	单　　价	数　　量	金　　额
1	服务器	戴尔 PowerEdge　1850(Xeon3.0G)1U 机架式	23 000.00	1	23 000.00
	合计				23 000.00

2）正版软件系统费用见表 4-6。

表 4-6　软件系统费用

No	名　　称	单　　价	数　　量	金　　额	备　　注
1	MS Windows2000	5 000.00	1	5 000.00	
2	MS Sql Server2000	15 000.00	1	15 000.00	
3	Kill1000-1999				
	User Pack(Kill-user-6X-1999)	300.00	1	300.00	
4	KFW 傲盾防火墙企业服务器版	5 000.00	1	5 000.00	
	合计：			25 300.00	

从上面的示例中可以看出，一个项目管理计划一般包括项目范围管理计划、进度管理计划、成本管理计划、质量管理计划、过程改进计划、人员配备管理计划、沟通管理计划、风险管理计划、采购管理计划等分计划。项目管理计划详略均可，可由一个或多个部分计划，以及其他事项组成。每一个分计划和其他组成部分的详细程度都要满足具体项目的需要。其他组成部分可以包括这些内容：里程碑清单、资源日历、进度基准、成本基准、质量基准、风险登记册等。

项目管理计划记录了计划过程组的各个计划子过程的全部成果，包括：

- 项目管理团队选择的各个项目管理过程。
- 每一选定过程的实施水平。
- 对实施这些过程时使用的工具与技术所做的说明。
- 在管理具体项目中使用选定过程的方式和方法，包括过程之间的依赖关系和相互作用，以及重要的依据和成果。
- 为了实现项目目标所执行工作的方式、方法。
- 监控变更的方式、方法。
- 实施配置管理的方式、方法。

- 使用实施效果测量基准并使之保持完整的方式、方法。
- 项目干系人之间的沟通需要与技术。
- 选定的项目生命期和多阶段项目的项目阶段。
- 高层管理人员为了加快解决未解决的问题和处理未做出的决策，对内容、范围和时间安排的关键审查。

项目管理计划确定了执行、监视、控制和结束项目的方式与方法。项目管理计划是项目的主计划或称为总体计划，它确定了执行、监控和结束项目的方式和方法，包括项目需要执行的过程、项目生命周期、里程碑和阶段划分等全局性内容。项目管理计划是其他各子计划制订的依据和基础，它从整体上指导项目工作的有序进行。

在初次制订项目管理计划时，由于各方面的信息还不十分明朗，因此项目经理只需要从宏观上把握住项目的主体管理思路，切记不能理想化而期望项目管理计划一步到位。

4.3.2　制订项目管理计划过程

制订项目管理计划过程包括将确定、协调与综合所有部分计划所需要的行动形成文件，使其成为项目管理计划。项目管理计划的内容因项目的应用领域和复杂程度而异。这一过程的结果使项目管理计划通过整体变更控制过程得以更新与修改。

制订项目管理计划过程是确定、编制所有部分计划并将其综合和协调为项目管理计划所必需的过程。项目管理计划是有关项目如何计划、执行、监控及结束的基本信息来源。

“制订项目管理计划”这一项目管理过程的依据为：

（1）项目章程。项目章程的内容多少取决于项目的复杂程度及所获取的信息数量。项目章程至少应该定义项目的高层级边界。在启动过程组中，项目经理把项目章程作为初始规划的始点。

（2）其他过程的输出结果。编制项目管理计划需要整合诸多过程的输出。其他规划过程所输出的任何基准和子管理计划，都是本过程的输入。此外，对这些文件的变更都可能导致对项目管理计划的相应更新。

（3）事业环境因素。能够影响制订项目管理计划过程的事业环境因素包括：政府或行业标准；纵向市场（如建筑）或专门领域（如环境、安全、风险或敏捷软件开发）的项目管理知识体系；项目管理信息系统；组织的结构、文化、管理实践和可持续发展；基础设施（如现有设施和固定资产）；人事管理制度（如人员招聘和解雇指南、员工绩效评价、员工发展与培训记录）。

（4）组织过程资产。组织过程资产在 4.2.2 节已经进行了说明。项目管理其他规划过程输出结果中，包括范围、进度、成本等 9 个知识域制订的分计划是制订项目管理整体计划的依据，在各个分计划制订后，要将这些分计划进行协调、平衡和综合成一个整体计划。

在这个项目管理过程中采用的工具和技术主要是用专家判断和引导技术。

在制订项目管理计划时，专家判断可用于：根据项目需要而裁剪项目管理过程；编制应包括在项目管理计划中的技术与管理细节；确定项目所需的资源与技能水平；定义项目的配置管理级别；确定哪些项目文件受制于正式的变更控制过程；确定项目工作的优先级，确保把项目资源在合适的时间分配到合适的工作。

引导技术可指导项目管理计划的制订。头脑风暴、冲突处理、问题解决和会议管理等，都是引导者可以用来帮助团队和个人完成项目活动的关键技术。

通过这个项目管理过程，得到的结果是项目管理计划。

下面重点介绍一下在制订项目整体管理计划中用到的项目管理信息系统。

4.3.3 项目管理信息系统

项目管理信息系统是由用于归纳、综合和传播项目管理程序输出的工具和技术组成。它用于提供从项目开始到项目最终完成，包括人工系统和自动系统的所有信息。随着项目，尤其是较大型项目的启动、规划、实施等项目生命周期的展开，与项目有关的合同、图纸、报告、文件、照片、音像、模型等各种各类纸介质和非纸介质信息会层出不穷地产生，对项目信息的管理变得越来越重要。项目信息管理的效率和成本将直接影响项目管理其他环节的工作效率、质量和成本。

很显然信息处理始终贯穿着项目管理的全过程。如何高效、有序、规范地对项目全过程的纸介质信息资源进行管理，是现代项目管理的重要环节。随着互联网 Internet、多媒体数据库 MMDB 及电子商务 EC 等以计算机和通信技术为核心的现代信息管理科技的迅猛发展，又为项目（特别是大型建设工程项目）信息管理系统的规划、设计和实施提供了全新的信息管理理念、技术支撑平台和全面解决方案。由此导入了项目信息化管理的全新观念。

项目管理信息系统（PMIS）就是这样一种基于计算机技术而进行的项目管理系统。它能够帮助进行费用估算，并收集相关信息来计算挣得值和绘制 S 曲线，能够进行复杂的时间和资源调度，还能够帮助进行风险分析和形成适宜的不可预见费用计划等。例如，项目计划图表（PERT 图、甘特图）的绘制，项目关键路径的计算、项目成本的核算、项目计划的调整、资源平衡计划的制订与调整以及动态控制等都可以借助于项目管理信息系统。一个项目管理信息系统主要由两部分组成的——计划系统和控制系统。下面介绍的配置管理系统和变更控制系统是项目管理信息系统的子系统。

1. 配置管理系统

配置管理系统是整个项目管理信息系统的一个子系统。该系统包括的过程用于提交变更建议，追踪变更建议的审查与批准制度，确定变更的批准级别，以及确认批准的变更方法。在大多数应用领域，配置管理系统包含变更控制系统。配置管理系统还是正式形成为文件的程序的全体，用于为下列事项提供技术和行政指导和监督：

- 识别产品或组成部分的功能与实体特征并形成文件。
- 控制上述特征的所有变更。
- 记录并报告每一变更及其实施状况。
- 辅助产品或组成部分的审查，核实是否符合要求。

配置管理系统在软件项目中具有非常重要的作用，一般目前常用的配置管理软件工具有 CVS、VSS、ClearCase 等。

2. 变更控制系统

变更控制系统是正式形成文件的过程的全体，用于确定控制，改变和批准项目可交付成果和文件的方式、方法。变更控制系统是配置管理系统的一个子系统。例如，对于信息技术系统而言，变更控制系统可以包括每一软件组件的技术规定说明书（脚本、源代码、数据定义语言等）。

4.4　指导与管理项目执行

指导与管理项目执行过程要求项目经理和项目团队采取多种行动执行项目管理计划，完成项目范围说明书中明确的工作。这些行动包括：

- 开展活动实现项目目标。
- 付出努力与资金，实现项目目标。
- 配备、培训并管理分派到本项目上的项目团队成员。
- 根据具体情况取得报价、标书、要约或建议书。
- 在潜在的卖方中间进行比较，选定卖方。
- 取得、管理并使用资源，包括材料、工具、设备与设施。
- 实施已列入计划的方法和标准。
- 创造、控制、核实并确认项目可交付成果。
- 管理风险并实施风险应对活动。
- 管理卖方。
- 将批准的变更纳入项目的范围、计划和环境。
- 建立并管理项目团队内外的项目沟通渠道。
- 收集项目数据并报告费用、进度、技术与质量绩效，以及有助于预测的状态信息。
- 收集与记载吸取的教训，并实施批准的过程改进活动。

项目经理与项目管理团队一起指导计划项目活动的开展，并管理项目内部各种各样的技术与组织接口。指导与管理项目执行过程最直接会受到项目应用领域的影响。可交付成果是为完成项目管理计划中列入并做了时间安排的项目工作而进行的过程的成果。收集有关可交付成果完成状况，以及已经完成了哪些工作的工作绩效信息，属于项目执行的一部分，并成为绩效报告过程的依据。虽然项目的产品、服务或成果经常是诸如计算机、网络等有形之物；但也会提供诸如训练等无形的可交付成果。

指导与管理项目执行还要求实施：

- 批准的纠正措施，使项目实施的预期结果始终符合项目管理计划的要求。
- 批准的预防措施，降低潜在的消极后果发生的可能性。
- 批准的缺陷补救请求，纠正质量过程发现的产品缺陷。

在执行项目计划过程中，项目团队必须对项目各种技术和组织界面进行管理，协调项目内外的各种关系。项目经理和团队全体成员必须充分发挥全部技术和管理技能，凡事遵循“工作核准制度”。所谓工作核准制度，就是一套事先确定的着手项目活动之前应遵循的程序，其中包括必要的审批制度、人员和权限，以及表格或其他书面文件。若有必要和可能，还可以成立一个工作核准小组或委员会，负责审查和批准工作。工作核准制度可以保证凡事“一次做好”，保证时间和顺序不出问题，不返工。具体做法一般是经过书面批准之后才能开始具体的项目活动。小项目则不必如此烦琐，口头批准或按常规办事即可。

必要时，要召开实施状况审查会。一般可定期召开，交流项目进展情况，但会议频度应视项目情况而定。例如，项目团队一周一次，其他项目干系人一月一次。

遇到项目团队无法解决的问题时，应当看一看本组织或其他参与本项目的组织是否有现成的办法可以使用。或许它们以前遇到过类似问题，有现成的办法或程序。

项目管理信息系统在执行项目计划过程中非常重要，一定要充分加以利用。

在执行项目计划过程中，项目经理必须努力协调项目团队成员和其他项目干系人的关系，满足项目的要求，达到项目的目的，这个过程叫作“整体协调”。对于项目，管理的协调职能就体现在这里：

（1）整体协调应解决的主要问题。项目经理若要完成整体协调任务，就必须在3个主要方面解决问题或做出决定：① 清除管理过程中的障碍或确定优先次序；② 必须做出决定的技术难题；③ 解决顾客和委托人的问题。

（2）整体协调应采取的行动。项目经理在整体协调过程中必须采取的行动主要有：① 随时审查和更新项目计划；② 坚持项目计划，保证控制；③ 化解冲突；④ 扫除障碍；⑤ 确定优先次序；⑥ 做出各界面之间的行政和技术决定；⑦ 解决顾客和委托人的问题；⑧ 保证项目阶段之间的衔接；⑨ 保证各界面之间的沟通顺畅。

在执行项目计划过程中，项目经理至少必须与5种不同的人打交道：① 项目实施组织的高层管理人员；② 项目团队中的下属；③ 界面人员，例如，接待人员、负责人的秘书、负责本项目产品设计的专业技术人员等；④ 项目实施组织职能部门负责人；⑤ 项目实施组织之外的人。

在整体协调过程中，项目经理应当正确而又充分地利用自己的权力。项目经理的权力包括3个方面：权限、感化影响和知情力。权限是项目经理因其在组织中的地位而拥有的。权限为他人认可的程度有限，对他人行为的影响一般也不大。感化影响力是建立在个人知识、经验、人格和魅力基础上的，项目经理可以利用这类权力影响不直接参与项目但却需要与其合作的人。知情力更为重要。“没有调查，就没有发言权”，全面、及时而又准确地掌握项目各方面的情况（或称信息），是判断、决策和指导项目工作的基础。

4.4.1　指导与管理项目执行的依据

指导与管理项目执行的依据有以下 4 项。

1．项目管理计划

执行项目计划的主要依据就是项目管理计划，包括范围管理、风险管理、采购管理等具体领域的计划、辅助资料和组织方针。

2．批准的变更请求

批准的变更请求是实施整体变更控制过程的输出，包括那些经变更控制委员会审查和批准的变更请求。批准的变更请求可能是纠正措施、预防措施或缺陷补救。项目团队把批准的变更请求列入进度计划并付诸实施。批准的变更请求可能对项目或项目管理计划的某些领域产生影响。批准的变更请求可能导致修改政策、项目管理计划、程序、成本、预算或进度计划。批准的变更请求可能要求实施预防或纠正措施。

3. 事业环境因素

会影响指导与管理项目工作过程的事业环境因素包括（但不限于）：组织文化、公司文化或客户文化，执行组织或发起组织的结构；基础设施（如现有的设施和固定资产）；人事管理制度（如人员雇用与解聘指南、员工绩效评价与培训记录）；干系人风险承受力（如允许的成本超支百分比）；项目管理信息系统（如自动化工具，包括进度计划软件、配置管理系统、信息收集与发布系统或进入其他在线自动化系统的网络界面）。

4. 组织过程资产

能够影响指导与管理项目工作过程的组织过程资产包括（但不限于）：标准化的指南和工作指示；组织对沟通的要求，如许可的沟通媒介、记录保存政策及安全要求；问题与缺陷管理程序，包括对问题与缺陷的控制、识别与处理，以及对相关行动的跟踪；过程测量数据库，用来收集与提供过程和产品的测量数据；以往项目的项目档案（如范围、成本、进度和绩效测量基准，项目日历，项目进度计划，进度网络图，风险登记册，风险应对计划，风险影响评价和文档化的经验教训）；问题与缺陷管理数据库，包括历史问题与缺陷的状态、控制信息、解决方案，以及相关行动的结果。

4.4.2　指导与管理项目执行的工具与技术

指导与管理项目执行的工具与技术有以下 3 项。

1．专家判断

专家判断用于评估“指导与管理项目管理计划执行”所需的输入。在本过程中，可以使用专家判断和专业知识来处理各种技术和管理问题。专家判断由项目经理和项目管理团队依据其专业知识或培训经历做出，也可从其他许多渠道获得，包括：组织内的其他部门；顾问和其他主题专家（来自内部和外部）；干系人，包括客户、供应商或发起人；专业与技术协会。

2. 项目管理信息系统

作为事业环境因素的一部分，项目管理信息系统提供下列工具：进度计划工具、工作授权系统、配置管理系统、信息收集与发布系统，或进入其他在线自动化系统的网络界面。本系统也可用于自动收集和报告关键绩效指标（KPI）。

3. 会议

在指导与管理项目工作时，可以通过会议来讨论和解决项目的相关问题。参会者可包括项目经理、项目团队成员，以及与所讨论问题相关或会受该问题影响的干系人。应该明确每个参会者的角色，确保有效参会。会议通常可分为下列三类：交换信息；头脑风暴、方案评估或方案设计；制定决策。

最好不要把各种会议类型混合在一起。会前，应该做好准备工作，包括确定会议议程、目的、目标和期限；会后，要形成书面的会议纪要和行动方案。应该按照项目管理计划中的规定保存会议纪要。面对面的会议效果最好。也可以借助视频或音频会议工具举行虚拟会议，但通常需要进行额外的准备和组织，以取得与面对面会议相同的效果。

4.4.3 指导与管理项目执行的成果

指导与管理项目执行的成果包括以下5项。

1. 可交付成果

可交付成果是任何在项目管理规划文件中记录，并为了完成项目而必须生成和提交的独特并可核实的产品、成果或提供服务的能力。可交付成果通常是为实现项目目标而完成的有形的组件，也可包括项目管理计划。

2. 工作绩效数据

工作绩效数据是在执行项目工作的过程中，从每个正在执行的活动中收集到的原始观察结果和测量值。数据是指最底层的细节，将由其他过程从中提炼出项目信息。在工作执行过程中收集数据，再交由各控制过程做进一步分析。工作绩效数据包括但不限于以下项目。

- 表明进度绩效的状态信息。
- 已经完成与尚未完成的可交付成果。
- 已经开始与已经完成的计划活动。
- 质量标准满足的程度。
- 批准与已经开销的费用。
- 对完成已经开始的计划活动的估算。
- 绩效过程中的计划活动实际完成百分比。

- 吸取并已记录且转入经验教训知识库的教训。
- 资源利用的细节。

3. 变更请求

变更请求是关于修改任何文档、可交付成果或基准的正式提议。变更请求被批准之后将会引起对相关文档、可交付成果或基准的修改，也可能导致对项目管理计划其他相关部分的更新。如果在项目工作的实施过程中发现问题，就需要提出变更请求，对项目政策或程序、项目范围、项目成本或预算、项目进度计划或项目质量进行修改。其他变更请求包括必要的预防措施或纠正措施，用来防止以后的不利后果。变更请求可以是直接或间接的，可以由外部或内部提出，可能是自选或由法律/合同所强制的。变更请求可能包括：纠正措施，为使项目工作绩效重新与项目管理计划一致而进行的有目的的活动；预防措施，为确保项目工作的未来绩效符合项目管理计划而进行的有目的的活动；缺陷补救，为了修正不一致的产品或产品组件而进行的有目的的活动；更新，对正式受控的项目文件或计划等进行的变更，以反映修改或增加的意见或内容。

4. 项目管理计划的更新

项目管理计划可能需要更新如下内容：范围、进度、成本、质量管理计划，过程改进计划，人力资源管理计划，风险、采购管理计划，干系人管理计划，项目范围、成本、进度基准。

5. 项目文件更新

需要更新的项目文件可能有：需求文件、项目日志、风险登记册、干系人登记册等。

4.5　监控项目工作

监视和控制项目工作过程是监视和控制启动、规划、执行和结束项目所需的各个过程。采取纠正或预防措施控制项目的实施效果。监视是贯穿项目始终的项目管理的一个方面。监视包括收集、测量并散发绩效信息，并评价测量结果和实施过程改进的趋势。连续的监视使项目管理团队能够洞察项目的状态是否正常，并识别任何可能要求给予特别注意的方面。监控项目工作过程的对象是：

- 对照项目管理计划比较项目的实际表现。
- 评价项目的绩效，判断是否出现了需要采取纠正或预防措施的迹象，并在必要时提出采取行动的建议。
- 分析、跟踪并监视项目风险，确保及时识别风险，报告其状态，执行适当的风险应对计划。
- 建立有关项目产品以及有关文件的准确和及时的信息库，并保持到项目完成。
- 为状态报告、绩效测量和预测提供信息支持。
- 为更新当前的成本和进度信息提供预测。

- 在实施批准的变更时进行监视。

4.5.1 监控项目工作的依据

监控项目工作的依据包括以下 7 项。

1. 项目管理计划

监控项目工作包括查看项目的各个方面。项目管理计划中的子计划是控制项目的依据。子计划和基准包括（但不限于）：范围、进度、成本、质量管理计划，过程改进计划，人力资源管理计划，风险、采购管理计划，干系人管理计划，项目范围、成本、进度基准。

2. 进度预测

基于实际进展与进度基准的比较而计算出进度预测，即完工尚需时间估算，通常表示为进度偏差和进度绩效指数。如果项目没有采用挣值管理，则需要提供实际进展与计划完成日期的差异，以及预计的完工日期。通过预测可以确定项目是否仍处于可容忍范围内，并识别任何必要的变更。

3. 成本预测

基于实际进展与成本基准的比较而计算出的完工尚需估算，通常表示为成本偏差和成本绩效指数。通过比较完工估算与完工预算，可以看出项目是否仍处于可容忍范围内，是否需要提出变更请求。如果项目没有采用挣值管理，则需要提供实际支出与计划支出的差异，以及预测的最终成本。

4. 确认的变更

批准的变更是实施整体变更控制过程的结果。需要对它们的执行情况进行确认，以保证它们都得到正确的落实。确认的变更用数据说明变更已得到正确落实。

5. 工作绩效信息

工作绩效信息是从各控制过程中收集并结合相关背景和跨领域关系，进行整合分析而得到的绩效数据。这样，工作绩效数据就转化为工作绩效信息。脱离背景的数据，本身不能用于决策。但是，工作绩效信息考虑了相互关系和所处背景，可以作为项目决策的可靠基础。工作绩效信息通过沟通过程进行传递。绩效信息可包括可交付成果的状态、变更请求的落实情况及预测的完工尚需估算。

6. 事业环境因素

能够影响监控项目工作过程的事业环境因素包括（但不限于）：政府或行业标准（如监管机构条例、行为准则、产品标准、质量标准和工艺标准）；组织的工作授权系统；干系人风险承受能力；项目管理信息系统（如自动化工具，包括进度计划软件、配置管理系统、信息收集与发布系统，或进入其他在线自动化系统的网络界面）。

7. 组织过程资产

能够影响监控项目工作过程的组织过程资产包括（但不限于）：组织对沟通的要求；

财务控制程序（如定期报告、必要的费用与支付审查、会计编码及标准合同条款）；问题与缺陷管理程序，该程序定义问题和缺陷控制、问题和缺陷的识别和解决，以及对行动方案的跟踪；变更控制程序，包括针对范围、进度、成本和质量差异的变更控制程序；风险控制程序，包括风险类别、概率定义和风险后果，以及概率和影响矩阵；过程测量数据库，用来提供过程和产品的测量数据；经验教训数据库。

4.5.2　监控项目工作的工具与技术

监控项目工作的工具与技术包括以下 4 项。

1. 专家判断

项目管理团队借助专家判断，来解读由各监控过程提供的信息。项目经理与项目管理团队一起制订所需措施，确保项目绩效达到预期要求。

2. 分析技术

在项目管理中，根据可能的项目或环境变量的变化，以及它们与其他变量之间的关系，采用分析技术来预测潜在的后果。例如，可用于项目的分析技术包括：回归分析；分组方法；因果分析；根本原因分析；预测方法（如时间序列、情景构建、模拟等）；失效模式与影响分析；故障树分析；储备分析；趋势分析；挣值管理；差异分析。

3. 项目管理信息系统

项目管理信息系统（PMIS）是一个自动化系统，项目管理团队利用项目管理信息系统监控项目管理计划和进度表中的活动的执行。项目管理信息系统还在必要时用于做出新的预测。

4. 会议

会议可以是面对面或虚拟会议，正式或非正式会议。参会者可包括项目团队成员、干系人及参与项目或受项目影响的其他人。会议的类型包括（但不限于）用户小组会议和用户审查会议。

4.5.3　监控项目工作的成果

监控项目工作的成果包括以下 4 项。

1. 变更请求

通过比较实际情况与计划要求，可能需要提出变更请求，来扩大、调整或缩小项目范围与产品范围，或者提高、调整或降低质量要求和进度或成本基准。变更请求可能导致需要收集和记录新的需求。变更可能会影响项目管理计划、项目文件或产品可交付成果。符合项目变更控制准则的变更，应该由项目既定的整体变更控制过程进行处理。变更可包括（但不限于）：纠正措施，为使项目工作绩效重新与项目管理计划一致而进行的有目的的活动；预防措施，为确保项目工作的未来绩效符合项目管理计划而进行的有目的的活动；缺陷补救，为了修正不一致的产品或产品组件而进行的有目的的活动。

2. 工作绩效报告

工作绩效报告是为制定决策、采取行动或引起关注而汇编工作绩效信息所形成的实物或电子项目文件。项目信息可以通过口头形式进行传达，但为了便于项目绩效信息的记录、存储和分发，有必要使用实物形式或电子形式的项目文件。工作绩效报告包含一系列的项目文件，旨在引起关注，并制定决策或采取行动。可以在项目开始时就规定具体的项目绩效指标，并在正常的工作绩效报告中向关键干系人报告这些指标的落实情况。例如，工作绩效报告包括状况报告、备忘录、论证报告、信息札记、推荐意见和情况更新。

3. 项目管理计划更新

在监控项目工作过程中提出的变更可能会影响整体项目管理计划。这些变更，在经恰当的变更控制过程处理后，可能导致对项目管理计划的更新。项目管理计划中可能需要更新的内容包括（但不限于）：范围、进度、成本、质量管理计划，需求管理计划；范围、进度、成本基准。

4. 项目文件更新

可能需要更新的项目文件包括（但不限于）：进度和成本预测、工作绩效报告、问题日志。

4.6 实施整体变更控制

整体变更控制过程贯穿于项目的始终。由于项目很少会准确地按照项目管理计划进行，因而变更控制必不可少。项目管理计划、项目范围说明书，以及其他可交付成果必须通过不断地认真管理变更才能得以维持。否决或批准变更请求应保证将得到批准的变更反映到基准之中。整体变更控制过程包括下列变更管理活动，这些活动的详细程度由项目执行的完成情况决定。

- 确定是否需要变更或者变更是否已经发生。
- 对妨碍整体变更控制的因素施加影响，保证只实施经过批准的变更。
- 审查和批准请求的变更。
- 控制申请变更的流程，在发生变更时管理批准的变更。
- 仅允许被批准的变更纳入到项目产品或服务之中，维护基准的完整，并维护项目产品或服务有关的配置与规划文件。
- 审查与批准所有的纠正与预防措施建议。
- 根据批准的变更控制与更新范围、成本、预算进度和质量要求，协调整个项目的变更。例如，提出的进度变更通常会影响到成本、风险、质量与人员配备。
- 将请求的变更的全部影响记录在案。
- 确认缺陷补救。

- 根据质量报告并按照标准控制项目质量。

提出的变更可能要求编制新的或者修改成本估算，重新安排计划活动的顺序，确定新的进度日期，提出新的资源要求，以及重新分析风险应对办法。这些变更可能要求调整项目管理计划、项目范围说明书，或其他项目可交付成果。附带变更控制的配置管理系统是集中管理项目内变更的标准过程，且效率高、效果好。附带变更控制的配置管理包括识别、记录和控制基准的变更。施加变更控制的程度取决于应用领域、具体项目的复杂程度、合同要求，以及实施项目的环境与内外联系。

在整个项目范围内的应用配置管理系统，包括变更控制各过程，以实现如下 3 个主要目标。

- 建立一种方法始终如一地识别与提出对既定基准的变更，并估计这些变更的价值与有效性。
- 通过考虑每一项变更的影响，不断地确认与改进项目的机会。
- 为项目管理团队提供将所有的变更始终如一地通知项目干系人的机制。

整体变更控制过程中的几个配置管理活动如下。

- 配置识别。是确定与核实产品配置、标识产品与文件、管理变更，以及保持信息公开的基础。
- 配置状态记录。捕捉、存储和评价有效地管理产品和产品信息所需的配置信息。
- 配置核实与审计。查明配置文件中确定的性能与功能要求已经达到。

每一个记入文件的变更申请必须由项目管理团队内部的有权者，或者代表某一外部组织的发起人、赞助人或顾客认可或否决。许多时候，整体变更控制过程包括一个负责批准或否决变更请求的变更控制委员会。配置控制与变更控制程序明确规定了这些委员会的角色与责任，并得到了赞助人、顾客和其他项目干系人的同意。许多大组织设立了多层次变更控制委员会的结构，分清了各委员会的责任。如果项目是根据合同进行的，则提出的某些变更必须由顾客批准。

4.6.1　整体变更控制的依据

整体变更控制的依据包括以下 5 项。

1. 项目管理计划

项目管理计划中可用于本过程的内容有：范围管理计划中的范围变更程序；范围基准中的产品定义； 变更管理计划，为管理变更控制过程提供指导，记录变更控制委员会（CCB）的情况。记录变更并更新项目管理计划。

2. 工作绩效报告

对实施整体变更控制过程特别有用的工作绩效报告包括：资源可用情况、进度和成本数据、挣值管理（EVM）报告、燃烧图或燃尽图。

3. 变更请求

所有监控过程及很多执行过程都会输出“变更请求”。变更请求可能包括纠正措施、预防措施和缺陷补救。但是，纠正和预防措施通常不会影响项目基准，而只影响相对于基准的项目绩效。

4. 事业环境因素

以下事业环境因素能够影响实施整体变更控制过程：项目管理信息系统。

5. 组织过程资产

能够影响实施整体变更控制过程的组织过程资产包括（但不限于）：变更控制程序，包括修改组织标准、政策、计划和其他项目文件所须遵循的步骤，以及如何批准、确认和实施变更；批准与签发变更的程序；过程测量数据库，用来收集与提供过程和产品的测量数据； 项目档案（如范围、成本和进度基准，项目日历，项目进度网络图，风险登记册，风险应对计划和风险影响评价）；配置管理知识库，包括组织标准、政策、程序和项目文件的各种版本及基准。

4.6.2 整体变更控制的工具与技术

整体变更控制的工具与技术包括以下 3 项。

1. 专家判断

除了项目管理团队的专家判断外，也可以邀请干系人贡献专业知识和加入变更控制委员会（CCB）。在本过程中，专家判断和专业知识可用于处理各种技术和管理问题，并可从各种渠道获得。

2. 会议

通常是指变更控制会议。根据项目需要，可以由变更控制委员会（CCB）开会审查变更请求，并做出批准、否决或其他决定。CCB 也可以审查配置管理活动。应该明确规定变更控制委员会的角色和职责，并经相关干系人一致同意后，记录在变更管理计划中。CCB 的决定都应记录在案，并向干系人传达，以便其知晓并采取后续措施。

3. 变更控制工具

为了便于开展配置和变更管理，可以使用一些手工或自动化的工具。工具的选择应基于项目干系人的需要，并考虑组织和环境情况和/或制约因素。

可以使用工具来管理变更请求和后续的决策。同时还要格外关注沟通，以帮助 CCB 成员履行职责，以及向相关干系人传达决定。

4.6.3 整体变更控制的成果

整体变更控制的成果包括以下 4 项。

1. 批准的变更请求

项目经理、CCB 或指定的团队成员应该根据变更控制系统处理变更请求。批准的变更请求应通过指导与管理项目工作过程加以实施。全部变更请求的处理结果，无论批准与否，都要在变更日志中更新。这种更新是项目文件更新的一部分。

2. 变更日志

变更日志用来记录项目过程中出现的变更。应该与相关的干系人沟通这些变更及其对项目时间、成本和风险的影响。被否决的变更请求也应该记录在变更日志中。

3. 项目管理计划更新

项目管理计划中可能需要更新的内容包括（但不限于）：各个子计划；受制于正式变更控制过程的基准。

对基准的变更，只能针对今后的情况，而不能变更以往的绩效。这有助于保护基准和历史绩效数据的严肃性。

4. 项目文件更新

作为实施整体变更控制过程的结果，可能需要更新的项目文件包括：受制于项目正式变更控制过程的所有文件。

4.7　结束项目或阶段

结束项目或阶段是完结所有项目管理过程组的所有活动，以正式结束项目或阶段的过程。本过程的主要作用是，总结经验教训，正式结束项目工作，为开展新工作而释放组织资源。

在结束项目时，项目经理需要审查以前各阶段的收尾信息，确保所有项目工作都已完成，确保项目目标已经实现。由于项目范围是依据项目管理计划来考核的，项目经理需要审查范围基准，确保在项目工作全部完成后才宣布项目结束。如果项目在完工前就提前终止，结束项目或阶段过程还需要制订程序，来调查和记录提前终止的原因。为了实现上述目的，项目经理应该邀请所有合适的干系人参与本过程。

本过程涵盖进行项目或阶段行政收尾所需的全部计划活动。在本过程中，应该逐步实施：为达到阶段或项目的完工或退出标准所必需的行动和活动；为向下一个阶段或向生产和/或运营部门移交项目的产品、服务或成果所必需的行动和活动；为收集项目或阶段记录、审核项目成败、收集经验教训和存档项目信息（供组织未来使用）所必需的活动。

4.7.1　结束项目或阶段的依据

项目收尾的依据包括以下 3 项。

1. 项目管理计划

项目管理计划相当于项目经理和项目发起人之间的协议，其中规定了项目完工的标准。

2. 验收的可交付成果

验收的可交付成果可能包括批准的产品规范、交货收据和工作绩效文件。在分阶段实施的项目或被取消的项目中，可能会包括未全部完成的可交付成果或中间可交付成果。

3. 组织过程资产

能够影响结束项目或阶段过程的组织过程资产包括（但不限于）：项目或阶段收尾指南或要求（如行政手续、项目审计、项目评价和移交准则）；历史信息与经验教训知识库（如项目记录与文件、完整的项目收尾信息与文档、关于以往项目选择决策的结果与以往项目绩效的信息，以及从风险管理活动中得到的信息）。

4.7.2 结束项目或阶段的工具与技术

项目收尾的工具与技术包括以下3项。

1. 专家判断

专家判断用于开展行政收尾活动。由相关专家确保项目或阶段收尾符合适用标准。

2. 分析技术

可用于项目收尾的分析技术有：回归分析、趋势分析。

3. 会议

会议可以是面对面或虚拟会议，正式或非正式会议。参会者可包括项目团队成员及参与项目或受项目影响的其他干系人。会议的类型包括（但不限于）经验教训总结会、收尾会、用户小组会和用户审查会。

4.7.3 结束项目或阶段的成果

项目收尾的成果包括以下两项。

1. 最终产品、服务或成果移交

正式验收与移交授权项目提交的最终产品、服务与成果。验收包括收到正式说明书，说明已经满足了合同条款的要求（在阶段收尾时，则是移交该阶段所产出的中间产品、服务或成果）。

2. 组织过程资产更新

作为结束项目或阶段过程的结果，需要更新的组织过程资产包括（但不限于）：① 项目档案，在项目活动中产生的各种文件，如项目管理计划、范围计划、成本计划、进度计划、项目日历、风险登记册、其他登记册、变更管理文件、风险应对计划和风险影响评价；② 项目或阶段收尾文件，项目或阶段收尾文件包括表明项目或阶段完工的正式文件，以及用来把完成的项目或阶段可交付成果移交给他人（如运营部门或下一阶段）的正式文件；在项目收尾期间，项目经理应该审查以往的阶段文件、确认范围过程所产生的客户验收文件及合同（如果有的话），以确保在达到全部项目要求之后才正式结束项目；如果项目在完工前提前终止，则需要在正式的收尾文件中说明项目终止的原因，并规定正式程序，把该项目的已完成和未完成的可交付成果移交他人；③ 历史信息，把历史信息和经验教训信息存入经验教训知识库，供未来项目或阶段使用；可包括问题与风险的信息，以及适用于未来项目的有效技术的信息。

4.8　本章练习

（1）你在一家软件开发公司工作，该公司沿用瀑布式开发模型已达 20 多年。最近，一些客户抱怨你们公司完成项目所耗费的时间太长了。你曾学过有关敏捷开发方法的课程，并认为如果公司利用敏捷开发法，能在较短时间内向客户提供产品。但是，从瀑布法转换到敏捷法并培训员工使用新方法会导致重大的文化变革。你向项目管理办公室主任提出了这个想法，她虽然觉得这个想法不错，但在进一步推行它之前，须得到项目组合评审委员会的批准。她建议你在________文件中将此想法进行书面记录。

A．业务需求　　B．产品范围描述　　C．项目章程　　D．商业论证

参考答案：D

（2）你管理着一个大型项目，该项目拥有 20 名关键内部干系人、8 名承包商和 6 名团队领导者。你必须留意整体变更控制的有效性，这意味着你主要关注________。

A．评审、批准以及控制变更

B．维护基准的完整性、整合产品和项目范围，并且协调跨知识领域的变更

C．整合出项目不同职能专业领域的可交付成果

D．设立变更控制委员会，监管项目总体的变更情况

参考答案：A

（3）你为航空控制系统项目设立变更控制委员会的过程中，制订了特定的程序来管理该系统的运作。该程序要求所有已批准的变更要反映在________。

A．绩效测量基准　　B．变更管理计划

C．质量保证计划　　D．项目管理计划

参考答案：D

（4）所有的项目均涉及一定程度的变更，因为项目涉及某方面独特性的工作。因此，重要的一点是项目管理计划包括________。

A．变更请求过程的描述

B．配置管理计划

C．为避免过多变更的预防措施方法论

D．工作授权体系

参考答案：B

（5）往往当项目终止时，高级经理会委任擅长结束项目的人取代项目经理。如果这种情况发生了，被取代的项目经理首先应当________。

A．通知所有相关干系人其职务终止的情况

B．完成经验教训报告

C．实施工作包的立即评审

D．评审所有合同的状况

参考答案：C

（6）你的项目正按进度计划进行，当得知新规章将导致某个项目绩效规格发生变更时，为确保该变更被纳入项目计划，你应当________。

A．要求变更控制委员会召开会议

B．变更工作分解结构、项目进度计划以及项目计划，从而反映新的要求

C．准备变更请求

D．立即把将用于项目的新方法通知所有受影响的干系人

参考答案：C

（7）结束某个项目阶段不应推延至项目完工，理由是________。

A．可能会失去有用信息

B．项目经理可能会被重新委派

C．到那时，项目团队成员可能会被重新委派

D．卖方急于得到付款

参考答案：A

（8）你想要将变更对项目的影响降至最低，同时，希望当变更发生时，确保对其加以管理。通过以下方法可以实现你的要求，但________方法例外。

A．拒绝请求的变更

B．批准变更并将其纳入修订后的基准

C．书面记录请求的变更的全面影响

D．确保产品范围变更在项目范围变更中有所反应

参考答案：D

（9）你在一家电信公司工作，在为新项目制订项目管理计划时发现，由于项目产品与公司通常生产的产品差异很大，你必须对公司的某些过程进行裁减。为裁减上述过程，你必须依照________。

A．特定的指南和准则

B．标准化的指南

C．公司经验教训知识库中的历史信息

D．以前项目的档案

参考答案：A

（10）你的项目预计会持续 5 年时间，因此，你认为在这种情况下适用滚动式规划。它将提供有关________需完成工作的信息？

A．所有项目阶段

B．成功完成现有项目阶段

C．成功完成现有及后续项目阶段

D．下一个项目阶段

参考答案：C

第 5 章　项目范围管理

项目范围（Scope）是为了达到项目目标，交付具有某种特质的产品和服务，项目所规定要做的工作。项目范围管理就是要确定哪些工作是项目应该做的，哪些不应该包括在项目中。项目范围是项目目标的更具体的表达。

如果项目的范围不明确，那么项目解决的不是对应的问题，或者项目团队成员将时间浪费在从事不属于他们职责的工作上。因此，范围管理必须清晰地定义项目目标，此定义必须在项目干系人之间达成一致，并且将项目工作范围详细地划分为工作包，以便更好地执行。

5.1　范围管理概述

简单地理解，项目范围管理（Scope Management）就是要做范围内的事，而且只做范围内的事，既不少做也不多做。如果少做，会影响项目既定功能的实现；如果多做，又会造成资源浪费。具体来说，项目范围管理需要做以下三个方面的工作：

（1）明确项目边界，即明确哪些工作是包括在项目范围之内的，哪些工作是不包括在项目范围之内的。

（2）对项目执行工作进行监控，确保所有该做的工作都做了，而且没有多做。对不包括在项目范围内的额外工作说“不”，杜绝做额外工作。

（3）防止项目范围发生蔓延。范围蔓延是指未对时间、成本和资源做相应调整，未经控制的产品或项目范围的扩大。

5.1.1　产品范围与项目范围

在项目中，实际上存在两个相互关联的范围，分别是产品范围与项目范围。

产品范围是指产品或者服务所应该包含的功能，项目范围是指为了能够交付产品，项目所必须做的工作。显然，产品范围是项目范围的基础，产品范围的定义是产品要求的描述，而项目范围的定义是产生项目管理计划的基础，两种范围在应用上有区别。

项目的范围基准（Scope Baseline）是经过批准的项目范围说明书、WBS 和 WBS 词典。判断项目范围是否完成，要以范围基准来衡量。而产品范围是否完成，则根据产品是否满足了产品描述来判断，例如，软件产品是否完成，需要根据软件需求规格说明书的要求来判断。

产品范围描述是项目范围说明书的重要组成部分，因此，产品范围变更后，首先受到影响的是项目的范围。在项目的范围调整之后，才能调整项目的进度表和质量基准等。但要注意的是，产品范围发生变化，并不意味着项目范围就会跟着变化。例如，在开发软件时，原计划窗体中的按钮文字采用宋体，在设计阶段改为黑体。这样，产品范围变了，但项目范围却没有变。不过，如果在开发阶段已经绘制了窗体，且使用了宋体，后来又要修改为黑体，则此时不但产品范围变了，项目范围也变了。

5.1.2　范围管理的重要性

项目的范围一般来自项目投资方或客户的明确的项目目标或具体需求，任何一个项目的建设过程都有其明确的目标，因此在讨论项目范围管理的时候，不可能脱离项目的目标。项目的目标是项目范围管理计划编制的一个基本依据。

完成项目工作范围是为了实现项目目标，那么如何有效地、全部地完成项目范围内的每项工作，这是每个项目经理必须思考的问题。项目范围管理及控制的有效性，是衡量项目是否达到成功的一个必要标准，项目范围管理不仅仅是项目管理的一个主要部分，同时，在项目中不断地重申项目工作范围，有利于项目不偏离轨道，是项目中实施控制管理的一个主要手段。

项目范围管理不仅仅是让项目团队成员知道为达到预期目标需要完成哪些具体的工作，还要清楚项目相关各方在每项工作中清晰的分工界面和责任。详细、清楚地界定分工界面和责任，不但有利于项目实施中的变更控制和推进项目发展，减少责任不清的事情发生，也便于项目结束时对项目范围的核实。例如，如果项目的某个工作包出现工期延迟现象，那么，就可以很快找到具体的责任人并及时提出解决方案。

由于进行项目范围管理能够确定项目的边界，明确项目的目标和项目的主要可交付成果，因此，范围管理能够提高对项目成本、进度和资源估算的准确性。首先，人们对复杂事务的预测要比相对简单的事务的预测要困难得多，而且误差也大得多。而且，即使两者误差相同，由于范围管理使用 WBS（工作分解结构），将项目范围分解成可管理的工作包，人们发现误差的和小于和的误差，虽然人们对 WBS 的每一项的估算都存在误差，但由于这些误差可能相互抵消，即便叠加，最终误差至少不比总估算的误差要大。

项目范围管理影响到项目的成功。在项目实践中，范围蔓延是项目失败最常见的原因之一，项目往往在启动、计划、执行、甚至收尾时不断加入新功能，无论是客户的要求还是项目团队成员的创新或者新技术的出现，都可能导致项目范围的失控，从而使项目在进度、成本和质量上都受到严重影响。

5.1.3　范围管理的过程

项目范围管理主要是通过规划范围管理、收集需求、定义范围、创建 WBS、确认范围和控制范围六个过程来实现的。项目范围管理的各过程如表 5-1 所示。

表 5-1 项目范围管理的各过程

管理过程	所属过程组	解释
规划范围管理	规划过程组	编制范围管理计划，书面描述将如何定义、确认和控制项目范围的过程
收集需求		为实现项目目标而确定、记录并管理干系人的需要和需求的过程
定义范围		制定项目和产品详细描述的过程
创建 WBS		将项目可交付成果和项目工作分解为较小的、更易于管理的组件的过程
确认范围	监控过程组	正式验收已完成的项目可交付成果的过程
控制范围		监督项目和产品的范围状态，管理范围基准变更的过程

项目范围管理各过程的输入、输出、工具与技术如表 5-2 所示。

表 5-2 项目范围管理各过程的输入、输出、工具与技术

管理过程	输入、输出、工具与技术	
规划范围管理	输入	项目管理计划、项目章程、事业环境因素、组织过程资产
	输出	范围管理计划、需求管理计划
	工具与技术	专家判断、会议
收集需求	输入	范围管理计划、需求管理计划、干系人管理计划、项目章程、干系人登记册
	输出	需求文件、需求跟踪矩阵
	工具与技术	访谈、焦点小组、引导式研讨会、群体创新技术、群体决策技术、问卷调查、观察、原型法、标杆对照、系统交互图、文件分析
定义范围	输入	范围管理计划、项目章程、需求文件、组织过程资产
	输出	项目范围说明书、项目文件更新
	工具与技术	专家判断、产品分析、备选方案生成、引导式研讨会
创建 WBS	输入	范围管理计划、项目范围说明书、需求文件、事业环境因素、组织过程资产
	输出	范围基准、项目文件更新
	工具与技术	分解、专家判断
确认范围	输入	项目管理计划、需求文件、需求跟踪矩阵、确认的可交付成果、工作绩效数据
	输出	验收的可交付成果、变更请求、工作绩效信息、项目文件更新
	工具与技术	检查（审查、产品评审、审计、走查、巡检）、群体决策技术
控制范围	输入	项目管理计划、需求文件、需求跟踪矩阵、工作绩效数据、组织过程资产
	输出	工作绩效信息、变更请求、项目管理计划更新、项目文件更新、组织过程资产更新
	工具与技术	偏差分析

5.2 规划范围管理

规划范围管理（Plan Scope Management）是编制范围管理计划，书面描述将如何定义、确认和控制项目范围的过程，其主要作用是在整个项目中对如何管理范围提供指南和方向。

规划范围管理过程的输入有项目管理计划、项目章程、事业环境因素和组织过程资产，使用的工具与技术有专家判断和会议，输出有范围管理计划和需求管理计划。本节主要简单介绍范围管理计划和需求管理计划。

5.2.1 范围管理计划

范围管理计划是项目或项目集管理计划的组成部分，描述将如何定义、制订、监督、控制和确认项目范围。由于范围管理计划描述如何管理项目范围，项目范围怎样变化才能与项目要求相一致等问题，所以它也应该对怎样变化、变化频率如何，以及变化了多少等项目范围预期的稳定性进行评估。范围管理计划也应该包括对变化范围怎样确定，变化应归为哪一类等问题的清楚描述。在信息系统项目的产品范围还没有确定之前，确定这些问题非常困难，但是仍然有必要进行。

范围管理计划是制订项目管理计划过程和其他范围管理过程的主要输入，要对将用于下列工作的管理过程做出规定。

- 如何制订项目范围说明书。
- 如何根据范围说明书创建 WBS。
- 如何维护和批准 WBS。
- 如何确认和正式验收已完成的项目可交付成果。
- 如何处理项目范围说明书的变更，该工作与实施整体变更控制过程直接相联。

例如，对于 WBS 的编制指南可能有（但不限于）如下内容。

- 确定 WBS 满足职能和项目的要求，包括重置和非重置成本。
- 检查 WBS 是否为所有的项目工作提供了逻辑细分。
- 保证每一个特定层的总成本等于下一个层次构成要素的成本和。
- 从全面适应和连续角度来检查 WBS。
- 所有的工作职责需分配到个人或组织单元。

项目范围管理计划可能在项目管理计划之中，也可能作为单独的一项。根据不同的项目，可以是详细的或者概括的，可以是正式的或者非正式的。如果没有范围管理计划，那么在面对范围管理出现的问题，例如，需求的变化、设计中的错误等“意外”情况时，项目团队就缺乏一个行动指导方针，对于用户提出的新的需求，要么全部说“不”，要么全部说“是”，或者更糟：全凭借想象说“是”或者“不”，这无疑会严重打击项目团队的积极性，对项目的进度、资源使用和完成带来非常不利的影响。

5.2.2 需求管理计划

需求是软件项目成功的核心之所在，它为其他许多技术和管理活动奠定了基础。在信息系统集成项目中，需求管理贯穿于整个过程，它的最基本的任务就是明确需求，并使项目团队和用户达成共识，即建立需求基线。另外，还要建立需求跟踪能力联系链，确保所有用户需求都被正确地应用，并且在需求发生变更时，能够完全地控制其影响范围，始终保持产品与需求的一致性。

需求管理计划（Requirements Management Plan）描述在整个项目生命周期内如何分析、记录和管理需求。生命周期各阶段间的关系对如何管理需求有很大影响。项目经理必须为项目选择最有效的阶段之间关系，并记录在需求管理计划中，需求管理计划的许多内容都是基于这种关系的。

需求管理计划是对项目的需求进行定义、确定、记载、核实管理和控制的行动指南。需求管理计划主要包括以下内容。

（1）如何规划、跟踪和汇报各种需求活动。需求管理过程也是由一个组织单元来完成，涉及项目团队内若干职能岗位的成员。组织制度应该规定需求管理组的组织方式、汇报制度、会议制度，以及怎样建设、维护和解散等。应加强与组织的职能管理部门的沟通，以便获得他们的支持，获取到需求管理所需要的资源，使需求管理得以顺利进行。根据项目规模设置相应的需求管理岗位，确定需求管理总负责人、成员及其责任和权限，确认相关人员理解分配给他们的责任和权限并且接受任务。

（2）需求管理需要使用的资源。根据项目的规模及财力，确定应使用何种需求管理工具，例如，需求变更审批表、需求跟踪矩阵（Requirements Traceability Matrix）、管理软件、计算机硬件资源等。

（3）培训计划。由于需求管理是一项规范性的管理工作，由项目团队中的需求管理人员所执行的需求管理活动过程，不管是应用方针（或指南）和组织过程资产，还是专业化的管理工具，都应该进行有针对性的培训，才能统一项目团队成员的共识，规范成员的行动步骤。主要培训专题有应用领域、需求定义、需求分析、需求验证、需求管理及相关工具、配置管理等。

（4）项目干系人参与需求管理的策略。在需求管理计划中，应明确列出与需求管理有关的项目干系人清单，以及各干系人介入需求管理活动的时机，以便项目干系人按照计划参与需求管理活动。项目干系人介入需求管理的主要活动包括为解决对需求的共识问题、评估需求变更的影响、通报双向追踪情况，以及识别项目工作范围与需求之间的不一致性。

（5）判断项目范围与需求不一致的准则和纠正规程。项目需求是项目的工作目标，当项目的实际工作偏离需求的情况发生时，变更控制系统应该按照既定的规程判断、分析偏差，并采取相应的纠正措施。包括由谁负责跟踪项目进度和纠正进度偏差、由谁负责跟踪项目成本和纠正成本偏差、采用什么工具进行跟踪分析和纠正等。

（6）需求跟踪结构，即哪些需求属性将列入跟踪矩阵，并可在其他哪些项目文件中追踪到这些需求。该规程包括建立何种程度的需求跟踪矩阵，哪些需求跟踪信息应该被收集和整理等。在需求管理中，要维持对原始需求、需求规格说明书、所有产品和产品组件之间的双向跟踪。所谓双向跟踪，包括正向跟踪和逆向跟踪，均依赖于建立与维护需求跟踪矩阵。本书 5.3.4 节将详细讨论需求跟踪。

（7）配置管理活动，例如，如何启动产品、服务或成果的变更，如何分析其影响，如何进行跟踪和汇报，以及谁有权批准变更。在项目生命周期中，需求变更十分频繁，为了保证项目的顺利进行和保证产品的质量，需求的变更应该受到严格控制。

5.3　收集需求

收集需求（Collect Requirement）是为实现项目目标而确定、记录并管理干系人的需要和需求的过程，其作用是为定义和管理项目范围（包括产品范围）奠定基础。认真掌握和管理项目需求与产品需求，对促进项目成功有重要作用。需求是指根据特定协议或其他强制性规范，项目必须满足的条件或能力，或者产品、服务或成果必须具备的条件或能力。需求包括发起人、客户和其他干系人的已量化且书面记录下来的需要与期望。项目一旦开始，就应该足够详细地获取、分析和记录这些需求，以便日后进行测量。

5.3.1　需求的分类

收集需求旨在定义和管理客户期望。需求是 WBS 的基础，成本、进度和质量计划也都要在这些需求的基础上进行。需求开发始于对项目章程和干系人登记册中相关信息的分析。

许多组织将需求分为不同的种类，例如，业务解决方案和技术解决方案，前者是干系人的需要，后者是指如何实现这些需要。对需求进行分类，有利于对需求进行进一步完善和细化，这些分类包括业务需求、干系人需求、解决方案需求、过渡需求、项目需求和质量需求等。

（1）业务需求：整个组织的高层级需要，例如，解决业务问题或抓住业务机会，以及实施项目的原因。

（2）干系人需求：是指干系人或干系人群体的需要。

（3）解决方案需求：是为满足业务需求和干系人需求，产品、服务或成果必须具备的特性、功能和特征。解决方案需求又进一步分为功能需求和非功能需求。功能需求是关于产品能开展的行为，例如，流程、数据，以及与产品的互动等。非功能需求是对功能需求的补充，是产品正常运行所需的环境条件或质量，例如，可靠性、安全性、性能、服务水平等。

（4）过渡需求：从当前状态过渡到将来状态所需的临时能力，例如，数据转换和培训需求。

（5）项目需求：项目需要满足的行动、过程或其他条件。

（6）质量需求：用于确认项目可交付成果的成功完成或其他项目需求的实现的任何条件或标准。QFD对质量需求进行了细分，分为基本需求、期望需求和意外需求。

需要注意的是，以上需求分类并不是唯一的，也不是从单一角度来进行分类的，在不同场合，会有不同的说法。

5.3.2 收集需求的工具与技术

收集需求是一件看上去很简单，做起来却很难的事情。收集需求是否科学、准备充分，对收集的结果影响很大，这是因为大部分干系人无法完整地描述需求，而且也不可能看到产品的全貌。因此，收集需求只有通过与干系人的有效合作才能成功。

收集需求的工具与技术主要有访谈、焦点小组、引导式研讨会、群体创新技术、群体决策技术、问卷调查、观察、原型法、标杆对照、系统交互图、文件分析等。

1. 访谈

访谈是通过与干系人直接交谈来获取信息的正式或非正式的方法，是最基本的一种收集需求的手段，其形式包括结构化和非结构化两种。结构化是指事先准备好一系列问题，有针对地进行；而非结构化则是只列出一个粗略的想法，根据访谈的具体情况发挥。最有效的访谈是结合这两种方法进行，毕竟不可能把什么事情都一一计划清楚，应该保持良好的灵活性。

访谈的典型做法是向被访者提出预设和即兴的问题，并记录他们的回答。通常采取一对一的形式，但也可以有多个被访谈者和（或）多个访谈者共同参与。访谈有经验的项目参与者、干系人和主题专家，有助于识别和定义项目可交付成果的特征和功能。

总的来说，访谈具有良好的灵活性，有较宽广的应用范围。但是，也存在许多困难，例如：

- 干系人经常较忙，难以安排时间。特别是需要多个被访谈者一起进行访谈时，这种困难显得更加突出。
- 面谈时信息量大，记录较为困难。一般情况下，在访谈时只能使用纸笔进行记录，不能录音或录像，因为涉及到被访谈者的隐私问题。如果必须要录音或录像，则必须事先告知被访谈者。
- 沟通需要很多技巧，同时需要项目经理具有足够的领域知识等。

另外，在访谈时，还可能会遇到一些对于组织来说比较机密和敏感的话题。因此，这看似简单的技术，也需要项目经理具有丰富的经验和较强的沟通能力。

2. 焦点小组

焦点小组将预先选定的干系人和主题专家集中在一起，了解他们对所提议产品、服务或成果的期望和态度。由一位受过训练的主持人引导大家进行互动式讨论。焦点小组往往比一对一的访谈更加热烈。

焦点小组是一种群体访谈而非一对一访谈，可以有 6～10 个被访谈者参加。针对访谈者提出的问题，被访谈者之间开展互动式讨论，以求得到更有价值的意见。

3. 引导式研讨会

通过邀请主要的跨职能干系人一起参加会议，引导式研讨会（Facilitated Workshop）对产品需求进行集中讨论与定义。研讨会是快速定义跨职能需求和协调干系人差异的重要技术。由于群体互动的特点，被有效引导的研讨会有助于建立信任、促进关系、改善沟通，从而有利于参加者达成一致意见。该技术的另一个好处是，能够比单项会议更快地发现和解决问题。

例如，软件开发中常用的联合应用开发（Joint Application Development，JAD）就是一种典型的引导式研讨会。这种研讨会注重将干系人和开发团队集中在一起，来改进软件开发过程。

另外，还可以使用质量功能展开引导式研讨会，来帮助确定新产品的关键特征。质量功能展开从收集客户需求（客户声音）开始，然后客观地对这些需求进行分类和排序，并为实现这些需求而设置目标。质量功能展开的具体步骤如下。

（1）将用户的多种需求（例如，可靠性、可用性、安全性等）及其相对重要性列为矩阵表的第一列。

（2）将产品可能的多种特性（例如，功能列表）列为矩阵表的第一行。

（3）由相关专家集体讨论每种特性与每种需求之间的关联性，即每种特性能满足每种需求的程度，并记录在矩阵表相应的空格中。

（4）按列加权（考虑需求的重要性）汇总，即可看出哪种产品特性最能满足用户需求。

4. 群体创新技术

群体创新技术（Group Creativity Technique）是指可以组织一些群体活动来识别项目和产品需求，群体创新技术包括头脑风暴法、名义小组技术、德尔菲技术、概念/思维导图、亲和图和多标准决策分析等。

1）头脑风暴法

头脑风暴（BrainStorming，BS）法又称为智力激励法、自由思考法或集思广益法，是用来产生和收集对项目需求与产品需求的多种创意的一种技术。头脑风暴法分为直接头脑风暴法（通常简称为头脑风暴法）和质疑头脑风暴法（也称为反头脑风暴法）。前者是在专家群体决策时尽可能激发创造性，产生尽可能多的设想的方法，后者则是对前者提出的设想、方案逐一质疑，分析其现实可行性的方法。

头脑风暴法的参加人数一般为5～10人，最好由不同专业或不同岗位者组成，会议时间控制在1小时左右。设主持人一名，主持人只主持会议，对设想不作评论。设记录员1～2人，要求认真、完整地记录与会者的每个设想（不论好坏）。为了使与会者畅所欲言，互相启发和激励，达到较高效率，头脑风暴法应遵守如下原则。

- 庭外判决原则：对各种创意（意见、建议）、方案的评判必须放到最后阶段，此前不能对别人的创意提出批评和评价。认真对待任何一种创意，而不管其是否适当和可行。
- 欢迎各抒己见，自由鸣放：创造一种自由的气氛，激发参加者提出各种荒诞的想法。
- 追求数量：创意越多，产生好创意的可能性越大。
- 探索取长补短和改进办法：除提出自己的创意外，鼓励参与者对他人已经提出的创意进行补充、改进和综合。

2）名义小组技术

名义小组技术（Nominal Group Technique）通过投票来排列最有用的创意，以便进行进一步的头脑风暴或优先排序。名义小组技术是头脑风暴法的深化应用，是更加结构化的头脑风暴法，其一般过程如下。

- 首先，将全体参与者分成多个“名义”上的小组，由每个小组开展讨论。
- 小组讨论结束后，主持人依次向每位参与者询问，请每人提出一个创意。这种询问可以进行很多轮，直至得到足够数量的创意。
- 最后，请全体参与者对所有创意进行评审和排序。

也可以由名义小组先提出一些较大的创意类别，再将这些创意类别提交给全体参与者作为头脑风暴的基础。与一般的头脑风暴法相比，名义小组技术可以使那些不善言辞的参与者也能充分发表自己的意见。

3）德尔菲技术

德尔菲技术（Delphi Technique）是一种组织专家就某一主题达成一致意见的一种信息收集技术。由一组选定的专家回答问卷，并对每一轮需求收集的结果再给出反馈。专家的答复只能交给主持人，以保持匿名状态。这一方法的步骤如下。

（1）根据问题的特点，选择和邀请做过相关研究或有相关经验的专家。

（2）将与问题有关的信息分别提供给专家，请他们各自独立发表自己的意见，并写成书面材料。

（3）主持人收集并综合专家们的意见后，将综合意见反馈给各位专家，请他们再次发表意见。如果分歧很大，可以开会集中讨论；否则，主持人分头与专家联络。

（4）如此反复多次，最后形成代表专家组意见的方案。

德尔菲技术的典型特征如下。

- 吸收专家参与预测，充分利用专家的经验和学识。

- 采用匿名或背靠背的方式，能使每一位专家独立自由地做出自己的判断。
- 预测过程几轮反馈，使专家的意见逐渐趋同。
- 有助于减轻数据的偏倚，防止任何个人对结果产生不恰当的影响。

德尔菲技术的这些特点使它成为一种最为有效的判断预测法。德尔菲技术与常见的召集专家开会、通过集体讨论、得出一致预测意见的专家会议法既有联系又有区别。德尔菲技术能发挥专家会议法的优点，即：

- 能充分发挥各位专家的作用，集思广益，准确性高。
- 能将各位专家意见的分歧点表达出来，取各家之长，避各家之短。

同时，德尔菲技术又能避免专家会议法的缺点，即：

- 权威人士的意见影响他人的意见。
- 有些专家碍于情面，不愿意发表与其他人不同的意见。
- 出于自尊心而不愿意修改自己原来不全面的意见。

德尔菲技术的主要缺点是过程比较复杂，花费时间较长。

4）概念/思维导图

思维导图（Mind Mapping）又称为心智图，是将从头脑风暴中获得的创意，用一张简单的图联系起来，以反映这些创意之间的共性与差异，从而引导出新的创意。

思维导图运用图文并重的技巧，将各级主题的关系用相互隶属与相关的层级图表现出来，将主题关键词与图像、颜色等建立记忆链接，思维导图充分运用左右脑的机能，利用记忆、阅读、思维的规律，协助人们在科学与艺术、逻辑与想象之间平衡发展。

5）亲和图

亲和图（Affinity Diagram）又称为 KJ 法，是针对某一问题，充分收集各种经验、知识、想法和意见等语言、文字资料，通过图解方式进行汇总，并按其相互亲和性归纳整理这些资料，使问题明确起来，求得统一认识，以利于解决的一种方法。

亲和图的核心是头脑风暴法，是根据结果去找原因。可以将大量创意分类，以便审查和分析。主要依据各种创意之间的相似性，对头脑风暴中得到的各种创意进行分类。

在项目管理中，亲和图针对某个问题，产生出可联成有组织的想法模式的各种创意，主要用来确定范围分解的结构，有助于 WBS 的制订。

6）多标准决策分析

多标准决策分析（Multi-Criteria Decision Analysis）是借助决策矩阵，用系统分析方法建立诸如风险水平、不确定性和价值收益等多种标准，从而对众多方案进行评估和排序的一种技术。

5. 群体决策技术

群体决策（Group Decision-Making）就是为达成某种期望结果而对多个未来行动方案进行评估。群体决策技术可用来开发产品需求，以及对产品需求进行归类和优先排序。达成群体决策的方法很多，例如：

- 一致同意（Unanimity）。所有人都同意某个行动方案。
- 大多数原则（Majority）。获得群体中 50%以上的人的支持，就能做出决策。参与决策的人数定为奇数，防止因平局而无法达成决策。
- 相对多数原则（Plurality）。根据群体中相对多数者的意见做出决定，即便未能获得一部分人的支持。通常在候选项超过两个时使用该原则，例如，某个软件构件的功能有 3 种实现方案（标记为 A、B、C），在群体决策时，同意 A 方案的人有 40%，同意 B 方案的人有 35%，同意 C 方案的人有 25%，则最终确定采用 A 方案。
- 独裁（Dictatorship）。由某一个人（例如，项目经理）为群体做出决策。

在收集需求的过程中，这些群体决策技术都可以与群体创新技术联合使用。

6. 问卷调查

问卷调查（Questionnaire and Survey）是指通过设计书面问题，向为数众多的受访者快速收集信息。如果受众众多、需要快速完成调查，受访者地理位置分散，并想要使用统计分析法，就适宜采用问卷和/或调查方法。

与访谈法相比，问卷调查可以在短时间内，以低廉的代价从大量的回答中收集数据；问卷调查允许回答者匿名填写，大多数干系人可能会提供真实信息；问卷调查的结果比较好整理和统计。问卷调查最大的不足就是缺乏灵活性，其他缺点还有：

- 双方未见面，项目经理无法从干系人的表情等其他动作来获取一些更隐性的信息，干系人也没有机会立即澄清对问题有含糊或错误的回答。
- 干系人有可能在心理上会不重视一张小小的表格，不认真对待，从而使得反馈的信息不全面。
- 调查表不利于对问题进行展开的回答，无法了解一些细节问题。
- 回答者的数量往往比预期的要少，无法保证干系人会回答问题或进一步说明所有问题。

因此，较好的做法是将访谈和问卷调查结合使用。具体来说，就是先设计问题，制作成问卷调查表，下发填写完后，进行详细的分组、整理和分析，以获得基础信息。然后，再针对分析的结果进行小范围的干系人访谈，作为补充。

7. 观察

观察（Observation）是指直接观察个人在各自的环境中如何开展工作和实施流程。当产品使用者难以或不愿说明他们的需求时，就特别需要通过观察来了解细节。

观察也称为工作跟踪，通常由观察者从外部来观察使用者的工作。观察也可以由参与观察者进行，参与观察者需要实际执行一个流程或程序，体验该流程或程序是如何实施的，以便挖掘出隐藏的要求。

8. 原型法

原型法（Prototype）是一种根据干系人初步需求，利用产品开发工具，快速地建立一个产品模型展示给干系人，在此基础上与干系人交流，最终实现干系人需求的产品快速开发的方法。原型是有形的实物，它使干系人有机会体验最终产品的模型，而不是只讨论抽象的需求陈述。原型法符合渐进明细的理念，因为原型需要重复经过开发、试用、反馈、修改等过程。在经过足够的重复之后，就可以从原型中获得足够完整的需求，并进而进入设计或制造阶段。

例如，在软件产品开发中，原型是系统的一个早期可运行的版本，它反映最终系统的部分重要特性。如果在获得一组基本需求说明后，通过快速分析构造出一个小型的系统，满足干系人的基本要求，使得干系人可在试用原型系统的过程中得到亲身感受和受到启发，做出反应和评价，然后开发者根据干系人的意见对原型加以改进。随着不断试验、纠错、使用、评价和修改，获得新的原型版本，如此周而复始，逐步减少分析和通信中的误解，弥补不足之处，进一步确定各种需求细节，适应需求的变更，从而提高了最终产品的质量。

9. 标杆对照

标杆对照（Benchmarking）将实际或计划的做法与其他类似组织的做法（例如，流程、操作过程等）进行比较，以便识别最佳实践，形成改进意见，并为绩效考核提供依据。标杆对照所采用的“类似组织”可以是内部组织，也可以是外部组织。

10. 系统交互图

系统交互图（Context Diagram）是范围模型的一个例子，它是对产品范围的可视化描述，显示系统（过程、设备、信息系统等）与参与者（用户、独立于本系统之外的其他系统）之间的交互方式。系统交互图显示了业务系统的输入、输入提供者、业务系统的输出和输出接收者。例如，软件需求分析中的 DFD、用例图都可以看作是系统交互图。

11. 文件分析

文件分析（Document Analysis）就是通过分析现有文档，识别与需求相关的信息来挖掘需求。可供分析的文档很多，包括商业计划、营销文档、协议、招投标文件、建议邀请书、业务流程、逻辑数据模型、业务规则库、应用软件文档、用例文档、其他需求文档、问题日志、政策、程序和法规文件等。

5.3.3　需求文件

收集需求过程的主要输出有需求文件（Requirements Documentation）和需求跟踪矩阵。需求文件描述各种单一的需求将如何满足与项目相关的业务需求。需求文件不是一个文件的名字，需求文件的格式多种多样，在不同的组织中，可能有不同的称呼。需求文件既可以是一份按干系人和优先级分类列出全部需求的简单文件，也可以是一份包括内容提要、细节描述和附件等的详细文件。需求文件的内容包括（但不限于）以下几个方面：

- 业务需求，包括可跟踪的业务目标和项目目标、执行组织的业务规则、组织的指导原则。

- 干系人需求，包括对组织其他领域的影响、对执行组织内部或外部团体的影响、干系人对沟通和报告的需求。
- 解决方案需求，包括功能和非功能需求、技术和标准合规性（Complicance）需求、支持和培训的需求、质量需求和报告需求。可用纯文本方式或用模型展示解决方案需求，也可两者同时使用。
- 项目需求，包括服务水平、绩效、安全和合规性等，以及验收标准。
- 过渡需求。
- 与需求有关的假设条件、依赖关系和制约因素。

例如，软件需求规格说明书就是一种典型的需求文件。因为项目具有渐进明细的特点，一开始，可能只有概括性的需求，然后随着信息的增加而逐步细化。只有明确的（可测量和可测试的）、可跟踪的、完整的、相互协调的，且主要干系人愿意认可的需求，才能作为基准。

5.3.4 需求跟踪

在CMMI中，需求管理是已管理级的一个关键过程域，其目标是为产品需求建立一个基线，供软件开发及其管理使用，使计划、产品和活动与需求保持一致。从需求工程的角度来看，需求管理包括在产品开发过程中维持需求一致性和精确性的所有活动，包括控制需求基线，保持项目计划与需求一致，控制单个需求和需求文档的版本情况，管理需求和联系链之间的联系，或管理单个需求和项目其他可交付物之间的依赖关系，跟踪基线中需求的状态。

可跟踪性包含两个层面的含义，一个是项目执行过程的两个或多个产品之间能够建立关系的程度，尤其是那些具有前后关系或主从关系的产品。例如，某个给定构件的需求和设计的匹配程度；另一个是项目产品中每个元素能够建立其存在理由的程度，例如，产品设计中的每个元素定位它所满足需求的程度。

可跟踪性是项目需求的一个重要特征，需求跟踪是将单个需求和其他元素之间的依赖关系和逻辑联系建立跟踪，这些元素包括各种类型的需求、业务规则、系统组件，以及帮助文件等。

1. 需求跟踪的内容

每个配置项的需求到其涉及的产品（或构件）需求都要具有双向可跟踪性。所谓双向跟踪，包括正向跟踪和反向跟踪，正向跟踪是指检查需求文件中的每个需求是否都能在后继工作产品（成果）中找到对应点；反向跟踪也称为逆向跟踪，是指检查设计文档、产品构件、测试文档等工作成果是否都能在需求文件中找到出处。具体来说，需求跟踪涉及五种类型，如图5-1所示。

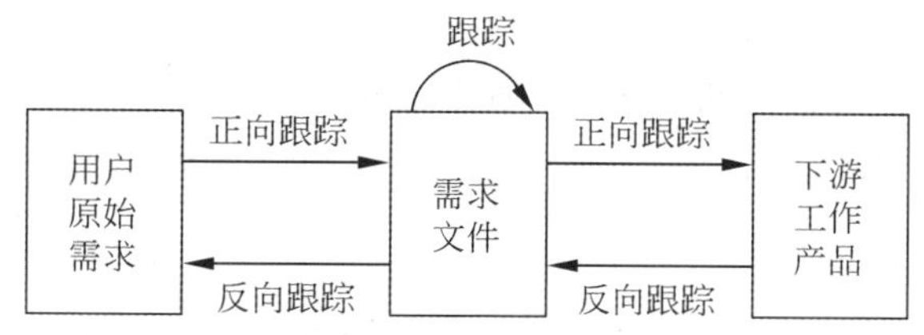

图 5-1　五类需求可跟踪

图 5-1 中的箭头表示需求跟踪能力联系链，它能跟踪需求使用的整个周期，即从需求建议到交付的全过程。

图 5-1 左半部分表明，从用户原始需求可向前追溯到需求文件，这样就能区分出项目过程中或项目结束后由于变更受到影响的需求，也确保了需求文件中包括所有用户需求。同样，可以从需求文件回溯到相应的用户原始需求，确认每个需求的出处。如果以用例（usecase）的形式来描述用户需求，图 5-1 左半部分就是用例和功能需求之间的跟踪情况。

图 5-1 右半部分表明，由于在项目实施过程中，产品需求转变为设计和测试等实现元素，所以通过定义单个需求和特定的产品元素之间的联系链，可以从需求文件追溯到产品元素。这种联系链使项目团队成员知道每个需求对应的产品元素，从而确保产品元素满足每个需求。第四类联系链是从产品元素回溯到需求文件，使项目团队成员知道每个产品元素存在的原因。如果不能将设计元素或测试案例回溯到一个需求文件，就可能出现镀金行为。当然，如果某个孤立的产品元素表明了一个正当的功能，则说明需求文件漏掉了一项需求。

第五类联系链是需求文件之间的跟踪，这种跟踪便于更好地处理各种需求之间的逻辑相关性，检查需求分解中可能出现的错误或遗漏。

2. 需求跟踪矩阵

表示需求和其他产品元素之间的联系链的最普遍方式是使用需求跟踪（能力）矩阵，需求跟踪矩阵是将产品需求从其来源连接到能满足需求的可交付成果的一种表格。需求跟踪矩阵提供了在整个项目生命周期中跟踪需求的一种方法，有助于确保需求文件中被批准的每项需求在项目结束时都能交付，还可以为管理产品范围变更提供框架。

需要跟踪的内容包括以下几个方面。

- 业务需求、机会、目的和目标。
- 项目目标。
- 项目范围（WBS 可交付成果）。
- 产品设计。
- 产品开发。
- 测试策略和测试场景。

- 高层级需求到详细需求。

不论采用何种跟踪方式，都要建立与维护需求跟踪矩阵，它保存了需求与后继工作成果的对应关系。例如，从用户原始需求到需求文件之间的跟踪，可以采用如表 5-3 所示的矩阵。

表 5-3　用户原始需求到需求文件的跟踪矩阵示例

用例 原始需求	UC-1	UC-2	UC-3	……	UC-n
FR-1					
FR-2					
……					
FR-m					

对于从需求文件到下游工作产品之间的跟踪，可以采用如表 5-4 所示的矩阵。

表 5-4　需求文件到下游工作产品的跟踪矩阵示例

元素 用例	功能点	设计元素	组件	测试用例
UC-1				
UC-2				
……				
UC-n				

需求跟踪矩阵中可以定义各种产品元素类型间的一对一、一对多和多对多关系，也就是说，允许在表 5-4 的一个单元格中填入多个元素来实现这些特征。例如，一个构件对应一个设计元素，多个测试案例验证一个功能点，每个用例导致多个功能点等。

应在需求跟踪矩阵中记录每个需求的相关属性，这些属性有助于明确每个需求的关键信息。需求跟踪矩阵中记录的典型属性包括唯一标识、需求的文字描述、收录该需求的理由、所有者、来源、优先级别、版本、当前状态（例如，进行中、已取消、已推迟、新增加、已批准、已分配、已完成等）和状态日期。另外，为了确保干系人满意，可能需要增加一些补充属性，例如，稳定性、复杂性和验收标准等。

5.4　定义范围

定义范围（Define Scope）是制定项目和产品详细描述的过程，其主要作用是明确所收集的需求哪些将包含在项目范围内，哪些将排除在项目范围外，从而明确产品、服务或成果的边界。由于在收集需求的过程中识别出的所有需求未必都包含在项目中，所以定义范围过程就要从需求文件中选取最终的项目需要，然后制定出关于项目及其产品、服务或成果的详细描述。

项目范围说明书的编制，对项目成功至关重要。项目管理团队应该根据项目启动过程中记载的主要可交付成果、假设条件和制约因素，来编制项目范围说明书。在规划过程中，由于对项目有了更多的了解，所以应该更具体地定义与描述项目范围。项目管理团队应该分析现有风险、假设条件和制约因素的完整性，并做必要的增补或更新。

5.4.1 定义范围的工具与技术

定义范围最重要的任务就是详细定义项目的范围边界，范围边界是应该做的工作和不需要进行的工作的分界线。定义范围可以增加项目时间、成本和资源估算的准确度，定义实施项目控制的依据，明确相关责任人在项目中的责任，明确项目的范围、合理性和目标，以及主要可交付成果。

定义范围过程的主要工具与技术有专家判断、产品分析、备选方案生成和引导式研讨会。本节简单介绍产品分析和备选方案生成。

1. 产品分析

对于那些以产品为可交付成果的项目，产品分析（Product Analysis）是一种有效的工具。通常，针对产品提问并回答，形成对将要开发的产品的用途、特征和其他方面的描述。每个应用领域都有一种或几种普遍公认的方法，用以将高层级的产品描述转变为有形的可交付成果。产品分析技术包括产品分解、系统分析、需求分析、系统工程、价值工程和价值分析等。例如，本书 5.5 节将要介绍的 WBS 就是一种典型的产品分解技术。

价值工程（Value Engineering）与价值分析（Value Analysis）两种活动都是对商品的价值、功能与成本进一步做思考与探索，以小组活动方式集思广益，朝各方向寻求最佳方案，再运用体系分工的方式达成价值提升或降低成本的目标。两者都是指对项目的范围和成本进行分析，以便在保持项目范围不变的前提下，降低项目成本，追求功能与成本之间的更高的性价比。

价值工程是在产品开发设计阶段进行的价值与成本革新活动，因为仍在工程设计阶段，故称为价值工程。而一旦开始量产后，往往为了成本或利润压力，如果不进行详尽的价值分析，就难以发掘可以降低成本或提高价值的改善点。此阶段以后持续的分析是降低成本的主要方法，就称为价值分析。因此，要注意价值工程与价值分析的细微差别，但在一般场合下，都不区分这两个概念。

2. 备选方案生成

备选方案生成（Alternatives Generation）是一种用来指定尽可能多的潜在可选方案的技术，用于识别执行项目工作的不同方法。许多通用的管理技术都可用于生成备选方案，例如，头脑风暴、横向思维、备选方案分析等，其中：

（1）备选方案分析（Alternative Analysis）是一种对已识别的可选方案进行评估的技术，用来决定选择哪种方案或使用何种方法来执行项目工作。

（2）横向思维（Lateral Thinking）又称为戴勃诺理论、发散思维、水平思维，是指思维的广阔度，它要求人们能全面地观察问题，从事物多种多样的联系和关系中去认识事物，它不一定是有顺序的，同时也不能预测。与横向思维相对应的是纵向思维（Vertical Thinking），纵向思维是指在一种结构范围内，按照有顺序的、可预测的、程序化的方向进行的思维形式，这是一种符合事物发展方向和人类认识习惯的思维方式，遵循由低到高、由浅到深、由始到终等线索，因而清晰明了，合乎逻辑。

5.4.2 项目范围说明书

作为定义范围过程的主要成果，项目范围说明书（Project Scope Statement）是对项目范围、主要可交付成果、假设条件和制约因素的描述。项目范围说明书记录了整个范围，包括项目范围和产品范围，详细描述项目的可交付成果，以及为提交这些可交付成果而必须开展的工作。

1. 范围说明书的内容

项目范围说明书描述要做和不要做的工作的详细程度，决定着项目管理团队控制整个项目范围的有效程度。项目范围说明书包括如下内容。

（1）产品范围描述。逐步细化在项目章程和需求文件中所描述的产品、服务或成果的特征。

（2）验收标准。定义可交付成果通过验收前必须满足的一系列条件，以及验收的过程。

（3）可交付成果。可交付成果既包括组成项目产品或服务的各种结果，也包括各种辅助成果，例如，项目管理报告和文件。对可交付成果的描述可详可简。

（4）项目的除外责任。通常需要识别出什么是被排除在项目之外的。明确说明哪些内容不属于项目范围，有助于管理干系人的期望。

（5）制约因素。列出并说明与项目范围有关且限制项目团队选择的具体项目制约因素，例如，客户或执行组织事先确定的预算、强制性日期或强制性进度里程碑。如果项目是根据协议实施的，那么协议条款通常也是制约因素。

（6）假设条件。假设条件是指在制订计划时，不需验证即可视为正确、真实或确定的因素。在项目范围说明书中，需要列出并说明与项目范围有关的具体项目假设条件，以及万一不成立而可能造成的后果。在项目规划过程中，项目团队应该经常识别、记录并验证假设条件。

2. 范围说明书的作用

项目范围说明书的主要作用如下。

（1）确定范围。项目范围说明书描述了可交付成果和所要完成的工作。

（2）沟通基础。项目范围说明书表明项目干系人之间就项目范围所达成的共识。为了便于管理干系人的期望，项目范围说明书可明确指出哪些工作不属于本项目范围。

（3）规划和控制依据。项目范围说明书使项目团队能开展更详细的规划，并可在执行过程中指导项目团队的工作。

（4）变更基础。项目范围说明书为评价变更请求或额外工作是否超出项目边界提供基准。

（5）规划基础。在项目范围说明书的基础上，其他计划也将被编制出来，它同时还是滚动式规划的基础。

要注意的是，项目范围说明书的作用同样适用于 WBS。另外，要注意项目章程和项目范围说明书的区别，两者的内容有一定的重叠，但它们的详细程度完全不同。项目章程包括高层级的信息，而项目范围说明书则是对项目范围的详细描述。项目范围需要在项目过程中渐进明细，而项目章程一般保持不变。

5.5　创建工作分解结构（WBS）

创建 WBS 是将项目可交付成果和项目工作分解成较小的、更易于管理的组件的过程，其主要作用是对所要交付的内容提供一个结构化的视图。WBS 是以可交付成果为导向的工作层级分解，其分解的对象是项目团队为实现项目目标、提交所需可交付成果而实施的工作。WBS 每下降一个层次就意味着对项目工作更详尽的定义。WBS 组织并定义项目的总范围，代表着现行项目范围说明书所规定的工作。

需要注意的是，WBS 中的“工作”并不是指工作本身，而是指工作所导致的产品或可交付成果。

5.5.1　WBS 的层次

WBS 将项目整体或者主要的可交付成果分解成容易管理、方便控制的若干个子项目或者工作包，子项目需要继续分解为工作包，持续这个过程，直到整个项目都分解为可管理的工作包，这些工作包的总和是项目的所有工作范围。最普通的 WBS 如表 5-5 所示。

表 5-5　WBS 的分层

工作编号	工作任务	工期	负责人
0	远程教育项目	8 月	吴函
1	硬件	2 月	何小波
2	第三方软件	2 月	王方
3	系统功能	5 月	张必胜
3.1	设备管理	1 月	桂波阳
3.2	维护管理	1 月	周瑞
3.3	工单管理	1 月	谢敏波

续表

工作编号	工作任务	工期	负责人
3.3.1	模块设计	5天	郑嘉
3.3.2	代码编制	5天	马小虎
3.3.3	单元测试	10天	汪角春
3.3.4	功能测试	5天	左林标
3.3.5	验证测试	5天	赵晓
3.4	采购管理	1月	胡海涛
3.5	库存管理	1月	王敏捷
4	系统接口	1月	李鸿海
5	现场实施	1月	李智

这样分层的特点有：

（1）每层中的所有要素之和是下一层的工作之和。

（2）每个工作要素应该具体指派一个层次，而不应该指派给多个层次。

（3）WBS需要有投入工作的范围描述，这样才能使所有人对要完成的工作有全面的了解。

1. 里程碑

在每个分解单元中都存在可交付成果和里程碑（Milestone）。里程碑标志着某个可交付成果或者阶段的正式完成。里程碑和可交付成果紧密联系在一起，但并不是一个事物。可交付成果可能包括报告、原型、成果和最终产品。而里程碑则关注于是否完成，例如，正式的用户认可文件等。WBS中的任务有明确的开始时间和结束时间，任务的结果可以和预期的结果相比较。

2. 工作包

工作包（Work Package）是位于WBS每条分支最底层的可交付成果或项目工作组成部分。由于工作包应便于完整地分派给不同的人或组织单元，所以要求明确各工作单元直接的界面。工作包应该非常具体，以便承担者能明确自己的任务、努力的目标和承担的责任。工作包是基层任务或工作的指派，同时具有检测和报告工作的作用。所有工作包的描述必然让成本会计管理者和项目监管人员理解，并能够清楚地区分不同工作包的工作。

工作包的大小也是需要考虑的细节，如果工作包太大，则难以达到可管理和可控制的目标；如果工作包太小，则创建WBS需要消耗项目管理人员和项目团队成员的大量时间和精力，同时，由于工作包过多，会造成逻辑结构复杂。作为一种经验法则，8/80规则（80小时原则）建议工作包的大小应该至少需要8小时来完成，而总完成时间也不应该大于80小时。

3. 控制账户

控制账户（Control Account）是一种管理控制点。在该控制点上，将范围、预算（资源计划)、实际成本和进度加以整合，并将它们与挣值进行比较，以测量绩效。

根据以上定义可知，控制账户是 WBS 某个层次上的要素，既可以是工作包，也可以是比工作包更高层次上的一个要素。如果是后一种情况，一个控制账户中就包括若干个工作包，但一个工作包仅属于一个控制账户。项目管理团队在控制账户上考核项目的执行情况，即在控制账户的相应要素下，将项目执行情况与计划情况进行比较，以便评价执行情况好坏，并发现与纠正偏差。

通常在项目规划阶段就要确定项目的控制账户。控制账户设在较高层次上还是较低层次上，就表明项目管理团队想要对项目实施“粗管”还是“细管”。如果项目出现了不利的局面，为了加强控制，项目管理团队可以临时决定下移控制账户，即将更低层的工作单元定为控制账户。

4. 规划包

规划包（Planning Package）是指在控制账户之下，工作内容已知但尚缺详细进度活动的 WBS 组成部分。也就是说，规划包是在控制账户之下、工作包之上的 WBS 要素。项目管理团队虽然已经知道它是一个什么样的成果，但是尚不清楚究竟要做哪些具体的活动才能将该成果开发出来。由于当前无法分解到编制项目管理计划所需要的详细程度，规划包是暂时用来做计划的。随着情况的逐渐清晰，规划包最终将被分解成工作包以及相应的具体活动。

5. WBS 词典

在制作 WBS 的过程中，要给 WBS 的每个部分赋予一个账户编码（Code of Account）标志符，它们是成本、进度和资源使用信息汇总的层次结构。需要生成一些配套的文件，这些文件需要和 WBS 配套使用，称为 WBS 词典。WBS 词典也称为 WBS 词汇表，它是描述 WBS 各组成部分的文件。对于 WBS 的每一组成部分，WBS 词典可能包括账户编码标识、工作描述、假设条件和制约因素、负责人或组织单元、进度里程碑、相关的进度活动、所需资源、成本估算、质量要求、验收标准、技术参考文献、协议信息等。

在控制范围变更的过程中，如果要评价变更的影响，由于 WBS 词典比 WBS 包含的信息更多，因此作用更大。

5.5.2　分解

创建 WBS 没有所谓的正确的方式，可以使用白板、草图，或者使用比较专业的计算机软件，现在的项目管理软件（例如，MS Project 等）提供了非常多的相关功能。常用的方法包括自上而下的方法、使用组织特定的指南和使用 WBS 模板，可以使用自下而上的方法对 WBS 组件进行整合。

创建 WBS 过程的工具与技术主要有分解和专家判断。分解是一种将项目可交付成果和项目工作分解成较小的、更易于管理的组件的技术。要将整个项目工作分解为工作包，通常需要开展以下活动：

- 识别和分析可交付成果及相关工作。
- 确定 WBS 的结构和编排方法。
- 自上而下逐层细化分解。
- 为 WBS 组件制定和分配标识编码。
- 核实可交付成果分解的程度是恰当的。

1．分解的原则

创建 WBS 时对工作的划分，可以参考一些现成的原则，这些原则包括：

（1）功能或者技术原则。项目中每个阶段可能需要不同的技术人员或专家。对于某个产品而言，往往涉及到多种不同的人员和他们所掌握的技术。对于不同阶段，需要不同的人员，因此，在创建 WBS 时，需要考虑将不同人员的工作分开。

（2）组织结构。对于职能型的项目组织而言，WBS 也要适应项目的组织结构形式，因为职能部门之间的协调有时候非常困难。如果有部分功能采用了其他组织的产品或者服务，即外包的形式，那么，在 WBS 中也应该将这部分工作反映出来，并应该特别注意这部分工作对其他工作的影响。

（3）系统或者子系统。这是项目最常用的划分原则，总的系统划分为几个主要的子系统，然后对每个子系统再进行分解。注意到这样的原则经常同时和功能或者技术原则相互配合使用。

在项目管理实践中，可以按照下列方式进行分解：

（1）项目生命周期的各阶段作为分解的第二层，产品和项目可交付成果放在第三层，如图 5-2 所示。

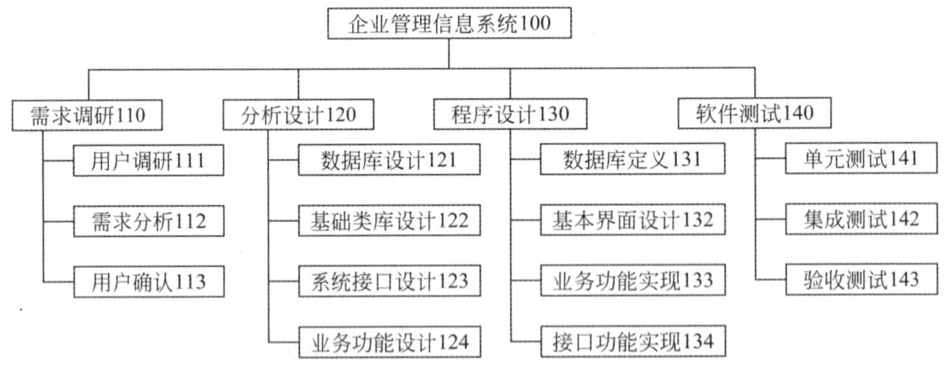

图 5-2 第一种分解方式

（2）主要可交付成果作为分解的第二层，如图 5-3 所示。

（3）整合可能由项目团队以外的组织来实施的各种组件（例如，外包工作），然后作为外包工作的一部分，卖方需编制相应的合同 WBS。

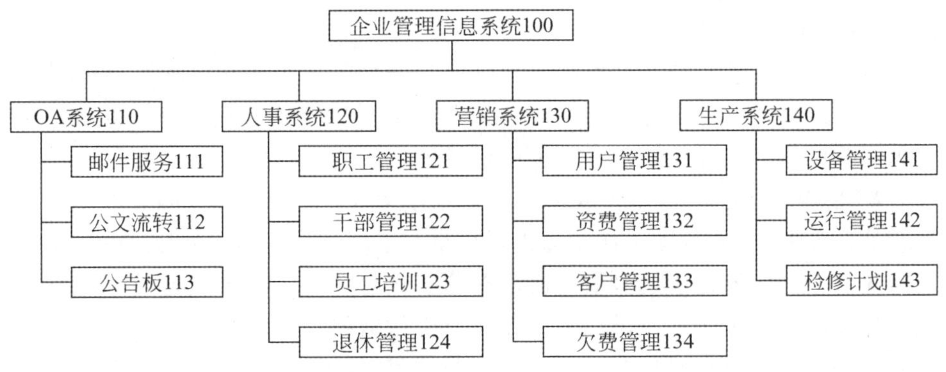

图 5-3　第二种分解方式

2．工作过程

WBS 不是某个项目团队成员的责任，应该由全体项目团队成员、用户和项目干系人共同完成和一致确认。创建 WBS 的过程如图 5-4 所示。

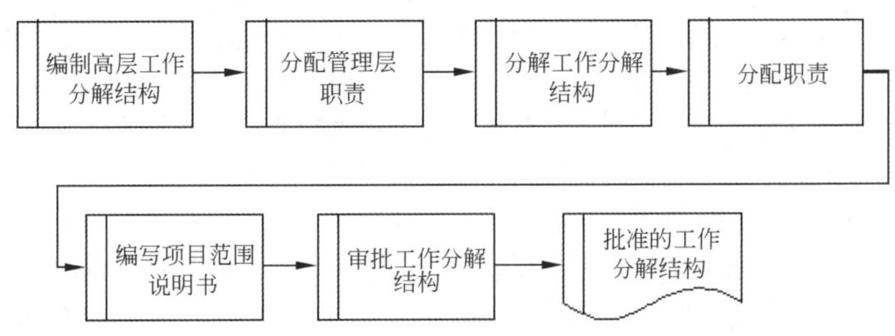

图 5-4　创建 WBS 的过程

当确定了项目的阶段后，开始对每个阶段不断重复分解的过程，直到项目的主要可交付成果分解为工作包。这些工作包的列表就代表了项目从开始到结束需要进行的工作。较常用的 WBS 表示形式主要有分级的树型结构（组织结构图式）和表格形式（列表式）。图 5-2 和图 5-3 就是树型的结构，树型结构图的 WBS 层次清晰、直观性和结构性强，但不容易修改，对大的、复杂的项目很难表示出项目的全貌。表 5-5 是表格形式的 WBS 示例，表格形式的直观性比较差，但能够反映出项目所有的工作要素。

值得注意的是，虽然有些参考文献也使用鱼骨图形式的 WBS，但这种形式并不常用。

创建了 WBS 之后，还需要检查每个阶段主要的交付成果，它们将是项目管理和控制的依据。项目团队所完成的 WBS 需要提交给项目发起人，项目经理必须向项目发起人解释项目任何阶段的意义。如果 WBS 不合理，那么项目发起人就应该和项目管理团队一起改正这些错误。完成的 WBS 还需要交付给其他的项目干系人，这样做的主要目的是确认所有的项目范围都已经包含在 WBS 中。

3．注意事项

在分解中应该注意到 WBS 是将项目的产品或服务、组织和过程这三种不同的结构综合项目分解结构的过程，逐层分解项目或者其主要交付成果的过程，实际上也是分派角色和职责的过程。具体来说，在分解的过程中，应该注意以下 8 个方面。

（1）WBS 必须是面向可交付成果的。项目的目标是提供产品或服务，仅仅是一连串特别的活动。WBS 中的各项工作是为提供可交付的成果服务的。WBS 并没有明确地要求重复循环的工作，但为了达到里程碑，有些工作可能要进行多次。最明显的例子是软件测试，软件必须经过多次测试后才能作为可交付成果。

（2）WBS 必须符合项目的范围。WBS 必须包括，也仅包括为了完成项目的可交付成果的活动。100%原则（包含原则）认为，在 WBS 中，所有下一级的元素之和必须 100%的代表上一级元素。如果 WBS 没有覆盖全部的项目可交付成果，那么最后提交的产品或服务是无法让用户满意的。

（3）WBS 的底层应该支持计划和控制。WBS 是项目管理计划和项目范围之间的桥梁，WBS 的底层不但要支持项目管理计划，而且要让管理层能够监视和控制项目的进度和预算。如果将 WBS 分解得过于详细，那么容易让人掉进细节中，同时可能会忽略更重要的事情，对于项目的控制成本也不利。另外，WBS 如果变成了每小时的工作单，那么对于项目团队成员而言，谁也不愿意每时每刻都受到监控，而且，组织可能还需要雇佣相应的人员来完成如此之多的监控。

（4）WBS 中的元素必须有人负责，而且只由一个人负责，尽管实际上可能需要多个人参与。如果没有个人负责的内容，那么 WBS 发布后，也很少有项目团队成员能够意识到自己和其中内容上的联系。WBS 和责任人可以使用工作责任矩阵来描述。在一些参考文献中，这个规定又称为独立责任原则。

（5）WBS 的指导。作为指导而不是原则，WBS 应控制在 4～6 层。如果项目规模比较大，以至于 WBS 要超过 6 层，此时，可以使用项目分解结构将大项目分解成子项目，然后针对子项目来做 WBS。每个级别的 WBS 将上一级的一个元素分为 4～7 个新的元素，同一级的元素的大小应该相似。一个工作单元只能从属于某个上层单元，避免交叉从属。

（6）WBS 应包括项目管理工作（因为管理是项目具体工作的一部分），也要包括分包出去的工作。

（7）WBS 的编制需要所有（主要）项目干系人的参与，需要项目团队成员的参与。各项目干系人站在自己的立场上，对同一个项目可能编制出差别较大的 WBS。项目经理应该组织他们进行讨论，以便编制出一份大家都能接受的 WBS。

（8）WBS 并非是一成不变的。在完成了 WBS 之后的工作中，仍然有可能需要对 WBS 进行修改。如果没有合理的范围控制，仅仅依靠 WBS 会使得后面的工作僵化。在一些参考文献中，这个问题被称为滚动分解原则。

5.5.3　WBS 的作用

当一个项目的 WBS 分解完成后，项目干系人对完成的 WBS 应该给予确认，并对此达成共识，然后才能据此进行时间估算和成本估算。WBS 的目的和用途主要体现在以下 8 个方面。

（1）明确和准确说明项目范围，项目团队成员能够清楚地理解任务的性质和需要努力的方向。

（2）清楚地定义项目的边界，它提供了项目管理人员、项目产品或服务的用户、项目发起人、项目团队成员等其他项目干系人一致认可的项目需要做的工作和不需要做的工作。

（3）为各独立单元分派人员，规定这些人员的职责，可以确定完成项目所需要的技术和人力资源。

（4）针对独立单元，进行时间、成本和资源需求量的估算，提高估算的准确性。

（5）为计划、预算、进度安排和费用控制奠定共同基础，确定项目进度和控制的基准。

（6）将项目工作和项目的财务账目联系起来。

（7）确定工作内容和工作顺序，将项目分解成具体的工作任务，就可以按照工作任务的逻辑顺序来实施项目。WBS 可以使用图形化的方式来查看工作内容，任何人都能够清楚地辨别项目的阶段、工作单元，并根据实际情况进行调节和控制。

（8）有助于防止需求蔓延。当项目用户或者其他项目干系人试图为项目增加功能时，在 WBS 增加相应的工作的同时，也就能够很容易地让他们理解，相关成本和进度也必须做相应的改变。

5.6　确认范围

确认范围（Validate Scope）是正式验收项目已完成的可交付成果的过程，其主要作用是使验收过程具有客观性，同时，通过验收每个可交付成果，提高最终产品、服务或成果获得验收的可能性。确认范围包括与客户或发起人一起审查可交付成果，确保可交付成果已圆满完成，并获得客户或发起人的正式验收。

在信息系统集成项目中，确认范围并不是容易的事情，它的不容易主要体现在与用户的沟通上，特别是对定制的产品更是如此：项目团队倾向于让用户确认范围以尽快开始后续的工作，而用户则可能认为自己什么也没有看到，怎么可以确认呢？因此，项目团队必须有足够的能力与用户沟通，让用户意识到：虽然确认项目范围是正式的，但这并不意味着该项目的范围就是铁板一块，不能再修改了。只不过，无论是现在更改范围，还是以后更改范围，都会引起项目的时间、进度和资源上的变化。

5.6.1 确认范围概述

确认范围的主要工具与技术是检查和群体决策技术。检查也称为审查、评审、审计、走查、巡检、测试等，是指开展测量、审查与确认等活动，来判断工作和可交付成果是否符合需求和产品验收标准。例如，验收测试就是一种典型的确认范围的技术。

1. 确认范围的步骤

确认范围应该贯穿项目的始终。如果是在项目的各个阶段对项目的范围进行确认工作，则还要考虑如何通过项目协调来降低项目范围改变的频率，以保证项目范围的改变是有效率和适时的。确认范围的一般步骤如下。

（1）确定需要进行范围确认的时间。

（2）识别范围确认需要哪些投入。

（3）确定范围正式被接受的标准和要素。

（4）确定范围确认会议的组织步骤。

（5）组织范围确认会议。

通常情况下，在确认范围前，项目团队需要先进行质量控制工作，例如，在确认软件项目的范围之前，需要进行系统测试等工作，以确保确认工作的顺利完成。

2. 需要检查的问题

在每个阶段中，有必要说明最重要的活动，但没有必要过于涉及细节，除非项目干系人特别提到，而且要有详细讨论每个细节的准备。项目干系人进行范围确认时，一般需要检查以下 6 个方面的问题。

（1）可交付成果是否是确定的、可确认的。

（2）每个可交付成果是否有明确的里程碑，里程碑是否有明确的、可辨别的事件，例如，客户的书面认可等。

（3）是否有明确的质量标准，也就是说，可交付成果的交付不但要有明确的标准标志，而且要有是否按照要求完成的标准，可交付成果和其标准之间是否有明确的联系。

（4）审核和承诺是否有清晰的表达。项目发起人必须正式同意项目的边界，项目完成的产品或者服务，以及项目相关的可交付成果。项目团队必须清楚地了解可交付成果是什么。所有的这些表达必须清晰，并取得一致的同意。

（5）项目范围是否覆盖了需要完成的产品或服务进行的所有活动，有没有遗漏或者错误。

（6）项目范围的风险是否太高，管理层是否能够降低可预见的风险发生时对项目的冲击。

5.6.2 干系人关注点

确认范围主要是项目干系人（例如，客户、发起人等）对项目的范围进行确认和接受的工作，每个人对项目范围所关注的方面是不同的。

管理层所关注的项目范围，是指范围对项目的进度、资金和资源的影响，这些因素是否超过了组织承受范围，是否在投入产出上具有合理性。在确认范围工作进行之后，管理层可能会取消该项目，可能是因为项目范围太大，造成对时间、资金和资源的占有远远大于管理层的预计或者组织的承受能力。更多的情况是要求项目团队压缩范围以满足进度、资金和资源的限制。

客户主要关心的是产品的范围，关心项目的可交付成果是否足够完成产品或服务。有些项目的产品经理就是客户，在这种情况下，能够减少项目团队对产品理解的失误的可能性，降低项目的风险。

项目管理人员主要关注可交付成果是否足够和必须完成，时间、资金和资源是否足够，主要的潜在风险和预备解决的方法。

项目团队成员主要关心项目范围中自己参与的元素和负责的元素，通过定义范围中的时间检查自己的工作时间是否足够，自己在项目范围中是否有多项工作，而这些工作又有冲突的地方。如果项目团队成员估计某些可交付成果无法在确定的时间完成，需要提出自己的意见。

在项目中，客户和项目团队成员往往有在当前版本中加入所有功能和特征的意愿，这对于项目来说是一种潜在的风险，会给组织和客户带来危害和损失。

如果在确认范围工作中发现项目范围说明书、WBS 中有遗漏或者错误，需要向项目团队明确指出错误的内容，并给出修正的意见。项目团队需要根据修改意见重新修改项目范围说明书和 WBS。

在确认范围的工作过程中也可能会出现范围变更请求，如果这些范围变更请求得到了批准，那么也要重新修改项目范围说明书和 WBS。

5.6.3 几个术语的比较

为了帮助读者理解，本节将确认范围与核实产品、质量控制、项目收尾进行比较分析。

1. 确认范围与核实产品

核实产品是针对产品是否完成，在项目（或阶段）结束时由发起人或客户来验证，强调产品是否完整；确认范围是针对项目可交付成果，由客户或发起人在阶段末确认验收的过程。

2. 确认范围与质量控制

确认范围与质量控制的不同之处在于：

- 确认范围主要强调可交付成果获得客户或发起人的接受；质量控制强调可交付成果的正确性，并符合为其制定的具体质量要求（质量标准）。
- 质量控制一般在确认范围前进行，也可同时进行；确认范围一般在阶段末尾进行，而质量控制并不一定在阶段末进行。

- 质量控制属内部检查，由执行组织的相应质量部门实施；确认范围则是由外部干系人（客户或发起人）对项目可交付成果进行检查验收。

从检查的详细程度来说，核实产品、确认范围和质量控制是递进的、越来越细的检查过程。

3. 确认范围与项目收尾

确认范围与项目收尾的不同之处在于：

- 虽然确认范围与项目收尾工作都在阶段末进行，但确认范围强调的是核实与接受可交付成果，而项目收尾强调的是结束项目（或阶段）所要做的流程性工作。
- 确认范围与项目收尾都有验收工作，确认范围强调验收项目可交付成果，项目收尾强调验收产品。

5.7 控制范围

控制范围（Control Scope）是监督项目和产品的范围状态、管理范围基准变更的过程，其主要作用是在整个项目期间保持对范围基准的维护。对项目范围进行控制，就必须确保所有请求的变更、推荐的纠正措施或预防措施都经过实施整体变更控制过程的处理。在变更实际发生时，也要采用范围控制过程来管理这些变更。

1. 范围变更的原因

造成项目范围变更的主要原因是项目外部环境发生了变化，例如：

- 政府政策的问题。
- 项目范围的计划编制不周密详细，有一定的错误或遗漏。
- 市场上出现了或是设计人员提出了新技术、新手段或新方案。
- 项目执行组织本身发生变化。
- 客户对项目、项目产品或服务的要求发生变化。

未经控制的产品或项目范围的扩大（未对时间、成本和资源做相应调整）称为范围蔓延。在信息系统集成项目中，变更是不可避免的，控制范围过程依赖于范围变更控制系统，范围变更控制是指对有关项目范围的变更实施控制，审批项目范围变更的一系列过程，包括书面文件、跟踪系统和授权变更所必须的批准级别。

2. 范围变更控制的工作

在整个项目周期内，项目范围发生变化，则要进行范围变更控制，范围变更控制的主要工作如下。

（1）影响导致范围变更的因素，并尽量使这些因素向有利的方面发展。

（2）判断范围变更是否已经发生。

（3）范围变更发生时管理实际的变更，确保所有被请求的变更按照项目整体变更控制过程处理。

5.8 本章练习

（1）某项目工期为一年，项目经理对负责项目工作分解结构编制的小张提出了如下要求或建议，其中________是不妥当的。

A．应该在 2 周内把全年工作都分解到具体工作包

B．可根据项目生命周期的阶段进行第一层分解，而把可交付物安排在第二层

C．可考虑以一个人 80 小时能完成的工作作为一个工作包

D．可采用树形结构和列表形式相结合的方式进行分解

试题分析

工作分解结构（WBS）是项目管理工作的基础，是组织管理工作的主要依据。这些项目管理工作包括：定义工作范围，定义项目组织，设定项目产品的质量和规格，估算和控制费用，估算时间周期和安排进度。因此，从某种程度上讲，工作结构分解的过程就是为项目搭建管理骨架的过程。在此过程中，会遵循“滚动波计划”的思想，将近期的工作分解得比较细致，远期的工作比较粗略，所以 A 选项中所提到的，把全年工作一次性分解到工作包并不合适。

参考答案：A

（2）下面属于项目范围控制活动的是________。

A．对项目的绩效情况进行分析，确定是否偏离设定的范围基准

B．对详细的范围说明书进行评审，提交客户签字确认

C．与客户充分沟通以获取项目的详细需求

D．与客户开展审查或检查活动，判断工作和交付成果是否符合设定的标准

试题分析

范围控制关注的焦点问题是：对造成范围变更的因素施加影响，以确保这些变更得到一致的认可；确定范围变更是否已经发生；当范围变更发生时，对实际的变更进行管理由此可知。如果项目绩效偏离设定的范围基准，则有可能引发变更。因此选项 A 属于范围控制的范畴。

参考答案：A

（3）关于项目确认范围及有关活动，以下说法错误的是________。

A．可以通过检查来实现范围的确认

B．检查包括测量、测试、检验等活动

C．确认范围的目的就是形成项目范围说明书

D．检查也可被称为审查、产品评审和走查

试题分析

确认范围是正式验收项目已完成的可交付成果的过程。确认范围包括与客户或发起人一起审查可交付成果，确保可交付成果已圆满完成，并获得客户或发起人的正式验收。确认范围与质量控制的不同之处在于，确认范围主要关注对可交付成果的验收，而质量控制则主要关注可交付成果是否正确以及是否满足质量要求。质量控制通常先于确认范围进行，但二者也可同时进行。

形成项目范围说明书是定义范围过程的目的。

参考答案：C

（4）某公司的项目审查委员会每个季度召开会议审查所有预算超过 1200 万元的项目。李工最近被提升为该公司高级项目经理，并承担了最大的项目之一，即开发下一代计算机辅助生产流程系统。审查委员会要求李工在下次会议上说明项目的目标、工作内容和成果。为此李工需要准备的文件是________。

A．项目章程　　B．产品描述　　C．范围说明书　　D．工作分解结构

试题分析

项目范围说明书详细描述了项目的可交付物以及产生这些可交付物所必须做的项目工作。范围说明书包括的直接内容或引用内容如下。

① 项目的目标。项目目标包括成果性目标和约束性目标。项目成果性目标指通过项目开发出满足客户要求的产品、服务或成果。项目约束性目标是指完成项目成果性目标需要的时间、成本以及要求满足的质量。

② 产品范围描述。这一节描述了项目承诺交付的产品、服务或结果的特征。这种描述会随着项目的开展，其产品特征会逐渐细化。

③ 项目的可交付物。可交付物包括项目的产品、成果或服务，以及附属产出物例如项目管理报告和文档。根据需要，可交付物可以被描述得比较概要，也可以很详细。

④ 项目边界。边界严格定义了哪些事项属于项目，也应明确地说明什么事项不属于项目的范围。

⑤ 产品验收标准。该标准明确界定了验收可交付物的过程和原则。

⑥ 项目的约束条件。

⑦ 项目的假定。

这些内容是符合题目所述审查委员会要求的。

参考答案：C

（5）项目范围管理包括确保项目所需要的全部工作过程。________是范围管理流程的正确顺序。

① 定义范围　② 核实范围　③ 收集需求　④ 控制范围　⑤ 创建工作分解结构

A．③ ① ② ⑤ ④　　B．③ ① ⑤ ② ④

C．① ③ ② ④ ⑤　　D．① ③ ② ⑤ ④

试题分析

项目范围管理的工作过程按顺序排列为：规划范围管理、收集需求、定义范围、创建工作分解结构、确认范围、控制范围。

参考答案：B

（6）在“可交付物”层次上明确了要完成项目需要做的相应工作的文档是________。

A．项目范围说明书　　B．工作分解结构

C．项目建议书　　D．项目申请书

试题分析

可交付物即可交付成果，项目范围说明书是从这个角度去描述的文档。

参考答案：A

（7）在 WBS 字典中，可不包括的是________。

A．工作描述　　B．账户编码　　C．管理储备　　D．资源需求

试题分析

WBS 词典是在创建工作分解结构的过程中编制的，是工作分解结构的支持性文件，用来对工作分解结构中的控制账户和工作包做详细解释。解释的详细程度可以根据具体需要加以确定。控制账户是工作分解结构中的要素，是项目经理对项目的管理控制点，即针对控制账户的要素对项目的执行情况进行检查与考核。可以把工作包作为控制账户，也可以把更高层的要素作为控制账户。

WBS 词典包括：编码、工作包描述（内容）、成本预算、时间安排、质量标准或要求、责任人或部门或外部单位（委托项目）、资源配置情况、其他属性等。

管理储备是项目管理计划中的内容，不属于 WBS 词典。

参考答案：C

（8）以下关于项目范围管理的叙述中，________是不正确的。

A．一般项目目标的设定标准可用一个单词 SMART 来表达

B．项目目标开始是出现在初步项目范围说明书里，后来被定义并最终归结到项目范围说明书里

C．范围定义过程给出了项目和产品的详细描述，并把结果写进详细的项目范围说明书

D．确认范围也被称为范围核实，它的目的是核实工作结果的正确与否，应该贯穿项目始终

试题分析

质量控制的目的才是核实工作结果的正确与否。确认范围是有关工作结果的可接受问题。

参考答案：D

（9）________工作用来对项目进行定义，该工作用来明确“项目需要做什么”。

A．制定项目范围说明书　　B．制订项目管理计划
C．制定项目章程　　D．项目管理信息系统

试题分析

项目范围说明书是对“项目需要做什么”进行定义。故选制定项目范围说明书过程。

参考答案：A

（10）在需求跟踪过程中，检查设计文档、代码、测试用例等工作成果是否都能在《产品需求规格说明书》中找到出处的方法属于________。

A．逆向跟踪　B．正向跟踪　C．双向跟踪　D．系统跟踪

试题分析

按照时间维度，先有需求规格说明书，后又其他设计、开发、测试等过程。故题干所示，是逆向跟踪。

参考答案：A

第 6 章　项目进度管理

6.1　概述

项目进度管理包括为管理项目按时完成所需的 7 个过程，具体为：

（1）规划进度管理——为规划、编制、管理、执行和控制项目进度而制定政策、程序和文档过程。

（2）定义活动——识别和记录为完成项目可交付成果而需采取的具体行动的过程。

（3）排列活动顺序——识别和记录项目活动之间的关系的过程。

（4）估算活动资源——估算执行各项活动所需材料、人员、设备或用品的种类和数量的过程。

（5）估算活动持续时间——根据资源估算的结果，估算完成单项活动所需工期的过程。

（6）制订进度计划——分析活动顺序、持续时间、资源需求和进度制约因素，创建项目进度模型的过程。

（7）控制进度——监督项目活动状态、更新项目进展、管理进度基准变更，以实现计划的过程。

上述过程不仅彼此相互作用，而且还与其他知识领域中的过程相互作用。

在某些项目（特别是小项目）中，定义活动、排列活动顺序、估算活动资源、估算活动持续时间及制订进度计划等过程之间的联系非常密切，以至于可视为一个过程，由一个人在较短时间内完成。但本章仍然把这些过程分开介绍，因为每个过程所用的工具和技术各不相同。

6.1.1　项目进度管理含义

项目进度管理是指在项目实施过程中，对各阶段的进展程度和项目最终完成的期限所进行的管理，是在规定的时间内，拟定出合理且经济的进度计划（包括多级管理的子计划），在执行该计划的过程中，经常要检查实际进度是否按计划要求进行，若出现偏差，便要及时找出原因，采取必要的补救措施或调整、修改原计划，直至项目完成。其目的是保证项目能在满足其时间约束条件的前提下实现其总体目标。

6.1.2　项目进度管理的作用

总的来说，项目管理计划主要都是基于项目进度管理计划编制的。在项目的进度管理计划的基础上编制项目成本管理计划、设备设施采购计划、人力资源配置计划、风险管理计划和配置管理计划等。

只有制订比较详尽的可操作的项目进度管理计划才可以统筹安排整个项目的管理工作，使得项目各方面的工作有条不紊地开展。

项目的执行过程中难免会发生更改项目进度计划的行为，这会给项目带来很多工作计划的调整，后续的采购和人力资源配置等都有可能受到影响。因而在进度管理计划的编制上要注意其弹性问题。同时对可能改变进度计划的因素早发现、早更改和做好后续工作的安排的工作，以保持项目的各项资源能够协调进行。

6.2 项目进度管理过程

6.2.1 规划进度管理

规划项目进度管理是为实施项目进度管理制定政策、程序，并形成文档化的项目进度管理计划的过程。本过程的主要作用是，如何在整个项目过程中管理、执行和控制项目进度提供指南和方向。

项目进度管理计划是项目管理计划的组成部分，项目进度管理过程及其相关的工具和技术应写入进度管理计划。根据项目需要，进度管理计划可以是正式或非正式的，非常详细或高度概括的。项目进度管理计划应包括合适的控制临界值，还可以规定如何报告和评估进度紧急情况。在项目执行过程中，可能需要更新进度管理计划，以反映在管理进度过程中所发生的变更。项目进度管理计划是制订项目管理计划过程的主要输入。

1. 规划进度管理：输入

1）项目管理计划

项目管理计划中用于制订进度管理计划的信息包括（但不限于）：

（1）范围基准。范围基准包括项目范围说明书、WBS 和 WBS 词典，可用于定义活动、持续时间估算和进度管理。

（2）其他信息。可依据项目管理计划中的其他信息制订进度计划，例如，与规划进度相关的成本、风险和沟通决策。

2）项目章程

项目章程中规定的总体里程碑进度计划和项目审批要求，都会影响项目的进度管理。

3）组织过程资产

会影响规划进度管理过程的组织过程资产包括（但不限于）：

- 可用的监督和报告工具。
- 历史信息。

- 进度控制工具。
- 现有的、正式和非正式的、与进度控制有关的政策、程序和指南。
- 模板。
- 项目收尾指南。
- 变更控制程序。
- 风险控制程序，包括风险类别、概率定义与影响，以及概率和影响矩阵。

4）事业环境因素

会影响规划进度管理过程的事业环境因素包括（但不限于）：

- 能影响进度管理的组织文化和结构。
- 可能影响进度规划的资源可用性和技能。
- 提供进度规划工具的项目管理软件，有利于设计管理进度的多种方案。
- 发布的商业信息（如资源生产率），通常来自各种商业数据库。
- 组织中的工作授权系统。

2. 规划进度管理：输出

规划进度管理在以上输入的过程中，利用一些工具和技术，就得到如下输出结果。

1）项目进度管理计划

项目进度管理计划是项目管理计划的组成部分，为编制、监督和控制项目进度建立准则和明确活动。根据项目需要，进度管理计划可以是正式或非正式的，非常详细或高度概括的，其中应包括合适的控制临界值。

例如，进度管理计划会规定：

（1）项目进度模型制定。需要规定用于制定项目进度模型的进度规划方法论和工具。

（2）准确度。需要规定活动持续时间估算的可接受区间，以及允许的应急储备数量。

（3）计量单位。需要规定每种资源的计量单位，例如，用于测量时间的人时数、人天数或周数；用于计量数量的米、升、吨、千米或立方米。

（4）组织程序链接。工作分解结构为进度管理计划提供了框架，保证了与估算及资源计划的协调一致。

（5）项目进度模型维护。需要规定在项目执行期间，将如何在进度模型中更新项目状态，记录项目进展。

（6）控制临界值。可能需要规定偏差临界值，用于监督进度绩效。它是在需要采取某种措施前，允许出现的最大偏差。通常用偏离基准计划中的参数的某个百分数来表示。

（7）绩效测量规则。需要规定用于绩效测量的挣值管理（EVM）规则或其他测量规则。例如，进度管理计划可以规定：

- 确定完成百分比的规则。
- 用于考核进展和进度管理的控制账户。
- 拟用的挣值测量技术，如基准、固定公式、完成百分比等。

- 进度绩效测量指标，如进度偏差（SV）和进度绩效指数（SPI），用来评价偏离原始进度基准的程度。

（8）报告格式。需要规定各种进度报告的格式和编制频率。

（9）过程描述。对每个进度管理过程进行书面描述。

6.2.2 定义活动

第 5 章的创建 WBS 过程已经识别出 WBS 中最底层的可交付成果，即工作包。为了更好地规划项目，工作包通常还应进一步细分为更小的组成部分，即“活动”。

活动，就是为完成工作包所需进行的工作，是实施项目时安排工作的最基本的工作单元。活动与工作包是 1 对 1 或多对 1 的关系，即有可能多个活动完成一个工作包。

定义活动过程就是识别和记录为完成项目可交付成果而需采取的所有活动。其主要作用是，将工作包分解为活动，作为对项目工作进行估算、进度规划、执行、监督和控制的基础。

1. 定义活动：输入

1）进度管理计划

项目进度管理计划中规定了管理项目工作所需的细致程度。

2）范围基准

在定义活动时，需明确考虑范围基准中的 WBS、可交付成果、制约因素和假设条件。

3）组织过程资产

能够影响定义活动过程的组织过程资产包括（但不限于）：

- 经验教训知识库，其中包含以往类似项目的活动清单等历史信息。
- 标准化的流程。
- 来自以往项目的、包含标准活动清单或部分活动清单的模板。
- 现有的、正式和非正式的、与活动规划相关的政策、程序和指南，如进度规划方法论，在定义活动时应考虑这些因素。

4）事业环境因素

会影响定义活动过程的事业环境因素包括（但不限于）：

- 组织文化和结构。
- 商业数据库中发布的商业信息。
- 项目管理信息系统（PMIS）。

2. 定义活动：输出

定义活动在以上输入的过程中，利用一些工具和技术，就得到如下输出结果。

1）活动清单

活动清单是一份包含项目所需的全部活动的综合清单。活动清单还包括每个活动的标识及工作范围详述，使项目团队成员知道需要完成什么工作（工作内容、目标、结果、负责人和日期）。每个活动都应该有一个独特的名称。

2）活动属性

活动属性是活动清单中的活动描述的扩展。与里程碑不同，活动具有持续时间，活动需要在该持续时间内开展，而且还需要相应的资源和成本。活动属性随时间演进。在项目初始阶段，活动属性包括活动标识、WBS 标识和活动标签或名称；在活动属性编制完成时，可能还包括活动编码、活动描述、紧前活动、紧后活动、逻辑关系、提前量与滞后量、资源需求、强制日期、制约因素和假设条件。活动属性可用于分配执行工作的负责人，确定开展工作的地区或地点，编制开展活动的项目日历，以及明确活动类型，如支持型活动、独立型活动和依附型活动。活动属性还可用于编制进度计划。根据活动属性，可在报告中以各种方式对活动进行选择、排序和分类。活动属性的数量因应用领域而异。

3）里程碑清单

里程碑是项目中的重要时点或事件。里程碑清单列出了所有项目里程碑，并指明每个里程碑是强制性的（如合同要求的）还是选择性的（如根据历史信息确定的）。里程碑清单为后期的项目控制提供了基础。

里程碑是项目生命周期中的一个时刻，里程碑的持续时间为零，里程碑既不消耗资源也不花费成本，通常是指一个主要可交付成果的完成。

里程碑清单显示了项目为达到最终目标而必须经过的条件或状态序列，描述了在每一阶段，要达到什么状态。

一个项目中应该有几个达到里程碑程度的关键事件。一个好的里程碑最突出的特征是：达到此里程碑的标准毫无歧义。

里程碑计划的编制可以从最后一个里程碑即项目的终结点开始，反向进行：先确定最后一个里程碑，再依次逆向确定各个里程碑。对各个里程碑，应检查“界限是否明确？”“是否无异议？”“是否与其他里程碑内容不重叠？”和“是否符合因果规律？”。

在确定项目的里程碑时，可以使用“头脑风暴法”。

6.2.3　排列活动顺序

排列活动顺序是识别和记录项目活动之间的关系的过程。本过程的主要作用是，定义工作之间的逻辑顺序，以便在既定的所有项目制约因素下获得最高的效率。

除了首尾两项活动之外，每项活动和每个里程碑都至少有一项紧前活动和一项紧后活动。项目团队可以按逻辑关系将活动排序来创建一个切实的项目进度计划。在活动之间使用提前量或滞后量，可使项目进度计划更为切实可行。排序可以由项目管理软件、手动或者自动化工具来完成。

1. 排列活动顺序：输入

1）进度管理计划

进度管理计划规定了用于项目的进度规划方法和工具，对活动排序具有指导作用。

2）活动清单

活动清单列出了项目所需的、待排序的全部活动。

3）活动属性

活动属性中可能描述了活动之间的必然顺序或确定的紧前紧后关系。

4）里程碑清单

里程碑清单中可能已经列出特定里程碑的实现日期，这可能影响活动排序的方式。

5）事业环境因素

会影响活动排序过程的事业环境因素包括（但不限于）：

- 政府或行业标准。
- 项目管理信息系统（PMIS）。
- 进度规划工具。
- 公司的工作授权系统。

6）项目范围说明书

2. 排列活动顺序：输出

排列活动顺序在以上输入的过程中，利用一些工具和技术，就得到如下输出结果。

1）项目进度网络图

项目进度网络图是表示项目活动之间的逻辑关系（也叫依赖关系）的图形。前导图法和箭线图法（后面的小节将详细介绍）是绘制项目进度网络图的两种不同的方法。项目进度网络图可手工或借助项目管理软件来绘制。进度网络图可包括项目的全部细节，也可只列出一项或多项概括性活动。项目进度网络图应附有简要文字描述，说明活动排序所使用的基本方法。在文字描述中，还应该对任何异常的活动序列做详细说明。

2）项目文件更新

可能需要更新的项目文件包括（但不限于）：

- 活动清单。
- 活动属性。
- 里程碑清单。
- 风险登记册。

6.2.4 估算活动资源

估算活动资源是估算执行各项活动所需的材料、人员、设备或用品的种类和数量的过程。本过程的主要作用是，明确完成活动所需的资源种类、数量和特性，以便做出更准确的成本和持续时间估算。

估算活动资源过程与估算成本过程紧密相关。例如：

（1）建筑项目团队必须熟悉当地的建筑法规。这类知识常可从当地卖方获取。但是，如果当地人员也对不常用或特殊的建筑技术缺乏经验，那么支付额外费用聘请咨询专家，可能就是了解当地建筑法规的最有效的方法。

（2）汽车设计团队需要熟悉最新的自动装配技术。可以通过聘请顾问、派设计人员参加自动化技术研讨会，或者邀请制造人员加入团队等方式，来获取所需的专业知识。

1. 估算活动资源：输入

1）进度管理计划

进度管理计划中确定了资源估算准确度和所使用的计量单位。

2）活动清单

活动清单中定义了需要资源的活动。

3）活动属性

活动属性为估算每项活动所需的资源提供了主要输入。

4）资源日历

资源日历是表明每种具体资源的可用工作日或工作班次的日历。在估算资源需求情况时，需要了解在规划的活动期间，哪些资源（如人力资源、设备和材料）可用。资源日历规定了在项目期间特定的项目资源何时可用，可用多久。可以在活动或项目层面建立资源日历。另外还需考虑更多的资源属性，例如，经验和/或技能水平、来源地和可用时间。

例如，在工程设计项目的早期阶段，可供使用的资源可能包括大量的初级与高级工程师，而在同一项目的后期阶段，可供使用的资源可能仅限于因为参与过项目早期阶段而熟悉本项目的人员。

5）风险登记册

风险事件可能影响资源的可用性及对资源的选择。

6）活动成本估算

资源的成本可能影响对资源的选择。

7）事业环境因素

能够影响估算活动资源过程的事业环境因素包括（但不限于）：资源所在位置、可用性和技能水平。

8）组织过程资产

能够影响估算活动资源过程的组织过程资产包括（但不限于）：

- 关于人员配备的政策和程序。
- 关于租用、购买用品和设备的政策与程序。
- 关于以往项目中类似工作所使用的资源类型的历史信息。

2. 估算活动资源：输出

估算活动资源在以上输入的过程中，利用一些工具和技术，就得到如下输出结果。

1）活动资源需求

活动资源需求明确了工作包中每个活动所需的资源类型和数量。然后，把这些需求汇总成每个工作包和每个工作时段的资源估算。资源需求描述的细节数量与具体程度因应用领域而异。在每个活动的资源需求文件中，都应说明每种资源的估算依据，以及为确定资源类型、可用性和所需数量所做的假设。

2）资源分解结构

资源分解结构（Resource Breakdown Structure，RBS）是资源依类别和类型的层级展现。资源类别包括人力、材料、设备和用品。资源类型包括技能水平、等级水平或适用于项目的其他类型。资源分解结构有助于结合资源使用情况，组织与报告项目的进度数据。例如，资源分解结构可以反映一艘轮船建造项目中各个不同区域用到的所有焊工和焊接设备，即使这些焊接工和焊接设备在 OBS 和 WBS 中杂乱分布着。

3）项目文件更新

可能需要更新的项目文件包括（但不限于）：

- 活动清单。
- 活动属性。
- 资源日历。

6.2.5 估算活动持续时间

估算活动持续时间是根据资源估算的结果，估算完成单项活动所需工作时段数的过程。本过程的主要作用是，确定完成每个活动所需花费的时间量，为制订进度计划过程提供主要输入。

估算活动持续时间依据的信息包括：活动工作范围、所需资源类型、估算的资源数量和资源日历。应该由项目团队中最熟悉具体活动的个人或小组，来提供活动持续时间估算所需的各种输入。对持续时间的估算应该渐进明细，取决于输入数据的数量和质量。例如，在工程与设计项目中，随着数据越来越详细，越来越准确，持续时间估算的准确性也会越来越高。所以，可以认为，活动持续时间（活动工期）估算的准确性和质量会随着项目进展而逐步提高。

在本过程中，应该首先估算出完成活动所需的工作量和计划投入该活动的资源数量，然后结合项目日历（表明活动的可用工作日和工作班次的日历）和资源日历，据此计算出完成活动所需的工作时段数（活动持续时间）。应该把活动持续时间估算所依据的全部数据与假设都记录下来。

1. 估算活动持续时间：输入

1）进度管理计划

进度管理计划规定了用于估算活动持续时间的方法和准确度，以及其他标准，如项目更新周期。

2）活动清单

活动清单列出了需要进行持续时间估算的所有活动。

3）活动属性

活动属性为估算每个活动的持续时间提供了主要输入。

4）活动资源需求

估算的活动资源需求会对活动持续时间产生影响。对于大多数活动来说，所分配的资源数量和质量能否达到要求，将对其持续时间有显著影响。例如，向某个活动新增资源或分配低技能资源，就需要增加沟通、培训和协调工作，从而可能导致活动效率或生产率下降，以致需要更长的持续时间。

5）资源日历

资源日历中的资源可用性、资源类型和资源性质，都会影响活动的持续时间。例如，由全职人员实施某项活动，熟练人员通常比不熟练人员在更短时间内完成该活动。

6）项目范围说明书

在估算活动持续时间时，需要考虑项目范围说明书中所列的假设条件和制约因素。

假设条件包括（但不限于）：

- 现有条件。
- 信息的可用性。
- 报告期的长度。

制约因素包括（但不限于）：

- 可用的熟练资源。
- 合同条款和要求。

7）风险登记册

登记册提供了风险清单，以及风险分析和应对规划的结果。

8）资源分解结构

资源分解结构按照资源类别和资源类型，提供了已识别资源的层级结构。

9）事业环境因素

能够影响估算活动持续时间过程的事业环境因素包括（但不限于）：

- 持续时间估算数据库和其他参考数据，例如，混凝土养护需要的时间，政府机构对于某类申请一般要多长时间给予回答。
- 生产率测量指标。
- 发布的商业信息。
- 团队成员的所在地。

10）组织过程资产

能够影响估算活动持续时间过程的组织过程资产包括（但不限于）：

- 关于持续时间的历史信息。

- 项目日历。
- 进度规划方法论。
- 经验教训。

2. 估算活动持续时间：输出

估算活动持续时间在以上输入的过程中，利用一些工具和技术，就得到如下输出结果。

1）活动持续时间估算

活动持续时间估算是对完成某项活动所需的工作时段数的定量评估。持续时间估算中不包括任何滞后量。在活动持续时间估算中，可以指出一定的变动区间，例如：

- 2 周±2 天（每周工作 5 天），表明活动至少需要 8 天，最多不超过 12 天。
- 超过 3 周的概率为 15%，表明该活动将在 3 周内（含 3 周）完工的概率为 85%。

2）项目文件更新

可能需要更新的项目文件包括（但不限于）：

- 活动属性。
- 为估算活动持续时间而制定的假设条件，如技能水平、可用性，以及估算依据。

6.2.6 制订进度计划

如图 6-1 所示，通过把填有项目数据的进度规划工具看作进度模型，可以把项目进度的呈现形式（进度计划）与产生项目进度计划的进度数据和计算工具区分开来。进度模型是项目活动执行计划的一种表示形式，其中包含持续时间、依赖关系和其他规划信息，用以生成项目进度计划及其他进度资料。

在进度管理计划中规定项目进度管理的各过程及其工具与技术。进度管理计划确定进度规划的方法和工具，并为编制和控制进度计划建立格式和准则。在所选的进度规划方法中，规定进度编制工具的框架和算法，以便创建进度模型。一些耳熟能详的进度规划方法包括关键路径法（Critical Path Method，CPM）和关键链法（Critical Chain Method，CCM）。

制订进度计划是分析活动顺序、持续时间、资源需求和进度制约因素，创建项目进度模型的过程。本过程的主要作用是，把活动、持续时间、资源、资源可用性和逻辑关系代入进度规划工具，从而形成包含各个项目活动的计划日期的进度模型。

制订可行的项目进度计划，往往是一个反复进行的过程。基于准确的输入信息，使用进度模型来确定各项目活动和里程碑的计划开始日期和计划完成日期。在本过程中，需要审查和修正持续时间估算与资源估算，创建项目进度模型，制订项目进度计划，并在经批准后作为基准用于跟踪项目进度。一旦活动的开始和结束日期得到确定，通常就需要由分配至各个活动的项目人员审查其被分配的活动，确认开始和结束日期与资源日历没有冲突，也与其他项目或任务没有冲突，从而确认计划日期的有效性。随着工作进展，需要修订和维护项目进度模型，确保进度计划在整个项目期间一直切实可行。

经批准的最终进度计划将作为基准用于控制进度过程。随着项目活动的开展，项目时间管理的大部分工作都将发生在控制进度过程中，以确保项目工作按时完成。

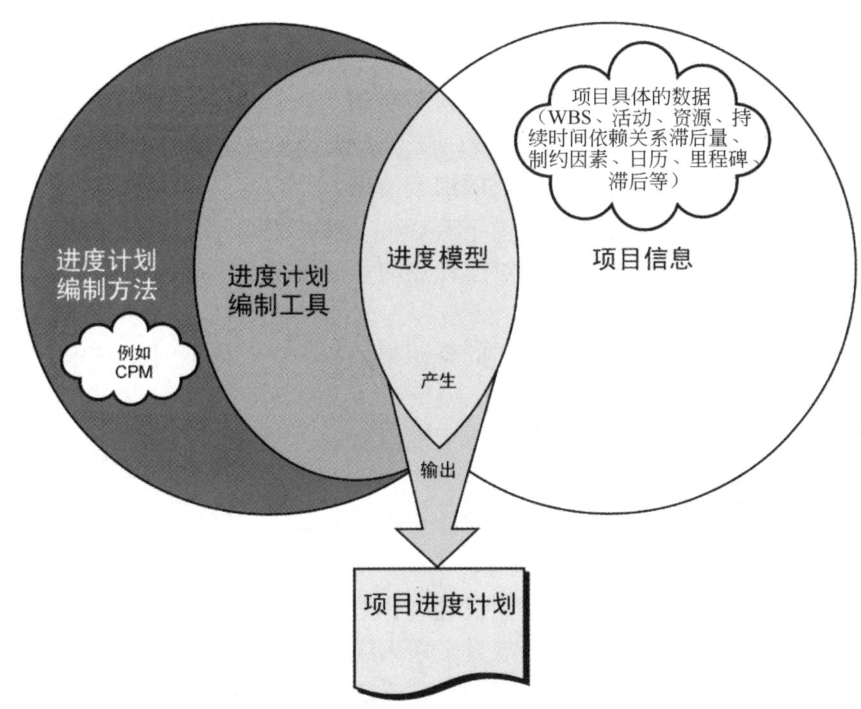

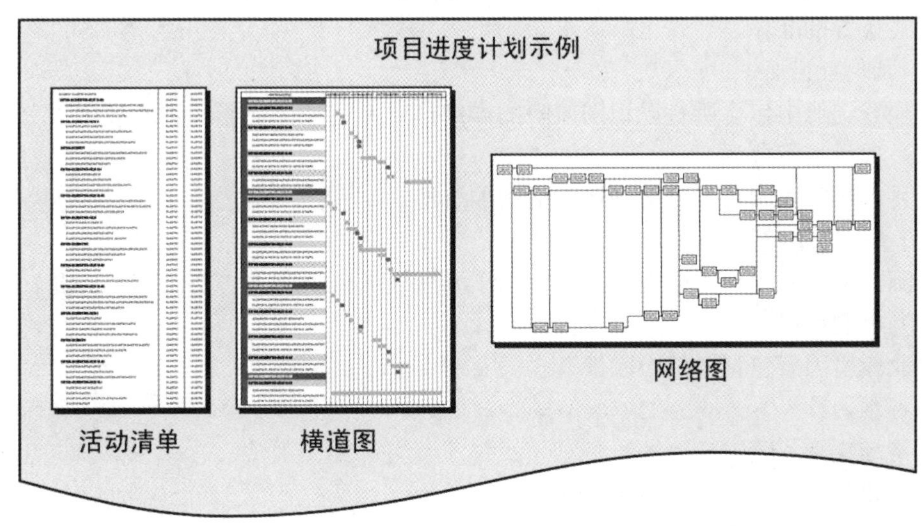

图 6-1　进度规划工作概要

1. 制订进度计划：输入

1）进度管理计划

进度管理计划规定了用于制订进度计划的进度规划方法和工具，以及推算进度计划的方法。

2）活动清单

活动清单明确了需要在进度模型中包含的活动。

3）活动属性

活动属性提供了创建进度模型所需的细节信息。

4）项目进度网络图

项目进度网络图中包含用于推算进度计划的紧前和紧后活动的逻辑关系。

5）活动资源需求

活动资源需求明确了每个活动所需的资源类型和数量，用于创建进度模型。

6）资源日历

资源日历包含了资源在项目期间的可用性信息。

7）活动持续时间估算

活动持续时间估算是完成各活动所需的工作时段数，用于进度计划的推算。

8）项目范围说明书

项目范围说明书中包含了会影响项目进度计划制订的假设条件和制约因素。

例如，项目发起人、客户或其他项目干系人经常发号施令必须在规定日期前完成某些可交付成果或达到某里程碑。这些日期一旦确定，就应如期实现；要想变动，必须以变更形式获得批准。

9）风险登记册

风险登记册中包含所有已识别风险的详细信息及特征，会影响进度模型。

10）项目人员分派

项目人员分派明确了分配到每个活动的资源。

11）资源分解结构

资源分解结构提供的详细信息，有助于开展资源分析和报告资源使用情况。

12）事业环境因素

事业环境因素包括（但不限于）：

- 标准。
- 沟通渠道。
- 用以创建进度模型的进度规划工具。

13）组织过程资产

能够影响制订进度计划过程的组织过程资产包括（但不限于）：进度规划方法论和项目日历。

2. 制订进度计划：输出

制订进度计划在以上输入的过程中，利用一些工具和技术，就得到如下输出结果。

1）进度基准

进度基准是经过批准的项目进度计划，只有通过正式的变更控制程序才能进行变更，用作与实际结果进行比较的依据。它被相关干系人接受和批准，其中包含基准开始日期和基准结束日期。在监控过程中，将用实际开始和结束日期与批准的基准日期进行比较，以确定是否存在偏差。进度基准是项目管理计划的组成部分。

2）项目进度计划

项目进度计划是进度模型的输出，展示活动之间的相互关联，以及计划日期、持续时间、里程碑和所需资源。项目进度计划中至少要包括每个活动的计划开始日期与计划结束日期。在未确认资源分配和计划开始与结束日期之前，项目进度计划都只是初步的，一般要在项目管理计划编制完成之前进行这些确认。项目进度计划可以是概括（有时称为主进度计划或里程碑进度计划）或详细的。虽然项目进度计划可用列表形式，但图形方式更常见。可以采用以下一种或多种图形来呈现。

- 横道图。国外也称为甘特图，是展示进度信息的一种图表方式。在横道图中，活动列于纵轴，日期排于横轴，活动持续时间则表示为按开始和结束日期定位的水平条形。横道图相对易读，常用于向管理层汇报情况。为了便于控制，以及与管理层进行沟通，可在里程碑之间或横跨多个相关联的工作包，列出内容更广、更综合的概括性活动（有时也叫汇总活动）。在横道图报告中应该显示这些概括性活动。见图 6-2 中的“概括性进度计划”部分，它按 WBS 的结构罗列相关活动。
- 里程碑图。与横道图类似，但仅标示出主要可交付成果和关键外部接口的计划开始或完成日期。见图 6-2 中的“里程碑进度计划”部分。
- 项目进度网络图。通常没有时间刻度，纯粹显示活动及其相互关系，有时也称为“纯逻辑图”，如前导图法和关键路径法（后面小节详细介绍）。项目进度网络图也可以是包含时间刻度的进度网络图，有时称为“逻辑横道图”，如图 6-2 所示的详细进度计划。逻辑横道图是在横道图的基础上，加上箭线来表达活动之间的逻辑关系，活动用横道表示，横道的长度表示活动的持续时间，横道的坐标位置表示这个活动的起止时间，通常每个活动占据一行。

图 6-2 是一个正在执行的示例项目的进度计划，其实际工作已经进展到数据日期（记录项目状况的时间点，有时也叫截止日期或状态日期）。针对一个简单的项目，图 6-2 给出了进度计划的三种形式：① 里程碑进度计划，也叫里程碑图；② 概括性进度计划，也叫横道图；③ 详细进度计划，也叫项目进度网络图。图 6-2 还直观地显示出这三种不同层次的进度计划之间的关系。

横道图的另一种呈现形式是“跟踪横道图”，如图 6-3 所示，通过将活动的实际进展情况与原定计划进行对比，可以清晰直观地发现项目实际进度与进度基准之间的偏差，项目的整体进展状况也一目了然。

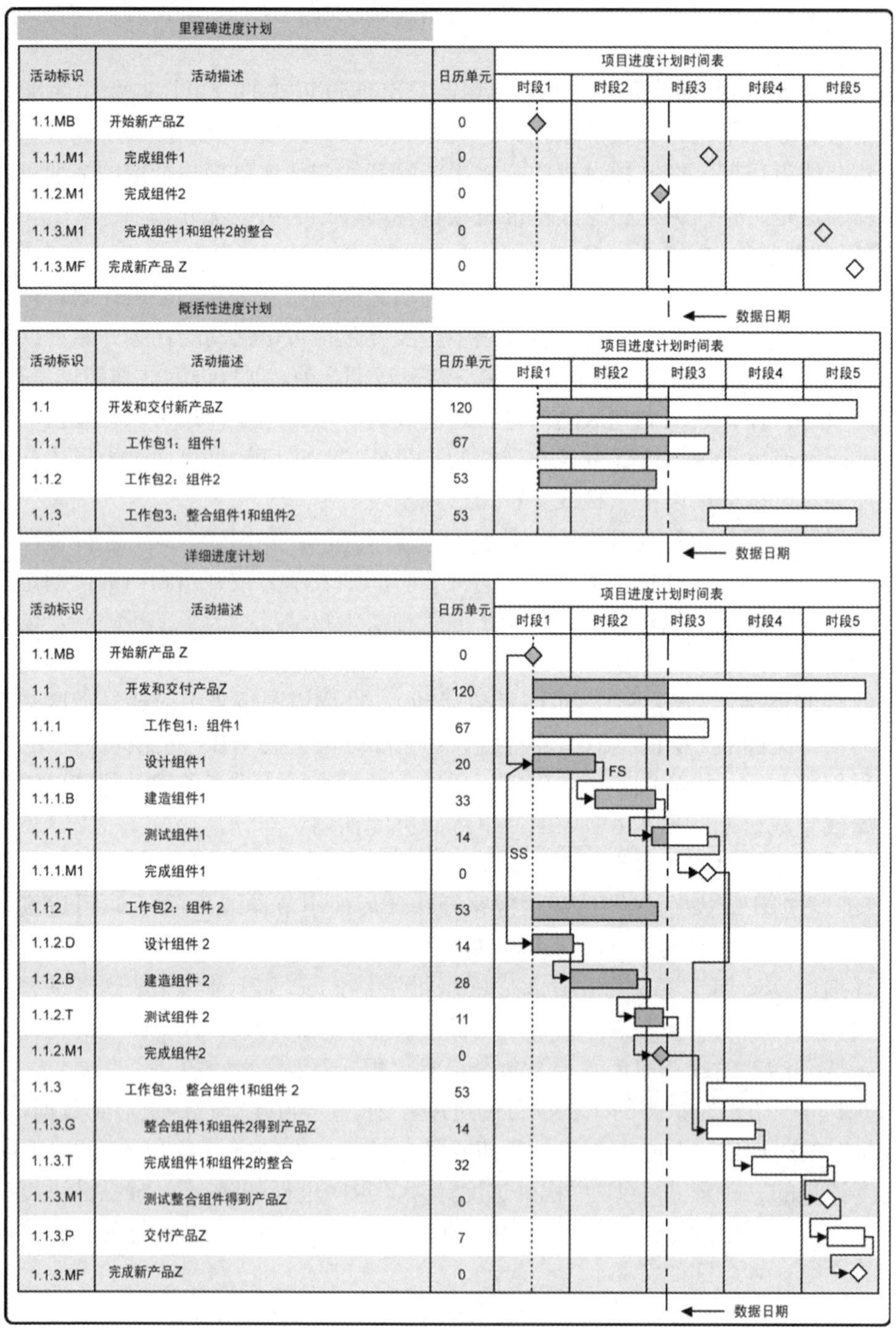

图 6-2　0020 项目进度计划示例

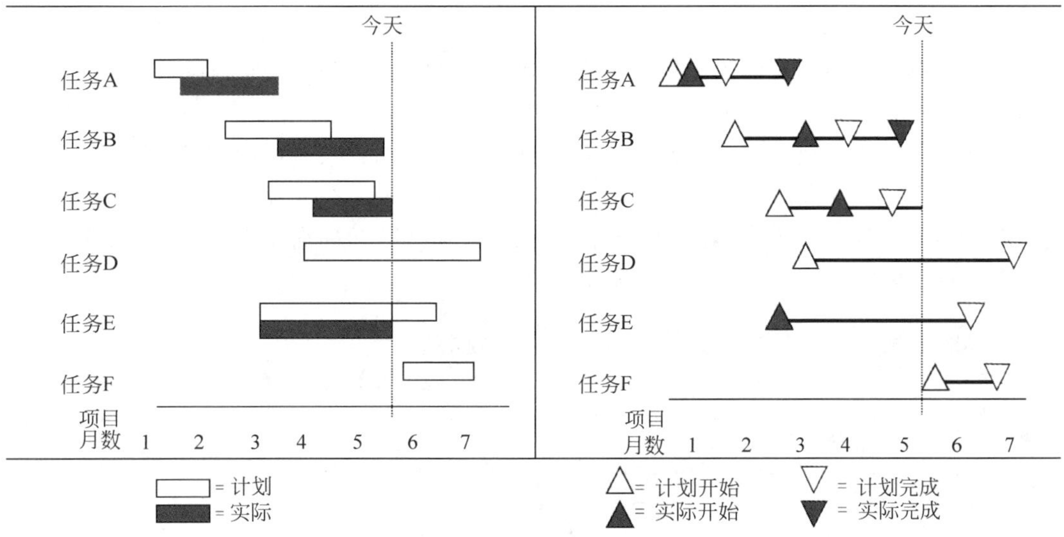

图 6-3　跟踪横道图示例

项目进度网络图的另一种呈现形式是“时标逻辑图”，也叫“时标网络图”，其中包含时间刻度和表示活动持续时间的横条，以及活动之间的逻辑关系，如图 6-4 所示。它用于优化展现活动之间的关系，许多活动都可以按顺序出现在图的同一行中。

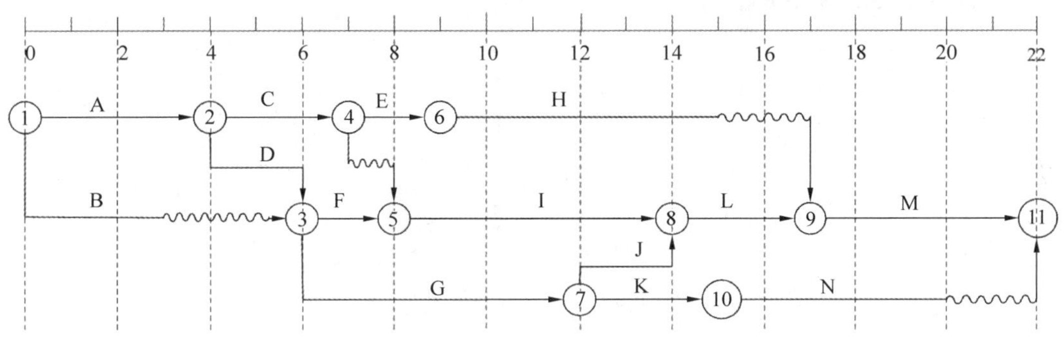

图 6-4　时标逻辑图示例

3）进度数据

项目进度模型中的进度数据是用以描述和控制进度计划的信息集合。进度数据至少包括里程碑、活动、活动属性，以及已知的全部假设条件与制约因素。所需的其他数据因应用领域而异。经常可用作支持细节的信息包括（但不限于）：

- 按时段计列的资源需求，往往以资源直方图表示。
- 备选的进度计划，如最好情况或最坏情况下的进度计划、经资源平衡或未经资源平衡的进度计划、有强制日期或无强制日期的进度计划。

- 进度应急储备。

进度数据还可包括资源直方图、现金流预测，以及订购与交付进度安排等。

4）项目日历

在项目日历中规定可以开展活动的工作日和工作班次。它把可用于开展活动的时间段（按天或更小的时间单位）与不可用的时间段区分开来。在一个进度模型中，可能需要采用不止一个项目日历来编制项目进度计划，因为有些活动需要不同的工作时段。编制进度计划可能需要对项目日历进行更新，如图 6-5 所示。

图 6-5　项目日历示例

5）项目管理计划更新

项目管理计划中可能需要更新的内容包括（但不限于）：

- 进度基准。
- 进度管理计划。

6）项目文件更新

可能需要更新的项目文件包括（但不限于）：

- 活动资源需求。资源平衡可能对所需资源类型与数量的初步估算产生显著影响。如果资源平衡改变了项目资源需求，就需要对其进行更新。
- 活动属性。更新活动属性以反映在制订进度计划过程中所产生的对资源需求和其他相关内容的修改。

- 日历。每个项目都可能有多个日历，如项目日历、单个资源的日历等，作为规划项目进度的基础。
- 风险登记册。可能需要更新风险登记册，以反映进度假设条件所隐含的机会或威胁。

6.2.7　控制进度

控制进度是监督项目活动状态，更新项目进展，管理进度基准变更，以实现计划的过程。本过程的主要作用是，提供发现计划偏离的方法，从而可以及时采取纠正和预防措施，以降低风险。

进度控制关注如下内容。

（1）判断项目进度的当前状态。

（2）对引起进度变更的因素施加影响，以保证这种变化朝着有利的方向发展。

（3）判断项目进度是否已经发生变更。

（4）当变更实际发生时严格按照变更控制流程对其进行管理。

进度基准的任何变更都必须经过实施整体变更控制过程的审批。控制进度是实施整体变更控制过程的一个组成部分。

有效项目进度控制的关键是监控项目的实际进度，及时、定期地将它与计划进度进行比较，并立即采取必要的纠偏措施。项目进度控制必须与其他变化控制过程紧密结合，并且贯穿于项目的始终。当项目的实际进度滞后于计划进度时，首先发现问题、分析问题根源并找出妥善的解决办法。

通常可用以下一些方法缩短活动的工期：

（1）赶工，投入更多的资源或增加工作时间，以缩短关键活动的工期。

（2）快速跟进，并行施工，以缩短关键路径的长度。

（3）使用高素质的资源或经验更丰富的人员。

（4）减小活动范围或降低活动要求。

（5）改进方法或技术，以提高生产效率。

（6）加强质量管理，及时发现问题，减少返工，从而缩短工期。

1. 控制进度：输入

1）项目管理计划

项目管理计划中包含进度管理计划和进度基准。进度管理计划描述了应该如何管理和控制项目进度。进度基准作为与实际结果相比较的依据，用于判断是否需要进行变更、采取纠正措施或采取预防措施。

2）项目进度计划

指的是最新版本的项目进度计划，其中用符号标明了截止数据日期的更新情况、已经完成的活动和已经开始的活动。

3）工作绩效数据

工作绩效数据是关于项目进展情况的信息，例如哪些活动已经开始，它们的进展如何（如实际持续时间、剩余持续时间和实际完成百分比），哪些活动已经完成。

4）项目日历

在一个进度模型中，可能需要采用不止一个项目日历来编制项目进度计划，因为有些活动需要不同的工作时段。可能需要对项目日历进行更新。

5）进度数据

在控制进度过程中需要对进度数据进行审查和更新。

6）组织过程资产

会影响控制进度过程的组织过程资产包括（但不限于）：

- 现有的、正式和非正式的、与进度控制有关的政策、程序和指南。
- 进度控制工具。
- 可用的监督和报告方法。

2. 控制进度：输出

控制进度在以上输入的过程中，利用一些工具和技术，就得到如下输出结果。

1）工作绩效信息

针对 WBS 组件，特别是工作包和控制账户，计算出进度偏差（SV）与进度绩效指数（SPI），并记录下来，传达给干系人。

2）进度预测

进度预测是根据已有的信息和知识，对项目未来的情况和事件进行的估算或预计。随着项目执行，应该基于工作绩效信息，更新和重新发布预测。这些信息包括项目的过去绩效和期望的未来绩效，以及可能影响项目未来绩效的挣值绩效指标。

3）变更请求

通过分析进度偏差，审查进展报告、绩效测量结果和项目范围或进度调整情况，可能会对进度基准、范围基准和/或项目管理计划的其他组成部分提出变更请求。应该把变更请求提交给实施整体变更控制过程审查和处理。预防措施可包括推荐的变更，以消除或降低不利进度偏差的发生概率。

4）项目管理计划更新

项目管理计划中可能需要更新的内容包括（但不限于）：

- 进度基准。在项目范围、活动资源或活动持续时间等方面的变更获得批准后，可能需要对进度基准做相应变更。另外，因采用进度压缩技术造成变更时，也可能需要更新进度基准。
- 进度管理计划。可能需要更新进度管理计划，以反映进度管理方法的变更。
- 成本基准。可能需要更新成本基准，以反映批准的变更请求或因进度压缩技术导致的成本变更。

5）项目文件更新

可能需要更新的项目文件包括（但不限于）：

- 进度数据。可能需要重新绘制项目进度网络图，以反映经批准的剩余持续时间和经批准的进度计划修改。有时，项目进度延误非常严重，以至于必须重新预测开始与完成日期，编制新的目标进度计划，才能为指导工作、测量绩效和度量进展提供现实的数据。
- 项目进度计划。把更新后的进度数据代入进度模型，生成更新后的项目进度计划，以反映进度变更并有效管理项目。
- 风险登记册。采用进度压缩技术可能导致风险，也就可能需要更新风险登记册及其中的风险应对计划。

6）组织过程资产更新

可能需要更新的组织过程资产包括（但不限于）：

- 偏差的原因。
- 采取的纠正措施及其理由。
- 从项目进度控制中得到的其他经验教训。

6.3 项目进度管理的技术和工具

6.3.1 工作量和工期估计

软件项目的工作量和工期的估算历来是比较复杂的事，因为软件本身的复杂性，历史经验的缺乏，估算工具缺乏，以及一些人为的错误，导致软件项目的规模估算往往和实际情况相差甚远。因此，估算错误已被列入软件项目失败的四大原因之一。进度管理始于工作量的估算，工作量估算合理，工期和资源投入自然也就合理；反之，一个错误的工作量的估算会导致一个不现实的计划产生，以至进度管理失控。

软件开发项目通常用 LOC（Line of Code）衡量项目规模，LOC 指所有的可执行的源代码行数，包括可交付的工作控制语言（Job Control Language，JCL）语句，数据定义、数据类型声明、等价声明、输入/输出格式声明等。项目经理可以根据对历史项目的审计来核算组织的单行代码价值。

例如，某软件公司统计发现该公司每一万行 C 语言源代码形成的源文件约为 250KB。某项目的源文件大小为 3.75MB，则可估计该项目源代码大约为 15 万行，该项目累计投入工作量为 240 人月，每人月费用为 10 000 元（包括人均工资、福利、办公费用公摊等），则该项目中 1LOC 的价值为：

$$(240\times 10\,000)/150\,000=16\text{ 元/LOC}$$

该项目的人月均代码行数为：

$$150\,000/240=625\text{LOC}/\text{人月}$$

项目工作量和工期的估计，通常有以下几种方法。

1．Delphi法

Delphi法是最流行的专家评估技术，在没有历史数据的情况下，这种方式适用于评定过去与将来，新技术与特定程序之间的差别，但专家“专”的程度及对项目理解程度是工作的难点，尽管Delphi技术可以减轻这种偏差，专家评估技术在评定一个新软件实际成本时用得不多。但是，这种方式对决定其他模型的输入时特别有用。Delphi法鼓励参加者就问题相互讨论。这个技术，要求有多种软件相关经验的人参与，互相说服对方。

Delphi法的步骤如下。

（1）协调人向各专家提供项目规格和估计表格。

（2）协调人召集小组会与各专家讨论与规模相关的因素。

（3）各专家匿名填写迭代表格。

（4）协调人整理出一个估计总结，以迭代表的形式返回专家。

（5）协调人召集小组会，讨论较大的估计差异。

（6）专家复查估计总结并在迭代表上提交另一个匿名估计。

（7）重复（4）～（6），直到达到一个最低和最高估计的一致。

如图6-6所示为迭代表的样例。

Delphi法规模估计迭代表

项目名称：------------------------------

估计日期：------------------------------

估计者：------------------------------　　估计轮次：------------------------------

结果：------------------------------

代码行____lLOC;周期：____月；工作量：____人月；费用____元

理由：

图6-6　Delphi法规模估计迭代表样例

2．类比估算法

类比估算法适合评估一些与历史项目在应用领域，环境和复杂度等方面相似的项目，通过新项目与历史项目的比较得到规模估计。由于类比估算法估计结果的精度取决于历史项目数据的完整性和准确度，因此，用好类比估算法的前提条件之一就是组织建立起较好的项目后评价与分析机制，对历史项目的数据分析是可信赖的。其基本步骤如下。

（1）整理出项目功能列表和实现每个功能的代码行。

（2）标识出每个功能列表与历史项目的相同点与不同点，特别注意历史项目做得不够的地方。

（3）通过（1）和（2）得出各个功能的估计值。

（4）产生规模估计。

软件项目中用类比估算法，往往还要解决可重用代码的估算问题。估计可重用代码量的最好办法就是由程序员或系统分析员详细地考查已存在的代码，估算出新项目可重用的代码中需要重新设计的代码百分比、需重新编码或修改的代码百分比，以及需重新测试的代码百分比。根据这三个百分比，可用下面的计算公式计算等价新代码行：

等价代码行=【（重新设计百分比+重新编码百分比+重新测试百分比）/3】×已有代码行

比如：有 10 000 行代码，假定 30%需要重新设计，50%需要重新编码，70%需要重新测试，那么其等价的代码行可以计算为：

【（30%+50%+70%）/3】×10 000=5000 等价代码行

即重用这 10 000 代码相当于编写 5000 代码行的工作量。

3．参数估算法

参数估算是一种基于历史数据和项目参数，使用某种算法来计算成本或工期的估算技术。参数估算是指利用历史数据之间的统计关系和其他变量（如建筑施工中的平方英尺），来估算诸如成本、预算和持续时间等活动参数。

最简单的参数估算就是一元一次方程，即把需要实施的工作量乘以完成单位工作量所需的工时（或把需要实施的工作量除以单位工时的生产率），来计算出活动持续时间。例如，对于设计项目，将图纸的张数乘以每张图纸所需的工时；或者对于电缆铺设项目，将电缆的长度乘以铺设每米电缆所需的工时。又例如，如果所用的资源每小时能够铺设 25 米电缆，那么铺设 1000 米电缆的持续时间是 40 小时（1000 米除以 25 米/小时）。

参数估算的准确性取决于参数模型的成熟度和基础数据的可靠性。参数估算可以针对整个项目或项目中的某个部分，并可与其他估算方法联合使用。

4．储备分析

在进行工作量或者工期估算时，需考虑应急储备（有时称为时间储备或缓冲时间），并将其纳入项目进度计划中，用来应对进度方面的不确定性。应急储备是包含在进度基准中的一段持续时间，用来应对已经接受的已识别风险，以及已经制定应急或减轻措施的已识别风险。应急储备与“已知-未知”风险相关，需要加以合理估算，用于完成未知的工作量。应急储备可取活动持续时间估算值的某一百分比、某一固定的时间段，或者通过定量分析来确定，如蒙特卡洛模拟法。可以把应急储备从各个活动中剥离出来，汇总成为缓冲。随着项目信息越来越明确，可以动用、减少或取消应急储备。应该在项目进度文件中清楚地列出应急储备。

也可以估算项目所需要的管理储备。管理储备是为管理控制的目的而特别留出的项目时段，用来应对项目范围中不可预见的工作。管理储备用来应对会影响项目的“未知-未知”风险。管理储备不包括在进度基准中，但属于项目总持续时间的一部分。依据合同条款，使用管理储备可能需要变更进度基准。

6.3.2 项目活动排列顺序的技术和工具

1. 确定依赖关系

活动之间的依赖关系可能是强制性的或选择性的，内部或外部的。这四种依赖关系可以组合成强制性外部依赖关系、强制性内部依赖关系、选择性外部依赖关系或选择性内部依赖关系。

（1）强制性依赖关系。强制性依赖关系是法律或合同要求的或工作的内在性质决定的依赖关系。强制性依赖关系往往与客观限制有关。例如，在建筑项目中，只有在地基建成后，才能建立地面结构；在电子项目中，必须先把原型制造出来，然后才能对其进行测试。强制性依赖关系又称硬逻辑关系或硬依赖关系。在活动排序过程中，项目团队应明确哪些关系是强制性依赖关系。不应把强制性依赖关系和进度编制工具中的进度约束条件相混淆。

（2）选择性依赖关系。选择性依赖关系有时又称首选逻辑关系、优先逻辑关系或软逻辑关系。它通常是基于具体应用领域的最佳实践或者是基于项目的某些特殊性质而设定，即便还有其他顺序可以选用，但项目团队仍缺省按照此种特殊的顺序安排活动。应该对选择性依赖关系进行全面记录，因为它们会影响总浮动时间，并限制后续的进度安排。如果打算进行快速跟进，则应当审查相应的选择性依赖关系，并考虑是否需要调整或去除。在排列活动顺序过程中，项目团队应明确哪些依赖关系属于选择性依赖关系。

（3）外部依赖关系。外部依赖关系是项目活动与非项目活动之间的依赖关系。这些依赖关系往往不在项目团队的控制范围内。例如，软件项目的测试活动取决于外部硬件的到货；建筑项目的现场准备，可能要在政府的环境听证会之后才能开始。在排列活动顺序过程中，项目管理团队应明确哪些依赖关系属于外部依赖关系。

（4）内部依赖关系。内部依赖关系是项目活动之间的紧前关系，通常在项目团队的控制之中。例如，只有机器组装完毕，团队才能对其测试，这是一个内部的强制性依赖关系。在排列活动顺序过程中，项目管理团队应明确哪些依赖关系属于内部依赖关系。

2. 前导图法

前导图法（Precedence Diagramming Method，PDM），也称紧前关系绘图法，是用于编制项目进度网络图的一种方法，它使用方框或者长方形（被称作节点）代表活动，节点之间用箭头连接，以显示节点之间的逻辑关系。图 6-7 展示了一个用 PDM 法绘制的项目进度网络图。这种网络图也被称作单代号网络图（只有节点需要编号）或活动节点图（Active On Node，AON），为大多数项目管理软件所采用。

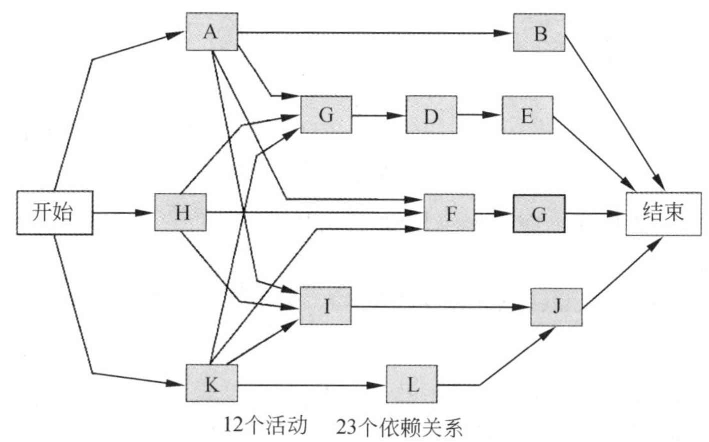

图 6-7 前导图法（单代号网络图）

前导图法包括活动之间存在的 4 种类型的依赖关系：

（1）结束-开始的关系（F-S 型）。前序活动结束后，后续活动才能开始。例如，只有比赛（紧前活动）结束，颁奖典礼（紧后活动）才能开始。

（2）结束-结束的关系（F-F 型）。前序活动结束后，后续活动才能结束。例如，只有完成文件的编写（紧前活动），才能完成文件的编辑（紧后活动）。

（3）开始-开始的关系（S-S 型）。前序活动开始后，后续活动才能开始。例如，开始地基浇灌（紧前活动）之后，才能开始混凝土的找平（紧后活动）。

（4）开始-结束的关系（S-F 型）。前序活动开始后，后续活动才能结束。例如，只有第二位保安人员开始值班（紧前活动），第一位保安人员才能结束值班（紧后活动）。

在 PDM 中，结束-开始的关系是最普遍使用的一类依赖关系。开始-结束的关系很少被使用。前导图 4 种关系如图 6-8 所示。

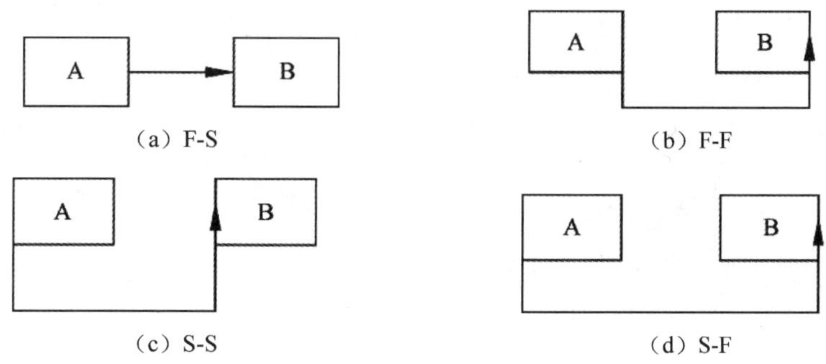

图 6-8 活动依赖关系图

在前导图法中，每项活动有唯一的活动号，每项活动都注明了预计工期（活动的持续时间）。

通常，每个节点的活动会有如下几个时间：

（1）最早开始时间（Earliest Start time，ES）。某项活动能够开始的最早时间。

（2）最早结束时间（Earliest Finish time，EF）。某项活动能够完成的最早时间。

EF=ES+工期

（3）最迟结束时间（Latest Finish time，LF）。为了使项目按时完成，某项活动必须完成的最迟时间。

（4）最迟开始时间（Latest Start time，LS）。为了使项目按时完成，某项活动必须开始的最迟时间。

LS=LF−工期

这几个时间通常作为每个节点的组成部分，如图6-9所示。

最早开始时间	工期	最早完成时间
活动名称		
最迟开始时间	总浮动时间	最迟完成时间

图6-9　根据英国标准BS6046所标识的节点

3．箭线图法

与前导图法不同，箭线图法（Arrow Diagramming Method，ADM）是用箭线表示活动、节点表示事件的一种网络图绘制方法，如图6-10所示。这种网络图也被称作双代号网络图（节点和箭线都要编号）或活动箭线图（Active On the Arrow，AOA）。

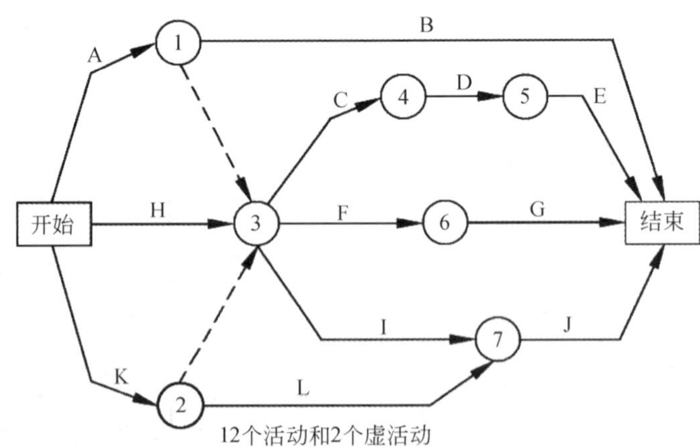

图6-10　箭线图法（双代号网络图）

在箭线图法中，活动的开始（箭尾）事件叫作该活动的紧前事件（precede event），活动的结束（箭头）事件叫该活动的紧后事件（successor event）。

在箭线图法中，有如下三个基本原则。

（1）网络图中每一活动和每一事件都必须有唯一的一个代号，即网络图中不会有相同的代号。

（2）任两项活动的紧前事件和紧后事件代号至少有一个不相同，节点代号沿箭线方向越来越大。

（3）流入（流出）同一节点的活动，均有共同的紧后活动（或紧前活动）。

为了绘图的方便，在箭线图中又人为引入了一种额外的、特殊的活动，叫作虚活动（dummy activity），在网络图中由一个虚箭线表示。虚活动不消耗时间，也不消耗资源，只是为了弥补箭线图在表达活动依赖关系方面的不足。借助虚活动，我们可以更好地、更清楚地表达活动之间的关系，如图 6-11 所示。

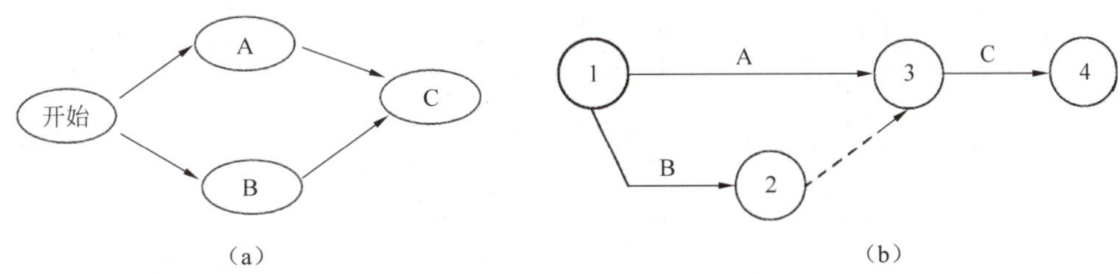

图 6-11　虚活动

注：活动 A 和 B 可以同时进行；只有活动 A 和 B 都完成后，活动 C 才能开始。

4．提前量与滞后量

在活动之间加入时间提前量与滞后量，可以更准确地表达活动之间的逻辑关系。

提前量是相对于紧前活动，紧后活动可以提前的时间量。例如，对于一个大型技术文档，技术文件编写小组可以在写完文件初稿（紧前活动）之前 15 天着手第二稿（紧后活动）。在进度规划软件中，提前量往往表示为负数。

滞后量是相对于紧前活动，紧后活动需要推迟的时间量。例如，为了保证混凝土有 10 天养护期，可以两道工序之间加入 10 天的滞后时间。在进度规划软件中，滞后量往往表示为正数。

在图 6-12 的项目进度网络图中，活动 H 和活动 I 之间的依赖关系表示为 SS+10（10 天滞后量，H 开始 10 天后，开始 I）；活动 F 和活动 G 之间的依赖关系表示为 FS+15（15 天滞后量，F 完成 15 天后，开始 G）。

6.3.3　制订项目进度计划的技术和工具

制订项目计划的过程被称为项目策划。计划的作用虽然不是立杆见影的，但没有计划所引起的混乱是显而易见的。项目管理的首要目标是制订一个构思良好的项目计划，以确定项目的范围，进度和费用。在整个项目生命周期中，最基本也可以说最重要的功能之一就是项目计划，特别是在做出影响项目整个过程的主要决策的初始阶段。但从另一方面来说，如前所述，由于项目管理是一个带有创造性的过程，项目早期的不确定性很大，所以项目计划又不可能在项目一开始就全部一次性完成，而必须逐步展开和不断修正。这又取决于能适当地对计划的执行情况作出反馈和控制，以及不间断地交流信息。

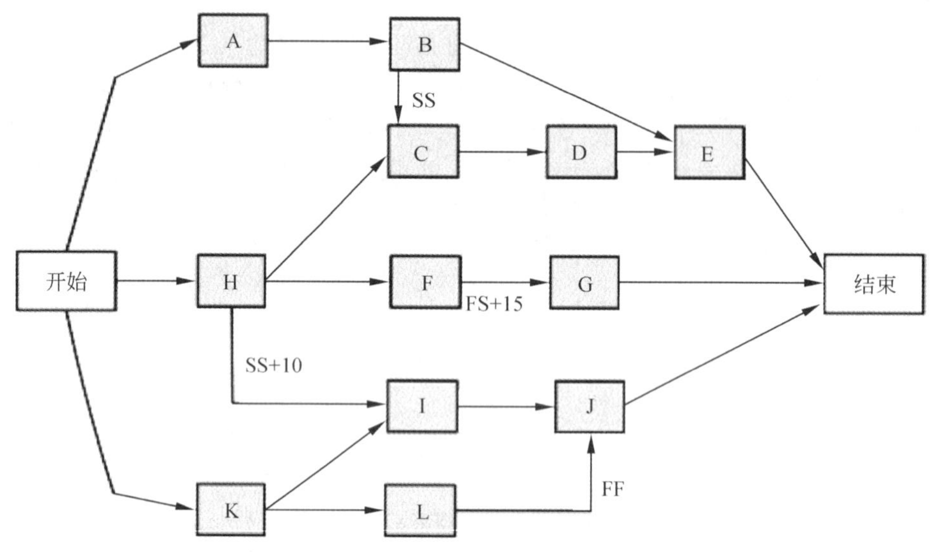

图 6-12 提前量和滞后量

1．制订项目计划步骤

（1）项目描述。项目描述是用一定的形式列出项目目标、项目的范围、项目如何执行、项目完成计划等内容，是制订项目计划和绘制工作分解结构图的依据。项目描述的目的是对项目总体做一个概要性说明。项目描述的依据是项目立项规划书，已经通过初步设计方案和批准的可行性研究报告，其主要内容包括：项目名称、项目目标、交付物、交付物完成准则、工作描述、工作规范、所需资源估计、重大里程碑等。

（2）项目分解与活动界定。为了便于制订项目各具体领域和整体计划，需将项目及其主要可交付成果分解成一些较小的，更易管理和单独完成的部分。项目分解是编制项目进度计划，进行进度管理的基础。项目分解就是根据项目状况，采用 WBS 技术，将一个总体项目分解为若干项工作或活动，直到具体明确为止、项目分解是项目管理的一项最基本的工作。项目分解需要足够的专业知识和项目管理经验。一般来说，项目分解应根据项目的具体情况，以及进度计划的类型和作用确定。

活动就是项目工作分解结构中确定的工作任务或工作元素。活动界定则明确实现项目目标需要进行的各项活动。对于一个较小的项目，活动可能会界定到每一个人；但对于一个较大的、复杂的项目，如果运用 WBS 技术对其进行分解，项目经理没有必要把每一个具体的活动都界定到人，因为这样会浪费许多时间，甚至会遗漏很多的活动。因此，对于运用 WBS 分解项目，个人活动可以由工作任务的负责人或责任小组来界定。如图 6-13 所示为一个技术改造项目的 WBS。

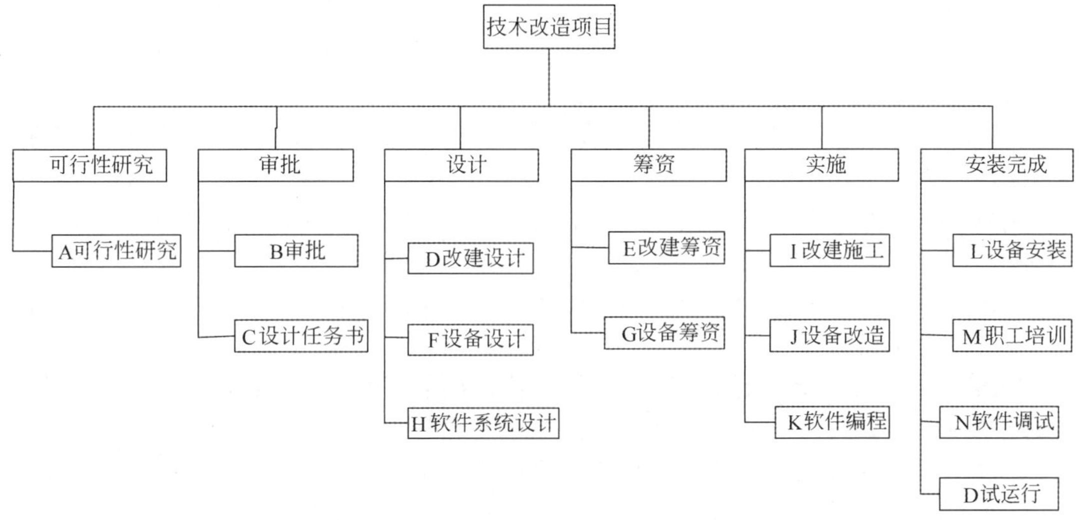

图 6-13　某技术改造项目的工作分解结构

（3）工作描述。在项目分解的基础上，为了更明确地描述项目所包含的各项工作的具体内容和要求，需要对工作进行描述。工作描述作为编制项目计划的依据，同时便于项目实施过程中更清晰地领会各项工作的内容。工作描述的依据是项目描述和项目工作分解结构，其结果是工作描述表及项目工作列表。

（4）项目组织和工作责任分配。为了明确各部门或个人在项目中的责任，便于项目管理部门在项目实施过程中的管理协调，应根据项目工作分解结构图表和项目组织结构图表对项目的每一项工作或任务分配责任者和落实责任。工作责任分配的结果是形成工作责任分配表。

（5）工作排序。一个项目有若干工作和活动，这些工作和活动在时间上的先后顺序称为逻辑关系。逻辑关系可分为两类，其一为客观存在的，不变的逻辑关系，也称之为前置性逻辑关系：例如，建一座房子，首先应就进行基础施工，然后才能进行主体施工；其二为可变的逻辑关系，也称为组织关系，这类逻辑关系随着人为约束条件的变化而变化，随着实施方案、人员配置、资源供应条件的变化而变化，例如，一项任务有三项工作 A、B、C，假使 A、B、C 之间不存在不变的逻辑关系，则要完成这项任务，这三者之间的关系有多种不同的方案，显然，不同的统筹安排方案工期、费用各不相同。

（6）计算工作量。根据项目分解情况，计算各工作或活动的工作量，包括工作的内容，工作开展的前提条件、工作量、所需的资源等。

（7）估计工作持续时间。工作持续时间是指在一定的条件下，直接完成该工作所需时间与必要停歇的时间之和，单位可为日、周、旬、月等。工作持续时间是计算其他网络参数和确定项目工期的基础。工作持续时间的估计是编制项目进度计划的一项重要的基础工作，要求客观正确。如果工作时间估计太短，则会造成被动紧张的局面；相反，则会延长工期。在估计工作时间时，不应受到工作的重要性及项目完成期限的限制，要考虑各种资源供应、技术、工艺、现场条件、工作量、工作效率、劳动定额等因素，将工作置于独立的正常状态下进行估计。

（8）绘制网络图。网络图的绘制主要是依据项目工作关系表，通过网络图的形式将项目的工作关系表达出来。

（9）进度安排。在完成项目分解、确定各项工作和活动先后顺序，计算工作量估计出各项工作持续时间的基础上，即可安排项目的时间进度。

项目进度计划阶段一般还要同时制订其他专项计划，如质量保证计划、配置管理计划等。

2．关键路径法

关键路径法（CPM）是借助网络图和各活动所需时间（估计值），计算每一项活动的最早或最迟开始和结束时间。CPM 法的关键是计算总时差，这样可决定哪一活动有最小时间弹性。CPM 算法也在其他类型的数学分析中得到应用。

CPM 算法的核心思想是将工作分解结构（WBS）分解的活动按逻辑关系加以整合，统筹计算出整个项目的工期和关键路径。

CPM 方法有两个规则。

- 规则 1：某项活动的最早开始时间必须相同或晚于直接指向这项活动的最早结束时间中的最晚时间。
- 规则 2：某项活动的最迟结束时间必须相同或早于该活动直接指向的所有活动最迟开始时间的最早时间。

根据以上规则，可以计算出工作的最早完工时间。通过正向计算（从第一个活动到最后一个活动）推算出最早完工时间，步骤如下。

（1）从网络图始端向终端计算。

（2）第一活动的开始为项目开始。

（3）活动完成时间为开始时间加持续时间。

（4）后续活动的开始时间根据前置活动的时间和搭接时间而定。

（5）多个前置活动存在时，根据最迟活动时间来定。

通过反向计算（从最后一个活动到第一个活动）来推算出最晚完工时间，步骤如下。

（1）从网络图终端向始端计算。

（2）最后一个活动的完成时间为项目完成时间。

（3）活动开始时间为完成时间减持续时间。

（4）前置活动的完成时间根据后续活动的时间和搭接时间而定。

（5）多个后续活动存在时，根据最早活动时间来定。

最早开始时间和最晚开始时间相等的活动称为关键活动，关键活动串联起来的路径成为关键路径。进度网络图中可能有多条关键路径。在项目进展过程中，有的活动会提前完成，有的活动会推迟完成，有的活动会中途取消，新的活动可能会被中途加入，网络图在不断变化，关键路径也在不断变化之中。

关键路径法还用来计算进度模型中的逻辑网络路径的进度灵活性大小。在不延误项目完工时间且不违反进度制约因素的前提下，活动可以从最早开始时间推迟或拖延的时间量，就是该活动的进度灵活性，被称为“总浮动时间”。其计算方法为：本活动的最迟完成时间减去本活动的最早完成时间，或本活动的最迟开始时间减去本活动的最早开始时间。正常情况下，关键活动的总浮动时间为零。

“自由浮动时间”是指在不延误任何紧后活动的最早开始时间且不违反进度制约因素的前提下，活动可以从最早开始时间推迟或拖延的时间量。其计算方法为：紧后活动最早开始时间的最小值减去本活动的最早完成时间。例如，图 6-14 中，活动 D 的总浮动时间是 155 天，自由浮动时间是 0 天。

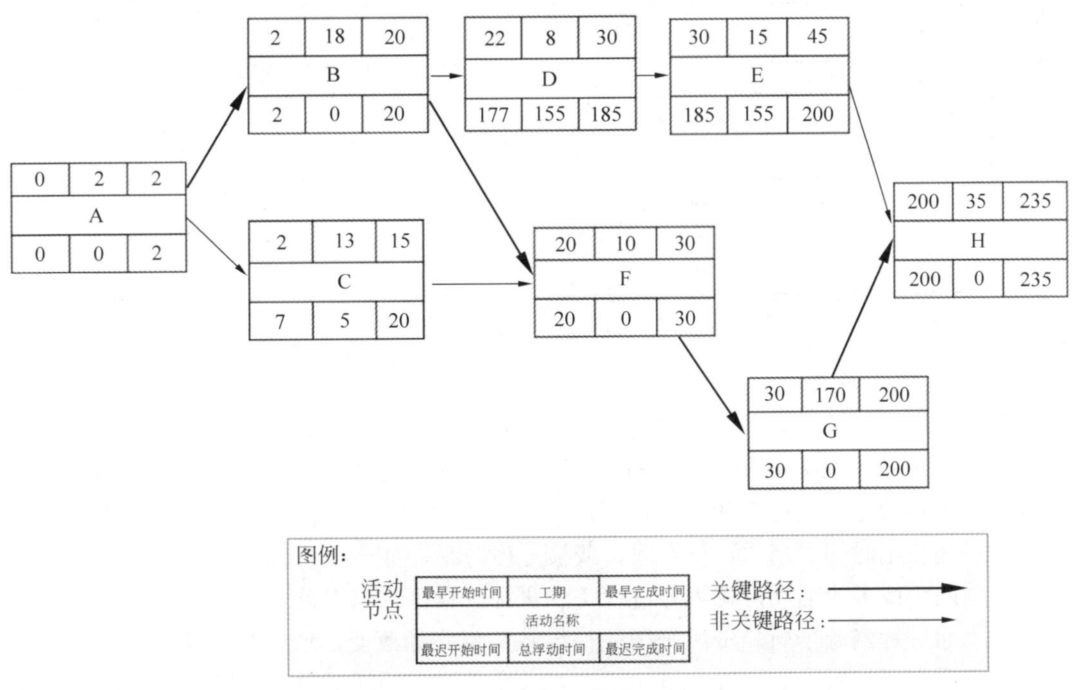

图 6-14　关键路径法示例

关键路径是项目中时间最长的活动顺序，决定着可能的项目最短工期。

3．关键链法

关键链法（CCM）是一种进度规划方法，允许项目团队在任何项目进度路径上设置缓冲，以应对资源限制和项目的不确定性。这种方法建立在关键路径法之上，考虑了资源分配、资源优化、资源平衡和活动历时不确定性对关键路径的影响。关键链法引入了缓冲和缓冲管理的概念。关键链法中用统计方法确定缓冲时段，作为各活动的集中安全冗余，放置在项目进度路径的特定节点，用来应对资源限制和项目不确定性。

关键链法增加了作为“非工作活动”的持续时间缓冲，用来应对不确定性。如图6-15所示，放置在关键链末端的缓冲称为项目缓冲，用来保证项目不因关键链的延误而延误。其他缓冲，即接驳缓冲，则放置在非关键链与关键链的接合点，用来保护关键链不受非关键链延误的影响。应该根据相应活动链的持续时间的不确定性，来决定每个缓冲时段的长短。一旦确定了“缓冲活动”，就可以按可能的最迟开始与最迟完成日期来安排计划活动。这样一来，关键链法不再管理网络路径的总浮动时间，而是重点管理剩余的缓冲持续时间与剩余的活动链持续时间之间的匹配关系。

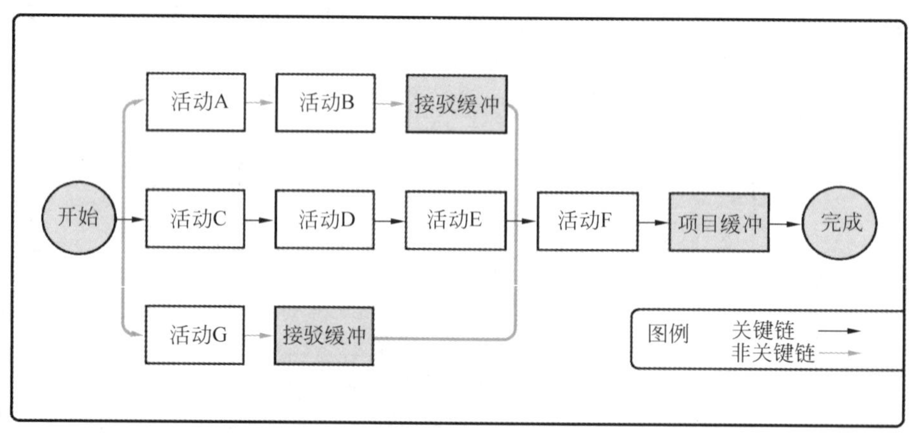

图6-15 关键链法示例

4．资源优化技术

资源优化技术是根据资源供需情况，来调整进度模型的技术，包括（但不限于）：

- 资源平衡（Resource Leveling）。为了在资源需求与资源供给之间取得平衡，根据资源制约对开始日期和结束日期进行调整的一种技术。如果共享资源或关键资源只在特定时间可用，数量有限，或被过度分配，如一个资源在同一时段内被分配至两个或多个活动，就需要进行资源平衡。也可以为保持资源使用量处于均衡水平而进行资源平衡。资源平衡往往导致关键路径改变，通常是延长。
- 资源平滑（Resource Smoothing）。对进度模型中的活动进行调整，从而使项目资源需求不超过预定的资源限制的一种技术。相对于资源平衡而言，资源平滑不会改变项目关键路径，完工日期也不会延迟。也就是说，活动只在其自由浮动时间和总浮动时间内延迟。因此，资源平滑技术可能无法实现所有资源的优化。

5．进度压缩

进度压缩技术是指在不缩减项目范围的前提下，缩短进度工期，以满足进度制约因素、强制日期或其他进度目标。进度压缩技术包括（但不限于）：

- 赶工。通过增加资源，以最小的成本增加来压缩进度工期的一种技术。赶工的例子包括：批准加班、增加额外资源或支付加急费用，来加快关键路径上的活动。赶工只适用于那些通过增加资源就能缩短持续时间的，且位于关键路径上的活动。赶工并非总是切实可行，它可能导致风险和/或成本的增加。
- 快速跟进。一种进度压缩技术，将正常情况下按顺序进行的活动或阶段改为至少是部分并行开展。例如，在大楼的建筑图纸尚未全部完成前就开始建地基。快速跟进可能造成返工和风险增加。它只适用于能够通过并行活动来缩短项目工期的情况。

6．计划评审技术

计划评审技术（Program Evaluation and Review Technique，PERT），又称为三点估算技术，其理论基础是假设项目持续时间，以及整个项目完成时间是随机的，且服从某种概率分布。PERT 可以估计整个项目在某个时间内完成的概率。PERT 和 CPM 在项目进度规划中应用非常广，本文通过实例来对此技术加以说明。

（1）活动的时间估计。

PERT 对各项目活动的完成时间按照三种不同情况估计：

- 乐观时间（Optimistic Time，OT）——任何事情都顺利的情况下，完成某项工作的时间。
- 最可能时间（Most likely Time，MT）——正常情况下，完成某项工作的时间。
- 悲观时间（Pessimistic Time，PT）——最不利的情况下，完成某项工作的时间。

假定三个估计服从 β 分布，由此可算出每个活动的期望 t_i：

$$t_i = \frac{a_i + 4m_i + b_i}{6}$$

其中：a_i 表示第 i 项活动的乐观时间，m_i 表示第 i 项活动的最可能时间，b_i 表示第 i 项活动的悲观时间。

根据 β 分布的方差计算方法，第 i 项活动的持续时间方差为：

$$\sigma_i^2 = \frac{(b_i - a_i)^2}{36}$$

例如，某政府 OA 系统的建设可分解为需求分析、设计编码、测试、安装部署四个活动，各个活动顺次进行，没有时间上的重叠，活动的完成时间估计如图 6-16 所示。

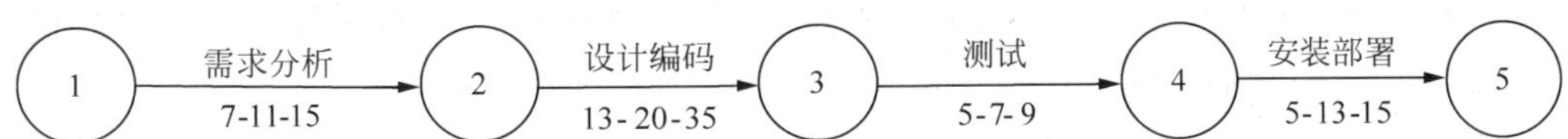

图 6-16　OA 系统工作分解和活动工期估计

各活动的期望工期、方差和标准差：

$$t_{需求分析}=\frac{7+4\times11+15}{6}=11 \qquad \sigma^2_{需求分析}=\frac{(15-7)^2}{36}\ 1.778 \qquad \sigma_{需求分析}=\frac{15-7}{6}=1.333$$

$$t_{设计编码}=\frac{13+4\times20+35}{6}=21 \qquad \sigma^2_{设计编码}=\frac{(35-13)^2}{36}=13.445 \qquad \sigma_{设计编码}=\frac{35-13}{6}=3.667$$

$$t_{测试}=\frac{5+4\times7+9}{6}=7 \qquad \sigma^2_{测试}=\frac{(9-5)^2}{36}=0.445 \qquad \sigma_{测试}=\frac{9-5}{6}=0.667$$

$$t_{安装部署}=\frac{5+4\times13+15}{6}=12 \qquad \sigma^2_{安装部署}=\frac{(15-5)^2}{36}=2.778 \qquad \sigma_{安装部署}=\frac{15-5}{6}=1.667$$

（2）项目周期估算。

PERT 认为整个项目的完成时间是各个活动完成时间之和，且服从正态分布。整个项目完成时间 t 的数学期望 T 和方差 σ^2 分别等于：

$$\sigma^2=1.778+13.445+0.445+2.778=18.446$$

$$T=11+21+7+12=51$$

标准差为：

$$\sigma=\sqrt{\sigma^2}=\sqrt{18.446}=4.3天$$

据此，可以得出正态分布曲线图如图 6-17 所示。

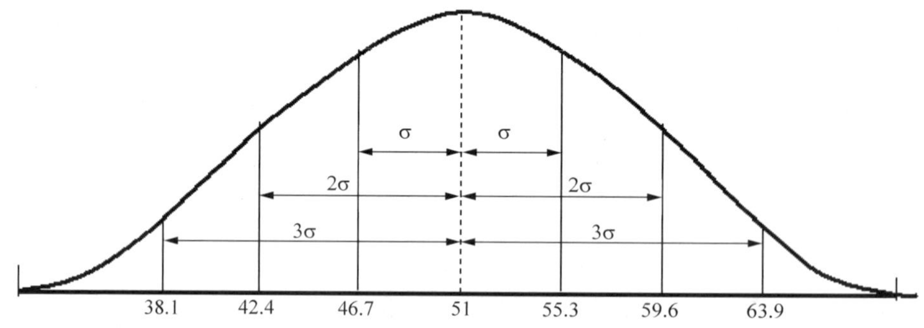

图 6-17　OA 项目的工期正态分布

因为图 6-17 是正态曲线，根据正态分布规律，在±σ 范围内即在 46.7 天与 55.3 天之间完成的概率为 68%；在±2σ 范围内完即在 42.4 天到 59.6 天完成的概率为 95%；在±3σ 范围内即 38.1 天到 63.9 天完成的概率为 99%。如果客户要求在 39 天内完成，则可完成的概率约为 0.5%，几乎为零，也就是说，项目有不可压缩的最小周期，这是客观规律。

通过查标准正态分布表，可得到整个项目在某一时间内完成的概率。例如，如果客户要求在 60 天内完成，那么可能完成的概率为：

$$P(t\leqslant 60)=\Phi\left(\frac{60-T}{\sigma}\right)=\Phi\left(\frac{60-51}{4.3}\right)=0.9817$$

如果客户要求再提前 7 天，则完成的概率为：

$$P(t \leqslant 53) = \Phi\left(\frac{53-T}{\sigma}\right) = \Phi\left(\frac{53-51}{4.3}\right) = 0.6808$$

6.3.4 项目进度计划调整方法

1．分析进度偏差

当项目进度出现偏差时，应分析该偏差对后续工作及总工期的影响。主要从以下几个方面进行分析。

（1）分析产生进度偏差的工作是否为关键活动。若出现偏差的工作是关键活动，则无论其偏差的大小，对后续工作及总工期都会产生影响，必须进行进度计划更新；若出现偏差的工作为非关键活动，则需根据偏差值与总时差和自由时差的大小关系，确定其对后续工作和总工期的影响程度。

（2）分析进度偏差是否大于总时差。如果工作的进度偏差大于总时差，则必将影响后续工作和总工期，应采取相应的调整措施；若工作的进度偏差小于或等于该工作的总时差，则表明对总工期无影响；但其对后续工作的影响，需要将其偏差与其自由时差相比才能做出判断。

（3）分析进度偏差是否大于自由时差。如果工作的进度偏差大于该工作的自由时差，则会对后续工作产生影响，如何调整，应根据对后续工作影响程度而定；若工作的进度偏差小于或等于该工作的自由时差，则对后续工作无影响，进度计划可不进行调整更新。

经过上述分析，项目管理人员可以确定应该调整产生进度偏差的工作和调整偏差值的大小，以便确定应采取的调整更新措施，形成新的符合实际进度和计划目标的进度计划。

2．项目进度计划的调整

项目进度计划的调整往往是一个持续反复的过程，一般有以下几种方法：

（1）关键活动调整法。关键活动调整方法的原理来自关键路径法。在项目计划图中，关键路径上的活动没有机动时间。由于其中任一工作持续时间的缩短或延长都会对整个项目工期产生影响。因此，关键活动的调整是项目进度更新的重点。有以下两种情况。

- 关键活动的实际进度较计划进度提前。若仅要求按计划工期执行，则可利用该机会降低资源强度及费用。实现的方法是选择后续关键活动中资源消耗量大或直接费用高的予以适当延长，延长的时间不应超过已完成的关键活动提前的量；若要求缩短工期，则应将计划的未完成部分作为一个新的计划，重新计算与调整，按新的计划执行，并保证新的关键活动按新计算的时间完成。
- 关键活动的实际进度较计划进度落后。调整的目标就是采取措施将耽误的时间补回来，保证项目按期完成。调整的方法主要是缩短后续关键活动的持续时间。这种方法是指在原计划的基础上，采取组织措施或技术措施缩短后续工作的持续时间以弥补时间损失，确保总工期不延长。

实际上，不得不延长工期的情况非常普遍，项目经理在项目总计划的制订中要充分考虑到适当时间冗余。当预计到项目时间要拖延时应分析原因，第一时间给项目干系人通报，并征求业主意见，这也是项目进度管理与控制的重要工作内容。

（2）非关键活动调整法。当非关键路径上某项工作持续时间延长，但不超过其时差范围时，则不会影响项目工期，进度计划不必调整。为了更充分地利用资源，降低成本，必要时可对非关键活动时差做适当调整，但不得超出总时差，且每次调整均需进行时间参数计算，以观察每次调整对计划的影响。

非关键活动的调整方法有三种：在总时差范围内延长非关键活动的持续时间、缩短工作的持续时间、调整工作的开始或完成时间。

当非关键线路上某项工作持续时间延长而超出总时差范围时，则必然影响整个项目工期，关键路径就会转移。这时，其调整方法与关键线路的调整方法相同。

（3）增减工作项目法。由于编制计划时考虑不同，或因某些原因需要增加或取消某些工作，则需重新调整网络计划，计算网络参数。由于增减工作项目不应影响原计划总的逻辑关系，以便使原计划得以实施。因此，增减工作项目，只能改变局部的逻辑关系。

增加工作项目，只对原遗漏或不具体的逻辑关系进行补充：减少工作项目，只对提前完成的工作项目或原不应设置的工作项目予以消除。增减工作项目后，应重新计算网络时间参数，以分析此项调整是否对原计划工期产生影响，若有影响，应采取措施使之保持不变。

（4）资源调整法。若资源供应发生异常时，应进行资源调整。资源供应发生异常是指因供应满足不了需要，如资源强度降低或中断，影响到计划工期的实现。资源调整的前提是保证工期不变或使工期更加合理。资源调整的方法是进行资源优化。

6.4 案例例题

图 6-18 给出了一个信息系统项目的进度网络图。

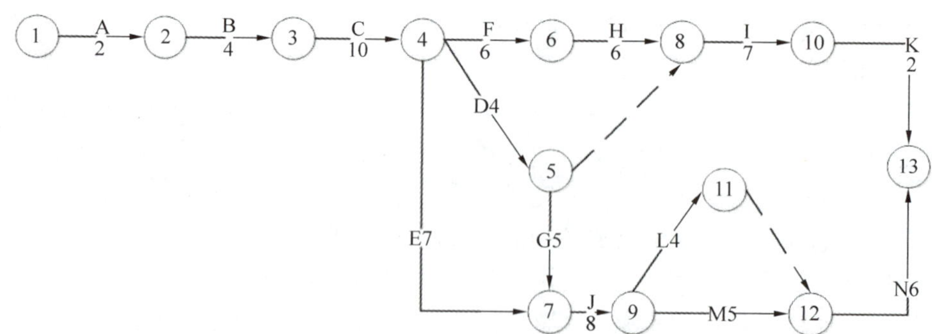

图 6-18 信息系统项目进度网络图

表 6-1 给出了该项目各项作业正常工作与赶工工作的时间和费用。

表 6-1　项目正常与赶工情况对比

活　动	正 常 工 作		赶 工 工 作	
	时间/天	费用/元	时间/天	费用/元
A	2	1 200	1	1 500
B	4	2 500	3	2 700
C	10	5 500	7	6 400
D	4	3 400	2	4 100
E	7	1 400	5	1 600
F	6	1 900	4	2 200
G	5	1 100	3	1 400
H	6	9 300	4	9 900
I	7	1 300	5	1 700
J	8	4 600	6	4 800
K	2	300	1	400
L	4	900	3	1 000
M	5	1 800	3	2 100
N	6	2 600	3	2 960

【问题 1】（3 分）

请给出项目关键路径。

【问题 2】（3 分）

请计算项目总工期。

【问题 3】（19 分）

（1）请计算关键路径上各活动的可缩短时间、每缩短 1 天增加的费用和增加的总费用，将关键路径上各活动的名称以及对应的计算结果填入答题纸相应的表格中。

（2）项目工期要求缩短到 38 天，请给出具体的工期压缩方案并计算需要增加的最少费用。

解答：

【问题 1】（3 分）

关键路径：ABCDGJMN（分别找出每条路径，计算出每条路径的总工期，总工期最长即为关键路径）

【问题 2】（3 分）

总工期：44

【问题 3】（19 分）

（1）（每行一分，共 8 分）

表 6-2　工期压缩方案的费用增加情况

活　　动	可缩短时间	缩短 1 天增加的费用	增加的总费用
A	1	300	300
B	1	200	200
C	3	300	900
D	2	350	700
G	2	150	300
J	2	100	200
M	2	150	300
N	3	120	360

（2）关键路径为 ABCDGJMN，长度为 44 天。

其他大于 38 天的路径有：

ABCDGJLN=43

ABCEJMN=42

ABCEJLN=41

要达到要求则要缩短 6 天，因此需将上面 4 条路径中某些共同活动进行缩减，4 条路径共同活动是 A、B、C、J、N。

从缩短 1 天增加费用最低的活动开始。首先 J 可以缩短 2 天（1 分），增加成本 200 元（2 分），还需缩短 4 天，然后 N 活动缩短 3 天（1 分），增加成本 360 元（2 分），还需缩短 1 天，此时，路径 ABCEJLN、ABCEJMN 和 ABCDGJLN 都是已经小于或等于 38 了的，所以这时只需保证关键路径 ABCDGJMN 再压缩 1 天即可，由于 G 和 M 缩短 1 天的成本都是 150 元，所以在这两个活动中任意压缩 1 天即可（1 分）。增加成本 150 元（2 分）。

所以增加的总成本为：200+360+150=710 元。（2 分）

（注：如无计算过程，直接回答增加总费用为 710 元，得 8 分）

（这里有同学认为，不能单独压缩一天，但是根据题目，如果不能单独压缩一天，那么上面第 1 小问就没必要让你求单日压缩成本了）

6.5　本章练习

（1）一个估算员判定一个任务乐观估计需 5 天完成，悲观估计 16 天，但通常会花 8 天，采用三点估算得到的工期是________天。

A．8.0　　B．8.8　　C．9.1　　D．9.7　　E．10.5

参考答案：B

（2）一个活动，最乐观估算要 6 天；最可能估算要 21 天；最悲观估算要 36 天；那么，该活动在 16 天到 26 天的时间完成的几率为________。

A．54%　　B．68%　　C．95%　　D．99.73%

参考答案：B

（3）________不是活动历时估算依据。

A．项目范围说明书　　B．活动资源需求

C．组织过程资产　　D．项目进度计划

参考答案：D

（4）项目进度控制是依据项目进度基准计划对项目的实际进度进行监控，使项目能够按时完成。以下关于项目进度控制的叙述中，________是不正确的。

A．项目进度至关重要，因此进度控制需要在项目初期优先关注

B．进度控制必须与其他变化控制，包括成本控制与范围控制紧密结合

C．项目进度控制是项目整体控制的一个组成部分

D．对项目进度的控制，应重点关注进展报告和执行状态报告

参考答案：A

（5）项目进度网络图是________。

A．活动定义的结果和活动历时估算的输入

B．活动排序的结果和进度计算编制的输入

C．活动计算编制的结果和进度计划编制的输入

D．活动排序的结果和活动历时估算的输入

参考答案：B

（6）________体现了项目计划过程的正确顺序。

A．范围规划——范围定义——活动定义——活动历时估算

B．范围定义——范围规划——活动定义——活动排序——活动历时估算

C．范围规划——范围定义——活动排序——活动定义——活动历时估算

D．活动历时估算——范围规划——范围定义——活动定义——活动排序

参考答案：A

（7）某软件工程项目各开发阶段工作量的比例如下表所示。

需 求 分 析	概 要 设 计	详 细 设 计	编　　码	测　　试
0.23	0.11	0.15	0.20	0.31

假设当前已处于编码阶段，3000 行程序已完成了 1200 行，则可估算出该工程项目开发进度已完成的比例是________。

A．43%　　B．49%　　C．57%　　D．63%

参考答案：C

（8）已知网络计划中，工作 M 有两项紧后工作，这两项紧后工作的最早开始开始时

间分别为第15天和第17天，工作M的最早开始时间和最迟开始时间分别为第6天和第9天，如果工作M的持续时间为9天，则工作M的表述正确的是________。

A．总时差为3天　　B．自由时差为1天

C．总时差为2天　　D．自由时差为2天

参考答案：A

（9）某软件的工作量是 20000 行，由 4 人组成的开发小组开发，每个程序员的生成效率是 5000 行/人月，每队程序员的沟通成本是 250 行/人月，则该软件需要开发________月。

A．1　　B．1.04　　C．1.05　　D．1.08

参考答案：D

第 7 章　项目成本管理

7.1　概述

7.1.1　项目成本概念及其构成

在项目中，成本是指项目活动或其组成部分的货币价值或价格，包括为实施、完成或创造该活动或其组成部分所需资源的货币价值。具体的成本一般包括直接工时、其他直接费用、间接工时、其他间接费用以及采购价格。项目全过程所耗用的各种成本的总和为项目成本。

7.1.2　项目成本管理作用和意义

项目管理受范围、时间、成本和质量的约束，项目成本管理在项目管理中占有重要地位。项目成本管理就是要确保在批准的预算内完成项目。虽然项目成本管理主要关心的是完成项目活动所需资源的成本，但也必须考虑项目决策对项目产品、服务或成果的使用成本、维护成本和支持成本的影响。例如，限制设计审查的次数有可能降低项目成本，但同时就有可能增加客户的运营成本。广义的项目成本管理通常称为“生命期成本计算”。生命期成本计算经常与价值工程技术结合使用，可降低成本，缩短时间，提高项目可交付成果的质量和绩效，并优化决策过程。

在许多应用领域，对项目产品未来的财务绩效的预测与分析是在项目之外完成的。在另外一些领域（如基础设施项目），项目成本管理也包括此项工作。如果包括这种预测与分析，则项目成本管理就需要增加一些过程和许多通用管理技术，如投资回报率、折现现金流量、投资回收分析等。

项目成本管理应当考虑项目干系人的信息需要，不同的项目干系人可能在不同的时间，以不同的方式测算项目的成本。例如，物品的采购成本可在做出承诺、发出订单、送达、货物交付时，在实际成本发生时或为会计核算目的记录实际成本时进行测算。

就某些项目，特别是小项目而言，成本估算和成本预算之间的关系极其密切，以致可以将其视为一个过程，由一个人在较短的时间内完成。但本章我们还是将其作为不同的过程进行介绍，因为其所用的工具和技术各不相同。对成本的影响力在项目早期最大，因此这也是尽早完成范围定义的原因。

7.1.3　项目成本管理的重要性

项目成本管理工作是在项目实施过程中，通过项目成本管理尽量使项目实际发生的成本控制在预算范围之内。如果项目建设的实际成本远远超出批准的投资预算，就很容易造成成本失控。

7.1.4 项目成本失控原因

发生成本失控的原因主要有以下几点。

1．对工程项目认识不足

（1）对信息系统工程成本控制的特点认识不足，对难度估计不足。

（2）工程项目的规模不合理，一个大而全的项目往往导致工期很长，而且导致工程实施的技术难度太高，导致技术人员的投入方面跟不上工程建设的需要，并且建设单位各部门对信息系统工程的接受能力和观念的转变跟不上信息系统建设的需要。

（3）工程项目的设计及实施人员缺乏成本意识，导致项目的设计不满足成本控制的要求。

（4）对项目成本的使用缺乏责任感，随意开支，铺张浪费。

2．组织制度不健全

（1）制度不完善。

（2）责任不落实。缺乏成本控制的责任感，在项目各个阶段和工作包没有落实具体的成本控制人员。

（3）承建单位项目经理中没有明确的投资分工，导致对投资控制的领导督查不力。

3．方法问题

（1）缺乏用于项目投资控制所需要的有关报表及数据处理的方法。

（2）缺乏系统的成本控制程序和明确的具体要求，在项目进展不同阶段对成本控制任务的要求不明确，在项目进展的整个过程中缺乏连贯性的控制。

（3）缺乏科学、严格、明确且完整的成本控制方法和工作制度。

（4）缺乏对计算机辅助投资控制程序的利用。

（5）缺乏对计划值与实际值进行动态的比较分析，并及时提供各种需要的状态报告及经验总结。

4．技术的制约

（1）由于进行项目成本估算发生在工程项目建设的早期阶段，对项目相关信息了解不深，项目规划设计不够完善，不能满足成本估算的需求。

（2）采用的项目成本估算方法不恰当，与项目的实际情况不符，或与所得到的项目数据资料不符。

（3）项目成本计算的数据不准确或有漏项，从而导致计算成本偏低。

（4）设计者未对设计方案进行优化，导致项目设计方案突破项目成本目标。

（5）物资或设备价格的上涨，大大超过预期的浮动范围。

（6）项目规划和设计方面的变更引起相关成本的增加。

（7）对工程实施中可能遇见的风险估计不足，导致实施成本大量增加。

5．需求管理不当

项目需求分析出现失误，项目范围变更频繁。

7.1.5　相关术语

1．产品的全生命周期成本

产品的全生命周期成本为我们认识和管理项目成本提供一个更为开阔的视野，即我们不仅考虑项目全生命周期成本，也要考虑项目的最终产品的全生命周期成本，这有助于我们更精确地制订项目财务收益计划。产品的全生命周期成本就是在产品或系统的整个使用生命期内，在获得阶段（设计、生产、安装和测试等活动，即项目存续期间）、运营与维护及生命周期结束时对产品的处置所发生的全部成本。要求在项目过程中不只关心完成项目活动所需资源的成本，也应该考虑项目决策对项目最终产品使用和维护成本的影响。对于一个项目而言，产品的全生命期成本考虑的是权益总成本，即开发成本加上维护成本。例如，一个公司可能一到两年内完成一个项目，该项目是要建立和实现新的客户服务系统。但是新系统可以使用 10 年，项目经理应当估计整个生命期内（上面例子中即 10 年）的成本和收益。在项目净现值分析时要参考整个 10 年的成本和收益，高级管理人员和项目经理在进行财务决策时，需要考虑产品整个生命期的成本。

2．成本的类型

（1）可变成本：随着生产量、工作量或时间而变的成本为可变成本。可变成本又称变动成本。

（2）固定成本：不随生产量、工作量或时间的变化而变化的非重复成本为固定成本。

（3）直接成本：直接可以归属于项目工作的成本为直接成本。如项目团队差旅费、工资、项目使用的物料及设备使用费等。

（4）间接成本：来自一般管理费用科目或几个项目共同担负的项目成本所分摊给本项目的费用，就形成了项目的间接成本，如税金、额外福利和保卫费用等。

（5）机会成本：是利用一定的时间或资源生产一种商品时，而失去的利用这些资源生产其他最佳替代品的机会就是机会成本，泛指一切在做出选择后其中一个最大的损失。

（6）沉没成本：是指由于过去的决策已经发生了的，而不能由现在或将来的任何决策改变的成本。沉没成本是一种历史成本，对现有决策而言是不可控成本，会很大程度上影响人们的行为方式与决策，在投资决策时应排除沉没成本的干扰。

3．应急储备和管理储备

应急储备是包含在成本基准内的一部分预算，用来应对已经接受的已识别风险，以及已经制定应急或减轻措施的已识别风险。应急储备通常是预算的一部分，用来应对那些会影响项目的“已知-未知”风险。例如，可以预知有些项目可交付成果需要返工，却不知道返工的工作量是多少，可以预留应急储备来应对这些未知数量的返工工作。可以为某个具体活动建立应急储备，也可以为整个项目建立应急储备，还可以同时建立。应急储备可取成本估算值的某一百分比、某个固定值，或者通过定量分析来确定。

管理储备是为了管理控制的目的而特别留出的项目预算，用来应对项目范围中不可预见的工作。管理储备用来应对会影响项目的“未知-未知”风险。管理储备不包括在成本基准中，但属于项目总预算和资金需求的一部分，使用前需要得到高层管理者审批。当动用管理储备资助不可预见的工作时，就要把动用的管理储备增加到成本基准中，从而导致成本基准变更。

4．成本基准

成本基准是经批准的按时间安排的成本支出计划，并随时反映了经批准的项目成本变更（所增加或减少的资金数目），被用于度量和监督项目的实际执行成本。

7.2 项目成本管理过程

项目成本管理包含为使项目在批准的预算内完成而对成本进行规划、估算、预算、融资、筹资、管理和控制的各个过程，从而确保项目在批准的预算内完工，项目成本管理过程包括：

（1）规划成本——为规划、管理、花费和控制项目成本而制定政策、程序和文档的过程。

（2）估算成本——对完成项目活动所需资金进行近似估算的过程。

（3）制定预算——汇总所有单个活动或工作包的估算成本，建立一个经批准的成本基准的过程。

（4）控制成本——监督项目状态，以更新项目成本，管理成本基准变更的过程。

项目成本管理应考虑干系人对掌握成本情况的要求。不同的干系人会在不同的时间、用不同的方法测算项目成本。例如，对于某采购品，可在做出采购决策、下达订单、实际交货、实际成本发生或进行会计记账时，测算其成本。

项目成本管理重点关注完成项目活动所需资源的成本，但同时也应考虑项目决策对项目产品、服务或成果的使用成本、维护成本和支持成本的影响。例如，限制设计审查的次数可降低项目成本，但可能增加由此带来的产品运营成本。

在很多组织中，预测和分析项目产品的财务效益是在项目之外进行的。但对于有些项目，如固定资产投资项目，可在项目成本管理中进行这项预测和分析工作。在这种情况下，项目成本管理还需使用其他过程和许多通用财务管理技术，如投资回报率分析、现金流贴现分析和投资回收期分析等。

应该在项目规划阶段的早期就对成本管理工作进行规划，建立各成本管理过程的基本框架，以确保各过程的有效性及各过程之间的协调性。

7.2.1　规划成本

规划成本管理是为规划、管理、花费和控制项目成本而制定政策、程序和文档的过程。本过程的主要作用是，在整个项目中为如何管理项目成本提供指南和方向。

成本管理过程及其工具与技术，应记录在成本管理计划中。成本管理计划是项目管理计划的组成部分。

1. 规划成本：输入

规划成本管理过程的输入包括：

- 项目管理计划。
- 项目章程。
- 事业环境因素。
- 组织过程资产。

1）项目管理计划

项目管理计划中用以制订成本管理计划的信息包括（但不限于）：

- 范围基准。范围基准包括项目范围说明书和 WBS 详细信息，可用于成本估算和管理。
- 进度基准。进度基准定义了项目成本将在何时发生。
- 其他信息。项目管理计划中与成本相关的进度、风险和沟通决策等信息。

2）项目章程

项目章程规定了项目总体预算，可据此确定详细的项目成本。项目章程所规定的项目审批要求，也对项目成本管理有影响。

3）事业环境因素

会影响规划成本管理过程的事业环境因素包括（但不限于）：

- 能影响成本管理的组织文化和组织结构。
- 市场条件，决定着在当地及全球市场上可获取哪些产品、服务和成果。
- 货币汇率，用于换算发生在多个国家的项目成本。
- 发布的商业信息。经常可以从商业数据库中获取资源成本费率及相关信息。这些数据库动态跟踪具有相应技能的人力资源的成本数据，也提供材料与设备的标准成本数据，还可以从卖方公布的价格清单中获取相关信息。
- 项目管理信息系统，可为管理成本提供多种方案。

4）组织过程资产

会影响规划成本管理的组织过程资产包括（但不限于）：

- 财务控制程序（如定期报告、费用与支付审查、会计编码及标准合同条款等）；
- 历史信息和经验教训知识库。
- 财务数据库；现有的、正式的和非正式的、与成本估算和预算有关的政策、程序和指南。

2. 规划成本：输出

规划成本管理过程的输出内容为：成本管理计划。

成本管理计划是项目管理计划的组成部分，描述将如何规划、安排和控制项目成本。成本管理过程及其工具与技术应记录在成本管理计划中。

例如，在成本管理计划中规定：

（1）计量单位。需要规定每种资源的计量单位，例如用于测量时间的人时数、人天数或周数，用于计量数量的米、升、吨、千米或立方米，或者用货币表示的总价。

（2）精确度。根据活动范围和项目规模，设定成本估算向上或向下取整的程度（例如，100.49 美元取整为 100 美元，995.59 美元取整为 1000 美元）。

（3）准确度。为活动成本估算规定一个可接受的区间（如±10%），其中可能包括一定数量的应急储备。

（4）组织程序链接。工作分解结构为成本管理计划提供了框架，以便据此规范地开展成本估算、预算和控制。在项目成本核算中使用的 WBS 组件，称为控制账户（CA）。每个控制账户都有唯一的编码或账号，直接与执行组织的会计制度相联系。

（5）控制临界值。可能需要规定偏差临界值，用于监督成本绩效。它是在需要采取某种措施前，允许出现的最大偏差。通常用偏离基准计划的百分数来表示。

（6）绩效测量规则。需要规定用于绩效测量的挣值管理（EVM）规则。例如，成本管理计划应该：

- 定义 WBS 中用于绩效测量的控制账户。
- 确定拟用的挣值测量技术（如加权里程碑法、固定公式法、完成百分比法等）。
- 规定跟踪方法，以及用于计算项目完工估算（EAC）的挣值管理公式，该公式计算出的结果可用于验证通过自下而上方法得出的完工估算。

（7）报告格式。需要规定各种成本报告的格式和编制频率。

（8）过程描述。对其他每个成本管理过程进行书面描述。

（9）其他细节。关于成本管理活动的其他细节包括（但不限于）：

- 对战略筹资方案的说明。
- 处理汇率波动的程序。
- 记录项目成本的程序。

7.2.2 估算成本

估算成本是对完成项目活动所需资金进行近似估算的过程。本过程的主要作用是，确定完成项目工作所需的成本数额。

成本估算是在某特定时点，根据已知信息所做出的成本预测。在估算成本时，需要识别和分析可用于启动与完成项目的备选成本方案；需要权衡备选成本方案并考虑风险，如比较自制成本与外购成本、购买成本与租赁成本及多种资源共享方案，以优化项目成本。

通常用某种货币单位（如美元、欧元、日元等）进行成本估算，但有时也可采用其他计量单位，如人时数或人天数，以消除通货膨胀的影响，便于成本比较。

在项目过程中，应该随着更详细信息的呈现和假设条件的验证，对成本估算进行审查和优化。在项目生命周期中，项目估算的准确性将随着项目的进展而逐步提高。例如，在启动阶段可得出项目的粗略量级估算（Rough Order of Magnitude，ROM），其区间为−25%～+75%；之后，随着信息越来越详细，确定性估算的区间可缩小至−5%～+10%。某些组织已经制定出相应的指南，规定何时进行优化，以及每次优化所要达到的置信度或准确度。

本过程从其他知识领域的相关过程的输出中获取输入信息。一旦获取，所有信息都可作为全部成本管理过程的输入。

进行成本估算，应该考虑将向项目收费的全部资源，包括（但不限于）人工、材料、设备、服务、设施，以及一些特殊的成本种类，如通货膨胀补贴、融资成本或应急成本。成本估算是对完成活动所需资源的可能成本的量化评估。成本估算可在活动层级呈现，也可以汇总形式呈现。

1. 项目成本估算的主要步骤

编制项目成本估算需要进行以下三个主要步骤。

（1）识别并分析成本的构成科目。该部分的主要工作就是确定完成项目活动所需要的物质资源（人、设备、材料）的种类。制作项目成本构成科目后，会形成“资源需求”和“会计科目表”，说明工作分解结构中各组成部分需要资源的类型和所需的数量。这些资源将通过企业内部分派或采购得到，最终形成项目资源矩阵，如表 7-1 所示。

表 7-1　项目资源矩阵

<table>
<tr><th>工　作</th><th colspan="5">资 源 需 要</th><th rowspan="2">相关说明</th></tr>
<tr><td>工作 1
工作 2
⋮
工作 m</td><td>资源 1</td><td>资源 2</td><td>…</td><td>资源 n-1</td><td>资源 n</td></tr>
</table>

与时间相关的项目资源数据表，如表 7-2 所示。

会计科目表（Chart of Accounts）是对项目成本（如人工、日常用品、材料）进行监控的编码系统。项目会计科目表通常基于所在组织的会计科目表。项目会计科目表的分类有可能在项目团队以外（财务或会计部门）完成。

（2）根据已识别的项目成本构成科目，估算每一科目的成本大小。根据上面形成的资源需求，考虑项目需要的所有资源的成本。估算可以用货币单位表示，也可用工时、人日、人月等其他单位表示。有时候，同样技能的资源来源不同，其对项目成本的影响也不同。例如，建筑项目队伍需要熟悉当地的建筑法规，这类知识通常可以通过使用当地人而基本不付任何代价来获取。如果当地缺乏具有专门施工技术和经验的人力资源，则需要支付报酬聘请一位咨询人员。估算时还需要考虑通货膨胀以及货币的时间效应等。

表 7-2　项目资源数据表

<table>
<tr><th rowspan="2">资源需求种类</th><th></th><th rowspan="2">资源需求总量</th><th colspan="6">时间安排（不同时间资源需求量）</th><th rowspan="3">相关说明</th></tr>
<tr><th></th><th>1</th><th>2</th><th>3</th><th>…</th><th>T-1</th><th>T</th></tr>
<tr><td>资源 1
资源 2
⋮
资源 n</td><td></td><td></td><td></td><td></td><td></td><td></td><td></td><td></td></tr>
</table>

（3）分析成本估算结果，找出各种可以相互替代的成本，协调各种成本之间的比例关系。计划的最终作用是要优化管理，所以在通过对每一成本科目进行估算而形成的总成本上，应对各种成本进行比例协调，找出可行的低成本的替代方案，尽可能地降低项目估算的总成本。例如原拟租赁设备使用时间较长且可以用于其他项目团队时，可以通过公司固定资产采购并将折旧分摊到多个项目团队来降低本项目团队的成本；非关键岗位上，可以用技能级别较低的人员来替代技能级别较高的人员，从而降低人员成本。这个步骤通常和项目优化结合起来考虑，常见的优化方法有：工期优化、费用优化和资源优化三种。关于工期优化详见进度管理部分。资源优化如资源平衡技术等。无论怎样降低项目成本估算值，项目的应急储备和管理储备都不应被裁减。

2. 估算成本：输入

估算成本的输入包括：

- 成本管理计划。
- 人力资源管理计划。
- 范围基准。
- 项目进度计划。
- 风险登记册。
- 事业环境因素。
- 组织过程资产。

1）成本管理计划

成本管理计划规定了如何管理和控制项目成本，包括估算活动成本的方法和需要达到的准确度。

2）人力资源管理计划

人力资源管理计划提供了项目人员配备情况、人工费率和相关奖励/认可方案，是制订项目成本估算时必须考虑的因素。

3）范围基准

范围基准包含以下内容。

（1）范围说明书。范围说明书提供了产品描述、验收标准、主要可交付成果、项目边界及项目的假设条件和制约因素。在估算项目成本时必须设定的一项基本假设是，估算将仅限于直接成本，还是也包括间接成本。间接成本是无法直接追溯到某个具体项目的成本，因此只能按某种规定的会计程序进行累计并合理分摊到多个项目中。有限的项目预算是很多项目中最常见的制约因素。其他制约因素包括规定的交付日期、可用的熟练资源和组织政策等。

（2）工作分解结构。工作分解结构指明了项目的全部组件之间及全部可交付成果之间的相互关系。

（3）WBS 词典。WBS 词典提供了可交付成果的详细信息，并描述了为产出可交付成果，WBS 各组件所需进行的工作。

范围基准中可能还包括与合同和法律有关的信息，如健康、安全、安保、绩效、环境、保险、知识产权、执照和许可证等。所有这些信息都应该在进行成本估算时加以考虑。

4）项目进度计划

项目工作所需的资源种类、数量和使用时间，都会对项目成本产生很大影响。进度活动所需的资源及其使用时间，是本过程的重要输入。在估算活动资源过程中，已经估算出开展进度活动所需的人员数量、人时数及材料和设备数量。活动资源估算与成本估算密切相关。如果项目预算中包括融资成本（如利息），或者，资源消耗取决于活动持续时间的长短，那么活动持续时间估算就会对成本估算产生影响。如果成本估算中包含时间敏感型成本，如通过工会集体签订定期劳资协议的员工或价格随季节波动的材料，那么活动持续时间估算也会影响成本估算。

5）风险登记册

通过审查风险登记册，考虑应对风险所需的成本。风险既可以是威胁，也可以是机会，通常会对活动及整个项目的成本产生影响。一般而言，在项目遇到负面风险事件后，项目的近期成本将会增加，有时还会造成项目进度延误。同样，项目团队应该对可能给业务带来好处（如直接降低活动成本或加快项目进度）的潜在机会保持敏感。

6）事业环境因素

会影响估算成本过程的事业环境因素包括（但不限于）：

- 市场条件。可以从市场上获得什么产品、服务和成果，可以从谁那里、以什么条件获得。地区和/或全球性的供求情况会显著影响资源成本。
- 发布的商业信息。经常可以从商业数据库中获取资源成本费率及相关信息。这些数据库动态跟踪具有相应技能的人力资源的成本数据，也提供材料与设备的标准成本数据，还可以从卖方公布的价格清单中获取相关信息。

7）组织过程资产

会影响估算成本过程的组织过程资产包括（但不限于）：

- 成本估算政策。
- 成本估算模板。
- 历史信息。
- 经验教训。

3. 估算成本：输出

估算成本输出包括：

- 活动成本估算。
- 估算依据。
- 项目文件更新。

1）活动成本估算

活动成本估算是对完成项目工作可能需要的成本的量化估算。成本估算可以是汇总的或详细分列的。成本估算应该覆盖活动所使用的全部资源，包括（但不限于）直接人工、材料、设备、服务、设施、信息技术，以及一些特殊的成本种类，如融资成本（包括利息）、通货膨胀补贴、汇率或成本应急储备。如果间接成本也包含在项目估算中，则可在活动层次或更高层次上计列间接成本。

2）估算依据

成本估算所需的支持信息的数量和种类，因应用领域而异。不论其详细程度如何，支持性文件都应该清晰、完整地说明成本估算是如何得出的。

活动成本估算的支持信息可包括：

- 关于估算依据的文件（如估算是如何编制的）。
- 关于全部假设条件的文件。
- 关于各种已知制约因素的文件。
- 对估算区间的说明（如“10000 欧元±10%”就说明了预期成本的所在区间）。
- 对最终估算的置信水平的说明。

3）项目文件更新

可能需要更新的项目文件包括（但不限于）风险登记册。

7.2.3 制订预算

制订预算是汇总所有单个活动或工作包的估算成本，建立一个经批准的成本基准的过程。本过程的主要作用是，确定成本基准，可据此监督和控制项目绩效。

项目预算包括经批准用于项目的全部资金。成本基准是经过批准且按时间段分配的项目预算，但不包括管理储备。

1. 制订预算：输入

制订预算过程的输入包括：

- 成本管理计划。
- 范围基准。
- 活动成本估算。
- 估算依据。
- 项目进度计划。
- 资源日历。
- 风险登记册。
- 协议。
- 组织过程资产。

1）成本管理计划

成本管理计划描述将如何管理和控制项目成本。

2）范围基准

范围基准包括：

- 项目范围说明书。组织、协议或其他机构（如政府部门）可能对项目资金支出施加正式的阶段性限制。这些资金制约因素均已列在项目范围说明书中。
- 工作分解结构。工作分解结构指明了项目全部可交付成果及其各组件之间的相互关系。
- WBS 词典。在 WBS 词典和相关的工作详细说明中，列明了可交付成果，并描述了为产出可交付成果，WBS 各组件所需进行的工作。

3）活动成本估算

各工作包内每个活动的成本估算汇总后，即得到各工作包的成本估算。

4）估算依据

在估算依据中包括基本的假设条件，例如，项目预算中是否应该包含间接成本或其他成本。

5）项目进度计划

项目进度计划包括项目活动、里程碑、工作包和控制账户的计划开始和完成日期。可根据这些信息，把计划成本和实际成本汇总到相应的日历时段中。

6）资源日历

从资源日历中了解项目资源的种类和使用时间。可根据这些信息，确定项目周期各阶段的资源成本。

7）风险登记册

应该审查风险登记册，从而确定如何汇总风险应对成本。对风险登记册的更新包含在项目文件更新中。

8）协议

在制订预算时，需要考虑将要或已经采购的产品、服务或成果的成本，以及适用的协议信息。

9）组织过程资产

会影响制订预算过程的组织过程资产包括（但不限于）：

- 现有的、正式和非正式的、与成本预算有关的政策、程序和指南。
- 成本预算工具。
- 报告方法。

2. 制订预算：输出

制订预算流程的输出包括：

- 成本基准。
- 项目资金需求。
- 项目文件更新。

1）成本基准

成本基准是经过批准的、按时间段分配的项目预算，不包括任何管理储备，只有通过正式的变更控制程序才能变更，用作与实际结果进行比较的依据。成本基准是不同进度活动经批准的预算的总和。

项目预算和成本基准的各个组成部分。先汇总各项目活动的成本估算及其应急储备，得到相关工作包的成本。然后汇总各工作包的成本估算及其应急储备，得到控制账户的成本。再汇总各控制账户的成本，得到成本基准。由于成本基准中的成本估算与进度活动直接关联，因此就可按时间段分配成本基准，得到一条 S 曲线。

最后，在成本基准之上增加管理储备，得到项目预算。当出现有必要动用管理储备的变更时，则应该在获得变更控制过程的批准之后，把适量的管理储备移入成本基准中。

2）项目资金需求

根据成本基准，确定总资金需求和阶段性（如季度或年度）资金需求。成本基准中既包括预计的支出，也包括预计的债务。项目资金通常以增量而非连续的方式投入，并且可能是非均衡的，呈现出阶梯状。如果有管理储备，则总资金需求等于成本基准加管理储备。在资金需求文件中，也可说明资金来源。

3）项目文件更新

项目文件更新可能需要更新的项目文件包括（但不限于）：

- 风险登记册。
- 活动成本估算。
- 项目进度计划。

7.2.4　控制成本

控制成本是监督项目状态，以更新项目成本，管理成本基准变更的过程。本过程的主要作用是，发现实际与计划的差异，以便采取纠正措施，降低风险。

要更新预算，就需要了解截至目前的实际成本。只有经过实施整体变更控制过程的批准，才可以增加预算。只监督资金的支出，而不考虑由这些支出所完成的工作的价值，对项目没有什么意义，最多只能使项目团队不超出资金限额。所以在成本控制中，应重点分析项目资金支出与相应完成的实际工作之间的关系。有效成本控制的关键在于，对经批准的成本基准及其变更进行管理。

项目成本控制包括：

- 对造成成本基准变更的因素施加影响。
- 确保所有变更请求都得到及时处理。
- 当变更实际发生时，管理这些变更。
- 确保成本支出不超过批准的资金限额，既不超出按时段、按 WBS 组件、按活动分配的限额，也不超出项目总限额。
- 监督成本绩效，找出并分析与成本基准间的偏差。
- 对照资金支出，监督工作绩效。
- 防止在成本或资源使用报告中出现未经批准的变更。
- 向有关干系人报告所有经批准的变更及其相关成本。
- 设法把预期的成本超支控制在可接受的范围内。

1. 控制成本：输入

控制成本过程输入包括：

- 项目管理计划。
- 项目资金需求。
- 工作绩效数据。
- 组织过程资产。

1）项目管理计划

项目管理计划包括以下可用于控制成本的信息：

- 成本基准。把成本基准与实际结果相比，以判断是否需要进行变更或采取纠正或预防措施。
- 成本管理计划。成本管理计划规定了如何管理与控制项目成本。

2）项目资金需求

项目资金需求包括项目支出加上预计债务。

3）工作绩效数据

工作绩效数据是关于项目进展情况的数据，如哪些活动已开工、进展如何，以及哪些可交付成果已完成，还包括已批准的成本和已发生的成本。

4）组织过程资产

会影响控制成本过程的组织过程资产包括（但不限于）：

- 现有的、正式和非正式的、与成本控制相关的政策、程序和指南。
- 成本控制工具。
- 可用的监督和报告方法。

2. 控制成本：输出

控制成本过程输出包括：

- 工作绩效信息。
- 成本预测。
- 变更请求。
- 项目管理计划更新。
- 项目文件更新。
- 组织过程资产更新。

1）工作绩效信息

WBS 各组件（尤其是工作包和控制账户）的 CV、SV、CPI、SPI、TCPI 和 VAC 值，都需要记录下来，并传达给干系人。

2）成本预测

无论是计算得出的 EAC 值，还是自下而上估算的 EAC 值，都需要记录下来，并传达给干系人。

3）变更请求

分析项目绩效后，可能会就成本基准或项目管理计划的其他组成部分提出变更请求。变更请求可以包括预防或纠正措施。变更请求需经过实施整体变更控制的审查和处理。

4）项目管理计划更新

项目管理计划中可能需要更新的内容包括（但不限于）：

- 成本基准。在批准对范围、活动资源或成本估算的变更后，需要相应地对成本基准做出变更。有时成本偏差太过严重，以至于需要修订成本基准，以便为绩效测量提供现实可行的依据。
- 成本管理计划。成本管理计划中需要更新的内容包括：用于管理项目成本的控制临界值或所要求的准确度。要根据干系人的反馈意见，对它们进行更新。

5）项目文件更新

项目文件更新可能需要更新的项目文件包括（但不限于）：

- 成本估算。
- 估算依据。

6）组织过程资产更新

组织过程资产更新可能需要更新的组织过程资产包括（但不限于）：

- 偏差的原因。
- 采取的纠正措施及其理由。
- 财务数据库。
- 从项目成本控制中得到的其他经验教训。

7.3　项目成本管理的技术和工具

7.3.1　成本分析技术

1．技术分析

在制订成本管理计划时，可能需要选择项目筹资的战略方法，如自筹资金、股权投资、借贷投资等。成本管理计划中可能也需详细说明筹集项目资源的方法，如自制、采购、租用或租赁。如同会影响项目的其他财务决策，这些决策可能对项目进度和风险产生影响。

组织政策和程序可能影响采用哪种财务技术进行决策。可用的技术包括（但不限于）：

- 回收期（Payback Period）：是指投资项目的未来现金净流量与原始投资额相等时所经历的时间，即原始投资额通过未来现金流量回收所需要的时间。
- 投资回报率（Return On Investment，ROI）：是指通过投资而应返回的价值，即企业从一项投资活动中得到的经济回报。
- 内部报酬率：内部报酬率又称内含报酬率（Internal Rate of Return，IRR）、内部收益率，是使投资项目的净现值等于零的贴现率。它实际上反映了投资项目的真实报酬。
- 现金流贴现（Discounted Cash Flow Method）：就是把企业未来特定期间内的预期现金流量还原为当前现值。
- 净现值（Net Present Value，NPV）：是指一个项目预期实现的现金流入的现值与实施该项计划的现金支出的现值的差额。

2．专家判断

基于历史信息，专家判断可以对项目环境及以往类似项目的信息提供有价值的见解。专家判断还可以对是否需要联合使用多种方法，以及如何协调方法之间的差异提出建议。

针对正在开展的活动，基于某应用领域、知识领域、学科、行业等的专业知识而做出的判断，应该用于制订成本管理计划。

3．会议

项目团队可能举行规划会议来制订成本管理计划。参会人员可能包括项目经理、项目发起人、选定的项目团队成员、选定的干系人、项目成本负责人，以及其他必要人员。

4．类比估算

成本类比估算是指以过去类似项目的参数值（如范围、成本、预算和持续时间等）或规模指标（如尺寸、重量和复杂性等）为基础，来估算当前项目的同类参数或指标。在估算成本时，这项技术以过去类似项目的实际成本为依据，来估算当前项目的成本。这是一种粗略的估算方法，有时需要根据项目复杂性方面的已知差异进行调整。

在项目详细信息不足时，例如在项目的早期阶段，就经常使用这种技术来估算成本数值。

该方法综合利用历史信息和专家判断。

相对于其他估算技术，类比估算通常成本较低、耗时较少，但准确性也较低。可以针对整个项目或项目中的某个部分，进行类比估算。类比估算可以与其他估算方法联合使用。如果以往项目是本质上而不只是表面上类似，并且从事估算的项目团队成员具备必要的专业知识，那么类比估算就最为可靠。

5．参数估算

参数估算是指利用历史数据之间的统计关系和其他变量（如建筑施工中的平方英尺），来进行项目工作的成本估算。参数估算的准确性取决于参数模型的成熟度和基础数据的可靠性。参数估算可以针对整个项目或项目中的某个部分，并可与其他估算方法联合使用。

6．自下而上估算

自下而上估算是对工作组成部分进行估算的一种方法。首先对单个工作包或活动的成本进行最具体、细致的估算；然后把这些细节性成本向上汇总或“滚动”到更高层次，用于后续报告和跟踪。自下而上估算的准确性及其本身所需的成本，通常取决于单个活动或工作包的规模和复杂程度。

7．三点估算

通过考虑估算中的不确定性与风险，使用三种估算值来界定活动成本的近似区间，可以提高活动成本估算的准确性：

- 最可能成本（C_M）。对所需进行的工作和相关费用进行比较现实的估算，所得到的活动成本。
- 最乐观成本（C_O）。基于活动的最好情况，所得到的活动成本。
- 最悲观成本（C_P）。基于活动的最差情况，所得到的活动成本。

基于活动成本在三种估算值区间内的假定分布情况，使用公式来计算预期成本（cE）。基于三角分布和贝塔分布的两个常用公式如下。

$$\text{三角分布 } C_E=(C_O+C_M+C_P)/3$$

贝塔分布 $C_E=(C_O+4C_M+C_P)/6$

基于三点的假定分布计算出期望成本，并说明期望成本的不确定区间。

8．储备分析

为应对成本的不确定性，成本估算中可以包括应急储备（有时称为“应急费用”）。应急储备是包含在成本基准内的一部分预算，用来应对已经接受的已识别风险，以及已经制定应急或减轻措施的已识别风险。应急储备通常是预算的一部分，用来应对那些会影响项目的“已知-未知”风险。例如，可以预知有些项目可交付成果需要返工，却不知道返工的工作量是多少。可以预留应急储备来应对这些未知数量的返工工作。可以为某个具体活动建立应急储备，也可以为整个项目建立应急储备，还可以同时建立。应急储备可取成本估算值的某一百分比、某个固定值，或者通过定量分析来确定。随着项目信息越来越明确，可以动用、减少或取消应急储备。应该在成本文件中清楚地列出应急储备。应急储备是成本基准的一部分，也是项目整体资金需求的一部分。也可以估算项目所需的管理储备。管理储备是为了管理控制的目的而特别留出的项目预算，用来应对项目范围中不可预见的工作。管理储备用来应对会影响项目的“未知-未知”风险。管理储备不包括在成本基准中，但属于项目总预算和资金需求的一部分。当动用管理储备资助不可预见的工作时，就要把动用的管理储备增加到成本基准中，从而导致成本基准变更。

9．质量成本（COQ）

在估算活动成本时，可能要用到关于质量成本的各种假设。

10．项目管理软件

项目管理应用软件、电子表单、模拟和统计工具等，可用来辅助成本估算。这些工具能简化某些成本估算技术的使用，使人们能快速考虑多种成本估算方案。

11．卖方投标分析

在成本估算过程中，可能需要根据合格卖方的投标情况，分析项目成本。在用竞争性招标选择卖方的项目中，项目团队需要开展额外的成本估算工作，以便审查各项可交付成果的价格，并计算出组成项目最终总成本的各分项成本。

12．群体决策技术

基于团队的方法（如头脑风暴、德尔菲技术或名义小组技术）可以调动团队成员的参与，以提高估算的准确度，并提高对估算结果的责任感。选择一组与技术工作密切相关的人员参与估算过程，可以获取额外的信息，得到更准确的估算。另外，让成员亲自参与估算，能够提高他们对实现估算的责任感。

7.3.2　成本管理技术

1．成本汇总

先把成本估算汇总到 WBS 中的工作包，再由工作包汇总至 WBS 更高层次（如控制账户），最终得出整个项目的总成本。

2．储备分析

通过预算储备分析，可以计算出项目的应急储备与管理储备。在控制成本过程中，可以采用储备分析来监督项目中应急储备和管理储备的使用情况，从而判断是否还需要这些储备，或者是否需要增加额外的储备。随着项目工作的进展，这些储备可能已按计划用于支付风险或其他应急情形的成本。或者，如果风险事件没有如预计的那样发生，就可能要从项目预算中扣除未使用的应急储备，为其他项目或运营腾出资源。在项目中开展进一步风险分析，可能会发现需要为项目预算申请额外的储备。

3．历史关系

有关变量之间可能存在一些可据以进行参数估算或类比估算的历史关系。可以基于这些历史关系，利用项目特征（参数）来建立数学模型，预测项目总成本。数学模型可以是简单的（例如，建造住房的总成本取决于单位面积建造成本），也可以是复杂的（例如，软件开发项目的成本模型中有多个变量，且每个变量又受许多因素的影响）。

类比和参数模型的成本及准确性可能差别很大。它们将最为可靠，如果：用来建立模型的历史信息准确；模型中的参数易于量化；模型可以调整，以便对大项目、小项目和各项目阶段都适用。

4．资金限制平衡

应该根据对项目资金的任何限制，来平衡资金支出。如果发现资金限制与计划支出之间的差异，则可能需要调整工作的进度计划，以平衡资金支出水平。这可以通过在项目进度计划中添加强制日期来实现。

5．挣值管理

挣值管理（EVM）是把范围、进度和资源绩效综合起来考虑，以评估项目绩效和进展的方法。它是一种常用的项目绩效测量方法。它把范围基准、成本基准和进度基准整合起来，形成绩效基准，以便项目管理团队评估和测量项目绩效和进展。作为一种项目管理技术，挣值管理要求建立整合基准，用于测量项目期间的绩效。EVM 的原理适用于所有行业的所有项目。它针对每个工作包和控制账户，计算并监测以下三个关键指标：

（1）计划价值。计划价值（PV）是为计划工作分配的经批准的预算。它是为完成某活动或工作分解结构组件而准备的一份经批准的预算，不包括管理储备。应该把该预算分配至项目生命周期的各个阶段。在某个给定的时间点，计划价值代表着应该已经完成的工作。PV 的总和有时被称为绩效测量基准（PMB），项目的总计划价值又被称为完工预算（BAC）。

（2）挣值。挣值（EV）是对已完成工作的测量值，用分配给该工作的预算来表示。它是已完成工作的经批准的预算。EV 的计算应该与 PMB 相对应，且所得的 EV 值不得大于相应组件的 PV 总预算。EV 常用于计算项目的完成百分比。应该为每个 WBS 组件规定进展测量准则，用于考核正在实施的工作。项目经理既要监测 EV 的增量，以判断当前的状态，又要监测 EV 的累计值，以判断长期的绩效趋势。

（3）实际成本。实际成本（AC）是在给定时段内，执行某工作而实际发生的成本，是为完成与 EV 相对应的工作而发生的总成本。AC 的计算口径必须与 PV 和 EV 的计算口径保持一致（例如，都只计算直接小时数，都只计算直接成本，或都计算包含间接成本在内的全部成本）。AC 没有上限，为实现 EV 所花费的任何成本都要计算进去。

也应该监测实际绩效与基准之间的偏差：

（1）进度偏差：进度偏差（SV）是测量进度绩效的一种指标，表示为挣值与计划价值之差。它是指在某个给定的时点，项目提前或落后的进度，等于挣值（EV）减去计划价值（PV）。进度偏差是一种有用的指标，可表明项目进度是落后还是提前于进度基准。由于当项目完工时，全部的计划价值都将实现（即成为挣值），所以进度偏差最终将等于零。最好把进度偏差与关键路径法（CPM）和风险管理一起使用。公式：SV=EV–PV。

（2）成本偏差：成本偏差（CV）是在某个给定时点的预算亏空或盈余量，表示为挣值与实际成本之差。它是测量项目成本绩效的一种指标，等于挣值（EV）减去实际成本（AC）。项目结束时的成本偏差，就是完工预算（BAC）与实际成本之间的差值。由于成本偏差指明了实际绩效与成本支出之间的关系，所以非常重要。负的 CV 一般都是不可挽回的。公式：CV=EV–AC。还可以把 SV 和 CV 转化为效率指标，以便把项目的成本和进度绩效与任何其他项目作比较，或在同一项目组合内的各项目之间作比较。可以通过偏差来确定项目状态。

（3）进度绩效指数：进度绩效指数（SPI）是测量进度效率的一种指标，表示为挣值与计划价值之比。它反映了项目团队利用时间的效率。有时与成本绩效指数（CPI）一起使用，以预测最终的完工估算。当 SPI 小于 1.0 时，说明已完成的工作量未达到计划要求；当 SPI 大于 1.0 时，则说明已完成的工作量超过计划。由于 SPI 测量的是项目总工作量，所以还需要对关键路径上的绩效进行单独分析，以确认项目是否将比计划完成日期提前或推迟。SPI 等于 EV 与 PV 的比值。公式：SPI=EV/PV。

（4）成本绩效指数：成本绩效指数（CPI）是测量预算资源的成本效率的一种指标，表示为挣值与实际成本之比。它是最关键的 EVM 指标，用来测量已完成工作的成本效率。当 CPI 小于 1.0 时，说明已完成工作的成本超支；当 CPI 大于 1.0 时，则说明到目前为止成本有结余。CPI 等于 EV 与 AC 的比值。该指标对于判断项目状态很有帮助，并可为预测项目成本和进度的最终结果提供依据。公式：CPI=EV/AC。

对计划值、挣值和实际成本这三个参数，既可以分阶段（通常以周或月为单位）进行监测和报告，也可以针对累计值进行监测和报告。图 7-1 以 S 曲线展示某个项目的 EV 数据，该项目预算超支且进度落后。

6．预测

随着项目进展，项目团队可根据项目绩效，对完工估算（EAC）进行预测，预测的结果可能与完工预算（BAC）存在差异。如果 BAC 已明显不再可行，则项目经理应考虑对 EAC 进行预测。预测 EAC 是根据当前掌握的绩效信息和其他知识，预计项目未来的情况和事件。预测要根据项目执行过程中所提供的工作绩效数据来产生、更新和重新发布。工作绩效信息包含项目过去的绩效，以及可能在未来对项目产生影响的任何信息。

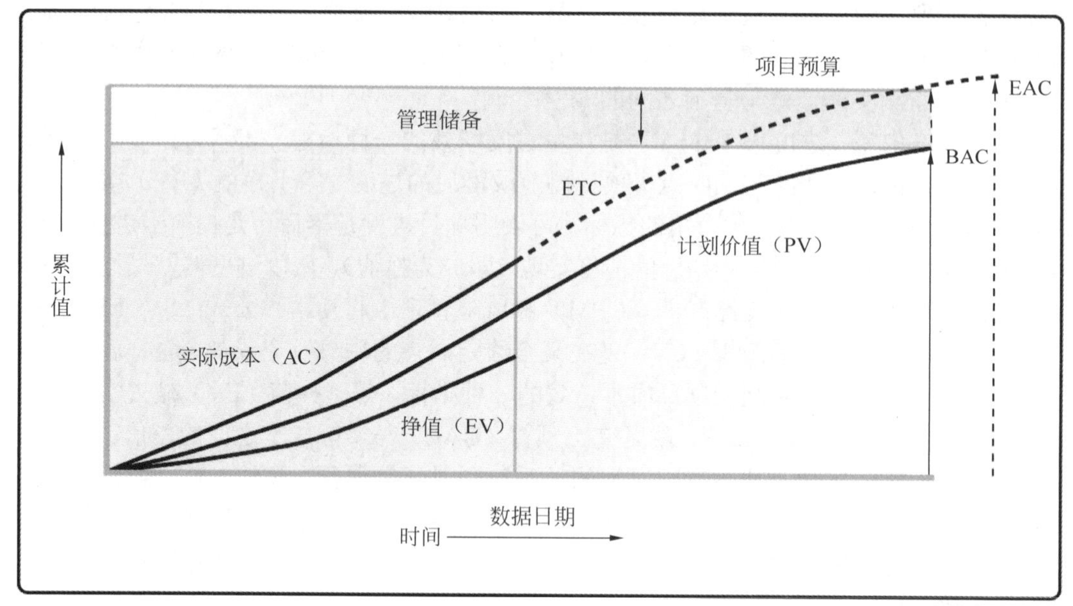

图 7-1 挣值、计划值和实际成本

在计算 EAC 时，通常用已完成工作的实际成本，加上剩余工作的完工尚需估算（ETC）。项目团队要根据已有的经验，考虑实施 ETC 工作可能遇到的各种情况。把 EVM 方法与手工预测 EAC 方法联合起来使用，效果更佳。由项目经理和项目团队手工进行的自下而上汇总方法，就是一种最普通的 EAC 预测方法。

项目经理所进行的自下而上 EAC 估算，就是以已完成工作的实际成本为基础，并根据已积累的经验来为剩余项目工作编制一个新估算。公式：EAC=AC+自下而上的 ETC。

可以很方便地把项目经理手工估算的 EAC 与计算得出的一系列 EAC 作比较，这些计算得出的 EAC 代表了不同的风险情景。在计算 EAC 值时，经常会使用累计 CPI 和累计 SPI 值。尽管可以用许多方法来计算基于 EVM 数据的 EAC 值，但下面只介绍最常用的三种方法：

（1）假设将按预算单价完成 ETC 工作。这种方法承认以实际成本表示的累计实际项目绩效（不论好坏），并预计未来的全部 ETC 工作都将按预算单价完成。如果目前的实际绩效不好，则只有在进行项目风险分析并取得有力证据后，才能做出“未来绩效将会改进”的假设。公式：EAC=AC+（BAC–EV）。

（2）假设以当前 CPI 完成 ETC 工作。这种方法假设项目将按截至目前的情况继续进行，即 ETC 工作将按项目截至目前的累计成本绩效指数（CPI）实施。公式：EAC=BAC/CPI。

（3）假设 SPI 与 CPI 将同时影响 ETC 工作。在这种预测中，需要计算一个由成本绩效指数与进度绩效指数综合决定的效率指标，并假设 ETC 工作将按该效率指标完成。如果项目进度对 ETC 有重要影响，这种方法最有效。使用这种方法时，还可以根据项目经理的判断，分别给 CPI 和 SPI 赋予不同的权重，如 80/20、50/50 或其他比率。公式：EAC=AC+[（BAC–EV）/（CPI×SPI）]。

上述三种方法都可用于任何项目。如果预测的 EAC 值不在可接受范围内，就是给项目管理团队发出了预警信号。

7．完工尚需绩效指数（TCPI）

完工尚需绩效指数（TCPI）是一种为了实现特定的管理目标，剩余资源的使用必须达到的成本绩效指标，是完成剩余工作所需的成本与剩余预算之比。TCPI 是指为了实现具体的管理目标（如 BAC 或 EAC），剩余工作的实施必须达到的成本绩效指标。如果 BAC 已明显不再可行，则项目经理应考虑使用 EAC 进行 TCPI 计算。经过批准后，就用 EAC 取代 BAC。基于 BAC 的 TCPI 公式：TCPI=（BAC–EV）/（BAC–AC）。

如果累计 CPI 低于基准，那么项目的全部剩余工作都应立即按 TCPI（BAC）执行，才能确保实际总成本不超过批准的 BAC。至于所要求的这种绩效水平是否可行，就需要综合考虑多种因素（包括风险、进度和技术绩效）后才能判断。如果不可行，就需要把项目未来所需的绩效水平调整为如 TCPI（EAC）线所示。基于 EAC 的 TCPI 公式：TCPI=（BAC–EV）/（EAC–AC）。

8．绩效审查

绩效审查的对象包括：成本绩效随时间的变化、进度活动或工作包超出和低于预算的情况，以及完成工作所需的资金估算。如果采用了 EVM，则需要进行以下分析。

（1）偏差分析。在 EVM 中，偏差分析用以解释成本偏差（CV=EV–AC）、进度偏差（SV=EV–PV）和完工偏差（VAC=BAC–EAC）的原因、影响和纠正措施。成本和进度偏差是最需要分析的两种偏差。对于不使用挣值管理的项目，可开展类似的偏差分析，通过比较计划活动成本和实际活动成本，来识别成本基准与实际项目绩效之间的差异。可以实施进一步的分析，以判定偏离进度基准的原因和程度，并决定是否需要采取纠正或预防措施。可通过成本绩效测量来评价偏离原始成本基准的程度。项目成本控制的重要工作包括：判定偏离成本基准的原因和程度，并决定是否需要采取纠正或预防措施。随着项目工作的逐步完成，偏差的可接受范围（常用百分比表示）将逐步缩小。

（2）趋势分析。趋势分析旨在审查项目绩效随时间的变化情况，以判断绩效是正在改善还是正在恶化。图形分析技术有助于了解截至目前的绩效情况，并把发展趋势与未来的绩效目标进行比较，如 EAC 与 BAC、预测完工日期与计划完工日期的比较。

（3）挣值绩效。将实际的进度及成本绩效与绩效测量基准进行比较。如果不采用

EVM，则需要对比分析已完成工作的实际成本与成本基准，以考察成本绩效。

9．项目管理软件

项目管理软件常用于监测 PV、EV 和 AC 这三个 EVM 指标，绘制趋势图，并预测最终项目结果的可能区间。

7.4 本章练习

1．判断题

（1）项目成本管理过程包括规划成本、估算成本、制订预算和控制成本。（√）

（2）制订预算是对完成项目活动所需资金进行近似估算的过程。本过程的主要作用是，确定完成项目工作所需的成本数额。（×）

解析：本题是估算成本概念。

（3）投资回报率是使投资项目的净现值等于零的贴现率。它实际上反映了投资项目的真实报酬。（×）

解析：本题是内部收益率的概念。

（4）某项目在进行进度计划管理时，计算得出 CPI 小于 1，SPI 小于 1。说明成本超支，进度提前。（×）

解析：成本超支，进度落后。

2．选择题

（1）项目经理对某系统开发项目进行估算（单位：小时），最小值是 8 000，最有可能值是 10 000，估算的最大值是 14 000，该系统开发项目最有可能是________。

A. 14 000　　B. 10 667　　C. 10 333　　D. 10 000

参考答案：C

（2）运用历史数据和其他变量之间的统计关系，来计算活动资源成本的技术称为________。

A．自上而下估算　　B．三点估算　　C．确定资源费率　D．参数估算

参考答案：D

（3）________是为了实现特定的管理目标，剩余资源的使用必须达到的成本绩效指标，是完成剩余工作所需的成本与剩余预算之比。

A．完工尚需绩效指数 B．挣值　　C．净现值　　D．内部收益率

参考答案：A

（4）________项不是控制成本的输入？

A．项目管理计划　　B．项目资金需求 C．成本基数　　D．工作绩效数据

参考答案：C

3．问答题

1）成本估算的主要步骤是什么？

（1）识别并分析成本的构成科目。

（2）根据已识别的项目成本构成科目，估算每一科目的成本大小。

（3）分析成本估算结果，找出各种可以相互替代的成本，协调各种成本之间的比例关系。

2）发生成本失控的原因主要有哪些？

（1）对工程项目认识不足。

（2）组织制度不健全。

（3）方法问题。

（4）技术的制约。

（5）需求管理不当。

第 8 章　项目质量管理

8.1　质量管理基础

8.1.1　质量与项目质量

1．质量

国际标准化组织（ISO）对质量（Quality）的定义是："反映实体满足主体明确和隐含需求的能力的特性总和"。实体是指可单独描述和研究的事物，也就是有关质量工作的对象，它的内涵十分广泛，可以是活动、过程、产品（软件、硬件、服务）或者组织等。明确需求是指在标准、规范、图样、技术要求、合同和其他文件中用户明确提出的要求与需要。隐含需求是指用户和社会通过市场调研对实体的期望以及公认的、不必明确的需求，需要对其加以分析研究、识别与探明并加以确定的要求或需要。特性是指实体所特有的性质，反映了实体满足需要的能力。

国家标准（GB/T 19000-2008）对质量的定义为："一组固有特性满足要求的程度"。固有特性是指在某事或某物中本来就有的，尤其是那种永久的可区分的特征。对产品来说，例如水泥的化学成分、强度、凝结时间就是固有特性；对质量管理体系来说，固有特性就是实现质量方针和质量目标的能力；对过程来说，固有特性就是过程将输入转化为输出的能力。

质量更通俗更流行的定义是从用户的角度去定义质量：质量是对一个产品（包括相关的服务）满足程度的度量，是产品或服务的生命。

质量通常是指产品的质量，广义上的质量还包括工作质量。产品质量是指产品的使用价值及其属性；而工作质量则是产品质量的保证，它反映了与产品质量直接有关的工作对产品质量的保证程度。

质量与等级的区别。质量与等级是两个不同的概念。质量作为实现的性能或成果，是"一系列内在特性满足要求的程度（ISO 9000）"。等级作为设计意图，是对用途相同但技术特性不同的可交付成果的级别分类。例如：

- 一个低等级（功能有限）、高质量（无明显缺陷，用户手册易读）的软件产品，该产品适合一般使用，可以被认可。
- 一个高等级（功能繁多）、低质量（有许多缺陷，用户手册杂乱无章）的软件产品，该产品的功能会因质量低劣而无效和/或低效，不会被使用者接受。

2．项目质量

从项目作为一次性的活动来看，项目质量体现在由 WBS 反映出的项目范围内所有的阶段、子项目、项目工作单元的质量所构成，即项目的工作质量；从项目作为一项最终产品来看，项目质量体现在其性能或者使用价值上，即项目的产品质量。项目的质量是应顾客的要求进行的，不同的顾客有着不同的质量要求，其意图已反映在项目合同中。因此，项目合同通常是进行项目质量管理的主要依据。

8.1.2　质量管理

1．质量管理

质量管理（Quality Management）是指确定质量方针、目标和职责，并通过质量体系中的质量规划、质量保证和质量控制以及质量改进来使其实现所有管理职能的全部活动。质量管理是指为了实现质量目标而进行的所有质量性质的活动。在质量方面指挥和控制的活动，包括质量方针和质量目标以及质量规划、质量保证、质量控制和质量改进。

2．质量方针与质量目标

质量方针是指“由组织的最高管理者正式发布的该组织总的质量宗旨和方向”。它体现了该组织（项目）的质量意识和质量追求，是组织内部的行为准则，也体现了顾客的期望和对顾客作出的承诺。质量方针是总方针的一个组成部分，由最高管理者批准。

质量目标，是指“在质量方面所追求的目的”，它是落实质量方针的具体要求，它从属于质量方针，应与利润目标、成本目标、进度目标等相协调。质量目标必须明确、具体，尽量用定量化的语言进行描述，保证质量目标容易被沟通和理解。质量目标应分解落实到各部门及项目的全体成员，以便于实施、检查、考核。

8.1.3　质量管理标准体系

1．ISO 9000 系列

1）ISO 9000：2000（等同于国家标准 GB/T 19000-2000）

ISO 9000 族标准可帮助各种类型和规模的组织实施并运行有效的质量管理体系。该系列质量管理体系能够帮助组织增进顾客满意。这些标准包括：

- ISO 9000，表述质量管理体系基础知识并规定质量管理体系术语。
- ISO 9001，规定质量管理体系要求，用于组织证实其具有提供满足顾客要求和适用的法规要求的产品的能力，目的在于增进顾客满意。
- ISO 9004，提供考虑质量管理体系的有效性和效率两方面的指南。该标准的目的是组织业绩改进和顾客及其他相关方满意。
- ISO 19011，提供审核质量和环境管理体系指南。

上述标准共同构成了一组密切相关的质量管理体系标准，在国内和国际贸易中促进相互理解。

2）ISO 9000 质量管理的 8 项原则

ISO 9000 质量管理的八项质量管理原则已经成为改进组织业绩的框架，其目的在于帮助组织达到持续成功。8 项基本原则如下。

- 以顾客为中心：组织依存于其顾客。因此组织应理解顾客当前和未来的需求，满足顾客要求并争取超越顾客期望。
- 领导作用：领导者确立本组织统一的宗旨和方向。他们应该创造并保持使员工能充分参与实现组织目标的内部环境。
- 全员参与：各级人员是组织之本，只有他们的充分参与，才能使他们的才干为组织获益。
- 过程方法：将相关的活动和资源作为过程进行管理，可以更高效地得到期望的结果。
- 管理的系统方法：识别、理解和管理作为体系的相互关联的过程，有助于组织实现其目标的效率和有效性。
- 持续改进：组织总体业绩的持续改进应是组织的一个永恒的目标。
- 基于事实的决策方法：有效决策是建立在数据和信息分析基础上。
- 与供方互利的关系：组织与其供方是相互依存的，互利的关系可增强双方创造价值的能力。

ISO 9000 体系为项目的质量管理工作提供了一个基础平台，为实现质量管理的系统化、文件化、法制化、规范化奠定基础。它提供了一个组织满足其质量认证标准的基本要求。

2．全面质量管理

全面质量管理（TQM）是一种全员、全过程、全企业的品质管理。它是一个组织以质量为中心，以全员参与为基础，通过让顾客满意和本组织所有成员及社会受益而达到永续经营的目的。全面质量管理注重顾客需要，强调参与团队工作，并力争形成一种文化，以促进所有的员工设法并持续改进组织所提供产品/服务的质量、工作过程和顾客反应时间等，它由结构、技术、人员和变革推动者 4 个要素组成，只有这 4 个方面全部齐备，才会有全面质量管理这场变革。

全面质量管理有 4 个核心的特征：即全员参加的质量管理、全过程的质量管理、全面方法的质量管理和全面结果的质量管理。

- 全员参加的质量管理即要求全部员工，无论高层管理者还是普通办公职员或一线工人，都要参与质量改进活动。参与“改进工作质量管理的核心机制”，是全面质量管理的主要原则之一。
- 全过程的质量管理必须在市场调研、产品的选型、研究试验、设计、原料采购、制造、检验、储运、销售、安装、使用和维修等各个环节中都把好质量关。其中，产品的设计过程是全面质量管理的起点，原料采购、生产、检验过程是实现产品质量的重要过程；而产品的质量最终是在市场销售、使用、售后服务的过程中得到评判与认可。

- 全面方法的质量管理采用科学的管理方法、数理统计的方法、现代电子技术、通信技术等方法进行全面质量管理。
- 全面结果的质量管理是指对产品质量、工作质量、工程质量和服务质量等进行全面质量管理。

3．6σ 方法

6σ（六西格玛）由摩托罗拉公司首先提出。摩托罗拉公司在 20 世纪 80 年代将其作为组织开展全面质量管理过程以实现最佳绩效的一种质量理念和方法，就此，摩托罗拉公司成为美国波多里奇国家质量奖的首家获得者。

六西格码意为“六倍标准差”，在质量上表示为每百万不合格品率（Parts Per Million，PPM）少于 3.4；广义的六西格玛属于管理领域。六西格玛管理是在提高顾客满意程度的同时降低经营成本和周期的过程革新方法，它是通过提高组织核心过程的运行质量，进而提升企业赢利能力的管理方式，也是在新经济环境下企业获得竞争力和持续发展能力的经营策略。

六西格玛管理强调对组织的过程满足顾客要求能力进行量化度量，并在此基础上确定改进目标和寻求改进机会，六西格玛专注过程问题是因为如果流程控制不力，将会导致结果同样不可控。与解决问题相比，对问题的预防更为重要。把更多的资源投入到预防问题上，就会提高“一次做好”的几率。六西格玛管理法是一项以数据为基础、追求完美的质量管理方法。

六西格玛管理法的核心是将所有的工作作为一种流程，采用量化的方法分析流程中影响质量的因素，找出最关键的因素加以改进从而达到更高的客户满意度，即采用 DMAIC（确定、测量、分析、改进、控制）改进方法对组织的关键流程进行改进，而 DMAIC 又由下列 4 个要素构成：最高管理承诺、有关各方参与、培训方案和测量体系。其中有关各方包括组织员工、所有者、供应商和顾客。六西格玛管理法是全面质量管理的继承和发展。因此，六西格玛管理法为组织带来了一个新的、垂直的质量管理方法体系。

六西格玛的优越之处在于从项目实施过程中改进和保证质量，而不是从结果中检验控制质量。这样做不仅减少了检控质量的步骤，而且避免了由此带来的返工成本。更为重要的是，六西格玛管理培养了员工的质量意识，并把这种质量意识融入企业文化中。

4．软件过程改进与能力成熟度模型

通常，软件开发项目质量管理和一般项目质量管理的手段是使用成熟度模型——用于帮助组织改进他们的过程和系统的框架模型。目前，流行的成熟度模型包括软件能力成熟度模型/集成软件能力成熟度模型（CMM/CMMI）和国内的《SJ/T 11234—2001 软件过程能力评估模型》与《SJ/T 11235—2001 软件能力成熟度模型》两个标准。

1）CMM/CMMI

CMMI模型将成熟度分为5个等级，每个等级包含相应的过程域，每个过程域中设定了通用目标和特殊目标，每个目标下由若干实践组成。这些实践是根据各个组织长期开发实践活动的成功经验逐渐总结、提炼形成的，被认为是具有共性的最佳惯例。

该模型包含了从产品需求提出、设计、开发、编码、测试、交付运行到产品退役的整个生命周期里各个过程的各项基本要素，是过程改进的有机汇集，旨在为各类组织包括软件企业、系统集成企业等改进其过程和提高其对产品或服务的开发、采购以及维护的能力提供指导。CMMI自出道以来，它所要达到的过程改进目标从来没有变过，第一个是保证产品或服务质量，第二个是项目时间控制，第三就是要用最低的成本。

2）SJT11234/SJT11235

“软件过程及能力成熟度评估”（Software Process and Capability Maturity Assessment，SPCA）是软件过程能力评估和软件能力成熟度评估的统称，是我国信息产业部会同国家认证认可监督管理委员会在充分研究了国际软件评估体制，特别是美国卡内基梅隆大学SEI所建立的软件能力成熟度模型（CMMI），并考虑了国内软件产业实际情况之后所建立的软件评估体系。

SPCA依据的评估标准是信息产业部的《SJ/T 11234—2001 软件过程能力评估模型》和《SJ/T 11235—2001 软件能力成熟度模型》两个标准，这两个标准是在深入研究了CMM、CMMI、ISO/IEC TR15504、ISO 9000、TL 9000及其他有关的资料和文件以及国外企业实施CMM的实际情况后，结合国内企业的实际情况，以CMMI作为主要参考文件最终形成的，已于2001年5月1日发布实施。

SJ/T 11234《软件过程能力评估模型》针对软件企业对自身软件过程能力进行内部改进的需要，而SJ/T 111235《软件能力成熟度模型》则针对软件企业综合能力第二方或第三方评估的需求。两个模型分别适应于不同的目的。

SPCA评估遵循《软件过程及能力成熟度评估指南》，该指南由国家认监委和信息产业部2002年8月共同发布，作为利用SJ/T11234或SJ/T11235实施评估的操作指南。评估过程由经过培训的专业队伍以评估参考模型作为确定过程的强项和弱项的基础而对一个或多个过程进行检查。

8.2 项目质量管理过程

项目质量管理由3个过程组成，是项目管理的重要组成部分，包括确定质量政策、目标与职责的各过程和活动，从而使项目满足其预定的需求。项目质量管理要求保证该项目能够兑现它的关于满足各种需求的承诺，包括产品需求，得到满足和确认，包含“在质量体系中，与决定质量工作的策略、目标和责任的全部管理功能有关的各种过程及活动”，具体包括：

- 规划质量管理。
- 实施质量保证。
- 质量控制。

8.2.1　规划质量管理

规划质量管理是识别项目及其可交付成果的质量要求和标准，并准备对策确保符合质量要求的过程。本过程的主要作用是，为整个项目中如何管理和确认质量提供了指南和方向。

1. 规划质量管理：输入

包含：项目管理计划、干系人登记册、风险登记册、需求文件、事业环境因素和组织过程资产。

1）项目管理计划

项目管理计划被用于制订质量管理计划。用于制订质量管理计划的信息包括（但不限于）：

（1）范围基准。范围基准包括：

- 项目范围说明书。项目范围说明书包括项目描述、主要项目可交付成果及验收标准。产品范围通常包含技术问题细节及会影响质量规划的其他事项，这些事项应该已经在项目的规划范围管理过程中得以定义。验收标准的界定可能导致质量成本并进而导致项目成本的显著增加或降低。满足所有的验收标准意味着发起人和客户的需求得以满足。
- 工作分解结构（WBS）。WBS 识别可交付成果和工作包，用于考核项目绩效。
- WBS 词典。WBS 词典提供 WBS 要素的详细信息。

（2）进度基准。进度基准记录经认可的进度绩效指标，包括开始和完成日期。

（3）成本基准。成本基准记录用于考核成本绩效的、经过认可的时间间隔。

（4）其他管理计划。这些计划有利于整个项目质量，其中可能突出与项目质量有关的行动计划。

2）干系人登记册

干系人登记册有助于识别对质量重视或有影响的那些干系人。

3）风险登记册

风险登记册包含可能影响质量要求的各种威胁和机会的信息。

4）需求文件

需求文件记录项目应该满足的、与干系人期望有关的需求。需求文件中包括（但不限于）项目（包括产品）需求和质量需求。

5）事业环境因素

可能影响质量规划管理过程的事业环境因素包括（但不限于）：

- 政府法规。
- 特定应用领域的相关规则、标准和指南。
- 可能影响项目质量的项目或可交付成果的工作条件或运行条件。
- 可能影响质量期望的文化观念。

6）组织过程资产

可能影响规划质量管理过程的组织过程资产包括（但不限于）：

- 组织的质量政策、程序及指南。执行组织的质量政策是高级管理层所推崇的，规定了组织在质量管理方面的工作方向。
- 历史数据库。
- 以往阶段或项目的经验教训。

2. 规划质量管理：输出

包含：质量管理计划（定义、基本要求、编制流程、实施检查与调整）、过程改进计划。

1）质量管理计划

质量管理计划是项目管理计划的组成部分，描述如何实施组织的质量政策，以及项目管理团队准备如何达到项目的质量要求。

质量管理计划可以是正式，也可以是非正式的，可以是非常详细的，也可以是高度概括的。其风格与详细程度取决于项目的具体需要。应该在项目早期就对质量管理计划进行评审，以确保决策是基于准确信息的。这样做的好处是，更加关注项目的价值定位，降低因返工而造成的成本超支和进度延误。

2）过程改进计划

过程改进计划是项目管理计划的子计划或组成部分。过程改进计划详细说明对项目管理过程和产品开发过程进行分析的各个步骤，以识别增值活动。需要考虑的方面包括：

- 过程边界。描述过程的目的、过程的开始和结束、过程的输入输出、过程责任人和干系人。
- 过程配置。含有确定界面的过程图形，以便于分析。
- 过程测量指标。与控制界限一起，用于分析过程的效率。
- 绩效改进目标。用于指导过程改进活动。

3）质量测量指标

质量测量指标专用于描述项目或产品属性，以及控制质量过程将如何对属性进行测量。通过测量，得到实际数值。测量指标的可允许变动范围称为公差。例如，对于把成本控制在预算的±10%之内的质量目标，就可依据这个具体指标测量每个可交付成果的成本并计算偏离预算的百分比。质量测量指标用于实施质量保证和控制质量过程。质量测量指标的例子包括准时性、成本控制、缺陷频率、故障率、可用性、可靠性和测试覆盖度等。

4）质量核对单

核对单是一种结构化工具，通常具体列出各项内容，用来核实所要求的一系列步骤是否已得到执行。基于项目需求和实践，核对单可简可繁。许多组织都有标准化的核对单，用来规范地执行经常性任务。在某些应用领域，核对单也可从专业协会或商业性服务机构获取。质量核对单应该涵盖在范围基准中定义的验收标准。

5）项目文件更新

可能需要更新的项目文件包括（但不限于）：

- 干系人登记册。
- 责任分配矩阵。
- WBS 和 WBS 词典。

8.2.2　实施质量保证

实施质量保证是审计质量要求和质量控制测量结果，确保采用合理的质量标准和操作性定义的过程。本过程的主要作用是，促进质量过程改进。

质量保证旨在建立对未来输出或未完输出（也称正在进行的工作）将在完工时满足特定的需求和期望的信心。质量保证通过用规划过程预防缺陷，或者在执行阶段对正在进行的工作检查出缺陷，来保证质量的确定性。实施质量保证是一个执行过程，使用规划质量管理和控制质量过程所产生的数据。

在项目管理中，质量保证所开展的预防和检查，应该对项目有明显的影响。质量保证工作属于质量成本框架中的一致性工作。

质量保证部门或类似部门经常要对质量保证活动进行监督。无论其名称是什么，该部门都可能要向项目团队、执行组织管理层、客户或发起人，以及其他未主动参与项目工作的干系人提供质量保证支持。

实施质量保证过程也为持续过程改进创造条件。持续过程改进是指不断地改进所有过程的质量。通过持续过程改进，可以减少浪费，消除非增值活动，使各过程在更高的效率与效果水平上运行。

1. 实施质量保证：输入

（1）质量管理计划。质量管理计划描述了项目质量保证和持续过程改进的方法。

（2）过程改进计划。项目的质量保证活动应该支持并符合执行组织的过程改进计划。

（3）质量测量指标。质量测量指标提供了应该被测量的属性和允许的偏差。

（4）质量控制测量结果。质量控制测量结果是质量控制活动的结果，用于分析和评估项目过程的质量是否符合执行组织的标准或特定要求。质量控制测量结果也有助于分析这些测量结果的产生过程，以确定实际测量结果的正确程度。

（5）项目文件。项目文件可能影响质量保证工作，应该放在配置管理系统内监控。

2. 实施质量保证：输出

1）变更请求

可以提出变更请求，并提交给实施整体变更控制过程，以全面考虑改进建议。可以为采取纠正措施、预防措施或缺陷补救而提出变更请求。

2）项目管理计划更新

项目管理计划中可能需要更新的内容包括（但不限于）：

- 质量管理计划。
- 范围管理计划。
- 进度管理计划。
- 成本管理计划。

3）项目文件更新

可能需要更新的项目文件包括（但不限于）：

- 质量审计报告。
- 培训计划。
- 过程文档。

4）组织过程资产更新

可能需要更新的组织过程资产包括（但不限于）：组织的质量标准和质量管理系统。

8.2.3 控制质量

质量控制是监督并记录质量活动执行结果，以便评估绩效，并推荐必要的变更过程。本过程的主要作用包括：

（1）识别过程低效或产品质量低劣的原因，建议并采取相应措施消除这些原因。

（2）确认项目的可交付成果及工作满足主要干系人的既定需求，足以进行最终验收。

1. 控制质量：输入

1）项目管理计划

项目管理计划中包含质量管理计划，用于控制质量。质量管理计划描述将如何在项目中开展质量控制。

2）质量测量指标

质量测量指标描述了项目或产品属性及其测量方式。质量测量指标的例子包括功能点、平均故障间隔时间（MTBF）和平均修复时间（MTTR）。

3）质量核对单

质量核对单是结构化清单，有助于核实项目工作及其可交付成果是否满足一系列要求。

4）工作绩效数据

工作绩效数据包括：

- 实际技术性能（与计划比较）。
- 实际进度绩效（与计划比较）。
- 实际成本绩效（与计划比较）。

5）批准的变更请求

在实施整体变更控制过程中，通过更新变更日志，显示哪些变更已经得到批准，哪些变更没有得到批准。批准的变更请求可包括各种修正，如缺陷补救、修订的工作方法和修订的进度计划。需要核实批准的变更是否已得到及时实施。

6）可交付成果

可交付成果是任何独特并可核实的产品、成果或能力，最终将成为项目所需的、确认的可交付成果。

7）项目文件

项目文件可能包括（但不限于）：

- 协议。
- 质量审计报告和变更日志（附有纠正行动计划）。
- 培训计划和效果评估。
- 过程文档，例如使用七种基本质量工具或质量管理和控制工具所生成的文档。

8）组织过程资产

会影响控制质量过程的组织过程资产包括（但不仅限于）：

- 组织的质量标准和政策。
- 标准化的工作指南。
- 问题与缺陷报告程序及沟通政策。

2. 控制质量：输出

1）质量控制测量结果

质量控制测量结果是对质量控制活动的结果的书面记录。应该以规划质量管理过程所确定的格式加以记录。

2）确认的变更

对变更或补救过的对象进行检查，做出接受或拒绝的决定，并把决定通知干系人。被拒绝的对象可能需要返工。

3）核实的可交付成果

控制质量过程的一个目的就是确定可交付成果的正确性。开展控制质量过程的结果，是核实的可交付成果。核实的可交付成果是确认范围过程的一项输入，以便正式验收。

4）工作绩效信息

工作绩效信息是从各控制过程收集，并结合相关背景和跨领域关系进行整合分析而得到的绩效数据。例如，关于项目需求实现情况的信息：拒绝的原因、要求的返工，或必须的过程调整。

5）变更请求

如果推荐的纠正措施、预防措施或缺陷补救导致需要对项目管理计划进行变更，则应按既定的实施整体变更控制过程的要求，提出变更请求。

6）项目管理计划更新

项目管理计划中可能需要更新的内容包括（但不限于）：

- 质量管理计划。
- 过程改进计划。

7）项目文件更新

可能需要更新的项目文件包括（但不限于）：

- 质量标准。
- 协议。
- 质量审计报告和变更日志（附有纠正行动计划）。
- 培训计划和效果评估。
- 过程文档，如使用七种基本质量工具或质量管理和控制工具所生成的文档。

8）组织过程资产更新

可能需要更新的组织过程资产包括（但不限于）：

- 完成的核对单。如果使用了核对单，完成的核对单就会成为项目文件和组织过程资产的一部分。
- 经验教训文档。偏差的原因、采取纠正措施的理由，以及从控制质量中得到的其他经验教训，都应记录下来，成为项目和执行组织历史数据库的一部分。

8.3 项目质量管理的技术和工具

8.3.1 规划阶段的技术

包含：成本收益分析法、质量成本法、标杆对照（Benchmarking）、实验设计等。

1．成本收益分析法

对每个质量活动进行成本效益分析，就是要比较其可能的成本与预期的效益。达到质量要求的主要效益包括减少返工、提高生产率、降低成本、提升干系人满意度及提升赢利能力。

2．质量成本法

质量成本指在产品生命周期中发生的所有成本，包括为预防不符合要求、为评价产品或服务是否符合要求，以及因未达到要求而发生的所有成本。质量成本类型见图8-1。

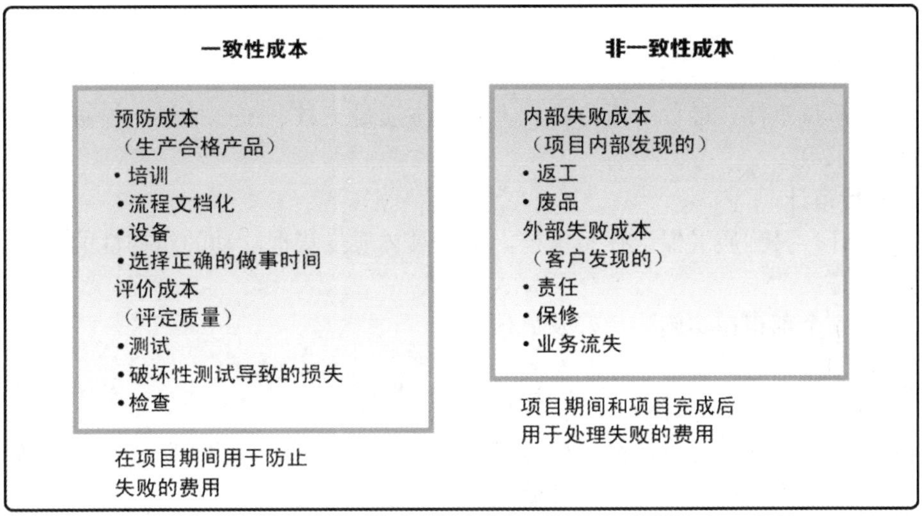

一致性成本

预防成本
（生产合格产品）
• 培训
• 流程文档化
• 设备
• 选择正确的做事时间
评价成本
（评定质量）
• 测试
• 破坏性测试导致的损失
• 检查

在项目期间用于防止失败的费用

非一致性成本

内部失败成本
（项目内部发现的）
• 返工
• 废品
外部失败成本
（客户发现的）
• 责任
• 保修
• 业务流失

项目期间和项目完成后用于处理失败的费用

图 8-1　质量成本

3．标杆对照

标杆对照是将实际或计划的项目实践与可比项目的实践进行对照，以便识别最佳实践，形成改进意见，并为绩效考核提供依据。

4．实验设计

实验设计（DOE）是一种统计方法，用来识别哪些因素会对正在生产的产品或正在开发的流程的特定变量产生影响。DOE 可以在质量规划管理过程中使用，以确定测试的数量和类别，以及这些测试对质量成本的影响。

DOE 也有助于产品或过程的优化。它用来降低产品性能对各种环境变化或制造过程变化的敏感度。该技术的一个重要特征是，它为系统改变所有重要因素（而不是每次只改变一个因素）提供了一种统计框架。通过对实验数据的分析，可以了解产品或流程的最优状态，找到显著影响产品或流程状态的各种因素，并揭示这些因素之间存在的相互影响和协同作用。

5．其他工具

为定义质量要求并规划有效的质量管理活动，也可使用其他质量规划工具，包括（但不限于）：

- 头脑风暴。用于产生创意的一种技术。
- 力场分析。显示变更的推力和阻力的图形。
- 名义小组技术。先由规模较小的群体进行头脑风暴，提出创意，再由规模较大的群体对创意进行评审。

8.3.2 执行阶段的技术

包括：质量审计、过程分析方法、七种基本质量工具、统计抽样、检查、审查已批准的变更请求等。

1．质量审计

质量审计，又称质量保证体系审核，是对具体质量管理活动的结构性的评审。质量审计的目标是：

（1）识别全部正在实施的良好及最佳实践。

（2）识别全部违规做法、差距及不足。

（3）分享所在组织或行业中类似项目的良好实践。

（4）积极、主动地提供协助，以改进过程的执行，从而帮助团队提高生产效率。

（5）强调每次审计都应对组织经验教训的积累做出贡献。

质量审计可以是事先安排，也可随机进行。在具体领域中有专长的内部审计师或第三方组织都可以实施质量审计可由内部或外部审计师进行。

质量审计还可确认已批准的变更请求（包括更新、纠正措施、缺陷补救和预防措施）的实施情况。

2．过程分析

过程分析是指按照过程改进计划中概括的步骤来识别所需的改进。它也要检查在过程运行期间遇到的问题、制约因素，以及发现的非增值活动。过程分析包括根本原因分析——用于识别问题、探究根本原因，并制定预防措施的一种具体技术。

3．七种基本质量工具

七种基本质量工具，用于在PDCA循环的框架内解决与质量相关的问题。分为老七工具和新七工具。

1）老七工具

老七工具包含因果图、流程图、核查表、帕累托图、直方图、控制图和散点图，见图8-2。

（1）因果图，又称鱼骨图或石川馨图，以其创始人石川馨命名。问题陈述放在鱼骨的头部，作为起点，用来追溯问题来源，回推到可行动的根本原因。在问题陈述中，通常把问题描述为一个要被弥补的差距或要达到的目标。通过看问题陈述和问“为什么”来发现原因，直到发现可行动的根本原因，或者列尽每根鱼骨上的合理可能性。

（2）流程图，也称过程图，用来显示在一个或多个输入转化成一个或多个输出的过程中，所需要的步骤顺序和可能分支。它通过映射SIPOC模型（见图8-3）中的水平价值链的过程细节，来显示活动、决策点、分支循环、并行路径及整体处理顺序。流程图可能有助于了解和估算一个过程的质量成本。通过工作流的逻辑分支及其相对频率，来估算质量成本。这些逻辑分支，是为完成符合要求的成果而需要开展的一致性工作和非一致性工作的细分。

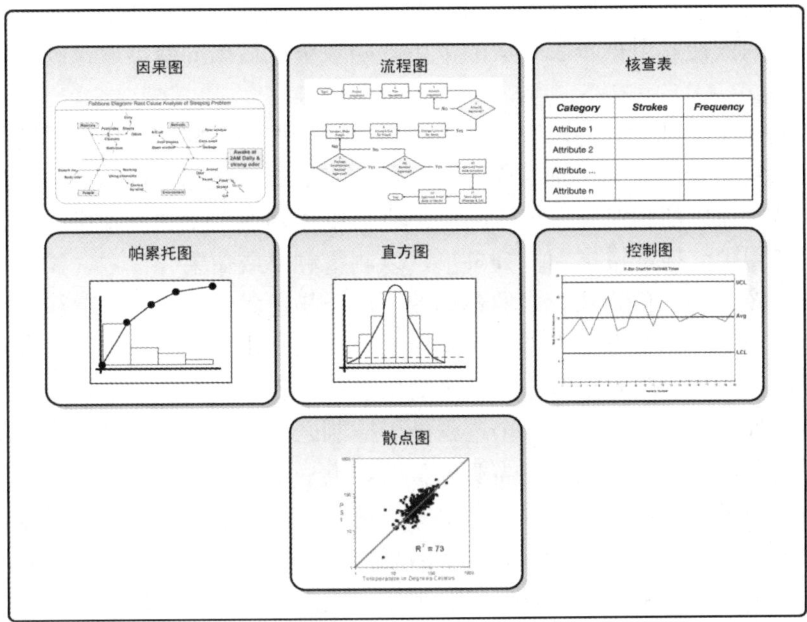

图 8-2 老七工具示意图

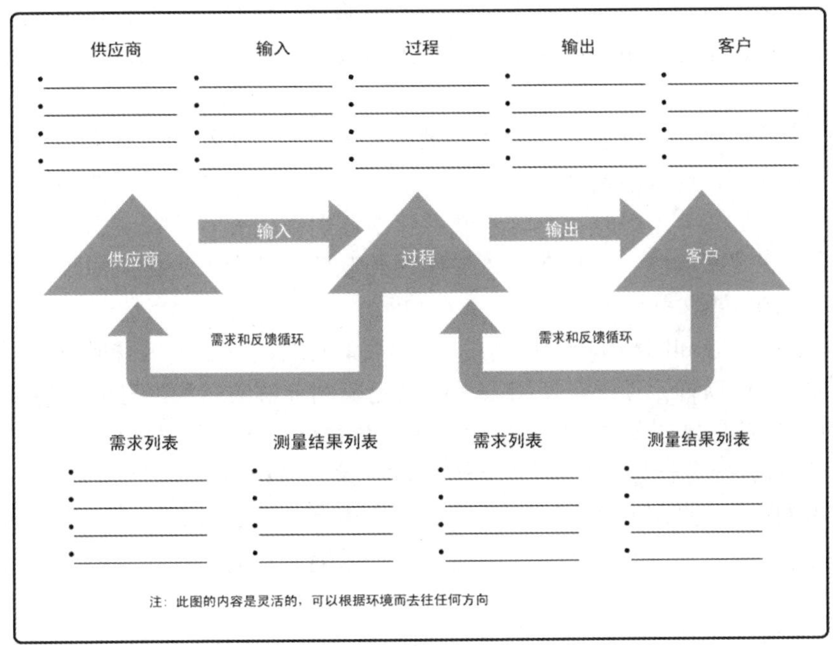

图 8-3 SIPOC 模型

（3）核查表，又称计数表，是用于收集数据的查对清单。它合理排列各种事项，以便有效地收集关于潜在质量问题的有用数据。在开展检查以识别缺陷时，用核查表收集属性数据就特别方便。用核查表收集的关于缺陷数量或后果的数据，又经常使用帕累托图来显示。

（4）帕累托图，是一种特殊的垂直条形图，用于识别造成大多数问题的少数重要原因。在横轴上所显示的原因类别，作为有效的概率分布，涵盖 100%的可能观察结果。横轴上每个特定原因的相对频率逐渐减少，直至以“其他”来涵盖未指明的全部其他原因。在帕累托图中，通常按类别排列条形，以测量频率或后果。

（5）直方图，是一种特殊形式的条形图，用于描述集中趋势、分散程度和统计分布形状。与控制图不同，直方图不考虑时间对分布内的变化的影响。

（6）控制图，是一张实时展示项目进展信息的图表。控制图可以判断某一过程处于控制之中还是处于失控状态。当一个过程处于控制之中时，这一过程产生的所有变量都由随机事件引发，此时的过程是不需要调整的。当一个过程处于失控状态，这一过程产生的变量由非随机事件引发，此时，需要确认这些非随机事件的原因，通过调整过程来修改或清除他们。查找并分析过程数据中的规律是质量控制的一个重要部分。可以使用质量控制图及七点运行定律寻找数据中的规律。七点运行定律是指如果在一个质量控制图中，一行上的 7 个数据点都低于平均值或高于平均值，或者都是上升的，或者都是下降的，那么这个过程就需要因为非随机问题而接受检查。控制图可用于监测各种类型的输出变量。虽然控制图最常用来跟踪批量生产中的重复性活动，但也可用来监测成本与进度偏差、产量、范围变更频率或其他管理工作成果，以便帮助确定项目管理过程是否受控。

（7）散点图，可以显示两个变量之间是否有关系，一条斜线上的数据点距离越近，两个变量之间的相关性就越密切。

2）新七工具

新七工具包含亲和图、过程决策程序图、关联图、树形图、优先矩阵、活动网络图和矩阵图，见图 8-4。

（1）亲和图。亲和图与心智图相似。针对某个问题，产生出可联成有组织的想法模式的各种创意。在项目管理中，使用亲和图确定范围分解的结构，有助于 WBS 的制订。

（2）过程决策程序图（PDPC）。用于理解一个目标与达成此目标的步骤之间的关系。PDPC 有助于制订应急计划，因为它能帮助团队预测那些可能破坏目标实现的中间环节。

（3）关联图。关系图的变种，有助于在包含相互交叉逻辑关系（可有多达 50 个相关项）的中等复杂情形中创新性地解决问题。可以使用其他工具（诸如亲和图、树形图或鱼骨图）产生的数据，来绘制关联图。

（4）树形图。也称系统图，可用于表现诸如 WBS、RBS（风险分解结构）和 OBS（组织分解结构）的层次分解结构。在项目管理中，树形图依据定义嵌套关系的一套系统规则，用层次分解形式直观地展示父子关系。树形图可以是横向（如风险分解结构）或纵向（如团队层级图或 OBS）的。因为树形图中的各嵌套分支都终止于单一的决策点，就可以像决策树一样为已系统图解的、数量有限的依赖关系确立预期值。

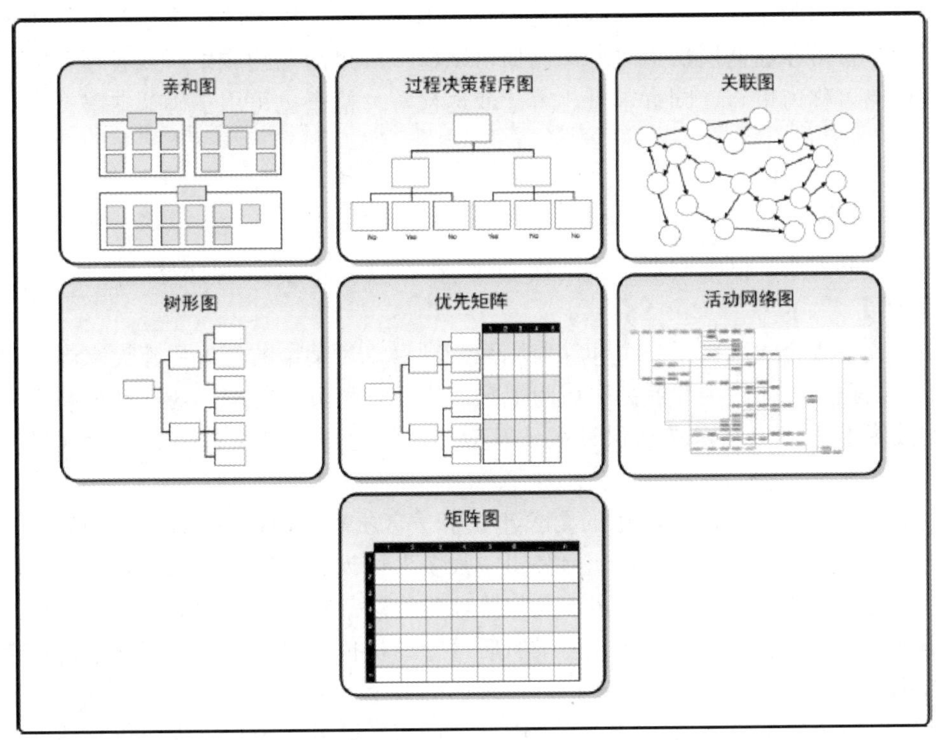

图 8-4　新七工具示意图

（5）优先矩阵。用来识别关键事项和合适的备选方案，并通过一系列决策，排列出备选方案的优先顺序。先对标准排序和加权，再应用于所有备选方案，计算出数学得分，对备选方案排序。

（6）活动网络图。过去称为箭头图，包括两种格式的网络图：AOA（活动箭线图）和最常用的 AON（活动节点图）。活动网络图连同项目进度计划编制方法一起使用，如计划评审技术（PERT）、关键路径法（CPM）和紧前关系绘图法（PDM）。

（7）矩阵图。一种质量管理和控制工具，使用矩阵结构对数据进行分析。在行列交叉的位置展示因素、原因和目标之间的关系强弱。

4．统计抽样

统计抽样是指从目标总体中抽取一部分相关样本用于检查和测量，以满足质量管理计划中的规定。抽样的频率和规模应在质量规划管理过程中确定，以便在质量成本中考虑测试数量和预期废料等。

统计抽样拥有丰富的知识体系。在某些应用领域，项目管理团队可能有必要熟悉各种抽样技术，以确保抽取的样本能代表目标总体。

5. 检查

检查是指检验工作产品，以确定是否符合书面标准。检查的结果通常包括相关的测量数据。检查可在任何层次上进行，例如可以检查单个活动的成果，或者项目的最终产品。检查也可称为审查、同行审查、审计或巡检等。检查也可用于确认缺陷补救。

8.4 案例例题

阅读下列说明，回答问题1至问题2，将解答填入答题纸的对应栏内。

【说明】

某系统集成企业承接了一个环保监测系统项目，为某市的环保局建设水污染自动监测系统。该企业以往的主要业务领域为视频监控及信号分析处理，对自动控制系统也有较强的技术能力，但从未在环保领域开发应用。该企业的老李被任命为此项目的项目经理。

该企业已按照ISO/IEC 9001的要求建立了一套质量管理体系，对于项目管理、软件开发等流程均有明确的书面规定。但公司中很多人认为这套管理体系的要求对于项目来说是多余的，条条框框的约束太多，大部分项目经理都在项目结项前才把质量体系要求的文档补齐以便能通过结项审批。公司的质量管理员也习以为常，只要在项目结束前能把文档补齐，就不会干涉项目建设。

老李组织了技术骨干对客户的需求进行了调研，通过对用户需求分析和整理，项目组直接制订了一个总体的技术方案，然后老李制订了一个较粗糙的项目计划：① 对市场上的采集设备进行调研，选择一款进行采购；② 利用公司已有的控制软件平台直接进行修改开发；③ 待设备选定后，将软件与采集设备进行联调实验，实现软件与设备的控制功能；④ 联调成功后，按技术方案开展了整个项目的实施工作。

在软件与采集设备的联调过程中，老李请环保局的客户代表来检查工作。客户代表发现由于项目组不了解环保领域的一些参数指标，完成的系统达不到客户方的要求。由于项目从一开始就没有完整的项目文档，老张为了避免再出现重大问题，只好重新进行需求调研。客户方很不满意，既担心项目不能按时上线又担心项目质量无法保证。

【问题1】

该企业的质量管理体系可能存在哪些问题？

【问题2】

针对以上问题，应如何改进？

存在问题：

（1）质量管理体系的要求不符合公司实际，缺乏指导意义。

（2）质量管理体系培训不到位。

（3）质量管理体系没有改进机制。

（4）质量管理人员没有进行监督。

改进建议：

（1）修改质量体系文件，应由项目经理和技术人员参与，使其符合项目实际管理需要。

（2）质量体系文件发布后，应要求项目组必须严格执行，设置质量管理人员进行检查和监督。

在项目实施过程中如发现有不适合的地方应提出改进建议，对质量体系不断完善改进。

8.5　本章练习

（1）__________用于找到问题的根本原因。

A．流程图　　B．因果图　　C．树形图　　D．帕累托图

参考答案：B

（2）项目质量管理的目的是__________。

A．为生产可能的最高质量的产品和服务

B．为确保满足合理的质量标准

C．为确保项目满足承诺的需求

D．以上都是

参考答案：C

（3）__________是通过与组织内或组织外的项目进行对比，对比他们的项目实践或者产品特性，为质量改进提供想法和建议的一种技术。

A．质量审计　　B．试验设计　　C．六西格玛　　D．标杆管理

参考答案：D

（4）可以使用__________来看两个变量之间是否存在某种关系。

A．因果图　　B．控制表　　C．运行图　　D．散点图

参考答案：D

（5）IT 项目实施测试的首选顺序是__________。

A．单元测试，集成测试，系统测试，用户验收测试

B．单元测试，系统测试，集成测试，用户验收测试

C．单元测试，系统测试，用户验收测试，集成测试

D．单元测试，集成测试，用户验收测试，系统测试

参考答案：A

（6）＿＿＿＿＿因在日本开展质量控制工作而闻名于世，并在其著作《走出危机》中创立了 14 条管理要点。

A．朱兰　　B．戴明　　C．克劳斯比　　D．石川馨

参考答案：B

（7）可以使用＿＿＿＿＿判断一个过程是处在控制中还是失控。

A．因果图　　B．控制图　　C．运行图　　D．散点图

参考答案：B

（8）＿＿＿＿＿是满足一系列内在特征的程度。

A．质量　　B．需求的一致性

C．适用性　　D．可靠性

参考答案：A

（9）＿＿＿＿＿不是质量控制的输入。

A．工作绩效数据　　B．WBS 及 WBS 词典

C．组织过程资产　　D．项目文件

参考答案：B

（10）质量保证的工具与技术不包括＿＿＿＿＿。

A．质量审计　　B．过程分析

C．质量体系建立　　D．统计抽样

参考答案：C

第 9 章　项目人力资源管理

项目中的所有活动，归根结底都是由人来完成的。如何发挥“人”的作用，对于项目的成败起着至关重要的作用。

许多项目失败的原因都是因为项目人力资源方面的问题，例如：招募到的项目成员不适合当前项目的需要；团队的组成人员尽管富有才干，但是却很少或者根本没有彼此合作的经验；团队的气氛不积极，造成项目团队成员的士气低落；项目团队的任务和职责分配不清楚等。

在 IT 行业，技术发展日新月异，管理高度复杂，客户需求多变，工作强度很大。项目团队成员的特征是高学历、高素质、流动性强、年轻、个性独立。在这样的行业环境下，如何获取到合适的人力资源，如何激发大家的事业心、如何把这样的一个个的个体组成一个高效的项目团队，充分地发挥团队成员的能力以成功完成项目，是摆在每一个项目经理面前的课题。

项目人力资源管理的目的是根据项目需要规划并组建项目团队，对团队进行有效的指导和管理，以保证他们可以完成项目任务，实现项目目标。

9.1　项目人力资源管理概念

9.1.1　项目团队

项目团队（Project Team）由为完成项目而承担不同角色与职责的人员组成。项目团队成员可能具备不同的技能，可能是全职或兼职的，可能随项目进展而增加或减少。

尽管项目团队成员被分派了特定的角色和职责，但让他们全员参与项目规划和决策仍是有益的。团队成员在规划阶段就参与进来，既可使他们对项目规划工作贡献专业技能，又可以增强他们对项目的责任感。

9.1.2　项目管理团队

项目管理团队（Project Management Team）是项目团队的一部分，负责项目管理和领导活动，如各项目阶段的启动、规划、执行、监督、控制和收尾。

项目管理团队也称为核心团队或领导团队。对于小型项目，项目管理职责可由整个项目团队分担，或者由项目经理独自承担。

9.1.3 领导和管理

领导者（Leader）的工作主要涉及三方面：

（1）确定方向（Establishing direction），为团队设定目标，描绘愿景，制定战略。

（2）统一思想（Aligning people），协调人员，团结尽可能多的力量来实现愿景。

（3）激励和鼓舞（Motivating and inspiring），在向目标进军的过程中不可避免要遇到艰难险阻，领导者要激励和鼓舞大家克服困难奋勇前进。

管理者（Manager）被组织赋予职位和权力，负责某件事情的管理或实现某个目标。管理者主要关心持续不断地为干系人创造他们所期望的成果。

通俗地说，领导者设定目标，管理者率众实现目标。管理者的思路通常是：要造一艘船，要召集人员，要分配任务，要规划工期和预算，要派人去砍伐木头……领导者的思路则是去激发大家对海洋的渴望。

领导力（Leadership），让一个群体为了一个共同的目标而努力的能力。尊重和信任，而非畏惧和顺从，是有效领导力的关键要素。领导力是一种影响力，是对人们施加影响，从而使人们心甘情愿地为实现组织目标而努力的艺术过程。

尽管在项目的每个阶段都需要有效的领导力，但在项目的开始阶段特别需要，因为这个阶段的工作重点是与项目参与者沟通愿景，并激励和鼓舞他们取得优秀业绩。在整个项目中，项目团队的领导者要负责建立和维持愿景、战略与沟通，培育信任和开展团队建设，影响、指导和监督团队工作，以及评估团队和项目的绩效。

项目经理具有领导者和管理者的双重身份。对项目经理而言，管理能力和领导能力二者均不可或缺。对于大型复杂项目，领导能力尤为重要。

9.1.4 冲突和竞争

冲突（Conflict）是指两个或两个以上的社会单元在目标上互不相容或互相排斥，从而产生心理上的或行为上的矛盾。冲突的产生不仅会使个体体验到一种过分紧张的情绪，而且还会影响正常的群体活动与组织秩序，对管理产生重大的影响。

竞争（Competition）的双方则具有同一个目标，不需要发生势不两立的争夺。

冲突并不一定是有害的，“一团和气”的集体不一定是一个高效率的集体。对于任一情境，都存在一个最适宜的冲突水平。虽然这一最佳水平有时可能是零状态。但是在许多情况中，确实需要有一定程度的冲突存在。也就是说，在某些情境中，只有当冲突存在，效率才会更高。比如，如果发现人员流动率过低，缺乏新思想、缺乏竞争意识、对改革进行阻挠等情况时，管理人员就需要挑起冲突（鲶鱼效应）。

项目经理对于有害的冲突要设法加以解决或减少；对有益的冲突要加以利用，要鼓励团队成员良性竞争。

9.2　项目人力资源管理过程

项目人力资源管理包括组织、管理与领导项目团队所需的 4 个过程，具体为：

（1）规划人力资源管理——识别和记录项目角色、职责、所需技能、报告关系，并编制人员配备管理计划。

（2）组建项目团队——确认人力资源的可用情况，并为开展项目活动而组建团队。

（3）建设项目团队——提高工作能力，促进团队成员互动，改善团队整体氛围，以提高项目绩效。

（4）管理项目团队——跟踪团队成员工作表现，提供反馈，解决问题并管理团队变更，以优化项目绩效的。

上述过程不仅彼此相互作用，而且还与其他知识领域中的过程相互作用。过程间的相互作用可能导致在整个项目过程中需要重新开展规划工作，例如：

- 初始团队成员创建工作分解结构后，更多的团队成员可能需要加入到团队中。
- 新团队成员加入到团队中，他们的经验水平将会降低或增加项目风险，从而有必要进行额外的风险规划。
- 如果在确定项目团队全部成员及其能力水平之前，就对活动持续时间进行估算，并对其编制预算、界定范围或者制订计划，那么活动持续时间可能会发生变更。

项目人力资源管理过程总览如图 9-1 所示。

9.2.1　规划项目人力资源管理

规划人力资源管理是识别和记录项目角色、职责、所需技能、报告关系，并编制人员配备管理计划的过程。本过程的主要收益是：建立项目角色与职责、项目组织图，以及包含人员招募和遣散时间表的人员配备管理计划。

规划人力资源管理过程的输入、工具与技术与输出如图 9-2 所示，规划人力资源管理过程的数据流如图 9-3 所示。

通过人力资源规划，明确和识别具备所需技能的人力资源，保证项目成功。人力资源管理计划描述将如何安排项目的角色与职责、报告关系和人员配备管理。它还包括人员管理计划（列有人员招募和遣散时间表）、培训需求、团队建设策略、认可与奖励计划、合规性考虑、安全问题及人员配备管理计划对组织的影响等。

需要考虑稀缺资源的可用性或对稀缺资源的竞争，并编制相应的计划，保证人力资源规划的有效性。其他项目可能也在争夺具有相同能力或技能的人力资源。这些因素可能对项目成本、进度、风险、质量及其他领域有显著影响。

1．规划人力资源管理：输入

1）项目管理计划

用于制订人力资源管理计划的信息包括（但不限于）：

- 项目生命周期和拟用于每个阶段的过程。

- 为完成项目目标，如何执行各项工作。

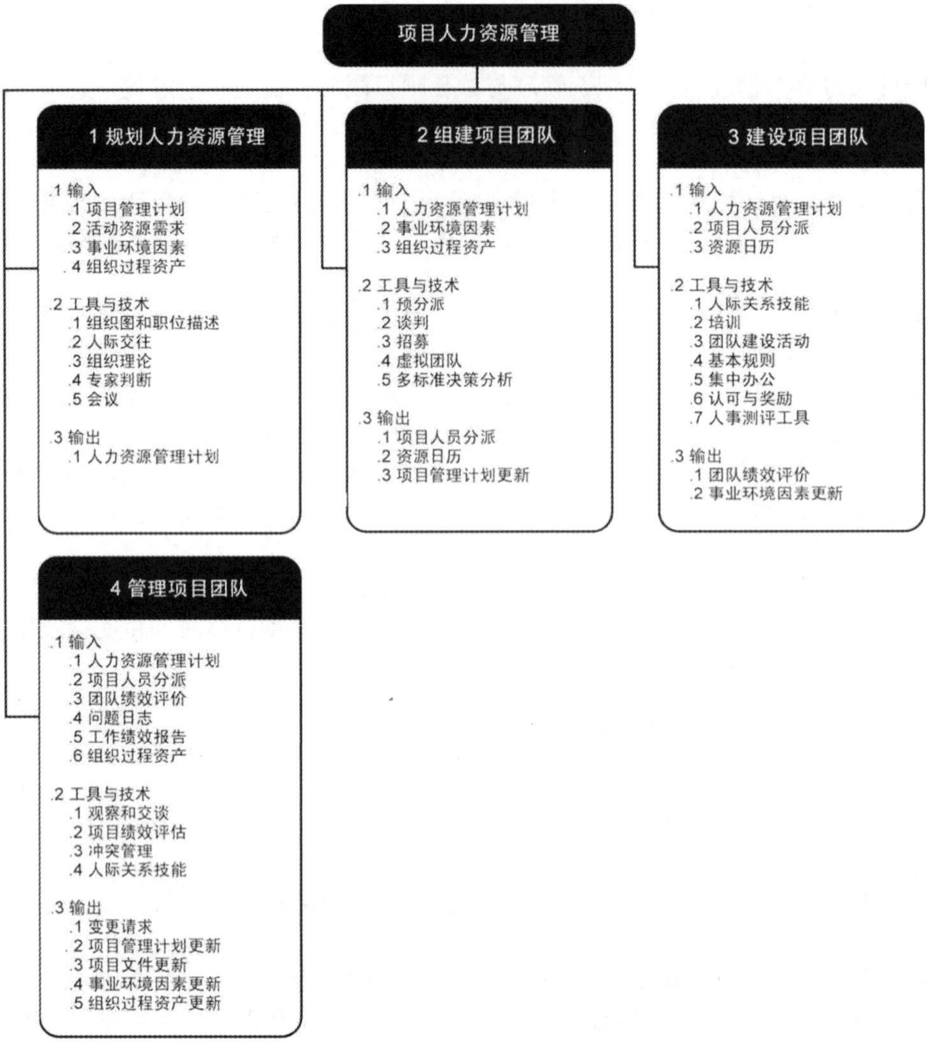

项目人力资源管理
1 规划人力资源管理
.1 输入
.1 项目管理计划
.2 活动资源需求
.3 事业环境因素
.4 组织过程资产
.2 工具与技术
.1 组织图和职位描述
.2 人际交往
.3 组织理论
.4 专家判断
.5 会议
.3 输出
.1 人力资源管理计划
2 组建项目团队
.1 输入
.1 人力资源管理计划
.2 事业环境因素
.3 组织过程资产
.2 工具与技术
.1 预分派
.2 谈判
.3 招募
.4 虚拟团队
.5 多标准决策分析
.3 输出
.1 项目人员分派
.2 资源日历
.3 项目管理计划更新
3 建设项目团队
.1 输入
.1 人力资源管理计划
.2 项目人员分派
.3 资源日历
.2 工具与技术
.1 人际关系技能
.2 培训
.3 团队建设活动
.4 基本规则
.5 集中办公
.6 认可与奖励
.7 人事测评工具
.3 输出
.1 团队绩效评价
.2 事业环境因素更新
4 管理项目团队
.1 输入
.1 人力资源管理计划
.2 项目人员分派
.3 团队绩效评价
.4 问题日志
.5 工作绩效报告
.6 组织过程资产
.2 工具与技术
.1 观察和交谈
.2 项目绩效评估
.3 冲突管理
.4 人际关系技能
.3 输出
.1 变更请求
.2 项目管理计划更新
.3 项目文件更新
.4 事业环境因素更新
.5 组织过程资产更新

图 9-1　项目人力资源管理过程总览

输入
.1 项目管理计划
.2 活动资源需求
.3 事业环境因素
.4 组织过程资产
工具与技术
.1 组织图和职位描述
.2 人际交往
.3 组织理论
.4 专家判断
.5 会议
输出
.1 人力资源管理计划

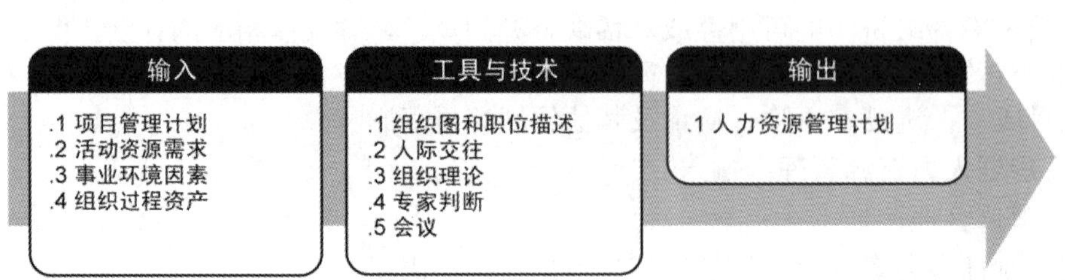

图 9-2　规划人力资源管理：输入、工具与技术和输出

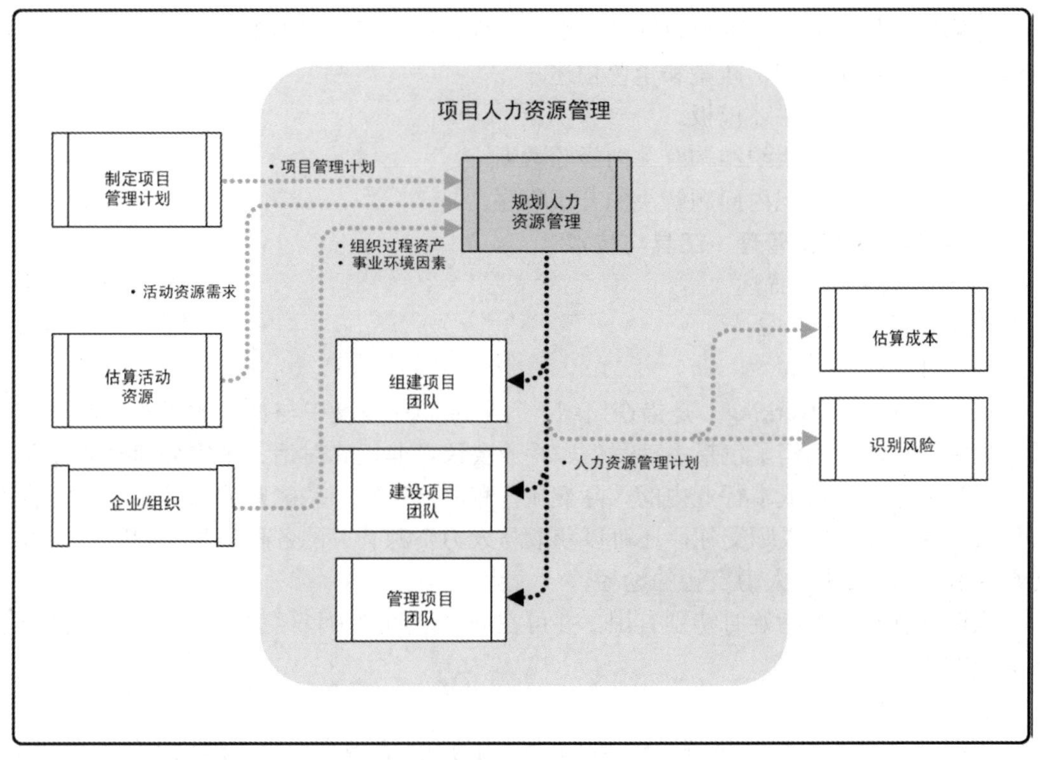

图 9-3　规划人力资源管理过程的数据流图

- 变更管理计划，规定如何监控变更。
- 配置管理计划，规定如何开展配置管理。
- 如何维持项目基准的完整性。
- 干系人之间的沟通需求和方法。

2）活动资源需求

进行人力资源规划时，需要根据活动资源需求来确定项目所需的人力资源。在规划人力资源管理过程中，明确对项目团队成员及其能力的初步需求，并不断渐进明细。

3）事业环境因素

能够影响规划人力资源管理过程的事业环境因素包括（但不限于）：

- 组织文化和结构。
- 现有人力资源情况。
- 团队成员的地理位置分布。
- 人事管理政策。
- 市场条件。

4）组织过程资产

能够影响规划人力资源管理过程的组织过程资产包括（但不限于）：

- 组织的标准流程、政策和角色描述。
- 组织图和职位描述模板。
- 以往项目中与组织结构有关的经验教训。
- 团队和执行组织内问题解决的升级程序。

2．规划人力资源管理：工具与技术

1）组织图和职位描述

详见9.4.2节和9.4.3节。

2）人际交往

人际交往（Networking）是指在组织、行业或职业环境中与他人的正式或非正式互动。人际交往活动的例子包括主动写信、行业会议、非正式对话、午餐会和座谈会等。

通过在本单位内或本行业内的人际交流，有助于了解那些能影响人员配备方案的各种因素。通过成功的人际交往，还可以获取与人力资源有关的各种信息（如胜任能力、专门经验），增加获取人力资源的途径。

人际交往在项目初始时特别有用，并可在项目期间及项目结束后有效促进项目经理的职业发展。

3）组织理论

组织理论阐述个人、团队和组织部门的行为方式。有效利用组织理论中的通用知识，可以节约编制人力资源管理计划的时间、成本及人力投入，提高规划工作的效率。

在不同的组织结构中，人们可能有不同的表现、不同的业绩，可能展现出不同的交际特点。认识到这一点是非常重要的。此外，可以根据组织理论灵活使用领导风格，以适应项目生命周期中团队成熟度的变化。

4）专家判断

制订人力资源管理计划时，专家判断被用于：

- 列出对人力资源的初步要求。
- 根据组织的标准化角色描述，分析项目所需的角色。
- 确定项目所需的初步投入水平和资源数量。
- 根据组织文化确定所需的报告关系。
- 根据经验教训和市场条件，指导人员提前就位。
- 识别与人员招募、留用和遣散有关的风险。
- 为了符合政府法规（如《劳动法》、《合同法》）的要求，在人员招聘、工作安排、解雇等方面制订并推荐标准工作程序。

5）会议

在规划项目人力资源管理时，项目管理团队将会举行规划会议。在这些会议中，应该综合使用其他工具和技术，使所有项目管理团队成员对人力资源管理计划达成共识。

3．规划人力资源管理：输出

人力资源管理计划详见 9.4.1 节。

9.2.2　组建项目团队

组建项目团队是确认人力资源的可用情况，并为开展项目活动而组建团队的过程。本过程的主要收益是：指导团队选择和职责分配，组建一个成功的团队。

组建项目团队过程的输入、工具与技术和输出如图 9-4 所示，组建项目团队过程的数据流如图 9-5 所示。

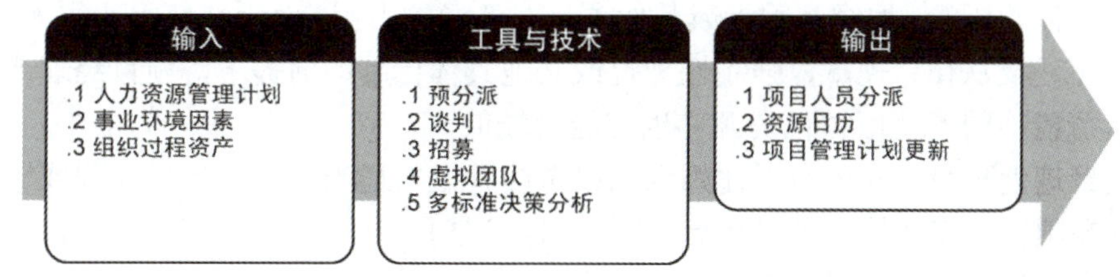

图 9-4　组建项目团队：输入、工具与技术和输出

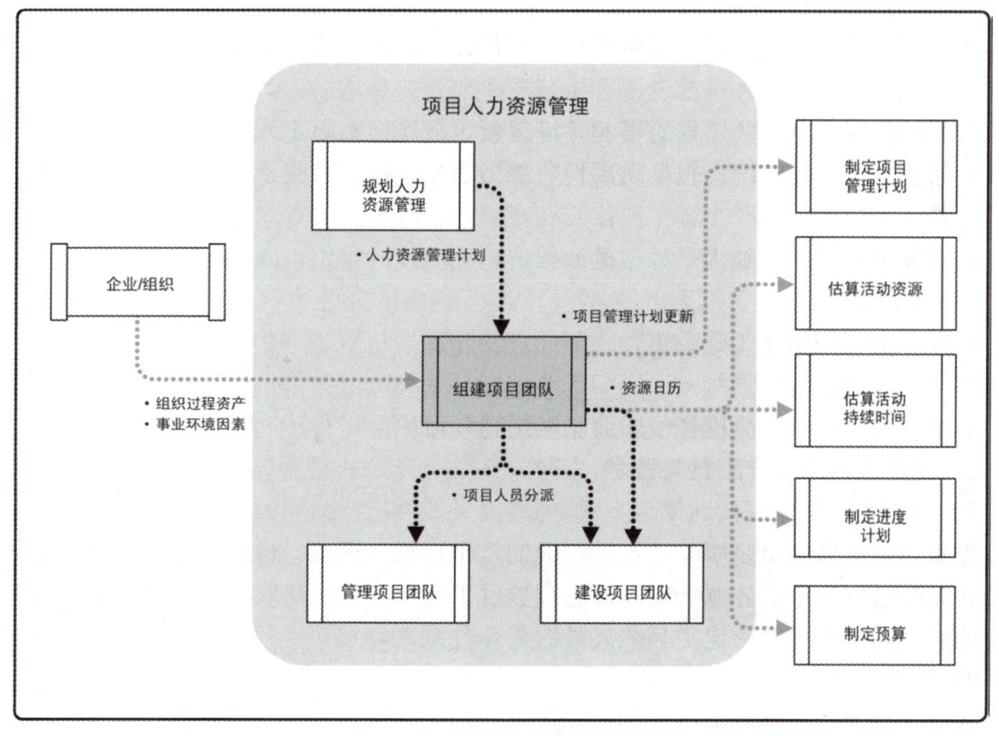

图 9-5　组建项目团队过程的数据流图

因为集体劳资协议、分包商人员使用、矩阵型项目环境、内外部报告关系或其他各种原因，项目管理团队不一定对团队成员选择有直接控制权。在组建项目团队过程中，应特别注意下列事项。

- 项目经理或项目管理团队应该进行有效谈判，并影响那些能为项目提供所需人力资源的人员。
- 不能获得项目所需的人力资源，可能影响项目进度、预算、客户满意度、质量和风险。人力资源不足或人员能力不足会降低项目成功的概率，甚至可能导致项目取消。
- 如因制约因素（如经济因素或其他项目对资源的占用）而无法获得所需人力资源，在不违反法律、规章、强制性规定或其他具体标准的前提下，项目经理或项目团队可能不得不使用替代资源（也许能力较低）。

在项目规划阶段，应该对上述因素加以考虑并做出适当安排。项目经理或项目管理团队应该在项目进度计划、项目预算、项目风险计划、项目质量计划、培训计划及其他相关计划中，说明缺少所需人力资源的后果。

1．组建项目团队：输入

1）人力资源管理计划

人力资源管理计划提供了如何定义、配备、管理和最终遣散人力资源的指南。

2）事业环境因素

会影响组建项目团队过程的事业环境因素包括（但不限于）：

- 现有人力资源情况，包括可用性、能力水平、以往经验、对本项目工作的兴趣和成本费率。
- 人事管理政策，如人员外包的政策。
- 组织的结构。
- 集中办公或多个工作地点。

3）组织过程资产

组织的标准政策、流程和程序会影响组建项目团队过程。

2．组建项目团队：工具与技术

1）预分派

如果项目团队成员是事先选定的，他们就是被预分派的。预分派可在下列情况下发生：在竞标过程中承诺分派特定人员进行项目工作；项目成功取决于特定人员的专有技能；或者，项目章程中指定了某些人员的工作分派。

2）谈判

在许多项目中，通过谈判完成人员分派。例如，项目管理团队需要与下列各方谈判。

- 职能经理。确保项目能够在需要时获得具备适当能力的人员，确保项目团队成员能够、愿意并且有权在项目上工作，直到完成其职责。

- 执行组织中的其他项目管理团队。合理分配稀缺或特殊人力资源。
- 外部组织、卖方、供应商、承包商等。获取合适的、稀缺的、特殊的、合格的、经认证的或其他诸如此类的特殊人力资源。特别需要注意与外部谈判有关的政策、惯例、流程、指南、法律及其他标准。

在人员分派谈判中，项目管理团队影响他人的能力很重要，如同在组织中的政治能力一样重要。例如，职能经理在决定把杰出人才分派给哪个项目时，将会权衡各竞争项目的优势和知名度。

3）招募

如果执行组织不能提供为完成项目所需的人员，就需要从外部获得所需的服务，这可能包括雇佣独立咨询师，或把相关工作分包给其他组织。

4）虚拟团队

详见 9.3.1 节。

5）多标准决策分析

在组建项目团队过程中，经常需要使用团队成员选择标准。通过多标准决策分析，制定选择标准，并据此对候选团队成员进行定级或打分。根据各种因素对团队的不同重要性，赋予选择标准不同的权重。例如，可用下列标准对团队成员进行打分：

- 可用性，团队成员能否在项目所需时段内为项目工作，在项目期间内是否存在影响可用性的因素。
- 成本，聘用团队成员所需的成本是否在规定的预算内。
- 经验，团队成员是否具备项目所需的相关经验。
- 能力，团队成员是否具备项目所需的能力。
- 知识，团队成员是否掌握关于客户、类似项目和项目环境细节的相关知识。
- 技能，团队成员是否具有相关的技能，来使用项目工具，开展项目执行或培训。
- 态度，团队成员能否与他人协同工作，以形成有凝聚力的团队。
- 国际因素，团队成员的位置、时区和沟通能力。

3．组建项目团队：输出

1）项目人员分派

项目人员分派就是把团队成员分派到合适的项目岗位上。与之相关的文件是项目团队名录和通讯录。团队成员姓名需要插入到项目管理计划的其他部分（如项目组织图和进度计划）。

2）资源日历

详见 9.4.4 节。

资源日历记录每个项目团队成员在项目上的工作时间段。必须很好地了解每个人的可用性和时间限制（包括时区、工作时间、休假时间、当地节假日和在其他项目的工作时间），才能编制出可靠的进度计划。

3）项目管理计划更新

项目管理计划中的人力资源管理计划可能需要更新。例如，承担某个角色的人员未达到人力资源管理计划所规定的全部要求，就需要更新项目管理计划，对团队结构、人员角色或职责进行变更。

9.2.3　建设项目团队

建设项目团队是提高工作能力，促进团队成员互动，改善团队整体氛围，以提高项目绩效的过程。本过程的主要收益是：改进团队协作，增强人际技能，激励团队成员，降低人员离职率，提升整体项目绩效。

建设项目团队过程的输入、工具与技术和输出如图 9-6 所示，建设项目团队过程的数据流如图 9-7 所示。

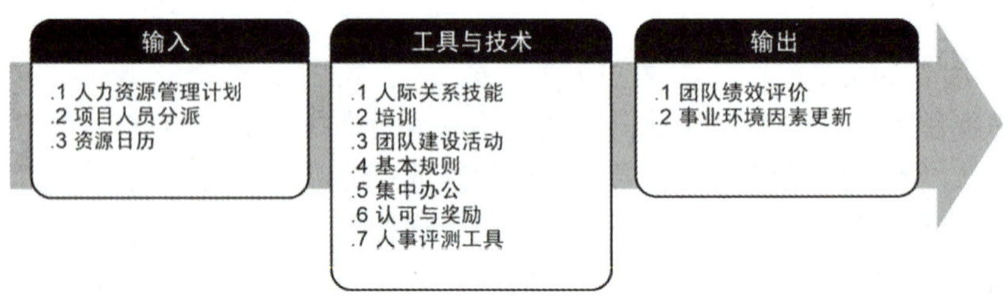

图 9-6　建设项目团队：输入、工具与技术和输出

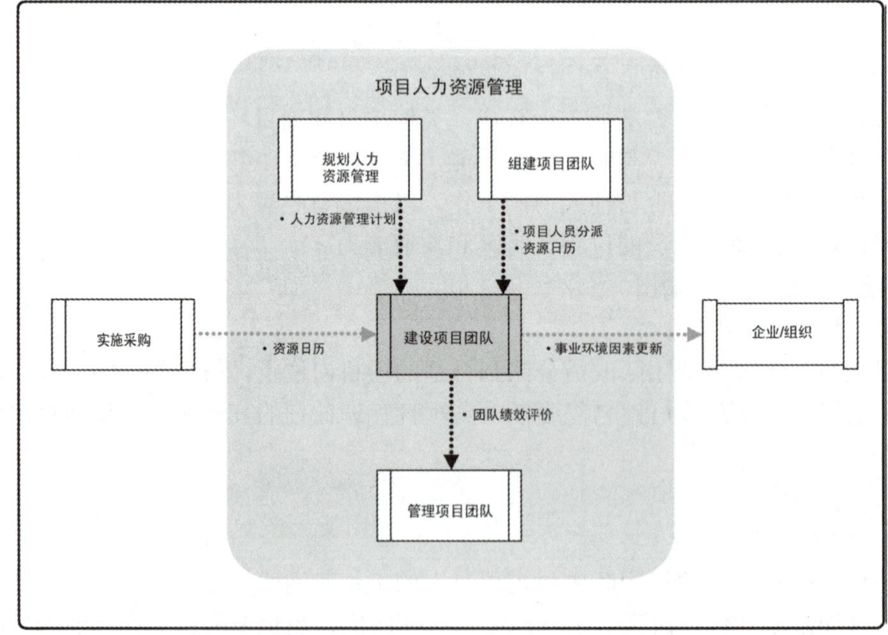

图 9-7　建设项目团队过程的数据流图

项目经理应定义、建立、维护、激励、领导和鼓舞项目团队，使团队高效运行，并实现项目目标。团队协作是项目成功的关键因素，而建设高效的项目团队是项目经理的主要职责之一。

项目经理应创建一个能促进团队协作的环境。项目经理可通过给予挑战和机会、提供及时反馈与所需支持，以及认可与奖励优秀绩效，来不断激励团队。项目经理可通过开展开放且有效的沟通、创造团队建设机遇、建立团队成员间的信任、以建设性方式管理冲突，以及鼓励合作型的问题解决和决策制定方法，来实现团队的高效运行。

项目经理应该请求管理层提供支持，并/或对相关干系人施加影响，以便获得建设高效项目团队所需的资源。

在全球化环境和富有文化多样性的项目中，团队成员经常来自不同的行业，讲不同的语言，有时甚至会在工作中使用一种特别的“团队语言”，而不是使用他们的母语。项目管理团队应该利用文化差异，在整个项目生命周期中致力于发展和维护项目团队，并促进在相互信任的氛围中充分协作。在整个项目生命周期中，团队成员之间都要保持明确、及时、有效（包括效果和效率两个方面）的沟通。

建设项目团队的目标包括（但不限于）：

- 提高团队成员的知识和技能，以提高他们完成项目可交付成果的能力，并降低成本、缩短工期和提高质量。
- 提高团队成员之间的信任和认同感，以提高士气、减少冲突和增进团队协作。
- 创建富有生气、凝聚力和协作性的团队文化，以便①提高个人和团队生产率，振奋团队精神，促进团队合作；②促进团队成员之间的交叉培训和辅导，以分享知识和经验。

1．建设项目团队：输入

1）人力资源管理计划

详见 9.4.1 节。

人力资源管理计划提供了关于如何定义、配备、管理、控制及最终遣散人力资源的指南。它确定了培训策略和团队建设计划。

2）项目人员分派

团队建设从获得项目团队成员的名单开始。项目人员分派文件中列出了谁是项目团队成员。

3）资源日历

详见 9.4.4 节。

资源日历定义了项目团队成员何时能参与团队建设活动。

2．建设项目团队：工具与技术

1）人际关系技能

详见 9.3.4 节。

2）培训

培训包括全部旨在提高项目团队成员能力的活动。培训可以是正式或非正式的。培训方式包括课堂培训、在线培训、计算机辅助培训、在岗培训（由其他项目团队成员提供）、辅导及训练。应该按人力资源管理计划中的安排来实施预定的培训。也可根据管理项目团队过程中的观察、交谈和项目绩效评估的结果，来开展必要的计划外培训。

3）团队建设活动

团队建设活动既可以是状态审查会上的五分钟议程，也可以是为改善人际关系而设计的、在非工作场所专门举办的体验活动。团队建设活动旨在帮助各团队成员更加有效地协同工作。如果团队成员的工作地点相隔甚远，无法进行面对面接触，就特别需要有效的团队建设策略。非正式的沟通和活动有助于建立信任和良好的工作关系。

团队建设是一个持续性过程，对项目成功至关重要。团队建设固然在项目前期必不可少，但它更是个永不完结的过程。项目环境的变化不可避免，要有效应对这些变化，就需要持续不断地开展团队建设。项目经理应该持续地监督团队机能和绩效，确定是否需要采取措施来预防或纠正各种团队问题。

4）基本规则

用基本规则对项目团队成员的可接受行为做出明确规定。尽早制定并遵守明确的规则，有助于减少误解，提高生产力。对诸如行为规范、沟通方式、协同工作、会议礼仪等的基本规则进行讨论，有利于团队成员相互了解对方的价值观。规则一旦建立，全体项目团队成员都必须遵守。

5）集中办公

详见 9.3.2 节。

6）认可与奖励

在建设项目团队和管理项目团队的过程中，需要对成员的优良行为给予认可与奖励。最初的奖励计划是在规划人力资源管理过程中编制的。必须认识到，只有能满足被奖励者的某个重要需求的奖励，才是有效的奖励。在管理项目团队过程中，通过项目绩效评估，以正式或非正式的方式做出奖励决定。在决定认可与奖励时，应考虑文化差异。

如果人们感受到自己在组织中的价值，并且可以通过获得奖励来体现这种价值，他们就会受到激励。通常，金钱是奖励制度中的有形奖励，然而也存在各种同样有效、甚至更加有效的无形奖励。大多数项目团队成员会因得到成长机会、获得成就感及用专业技能迎接新挑战，而受到激励。项目经理应该在整个项目生命周期中尽可能地给予表彰，而不是等到项目完成时。

关于激励理论，详见 9.3.7～9.3.11 节。

7）人事测评工具

人事评测工具能让项目经理和项目团队洞察成员的优势和劣势。这些工具可帮助项目经理评估团队成员的偏好和愿望，团队成员如何处理和整理信息，团队成员如何制订决策，以及团队成员喜欢如何与人打交道。

有各种可用的工具，如态度调查、细节评估、结构化面谈、能力测试及焦点小组讨论。这些工具有利于增进团队成员间的理解、信任、忠诚和沟通，在整个项目期间不断提高团队成效。

3．建设项目团队：输出

1）团队绩效评价

详见 9.4.5 节。

2）事业环境因素更新

作为建设项目团队过程的结果，可能需要更新的事业环境因素包括（但不限于）：人事管理制度、员工培训记录和技能评估。

9.2.4　管理项目团队

管理项目团队是跟踪团队成员工作表现，提供反馈，解决问题并管理团队变更，以优化项目绩效的过程。本过程的主要收益是：影响团队行为，管理冲突，解决问题，并评估团队成员的绩效。

创建高效团队，需要综合运用各种技能，特别是沟通、冲突管理、谈判和领导技能。项目经理应该向团队成员分配富有挑战性的任务，并对优秀绩效进行表彰。

管理项目团队过程的输入、工具与技术和输出如图 9-8 所示，管理项目团队过程的数据流如图 9-9 所示。

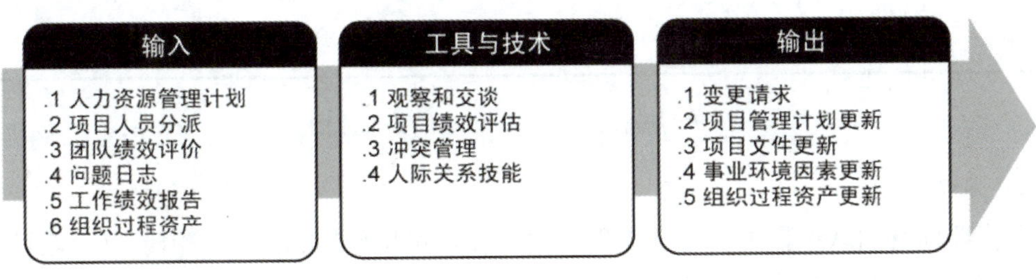

图 9-8　管理项目团队：输入、工具与技术和输出

1．管理项目团队：输入

1）人力资源管理计划

人力资源管理计划提供了如何定义、配备、管理、控制及最终遣散项目人力资源的指南。

2）项目人员分派

项目人员分派文件中列出了项目团队成员。

3）团队绩效评价

项目管理团队应该持续地对项目团队绩效进行正式或非正式评价。不断地评价项目团队绩效，有助于采取措施解决问题，调整沟通方式，解决冲突和改进团队互动。

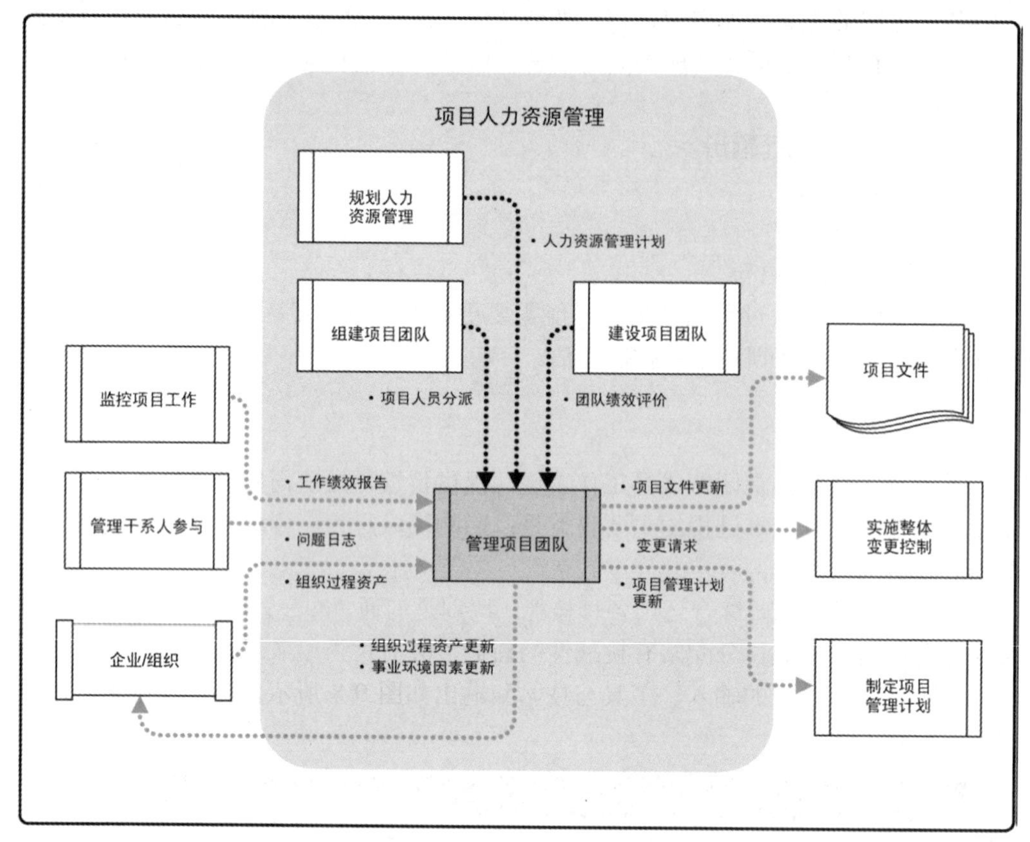

图 9-9 管理项目团队过程的数据流图

4）问题日志

在管理项目团队过程中，总会出现各种问题。可用问题日志记录由谁负责在目标日期内解决特定问题，并监督解决情况。

5）工作绩效报告

工作绩效报告能够提供当前项目状态与预期项目状态的比较。从进度控制、成本控制、质量控制和范围确认中得到的结果，有助于项目团队管理。绩效报告和相关预测报告中的信息，有助于确定未来的人力资源需求，开展认可与奖励，以及更新人员配备管理计划。

6）组织过程资产

能够影响管理项目团队过程的组织过程资产包括（但不限于）：

- 嘉奖证书。
- 新闻报道。

- 网站发布。
- 奖金结构。
- 公司制服。
- 组织中其他的额外待遇。

2．管理项目团队：工具与技术

1）观察和交谈

可通过观察和交谈，随时了解项目团队成员的工作和态度。项目管理团队应该监督项目可交付成果的进展，了解团队成员引以为荣的成就，了解各种人际关系问题。

2）项目绩效评估

在项目过程中进行绩效评估的目的是：澄清角色与职责、向团队成员提供建设性反馈、发现未知或未决问题、制订个人培训计划，以及确立未来目标。

对项目绩效评估的需求取决于：项目工期长短、项目复杂程度、组织政策、劳动合同要求，以及定期沟通的数量和质量。

3）冲突管理

详见 9.3.6 节。

4）人际关系技能

详见 9.3.4 节。

项目经理应该综合运用技术、人际和概念技能来分析形势，并与团队成员有效互动。恰当地使用人际关系技能，可充分发挥全体团队成员的优势。

3．管理项目团队：输出

1）变更请求

人员配备的变化，无论是自主选择还是由不可控事件造成，都会影响项目管理计划的其他部分。如果人员配备问题导致项目团队无法坚持项目管理计划（如造成进度拖延或预算超支），就需要通过实施整体变更控制过程来处理变更请求。

人员配备变更可能包括转派人员、外包部分工作，以及替换离职人员。

预防措施是指在问题发生前所制订的、用来降低问题发生概率和/或影响的措施。这些措施可包括为减轻成员缺勤所带来的问题而开展的交叉培训，以及为确保所有职责都得到履行而进行的角色澄清。

2）项目管理计划更新

项目管理计划中的人力资源管理计划可能需要更新。

3）项目文件更新

可能被间接更新的项目文件包括（但不限于）：

- 问题日志。
- 角色描述。
- 项目人员分派。

4）事业环境因素更新

可能需要更新的事业环境因素包括（但不限于）：

- 对组织绩效评价的输入。
- 个人技能更新。

5）组织过程资产更新

可能需要更新的组织过程资产包括（但不限于）：

- 历史信息和经验教训文档。
- 相关模板。
- 组织的标准流程。

9.3 项目人力资源管理工具

本节集中详细介绍一些重要的项目人力资源管理工具、技术和理论。

9.3.1 虚拟团队

虚拟团队（Virtual Teams）的使用为招募项目团队成员提供了新的可能性。虚拟团队可定义为具有共同目标、在完成角色任务的过程中很少或没有时间面对面工作的一群人。现代沟通技术（如电子邮件、电话会议、社交媒体、网络会议和视频会议等）使虚拟团队成为可行。

虚拟团队模式使人们有可能：

- 在组织内部地处不同地理位置的员工之间组建团队。
- 为项目团队增加特殊技能，即使相应的专家不在同一地理区域。
- 将在家办公的员工纳入团队。
- 在工作班次、工作小时或工作日不同的员工之间组建团队。
- 将行动不便者或残疾人纳入团队。
- 执行那些原本会因差旅费用过高而被否决的项目。

虚拟团队也有一些缺点，例如，可能产生误解，有孤立感，团队成员之间难以分享知识和经验，采用通信技术的成本。

在虚拟团队的环境中，沟通规划变得尤为重要。项目管理团队需要花更多时间，来设定明确的期望，促进沟通，制定冲突解决方法，召集人员参与决策，理解文化差异，以及共享成功喜悦。

9.3.2 集中办公

集中办公（Colocation），是指把部分或全部项目团队成员安排在同一个物理地点工作，以增强团队工作能力。集中办公既可以是临时的（如仅在项目特别重要的时期），也可以贯穿整个项目。

“作战室”或“指挥部”是集中办公的一种策略。为了增强项目团队的凝聚力，在不能完全集中办公的情况下，组织为项目团队分配一间会议室。项目团队可以在这间会议室张贴标语和项目进度图表、召开项目会议，以增进沟通和集体归属感。

尽管集中办公是一种良好的团队建设策略，但虚拟团队的使用也能带来很多好处，例如：使用更多熟练资源，降低成本，减少出差，减少搬迁费用，拉近团队成员与供应商、客户或其他重要干系人的距离。

9.3.3　团队发展阶段

优秀团队的建设不是一蹴而就的，一般要依次经历以下 5 个阶段。

（1）形成阶段（Forming），一个个的个体转变为团队成员，逐渐相互认识并了解项目情况及他们在项目中的角色与职责，开始形成共同目标。团队成员倾向于相互独立，不怎么开诚布公。在本阶段，团队往往对未来有美好的期待。

（2）震荡阶段（Storming），团队成员开始执行分配的项目任务，一般会遇到超出预想的困难，希望被现实打破。个体之间开始争执，互相指责，并且开始怀疑项目经理的能力。

（3）规范阶段（Norming），经过一定时间的磨合，团队成员开始协同工作，并调整各自的工作习惯和行为来支持团队，团队成员开始相互信任，项目经理能够得到团队的认可。

（4）发挥阶段（Performing），随着相互之间的配合默契和对项目经理的信任加强，团队就像一个组织有序的单位那样工作。团队成员之间相互依靠，平稳高效地解决问题。这时团队成员的集体荣誉感会非常强，常将团队换成第一称谓，如“我们组”“我们部门”等，并会努力捍卫团队声誉。

（5）解散阶段（Adjourning），所有工作完成后，项目结束，团队解散。

上述这些阶段通常按顺序进行，然而，团队停滞在某个阶段或退回到较早阶段的情况也并非罕见。如果团队成员曾经共事过，项目团队建设也可跳过某些阶段。

某个阶段持续时间的长短，取决于团队活力、团队规模和项目管理团队的领导力。项目经理应该对团队活力有较好的理解，以便有效地带领团队经历所有阶段。

9.3.4　人际关系技能

人际关系技能（Interpersonal Skills）有时被称为“软技能”（Soft Skills），是因富有情商，并熟练掌握沟通技巧、冲突解决方法、谈判技巧、影响技能、团队建设技能和团队引导技能，而具备的行为能力。

人际关系技能在建设项目团队和管理项目团队过程中有着巨大的作用。例如，项目管理团队能用情商来了解、评估及控制项目团队成员的情绪，预测团队成员的行为，确认团队成员的关注点，跟踪团队成员遇到的困难，与团队成员有效互动。恰当地使用人际关系技能，可充分发挥项目团队的集体力量。

项目经理最常用的人际关系技能包括：

- 领导力（Leadership）。
- 激励（Motivation）。
- 沟通（Communication）。
- 影响力（Influencing）。
- 谈判（Negotiation）。
- 建立信任（Trust building）。
- 冲突管理（Conflict management）。
- 有效决策（Effective decision making）。
- 教练技术（Coaching）。
- 团队建设（Team building）。

9.3.5 权力

权力（Power）是影响行为、改变事情的过程和方向、克服阻力、使人们进行原本并不愿意进行的事情的潜在能力。

一个人要行使权力，首先要清楚权力的来源。项目经理的权力有 5 种来源。

（1）职位权力（Legitimate Power），来源于管理者在组织中的职位和职权。在高级管理层对项目经理的正式授权的基础上，项目经理让员工进行工作的权力。

（2）惩罚权力（Coercive Power），使用降职、扣薪、惩罚、批评、威胁等负面手段的能力。惩罚权力很有力，但会对团队气氛造成破坏。滥用惩罚权力会导致项目失败，应谨慎使用。

（3）奖励权力（Reward Power），给予下属奖励的能力。奖励包括加薪、升职、福利、休假、礼物、口头表扬、认可度、特殊的任务以及其他的奖励员工满意行为的手段。优秀的管理者擅长使用奖励权力激励员工高水平完成工作。

（4）专家权力（Expert Power），来源于个人的专业技能。如果项目经理让员工感到他是某些领域的专业权威，那么员工就会在这些领域内遵从项目经理的意见。来自一线的中层管理者经常具有很大的专家权力。

（5）参照权力（Referent Power），由于成为别人学习参照榜样所拥有的力量。参照权力是由于他人对你的认可和敬佩从而愿意模仿和服从你以及希望自己成为你那样的人而产生的，这是一种个人魅力。具有优秀品质的领导者的参照权力会很大。这些优秀品质包括诚实、正直、自信、自律、坚毅、刚强、宽容和专注等。领导者要想拥有参照权力，就要加强这些品质的修炼。

职位权力、惩罚权力、奖励权力来自于组织的授权，专家权力和参照权力来自于管理者自身。项目经理应不断拓展自己的权力，获取各方支持，以确保项目成功。尤其在矩阵环境中，项目经理对团队成员通常没有或仅有很小的命令职权，所以他们适时影响干系人的能力，对保证项目成功非常关键。

项目经理仅靠组织给予的权力是没法在下属中树立威信的，难以获得团队成员心悦诚服的支持和认可，布置的任务可能被阳奉阴违，项目也会举步维艰。

在项目环境中，有人直接向项目经理汇报，有人间接向项目经理汇报，还有人既向项目经理汇报又向职能经理汇报。对于双重汇报关系和非直接汇报关系人员的管理，项目经理更注重运用奖励权力、专家权力和参照权力，尽量避免使用惩罚权力。

9.3.6 冲突管理

在项目环境中，冲突不可避免。不一致的需求、对稀缺资源的竞争、沟通不畅、进度优先级排序以及个人工作风格差异等诸多因素都可能成为冲突的起源。

冲突经常导致项目产生不良结果，但如果管理得当，冲突也可以帮助团队找到更好的解决方案。项目经理必须能够找到冲突的原因，然后积极地管理冲突，从而最大程度地降低潜在的负面影响。团队规则、团队规范及成熟的项目管理实践经验（如沟通规划和角色定义），都有助于减少冲突。

成功的冲突管理可提高生产力，改进工作关系。如果管理得当，意见分歧有利于提高创造力和改进决策。假如意见分歧成为负面因素，应该首先由项目团队成员负责解决。如果冲突升级，项目经理应提供协助，促成满意的解决方案。应该采用直接和合作的方式，尽早并且通常在私下处理冲突。如果破坏性冲突继续存在，则可使用正式程序，包括采取惩戒措施。

项目经理解决冲突的能力，往往在很大程度上决定其管理项目团队的成败。不同的项目经理可能采用不同的解决冲突方法。影响冲突解决方法的因素包括：

- 冲突的相对重要性与激烈程度。
- 解决冲突的紧迫性。
- 冲突各方的立场。
- 永久或暂时解决冲突的动机。

有 5 种常用的冲突解决方法。由于每种方法都有各自的特点和用途，以下所列没有特定顺序。

（1）撤退/回避（Withdraw/Avoid）。从实际或潜在冲突中退出，将问题推迟到准备充分的时候，或者将问题推给其他人员解决。双方在解决问题上都不积极，也不想合作。撤退是一种暂时性的冲突解决方法。

（2）缓和/包容（Smooth/Accommodate）。强调一致、淡化分歧（甚至否认冲突的存在）；为维持和谐与关系而单方面退让一步。这是一种慷慨而宽厚的做法，为了和谐和大局，而迁就对方，或者暂时放下争议点，谋求在其他非争议点与对方协作。缓和也是一种暂时性的冲突解决方法。

（3）妥协/调解（Compromise/Reconcile）。为了暂时或部分解决冲突，寻找能让各方都在一定程度上满意的方案。双方在态度上都愿意果断解决冲突，也愿意合作。双方都得到了自己想要的东西，但只是一部分，而不是全部。双方都做了让步，都有得有失。妥协是双方面的包容，包容是单方面的妥协。

（4）强迫/命令（Force/Direct）。以牺牲其他方为代价，推行某一方的观点；只提供赢输方案。通常是利用权力来强行解决紧急问题。一方赢，一方输。

（5）合作/解决问题（Collaborate/Problem Solve）。综合考虑不同的观点和意见，采用合作的态度和开放式对话引导各方达成共识和承诺。这是冲突双方最理想的结果，前提是双方要相互尊重、愿意合作、愿意倾听对方。

项目经理需要培养技能、积累经验，以便能够根据情形有效地调整自己的冲突管理风格。

在项目环境下管理冲突，就需要在所有参与方之间建立基本信任，各方开诚布公地寻求解决冲突的积极方案。为了彻底解决问题，项目经理应该努力促进团队成员采用合作的方法。如果确实无法采用合作的方法，项目经理应该转而采用其他的主动管理方法来处理冲突，例如强迫、包容、规避或妥协的方法。

管理冲突是项目经理所面对的重大挑战之一。为了带领团队成功应对冲突，项目经理需要动用其他所有的人际关系技能。

9.3.7 激励理论

所谓激励（Motivation），就是激发鼓励的意思，就是利用某种外部诱因调动人的积极性和创造性，使人有一股内在的动力，朝向所期望的目标前进的心理过程。

项目团队由具有不同背景、期望和个人目标的团队成员组成。项目的全面成功依赖项目团队的责任感，而这又与他们的激励程度直接相关。

项目环境中的激励，需要建立一种氛围，保证既实现项目目标，又针对个人最看重的方面，使团队成员得到最大限度的满足。这些方面包括工作满意度、工作挑战性、成就感、成功与成长、充分的经济回报及成员认为必要和重要的其他奖赏与认可。

现代项目管理在激励方面的理论基础主要是：马斯洛需求层次理论、赫茨伯格的双因素理论、X 理论和 Y 理论、期望理论。

9.3.8 马斯洛需求层次理论

美国心理学家马斯洛（Abraham Maslow）在 1943 年提出了著名的需求层次理论。他认为人类行为有着最独特的性质：爱、自尊、归属感、自我表现以及创造力，从而人类能够自己掌握自己的命运。

马斯洛的需求层次理论是一个 5 层的金字塔结构（如图 9-10 所示），表示人们的行

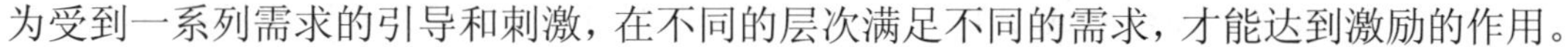

为受到一系列需求的引导和刺激，在不同的层次满足不同的需求，才能达到激励的作用。

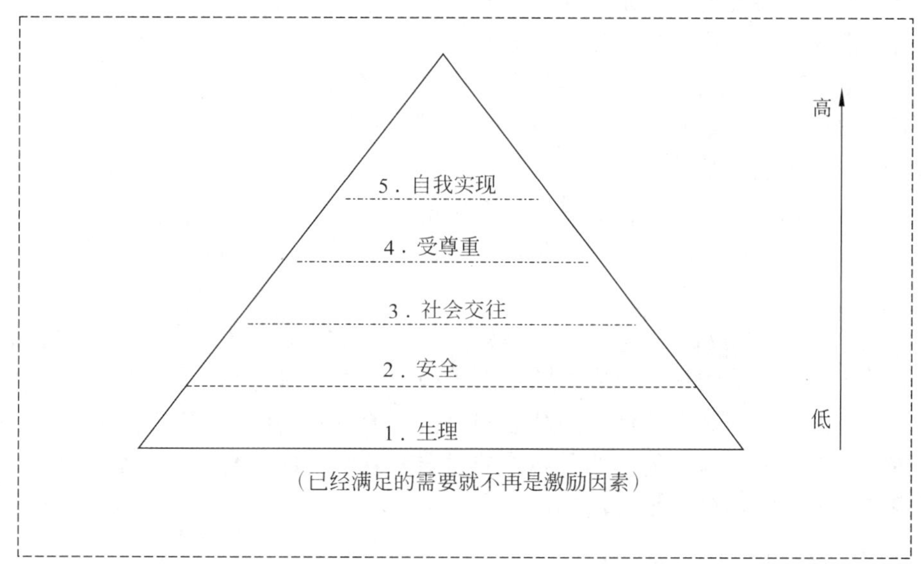

图 9-10　马斯洛的需要层次理论

（1）生理需求（Physiological needs）：对衣食住行等需求都是生理需求，这类需求的级别最低，人们在转向较高层次的需求之前，总是尽力满足这类需求。常见的激励措施：员工宿舍、工作餐、工作服、班车、工资、补贴、奖金等。

（2）安全需求（Safety needs）：包括对人身安全、生活稳定、不致失业以及免遭痛苦、威胁或疾病等的需求。和生理需求一样，在安全需求没有得到满足之前，人们一般不追求更高层的需求。常见的激励措施：养老保险、医疗保障、长期劳动合同、意外保险、失业保险等。

（3）社会交往的需求（Love and belonging needs）：包括对友谊、爱情以及隶属关系的需求。当生理需求和安全需求得到满足后，社交需求就会突出出来，进而产生激励作用。这些需求如果得不到满足，就会影响员工的精神，导致高缺勤率、低生产率、对工作不满及情绪低落。常见的激励措施：定期员工活动、聚会、比赛、俱乐部等。

（4）受尊重的需求（Esteem needs）：自尊心和荣誉感。荣誉来自别人，自尊来自自己。常见的激励措施：荣誉性的奖励，形象、地位的提升，颁发奖章，作为导师培训别人等。

（5）自我实现的需求（Self-actualization）：实现自己的潜力，发挥个人能力到最大程度，使自己越来越成为自己所期望的人物。达到自我实现境界的人，必须干与其能力相称的工作，这样才会使他们感到最大的快乐。常见的激励措施：给他更多的空间让他负责、让他成为智囊团、参与决策、参与公司的管理会议等。

在马斯洛需求层次中，底层的 4 种需求——即生理、安全、社会、自尊被认为是基本的需求，而自我实现的需求是最高层次的需求。

马斯洛需求层次理论有如下的 3 个假设：

（1）人要生存，他的需求能够影响他的行为，只有未被满足的需求能够影响其行为，已得到满足的需求不再影响其行为（也就是：已被满足的需求失去激励作用，只有满足未被满足的需求才能有激励作用）。

（2）人的需求按重要性从低到高排成金字塔形状。

（3）当人的某一级的需求得到满足后，才会追求更高一级的需求，如此逐级上升，成为他工作的动机。

项目团队的建设过程中，项目经理要注意到不同的人有不同的需求层次和需求种类，需要了解项目团队的每一个成员的需求等级，并据此制订相关的激励措施。例如在生理和安全的需求得到满足的情况下公司的新员工或者新到一个城市工作的员工可能有社会交往的需求。为了满足他们的归属感的需求，有些公司就会专门为这些懂得信息技术的新员工组织一些聚会和社会活动。

9.3.9 赫茨伯格双因素理论

激励因素—保健因素理论是美国心理学家赫茨伯格（Fredrick Herzberg）在 1959 年提出来的，又称双因素理论。该理论认为有两种完全不同的因素影响着人们的工作行为：

第一类是保健因素（Hygiene Factor），这些因素是与工作环境或条件有关的，能防止人们产生不满意感的一类因素，包括工作环境、工资薪水、公司政策、个人生活、管理监督、人际关系等。当保健因素不健全时，人们就会对工作产生不满意感。但即使保健因素很好时，也仅仅可以消除工作中的不满意，却无法增加人们对工作的满意感，所以这些因素是无法起到激励作用的。

第二类是激励因素（Motivator），这些因素是与员工的工作本身或工作内容有关的、能促使人们产生工作满意感的一类因素，是高层次的需要，包括成就、承认、工作本身、责任、发展机会等。当激励因素缺乏时，人们就会缺乏进取心，对工作无所谓，但一旦具备了激励因素，员工则会感觉到强大的激励力量而产生对工作的满意感，所以只有这类因素才能真正激励员工。

赫兹伯格的双因素理论，强调内在激励，在组织行为学中具有划时代意义，为管理者更好地激发员工工作的动机提供了新思路。

（1）管理者在实施激励时，应注意区别保健因素和激励因素，前者的满足可以消除不满，后者的满足可以产生满意。

（2）管理者在管理中不应忽视保健因素，如果保健性的管理措施做得很差，就会导致员工产生不满情绪，影响劳动效率的提高。另一方面，也没有必要过分地改善保健因素，因为这样做只能消除员工对工作的不满情绪，不能直接提高工作积极性和工作效率。

（3）管理者若想持久而高效地激励职工，必须改进员工的工作内容，进行工作任务再设计，注意对人进行精神激励，给予表扬和认可，注意给人以成长、发展、晋升的机会。用这些内在因素来调动人的积极性，才能起更大的激励作用并维持更长的时间。

9.3.10　X 理论和 Y 理论

美国心理学家麦格雷戈（Douglas M. McGregor）在 1957 年提出了 X 理论–Y 理论。X 理论和 Y 理论于人性的假设截然相反。

1．X 理论

X 理论对人性有如下假设。

（1）人天性好逸恶劳，只要有可能就会逃避工作。

（2）人生来就以自我为中心，漠视组织的要求。

（3）人缺乏进取心，逃避责任，甘愿听从指挥，安于现状，没有创造性。

（4）人们通常容易受骗，易受人煽动。

（5）人们天生反对改革。

（6）人的工作动机就是为了获得经济报酬。

X 理论注重满足员工的生理需求和安全需求，激励尽在生理和安全层次起作用，同时很注重惩罚，认为惩罚是有效的管理工具。

崇尚 X 理论的领导者认为，在领导工作中必须对员工采取强制、惩罚和解雇等手段，强迫员工努力工作，对员工应当严格监督、控制和管理。在领导行为上应当实行高度控制和集中管理。

2．Y 理论

Y 理论对人性的假设与 X 理论完全相反，其主要观点如下。

（1）人天生并不是好逸恶劳，他们热爱工作，从工作得到满足感和成就感。

（2）外来的控制和处罚对人们实现组织的目标不是一个有效的办法，下属能够自我确定目标，自我指挥和自我控制。

（3）在适当的条件下，人们愿意主动承担责任。

（4）大多数人具有一定的想象力和创造力。

（5）在现代社会中，人们的智慧和潜能只是部分地得到了发挥，如果给予机会，人们喜欢工作，并渴望发挥其才能。

Y 理论认为激励在需求的各个层次上都起作用，常用的激励办法是：将员工个人目标与组织目标融合，扩大员工的工作范围，尽可能把员工的工作安排得富有意义并具有挑战性，使其工作之后感到自豪，满足其自尊和自我实现的需要，使员工达到自我激励。

崇尚 Y 理论的管理者对员工采取以人为中心的、宽容的及放权的领导方式，使下属目标和组织目标很好地结合起来，为员工的智慧和能力的发挥创造有利的条件。

3．X 理论和 Y 理论的应用

X 理论和 Y 理论的选择决定管理者处理员工关系的方式。这两个理论各有自己的长处和不足。用 X 理论可以加强管理，但项目团队成员通常比较被动地工作。用 Y 理论可以激发员工主动性，但对于员工把握工作而言可能又放任过度。

我们在应用的时候应该因人、因项目团队发展的阶段而异。例如，在项目团队的开始阶段，大家互相还不是很熟悉，对项目不是很了解或者还有一种抵触等，这时候需要项目经理运用 X 理论去指导和管理；当项目团队进入执行阶段的时候，成员对项目的目标已经了解，都愿意努力完成项目，这时候可以用 Y 理论去授权团队完成所负责的工作，并提供支持和相应的环境。

9.3.11 期望理论

期望理论由美国心理学家弗鲁姆（Victor Vroom）于 1964 年提出。

期望理论是一种通过考察人们的努力行为与其所获得的最终奖酬之间的因果关系，来说明激励过程，并以选择合适的行为达到最终的奖酬目标的理论。

期望理论认为，一个目标对人的激励程度受两个因素影响。

（1）目标效价，指实现该目标对个人有多大价值的主观判断。如果实现该目标对个人来说很有价值，个人的积极性就高；反之，积极性则低。

（2）期望值，指个人对实现该目标可能性大小的主观估计。只有个人认为实现该目标的可能性很大，才会去努力争取实现，从而在较高程度上发挥目标的激励作用；如果个人认为实现该目标的可能性很小，甚至完全没有可能，目标激励作用则小，以至完全没有。

期望理论认为，激励水平等于目标效价和期望值的乘积，即：

激发力量＝目标效价×期望值。

当人们有需要，又有达到这个需要的可能，其积极性才高。

期望理论在实践中的基本原则如下。

（1）管理者不要泛泛地抓一般的激励措施，而应当抓多数被组织成员认为效价最大的激励措施。

（2）设置某一激励目标时应尽可能加大其效价的综合值，如果每月的奖金多少不仅意味着当月的收入状况，而且与年终分配、工资调级和获得先进工作者称号挂钩，则将大大增大效价的综合值。

（3）适当加大不同人实际所得效价的差值，加大组织希望行为和非希望行为之间的效价差值。如只奖不罚与奖罚分明，其激励效果大不一样。

（4）适当控制期望概率和实际概率。期望概率既不是越大越好，也不是越小越好，关键要适当。当一个期望概率远高于实际概率时可能产生挫折，而期望概率太小时又会减少某一目标的激发力量。实际概率最好大于平均的个人期望概率，使大多数人受益。

但实际概率应与效价相适应，效价大，实际概率可以小些，效价小，实际概率可以大些。

9.4　项目人力资源管理文件

9.4.1　人力资源管理计划

作为项目管理计划的一部分，人力资源管理计划提供了关于如何定义、配备、管理及最终遣散项目人力资源的指南。人力资源管理计划及其后续修订也是制订项目管理计划过程的输入。

人力资源管理计划包括（但不限于）以下内容。

- 角色与职责，定义项目所需的岗位、技能和能力。
- 项目组织图，说明项目所需的人员数量。
- 人员配备管理计划，说明需要每个团队成员的时间段，以及有助于项目团队参与的其他重要信息。

9.4.2　角色和职责

在罗列项目所需的角色和职责时，需要考虑下述各项内容。

- 角色（Role），在项目中，某人承担的职务或分配给某人的职务，如土木工程师、商业分析师和测试协调员。还应该明确和记录各角色的职权、职责和边界。
- 职权（Authority），使用项目资源、做出决策、签字批准、验收可交付成果并影响他人开展项目工作的权力。例如，下列事项都需要由具有明确职权的人来做决策：选择活动的实施方法，质量验收，以及如何应对项目偏差等。当个人的职权水平与职责相匹配时，团队成员就能最好地开展工作。
- 职责（Responsibility），为完成项目活动，项目团队成员必须履行的职责和工作。
- 能力（Competency），为完成项目活动，项目团队成员需具备的技能和才干。如果项目团队成员不具备所需的能力，就不能有效地履行职责。一旦发现成员的能力与职责不匹配，就应主动采取措施，如安排培训、招募新成员、调整进度计划或工作范围。

可采用多种格式来记录团队成员的角色与职责。大多数格式属于以下三类如图 9-11 所示）：层级型、矩阵型和文本型。此外，有些项目人员安排可在子计划（如风险、质量或沟通管理计划）中列出。无论使用什么方法，目的都是要确保每个工作包都有明确的责任人，确保全体团队成员都清楚地理解其角色和职责。通常，层级型可用于规定高层级角色，而文本型更适合用于记录详细职责。

（1）层级型。可以采用传统的组织结构图，自上而下地显示各种职位及其相互关系。

工作分解结构（WBS）用来显示如何把项目可交付成果分解为工作包，有助于明确高层级的职责。

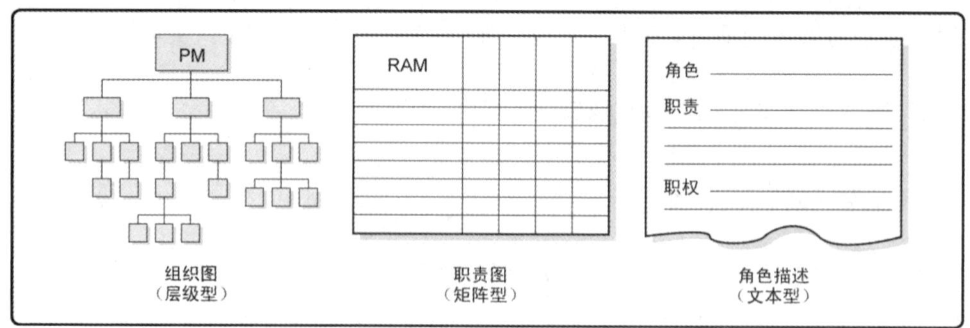

图 9-11　角色和职责的定义形式

组织分解结构（Organization Breakdown Structure，OBS）与工作分解结构形式上相似，但是它不是根据项目的可交付成果进行分解，而是按照组织现有的部门、单元或团队排列，并在每个部门下列出其所负责的项目活动或工作包。运营部门（如信息技术部或采购部）只需要找到其所在的 OBS 位置，就能看到自己的全部项目职责。

资源分解结构（Resource Breakdown Structure，RBS）是按资源类别和类型，对资源的层级列表，有利于规划和控制项目工作。每向下一个层次都代表对资源的更详细描述，直到可以与工作分解结构（WBS）相结合，用来规划和监控项目工作。例如资源分解结构可以反映一艘轮船建造项目中各个不同区域用到的所有焊工和焊接设备，即使这些焊接工和焊接设备在 OBS 和 WBS 中分布杂乱。资源分解结构对追踪项目成本很有用，并可与组织的会计系统对接。它可包含人力资源以外的其他各类资源（例如材料和设备）。

（2）矩阵型。责任分配矩阵（Responsibility Assignment Matrix，RAM）是用来显示分配给每个工作包的项目资源的表格。它显示工作包或活动与项目团队成员之间的关系。在大型项目中，可以制定多个层次的 RAM。例如，高层次 RAM 可定义项目团队中的各小组分别负责 WBS 中的哪部分工作，而低层次 RAM 则可在各小组内为具体活动分配角色、职责和职权。矩阵图能反映与每个人相关的所有活动，以及与每项活动相关的所有人员。它也可确保任何一项任务都只有一个人负责，从而避免职责不清。

RAM 的一个例子是 RACI 矩阵（Responsible、Accountable、Consult、Inform，代表资源与工作之间的四种关系），如表 9-1 所示。分配给每项工作的资源可以是个人或小组。

表 9-1　使用 RACI 格式的责任分配矩阵

RACI 矩阵	人　员				
活动	张三	李四	王五	赵六	钱七
需求定义	A	R	I	I	I
系统设计	I	A	R	C	C
系统开发	I	A	R	C	C
测试	A	I	I	R	I

R=执行　A=负责　C=咨询　I=知情

项目经理也可以根据项目需要使用自己定义的责任对应关系（如负责、协助、参与、监督、审核等）来制定适合本项目的责任分配矩阵。

在 RAM 中，任务与人员（也可以是小组或部门）的对应关系一览无余，可以使项目避免很多无谓的冲突和混乱。

（3）文本型。如果需要详细描述团队成员的职责，就可以采用文本型。文本型文件通常以概述的形式，提供诸如职责、职权、能力和资格等方面的信息。这种文件有多种名称，如职位描述、角色-职责-职权表。该文件可作为未来项目的模板，特别是在根据当前项目的经验教训对其内容进行更新之后。

（4）项目计划的其他部分。一些和管理项目相关的职责列在项目管理计划的其他部分并做相应解释。例如，风险应对计划列出了风险的负责人，沟通计划列出了那些应该对不同的沟通活动负责的成员，质量计划指定了质量保证和控制活动的负责人。

9.4.3　项目组织图

项目组织图是人力资源管理计划的组成部分，它以图形方式展示项目团队成员及其报告关系（参见图 9-11）。基于项目的需要，项目组织图可以是正式或非正式的，非常详细或高度概括的。例如，一个跨越 3 省的 30 万人的抗震救灾团队的项目组织图，要比仅有 20 人的内部项目的组织图详尽得多。

9.4.4　人员配备管理计划

人员配备管理计划是人力资源管理计划的组成部分，说明将在何时、以何种方式获得项目团队成员，以及他们需要在项目中工作多久。它描述了如何满足项目对人力资源的需求。基于项目的需要，人员配备管理计划可以是正式或非正式的，非常详细或高度概括的。应该在项目期间不断更新人员配备管理计划，以指导持续进行的团队成员招募和发展活动。人员配备管理计划的内容因应用领域和项目规模而异，但都应包括：

（1）人员招募。在规划项目团队成员招募工作时，需要考虑一系列问题，例如，从组织内部招募，还是从组织外部的签约供应商招募；团队成员必须集中在一起工作还是可以远距离分散办公；项目所需各级技术人员的成本；组织的人力资源部门和职能经理们能为项目管理团队提供的协助。

（2）资源日历。表明每种具体资源的可用工作日和工作班次的日历。在人员配备管理计划中，需要规定项目团队成员个人或小组的工作时间框架，并说明招募活动何时开始。项目管理团队可用资源直方图（如图 9-12 所示）向所有干系人直观地展示人力资源分配情况。资源直方图显示在整个项目期间每周（或每月）需要某人、某部门或整个项目团队的工作小时数。可在资源直方图中画一条水平线，代表某特定资源最多可用的小时数。如果柱形超过该水平线，就表示需要采用资源优化策略，如增加资源或修改进度计划。

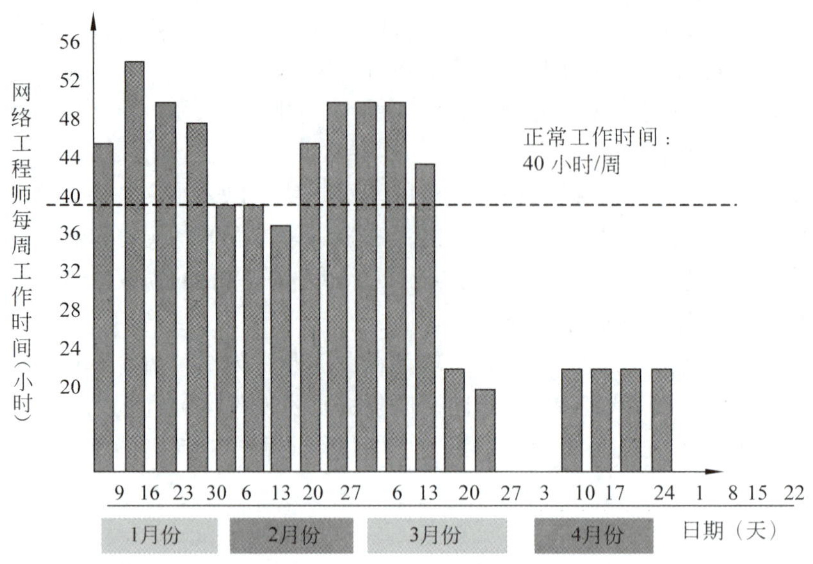

图 9-12 人力资源直方图

（3）人员遣散计划。事先确定遣散团队成员的方法与时间，对项目和团队成员都有好处。一旦把团队成员从项目中遣散出去，项目就不再负担与这些成员相关的成本，从而节约项目成本。如果已经为员工安排好向新项目的平滑过渡，则可以提高士气。人员遣散计划也有助于减轻项目过程中或项目结束时可能发生的人力资源风险。

（4）培训需要。如果预计配给的团队成员不具备所要求的能力，则要制订一个培训计划，将培训作为项目的组成部分。培训计划中也可说明应该如何帮助团队成员获得相关证书，以提高他们的工作能力，从而使项目从中受益。

（5）认可与奖励。需要用明确的奖励标准和事先确定的奖励制度来促进并加强团队成员的优良行为。应该针对团队成员可以控制的活动和绩效进行认可与奖励。例如，因实现成本目标而获奖的团队成员，就应该对费用开支有适当的决定权。在奖励计划中规定发放奖励的时间，可以确保奖励能适时兑现而不被遗忘。认可与奖励在建设项目团队过程中具体实施。

（6）合规性。人员配备管理计划中可包含一些策略，以遵循适用的政府法规、工会合同和其他现行的人力资源政策。

（7）安全。应该在人员配备管理计划和风险登记册中规定一些政策和程序，使团队成员远离安全隐患。

9.4.5 团队绩效评价

随着项目团队建设工作（如培训、团队建设和集中办公等）的开展，项目管理团队应该对项目团队的有效性进行正式或非正式评价。有效的团队建设策略和活动可以提高团队绩效，从而提高实现项目目标的可能性。团队绩效评价标准应由全体相关各方联合确定，并被整合到建设项目团队过程的输入中。

以任务和结果为导向是高效团队的重要特征，其团队绩效评价基于：技术达成情况（达成既定的项目目标，包括质量水平）、进度绩效（按时完成）和成本绩效（在财务约束条件内完成）。

评价团队有效性的指标可包括：

- 个人技能的改进，从而使成员更有效地完成工作任务。
- 团队能力的改进，从而使团队更好地开展工作。
- 团队成员离职率的降低。
- 团队凝聚力的加强，从而使团队成员公开分享信息和经验，并互相帮助，来提高项目绩效。

通过对团队整体绩效的评价，项目管理团队能够识别出所需的特殊培训、教练、辅导、协助或改变，以提高团队绩效。项目管理团队也应该识别出合适或所需的资源，以执行和实现在绩效评价过程中提出的改进建议。应该妥善记录这些团队改进建议和所需资源，并传达给相关方。

9.5 项目人力资源管理案例

9.5.1 典型案例一

1．案例场景

Simple 公司钱某新接手一个信息系统集成项目的管理工作，根据用户的业务要求，该项目要采用一种新的技术架构，项目团队没有应用这种架构的经验。

钱某的管理风格是 Y 型的，在项目启动之初，为了调动大家的积极性，宣布了多项激励政策，如“按期用该新技术架构搭建出系统原型有奖，按时保质保量完成任务者有奖”，并分别公布了具体的奖励数额；在项目实施期间，为了激励士气，经常请大家聚餐。由于 Simple 公司单位领导属于 X 型管理风格，很多餐票都不予报销。而在项目实施现场，因施工人员技术不过关导致一台电源烧坏，钱某也悄悄地在项目中给予报销。

负责新技术架构的架构师经历多次失败之后，总算凭自己的经验和探索搭建出了系统原型。最后，虽然项目实际的进度、成本和质量等目标大体达到了要求，钱某自我感觉尚可，项目好歹也通过了验收，但他当初关于奖励的承诺并没有兑现，有人甚至认为他跟领导一唱一和，钱某有苦难言。

【问题 1】请概括出 Simple 公司钱某在人力资源管理方面存在的问题。

【问题 2】针对本案例，项目经理钱某应该用哪些措施进行团队建设？

【问题 3】钱某应该如何运用自己的 Y 型管理风格有效地管理项目？

2．案例解析

【问题 1】

（1）奖励政策没有得到领导的同意（或支持，或没与领导沟通）。

（2）Y 型的管理风格没有与切实可行的规章制度（或措施、机制）相结合。

（3）钱某的管理风格没有与领导的管理风格相协调。

（4）没有对员工进行培训。

（5）没有配置有经验的人员（或人力资源获取方式单一）。

【问题 2】

（1）一般管理技能（如沟通、交流）。

（2）培训。

（3）团队建设活动（如周例会、共同解决问题、拓展训练）。

（4）共同的行为准则（或基本原则、规章制度）。

（5）尽量集中办公（或同地办公、封闭开发）。

（6）认可奖励（或恰当的奖励与表彰措施）。

【问题 3】

（1）Y 型的管理风格，要与切实可行的规章制度相结合，与领导风格相一致（或相适应）。

（2）加强对项目团队成员的培训（教育）。

（3）强调激励与约束并重，进化自己的管理风格。

9.5.2 典型案例二

1．案例场景

Simple 公司刚刚中标某电子政务系统开发项目，用户单位要求电子政务系统必须在年底前投入使用。王某是 Simple 公司的项目经理，并且刚成功地领导一个 6 人的项目团队完成了一个类似项目，因此公司指派王某带领原来的团队负责该项目。

王某带领原项目团队结合以往经验顺利完成了需求分析、项目范围说明书等前期工作，并通过了审查，得到了甲方的确认。由于进度紧张，王某又从公司申请调来了两个开发人员进入项目团队。

项目开始实施后，项目团队原成员和新加入成员之间经常发生争执，对发生的错误相互推诿。项目团队原成员认为新加入成员效率低下，延误项目进度；新加入成员则认为项目团队原成员不好相处，不能有效沟通。王某认为这是正常的项目团队磨合过程，没有过多干预。同时，批评新加入成员效率低下，认为项目团队原成员更有经验，要求新加入成员要多向原成员虚心请教。

项目实施两个月后，王某发现大家汇报项目的进度言过其实，进度远没有达到计划目标，项目已陷入困境。

【问题 1】请简要分析造成该项目上述问题的可能原因。

【问题 2】结合你的实际经验，概述成功团队的特征。

【问题 3】针对项目目前的状况，在项目人力资源管理方面王某可以采取哪些补救措施？

2．案例解析

【问题 1】

问题产生的可能原因有：

（1）王某对新员工的工作能力和团队合作素质没有进行考察。

（2）王某没有进行有效的团队建设和团队管理。

（3）王某对于冲突的处理方式过于简单。

（4）王某对人员的绩效评估缺乏有效的考核手段。

（5）王某没有对进度进行有效控制。

【问题 2】

成功团队的特征：

（1）团队的目标明确，成员清楚自己工作对目标的贡献。

（2）团队的组织结构清晰，岗位明确。

（3）有成文或习惯的工作流程和方法，而且流程简明有效。

（4）项目经理对团队成员有明确的考核和评价标准，工作结果公正公开，赏罚分明。

（5）有共同制定并遵守的组织纪律。

（6）团队成员相互信任，协同工作，善于总结和学习。

【问题 3】

（1）采用合适的团队建设手段，消除团队成员间的隔阂。

（2）明确项目团队的目标，及项目组各成员的分工。

（3）建立清晰的工作流程和沟通机制。

（4）建立明确的考核评价标准。

（5）鼓励团队成员之间建立参与和分享的氛围。

（6）制定有效的激励措施。

9.6　本章练习

（1）项目人力资源管理就是有效地发挥每一个项目参与人作用的过程，关于项目人力资源管理说法错误的是________。

A．项目人力资源管理包括人力资源编制、组建项目团队、项目团队建设，管理项目团队四个过程

B．责任分配矩阵（RAM）被用来表示需要完成的工作和团队成员之间的联系

C．好的项目经理需要有高超的冲突管理技巧

D．组织分解结构（OBS）根据项目的交付物进行分解，因此团队成员能够了解应提供哪些交付物

试题分析

根据项目交付物进行分解的是WBS。组织分解结构（OBS）与工作分解结构（WBS）形式上很相似，但是它不是根据项目的交付物进行分解，而是根据组织现有的部门、单位或团队进行分解，项目的活动和工作包列在负责的部门下面。

参考答案：D

（2）关于下表，________的描述是错误的。

	人　员				
活动	小张	小王	小李	小赵	小钱
定义	R	I	I	A	I
测试	A	C	I	I	C
开发	R	C	I	I	C

A．该表是一个责任分配矩阵

B．该表表示了需要完成的工作和团队成员之间的关系

C．该表不应包含虚拟团队成员

D．该表可用于人力资源计划编制

试题分析

这是一个典型的RACI格式的责任分配矩阵，其中应包含虚拟团队成员。

参考答案：C

（3）Perfect大型电力系统项目的一个关键团队成员已经出现进度延误的迹象并且工作质量也开始出问题。项目经理相信该成员非常清楚工作的最终期限和质量规范要求。在矩阵环境下，项目经理应采取的措施是________。

A．把问题报告给人力资源经理以便采取纠正措施

B．重新把一些工作分配给其他团队成员，直到绩效开始改进

C．立即找那个员工，强调并提醒进度和质量的重要性

D．把这种情况上报给那个员工的职能经理并请求协助

试题分析

- 题干中提到“项目经理相信该成员非常清楚工作的最终期限和质量规范要求”，这是在告诉我们不能选C。
- 有人说应该选B，而且他在实际项目中也是这么做的。B不符合现代项目管理的基本思想，会形成负面循环：对工作不认真、不负责的人工作越来越少、越来越

轻松，勤勤恳恳、任劳任怨的老黄牛却任务越来越多、越来越重。

- A 和 D 的次序是：先 D 后 A，如果职能经理也搞不定这个员工，那只能送公司人力资源部了。

参考答案：D

（4）团队合作是项目成功的重要保证，下列除________外都能表明项目团队合作不好。

A．挫折感　　B．频繁召开会议

C．对项目经理缺乏信任和信心　　D．没有效果的会议

试题分析

频繁召开会不代表项目团队合作不好，有的项目特点就是会多，项目的实际情况要求项目团队必须频繁、密切地沟通。没有效果的会议才代表项目团队合作不好。

参考答案：B

（5）为了成功管理一个项目，项目经理必须承担管理者和领导者的双重角色。作为管理者的角色，下面的选项中，除______外，都是项目经理应重点关注的。

A．制定流程　　B．统一思想，团结人员

C．为项目干系人提供所需要的成果　　D．关注组织及其机构

参考答案：B

（6）有效的团队建设的直接结果是______。

A．提高了项目绩效

B．建设成一个高效、运行良好的项目团队

C．使项目小组成员认识到对项目的绩效负责的是项目经理

D．提高了项目干系人和小组成员为项目贡献力量的能力

试题分析

有效的团队建设的直接结果是建设成一个高效、运行良好的项目团队，提高项目绩效是间接结果。

参考答案：B

（7）把产品技能和知识带到项目团队的恰当方式是______。

A．让项目经理去学校学习三年，获得一个项目管理硕士学位，这样就能保证他学到项目管理的所有知识

B．找一个项目团队，其成员具备的知识与技能能够满足项目的需要

C．让项目团队在项目的实际工作中实习

D．找到可以获得必要的技能和知识的来源

试题分析

- A 错，先不说项目管理硕士是否有实战能力，“去学校学习三年”就不可行，总不能把项目搁置三年，等项目经理学成回来再做吧？
- C 错，违背现代项目管理的基本思想，我们认为项目应该一次性就做成功，而不

能让项目经理拿项目来练手，带领项目团队在黑暗中摸索。

- B 错，通常我们很难找到一个“其成员具备的知识与技能能够满足项目的需要”的团队。
- B 和 D 之间的区别，可以用西游记类比，唐僧师徒四人历尽劫难，但真正被他们降服的妖魔没有几个，绝大多数妖怪都是被外援（观音、如来、太上老君）所收服，即唐僧师徒四人的真正能力是：每次都能“找到可以获得必要的技能和知识的来源”。

参考答案：D

（8）小王作为项目经理正在带领项目团队实施一个新的信息系统集成项目。项目团队已经共同工作了相当一段时间，正处于项目团队建设的发挥阶段，此时一个新成员加入了该团队，此时______。

A．团队建设将从震荡阶段重新开始

B．团队将继续处于发挥阶段

C．团队建设将从震荡阶段重新开始，但很快就会步入发挥阶段

D．团队建设将从形成阶段重新开始

试题分析

选项 C 有两处错误：首先团队建设将从头开始，即从形成阶段重新开始；其次，团队不一定能再次进入发挥阶段，有些团队可能会一直停留在震荡阶段，就此止步不前了。

参考答案：D

（9）在某软件开发项目中，项目经理发现年轻开发人员流失较为严重，导致项目进行中花费大量时间进行招聘、任务交接和善后处理。下列选项中无法改善人员流失状况的是______。

A．通过了解项目团员的感情，预测其行动，了解其后顾之忧，并尽力帮助他们解决问题

B．为了项目的完成，考虑到有限的人力资源，将该项目分包，在时限内完成项目

C．拨出专门团队建设经费，并鼓励团队内非正式的沟通和活动

D．建立培训和知识共享机制，使得所有的团队成员都可以学习到新的知识以及能够互相帮助

试题分析

项目分包无法改善年轻开发人员的流失状况。

参考答案：B

（10）Perfect 项目为期两年，现在是第二年。自从项目开始以来，有些项目团队成员的角色和责任发生了变化，有的队员离开了项目，还有新成员加入了项目，而且，一些已完成的工作包还没有得到要求的完工签字。由于一个关键队员的突然离去，3 个工

作包比原计划落后了 5 个星期，对许多项目活动，该项目的项目经理似乎不知道是谁的责任，为了重新控制这个项目______。

A．根据新的资源需求为原先的人员管理计划重订基础

B．将团队改变成项目化的组织结构，以便最大限度地控制资源分配

C．和项目团队一起准备一个责任分配矩阵

D．通过为大多数关键活动分配技术骨干而创造一个新的部门

试题分析

项目经理不知道每件事都应该谁来干，说明没有责任分配矩阵。

参考答案：C

第 10 章　项目沟通管理和干系人管理

10.1　项目沟通管理基础

10.1.1　项目沟通管理的重要性

沟通（Communication）是人们分享信息、思想和情感的过程。Communication 的字源是源于拉丁语[COMMUNIS]，原意是“彼此分享”“建立共同看法”，所以，沟通的主旨在于互动双方建立彼此相互了解的关系，相互回应，并且期待能经由沟通的行为与过程相互接纳及达成共识。许多专家都认为对任何项目特别是 IT 项目失败的重要原因是沟通的失败。

与 IT 项目成功有关的最重要的四个因素是：主管层的支持、用户参与、有经验的项目经理和清晰的业务目标。所有这些因素都依赖项目经理和团队具有良好的沟通能力，特别是与非 IT 人员。

信息技术领域在不断变化，这些变化产生了大量的技术行话。当计算机专业人士与非计算机人士进行沟通时，技术行话常常使问题变得越复杂，把非专业人士搞得没有头绪。尽管当今使用计算机的人越来越多，但是随着技术进步，用户与开发者之间的差距也越来越大。当然，并不是所有计算机专业人员都不善于沟通，任何领域的人员都可以提高自己的沟通能力。

据统计，商场上的成功 85%取决于沟通；美国企业经理 94%的时间用于沟通；美国联邦品保机构已将沟通能力列入质量保证成功的先决条件。

项目沟通管理是确保及时、正确地产生、收集、分发、储存和最终处理项目信息所需的过程。项目沟通管理过程揭示了实现成功沟通所需的人员、观点、信息这三项要素之间的一种联络过程。项目经理们花费大量无规律的时间与项目团队、项目干系人、客户和赞助商沟通。项目中的每一成员都应当了解沟通是如何在整体上影响项目。

10.1.2　项目沟通管理相关理论

1．沟通模型

沟通的基本模型用于显示信息如何在双方（发送方和接收方）之间被发送和被接收。该模型的关键要素包括：

（1）编码。把思想或想法转化为他人能理解的语言。

（2）信息和反馈信息。编码过程所得到的结果。

（3）媒介。用来传递信息的方法。

（4）噪声。干扰信息传输和理解的一切因素（如距离、新技术、缺乏背景信息等）。

（5）解码。把信息还原成有意义的思想或想法。

基本沟通模型包含 5 个基本状态：已发送、已收到、已理解、已认可、已转化为积极的行动。

（1）已发送：当你传送信息给他人。这并不表示对方已经读取或听到了，电子邮件和电话也只是帮助我们快速传递信息却不能保证对方准备读取它。这仅仅是信息已发送的状态。

（2）已收到：当对方信息已收到。但这并不表示对方有任何意图去读取、理解或解决信息的问题。

（3）已理解：正确的消化和理解信息中的内容是简单接收信息中关键的一环，通常理解需要一定的上下文背景知识，需要对其中某些内容提出问题，或向发送者进行确认或澄清等步骤。

（4）已认可：理解了传达的信息并不代表对方已同意这个观点。或许对方明白了你的意思，但完全不同意或者认为这是个糟糕的主意。所以在两个聪明的有主见的人之间达成一致是一项复杂而又消耗时间的事情，尤其是两个人的观点又都不能非常明白清晰的向对方阐述的时候。尽管如此，达成一致仍然是做出项目决策和有效沟通的关键一环。

（5）已转化为积极的行动：尽管正确的理解和达成一致的认可是多么的困难，更加困难的是让对方转化为实际的积极的行动，而且是方向正确无误的行动。这是整个过程中最难的一环，通常需要反复的沟通、一定的监督或帮助下才能较好的完成。

2．沟通渠道

沟通渠道是指由信息源选择和确立的传送信息的媒介物，即信息传播者传递信息的途径。信息源必须确定何种渠道是正式的，何种渠道是非正式的。一般，正式渠道由组织建立，它传递那些与工作相关的活动信息，并遵循着组织中的权力网络；另一种信息形式在组织中是通过非正式渠道来传递的。沟通渠道分为个人的和非个人的两大类型。

（1）个人沟通渠道。通过个人沟通渠道，两个或更多的人直接互相交流，他们可以面对面、通过电话、甚至通过邮件交流。个人传播渠道中有一种现象称为口头传播影响，在许多产品领域都行之有效。

（2）非个人沟通渠道。它包括主要媒体、氛围和活动。主要媒体包括报刊媒体、广播媒体、展示媒体。氛围是特别设计的环境，建立并加强买主购买某一产品的倾向。活动是安排好的事件，向目标受众传达信息。

在组织中的沟通渠道主要分为正式沟通渠道、非正式沟通渠道。

（1）正式沟通渠道。是指在组织系统内，依据一定的组织原则所进行的信息传递与交流。例如传达文件、召开会议、上下级之间的定期的情报交换等。另外，团体所组织的参观访问、技术交流、市场调查等也在此列。正式沟通的优点是：沟通效果好，比较严肃，约束力强，易于保密，可以使信息沟通保持权威性。重要信息的传达一般都采取这种方式。其缺点是：由于依靠组织系统层层的传递，所以较刻板，沟通速度慢。

（2）非正式沟通渠道。指的是正式沟通渠道以外的信息交流和传递以及相互之间的回馈，以达成双方利益和目的一种方式，它不受组织监督，自由选择沟通渠道。例如，团体成员私下交换看法、朋友聚会、传播谣言和小道消息等都属于非正式沟通。非正式沟通是正式沟通的有机补充。在许多组织中，决策时利用的情报大部分是由非正式信息系统传递的。同正式沟通相比，非正式沟通往往能更灵活迅速地适应事态的变化，省略许多烦琐的程序；并且常常能提供大量的通过正式沟通渠道难以获得的信息，真实地反映员工的思想、态度和动机。因此，这种动机往往能够对管理决策起重要作用。非正式沟通的优点是：沟通形式不拘，直接明了，速度很快，容易及时了解到正式沟通难以提供的"内幕新闻"。非正式沟通能够发挥作用的基础，是团体中良好的人际关系。其缺点表现在：非正式沟通难以控制，传递的信息不确切，易于失真、曲解，而且，它可能导致小集团、小圈子，影响人心稳定和团体的凝聚力。

此外，非正式沟通还有一种可以事先预知的模型。心理学研究表明，非正式沟通的内容和形式往往是能够事先被人知道的。它具有以下几个特点：① 消息越新鲜，人们谈论得就越多；② 对人们工作有影响者，最容易招致人们谈论；③ 最为人们所熟悉者，最多为人们谈论；④ 在工作中有关系的人，往往容易被牵扯到同一传闻中去；⑤ 在工作上接触多的人，最可能被牵扯到同一传闻中去。对于非正式沟通这些规律，管理者应该予以充分注意，以杜绝起消极作用的"小道消息"，利用非正式沟通为组织目标服务。

现代管理理论提出了一个新概念，称为"高度的非正式沟通"。它指的是利用各种场合，通过各种方式，排除各种干扰，来保持他们之间经常不断的信息交流，从而在一个团体、一个企业中形成一个巨大的、不拘形式的、开放的信息沟通系统。实践证明，高度的非正式沟通可以节省很多时间，避免正式场合的拘束感和谨慎感，使许多长年累月难以解决的问题在轻松的气氛下得到解决，减少了团体内人际关系的摩擦。

3．沟通技巧

在沟通管理过程中一定要善于运用非语言信号为语言的效果进行铺垫，真诚的微笑，热烈的握手，专注的神态，尊敬的寒暄，都能给对方带来好感，活跃沟通气氛，加重后面语言的份量。技巧包括（但不仅限于）：

- 赞美对方。
- 移情入境。
- 轻松幽默。
- 袒露胸怀。
- 求同存异。
- 深入浅出。
- 聆听中的技巧。

- 使用目光接触和对视。
- 展现赞许性的表示。
- 避免分心的举动或手势。
- 适时合理地提问。
- 正确有效地复述。
- 避免随便打断对方。
- 尽量做到多听少说。
- 使听者与说者的角色顺利转换。

表述中的技巧：

- 预先准备思路和提纲。
- 及时调整和修订编码。
- 及时合理地征询意见。
- 避免过度表现自己。
- 尽量言简意赅。

10.2　项目沟通管理过程

项目沟通管理包括为确保项目信息及时且恰当地规划、收集、生成、发布、存储、检索、管理、控制、监督和最终处置所需的各个过程。项目经理的绝大多数时间都用于与团队成员和其他干系人的沟通，无论这些成员或干系人是来自组织内部（位于组织的各个层级上）还是组织外部。有效的沟通在项目干系人之间架起一座桥梁，把具有不同文化和组织背景、不同技能水平、不同观点和利益的各类干系人联系起来。这些干系人能影响项目的执行或结果。

项目沟通管理的各个过程，包括：

（1）规划沟通管理。根据干系人的信息需要和要求及组织的可用资产情况，制订合适的项目沟通方式和计划的过程。

（2）管理沟通。根据沟通管理计划，生成、收集、分发、储存、检索及最终处置项目信息的过程。

（3）控制沟通。在整个项目生命周期中对沟通进行监督和控制的过程，以确保满足项目干系人对信息的需求。

10.2.1　规划沟通管理

规划沟通管理是根据干系人的信息需要和要求及组织的可用资产情况，制订合适的项目沟通方式和计划的过程。本过程的主要作用是，识别和记录与干系人的最有效率且最有效果的沟通方式。

规划项目沟通对项目的最终成功非常重要。沟通规范不当，可能导致各种问题，在大多数项目中，都是很早就进行沟通规划工作。这样，就便于给沟通活动分配适当的资源。有效率的沟通是指以正确的形式、在正确的时间把信息提供给正确的受众，并且使信息产生正确的影响。而有效率的沟通是指只提供所需要的信息。

虽然所有项目都需要进行信息沟通，但是各项目的信息需求和信息发布方式可能差别很大。此外，在本过程中，需要适当考虑并合理记录用来存储、检索和最终处置项目信息的方法。需要考虑的重要因素包括（但不限于）：

- 信息应存储在什么地方。
- 信息应以什么形式存储。
- 如何检索信息。
- 信息需求方和信息的权限。
- 信息所被需要的时间。
- 是否需要考虑时差、语言障碍和跨文化因素等。

应该在整个项目期间，定期审查出自规划沟通管理过程的成果，以确保其持续适用。

1．规划沟通管理：输入

（1）项目管理计划。项目管理计划提供了将如何执行、监控和结束项目的信息。

（2）干系人登记册。干系人登记册为规划与项目干系人的沟通提供信息。

（3）事业环境因素。规划沟通管理过程与事业环境因素有密切关系，因为组织结构对项目的沟通需求有重大影响。原则上，所有事业环境因素都可作为本过程的输入，因为沟通需要适应项目环境。

（4）组织过程资产。原则上，所有组织过程资产都可作为本过程的输入。其中，经验教训和历史信息尤为重要。它们有助于人们深入了解以往类似项目中的沟通决策及其实施结果，有助于指导当前项目的沟通活动规划。

2．规划沟通管理：输出

1）项目文件更新

可能要更新的项目文件包括（但不限于）：

- 项目进度计划。
- 干系人登记册。

2）沟通管理计划

沟通管理计划是项目管理计划的组成部分，描述将如何对项目沟通进行规划，结构化和监控。该计划包括如下信息。

- 通用术语表。
- 干系人的沟通需求。
- 需要沟通的信息，包括语言、格式、内容、详细程度。
- 发布信息的原因。

- 发布信息及告知收悉或做出回应（如适用）的时限和频率。
- 负责沟通相关信息的人员。
- 负责授权保密信息发布的人员。
- 将要接收信息的个人或小组。
- 传递信息的技术或方法。
- 为沟通活动分配的资源，包括时间和预算。
- 问题升级程序，用于规定下层员工无法解决问题时的上报时限和上报路径。
- 随项目进展，对沟通管理计划进行更新与优化的方法。
- 项目信息流向图、工作流程（兼有授权顺序）、报告清单、会议计划等。
- 沟通制约因素，通常来自特定的法律法规、技术要求和组织政策等。

沟通管理计划中还可包括关于项目状态会议、项目团队会议、网络会议和电子邮件信息等的指南和模板。沟通管理计划中也应包含对项目所用网站和项目管理软件的使用说明。

10.2.2　管理沟通

管理沟通是根据沟通管理计划，生成、收集、分发、储存、检索及最终处置项目信息的过程。本过程的主要作用是，促进项目干系人之间实现有效率且有效果的沟通。

本过程不局限于发布相关信息，还要设法确保信息被正确地生成、接收和理解，并为干系人获取更多信息、展开澄清和讨论创造机会。有效的沟通管理需要借助相关技术，考虑相关事宜，包括（但不限于）：

（1）发送——接收模型。其中也包括反馈回路，为互动和参与提供机会，有助于清除沟通障碍。

（2）媒介选择。根据情形确定：何时使用书面沟通或口头交流，何时准备非正式备忘录或正式报告，何时进行面对面沟通或通过电子邮件沟通。

（3）写作风格。合理使用主动或被动语态、句子结构，以及合理选择词汇。

（4）会议管理技术。准备议程和处理冲突。

（5）演示技术。知晓形体语言和视觉辅助设计的作用。

（6）引导技术。建立共识和克服障碍。

（7）倾听技术。主动倾听（告知收悉、主动澄清和确认理解），清除妨碍理解的障碍。

1．管理沟通：输入

（1）沟通管理计划。沟通管理计划描述将如何对项目沟通进行规划、结构化和监控。

（2）工作绩效报告。工作绩效报告汇集了项目绩效和状态信息，可用于促进讨论和建立沟通。报告的全面性、准确性和及时性，对有效开展本过程非常重要。

（3）事业环境因素。能够影响管理沟通过程的事业环境因素包括（但不限于）：

- 组织文化和结构。
- 政府或行业标准及规定。
- 项目管理信息系统。

（4）组织过程资产。能够影响管理沟通过程的组织过程资产包括（但不限于）：

- 有关沟通管理的政策、程序、过程和指南。
- 相关模板。
- 历史信息和经验教训。

2．管理沟通：输出

（1）项目沟通。管理沟通过程包括创建、分发、接收、告知收悉和理解信息所需的活动。项目沟通可包括（但不限于）绩效报告、可交付成果状态、进度进展情况和已发生的成本。受相关因素的影响，项目沟通可能会变动很大。这些因素包括（但不限于）信息的紧急性和影响、信息传递方法、信息机密程度。

（2）项目管理计划更新。项目管理计划中包括项目基准及与沟通管理、干系人管理有关的信息。可能需要基于项目当前绩效与绩效测量基准的对比情况，更新这些内容。绩效测量基准是经过批准的项目工作计划，用来与项目执行情况相比较，以测量偏差，采取管理控制。绩效测量基准通常是项目的范围、进度和成本参数的综合，有时还会包含技术和质量参数。

（3）项目文件更新。可能需要更新的项目文件包括（但不限于）：

- 问题日志。
- 项目进度计划。
- 项目资金需求。

（4）组织过程资产更新。可能需要更新的组织过程资产包括（但不限于）：

- 给干系人的通知。可向干系人提供有关已解决的问题、已批准的变更和项目总体状态的信息。
- 项目报告。采用正式和非正式的项目报告来描述项目的状态。项目报告包括经验教训总结、问题日志、项目收尾报告和出自其他知识领域的相关报告。
- 项目演示资料。项目团队正式或非正式地向任一或全部干系人提供信息。所提供的信息和演示方式应该符合受众的需要。
- 项目记录。包括往来函件、备忘录、会议纪要及描述项目情况的其他文件。应该尽可能整理好项目记录。项目团队成员也会在项目笔记本或记录本（纸质或电子）中记录项目情况。
- 干系人的反馈意见。可以分发干系人对项目工作的意见，用于调整或提高项目的未来绩效。
- 经验教训文档。包括对问题的起因、选择特定纠正措施的理由，以及有关沟通管理的其他经验教训。应该记录和发布经验教训，并在本项目和执行组织的历史数据库中记录。

10.2.3　控制沟通

控制沟通是在整个项目生命周期中对沟通进行监督和控制的过程，以确保满足项目干系人对信息的需求。本过程的主要作用是，随时确保所有沟通参与者之间的信息流动的最优化。

控制沟通过程可能引发重新开展规划沟通管理和/或管理沟通过程。这种重复体现了项目沟通管理各过程的持续性质。对某些特定信息的沟通，如问题或关键绩效指标（如实际进度成本和质量绩效与计划要求的比较结果），可能立即引发修正措施，而对其他信息的沟通则不会。应该仔细评估和控制项目沟通的影响和对影响的反应，以确保在正确的时间把正确的信息传递给正确的受众。

1．控制沟通：输入

1）项目管理计划

项目管理计划描述了项目将如何被执行、监督、控制和收尾。它为控制沟通过程提供了有价值的信息，包括（但不限于）：

- 干系人的沟通需求。
- 发布信息的原因。
- 发布所需信息的时限和频率。
- 负责发布信息的个人或小组。
- 将接收信息的个人或小组。

2）项目沟通

在控制沟通过程中，需要开展活动，来监督沟通情况，采取相应行动，并向干系人通知相关情况。项目沟通可有多种来源，可能在形式、详细程度、正式程度和保密等级上有很大的不同。项目沟通可能包括（但不限于）：

- 可交付成果状态。
- 进度进展情况。
- 已发生的成本。

3）问题日志

问题日志用于记录和监督问题的解决。它可用来促进沟通，确保对问题的共同理解。书面日志记录了由谁来负责在目标日期前解决某特定问题，这有助于对该问题的监督。应该解决那些妨碍团队实现目标的障碍。问题日志中的信息对控制沟通过程十分重要，因为它记录了已经发生的问题，并为后续沟通提供了平台。

4）工作绩效数据

工作绩效数据是对收集到的信息的组织和总结，并展示与绩效测量基准的比较结果。

5）组织过程资产

可能影响控制沟通过程的组织过程资产包括（但不限于）：

- 报告模板。
- 定义沟通的政策、标准和程序。
- 可用的特定沟通技术。
- 允许的沟通媒介。
- 记录保存政策。
- 安全要求。

2．控制沟通：输出

1）工作绩效信息

工作绩效信息是对收集到的绩效数据的组织和总结。这些绩效数据通常根据干系人所要求的详细程度展示项目状况和进展信息。之后，需要向相关的干系人传达工作绩效信息。

2）变更请求

控制沟通过程经常导致需要进行调整、采取行动和开展干预，因此，就会生成变更请求这个输出。变更请求需通过实施整体变更控制过程来处理，并可能导致：

- 新的或修订的成本估算、活动排序、进度日期、资源需求和风险应对方案分析。
- 对项目管理计划和文件的调整。
- 提出纠正措施，以使项目预期的未来绩效重新与项目管理计划保持一致。
- 提出预防措施，降低未来出现不良项目绩效的可能性。

3）项目管理计划更新

控制沟通过程可能引起对沟通管理计划及项目管理计划（如干系人管理计划和人力资源管理计划）其他组成部分的更新。

4）项目文件更新

作为控制沟通过程的结果，有些项目文件可能需要更新。需要更新的项目文件可能包括（但不限于）：

- 预测。
- 绩效报告。
- 问题日志。

5）组织过程资产更新

可能需要更新的组织过程资产包括（但不限于）报告格式和经验教训文档。这些文档可成为项目和执行组织历史数据库的一部分，可能包括问题成因、采取特定纠正措施的理由和项目期间的其他经验教训。

10.3 项目沟通管理的技术和工具

1．会议

需要与项目团队展开讨论和对话，以便确定最合适的方法，用于更新和沟通项目信息，以及回应各干系人对项目信息的请求。这些讨论和对话通常以会议的形式进行。会议可在不同的地点举行，可以是面对面的会议或在线会议。

可借助几种不同类型的项目会议来开展项目沟通。大多数项目会议都是把干系人召集在一起解决问题或制定决策。虽然也可以把一些随意的讨论称作会议，但是大部分项目会议都更为正式，有事先安排的时间、地点和议程。典型的会议通常都用一份拟讨论事项的清单开始。应该事先传阅这份清单，连同专为会议准备的其他文件。然后，根据需要把相关信息分发给其他合适的干系人。

2．沟通需求分析

通过沟通需求分析，确定项目干系的信息需求，包括所需信息的类型和格式，以及信息对干系人的价值。项目资源只能用来沟通有利于项目成功的信息，或者那些因缺乏沟通会造成失败的信息。

项目经理还应该使用潜在沟通渠道或路径的数量，来反映项目沟通的复杂程度。潜在沟通渠道的总量为 n（n−1）/2，其中，n 代表干系人的数量。因此，在规划项目沟通中，需要做的一件重要工作就是确定和限制谁应该与谁沟通，以及谁将接收何种信息。

常用于识别和确定项目沟通需求的信息包括（但不限于）：

- 组织结构图。
- 项目组织与干系人之间的责任关系。
- 项目所涉及的学科、部门和专业。
- 参与项目的人数与项目地点。
- 内部信息需求（组织内部沟通的时间）。
- 外部信息需求（与媒体、公众或外包的沟通时间）。
- 来自干系人登记册的干系人信息和沟通需求。

3．沟通技术

可以采用各种技术在项目干系人之间传递信息。可能影响沟通技术选择的因素包括：

- 信息需求的紧迫性。需要考虑信息传递的紧迫性、频率和形式，它们可能因项目而异，也可能因项目阶段而异。
- 技术的可用性。需要确保沟通技术在整个项目生命周期中，对所有干系人，都具有兼容性、有效性和开放性。
- 易用性。需要确保沟通技术适合项目参与者，并制订合理的培训计划（如果必要）。
- 项目环境。需要确认团队将面对面工作或在虚拟环境下工作，成员将处于一个或多个时区，他们是否使用多种语言，以及是否存在影响沟通的其他环境因素。
- 信息的敏感性和保密性。需要确定相关信息是否属于敏感或机密信息，是否需要采取特别的安全措施，并在此基础上选择最合适的沟通技术。

4．沟通方法

可以使用多种沟通方法在项目干系人之间共享信息。这些方法可以大致分为：

- 交互式沟通。在两方或多方之间进行多向信息交换。这是确保全体参与者对特定话题达成共识的最有效的方法，包括会议、电话、即时通信、视频会议等。
- 推式沟通。把信息发送给需要接收这些信息的特定接收方。这种方法可以确保信息的发送，但不能确保信息送达受众或被目标受众理解。推式沟通包括信件、备忘录、报告、电子邮件、传真、语音邮件、日志、新闻稿等。
- 拉式沟通。用于信息量很大或受众很多的情况。要求接收者自主自行地访问信息内容。这种方法包括企业内网、电子在线课程、经验教训数据库、知识库等。

项目干系人可能需要对沟通方法的选择展开讨论并取得一致意见。应该基于下列因素来选择沟通方法：沟通需求、成本和时间限制、相关工具和资源的可用性，以及对相关工具和资源的熟悉程度。

5．信息管理系统

信息管理系统为项目经理获取、储存和向干系人发布有关项目成本、进度进展和绩效等方面的信息提供了标准工具。项目经理可借助软件包来整合来自多个系统的报告，并向项目干系人分发报告。

用来管理和分发项目信息的工具有很多，包括：

- 纸质文件管理。
- 电子通信管理。
- 项目管理电子工具。

6．报告绩效

报告绩效是指收集和发布绩效信息，包括状况报告、进展测量结果及预测结果。应该定期收集基准数据与实际数据，进行对比分析，以便了解和沟通项目进展与绩效，并对项目结果做出预测。

需要向每位受众适度地提供信息。可以是简单的状态报告，也可以是详尽的报告；可以是定期编制的报告，也可以是异常情况报告。简单的状态报告可显示诸如“完成百分比”的绩效信息，或每个领域（即范围、进度、成本和质量）的状态指示图。较为详尽的报告可能包括：

- 对过去绩效的分析。
- 项目预测分析，包括时间与成本。
- 风险和问题的当前状态。
- 本报告期完成的工作。
- 下个报告期需要完成的工作。
- 本报告期被批准的变更的汇总。
- 需要审查和讨论的其他相关信息。

7．专家判断

项目团队经常依靠专家判断来评估项目沟通的影响、采取行动或进行干预的必要性、应该采购的行动、对这些行动的责任分配，以及行动时间安排。可能需要针对各种技术和/或管理细节使用专家判断。专家判断可以来自拥有特定知识或受过特定培训的小组或个人，之后项目经理在项目团队的协作下，决定所需要采取的行动，以便确保在正确的时间把正确的信息传递给正确的受众。

10.4　项目干系人管理基础

10.4.1　项目干系人的重要性

项目干系人管理是指对项目干系人需求、希望和期望的识别，并通过沟通上的管理来满足其需要、解决其问题的过程。项目干系人管理将会赢得更多人的支持，从而能够确保项目取得成功。具体来说，项目干系人管理能够带来以下好处。

（1）将会赢得更多的资源，通过项目干系人管理，能够得到更多有影响力的干系人的支持，自然会得到更多的资源。

（2）快速频繁的沟通将能确保对项目干系人需要、希望和期望的完全理解；从某种意义上来说需求管理是项目干系人管理的一部分。

（3）能够预测项目干系人对项目的影响，尽早进行沟通和制订相应的行动计划，以免受到项目干系人的干扰。

10.4.2　项目干系人管理的主要内容

1．项目干系人分析

识别出项目的干系人，并对干系人的兴趣、影响力等进行分析，理解关键项目干系人的需要、希望和期望。

2．沟通管理

根据项目干系人分析的结果，制订相应的沟通计划，并予以执行。

3．问题管理

对沟通过程发现的问题，记录，并采取行动进行解决。

10.4.3　项目干系人的管理依据

1．项目管理计划

用于制订干系人管理计划的信息包括（但不限于）：

- 项目的客户和用户。
- 项目的目的、产品和各项管理目标。

- 对如何执行项目以实现项目目标的描述。
- 项目所选用的生命周期及各阶段拟采用的过程。
- 项目实施组织内的主管领导、项目已安排的人员、项目的责任分配、报告关系和人员配备管理等内部干系人信息。
- 对如何满足人力资源需求的描述。
- 变更管理计划，规定将如何监控变更。
- 干系人之间的沟通需要和沟通技术。

2. 沟通管理计划

通过项目干系人需求和期望可以了解项目干系人的目标、目的与沟通层次。在沟通管理计划中对这些需求和期望进行识别、分析和记录。沟通管理计划是项目管理计划的从属计划。项目干系人需要并期望得到在项目进行期间明确的项目干系人目标、目的、沟通级别，这种需要和期望的信息是可识别的、可检查的并在项目沟通管理计划载明，所用到的信息包括（但不限于）：

- 干系人的沟通需求。
- 需要沟通的信息，包括语言、格式、内容和详细程度。
- 发布信息的原因。
- 将要接收信息的个人或群体。
- 沟通升级流程。

3. 组织过程资产

随着项目问题的出现，项目经理应与相关项目干系人共同致力于解决问题。

10.5 项目干系人管理过程

项目干系人管理包括用于开展下列工作的各个过程：识别能影响项目或者受项目影响的全部人员、群体或者组织，分析干系人对项目的期望和影响，制定合适的管理策略来有效调动干系人参与项目决策和执行。干系人管理还关注与干系人的持续沟通，以便了解干系人的需要和期望，解决实际发生的问题，管理利益冲突，促进干系人合理参与项目决策和活动。应该把干系人满意度作为一个关键的项目目标来进行管理。

10.5.1 识别干系人

识别能影响项目决策、活动或结果的个人、群体或组织，以及被项目决策、活动或者结果影响的个人、群体或者组织，并分析和记录他们的相关信息的过程。这些信息包括他们的利益、参与度、互相依赖、影响力及对项目成功的潜在影响。项目干系人包括项目当事人和其利益受该项目影响（受益或受损）的个人和组织；也可以把他们称作项目的利害关系者。除了上述的项目当事人外，项目干系人还可能包括政府的有关部门、社区公众、项目用户、新闻媒体、市场中潜在的竞争对手和合作伙伴等；甚至项目班子成员的家属也应视为项目干系人。在项目或者阶段的早期就识别干系人，并分析他们的利益层次、个人期望、重要性和影响力对项目的成功非常重要。

1．识别干系人：输入

1）项目章程

提供与项目有关的、受项目结果或执行影响的内外部各方的信息，如项目发起人、客户、团队成员、项目参与小组和部门，以及受项目影响的其他个人或者组织。

2）采购文件

如果项目是某个采购活动的结果，或者某个已经签订的合同，那么合同各方都是关键的项目干系人。

3）环境因素

能够影响识别干系人过程的环境因素包括（但不仅限于）：

- 组织文化和结构。
- 政府或者行业标准。
- 全球区域或当地的趋势、习惯等。

4）组织过程资产

能够影响识别干系人过程的组织过程资产包括（但不仅限于）：

- 干系人登记册模板。
- 以往项目或阶段的经验教训。
- 以往项目的干系人登记册。

2．识别干系人：输出

干系人登记手册。用于记录已经识别的干系人的相关详细信息。包括：基本信息、评估信息、干系人分类。应定期查看并更新干系人登记册，以为整个项目生命周期中干系人可能发生变化，也可能识别出新的干系人。

10.5.2　规划干系人管理

基于干系人的需求、利益及对项目成功的潜在影响的分析，制定合适的管理策略，以有效调动干系人参与整个项目生命周期的过程。此过程为项目干系人的互动提供清晰且可操作的计划，以支持项目利益。规划干系人管理是一个反复过程，应由项目经理定期开展。

1．规划干系人管理：输入

1）项目管理计划

用于制订干系人管理计划的信息包括（但不限于）：

- 项目所选用的生命周期及各个阶段拟采用的过程。
- 对如何执行项目以实现项目目标的描述。

- 对如何满足人力资源需求，如何定义和安排项目角色与职责、报告关系和人员配置管理等。
- 变更管理计划，规定将如何监控变更。
- 干系人之间的沟通需要和沟通技术。

2）干系人登记手册

有助于对项目干系人的参与方式进行规划。

3）事业环境因素

所有的事业环境因素都是本过程的输入。其中，组织文化、组织结构和政治氛围特别重要。

4）组织过程资产

所有组织过程资产都是本过程的输入。其中，经验教训和历史信息特别重要。

2．规划干系人管理：输出

1）干系人管理计划

为有效调动干系人参与而制定的管理策略。通常包括。

- 关键干系人的所需参与程度和当前参与程度。
- 干系人变更的范围和影响。
- 干系人之间相互关系和潜在关系。
- 项目现阶段的干系人沟通需求。
- 需要分发给干系人的信息。
- 分发相关信息的理由，以及可能产生的影响。
- 向干系人发送信息的频率和时限。
- 随着项目的进展，更新和优化干系人管理计划的方法。

2）项目文件更新

可能更新的项目文件包括（但不仅限于）：

- 项目进度计划。
- 干系人登记册。

10.5.3 管理干系人

在整个项目生命周期中，与干系人进行沟通和协作，以满足他的需求与期望，解决实际出现的问题，并促进干系人合理参与项目活动的过程。此过程的作用是帮助项目经理提升来自干系人的支持，并把干系人的抵制降到最低，从而显著提高项目成功的机会。

管理干系人参与包括以下活动。

- 调动干系人适时参与项目，以获得或确认他们对项目成功的持续承诺。
- 通过协商和沟通管理干系人的期望，确保项目目标实现。
- 处理尚未成为问题的干系人关注点，预测干系人未来可能提出的问题。需要尽早识别和讨论这些关注点，以便评估相关的项目风险。

- 澄清和解决已经识别出的问题。

通过管理干系人参与，确保干系人清晰地理解项目目的、目标、收益和风险，提高项目的成功概率。这不仅仅能使项目干系人成为项目积极的支持者，而且能够使项目干系人协调和指导项目活动和项目决策。干系人对项目的影响能力通常在项目启动阶段最大，而后随着项目进展逐渐降低。

1．管理干系人：输入

1）干系人管理计划

描述了用于干系人沟通的方法和技术，为调动干系人最有效地参与项目提供指导。该计划用于确定各个干系人之间的互动程度，有助于制定在整个项目生命周期中识别和管理干系人的策略。

2）沟通管理计划

为管理干系人的期望提供指导和信息。所用到的信息包括（但不限于）：

- 干系人的沟通需求。
- 需要沟通的信息。
- 发布信息的原因。
- 将要接受信息的个人或群体。
- 升级流程。

3）变更日志

用于记录项目期间发生的变更。应该与适当的干系人就这些变更及其对项目时间、成本和风险等的影响进行沟通。

4）组织过程资产

能够影响管理干系人参与过程的组织过程资产包括（但不限于）：

- 组织对沟通的要求。
- 问题管理程序。
- 变更控制程序。
- 以往项目的历史信息。

2．管理干系人：输出

1）问题日志

问题日志应随着新问题的出现和老问题的解决而动态更新。

2）变更请求

在管理干系人参与过程中可能对产品和项目提出变更请求。变更请求可能包括针对项目本身的纠正和预防措施，以及针对与相关干系人的互动的纠正或者预防措施。

3）项目管理计划更新

对项目管理计划进行更新，以反映沟通计划的修改。当识别新的干系人需求，或者需要对干系人需求进行修改时，就需要更新计划。该计划也需要因处理关注点和解决问题而更新。

4）项目文件更新

可能更新项目文件包括（但不限于）干系人登记册。包括：干系人信息变化、识别出新的干系人、原有干系人不再参与项目、原有干系人不再受项目影响等。

5）组织过程资产更新

可能需要更新的组织过程资产包括（但不限于）：

- 给干系人的通知。
- 项目报告。
- 项目演示资料。
- 项目记录。
- 干系人的反馈意见。
- 经验教训文档。

10.5.4 控制干系人参与

全面监督项目干系人之间的关系，调整策略和计划，以调动干系人参与的过程。本过程的作用是，随着项目进展和环境变化，维持并提升干系人参与活动的效率和效果。

1．控制干系人参与：输入

1）项目管理计划

可用于控制干系人参与的信息包括（但不限于）：

- 项目所选用的生命周期及各个阶段拟采用的过程。
- 对如何执行项目以实现项目目标的描述。
- 对如何满足人力资源需求，如何定义和安排项目角色与职责、报告关系和人员配置管理等。
- 变更管理计划，规定将如何监控变更。
- 干系人之间的沟通需要和沟通技术。

2）问题日志

问题日志应随着新问题的出现和老问题的解决而动态更新。

3）工作绩效数据

从每个正在执行的活动中收集到的原始观察结果和测量值。

4）项目文件

来自启动、规划、执行和控制过程的诸多文件，可用作控制干系人参与的支持性输入。包括（但不限于）：

- 项目进度计划。
- 干系人登记册。
- 问题日志。
- 变更日志。
- 项目沟通文件。

2．控制干系人参与：输出

1）工作绩效信息

从每个正在执行的活动中收集到的原始观察结果和测量值，结合相关背景和领域关系进行整合分析，而得到的绩效数据，可以作为项目决策的可靠基础。它通过沟通过程进行传递。

2）变更请求

在分析项目绩效及干系人互动中，经常提出变更请求。

3）项目管理计划更新

如发现需要改变方法和策略以适应干系人管理策略的整体有效性的变化，那么就需要更新项目管理计划。

4）项目文件更新

可能更新项目文件包括（但不限于）：

- 干系人登记册。
- 问题日志。

5）组织过程资产更新

可能需要更新的组织过程资产包括（但不限于）：

- 给干系人的通知。
- 项目报告。
- 项目演示资料。
- 项目记录。
- 干系人的反馈意见。
- 经验教训文档。

10.6　项目干系人管理的技术和工具

1．干系人分析

干系人分析是系统的收集和分析各种定量与定性信息，以便确定在整个项目中应该考虑哪些人的利益。通过干系人分析，识别出干系人的利益、期望和影响，并把他们与项目的目的联系起来。干系人分析也有助于了解干系人之间的关系，以便利用这些关系来建立联盟或者伙伴合作，从而提供项目成功的可能性。在项目的不同阶段应该对干系人施加不同的影响。

干系人分析的步骤如下。

（1）识别干系人及其相关信息。

（2）分析干系人可能的影响并把他们分类和排序。

（3）评估干系人对不同情况可能做出的反应，以便制定相应策略对他们施加正面影响。

干系人分类模型如下。

（1）权利/利益方格。根据干系人的职权大小和对项目结果的关注（利益）程度进行分类。

（2）权利/影响方格。干系人的职权大小以及主动参与（影响）项目的程度进行分类。

（3）影响/作用方格。干系人主动参与（影响）项目的程度及改变项目计划或者执行的能力进行分类。

（4）凸显模型。根据干系人的权力（施加自己意愿的能力）、紧迫程度和合法性对干系人进行分类。

2．专家判断

为确保识别和列出全部干系人，应该向专业的小组或者个人寻求专家判断和专业意见。如：高级管理人员、组织内部的其他部门、已经识别的关键干系人、相同领域有过经验的项目经理、相关行业或者项目领域的专家、行业团体和顾问、技术协会。

3．会议

召开情况分析会议，来交流和分析各个干系人的角色、利益、知识和整体立场的信息，加强对主要项目干系人的了解。

4．分析技术

比较所有干系人当前参与程度与计划参与程度（为项目成功所需要的）。在整个项目生命周期中，干系人的参与对项目的成功至关重要。

干系人的参与程度可按照如下标准分类。

- 不知晓。
- 抵制。
- 中立。
- 支持。
- 领导。

可在干系人参与评估矩阵中记录干系人的当前参与程度。

5．沟通方法

在管理干系人参与时，应该使用在沟通管理计划中确定的针对每个干系人的沟通方法。

6．人际关系技能

项目经理应用人际关系技能来管理干系人的期望。如：

- 建立信任。
- 解决冲突。
- 积极倾听。
- 克服变更阻力。

7．管理技能

项目经理应用管理技能来达成项目目标。如：

- 引导干系人对项目目标达成共识。
- 对干系人施加正面影响。
- 通过谈判达成共识。
- 调整组织行为，以接受项目成果。

8．信息管理系统

此系统为项目经理获取、储存和向干系人发布有关项目成本、进展和绩效等方面的信息提供了标准工具。它也可以帮助项目经理整合来自多个系统的报告，便于向项目干系人分发报告。

10.7　本章练习

1．判断题

（1）解码是把思想或想法转化为他人能理解的语言。（×）

（2）项目沟通管理不包括控制沟通过程。（×）

（3）规划沟通管理的输出包括干系人登记册。（√）

（4）控制沟通的输出不包括工作绩效信息。（×）

2．选择题

（1）________不是项目干系人管理的主要内容。

A．项目干系人分析　B．沟通管理　C．问题管理　D．风险预测

参考答案：D

（2）________不是识别干系人的输入。

A．项目章程　B．采购文件

C．干系人登记手册　D．环境因素

参考答案：C

（3）________不是管理干系人的输入。

A．问题日志　B．干系人管理计划　C．变更日志　D．沟通管理计划

参考答案：A

3．问答题

（1）项目干系人管理能够带来的好处有哪些？

① 将会赢得更多的资源，通过项目干系人管理，能够得到更多有影响力的干系人的支持，自然会得到更多的资源。

② 快速频繁的沟通将能确保对项目干系人需要、希望和期望的完全理解；从某种意义上来说需求管理是项目干系人管理的一部分。

③ 能够预测项目干系人对项目的影响，尽早进行沟通和制订相应的行动计划，以免受到项目干系人的干扰。

（2）控制干系人参与的输出包括哪些？

① 工作绩效信息。

② 变更请求。

③ 项目管理计划更新。

④ 项目文件更新。

⑤ 组织过程资产更新。

第 11 章　项目风险管理

11.1　项目风险管理概述

11.1.1　项目风险定义

人们常常提到风险，但不是每个人都认真地思考过风险的含义。从事项目管理的人，必须弄清楚什么是风险。

风险的含义可以从多种角度来考察。首先，风险同人们有目的的活动有关。人们从事活动，总是预期一定的结果，如果对于预期的结果没有十分的把握，人们就会认为该项活动有风险。第二，风险同将来的活动和事件有关。已经结束了的活动或项目，既成事实，后果已无法改变。对于将来的活动、事件或项目，总是有多种行动方案可供人们选择，但是没有哪一个行动方案可确保达到预期的结果。那么，应该采取何种办法和行动才能不受或少受损失，并取得预期的结果呢？这就是说，风险同行动方案的选择有关。第三，如果活动或项目的后果不理想，甚至是失败，人们总是要想：能否改变以往的行为方式或路线，把以后的活动或项目做好？另外，当客观环境，或者人们的思想、方针或行动路线发生变化时，活动或项目的结果也会发生变化。这样，风险还与上述变化有关。若世界永恒不变，人们就不会有风险的概念。

当事件、活动或项目有损失或收益与之相联系，涉及到某种或然性或不确定性和涉及到某种选择时，才称为有风险。以上三条，每一个都是风险定义的必要条件，不是充分条件。具有不确定性的事件不一定是风险。

项目风险是一种不确定的事件或条件，一旦发生，会对项目目标产生某种正面或负面的影响。风险有其成因，同时，如果风险发生，也导致某种后果。举例来说，风险成因可能是需要获取某种许可，或是项目的人力资源受到限制。风险事件本身则是获取许可所花费的时间可能比计划的要长，或是可能没有充足的人员来完成项目工作。以上任何一种不确定事件一旦发生，都会给项目的成本、进度计划或质量带来某种后果。风险条件可能包括组织环境中导致项目风险的某些因素，例如，不良的项目管理，或对不能控制的外部参与方的依赖。

项目风险既包括对项目目标的威胁，也包括促进项目目标的机会。风险源于所有项目之中的不确定因素。已知风险是那些已经经过识别和分析的风险。对于已知风险，进行相应计划是可能的。虽然项目经理们可以依据以往类似项目的经验，采取一般的应急措施处理未知风险，但未知风险是无法管理的。

组织对风险予以关注，是因为风险与项目的威胁相关联。对项目构成威胁的某些风险，如果这些风险与所冒风险的回报相平衡，可能会被接受。例如，对于可能延期的进度采用“快速跟进”，冒此风险是为了达到工期提前的目的。有些风险是一些机会，对于这些风险可能应当努力追求，以便使项目目标受益。

项目不同阶段会有不同的风险。风险大多数随着项目的进展而变化，不确定性会随之逐渐减少。最大的不确定性存在于项目的早期。项目各种风险中，进度拖延往往是成本超支、现金流出以及其他损失的主要原因。为减少损失而在早期阶段主动付出必要的代价要比拖到后期阶段才迫不得已采取措施好得多。

11.1.2 风险的属性

1．风险事件的随机性

风险事件的发生及其后果都具有偶然性。风险事件是否发生，何时发生，发生之后会造成什么样的后果？人类通过长期的观察发现，许多事件的发生都遵循一定的统计规律，这种性质叫随机性。风险事件具有随机性。

2．风险的相对性

风险总是相对项目活动主体而言的。同样的风险对于不同的主体有不同的影响。人们对于风险事件都有一定的承受能力，但是这种能力因活动、人和时间而异。对于项目风险，人们的承受能力主要受下列几个因素的影响。

（1）收益的大小。收益总是有损失的可能性相伴随。损失的可能性和数额越大，人们希望为弥补损失而得到的收益也越大。反过来，收益越大，人们愿意承担的风险也就越大。

（2）投入的大小。项目活动投入的越多，人们对成功所抱的希望也越大，愿意冒的风险也就越小。投入与愿意接受的风险大小之间的关系可见图11-1。一般人希望活动获得成功的概率随着投入的增加呈S曲线规律增加。当投入少时，人们可以接受较大的风险，即获得成功的概率不高也能接受；当投入逐渐增加时，人们就开始变得谨慎起来，希望活动获得成功的概率提高了，最好达到百分之百。图11-1还表示了另外两种人对待风险的态度。

（3）项目活动主体的地位和拥有的资源。管理人员中级别高的同级别低的相比，能够承担大的风险。同一风险，不同的个人或组织承受能力也不同。个人或组织拥有的资源越多，其风险承受能力也越大。

3．风险的可变性

辩证唯物主义认为，任何事情和矛盾都可以在一定条件下向自己的反面转化。这里的条件指活动涉及的一切风险因素。当这些条件发生变化时，必然会引起风险的变化。风险的可变性有如下含义。

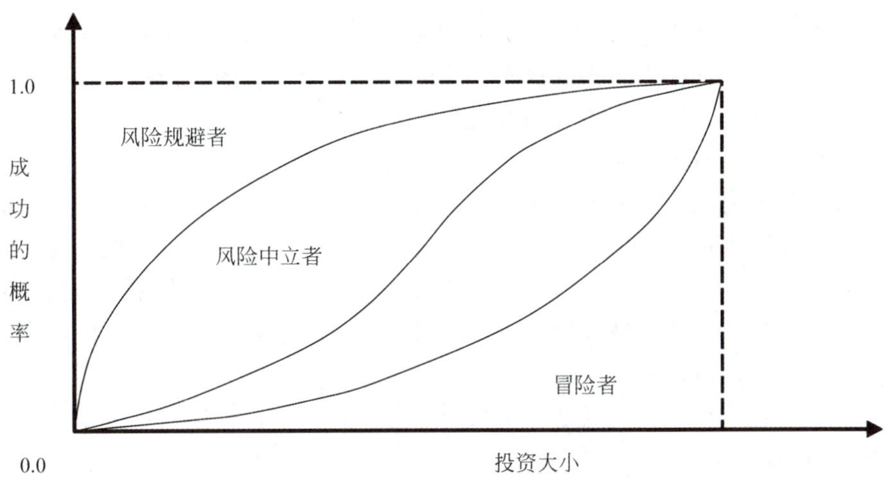

图 11-1　不同的投资者对风险的态度

（1）风险性质的变化。例如，十年前熟悉项目进度管理软件的人不多，出了问题，常常使人手足无措。那个时候使用计算机管理进度风险很大。而现在，熟悉的人多了起来，使用计算机管理进度不再是大的风险。

（2）风险后果的变化。风险后果包括后果发生的频率、收益或损失大小。随着科学技术的发展和生产力的提高，人们认识和抵御风险事件的能力也逐渐增强，能够在一定程度上降低风险事件发生的频率并减少损失或损害。在项目管理中，加强项目班子建设，增强责任感，提高管理技能，就能避免一些风险。此外，由于信息传播技术、预测理论、方法和手段的不断完善和发展，某些项目风险现在可以较准确地预测和估计了，因而大大减少了项目的不确定性。

（3）出现新风险。随着项目或其他活动的展开，会有新的风险出现。特别是在活动主体为回避某些风险而采取行动时，另外的风险就会出现。例如，为了避免项目进度拖延而增加资源投入时，就有可能造成成本超支。有些建设项目，为了早日完成，采取边设计、边施工或者在设计中免除校核手续的办法。这样做虽然可以加快进度，但是增加了设计变更、降低施工质量和提高造价的风险。

11.1.3　风险的分类

为了深入、全面地认识项目风险，并有针对性地进行管理，有必要将风险分类。分类可以从不同的角度、根据不同的标准进行。

1．按风险后果划分

按照后果的不同，风险可划分为纯粹风险和投机风险。

（1）纯粹风险：不能带来机会、无获得利益可能的风险，叫纯粹风险。纯粹风险只有两种可能的后果：造成损失和不造成损失。纯粹风险造成的损失是绝对的损失。活动主体蒙受了损失，全社会也跟着受损失。例如，某建设项目空气压缩机房在施工过程中失火。蒙受了损失。该损失不但是这个工程的，也是全社会的。没有人从中获得好处。纯粹风险总是和威胁、损失、不幸相联系。

（2）投机风险：既可能带来机会、获得利益，又隐含威胁、造成损失的风险，叫投机风险。投机风险有三种可能的后果：造成损失、不造成损失和获得利益。投机风险如果使活动主体蒙受了损失，但全社会不一定也跟着受损失。相反，其他人有可能因此而获得利益。例如，私人投资的房地产开发项目如果失败，投资者要蒙受损失。但是发放贷款的银行却可将抵押的土地和房屋收回，等待时机转手高价卖出，不但可收回贷款，而且还有可能获得高额利润。

纯粹风险和投机风险在一定条件下可以相互转化。项目管理人员必须避免投机风险转化为纯粹风险。

风险不是零和游戏。在许多情况下，涉及风险的各有关方面都要蒙受损失，无一幸免。

2．按风险来源划分

按照风险来源或损失产生的原因可将风险划分为自然风险和人为风险。

（1）自然风险：由于自然力的作用，造成财产毁损或人员伤亡的风险属于自然风险。例如，水利工程施工过程中因发生洪水或地震而造成的工程损害，材料和器材损失。

（2）人为风险：人为风险是指由于人的活动而带来的风险。人为风险又可以细分为行为、经济、技术、政治和组织风险等。

3．按风险是否可管理划分

可管理的风险是指可以预测，并可采取相应措施加以控制的风险，反之，则为不可管理的风险。风险能否管理，取决于风险不确定性是否可以消除以及活动主体的管理水平。要消除风险的不确定性，就必须掌握有关的数据、资料和其他信息。随着数据、资料和其他信息的增加以及管理水平的提高，有些不可管理的风险可以变为可管理的风险。

4．按风险影响范围划分

风险按影响范围划分，可以有局部风险和总体风险。局部风险影响的范围小，而总体风险影响范围大。局部风险和总体风险也是相对的。项目管理班子特别要注意总体风险。例如，项目所有的活动都有拖延的风险，但是处在关键路线上的活动一旦延误，就要推迟整个项目的完成日期，形成总体风险。而非关键路线上活动的延误在许多情况下是局部风险。

5．按风险后果的承担者划分

项目风险，若按其后果的承担者来划分测有项目业主风险、政府风险、承包商风险、投资方风险、设计单位风险、监理单位风险、供应商风险、担保方风险和保险公司风险等。这样划分有助于合理分配风险，提高项目对风险的承受能力。

6．按风险的可预测性划分

按这种方法，风险可以分为已知风险、可预测风险和不可预测风险。

（1）已知风险就是在认真、严格地分析项目及其计划之后就能够明确的那些经常发生的，而且其后果亦可预见的风险。已知风险发生概率高，但一般后果轻微，不严重。项目管理中已知风险的例子有：项目目标不明确，过分乐观的进度计划，设计或施工变更，材料价格波动等。

（2）可预测风险就是根据经验，可以预见其发生，但不可预见其后果的风险。这类风险的后果有时可能相当严重。项目管理中的例子有：业主不能及时审查批准，分包商不能及时交工，施工机械出现故障，不可预见的地质条件等。

（3）不可预测风险就是有可能发生，但其发生的可能性即使最有经验的人亦不能预见的风险。不可预测风险有时也称未知风险或未识别的风险。它们是新的、以前未观察到或很晚才显现出来的风险。这些风险一般是外部因素作用的结果。例如地震、百年不遇的暴雨、通货膨胀、政策变化等。

11.1.4　风险成本及其负担

风险事件造成的损失或减少的收益以及为防止发生风险事件采取预防措施而支付的费用，都构成了风险成本。

风险成本包括有形成本、无形成本以及预防与控制风险的成本。

1．风险损失的有形成本

风险损失的有形成本包括风险事件造成的直接损失和间接损失。

（1）直接损失。直接损失指财产损毁和人员伤亡的价值。如压缩空气机房在施工过程中失火。直接损失包括空压机的重置成本、受伤人员的医疗费、休养费、工资等。

（2）间接损失。间接损失指直接损失以外的它物损失、责任损失以及因此而造成的收益的减少。包括因灭火扑救、停工等发生的成本。

2．风险损失的无形成本

风险损失的无形成本指由于风险所具有的不确定性而使项目主体在风险事件发生之前或之后付出的代价。主要表现在如下几个方面。

（1）风险损失减少了机会。由于对风险事件没有把握，不能确知风险事件的后果，项目活动的主体不得不事先做出准备。这种准备往往占用大量资金或其他资源，使其不能投入再生产，不能增值，减少了机会。

（2）风险阻碍了生产率的提高。人们不愿意把资金投向风险很大的新技术产业，阻碍了新技术的应用和推广，阻碍了社会生产率的提高。

（3）风险造成资源分配不当。由于担心在风险大的行业或部门蒙受损失，因此人们都愿意把资源投入到风险较小的行业或部门。结果是，应该得到发展的行业或部门，缺乏应有的资源；而已经发展过度的行业或部门，却占用过多的资源，造成了浪费。

3．风险预防与控制的成本

为了预防和控制风险损失，必然要采取各种措施。如向保险公司投保、向有关方面咨询、配备必要的人员、购置用于预防和减损的设备、对有关人员进行必要的教育或训练以及人员和设备的维持和维护费用等。这些成本既有直接的，也有间接的。

一般讲来，只有当风险事件的不利后果超过为项目风险管理而付出的代价时，才有必要进行风险管理。

4．风险成本的负担

风险成本不单要由项目主体来负担。在许多情况下，与项目活动有关的其他方面，客观上也要负担一部分风险成本。项目主体负担的那部分为个体负担成本，其他有关方面负担的部分为社会负担成本。例如，某民航机场是在需求不明的情况下建设的，建成后很长一段时间航班不足，结果造成亏损。机场项目公司负担的亏损就是个体负担成本。在该机场建设之前与项目公司签订提供地面服务合同的各有关单位因此而蒙受的损失就是社会负担成本。再如，压缩空气机房在施工过程中失火。施工单位的损失是个体负担成本，赶来灭火的消防队的开销由社会负担，消防车辆在急驰火灾现场时，行人和其他车辆因躲避而影响工作的损失都是社会负担成本。

11.1.5 项目风险管理过程

项目风险管理包括项目风险管理规划、风险识别、分析、应对和监控的过程。其中多数过程在整个项目期间都需要更新。项目风险管理的目标在于增加积极事件的概率和影响，降低项目消极事件的概率和影响。项目风险管理过程包括：

- 风险管理规划——决定如何进行规划和实施项目风险管理活动。
- 风险识别——判断哪些风险会影响项目，并以书面形式记录其特点。
- 定性风险分析——对风险概率和影响进行评估和汇总，进而对风险进行排序，以便随后进一步分析或行动。
- 定量风险分析——就识别的风险对项目总体目标的影响进行定量分析。
- 风险应对规划——针对项目目标制订提高机会、降低威胁的方案和行动。
- 风险监控——在整个项目生命周期中，跟踪已识别的风险、监测残余风险、识别新风险和实施风险应对计划，并对其有效性进行评估。

项目风险是一种不确定事件或状况，一旦发生，会对至少一个项目目标如时间、成本、范围或质量目标（也就是项目时间目标可能，按照商定的进度表交付；项目成本目标是在商定的成本范围内交付）产生积极或消极影响。风险的起因可能是一种或多种，风险一旦发生，会产生一项或多项影响。例如，风险起因之一可能是项目需要申请环境许可证，或者是分配给项目的设计人员有限。而风险事件则是许可证颁发机构颁发许可证需要的时间比原计划长，或者所分配的设计人员不足无法完成任务。这两个不确定事件无论哪一个发生，都会对项目的成本、进度或者绩效产生影响。风险状况则可包括项目环境或组织环境中可能促成项目风险的各个方面，例如，项目管理方式欠佳，缺乏整合的管理系统，并行开展多个项目或者过分依赖无法控制的外单位参与者。

项目风险源于任何项目中都存在的不确定性。已知风险系指已经识别并分析的风险，可通过本章描述的过程对这些风险进行规划。但是无法对未知风险进行积极管理。就未知风险而言，项目团队可采取的较谨慎的应对措施是就这些风险分配应急储备，同时就无法通过经济有效方式或通过任何方式制定积极应对策略的已知风险分配应急储备。

组织从风险对项目成功造成的威胁或带来的机会的角度看待风险。风险对项目所造成的威胁只要能与冒此风险所得到的收获相抵，就属于可接受风险。例如，采用"快速跟进"可能造成预算超支，但却是为提前完成项目所冒的风险。凡能够带来项目成功机会的风险（如可通过分配额外人员来赶工）不妨为之一搏，使项目目标从中受益。

人们对风险持有的态度（延伸到组织对风险持有的态度），将影响其对风险认知的准确性，也将影响其应对风险的方式。对风险的态度应尽可能明确表述。应为每个项目制订满足组织要求的风险应对方法，并开诚布公地就风险及其应对措施进行沟通。风险应对可反映组织在冒险与躲避风险之间的平衡。

要想取得成功，组织必须承诺在整个项目进程中积极并一贯地采取风险管理。本章主要介绍风险管理计划、风险识别、定性风险分析、定量风险分析、风险应对规划等过程的内容。

11.1.6　项目风险管理在项目管理中的地位与作用

项目风险管理是项目管理的一部分，目的是保证项目总目标的实现。风险管理与项目管理其他过程的关系如下。

（1）从项目的成本、时间和质量目标来看，风险管理与项目管理目标一致。项目风险管理把风险导致的各种不利后果减少到最低程度，正符合各项目有关方在时间和质量方面的要求。

（2）项目范围管理。项目范围管理主要内容之一是审查项目和项目变更的必要性。一个项目之所以启动、被批准并付诸实施，无非是市场和社会对项目的产品和服务有需求。风险管理通过风险分析，对这种需求进行预测，指出市场和社会需求的可能变动范围，并计算出需求变动时项目的盈亏大小。这就为项目的财务可行性研究提供了重要依据。项目在进行过程中，各种各样的变更是不可避免的。变更之后，会带来某些新的不确定性。风险管理正是通过风险分析来识别、估计和评价这些不确定性，向项目范围管理提出任务。

（3）从项目管理的计划职能来看，风险管理为项目计划的制订提供了依据。项目计划考虑的是未来，而未来充满着不确定因素。项目风险管理的职能之一恰恰是减少项目整个过程中的不确定性。这一工作显然对提高项目计划的准确性和可行性有极大的帮助。

（4）从项目的成本管理职能来看，项目风险管理通过风险分析，指出有哪些可能的意外费用，并估计出意外费用的多少。对于不能避免但是能够接受的损失也计算出数量，列为一项成本。这就为在项目预算中列入必要的应急成本提供了重要依据。从而增强了项目成本预算的准确性和现实性，能够避免因项目超支而造成项目各有关方的不安。有利于坚定人们对项目的信心。因此，风险管理是项目成本管理的一部分。没有风险管理，项目成本管理则不完整。

（5）从项目的实施过程来看，许多风险都在项目实施过程中由潜在变成现实。无论是机会还是威胁，都在实施中见分晓。风险管理就是在认真的风险分析基础上，拟定出各种具体的风险应对措施，以备风险事件发生时采用。项目风险管理的另一内容是对风险实行有效的控制。

（6）项目可支配的所有资源中，人是最重要的。项目人力资源管理通过科学的方法激励项目团队，调动项目有关各方全体人员的积极性，推动项目的顺利进展。另外，项目风险管理通过风险分析，指出哪些风险同人有关，项目团队成员身心状态的哪些变化会影响到项目的实施。

所以，实施完善的风险管理对项目是大有裨益的。

- 通过风险分析，可加深对项目和风险的认识与理解，澄清各方案的利弊，了解风险对项目的影响，以便减少或分散风险。
- 通过检查和分析所有可用的信息、数据和资料，可明确项目的各有关前提和假设。
- 通过风险分析不但可提高项目各种计划的可信度，还有利于改善项目执行组织内部和外部之间的沟通。
- 编制应急计划时更有针对性。
- 能够将处理风险后果的各种方式更灵活地组合起来，在项目管理中减少被动，增加主动。
- 有利于抓住机会，利用机会。
- 为以后的规划和设计工作提供反馈，以便在规划和设计阶段就采取措施防止和避免风险损失。
- 风险即使无法避免，也能够明确项目到底应该承受多大损失或损害。
- 为项目施工、运营选择合同形式和制订应急计划提供依据。
- 通过深入的研究和情况了解，可以使决策更有把握，更符合项目的方针和目标，从总体上使项目减少风险，保证项目目标的实现。
- 可推动项目执行组织和管理班子积累有关风险的资料和数据，以便改进将来的项目管理。

11.2 规划风险管理

认真、明确的规划可提高其他5个风险管理过程成功的概率。风险管理规划指决定如何进行项目风险管理活动的过程。风险管理过程的规划对保证风险管理（包括风险管理程度、类型和可见度）与项目风险程度和项目对组织的重要性相适应起着重要作用，它可保证为风险管理活动提供充足的资源和时间，并确立风险评估一致同意的基础。风险管理规划过程应在项目规划过程的早期完成，因为其对成功完成本章介绍的其他过程至关重要。

11.2.1　规划风险管理的依据

风险管理规划的依据如下。

（1）项目管理计划。描述了风险管理需要的总体计划要求和其他计划信息。在规划风险管理时，应该考虑所有已批准的子管理计划和基准，使风险管理计划与之相协调。风险管理计划也是项目管理计划的组成部分。项目管理计划提供了会受风险影响的范围、进度和成本的基准或当前状态。

（2）项目章程。项目章程可提供各种输入，如高层级风险、项目描述和需求。

（3）干系人登记册。干系人登记册包含了项目干系人的详细信息及角色概述。是识别风险的重要依据。

（4）事业环境因素。组织及参与项目的人员的风险态度和风险承受度将影响项目管理计划。风险态度和承受度可通过政策说明书或行动反映出来。

（5）组织过程资产。组织可能设有既定的风险管理方法，如风险分类、概念和术语的通用定义、标准模板、角色和职责、决策授权水平和经验教训等。

11.2.2　规划风险管理的工具与技术

规划风险管理的工具与技术主要如下。

1．分析技术

分析技术用来理解和定义项目的总体风险管理环境。风险管理环境是基于项目总体情况的干系人风险态度和项目战略风险敞口的组合。例如，可以通过对干系人风险资料的分析，确定干系人的风险偏好和承受力的等级与性质。其他技术，如战略风险计分表，用来基于项目总体情况概要地评估项目的风险敞口。基于这些评估，项目团队可以调配合适资源并关注风险管理活动。

2．专家判断

为了编制全面的风险管理计划，应该征求那些具备特定培训经历或专业知识的小组或个人的意见，如：高层管理者、项目干系人、曾在相同领域项目上工作的项目经理（直接或间接的经验教训）、特定业务或项目领域的主题专家、行业团体和顾问、专业技术协会。

3．会议

项目团队举行规划会议制订风险管理计划。参会者可包括项目经理、项目团队成员和利害关系者，实施组织中负责管理风险规划和实施活动的人员，以及其他应参与人员。

在会议期间，将界定风险管理活动的基本计划，确定风险成本因素和所需的进度计划活动，并分别将其纳入项目预算和进度计划中。同时对风险职责进行分配，并根据具体项目对一般通用的组织风险类别和词汇定义等模板文件（如风险水平，按照风险类别确定的概率和影响，以及概率和影响矩阵）进行调整。这些活动的成果将在风险管理计划中进行汇总。

11.2.3 规划风险管理的成果

风险管理规划的成果如下。

风险管理计划描述如何安排与实施项目风险管理，它是项目管理计划的从属计划。风险管理计划可包括以下内容。

- 方法论。确定实施项目风险管理可使用的方法、工具及数据来源。
- 角色与职责。确定风险管理计划中每项活动的领导、支援与风险管理团队的成员组成。为这些角色分配人员并澄清其职责。
- 预算。分配资源，并估算风险管理所需成本，将之纳入项目成本基准。制定应急储备和管理储备的使用方案。
- 时间安排。确定在项目整个生命期中实施风险管理过程的次数和频率，并确定应纳入项目进度计划的风险管理活动。
- 风险类别。风险类别为确保系统、持续、详细和一致地进行风险识别的综合过程，并为保证风险识别的效力和质量的风险管理工作提供了一个框架。组织可使用先前准备的典型风险分类。风险分解结构（RBS）（见图 11-2）是提供该框架的方法之一，该结构也可通过简单列明项目的各个方面表述出来。在风险识别过程中需对风险类别进行重新审核。较好的做法是，在风险识别过程之前，先在风险管理规划过程中对风险类别进行审查。再将先前项目的风险类别应用到现行项目之前，可能需要对原有风险类别进行调整或扩展来适应当前情况。
- 风险概率和影响的定义。为确保定性风险分析过程的质量和可信度，要求界定不同层次的风险概率和影响。在风险规划过程，通用的风险概率水平和影响水平的界定将依据个别项目的具体情况进行调整，以便在定性风险分析过程中应用。

可使用概率相对比例，如从“十分不可能”到“几乎确定”，或者分配某数值表示常规比例（如 0.1、0.3、0.5、0.7、0.9）。测定风险概率的另外一种方法是，描述与考虑风险相关的项目状态（如项目设计成熟度水平等）。

影响标度可反映某项风险发生后，威胁的消极影响，或者是机会产生的积极影响，还有对每个项目目标影响的重要程度。影响比例是具体和专门针对潜在影响的目标、项目规模和类型、组织策略和财务状况以及组织对某种影响的敏感度而言的；相对比例主要是按照影响程度排序的简单影响描述，例如，“很低”“低”“中等”“高”“很高”，其影响程度按照升序排列，逐级显示组织定义的影响程度。另外，可通过数字比例为这些影响分配数值。这些数值可以是线性值（例如，0.1、0.3、0.5、0.7、0.9）或非线性值（例如，0.05、0.1、0.2、0.4、0.8）。非线值可反映组织回避高影响风险，发掘高影响机会的愿望（即使其概率很低）。在使用非线性标度时，重要的一点是，要了解其数值的含义、数值之间的关系、来源及其对项目各个目标的影响。

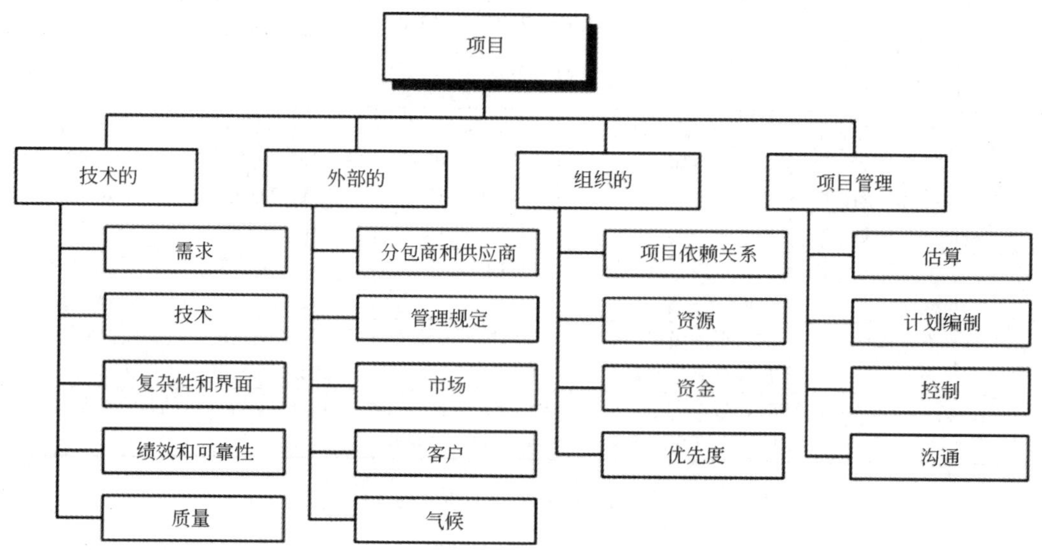

图 11-2　风险分解结构示例

图 11-3 是针对与项目 4 个目标相关的风险评估的一个负面影响风险定义的例子。图中数字阐明了相对和数字（在例子中是非线性的）两种方法；这并不意味着相对的和数字的两种方法是等同的，但是显示了一个标度的两个供选方案。

- 概率和影响矩阵。根据风险可能对实现项目目标产生的潜在影响，对风险进行优先排序。风险优先排序的典型方法是借用对照表或概率和影响矩阵形式。通常由组织界定哪些风险概率和影响组合具有较高、中等或较低的重要性，据此可确定相应的风险应对规划。在风险管理规划过程中可以进行审查并根据具体项目进行调整。

- 修改的项目干系人承受度。可在风险管理规划过程中对项目干系人的承受度进行修订，以适用于具体项目。
- 报告格式。阐述风险登记册的内容和格式，以及所需的任何其他风险报告。界定如何对风险管理过程的成果进行记录、分析沟通。
- 跟踪。说明如何记录风险活动的各个方面，以供当前项目使用，或满足未来需求或满足经验教训总结过程的需要。说明是否对风险管理过程进行审计及如何审计。

影响标度的判断条件——评估风险对主要项目目标产生的影响（仅反映了负面影响）					
项目目标	所示标度为相对或数值标度				
	非常低 .05	低 .10	中等 .20	高 .40	非常高 .80
成本	非常小的成本增加	成本增加 <10%	成本增加 10%～20%	成本增加 20%～40%	成本增加 >40%
进度	非常小的进度拖延	进度拖延 <5%	进度拖延 5%～10%	进度拖延 10%～20%	进度拖延 >20%
范围	不显著的范围减少	范围次要方面受到影响	范围主要方面受到影响	发起者不可接受的范围缩减	项目最终结果实际无法使用
质量	不显著的质量降低	仅有要求极其严格的应用受到影响到	质量降低需要发起者的批准	质量降低到发起人不能接受的程度	项目最终结果实际无法使用
该表反映了 4 项项目目标的风险影响比例。在风险管理规划过程中应根据具体项目以及组织的风险承受度水平，对这些比例进行调整，可以以同样的方式确定机会对项目目标的影响。					

图 11-3　4 项项目目标的风险影响标度

11.3　识别风险

识别风险指确定哪些风险会影响项目，并将其特性记载成文。参加识别风险的人员通常可包括：项目经理、项目团队成员、风险管理团队（如有）、项目团队之外的相关领域专家、顾客、最终用户、其他项目经理、利害关系者和风险管理专家。虽然上述人员是识别风险过程的关键参与者，但应鼓励所有项目人员参与风险的识别。

识别风险是一项反复过程。随着项目生命期的绩效，新风险可能会出现。反复的频率以及谁参与每一个迭加过程都会因项目而异。项目团队应参与该过程，以便针对风险的及与风险相关的风险应对措施形成，并保持一种责任感。项目团队之外的利害关系者也可为项目提供客观的信息。识别风险过程通常会直接引入下一个过程，即定性风险分析过程。有时，如果识别风险过程是由经验丰富的风险经理完成的；则可直接进入定量分析过程。有些情况下，仅通过风险识别过程即可确定风险应对措施，并且对这些措施进行记录，以便在风险应对规划过程中进一步分析和实施。

11.3.1　风险识别的依据

风险识别的依据如下。

1．风险管理计划

风险管理计划向风险识别过程提供一些关键要素，主要包括：角色和职责的分配，预算和进度计划中纳入的风险管理活动因素，以及风险类别。风险类别有时可用风险分解结构形式表示。

2．成本管理计划

成本管理计划中规定的工作流程和控制方法有助于在整个项目内识别风险。

3．进度管理计划

进度管理计划有助于了解可能受风险（已知的和未知的）影响的项目时间（进度）目标及预期。

4．质量管理计划

质量管理计划中规定的质量测量和度量基准，可用于识别风险。

5．人力资源管理计划

人力资源管理计划为如何定义、配备、管理和最终遣散项目人力资源提供指南。其中也包括角色与职责、项目组织图和人员配备管理计划，它们是识别风险过程的重要输入。

6．范围基准

项目范围说明书中包括项目的假设条件，应该把项目假设条件中的不确定性作为项目风险的潜在原因加以评估。

WBS 是识别风险过程的关键输入，因为它方便人们同时从微观和宏观两个层面认识潜在风险。可以在总体、控制账户和/或工作包层级上识别并继而跟踪风险。

7．活动成本估算和活动持续时间估算

对活动成本估算进行审查，有利于识别风险。活动成本估算是对完成进度活动可能需要的成本的量化评估，最好用一个区间来表示，区间的宽度代表着风险的程度。通过审查，可以预知估算的成本是否足以完成某项活动（是否给项目带来风险）。

对活动持续时间估算进行审查，有利于识别与活动或整个项目的应急储备时间有关的风险。类似地，估算区间的宽度代表着风险的相对程度。

8．干系人登记册

可以利用干系人的信息确保关键干系人，特别是发起人和客户，能以访谈或其他方式参与识别风险过程，为识别风险过程提供各种输入。

9．项目文件

项目文件能为项目团队更好地识别风险提供与决策有关的信息。项目文件有助于跨团队沟通和干系人之间的沟通。项目文件包括（但不限于）：项目章程、项目进度计划、进度网络图、问题日志、质量核对单、对识别风险有用的其他信息。

10．采购文件

如果项目需要采购外部资源，采购文件就成为识别风险过程的重要输入。采购文件的复杂程度和详细程度应与计划采购的价值及采购中的风险相匹配。

11．事业环境因素

在识别风险过程中，能够影响识别风险过程的事业环境因素包括（但不限于）：公开发布的信息，包括商业数据库、学术研究资料、公开发布的核对单、标杆对照资料、行业研究资料、风险态度。

12．组织过程资产

能够影响识别风险过程的组织过程资产包括（但不限于）：项目文档，包括实际数据、组织和项目的过程控制资料、风险描述的格式或模板、经验教训。

11.3.2 风险识别的工具与技术

风险识别的工具与技术如下。

1．文档审查

对项目文档（包括计划、假设、先前的项目文档和其他信息）进行系统和结构性的审查。项目计划质量，所有计划之间的一致性及其与项目需求和假设条件的符合程度，均可表现为项目中的风险指示器。

2．信息收集技术

风险识别中所采用的信息收集技术的例子包括：

（1）头脑风暴。头脑风暴的目的是取得一份综合的风险清单。通常由项目团队主持，也可邀请不同学科专家来实施此项技术。在一位主持人的推动下，与会人员就项目的风险集思广益。可以以风险类别（如风险分解结构）作为基础框架，然后再对风险进行分门别类，并进一步对其定义加以明确。

（2）德尔菲技术。德尔菲技术是专家就某一专题达成一致意见的一种方法。项目风险管理专家以匿名方式参与此项活动。主持人用问卷征询有关重要项目风险的见解。问卷的答案交回并汇总后，随即在专家中传阅，请他们进一步发表意见。此过程进行若干轮之后，就不难得出关于主要项目风险的一致看法。德尔菲技术有助于减少数据中的偏倚，并防止任何个人对结果不适当地产生过大的影响。

（3）访谈。通过访问有经验的项目参与者、利害关系者或某项问题的专家，可以识别风险。访谈是收集风险识别数据的主要方法之一。

（4）根本原因识别。指对项目风险的根本原因进行调查。通过识别根本原因来完善风险定义并按照成因对风险进行分类。通过考虑风险的根本原因，制订有效的风险应对措施。

3．核对表分析

风险识别所用的核对表可根据历史资料，以往类似项目所积累的知识，以及其他信息来源着手制订。风险分解结构的最底层可用作风险核对表。使用核对表的优点之一是风险识别过程迅速简便，其缺点之一就是所制订的核对表不可能包罗万象。应该注意探讨标准核对表上未列出的事项。在项目收尾过程中，应对风险核对表进行审查、改进，以供将来项目使用。

4．假设分析

每个项目都是根据一套假定、设想或者假设进行构思与制订的。假设分析是检验假设有效性（即假设是否成立。）的一种技术。它辨认不精确、不一致、不完整的假设对项目所造成的风险。

5．图解技术

图解技术可包括：

（1）因果图，又被称做石川图或鱼骨图，用于识别风险的成因。

（2）系统或过程流程图，显示系统各要素之间如何相互联系，以及因果传导机制。

（3）影响图。显示因果影响，按时间顺序排列的事件，以及变量与结果之间的其他关系的图解表示法。

6．SWOT 分析

SWOT 技术从项目的每个优势（Strength）、劣势（Weakness）、机会（Opportunity）和威胁（Threat）出发，对项目进行考察，把产生于内部的风险都包括在内，从而更全面地考虑风险。首先，从项目、组织或一般业务范围的角度识别组织的优势和劣势。然后，通过 SWOT 分析再识别出由组织优势带来的各种项目机会，以及由组织劣势引发的各种威胁。这一分析也可用于考察组织优势能够抵消威胁的程度，以及机会可以克服劣势的程度。

7．专家判断

拥有类似项目或业务领域经验的专家，可以直接识别风险。项目经理应该选择相关专家，邀请他们根据以往经验和专业知识指出可能的风险。需要注意专家的偏见。

11.3.3　识别风险的成果

风险识别过程的成果一般载入风险登记册中。

风险识别过程的主要成果形成项目管理计划中风险登记册的最初记录。最终，风险登记册也将包括其他风险管理过程的成果。风险登记册的编制始于风险识别过程，主要依据下列信息编制而成，然后可供其他项目管理过程和项目风险管理过程使用。

- 已识别风险清单。在此对已识别风险进行描述，包括其根本原因、不确定的项目假设等。风险可涉及任何主题和方面，如关键路线上的几项重大活动具有很长的超前时间；港口的劳资争议将延迟交货，并将拖延施工期；一项项目管理计划中假设由 10 人参与项目，但实际仅有 6 项资源可用。资源匮乏将影响完成工作所需的时间，同时相关活动将被拖延。
- 潜在应对措施清单。在风险识别过程中；可识别出风险的潜在应对措施。如此确定的风险应对措施可作为风险应对规划过程（参见 11.5 节）的依据。
- 风险根本原因。系指可导致已识别风险的根本状态或事件。
- 风险类别更新。在识别风险的过程中，可能识别出新的风险类别，进而将新风险类别纳入风险类别清单中。基于风险识别过程的成果，可对风险管理规划过程中形成的风险分解结构进行修改或完善。

11.4 实施定性风险分析

定性风险分析包括为了采取进一步行动，对已识别风险进行优先排序的方法，例如，定量风险分析或风险应对规划。组织可通过关注高优先级风险来有效改善项目绩效。定性风险分析指通过考虑风险发生的概率，风险发生后对项目目标的影响和其他因素（如时间框架和项目 4 大制约条件，即成本、进度、范围和质量的风险承受度水平），对已识别风险的优先级进行评估。

通过概率和影响级别定义以及专家访谈，可有助于纠正该过程所使用的数据中的偏差。相关风险行动的时间紧迫性可能会夸大风险的严重程度。对目前已掌握的项目风险信息的质量进行评估，有助于理解有关风险对项目重要性的评估结果。

定性风险分析通常是为风险应对规划过程确立优先级的一种经济、有效和快捷的方法，并为定量风险分析（如果需要该过程）奠定基础。在项目生命期内应该对定性风险分析进行重新审查，以确保其反映项目风险的实时变化。定性风险分析过程需要使用风险管理规划过程和风险识别过程的成果。定性风险分析过程完成后，可进入定量风险分析过程或直接进入风险应对规划过程。

11.4.1 实施定性风险分析的依据

实施定性风险分析的依据如下。

1. 风险管理计划

风险管理计划中用于定性风险分析的关键元素包括：风险管理角色和职责、风险管理预算和进度活动、风险类别、概率和影响的定义，以及概率和影响矩阵与修改后的项目干系人承受度。在风险管理规划过程中，通常按照项目具体情况对这些元素进行调整。如果这些元素不存在，可在定性风险分析过程中建立这些元素。

2．范围基准

常见或反复性的项目对风险事件发生概率及其后果往往理解比较透彻。而采用最新技术或创新性技术的项目或者极其复杂的项目，其不确定性往往要大许多。可通过检查项目范围基准对此进行评估。

3．风险登记册

就定性风险分析而言，来自于风险登记册的一项关键依据是已识别风险的清单。风险登记册中包含了评估风险和划分风险优先级所需的信息。

4．事业环境因素

在进行定性风险分析过程中，可以从风险专家对类似项目的行业研究、行业或专有渠道获得的风险数据库中了解与风险评估有关的背景信息。

5．组织过程资产

在进行定性风险分析过程中，可借用先前项目的风险数据及经验教训知识库。

11.4.2　实施定性风险分析的工具与技术

实施定性风险分析的工具与技术如下。

1．风险概率与影响评估

风险概率评估系指调查每项具体风险发生的可能性。风险影响评估旨在调查风险对项目目标（如时间、成本、范围或质量）的潜在影响，既包括消极影响或威胁，也包括积极影响或机会。

针对识别的每项风险，确定风险的概率和影响。可通过挑选对风险类别熟悉的人员，采用召开会议或进行访谈等方式对风险进行评估，其中，包括项目团队成员和项目外部的专业人士。组织的历史数据库中关于风险方面的信息可能寥寥无几，此时，需要专家做出判断。由于参与者可能不具有风险评估方面的任何经验，因此需要由经验丰富的主持人引导讨论过程。

在访谈或会议期间，对每项风险的概率级别及其对每项目标的影响进行评估。其中，需要记载相关的说明信息，包括确定概率和影响级别所依赖的假设条件等。根据风险管理计划中给定的定义，确定风险概率和影响的等级。有时，风险概率和影响明显很低，在此种情况下，不会对之进行等级排序，而是作为待观察项目列入清单中，供将来进一步监测。

2．概率和影响矩阵

基于风险等级，对风险进行优先排序，便于进一步的定量分析和风险应对。根据评定的风险概率和影响级别，对风险进行等级评定。通常采用参照表的形式或概率和影响矩阵（参见图 11-4）的形式，评估每项风险的重要性，及其紧迫程度。概率和影响矩阵形式规定了各种风险概率和影响组合，并规定哪些组合被评定为高重要性、中重要性或低重要性。根据组织的偏好，可以使用描述性文字或使用数字表示。

组织应确定哪种风险概率和影响的组合可被评定为高风险（红灯状态）、中等风险（黄灯状态）或低风险（绿灯状态）。在黑白两种色彩组成的矩阵中，这些不同的状态可分别用不同深度的灰色代表，如图 11-4 所示，深灰色（数值最大的区域）代表高风险；中度灰色区域（数值最小）代表低风险，而浅灰色区域（数值介于最大和最小值之间）代表中等程度风险。通常，由组织在项目开展之前提前界定风险等级评定程序，并记入组织过程资产之中。在风险管理规划过程中，可根据具体项目定制风险等级评定规则。

概率和影响矩阵

概率	威胁					机会				
0.09	0.05	0.09	0.18	0.36	0.72	0.72	0.36	0.18	0.09	0.05
0.70	0.04	0.07	0.14	0.28	0.56	0.56	0.28	0.14	0.07	0.04
0.50	0.03	0.05	0.10	0.20	0.40	0.40	0.20	0.10	0.05	0.03
0.30	0.02	0.03	0.06	0.12	0.24	0.24	0.12	0.06	0.03	0.02
0.10	0.01	0.01	0.02	0.04	0.08	0.08	0.04	0.02	0.01	0.01
	0.05	0.10	0.20	0.40	0.80	0.80	0.40	0.20	0.10	0.05

对目标的影响（比率标度）（如，成本、时间、或范围）

每一风险按其发生概率及一旦发生所造成的影响评定级别。矩阵中所示组织规定的低风险、中等风险与高风险的临界值确定了风险的得分。

图 11-4 概率和影响矩阵

如图 11-4 所示的是常见的风险概率和影响矩阵。

如图 11-4 所示，组织可针对每项目标（如时间、成本和范围）单独评定一项风险的等级。另外，也可制定相关方法为每项风险确定一个总体的等级水平。最后，可通过使用有关机会和威胁影响等级的定义，在同一矩阵中，考虑机会和威胁因素。

风险分值可为风险应对措施提供指导。例如，如果风险发生会对项目目标产生不利影响（即威胁），并且处于矩阵高风险（深灰色）区域，可能就需要采取重点措施，并采取积极的应对策略。而对于处于低风险区域（中度灰色）的威胁，只需将之放入待观察风险清单或分配应急储备额外，不需采取任何其他积极管理措施。

同样，对于处于高风险（深灰色）区域的机会，最容易实现而且能够带来最大的利益，所以应先以此为工作重点。对于低风险（中度灰色）区域的机会，应对之进行监测。

3．风险数据质量评估

定性风险分析要具有可信度，就要求使用准确和无偏颇的数据。风险数据质量分析就是评估有关风险的数据对风险管理的有用程度的一种技术。它包括检查人们对风险的理解程度，以及风险数据的精确性、质量、可靠性和完整性。

用准确性很低的数据得出的定性风险分析结果对项目毫无用处。如果无法接受数据的精确度，则需要重新搜集质量较好的数据。通常，风险信息收集起来很难，并且消耗的时间和资源会超出预订的计划。

4．风险分类

可按照风险来源（使用风险分解矩阵），受影响的项目区域（使用工作分解结构），或其他分类标准（如项目阶段），对项目风险进行分类，以确定受不确定性影响最大的项目区域。根据共同的根本原因对风险进行分类可有助于制订有效的风险应对措施。

5．风险紧迫性评估

需要近期采取应对措施的风险可被视为亟需解决的风险。实施风险应对措施所需的时间、风险征兆、警告和风险等级等都可作为确定风险优先级或紧迫性的指标。

6．专家判断

为了确定风险在概率和影响矩阵中的位置，就需要使用专家判断来评估每个风险的概率和影响。专家通常是那些具有新近类似项目经验的人。专家判断经常可通过风险研讨会或访谈来获取。应该注意专家的偏见。

11.4.3　实施定性风险分析的成果

实施定性风险分析的成果如下。

1．项目文件更新

可能需要更新的项目文件包括（但不限于）：

- 风险登记册。
- 假设条件日志。

1）风险登记册（更新）

风险登记册是在风险识别过程中形成的，并根据定性风险分析的信息进行更新，将更新后的风险登记册纳入项目管理计划之中。依据定性风险分析对风险登记册进行更新的内容包括：

- 项目风险的相对排序或优先级清单。可使用风险概率和影响矩阵，根据风险的重要程度进行分类。项目经理可参考风险优先级清单，集中精力处理高重要性的风险，以获得更好的项目成果。如果组织更关注其中一项目标，则可分别为成本、时间、范围和质量目标单独列出风险优先级。对于被评定为对项目十分重要的风险而言，应对其风险概率和影响的评定基础和依据进行描述。

- 按照类别分类的风险。进行风险分类可揭示风险的共同原因，或特别需要关注的项目领域。在发现风险集中的领域之后，可提高风险应对的有效性。
- 需要在近期采取应对措施的风险清单。需要采取紧急应对措施的风险和可在今后某些时候处理的风险应分入不同的类别。
- 需要进一步分析与应对的风险清单。有些风险可能需要进一步分析，包括定量风险分析，以及采取风险应对措施。
- 低优先级风险观察清单。在定性风险分析过程中，把评定为不重要的风险放入观察清单中进一步监测。
- 定性风险分析结果的趋势。在分析重复进行后，特定风险的分析结果可能出现某种明显趋势，从而使采取应对措施或者进一步分析变得比较紧迫或者比较重要。

2）假设条件日志

随着定性风险评估产生出新信息，假设条件可能发生变化。需要根据这些新信息来调整假设条件日志。假设条件可包含在项目范围说明书中，也可记录在独立的假设条件日志中。

11.5 实施定量风险分析

定量风险分析是指对定性风险分析过程中作为对项目需求存在潜在重大影响而排序在先的风险进行分析。定量风险分析过程是对这些风险事件的影响进行分析，并就风险分配一个数值。定量风险分析是在不确定情况下进行决策的一种量化方法。该过程采用蒙特卡洛模拟与决策树分析等技术，以便：

- 对项目结果以及实现项目结果的概率进行量化。
- 评估实现具体项目目标的概率。
- 通过量化各项风险对项目总体风险的影响，确定需要特别重视的风险。
- 在考虑项目风险的情况下，确定可以实现的切合实际的成本、进度或范围目标。
- 在某些条件或结果不确定时，确定最佳的项目管理决策。

定量风险分析一般在定性风险分析之后进行，但是，经验丰富的风险经理有时在风险分析过程之后径直进行定量分析。有时，制定有效的风险应对策略并不需要风险量化分析。采用何种方法取决于时间，有无该项预算，以及对风险及其后果进行定性或定量描述的必要性。在进行风险应对规划之后以及作为风险监督和控制过程的组成部分，应重新进行定量分析，以确定项目总体风险是否得到满意的降低结果。重复进行定量风险分析所得的结果趋势可揭示：需要增加还是减少风险管理措施。它是风险应对规划过程的一项依据。

11.5.1　实施定量风险分析的依据

实施定量风险分析的依据如下。

1．风险管理计划

就定量风险分析而言，来自于风险管理计划的关键要素包括风险管理角色和职责，风险管理预算和进度活动，风险类别，风险分解结构和修改的项目干系人风险承受度，指南、方法和工具。

2．项目成本管理计划

项目成本管理计划为建立和管理风险储备提供指南。

3．项目进度管理计划。

项目进度管理计划为建立和管理风险储备提供指南。

4．风险登记册

就定量风险分析而言，来自于风险登记册的关键项目包括已识别风险列表、项目风险的相对排序或优先级表，以及按照类别归类的风险。风险登记册为实施定量风险分析提供基础。

5．事业环境因素

可以从事业环境因素中了解与风险分析有关的背景信息，例如：风险专家对类似项目的行业研究；可以从行业或专有渠道获得的风险数据库。

6．组织过程资产

组织过程资产包括先前完成的类似项目的信息。

11.5.2　实施定量风险分析的工具与技术

定量风险分析的工具与技术如下。

1．数据收集和表示技术

- 访谈。访谈技术用于对风险概率及其对项目目标产生的后果进行量化。所需的信息取决于采用的概率分布类型。例如，有些常用分布，要求搜集乐观（低）、悲观（高）与最可能发生的情况的相关资料，而其他分布，则要求搜集平均值与标准差的资料。图 11-5 为以三点估算法估算成本的一个例子。将风险值域设定的理由形成文字记载是风险访谈的一个重要组成部分，因为它有助于提供该项分析是否可靠和可信的信息。
- 概率分布。连续概率分布代表数值的不确定性，例如，进度活动的持续时间和项目组件的成本等。而不连续分布可用于表示不确定事件，如测试的结果或决策树的某种可能选项等。图 11-6 为广泛使用的两个连续分布图的示例。其结果呈非对称方式分布，其代表的形状与项目风险分析过程中形成的典型数据相符。如果在规定的最高值和最低值之间没有其他可能的数值，则可使用均匀分布，如在概念设计阶段即是这种情况。

WBS 组成要素	低	可能性最大	高
设计	4	6	10
建造	16	20	35
测试	11	15	23
整个项目		41	

风险访谈确定每个 WBS 组成要素的三点估计（用于三角分布或其他非对称性分布）。在传统估算值 41 美元之内完成项目的概率很低，如图 11-8 中模拟结果所示。

图 11-5　风险访谈所得到的成本估算与值域

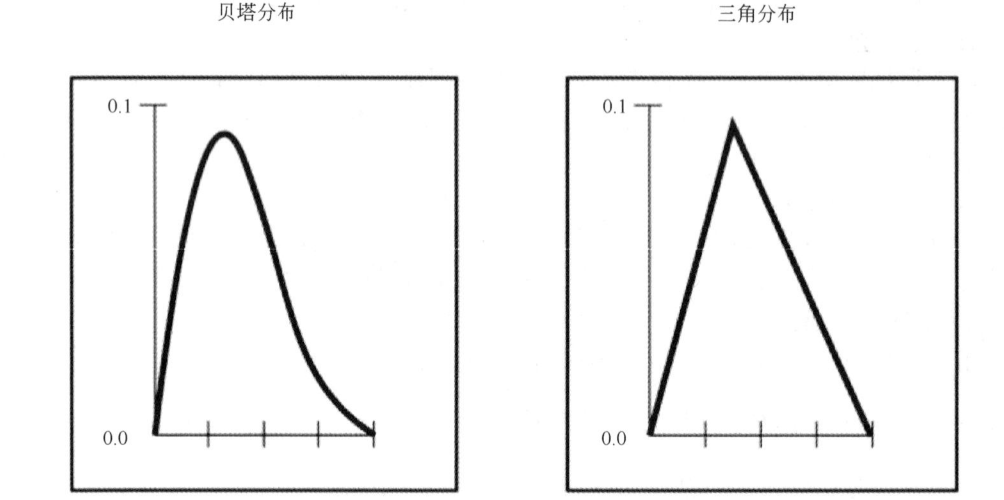

贝塔分布和三角分布常用于定量风险分析。图中的贝塔分布仅为贝塔分布族的一个例子。其他常见的分布包括均匀分布、正态分布和对数正态分布。其中纵轴表示时间或成本的可能值，而横轴表示相对概率。

图 11-6　常用概率分布举例

2．定量风险分析和模型技术

通用的定量风险分析技术包括：

- 敏感性分析。敏感性分析有助于确定哪些风险对项目具有最大的潜在影响。它把所有其他不确定因素保持在基准值的条件下，考察项目的每项要素的不确定性对目标产生多大程度的影响。敏感性分析最常用的显示方式是龙卷风图。龙卷风图有助于比较具有较高不确定性的变量与相对稳定的变量之间的相对重要程度。
- 预期货币价值分析。预期货币价值分析（EMV）是一个统计概念，用以计算在将来某种情况发生或不发生情况下的平均结果（即不确定状态下的分析）。机会的预期货币价值一般表示为正数，而风险的预期货币价值一般表示为负数。每个可能结果的数值与其发生概率相乘之后加总，即得出预期货币价值。这种分析最通常的用途是用于决策树分析（见图 11-7）。建议在成本和进度风险分析中，使用模型和模拟技术，因为与预期货币价值分析相比，这两种技术更为复杂和强大，更不易于被误用。

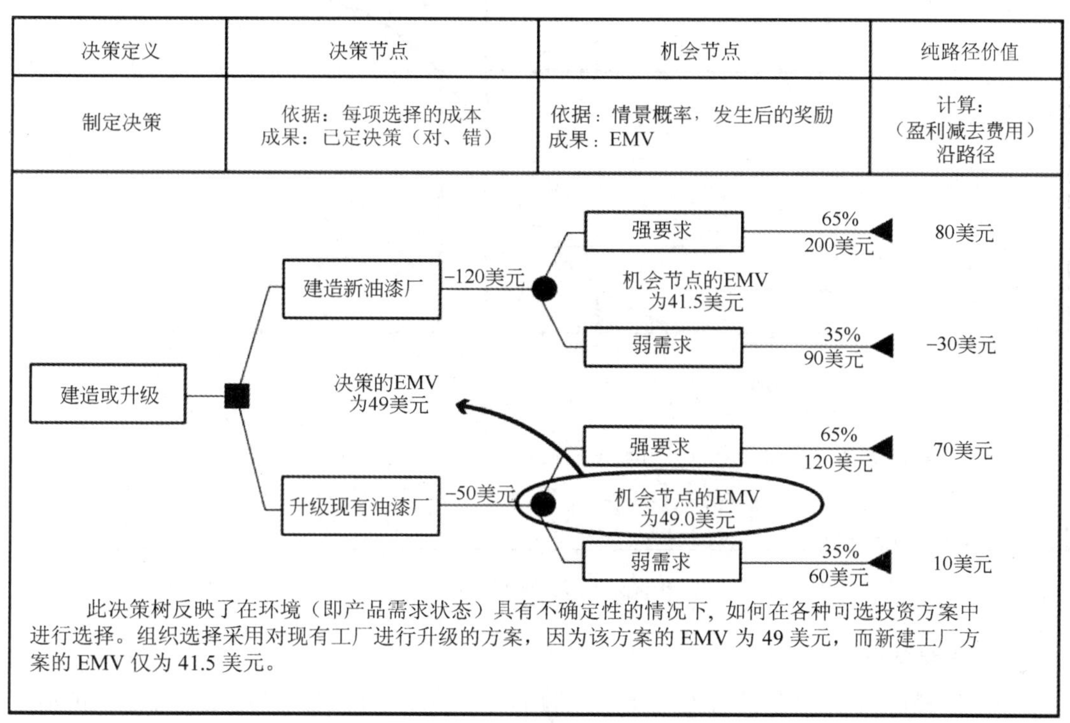

此决策树反映了在环境（即产品需求状态）具有不确定性的情况下，如何在各种可选投资方案中进行选择。组织选择采用对现有工厂进行升级的方案，因为该方案的 EMV 为 49 美元，而新建工厂方案的 EMV 仅为 41.5 美元。

图 11-7　决策树分析示例

- 决策树分析。决策树是对所考虑的决策以及采用这种或者那种现有方案可能产生的后果进行描述的一种图解方法（见图 11-7）。它综合了每种可用选项的费用和概率，以及每条事件逻辑路径的收益。当所有收益和后续决策全部量化之后，决策树的求解过程可得出每项方案的预期货币价值（或组织关心的其他衡量指标）。
- 模型和模拟。项目模拟用一个模型，将详细规定的各项不确定性换算为它们对整个项目层次上的目标所产生的潜在影响。项目模拟一般采用蒙特卡洛技术。在模拟中，项目模型经过多次计算（叠加），其随机依据值来自于根据每项变量的概率分布，为每个迭加过程选择的概率分布函数（例如，项目元素的成本或进度活动的持续时间）。据此计算概率分布（例如，总成本或完成日期）。

对于成本风险分析，模拟可用传统的项目工作分解结构或成本分解结构作为模型。对于进度风险分析，可用紧前关系绘图法（PDM）进度。图 11-8 为成本风险模拟的结果。

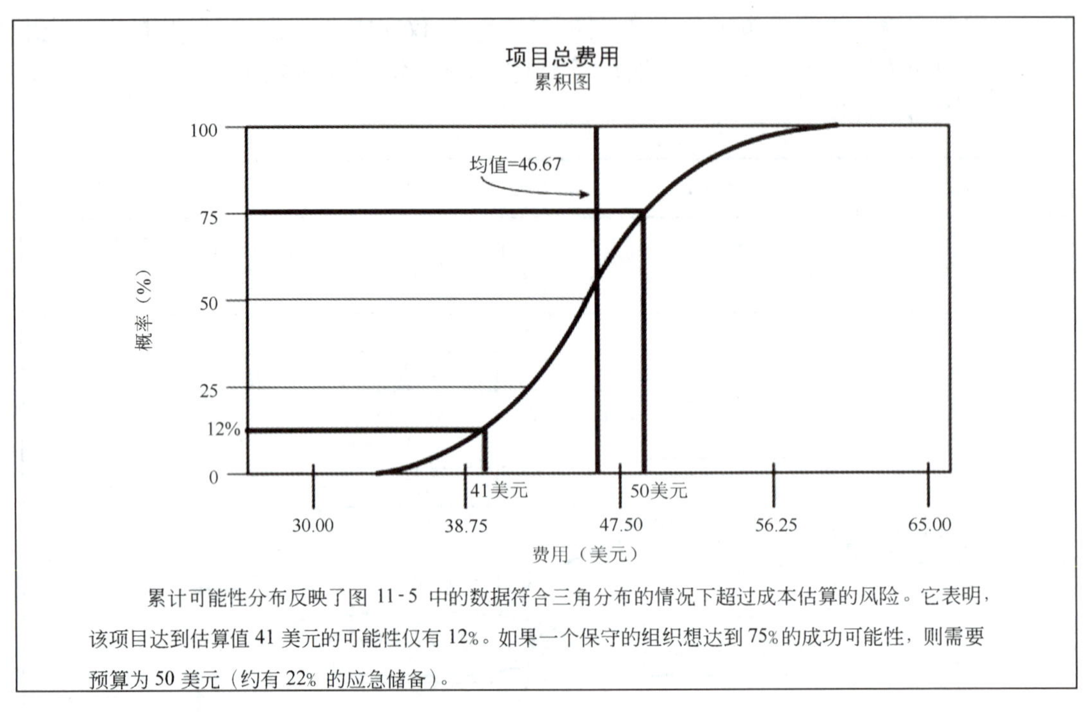

图 11-8 成本风险模拟结果

3．专家判断

专家判断（最好来自具有近期相关经验的专家）用于识别风险对成本和进度的潜在影响，估算概率及定义各种分析工具所需的输入，如概率分布。

专家判断还可在数据解释中发挥作用。专家应该能够识别各种分析工具的劣势与优势。根据组织的能力和文化，专家可以决定某个特定工具应该或不应该在何时使用。

11.5.3 实施定量风险分析的成果

实施定量风险分析的成果如下。

项目文件要随着定量风险分析产生的信息而更新。这里主要是更新风险登记册。

风险登记册在风险识别过程中形成，在定性风险分析过程中更新，并在定量风险分析过程中会进一步更新。风险登记册是项目管理计划的组成部分。此处的更新内容主要包括：

- 项目的概率分析。项目潜在进度与成本结果的预报，并列出可能的竣工日期或项目工期与成本及其可信度水平。该项成果（通常以累积分布表示）与利害关系者的风险承受度水平结合在一起，以对成本和时间应急储备金进行量化。需要通过应急储备金将超出既定项目目标的风险降低到组织可接受的水平。例如，如图 11-8 所示，在概率为 75%时，成本应急储备金为 9 美元，即大约等于最可能估算值（41 美元）的 22%。

- 实现成本和时间目标的概率。 采用目前的计划以及目前对项目所面临的风险的了解，可用定量风险分析方法估算出实现项目目标的概率。例如，如图 11-8 所示，实现成本估算值 41 美元（取自于图 11-5）的概率大约为 12%。
- 量化风险优先级清单。 此项风险清单包括对项目造成最大威胁或为项目提供最大机会的风险，以及需要分配最高成本应急储备金的风险和最可能影响关键路径的风险。
- 定量风险分析结果的趋势。 在分析重复进行过程中，其分析结果可能会呈现某种显而易见的趋势。根据该种趋势得出的结论将会对风险应对措施造成影响。

11.6　规划风险应对

规划风险应对指为项目目标增加实现机会，减少失败威胁而制订方案，决定应采取对策的过程。规划风险应对过程在定性风险分析和定量风险分析之后进行，包括确认与指派相关个人或多人（简称“风险应对负责人”），对已得到认可并有资金支持的风险应对措施担负起职责。规划风险应对过程根据风险的优先级水平处理风险，在需要时，将在预算、进度计划和项目管理计划中加入资源和活动。

风险应对措施必须适合风险的重要性水平，能经济有效地迎接挑战，必须在项目背景下及时和现实可行，而且，风险应对措施应由所有相关方商定并由一名负责人负责。通常，需要从几个备选方案中选择一项最佳的风险应对措施。

规划风险应对中介绍的是最常用的风险应对规划方法。风险包括对项目成功造成影响的威胁和机会，本章将针对每项介绍其应对措施。

11.6.1　规划风险应对的依据

规划风险应对的依据如下。

1．风险管理计划

风险管理计划的重要内容包括：角色和职责，风险分析定义，低风险、中等风险和高风险的风险限界值，进行项目风险管理所需的成本和时间。风险管理计划的某些要素是风险应对规划的依据，这些要素包括：低、中、高风险的风险限度，这些风险限度能够帮助我们很好地了解那些需要采取应对措施的风险，以及风险应对规划中的人员分配、进度安排和预算制订。

2．风险登记册

风险登记册最初是在风险识别过程中形成的，在风险定性和定量分析过程中更新。风险应对规划过程中，在制定风险应对策略时，可能需要重新参考和考虑已识别的风险、风险的根本原因、潜在应对措施清单、风险负责人、征兆和警示。

就风险应对规划过程而言，风险登记册提供的主要依据包括：项目风险的相对等级或优先级清单，近期需要采取应对措施的风险清单，需要进一步分析和应对的风险清单，风险定性风险结果显示的趋势，根本原因，按照类别分类的风险，以及较低优先级风险的观察清单。在定量风险分析过程中，将对风险登记册进行进一步更新。

11.6.2 规划风险应对的工具与技术

有若干种风险应对策略可供采用。应该为每项风险选择最有可能产生效果的策略或策略组合。可通过风险分析工具如决策树分析方法，选择最适当的应对方法。然后，应制定具体行动去实施该项策略，可以选择主要策略以及备用策略。制定备用策略是在被选策略被证明无效或接受的风险发生时实施。通常，要为时间或成本分配应急储备金。最后，可制订应急计划并识别应急计划实施的触发条件。规划风险应对的工具与技术如下。

1．消极风险或威胁的应对策略

通常，使用三种策略应对可能对项目目标存在消极影响的风险或威胁。这些策略分别是回避、转嫁、减轻与接受。

- 回避。回避风险指改变项目计划，以排除风险或条件，或者保护项目目标，使其不受影响，或对受到威胁的一些目标放松要求，例如，延长进度或减少范围等。出现于项目早期的某些风险事件可以通过澄清要求、取得信息、改善沟通或获取技术专长而获得解决。
- 转移。转移风险指设法将风险的后果连同应对的责任转移到第三方身上。转移风险实际只是把风险管理责任推给另一方，而并非将其排除。对于金融风险而言，风险转移策略最有效。风险转移策略几乎总需要向风险承担者支付风险成本。转移工具丰富多样，包括但不限于利用保险、履约保证书、担保书和保证书。可以利用合同将具体风险的责任转移给另一方。在多数情况下，使用成本加成合同可将成本风险转移给买方，如果项目的设计是稳定的，可以用固定总价合同把风险转移给卖方。
- 减轻。减轻指设法把不利的风险事件的概率或后果降低到一个可接受的临界值。提前采取行动减少风险发生的概率或者减少其对项目所造成的影响，比在风险发生后亡羊补牢进行补救要有效得多。例如，采用不太复杂的工艺，实施更多的测试，或者选用比较稳定可靠的卖方，都可减轻风险。它可能需要制作原型或者样机，以减少从试验室工作台模型放大到实际产品中所包含的风险。如果不可能降低风险的概率，则减轻风险的应对措施应设法减轻风险的影响，其着眼于决定影响的严重程度的连接点上。例如，设计时在子系统中设置冗余组件有可能减轻原有组件故障所造成的影响。

- 接受。风险接受是指项目团队决定接受风险的存在，而不采取任何措施（除非风险真的发生）的风险应对策略。这一策略在不可能用其他方法时使用，或者其他方法不具经济有效性时使用。该策略表明，项目团队已决定不为处理某风险而变更项目管理计划，或者无法找到任何其他的合理应对策略。该策略可以是被动或主动的。被动地接受风险，只需要记录本策略，而无需任何其他行动；待风险发生时再由项目团队处理。不过，需要定期复查，以确保威胁没有太大的变化。最常见的主动接受策略是建立应急储备，安排一定的时间、资金或资源来应对风险。

2．积极风险或机会的应对策略

通常，使用 3 种策略应对可能对项目目标存在积极影响的风险。这些策略分别是开拓、分享或提高。

- 开拓。如果组织希望确保机会得以实现，可就具有积极影响的风险采取该策略。该项策略的目标在于通过确保机会肯定实现而消除与特定积极风险相关的不确定性。直接开拓措施包括为项目分配更多的有能力的资源，以便缩短完成时间或实现超过最初预期的高质量。
- 分享。分享积极风险指将风险的责任分配给最能为项目之利益获取机会的第三方，包括建立风险分享合作关系，或专门为机会管理目的形成团队、特殊目的项目公司或合作合资企业。
- 提高。该策略旨在通过提高积极风险的概率或其积极影响，识别并最大程度发挥这些积极风险的驱动因素，致力于改变机会的“大小”。通过促进或增强机会的成因，积极强化其触发条件，提高机会发生的概率，也可着重针对影响驱动因素以提高项目机会。

3．应急应对策略

可以针对某些特定事件，专门设计一些应对措施。对于有些风险，项目团队可以制定应急应对策略，即只有在某些预定条件发生时才能实施的应对计划。如果确信风险的发生会有充分的预警信号，就应该制定应急应对策略。应该对触发应急策略的事件进行定义和跟踪，例如，未实现阶段性里程碑，或者获得供应商更高程度的重视。采用这一技术制订的风险应对方案，通常称为应急计划或弹回计划，其中包括已识别的、用于启动计划的触发事件。

4．专家判断

由具有相关知识者为每个具体的、已定义的风险的应对措施做出专家判断。专家判断可以来自具有特定教育、知识、技能、经验或培训背景的任何小组或个人。

11.6.3 规划风险应对的成果

规划风险应对的成果如下。

1．项目管理计划更新

开展本过程可能导致项目管理计划更新。更新的内容包括（但不限于）：① 进度管理计划，更新进度管理计划，反映风险应对措施所带来的过程和实践变更；可能包括与资源负荷和资源平衡相关的容忍度变更或行为变更，以及进度策略更新。② 成本管理计划。更新成本管理计划，反映风险应对措施所带来的过程和实践变更。可能包括与成本会计、跟踪和报告有关的容忍度变更或行为变更，以及预算策略更新和应急储备使用方法更新。③ 质量管理计划。更新质量管理计划，反映风险应对措施所带来的过程和实践变更。可能包括与需求、质量保证或质量控制有关的容忍度变更或行为变更，以及需求文件更新。④ 采购管理计划。更新采购管理计划，反映风险应对措施所带来的策略变更，如自制或外购决策的变化，或者由风险应对措施所带来的合同类型的变化。⑤ 人力资源管理计划。更新人力资源管理计划中的人员配备管理计划，反映风险应对措施所带来的项目组织结构变更和资源使用变更。可能包括与人员分配有关的容忍度变更或行为变更，以及资源负荷更新。⑥ 范围基准。更新范围基准，反映因应对风险而产生的新工作、工作变更或工作取消。⑦ 进度基准。更新进度基准，反映因应对风险而产生的新工作（或取消的工作）。⑧ 成本基准。更新成本基准，反映因应对风险而产生的新工作（或取消的工作）。

2．项目文件更新

在规划风险应对过程中，应该根据需要更新若干项目文件。例如，选择和商定的风险应对措施应该列入风险登记册。风险登记册的详细程度应与风险的优先级和拟采取的应对措施相适应。通常，应该详细说明高风险和中风险，而把低优先级的风险列入观察清单，以便定期监测。

风险登记册将包括下述内容。

- 已识别的风险、风险的描述、所影响的项目领域（如工作分解结构组成要素）、其原因（如风险分解结构元素），以及它们如何影响项目的目标。
- 风险负责人及分派给他们的职责。
- 风险定性与定量分析过程的结果，包括项目风险优先级清单以及项目概率分析。
- 商定的应对措施。
- 实施选定的应对策略所需的具体行动。
- 风险发生的触发条件、征兆和警示。
- 实施选定的应对策略所需的预算和进度活动。
- 在考虑利害关系者风险承受度水平的情况下，预留的时间和成本应急储备金。
- 应急计划以及应急计划实施的触动因素。
- 对已经发生的风险或首要应对措施被证明不利的情况下，使用备用计划。

- 对策实施之后预计仍将残留的风险，以及主动接受的风险。
- 实施风险应对措施直接造成的二次风险。
- 根据项目定量分析以及组织风险限界值计算的应急储备金。

需要更新的其他项目文件包括：① 假设条件日志。随着风险应对措施的制订，会产生一些新信息，假设条件会因此发生变化。必须重新审查假设条件日志，以便把新信息包括进去；② 技术文件。随着风险应对措施的制订，会产生一些新信息，技术方法和实体的可交付成果可能因此发生变化。必须重新审查各种支持性文件，以便把新信息包括进去；③ 变更请求。规划风险应对经常导致对其他规划过程所确定的资源、活动、预算和其他事项的变更建议。在变更建议产生时，就需要提出变更请求，并通过实施整体变更控制过程进行处理。

11.7　控制风险

在项目生命期实施项目管理计划包含的风险应对措施时，应持续对项目工作进行监督以寻找新风险和变化的风险。

风险监测与控制指识别、分析和规划新生风险，追踪已识别风险和“观察清单”中的风险，重新分析现有风险，监测应急计划的触发条件，监测残余风险，审查风险应对策略的实施并评估其效力的过程。控制风险过程所使用的技术包括交差和趋势分析，要求使用项目实施过程中生成的绩效数据。控制风险以及其他风险管理过程是项目生命期内不间断实施的过程。控制风险的其他目的在于确定：

- 项目的假设是否仍然成立。
- 风险的原有状态是否已经改变，及其趋势分析。
- 是否遵循了恰当的方针与程序。
- 应依据项目风险，对成本或进度应急储备进行修改。

控制风险可能涉及选择替代对策、实施应急或备用计划、采取纠正措施，或修改项目管理计划。风险应对负责人应当定期向项目经理汇报计划的有效性、未曾预料到的后果，以及为适当应对风险所需采取的中途纠正措施。控制风险过程也包括对组织过程资产进行更新，包括为未来项目之利益更新项目经验教训数据库和风险管理模板。

11.7.1　控制风险的依据

控制风险的依据如下。

1．项目管理计划

项目管理计划包括风险管理计划，为风险监控提供指南。风险管理计划提供的关键依据包括为项目风险管理分配人员、风险负责人、时间和其他资源。

2．风险登记册

风险登记册中包括已识别的风险、风险责任人、商定的风险应对措施、评估应对计划有效性的控制行动、风险应对措施、具体的实施行动、风险征兆和预警信号、残余风险和次生风险、低优先级风险观察清单，以及时间和成本应急储备。观察清单包括在风险登记册中，是低优先级风险的清单。

3．工作绩效数据

工作绩效数据包括项目可交付成果的状态、进度进展情况和已经发生的成本等，它们是风险监控过程的重要依据。

4．工作绩效报告

工作绩效报告是从绩效测量值中提取信息并进行分析的结果，提供关于项目工作绩效的信息，包括偏差分析结果、挣值数据和预测数据等。这些数据有助于控制与绩效有关的风险。

11.7.2 控制风险的工具与技术

控制风险的工具与技术如下。

1．风险再评估

风险监控过程通常要求使用本章介绍的过程，对新风险进行识别并对风险进行重新评估。应安排定期进行项目风险再评估。项目团队状态审查会的议程中，应包括项目风险管理的内容。重复的内容和详细程度取决于项目相对于目标的绩效情况。例如，如果出现了风险登记册未预期的风险或“观察清单”中未包括的风险，或其对目标的影响与预期的影响不同，规划的应对措施可能无济于事。此时，需要进行额外的风险应对规划，从而对风险进行控制。

2．风险审计

风险审计是检查并记录风险应对措施在处理已识别风险及其根源方面的有效性，以及风险管理过程的有效性。项目经理要确保按项目风险管理计划所规定的频率实施风险审计。既可以在日常的项目审查会中进行风险审计，也可单独召开风险审计会议。在实施审计前，要明确定义审计的格式和目标。

3．偏差和趋势分析

很多控制过程都会借助偏差分析来比较计划结果与实际结果。为了控制风险，应该利用绩效信息对项目执行的趋势进行审查。可使用挣值分析及项目偏差与趋势分析的其他方法，对项目总体绩效进行监控。这些分析的结果可以揭示项目在完成时可能偏离成本和进度目标的程度。与基准计划的偏差可能表明威胁或机会的潜在影响。

4．技术绩效测量

技术绩效测量是把项目执行期间所取得的技术成果与关于取得技术成果的计划进行比较。它要求定义关于技术绩效的客观的、量化的测量指标，以便据此比较实际结果与计划要求。这些技术绩效测量指标可包括重量、处理时间、缺陷数量和存储容量等。偏差值（如在某里程碑时点实现了比计划更多或更少的功能）有助于预测项目范围方面的成功程度。

5．储备分析

在项目实施过程中可能会发生一些对预算或进度应急储备造成积极或消极影响的风险。储备分析指在项目的任何时点将剩余的储备与剩余风险量进行比较，以确定剩余的储备是否仍旧充足。

6．会议

项目风险管理可以是定期召开的项目状态审查会的一项议程。该议程项目所占用的会议时间可长可短，这取决于已识别的风险、风险优先级以及应对的难易程度。风险管理开展得越频繁，就越加容易。经常就风险进行讨论，可促使有关风险（特别是威胁）的讨论更加容易和准确进行。

11.7.3　控制风险的成果

控制风险的成果如下。

1．工作绩效信息

作为控制风险的输出，工作绩效信息提供了沟通和支持项目决策的机制。

2．变更请求

有时，实施应急计划或权变措施会导致变更请求。变更请求要提交给实施整体变更控制过程审批。变更请求也可包括推荐的纠正措施和预防措施：① 推荐的纠正措施。为了使项目工作绩效重新符合项目管理计划而开展的活动，包括应急计划和权变措施。后者是针对以往未曾识别或被动接受的、目前正在发生的风险而采取的、未经事先计划的应对措施；② 推荐的预防措施。为确保未来的项目工作绩效符合项目管理计划而开展的活动。

3．项目管理计划更新

如果经批准的变更请求对风险管理过程有影响，则应修改并重新发布项目管理计划中的相应组成部分，以反映这些经批准的变更。项目管理计划中可能需要更新的内容与规划风险应对过程相同。

4．项目文件更新

作为控制风险过程的结果，可能需要更新的项目文件包括（但不限于）风险登记册。风险登记册更新包括：

- 风险再评估、风险审计和风险定期审核的结果，可以包括新识别的风险，包括概率、影响、优先级、应对计划、负责人及风险登记册其他元素的更新。还可能包括删掉不再存在的风险，并释放相应的储备。
- 项目风险实际结果和风险应对策略的实际结果，可帮助项目经理为整个组织的风险和未来项目的风险进行规划。就此可完成整个项目风险管理的记录，并形成项目收尾过程的依据，同时成为项目收尾文件的组成部分。

5．组织过程资产更新

六个项目风险管理过程产生的信息，可供未来的项目使用和参考，应该保留到组织过程资产中。风险管理计划模板，包括概率和影响矩阵和风险登记册，可在项目收尾时更新。可对风险形成记录并对风险分解结构进行更新。项目风险管理活动获取的经验教训，将有助于促进组织经验教训数据库更加丰富。有关项目活动实际成本和持续时间的数据可加入到组织数据库中。其中也包括风险管理计划模板、核对单和风险分解结构。

11.8 风险管理示例

一个主要的风险管理工具就是主要风险清单。它指明了项目在任何时候面临的最大风险。简单地列一张当前风险清单，可以使项目经理的头脑中保持着风险管理的意识。

项目组应当在开始需求分析之前就初步地列一张风险清单，并且直到项目结束前不断更新这张清单。重要的是它应当定期“维护”。项目经理、风险管理负责人和项目经理的上司应当每隔一周左右就回顾一次这张清单。这种回顾应包含在他们两周一次的计划进度表之中，否则就可能被遗忘。更新风险清单，给这些风险排优先顺序，并更新风险解决情况，可以使他们经常思考这些风险，并对这些风险的严重程度的变化保持警惕。

表11-1是一个“主要风险清单”的示例。

表11-1 主要风险清单

本周	上周	周数	风险	风险解决的情况
1	1	5	需求的逐渐增加	利用用户界面原型来收集高质量的需求； 已将需求规约置于明确的变更控制程序之下； 运用分阶段交付的方法在适当的时候提供能力来改变软件特征（如果需要的话）
2	5	5	有多余的需求或开发人员	项目要旨的陈述中要说明软件中不需要包含哪些东西； 设计的重点放在最小化； 评审中有核对清单用以检查“多余设计或多余的实现”
3	2	4	发布的软件质量低	开发用户界面原型,以确保用户能够接受这个软件； 使用符合要求的开发过程； 对所有的需求、设计和代码进行技术评审； 制订测试计划，以确保系统测试能测试所有的功能； 系统测试由独立的测试员来完成
4	7	5	无法按进度表完成	要避免在完成需求规约之前对进度表做出约定； 在花费代价最小的早期进行评审,以发现并解决问题； 在项目进行过程中，要对进度表反复估计； 运用积极的项目追踪以确保及早发现进度表的疏漏之处； 即使整个项目将延期完成,分阶段交付计划允许先交付只具备部分功能的产品

续表

本周	上周	周数	风险	风险解决的情况
5	4	2	开发工具不稳定，造成进度延期	在该项目中只使用一或两种新工具,其余的都是过去项目用过的
6	-	1	高人员流动率	项目前景（vision）鼓励开发人员购买公司股权； 积极而详细的项目计划带来了明显的期望； 定期的再估计支持修订计划以便应付规模的变更而无需大量的加班时间； 生产力环境支持高的开发者生产率、高积极性和高凝聚力
7	3	5	开发人员和客户之间的摩擦	用户界面原型使开发人员和用户在同一个详细项目前景（vision）下统一起来； 分阶段交付的产品使用户相信项目正在稳步前进
8	6	5	缺乏效率的办公空间	在完成用户界面原型以后,就将开发工作从场内移到有私人办公的场外去； 仍然需要批准预算以保证场外开发工作的进行

要为主要风险清单中的每一种风险制订详细的风险应对计划。它们不需太冗长 ，每种大概占 1-2 页。表 11-2 为一个风险应对计划的示例。

表 11-2　为解决“逐渐增加的需求”制订的风险应对计划

为什么？	经过分析我们发现项目中的需求泛滥会达到 40% 左右。我们需要控制逐渐增加的需求，以防止项目中出现超出控制的额外开销和时间拖延
怎样做？	通常，我们应首先做好收集需求的工作，争取消除需求变更产生的根源。然后，我们要保证只允许那些绝对必要的需求变更
什么方法？	我们针对这个风险提出三种具体方法： 1.在项目启动时就使用用户界面原型，以保证能收集到高质量的需求。我们还要不断地给用户看这些原型，精练它们，再次给用户过目，直到用户对我们构建的软件完全满意为止。 2.我们要将需求规约置于明确的变更控制之下。当我们完成用户界面原型，并收集好其他需求时，就将这些需求作为基线确定下来。以后的需求变更必须通过一个更正式的变更过程，其中在接受每一个变更之前，都要仔细评估该变更对成本、进度表、质量以及其他方面的影响。 3.我们将运用分阶段交付的方法来保持较短的交付周期，这将减少在一个周期内发生变更的必要性。若有需要，我们可以在各个阶段之间变更软件特征。 当出现以下情况时 ，我们需要将风险等级提升： • 经过一定时间，用户仍不能接受我们的用户界面原型； • 在需求基线被确定之后的最初 30 天内，我们收到变更请求所涉及的需求已经超过了需求基线的 5%； • 在整个项目生存周期的任何时候，我们已被迫对需求作了 5% 以上的变更
谁来做？	• 工程负责人对用户界面原型负责； • 变更委员会负责将需求置于变更控制之下； • 项目经理负责按时完成分阶段交付的计划进度表

续表

何时做？	要在 4 月 15 日之前完成 UI 原型。如果到了 6 月 1 日仍未完成，我们就要将风险级别提升到“项目紧急问题”； 需求规约要在 5 月 15 日之前确定基线。若是到了 6 月 15 日仍未完成,我们要将风险级别提升到“项目紧急问题”； 第一阶段的交付要在 7 月 15 日之前完成。若是到了 8 月 15 日仍然未果,风险也要被提升到“项目紧急问题”
所需代价？	我们估计 UI 原型将要花去一个工程人员 6 个月的时间。标准的开发步骤中包括明示的变更控制，所以不增加任何项目成本。分阶段交付的方法会使开销增加 5%左右，因为软件要被反复发布，增加了工作量。但另一方面它也减少了集成风险和生产错误产品的风险。结果，唯一增加的只有项目真实成本的透明度。因此，与其说是花费还不如说是净效益

11.9 本章练习

（1）最高级别的项目风险和不确定性与________项目阶段有关。

A．概念　　B．实施

C．收尾　　D．项目后评价

E．只有 A 和 D

参考答案： A

（2）检查情况、辨别并区分潜在风险领域的过程是________。

A．风险识别　　B．风险反应

C．总结教训和风险控制　　D．风险量化

E．以上都不是

参考答案： A

（3）一个承包者预计一个项目有 0.5 的概率获利 200000 美元，0.3 的概率损失 50000，以及 0.2 的概率获利和损失平衡。该项目的期望货币价值是________。

A．200 000　　B．150 000

C．85 000　　D．50 000

E．以上都不是

参考答案： C

（4）当为了降低相关风险而改变一个项目的范围时，项目经理会考虑对________产生的影响。

A．工期计划　　B．成本

C．质量　　D．以上皆是

E．只有 A 和 B

参考答案： D

（5）项目风险通常有三个要素，它们是________。

A．风险事件、风险概率和风险结果

B．影响严重性、影响持续时间和影响造成的成本

C．质量、时间和范围

D．质量、频率和成本

E．风险事件、风险概率和频率

参考答案：A

（6）许多小组成员就快要一起离开公司，项目经理首先应该________。

A．修订 WBS　　　　B．招募小组成员

C．实施风险应对　　　　D．修订线性职责图

参考答案：C

（7）既可用于威胁，也可用于机会的风险应对策略是________。

A．分享　　B．回避　　C．接受　　D．转移

参考答案：C

（8）你正识别项目可能面临的风险，以开发一种营养补充品。你要编制一份全面的风险清单，以后可通过定性和定量风险分析将其加以解决。用于识别风险的信息收集技术是________。

A．文档审查　　　　B．概率和影响分析

C．核对表分析　　　　D．头脑风暴法

参考答案：D

（9）权变措施是指________。

A．对不利风险事件的未经计划的应对

B．在未预料事件发生时，所采取的行动计划

C．对于风险管理计划中描述的某些类型风险的特殊应对措施

D．积极主动的、事先计划好的应对风险的方法

参考答案：A

（10）你负责位于浙江省宁波港的高度复杂数据中心的建设工作。尽管该地点具有重要的经济优势，但台风威胁促使你创建了在宁海县运行的备用计划，以防数据中心遭遇洪水袭击。该计划是________类风险应对措施的实例。

A．被动回避　　B．减轻　　C．主动接受　　D．转移

参考答案：C

第 12 章　项目采购管理

12.1　概述

信息系统项目管理师所要求达到的项目采购管理能力与中级教程（系统集成项目管理工程师教程）有着明显区分，信息系统项目管理师相当于国家高级工程师专业技术资格，因此其要求有较高的综合能力。信息系统项目管理师在《中华人民共和国政府采购法》《中华人民共和国政府采购法实施条例》（国务院令第 658 号）文件指导下，根据信息系统建设行业自身的项目特点，重点掌握如下内容：

（1）掌握项目采购管理要“做什么”，综合掌握项目采购主要过程的输入和输出。

（2）掌握“用什么来做”，精通各种方法、技术和工具，清楚这些工具的优点、缺点以及相互之间的关系。

（3）从实际岗位职责，信息系统项目管理师在采购管理活动中，重点关注采购计划审定、采购团队建设、采购过程中的资源协调、采购过程监控、采购风险评价和应对、采购绩效评估、采购变更控制决策等要素。

（4）掌握规范采购，控制采购成本，向项目贡献“利润”。

（5）掌握基于组织的经营目标和经营政策展开项目采购相应的运营活动，包括采购战略合作管理、采购管理过程、采购管理技术和工具等 3 个方面的内容。

12.2　战略合作管理

随着经济全球化进程的加速和需求多样化趋势的加强，企业间的竞争日趋激烈，市场不确定性急剧增加，使企业处于日益复杂多变的经营环境之中。企业仅靠自身已无力应对激烈的竞争，而应借助供应链的力量，整合各成员企业的优势资源，形成整体竞争力。因此，必须摈弃“以企业为中心”的传统管理模式，代之以现代战略合作的管理模式。战略合作的管理本质是供应链管理。供应链成员企业间应建立战略合作伙伴关系，即供应链中相互独立的上下游企业间基于信任和共同目标，共享资源、共担风险、共同获利的非正式长期协议关系。

战略合作关系形成于集成化供应链管理环境下，形成于供应链中为了特定的目标和利益的企业之间。其形成的原因通常是基于物流成本、信息搜集成本和库存成本的总成本太高，产品质量无法保证，目的是为了降低供应链总成本、降低库存水平、增强信息共享、改善相互之间的交流、保持战略伙伴相互之间操作的一贯性、产生更大的竞争优势，以实现供应链节点企业的财务状况、质量、产量、交货期、用户满意度和业绩的改善和提高。在新的竞争环境下，供应链合作关系强调共同努力实现共有的计划和解决共同问题，强调相互之间的信任与合作。这与传统的关系模式有着很大的区别。

12.2.1　供应商战略合作伙伴关系的概念

供应商战略伙伴关系是企业与供应商之间达成的最高层次的合作关系，它是指在相互信任的基础上，供需双方为了实现共同的目标而采取的共担风险、共享利益的长期合作关系。具体来讲，包含以下含义：

- 发展长期的、信赖的合作关系。
- 这种关系由明确或口头的合约确定，双方共同确认并且在各个层次都有相应的沟通。
- 双方有着共同的目标，并且为着共同的目标有挑战性的改进计划。
- 双方相互信任、共担风险，共享信息。
- 共同开发，创造。
- 以严格的尺度来衡量合作表现，不断提高。

12.2.2　建立供应商战略合作伙伴关系的意义

- 可以缩短供应商的供应周期，提高供应灵活性。
- 可以降低企业采购设备的库存水平，降低管理费用、加快资金周转。
- 提高采购设备的质量。
- 可以加强与供应商沟通，改善订单的处理过程，提高设备需求的准确度。
- 可以共享供应商的技术与革新成果，加快产品开发速度，缩短产品开发周期。
- 可以与供应商共享管理经验，推动企业整体管理水平的提高。

12.2.3　供应商战略合作伙伴关系的构建

供应商战略合作伙伴关系构建的流程，主要包括：分析市场竞争环境，合作伙伴的主因素分析、建立合作伙伴关系的标准、评价和选择合作伙伴以及建立和实施合作伙伴关系等。

1．合作伙伴的主因素分析

合作伙伴的评价、选择对于企业来说是多目标的，包含许多可见和不可见的多层次因素。合作伙伴的业绩在今天对企业本身的影响越来越大，在交货、产品质量、产品价格、提前期、库存水平、产品设计等方面都影响着信息系统建设项目的成功与否。

2．选择合作伙伴的标准

选择合作伙伴的标准应该建立在总成本最小化、敏捷性强、风险最小化的原则之上。

另外，利润的分配是否合理，文化和管理的兼容性，财务的稳定性，合作伙伴的能力和定位也是不容忽视的，这将影响到与合作方的长期合作。

3．合理的评价与选择

对合作商的综合评价主要针对其基本资质、资信情况、市场及技术能力等方面进行综合考察和评价，其评价流程为：

（1）合作商提交三证合一的营业执照复印件、公司基本情况资料（含基本资质、人员构成、近两年业绩等）、 能证明公司资信情况的材料、能证明公司技术能力及特长的资质及材料等，以上材料均需加盖公章。

（2）在合作的项目中需填写项目基本情况、竞争情况分析、需要合作必要性分析、选定的项目合作商及优势分析、合作风险分析。

（3）根据合作商提供材料，对合作商进行综合评价，填写《××公司项目合作商综合评价、审批表》（表 12-1），主管领导批准通过后，签署《项目合作协议》，才正式成为合格的项目合作商。

表 12-1　XX 公司项目合作商综合评价、审批表

编号：

<table>
<tr><td colspan="4">合作商名称：</td></tr>
<tr><td colspan="4">合作商地址：　　　　　　　邮编：</td></tr>
<tr><td>联系人：</td><td>电话：</td><td colspan="2">传真：</td></tr>
<tr><td colspan="3">合作商基本情况（含三证、资质、能力、资信等）（可采用附件方式提交）：</td><td>合格　　不合格</td></tr>
<tr><td colspan="3">项目基本情况（可采用附件方式提交）：</td><td>合格　　不合格</td></tr>
<tr><td colspan="3">合作项目基本情况（合作商项目经验、商务优势等）（可采用附件方式提交）：</td><td>合格　　不合格</td></tr>
<tr><td colspan="3">预估的毛利率：____%，分值（0～30 分）
说明：10%以下为 0 分，20%及以上为 30 分，其他依次类推得分</td><td></td></tr>
<tr><td colspan="3">合作必要性：分值（0～30 分）
如：</td><td></td></tr>
<tr><td colspan="3">竞争力分析：分值（0～30 分）</td><td></td></tr>
<tr><td colspan="3">项目风险: 分值（0～10 分）
如：合作公司有类似项目积累得 10 分，合作公司没有类似项目积累得 3 分，依次类推</td><td></td></tr>
<tr><td colspan="4">综合评价（合计 80 分以上为合格合作商，低于 79 分为淘汰合作商）
总体得分：______分
□ 选定作为××公司的合格合作商
□ 属淘汰合作商</td></tr>
<tr><td colspan="4">审批意见：

签名：　　　日期：</td></tr>
</table>

12.2.4　战略合作协议审批、签署

- 《战略合作协议》通常由企业的市场部门起草，合作协议中必须明确双方责任、权利、义务，及项目收益分配比例及方式；对用于信息系统建设投标项目，合作协议不得迟于投标时间；对用于非投标项目，合作协议不得迟于合同谈判或签订时间。
- 项目合作协议首先通过起草部门自评后，然后提交合作协议及相关材料到企业专门的评审部门组织评审，评审通过后，最终由公司主管领导审批通过签署。
- 所有合作协议是规范合作方在其所涉及项目的合同签订之前活动。
- 企业在与最终客户签订合同之后，合作方需根据合作协议签署相应外包合同、佣金支付协议、采购合同，进一步明确合作方责任、权利、义务以及操作规范及流程；佣金支付协议在企业评审后，由主管领导审批。

12.2.5　供应商战略合作伙伴关系的管理

供应链系统运行业绩的好坏主要取决于合作伙伴关系是否协调，只有和谐而稳定的关系才能发挥最佳效能。

1．建立信任监督机制

信任和信息共享是供应链协同管理不可回避的话题和难题。如何共享信息和避免逆向选择是供应链合作伙伴关系管理的重点。

- 考察供应商过去的业绩和商誉。首先，核心企业应该对潜在的合作供应商其过去业绩做详细考察，这包括该供应商在财务、产品质量、成本、按时送货水平等诸多方面的历史情况。其次，通过供应商在市场上的商誉也可以获得供应商是否合格的信息。最后，具有良好口碑、数十年乃至更长时间良好业绩的供应商，相对来讲，其行为具有一定的稳定性。
- 供应商通过第三方认证。核心企业在挑选供应商合作伙伴时，要求供应商出示国际上具有权威性机构颁发的认证书。
- 建立长期战略合作关系。一旦发现有欺骗动机和行为的供应商，就立即取消与其合作计划，并将供应商名单公布于众。
- 企业经营理念的转变。企业高层管理者经营思想的更新是减小供应商逆向选择的根本途径。供应链节点企业是独立的市场主体，属于理性的“经济人”，为实现自身利益最大化无可厚非，但是企业经理人应当明白，要想获得自身利益，首先要为他人提供有用的产品或服务。
- 政府积极参与并创造良好经济环境。政府及其法律机构在保障公平竞争、促进信息共享等方面发挥其不可替代的作用。对企业违法、违规行为给予严厉打击和惩罚，对机会主义行为有很大威慑作用。

2．合作伙伴的激励机制

要保持长期的双赢关系，对供应商的激励是非常重要的。没有有效的激励机制，就不可能维持良好的供应关系。

供应链合作伙伴的选择和管理是一个动态的过程，在当今市场瞬息万变的形式下，基于互联网的管理是高效的，合作伙伴的选择和管理只有结合实际，真正采用双方长远双赢的利益模式，才能使供应链管理的作用发挥出来。

12.2.6 合作伙伴关系评价

从采购方来看，可以根据以下几条原则来判断合作关系是否奏效。

（1）具有正式的沟通程序。

（2）致力于供应商的成功。

（3）共同获利。

（4）关系稳定、不依赖个别人。

（5）始终仔细审视供应商绩效。

（6）双方对对方具有合理的预期/期望。

（7）员工有责任遵循职业道德。

（8）共享有益信息。

（9）指导供应商改进。

（10）基于采购的总成本进行非敌意切磋，共同决策。

避免合作伙伴关系失败的要点：

- 高层管理的承诺。
- 严格的供应商选择过程。
- 持续努力地改进。
- 目标一致。
- 合作伙伴关系支持体系和文件。
- 不断关注双赢机会。
- 广泛沟通和分享信息。
- 建立信任。
- 资源让步。
- 关于联盟与合作关系目标和期望利益的内部教育。
- 人员发生变动时，保持联盟与合作关系的能力。

12.3 采购管理过程

项目采购管理的主要过程包括编制采购计划、实施采购、控制采购、结束采购等 4

个过程，细化来讲包含如下步骤：

1．需求确定与采购计划的制订

- 需求的确定是采购流程的初始环节。
- 需求的确认过程就是采购部门收到采购申请，制订采购计划的过程。

2．供应商的搜寻与分析

这些标准包括供应商的实力、以往在产品设计上的表现、质量承诺、管理水平、技术能力、成本控制、送货服务、优化流程和开发产品的技术能力等。

3．定价

常见的有竞争性报价及谈判两种。

（1）竞争性报价适用下列特征。

- 采购量足够大，值得进行竞争性报价。
- 供应商很清楚细节和要求，有能力准确估计生产所需的成本。
- 竞争性的市场环境，即有足够多的合格竞争者。
- 买方只向技术合格的供应商发出竞标，而愿意合作的供应商则进行报价。
- 买方没有优先考虑的供应商。

（2）谈判下列情况适合。

- 当前述任何竞争性报价的标准都不存在时。
- 当采购要求诸多绩效因素（如价格、质量、交货、风险分摊以及产品支持等方面）必须达成一致时。
- 当买方要求供应商的早期参与时。
- 当供应商需要很长时间来开发和生产采购方采购的物品时（这通常会使预测供应商的采购成本变得更难）。

4．拟定并发出订单

企业根据确定的采购需求与采购计划，在企业的采购定单模板中填上采购内容和要求形成采购订单，采购定单需经过评审，并得到批准。

采购订单批准后，企业采购人员向供应商发出订单。

5．订单的跟踪和跟催

（1）订单跟踪是指依据发出的订单内容，跟进监督，了解进展。

- 跟踪一般需要经常询问供应商的进度，有时甚至需要到供应商处走访。不过，这一措施通常仅用于关键的、大额的或提前期较长的采购事项。
- 为了及时获得信息并知道结果，可通过电话进行跟踪，以查询有关发运日期。

（2）跟催是指依据发出的订单内容，跟进催促，掌控进展。

对供应商施加压力，以使其履行最初所作出的发运承诺、提前发运货物或是加快已经延误的订单涉及的货物的发运。

（3）跟踪和跟催的流程。

- 跟踪供应商内部申请的准备。
- 确认供应商备货的情况。
- 跟踪供应商发货的手续。
- 确认供应商已经发货。
- 跟踪货物在路途的行程。
- 确认货物到达的时间。

6. 验货和收货

（1）货物检验的步骤如下。

- 确定检验时间和地点。
- 确定检验部门及人员。
- 货物检验。
- 不合格货物处理。
- 对采购货物检验完毕后，检验人员要填写采购物品验收报告。

（2）接收货物的步骤如下。

- 协商送货事宜。
- 货物接收入库。
- 货物接收过程中的问题。

7. 开票和支付货款

付款操作的具体过程如下。

- 查询采购调和入库信息。
- 准备付款申请单据。
- 付款审批。
- 向供应商付款。
- 供应商收款。

8. 记录管理

12.3.1 规划采购

1. 供应商的管理

1）供应商调查

（1）供应商初步调查。所谓供应商初步调查，是对供应商的基本情况的调查。主要是了解供应商的名称、地址、生产能力、能提供什么产品，能提供多少，价格如何，质量如何，市场份额有多大，运输进货条件如何。

（2）供应商深入调查。只有在以下情况下才需要：

- 准备发展成紧密关系的供应商。
- 寻找关键采购产品的供应商。

2）供应商选择指标

（1）供应商选择指标确定原则：

在选择供应商时，企业考虑的主要因素有：

价格、质量、服务、位置、供应商的存货政策和柔性。

（2）供应商选择指标体系设置

三大主要因素：供应商的产品价格、质量、和服务。

3）供应商评估方法

（1）供应商走访。

（2）招标法。招标选择是采购企业采购用招标的方式吸引多个有实力的供应商来投标竞争，然后经过评标小组分析评比而选择最优供应商的方法。

（3）协商法。由企业先选出供应条件较为有利的几个供应商，同他们分别进行协商，再确定适当的供应商。与招标法相比，协商方法由于供需双方能充分协商，在物资质量、交货日期和售后服务等方面较有保证；但由于选择范围有限，不一定能得以价格最合理、供应条件最有利的供应来源。当采购时间紧迫、投标单价少、竞争程度小、订购物资规格和技术条件复杂时，协商选择方法比招标法更为适合。

4）采购供方的合格评价

（1）新增供方审核评价。采购供方评价的主要依据是供应商的资质、供货的质量保证能力和产品的价格质量及售后服务能力。

三证合一的营业执照复印件加盖鲜公章，产品代理证书或产品的原生产厂商的销售许可证书复印件加盖鲜公章，相应电子产品的 3C 证书复印件加盖鲜公章。

- 经常购买其产品的供应商，企业第一次评价填写《采购合格供方初次评定表》，将合格者列入《合格供方 A 类名录》。每年按滚动方式对其是否能在下一年度保持其 A 类合格供方进行重新评定，并填写《采购合格供方再次评定表》。
- 对购买的辅材且对完成合同质量影响不大的采购供应商，视为批准的合格供应商，列入《合格供方 A 类名录》。每年按滚动方式对其是否能在下一年度保持其 A 类合格供方进行重新评定，并填写《采购合格供方再次评定表》。
- 如果《合格供方 A 类名录》中没有符合要求的供应商，对参与竞争询价的供应商进行新增供应商的审核。企业收集并审核新增供应商的所有证书、证件等登记资料；检查供应商的仓储、物流、生产能力、质量管理、资信等能力，编制填写《采购合格供方初次评定表》，并提出是否评价为合格供应商的意见，经审核后确认新增供应商，列入《合格供方临时名录》。
- 对于推荐的产品供应商，要求进行供方的合格评价后，列入《合格供方临时名录》。对不符合要求的，应将不合格供应商信息通知推荐方。

- 对供方的评价结果及评价所引起的任何必要措施的记录予以保持。

（2）对采购已有合格供方的控制。

- 每年按滚动方式，根据供方满足供货合同的供货质量保证能力、产品的质量保证能力、售后服务的能力、价格的综合水平，企业收集供应商的年检资料及更新资料，对供应商的产品质量、供应服务、价格优惠程度等方面进行重新评价，提出是否保留供应商合格资格的意见，填写《采购合格供方再次评定表》，经审核确认，将合格者继续列入《合格供方A类名录》。
- 在采购合同执行过程中，出现重大不合格，或者严重影响合同进度，及时对其合格供方资格进行重新评定。不合格的供应商，取消其合格供方资格。
- 采购产品的提供、验证及其后的储存、使用、交付后所发现的任何产品或服务问题，均保持记录，实施单位应及时反馈，提出处理要求，企业限定供方进行整改，必要时取消其合格供方资格。

（3）对合格供方的管理。按代理级别和专业产品建立相对稳定的《合格供方A类名录》，以达到有效的管控作用。

企业选择性对《合格供方A类名录》商家进行走访了解、核查产品代理、掌握设备质量保证等情况，并对每次出访提交《供应商调研报告》。

5）供应商质量管理

供应商质量的定义：在特定的绩效范围内，符合或超过现有和未来客户（买方或最终客户）期望或需求的能力。

供求双方可以通过各种方式实现战略发展、解决问题和持续改进：

- 定期召开合作策略回顾和发展会议。
- 建立高层主管的供应商会议，共同探讨双方合作间遇到的问题，努力找到解决方案，分享技术发展趋势和未来产品计划。
- 建立持续改进小组，促进持续改进的进行。
- 建立跨职能小组，管理和改进联盟与伙伴关系。
- 供应商激励。
- 供应商质量认证。

2. 产品采购目录管理

企业根据合格供应商所能提供的产品建立和维护企业的《产品采购目录》，指导企业的产品采购更好地完成对合格供应商采购产品的询价比价工作。

3. 采购需求管理

（1）识别需求。

- 识别需求是采购过程的起点。信息系统建设的采购需求通常在招标阶段得到初步确定。
- 采购需求通常包括标的物的配置、性能、数量、服务等，其中配置、性能等技术性内容最为关键。

- 典型的请购单样本。

（2）需求的类型。通常有独立需求与从属需求。

- 独立需求是某一项的需求是与其他项目无关。指那些不确定的、随机性的、企业自身不能控制的需求。
- 相关需求也叫非独立需求，指某一项的需求是来自其他项目的需求量的派生。

（3）需求分析方法。统计分析预测方法：对以往的采购申请单汇总统计、对各个销售日报表进行统计。

（4）需求确定和变更控制。采购需求经确定后，就成为采购计划、采购实施的基线，确定后的采购需求在履行中发生变更，需走变更控制审批流程，及时通知各执行部门。

4．采购计划管理

采购计划是指企业管理人员在了解市场供求情况，认识企业信息系统项目活动过程中对计划期内物料采购管理活动所做的预见性的安排和部署。

1）采购计划的作用

- 可以有效地规避风险，减少损失。
- 为企业组织采购提供了依据。
- 有利于资源的合理配置，以取得最佳的经济效益。

2）采购计划需要达到的目的：

- 预计采购物料所需的时间和数量，防止供应中断，影响项目实施。
- 避免物料储存过多，积压资金以及占用存储空间。
- 配合企业项目生产计划与资金调度。
- 使采购部门事先准备，选择有利时机购入物料。
- 确定物料耗用标准，以便管制物料采购数量与成本。

3）制订订单计划

- 对比采购需求与供应容量。
- 供需综合平衡。
- 制订订单计划《项目采购计划（任务）单》。

下单时间=要求到货时间–认证周期–订单周期–缓冲时间

《项目采购计划（任务）单》填写应清楚地表明对所需采购产品的要求，其中包括：所购产品/项目名称、产品型号规格、技术要求、数量、交货期、保修期等（当有特殊要求时应写明特殊要求，如赠送）。

4）采购预算

采购预算就是一种用数量来表示的计划，是将企业未来一定时期内经营决策的目标通过有关数据系统地反映出来，是经营决策具体化、数量化的表现。

采购预算的编制步骤如下。

（1）审查企业以及部门的战略目标。

（2）制订明确的工作计划。

（3）确定所需的资源。

（4）提出准确的预算数字。

（5）汇总。

（6）提交预算。

5）采购计划的审批

- 合同项目采购，下单部门根据销售合同，按照项目实施计划，向采购部门提交采购申请《项目采购计划（任务）单》，经主管领导审批同意后提交采购实施。
- 提前采购、推荐采购、推荐本地采购，基于风险考虑，其审批按企业授权要求执行。
- 采购负责人根据《项目采购计划（任务）单》审核下单是否符合销售合同要求，安排采购岗位人员询价。

5．规划采购：输入

为了保证采购计划的可执行性和有效性，需要下面的依据作为本过程的输入。

1）项目管理计划

项目管理计划描述了项目的需要、合理性、需求和当前边界。它包括但不限于范围基准。

2）需求文档

项目干系人的需求文档。

3）风险登记册

风险登记册列出了风险清单，以及风险分析等其他风险管理过程的相关结果。

4）活动资源要求

活动资源要求里有对人员、设备或地点的具体需求的信息，可以使用活动资源要求进行活动成本估算，进而判断有关的项目工作是自制合算还是外购合算。

5）项目进度

项目进度里包含要求的时间期限或者交付日期的信息。

6）活动成本估算

对需采购的项目工作进行活动成本估算，可以得出这次采购的底价。

7）干系人登记册

干系人登记册里，有项目参与者及其在项目中的利益的详细信息。

8）事业环境因素

影响编制采购计划过程的事业环境因素。

9）组织过程资产

影响编制采购计划过程的组织过程资产。

项目实施组织使用的各种合同协议类型也会影响到编制采购过程中的决策。

使用的合同类型和具体的合同条款与条件，将界定买方和卖方各自承担的风险程度。

6．规划采购：输出

编制采购计划过程的主要成果之一是采购计划，具体的采购活动将依据采购计划进行。

1）采购计划

采购计划描述从形成采购文件到合同收尾的采购过程。

2）采购工作说明书

对所购买的产品、成果或服务来说，采购工作说明书定义了与合同相关的那部分项目范围。每个采购工作说明书来自于项目范围基准。

3）采购文件

采购文件用来得到潜在卖方的报价建议书。当选择卖方的决定基于价格（例如当购买商业产品或标准产品）时，通常使用标书、投标或报价而不是报价建议书这个术语。

4）供方选择标准

这个标准用于从潜在的卖方中选中符合要求的、合格的卖方。

5）“自制/外购”决策

决定项目的哪些产品、服务或成果需要外购，哪些自制更为合适。

6）变更申请

编制采购计划时，关于购买产品、服务或资源的决策，通常会导致变更请求，从而可能会引发项目管理计划的相应内容和其他分计划的更新。对申请的项目管理计划变更（增加、修改和修正）需要整体变更控制过程进行管理。

7）可能的项目文件更新

在编制询价计划过程中可能会发现，可能需要更新项目文件。

12.3.2　实施采购

1．询价比价管理

1）入列采购询价比价的条件

- 采用询价比价形式的采购产品主要包括：市场化程度高的产品、非专利专有技术的产品、充分竞争性产品、可替代性强的产品、供应商不唯一的产品等。
- 单个供应商供货合同过一定金额以上的采购。

2）不列入采购询价比价的采购

- 指定采购。
- 原厂、代理有相关协议的采购。
- 单个供应商供货合同在一定金额以下的采购。

3）询价比价操作流程

- 采购人员对拟采购产品类型和价格进行预估判断，是否符合询价比价条件。
- 采购产品的供应商原则必须是经过考评的合格供应商，特殊情况下考评和合同谈判可以同步进行（如一些指定采购的指定供应商）。
- 原则上应向三家或三家以上供应商进行询价。
- 供应商的报价可以提交系统竞价平台、邮件、传真、邮寄、密封书面送达。
- 采购人员根据供应商报价，填写《采购询价记录表》，采购部经理从价格、付款方式、供货周期、质量与售后等方面确定最终供应商。
- 如果对供应商的报价存在疑问或有显失公平情况，采购人员可在公司纪检领导在场的情况下电话通知供应商澄清相关事实，并在《采购询价记录表》上予以说明。
- 如果《合格供方A类名录》中没有符合要求的供应商，对参与竞争询价的供应商进行新增供应商的审核，考评和合同谈判可以同步进行。

2．采购谈判

在谈判过程中，一般分为5个阶段，分别介绍如下。

（1）双方互做介绍，商议谈判议程和程序规则。

（2）探讨谈判所涉及的范围，即双方希望在谈判中解决的事宜。

（3）要谈判成功，双方需要达成一致意见的共同目标。

（4）在可能的情况下，双方需要确定并解决阻碍谈判达成共同目标的分歧。

（5）达成协议，谈判结束。

在采购谈判中，谈判双方主要就以下几项交易条件进行磋商。

（1）商品的品质条件。

（2）商品的价格条件。

（3）商品的数量条件。

（4）商品的包装条件。

（5）交货条件。

（6）贷款的支付条件。

（7）货物保险条件。

（8）商品检验与索赔条件。

（9）不可抗力条件。

（10）仲裁。

3．采购合同签订

一个完整的采购合同通常是由开头、正文、结尾、附件四部分组成。采购合同必备条款包括以下各项内容。

（1）商品名称。

（2）质量条款。

（3）数量和计量单位。

（4）商品的价格。

（5）交货的期限、地点和方式。

（6）产品的包装标准和包装物的供应与回收。

（7）商品的验收方法。

（8）违约责任。

（9）结算方式。

采购岗位和选择的供应商进行价格、付款方式、供货周期、质量与售后等方面的深入谈判，并拟定采购合同。

根据所购设备的重要程度、不同保修要求签订不同的采购合同条款；对工程影响不大的辅材，正规的购货发票视为采购合同，其他均需签订正规的采购合同（协议），采购合同应清楚表述订购产品的有关信息和要求。

若发现所询产品与《项目采购计划（任务）单》要求有差异（如供货周期长、设备已经停产换型、产品提价等因素），采购应填写《采购异常信息处理表》中“采购异常信息”“处理意见建议”两栏内容，经审批同意，再按新的要求实施采购。需重新申请采购的，应按申请程序重新办理。

为了控制采购的风险，采购合同需按评审准则执行合同评审，经批准通过，再由采购部门正式签署合同后组织实施；当签订合同双方的代表不是法定代表人时，应有法定代表人签署和盖公章的《法人授权书》；签署后的采购合同正本进入存档管理，采购部门保存合同副本，以便执行。

4．实施采购：输入

1）采购计划

采购计划记录了买什么、不买什么（自制）、什么时间买等信息，为整个采购过程做了安排提供了指南。

2）采购文件

采购文件，来自潜在卖方，是他们的报价建议书。

3）卖方建议书

每一个卖方或者供方，在买方询价过程中都会提供其建议书。

4）项目文件

常用的项目文件包括风险登记册，以及准备的合同协议。

5）采购工作说明书

采购工作说明书规定了明确的工作目标、项目需求和所需结果，供应商们可据此做出量化应答。

6）组织过程资产

一些企业和项目执行组织把以前的合格供应商信息作为组织的过程资产予以保留。

5．实施采购：输出

1）选中的卖方

依据供方选择标准，对各个卖方的建议书或投标书进行评价，选出最合适的一个或多个卖方。

2）合同

因应用领域不同，合同也可称为协议、分包合同或订购单。

3）资源日历

在资源日历中记录了已约定的资源的数量和可用性，以及具体的资源何时忙碌何时空闲。

4）变更请求

在实施采购的过程中，可能发现原来的项目计划有遗漏，也或者市场条件发生了变化。

5）项目管理计划更新

在实施采购的过程中，如果有变更，那可能要调整项目管理计划。

12.3.3 控制采购

控制采购是管理采购关系、监督合同执行情况，并根据需要实施变更和采取纠正措施的过程。

买卖双方的任何一方都需要确保对方能正常履约，这样他们的合法权利就能得到维护，这就需要对合同的执行进行管理。

控制采购过程是买卖双方都需要的。该过程确保卖方的执行符合合同需求，确保买方可以按合同条款去执行。对于使用来自多个供应商提供的产品、服务或成果的大型项目来说，合同管理的关键是管理买方卖方间的接口，以及多个卖方间的接口。

根据合同以及卖方当前的绩效水平，如合同的执行出现偏差，则需要制定纠正措施。

如有合同更新，则提交更新后的合同及其相关文件。

在控制采购过程中，通过这种绩效审查，考察卖方在未来项目中执行类似工作的能力。

控制采购还包括记录必要的细节以管理任何合同工作的提前终止（因各种原因、求便利或违约）。这些细节会在结束采购过程中使用，以终止协议。

在控制采购过程中，还需要进行财务管理工作，监督向卖方的付款。卖方完成多少工作，就付多少款项。

在合同收尾前，经双方共同协商，可以根据协议中的变更控制条款，及时对协议进行修改。这种修改通常都要书面记录下来。

1．采购不合格控制

（1）不合格品识别。

采购设备不符合采购计划及采购合同所规定要求、规格、标准，均为不合格品。

（2）经进货验证确定为不合格的产品，采购应及时处理。

- 退货。
- 调换。
- 降级改作他用，但降级处理需主管领导批准，并在相关部门备案。

（3）进货验证的不合格品，由验货人进行“不合格”标识。

2．采购档案管理

1）基本要求

- 归档的采购资料文件要完整、安全和保密。
- 防止采购资料文件调换、涂改、遗失和损坏。
- 涉及供应商商业机密的，没有得到采购主管领导许可，不得对外提供。
- 采购部门应对采购信息进行管理、控制和利用。
- 采购部资料保管员按规定保存采购信息资料。

2）归档范围

- 采购资料保管员建立供货商档案，保存相应的供货商信息及产品信息，并定期进行更新，包括合格供货商名册、供方的业绩评价等及其附件、供货商资质文件（合格供货商档案）、产品信息及其他相关资料。
- 采购合同管理

在采购合同签订后 5 个工作日内将采购合同原件及相应附件进行归档。归档时，需注明采购合同名称，归档采购合同所在的项目编号。

3）归档内容

（1）采购预算执行文件。

（2）采购前期准备文件。

- 委托代理采购协议书。
- 核准采购进口产品的相关审批资料。
- 采购的申请及批复资料。
- 采购方式变更申请及批复。
- 采购文件及采购人确认记录，包括评标办法、评标细则、评标纪律等有关文件、资料。
- 采购公告、资格预审公告及其变更事项。
- 获取采购文件或资格预审文件的供应商名单登记表。
- 专家咨询论证会记录。
- 已发出采购文件或资格预审文件的澄清、修改说明和答疑记录。
- 供应商资格审查情况报告。
- 评审专家名单及抽取记录。
- 库外专家使用备案审核表。

（3）采购开标（含谈判、询价）文件。

- 采购响应文件及有关资料等。

- 在递交采购响应文件截止时间前供应商对递交的采购响应文件进行补充、修改或撤回的记录。
- 采购项目样品送达记录。
- 接受供应商投标或谈判的记录。
- 开标一览表。
- 开标（谈判、询价）过程有关记录。
- 开标（谈判、询价）过程中其他需要记载的事项。

（4）采购评审文件：

- 评审专家签到表及现场监督人员签到表。
- 评审专家评审工作底稿等评审过程记录。
- 供应商的书面澄清记录。
- 评标或谈判报告，包括无效供应商名单及说明、中标（成交）候选供应商名单等。
- 经监督人员签字的现场监督审查记录。
- 评审过程中其他需要记载的事项。

（5）采购中标（成交）文件：

- 采购人对采购结果的确认意见。
- 中标或成交通知书。
- 采购结果公告（公示）记录（含报刊及电子网站等媒体原件或下载记录等）。
- 公证书。
- 与中标（成交）相关的其他文件资料。

（6）采购合同文件：

- 采购合同。
- 采购合同依法补充、修改、中止或终止等相关记录。

（7）采购验收及结算文件：

- 项目验收记录。
- 采购项目质量验收单或抽查报告等有关资料。
- 发票复印件及附件。
- 其他验收文件资料。

（8）其他文件：

- 供应商质疑材料、处理过程记录及答复。
- 供应商投诉书、投诉处理有关记录及投诉处理决定等。
- 采购过程中的音像资料。
- 其他需要存档的资料。

4）采购档案保存期限

采购档案保管期限根据企业管理的客观利用需求为依据确定，既考虑资料的现实利用价值，又兼顾长远的历史利用价值。保管期限有永久、长期（30年）和短期（10年）

三种。

3．采购货物管理

1）存放环境要求

存放环境应保证适宜电子产品存放的温度、湿度、照明电源；独立、可靠、正确的接地；具备防尘、防潮、防盗、防腐、防火、防水、防鼠、防油及通风的功能。

2）设备存放和标识

设备的存放分两个区：合格区、异常区。

设备标识内容：

（1）分类可分高端产品类、低端产品类、软件产品类。

（2）存货代码。

（3）设备名称。

（4）设备型号。

（5）进货日期。

存放的原则，管理清晰，便于库管员取放；软件产品类需存放在具有防潮、防磁、不易受损的专用处，存放前进行病毒检查，实行封闭管理。

异常类产品即指不能满足工程需要或已损坏的产品，此类产品需与正常产品隔离存放。

3）入库条件

（1）采购产品验证完毕后，检验合格的产品，《进货检验记录单》作为办理入库的条件之一。

（2）库房核对采购设备对应项目准确无误，作为办理入库条件之二。

（3）供应商提供的运货单或者到货证明，作为办理入库条件之三。

4）存放管理

（1）采购产品在公司存放期间，库管员应定期检查库存情况，防止采购产品在贮存期内的劣化、损坏和变质等。对于软盘、光盘，应采取相应的防护手段，以防所载文件受到病毒感染或损坏。

（2）出库时，领用部门经领导审批《材料领用单》同意后方可在库管处办理《出库单》。货直接到现场的情况，还需提供设备用户点收清单或设备供货确认报告（复印件）。

（3）库管核对《出库单》后发放产品。

（4）库管应定期对库存情况进行盘存，并报送公司主管领导，保证库房内的物品其帐、物、卡三者相符。

4．控制采购：输入

项目管理计划、采购文件、合同、批准的变更请求、工作绩效报告和工作绩效数据等，是进行控制采购过程的前提。

1）项目管理计划

采购计划包含在项目管理计划里，采购计划不仅为控制采购提供了依据，也为从编制采购文件到合同收尾的各采购过程提供了指南。

2）采购文件

采购文件中包含管理各采购过程所需的各种支持性信息。

3）合同

合同是买卖双方之间就采购工作达成的一致。

4）批准的变更请求

批准的变更请求可能包括对合同条款和条件的修改。

5）工作绩效报告

与卖方绩效有关的文档。

6）工作绩效数据

卖方的工作绩效数据。

5．控制采购：输出

1）工作绩效信息

工作绩效信息中包括合同履约信息，便于买方预测特定可交付成果的完成情况，追踪特定可交付成果的接收情况。

2）变更请求

在控制采购过程中，可能产生对项目管理计划及其子计划和其他组成部分的变更请求，如成本基准、进度基准和采购管理计划。

3）项目管理计划更新

在对采购进行控制时，可能需要调整项目管理计划。

4）项目文件更新

在管理项目采购时，会产生大量采购文档。

5）组织过程资产更新

在进行采购监控时，可能需要更新的组织过程资产。

12.3.4 结束采购

结束采购是完结本次项目采购的过程。

完成每一次项目采购，都需要结束采购过程。它是项目收尾或者阶段收尾过程的一部分，它把合同和相关文件归档以备将来参考，因为项目收尾或者阶段收尾过程已核实本阶段或本项目所有工作和项目可交付物是否是可接受的。

1．结束采购：输入

1）合同

合同是合同各方进行自己的采购管理的法律依据，也为结束采购提供了指南。

2）合同收尾程序

合同里关于结束采购的指南性条款。

3）项目管理计划

项目管理计划包含采购计划，它为结束采购提供了细节和指南。

4）采购文件

为结束合同，需要收集全部采购文档，并建立索引和加以归档。

2．结束采购：输出

1）合同收尾

买方通过其负责的合同管理人员，正式以书面形式通知卖方合同已经完成。通常在合同的条款与条件中明确规定对合同正式收尾的要求并将其包含在采购计划里。

2）组织过程资产更新

一个合同执行完毕，总会多多少少产生一些文档、数据、经验教训，这些新的知识财产要补充到卖方的组织过程资产里。

12.4　采购管理技术和工具

12.4.1　采购管理方法和技术的应用

采购管理在不同应用场景使用不同的技术和方法，内容如表 12-2。

表 12-2　方法和技术在采购管理中的应用

方法/技术	定　义	应用场景		
		规划采购的方法和技术	实施采购的方法和技术	结束采购的方法与技术
“自制/外购”分析	是指企业围绕既可自制又可外购的项目设备的取得方式而开展的分析和决策。一般可采用相关成本分析法和成本平衡点分析法	• 有时项目的执行组织可能有能力自制，但是可能与其他项目有冲突或自制成本明显高于外购，在这些情况下项目需要从外部采购，以兑现进度承诺。 • 任何预算限制都可能是影响“自制/外购”决定的因素。 如果决定购买，还要进一步决定是购买还是租借。“自制/外购”分析应该考虑所有相关的成本，无论是直接成本还是间接成本。 • 在进行“自制/外购”过程中也要确定合同的类型，以决定买卖双方间如何分担风险		

续表

方法/技术	定　义	应用场景		
		规划采购的方法和技术	实施采购的方法和技术	结束采购的方法与技术
市场调研	指以科学的方法收集市场资料，并运用统计分析的方法对所收集的资料进行分析研究，发现市场机会，为企业管理者提供科学决策所必要的信息依据的一系列过程	• 市场调研包括考察行业情况和潜在供应商能力。 • 项目的采购团队可以综合考虑从网络上的在线评论、展销会、研讨会、报纸、杂志以及其他各种其他渠道得到的信息，来了解市场情况。 • 采购团队可能也需要考虑有能力提供所需材料或服务的潜在供应商的范围，权衡与之有关的风险，并优化具体的采购目标，尽可能利用成熟技术		
专家判断	三种形式： （1）专家个人意见集合法：先征求专家个人意见，然后加以综合，确定预测值。 （2）专家小组法将专家分成小组，运用专家们的集体智慧进行判断预测。 （3）德尔菲：通过函询方式向若干专家分别征求意见，各专家在互不通气的情况下，根据自己的观点和方法进行预测，然后把各专家的意见汇集到一起，采用不记名方式反馈给各位专家，请他们参考别人意见修正本人原来的判断，反复数次，最终确定预测结果	• 经常用专家的技术判断来评估本过程的输入和输出。 • 专家判断也被用来制定或者修改评价卖方建议书的标准。 • 专家法律判断可能要求律师协助处理相关的采购问题、条款和付款条件。 • 这种专家具有行业和技术的专长，其判断可以运用于采购的产品、服务或者成果的技术细节以及采购管理过程的各个方面	• 可以组建一个多学科评审团队对建议书进行评价。 • 团队中应包括采购文件和相应合同所涉及的全部领域的专家。可能需要各职能领域的专业人士，如合同、法律、财务、会计、工程、设计、研究、开发、销售和制造	

续表

方法/技术	定　　义	应用场景		
		规划采购的方法和技术	实施采购的方法和技术	结束采购的方法与技术
会议	会议是人们通过不同方式聚集起来，讨论、协议、沟通和商定事情的一种社会活动形式。会议是人类社会生活的重要组成部分，对协调社会关系和促进人类发展有重大作用	• 仅靠调研，而不与潜在投标人进行会议以交流信息，有时还不能获得制定采购决策所需的明确信息。 • 与潜在投标人会议交流和合作，有利于这些供应商开发互惠的方案或产品，从而有助于产品、材料或服务的买方	• 投标人会议（也称为发包会、承包商会议、供应商会议、投标前会议或竞标会议）是指在准备建议书之前与潜在供应商举行的会议。 • 投标人会议用来确保所有潜在供应商对采购目的（如技术要求和合同要求等）有一个清晰、共同的理解。对供应商问题的答复可能作为修订条款包含到采购文件中。 • 在投标人会议上，所有潜在供应商都应得到同等对待，以保证一个好的招标结果	
分析技术	就是将研究对象的整体分为各个部分，并分别加以考察的认识活动。分析的意义在于通过认识事物或现象的区别与联系，细致地寻找能够解决问题的主线，并以此解决问题		• 在采购时，应该以合理的方式定义需求，以便卖方能够通过要约为项目创造价值。 • 通过审查供应商以往的表现，项目团队可以发现风险较多、需要密切监督的领域，以确保项目的成功	

续表

方法/技术	定　义	应用场景		
		规划采购的方法和技术	实施采购的方法和技术	结束采购的方法与技术
评价技术	通常是指对一件事或人物进行判断、分析后的结论		• 建议书评价技术：对于复杂的采购，如果要基于卖方对既定加权标准的响应情况来选择卖方，则应该根据买方的采购政策，按正式的建议书评审流程对各个潜在卖方的建议书进行评价，建议书评价委员会将做出他们的选择，在授予合同之前，还要报管理层批准。 • 例如加权系统就是对定性数据的一种定量评价方法，以减少评定的人为因素对潜在卖方选择的不当影响	
独立估算	也被称为合理费用估算，是根据具体条件及有关知识对事物的数量或算式的结果作出的大概推断或估计，可以买方自己制定，也可以请第三方独立估算		• 采购组织能够对其成本进行独立的估算以检查卖方建议书中的报价。 • 如果报价与估算成本有很大差异，则可能表明合同工作说明书不适当、或者潜在卖方误解或者没能完全理解和答复工作说明书、或者市场已经发生了变化	

续表

方法/技术	定　　义	应 用 场 景		
		规划采购的方法和技术	实施采购的方法和技术	结束采购的方法与技术
刊登广告			现有潜在供应商清单通常可以通过在报纸等通用出版物、专业出版物，或有关的网站上刊登广告加以扩充。在政府的某些管辖范围内，政府会要求一些特定类型的采购事项应做公开广告，同时大部分政府机构要求政府合同必须做公开广告	
谈判	谈判有广义与狭义之分。广义的谈判是指除正式场合下的谈判外，一切协商、交涉、商量、磋商等等，都可以看做谈判。狭义的谈判仅仅是指正式场合下的谈判		• 选中卖方后，在双方签订合同前，通过采购谈判可以澄清双方对合同结构和要求的理解，使双方达成一致意见。 • 合同谈判的内容包括责任和权限、适用的条款和法律、技术和业务管理方法、所有权、合同融资、技术解决方案、总体进度计划、付款和价格。 • 采购谈判过程以买卖双方签署文件（如合同、协议）为结束标志。最终合同一般是买方和卖方讨价还价的结果。 • 对于复杂的采购事项，合同谈判应是一个独立的过程，有自己的依据和成果。对于简单的采购事项合同，可以采用固定不变的、不可洽谈的条款和条件，只需要卖方的接受而不用漫长的谈判	

续表

方法/技术	定　义	应用场景		
		规划采购的方法和技术	实施采购的方法和技术	结束采购的方法与技术
审计	是指为了查明有关经济活动和经济现象的认定与所制定标准之间的一致程度，而客观地收集和评估证据，并将结果传递给有利害关系的使用者的系统过程			对从采购规划至到合同管理的整个采购过程进行系统的审查。其目的是找出可供本项目其他采购合同或实施组织内其他项目借鉴的成功与失败的经验

12.4.2 采购管理信息系统

采购管理信息系统是通过采购申请、采购订货、进料检验、仓库收料、采购退货、购货发票处理、供应商管理、价格及供货信息管理、订单管理，以及质量检验管理等功能综合运用的管理系统，对采购物流和资金流的全部过程进行有效的双向控制和跟踪，实现完善的企业物资供应信息管理。

12.4.3 招投标

本节的内容依据《中华人民共和国招标投标法》相关条款的规定、参考行业内的常规做法编制而成。招投标是实施采购的一种常见形式。

1．招标人及其权利和义务

招标人是依照《中华人民共和国招标投标法》规定提出招标项目、进行招标的法人或者其他组织。

1）招标人的权利

招标人有如下权利。

（1）招标人有权自行选择招标代理机构，委托其办理招标事宜。招标人具有编制招标文件和组织评标能力的，可以自行办理招标事宜。

（2）自主选定招标代理机构并核验其资质条件。

（3）招标人可以根据招标项目本身的要求，在招标公告或者投标邀请书中，要求潜在投标人提供有关资质证明文件和业绩情况，并对潜在投标人进行资格预审；国家对投标人资格条件有规定的，按照其规定。

（4）在招标文件要求提交投标文件截止时间至少 15 日前，招标人可以以书面形式对已发出的招标文件进行必要的澄清或者修改。该澄清或者修改内容是招标文件的组成部分。

（5）招标人有权也应当对在招标文件要求提交的截止时间后送达的投标文件拒收。

（6）开标由招标人主持。

（7）招标人根据评标委员会提出的书面评估报告和推荐的中标候选人确定中标人。招标人也可以授权评标委员会直接确定中标人。

2）招标人的义务

招标人有如下义务。

（1）招标人委托招标代理机构时，应当向其提供招标所需要的有关资料并支付委托费。

（2）招标人不得以不合理条件限制或者排斥潜在投标人，不得对潜在投标人实行歧视待遇。

（3）招标文件不得要求或者标明特定的生产供应者，以及含有倾向或者排斥潜在投标人的其他内容。

（4）招标人不得向他人透露已获取招标文件的潜在投标人的名称、数量，以及可能影响公平竞争的有关招标投标的其他情况。招标人设有标底的，标底必须保密。

（5）招标人应当确定投标人编制投标文件所需要的合理时间。但是，依法必须进行招标的项目，自招标文件开始发出之日起至提交投标文件截止之日止，最短不得少于20 日。

（6）招标人在招标文件要求提交投标文件的截止时间前收到的所有投标文件，开标时都应当众予以拆封、宣读。

（7）招标人应当采取必要的措施，保证评标在严格保密的情况下进行。

（8）中标人确定后，招标人应当向中标人发出中标通知书，并同时将中标结果通知所有未中标的投标人。

（9）招标人和中标人应当自中标通知书发出之日起 30 日内，按照招标文件和中标人的投标文件订立书面合同。

2．招标代理机构

1）招标代理机构的法律地位

招标代理机构是独立于政府和企业之外的，为市场主体提供招标服务的专业机构，属于中介服务组织。它的招标代理资格需经国家招标投标主管机关的严格认证。

2）招标代理机构的权利和义务

在招标投标活动中，招标代理机构的权利和承担的义务分别如下。

（1）招标代理机构的权利。

- 组织和参与招标活动。
- 依据招标文件规定，审查投标人的资质。
- 按规定标准收取招标代理费。

（2）招标代理机构的义务。

- 维护招标人和投标人的合法利益。
- 组织编制、解释招标文件。
- 接受国家招标投标管理机构和有关行业组织的指导、监督。

3．招标方式

招标分为公开招标和邀请招标。

（1）公开招标：是指招标人以招标公告的方式邀请不特定的法人或者其他组织投标。

（2）邀请招标：是指招标人以投标邀请书的方式邀请特定的法人或者其他组织投标。

4．招投标程序

依据《中华人民共和国招标投标法》，招投标程序如下。

（1）招标人采用公开招标方式的，应当发布招标公告；招标人采用邀请招标方式的，应当向三个以上具备承担招标项目的能力、资信良好的特定的法人或者其他组织发出投标邀请书。

（2）招标人根据招标项目的具体情况，可以组织潜在投标人踏勘项目现场。

（3）投标人投标。

（4）开标。

（5）评标。

（6）确定中标人。

（7）订立合同。

5．投标

（1）投标人应当按照招标文件的要求编制投标文件。投标文件应当对招标文件提出的实质性要求和条件做出实质性响应。

（2）投标人应当在招标文件要求提交投标文件的截止时间前，将投标文件送达投标地点。

（3）投标人在招标文件要求提交投标文件的截止时间前，可以补充、修改或者撤回已提交的投标文件，并书面通知招标人。

（4）投标人根据招标文件载明的项目实际情况，拟在中标后将中标项目的部分非主体、非关键性工作进行分包的，应当在投标文件中载明。

两个以上法人或者其他组织可以组成一个联合体，以一个投标人的身份共同投标。

6．开标、评标和中标

1）开标

开标应当在招标文件确定的提交投标文件截止时间的同一时间公开进行；开标地点应当为招标文件中预先确定的地点。开标由招标人主持，邀请所有投标人参加。开标时，由投标人或者其推选的代表检查投标文件的密封情况，也可以由招标人委托的公证机构检查并公证。经确认无误后，由工作人员当众拆封，宣读投标人名称、投标价格和投标文件的其他主要内容。招标人在招标文件要求提交投标文件的截止时间前收到的所有投标文件，开标时都应当众予以拆封、宣读。开标过程应当记录，并存档备查。

2）评标

评标由招标人依法组建的评标委员会负责。依法必须进行招标的项目，其评标委员会由招标人的代表和有关技术、经济等方面的专家组成，评标委员会组成方式与专家资质将依据《中华人民共和国招标投标法》有关条款来确定。

评标委员会可以要求投标人对投标文件中含义不明确的内容做必要的澄清或者说明，但是澄清或者说明不得超出投标文件的范围或者改变投标文件的实质性内容。

评标委员会应当按照招标文件确定的评标标准和方法，对投标文件进行评审和比较；评标委员会完成评标后，应当向招标人提出书面评标报告，并推荐合格的中标候选人。招标人根据评标委员会提出的书面评标报告和推荐的中标候选人确定中标人。招标人也可以授权评标委员会直接确定中标人。

中标人的投标应当符合下列条件之一。

（1）能够最大限度地满足招标文件中规定的各项综合评价标准。

（2）能够满足招标文件的实质性要求，并且经评审的投标价格最低。但是，投标价格低于成本的除外。

3）中标

中标人确定后，招标人应当向中标人发出中标通知书，并同时将中标结果通知所有未中标的投标人。

招标人和中标人应当自中标通知书发出之日起 30 日内，按照招标文件和中标人的投标文件订立书面合同。招标人和中标人不得再行订立背离合同实质性内容的其他协议。

中标人应当按照合同约定履行义务，完成中标项目。

7．供方选择

前面的询价计划编制过程为供方选择过程提供了评估标准。除了使用采购成本或价格外，这个过程中也会使用综合评价标准。

价格对于现货供应、同质的物品可能是主要的决定因素。不过如果卖方可能不能及时供货的话，最低的价格并不能保证最低的成本。对于项目中产品子系统的采购（即外包、发包），或对服务的采购来说，针对供应商的技术方案和管理方案等，也可以考虑综合评价标准。表12-3是某项目对供应商的评价表。假定每个评价项满分为10分。表12-3中，针对“对需求的理解”的评价项，3个评定人的打分分别为6、6、9，平均为7分，最后7乘以权重比例0.15，得到“对需求的理解”的单项综合分为1.05，依此类推，每个供应商有一加权后的技术管理总分，加上价格方面的分数之后（原则是价格低应获得价格方面的高分），得到供应商的总分。对所有供应商的总分排序，以确定谈判顺序，然后选择一个卖方，并要求签订标准合同。

对于那些关键性采购应采用多渠道以规避风险（如送货不及时、不合质量要求等风险）。但更多渠道采购可能导致更高的采购成本。

表12-3　某项目采购供应商的评价表

供应商名称：　　　　　　　　　　　　年　　月　　日

权重等 / 评价项	权重比例	第1评定人	第2评定人	第3评定人	单项综合
		打分	打分	打分	
对需求的理解	15%	6	6	9	1.05
技术能力	15%				
全生命期成本	20%				
管理水平	15%				
企业资质	15%				
经验	5%				
财务能力	10%				
其他	5%				
技术管理总分					该供应商的技术管理总分

对于大型的或重要采购事项，这一过程或招标评标过程可能要重复多次。通过这一过程的过滤，得到一个精简的合格卖方的清单，然后根据更详细和全面的建议书展开更详细的评估，最后会挑出一个或若干个中标人。

8．相关法律责任

所谓法律责任，就是某人或某个单位等法律主体因自己的不当言行、或过失、或关联关系而承担的相应的行政责任、民事责任或刑事责任。

《中华人民共和国招标投标法》明确了招投标过程中涉及的各方的法律责任，涉及的各方有招标人、招标代理机构、投标人、评标委员会的专家、招标单位直接主管、中标人等。就投标人承担的法律责任来说，具体规定如下。

投标人相互串通投标或者与招标人串通投标的，投标人以向招标人或者评标委员会成员行贿的手段谋取中标的，中标无效，处中标项目金额千分之五以上千分之十以下的罚款，对单位直接负责的主管人员和其他直接责任人员处单位罚款数额百分之五以上百分之十以下的罚款；有违法所得的，并处没收违法所得；情节严重的，取消其一年至二年内参加依法必须进行招标的项目的投标资格并予以公告，直至由工商行政管理机关吊销营业执照；构成犯罪的，依法追究刑事责任；给他人造成损失的，依法承担赔偿责任。

投标人以他人名义投标或者以其他方式弄虚作假，骗取中标的，中标无效，给招标人造成损失的，依法承担赔偿责任；构成犯罪的，依法追究刑事责任。

12.5 案例例题

某军工集团的保密技防项目，招投时要求采购的设备清单中包括：

- 消费管理电脑（品牌：联想）：联想启天 M4500-N000 G3240（3.1G/2G/500G）。
- 人行通道智能翼闸-军品区入口（品牌：达实）：DAC ZJ3051- 8 通道。

合同签订后，到了项目实施中，项目组在进行项目实施过程中发现，原招标要求的设备配置已达不到项目实际使用要求，与用户建议配置变更，如表 12-4 所示。

表 12-4 变更配置

设 备 名 称	项目招标（合同）要求设备及型号	按实际要求变更后设备型号
消费管理电脑（品牌：联想）	联想启天 M4500-N000 G3240（3.1G/2G/500G）	联想启天 M4500-N000 G3250（3.2G/2G/500G/DVDRW）
人行通道智能翼闸-军品区入口	人行通道智能翼闸-军品区入口（品牌：达实）DAC ZJ3051- 8 通道	人行通道智能翼闸-军品区入口（品牌：达实）DAC ZJ3051- 5 通道

同时：甲方要求对原招投标（合同）的设备进行增加，增加设备，如表 12-5 所示。

表 12-5 增加设备

设备名称和品牌	型号及配置	数量	要求到货日期
带前置广播功放，品牌：迪士普 DSPPA	MP200P 60W（100V/70V/4-16Ω隔离输出，三路话筒输入，话筒 1 具有强插默音功能，两路线路输入）	1 台	2015.9.11
六路智能会议混音器，品牌：安度 ARTTOO	CL-MX900 六路智能会议混音器，可多台扩展串联。具备三种发言设置，即优先发言、按顺序发言、集体讨论，六路平衡输入均提供直流 48V 幻像供电。自动语言开启电路设计，具有抑制反馈啸叫功能，可有效地消除或减弱这些场所中的反馈	1 台	2015.9.11

请项目经理进行综合分析，给出变更的设备的采购管理流程？

答案要点：

（1）项目经理向采购部确认采购的进展，及时作出撤回的处理。

（2）由项目经理与甲方对以上 4 类设备的变更（包括品牌、配置型号、数量）进行商务合同的盖章确认。

（3）变更后的设备和采购部门进行重新的确认。

（4）采购部门依据变更后的合同制订采购计划。

（5）实施采购：询价比价、采购谈判、签订采购合同。

（6）控制采购。

12.6 本章练习

（1）________是属于建立供应商战略合作伙伴关系的意义。

A. 可以缩短供应商的供应周期，提高供应灵活性

B. 可以降低企业采购设备的库存水平，降低管理费用、加快资金周转

C. 可以共享供应商的技术与革新成果，加快产品开发速度，缩短产品开发周期

D. 可以与供应商共享管理经验，推动企业整体管理水平的提高

参考答案：ABCD

（2）________是避免合作伙伴关系失败的要点。

A. 目标一致　　B. 不断关注双赢机会

C. 广泛沟通和分享信息　　D. 建立信任

参考答案：ABCD

（3）选择供应商时，________是企业考虑的 3 大主要因素。

A. 供应商的产品价格　　B。供应商的质量

C. 供应商的存货政策　　D. 供应商的服务

参考答案：ABD

（4）________是采购计划要达到的目的。

A. 预计采购物料所需的时间和数量，防止供应中断，影响项目实施

B. 避免物料储存过多，积压资金以及占用存储空间

C. 配合项目生产计划与资金调度

D. 使采购部门事先准备，选择有利时机购入物料

参考答案：ABCD

（5）________是在采购谈判中，谈判双方就交易条件进行磋商。

A. 商品的品质条件　　B. 商品的价格条件

C. 商品的包装条件　　D. 交货条件

参考答案：ABCD

（6）________是进货验证确定为不合格的产品，采购应及时作出的处理。

A．退货

B．调换

C．存放库房

D．降级改作他用，但降级处理需得到批准

参考答案：ABD

（7）________是采购档案管理的基本要求。

A．防止采购资料文件调换、涂改、遗失和损坏

B．涉及供应商商业机密的，没有得到采购主管领导许可，不得对外提供

C．采购部门应对采购信息进行管理、控制和利用

D．资料保管员按规定保存采购信息资料

参考答案：ABCD

（8）________是存放电子产品所要考虑的环境。

A．适宜存放的温度、湿度、照明电源

B．独立、可靠、正确的接地

C．具备防尘、防潮、防盗、防腐、防火、防水、防鼠的功能

D．具备防油及通风的功能

参考答案：ABCD

（9）________是属于控制采购输入的内容。

A．项目管理计划　　B．采购文件　　C．合同　　D．批准的变更请求

参考答案：ABCD

（10）下列的方法和技术，________应用在实施采购中。

A．专家判断　　B．分析技术　　C．评价技术 D．独立估算

参考答案：ABCD

第 13 章　项目合同管理

项目采购管理过程围绕合同进行，采购管理过程所涉及的各种活动构成了合同生命周期。通过对合同生命周期进行积极管理，并仔细斟酌合同条款和条件的措词，就可以回避或减轻某些可识别的项目风险，或将它们转移给对方。签订产品或服务合同，是分配风险管理责任或分担潜在风险的一种方法。在复杂项目中，可能需要同时或先后管理多个合同或分包合同。在这种情况下，单项合同的生命周期可在项目生命周期中的任何阶段结束。

13.1　合同管理相关基础概念

在了解合同管理的相关知识之前，有必要对合同的相关概念有初步的认识，本节将介绍合同的类型与内容，其他相关概念以及规范请参看 26.1 节合同法。

13.1.1　合同的类型

买方与卖方的风险分担由合同类型决定。一般情况下，人们比较喜欢固定总价合同，大多数组织都鼓励甚至经常要求使用固定总价合同。但是，在有些情况下，其他某种合同类型可能对项目更加有利。如果拟采用非总价类型的合同，项目团队就必须说明使用该种合同的合理性。通常所选择的合同类型以及具体的合同条款和条件，决定着合同双方各自承担的风险水平。

1．按项目范围划分

以项目的范围为标准划分，可以分为项目总承包合同、项目单项承包合同和项目分包合同三类。

1）项目总承包合同

买方将项目的全过程作为一个整体发包给同一个卖方的合同。需要特别注意的是，总承包合同要求只与同一个卖方订立承包合同，但并不意味着只订立一个总合同。可以采用订立一个总合同的形式，也可以采用订立若干个合同的形式。例如，在一个典型的 IT 项目中，买方与同一个卖方分别就项目的咨询论证、方案设计、硬件建设、软件开发、实施及运行维护等订立不同的合同。采用总承包合同的方式一般适用于经验丰富、技术实力雄厚且组织管理协调能力强的卖方，这样有利于发挥卖方的专业优势，保证项目的质量和进度，提高投资效益。采用这种方式，买方只需与一个卖方沟通，容易管理与协调。

2）项目单项承包合同

一个卖方只承包项目中的某一项或某几项内容，买方分别与不同的卖方订立项目单项承包合同。采用项目单项承包合同的方式有利于吸引更多的卖方参与投标竞争，使买方可以选择在某一单项上实力强的卖方。同时也有利于卖方专注于自身经验丰富且技术实力雄厚的部分的建设，但这种方式对于买方的组织管理协调能力提出了较高的要求。

3）项目分包合同

经合同约定和买方认可，卖方将其承包项目的某一部分或某几部分项目（非项目的主体结构）再发包给具有相应资质条件的分包方，与分包方订立的合同称为项目分包合同。

需要说明的是，订立项目分包合同必须同时满足 5 个条件，即：

- 经过买方认可。
- 分包的部分必须是项目非主体工作。
- 只能分包部分项目，而不能转包整个项目。
- 分包方必须具备相应的资质条件。
- 分包方不能再次分包。

分包合同涉及到两种合同关系，即买方与卖方的承包合同关系，以及卖方与分包方的分包合同关系。卖方在原承包合同范围内向买方负责，而分包方与卖方在分包合同范围内向买方承担连带责任。如果分包的项目出现问题，买方既可以要求卖方承担责任，也可以直接要求分包方承担责任。

2．按项目付款方式划分

以项目付款方式为标准进行划分，通常可将合同分为两大类，即总价和成本补偿类。还有第三种常用合同类型，即混合型的工料合同。在项目实践中，合并使用两种甚至更多合同类型进行单次采购的情况也不罕见。

3．总价合同

总价合同（Fixed-Price Contract）为既定产品或服务的采购设定一个总价。总价合同也可以为达到或超过项目目标（例如，进度交付日期、成本和技术绩效，或其他可量化、可测量的目标）而规定财务奖励条款。卖方必须依法履行总价合同，否则，就要承担相应的违约赔偿责任。采用总价合同，买方必须准确定义要采购的产品或服务。虽然允许范围变更，但范围变更通常会导致合同价格提高。从付款的类型上来划分，总价合同又可以分为固定总价合同、总价加激励费用合同、总价加经济价格调整合同和订购单。

1）固定总价合同

固定总价合同（Firm Fixed Price，FFP）是最常用的合同类型。大多数买方都喜欢这种合同，因为采购的价格在一开始就被确定，并且不允许改变（除非工作范围发生变更）。因合同履行不好而导致的任何成本增加都由卖方承担。

2）总价加激励费用合同

总价加激励费用合同（Fixed Price Incentive Fee，FPIF）为买方和卖方都提供了一定的灵活性，它允许有一定的绩效偏差，并对实现既定目标给予财务奖励。奖励的计算方法可以有多种，但都与卖方的成本、进度或技术绩效有关。例如，规定目标工期以及提前完工的奖金。绩效目标一开始就要制定好，而最终的合同价格要待全部工作结束后根据卖方绩效加以确定。

在 FPIF 合同中，要设置一个价格上限（最高限价、天花板价格），卖方必须完成工作并且要承担高于上限的全部成本，也就是说，买方付款的总数不得超过最高限价。例如，表 13-1 是一个总价加激励费用合同的示例。

表 13-1　总价加激励费用合同的示例（金额的单位：万元）

	合同内容	实际执行情况		说　　明
		A 项目	B 项目	
目标成本	10	8	13	假设买方和卖方对目标成本、目标费用、分摊比例和价格上限已达成一致
目标费用	1	1	0	
分摊比例	60:40	0.8	0	如果实际的花费比目标成本低，买方支付目标费用和激励费用（假设约定为目标成本和实际花费差价的 40%）
价格上限	12		12	买方能支付的最高限价
实际支付		9.8	12	买方实际支付的款项
实际利润		1.8	-1	卖方有可能亏本，例如，B 项目

3）总价加经济价格调整合同

如果卖方履约要跨越相当长的周期（数年），就应该使用总价加经济价格调整合同（Fixed Price with Economic Price Adjustment，FP-EPA）。如果买方和卖方之间要维持多种长期关系，也可以采用这种合同类型。它是一种特殊的总价合同，允许根据条件变化（例如，通货膨胀、某些特殊商品的成本增加或降低等），以事先确定的方式对合同价格进行最终调整。

FP-EPA 合同可以保护买方和卖方免受外界不可控情况的影响，FP-EPA 合同条款必须规定用于准确调整最终价格的、可靠的财务指数。

4）订购单

在实际工作中，还有另外一种形式的总价合同，那就是订购单。当非大量采购标准化产品时，通常可以由买方直接填写卖方提供的订购单，卖方照此供货。由于订购单通常不需要谈判，所以又称为单边合同。

4．成本补偿合同

成本补偿合同（Cost-Reimbursable Contract）向卖方支付为完成工作而发生的全部合

法实际成本（可报销成本），外加一笔费用作为卖方的利润。成本补偿合同也可为卖方超过或低于预定目标而规定财务奖励条款。

成本补偿合同以卖方从事项目工作的实际成本作为付款的基础，即成本实报实销。在这种合同下，买方的成本风险最大。这种合同适用于买方仅知道要一个什么产品但不知道具体工作范围的情况，也就是工作范围很不清楚的项目。当然，成本补偿合同也适用于买方特别信得过的卖方，想要与卖方全面合作的情况。

1）成本加固定费用合同

成本加固定费用合同（Cost Plus Fixed Fee，CPFF）为卖方报销履行合同工作所发生的一切合法成本（即成本实报实销），并向卖方支付一笔固定费用作为利润，该费用以项目初始估算成本（目标成本）的某一百分比计算。费用只能针对已完成的工作来支付，并且不因卖方的绩效而变化。除非项目范围发生变更，费用金额维持不变。这是最常用的成本补偿合同，对卖方有一定的制约作用。例如，表 13-2 是一个成本加固定费用合同的示例。

表 13-2　成本加固定费用合同的示例（金额的单位：万元）

	合同内容	实际执行情况		说　明
		A 项目	B 项目	
目标成本	10	8	13	假设买方和卖方对目标成本和固定费用已达成一致
固定费用	1	1	1	固定费用为估算成本的 10%
总价	11			
实际支付		9	14	买方实际支付的款项
实际利润		1	1	卖方总是有正的利润

2）成本加激励费用合同

成本加激励费用合同（Cost Plus Incentive Fee，CPIF）为卖方报销履行合同工作所发生的一切合法成本（即成本实报实销），并在卖方达到合同规定的绩效目标时，向卖方支付预先确定的激励费用。

在 CPIF 合同下，如果卖方的实际成本低于目标成本，节余部分由双方按一定比例分成（例如，按照 80/20 的比例分享，即买方 80%，卖方 20%）；如果卖方的实际成本高于目标成本，超过目标成本的部分由双方按比例分担（例如，基于卖方的实际成本，按照 20/80 的比例分担，即买方 20%，卖方 80%）。

在 CPIF 合同下，如果实际成本大于目标成本，卖方可以得到的付款总数为“目标成本+目标费用+买方应负担的成本超支”；如果实际成本小于目标成本，则卖方可以得到的付款总数为“目标成本+目标费用–买方应享受的成本节约”。例如，表 13-3 是一个成本加激励费用合同的示例。

表 13-3 成本加激励费用合同的示例（金额的单位：万元）

	合同内容	实际执行情况		说　明
		A 项目	B 项目	
目标成本	10	8	13	假设买方和卖方对目标成本、目标费用和分摊比例已达成一致
目标费用	1	1	1	
分摊比例	60:40	0.8	−1.2	
实际支付		9.8	12.8	买方实际支付的款项
实际利润		1.8	−0.2	卖方有可能亏本，例如，B 项目

3）成本加奖励费用合同

成本加奖励费用合同（Cost Price Award Fee，CPAF）为卖方报销履行合同工作所发生的一切合法成本（即成本实报实销），买方再凭自己的主观感觉给卖方支付一笔利润，完全由买方根据自己对卖方绩效的主观判断来决定奖励费用，并且卖方通常无权申诉。

5．工料合同

工料合同（Time and Material，T&M）是指按项目工作所花费的实际工时数和材料数，按事先确定的单位工时费用标准和单位材料费用标准进行付款。这类合同适用于工作性质清楚，工作范围比较明确，但具体的工作量无法确定的项目。在这种合同下，买方承担中等程度的成本风险，即承担工作量变动的风险；而卖方则承担单价风险。因此，工料合同在金额小、工期短、不复杂的项目上可以有效使用，但在金额大、工期长的复杂项目上不适用。

工料合同是兼具成本补偿合同和总价合同的某些特点的混合型合同。在不能很快编写出准确工作说明书的情况下，经常使用工料合同来增加人员、聘请专家以及寻求其他外部支持。这类合同与成本补偿合同的相似之处在于，它们都是开口合同，合同价因成本增加而变化。在授予合同时，买方可能并未确定合同的总价值和采购的准确数量。因此，如同成本补偿合同，工料合同的合同价值可以增加。

很多组织会在工料合同中规定最高价格和时间限制，以防止成本无限增加。另一方面，由于合同中确定了一些参数，工料合同又与固定单价合同相似。当买卖双方就特定资源类别的价格（例如，高级工程师的小时费率或某种材料的单位费率）取得一致意见时，买方和卖方就预先设定了单位人力或材料费率（包含卖方利润）。

6．合同类型的选择

在项目工作中，要根据项目的实际情况和外界条件的约束来选择合同类型。一般情况下，可以按下列经验来进行选择：

- 如果工作范围很明确，且项目的设计已具备详细的细节，则使用总价合同。
- 如果工作性质清楚，但范围不是很清楚，而且工作不复杂，又需要快速签订合同，则使用工料合同。
- 如果工作范围尚不清楚，则使用成本补偿合同。

- 如果双方分担风险，则使用工料合同；如果买方承担成本风险，则使用成本补偿合同；如果卖方承担成本风险，则使用总价合同。
- 如果是购买标准产品，且数量不大，则使用单边合同。

13.1.2　合同的内容

一般情况下，项目合同的具体条款由当事人各方自行约定。总的来说，应包括以下各项。

（1）项目名称。

（2）标的内容和范围：明确双方的权利与义务，这是合同的主要内容。其中的权利与义务应对等，从而体现合同的公平原则，而不应偏向其中的任何一方。

（3）项目的质量要求：通常情况下采用技术指标限定等各种方式来描述项目的整体质量标准和各部分质量标准，它是判断整个项目成败的重要依据。

（4）项目的计划、进度、地点、地域和方式。

（5）项目建设过程中的各种期限：明确卖方提交有关基础资料（例如，文档、源代码等）的期限、项目的里程碑时间，以及项目的验收时间等重要期限。需要特别注意的是，在项目执行过程中，如果出现里程碑的延误和不合格时，买方有权停止卖方的开发，转向其他卖方。

（6）技术情报和资料的保密：明确约定双方都不得向第三方泄漏对方的业务和技术上的秘密，包括买方业务上的机密（例如，商业运营方式和客户信息等），以及卖方的技术机密。为了提高保密意识，实现自我保护，双方可以另行订立一个保密合同，具体规定保密的内容和保密的期限等。

（7）风险责任的承担：明确项目的风险承担方式，是由买方承担，还是由卖方承担，或者双方按比例分担。

（8）技术成果的归属：项目中产品的知识产权和所有权不同。一般来说，买方支付开发费用之后，产品的所有权将转给买方，但产品的知识产权仍然属于卖方。如果要将产品的知识产权也转给买方（或双方共同拥有），则应在合同中明确相关条款。

（9）验收的标准和方法：质量验收标准是一个关键的指标，如果双方的验收标准不一致，就会在产品验收时产生争议与纠纷。在某些情况下，卖方为了获得项目也可能将产品的功能过分夸大，使得买方对产品功能的预期过高。另外，买方对产品功能的预期可能会随着自己对产品的熟悉而提高标准。为避免此类情况的发生，清晰地规定质量验收标准是必须的，而且对双方都是有益的。

（10）价款、报酬（或使用费）及其支付方式：价款即买方为项目建设投入的资金情况，分为总体费用和分项费用，报酬即付给卖方的酬金。建议分期支付价款和报酬，即以某一阶段的里程碑为标志，按一定比例支付。这样，双方对项目每个阶段的实施范围，以及验收的标准进行细化，使之具有可操作性和可度量性，有利于提高项目建设的质量。同时也能充分调动卖方的积极性，并有效地保护买方的合法权益。

（11）违约金或者损失赔偿的计算方法：合同当事人双方应当根据有关规定约定双方的违约责任，以及赔偿金的计算方法和赔偿方式。对于采用分期付款方式的项目，可以明确约定每个阶段达不到验收要求所实行的违约处罚措施。

（12）解决争议的方法：该条款中应尽可能地明确在出现争议与纠纷时采取何种方式来协商解决（Negotiated Settlement）。

（13）名词术语解释：该条款主要对合同中出现的专用名词术语进行解释说明。

项目合同经当事人各方约定，还可以包括相关文档资料、项目变更的约定，以及有关技术支持服务的条款等内容作为上述基本条款的补充，也可以用附件的形式单独列出。

（1）相关文档资料：包括与履行合同有关的技术背景资料、可行性报告、技术评价报告、项目任务书、项目管理计划、相关技术标准和规范等文件等。

（2）项目变更的约定：项目变更的范围包括资金、需求、期限及合同等的变更，该条款应明确每一种变更发生时通过何种方式处理，以减少产生争议和纠纷的可能性。

（3）技术支持服务：该条款应明确由于卖方产品质量所造成的技术性问题的解决方式和是否收费等事宜。如果没有这个条款规定，就视为卖方所有的售后服务都要另行收费。

13.2 合同管理过程

合同管理包括：合同签订管理、合同履行管理、合同变更管理、合同档案管理、合同违约索赔管理。

13.2.1 合同的签订管理

在合同签订之前，应当做好以下几项工作。

- 首先，应当做好市场调查。主要了解产品的技术发展状况，市场供需情况和市场价格等。
- 其次，应当进行潜在合作伙伴或者竞争对手的资信调查，准确把握对方的真实意图，正确评判竞争的激烈程度。
- 最后，了解相关环境，做出正确的风险分析判断。

合同谈判的结果决定了合同条文的具体内容。因此，必须重视签订合同之前的谈判工作。

为了使合同的签约各方对合同有一致理解，要加强从谈判到产品验收的项目全生命期管理。否则项目的每一个阶段，项目的各方都可能对合同产生歧义，例如，谈判前对需求或对同一词有不同的理解就会造成相关各方的歧义。而谈判中、合同签订、合同执行、验收及售后服务也都可能产生歧义。

为了使签约各方对合同有一致理解，建议如下。

（1）使用国家或行业标准的合同格式。

（2）为避免因条款的不完备或歧义而引起合同纠纷，卖方应认真审阅买方拟订的合同条款。除了法律的强制性规定外，其他合同条款都应与买方在充分协商并达成一致的基础上进行约定。谈判取得一定成果未必意味着双方理解一致，名词术语不同，语言、文化等方面的差异，都可能引起某些误会。因此，在达成交易和签订合同前，有必要使双方进一步对他们所同意的条款有一致的认识。对合同标的的描述务必要达到准确、简练、清晰的标准要求，切忌含混不清。例如：

对合同标的为设备买卖的，一定要写明设备的名称、品牌、计量单位和价格，切忌只写“购买计算机一台”之类的描述。

对合同标的是提供服务的，一定要写明服务的质量、标准或效果要求等，切忌只写“按照行业的通常标准提供服务或达到行业通常的服务标准要求等”之类的描述。

总之，对容易出现歧义的术语等合同相关内容，需在合同的名词术语解释部分解释清楚，应用相关方都理解的语言解释清楚。

（3）对合同中质量条款应具体写清规格、型号、适用的标准等，避免合同订立后因为适用标准是采用国际、国家、地方、行业还是其他标准等问题产生纠纷。

（4）对于合同中需要变更、转让、解除等内容也应详细说明。

（5）如果合同有附件，对于附件的内容也应精心准备，并注意保持与主合同一致，不要相互之间产生矛盾。

（6）对于既有投标书，又有正式合同书、附件等包含多项内容的合同，要在条款中列明适用顺序。

（7）为避免合同纠纷，保证合同订立的合法性、有效性，当事人可以将签订的合同到公证机关进行公证。

（8）避免方案变更导致工程变更，从而引发新的误解。

（9）注意合同内容的前后一致性。

13.2.2　合同的履行管理

合同的履行管理包括对合同的履行情况进行跟踪管理，主要指对合同当事人按合同规定履行应尽的义务和应尽的职责进行检查，及时、合理地处理和解决合同履行过程中出现的问题，包括合同争议、合同违约和合同索赔等事宜。

合同当事人之间无法就某一事项协商达成一致意见，该事项就成为一个争议事项。解决争议的方法主要有替代争议解决方法（包括调解、仲裁等）和诉讼。替代争议解决方法由双方共同聘请的第三方提出解决方案；诉讼是向执法机关提出控告、申诉，要求评判曲直是非。按照惯例，这两种解决方法通常是相互排斥的，即如果约定了仲裁且约定了仲裁裁决的终局性，就不能向法院诉讼。仲裁是当事人自愿约定的，通常也会约定仲裁裁决具有终局的约束力。

在解决合同争议的方法中，其优先顺序为谈判（协商）、调解、仲裁、诉讼。

13.2.3 合同的变更管理

项目的建设过程中难免出现一些不可预见的事项，包括要求修改或变更合同条款的情况，例如，改变系统的功能、开发进度、成本支付及双方各自承担的责任等。一般在合同订立之后，引起项目范围、合同有关各方权利责任关系变化的事件，均可以看作是合同变更。合同变更指由于一定的法律事实而改变合同的内容的法律行为，其一般特征如下。

- 项目合同的双方当事人必须协商一致。
- 改变了合同的内容。
- 变更的法律后果是将产生新的债权和债务关系。

一般具备以下条件才可以变更合同：

- 双方当事人协商，并且不因此而损坏国家和社会利益。
- 由于不可抗拒力导致合同义务不能执行。
- 由于另一方在合同约定的期限内没有履行合同，并且在被允许的推迟履行期限内仍未履行。

项目合同的变更给另一方当事方造成损失的，除依法可以免责的以外，应由责任方负责赔偿。当事人一方要求修改合同时，应当首先向另一方用书面的形式提出。另一方当事人在接到有关变更项目合同的申请后，应及时做出书面答复。如果同意变更，即表明合同的变更发生法律效力。变更项目合同的申请与答复必须在合同有效期内，或者在法律规定的期限内。

13.2.4 合同的档案管理

合同档案管理（文本管理）是整个合同管理的基础。它作为项目管理的组成部分，是被统一整合为一体的一套具体的过程、相关的控制职能和自动化工具。项目管理团队使用合同档案管理系统对合同文件和记录进行管理。该系统用于维持合同文件和通信往来的索引记录，并协助相关的检索和归档，合同文本是合同内容的载体。合同档案管理还包括正本和副本管理、合同文件格式等内容。在文本格式上，为了限制执行人员随意修改合同，一般要求采用电脑打印文本，手写的旁注和修改等不具有法律效力。

13.2.5 合同违约索赔管理

合同违约是指信息系统项目合同当事人一方或双方不履行或不适当履行合同义务，应承担因此给对方造成的经济损失的赔偿责任。关于合同违约责任的详细描述请参看26.1.6节。

合同索赔是项目中常见的一项合同管理的内容，同时也是规范合同行为的一种约束力和保障措施。在项目合同管理中，索赔管理是一个难点，本节将分三个方面对该主题进行详细介绍。

1．索赔的概念与分类

合同索赔是指在项目合同的履行过程中，由于当事人一方未能履行合同所规定的义务而导致另一方遭受损失时，受损失方向过失方提出赔偿的权利要求。

在实际的工作中，既可能出现买方向卖方索赔的情况，也可能出现卖方向买方索赔的情况。在有的参考资料中，将卖方向买方的索赔称为合同索赔，而将买方向卖方的索赔称为合同反索赔。在本节中，索赔和反索赔统称为合同索赔。

索赔可以从不同的角度、按不同的标准进行以下分类，常见的分类方式有按索赔的目的分类，按索赔的依据分类，按索赔的业务性质分类和按索赔的处理方式分类等。

1）按索赔的目的分类

按索赔的目的分类，可分为工期索赔和费用索赔。工期索赔就是要求买方延长项目工期，使原规定的完工日期顺延，从而避免违约罚金的发生；费用索赔就是要求买方（或卖方）补偿费用损失，进而调整合同价款。

2）按索赔的依据分类

按索赔的依据分类，可分为合同规定的索赔、非合同规定的索赔。合同规定的索赔是指索赔涉及的内容在合同文件中能够找到依据，买方（或卖方）可以据此提出索赔要求。这种索赔不太容易发生争议；非合同规定的索赔是指索赔涉及的内容在合同文件中没有专门的文字叙述，但可以根据该合同某些条款的含义，推论出一定的索赔权。

3）按索赔的业务性质分类

按索赔的业务性质分类，可分为工程索赔和商务索赔。工程索赔是指涉及项目执行过程中的施工条件、技术、范围等变化引起的索赔，一般发生频率高，索赔费用大；商务索赔是指在项目执行过程中的设备采购、运输、保管等方面引起的索赔事项。

4）按索赔的处理方式分类

按索赔的处理方式分类，可分为单项索赔和总索赔。单项索赔就是采取一事一索赔的方式，即按每一件索赔事项发生后，报送索赔通知书，编报索赔报告，要求单项解决支付，不与其他的索赔事项混在一起；总索赔又称为综合索赔或一揽子索赔，即对整个项目中所发生的数起索赔事项，综合在一起进行索赔。

2．索赔的起因和原则

合同索赔的重要前提条件是合同一方或双方存在违约行为和事实，并且由此造成了损失，责任应由对方承担。对提出的合同索赔，凡属于客观原因造成的延期、属于买方也无法预见到的情况，例如，特殊反常天气达到合同中特殊反常天气的约定条件，卖方可能得到延长工期，但得不到费用补偿。对于属于买方的原因造成拖延工期，不仅应给卖方延长工期，还应给予费用补偿。

通常情况下，合同索赔的起因主要包括以下两个方面。

（1）索赔事件造成了项目成本的额外支出或者直接工期损失。

（2）索赔事件造成费用增加或工期损失的原因，按合同约定不属于索赔方应承担的行为责任或风险责任。

索赔是合同管理的重要环节，应按以下原则进行索赔。

（1）索赔必须以合同为依据。遇到索赔事件时，以合同为依据来公平处理合同双方的利益纠纷。

（2）必须注意资料的积累。积累一切可能涉及索赔论证的资料，做到处理索赔时以事实和数据为依据。

（3）及时、合理地处理索赔。索赔发生后，必须依据合同的相应条款及时地对索赔进行处理，尽量将单项索赔在执行过程中陆续加以解决。

（4）加强索赔的前瞻性。在项目执行过程中，应对可能引起的索赔进行预测，及时采取补救措施，避免过多索赔事件的发生。

3．合同索赔流程

项目发生索赔事件后，一般先由监理工程师调解，若调解不成，由政府建设主管机构进行调解，若仍调解不成，由经济合同仲裁委员会进行调解或仲裁。在整个索赔过程中，遵循的原则是索赔的有理性、索赔依据的有效性、索赔计算的正确性。索赔具体流程如下。

（1）提出索赔要求。当出现索赔事项时，索赔方以书面的索赔通知书形式，在索赔事项发生后的28天以内，向监理工程师正式提出索赔意向通知。

（2）报送索赔资料。在索赔通知书发出后的 28 天内，向监理工程师提出延长工期和（或）补偿经济损失的索赔报告及有关资料。索赔报告的内容主要有总论部分、根据部分、计算部分和证据部分。

索赔报告编写的一般要求如下。

- 索赔事件应该真实。
- 责任分析应清楚、准确、有根据。
- 充分论证事件给索赔方造成的实际损失。
- 索赔计算必须合理、正确。
- 文字要精炼、条理要清楚、语气要中肯。

（3）监理工程师答复。 监理工程师在收到送交的索赔报告有关资料后，于28天内给予答复，或要求索赔方进一步补充索赔理由和证据。

（4）监理工程师逾期答复后果。 监理工程师在收到承包人送交的索赔报告的有关资料后28天未予答复或未对承包人作进一步要求，视为该项索赔已经认可。

（5）持续索赔。当索赔事件持续进行时，索赔方应当阶段性向监理工程师发出索赔意向，在索赔事件终了后28天内，向监理工程师送交索赔的有关资料和最终索赔报告，监理工程师应在 28 天内给予答复或要求索赔方进一步补充索赔理由和证据。逾期未答复，视为该项索赔成立。

（6）仲裁与诉讼。监理工程师对索赔的答复，索赔方或发包人不能接受，即进入仲裁或诉讼程序。

4．合同解释的原则

在处理索赔的过程中，需要以合同为依据，但如果合同中的规定比较含糊或者不清楚时，则需要使用一般的合同解释原则来进行解释，主要有主导语言原则、适用法律原则、整体解释原则和公平诚信原则。

（1）主导语言原则。如果合同存在两种语言的文本，必须约定哪一种语言是主导语言。当两者不一致时，应该以主导语言文本为准。

（2）适用法律原则。合同中应该规定以哪个国家的法律作为合同的适用法律，合同的解释必须根据适用法律进行。

（3）整体解释原则。合同是一个整体，不能割断其中的内在联系。如果合同中没有其他特别规定，在出现含糊或矛盾时可以按惯例进行解释。一般来说，特殊条件优先于一般条件，具体规定优先于笼统规定，手写条文优先于印刷条文，单价优先于总价，价格的文字表达优先于阿拉伯数字表达，技术规范优先于图纸。

（4）公平诚信原则。在解释合同时应公平合理，兼顾双方当事人的利益。如果按整体解释原则进行解释后仍含糊不清，则可按不利于合同起草一方（一般为买方）的原则进行解释。在这种情况下，可以理解为买方故意使用了这种有歧义的词句，因此应该承担相应的责任。

13.3　本章练习

（1）合同类型选择取决于项目经理所面临的风险或不确定性的程度。从买方的角度出发，在低风险情况下，买方倾向的合同类型是________。

A．固定总价合同　　B．总价加激励费用合同

C．成本加固定费用合同　　D．成本加成本百分比合同

试题分析

买方更偏好固定总价合同，因为这种合同将更多的风险置于卖方。尽管卖方承受最大限度的风险，但也享有最大的潜在获利的可能。由于卖方在不顾成本的情况下接受了议定金额，这就促使了卖方通过提高生产效率来降低成本。

参考答案：A

（2）某项目在招标时被分成 5 个标段，分别发包给不同的承包人。承包人中标后与招标人签订的是________。

A．单项项目承包合同　　B．分包合同

C．单价合同　　　　　　　　　　　D．总承包合同

试题分析

以项目的范围为标准划分，可以分为项目总承包合同、项目单项承包合同和项目分包合同三类。其中项目单项承包合同是指发包人将信息系统工程建设的不同工作任务，分别发包给不同的承包人。这与题目的情景完全吻合。关于合同分类的详细情况请参看 13.1.1 节。

参考答案：A

（3）合同管理是项目管理中一个重要组成部分，其中合同________管理是合同管理的基础。

A．索赔　　　B．履行　　　C．档案　　　D．变更

试题分析

合同管理主要包括合同签订管理、合同履行管理、合同变更管理以及合同档案管理。合同档案的管理，亦即合同文件管理，是整个合同管理的基础。

参考答案：C

（4）在合同谈判前，要制定切合实际的谈判目标，要抓住实质问题，要营造一个平等协商的氛围。这些工作在合同管理中属于________管理。

A．合同签订　　B．合同履行　　C．合同变更　　D．合同档案

试题分析

在合同签订之前，应当做好以下几项工作。

首先，应当做好市场调查。主要了解产品的技术发展状况，市场供需情况和市场价格等。其次，应当进行潜在合作伙伴或者竞争对手的资信调查，准确把握对方的真实意图，正确评判竞争的激烈程度。最后，了解相关环境，做出正确的风险分析判断。

在合同谈判时应注意如下三个问题：要制定切合实际的谈判目标；要抓住实质问题；营造一个平等协商的氛围。

参考答案：A

（5）合同内容是当事人订立合同时的各项合同条款。合同的主要内容包括________。

① 当事人各自的权利、义务

② 项目费用及工程款的支付方式

③ 项目变更约定

④ 违约责任

⑤ 保密约定

A．①②④　　B．①②③④⑤　　C．①②③⑤　　D．②③④

试题分析

合同类容包括题目所列的全部内容。具体情况参看 13.1.2 节。

参考答案：B

（6）合同索赔是合同管理的一项重要内容。合同索赔流程的正确步骤是________。

①发出索赔通知书　②监理工程师答复　③提交索赔材料　④索赔认可

A．①②③④　B．②①③④　C．①③②④　D．③②①④

试题分析

本题考查合同索赔流程，具体情况参看 13.2.5 节。

参考答案：C

（7）索赔是合同管理的重要环节，甲单位在进行某一工程项目时，于 2015 年 3 月 1 日发生了一项需索赔事项，则需要在________提出索赔意向通知。

A．2015 年 3 月 29 日前向建设方项目经理

B．2015 年 3 月 31 日前向监理工程师

C．2015 年 3 月 29 日前向监理工程师

D．2015 年 3 月 31 日前向建设方项目经理

试题分析

本题的判断依据是：《建设工程施工合同》（GF-2000-0201）示范文本通用条款，第 36.2 条第 1 款“索赔事件发生后 28 天内，向工程师发出索赔意向通知”。这个合同是施工单位与建设单位签订的工程承包合同，合同中对工程师有专门的释义：“ 1.8 工程师：指本工程监理单位委派的总监理工程师或发包人指定的履行本合同的代表，其具体身份和职权由发包人承包人在专用条款中约定。”

参考答案：C

第 14 章　信息文档管理与配置管理

14.1　信息系统项目文档及其管理

14.1.1　信息系统项目相关信息（文档）

1．信息系统项目相关信息（文档）含义

信息系统相关信息（文档）是指某种数据媒体和其中所记录的数据。它具有永久性，并可以由人或机器阅读，通常仅用于描述人工可读的东西。在软件工程中，文档常常用来表示对活动、需求、过程或结果，进行描述、定义、规定、报告或认证的任何书面或图示的信息（包括纸质文档和电子文档）。

2．信息系统项目相关信息（文档）种类

软件文档一般分为三类：开发文档、产品文档、管理文档。

（1）开发文档描述开发过程本身，基本的开发文档包括：

- 可行性研究报告和项目任务书。
- 需求规格说明。
- 功能规格说明。
- 设计规格说明，包括程序和数据规格说明。
- 开发计划。
- 软件集成和测试计划。
- 质量保证计划。
- 安全和测试信息。

（2）产品文档描述开发过程的产物，基本的产品文档包括：

- 培训手册。
- 参考手册和用户指南。
- 软件支持手册。
- 产品手册和信息广告。

（3）管理文档记录项目管理的信息，例如：

- 开发过程的每个阶段的进度和进度变更的记录。
- 软件变更情况的记录。
- 开发团队的职责定义。
- 项目计划、项目阶段报告。

- 配置管理计划。

文档的质量可以分为四级：

（1）最低限度文档（1 级文档），适合开发工作量低于一个人月的开发者自用程序。该文档应包含程序清单、开发记录、测试数据和程序简介。

（2）内部文档（2 级文档），可用于没有与其他用户共享资源的专用程序。除 1 级文档提供的信息外，2 级文档还包括程序清单内足够的注释以帮助用户安装和使用程序。

（3）工作文档（3 级文档），适合于由同一单位内若干人联合开发的程序，或可被其他单位使用的程序。

（4）正式文档（4 级文档），适合那些要正式发行供普遍使用的软件产品。关键性程序或具有重复管理应用性质（如工资计算）的程序需要 4 级文档。4 级文档遵守 GB/T 8567-2006 的有关规定。

14.1.2　信息系统项目文档管理的规则和方法

管理信息系统文档的规范化管理主要体现在文档书写规范、图表编号规则、文档目录编写标准和文档管理制度等几个方面。

（1）文档书写规范。管理信息系统的文档资料涉及文本、图形和表格等多种类型，无论是哪种类型的文档都应该遵循统一的书写规范，包括符号的使用、图标的含义、程序中注释行的使用、注明文档书写人及书写日期等。例如，在程序的开始要用统一的格式包含程序名称、程序功能、调用和被调用的程序、程序设计人等。

（2）图表编号规则。在管理信息系统的开发过程中用到很多的图表，对这些图表进行有规则的编号，可以方便图表的查找。图表的编号一般采用分类结构。根据生命周期法的 5 个阶段，可以给出如图 14-1 所示的分类编号规则。根据该规则，就可以通过图表编号判断该图表出于系统开发周期的哪一个阶段，属于哪一个文档，文档中的哪一部分内容及第几张图表。

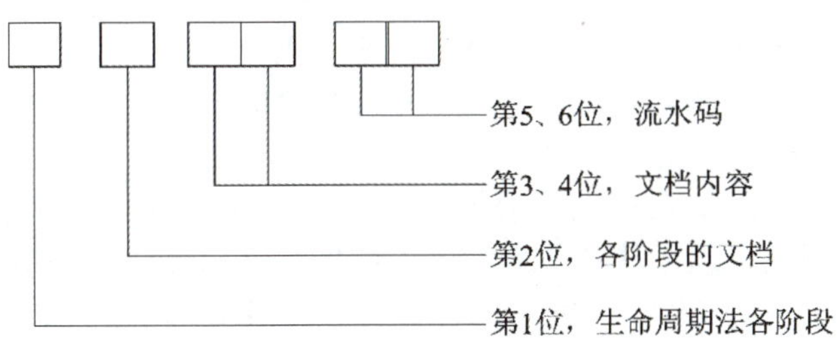

图 14-1　图表编号规则

（3）文档目录编写标准。为了存档及未来使用的方便，应该编写文档目录。管理信息系统的文档目录中应包含文档编号、文档名称、格式或载体、份数、每份页数或件数、存储地点、存档时间、保管人等。文档编号一般为分类结构，可以采用同图表编号类似的编号规则。文档名称要书写完整规范。格式或载体指的是原始单据或报表、磁盘文件、磁盘文件打印件、大型图表、重要文件原件、光盘存档等。

（4）文档管理制度。为了更好地进行信息系统文档的管理，应该建立相应的文档管理制度。文档的管理制度需根据组织实体的具体情况而定，主要包括建立文档的相关规范、文档借阅记录的登记制度、文档使用权限控制规则等。建立文档的相关规范是指文档书写规范、图表编号规则和文档目录编写标准等。文档的借阅应该进行详细的记录，并且需要考虑借阅人是否有使用权限。在文档中存在商业秘密或技术秘密的情况下，还应注意保密。特别要注意的是，项目干系人签字确认后的文档要与相关联的电子文档一一对应，这些电子文档还应设置为只读。

14.2 配置管理

配置管理是为了系统地控制配置变更，在系统的整个生命周期中维持配置的完整性和可跟踪性，而标识系统在不同时间点上配置的学科。在GB/T 11457—2006中，将“配置管理”正式定义为：“应用技术的和管理的指导和监控方法以标识和说明配置项的功能和物理特征，控制这些特征的变更，记录和报告变更处理和实现状态并验证与规定的需求的遵循性。”

尽管硬件配置管理和软件配置管理的实现有所不同，配置管理的概念可以应用于各种信息系统集成项目。

配置管理包括6个主要活动：制订配置管理计划、配置标识、配置控制、配置状态报告、配置审计、发布管理和交付。

14.2.1 配置管理的概念

1．配置项

GB/T 11457—2006对配置项的定义为：“为配置管理设计的硬件、软件或二者的集合，在配置管理过程中作为一个单个实体来对待。”

以下内容都可以作为配置项进行管理：外部交付的软件产品和数据、指定的内部软件工作产品和数据、指定的用于创建或支持软件产品的支持工具、供方/供应商提供的软件和客户提供的设备/软件。典型配置项包括项目计划书、需求文档、设计文档、源代码、可执行代码、测试用例、运行软件所需的各种数据，它们经评审和检查通过后进入配置管理。

所有配置项都应按照相关规定统一编号，按照相应的模板生成，并在文档中的规定章节（部分）记录对象的标识信息。在引入配置管理工具进行管理后，这些配置项都应以一定的目录结构保存在配置库中。

在信息系统的开发流程中需加以控制的配置项可以分为基线配置项和非基线配置项两类，例如，基线配置项可能包括所有的设计文档和源程序等；非基线配置项可能包括项目的各类计划和报告等。

所有配置项的操作权限应由 CMO（配置管理员）严格管理，基本原则是：基线配置项向开发人员开放读取的权限；非基线配置项向 PM、CCB 及相关人员开放。

2．配置项状态

配置项的状态可分为“草稿”“正式”和“修改”三种。配置项刚建立时，其状态为“草稿”。配置项通过评审后，其状态变为“正式”。此后若更改配置项，则其状态变为“修改”。当配置项修改完毕并重新通过评审时，其状态又变为“正式”。

配置项状态变化如图 14-2 所示。

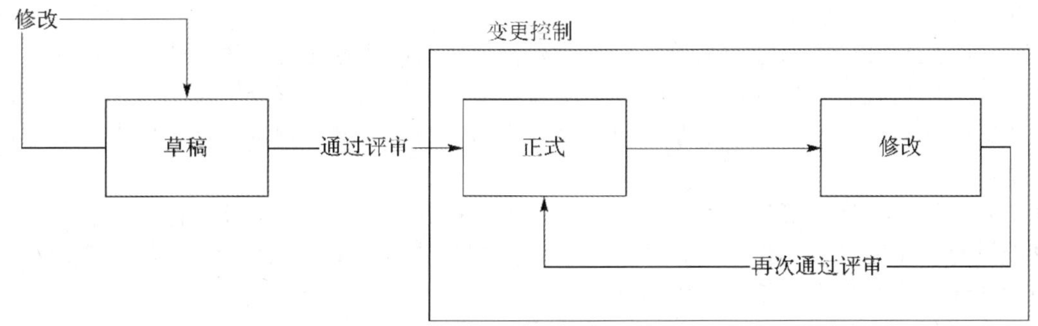

图 14-2　配置项状态变化

3．配置项版本号

配置项的版本号规则与配置项的状态相关。

（1）处于“草稿”状态的配置项的版本号格式为 0.YZ，YZ 的数字范围为 01～99。随着草稿的修正，YZ 的取值应递增。YZ 的初值和增幅由用户自己把握。

（2）处于“正式”状态的配置项的版本号格式为 X.Y，X 为主版本号，取值范围为 1～9。Y 为次版本号，取值范围为 0～9。

配置项第一次成为“正式”文件时，版本号为 1.0。

如果配置项升级幅度比较小，可以将变动部分制作成配置项的附件，附件版本依次为 1.0，1.1，…。当附件的变动积累到一定程度时，配置项的 Y 值可适量增加，Y 值增加一定程度时，X 值将适量增加。当配置项升级幅度比较大时，才允许直接增大 X 值。

（3）处于“修改”状态的配置项的版本号格式为 X.YZ。配置项正在修改时，一般只增大 Z 值，X.Y 值保持不变。当配置项修改完毕，状态成为“正式”时，将 Z 值设置为 0，增加 X.Y 值。参见上述规则（2）。

4．配置项版本管理

配置项的版本管理作用于多个配置管理活动之中，如配置标识、配置控制和配置审计、发布和交付等。在项目开发过程中，绝大部分的配置项都要经过多次的修改才能最终确定下来。对配置项的任何修改都将产生新的版本。由于我们不能保证新版本一定比旧版本“好”，所以不能抛弃旧版本。版本管理的目的是按照一定的规则保存配置项的所有版本，避免发生版本丢失或混淆等现象，并且可以快速准确地查找到配置项的任何版本。

5．配置基线

信息系统的开发过程是一个不断变化着的过程，为了在不严重阻碍合理变化的情况下来控制变化，配置管理引入了“配置基线（Configuration Baseline）”这一概念。

配置基线（常简称为基线）由一组配置项组成，这些配置项构成一个相对稳定的逻辑实体。基线中的配置项被“冻结”了，不能再被任何人随意修改。对基线的变更必须遵循正式的变更控制程序。

一组拥有唯一标识号的需求、设计、源代码文卷以及相应的可执行代码、构造文卷和用户文档构成一条基线。产品的一个测试版本（可能包括需求分析说明书、概要设计说明书、详细设计说明书、已编译的可执行代码、测试大纲、测试用例、使用手册等）是基线的一个例子。

基线通常对应于开发过程中的里程碑（Milestone），一个产品可以有多个基线，也可以只有一个基线。交付给外部顾客的基线一般称为发行基线（Release），内部开发使用的基线一般称为构造基线（Build）。

对于每一个基线，要定义下列内容：建立基线的事件、受控的配置项、建立和变更基线的程序、批准变更基线所需的权限。在项目实施过程中，每个基线都要纳入配置控制，对这些基线的更新只能采用正式的变更控制程序。

建立基线还可以有如下好处。

- 基线为开发工作提供了一个定点和快照。
- 新项目可以在基线提供的定点上建立。新项目作为一个单独分支，将与随后对原始项目（在主要分支上）所进行的变更进行隔离。
- 当认为更新不稳定或不可信时，基线为团队提供一种取消变更的方法。
- 可以利用基线重新建立基于某个特定发布版本的配置，以重现已报告的错误。

6．配置库

配置库（Configuration Library）存放配置项并记录与配置项相关的所有信息，是配置管理的有力工具，利用库中的信息可回答许多配置管理的问题，例如：

- 哪些客户已提取了某个特定的系统版本？
- 运行一个给定的系统版本需要什么硬件和系统软件？
- 一个系统到目前已生成了多少个版本，何时生成的？
- 如果某一特定的构件变更了，会影响到系统的哪些版本？
- 一个特定的版本曾提出过哪几个变更请求？
- 一个特定的版本有多少已报告的错误？

使用配置库可以帮助配置管理员把信息系统开发过程的各种工作产品，包括半成品或阶段产品和最终产品管理得井井有条，使其不致管乱、管混、管丢。

配置库可以分开发库、受控库、产品库 3 种类型。

（1）开发库（Development Library），也称为动态库、程序员库或工作库，用于保存开发人员当前正在开发的配置实体，如：新模块、文档、数据元素或进行修改的已有元素。动态中的配置项被置于版本管理之下。动态库是开发人员的个人工作区，由开发人员自行控制。库中的信息可能有较为频繁的修改，只要开发库的使用者认为有必要，无需对其进行配置控制，因为这通常不会影响到项目的其他部分。

（2）受控库（Controlled Library），也称为主库，包含当前的基线加上对基线的变更。受控库中的配置项被置于完全的配置管理之下。在信息系统开发的某个阶段工作结束时，将当前的工作产品存入受控库。

（3）产品库（Product Library），也称为静态库、发行库、软件仓库，包含已发布使用的各种基线的存档，被置于完全的配置管理之下。在开发的信息系统产品完成系统测试之后，作为最终产品存入产品库内，等待交付用户或现场安装。

配置库的建库模式有两种：按配置项类型建库和按任务建库。

（1）按配置项的类型分类建库，适用于通用软件的开发组织。在这样的组织内，往往产品的继承性较强，工具比较统一，对并行开发有一定的需求。使用这样的库结构有利于对配置项的统一管理和控制，同时也能提高编译和发布的效率。但由于这样的库结构并不是面向各个开发团队的开发任务的，所以可能会造成开发人员的工作目录结构过于复杂，带来一些不必要的麻烦。

（2）按开发任务建立相应的配置库，适用于专业软件的开发组织。在这样的组织内，使用的开发工具种类繁多，开发模式以线性发展为主，所以就没有必要把配置项严格地分类存储，人为增加目录的复杂性。对于研发性的软件组织来说，采用这种设置策略比较灵活。

7．配置库权限设置

配置库的权限设置主要是解决：库内存放的配置项什么人可以“看”、什么人可以“取”、什么人可以“改”、什么人可以“销毁”等问题。

配置管理员负责为每个项目成员分配对配置库的操作权限，如表 14-1 所示。

表 14-1　配置库的操作权限

权　　限	内　　容
Read	可以读取文件内容，但不能对文件进行变更
Check	可使用[check in]等命令，对文件内容进行变更
Add	可使用[文件追加]，[文件重命名]，[删除]等命令
Destroy	有权进行文件的不可逆毁坏，清除，rollback 等命令

针对受控库，项目相关人员的操作权限通常设定如表 14-2 所示。

表 14-2 受控库的权限设置

权限 \ 人员		项目经理	项目成员	QA	测试人员	配置管理员
文档	Read	√	√	√	√	√
	Check	√	√	√	√	√
	Add	√	√	√	√	√
	Destroy	×	×	×	×	√
代码	Read	√	√	√	√	√
	Check	√	√	×	×	√
	Add	√	√	×	×	√
	Destroy	×	×	×	×	√

说明：√ 表示该人员具有相应权限，×表示该人员没有相应权限

针对产品库，项目相关人员的操作权限通常设定如表 14-3 所示。

表 14-3 产品库的权限设置

Release（产品库）					
权限 \ 人员	项目经理	项目成员	QA	测试人员	配置管理员
Read	√	√	√	√	√
Check	×	×	×	×	√
Add	×	×	×	×	√
Destroy	×	×	×	×	√

说明：√ 表示该人员具有相应权限，×表示该人员没有相应权限

8．配置控制委员会

配置控制委员会（Configuration Control Board，CCB），负责对配置变更做出评估、审批以及监督已批准变更的实施。

CCB 建立在项目级，其成员可以包括项目经理、用户代表、产品经理、开发工程师、测试工程师、质量控制人员、配置管理员等。CCB 不必是常设机构，完全可以根据工作的需要组成，例如按变更内容和变更请求的不同，组成不同的 CCB。小的项目 CCB 可以只有一个人，甚至只是兼职人员。

通常，CCB 不只是控制配置变更，而是负有更多的配置管理任务，例如：配置管理计划审批、基线设立审批、产品发布审批等。

9．配置管理员

配置管理员（Configuration Management Officer，CMO），负责在整个项目生命周期中进行配置管理活动，具体有：

- 编写配置管理计划。

- 建立和维护配置管理系统。
- 建立和维护配置库。
- 配置项识别。
- 建立和管理基线。
- 版本管理和配置控制。
- 配置状态报告。
- 配置审计。
- 发布管理和交付。
- 对项目成员进行配置管理培训。

10．配置管理系统

配置管理系统是用来进行配置管理的软件系统，其目的是通过确定配置管理细则和提供规范的配置管理软件，加强信息系统开发过程的质量控制，增强信息系统开发过程的可控性，确保配置项（包括各种文档、数据和程序）的完备、清晰、一致和可追踪性，以及配置项状态的可控制性。

14.2.2　配置管理的目标和方针

1．确定配置管理目标

软件配置管理是在贯穿整个软件生命周期中建立和维护项目产品的完整性。高级项目经理应确保以下配置管理目标得以实现。

- 确保软件配置管理计划得以制订，并经过相关人员的评审和确认。
- 应该识别出要控制的项目产品有哪些，并且制定相关控制策略，以确保这些项目产品被合适的人员获取。
- 应制定控制策略，以确保项目产品在受控制范围内更改。
- 应该采取适当的工具和方法，确保相关组别和个人能够及时了解到软件基线的状态和内容。

2．确定配置管理的方针

为了实现配置管理目标，高级项目经理应确定软件配置管理过程文件得以制订，项目组成员应严格按照配置管理过程文件规定的要求执行，履行配置管理的职责应被明确分配。相关人员得到软件配置管理方面的培训。管理层和具体项目主管应该明确他们在相关项目中所担负的软件配置管理方面的责任。软件配置管理工作应该享有足够的资金支持，这需要在客户，管理层和具体项目主管之间协商。软件配置管理应该实施于如下产品：对外交付的软件产品，以及那些被选定的在项目中使用的支持类工具等。软件配置的整体性在整个项目生命周期中得到控制。软件质量保证人员应该定期审核各类软件基准以及软件配置管理工作。使软件基准的状态和内容能够及时通知给相关组别和个人。

14.2.3 日常配置管理活动

1．制订配置管理计划

配置管理计划是对如何开展项目配置管理工作的规划，是配置管理过程的基础，应该形成文件并在整个项目生命周期内处于受控状态。配置控制委员会负责审批该计划。

配置管理计划的主要内容为：

（1）配置管理活动，覆盖的主要活动包括配置标识、配置控制、配置状态报告、配置审计、发布管理与交付。

（2）实施这些活动的规范和流程。

（3）实施这些活动的进度安排。

（4）负责实施这些活动的人员或组织，以及他们和其他组织的关系。

2．配置标识

配置标识（Configuration Identification）也称配置识别，包括为系统选择配置项并在技术文档中记录配置项的功能和物理特征。

配置标识是配置管理员的职能，基本步骤如下。

（1）识别需要受控的配置项。

（2）为每个配置项指定唯一性的标识号。

（3）定义每个配置项的重要特征。

（4）确定每个配置项的所有者及其责任。

（5）确定配置项进入配置管理的时间和条件。

（6）建立和控制基线。

（7）维护文档和组件的修订与产品版本之间的关系。

3．配置控制

配置控制即配置项和基线的变更控制，包括下述任务：标识和记录变更申请，分析和评价变更，批准或否决申请，实现、验证和发布已修改的配置项。

1）变更申请

变更申请主要就是陈述：要做什么变更，为什么要做，以及打算怎么做变更。

相关人员如项目经理填写变更申请表，说明要变更的内容、变更的原因、受变更影响的关联配置项和有关基线、变更实施方案、工作量和变更实施人等，并提交给 CCB。

2）变更评估

CCB 负责组织对变更申请进行评估并确定以下内容。

- 变更对项目的影响。
- 变更的内容是否必要。
- 变更的范围是否考虑周全。
- 变更的实施方案是否可行。

- 变更工作量估计是否合理。

CCB 决定是否接受变更，并将决定通知相关人员。

3）通告评估结果

CCB 把关于每个变更申请的批准、否决或推迟的决定通知受此处置意见影响的每个干系人。

如果变更申请得到批准，应该及时把变更批准信息和变更实施方案通知给那些正在使用受影响的配置项和基线的干系人。

如果变更申请被否决，应通知有关干系人放弃该变更申请。

4）变更实施

项目经理组织修改相关的配置项，并在相应的文档或程序代码中记录变更信息。

5）变更验证与确认

项目经理指定人员对变更后的配置项进行测试或验证。

项目经理应将变更与验证的结果提交 CCB，由其确认变更是否已经按要求完成。

6）变更的发布

配置管理员将变更后的配置项纳入基线。

配置管理员将变更内容和结果通知相关人员，并做好记录。

7）基于配置库的变更控制

信息系统在一处出现了变更，经常会连锁引起多处变更，会涉及到参与开发工作的许多人员。例如，测试引发了需求的修改，那么很可能要涉及到需求规格说明、概要设计、详细设计和代码等相关文档，甚至会使测试计划随之变更。

如果是多个开发人员对信息系统的同一部件做修改，情况会更加复杂。例如，在软件测试时发现了两个故障。项目经理最初以为两故障是无关的，就分别指定甲和乙去解决这两个故障。但碰巧，引起这两个故障的错误代码都在同一个软件部件中。甲和乙各自对故障定位后，先后从库中取出该部件，各自做了修改，又先后送回库中。结果，甲放入库中的版本只有甲的修改，乙放入库中的版本只有乙的修改，没有一个版本同时解决了两个故障。

基于配置库的变更控制可以完美地解决上述问题，如图 14-3 所示。

现以某软件产品升级为例，简述其流程。

（1）将待升级的基线（假设版本号为 V2.1）从产品库中取出，放入受控库。

（2）程序员将欲修改的代码段从受控库中检出（Check out），放入自己的开发库中进行修改。代码被 Check out 后即被“锁定”，以保证同一段代码只能同时被一个程序员修改，如果甲正对其修改，乙就无法 Check out。

（3）程序员将开发库中修改好的代码段检入（Check in）受控库。Check in 后，代码的“锁定”被解除，其他程序员可以 Check out 该段代码了。

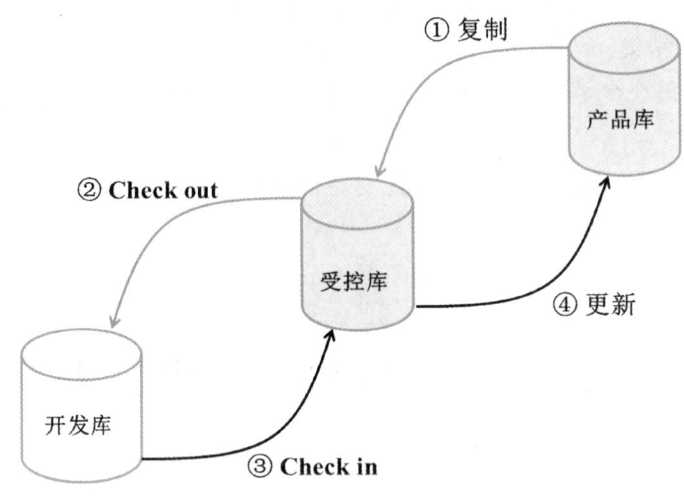

图 14-3 基于配置库的变更控制

（4）软件产品的升级修改工作全部完成后，将受控库中的新基线存入产品库中（软件产品的版本号更新为 V2.2，旧的 V2.1 版并不删除，继续在产品库中保存）。

4．配置状态报告

配置状态报告（Configuration Status Reporting）也称配置状态统计（Configuration Status Accounting），其任务是有效地记录和报告管理配置所需要的信息，目的是及时、准确地给出配置项的当前状况，供相关人员了解，以加强配置管理工作。

在信息系统项目开发过程中，配置项在不停地演化着。配置状态报告就是要在某个特定的时刻观察当时的配置状态，也就是要对动态演化着的配置项取个瞬时的“照片”，以利于在状态报告信息分析的基础上，更好地进行控制。

配置状态报告应该包含以下内容。

（1）每个受控配置项的标识和状态。一旦配置项被置于配置控制下，就应该记录和保存它的每个后继进展的版本和状态。

（2）每个变更申请的状态和已批准的修改的实施状态。

（3）每个基线的当前和过去版本的状态以及各版本的比较。

（4）其他配置管理过程活动的记录。

配置状态报告应着重反映当前基线配置项的状态，以向管理者报告系统开发活动的进展情况。配置状态报告应定期进行，并尽量通过 CASE 工具自动生成，用数据库中的客观数据来真实地反映各配置项的情况。

配置状态报告中提供了许多有用的信息，可以用来回答如下问题。

- 程序 P13 的 1.6 版在哪个备份中可以使用？
- 在发行基线 5.1 和发行基线 5.2 之间实现了哪些变更请求？
- 在发行基线 5.2 中哪些程序更改过了？
- 在变更请求 671 中要对哪些配置项进行更改？在变更前和变更后，这些程序单元的版本是什么？是否所有的变更都完成并入库了？

配置状态报告还可供项目经理和 CCB 追踪变更的情况，可以用来回答如下问题。

- 某个变更请求是否已被批准？
- 某个已批准的变更请求目前处于什么状态？
- 某个已完成的变更投入了多少时间和工作量？
- 某个配置项与哪几个变更请求有关？

5．配置审计

配置审计（Configuration Audit）也称配置审核或配置评价，包括功能配置审计和物理配置审计，分别用以验证当前配置项的一致性和完整性。

配置审计的实施是为了确保项目配置管理的有效性，体现了配置管理的最根本要求——不允许出现任何混乱现象，例如：

- 防止向用户提交不适合的产品，如交付了用户手册的不正确版本。
- 发现不完善的实现，如开发出不符合初始规格说明或未按变更请求实施变更。
- 找出各配置项间不匹配或不相容的现象。
- 确认配置项已在所要求的质量控制审核之后纳入基线并入库保存。
- 确认记录和文档保持着可追溯性。

1）功能配置审计

- 功能配置审计（Functional Configuration Audit）是审计配置项的一致性（配置项的实际功效是否与其需求一致），具体验证以下几个方面。
- 配置项的开发已圆满完成。
- 配置项已达到配置标识中规定的性能和功能特征。
- 配置项的操作和支持文档已完成并且是符合要求的。

2）物理配置审计

物理配置审计（Physical Configuration Audit）是审计配置项的完整性（配置项的物理存在是否与预期一致），具体验证如下几个方面。

- 要交付的配置项是否存在。
- 配置项中是否包含了所有必需的项目。

6．发布管理和交付

发布管理和交付活动的主要任务是：有效控制软件产品和文档的发行和交付，在软件产品的生存期内妥善保存代码和文档的母拷贝。

（1）存储。应通过下述方式确保存储的配置项的完整性：

- 选择存储介质使再生差错或损坏降至最低限度。
- 根据媒体的存储期，以一定频次运行或刷新已存档的配置项。
- 将副本存储在不同的受控场所，以减少丢失的风险。

（2）复制。复制是用拷贝方式制造软件的阶段。

- 应建立规程以确保复制的一致性和完整性。
- 应确保发布用的介质不含无关项（如软件病毒或不适合演示的测试数据）。
- 应使用适合的介质以确保软件产品符合复制要求，确保其在整个交付期中内容的完整性。

（3）打包。应确保按批准的规程制备交付的介质。应在需方容易辨认的地方清楚标出发布标识。

（4）交付。供方应按合同中的规定交付产品或服务。

（5）重建。应能重建软件环境，以确保发布的配置项在所保留的先前版本要求的未来一段时间里是可重新配置的。

14.3 文档管理、配置管理工具

14.3.1 工具综述

项目文档一般作为配置管理的一部分，放在配置管理工具中进行管理，所以此处仅列出几种常见的配置管理工具。

常用的软件配置管理工具分为两大类，一类是付费商业软件，一类是开源软件。

（1）常用付费软件配置管理工具有：

- Rational ClearCase
- Perforce
- CA CCC
- Havest　Merant PVCS
- Microsoft VSS，CVS

（2）常用的开源免费的软件配置管理工具有：

- SVN。
- GIT。
- CVS。

目前在国内 IT 领域使用最广泛的，当属开源免费软件 SVN，在一些大型的企业也有使用 Rational ClearCase 的案例，在一些互联网行业也有组织使用开源免费软件 GIT，所以下面就仅对这三个工具进行介绍。

14.3.2　SVN

SVN 是 Subversion 的简称，是一个开放源代码的版本控制系统，此工具是在 CVS 的基础上，由 CollabNet 提供开发的，SVN 是集中式版本控制之王，也是目前在国内软件企业中使用最为普遍的配置管理工具。

SVN 服务器有两种运行方式：独立服务器和借助 apache 运行。两种方式各有利弊，用户可以自行选择。

SVN 的优点：

（1）支持重命名，这对 Java 开发来说非常重要。为了得到更好的代码，开发中需要经常进行重构，重构就经常涉及到文件的重构名，而重命名 CVS 中是不被支持的。

（2）开发的时候不一定要锁定。一方面导致重构不方便，另一方面，不能离线开发，使用 SVN 就不同，可以带回家继续开发，回来后，提交就行了。

（3）多平台。可以支持多个平台下的操作。

（4）更好的客户端支持。一个在 Windows 下用的 SVN 客户端 TortoiseSVN 比较方便使用。

（5）更好地与外围工具集成。各种各样的外围工具（主要是服务器端），满足多种需要。如果有需要，也可以自己写插件或管理脚本，开放的架构，允许我们这样做。

（6）方便。一个例子：部署应用的时候，以前的做法是找出一个项目中修改过的文件，更新到服务器上去，可以在服务器上执行 svn export 命令，把代码库中的最新版本导出，完成部署（也可以替换回老版本）。

（7）速度与稳定性看起来都不错。

14.3.3　CC

ClearCase（简称：CC）是 IBM Rational 公司的旗舰产品之一，是全球领先的软件配置管理工具，它广泛地应用于众多的企业级软件工程实践之中，拥有众多的企业级用户。CC 提供 C/S 和 B/S 两种架构的配置管理解决方案，提供了全面的软件配置管理功能。

CC 的特点如下。

- 独有的存储库 VOB（Version Object Bases）。
- 可视化的文件版本树。
- 并行开发。

- 版本历史记录。
- 自动的比较和版本间的合并。
- 工作空间管理。

ClearCase 是集中式版本控制工具，是 SCM 管理工具其中的一种。是 RATIONAL 公司开发的配置管理工具，类似于 VSS，CVS 的作用，但是功能比 VSS，CVS 强大得多，而且可以与 Windows 资源管理器集成使用，并且还可以与很多开发工具集成在一起使用。但是对配置管理员的要求比较高，安装比 Windows 还大，运行比蜗牛还慢，能用 ClearCase 的一般是世界 500 强。

14.3.4　GIT

GIT 是一个开源的分布式版本控制工具，GIT 最初由 Linus Torvalds 编写，用于 Linux 内核开发的版本控制工具。GIT 与常用的版本控制工具 CVS、Subversion 等不同，它采用了分布式版本库的方式，不必服务器端软件支持，使源代码的发布和交流极其方便。GIT 的速度很快，这对于诸如 Linux kernel 这样的大项目来说自然很重要，GIT 最为出色的是它的合并跟踪（merge tracing）能力，GIT 在国外已经非常普及，国内并未普及（在慢慢普及），越来越多的开源项目已经转移到 GIT。

GIT 的优势主要有：

（1）更方便的 Merge。分布式管理必然导致大量的 Branch 和 Merge 操作。因此分布式版本控制系统都特别注意这方面。在传统的 CVS 里面制作 Branch 和 Merge 简直就是噩梦，Subversion 作为一个用于替代 CVS 的系统，专门改进了 Branch 操作。然而似乎人们没有注意到，Branch 是轻松了，可是 Merge 呢？如果不能很方便地 Merge 回来，做 Branch 仍然是噩梦。事实上，我就经历过在开发团队里面由于队友操作不对而在 Merge 的时候把我的许多代码都覆盖掉了。当时正是使用的 subversion 。虽然源代码仍然在历史里面，但是要去一个一个地找出被覆盖掉的文件并恢复过来确实是一件很难忘的事情。

（2）更方便地管理。传统的版本控制系统使用中央仓库，一些仓库相关的管理就只能在仓库上进行。赋予开发团队每一个人中央仓库的管理权限是非常不好的。但是有时候确实会比较不方便的地方。

（3）更健壮的系统。分布式系统一般情况下总是比单服务端的系统要健壮，因为当服务端一旦挂掉了，整个系统就不能运行了。然而分布式系统通常不会因为一两个节点而受到影响。

（4）对网络的依赖性更低。虽然现在网络非常普及，但是并不是随时随地都有高速网络，甚至有时候根本没有网络可以访问。低速的网络会让人心情烦躁，有时候就呆呆地盯着屏幕上的 commit 进度，什么事情也干不了。而没有网络连接更是致命的：你无法 commit ！这表示你进行任何改动以前都必须小心翼翼，否则你可能再也找不回你曾经写的一些代码了。

（5）更少的“仓库污染”。有时候你要做一个模块，它不是太大，所以没有必要为它新建一个 branch ，但是它又不是那么小，不可能一次提交就做好。于是便会提交一些不完整的代码到仓库，有时候会导致整个程序无法运行，严重影响团队里其他人的开发。大多数人在这种情况下的解决办法都是写完之后再提交。但是作为习惯了版本控制的人来说，进行不计后果的大幅修改是经常的事情，到后来突然发现自己先前的代码没有提交，就后悔莫及了。如果是分布式系统的话就不会存在这样的问题，因为本地仓库的修改不会影响到别人的仓库。当你完成并测试以后，就可以在邮件列表里面说：我已经把这个模块做好了。然后感兴趣的人就可以从你这里 pull 你的成果了。

GIT 和 SVN 的比较：

- 在很多情况下，GIT 的速度远远比 SVN 快。
- SVN 是集中式管理，GIT 是分布式管理，分布式和集中式最大的区别在于：在分布式下，本地有个代码仓库，开发者可以在本地提交；而集中式版本控制，只有在服务器才有一个代码仓库，只能在服务器进行统一管理。
- SVN 使用分支比较笨拙，GIT 可以轻松拥有无限个分支。
- SVN 必须联网才能正常工作，GIT 支持本地版本控制工作。
- 旧版本的 SVN 会在每一个目录置放一个.svn，GIT 只会在根目录拥有一个.git。

14.4　本章练习

1．选择题

（1）在进行项目文档及配置管理时，引入“基线”这一概念的目的是________。

A．保证成果的完整与正确　　B．合理分配权限

C．保证成果相互依赖性　　D．合理控制变更

参考答案：D

（2）在软件配置管理中，________不是配置项。

A．程序　　B．文档　　C．过程　　D．数据

参考答案：C

（3）软件配置项的属性一般不包含________。

A．源代码　　B．日期　　C．标识符　　D．作者

参考答案：A

2．简答题

（1）请简述你在项目中的一次变更处理过程。

答：变更处理过程中需要包含的活动有变更申请，分析和评价变更，批准或否决申请，实现、验证和发布已修改的配置项。

（2）请介绍下日常配置管理活动有哪些？

答：日程配置管理活动包括制订配置管理计划、配置标识、配置控制、配置状态报告、配置审计、发布管理和交付。

（3）请简述一个软件开发项目的文档有哪些？

答：软件文档一般分为三类：开发文档、产品文档、管理文档。

① 开发文档描述开发过程本身，基本的开发文档是：

- 可行性研究报告和项目任务书。
- 需求规格说明。
- 功能规格说明。
- 设计规格说明，包括程序和数据规格说明。
- 开发计划。
- 软件集成和测试计划。
- 质量保证计划。
- 安全和测试信息。

② 产品文档描述开发过程的产物，基本的产品文档包括：

- 培训手册。
- 参考手册和用户指南。
- 软件支持手册。
- 产品手册和信息广告。

③ 管理文档记录项目管理的信息，例如：

- 开发过程的每个阶段的进度和进度变更的记录。
- 软件变更情况的记录。
- 开发团队的职责定义。
- 项目计划、项目阶段报告。
- 配置管理计划。

3．判断题

（1）管理信息系统文档的规范化管理主要体现在文档书写规范、图表编号规则、文档目录编写标准和文档管理制度等几个方面。（√）

（2）基线中的配置项构成一个相对稳定的逻辑实体。基线中的配置项被“冻结”了，不能再被任何人随意修改。对基线的变更必须遵循正式的变更控制程序。（√）

（3）配置审计（Configuration Audit）也称配置审核或配置评价，包括功能配置审计和物理配置审计，分别用以验证当前配置项的一致性和完整性。（√）

（4）SVN是一个开放源代码的分布式版本控制系统，此工具是在CVS 的基础上，由CollabNet提供开发的，也是目前在国内软件企业中使用最为普遍的配置管理工具。（×）

第 15 章　知 识 管 理

对于项目组织来说，知识就是它所拥有的设计开发成果、各种专利、非专利技术、设计开发能力、项目成员所掌握的技能等智力资源。知识的获取、整理、融合与创新成为经济发展最强劲的推动力，也是一切决策的基础。无论是社会、组织和个人，都将知识流作为信息时代生存和发展的基本手段。最普遍的是，在组织的员工、部门、甚至与其他组织一起，创造和共享知识。

本章首先介绍知识和知识管理的概念，然后介绍知识管理常用的方法和工具，讨论知识产权保护问题，以及项目管理中的知识产权问题，最后给出本章的练习题及试题分析与解答。

15.1　知识和知识管理的概念

法拉普多（Frappuolo）认为，知识应有外部化、内部化、中介化和认知化等四种功能。外部化是从外部获取知识，并按照一定的分类将它组织起来，其目的是让想拥有知识的人拥有通过内部化和中介化而获得的知识。内部化和中介化所关注的分别主要是可表述知识和隐含类知识（或称为意会知识）的转移。认知化则是将通过上述三种功能获得的知识加以应用，是知识管理的终极目标。

15.1.1　知识与知识管理

在工业化大生产时代，只要把人管好，把机器管好就万事大吉，而今天的企业单靠管理好人和机器已经不能保持长久的竞争力，机器的运转速度经常满足不了生产的要求，人才的流动更是异常的频繁。企业要想提高利润率、降低成本，获得竞争优势，需要不断优化流程，提高产品和服务的质量，提高顾客满意度和忠诚度，这些是需要企业中的每一个人的知识和技能来贡献价值的，因为在企业中，一切有形商品、资产、无形关系等价值创造因素其实都是人的行为结果，并依赖人的持续努力而扩大。

1．知识的分类

知识可分为两类，分别是显性知识（explicit knowledge）与隐性知识（tacit knowledge）。凡是能以文字与数字来表达，而且以资料、科学法则、特定规格及手册等形式展现者皆属显性知识。这种知识随时都可在个人之间相互传送；隐性知识是相当个人化而富弹性的东西，因人而异，很难用公式或文字来加以说明，因而也就难以流传或与别人分享。个人主观的洞察力、直觉与预感等皆属隐性知识。隐性知识深植于个人的行动与经验之中，同时也储藏在一个人所抱持的理想与价值或所珍惜的情怀之中。

隐性知识有两个层面，分别是技术层面和认知层面。技术层面包括一些非正式的个人技巧或技艺；认知层面包括信念、理想、价值、心意与心智模式等深植于内心深处，而经常视为理所当然的东西。隐性知识的认知层面虽然难以明说，但却深深地影响人们对世界的看法。隐性知识与显性知识的区别如表 15-1 所示。

表 15-1 隐性知识与显性知识的区别

显性知识特征	隐性知识特征
规范、系统	尚未或难以规范、零星
背后有科学和实证基础	背后的科学原理不甚明确
稳定、明确	非正式、难捉摸
经过编码、格式化、结构化	尚未编码、格式化、结构化
用公式、软件编制程序、规律、法则、原则和说明书等方式表述	用诀窍、习惯、信念、个人特技等形式呈现
运用者对所用显性知识有明确认识	运用者对所用隐性知识可能不甚了解
易于储存、理解、沟通、分享、传递	不易保存、传递、掌握

2．知识管理的工作

我国著名学者乌家培教授认为："信息管理是知识管理的基础，知识管理是信息管理的延伸与发展"；"信息管理经历了文献管理、计算机管理、信息资源管理、竞争性情报管理，演进到知识管理。知识管理是信息管理发展的新阶段，它同信息管理以往各阶段不一样，要求把信息与信息、信息与活动、信息与人连接起来，在人际交流的互动过程中，通过信息与知识的共享，运用群体的智慧进行创新，以赢得竞争优势"。

简而言之，知识管理就是对有价值的信息进行管理，包括知识的识别、获取、分解、储存、传递、共享、价值评判和保护，以及知识的资本化和产品化。知识管理主要涉及以下 4 个方面的工作。

（1）自上而下地监测、推动与知识有关的活动。

（2）创造和维护知识基础设施。

（3）更新组织和转化知识资产。

（4）使用知识以提高其价值。

3．知识管理的目标

知识管理作为知识经济时代出现的新兴管理思想，并不是孤立于企业经营管理体系之外的。它本身就是从其他管理领域中提取有关知识的管理理念，经过抽象和综合分析，才逐渐形成的一种战略思想，从它诞生的那一天起，就与战略管理、人力资源、财务、行政、市场、研究与开发等管理领域具有千丝万缕的联系。可以说，知识管理这一棵管理学科中的幼苗，是在众多原有管理范畴的共同滋养下才逐渐成长、发展成一个宏伟而完整的思想体系的。

知识管理战略是知识管理思想在战略管理领域的直接体现，对企业知识管理思想体系起到提纲挈领的作用，其他的知识管理活动和制度都在知识管理战略这个总纲领下逐步展开。信息技术以及在信息技术的基础上建立的知识门户和知识管理系统是知识管理的基础，信息化的知识管理系统既是知识管理思想对于信息管理领域的开拓，也是其他知识管理活动得以开展的基础。知识管理的目标包括以下 6 个方面。

（1）知识发布，以使一个组织内的所有成员都能应用知识。

（2）确保知识在需要时是可得的。

（3）推进新知识的有效开发。

（4）支持从外部获取知识。

（5）确保知识、新知识在组织内的扩散。

（6）确保组织内部的人知道所需的知识在何处。

15.1.2　项目知识管理

知识管理是一个内涵及其丰富的管理领域，不仅管理对象多样化，而且管理角度也是多面的。结合信息系统项目的特点，总结出项目知识管理的 4 个基本特点如下。

（1）知识管理是基于对“知识具有价值、知识能够创造价值”的认识而产生的，其目的是通过知识的更有效利用来提高个人或组织创造价值的能力。知识管理的基础活动是对知识的识别、获取、开发、分解、使用和存储。特定的知识管理活动需要投入金钱与劳动力，这些活动包括：

- 知识的获得，即创建文件并将文件输入电脑系统。
- 通过编选、组合和整理，给知识增添价值。
- 开发知识分类方法，并标示对知识的新贡献的特点。
- 发展信息技术基础，实行知识分配。
- 就知识的创造、分离和利用对员工进行教育。

（2）对于项目管理而言，知识管理是一种全新的经营管理模式，其出发点是将知识视为组织最重要的战略资源，将最大限度地掌握和利用知识作为提高组织竞争力的关键。

（3）知识管理将存在于项目中的人力资源的不同方面知识和技术、乃至项目战略等协调统一起来，共同为项目的发展服务，创造整体大于局部之和的效果。

（4）知识管理不仅是最新的管理方式，而且代表了理解和探索知识在管理和工作中的作用的新发展，这种理解和探索的方式更加有机、全面。当项目面对日益增长着的非连续性的环境变化时，知识管理是针对项目组织的适应性、组织的生存及组织的能力等重要方面的一种迎合性措施。本质上，它嵌涵了组织的发展进程，并寻求将信息技术所提供的对数据和信息的处理能力以及人的发明和创新能力这两者进行有机的结合。

为使项目团队的个人和组织适应现代科技日益复杂多变的环境，知识管理应该起到辅助工具的作用。虽然知识管理还是一个不明确的概念，每个组织对知识管理有不同的解释。然而，一些重要的因素能够决定一项知识管理创新的成败。要使知识管理成为成功地改造组织行为的有效理论，组织必须具备下列条件以保证知识管理的实施。

（1）领导重视并亲自参与。

（2）制定合理的知识管理发展战略。

（3）建立一个来自不同职能部门的人员组成的知识管理部门。

（4）为知识管理的开展提供资金支持，建立一套能够支持知识管理过程的基础设施。

（5）培养知识共享与使用的文化。

15.2 知识管理常用的方法和工具

知识管理是将可得到的各种信息转化为知识，以便于知识的产生、获取和重新利用，并将知识与人联系起来的过程。知识管理的基本活动包括对知识的识别、获取、开发、分解、使用和存储。例如，在对于教育培训而言，知识管理就是将各种教学资源转化为显性或隐性的相互之间网状联系的知识集合，并对这些知识提供开放式管理，以实现知识的生产、传递、利用和共享。

根据知识的特性，在知识管理过程中需要把握积累、共享和交流三个原则。知识积累是知识管理的基础，只有当知识资源达到了一定数量和质量才谈得上管理；知识共享是使学习组织的每个成员都能接触和使用知识库中的知识；知识交流则是要求每个知识的使用者都积极地贡献自己的知识，以构建更大规模的知识库，知识交流是使知识体现其价值的关键环节。

15.2.1 显性知识的管理

显性知识管理是一个战略过程，有五个步骤对实现显性知识的有效管理是必需的，分别是采集、过滤、组织、传播和应用。确保显性知识适当的传播的两个重要因素是交流的便利和组织文化的开发。

要做好信息系统集成项目中的知识管理，主要是要构建项目知识管理的制度平台。项目组织在制度平台的建设上有4点是必须做到的。

（1）创造更多的团队成员之间的交流机会。可以从以下三个方面着手加强团队成员的交流机会：组织物理环境的改造、组织结构的扁平化、设立网络虚拟社区。

（2）建立显性知识索引。由于显性知识的载体可分为显性知识文本、显性知识的持有人、显性知识所在的过程等三种，所以其索引也有三种，分别是显性知识文本导向的显性知识索引、显性知识的持有人导向的显性知识索引、显性知识所在的过程导向的显性知识索引。

（3）组织高层的参与和支持。在组织中，如果缺乏高层的参与和支持，是无法做好知识管理工作的。

（4）与绩效评估体系的结合。显性知识的管理需要与团队成员的绩效评估体系相结合，使每个团队成员都将知识管理当作自己分内的事情来做。

15.2.2　隐性知识的管理

隐性知识是指难以表达、隐含于过程和行动中的非结构化知识，是知窍（Know-how，技能知识）和知人（Know-who，人力知识）两方面的知识，具体表现为个人的技能、经验或诀窍、心智模式、解决问题的方式和组织惯例。

隐性知识具有默会性、个体性、非理性、情境性、文化性、偶然性与随意性、相对性、稳定性、整体性、可共享性。隐性知识能为很多人和组织同时使用，而且共享知识的人越多，知识的价值就越大。

1．隐性知识的层次和转化

隐性知识分布在团队成员个体、项目团队、部门、组织等不同层面的知识主体之中。一般情况下，团队成员个体与各种项目团队或部门发生直接的工作联系较多，而项目团队、部门与组织层次联系密切，同时团队成员个体与组织层次也存在一定的相互关系。

（1）团队成员个体拥有的隐性知识。个体拥有的隐性知识的主要特点是：高度个体化、不易言传和模仿，深植于个人的行动与经验之中，同时也深藏于个人价值观念与心智模式之中。个体拥有的技能类隐性知识包括那些非正式的、难以明确表达的技能、技巧、经验和诀窍等，这类隐性知识与个人经验、行为和工作内容紧密相关，是个人长期积累和创造的结果。有些技能类隐性知识具有很高的价值。

（2）群体（项目团队、部门）拥有的隐性知识。群体中的个体由于彼此紧密的互动和直接沟通，通过模仿与练习、感悟和领会，形成彼此能够会意却不易言传的隐性知识。主要特点是它表现为群体所掌握的技能、研究过程以及群体成员的默契、协作能力等。

（3）组织层次拥有的隐性知识。组织层次拥有的隐性知识既不能脱离组织中个体或群体的隐性知识而独立存在，但又不是个体隐性知识或群体隐性知识的简单加和，而是在对个体、群体和从组织外部获取的各种知识有效转化、整合和长期实践的基础上形成的，它涌现出单个个体或群体所无法具有的知识特质。主要特点是它表现为只有组织层次才具有的组织文化、价值体系、惯例、共同愿景等，这些是难以清晰说明，但却发挥着重要作用的知识。

（4）从组织外部获取的隐性知识。组织可引进关键人才、购买技术、交流管理经验和价值观念等，从外部获得隐性知识。这些知识一般由项目组织不同层次的知识主体所掌握，特别是由项目组织级所掌握，最终转化为项目组织内部隐性知识和显性知识。

对隐性知识的管理，其实质就是要让隐性知识进行流动和转化，最终使得隐性知识显性化。上述的各层次之间隐性知识发生的流动与转化主要包括以下 6 个方面：

（1）相关的个体之间从隐性知识到隐性知识或从隐性知识到显性知识的流动与转化。

（2）在相关的个体与群体之间通过社会化模式或外部化模式，使个体隐性知识向群体知识的流动与转化，群体隐性知识向个体知识的流动与转化。

（3）在相关的个体与组织之间通过社会化模式或外部化模式，使个体隐性知识向组织层次知识的流动与转化，组织层次隐性知识向个体知识的流动与转化。

（4）相关的群体之间也经常存在从隐性知识到隐性知识或从隐性知识到显性知识的流动与转化。

（5）群体与组织之间从隐性知识到隐性知识或从隐性知识到显性知识的流动与转化。

（6）组织内部与组织外部之间也存在着多种知识的交流，这其中包含着大量的隐性知识交流与转化。由于内部知识有限，组织应广泛地与外部交流知识，高效地收集和获取各种所需要的外部知识，包括大量的隐性知识。

经过上述的流动与转化，隐性知识不断地转化为显性知识，个人知识不断地转化为组织知识，零散的知识不断转化为系统的知识，知识不断地实现创新，知识螺旋不断地上升和放大。

2．隐性知识的共享

隐性知识共享的方法主要有编码化、面对面交流、人员轮换和网络。编码化是指将知识编码促进知识流动，并且有利于个人知识和局部知识转化为组织水平的知识。隐性知识的共享途径主要有：

（1）创建学习型组织，充分发挥知识团队的作用。有关学习型组织的详细知识，将在 15.2.4 节进行介绍。

（2）构建项目组织内部的信任机制。

（3）项目组织隐性知识的编码化。

（4）设立知识主管，加强隐性知识学习与共享。

（5）项目组织内部建立限制知识垄断的机制。

（6）通过利益驱动，促进隐性知识共享。

（7）创建以人为本的组织文化。

要做好项目团队中的隐性知识的共享，可按以下步骤进行。

（1）忘却片面的假设和观念。在学习发生之前，首先应该忘却。忘却实际上也是一个学习的过程，更确切地说，它是双环学习，即忘记或抛弃原来所相信或使用的假设、目标和流程，创造出更适于组织长远发展的目标、战略和方法。

（2）评价项目中隐性知识共享的必要性与可行性。

（3）制订项目中隐性知识共享计划。

（4）小范围的试验。

（5）隐性知识共享方法的推广。

（6）学习效果评估与反馈。

（7）项目中隐性知识经验的积累与推广。

15.2.3　知识管理的工具

知识管理工具是实现知识的生成、编码和转移（传送）技术的集合。知识管理工具不是仅以计算机为基础的技术集合，只要是能够对知识的生成、编码和转移有帮助的技术和方法都可以称为知识管理工具。

知识管理工具和数据管理工具、信息管理工具有很大区别，知识管理工具不仅仅是数管理工具或信息管理工具的简单改进。从这三种工具的功能来看，数据管理工具处理的重点支持组织运营的原材料，例如，销售数据、库存记录等基本数据。它通过数据图表的方式，使组织能够生成、访问、存储和分析数据。数据管理工具包括数据库、数据仓库、搜索引擎和数据建模工具等。信息管理工具主要用于信息处理，例如，自动化的信息搜索代理、决策支持技术和文档管理系统等。因此，数据管理工具、信息管理工具与知识管理工具最大的区别在于能否为使用者提供理解信息的语境，以及各种信息之间的相互关系。

通常，可以把知识管理工具分为知识生成工具、知识编码工具和知识转移工具三大类。

（1）知识生成工具。知识的生成包括产生新的想法、发现新的商业模式、发明新的生产流程，以及对原有知识的重新合成。不同方式的知识产生模式有不同的工具对其进行支持。知识生成工具包括知识获取、知识合成和知识创新三大功能。目前，利用具有初步人工智能功能的搜索引擎和知识挖掘工具进行知识的自动获取，可以将相关的词句组合起来，帮助人们将分散的创新观点进行合成。但是，目前实现知识的创新还十分困难，只能利用一些工具实现辅助性的知识创新。

（2）知识编码工具。知识编码是通过标准的形式表现知识，使知识能够方便地被共享和交流。知识编码工具的作用就在于将知识有效地存储并且以简明的方式呈现给使用者，使知识更容易被其他人使用。知识编码的困难在于，知识几乎不能以离散的形式予以表现。知识不断地积累，不断地改变，以至于人们很难对其进行清晰的区分。因此，对知识进行审核和分类是十分困难的。

（3）知识转移工具。知识转移工具最终就是要使知识能在企业内传播和分享。知识的价值在于流动和使用。在知识流动的过程中存在许多障碍，使知识不能毫无阻力地任意流动。这些障碍可分成三类，分别是时间差异、空间差异和社会差异。知识转移工具可以根据各种障碍的特点，在一定程度上帮助人们消除障碍，使知识得到更有效的流动。

15.2.4　学习型组织

学习型组织（Learning Organization）是一个能熟练地创造、获取和传递知识的组织，同时也要善于修正自身的行为，以适应新的知识和见解。当今世界上所有的组织，不论遵循什么理论进行管理，主要有两种类型，一类是等级权力控制型，另一类是非等级权力控制型，即学习型组织。学习型组织的含义为面临剧烈变化的外在环境，组织应力求精简、扁平化、终生学习、不断自我组织再造，以维持竞争力。

在学习型组织中，每个人都要参与识别和解决问题，使组织能够进行不断的尝试，改善和提高它的能力。学习型组织的基本价值在于解决问题，与之相对的传统组织设计的着眼点是效率。

1．学习型组织的要素

学习型组织应包括以下 5 项要素。

（1）建立共同愿景。愿景可以凝聚组织上下的意志力，通过组织共识，大家努力的方向一致，个人也乐于奉献，为组织目标奋斗。

（2）团队学习。团队智慧应大于个人智慧的平均值，以做出正确的组织决策，通过集体思考和分析，找出个人弱点，强化团队向心力。

（3）改变心智模式。组织的障碍多来自于个人的旧思维，例如，固执己见、本位主义等，只有通过团队学习，以及标杆学习，才能改变心智模式，有所创新。

（4）自我超越。个人有意愿投入工作，专精工作技巧的专业，个人与愿景之间有种创造性的张力，正是自我超越的来源。

（5）系统思考。应通过搜集信息，掌握事件的全貌，以避免只见树木、不见森林，培养综观全局的思考能力，看清楚问题的本质，有助于清楚了解因果关系。

学习是心灵的正向转换，组织如果能够顺利导入学习型组织，不只能够达到更高的组织绩效，更能够带动组织的生命力。

2．学习型组织的特征

学习型组织具有以下 8 个基本特征。

（1）组织成员拥有一个共同的愿景。组织的共同愿景来源于成员个人的愿景而又高于个人的愿景。它是组织中所有成员共同愿望的景象，是他们的共同理想。它能使不同个性的人凝聚在一起，朝着组织共同的目标行进。

（2）组织由多个创造性个体组成。在学习型组织中，团体是最基本的学习单位，团体本身应理解为彼此需要他人配合的一群人。组织的所有目标都是直接或间接地通过团体的努力来达到的。

（3）善于不断学习。这是学习型组织的本质特征，主要有四点含义，分别是终身学习、全员学习、全过程学习、团体学习。学习型组织通过保持学习的能力，及时铲除发展道路上的障碍，不断突破组织成长的极限，从而保持持续发展的态势。

（4）扁平式结构。传统的组织结构通常是金字塔式的，学习型组织的组织结构则是扁平的，即从最上面的决策层到最下面的操作层，中间相隔层次极少。它尽最大可能将决策权向组织结构的下层移动，让最下层单位拥有充分的自决权，并对产生的结果负责，从而形成扁平化组织结构。

（5）自主管理。自主管理是使组织成员能边工作边学习，并使工作和学习紧密结合的方法。通过自主管理，可由组织成员自己发现工作中的问题，自己选择伙伴组成团队，自己选定改革和进取的目标，自己进行现状调查，自己分析原因，自己制订对策，自己组织实施，自己检查效果，自己评定总结。团队成员在自主管理的过程中，能形成共同愿景，能以开放求实的心态互相切磋，不断学习新知识，不断进行创新，从而增加组织快速应变、创造未来的能量。

（6）组织的边界将被重新界定。学习型组织的边界界定，建立在组织要素与外部环境要素互动关系的基础上，超越了传统的根据职能或部门划分的法定边界。例如，将销售商的反馈信息作为市场营销决策的固定组成部分，而不是像以前那样只是作为参考。

（7）家庭与事业的平衡。学习型组织努力使每个成员丰富的家庭生活与充实的工作生活相得益彰。学习型组织对承诺支持每位成员充分的自我发展，而成员也以承诺对组织的发展尽心尽力作为回报。这样，个人与组织的界限将变得模糊，工作与家庭之间的界限也将逐渐消失，两者之间的冲突也必将大为减少，从而提高成员家庭生活的质量（满意的家庭关系、良好的子女教育和健全的天伦之乐），达到家庭与事业之间的平衡。

（8）领导者的新角色。在学习型组织中，领导者是设计师、仆人和教师。领导者的设计工作是一个对组织要素进行整合的过程，他不只是设计组织的结构和组织政策、策略，更重要的是设计组织发展的基本理念；领导者的仆人角色表现在他对实现愿景的使命感，他自觉地接受愿景的召唤；领导者作为教师的首要任务是界定真实情况，协助组织成员对真实情况进行正确、深刻的把握，提高他们对组织系统的了解能力，促进每个人的学习。

3．学习型组织的意义

一方面，学习是为了保证组织的生存，使组织具备不断改进的能力，提高组织的竞争力；另一方面，学习更是为了实现个人与工作的真正融合，使人们在工作中活出生命的意义。创建学习型组织的意义主要体现在以下 4 个方面。

（1）它解决了传统组织的缺陷。传统组织的主要问题是分工、竞争、冲突、独立，降低了组织整体的力量，更为重要的是传统组织注意力仅仅关注于眼前细枝末节的问题，而忽视了长远的、根本的、结构性的问题，这使得组织的生命力在急剧变化的世界面前显得十分脆弱。

（2）学习型组织为组织创新提供了一种操作性比较强的技术手段。学习型组织提供的每一项修炼都由许多具体方法组成，这些方法简单易学。

（3）学习型组织解决了组织生命活力问题。在学习型组织中，人们能够充分发挥生命的潜能，创造出超乎寻常的成果，从而由真正的学习体悟出工作的意义，追求心灵的成长与自我实现，并与世界产生一体感。

（4）学习型组织提升了组织的核心竞争力。在知识经济时代，获取知识和应用知识的能力将成为竞争能力高低的关键。一个组织只有通过不断学习，拓展与外界信息交流的深度和广度，才能立于不败之地。

尽管学习型组织的前景十分迷人，但如果将它视为一贴万灵药则是危险的。事实上，学习型组织的缔造不应是最终目的，重要的是通过迈向学习型组织的种种努力，引导出一种不断创新、不断进步的新观念，从而使组织日新月异，不断创造未来。

15.3 知识产权保护

根据我国民法通则的规定，知识产权是指公民、法人、非法人单位对自己的创造性智力成果和其他科技成果依法享有的民事权。知识产权是智力成果的创造人依法所享有的权利和在生产经营活动中标记所有人依法所享有的权利的总称，包括著作权、专利权、商标权、商业秘密权、植物新品种权、集成电路布图设计权和地理标志权等。

信息系统集成项目建设的相关各方干系人都需要依法保护自己的知识产权，同时避免侵犯别人的知识产权，这就需要对知识产权进行有效管理。

15.3.1 著作权法

1990 年 9 月通过，1991 年 6 月 1 日正式实施的《中华人民共和国著作权法》（以下简称为“著作权法”）是知识产权保护领域的最重要的法律基础。另外，国家还颁发了《中华人民共和国著作权法实施条例》（以下简称为“实施条例”）作为执行补充，该条例于 1991 年 5 月通过，2002 年 9 月修订。在这两部法律法规中，对著作权保护及其具体实施做出了明确的规定。

1．著作权法客体

著作权法及实施条例的客体是指受保护的作品。这里的作品是指文学、艺术、自然科学、社会科学和工程技术领域内具有独创性并能以某种有形形式复制的智力成果。

为完成单位工作任务所创作的作品，称为职务作品。如果该职务作品是利用单位的物质技术条件进行创作，并由单位承担责任的，或者有合同约定，其著作权属于单位的，作者将仅享有署名权，其他著作权归单位享有。其他职务作品，著作权仍由作者享有，单位有权在业务范围内优先使用。在两年内，未经单位同意，作者不能许可其他个人或单位使用该作品。

2．著作权法主体

著作权法及实施条例的主体是指著作权关系人，通常包括著作权人和受让者两种。著作权人又称为原始著作权人，是根据创作的事实进行确定的，依法取得著作权资格的创作、开发者；受让者又称为后继著作权人，是指没有参与创作，通过著作权转移活动而享有著作权的人。

著作权法在认定著作权人时，是根据创作的事实进行的，而创作就是指直接产生文学、艺术和科学作品的智力活动。为他人创作进行组织、提供咨询意见、物质条件或进行其他辅助工作的，不属于创作的范围，不被确认为著作权人。

如果在创作的过程中有多人参与，则该作品的著作权由合作的作者共同享有。合作的作品是可以分割使用的，作者对各自创作的部分可以单独享有著作权，但不能在侵犯合作作品整体著作权的情况下行使。如果遇到作者不明的情况，则作品原件的所有人可以行使除署名权以外的著作权，直到作者身份明确。如果作品是委托创作的，著作权的归属应通过委托人和受托人之间的合同来确定。如果没有明确的约定，或者没有签订相关合同，则著作权属于受托人。

3．著作权

根据著作权法及实施条例的规定，著作权人对作品享有以下五种权利：

（1）发表权：决定作品是否公之于众的权利。

（2）署名权：表明作者身份，在作品上署名的权利。

（3）修改权：修改或授权他人修改作品的权利。

（4）保护作品完整权：保护作品不受歪曲、篡改的权利。

（5）使用权、使用许可权和获取报酬权、转让权：以复制、表演、播放、展览、发行、摄制电影、电视、录像，或者改编、翻译、注释和编辑等方式使用作品的权利，以及许可他人以上述方式使用作品，并由此获得报酬的权利。

根据著作权法的相关规定，著作权的保护是有一定期限的，具体规定如下：

（1）著作权属于公民。署名权、修改权、保护作品完整权的保护期没有任何限制，永远受法律保护；发表权、使用权和获得报酬权的保护期为作者终生及其死亡后的 50 年（第 50 年的 12 月 31 日）。作者死亡后，著作权依照继承法进行转移。

（2）著作权属于单位。发表权、使用权和获得报酬权的保护期为 50 年（首次发表后的第 50 年的 12 月 31 日），若 50 年内未发表的，不予保护。但单位变更、终止后，其著作权由承受其权利义务的单位享有。

当第三方需要使用时，需得到著作权人的使用许可，双方应签订相应的合同。合同中应包括许可使用作品的方式，是否专有使用，许可的范围与时间期限，报酬标准与方法，以及违约责任等。若合同未明确许可的权力，需再次经著作权人许可。合同的有效期限不超过 10 年，期满时可以续签。

在下列情况下使用作品，可以不经著作权人许可、不向其支付报酬，但应指明作者姓名、作品名称，不得侵犯其他著作权：

（1）为个人学习、研究或欣赏，使用他人已经发表的作品；为学校课堂教学或科学研究，翻译或者少量复制已经发表的作品，供教学或科研人员使用，但不得出版发行。

（2）为介绍、评论某一个作品或说明某一个问题，在作品中适当引用他人已经发表的作品；为报道时事新闻，在报纸、期刊、广播、电视节目或新闻纪录影片中引用已经发表的作品。

（3）报纸、期刊、广播电台、电视台刊登或播放其他报纸、期刊、广播电台、电视台已经发表的社论、评论员文章；报纸、期刊、广播电台、电视台刊登或者播放在公众集会上发表的讲话，但作者声明不许刊登、播放的除外。

（4）国家机关为执行公务使用已经发表的作品；图书馆、档案馆、纪念馆、博物馆和美术馆等为陈列或保存版本的需要，复制本馆收藏的作品。

（5）免费表演已经发表的作品。

（6）对设置或者陈列在室外公共场所的艺术作品进行临摹、绘画、摄影及录像。

（7）将已经发表的汉族文字作品翻译成少数民族文字在国内出版发行，将已经发表的作品改成盲文出版。

15.3.2 计算机软件保护条例

2001年12月通过，2002年1月1日正式实施的《计算机软件保护条例》（以下简称为“保护条例”）是我国计算机软件保护的法律依据。由于计算机软件也属于著作权法保护的范围，因此，在具体实施时，首先适用于保护条例的条文规定，若是在保护条例中没有规定适用条文的情况下，才依据著作权法的原则和条文规定执行。

1．保护对象

保护条例的客体是计算机软件，计算机软件是指计算机程序及其相关文档。根据保护条例的规定，受保护的软件必须是由开发者独立开发的，并且已经固定在某种有形物体上例如，光盘、硬盘、U盘等。

要注意的是，对软件著作权的保护只是针对程序和文档，并不包括开发软件所用的思想、处理过程、操作方法或数学概念等。

2．著作权人确定

对于由两个或两个以上的开发者或组织合作开发的软件，著作权的归属根据合同约定确定。若无合同，则共享著作权。若合作开发的软件可以分割使用，则开发者对自己开发的部分单独享有著作权，可以在不破坏整体著作权的基础上行使。

如果开发者在单位或组织中任职期间，所开发的软件符合以下条件，则软件著作权应归单位或组织所有：

（1）针对本职工作中明确规定的开发目标所开发的软件。

（2）开发出的软件属于从事本职工作活动的结果。

（3）使用了单位或组织的资金、专用设备、未公开的信息等物质、技术条件，并由单位或组织承担责任的软件。

如果是接受他人委托而进行开发的软件，其著作权的归属应由委托人与受托人签订书面合同约定；如果没有签订合同，或合同中未规定的，则其著作权由受托人享有。由国家机关下达任务开发的软件，著作权的归属由项目任务书或合同规定，若未明确规定，其著作权应归任务接受方所有。

3. 软件著作权

根据保护条例的规定，软件著作权人对其创作的软件产品，享有以下九种权利：

（1）发表权：决定软件是否公之于众的权利。

（2）署名权：表明开发者身份，在软件上署名的权利。

（3）修改权：对软件进行增补、删节，或者改变指令、语句顺序的权利。

（4）复制权：将软件制作一份或者多份的权利。

（5）发行权：以出售或者赠予方式向公众提供软件的原件或复制件的权利。

（6）出租权：有偿许可他人临时使用软件的权利。

（7）信息网络传播权：以信息网络方式向公众提供软件的权利。

（8）翻译权：将原软件从一种自然语言文字转换成另一种自然语言文字的权利。

（9）使用许可权、获得报酬权、转让权。

软件著作权自软件开发完成之日起生效，有效期的规定如下：

（1）著作权属于公民。著作权的保护期为作者终生及其死亡后的 50 年（第 50 年的 12 月 31 日）。对于合作开发的，则以最后死亡的作者为准。

（2）著作权属于单位。著作权的保护期为 50 年（首次发表后的第 50 年的 12 月 31 日），若 50 年内未发表的，不予保护。单位变更、终止后，其著作权由承受其权利义务的单位享有。

当得到软件著作权人的许可，获得了合法的计算机软件复制品后，复制品的所有人享有以下权利：

（1）根据使用的需求，将该计算机软件安装到设备中（包括电脑、手持设备等）。

（2）制作复制品的备份，以防止复制品损坏，但这些复制品不得通过任何方式转给其他人使用。

（3）根据实际的应用环境，对其进行功能、性能等方面的修改。但未经软件著作权人许可，不得向任何第三方提供修改后的软件。

如果使用者只是为了学习、研究软件中包含的设计思想、原理，而以安装、显示和存储软件等方式使用软件，可以不经软件著作权人的许可，不向其支付报酬。

15.3.3　商标法

根据《中华人民共和国商标法》的规定，商标是指生产者和经营者为使自己的商品或服务与他人的商品或服务相区别，而使用在商品及其包装上或服务标记上的由文字、图形、字母、数字、三维标志和颜色组合，以及上述要素的组合所构成的一种可视性标志。商标应满足以下三个条件：

（1）商标是用在商品或服务上的标记，与商品或服务不能分离，并依附于商品或服务。

（2）商标是区别于他人商品或服务的标志，应具有特别显著性的区别功能，从而便于消费者识别。

（3）商标的构成是一种艺术创造，可以是由文字、图形、字母、数字、三维标志和颜色组合，以及上述要素的组合构成的可视性标志。

商标应该具备显著性、独占性、价值和竞争性四个特征。两个或者两个以上的申请人，在同一种商品或者类似商品上，分别以相同或者近似的商标在同一天申请注册的，各申请人应当自收到商标局通知之日起 30 日内提交其申请注册前在先使用该商标的证据。同日使用或者均未使用的，各申请人可以自收到商标局通知之日起 30 日内自行协商，并将书面协议报送商标局；不愿协商或者协商不成的，商标局通知各申请人以抽签的方式确定一个申请人，驳回其他人的注册申请。商标局已经通知但申请人未参加抽签的，视为放弃申请，商标局应当书面通知未参加抽签的申请人。

注册商标的有效期限为 10 年，自核准注册之日起计算。注册商标有效期满，需要继续使用的，应当在期满前 6 个月内申请续展注册；在此期间未能提出申请的，可以给予 6 个月的宽展期。宽展期满仍未提出申请的，注销其注册商标。每次续展注册的有效期为 10 年。

15.3.4 专利法

根据《中华人民共和国专利法》的规定，专利法的客体是发明创造，这里的发明创造是指发明、实用新型和外观设计。

（1）发明：是指对产品、方法或者其改进所提出的新的技术方案。

（2）实用新型：是指对产品的形状、构造及其组合，提出的实用的新的技术方案。

（3）外观设计：对产品的形状、图案及其组合，以及色彩与形状、图案的结合所做出的富有美感并适用于工业应用的新设计。

授予专利权的发明和实用新型应当具备新颖性、创造性和实用性三个条件。对于专利权的归属问题，主要依据以下三点进行判断：

（1）职务发明创造：执行本单位的任务或者主要利用本单位的物质技术条件所完成的发明创造为职务发明创造。对于职务发明创造，若单位与发明人或者设计人订有合同，对申请专利的权利和专利权的归属做出约定的，从其约定；否则职务发明创造申请专利的权利属于该单位。申请被批准后，该单位为专利权人。专利申请权和专利权属于单位的职务发明创造的发明人或设计人享有的权利是在专利文件中写明自己是发明人或者设计人的权利。被授予专利权的单位应当对职务发明创造的发明人或者设计人给予奖励。发明创造专利实施后，被授予专利权的单位应当根据其推广应用的范围和取得的经济效益，对发明人或者设计人给予合理的报酬。

（2）非职务发明创造：申请专利的权利属于发明人或者设计人，申请被批准后，该发明人或者设计人为专利权人。两个或两个以上单位或者个人合作完成的发明创造，除另有协议外，申请专利的权利属于共同完成的单位或者个人。申请被批准后，申请的单位或者个人为专利权人。

（3）单位或者个人接受其他单位或者个人委托所完成的发明创造，除另有协议外，申请专利的权利属于完成的单位或者个人。申请被批准后，申请的单位或者个人为专利权人。

一般来说，一份专利申请文件只能就一项发明创造提出专利申请。一项发明只授予一项专利，同样的发明申请专利，则按照申请时间的先后决定授予给谁。两个以上的申请人在同一日分别就同样的发明创造申请专利的，应当在收到国务院专利行政部门的通知后自行协商确定申请人。

我国现行专利法规定的发明专利权保护期限为 20 年，实用新型和外观设计专利权的期限为 10 年，均从申请日开始计算。在保护期内，专利权人应该按时缴纳年费。在专利权保护期限内，如果专利权人没有按规定缴纳年费，或者以书面声明放弃其专利权，专利权可以在期满前终止。

15.3.5　不正当竞争法

根据《中华人民共和国反不正当竞争法》的规定，不正当竞争是指经营者违反规定，损害其他经营者的合法权益，扰乱社会经济秩序的行为。具体来说，不正当竞争行为包括以下十个方面：

（1）采用不正当的市场交易手段，假冒他人注册商标；擅自使用与知名商品相同或相近的名称、包装，混淆消费者；擅自使用他人的企业名称；在商品上伪造认证标志、名优标志、产地等信息，从而达到损害其他经营者的目的。

（2）利用垄断的地位，来排挤其他经营者的公平竞争。

（3）利用政府职权，限定商品购买，以及对商品实施地方保护主义。

（4）利用财务或其他手段进行贿赂，以达到销售商品的目的。

（5）利用广告或者其他方法，对商品的质量、成分、性能、用途、生产者、有效期和产地等进行误导性的虚假宣传。

（6）以低于成本价进行销售，以排挤竞争对手。但是，对于鲜活商品、有效期将至的积压产品的处理，以及季节性降价，国清债、转产和歇业等原因进行的降价销售均不属于不正当竞争。

（7）搭售违背购买者意愿的商品。

（8）采用不正当的有奖销售。例如，谎称有奖，却是内定人员中奖，利用有奖销售推销质次价高产品，或者奖金超过 5000 元的抽奖式有奖销售。

（9）捏造、散布虚假事实，损害对手商誉。

（10）串通投标，排挤对手。

《中华人民共和国反不正当竞争法》对商业秘密进行了保护，所谓商业秘密，是指不为公众所知，具有经济利益，具有实用性，并且已经采取了保密措施的技术信息与经营信息。如果存在以下行为的，则视为侵犯商业秘密：

（1）以盗窃、利诱、胁迫或者其他不正当手段获取权利人的商业秘密。

（2）披露、使用或者允许他人使用以前项手段获取的权利人的商业秘密。

（3）违反约定或者违反权利人有关保守商业秘密的要求，披露、使用或者允许他人使用其所掌握的商业秘密。

15.3.6 项目管理中的知识产权问题

对企业来说，形成具有原创性的自主知识产权，提高企业的竞争力，并通过有效的知识产权管理和保护，提升创新在科技、经济竞争中的实际效益，对企业来说十分重要。

（1）在项目的管理中，应当贯彻尊重知识、尊重人才、保证公平、提高效率的原则。在保证重大国家利益、国家安全和社会公共利益的基础上，鼓励知识作为生产要素参与分配，充分保障人员的技术权益和经济利益。

（2）提高企业的知识产权保护意识和管理水平。创新是知识产权的源泉，知识产权是创新的动力。知识产权制度是企业提高科技、经济竞争实力的法律武器，是增强科技持续创新能力，实现技术创新的重要保障。企业应当增强知识产权保护和管理的自觉性、主动性和紧迫性，要深刻认识知识产权作为无形资产和经济、技术竞争武器的重要价值及其在开拓、占领国内外市场，保持竞争优势和发展后劲方面的积极作用，要从创新战略和经营方针的高度上重视知识产权管理，把知识产权的形成和使用纳入本单位研究与开发、成果转化、生产经营和资源管理的各项工作之中并形成相应的管理制度。利用知识产权信息制定正确的技术创新战略，确定研究方向和技术路线，提高技术研究与开发的起点、水平、质量和效益，避免重复研究或发生不必要的侵权纠纷。

（3）将知识产权管理纳入项目管理体系，对有价值的知识产权要及时申报或者组织鉴定。

（4）加强人员在项目流动中对知识产权特别是技术秘密的保护和管理工作，人员流动在项目中是正常的。人员在流动中应当遵守国家法律、法规和本单位的各项管理制度，自觉维护国家和单位的合法权益。企业和项目管理人员应当加强对人员流动的管理，支持正当、合理的人员流动。人员在流动活动中，可以利用自己在工作中积累和掌握的知识、经验和信息从事技术创新活动，但不得将原单位拥有的特定的技术秘密擅自提供给其他单位或个人，侵害原单位的技术权益。对于以流动为名，故意利诱他人披露相关技术秘密的单位和个人，应当依法追究法律责任。

（5）鼓励知识和技术作为生产要素参与分配，切实保障职务技术成果完成人的技术权益和经济利益。要严格按照法律、法规的规定，界定职务技术成果和非职务技术成果的知识产权权属，尊重单位对职务技术成果的使用权、转让权和收益权。对于非本单位任务来源或本职工作任务，仅利用本单位物质技术条件所完成的技术成果，单位和研究人员之间可以以协商方式确定成果权属，协商不成的，研究人员在交付约定的物质技术条件使用费用后，可以依法享有该项技术成果的知识产权。

（6）加强技术合同管理工作，保障技术提供方通过技术成果转让或者知识产权许可实施获得相应收益，加速科技成果转化。企业转让科技成果，进行技术交易，应当严格按照合同法的有关规定，签订有关技术开发、转让、咨询、服务，以及技术入股、联营、培训、中介等合同，并且应当在合同中明确约定有关知识产权归谁所有、如何使用，以及由此产生的利益如何分配等事项。签订技术合同应当合法、公平、诚实信用、互利有偿，充分体现并保障技术商品价值的实现，有利于科技进步，加速科技成果的转化、应用和推广。任何一方不得通过技术合同非法垄断技术，妨碍技术进步或者侵害他人技术权益。要通过技术合同中知识产权归属与利益分享的合理约定，进一步加强产学研结合，提升科技成果转化能力和实际效果。

15.4　本章练习

（1）下列关于知识管理的叙述，不确切的是________。

A．知识管理为企业实现显性知识和隐性知识共享提供新的途径

B．知识地图是一种知识导航系统，显示不同的知识存储之间重要的动态联系

C．知识管理包括建立知识库、促进员工的知识交流、建立尊重知识的内部环境、把知识作为资产来管理

D．知识管理属于人力资源管理的范畴

试题分析

知识就是它所拥有的设计开发成果、各种专利、非专利技术、设计开发能力、项目成员所掌握的技能等智力资源。这些资源不像传统的资源那样有形便于管理，知识管理就是对一个项目组织所拥有的和所能接触到的知识资源，如何进行识别、获取、评价，从而充分有效地发挥作用的过程。

项目组织内部有两种类型的知识：显性知识和隐性知识。显性知识是指有关项目组织的人员以及外部技术调查报告等表面的信息，是可以表达的、物质存在的、可确知的；即显性知识是指那些能够用正式、系统的语言表述和沟通的知识，它以产品外观、文件、数据库、说明书、公式和计算等形式体现出来。隐性知识是个人技能的基础，是通过试验、犯错、纠正的循环往复而从实践中形成的“个人的惯例”。它一般是以个人、团队和组织的经验、印象、技术诀窍、组织文化、风俗等形式存在。

知识管理是指为了增强组织的绩效而创造、获取和使用知识的过程。知识管理主要涉及 4 个方面：自上而下地监测、推动与知识有关的活动；创造和维护知识基础设施；更新组织和转化知识资产；使用知识以提高其价值。知识管理为企业实现显性知识和隐

性知识共享提供新的途径。知识地图是一种知识（既包括显性的、可编码的知识，也包括隐性知识）导航系统，并显示不同的知识存储之间重要的动态联系。它是知识管理系统的输出模块，输出的内容包括知识的来源，整合后的知识内容，知识流和知识的汇聚。它的作用是协助组织机构发掘其智力资产的价值、所有权、位置和使用方法；使组织机构内各种专家技能转化为显性知识并进而内化为组织的知识资源；鉴定并排除对知识流的限制因素；发抖机构现有的知识资产的杠杆作用。

参考答案：D

（2）通过建设学习型组织使员工顺利地进行知识交流，是知识学习与共享的有效方法。以下关于学习型组织的描述，正确的包括________。

① 学习型组织有利于集中组织资源完成知识的商品化

② 学习型组织有利于开发组织员工的团队合作精神

③ 建设金字塔型的组织结构有利于构建学习型组织

④ 学习型组织的松散管理弱化了对环境的适应能力

⑤ 学习型组织有利于开发组织的知识更新和深化

A．①②③　　B．①②⑤　　C．②③④　　D．③④⑤

试题分析

学习型组织不存在单一的模型，它是关于组织的概念和员工作用的一种态度或理念，是用一种新的思维方式对组织的思考。在学习型组织中，每个人都要参与识别和解决问题，使组织能够进行不断的尝试，改善和提高它的能力。学习型组织的基本价值在于解决问题，与之相对的传统组织设计的着眼点是效率。在学习型组织内，员工参加问题的识别，这意味着要懂得顾客的需要。员工还要解决问题，这意味着要以一种独特的方式将一切综合起来考虑以满足顾客的需要。组织因此通过确定新的需要并满足这些需要来提高其价值。它通常是通过新的观念和信息而不是物质的产品来实现价值的提高。

金字塔型组织结构严重地禁锢了不同部门具有不同知识结构的员工之间的接触和交流，妨碍了知识的更新和应用。

参考答案：B

（3）下面关于知识管理的叙述中，正确的包括________。

①扁平化组织结构设计有利于知识在组织内部的交流

②实用新型专利权、外观设计专利权的期限为20年

③按照一定方式建立显性知识索引库，可以方便组织内部知识分享

④对知识产权的保护，要求同一智力成果在所有缔约国（或地区）内所获得的法律保护是一致的

A．①③　　B．①③④　　C．②③④　　D．②④

试题分析

实用新型专利权、外观设计专利权的保护期限为 10 年，发明专利权的保护期为 20 年。

知识产权国际条约主要规定了知识产权保护的基本原则：国民待遇原则、最惠国待遇原则、透明度原则、独立保护原则、自动保护原则、优先权原则。其中独立保护原则是指某成员国就同一智力成果在其他缔约国（或地区）所获得的法律保护是互相独立的。这也是巴黎公约和 TRIPS 的共同规定。独立保护是指外国人在另一个国家所受到的保护只能适用于该国法律，按照该国法律规定的标准实施。

参考答案：A

（4）下列措施中不利于企业构建知识管理制度平台的是________。

A．建立知识库

B．要求员工按组织规定参与知识管理

C．用经济利益手段驱动员工参与知识管

D．建立金字塔型组织结构

试题分析

员工交流是一种双向知识学习共享行为。可以从以下三方面着手加强员工的交流机会：

① 公司物理环境的改造。

② 组织结构扁平化。

③ 设立虚拟网络社区。

金字塔组织结构不是扁平化的组织结构。

参考答案：D

（5）假设甲、乙二人合作开发了某应用软件，甲为主要开发者。该应用软件所得收益合理分配后，甲自行将该软件作为自己独立完成的软件作品发表，甲的行为________。

A．不构成对乙权利的侵害　　B．构成对乙权利的侵害

C．已不涉及乙的权利　　D．没有影响乙的权利

试题分析

根据《计算机软件保护条例》第十条规定：由两个以上的自然人、法人或者其他组织合作开发的软件，其著作权的归属由合作开发者签订书面合同约定。无书面合同或者合同未做明确约定，合作开发的软件可以分割使用的，开发者对各自开发的部分可以单独享有著作权；但是，行使著作权时，不得扩展到合作开发的软件整体的著作权。合作开发的软件不能分割使用的，其著作权由各合作开发者共同享有，通过协商一致行使；

不能协商一致，又无正当理由的，任何一方不得阻止他方行使除转让权以外的其他权利，但是所得收益应当合理分配给所有合作开发者。

根据题意，甲虽然为主要开发者，但软件的版权（其中就包含发表权和署名权）应该归甲、乙二人共同所有。甲自行将该软件作为自己独立完成的软件作品发表，构成了对乙权利的侵害。

参考答案：B

（6）甲公司从市场上购买丙公司生产的部件 a，作为生产甲公司产品的部件。乙公司已经取得部件 a 的中国发明权，并许可丙公司生产销售该部件 a。甲公司的行为________。

A．构成对乙公司权利的侵害

B．不构成对乙公司权利的侵害

C．不侵害乙公司的权利，丙公司侵害了乙公司的权利

D．与丙公司的行为共同构成对乙公司权利的侵害

试题分析

根据《中华人民共和国专利权法》第五十七条规定："未经专利权人许可，实施其专利，即侵犯其专利权"。本题中"乙公司已经取得部件 a 的中国发明权，并许可丙公司生产销售该部件 a"，因此，丙公司不构成对乙公司权利的侵害。甲公司从市场购买丙公司的部件作为自己公司产品的部件，也不构成对乙公司权利的侵害。

参考答案：B

（7）优积谷公司生产的希律牌机器人是已经取得商标权的品牌产品，但宽展期满仍未办理续展注册。此时，甲公司未经优积谷公司许可将该商标用做其生产的机器人的商标________。

A．甲公司的行为构成对优积谷公司权利的侵害

B．甲公司的行为不构成对优积谷公司权利的侵害

C．优积谷公司的权利没有终止，甲公司的行为应经优积谷公司的许可

D．优积谷公司已经取得商标权，不必续展注册，永远受法律保护

试题分析

《中华人民共和国商标法》第三十七条规定：注册商标的有效期为十年，自核准注册之日起计算。

《中华人民共和国商标法》第三十八条规定：注册商标有效期满，需要继续使用的，应当在期满前六个月内申请续展注册；在此期间未能提出申请的，可以给予六个月的宽展期。宽展期满仍未提出申请的，注销其注册商标。每次续展注册的有效期为十年。续展注册经核准后，予以公告。

在本题中，因为优积谷公司在其商标“宽展期满仍未办理续展注册”，按照规定，应该“注销其注册商标”，所以甲公司将该商标用做其生产的机器人的商标，无需经优积谷公司许可，且不构成对优积谷公司权利的侵害。

参考答案：B

（8）甲企业开发出某一新产品，并投入生产。乙企业在甲企业之后三个月也开发出同样的新产品，并向专利部门提交专利申请。在乙企业提交专利权申请后的第 5 日，甲企业向该专利部门提交了与乙企业相同的专利申请。按照专利法有关条款，________获得专利申请权。

A．甲乙企业同时　　B．乙企业

C．甲乙企业先后　　D．甲企业

试题分析

《中华人民共和国专利法》第九条规定：两个以上的申请人分别就同样的发明创造申请专利的，专利权授予最先申请的人。

参考答案：B

（9）2005 年 5 月 4 日，张某向中国专利局提出发明专利申请；其后，张某对该发明作了改进，于 2006 年 5 月 4 日又将其改进发明向中国专利局提出申请时，可享有________。

A．两项专利权　　B．优先使用权

C．国际优先权　　D．国内优先权

试题分析

授予专利权的开工条件包括书面原则、先申请原则、单一性原则和优先权原则等。书面原则是指专利申请人及其代理人在办理各种手续时都应当采用书面形式；单一性原则是指专利申请文件只能就一项发明创造提出专利申请，即“一申请一发明”原则；优先权原则是指两个或两个以上的人分别就同样的发明创造申请专利的，专利权授给最先申请人。

我国《专利法》第二十九条第一款规定：“申请人自发明或者实用新型在外国第一次提出专利申请之日起十二个月内，或者自外观设计在外国第一次提出专利申请之日起六个月内，又在中国就相同主题提出专利申请的，依照该外国同中国签订的协议或者参加的国际条约，或者依照相互承认优先权的原则，可以享有优先权。”

这是国际优先权或称为外国优先权，在国际公约《巴黎公约》第四条中提出，是参加《巴黎公约》成员国必须遵守的基本原则。

我国《专利法》第二十九条第二款规定：“申请人自发明或者实用新型在中国第一次提出专利申请之日起十二个月内，又向国务院专利行政部门就相同主题提出专利申请的，可以享有优先权。”

这是国内优先权或称为本国优先权，是由各国自行设定的，国际公约没有统一要求。

参考答案：D

（10）依据《计算机软件保护条例》，对软件的保护包括________。

A．计算机程序，但不包括用户手册等文档

B．计算机程序及其设计方法

C．计算机程序及其文档，但不包括开发该软件所用的思想

D．计算机源程序，但不包括目标程序

试题分析

《计算机软件保护条例》中的第二条规定：本条例所称的计算机软件是指计算机程序及其有关文档。

《计算机软件保护条例》中的第六条规定：本条例对软件著作权的保护不延及开发软件所用的思想、处理过程、操作方法或者数学概念等。

参考答案：C

第 16 章　项目变更管理

变更管理的大致作用与基本操作原则，已在整体管理、范围管理等相关章节中介绍。但由于变更管理方法在项目管理中的重要性不断增加，且在实际应用中的影响越来越大，故特设立本章节单独论述。

变更在信息系统工程建设过程中经常发生，许多项目失败的情况是由于变化的处理不当，有些变更是积极的，有些则是消极的，做好变更管理可以使项目的质量、进度、成本管理更有效。

16.1　项目变更管理的基本概念

项目变更管理，是指在信息系统工程建设项目的实施过程中，由于项目环境或者其他的原因而对项目的功能、性能、架构、技术指标、集成方法、项目进度等方面做出的改变。

变更管理的实质，是根据项目推进过程中越来越丰富的项目认知，不断调整项目努力方向和资源配置，最大程度地满足项目需求，提升项目价值。

16.1.1　项目变更产生的原因

由于项目逐渐完善的基本特性，意味着早期的共识随着项目进行，对项目不断深入的理解，作业过程与预先的发生变化是必然的。由于项目很少会保质保量地交付，因而变更控制必不可少。

变化可能是产品范围，即对交付物的需求发生的变化，也可能是项目范围或是项目的资源、进度等执行过程发生的变化。

变更的常见原因：

- 产品范围（成果）定义的过失或者疏忽。
- 项目范围（工作）定义的过失或者疏忽。
- 增值变更。
- 应对风险的紧急计划或回避计划。
- 项目执行过程与基准要求不一致带来的被动调整。
- 外部事件。

16.1.2 项目变更分类

根据变更性质可分为：重大变更、重要变更和一般变更。通过不同审批权限控制。

根据变更的迫切性可分为：紧急变更、非紧急变更。通过不同变更处理流程进行。

根据变更内容可分为：信息系统集成行业可进一步可细分为多个子行业，如弱电工程、应用开发、集成、IT 咨询等。每种子行业的业务形态各异，成熟度亦有差距，因此内容的分类方法尚无法统一，可在各项目中细化分类。通常对不同内容的变更区别情况提出不同控制方法。

例：弱电工程行业的常见分类方法：产品（工作）范围变更、环境变更、设计变更、实施变更和技术标准变更。

16.1.3 项目变更的含义

项目管理方法的基本原理，即将特定的目标通过规范的计划过程，转化为基准共识之后以指导项目执行，同时作为项目有效监控、收尾的依据。变更管理，即是为使得项目基准与项目实际执行情况相一致，应对项目变化的一套管理方法。其可能的两个结果是拒绝变化，或是调整项目基准。

从资源增值视角看，变更的实质，是在项目过程中，按一定流程，据因变化情况而开发的方案，而调整资源的配置方式，或将储备资源运用于项目之中，满足项目需求。

16.2 项目变更管理原则

变更管理的原则是项目基准化、变更管理过程规范化。包括以下内容。

（1）基准管理：基准是变更的依据。在项目实施过程中，基准计划确定并经过评审后（通常用户应参与部分评审工作），建立初始基准。此后每次变更通过评审后，都应重新确定基准。

（2）变更控制流程化：建立或选用符合项目需要的变更管理流程，所有变更都必须遵循这个控制流程进行控制。流程化的作用在于将变更的原因、专业能力、资源运用方案、决策权、干系人的共识、信息流转等元素有效综合起来，按科学的顺序进行。

（3）明确组织分工：至少应明确变更相关工作的评估、评审、执行的职能。

（4）评估变更的可能影响：变更的来源是多样的，既需要完成对客户可视的成果、交付期等变更操作，还需要完成对客户不可视的项目内部工作的变更，如实施方的人员分工、管理工作、资源配置等等。

（5）妥善保存变更产生的相关文档，确保其完整、及时、准确、清晰，适当时可以引入配置管理工具，国内使用较多的配置工具有 Rational ClearCase、Visual SourceSafe 和 Concurrent Versions System。

16.3 变更管理组织机构与工作程序

16.3.1 组织机构

规范的项目实施，提倡分权操作。出资方与项目实施方间，基准计划中应明确资源的配置约定，通常共识的工作部分由项目实施方按基准执行，操作权授予项目经理；而项目的储备资源属未授权部分，支持项目中的变化操作，权利属项目出资人，在项目中的代表人为管理委员会。

- 项目控制委员会（CCB——Change Control Board）或配置控制委员会（CCB），或相关职能的类似组织是项目的所有者权益代表，负责裁定接受哪些变更。CCB 由项目所涉及的多方人员共同组成，通常包括用户和实施方的决策人员。

CCB 是决策机构，不是作业机构；通常 CCB 的工作是通过评审手段来决定项目基准是否能变更，但不提出变更方案。

- 项目经理。项目经理是受业主委托对项目经营过程负责者，其正式权利由项目章程取得，而资源调度的权力通常由基准中明确。基准中不包括的储备资源需经授权人批准后方可使用。

项目经理在变更中的作用，是响应变更提出者的需求，评估变更对项目的影响及应对方案，将需求由技术要求转化为资源需求，供授权人决策；并据评审结果实施即调整基准。确保项目基准反映项目实施情况。

16.3.2 工作程序

1．提出与接受变更申请

变更提出应当及时以正式方式进行，并留下书面记录。变更的提出可以是各种形式，但在评估前应以书面形式的提出。项目的干系人都可以提出变更申请，但一般情况下都需要经过指定人员进行审批，一般项目经理，或者项目配置管理员负责该相关信息的收集，以及对变更申请的初审。

2．对变更的初审

变更初审的目的如下。

（1）对变更提出方施加影响，确认变更的必要性，确保变更是有价值的。

（2）格式校验，完整性校验，确保评估所需信息准备充分。

（3）在干系人间就提出供评估的变更信息达成共识。

变更初审的常见方式为变更申请文档的审核流转。

3．变更方案论证

变更方案的主要作用，首先是对变更请求是否可行实现进行论证，如果可能实现，则将变更请求由技术要求转化为资源需求，以供 CCB 决策。常见的方案内容包括技术评估和经济评估，前者评估需求如何转化为成果，后者评估变更方面的经济价值和潜在的风险。

对于一些大型的变更，可以召开相关的变更方案论证会议，聘请相关技术和经济方面的专家进行相关论证，并将相关专家意见作为项目变更方案的一部分，报项目变更控制委员会作为决策参考。

4．项目管理委员会审查

审查过程，是项目所有者根据变更申请及评估方案，决定是否变更项目基准。评审过程常包括客户、相关领域的专业人士等。审查通常是文档会签形式，重大的变更审查可以包括正式会议形式。

审查过程应注意分工，项目投资人虽有最终的决策权，但通常技术上并不专业。所以应当在评审过程中将专业评审、经济评审分开，对涉及项目目标和交付成果的变更，客户的意见应放在核心位置。

5．发出变更通知并组织实施

评审通过，意味着基准的调整，同时确保变更方案中的资源需求及时到位。

基准的调整，包括项目目标的确认，最终成果、工作内容和资源、进度计划的调整。需要强调的是，变更的通知，不只是包括项目实施基准的调整，更要明确项目的交付日期、成果对相关干系人的影响。如变更造成交付期的调整，应在变更确认时发布，而非在交付前公布。

6．变更实施的监控

要监控的，除了调整过的基准中，涉及变更的内容外，还应当对项目的整体基准是否反映项目实施情况负责。通过监控行动，确保项目的整体实施工作是受控的。

变更实施的过程监控，通常由项目经理负责基准的监控。管理委员会监控变更明确的主要成果、进度里程碑等，可以通过监理单位完成。

7．变更效果的评估

变更评估可以从以下几个方面进行评估：

（1）首要的评估依据，是项目的基准。

（2）还需结合变更的初衷来看，变更所要达到的目的是否已达成。

（3）评估变更方案中的技术论证、经济论证内容与实施过程的差距并促发解决。

8．判断发生变更后的项目是否已纳入正常轨道

基准调整后，需要确认的是资源配置是否及时到位，涉及人员的调整，更需多加关注。之后对项目的整体监控应按新的基准进行。涉及变更的项目范围及进度，在变更后的紧邻监控中，应更多的关注，当确认新的基准已经生效则按正常的项目实施流程进行。

16.4　项目变更管理的工作内容

由于变更的实际情况千差万别，可能简单，也可能相当复杂。越大型的项目，调整基准的边际成本越高，随意的调整可能带来的后果众多，包括基准失效、项目干系人冲突、资源浪费、项目执行情况混乱等。

在项目整体压力较大的情况下，更需强调变更的提出、处理应当规范化，可以使用分批处理、分优先级等方式提高效率，如同繁忙的交通道口，如果红绿灯变化频繁，其实效不是灵活高效，而是整体通过能力的降低。

项目规模小，与其他项目的关联度小时，变更的提出与处理过程可在操作上力求简便、高效，但关于小项目变更仍应注意以下几点：

- 对变更产生的因素施加影响：防止不必要的变更，减少无谓的评估，提高必要变更的通过效率。
- 对变更的确认应当正式化。
- 变更的操作过程应当规范化。

16.4.1　严格控制项目变更申请的提交

由于变更的真实原因和提出背景复杂，如不经评估而快速实施则可能涉及的项目影响难以预料，而变更申请是变更管理流程的起点，故应严格控制变更申请的提交。变更控制的前提是项目基准健全，变更处理的流程事先共识。

严格控制是指：变更管理体系能确保项目基准能反映项目的实施情况。

变更申请的提交，首先应当确保覆盖所有变更操作，这意味着如果变更申请操作可以被绕过则此处的严格便毫无意义；但应根据变更的影响和代价提高变更流程的效率。并在某些情况下使用进度管理中的快速跟进等方法。如委托方和实施方高层管理者已共识的变更请求，在实施过程中应提高变更执行的效率。

16.4.2　变更控制

（1）对进度变更的控制：包括以下主题。

- 判断项目进度的当前状态。
- 对造成进度变化的因素施加影响。
- 查明进度是否已经改变。
- 在实际变化出现时对其进行管理。

（2）对成本变更的控制：包括以下主题。

- 对造成费用基准变更的因素施加影响。
- 确保变更请求获得同意。

- 当变更发生时，管理这些实际的变更。
- 保证潜在的费用超支不超过授权的项目阶段资金和总体资金。
- 监督费用绩效，找出与费用基准的偏差。
- 准确记录所有的与费用基准的偏差。
- 防止错误的、不恰当的或未批准的变更被纳入费用或资源使用报告中。
- 就审定的变更，通知利害关系者。
- 采取措施，将预期的费用超支控制在可接受的范围内。

项目费用控制查找正、负偏差的原因，它是整体变更控制的一部分。例如，若对费用偏差采取不适当的应对措施，就可能造成质量或进度问题，或在项目后期产生无法接受的巨大风险。

（3）对合同变更的控制：

合同变更控制系统规定合同修改的过程。

它包括文书工作、跟踪系统、争议解决程序以及批准变更所需的审批层次。

合同变更控制系统应当与整体变更控制系统结合起来。

16.4.3 变更管理与其他项目管理要素的关系

1. 变更管理与整体管理

变更管理，是项目整体管理的一部分，属于项目整体变更控制的范畴。因涉及范围、进度、成本、质量、人力资源、合同管理等多个方面，且影响日益变大，故特在本章单独说明。

2. 变更管理与配置管理

如果把项目整体的交付物视作项目的配置项，配置管理可视为对项目完整性管理的一套系统，当用于项目基准调整时，变更管理可视为其一部分。

亦可视变更管理与配置管理为相关联的两套机制，变更管理由项目交付或基准配置调整时，由配置管理系统调用，变更管理最终应将对项目的调整结果反馈给配置管理系统，以确保项目执行与对项目的账目相一致。

16.5 版本发布和回退计划

16.5.1 软件版本发布前的准备

对于很多软件项目来说，项目变更就必需做相应的版本发布，并制订相应的应急回退方案。为确保版本发布的成功，在版本发布前应对每次版本发布进行管理，并做好发布失败后的回退方案。

版本发布前的准备工作包括：

（1）进行相关的回退分析。

（2）备份版本发布所涉及的存储过程、函数等其他数据的存储及回退管理。

（3）备份配置数据，包括数据备份的方式，如 Dmp 方式。

（4）备份在线生产平台接口、应用、工作流等版本。

（5）启动回退机制的触发条件。

（6）对变更回退的机制职责的说明；如通知相关部门，确定需要回退的关联系统和回退时间点等。

16.5.2　版本发布应急回退方案

为确保版本发布的成功，在版本发布前应对每次版本发布的风险做相应的评估，对版本发布的过程 Check list 做严格的评审。在评审发布内容时对存在风险的发布项做重点评估，确定相应的回退范围，制定相应的回退策略。为确保每次版本发布风险的可防可控，特准备以下回退方案。

回退步骤：

（1）通知相关用户系统开始回退。

（2）通知各关联系统进行版本回退。

（3）回退存储过程等数据对象。

（4）配置数据回退。

（5）应用程序、接口程序、工作流等版本回退。

（6）回退完成通知各周边关联系统。

（7）回退后进行相关测试，保证回退系统能够正常运行，如进行 SHAKEDOWN 测试。

（8）通知用户回退完成。

16.5.3　版本发布和回退实施过程总结

对引起回退的原因做深入分析、总结经验，避免下次回退发生。

对执行回退计划中出现的问题进行分析，完善公司回退计划。

16.6　本章练习

（1）项目变更管理的实质是________。

A．不断调整项目努力方向和资源配置提升项目价值

B．前期项目管理者的粗心

C．项目推进过程中甲方提出越来越多的需求

D．最大程度地满足甲方的需求

参考答案：A

（2）项目变更的常见原因一般不包括________。

A．项目范围（工作）定义的过失或者疏忽

B．应对风险的紧急计划，但不包括回避计划

C．项目执行过程与基准要求不一致带来的被动调整

D．外部灾害天气

参考答案：B

（3）项目变更的依据是________。

A．干系人的需求　　B．甲方的要求

C．项目基准　　D．项目成员的请求

参考答案：C

（4）软件版本发布前的准备工作一般不包括________。

A．备份版本发布所涉及的存储过程　　B．启动回退机制的触发条件

C．系统应急方案　　D．进行相关的回退分析

参考答案：C

（5）在项目的实施阶段，当客户明确提出某项需求更改时，项目经理应该________。

A．与客户方领导进行沟通，尽量劝说其不要更改需求

B．先评估变更会对项目带来怎样的影响，然后再与客户协商解决措施

C．接受客户的变更请求，启动变更控制流程，遵循变更流程进行更改

D．汇报给高层领导，由领导决定

参考答案：B

（6）关于变更的流程和规则的做法中，错误的是________。

A．以口头方式提出某项变更，在评估前针对该变更提交了书面报告

B．项目组成员变更以邮件发出，在评审前填写了变更申请

C．为了规范，监理不对变更进行分级，所有变更流程都不能简化

D．按照影响范围、紧急程度把变更分为3个优先级别

参考答案：C

（7）在对一项任务的检查中，项目经理发现一个团队成员正在用与WBS词典规定不符的方法来完成这项工作。项目经理应首先________。

A．告诉这名团队成员采取纠正措施

B．确定这种方法对职能经理而言是否尚可接受

C．问这名团队成员，这种变化是否必要

D．确定这种变化是否改变了工作包的范围

参考答案：D

（8）某项目已制定了详细的范围说明书，并完成了WBS分解。在项目执行过程中，

项目经理在进行下一周工作安排的时候，发现 WBS 中遗漏了一项重要的工作，那么接下来他应该首先________。

A．组织项目组讨论，修改 WBS

B．修改项目管理计划，并重新评审

C．汇报给客户，与其沟通，重新编写项目文档

D．填写项目变更申请，对产生的工作量进行估算，等待变更委员会审批

参考答案：D

（9）变更管理首要完成的任务是________。

A．分析变更的必要性和合理性，确认是否实施变更

B．记录变更信息、填写变更控制单

C．做出变更，并交上级审批

D．修改相应的软件配置项（基线），确立新的版本

参考答案：A

（10）在进行项目整体变更控制过程中，首先要受理变更申请，接下来________。

A．接受或拒绝变更

B．执行变更

C．进行变更结果追踪与审核

D．进行变更的整体影响分析

参考答案：D

第 17 章 战 略 管 理

组织战略是组织实施项目组合管理、项目集管理和项目管理的基础，只有从组织战略的高度来思考各个层次项目管理在组织中的位置，才能够理解项目组合管理、项目集管理和项目管理在组织战略实施中的作用。战略管理为项目管理提供了具体的目标，无论是项目组合管理、项目集管理，还是单项目管理都需要与组织的战略保持一致，并且为项目组合、项目优先级排序、项目收益管理提供依据。

17.1 组织战略管理

17.1.1 战略与战略管理

组织战略规划是指依据组织外部环境和自身条件及其变化来制定和实施战略，并根据对实施过程与结果的评价和反馈来调整，重新制定新战略的一个循环过程。

一个完整的战略规划必须是可执行的。因此组织战略重点包括两方面基本内容，即组织的未来发展方向，以及与组织未来发展方向相匹配的组织资源配置策略。战略规划应该是阶段性、全局性的对组织及其所处环境的判断，并在该判断基础上做出的对组织未来一段时间的主要目标、重点任务的确认和正式发布。

组织战略的作用是有利于在组织内部形成统一认识，凝聚力量，说服组织内外部干系人支持组织预定目标的达成，营造出一个由组织愿景、使命和目标等共同形成的组织基本的文化氛围和相匹配的制度安排和流程设计，以支持组织战略目标的实现。

战略管理是一个组织在一定时期内对其全局性、长远的发展方向、目标、任务和政策，以及对组织资源调配等方面做出的相应决策，以及对这些决策进行跟踪、监督、变更等方面的管理工作。组织一般会根据外界环境的变化，以及对自身能力和机遇的评判，制定相应的战略措施。在战略措施实施的过程，随时跟踪该措施是否取得了预期的效果，以做出灵活的调整，直到取得预期的效果。

在组织战略管理过程中，对组织的市场定位、组织的架构形式、组织的授权方式、对组织自身核心能力的认识、组织的价值取向，以及组织对外部环境和机遇的判断等因素都是在组织战略管理中需要考虑的内容。

当前组织所处的竞争环境急剧变化，组织战略规划从曾经的五年规划、十年规划，逐渐演变为需要组织高层随时拥有的一种常态性战略意识。组织领导需要随着技术的进步，商业新模式的发展随机而动，及时对组织战略进行调整。但在一般情况下，组织的基本战略不会频繁而变，变化的是组织的战术、手段和策略方面的微调。随着竞争对手，及组织内外部环境的变化，组织高层必须根据需要对组织预定战略进行策略性的、补充性的，以及临时性的调整。

17.1.2 组织战略的主要内容

组织战略通常由以下几个因素组成。

（1）战略目标。战略目标是组织战略行动所要达到的预期结果，是制定和实施战略的依据和出发点。战略目标是根据特定时期的战略形势和组织利益需要确定。确定组织的战略目标，特别强调需要与各种可能性相结合，要具有科学性、合理性和可行性，即强调目标的合理性，在强调组织当前利益、局部利益的同时，还要统筹考虑组织的长远利益和全局发展。

（2）战略方针。战略方针是在特定阶段指导组织全局的方针，是指导组织行动的纲领和制订组织战略计划的基本依据。它是在分析当前组织面临战略形势和外部竞争等诸因素基础上制定的，具有较强的针对性，在不同的环境下应采取不同的战略方针。每个时期或每次战略行动除了受组织总的战略方针影响外，还需有针对性地制定具体的战略方针，以确定具体的战略任务、战略重点、主要的战略方向、组织能力配置与资源使用等方面的问题。

（3）战略实施能力。组织战略实施能力是组织战略实施的物质基础。这种物质基础既可以是组织自身拥有的，也有可能是组织外部的，但可以被组织通过协商获得的资源，根据组织战略目的和战略方针的要求，确定战略的规模、发展方向和重点，并能够与组织的总体力量保持协调发展。

（4）战略措施。战略措施是为准备和进行战略管理而实行的具有全局意义的实施战略的重要保障，是组织决策机构根据战略实施的需要，在组织架构、权利分配、监督机制、授权环境、财务管理和流程管理等方面的安排，以及其他所采取的各种全局性的切实可行的方法和步骤。

这些内容可以说覆盖了组织战略层面的主要内容，是一定阶段组织必须实现的总目标和必须贯彻的总体工作思路，以及为了达成战略目标所必须的资源和环境准备。但是由于各个行业的不同、组织规模大小不同、组织的文化氛围不同，所以组织战略所包含的内容肯定会存在较大的差异。

17.1.3 战略实施过程分解

战略实施是一个自上而下的动态管理过程。所谓“自上而下”主要是指，战略目标在组织高层达成一致后，再向中下层传达，并在各项工作中得以分解、落实。所谓“动态”主要是指战略实施的过程中，常常需要在“分析－决策－执行－反馈－再分析－再决策－再执行”的不断循环中达成战略目标。

对于以项目管理形式推动组织战略落地的组织而言，组织战略往往会首先分解到项目组合层次，通过对机会的把握、风险组合、能力评估等环节确定组织各战略任务的优先级，并按照任务的特点对战略任务进行分解，分解为不同层次和优先级的子项目组合、项目集和项目。同时相应地调整组织运营的模式，为这些战略任务配置相关的运营资源，并在制度层面保证组织资源与组织战略的协同。

战略实施是战略管理过程中的行动阶段，比战略的制定更加重要。在将企业战略转化为战略行动的过程中，一般包括四个相互联系的阶段。

首先是战略启动阶段。在这一阶段上，组织领导层要研究如何将组织战略的愿景转变为组织员工的实际行动，调动起员工实现战略目标的积极性。这就要求对组织管理人员和员工进行培训，宣传新的战略思想、新的文化和观念、实施新战略的重要性和紧迫性、新战略规划的具体内容。并消除一些不利于战略实施的观念和思想，使大多数人逐步接受一种新的战略。

一般来说，由于受传统惰性的影响，在新战略实施的开始会存在一定的抵触情绪。重要的是新战略的实施，不仅要让组织达成预定的目标，而且也应该给作为组织的员工提供更多个人提升的机遇和空间，并通过宣传使管理者和员工看到这种转变可能对其带来的收益。因此战略的实施是一个发动广大员工的过程，要向广大员工讲清楚企业内外环境的变化给组织带来的机遇和挑战，使大多数员工能够认清形势，认识到实施战略的必要性和迫切性。在战略宣传的过程中要努力争取关键干系人的理解和支持，避免误解和由此可能产生的矛盾。

其次是战略计划实施阶段。战略计划实施阶段，需要将组织战略分解为几个战略实施阶段，每个战略实施阶段都有分阶段的目标，相应的有每个阶段的政策措施、部门策略以及相应的落实方针等。要定出分阶段目标的时间表，要对各分阶段目标进行统筹规划、全面安排，并注意各个阶段之间的衔接，对于远期阶段的目标方针可以概括一些，但是对于近期阶段的目标方针则应该尽量详细，而且必须量化。在战略实施中要注意新战略与原有战略之间的衔接，以减少不必要的阻力和摩擦。在分阶段实施中，各阶段的分目标及计划应该更加具体化和操作化，并加强监督和管理，及时处理执行过程中出现的各种问题。

第三是组织战略运作阶段。该阶段是组织战略在组织内外部全面落实的阶段，在前面分阶段实施的基础上，组织高层认为全面落实组织战略的时机已经成熟，则可以启动组织战略的全面实施。组织战略的运作一般主要与下面六个因素有关，即：各级领导人员的素质和价值观念；企业的组织结构；企业深层次文化；组织资源储备与分配；信息沟通；控制及激励等企业的各种组织制度存在很大的关系。通过这六项因素使战略真正进入到组织的日常经营活动中，成为体系化、制度化的组织有机组成部分。当然在现实中，可能组织战略会部分实施，有的组织战略可能由于战略本身的问题，或者是对实施过程中进度管控的问题，或者是实施策略的问题，造成组织战略实施的失败。

最后是组织战略的控制与评估。由于战略的执行始终处在变化的环境之中，组织只有加强对战略执行过程的控制与评价，才能适应环境的变化，完成战略任务。这一阶段涉及到的主要内容是组织建立的战略控制系统、绩效监控系统，以及对监控偏差的评估、控制及纠正三个方面的工作。

项目管理是一项系统工作，要从组织战略的高度来规划组织的项目管理工作，而且有计划、有步骤地落实相关的措施，才能够保证项目管理体系能够在组织内真正的实施，实现组织预定的战略目标。当然，现在随着市场竞争日趋激烈，原来“自上而下”的战略实施方式也面临的越来越多的挑战，对于一些服务性行业来说，“自下而上”的战略力量已经成为影响组织战略制定和决策的重要因素。而这种组织一般会采取项目管理的方式，会充分利用各级项目管理中的监督和反馈，达到影响组织战略制定和组织资源分配的目的，直接让市场和用户来影响，甚至决定组织的一些战略性决策。这样就在一定程度上避免了组织高层制定战略时可能与市场需求脱节所导致的问题。

17.2　组织战略类型和层次

对于不同的组织战略可能会采用不同的项目管理形式，组织作为项目管理的载体，其战略决策对项目管理体系的架构，对组织与项目之间责权利的划分具有深远的影响，组织的战略文化也会影响到项目的组织文化氛围。因此在介绍项目组合管理、项目集管理和单项目管理之前，介绍组织战略的类型对于理解不同行业、不同组织的项目管理风格和文化，促进行业之间、组织之间开展项目合作，构建彼此的信任具有一定的参考价值。

17.2.1　组织战略类型

企业战略并不是完全取决于组织的类型或风格，而是取决于那些需要战略解决的基本性问题。一般来说，组织面临的战略问题主要包括事业问题、工程问题和行政问题三类问题，其中事业问题主要关注组织如何管理市场占有率方面的问题；工程问题主要解决组织如何执行事业问题解决方案方面的问题，为事业问题解决提供的工程方面的支持；行政问题是解决组织应该如何架构以适应解决前两方面问题的需要，解决的是组织的授权、沟通和具体实施架构方面的问题。这样组成一个由三个层面组成的战略层次，其实在很多方面，还有配合这些战略的实施，需要进行的融资战略、财务战略、销售战略、技术研发等各个方面，应该说涉及到组织的各个方面。

1．组织事业战略类型

基于对组织事业问题解决这一核心问题，可以将组织战略进一步细分为以下四种战略类型。

（1）防御者（Defender）战略。作为相对成熟行业中的成熟组织，组织内部产品线较窄，同时组织高层也不愿意积极探索熟知领域以外的机会。除非顾客有紧迫的需要，否则高层不愿意就运作方法和组织的结构做出较大程度和范围的调整。组织努力的方向主要是提高组织的运行效率，扩大或者是继续保持目前的市场占有情况，预防竞争对手对组织原有市场的侵蚀，维持行业内的相对地位。

在该战略体系中，组织面临的事业问题主要是如何保持稳定的市场份额。由于组织在相对稳定的市场环境下良好高效运作，所以它具有谋求成本领先的优势，它能够在某一特定的领域内进行差异化经营，或者利用既有的标准化技术流程获得低成本的竞争优势。该类战略体系中面临的行政问题主要是，如何保证组织效率。组织一般会采取集中统一管理、产业链的垂直整合，以及规范化程序和功能的细划来提高组织的竞争力。但是这样的组织战略选择对环境要求较高，组织所处的竞争环境应该变化缓慢，能够以长期规划作为组织战略执行的主要依据，在组织运行中变更较少。

（2）探索者（Prospector）战略。该战略主要致力于组织发现和发掘新产品、新技术和新市场可能为组织提供的发展机会，组织的核心技能是市场能力和研发能力，它可以拥有较多的技术类型和较长的产品线，同时也可能会面临较大的风险。采取该类战略的组织由于注重创新，能够发起其他组织没有发现，或者不敢去尝试的机会，因此通常会成为该产业内其他组织的战略标杆。

在该战略体系中，组织面临的事业问题主要是如何探索和定位新产品、新技术和新市场的可能机会。探索者一般为了分散组织的风险，会拥有较长的产品线，这一点往往使组织对创新能力的追求胜过对提高组织运行效率的追求。组织会对新产品和服务的创新发展提供战略优先，以满足市场不断变化的需求，甚至会创造出新的顾客需求。在该战略体系中，组织面临的行政问题主要是如何协调经营活动与创新活动，为组织提供源源不断的创新活力。所以采取这种战略的组织一般会采用去中心化的组织模式；任用通才，而不是专才；组织结构偏向于扁平管理，鼓励部门间的合作和竞争。探索者类型的战略能够帮助组织在难以预测、不断变化的市场环境中谋生存、求发展，获取新的商业机会，获得超过行业的平均利润。

（3）分析者（Analyser）战略。该战略主要是保证组织在规避风险的同时，又能够提供创新产品和服务。该战略主要应用于两种市场有效运作的组织类型：一类是在较稳定的环境，另一类是变化较快的环境。前者强调规范化和高效率运作，后者强调关注竞争对手的动态并迅速作出有利的调整。

在该战略体系中，组织面临的事业问题主要是如何在保持现有市场份额的同时，又如何发现新的市场和产品机会。该战略要求组织必须保持现有产品和服务的质量、水准和运行效率，与此同时要组织要有足够的灵活性以及时捕获新的商业机会。当市场稳定时，通过技术改进来保持低成本；当市场发生变化时，通过发展新产品和服务，来保持组织的竞争力。而该战略的行政问题主要问题是如何管理和平衡这两方面的目标，培育不同部门间的合作。分析型组织的显著特征是平衡——在防御者战略和探索者战略之间平衡组织策略。

（4）反应者（Reactor）战略。该战略主要是指对外部环境缺乏控制，不敏感的组织类型，它既缺乏适应外部竞争的能力，又缺乏有效的内部控制机能。该战略没有一个系统化的战略设计与组织规划。除非迫不得已，组织不会就外部环境的变化作出调整。

没有哪一种战略是最好的，决定组织成功的并不在于哪一种特定的战略模式，只要所采取的战略与企业所处的环境、技术、结构相吻合，都能够取得成功。

2．战略组织类型

在组织战略实践过程中，组织战略实施可以大致概括为如下五种不同的类型，分别为：指挥型、变革型、合作型、文化型、增长型。这种分类既反映了不同行业、不同组织的战略特点，同时也为不同组织战略思路的变革提供了新的、更大的空间。促使不同的组织反思自身的战略特点，找到适合自身当前特点的战略类型。

（1）指挥型战略组织模式。这种模式的特点是组织高层考虑如何制定一个最佳战略，然后按照该战略进行实施，相关战略执行人员要向组织高层提交战略实施的详细报告，组织高层根据报告情况，再对战略进行必要的调整，并对具体的管理和执行人员实施。

这种组织战略模式的运用一般需要具有以下约束条件：首先组织高层，尤其是组织“一把手”要有较高的权威，靠其权威通过发布各种指令来推动战略实施；其次，组织战略比较简单，较容易实施的条件下使用，要求战略制定者与战略执行者的目标相对一致，战略对组织现行运作系统不会构成严重的威胁；三是适合于组织结构一般都是高度集权式的组织体制，组织环境相对稳定；四是组织业务相对比较单一，并且已经集中了大量的行业信息；组织处于较强竞争地位，而且组织资源较为宽松；五是组织内外部信息相对集中，能够准确、有效地收集信息，并能有顺畅的信息流通渠道；六是要有较为客观的规划和监督机制的支持。

这种组织战略模式的缺点是把战略制定者与执行者分开，即组织高层管理者制定战略，组织的一般管理者和员工只是执行战略，因此，一般管理者缺少了执行战略的动力和创造精神，甚至会拒绝执行战略。

（2）变革型战略组织模式。这种战略模式的特点是组织是以如何实施组织战略这一主题展开的。在战略实施中，组织高层决策者或在其他方面的帮助下需要对组织进行一系列的变革，如建立新的组织机构，新的信息系统，变更人事，甚至是兼并或合并经营范围，采用激励手段和控制系统以促进战略的实施。在具体的战略实施过程中，组织领导者往往会利用新的组织机构和参谋人员向全体成员传递新战略的战略重点；并建立战略规划系统、效益评价系统，以及多项激励政策以支持战略实施；以达到充分调动组织内部人员的积极性，保证组织战略的顺利实施。

这种模式一般会比指挥型组织战略模式更加有效，但这种模式并没有解决指挥型组织模式存在的如何获得准确信息的问题，各事业单位及个人利益对战略计划的影响以及战略实施动力等方面的问题；而且还有可能产生新的问题，即组织通过建立新的组织机构及控制系统来支持战略实施的同时，可能会丧失战略的灵活性，在外界环境变化时使战略的变化更为困难。

（3）合作型战略组织模式。这种组织战略模式是要求组织的最高层要与其他高层管理人员分担相关的战略责任，以发挥集体的智慧。具体过程是组织高层管理人员要对组织战略进行充分的讨论，形成较为一致的意见，然后制定并贯彻新的战略，使每个高层管理者都能够在战略制定及实施的过程中做出各自的贡献。

合作型组织战略模式克服了指挥型模式和变革型模式存在的局限性，使组织高层能够接近一线管理人员，获得比较准确的信息。同时，由于战略的制订是建立在集体参与基础之上，提高了战略实施成功的概率。该模式的缺点是由于战略是不同观点、不同目的的参与者相互协商折衷的结果，有可能会使战略的经济合理性有所降低，同时仍然存在着计划者与执行者之间的区别，仍未能充分调动全体管理人员的积极性。

（4）文化型战略组织模式。这种组织战略模式的特点是组织高层是从如何动员全体成员都参与战略实施活动的角度来考虑战略的制定和执行。主要是运用组织文化手段，不断向全体成员传播战略思想，以便在组织内部建立起共同的价值观和行为准则，使所有成员在共同的文化基础上参与战略的实施活动。由于这种模式打破了战略制定者与执行者的界限，力图使每一个员工都参与制定实施组织战略，因此使组织各部分人员都在共同的战略目标下工作，组织战略实施迅速，风险较小。

文化型组织战略模式的局限性主要体现在该模式是建立在全体组织成员都具有共同的价值观和行为倾向假设基础之上的，在实践中职工很难达到这种价值观和行为层面的一致性，使得该战略的使用受到了多方面的限制；同时强烈的组织文化，可能会掩饰组织中可能会存在的某些问题；以及采用该模式要耗费较多的人力和时间，而且还可能因为组织的高层不愿意放弃控制权，使这样的战略组织模式流于形式。

（5）增长型战略组织模式。该模式的特点是组织高层从如何激励一般管理人员制定实施战略的积极性及主动性来着眼战略的制定和实施。组织高层要认真对待一般管理人员提出的一切有利组织发展的方案，只要方案基本可行，符合组织战略发展方向，就解决方案中的具体问题进行探讨后，应及时批准该方案，以鼓励成员的首创精神。该战略组织模式不是自上而下推行，而是自下而上产生的。

该模式的局限主要体现在以下几个方面，首先是公司高层不可能控制所有的重大机会和威胁，有必要给基层管理人员以宽松的环境，但可能存在相关的风险；同时只有在充分调动基层管理者的积极性，才能正确制定和实施战略，某个可能逊色的但能够得到人们广泛支持的战略，要比那种“最佳”的却得不到多数人支持的战略有价值。

战略的实施充满了矛盾和问题，在战略实施过程中只有调动各种积极因素，才能使战略获得成功。上述五种战略实施模式在制定和实施战略上的侧重点不同，指挥型和合作型更侧重于战略的制定，而把战略实施作为事后行为，而文化型及增长型则更多的考虑战略实施问题。实际上，组织中上述五种模式往往是交叉或交错使用，以达到预期的目标。

17.2.2 组织战略层次

一般来说，组织完整的战略包括如下三个层次。每一层都有其自身的特点，自身的展开方式和相应的功能标准。

（1）目标层。目标层主要介绍和说明组织的战略目标，以及确定目标的主要依据，以及对战略目标的高层分解等内容。一般包括组织的基本战略目标、基本战略目标的阶段性体现、战略目标体系及其分解、目标的分解原则和方法、目标之间的依赖关系，及对各层次目标的相关解释和说明等。

（2）方针层。方针层主要说明了在组织目标达成过程中，组织应该坚持的主要原则和方针等，是对组织战略行动的具体指导。如对组织战略的指导性方针，限制性的原则等对战略具体化、细则化后的政策、制度、体制、组织结构设计等方面的内容。

（3）行为层。行为层是在具体的执行层面，为了落实组织的战略目标和方针所采取的行动，如对组织战略全面性的规划和计划等。具体包括各种主要工程、对策措施、相关程序和流程等。

战略的三个层次所针对的对象各不相同。目标层是针对组织系统自身的。任何一个系统都有其存在的使命和目标，尽管它可能是自觉的或者不自觉的。明确并强调组织系统自身的使命，根据组织系统及环境的具体情况制订合适的、具体的目标，是战略目标层次的主要任务。具体从目标层中的具体内容来看，使命是目标层的根本。使命是系统本身所固有的，它一般不会发生实质性的变化，特别是不会随着环境等的变化。环境等因素的变化，会使目标在形式上、数量方面发生变化，但不会发生方向性的改变。就一个具体的企业组织系统而言，在不同的时期会表现出追求最大产出、追求最大销售额、降低成本、新产品开发、生产工艺改进等不同的特征，即有不同的具体目标，但是组织追求最大利润，甚至服务社会这一基本目标在不同环境状况下应该都没有变。

方针层是针对组织系统环境或系统中的一般问题而建议采取的一些基本原则、方法和途径。组织作为一个系统为达成其使命和目标，其实现目标和使命的方式、方法和途径是多种多样的。选择特定的方式和途径，就是战略方针层的任务。该层可以细分为方针、政策、体制等多种形态。方针一般是对组织战略系统行为的指导；政策往往是对组织战略系统行为的规范，说明允许做什么；不准做什么等等；体制则是固化了行为的方式，即所谓模式，是一种组织形式；这些都是指导和规范组织战略行为的系统。

行为层主要是针对组织战略层面的具体问题，并以重点工程、主要任务，以及计划、规划等形式出现在行为层。组织战略的达成总是由一个个具体问题组成，如果对这些具体问题的处理构成组织战略的重点时，它就表现为行为形态的战略。行为层次的表现也可以有各种不同的形式，相对概略和广泛一点的类似于规划，细化一点的则相对具体而明确。这些列入组织战略的具体“工程”和“任务”的意义已经远不限于“工程”和“任务”本身，它们会对整个组织的战略系统产生积极或消极影响，是关系整个组织战略实现的关键要素。

17.3 组织战略目标分解

17.3.1 组织战略目标分解概念

从范围的角度，组织战略从层次上可以分为组织层战略、事业层战略、职能层战略等各个层次。就事业层战略来说，每一个事业单元应当有自己独特的使命和竞争对手，这使得每一个战略事业单元都应该有独立于组织其他事业单元的具体战略。事业层战略关心的主要问题是，如何在组织总体战略框架内，在该事业单元应该如何竞争。事业层战略规定了该事业单元所应提供的产品或服务，以及应该向哪些顾客提供产品或服务。从事业层战略来看，组织的经营可以看作是一种事业组合，每一个事业单元都有其明确定义的产品、细分市场和独特的竞争策略，以及明确定义的发展战略。事业组合中的每一个事业单元按照自身能力和竞争的需要开发自己的战略，同时还必须与整体的组织能力和竞争保持一致。

组织则在总体上保证全部事业单元必须符合作为一个整体的组织的利益，在可接受和控制的风险水平下，使成本、收益和资产结构获得均衡发展，即各事业单元就是在组织战略指导下建立起来的投资组合，组织必须有一套健全的机制保证该投资组合符合组织的战略要求，并可以实现组织收益的最大化。而职能层战略主要是配合组织整体未来的发展，以及各事业层战略发展的现实需要，而制定的有关技术研发、生产制造、市场营销、人力资源、财务管理等方面的发展战略，组织运行结构等方面的战略。

事实上，传统的战略实施是一个自上而下的动态管理过程。所谓“自上而下”主要是指，战略目标在公司高层达成一致后，再向中下层传达，并在各项工作中得以分解、落实。所谓“动态”主要是指战略实施的过程中，常常需要在“分析－决策－执行－反馈－再分析－再决策－再执行”的不断循环中达成战略目标。在该方面的典型应用就是平衡计分卡。

平衡计分卡（Balanced Score Card）是一种绩效评价体系，其本来的目的主要是找出超越传统以财务量度为主的组织绩效评价模式，以使组织的战略能够更加有效地转变为行动，目前已经成为组织战略管理的重要工具，在将组织战略规划落实为具体战略行动方面发挥着非常重要的作用。BSC 作为一种基于战略管理的业绩考评工具，它从财务、客户、内部运营、学习与成长四个角度，根据组织生命周期的不同阶段的实际情况和采取的具体战略措施，为每一方面设计出适当的评价指标，赋予不同的权重，形成一套完整的绩效指标评价体系，实现了从抽象的、定性的战略到具体的、定量的目标的转化。经过这种分解和量化后的战略目标，就可以成为组织基于事业单元、运营单元或其他维度进行项目组织、项目集、单项目的分解、管理和监控的有效工具。

但是随着目前市场竞争的加剧，组织业务的快速变化，打破原来基于业务价值链的分工和流程体系，推行事业部制，鼓励员工自由组合形成一个个项目团队、建立一个个以项目为核心的组织平台，组织成员由原先的雇员逐渐向合伙人转变，已经极大地改变了传统意义上对战略的理解。组织平台化，员工合伙人化能够极大地调动各方的积极性，而原先基于管控的战略实施过程可能会由于部分限制了组织成员的积极性而受到质疑；另外传统的战略管理体系也由于不能很好地适应瞬息万变的市场竞争的需要，而主动将部分的战略决策权逐渐向项目级管理层下放，形成以项目为核心的新的战略体系。

这种放弃分工和流程的效率，而是更多地强调解放人才，给人才以平台和机会，放手让人才去干，允许人才脱开原来的分工秩序和流程体系相对自由地发挥的以项目为组织战略核心的新的组织战略模式和体制，有其合理性。但是项目目标和组织目标之间的关系，项目和组织之间边界，以及项目管理和组织支持等方面的问题还需进一步实践验证。一般在以项目作为组织战略核心的组织中，通常会更多地应用项目组合管理、项目集管理的相关知识，因为作为组织战略核心的项目会以项目集、项目组合的形式出现，尤其会以项目组合的形式出现，毕竟只有在项目组合的层面才能够有机会决定组件项目的组合方式，以及项目的优先级等，以更好地服务于快速变换的市场需求，增加组织的灵活性，能够更有效地调动参与各方的积极性。

17.3.2　组织战略与项目管理

总体来说，组织希望拥有有效的管理结构以实现组织的持续健康发展，而组织战略在某种程度上就是一个目标计划、政策、能力和行动等构成的综合体，为组织各个层面的发展提供整体的方向性指导，因此从项目管理的角度来看，项目组合、项目集和单项目就是在组织的各个层面对组织的战略进行细化和落实，保证组织战略目标的实现。

因此从组织的角度来看项目管理，由于组织治理出现在组织不同的决策层级，用以支持在组织战略规划过程中定义的具体目标、任务和战略，因此，项目组合管理、项目集管理和单项目管理均是组织整体战略计划和战略实施过程中一个必不可少的环节，这种分级的管理层级，共同构成了组织战略的实现载体，并由组织战略将这些组织中不同的管理层级、组织的运营支持有效地整合在一起，或者更具体地将其置于按照组织战略目标构建的项目组合管理架构之中，因为项目组合管理是组织战略计划和项目集、单项目管理及组织运营之间联系的桥梁。

集成从一般意义上可以理解为两个或两个以上的要素集合成为一个有机系统，这种集成不是要素之间的简单叠加，而是要素之间的有机组合。即按照某一集成规则进行的组合和构造，其目的在于提高系统的整体功能。管理集成思想最基本的特点是整体优化性和动态发展性。管理集成运用系统化的思想，以系统整体优化为目标，使系统各要素集合成一个有机整体，并以系统为对象综合性地解决管理系统问题。信息系统集成在该方面的集成表现得尤其明显，信息系统就是将原先分散在各地的信息汇集起来，形成有效的数据，甚至上升到系统的智慧，以供系统决策使用。

项目组合管理使组织可以影响其项目选择和项目的有效执行，在当前高度竞争和快速变化的组织环境中维持组织的市场竞争力，组织结构和项目组合管理的关系如图 17-1 所示。项目组合管理、项目集管理和项目管理的概念都是通过运用能力来实现价值，而运营管理则通过日常的工作来实现其价值。组织战略是描述如何使用组织的优势和核心竞争能力的计划，其中主要包括有效管理资源、管理干系人利益、评估计划的价值、最小化可能威胁的影响，以及应对市场、法律和监管环境的挑战，关注关键运营活动等方面的内容。

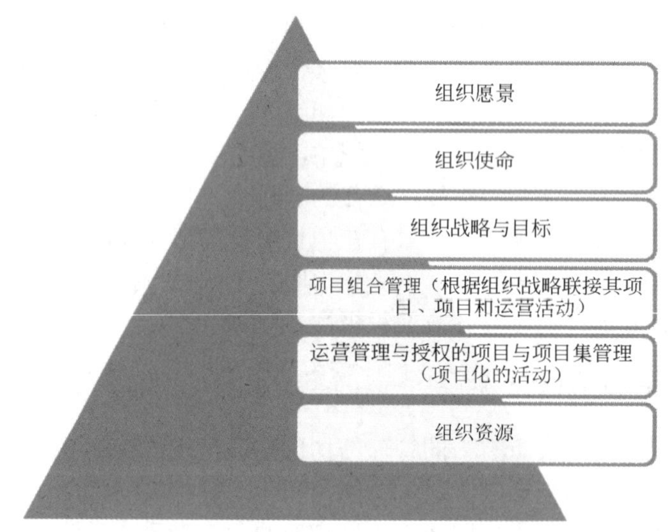

图 17-1 组织结构和项目组合管理

项目组合管理通过与战略规划的不断调适，项目组合管理就可以建立实现组织战略和目标及绩效目标的项目组合体系，对批准的项目、项目集及运营的管理，要求执行包括这些活动的项目组合，实现组织战略和目标。

因此项目组合是为了指导对批准的项目集、项目和运营的管理，把组织战略与一组按优先级排列的项目集和项目联系在一起的体系，其可作为组织战略中目标的相关内部和外部组织运行潜能。项目组合绩效是否符合组织战略和目标，通过影响组织战略方向的潜在变更的绩效反馈并监控实施。将项目组合管理与组织战略联系在一起的目标是在组织内部建立平衡、可执行的计划，帮助组织实现战略目标，并对组织战略形成一定的影响。项目组合计划对战略的影响主要体现在以下六个方面：

- 维持项目组合的一致性。项目组合各组件都应该支持一个或多个战略目标，如果没有对这些目标的清晰理解，一致性就无法实现；项目组合各组件的建议书都应该具体描述该组件如何支持目标的实现。

- 分配财务资源。每个项目组合组件的优先级为财务分配决策提供指南，同一时刻每个即将实施的项目组织组建都需要分配相应的财务资源。
- 分配人力资源。项目组合组件的优先级可以指导资源规划、招聘工作、进度和技能分配，包括长期人才建设等。
- 分配材料或设备资源。每个项目组合组件的优先级应该可以指导材料、设备或空间场地的分配，包括长期资本投资；要进行这样的规划，可能需要确保项目组合组件需要在组织层面加以考虑，并要考虑各种制约因素。
- 测量项目组合组件绩效。实施项目组合组件的目的是实现一个或多个组织的战略目标，其绩效必须结合目标进行测量。
- 管理风险。应对每个项目组合组件的风险（机会、风险、内部的、外部的）从组织层面及这些风险会如何影响战略计划和目标的实现的角度进行评估，其中包括外部及内部的环境监控。

17.4　本章练习

（1）________主要致力于组织发现和发掘新产品、新技术和新市场可能为组织提供的发展机会，组织的核心技能是市场能力和研发能力，它可以拥有较多的技术类型和较长的产品线，同时也可能会面临较大的风险。

A．防御者战略　B．反应者战略　C．分析者战略　D．探索者战略

参考答案：D

（2）当组长对外部环境缺乏控制，并且不敏感时，一般采取的战略是________。这样的组织既缺乏适应外部竞争的能力，又缺乏有效的内部控制机能。

A．防御者战略　B．反应者战略　C．分析者战略　D．探索者战略

参考答案：B

（3）在一个组织战略执行过程中，主要是运用组织文化手段，不断向全体成员传播战略思想，以便在组织内部建立起共同的价值观和行为准则，使所有成员在共同的文化基础上参与战略的实施活动，则该组织采用了________的战略执行过程。

A．文化型战略组织模式　B．增长型战略组织模式

C．变革型战略组织模式　D．指挥型战略组织模式

参考答案：A

（4）以下关于企业战略说法中，不正确的是________。

A．为了企业战略的正确实施和执行，需要制订企业战略计划

B．战略计划适用于稳定的环境和可预期的环境，而长期计划可应对环境的改变

C．制定企业战略时制订应变计划更有利于企业面对瞬息万变的内外部环境

D．企业战略的计划的工作方式可以自上而下、自下而上、上下结合或者设立

特别小组，依照企业各自的 实际情况和条件灵活执行

参考答案：B

（5）有关行业集中度的说法，错误的是________。

A．计算行业集中度要考虑该行业中企业的销售额、职工人数、资产额等因素

B．行业集中度较小则表明该行业为竞争型

C．计算行业集中度要涉及该行业的大多数企业

D．稳定的集中度曲线表明市场竞争结构相对稳定

参考答案：C

（6）如果一个企业经常采用竞争性定价或生产高质量产品来阻止竞争对手进入该行业，从而保持自己的稳定，则该企业的战略应该属于________。

A．开拓型战略组织　　B．防御型战略组织

C．分析型战略组织　　D．反应型战略组织

参考答案：B

（7）根据企业内外环境的分析，运用 SWOT 配比技术就可以提出不同的企业战略。S-T 战略是________。

A．发挥优势、利用机会　　B．利用机会、克服弱点

C．利用优势、回避威胁　　D．减小弱点、回避威胁

参考答案：C

（8）在组织战略层次中，________主要说明在组织目标达成过程中，组织应该坚持的主要原则和方针等，是对组织战略行动的具体指导。

A．目标层　　B．行为层　　C．领导层　　D．方针层

参考答案：D

（9）为了在当前高度竞争和快速变化的组织环境中维持组织的市场竞争力，组织决定其项目选择和项目有效执行的工具和方法主要是________。

A．项目组合管理　B．项目集管理　C．组织级项目管理　D．单项目管理

参考答案：C

（10）组织战略从层次上可以分为组织层战略、事业层战略、职能层战略等各个层次，其中________关心的主要问题是，如何在组织总体战略框架内，该事业单元应该如何竞争。

A．事业层战略　B．组织层战略　C．职能层战略　D．管理层战略

参考答案：A

第 18 章　组织级项目管理

新的组织战略成功实施能够让一个组织变得更加优秀，反之组织战略的失败会从内部和外部危及到组织的声誉。有效地执行战略是各级管理层的责任，并将战略要求与组织战略要求结合起来，并管理好这些组合措施，以支撑组织的战略目标的实现。

18.1　组织级项目管理概述

组织级项目管理（Organizational Project Management）是指在组织战略的指导下，具体落实组织的战略行动，从业务管理、组织架构、人员配置等多个方面对组织进行项目化的管理。具体来说，就是要立足组织管理，从实现组织运营价值最大化的目标出发，考虑如何筹建组织级的项目管理体系，实现组织资源优化整合、提高项目成功率，并在项目立项和执行过程中及时把控市场和客户需求的变化，帮助组织快速调整经营目标和经营策略，有效地实现组织的战略目标的组织体系。

组织级项目管理是组织在其内部搭建起项目组合管理、项目集管理和单项目管理的各个领域，以及在这些领域之间支持实现最佳实践而提供的一个组织全局项目管理的框架体系。该框架体系能够保证组织战略、项目组合、项目集和单个项目形成一个有机联系的整体，不仅保证作为局部的项目、项目集和项目组合成功执行，而且还能够形成一个整体，共同支持组织战略目标的实现。在组织中，当项目管理需要跨职能部门、跨组织层次、跨事业单元时，该框架更能够体现出其必要性。同时只有站在组织全局的视角，才能够找到组织项目管理中存在的问题，才能够有效地根据组织战略，支持最佳实践，并通过对组织级项目管理框架进行持续地治理和改进，促使组织持续地获得出色的结果。

18.2　组织级项目管理对组织战略的支持

组织级项目管理识别出在组织中发挥重大影响的关键支撑点，这些关键支撑点体现组织治理、组织战略执行与单项目、项目集和项目组合交付之间的因果关系链条，以及彼此之间相互作用的机理，理解并运用这些关键支撑点作为管理的重点，组织就能够通过各项目组合、项目集和单项目系统地追踪组织的战略目标，并获得组织期望的成果。

在组织级项目管理中，组织治理是其中一个比较关键的概念。组织治理就是通过各项目组合、项目集和单项目来达到组织层次的战略目标的推动力。通过完善组织结构、方针政策、运作流程及其他治理机制，才能够保证组织有效地达成预期的战略目标。因此项目集治理作为组织级项目管理的有效组成部分，其为指导组织有效地进行组织级项目管理提供了监控方面的支撑，并对组织级项目管理的实施提供关键的跟踪和管理，使组织级项目管理体系能够不断地优化和完善。

在组织生命期中，组织不仅制定战略、实施战略，而且还需要根据战略执行的需要将相关资源分配到项目投资组合，以保证其正常的运营。组织级项目管理包含了为确保组织有效执行其战略的最佳实践，其中包括采取主动地投资于最能支持组织达到其目标的方法实践。

组织级项目管理主要包括以下三个方面的目的：

（1）指导组织的投资决策和恰当的投资组合，实现组织资源的最优化配置。

（2）提供透明的组织决策机制，使组织项目管理的流程合理化和规范化。

（3）提高实现期望投资回报率的可能性，加强对组织项目管控的系统性和科学性。

组织能够将其投资全部打包在单一的项目组合中，确保各需求之间可以相互依赖、相互支持，共同促成组织战略目标的实现。也可以将组织的投资分别配置在不同的项目组合之中，达到降低组织风险、优化组织资源配置、提高组织收益等不同的战略目标。组织级项目管理提供了组织识别和管理好投资组合的最佳实践，保证组织所实施的投资组合应该是能够最好地满足组织战略要求而组合在一起的。

18.3 组织级项目管理内容

组织级项目管理框架由三部分内容组成，这三个部分内容相互作用，共同形成一个能够覆盖组织项目管理领域的框架结构。这些都包含在组织的项目组合，项目集和单项目管理的各个层次，指导组织获得预期的项目管理效果。

第一部分是最佳实践。该最佳实践是组织若干相关能力的组合，主要分为两类，一类是组织级项目管理 SMCI（标准化、度量、控制和持续改进）最佳实践，使组织级项目管理的流程都能够围绕着这样的循环，不断进行改进；第二类是组织运行潜能方面的最佳实践，主要包括组织结构、文化、技术、人力资源等方面的最佳实践，是支持组织级项目管理流程实施的底层要素。其中 SMCI 的最佳实践依据组织项目组合、项目集和单项目管理的各层次，各过程来进行分组划分。组织运行潜能方面的最佳实践是支持 SMCI 的组织基本环境。

第二部分是组织能力。能力是在一个组织内，为了执行项目管理过程并交付项目管理服务和产品，组织应必须具备的一种特定的胜任资格。这种胜任资格包括一系列的能力，而这一系列的能力形成了为一个或多个为最佳实践提供能力支持的能力体系。组织级项目管理治理，以及最佳实践在组织中的应用都需要相应的组织能力，甚至是相关能力体系的提升。组织能力最终以一组可观察到的组织成果来体现，只有这样才能表明组织某一能力的存在，所以与组织能力相伴，在组织级项目管理中还需要有相应的成果考核机制。

第三部分是成果。组织级项目管理的成果是通过组织能力的发挥和应用而取得的，这样的成果可能是有形的，也可能是无形的。一种能力可能会导致一种成果，也可能会导致多种成果，而成果是通过组织级项目管理体系中设置的关键绩效指标（Key Performance Indicator，KPI）来度量。

以最佳实践、能力和成果组成的组织级项目管理体系能够最大限度地减少组织不必要的风险，保证组织趋向于识别和选择支持组织战略实施的项目，对组织内外部的环境变化进行及时的分析和应对，提高组织级项目管理的透明度，降低组织项目失败的风险，以保证项目组合与项目战略、组织战略之间的一致性，提升组织成功的概率。

18.4　组织级项目管理成熟度模型

从组织的角度来看，需要有一个衡量组织级项目管理能力成熟程度的模型，使组织能够评估自身在项目管理方面的优点和缺点，找到组织项目管理改进的方向和目标；也需要一个能够指导组织逐步普及和实施项目管理能力的步骤、程序和方法，帮助组织的项目管理一步一步地走向成熟。组织项目管理成熟度模型 OPM3 提供了这样一个框架和方法，指导组织进行项目管理的实践。

组织级项目管理主要是指通过项目将相关的知识、技能、工具和技术等应用于组织和项目活动来达到组织目标。首先，“组织级”超越了单个的项目，扩展了项目管理的范围，使组织级项目管理不仅包括对单一项目的管理，还包括项目集管理（Program Management）和项目组合管理（Portfolio Management）。单个项目的管理可以认为是战术水平的，而组织级项目管理上升到了战略高度，被视为组织的一项战略优势。

“成熟度模型”可以定义为描述如何提高或获得某些期待物（如能力）的过程的框架。“成熟度”一词指出能力必须随着时间持续提高，这样才能在竞争中不断地获取成功。OPM3 为组织提供了一个测量、比较、改进项目管理能力的方法和工具。美国项目管理协会（PMI）学会对 OPM3 的定义为：“它是评估组织通过管理单个项目和组合项目来实施自己战略目标的能力的一种方法，它还是帮助组织提高市场竞争力的工具。”

OPM3 的目标是提供一种开发组织项目管理能力的基本方法，并使组织内部项目与组织自身的战略紧密地联系起来。OPM3 为使用者提供了丰富的知识来了解组织项目管理，并给出了对照标准作为自我评估的工具，来确定组织当前状况，以及制订改进计划。目前全球有多个不同的组织级项目管理成熟度模型，对成熟度有不同的表述，下面就简要介绍 PMI 的 OPM3 模型。

PMI 的 OPM3 模型是一个三维的模型，第一维是成熟度的四个梯级，第二维是项目管理的十个领域和五个基本过程，第三维是组织级项目管理的三个版图层次。

成熟度的四个梯级分别是：

（1）标准化的（Standardizing）。

（2）可测量的（Measuring）。

（3）可控制的（Controlling）。

（4）持续改进的（ContinuouslyImproving）。

项目管理的十个领域指项目整体管理、项目范围管理、项目进度管理、项目成本管理、项目质量管理、项目人力资源管理、项目沟通管理、项目干系人管理、项目风险管理和项目采购管理。

项目管理的五个基本过程是指启动过程（Initiating Processes）、计划编制过程（Planning Processes）、执行过程（Executing Processes）、控制过程（Controlling Processes）和收尾过程（Closing Processes）。

组织项目管理的三个版图分别是单个项目管理（Project Management）、项目集管理（Program Management）和项目组合管理（Portfolio Management）。

18.5 本章练习

（1）________是指在组织战略的指导下，具体落实组织的战略行动，从业务管理、组织架构、人员配置等多个方面对组织进行项目化的管理。

A．组织级项目战略　　B．组织级项目

C．组织级项目治理　　D．组织级项目管理

参考答案：D

（2）组织级项目管理是组织在其内部搭建起项目组织管理、项目集管理和单项目管理的各个领域，以及在这些领域之间支持实现________而提供的一个组织全局项目管理的框架体系。

A．最佳实践　　B．项目目标　　C．组织目标　　D．有效衔接

参考答案：A

（3）通过各项目组合、项目集和单项目来达到组织层次的战略目标的推动力可以称为________。其主要通过完善组织结构、方针政策、运作流程及其他治理机制，才能够保证组织有效地达成预期的战略目标。

A．运营治理　　B．战略治理　　C．组织治理　　D．项目战略

参考答案：C

（4）组织级项目管理框架由三部分内容组成，这三个部分内容相互作用，共同形成一个能够覆盖组织项目管理领域的框架结构。________不属于这三部分内容。

A．组织能力　　B．组织潜能　　C．成果　　D．最佳实践

参考答案：B

（5）PMI 的 OPM3 模型是一个三维的模型，对其描述错误的是________。

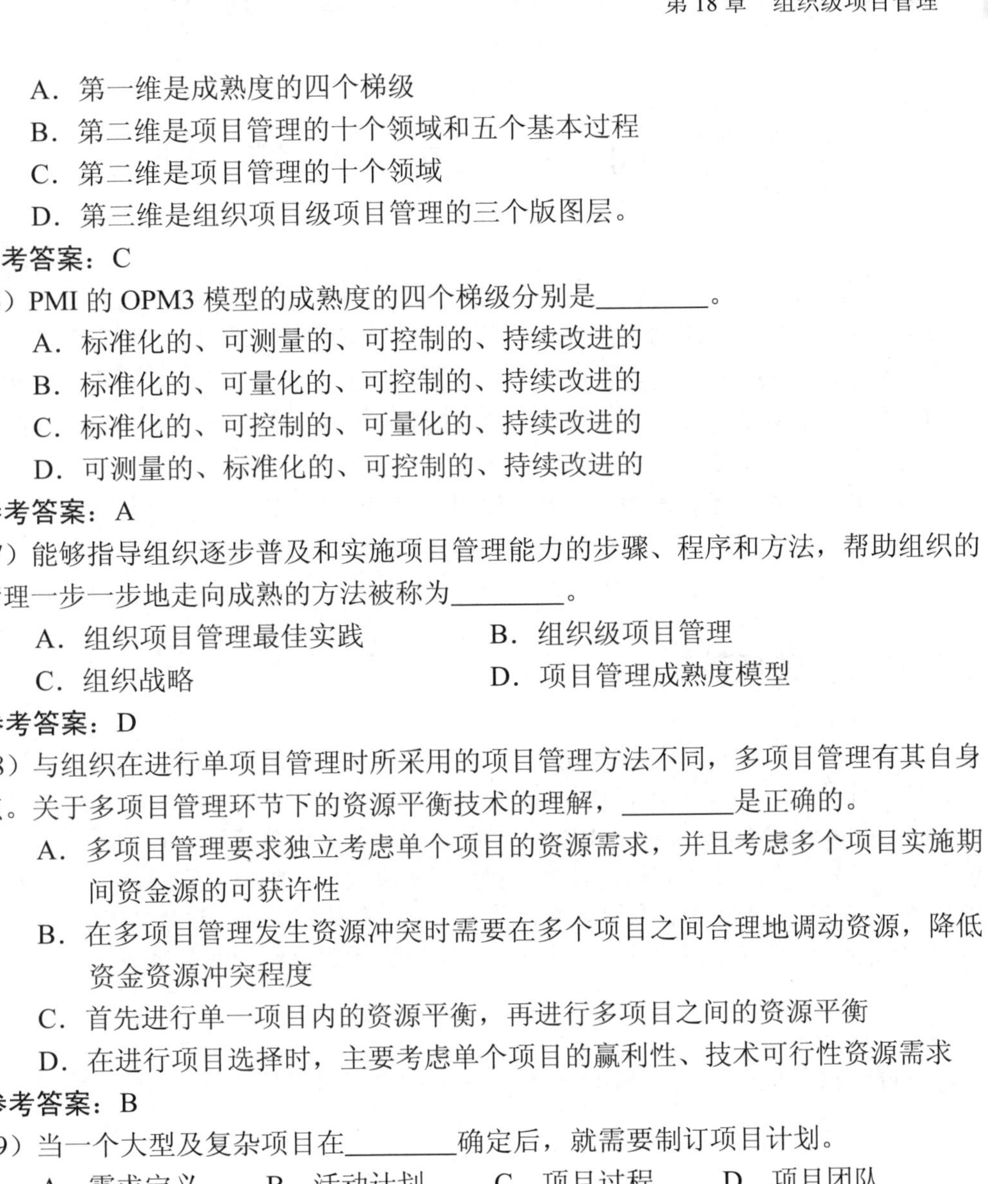

A．第一维是成熟度的四个梯级

B．第二维是项目管理的十个领域和五个基本过程

C．第二维是项目管理的十个领域

D．第三维是组织项目级项目管理的三个版图层。

参考答案：C

（6）PMI 的 OPM3 模型的成熟度的四个梯级分别是________。

A．标准化的、可测量的、可控制的、持续改进的

B．标准化的、可量化的、可控制的、持续改进的

C．标准化的、可控制的、可量化的、持续改进的

D．可测量的、标准化的、可控制的、持续改进的

参考答案：A

（7）能够指导组织逐步普及和实施项目管理能力的步骤、程序和方法，帮助组织的项目管理一步一步地走向成熟的方法被称为________。

A．组织项目管理最佳实践　　B．组织级项目管理

C．组织战略　　D．项目管理成熟度模型

参考答案：D

（8）与组织在进行单项目管理时所采用的项目管理方法不同，多项目管理有其自身的特点。关于多项目管理环节下的资源平衡技术的理解，________是正确的。

A．多项目管理要求独立考虑单个项目的资源需求，并且考虑多个项目实施期间资金源的可获许性

B．在多项目管理发生资源冲突时需要在多个项目之间合理地调动资源，降低资金资源冲突程度

C．首先进行单一项目内的资源平衡，再进行多项目之间的资源平衡

D．在进行项目选择时，主要考虑单个项目的赢利性、技术可行性资源需求

参考答案：B

（9）当一个大型及复杂项目在________确定后，就需要制订项目计划。

A．需求定义　　B．活动计划　　C．项目过程　　D．项目团队

参考答案：A

（10）在大型复杂 IT 项目管理中，为了提高项目之间的协作效率，通常应首先________。

A．确保每个项目经理都明确项目的总体目标

B．建立统一的项目过程作为 IT 项目管理的基础

C．为每一个项目单独建立一套合适的过程规范

D．制订合理的沟通计划

参考答案：B

第 19 章　流　程　管　理

流程就是做事情的顺序，是一个或一系列连续有规律的行动，这些行动以确定的方式发生或执行，导致特定结果的实现。一般来说，流程由一系列单独的任务组成，并使输入变成输出。从本质上讲，企业的业务流程就是由一系列具有先后顺序且互相关联的活动所组成的经营过程，由于企业业务流程的整体目标是为顾客创造价值。因此，以顾客利益为中心，以员工为中心，以及以效率和效益为中心是业务流程的核心。

本章首先介绍流程管理的一些基础知识，流程分析、设计、实施与评估的方法和工具，以及流程重构与改进、优化技术，然后介绍项目管理流程的管理和优化，最后给出本章的练习题及试题分析与解答。

19.1　流程管理基础

虽然不同的专家对流程有不同的定义，但其本质是一致的。ISO 9000 对流程的定义是，业务流程是一组将输入转化为输出的相互关联或相互作用的活动。业务流程管理（Business Process Management，BPM）是将生产流程、业务流程、各类行政申请流程、财务审批流程、人事处理流程、质量控制及客服流程等 70%以上需要两人以上协作实施的任务全部或部分由计算机处理，并使其简单化、自动化的业务过程。BPM 是一种以规范化的构造端到端的卓越业务流程为中心，以持续的提高组织业务绩效为目的的系统化方法。

1．流程的要素

流程有六个要素，分别是输入、活动、活动之间的相互作用、输出、客户、价值，如图 19-1 所示。

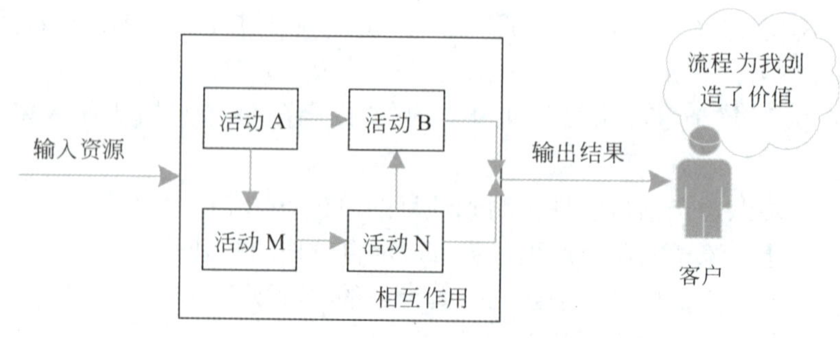

图 19-1　流程的六大要素

（1）输入：是运作流程所必须的资源，不仅包括传统的人、财、物，还包括信息、关系、计划等。

（2）活动：是流程运作的环节。

（3）活动之间的相互作用：是环节之间的关系，将流程从头尾串联起来。

（4）输出：是流程运作的结果，它应该承载流程的价值。

（5）客户：是流程服务的对象，对外来讲是单位服务的个人或组织，对内来讲是流程的下一个环节。

（6）价值：是流程运作为客户带来的好处，很多情况下不是用货币来衡量的，它可以表现为提高了效率、降低了成本等。

2．流程的特点

从图 19-1 中，我们可以归纳出流程的 4 大特点：

（1）流程是由一系列相互关联和相互作用（即结构）的活动组成的，这些活动是可定义、可测量和已结构化的。

（2）流程的目的是为流程的客户创造价值。

（3）流程通常有一个或多个输入资源，其中的资源是指人员、资金、设施、设备、料件、能源、技术、方法和信息（文件和记录）等。

（4）流程能够依据规定要求将它的输入资源适当地转化为输出。

3．流程管理的过程

良好的业务流程管理的步骤包括流程设计、流程执行、流程评估和流程改进，这也是一个 PDCA 闭环的管理过程，其逻辑关系为：

（1）明确业务流程所欲获取的成果。

（2）开发和计划系统的方法，实现以上成果。

（3）系统地部署方法，确保全面实施。

（4）根据对业务的检查和分析以及持续的学习活动，评估和审查所执行的方法。并进一步提出计划和实施改进措施。

这里特别要强调的是，业务流程的管理不是在流程规划出来之后才进行的，而是在流程规划之前就要进行管理。

4．流程管理的层次

企业的流程管理一般分为生产流程层、运作层、计划层和战略层 4 个层次，表 19-1 对各个层次做了比较。

流程管理的各层次均有相对独立的、特定的方法，但层次之间也有着密切的联系。首先，高层的管理目标最终要通过低层的业务活动来实现；其次，当低层的管理解决不了实际问题时，就需要引入高层的管理，例如，当运作层的调度无法解决资源的配置问题时，就说明分配给该流程的资源数目需要修改，此时需要引入计划层的管理，重新进行资源能力计划的计算；最后，低层的数据为高层的管理决策提供依据，企业的策略管理和战略管理中的模型和参数来自对企业实际经营活动统计数据的积累。因此，从整个企业流程管理的角度来看，有必要将这 4 个层面上的流程管理统一到一个框架下，并和企业的信息系统联系起来。

表 19-1 管理层次的比较

管理层次	功　能	管理范围	影响时间范围	使 用 方 法	信息系统支持
生产流程层	设备和工艺的实时控制	具体设备	很短	流程控制理论	现场总线、数据采集和监控系统
运作层	制作执行流程管理	车间	较短	调整和优化理论	制造执行系统、车间调度系统
计划层	资源能力计划和预算	部门至企业	较长	统计和随机模型、优化理论	企业资源计划
战略层	战略调整、流程设计和资源类型确定	整个企业	长	经济模型、决策模型	知识管理、决策支持系统

19.2 流程分析、设计、实施与评估

在传统企业中，组成企业的基本结构是职能相对单一的部门，由这些部门分别完成不同的任务，整个企业是一个金字塔式的层级结构，每个人、每个岗位，以致每个部门都只对其直接上级负责，主要职责是完成上级交给的任务，在任务和任务间经常出现脱节和冲突。因此，在传统企业里，各项业务工作大多是独立的，或是若干项业务构成一些流程的片断，但很少有能够贯穿企业的、畅通的业务流程，自然也就没有专职人员对各条业务流程具体负责。而信息系统是管理创新，它的运行基础是企业的业务流程。据有关资料统计，业务流程不通畅是导致企业信息系统项目失败的主要原因之一。

19.2.1 业务流程分析

业务流程分析的目的是了解各个业务流程的过程，明确各个部门之间的业务关系和每个业务处理的意义，为业务流程的合理化改造提供建议，为系统的数据流程变化提供依据。业务流程分析可以帮助系统分析师了解业务的具体处理过程，发现和处理系统调查工作中的错误和疏漏，修改和删除现有系统的不合理部分，在现有系统基础上优化业务处理流程。

1．业务流程分析的步骤

业务流程分析是工作量大，烦琐而又细致的工作。它的主要任务是调查系统中各环节的业务活动，掌握业务的内容和作用，以及信息的输入、输出、数据存储和信息处理方法及过程等，为建立系统数据模型和逻辑模型打下基础。业务流程分析的具体步骤如下：通过调查掌握基本情况、描述现有业务流程、确认现有业务流程、对业务流程进行

分析、发现问题并提出解决方案、提出优化后的业务流程。

2．业务流程分析的方法

业务流程分析的主要方法有价值链分析法、客户关系分析法、供应链分析法、基于 ERP 的分析法和业务流程重构等。

（1）价值链分析法。价值链分析法找出或设计出那些能够使顾客满意，实现顾客价值最大化的业务流程。价值链就是一个创造价值的工作流程，在这一总流程基础上，可把企业具体的活动细分为生产指挥流程、计划决策流程、营销流程、信息搜集与控制流程、资金筹措流程等。其中有些业务流程特别重要，对形成企业核心竞争力起着关键作用，这样的业务流程称为基本业务流程，对应于价值链中的基本活动；其他业务流程是对企业的基本经营活动提供支持和服务，称为辅助业务流程，对应于价值链中的辅助活动。

（2）客户关系分析法。客户关系分析法就是把 CRM 用在业务流程的分析上。CRM 的目标是建立真正以客户为导向的组织结构，以最佳的价值定位瞄准最具吸引力的客户，最大化地提高运营效率，建立有效的合作伙伴关系。从 CRM 的角度分析业务流程，企业的业务流程应当是以客户与企业的关系，以及客户行为为依据的，而不是传统的按照企业内部管理来实施的。

（3）供应链分析法。供应链分析法是从企业供应链的角度分析企业的业务流程，它源于 SCM。供应链是指用一个整体的网络用来传送产品和服务，从原材料开始一直到最终客户（消费者），它凭借一个设计好的信息流、物流和资金流来完成。供应链分析法主要从企业内部供应链和外部供应链两个角度来分析企业的业务流程，分析哪些流程处于供应链的核心环节。

（4）基于 ERP 的分析法。ERP 的基本思想是将企业的业务流程看作是一个紧密联接的供应链，将供应商和企业内部的采购、生产、销售，以及客户紧密联系起来，对供应链上的所有环节进行有效管理，实现对企业的动态控制和各种资源的集成和优化，从而提升企业基础管理水平，追求企业资源的合理、高效利用。

（5）业务流程重构。通过重新审视企业的价值链，从功能成本的比较分析中，确定企业在哪些环节具有比较优势。在此基础上，以顾客满意为出发点进行价值链的分解与整合，改造原有的业务流程，实现业务流程的最优化。有关业务流程重构的详细知识，将在 19.3 节中进行介绍。

3．业务流程分析的工具

业务流程分析的传统工具是业务流程图（Transaction Flow Diagram，TFD）、业务活动图示（Business Activity Mapping，BAM）和 UML 的活动图，还包括一些建模工具，例如，标杆瞄准（Bench marking）、IDEF（Integration DEFinition method，集成定义方法）、Petri 网、DEMO（Dynamic Essential Modeling of Organization，组织动态本质建模法）和业务流程建模语言等。

（1）业务流程图。TFD 是分析和描述现有系统的传统工具，是业务流程调查结果的图形化表示。它反映现有系统各部门的业务处理过程和它们之间的业务分工与联系，以及连接各部门的物流、信息流的传递和流动关系，体现现有系统的边界、环境、输入、输出、处理和数据存储等内容。TFD 是一种用尽可能少、尽可能简单的方法，描述业务处理过程的方法。由于它的符号简单明了，所以非常易于阅读和理解业务流程。但是，TFD 对一些专业性较强的业务处理细节缺乏足够的表现手段，它比较适用于反映事务处理类型的业务过程。

（2）业务活动图示。BAM 是一个有效的业务流程描述工具，其主要功能是提供业务流程情况的全面模型。该模型不但有图例表述业务活动流动的情况，还能提供相关的业务活动细节，有助于系统分析师理解业务流程运作的过程。BAM 的具体应用主要有三点，一是在业务流程调查时，可以用 BAM 对业务流程进行识别；二是在业务流程分析时，可以用 BAM 描述新的业务流程；三是在业务流程实施过程中，可以用 BAM 实现业务流程的不断优化。

（3）UML 的活动图。UML 是统一建模语言（Unified Modeling Language）的简称，它是一个支持模型化和软件系统开发的图形化语言，为软件开发的所有阶段提供模型化和可视化支持，包括由需求分析到规格，到构造和配置。UML 中的活动图是一种特殊的状态图，展现了系统内一个活动到另一个活动的流程。

（4）标杆瞄准。标杆瞄准是一个连续、系统化地对外部领先企业进行评价的过程，通过分析和评价，确定出代表最佳实践的经营过程和工作过程，以便合理地确定本企业的业务流程。人们形象地把标杆瞄准法比喻为是一个合理、合法地“拷贝”优秀企业成功经验的过程。事实上，企业中的许多业务流程（例如，库存管理、供应商管理、客户管理、广告与雇佣等）在不同的行业中都是相似的，因此，运用标杆瞄准法对这些项目实施瞄准，尤其是在不同的行业对同一项目实施标杆瞄准时，对企业的参考价值可能更大。

（5）IDEF。IDEF 是一系列建模、分析和仿真方法的统称，从 IDEF0 到 IDEF14（包括 IDEF1X 在内）共有 16 套方法，每套方法都是通过建模程序来获取某个特定类型的信息。在 IDEF 方法中，IDEF0 可以用来对业务流程进行建模。IDEF0 是对企业所完成的各项活动及活动之间的相互关系的一种结构化描述，其基本要素是用“盒子”表示功能活动。IDEF0 的特点是其层次分解性，它利用一套完整的、严密的规则，将一个复杂的系统逐层往下分解，即较高层次的一个活动可以按需要细化成一组较低层次上的活动。

（6）DEMO。DEMO 方法定义了信息系统中行为角色之间的通信方式，这种通信方式可以看作是一种对角色行为的支配方式，而这种支配方式是通过在行为角色之间创建指导其行动的约定来实现的，其理论基础是对话行为理论（speech action theory）。DEMO 的核心是业务事务（business transaction），业务流程由一系列的相关业务事务组成，业务事务是一种通信模式和客观行为，是通过两个行为角色实现，分别是发起者和执行者。一个业务事务包括三个阶段，分别是要求阶段、执行阶段和结果阶段。要求阶段和结果阶段是由在主观世界中的发起者和执行者之间通信的行为组成，执行阶段是执行者执行所提出的要求的客观行为。

（7）Petri 网。Petri 网作为一种从流程的角度出发描述和分析复杂系统的模型工具，适用于多种系统的图形化、数学化建模工具，为描述和研究具有并行、异步、分布式和随机性等特征的信息系统提供了强有力的手段。

（8）业务流程建模语言。主流的业务流程建模语言标准有 BPEL（Business Process Execution Language，业务流程执行语言）、BPML（Business Process Modeling Language，业务流程建模语言）、BPMN（Business Process Modeling Notation，业务流程建模标注）、XPDL（XML Process Definition Language，XML 流程定义语言）和 UML 五种。从语言的表现形式上来说，可以将它们划归为两大类，分别是文本类和图元类。

19.2.2　业务流程设计

系统处理流程对应于现实世界中的真实业务过程，通过对业务流程的设计，可以对其进行建模，以便使用信息系统来取代传统的手工处理，提高业务处理的效率和准确性，降低业务处理成本。

1．工作流

根据工作流管理联盟（WorkFlow Management Coalition，WFMC）的定义，工作流是一类能够完全或者部分自动执行的业务过程，根据一系列过程规则、文档、信息或任务，在不同的执行者之间传递和执行。简单地说，工作流就是一系列相互衔接、自动进行的业务活动或任务，一个工作流包括一组活动（或任务）及它们的相互顺序关系，还包括流程和活动的启动和终止条件，以及对每个活动的描述。工作流可以部分或全部模拟现实世界中的信息传递，例如，在线教育平台中的开通课程流程，对应需要传递的信息就是课程申请单，员工填写好课程申请单后可将其发送给上级主管审批，主管审批后可以转交给培训部门备案，培训部门成功备案后可转交给财务部门，以便核算老师的工资，整个流程包括多个活动，不同的用户可以执行不同的活动，每个活动均有其启动和终止条件，例如，培训部门备案的启动条件是接收到已通过主管审批的课程申请单，而终止条件是成功记录课程信息，并将其转交给财务部门。

工作流管理是人与计算机共同工作的自动化协调、控制和通信，在信息化的业务过程中，通过在网络上运行相应的软件，使所有活动的执行都处于受控状态。在工作流管理下，可以对工作进行监控，并可以进行工作的指派。例如，如果将开通课程流程自动化，并构建一个软件模块来实现该功能，即可对开通课程工作流进行管理。

工作流参考模型（Workflow Reference Model，WRM）包含六个基本模块，分别是工作流执行服务、工作流引擎、流程定义工具、客户端应用、调用应用和管理监控工具。这六个模块被认为是 WFMS 最基本的组成部分，WRM 同时也包括了这些模块之间的接口标准，包括接口一、接口二、接口三、接口四和接口五，如图 19-2 所示。

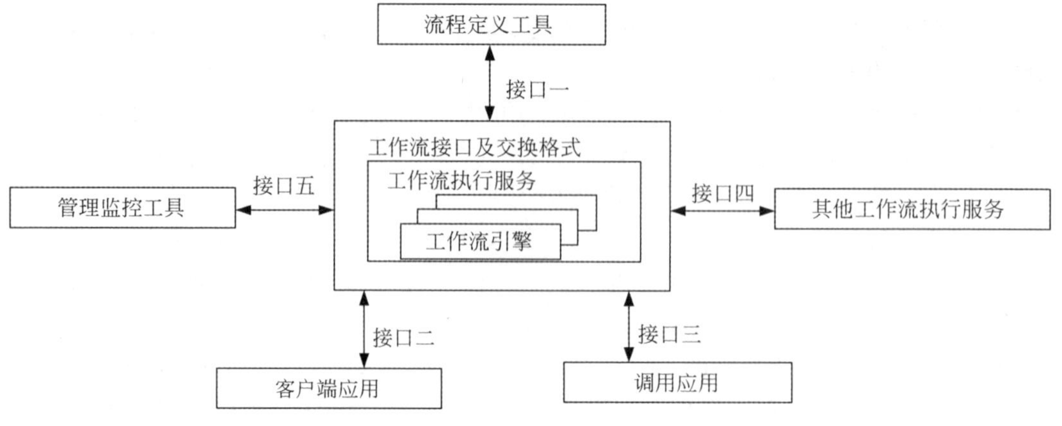

图 19-2　工作流参考模型

（1）工作流执行服务。工作流执行服务是 WFMS 的核心模块，它的功能包括创建和管理流程定义，创建、管理和执行流程实例。在执行上述功能的同时，应用程序可能会通过编程接口与工作流执行服务交互，一个工作流执行服务可能包含有多个分布式工作的工作流引擎。该模块还为每个用户维护一个活动列表，告诉用户当前必须处理的任务，可以通过电子邮件或者短消息的形式提醒用户任务的到达，例如，在开通课程流程中，当新的课程申请的到来时，可以提示上级主管。

（2）工作流引擎。工作流引擎是为流程实例提供运行环境，并解释执行流程实例的软件模块，即负责流程处理的软件模块。

（3）流程定义工具。流程定义工具是管理流程定义的工具，它可以通过图形方式把复杂的流程定义显示出来并加以操作，流程定义工具与工作流执行服务交互，一般该模块为设计人员提供图形化的用户界面。通过流程定义工具，设计人员可以创建新的流程或者改变现有流程，在流程定义时，可以指定各项活动的参与者的类型、活动之间的相互关系和传递规则等。

（4）客户端应用。客户端应用是通过请求的方式与工作流执行服务交互的应用，也就是说，是客户端应用调用工作流执行服务。客户端应用与工作流执行服务交互，它是面向最终用户的界面，可以将客户端应用设计为 B/S 架构或 C/S 架构。

（5）调用应用。调用应用是被工作流执行服务调用的应用，调用应用与工作流执行服务交互。为了协作完成一个流程实例的执行，不同的工作流执行服务之间进行交互，它通常是工作流所携带数据的处理程序，常用的是电子文档的处理程序，它们在工作流执行过程中被调用，并向最终用户展示数据，这些应用程序的信息包括名称、调用方式和参数等。例如，在 OA 系统中，可以调用相关的程序来直接查看 Word 文档或者 Excel 表格数据等。

（6）管理监控工具。管理监控工具主要指组织机构和参与者等数据的维护管理和流程执行情况的监控，管理监控工具与工作流执行服务交互。WFMS 通过管理监控工具提供对流程实例的状态查询、挂起、恢复和销毁等操作，同时提供系统参数和系统运行情况统计等数据。用户可以通过图形或者图表的方式对系统数据进行汇总与统计，并可随时撤销一些不合理的流程实例。

为了降低这六个模块的耦合度，使得模块之间相互独立，可通过接口来进行连接和调用，这六个模块之间可以通过以下五个接口进行交互：

（1）工作流定义交换接口（接口一）。用于在流程定义工具与执行服务之间交换工作流定义，当工作流定义发生改变时，其处理流程将发生变化，执行服务也应该相应进行调整。

（2）工作流客户端应用接口（接口二）。用于工作流客户端应用访问工作流引擎和工作列表，客户端应用是最终用户直接操作的界面，只要设计合理，可以实现多个不同的客户端应用调用同一个工作流引擎。

（3）调用应用接口（接口三）。用于调用不同的应用系统，例如，在 OA 系统中调用 Doc 文档阅读器、PDF 文档阅读器或者计算器等。

（4）WFMS 互操作接口（接口四）。用于不同的 WFMS 之间的互操作，例如，在线教育平台系统可以提供学员成绩，而用户空间系统允许学员在线查询成绩，这两个系统之间有所关联，在某些功能的实现上提供了互操作。

（5）系统管理和监控接口（接口五）。用于系统管理应用访问工作流执行服务。

2．流程设计工具

在流程设计过程中，为了更清晰地表达过程规则说明，陆续出现了一些用于表示业务流程的工具，这些工具包括三类，分别是图形工具、表格工具和语言工具。其中常见的图形工具包括程序流程图、IPO 图、盒图、问题分析图、判定树，表格工具包括判定表，语言工具包括过程设计语言等。

（1）程序流程图。程序流程图（Program Flow Diagram，PFD）用一些图框表示各种操作，它独立于任何一种程序设计语言，比较直观、清晰，易于学习掌握。但也存在一些严重的缺点，例如，程序流程图所使用的符号不够规范，常常会使用一些习惯性用法。特别是表示程序控制流程的箭头可以不受任何约束，随意转移控制，这些现象显然是与软件工程化的要求相背离的。为了消除这些缺点，应对流程图所使用的符号做出严格的定义，不允许人们随心所欲地画出各种不规范的流程图。

（2）IPO 图。IPO 图是由 IBM 公司发起并逐步完善的一种流程描述工具。系统分析阶段产生的数据流图经转换和优化后形成的系统模块结构图的过程中将产生大量的模块，分析与设计人员应为每个模块写一份说明，即可用 IPO 图来对每个模块进行表述，IPO 图用来描述每个模块的输入、输出和数据加工。IPO 图是系统设计中重要的文档资料之一，其主体是处理过程说明，可以采用流程图、判定树、判定表、盒图、问题分析图或过程设计语言来进行描述。IPO 图中的输入、输出与功能模块、文件及系统外部项都需要通过数据字典来描述，同时需要为其中的某些元素添加注释。

（3）N-S 图。为避免流程图在描述程序逻辑时的随意性与灵活性，美国学者 I.Nassi 和 B.Shneiderman 在 1973 年提出了用方框代替传统的 PFD，通常把这种图称为 N-S 图或盒图，与 PFD 类似，在 N-S 图中也包括五种控制结构，分别是顺序型、选择型、WHILE 循环型（当型循环）、UNTIL 循环型（直到型循环）和多分支选择型，任何一个 N-S 图都是这五种基本控制结构相互组合与嵌套的结果。

（4）问题分析图。问题分析图（Problem Analysis Diagram，PAD）是继 PFD 和 N-S 图之后，又一种描述详细设计的工具，它由日立公司于 1979 年提出，也是一种支持结构化程序设计的图形工具。PAD 也包含五种基本控制结构，并允许递归使用。PAD 的执行顺序是从最左主干线的上端的结点开始，自上而下依次执行。每遇到判断或循环，就自左而右进入下一层，从表示下一层的纵线上端开始执行，直到该纵线下端，再返回上一层的纵线的转入处。如此继续，直到执行到主干线的下端为止。可以以 PAD 为基础，按照一个机械的变换规则编写计算机程序，PAD 具有清晰的逻辑结构、标准化的图形等优点，更重要的是，它引导设计人员使用结构化程序设计方法，从而提高程序的质量。

（5）过程设计语言。过程设计语言（Process Design Language，PDL）也称为结构化语言或伪代码（pseudo code），它是一种混合语言，采用自然语言的词汇和结构化程序设计语言的语法，用于描述处理过程怎么做，类似于编程语言。过程设计语言用于描述模块中算法和加工逻辑的具体细节，以便在开发人员之间比较精确地进行交流。 过程设计语言的语法规则一般分为外层语法和内层语法。外层语法用于描述结构，采用与一般编程语言类似的关键字（例如， IF-THEN-ELSE，WHIEL-DO 等），外语法应当符合一般程序设计语言常用语句的语法规则；内层语法用于描述操作，可以采用自然语句（例如，英语和汉语等）中的一些简单的句子、短语和通用的数学符号来描述程序应执行的功能。过程设计语言仅仅是对算法或加工逻辑的一种描述，是不可执行的。使用过程设计语言，可以做到逐步求精，从比较概括和抽象的过程设计语言程序开始，逐步写出更详细、更精确的描述，其写法比较灵活，它使用自然语言来描述处理过程，不必考虑语法错误，有利于设计人员把主要精力放在描述算法和加工逻辑上。

（6）判定表。对于具有多个互相联系的条件和可能产生多种结果的问题，用结构化语言描述则显得不够直观和紧凑，这时可以用以清楚、简明为特征的判定表（decision table）来描述。判定表采用表格形式来表达逻辑判断问题，表格分成四个部分，左上部分为条件说明，左下部分为行动说明，右上部分为各种条件的组合说明，右下部分为各条件组合下相应的行动。在表的右上部分中列出所有条件，“T”表示该条件取值为真，“F”表示该条件取值为假，空白表示这个条件无论取何值对动作的选择不产生影响，在判定表右下部分中列出所有的处理动作，“Y”表示执行对应的动作，空白表示不执行该动作；判定表右半部分的每一列实质上是一条规则，规定了与特定条件取值组合相对应的动作。

（7）判定树。判定树（decision tree）也是用来表示逻辑判断问题的一种常用的图形工具，它用树来表达不同条件下的不同处理流程，比语言、表格的方式更为直观。判定树的左侧（称为树根）为加工名，中间是各种条件，所有的行动都列于最右侧。

19.2.3　业务流程实施

业务流程的分析、设计直到实施，是一个不断创新的过程，其背后的决定因素是人，由于人的思维模式决定了业务流程设计的品质，导入的接受程度，以及后续的执行成效，因此，企业业务流程的设计与实施应建立在一个良好的企业文化及价值观之上，这样才能取得明显的绩效。在具体实施过程中，可以按以下步骤进行。

第一步：对现有业务流程进行全面的功能和效率分析，发现存在问题

根据企业现有业务流程，绘制细致、明晰的业务流程图，并从以下方面分析现有业务流程的问题。

（1）寻找现有流程中增加成本、运行不畅的环节，分析业务流程的功能、制约因素，以及关键问题。

（2）根据市场的变化、技术的发展，以及企业的现实情况，找出业务流程改进的切入点。

（3）根据市场的发展趋势，以及客户对产品、服务需求的变化，对业务流程中的关键环节，以及各环节的重要性重新定位和排序。

第二步：设计流程改进方案，并进行评估

在设计流程改进方案时，要对流程进行简化和优化，可以考虑以下几个方面。

（1）将现在的多项业务或工作进行合并，这是因为，由于在传统的管理模式下，把本来是整体性、相关性很强的业务或工作分成了多项互相独立的业务和工作，这是传统企业流程不畅、效率不高，经常发生推诿和扯皮的重要原因。

（2）要优化业务流程中的活动顺序，在可能的情况下，最好照顾其自然顺序。

（3）为同一种业务流程设置若干种运行方式。例如，一个教育培训企业，业务有旺季和淡季之分，因此，不同的月份具有不同的业务流程。特别是那些与市场衔接的业务流程，一定要考虑到市场可能发生的变化，对于各种变化要有相应的应对策略；同时，还应有突发事件的应对方案。

（4）业务流程一般会超越组织的界限，跨越组织边界。这时，可能引起一些新的矛盾和问题，如何消除它们是业务流程实施过程中比较关键的事情。

（5）变事后管理为事中管理或事前管理，尽量减少检查、控制、调整等管理工作。

（6）尽量改串行工程为并行工程。因为，业务流程实施过程其实是一个使业务流程不断简化和优化的过程，而提高业务流程的效率和价值就是其主要目标。因此，在许多情况下，并行要比串行的效率高得多。

还有一个问题，特别值得注意，那就是在业务流程实施的过程中，要尽量避免长官

意志，实行科学决策。对于提出的多个业务流程改造方案，还要从成本、效益、技术条件和风险程度等方面进行评估，选取可行性强的方案。

第三步：制订与业务流程改造相配套的组织结构、人力资源配置和业务规范等方面的规划，形成系统的业务流程实施方案

由于企业业务流程的实施是以相应组织结构、人力资源配置方式、业务规范、沟通渠道甚至企业文化作为保证的，所以，只有形成系统的业务流程改造方案，才能通过实施达到预期的目的。以下措施特别应当引起重视。

（1）组建自主的、多功能化的业务流程实施小组，这是业务流程实施的重要的组织保证。

（2）引入项目组的工作方式。项目组工作方式是业务流程管理模式的最重要的管理形式。所谓项目组的工作方式，就是要把工作按照项目组织人员。当项目结束时，该项目组也就自行解散，人员回到原来岗位。

（3）改变管理者和监督者的角色。在传统管理模式中，管理者与被管理者、监督者与被监督者的界限分得十分清楚，而且不可逾越。而在流程式管理模式中，不同的角色是可以互换的，还可以互相兼任或兼容。例如，在一个业务流程中，上道工序的岗位人员就是下道工序的管理者，而下道工序的岗位人员，则成为上道工序的监督者。

（4）缩小组织单元的规模。在传统管理模式中，由于一个机构的地位和利益是与其握有资源的多少密切相关的，因此，每个组织都有扩大组织规模的倾向，都想争得更多的资源，从而提高组织的地位，相应的，也会得到更多的利益。这样，必然导致组织规模越来越大。而流程式管理模式中，一个组织握有的资源越多，也就意味着其责任越大，为组织要做出更多的贡献，其负担也就越重。因而，在流程式管理模式中，各级组织有缩小规模、减少资源占有的倾向。在业务流程实施中，缩小组织单元的规模，既是业务流程实施的需要，也是各组织单元的自觉需要。

（5）精简管理层。传统管理模式的最大弊端之一就是管理层次太多，从而导致企业成本居高不下、效率不高。在流程式管理模式下，由于业务流程冲破了组织界限，因而，使得有些管理层次成为多余，甚至成为业务流程实施的障碍。这时，精简管理层就成为水到渠成的事情。

（6）做好业务流程培训。企业新的业务流程实施的过程，也是新的企业价值观确立的过程。而要使所有员工都能接受新的价值观，并不是一件简单的事情。可见，对于企业员工，特别是业务流程实施的骨干员工进行新的业务流程培训，无疑是业务流程实施中最重要的工作之一。

第四步：组织实施与持续改善

由于实施业务流程方案必然会触及原有的利益格局。因此，必须精心组织，谨慎推进，在组织内形成共识，才能保证业务流程实施的顺利进行。

业务流程实施是基于组织进行的，如果组织的自我更新能力丧失了，也就不可能真

正推动各类流程的优化、重构和改进。组织能否根据环境、对手、市场、客户需求的变化，进行适应性的调整、变革，关键在于管理者的思维能否进行适应性改造。只有管理者的思维能够顺应外部环境变化，接收内部自我更新，提高适应能力，组织才可能具备业务流程实施所需的组织力，也才能从根本上保证业务流程实施顺利进行，保证对新的运营模式需求的高度敏感性和创造力，保证对市场、对环境、对客户需求的快速感知能力和反应能力。一个对改变思维定势心怀恐惧，或者无所适从的组织，是不能期待它有勇气和智慧真正完成业务流程实施的。

19.2.4　业务流程评估

业务流程分析、设计为流程管理人员提供了理解和认识业务流程的方法和途径，业务流程实施则实现了由方案到运作的转化。效益最大化是企业追求的最高目标，也应是业务流程管理追求的最高目标，可见，检验企业业务流程管理的好坏，绝不仅仅看方案先进程度如何，也不能仅仅看实施过程是多么热火朝天，最重要的是要看业务流程实施后的效果如何，要对业务流程进行评估。因此，业务流程评估是业务流程管理整个过程中非常重要的一环。

1．业务流程方案评估

为了科学的、系统的分析和评估业务流程实施效果，需要引入业务流程分析评价方法。

（1）增值性分析。利用模型的对象属性尤其是活动的价值系数分析流程的运营合理性和潜在问题。该分析方法可用于对现有业务流程建模和业务流程实施后的效果进行分析。增值性分析是为了从流程角度衡量流程的“瓶颈”活动，通过评价活动的三个参数：r（价值系数）、f（贡献）、c（成本），衡量活动的运行效果。所谓“瓶颈”活动，是指那些制约业务流程运行的关键活动。分析时，可选用层次分析法等方法构造增值性分析的指标体系；然后通过仿真运行，比较流程各活动的 f 值，结合流程特点，将活动区分为增值性活动、准增值性活动和浪费性活动，进而找出流程的瓶颈活动或问题活动；最后从问题、法则、假设三方面分析造成该问题活动的深层原因。

（2）流程设计的正确性检验。在完成业务流程设计后，借助于有关工具对它进行可行性分析，还可以利用 Petri 网的语义进行冲突与死锁检测，验证业务流程的合理性、正确性。

（3）业务流程方案的评价。对业务流程的评价包括两个方面：单项指标评价和综合评价。可对所建模型进行仿真模拟运行，从而获得关键指标数据，对比分析不同方案的仿真结果实现单项指标评价。而一个复杂业务流程的评价是具有多个输入和多个输出的评价问题，只依靠定性方法是无法解决的。对于综合评价，可以抽取仿真结果的某些关键指标数据，可采用数据包分析（Data Envelopment Analysis，DEA）等方法同时考察多个绩效指标实现综合评价。DEA 是评价同类部门或单位间的相对有效性的一种决策方法，在企业管理中用来研究具有多输入、多输出的边界生产函数的有力工具。

2．业务流程实施条件评估

企业实施业务流程管理的效果如何，其决定因素除方案本身优劣外，实施条件的好坏也是一个决定的因素。因为，对于一个管理混乱、政令不畅、赏罚不明的企业，实施业务流程管理，可能不但不会带来正面的效果，反而会产生负面的影响，使得混乱的业务流程更加混乱。因此，对企业业务流程实施条件进行评估是业务流程管理的一个重要内容。

（1）管理基础。管理基础是一个比较宽泛的概念，包括制度建设、标准化建设、创新体系建设，以及企业文化建设等等，其中，重要的一个方面就是企业是否具备明确稳定的供、产、销及指挥、协调、控制的管理标准或制度，并且得到贯彻和执行。管理基础可以从两个方面进行评估，一方面是看其管理体系是否先进、完备，这可以从企业的战略管理、内控制度、市场反应能力等来评价；另一方面就是通过测试的方法来判断。例如，抽查一定数量的仓库发料业务，看其是否严格执行标准、有无差错、差错比率是多少，从而对其管理基础得出结论。

（2）人本管理传统。业务流程管理取得好的结果需要高素质的员工队伍，而高素质的员工队伍又需要经过较长时间的培育和培养，可见，那些缺乏人本管理传统的企业实施业务流程管理将面临较大的风险，可能最终导致业务流程管理失败。例如，团队组织负责人的道德风险，有关业务人员不负责致使数据失真。由上述可知，人本管理是业务流程管理取得成功的不可或缺的重要条件之一。

（3）企业信息化。企业业务流程管理取得成功离不开信息技术的支持，通过信息技术的运用，设计出一个准确、清晰的业务流程结构模型，不仅能定性地，而且还能定量地描述业务流程中的信息流动量与流动方向、各部门要素相互关系与等级划分等，从而使业务流程管理实现自动化和信息化。例如，企业如果已实现内部联网或统一数据库，具有专家系统或决策支持系统，或虽不具备，但只需较少投入就能实现，这样的企业实施业务流程管理，其成功的概率就大得多。而如果企业缺少信息技术支持，由于落后的信息处理模式，必然是机构膨胀，效率低下，对外界的变化特别是对市场的变化反应迟缓，这样的企业实施业务流程管理，其后果是很难乐观的。

3．业务流程实施效果评估

企业业务流程实施的成果必然体现在经营管理的绩效上，衡量业务流程实施效果的关键指标主要有：产品和服务质量、顾客满意度、销售增长率、成本、员工工作效率等。同时，业务流程实施取得显著效果的一个标志是带来企业文化，特别是员工价值观的变化。

19.3　流程重构与改进

业务流程重构（Business Process Reengineering，BPR）是针对企业业务流程的基本问题进行反思，并对它进行彻底的重新设计，使业绩取得显著性的提高。与目标管理、全面质量管理、战略管理等理论相比，BPR 要求企业管理人员从根本上重新思考业已形成的基本信念，即对长期以来企业在经营中所遵循的基本信念（例如，分工思想、等级制度、规模经营和标准化生产等体制性问题）进行重新思考。这就需要打破原有的思维定势，进行创造性思维。

由于 BPR 理论突破了传统的企业分工思想，强调以流程为核心，改变了原有以职能为基础的管理模式，为企业经营管理提出了一个全新的思路。

19.3.1 BPR 概述

业务流程是指为了完成某一目标或任务而进行的一系列跨越时空的逻辑相关活动的有序集合。一般来说，业务流程可分为管理流程、操作流程和支持流程三大类。操作流程是指直接与满足外部顾客的需求相关的活动；支持流程是指为保证操作流程的顺利执行，在资金、人力、设备管理和信息系统支撑方面的各种活动；管理流程是指企业整体目标和经营战略产生的流程，这些流程指导企业整体运营方向，确定企业的价值取向。

BPR 的流程覆盖了企业活动的各个方面和产品的全部生命周期。通过考察业务流程的发生、发展和终结，确定、描述、分析、分解整个业务流程，重构与业务流程相匹配的企业运行机制和组织结构，实现对企业全流程的有效管理和控制，能够使企业真正着眼于流程的结果，消除传统管理中只注重某一环节而无人负责全流程的弊端。

1．BPR 的概念

Michael Hammer 和 James Champy 是 BPR 的创始人，根据他们的定义，BPR 是对企业的业务流程（process）进行根本性（fundamental）的再思考和彻底性（radical）的再设计，从而获得可以用诸如成本、质量、服务和速度等方面的业绩来衡量的显著性（dramatic）的成就。其“根本性”“彻底性”“显著性”和“流程”就是 BPR 强调的四个核心内容。

（1）根本性。BPR 强调要进行根本性的再思考，各方面都要关注流程，因为它是企业的核心问题。为了使得思考有方向和目标，要提出一些问题。例如，“为什么要做现在的工作”“为什么要用现在的方式完成这项工作”“为什么必须是由我们而不是别人来做这项工作”等。通过对这些企业运营中最根本性的问题的思考，就会发现以前视而不见的问题。

（2）彻底性。彻底性是要求对 BPR 进行追根溯源，对既定存在的事物不是进行小修小补，而是抛弃所有的陈规陋习，忽视一切规定的结构与过程，对业务流程进行彻底的改造。BPR 是对企业进行重新构造，而不是对企业进行改良、增强或调整。

（3）显著性。显著性表明 BPR 完全抛弃传统管理观念，不是追求稍有改善，而是充分强调结果的满意度。进行 BPR 就要使企业业绩有显著的增长，极大的飞跃。业绩的显著增长是 BPR 的标志和特点。

（4）流程。BPR 不是企业业务流程的简单改善，而是要创建全新的组织结构，打破以专业分工理论为基础的职能部门管理框架，建立以流程工作小组为单元的管理模式，形成扁平式管理机构，大大压缩了管理层级，不但提高了管理效率，增强组织柔性，而且节约了中间管理层所产生的巨额成本。

2. BPR遵循的原则

BPR在追求顾客满意度和员工追求自我价值实现的流程中带来降低成本的结果，从而达到效率和效益改善的目的。BPR在注重结果的同时，更注重流程的实现，并非以短期利润最大化为追求目标，而是追求企业能够持续发展的能力，因此，必须坚持以流程为中心的原则、团队式管理原则（以人为本的原则）和以顾客为导向的原则。

（1）以流程为中心的原则。企业业务流程特别是关键业务流程总是在最大程度上体现了企业的总体目标和用户价值，因此，流程式管理模式最主要的特点是，企业的一切工作都是围绕结果而展开的。BPR注重的是业务流程整体最优，通过理顺和优化业务流程，使得业务流程中每个环节上的活动尽可能实现最大化增值，尽可能减少无效的或不增值的活动。

（2）团队管理原则。在流程式管理模式下，企业的组织结构必须服从业务流程，要使组织扁平化，而要做到这些，就必须坚持团队式管理原则。在BPR的过程中，首先是设计业务流程，而后依据业务流程建立或改造企业组织结构，尽量消除或弱化“中间层”。这不仅降低了管理成本，更重要的是提高了企业运作效率和对市场的速度反应。员工素质的提高是BPR取得成功的前提条件。在以流程为中心的管理模式下，员工的积极性和主动性必然高于以往，这是因为他们不再满足从事单调、简单的工作，而是承担一定的责任，有一定的权力，在工作中能充分发挥自我，有成就感。

（3）以客户为导向的原则。BPR使企业的业务流程，特别是关键业务流程与市场接通，与客户接通。一些现代管理模式，例如，精密生产、准时制造和全面质量管理等，提倡以客户为中心，坚持增值第一和质量第一的理念，这都体现了以客户为导向的原则。

19.3.2 BPR的实施

目前，实施了BPR的企业比较多，但是，根据统计数据，70%的BPR项目在5年后均归于失败，其主要原因在于缺乏高层管理人员的支持与参与、不切实际的实施范围与期望、企业对变革的抗拒、错误理解信息技术与BPR的关系或者忽视信息技术的作用、错误选择重构的时机与条件等。在BPR失败的诸多因素中，不难发现其中既有BPR固有的缺陷，但更多的是人为因素的结果。

1. 指导原则

为了帮助企业成功实施BPR项目，Michael Hammer曾经提出了下列七条原则，用以指导BPR项目的实施。

（1）组织结构设计要围绕企业的产出，而不是一项一项的任务。

（2）要那些使用过程输出的人来执行过程操作。

（3）将信息处理工作结合到该信息产生的实际过程中去。

（4）对地理分散的资源看作是集中的来处理。

（5）平行活动的连接要更紧密，而不只是集成各自的活动结果。

（6）将决策点下放到基层活动中，并建立对过程的控制。

（7）尽量在信息产生的源头一次获取信息，同时保持信息的一致性。

2．实施步骤

实施 BPR 主要有两种方法，一是在研究和描述企业现有业务流程的基础上进行重新设计；二是从一张白纸开始构建企业理想的业务流程，构建过程中可以参考相关企业的管理水准。一般情况下，人们都是将这两种方法结合使用。

在实际工作中，企业在要 Michael Hammer 的七条原则的指导下，根据企业实际情况，选择合适的实施方法。一般来说，BPR 的实施主要有以下几个步骤。

（1）项目的启动。包括确立发起人的地位、引进变革思想、采取有效的行动。在项目启动阶段，发起人应完成以下活动：描述变革的预期结果并传递给企业和干系人；建立对目标的统一定义；任命领导小组和项目小组；正确的人安排在正确的位置，提供支持，解决行政问题，消除企业前进的障碍；监视进程和结果。

（2）拟订计划。包括对企业内部和外部环境进行调查、选择重构流程、制订项目开发计划等。一般情况下，企业不应该也不可能对其全部流程进行重构，而是选择存在较大问题的流程、对顾客影响较大的流程或可行性强的流程进行重构。

（3）建立项目团队。项目团队的规模不能太大，一般最理想的成员数是 6～10 名；项目团队应该有正确的混合型技能和经验，拥有不同层次的代表；项目团队应该将主要精力放在变革项目上；项目团队的目标必须清晰、现实、有挑战性和可测量性，必须讲求效率。

（4）分析重构流程。企业要实施 BPR，必须要清楚知道企业现有流程的工作方式和状况，这是后续工作的基础。对选定的流程进行分析，建立该流程的理想目标，分析对象包括活动的先后关系、所需人力和其他资源、各项活动的投入与产出等。

（5）重新设计流程。包括确定设计原则和重新设计。有关原则如下：构造有助于控制关键偏差的组织结构；工作的基础单元是整体工作；工作团队成为企业的构建模块；在源头控制偏差的发生；提供信息反馈系统；在工作点进行决策；将控制流程与信息流程集成；设计能够激励员工的工作；核心活动吸引支持活动；一次性获取数据；功能存在冗余；工作团队是一个学习系统；使用信息技术获取、处理和分享信息。重新设计可分为建模、分析、模拟和流程重构四个步骤，它们是一个反复的循环，循环的目的是力求得到更准确、更有价值的业务流程。

（6）设计评估。运用一套评估标准，对前一个步骤提出的各种可行方案进行评估，从中选择最合适的一个方案。

（7）实施新的设计。新流程将会给企业带来较大的机会，一般使用“桥头堡”战略实施变革。桥头堡战略是指选择一个区域（桥头堡）试运行成功后，再大规模推广，逐个阶段地覆盖整个流程。

（8）持续改进。包括建立流程优化团队、定义优化目标、绘制流程图、形成改进项目的计划等。由于在运营中，企业内、外部环境不断发生变化，人员组织也会出现一些变更和其他一些变化，因此，需要对业务流程进行持续改进。

19.3.3 基于BPR的信息系统规划

BPR之所以能使企业的业绩得到显著提高，在于充分发挥了信息技术的潜能，即利用信息技术改变业务的过程，简化业务流程。由此可见，信息技术的应用是业务流程实施的重要技术保证。而信息技术应用的前提是有一个与其配套的信息系统规划。

1．BPR与信息系统规划的关系

BPR与信息系统规划相互作用，相辅相成。

一方面，信息系统规划要以BPR为前提，并且在系统规划的整个过程中，以业务流程为主线。随着BPR的深入，要求企业信息系统不断提高其集成化、智能化和网络化的程度，对信息系统规划提出了新的要求，要求信息系统定位于面向客户、面向不断变化的业务流程。

另一方面，面向流程的信息系统规划驱动企业的BPR。信息系统的科学规划，使得信息的收集、存储、整理、利用和共享更为方便快捷，使得产品的市场调查、产品构想、工程设计、生产制造、销售服务等环节的并行成为可能，从而打破了企业传统的专业化分工，为业务战略的实现，设计新的业务流程或重构已有流程，借助信息系统的规划与实施来实现BPR创造了条件。基于BPR的信息系统规划能够适应企业当前或未来的发展需要，使信息系统建设更具有效性和灵活性。

2．基于BPR的信息系统规划步骤

基于BPR的信息系统规划一定要突破以现行职能式管理模式的局限，从供应商、企业、客户的价值链出发，确定企业信息化的长远目标，选择核心业务流程为实施的突破口，在业务流程创新及规范化的基础上，进行信息系统规划。基于BPR的信息系统规划的主要步骤如下。

（1）战略规划。主要是明确企业的战略目标，认清企业的发展方向，了解企业运营模式；进行业务流程调查，确定成功实施企业战略的成功因素，并在此基础上定义业务流程，制订信息系统战略规划，使得信息系统目标与企业目标保持一致，为业务流程实施提供战略指导。

（2）流程规划。业务流程规划是数据规划与功能规划的基础，主要任务是选择核心业务流程，并进行流程分析，识别出关键业务流程，以及需要改进的业务流程，画出改进后的业务流程图。

（3）数据规划。在业务流程规划的基础上识别由流程所产生、控制和使用的数据，并对数据进行相应的分类。首先定义数据类，然后进行数据的规划，按时间长短可以将数据分为历史数据、年报数据、季报数据、月报数据、日报数据等；按数据是否共享可以分为共享数据和内部专用数据；按数据的用途可分为系统数据、基础数据和综合数据等。

（4）功能规划。在对数据类和业务流程了解的基础上，建立数据类与过程的 CU 矩阵，对它们的关系进行综合，并通过 CU 矩阵识别子系统，进一步进行系统总体逻辑结构规划，即功能规划，识别功能模块。

（5）实施规划。本阶段包括两个活动，分别是确定系统开发顺序和制订项目开发计划。在企业目前有限的资源状况下，要确定各个信息系统开发的优先次序，保证那些最关键的信息系统能优先开发。同时，要制订各个信息系统开发的计划，保证信息系统战略能有序地实施。

19.3.4 业务流程持续优化

BPR 建立在批判传统职能分工的理论基础上，现代管理理论认为，职能分工的优势是熟练的专业技术，其固有的缺陷是工作层层转手而产生耽搁和差错，责任不清、相互推诿，用部门的狭隘目标取代整体目标，等等。传统的改造方法难以奏效的根本原因是人们无法突破职能分工的部门限制，往往只能对原有业务流程和部门进行简单增减或排列组合，并且在这个过程中，形成了大量直线思维模式。例如，提供生产设备的企业可能总是认为顾客从不维修买来的设备，一有问题就需要生产厂家的技术支持，为了保证良好的售后服务，就需要在消费地建立配件仓库；如果顾客服务工作薄弱，往往只想到在顾客所在地建立服务机构或改进有关人员的工作，等等。

信息技术的发展为改进职能分工提供了可能。在某种意义上说，传统职能组织是收集加工来自其他部门信息的“信息处理机构”，这些机构决策职能有限，如果企业能够利用计算机处理加工所需信息，那么这些“信息处理机构”的职能就需要有所增减和改变。由上述可知，包括团队组织在内的现代组织方式取代传统职能组织是信息技术不断进步的必然结果。而企业应用信息技术绝不会是一蹴而就，它是一个不断发展变化的过程。这就决定了与信息化相伴而生的企业业务流程改进也必然是一个长期的过程。可见，业务流程持续优化是企业生存发展的需要。

1．不断改善基础条件

与西方企业相比，我国企业缺乏系统的管理理论指导与应用历史，大部分企业管理基础薄弱，人本管理思想应用范围有限，信息技术仍然滞后，特别是“信息孤岛”现象比较严重，各个职能部门往往形成各自独立的信息系统。许多企业信息技术的应用还停留在提高工作效率上，没有形成企业或延伸至客户和供应商的统一数据库。在这样的企业中，业务流程改进的效果往往有限。在这些企业，实施业务流程改进以后，一个重要的任务就是要不断改善基础条件，例如，加强管理基础建设，推进企业信息化等。

2．不断提高认识水平

业务流程改进必然引起企业管理体制和机制的一系列变革和创新，毫无疑问，实现变革和创新的关键因素是人的因素，而人的因素的实质是人的认识。因此，企业业务流程不断优化的过程其实是人的认识不断提高的过程，特别是企业管理层认识的提高更是与业务流程持续优化密切相关。

影响业务流程持续优化的不正确认识主要有：

（1）新的业务流程在运行过程中，一出现问题，就惊慌失措，认为业务流程改进失败了。要知道，这种认识是片面的，出现问题本来是正常现象，要想到，原来的业务流程不也经常出现问题吗？只不过是那时不把问题归结到业务流程上罢了。问题的关键不是出不出问题，而是出了问题怎样对待，怎样解决。其实，问题正是业务流程优化的突破口。

（2）当新的业务流程比较平稳的运行时，就认为业务流程改进彻底结束了，再也不用为业务流程操心了。这是一种用静止观念看待业务流程的做法。我们知道，业务流程本身是动态的，这是因为，企业的内外环境在变化，企业的业务内容在变化，人们的思想观念在变化，在这种情况下，用静止的观念去把握变化的事物，必然陷入被动境地。其实，企业的管理层应当认识到，业务流程平稳的运行，正好为业务流程优化留出足够的时间和空间，可以使得优化方案做得更好。

3．不断发展工具方法

企业实施业务流程改进的过程中，必然应用许多先进的工具和方法，特别是大多数实施业务流程改进的企业都借助于信息技术。在这种情况下，有些人可能进入认识上的误区：既然用的工具和方法都是先进的，就没有必要改进了。其实，这种认识是片面的。这里有两方面的问题：一是工具和方法在不断地发展，随时都会有更好的工具和方法出现，用原来的工具和方法比较难于解决的问题，而采用新的工具和方法可能会比较容易地解决问题；二是不同企业的问题不会是千篇一律，即使同一个企业，新的问题也会不断出现。可见，选择最适合自己企业的业务流程的工具和方法是十分重要的。

19.4 项目管理流程的管理和优化

项目先后衔接的各个阶段的全体被称为项目管理流程。IT行业的项目管理流程一般包括为五个部分：项目的启动、项目的计划、项目的实施及控制过程、项目的收尾和项目的后续维护。本书第2～14章，以及第16、18、20、21、24、25章详细讲解了项目管理的流程，本节简要介绍项目管理流程的优化与敏捷项目管理。

19.4.1 项目管理流程的优化

笔者在IT领域从业25年，从普通程序员成长为系统分析师、项目经理、项目总监、技术总监，2001 年 6 月创立企业，从事管理工作。25 年来，主持和参与的项目众多，项目规模从金额几万元到数亿元，基于各种项目不同的背景和经历，成功者有之，失败者亦有之。写作本节内容之时，正值 2017 年端午节放假，梳理 25 年的项目经历，一路走来，单就项目管理流程而言，也发现了许多不足。例如：

（1）项目立项缺乏深入的调研，所要解决的问题缺少针对性和创新性。

（2）项目实施方案缺乏全面而系统的论证，项目目标、措施、成果呈现方式缺乏全局的思考。

（3）将项目工作等同于日常工作。

（4）项目工作不分重点，眉毛胡子一把抓。

（5）项目评价有相关利益干系人参加，囿于小集团利益，使评价缺乏公正性。

（6）死守项目管理流程，缺乏灵活机制，延误交付时间。

（7）虽然成立了顾问团，但异地专家联系很少，发挥的作用十分有限。

针对项目管理流程的以上问题和不足，笔者认为，必须抓住关键环节，改善项目管理和实施办法，优化项目管理流程，提高项目质量和效益。

（1）项目立项要深入实际进行调查研究。在项目管理理论的指导下，利用调查问卷、座谈讨论等需求获取和调查的方法，全面总结过去成功的做法，发现存在的实际问题，全面掌握第一手资料，使项目立足于解决实际问题，突破工作难点。

（2）项目方案要进行全面论证。项目方案是项目实施的前置环节，方案的完善与否决定了项目成果的大小。因此，要邀请有关专家学者、项目团队成员等项目干系人，结合理论和工作实际对项目进行深入细致的论证。通过论证，深入分析项目方案存在的问题和不足，明确项目目标、项目要解决的问题、项目实施措施和项目成果的呈现方式，从而辩证地审视项目实施的价值和意义，完善项目方案落实、实施的措施，形成科学完备的工作方案。

（3）优化项目团队成员的组成。项目团队成员包括顾问团的专家，要真正打破地域界限，充分发挥异地专家的作用，整合所能整合的力量，调动各个方面的积极性。为每个异地专家配备一名本地助理，充分发挥异地专家的作用。

（4）对项目实施分级管理。要根据项目的复杂性、艰巨性和重要性，将项目分级并且赋予不同的分值，可将项目分为重大项目、重点项目、一般项目等三个级别，每个级别赋予不同的分值，项目经费、人员组成、项目评价要向重大项目倾斜，从而克服项目管理不分轻重，重点不突出的倾向。

（5）要加强项目过程管理。项目管理办公室应采取定期和随机的方式，对项目实施情况进行调度，及时发现各项目组在实施过程中存在的问题和不足，提供必要的帮助，予以改进完善；通过优秀阶段性成果呈现、座谈会、现场会等形式，总结推广好的经验做法，为其他项目提供借鉴。

（6）项目评价要力求客观公正。项目干系人参加项目评价，固然有业务熟、关注度高、有责任等优点，但是每个项目组成员还存在着竞争关系，因此在评价打分时，未免会受主观情绪和个人利益的制约，影响评价的公正、公平。因此，项目评价最好参考内部评价结果，邀请行业专家和学者组成评价委员会，或者交给专业的第三方评估机构来评价。

总之，笔者认为，项目管理不遵守流程是不行的，会使项目实施陷于混乱，直接导致项目失败。但是，如果死守项目管理流程，不能根据实际情况进行变通，也是不行的。项目管理需要既定的流程，但这个流程不是固定不变的，而是灵活的、可调整的，一个优秀的项目经理要善于根据项目环境优化和改进项目管理流程，使流程服务于项目，促进项目的成功。

19.4.2 敏捷项目管理

敏捷项目管理是规划和指导项目流程的迭代方法。与敏捷软件开发一样，敏捷项目是在使用迭代的小型部门中完成的。每个迭代都由项目团队审核和评价，从迭代的评价中获得的信息用于决定项目的下一个步骤。每个项目迭代通常是安排在两周内完成。

在敏捷项目管理方法中，业界用得比较多的是 Scrum 方法。Scrum 是一种迭代式增量软件开发过程，通常用于敏捷软件开发。Scrum 中的主要角色包括主管、产品负责人、开发团队，其中主管的职责与项目经理类似，负责维护过程和任务，产品负责人代表利益所有者，开发团队包括所有开发人员。

敏捷项目管理的流程包括构想、推测、探索、适应、结束，如图 19-3 所示。

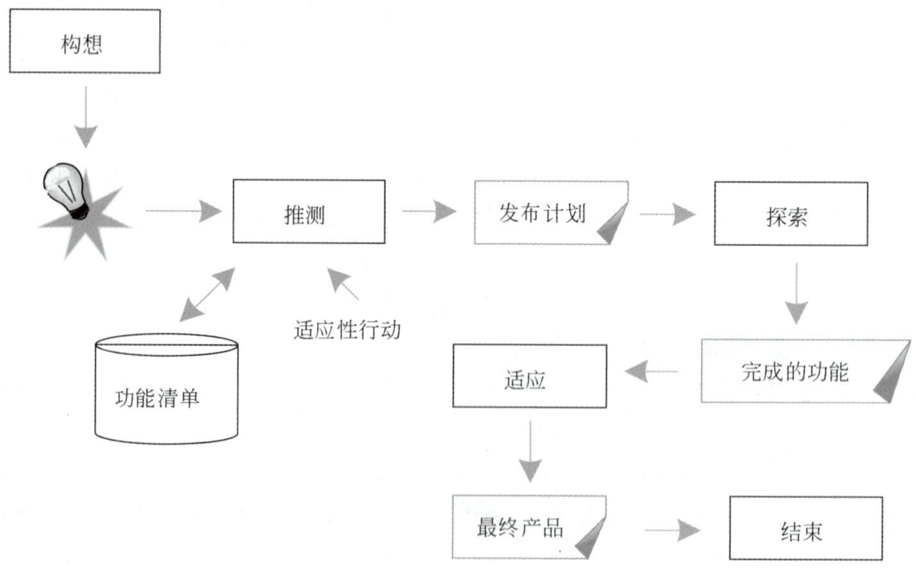

图 19-3 敏捷项目管理流程架构

1．与传统项目管理流程的比较

敏捷项目管理阶段的命名既反映了活动，也反映了结果。例如，构想阶段产生项目构想。而且这个命名与传统项目管理的阶段命名（启动、计划、管理、控制）彻底分离，意义重大。

（1）构想代替较传统的启动，表示构想的重要性。

（2）推测阶段代替计划阶段。每个词都传达一定的意义，而各个意义来自它们长期的系统用法。"计划"与预测和相对确定性相关联，而"推测"表示未来是不确定的。我们知道，任何项目的未来都包含着不确定性，尤其是那些探索系数较高的项目，但我们仍在试图"计划"排除该不确定性。我们必须学会推测和适应，而不是计划和建造。

（3）敏捷项目管理模式用探索代替通常的管理阶段。探索以迭代交付的方式，明确表示它是非线性的、并行的、非瀑布式的模式。在推测阶段提出的问题需要探索。鉴于我们不能完全预测结果，推测暗示着需要有灵活性。敏捷项目管理模式强调执行以及这样一个事实：它是探索性的而非确定性的。

（4）实施敏捷项目管理的团队密切关注构想、监控信息，从而适应当前情况，这就是适应阶段。

（5）敏捷项目管理模式以结束阶段收尾，在这个阶段，主要的目标是传递知识，当然它也是一个庆典。

2．构想

构想阶段的任务是确定产品构想、项目范围、项目团队以及团队共同工作的方式。构想阶段为客户和项目团队创造构想，该构想包括提供什么、谁提供和如何提供。如果没有构想，其他的项目启动活动都是无用之功，构想是项目早期成功的关键因素。

首先，我们需要构想提供什么，即产品范围与项目范围构想。

其次，我们需要构想参与的人是谁：客户、产品经理、项目团队成员和利益相关方组成的团队。

最后，项目团队成员必须构想他们打算如何共同工作。

3．推测

推测阶段制订基于功能的发布计划、里程碑和迭代计划，确保交付构想的产品。"推测"一词首先让人们想到不计后果的冒险景象，但实际上字典对它的定义是"根据已知的测度未知的"，这正是这个阶段要做的事情。"计划"一词具有确定和预测的含义，人们认为制订计划可以产生确定性，但事实远非如此。在传统项目管理中，计划带来的只不过是衡量绩效的标准，而一旦这个标准与现实出现偏差，我们又需要重新计划。

敏捷项目管理更多的是构想和探索，而不是计划和执行，它迫使我们面对这样的现实：不稳定的项目环境和变化多端的产品开发环境。推测阶段是构想阶段的延伸并与它相互影响，它包括：

（1）收集初始的、广泛的产品要求；将工作量定义为产品功能清单。

（2）制订交付计划（发布、里程碑和迭代），其中包括进度表和资源分配。

（3）在估计项目成本时加入降低风险的策略，并生成其他必要的行政管理和财务信息。

4．探索

探索阶段的任务是在短期内提供经测试的功能，致力于减少项目风险和不确定性。探索阶段提供产品功能。从项目管理的角度来看，探索阶段有三个关键的活动域。

（1）通过管理工作量和使用适当的技术方法和风险降低策略，交付计划的功能。

（2）建立协作的、自我组织的项目团队，这是每个人的责任，但需要由项目经理推动。

（3）管理团队与客户、产品经理和其他项目干系人的相互交流。

5．适应

适应阶段的任务是审核提交的结果、当前情况以及团队的绩效，必要时做出调整。“适应”意味着修改或改变而不是成功或失败，吸取教训是敏捷项目管理的关键。自构想阶段以后，其循环通常是“推测-探索-适应”，每次迭代都不断的对产品进行提炼。但是，如果团队收集到新的信息，定期地回到构想阶段也很有必要。

在适应阶段，需要从客户、技术、人员和流程绩效，以及项目状态等方面对结果进行评估，该评估将会对比实际结果和计划的结果。但更重要的是，要根据得到的项目最新信息修改项目计划，修改后的结果将融入到实际工作中，开始新的迭代。

6．结束

结束阶段的任务是终止项目、交流主要的学习成果并庆祝。在某种程度上，项目根据开始和结束来界定。结束阶段以及每次迭代末尾的“小型”结束的主要目标是：学习并将学到的知识融入到下一次迭代工作中，或者传递给下一个项目团队。

在敏捷项目管理的每个阶段中，都有与敏捷价值观和指导原则相一致的具体做法。这些做法应该看作是一个“做法系统”，因为它们作为一个系统相互补充，与价值观和原则保持一致。没有做法的原则只是个空壳，而没有原则的做法往往会毫无判断地被生搬硬套。没有原则，我们就不知道“如何”实施做法。例如，没有“简单原则”，我们往往会过多地看重做法的形式。原则指导做法，做法用实际例子证明原则，它们是相辅相成的。

“使原则和做法保持一致”说明了这样一个事实：没有所谓的“最佳实践”。对于某个项目团队非常有效的做法，也许对另一个团队是极其糟糕的做法。一个具体做法只有在特定的项目环境中，才能知道它是好是坏。

19.5 本章练习

（1）下列关于BPR的叙述中，________是不正确的。

A．BPR 需要对流程重新构思

B．BPR 是对当前流程激进的破坏性创造

C．BPR 是针对管理流程的重构

D．BPR 有时会导致组织的不稳定

试题分析

业务流程重构（业务流程改造）是指为了在衡量绩效的关键指标上取得显著改进，从根本上重新思考、彻底改进业务流程。其中，衡量绩效的关键指标包括产品和服务质量、顾客满意度、成本、员工工作效率等。与以往的“目标管理”“全面质量管理”“战略管理”等理论相比，业务流程重构要求企业管理者从根本上重新思考业已形成的基本信念，即对长期以来企业在经营中所遵循的基本信念，如分工思想、等级制度、规模经营、标准化生产等体制性问题进行重新思考。这就需要打破原有的思维定势，进行创造性思维。业务流程进行重构的第一步，就是要先决定自己应该做什么，以及怎样做，而不能在既定的框框中实施重构。这是因为，业务流程重构不是对组织进行肤浅的调整修补，而是要进行脱胎换骨式的彻底改进，抛弃现有的业务流程和组织结构，以及陈规陋习，另起炉灶。

确切地说，是针对企业业务流程的基本问题进行反思，并对它进行彻底的重新设计，以便在成本、质量、服务和速度等当今衡量企业业绩的这些重要指标上取得显著性的提高。

企业流程重构理论是从企业管理开始的，要求对企业的流程、组织结构、文化进行全面的、急剧的重塑，以达到工作流程和生产率的最优化，实现绩效的飞跃。

企业流程改造成功的关键是什么是实现信息技术和人的有机结合，将信息技术和人这两个关键要素有效运作于流程再设计与再造活动中，推进组织的技术性和社会性；利用信息技术协调分散与集中的矛盾，即在设计和优化企业业务流程时，强调尽可能利用信息技术实现信息的一次处理与共享使用机制，将串行工作流程改造为并行工作流程。

企业流程重构的核心原则是指导变革方向的根本性原则，即坚持以流程为导向的原则，坚持团队式管理的原则，坚持以顾客为中心的原则。

参考答案：C

（2）基于业务流程重构的信息系统规划主要步骤是________。

A．系统战略规划阶段、系统流程规划阶段、系统功能规划阶段和系统实施阶段

B．系统战略规划阶段、系统流程规划阶段、系统数据规划阶段、系统功能规划阶段和系统实施阶段

C．系统战略规划阶段、系统流程规划阶段、系统数据规划阶段和系统实施阶段

D．系统战略规划阶段、系统流程规划阶段、系统方案规划阶段、系统功能规划阶段和系统实施阶段

试题分析

基于业务流程重构的信息系统规划主要步骤如下。

① 系统战略规划阶段。主要是明确企业的战略目标，认清企业的发展方向，了解企业运营模式；进行业务流程调查，确定成功实施企业战略的成功因素，并在此基础上定义业务流程远景和信息系统战略规划，以保证流程再造、信息系统目标与企业的目标保持一致，为未来工作的进行提供战略指导。

② 系统流程规划阶段。面向流程进行信息系统规划，是数据规划与功能规划的基础。主要任务是选择核心业务流程，并进行流程分析，识别出关键流程以及需要再造的流程，并勾画重构后的业务流程图，直至流程再造完毕，形成系统的流程规划方案。

③ 系统数据规划阶段。在流程重构的基础上识别和分类由这些流程所产生、控制和使用的数据。首先定义数据类，所谓数据类指的是支持业务流程所必须的逻辑上的相关数据。然后进行数据的规划，按时间长短可以将数据分为历史数据、年报数据、季报数据、月报数据、日报数据等，按数据是否共享可以分为共享数据和部门内部使用数据，按数据的用途可分为系统数据（系统代码等）、基础数据和综合数据等。

④ 系统功能规划阶段。在对数据类和业务流程了解的基础上，下一步就是建立数据类与过程的关系矩阵（U/C 矩阵）对它们的关系进行综合，并通过 U/C 矩阵识别子系统，进一步进行系统总体逻辑结构规划，即功能规划，识别功能模块。

⑤ 实施阶段。在实施阶段进行系统的总体网络布局，并针对这些应用项目的优先顺序给予资源上的合理分配，并根据项目优先顺序来进行具体实施。

参考答案：B

（3）业务流程重构的实施步骤包括：项目的启动，拟定变革计划，建立项目团队，重新设计________并实施，持续改进，重新开始。

A．已有流程　　B．系统架构　　C．目标流程　　D．企业架构

试题分析

业务流程重构的实施步骤如下。

① BPR 项目的启动。包括确立发起人的地位、引进变革思想、采取有效的行动。

② 拟订变革计划。包括组成领导小组、建立高级管理层变革的概念、对环境和组织进行调查、开发经营案例、关联努力方向和经营战略、筛选变革项目、开发行动的整体计划。

③ 建立项目团队。

④ 分析目标流程。包括叙述性描述、社会系统分析。

⑤ 重新设计目标流程。包括确定设计原则、重新设计组织。

⑥ 实施新的设计。包括关注实施的特殊问题、文化的彻底变革、与组织性能相关的问题、改进文化的关键、使用桥头堡战略实施变革。所谓桥头堡战略是指选择一个区

域（桥头堡），建立一个表现非凡的工作团队，然后逐个阶段地覆盖整个流程。

⑦ 持续改进。包括建立流程优化团队、定义优化目标、绘制流程图、形成改进项目的计划（确定根本原因、开发解决方案、实施变革、结果评估）。

⑧ 重新开始。指导小组要通过刷新他们的经营战略、改进计划和选择其他流程进行优化，继续业务流程改进的另一个周期。

参考答案：C

（4）为保证成功实施 BPR 项目，下列说法正确的是________。

A．企业人员不一定参与到重构的具体工作中

B．要保证 BPR 项目在启动时就建立起有效的领导机制

C．只需要重要的企业员工对 BPR 项目的理解和参与

D．对无法衡量的部分，BPR 实施中尽量包括进来

试题分析

为保证成功实施 BPR 项目，需要所有人员的参与，要保证 BPR 项目在启动时就建立起有效的领导机制。对无法衡量的部分，BPR 实施中不要包括进来。

参考答案：B

（5）某公司为提升企业竞争能力，改进管理模式，使业务流程合理化实施了________，对业务流程进行了重新设计，使公司在成本、质量和服务质量等方面得到了提高。

A．BPR　　B．CCB　　C．ARIS　　D．BPM

试题分析

业务流程管理（BPM）以一种规范化地构造端到端的卓越业务流程为中心，以持续地提高组织业务绩效为目的的系统化方法。

流程管理首先保证了流程是面向客户的流程，流程中的活动是增值的活动。流程管理保证了组织的业务流程是经过精心设计的，且这种设计是可以不断地继续下去的，使得流程本身可以保持永不落伍。

流程管理与原有的 BPR 管理思想最根本的不同在于流程管理并不要求对所有的流程进行再造。构造卓越的业务流程并不是流程再造，而是根据现有流程的具体情况，对流程进行规范化的设计。流程包括三个方面：规范流程、优化流程和再造流程。流程管理的思想应该是包含了 BPR，但比 BPR 的概念更广泛、更适合显示的需要。

PM 的作用在于帮助企业进行业务流程分析、监督和执行。要强调的是业务流程的管理不是在流程规划出来之后才进行的，而在流程规划之前就要进行管理。

因此，良好的业务流程管理的步骤包括流程设计、流程执行、流程评估和流程改进，这也是 PDCA 闭环的管理过程，其逻辑关系如下。

① 明确业务流程所欲获取的成果。

② 开发和计划系统的方法，实现以上成果。

③ 系统地部署方法，确保全面实施。

④ 根据对业务的检查和分析以及持续的学习活动，评估和审查所执行的方法。并

进一步提出计划和实施改进措施。

参考答案：D

（6）某公司进行业务流程重构，在实施的过程中公司发生了多方面、多层次的变化，假定该公司的实施是成功的，则________不应是该实施所带来的变化。

A．企业文化的变化　　B．服务质量的变化
C．业务方向的变化　　D．组织管理的变化

试题分析

BPR 的产生源于对企业持久竞争力的追求，而竞争力归根结底来自两个方面，即内部效率的提高和外部客户满意度的增强。BPR 理论以“流程”为变革的核心线索，把跨职能的企业业务流程作为基本工作单元。这里的流程是指可共同为顾客创造价值的一系列相关互联的行为。它与代表系统与外界相联系和作用的功能是截然不同的概念。传统的组织结构多是按功能划分的，呈金字塔形，BPR 的实施就是要打破这种金字塔形的组织结构，创建一种面向流程的、也是跨功能的组织结构。为实现顾客满意度的明显增强，BPR 兼顾产品质量和服务质量，倡导以顾客为中心的企业文化。

BPR 的实施会引起企业多方面、多层次的变化，主要包括企业文化与观念的变化、业务流程的变化、组织与管理的变化。

参考答案：C

（7）在进行业务流程改进时，通过对作业成本的确认和计量，消除“不增值作业”、改进“可增值作业”，将企业的损失、浪费减少到最低限度，从而促进企业管理水平提高的方法是________。

A．矩阵图法　　B．蒙特卡罗法　　C．ABC 法　　D．帕累托法

试题分析

ABC（Activity Based Costing，基于活动的成本计算）法又称活动成本分析法或作业成本管理，主要用于对现有流程的描述和成本分析。ABC 成本分析法和价值链分析法有某种程度的类似，都是将现有的业务进行分解，找出基本活动。但 ABC 成本分析法着重分析各个活动的成本，特别是活动中所消耗的人工、资源等。

ABC 法从以产品为中心转移到以活动为中心上来，通过对活动成本的确认、计量，尽可能消除不增加价值的活动，改进可增加价值的活动，及时提供有用信息，从而将有关损失、浪费减少到最低限度。这是深挖降低成本的潜力，实现成本降低的基本源泉。ABC 法最为重要的一点在于，它不是就成本论成本，而是将着眼点与着重点放在成本发生的前因后果上，通过对所有活动进行跟踪反映，对最终产品形成的过程中所发生的活动成本进行有效控制。

参考答案：C

（8）流程管理是企业管理的一个重要内容，一般来说流程管理不包括________。

A．管理流程　　B．操作流程　　C．支持流程　　D．改进流程

试题分析

一般来说，业务流程分为管理流程、操作流程和支持流程三类。

- 管理流程：指企业整体目标和经营战略产生的流程。
- 操作流程：直接与满足外部顾客的需求相关。
- 支持流程：为保证操作流程的顺利执行，在资金、人力、设备管理和信息系统支撑方面的各种活动。

参考答案：D

（9）业务流程管理信息化是将生产流程、业务流程、各类行政审批流程、人事处理流程、财务管理流程等需要多人协作实施的任务，全部或部分交由计算机处理的过程，对于企业来说，一般讲业务流程分为四个层次，其中资源能力计划和相关预算属于________层次。

A．战略　　B．计划　　C．运作　　D．生产流程

试题分析

业务流程是为了实现一定的经营目的而执行的一系列逻辑相关的活动的集合，业务流程的输出是满足市场需要的产品或服务。根据功能、管理范围等的不同，企业的流程管理一般分为生产流程层、运作层、计划层和战略层四个层次。

参考答案：B

（10）企业为显著提高产品质量、工作效率和能力，并显著控制成本，对当前业务流程进行破坏性地重新设计称为业务流程重构，下列________原则可以有效指导 BPR 项目实施。

A．尽量要那些提供流程输入的人来执行流程操作

B．将决策点放到基层活动中，减少对流程的控制

C．对地理上集中的资源看作是分散地来处理

D．组织机构设计要围绕企业的产出，而不是一项一项的任务

试题分析

Hammer 用于指导 BPR 项目的七条原则。

① 组织机构设计要围绕企业的产出，而不是一项一项的任务。

② 尽量要那些使用流程输出的人来执行流程操作。

③ 将信息处理工作结合到该信息产生的实际流程中去。

④ 对地理上分散的资源看作是集中的来处理。

⑤ 平行活动的连接要更紧密，而不是单单集成各自的活动结果。

⑥ 将决策点下放到基层活动中，并建立对流程的控制。

⑦ 尽量在信息产生的源头，一次获取信息，同时保持信息的一致性。

参考答案：D

第 20 章　项目集管理

20.1　项目集管理概述

项目管理协会（PMI）将项目集定义为“经过协调管理以获取单独管理所无法取得的收益的一组相关联的项目、子项目集和项目集活动”。项目集内的所有项目通过共同的目标相关联，该目标对发起组织而言具有非常重要的战略意义。如果项目集各干系人有不同的目标，并且这些目标不具有协调收益的交付特征，只是在资金、技能、干系人等方面存在关联，则这些最好通过项目组合，而不是使用项目集方法来对这些组件进行管理。所以大项目不应该用项目集管理方法来进行管理，而是应该用项目管理方法对其进行管理。

20.1.1　项目集管理标准

在项目集中的“其他工作”主要是指描述若干面向特定项目集的活动，这些活动由项目集经理履行，但不直接属于任何项目集内单个子项目集或项目的活动。这种“其他工作”包含诸如培训、规划新组件、管理支持工作，以及控制项目集所需的基础设施等。这些活动所需要的资金都应该属于项目集的预算，属于项目集经理监控和管理的范围。也有一些“其他活动”无论使用的资金来源，如果这些活动用来支持项目集的整体绩效，这些活动处于项目集经理直接控制之外，甚至是在项目集边界之外的个人或组织监控和管理的活动，这些都可以归入项目集的“其他活动”之中。

“组件”在项目集管理范围内用来描述项目集中的一个或多个工作内容。这些组件有各种各样的表现形式，包括作为项目集一部分的单个项目、承担大项目集中一部分工作的子项目集或项目集经理实施的其他工作。因此“组件”指项目集范围内的部分或全部个体工作，是项目集重要的组成部分。

在《PMI 项目管理术语词典》中将“活动”定义为“在项目期间执行的、清晰的、已安排好的工作组成部分”。事实上，在项目集内有很多项目集经理开展的、对项目集推进十分重要的任务和行动，也应该被称为项目集活动。

“子项目集”可以被理解为作为另一个项目集的组成部分而被管理的一个项目集。

本标准的方法、活动和过程通常被认为是成功管理项目集的必要手段，其中各组件、活动之间的协调配合将是本教程中重点关注的内容。

20.1.2　各种角色和职责界定

同项目管理一样，项目集管理也涉及到很多角色和职责的界定。对于项目集而言，一般会主要涉及到以下几个方面的内容。

- 项目经理：理解项目集经理的角色及项目经理与项目集经理之间的关系和接口。
- 项目集经理：使他们理解自己的角色。
- 项目集管理团队成员：理解其作为个体领导者的角色，以及整体上与项目集经理和项目集的关系。
- 项目组合经理：理解项目集经理的角色，以及项目集经理与项目组合经理之间的关系和接口。
- 干系人：理解项目集经理的角色，以及他们如何争取不同的干系人群体（如用户、管理层、客户、供应商、卖方等）的支持。
- 发起人和收益人：理解高管发起人作为项目集治理委员会/董事会的一部分的角色，记录项目集交付的预期收益，对照项目集的预期目标和收益制定有用的度量方法和衡量标准，以便将来用以对项目集进度进行评估。

项目集及其组件通过为组织创造商业价值、提高组织的现有能力、促进商业变化、维持资产规模、为市场提供新产品和新服务，或者拓展新的能力等，为组织交付预期的收益。项目集的收益是项目集发起组织级项目集预期受益者或干系人提供具有实用性的行动、行为、产品或服务的结果。项目集为组织提供了一种向干系人交付收益的能力，同时也为发起组织以商业价值的形式交付预定的收益。

项目集是执行组织战略并实现商业或组织目标和目的的手段，项目集收益有可能在整个项目集执行过程中渐进实现，也可能在项目集结束时一次性实现。渐进收益交付的一个例子是跨组织范围内实施含有多个项目的过程改进项目集。在项目集中每个组件项目都有不同的进度计划并交付渐次收益。

20.1.3　项目集管理

项目集管理就是在项目集中应用知识、技能、工具和技术来满足项目集的要求，获得分别管理各项目集组件所无法实现的收益和控制。它包括对多个组件进行组合调整，以便于以优化或整合的成本、进度和工作来实现项目集目标。

项目集内的组件通过共同成果或一系列集合收益的交付相关联，如果项目间的关系只是通过共享客户、供应商、技术或资源，则此类项目应通过项目组合，而非项目集手段来管理。

一般来说，项目集经理可以通过五个相互关联与依赖的项目集管理绩效域的工作来整合与控制组件之间的相互依赖关系。它们分别是项目集战略一致性、项目集收益管理、项目集干系人争取、项目集治理和项目集生命周期管理。通过这些项目集管理绩效域，项目集经理监控和分析组件之间的相互依赖关系，以协助确定将这些组件作为项目集来管理的最佳方法。与这些依赖关系相关的行动包括：

（1）领导和协调共同的项目集活动，如跨所有项目集组件、工作或阶段的财务与采购。解决影响项目集内多个组件的资源限制和/或冲突问题。

（2）以一种可以体现项目集内所有活动的方式传递并报告给干系人。

（3）积极响应项目集内跨多个组件的风险。

（4）将项目集工作与影响和作用于单独的组件、组件群或项目集目的和目标的组织（战略）方向保持一致。

（5）在共享的治理结构内解决范围、成本、进度、质量和风险影响。

（6）裁剪项目集管理活动、过程和接口，有效地处理项目集内的文化、社会经济、政治和环境差异。

通过结构化的监督与治理，项目集管理确保在项目集内跨组件的合适的计划、控制、交付、移交及收益维持，以获取项目集的预期战略收益。项目集管理为管理项目集的相关工作的关键因素提供了框架。这些关键因素包括战略收益、协调的规划、复杂的依赖关系、可交付成果的整合及优化。

20.2 项目集管理过程

20.2.1 评估项目集与组织战略一致性

项目集管理与项目管理之间的关键区别是项目集的战略聚焦，以及项目集确保组织收益的实现。在该阶段项目集经理需要具有战略愿景和组织规划能力，确保在与组织战略目标保持一致，并实现组织的预期收益，确保项目集被批准。为了项目集的构建与组织战略保持一致，一般要经过如下的过程。

项目集商业论证是从组织战略的角度，立足于项目集收益对将构建的项目集及各种备选的构建初始方案进行正式或非正式论证的过程，也即是对初始项目集的可行性研究。这是组织或项目组合在发现外在的市场机会之后，启动项目集的标志，是对这种机会或概念进行系统研究，以决定是否整合相关资源，构建能够有助于组织战略目标实现项目集的过程。

该过程的输入包括市场机遇、客户或合作伙伴需求、股东建议、政府规章、竞争对手的行动、组织内部的战略发展的需求，以及其他是组织所在的事业环境因素。

该过程可能会使用的工具技术包括基于市场的比较优势分析、组织内外部的可行性分析、SWOT 分析、假设分析，以及历史信息等。

该过程的输出包括批准项目集初始方案、对初始方案进行调整后组建项目集、拒绝项目集的初始方案，以及要求相关人员和组织提供更详细的方案等。

在此阶段项目集主要发起人需要频繁地与关键干系人进行密切的磋商以开发项目集初始方案，保证项目集方案能够得到参与各方的认可，保证参与各方在项目集中实现成本和收益的平衡，能够实现组织各自的战略目标。项目论证的内容可能包括问题和机会分析、业务和运营影响、成本收益分析、替代解决方案、财务分析、内在和外在的收益分析、潜在的利润、社会与市场需求及其可能障碍、环境影响等于组织战略目标一致性的因素。

项目集商业论证初步明确了未来项目集的意图和宗旨、提供了项目集治理的结构方向，以及项目集管理的指导原则和组织结构，并对项目集内各业务进行授权的指导性框架，也为项目集合理使用组织资源提供了商业依据。

20.2.2　项目集愿景和计划

该阶段的项目集计划还只是粗略的，主要是为了配合项目集的商业论证和对关系人的影响而对项目集愿景和使命的描述。由于该阶段还处于项目集计划的早期，如果项目集充满不确定性，则可能只是对相关愿景和使命的描述，而如果该阶段的项目集过程已经相对有了明确的规划，则在该阶段会提供更详细的计划描述，会通过项目集计划的形式来正式解释项目集的概念、愿景、使命及项目集的预期收益，并定义项目集的目标和目的。项目集的愿景和计划在项目集的生命周期中是不断演进的过程，计划会滚动式地演进发展，随着相关信息的不断补充，项目集计划会不断完善，指导项目集的具体执行。

项目集目的或目标就清晰定义了项目集，及其关键组件的预期交付成果及相关的收益。其中收益可能来自于项目集在经济方面为组织带来的回报，也包括其他的能够给组织带来间接价值的收获。这里的目标可以是短期的，也可以是长期的，但是必须是具体的和可量化的，以及可管理的。项目集目标的定义是整个计划建立的基础，项目集目标具体确定后，项目集各项子计划、组件计划就可以在此基础上组织开发。项目集计划是项目集经理保证项目集各项活动与组织战略保持一致的重要管理手段。

该过程的输入包括项目集商业论证及其评审意见，项目集事业环境因素、组织战略、重要干系人需求、相关合同、合作协议、前期项目集文件、项目集的资源储备、国家政策和市场变化、相关标准与规范、相关历史信息。

该过程可能使用的工具和技术包括项目集管理信息系统、专家判断、焦点小组、引导技术、意见领袖、情景分析、头脑风暴、进度和成本的参数模型、网络规划、关键路径分析、技术方案评审、角色分工等。但是不管采用什么工具和技术，项目集计划制订过程是项目集参与各方利益平衡、资源平衡的过程，保证项目集内各组件的优先级得到有效地执行，是项目集各方面需求，在现实的约束条件下整合的过程。

该过程的输出包括项目集整体计划和各子计划，这些计划是在项目集愿景、使命和目的基础上发展出来的，计划的内容能够保证项目集执行过程能够得到有效的指导、管理和监督，保证实现项目集预期的目标，并保证项目集的执行与组织战略目标一致。

20.2.3　项目集路线图

项目集路线图按照时间顺序以图形化的方式展现项目集预期发展方向，并在每个时间顺序事件建立系列的文档化标准，同时建立了项目集活动与预期收益之间的关系，以及项目集里程碑之间的关键依赖，传递业务战略与规划的优先级之间的连接。因此项目集路线图能够为关键里程碑和决策点提供高层面的监控信息，总结关键结束点的目标、主要风险和挑战，以及提供支持基础设施和组件计划的高层面协调和支持。

项目集路线图与项目集进度计划类似，项目集路线图主要适合于为规划和制订更加详细的时间表而勾勒出的主要项目集事件。项目集路线图可以用来表示项目集的主要阶段和模块组成，但并不包括项目集具体组件内部的细节，是管理项目集执行情况和评估项目集实现预期收益进展情况的重要工具，适合于用项目集路线图对项目集进行治理和监控。项目集路线图与项目集早期阶段的项目集计划一样，是一个滚动发展的过程，早期阶段的项目集路线图也是以一种粗略的、框架性的结构对项目集关键节点的描述。

为了支持对项目集高层面的监控，在关键路线图的关键节点需要列出所有高层决策和监控可能关注的细节，如假设、收益、里程碑描述、依赖和假设列表等事项，以展示在项目集进展的不同关键阶段资源的使用情况，收益的交付，并描述组织能力如何通过渐进的项目集规划实现最终的项目集交付。

20.3 项目集治理

项目集治理涵盖了由发起组织对项目集战略进行定义、授权、监督和支持的体系和方法，是项目集发起组织确保项目集被有效和持续管理而执行的实践和流程。项目集治理通过在授权范围内负责对项目集的建议做出签署或批准的评审与决策的活动来实现。该机构一般称为项目集指导委员会（或项目集治理委员会、项目集董事会），是项目集的决策机构。负责为项目集的管理方式提供支持。

20.3.1 项目集治理的主要内容

有效的项目集治理通过以下几个方面支持项目集成功。

（1）规划和建立项目集治理结构，并规划项目集的审计，确定项目集治理目标和结构，即建立清晰、易理解的协议，该协议用来说明发起组织如何监控项目集，同时说明项目集在实现其目标时需要被授权的范围和程度，以及接受监控和审计的方法和频次。

（2）规划项目集审计，确保项目集目标与发起组织的战略愿景、运营能力和资源承诺保持一致，并与其基准计划保持一致。

（3）签署和启动项目集组件，其中重点包括子项目集、项目和其他项目集工作的启动，并确定项目集组件的启动权限与审批流程，以及批准项目集相关组件的移交。

（4）提供治理监管，为项目集建立沟通项目集风险和不确定性的渠道和流程，并为治理和审计项目集过程提供指导。

（5）监控项目集变更，为项目集建立沟通和解决在项目集执行过程中产生的问题，并对项目集的变更控制流程提供治理。

（6）管理项目集收益，并相关组织对项目集提供的支持给予必要的管理和监督，对项目集交付其预期收益的进展实施定期的组织级评审，保证组织能够评估项目集（和组织）战略计划的可行性及需要的必要支持水平。

（7）规划和监控项目集质量，确定项目集适用的质量标准，以及进行质量管理的方法，并保证在项目集实施过程中各组件质量管理方法的一致性，以及这些规则和标准在项目集各个层面上都能够得到严格的遵守，提供建立、评价和执行项目集符合组织标准的质量治理框架。

（8）在项目集期间，尤其是在项目集定义阶段，通过为每个项目集与关键治理干系人的互动，建立起清晰的项目集期望，推动和吸引项目集干系人参与。

由于项目集实施环境的复杂和不确定性，使得对项目集的治理非常有必要。项目集治理主要通过对成果和可用信息实时的监控，并使用授权、限制变更、提供支持等措施，使得推动项目集与组织战略保持一致成为可能，并保证项目集需求与当前的组织能力之间能够维持周期性的平衡。对于项目集治理，主要包括以下几个方面的具体内容。

（1）项目集指导委员会的建立。

（2）项目集指导委员会的职责界定。

（3）项目集治理和项目集管理之间的关系。

（4）与项目集治理相关的个人角色。

（5）项目集作为治理主体——项目集组件治理。

（6）其他支持项目集管理的治理活动。

20.3.2　项目集指导委员会

项目集指导委员会也称为项目集治理委员会、项目集董事会、监督委员会，其职责主要是负责定义并执行恰当的项目集治理体系和方法，保证项目集执行与组织的战略目标保持一致，并为指导项目集的正常管理提供支持。项目集指导委员会成员通常由决策层干系人组成，能够为实现项目集目标收益提供足够的资源。

在组织内建立单一的项目集指导委员会，负责监督项目集所有关键内容，是开展有效和敏捷项目集治理的有效方法。然而在一定情况下，特定的项目集需要建立多个指导委员会来对项目集过程进行治理。如私有企业和政府组织联合发起的项目集；多家私营企业合作管理的项目集，否则这些企业将会成为竞争对手；高校和企业联合进行的项目集管理活动；以及在复杂环境下主题专家不能有效地聚合到特定项目集指导委员会中的项目集等。在这种多项目集指导委员会的模式下，就需要清晰地建立项目集治理体系和方法，以及项目集决策权力的分配，不至于使项目集治理低效，甚至无效。

20.3.3 项目集指导委员会职责

项目集指导委员会的主要责任是保证项目集能够按照计划实现组织的战略目标，围绕这一基本职能就要求项目集指导委员会承担在组织范围内对项目集的成功识别、启动和实现起到具有关键作用的职责。这些职责主要可以概括如下。

（1）保证项目集与组织愿景和目标的一致性。项目集指导委员会的首要职责是确保项目集在其授权范围内定义项目集的愿景和目标，并保证项目集的愿景和目标与组织的愿景和目标保持一致。因为对于大多数项目集来说，组织的愿景和目标是驱动项目集启动和执行的基础，所以项目集必须有效支持组织的愿景和目标。

（2）项目集批准和启动。项目集指导委员会作为项目集的决策机构，需要批准每个项目集为实现预期目标所采取的方法和计划，授权项目集对组织资源的使用，以及对寻求组织外资源的方法。另外项目集指导委员会还负责批准项目集章程和批准项目集商业论证。

批准项目集章程的主要内容随项目集环境的不同而存在差异，但是项目集章程一般会包括授权项目集管理团队使用组织资源执行项目集的必要权限。同时项目集章程还将项目集及其商业论证与组织战略优先级结合起来，赋予项目集在组织战略中的层级和地位，以决定组织未来对项目集的资源支持和其他方面的保障。而对商业论证的审批作为项目集指导委员会对项目集预期交付价值的正式预测，成为项目集启动的直接依据，以及为项目集提供组织资源支持的正当理由。

（3）项目集筹资。为保证项目集的顺利启动，确保项目集获得必要的资金支持是项目集指导委员会的一项重要职责。提出项目集资金由负责监督多个项目集的指导委员会成员控制的资金池来提供支持。具有财务决策权的高层会将对项目集的资金支持与项目集在组织中的优先级和项目集的需求进行综合评估，通过组织的项目组合管理过程来定义对项目集的资金支持力度。

对于很多项目集而言，需要通过项目集指导委员会的努力为获得外部资源的支持，这也是项目集指导委员会及其成员的重要职责。在这样的情况下，项目集指导委员会需要在当地法律、法规或其他限制条件下，为获取外界的资源支持而适当地引入必要的协议合作方非常有必要。而在引入外部合作者的时候，必须要用具体的协议清晰规定合作各方面的权力和义务，不能因为外在合作方的引入而使项目集的根本目标发生实质性的变更。

（4）建立项目集治理计划。项目集治理的目的是描述执行治理过程需要确定的治理目标、结构、角色、职责、政策、程序，以及必要的后勤支持保障。其中很多组织都有专门的文档来描述每个项目集的治理结构、过程和职责，这些内容都在项目集治理计划中汇总，并被作为需要独立批准的文件来维护；而在一些组织中，项目集治理计划作为项目集管理计划的一部分，在项目集的管理框架内来实施对项目集治理的维护。

在项目集生命周期内，项目集治理计划应该被维护，确保项目集符合已建立的治理期望；同时基于项目集的执行情况，项目集治理计划可以通过相关变更流程被修改。建立项目集治理计划的内容庞杂，涉及到项目集管理过程的全生命周期，以及项目集的每一个关键关口，更详细的内容可以参考本教程项目集治理的相关内容。

（5）批准项目集绩效方法与计划。项目集指导委员会批准项目集所采用的方法，及项目集执行过程中管理和监控项目集组件的框架。同时项目集指导委员会通过组织资源的分配实现对项目集绩效的优化管理，这通过组织层面的项目组合管理，及对项目集优先级的排序来实现。

在对项目集绩效进行考察的过程中，对项目集治理结构最好的方式是对每个组织的需要和项目集的需求都进行具体的定义，“理想”的项目集治理模型应该能够细致地考虑到项目集治理模型所处的项目集和组织环境，然后定义相对符合具体限定的项目集治理职责，并将项目集治理和项目集管理功能之间的关系界定清楚，并指派关键的角色进行管理，不要模糊项目集治理与项目集功能管理之间的关系。在项目集治理中，结合项目集绩效考核要求，一般包括如下主要角色。

（1）项目集发起人：和项目发起人类似，项目集发起人是组织中负责支持项目集使用组织资源并确保项目集成功的具体的个人。该角色通常由项目集治理委员会执行成员，即负有指导组织级组织投资决策的成员来担当。在很多组织中，项目集发起人承担项目集治理委员会主席的职责。

（2）项目集治理委员会成员：这些成员是共同负责批准和监督项目集的人员，是项目集的重要干系人，也是项目集的相关重要决策的参与者。

（3）项目集经理：项目集经理通常负责管理和监督项目集与项目集治理功能之间交互的个人。项目集经理负责建立和管理项目集，同时负责确保项目集按照计划执行，是项目集日常管理的实际负责人，确保项目集目标始终与组织整体战略目标保持一致，并落实项目集治理委员会的各项职能。

（4）组件项目经理：组件项目经理通常指负责监督和管理作为项目集组件执行的个人。其职责包括有效地规划、执行和跟踪该组件项目，以及交付组件项目章程和项目集的计划中定义的项目输出。为了达到上述目标，项目经理还需受项目集经理治理监管的组件治理及项目集团队的支配，配合项目集整体工作。

（5）项目集团队成员：项目集团队成员对项目集战略或计划的定义负有参与责任，由负责项目集各方面的个人所组成。作为项目集治理委员会的治理角色的一部分，项目集治理委员会成员确定或签署项目集团队成员的具体工作职责分配，并作为对其最终考核的依据。

20.3.4 项目集组件治理

项目集目标的实现，以及最重要的收益的交付是通过授权和启动项目集各组件项目及子项目集实现的，因此在这一意义上，项目集本身具有一定的治理功能，及制定各子项目集和组件项目的启动策略，项目集经理和项目集团队通常负责成为组件治理的治理功能。在这种治理角色中，项目集经理负责定义所使用的用以监督和管理项目集组件项目和子项目集的体系和方法，即根据不同组件项目的特点，授予组件项目的自治程度等方面的内容。因此项目集经理需要建立一套组件项目和子项目集的治理框架，并根据各组件项目的特点对各组件项目经理进行授权。诸多因素会影响项目集经理对组件项目经理的授权，如项目集经理的经验、项目集及其各组件的规模和复杂程度，以及在更大的组织环境中对各组件进行管理多需要协调的复杂程度、组件项目经理的经验等都会影响到这样的决策过程。

20.3.5 支持项目集治理的其他活动

在项目集组件项目治理中，还需要涉及到项目集管理办公室和项目集管理信息系统等内容，因为不同的治理结构与这些支持系统的设置有较大的关系。项目集治理功能通常承担建立支持有效的项目集管理和组织能力的责任。项目集治理功能通常包括创建五种支持能力，包括项目集管理办公室、项目集管理信息系统、项目集管理中的知识管理、项目集管理审计支持和项目集管理教育和培训。这些活动可以有单独的项目集治理委员会创建，仅用于支持该项目集，也可以看着是组织的核心资产，由组织来创建，各项目集治理委员会可以根据各自的情况在此基础上进行管理或改造。

1．项目集管理办公室

项目集一般规模较大，管理工作繁杂，所以会成立项目集管理办公室来承担相关的管理职能。根据具体情况，有的项目集管理办公室是非正式的，是从各个组成部分中临时抽调人员组成的，也可以是正式的项目集管理办公室。项目集管理办公室在组织内部，通过提供受过项目集管理严格培训的员工，在应用项目集管理可接受实践方面提供适合本组织“卓越中心”的专业知识的支持。同时项目集管理办公室可能负有向某一项目组合内不同的项目集提供集中的、一致的项目集管理专业知识的任务。另外执行规模较大，特别复杂的项目集组织，可能还需要建立多个层面的项目集管理办公室，其中每个项目集管理办公室可能仅仅负责实施某一个或多个关键的项目集任务，如关于技术方面的任务，关于沟通协调方面的任务等。而对于相对简单的项目集而言，项目集经理自身，或者只是带领几个助手就可能承担项目集管理办公室方面的职能，管理整个项目集。

2．项目集管理信息系统

有效的项目集管理需要在项目集管理、项目管理、项目组合管理和组织项目集治理功能之间进行大量有效的信息交换，这就要求有相应的项目集管理信息系统来支持这种大范围的信息交流。尤其是在执行众多项目集，或者项目集非常复杂，信息交流非常繁杂的时候，对这样的信息系统的需求就更加强烈。通过建立项目集管理信息系统，在项目组合中与项目集和项目管理的信息能够及时收集、访问、报告和分析就显得非常有必要，组织的项目集治理功能便能够支持组织的项目集管理能力。

3．项目集知识管理及审计支持

项目集中知识管理主要包括三项内容：跨项目集的知识收集与共享；掌握项目集具体知识内容的个人和主题专家知识的挖掘和整理；存储收集项目集知识和项目集构件的项目管理信息系统建设。在项目集生命周期，应用的项目集知识管理包括相关知识及时地被识别、存储和传递，保证项目集知识能够在项目集内部实现有效的共享。知识管理对于信息系统集成项目来说显得尤其必要，保证相关知识能够在项目集各组件中实现共享是保证信息系统项目有效实施的重要措施。

项目集治理通常包括确保项目集在其范围内保持为要求或期望的审计做相应准备的组织责任。作为组织评估项目集执行与组织规划一致性的活动，审计可以由组织内部的专门机构或外部代理机构来执行，审计的重点集中在项目集财务、管理过程与实践、项目集质量及项目集相关文档等方面。项目集指导委员会可能会负责制订项目集团队的审计计划，并在治理结构中将审计工作纳入到治理工作中来，其中重点包括审计期望与准备、标准的审计过程、已知的预期审计时间安排、执行审计的项目集人员角色与职责，以及对审计结果的评审和沟通政策。

4．项目集管理资源池

对于信息系统集成项目集来说，可能会涉及到很多非常关键的资源分配问题，如需求分析人员、系统设计人员、精通各种语言的编程人员、具有特定才能的人员的协调等都需要涉及到项目的资源管理问题；而在项目集的执行过程之中，不同项目集组件会存在不同的交付周期，各组件项目会不停地释放资源、也会不停地吸纳新的资源，这就需要在组织层面，或者在项目集层面构建资源池以应对不同的资源变更方面的需求。

对于不同的项目集对资源需求方面的要求不同，对资源池的需求也存在差异，因此就需要各项目集根据自身不同的特点来组建项目集层面的资源池。同时由于组织管理的扁平化，以及如众筹、众包等各种新型管理方式的发展，在组织层面，甚至在项目集层面可以使用多种方式来构建自身的资源池，在保证成本节约、风险可控的前提下，项目集可以灵活地进行资源管理，保证项目集及各组件能够方便地获得自身所需的资源。

5．项目集管理教育和培训

组织的项目集治理功能可以通过提供在项目集角色和职责、技能、能力和胜任力方面的评估等方面的组织教育和培训来支持项目集的工作。由项目集治理职能部门与项目集管理层，或者项目集管理办公室合作来发起组织的特定的培训和教育，一定要具有针对性，能够保证本组织环境内可以将培训的重点放在项目集管理的特定需求方面，弥补当前阻碍项目集发展的短板，也可以使得组织确保那些负责项目集重要工作的人员的能力能够在短时间内得到提升，能够胜任其相应的角色和职责。

20.4 项目集生命周期管理

20.4.1 项目集生命周期划分

项目集主要是通过开发新能力或提升现有能力为组织交付收益，为此项目集经理需要通过整合和管理多个项目集组件来交付这种预期的收益。由于项目集构建的依据就是获得预期的收益，因此对项目集生命周期的划分除了依据类似项目生命周期的方法，将项目集过程根据时间顺序划分为启动、计划、执行、控制和收尾这五个阶段之外，还可以根据项目集收益的实现情况将项目集生命周期划分为项目集定义阶段、项目集收益交付阶段和项目集收尾阶段三个过程，如图 20-1 所示。只是由于项目集的计划主要是围绕着项目集的收益展开的，因此主要采用后一种分类方式。

图 20-1 项目集生命周期阶段

一般情况下，项目集开始于资金被批准或项目集经理得到任命，该过程及在该过程之前进行的大量相关前期准备工作属于项目集的定义阶段。项目集收益交付阶段则主要是指组件得以批准、计划和执行的过程，在该过程中项目集相关收益也得以交付。在期望收益实现时，或者由于其他原因导致项目集及相关组件关闭时，则进入项目集收尾阶段。当然这些工作的具体展开需要根据项目集的类型和特点而定，但是其基本框架不会有太大的变化。

20.4.2 项目集定义阶段

项目集主要是从项目集组合管理而来，是从组织的战略规划而来，旨在实现组织收益或组织的项目组合的期望。在具体定义项目集之前，组织内负责组织战略与项目组合管理的部门会开展大量的工作，论证该项目集启动的必要性和可行性，其中项目组合管理活动主要包括项目集的概念开发、制订项目集的范围框架、确定初始需求、主进度计划、主要可交付成果，以及可接受的项目集成本范围和指导原则等。其中概念开发过程主要是设定项目集需要交付的主要产品、服务或组织成果等，这些内容都是根据组织战略需要而确定。

在对项目集与组织战略的一致性评估、项目集干系人争取和项目集治理框架初步构建的基础上，组织决策层就可以对项目集是否启动和执行进行决策。同时项目集商业论证，以及建立在项目集愿景、使命等基础上的项目集计划，已经基本上为项目集参与各方的利益诉求确定了较明确的方向，项目集参与各方能够从中找到与组织战略一致性的地方。

但是这些过程并不是就此结束，而是在项目集生命周期中不断滚动重复的过程，其中对项目集与组织战略的一致性评估将贯穿这些过程的始终。在项目集启动阶段，这些过程还只是对项目集的初步设计，很多项目集细节还不是特别清晰，所以会随着项目集的不断演进，这些相关过程和文档会不断细化，直至项目集收尾。

项目集定义阶段的主要目的是详尽阐述项目集商业论证或战略计划目标及期望的项目集成果，其主要体现在商业论证与项目集计划的更新，并在项目集路线图中记录下来，而更详细的内容则主要体现在项目集管理计划中。该阶段的成果是项目集管理计划的批准。该阶段一般会分为两个既相互区分又彼此重叠的两个子阶段，即项目集构建和项目集准备。项目集经理一般在项目集的构建被任命。

在该阶段，项目集可能会成立一个松散的，小规模的筹备委员会，在项目集关键干系人的直接领导下，准备项目集的筹备工作，并协调其他相关干系人，准备组织相关会议、文档和材料等。

1．构建项目集

在经过项目集的战略一致性论证之后，项目集获得了高层相关干系人的审批，就开始了构建项目集的工作。在项目集构建期间，发起组织会任命项目集发起人来负责项目集的相关工作，而项目集发起人在该阶段的关键职责包括获得项目集资金和物色项目集经理。项目集发起人、发起组织和项目集经理紧密协作，主要完成以下工作。

（1）获得项目集资金。

（2）进行范围、资源和成本的初始研究和估算。

（3）进行项目集初始风险评估。

（4）开发项目集章程及项目集路线图。

项目集构建阶段的这些工作内容可能会在整个项目集定义阶段期间会持续更新，需要根据项目集重要干系人的需求不断进行调整。同时这些过程也会在整个项目集过程中会不断更新，围绕项目集与组织战略的一致性进行细化和变更。

2．项目集准备

项目集准备阶段开始于项目集章程的正式批准。在项目集准备阶段，需要定义项目集组织、组建初始的项目集管理团队、制订项目集初始的管理计划等。项目集管理计划依据组织的战略计划、商业论证、项目集章程及其他项目集构建阶段的输出而制订。项目集管理计划包括候选项目集组件选择和实现组织期望收益所需的管理计划。该阶段还要组建项目集治理结构，为项目集正式的开始提供必要的治理支持。

项目集准备阶段的关键活动一般包括：

（1）建立项目集治理结构。

（2）组建初始的项目集组织。

（3）制订项目集管理计划。

在项目集管理计划等被审批和正式批准之后，就进入到项目集收益交付阶段。项目集收益交付就是要在项目集执行过程中，将计划的收益转化为现实收益的过程。

20.4.3　项目集收益交付阶段

项目集收益交付阶段是一个不断迭代的过程，在该过程中项目集组件被不断规划、整合和管理，以达成项目集预期收益的交付。该阶段的工作主要是依据前期的项目集管理计划，并根据进度安排不断地滚动，来指导项目集及各组件工作的开展。项目集管理计划主要包括项目集组件管理计划，该计划中通常涵盖了项目集的成本管理、范围管理、风险管理、资源管理等方面的内容，而各组件依据项目集计划制订各自的组件管理计划，并在项目集层面进行统合，保证项目集预期收益能够实现。

项目集具有显著的不确定性，因此尽管项目集管理计划和路线图已经初步确定了项目集的工作方案和预期收益，但是很多具体的执行细节还并不明晰，因此需要项目集经理在该阶段持续地监控各组件，必要时甚至需要变更项目集管理计划，以获得项目集预期的收益。项目集经理以协同一致的方式管理项目各组件，并通过对各组件进行规划与授权、监管和整合、移交和收尾的方式实现组件层面各子阶段进行迭代的执行和管理。当计划的项目集收益已经实现、交付并被接受，或者相关高层干系人做出终止项目集决策时，该阶段就结束。

1．组件规划和授权

组件规划贯穿于项目集收益交付的整个阶段，主要用于响应需要再规划或启动新组件等项目集重大的变更。该过程主要包括将组件整合到项目集以确保每个组件都能够成功执行，并取得预期的收益。该过程的活动还包括正式确定组件需要完成的工作范围，以及识别满足项目集目标和收益的可交付成果。

在此基础上为每个组件项目制订相关的管理计划，这些计划包括项目管理计划、移交计划、运营计划、维护计划等。并将这些组件项目计划，以及相关的管理和监督组件项目执行情况的信息整合到项目集管理计划之中，保证各组件项目被有效地管理和监督。

项目集治理层面需要提供组件项目的授权职能，以保证各组件能够在正式授权之前得到相关的评审、核实和验证，保证该组件的活动能够支持项目集目标的达成。

2．组件监管和整合

在项目集层面需要持续地监控各组件的执行情况，以及计划收益的实现情况。在执行过程中组件需要将其状态和其他信息提供给项目集经理和相关的组件，以便于项目集经理根据项目集发展，以及外部相关情况变化及时获取相关收益。保证项目集内各组件能够以协调一致的方式进行是对项目集管理的一个基本要求，只有这样才能够获得计划的项目集的收益。

如果项目集经理发现需要启动新的组件，对多个组件的工作进行整合能够获得收益，则在项目集执行过程中，项目集经理会启动新的组件。尤其是对组件层面的变更引发的项目集的变更，就需要更进一步加强对组件的监管和整合。对于需要不同组件协同才能够获得收益的过程，也需要在项目集给予较大的关注，持续对其进行监管和整合。

3. 组件移交和收尾

项目集组件产生可交付成果，并经过相关的移交流程之后，该组件就可以关闭。为实现持续的收益交付，组件移交过程中将提供解决持续活动的需求，如对组件后续运营的产品支持、服务支持、变更管理、用户管理和客户支持等。

项目集正式收尾需要由项目集发起人和项目集治理委员会的评审，项目集的所有组件同时都将被评审，以核实和确认项目集收益确已交付，并已经与其他组件的收益一起成为项目集整体收益的一部分。在项目集收尾时，同时需要在项目集层面确认项目集的相关运营和运维工作也得到有效的执行，并获得了相关组件的有效支持。

20.4.4　项目集收尾阶段

项目集收尾阶段的主要任务是保证项目集按照预定的和受控的过程进行收尾，该过程主要包括项目集移交和项目集关闭。

20.5　项目集管理过程域

由于项目集管理不是聚焦于具体的可交付成果，而是关注单独管理单项目时无法获得的收益，因此项目集无论在生命周期划分，还是在对项目集管理的过程分类方面都注重从收益的角度来进行分类。项目集管理过程域分为项目集管理绩效域和项目集管理支持域两类。这是与项目管理非常不同的。项目管理只是从项目生命周期和知识域两个维度对项目管理过程进行分类，而在项目集管理过程中，增加了绩效域这一新的概念，强调在项目集管理之上，对项目集层面的战略、构建和治理等方面的关注。

20.5.1　项目集管理绩效域

项目集绩效管理主要包括项目集战略一致性管理、项目集收益管理、项目集干系人争取、项目集治理和项目集生命周期管理等方面的内容。这些管理过程相互补充，彼此重叠，并实现特定的功能，共同管理促进项目集收益的实现。项目集经理需要统领这些绩效域的相关工作，并保证这些绩效域过程是在受控的情况下，按照预定的流程，达到预期的目标。

项目集管理五个绩效域为项目集管理提供了基本的框架，以平衡项目集干系人期望、需求、资源，以及跨组件项目之间的时间冲突，为项目集经理管理项目集提供战略和方向方面的指导。项目集管理绩效域在项目集构建和启动，以及在项目集执行过程中对项目集变更管理中发挥着重要的作用。可以说项目集绩效管理域涵盖了项目集管理中的所有活动，既包括战略性的决策活动，也包括具体的操作性活动，是统领项目集管理的核心领域。

绩效域内的相关流程和活动在项目集持续时间内并行，并由项目集本身的特点决定特定绩效域在项目集特点时间段需要执行活动的深度和广度，但每个绩效域都需要在项目集过程中执行，只是执行的方式可能存在差异。绩效域各个过程的活动需要根据项目集复杂程度在项目集生命周期中持续迭代，以更好地支持项目集的活动。

20.5.2 项目集管理支持过程

与绩效域不同，项目集层面的管理与项目管理比较类似，只是与项目管理相比，项目集层面更强调对项目集各组件的协调管理、宏观控制、总体的变更跟踪，以及在采购、财务、质量、风险、资源、沟通等方面管理的一致性和综合性。尤其在项目集总体的成本和进度，与各组件的成本和进度方面的协同方面，更需要项目集层面的整体的协调管理，才能保证项目集层面预期收益的实现。同时也需要在项目集构建之前清晰地界定项目集的范围，并在项目集执行过程中，清晰地界定各组件的范围，以及各组件之间的接口，做好项目集的范围管理。

由于项目管理的领域在项目集中都会涉及，只是管理的侧重点不同，管理的层次不同。本教程根据信息系统集成项目管理的实际情况选择了整体管理、范围管理、进度管理、财务管理、采购管理、沟通管理、质量管理、干系人管理、人力资源管理、资源管理、收尾管理、风险管理等知识域展开论述。

20.6 本章练习

（1）经过协调管理以获取单独管理所无法取得的收益的一组相关联的项目、子项目集和项目集活动属于________。

A．项目组合管理　　B．组织协同管理

C．组织级项目管理　　D．项目集管理

参考答案：D

（2）能够分解为各个子项目的大型项目，应该采用________方法进行管理。

A．项目组合管理　　B．项目管理

C．组织级项目管理　　D．项目集管理

参考答案：A

（3）对于项目集而言，其核心构成要素是________。

A．具有协调收益交付的管理特点　B．干系人利益一致

C．共享知识和技能　D．共同的一个领导

参考答案：A

（4）如果项目之间只是在资金、技能、干系人等方面存在关联，则这些项目最好通过________方式进行管理。

A．利用项目管理的方法分别管理　B．项目集管理

C．组织级项目管理　D．项目组合管理

参考答案：A

（5）________是从组织战略的角度，立足于项目集收益对将构建的项目集及各种备选的构建初始方案进行正式或非正式论证的过程，也即是对初始项目集的可行性研究。

A．项目集评估　B．项目集详细可研

C．项目集商业论证　D．项目集方案评审

参考答案：C

（6）按照时间顺序以图形化的方式展现项目集预期发展方向，并在每个时间顺序事件建立系列的文档化标准，同时建立了项目集活动与预期收益之间的关系，以及项目集里程碑之间的关键依赖，传递业务战略与规划的优先级之间的连接可以被称为________。

A．项目集愿景　B．项目集商业论证

C．项目集治理　D．项目集路线图

参考答案：D

（7）通过在授权范围内负责对项目集的建议做出签署或批准的评审与决策的活动，保证项目集活动与组织战略目标相一致的活动称为________。

A．项目集愿景　B．项目集变更　C．项目集治理　D．项目集路线图

参考答案：C

（8）项目集指导委员会的主要责任是保证项目集能够按照计划实现组织的战略目标，围绕这一基本职能就要求项目集指导委员会承担在组织范围内对项目集的成功识别、启动和实现起到具有关键作用的职责。________一般不属于项目集指导委员会的责任。

A．保证项目集与组织愿景和目标的一致性

B．项目集批准和启动

C．项目集组件管理

D．项目集筹资计划审批

参考答案：C

（9）项目集中知识管理主要包括三项内容，________一般不属于项目集知识管理的内容。

A．跨项目集的知识收集与共享

B．掌握项目集具体知识内容的个人和主题专家知识的挖掘和整理

C．项目集审计

D．存储收集项目集知识和项目集构件的项目管理信息系统建设

参考答案：C

（10）根据项目集收益的实现情况将项目集生命周期划分为________。

A．项目集定义阶段、项目集收益交付阶段和项目集收尾阶段三个过程

B．项目集收益的启动、计划、执行、控制和收尾这五个阶段

C．项目集收益定义阶段、项目集收益交付阶段两个阶段

D．项目集收益交付阶段和项目集收尾阶段三个过程

参考答案：A

第 21 章　项目组合管理

21.1　项目组合管理概述

项目组合管理和项目管理、项目集管理、组织项目管理成熟度模型构成一套完整的体系，成为组织实施项目管理的有机组成部分。

21.1.1　项目组合

项目组合是将项目、项目集，以及其他方面的工作内容组合起来进行有效管理，以保证满足组织的战略性的业务目标。这些组件是可量化的，也就是说可以被度量、排序以及分优先级。

在任何一个给定的时刻，项目组合代表了它选择的组件的一个视图以及组合的战略目标；然而项目组合中的组件不见得要相互依赖或者直接相关。项目组合代表的组织的投资决策、项目优先级的排序以及资源的分配。项目组合代表了组织的意图、方向和进展，而不是确定的，一定要完成的工作和任务。

在组织内部可能包含多个项目组合，每个项目组合都为了实现特定的战略目标。项目组合包含的组件都需要经过识别、评价、选择以及批准等过程，项目组合所包含的组件示意图，如图 21-1 所示。

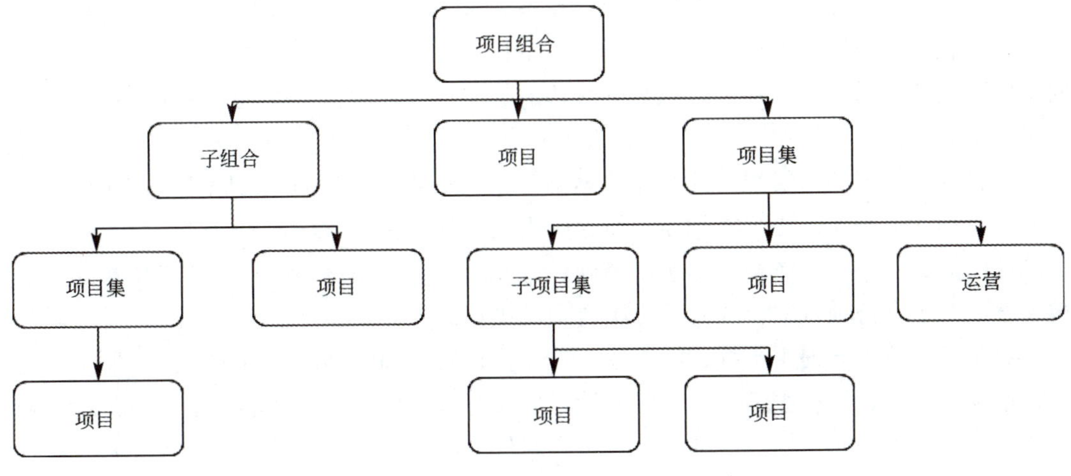

图 21-1　项目组合包含的组件示意图

为了全面反映组织的资金投入情况，项目组合管理活动包括识别和确定组织的优先活动，确定项目治理和项目绩效管理的管理框架，衡量项目价值/项目利益，做出投资决策，管理风险、沟通和资源。如果项目组合内容与组织的战略方向不一致，组织应该考虑对项目组合做出相应的调整。所以，项目组合是组织战略意图、战略方向以及战略进展的体现形式。

21.1.2 项目组合、项目集和项目之间的关系

项目组合包含项目集、项目、项目组合子集以及日常运作业务，其目的在于通过组合管理方式来实现组织的战略目标。项目集则是项目子集、项目以及日常运作业务的集合，组织通过项目集管理来支持项目组合管理。

项目组合中包含的项目既可以位于项目集之内，也可以位于项目集之外。项目组合中的项目集和项目可能没有必然的联系，但它们都是组织实现战略时需要关注的管理对象。

项目组合中所包含的组件具备如下的共同特征。

（1）能够代表组织的投资或计划投资活动。

（2）与组织的战略目标一致。

（3）组织可对其进行组合管理。

（4）具备可以被度量、分级以及设定优先级等量化管理特征。

（5）共享和竞争组织资源。

项目组合管理首先识别项目集和项目之间的依赖关系，然后根据组织所设定的优先级为项目集和项目分配资源（例如人力、设备、资金等）。项目集通常关注于如何获得一系列的收益，而这些收益正是由组织的战略目标所决定的，项目关注的重点则在于如何生成特定的交付物从而实现组织某些具体的战略目标，项目可以包含在项目集之内，也可以单独存在。

项目组合管理还与组织中的职能管理部门相互影响、相互关联，职能部门可能是项目组合管理的干系人，还可能是项目组合中不同组件的出资人。项目组合的结果可能对职能部门的日常业务运作产生影响，另外，分配给日常运作业务的预算或者资源还可能被调整，用于支持项目组合或者项目组合中的组件。

日常运作业务一词用于描述组织中那些日常进行的组织活动，例如生产、制造、财务、市场、法务、信息服务、人力资源管理以及行政管理等各方面的活动。日常运作业务所涉及的过程和交付物通常都是项目组合组件的产出，所以，项目组合管理必须对项目组合与日常运作业务的依赖关系和接口进行有效管理，确保项目组合中每个组件的价值都能被充分实现。

21.2 项目组合管理

项目组合管理是对一组或者多组项目组合进行管理，以达成组织的战略目标。组织为了实现自身的愿景、使命和价值目标，遵循一系列相互关联的过程，对项目组合中的组件进行评价、选择以及设定优先级，以便将内部有限的资源以最佳方式分配给项目组合。

项目组合在管理过程中，向组织提供相应的信息以支持或者改变组织的战略方向和投资决定。项目组合管理需要在项目集和项目对资源需求之间的冲突进行平衡，对资源的分配进行合理安排。项目集管理和项目管理的目标则与项目组合管理的目标不尽相同，表 21-1 描述了项目组合管理、项目集管理、项目管理在管理方面所存在的异同之处。

表 21-1　项目、项目集、项目组合的属性对比

属　　性	项　　目	项　目　集	项　目　组　合
范围	根据特定的交付物而限定范围	需满足组织目标而范围较宽	组织战略目标而定业务范围
变更	项目经理尽量让变更最小化	项目集经理要预测并拥抱变化	需在更广的环境中持续监督变化
成功的衡量	约定时间、预算以及项目交付物满足程度衡量项目的成功	根据投资回报（ROI），能力的提升以及利益的交付衡量	根据组合部件的整体绩效衡量
领导风格	满足成功标准的面向任务指令性领导	集中管理项目集团队冲突和关系问题	集中为组合决策增加价值
管理对象	项目团队	项目经理	协调组合管理人员
关键技能	激励团队成员使用知识和技能	提供愿景的能力和组织领导的才能	对业务的洞见和对资源的综合协同能力
计划	为交付物提供详细的项目计划	为详细的项目计划提供高层指导	针对整体组合建立必要的流程和通信
监控	监控产生项目交付物任务和工作	在治理框架下，监控项目工作	监控整体组合绩效和价值指标

21.2.1 项目组合管理与组织级项目管理关系

组织级项目管理是一种战略执行框架，它借助于项目组合管理、项目集管理、项目管理以及其他管理实践途径，以持续的、可预测的方式执行组织战略，以便获得更好的绩效、更好的结果以及可持续的竞争优势。在组织级项目管理中，要求项目组合、项目集与项目与组织的战略方向保持一致；另一方面，三者为实现战略目标所做出的贡献又各有不同。项目组合通过选择正确的项目集和项目、设定工作的优先级别并提供必需的资源的方式来促成组织的战略实现；项目集管理则是对其所包含的项目子集和项目的依赖关系进行有效管理，从而实现项目集的特定利益；项目管理通过制定和实施集合来完成特定的工作范围，支持项目集和项目组合目标的实现，最终确保组织战略得以实现。

组织级项目管理提倡将项目组合管理能力、项目集管理能力、项目管理能力与组织内的其他管理能力，例如与组织架构设置、组织文化建设、技术能力以及人力资源管理等方面的能力相结合，确保实现组织的战略目标。组织级项目管理要求组织对自身的项目管理能力进行度量，制订并实施系统的改进计划，以便持续改进组织绩效。

21.2.2 项目组合管理与组织战略

组织一般关注于拥有更为有效的管理结构，这种管理结构可以确保组织不断取得成功。组织战略是组织确定整体方向与发展重点过程中不可或缺的一个关键部分，而项目组合管理又是组织战略计划中不可或缺的一个关键部分。组织战略和组织目标定义了组织如何通过日常业务运作的方式，或者通过项目集和项目的方式来达成组织的战略要求。

在有些组织中，日常业务运作、项目集或者项目可能位于组织的项目组合中，项目组合在组织战略和项目集、项目以及日常业务运作之间起到了桥梁连接的作用。通过这样的方式，组织中所有的活动最终都可以与组织的战略保持一致。采用项目组合管理方式有助于提升项目的选择过程和执行过程成功的可能性，并能够在激烈变化的外部环境下对组织提供强有力的支持。组织战略计划识别出组织的竞争优势和核心竞争力，这些优势主要表现为以下不同的形式。

（1）有效管理资源。

（2）管理干系人价值。

（3）实现战略机会。

（4）减少战略威胁带来的后果。

（5）迅速响应来自市场、法务、政策环境等方面的变化。

（6）加强对关键业务运作的支持。

组织确定战略方向并设置战略目标，战略目标中还应包含组织的愿景和使命。将项目组合管理与组织的战略相关联，就可以在组织的项目集、项目以及日常运作活动之间应用资源平衡的方式，使得组织的整体利益最大化。通过这种关联方式，组织的战略就可以翻译为一系列的相关的活动，这些活动在计划的期间内，表现为项目集、项目以及日常运作活动的形式，这些活动可以更好地响应市场、客户和合作伙伴的要求、干系人期望、政府规定以及竞争对手的行动等。图 21-2 描述了在组织范围内，项目集、项目与日常运作过程之间的关联关系。

在图 21-2 中，组织的愿景、使命以及组织的战略目标为组合管理的战略规划以及项目集管理、项目管理和日常运作管理提供了指导方向。该图中的阴影部分则描述了组织战略目标与管理活动之间的关系，为了对项目集、项目以及日常运作提供更有效地指导，组织采用了项目组合的方式对其进行管理。项目组合将组织的战略与一系列优先级不同的项目集、项目和运作活动相关联，关注组织内外部那些影响组织战略目标的重要因素。

项目组合绩效管理根据组织的战略目标对项目组合进行监控，监控结果将作为组织战略发展方法的重要输入信息，必要时对组织战略进行相应的调整。将组织战略与项目组合相关联的终极目标是在组织内建立平衡的、可执行的计划，确保组织能够实现预定的战略目标。项目组合计划在以下六个方面与组织战略高度相关。

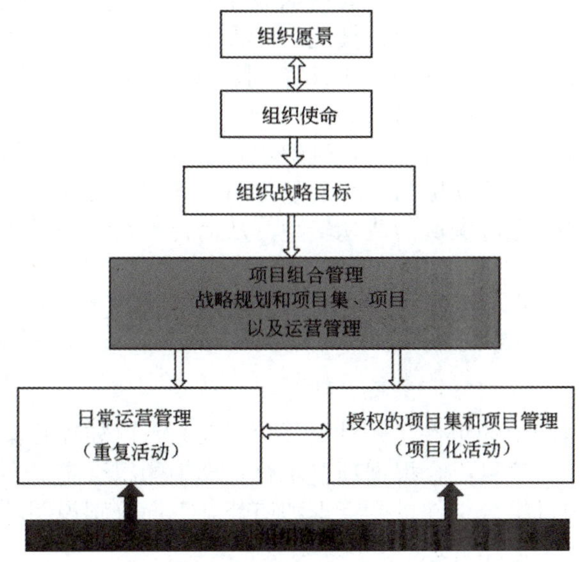

图 21-2　项目组合管理的组织战略环境

（1）维护项目组合与战略的一致性。每个项目组合中的组件应该与一个或多个战略目标保持一致，在项目组合中添加每个组件之前，都要确保组件能够支持组织的战略目标。

（2）分配财务资源。组织根据项目组合中每个组件的优先级对组件做出相应的财务分配决策。

（3）分配人力资源。根据项目组合中组件的优先级确定人力资源计划、人员招聘、进度安排、人员分配以及人员的长期培养计划等。

（4）分配物料或设备资源。根据项目组合中组件的优先级确定物料、设备的投资或采购计划，识别和物料以及设备有关的任何约束因素。

（5）度量项目组合中的组件绩效。因为项目组合中的组件有助于达成项目战略目标，应该度量组件中的绩效以反映战略目标的实现程度。

（6）管理风险。每个项目组合中的组件风险都应该在组织层面进行评估，以判断风险是否对组织战略计划和战略目标产生影响。

21.2.3　商业价值

项目组合管理确保项目组合中的组件符合组织的战略方向，采用项目组合或者项目组合子集的方式来优化项目集和项目的目标、依赖关系、成本、时间、收益、资源以及风险等。组织可以通过项目组合的方式了解组织战略目标的整体实现状况，引入合适的治理机制，根据项目组合的绩效，为项目组合安排合适的人力资源、财务资源以及设备资源等。

在组织中引入项目组合管理方式，组织就具备了多项目管理能力，组织综合项目的成本、进度、工作量以及收益等多方面信息，对多项目的资源分配进行优化。项目组合还可以根据项目之间的依赖关系，确定如何以最佳方式实现组织期望的商业利益。针对项目管理，组织综合应用知识、过程、技能、工具以及技术来提升各种项目成功的可能性，组织可以通过项目形式来成功地交付产品、服务或者结果。在项目集和项目组合中，可以采用项目形式来达成组织的战略目标。

组织需要持续对项目组合进行分析，确保项目组合的内容符合组织的战略方向。组织通过执行业务影响分析，建立更为健壮的外部组织环境，确保组织实现向项目组合管理、项目集管理和项目管理等领域的成功转型，从而使得组织的投资更为有效，获取更大的商业价值。

21.3 项目组合组件

项目组合与项目组合中的组件是一种父子依赖关系，就如项目集和项目集中的项目所存在的父子关系一样。项目组合根据项目组合管理中的组合定义、组合批准以及组合优化等管理过程，对项目组合组件进行管理和监督。下面分别说明项目组合中的项目集管理、项目管理以及日常运作管理。

21.3.1 项目集管理

项目集管理综合应用知识、过程、技能、工具以及技术来对其所包含的项目进行管理，以便满足项目集的需求，并能获取采用单一项目管理方式所达不到的收益和控制。项目集管理要求项目管理集中的组件目标与项目集组件保持一致，并对项目集的成本、进度和工作量进行优化管理。项目集组件通常生成共同的结果或者为了交付一系列共同的利益。如果多个项目之间的共同之处仅限于同一个客户、同一个卖方、同一种技术或者使用相同的资源，此时应该将多个项目作为项目组合进行管理，而非作为项目集进行管理。

在项目集中，需要对组件之间的依赖关系进行集成管理并进行有效地控制。在管理项目集组件之间的依赖关系时，可能会采取以下的行动。

（1）协调项目集内部的公共活动，例如涉及到所有组件和所有阶段的财务和采购活动，解决那些影响多组件的资源约束和资源冲突的问题等。

（2）有效应对那些影响到多个项目集组件的风险。

（3）协调项目集的工作方向，确保满足组织的组织结构或者战略方向要求。

（4）在项目集的治理结构下解决范围/成本/进度/质量方面的相互影响。

（5）裁剪项目集管理的活动以便能够更有效地适应不同地域在文化方面、社会和经济方面、政治方面以及自然环境方面等所存在的差异。

通过采用结构化的监督和治理方式，项目集管理可以确保对项目集内部的组件执行计划、监控、交付、转移等活动，获得项目集的战略收益。项目集管理方式提供了一个集成的管理框架，该管理框架的关键要点包括战略收益、计划协调、内部依赖关系、交付物集成、优化方法等，而这些要点是每个项目集都应该重点关注的内容。

21.3.2　项目管理

项目管理综合应用知识、过程、技能、工具以及技术来对项目活动进行管理，以便满足项目需求。项目管理主要表现为项目管理的五个过程组，它们分别是项目启动、项目计划、项目执行、项目监控和项目收尾过程。项目管理通常包括以下的典型活动：

（1）识别项目需求。

（2）在项目计划和执行时，识别来自不同干系人的需求、期望和关切。

（3）与干系人建立沟通渠道并主动与干系人沟通。

（4）在项目主要的约束之间进行平衡，包括范围、质量、进度、预算、资源以及风险等。

每个项目所处的特定环境都会对项目约束因素之间的关系产生影响，例如，如果要缩短项目的进度，那么应该增加项目的预算；或者如果要求缩减项目的预算，则项目的范围和质量通常会受到负面的影响。项目干系人如果对于项目约束因素的优先级设定产生分歧意见，项目就会面临更大的挑战。如果要对项目的需求做出变更，这对项目通常意味着负面的风险，项目团队应该对于变更引起的各种后果进行谨慎地评估，然后与干系人进行积极沟通，确保项目获得成功。

21.3.3　日常运作管理

日常运作管理包括组织中所有那些持续进行的活动，这些活动通常具备循环执行的特征。日常运作需要遵循组织的过程，根据组织授权的角色责任，完成组织设定的工作任务，在工作过程中需要遵循报告机制和异常事件的上报机制，决定如何使得组织的可用资源取得最大化效益。

受外部因素或者内部因素的影响，当那些正在进行的活动需要发生变更时，项目组合中的资源有可能从项目中转移到日常运作活动中。日常运作活动因为在进度、资源以及干系人方面彼此存在联系，它们还可以共同形成项目集或者项目组合。为了保证运作型项目集和项目组合的顺利执行，组织还会应用各个领域的运作管理过程。站在组织的最高层面，战略型项目组合与运作型项目组合都应该被视为单一的项目组合形式进行管理。

21.3.4　项目组合治理

项目组合治理意味着在组织内建立一个治理机构（例如项目组合治理委员会），由该组织对项目组合的投资以及优先级设定做出决策。组合治理机构由一人或多人组成，人员具备所需的权力、知识和经验，以便能够判断项目组合组件是否与组织战略一致，并做出相应的决策。组合治理机构根据项目组合绩效做出相应的决策，例如资源安排、投资规划、优先级设定等，还可以决定是否包含新的组合组件，对现有组合组件进行修改或终止，以及在不同的组合组件之间调配资源等。

21.4 项目组合管理过程实施

21.4.1 项目组合管理过程实施概述

项目组合管理过程实施通常起始于组织的部门或业务单元层面，作为对问题、冲突、资源限制、团队不确定性的响应，往往考虑正在做什么工作，应该做些什么。通过结构化的方法来实施项目组合管理过程通常会增加业务单位或组织水平的长期价值。项目组合管理过程实施主要包括：

（1）评估项目组合管理过程的当前状态。

（2）定义项目组合管理的愿景和计划。

（3）实施项目组合管理过程。

（4）改进项目组合管理过程。

为了行使项目组合管理的职责，组织中还必须设立项目组合经理角色，这一角色用于进行整个项目组合的总体管理、监控工作，不同的组织对其职责的定义可能会有所区别，但一般情况下，它会包含以下内容。

（1）总体上指导和监控整个项目组合的执行。

（2）提供日常的项目组合的监督工作。

（3）定期复审项目组合的健康情况和业务发展目标一致性分析。

（4）确保准确收集到组合分析所需的项目组合组件的信息。

21.4.2 评估项目组合管理过程的当前状态

执行对项目组合管理的当前状态及相关过程的评估，有助于洞察哪些过程已经存在，组织需要哪些过程，组织或文化可能的推动力量或将遇到的障碍。评估将促进差距分析的发展，计划建立或正式确认项目组合管理功能。

评估活动可能包括：

（1）识别和评估现有的项目组合管理知识（如战略管理、治理、沟通、风险管理和绩效管理）。

（2）评估现有的项目组合管理过程来确定它们是否支持组织愿景、使命、战略和目标（如定义、调整和授权项目组合组件的过程）。

（3）评估当前项目组合管理结构和资源的成熟度及充分性。

（4）识别知识、过程、结构和资源的差距。

（5）评价现有的项目组合组件来确定它们是否支持当前的组织策略和目标。

（6）评估当前项目组合组件的资源可用性和根据整体进度计划分配资源。

（7）了解每个战略目标和项目组合组件的干系人。

（8）评审现有的项目组合报告过程和程序。

评估结果包括（但不限于）：

- 董事会、高管、高级管理层承诺的深度和广度。
- 对当前实践的满意度。
- 沟通的目标和组织的需求。
- 需要处理的错误信息。
- 适当的项目、项目集、项目组合和运营管理。
- 了解组织针对项目组合管理的长期和短期愿景。

例如，OPM3 这个工具可用于在组织内进行项目组合管理评估。成熟度评估允许组织识别目前的最佳实践、能力和结果。成熟度评估过程的灵活性允许组织专注于特定的功能（项目、项目集和项目组合）。这些评估允许组织识别最佳实践、能力或结果的差异。

关于评估，还需要注意以下两点。

（1）项目组合组件实施的先后顺序会影响整个项目组合给组织带来的价值，因此有必要对包含相同项目组合组件，但是顺序不同的组合进行分别评估。

（2）组织所处的内外环境变化可能导致某些项目组合组件的中止或暂停，因此，并不是每一个被列入项目组合的组件都会被完成。

21.4.3　定义项目组合管理的愿景和计划

项目组合管理的愿景应符合组织的愿景，支持组织的战略和目标。项目组合管理的愿景将有助于明确前进的方向。项目组合管理的愿景应该反映组织的文化价值观，同时对于干系人应该是有意义并且有效的。

组织愿景、战略和目标将引导所需的中间步骤来实现项目组合管理愿景。为了实施组织级的项目组合管理的结构和过程，可以使用项目组合管理路线图。

为了成功建立一个项目组合管理过程，组织的项目组合管理实施计划应致力于解决两个有关联的工作，它们是：

（1）一个有计划的方法，来改变组织行为方式，包括平衡强有力的领导和管理，以及一个对此工作负责的专家管理团队。

（2）一个有计划的方法，来逐步发展和实施项目组合管理过程，在现有基础上建立过程，并努力达到规划的愿景。

21.4.4 实施项目组合管理过程

项目组合管理过程执行环境中不止一个项目组合，因此，一个得到管理层、主管部门和项目组合经理支持的组织级的实施团队，可能会使用项目组合管理标准作为指导来实现组织级的项目组合管理过程。关键步骤包括：

（1）为项目组合管理过程的实施定义角色和职责。

（2）沟通项目组合管理实施计划。

（3）定义和部署详细的项目组合管理过程，并为参与人员和干系人提供培训。

改变组织内的业务流程是一项艰巨的任务。规划组织和行为变化需要一个长期的成功实施项目组合管理的过程。

实施项目组合管理的方法主要包含两个方面：实施的起点和方向（自上而下，自下而上或混合法）以及实施范围（分阶段法与全面导入法）。

实施项目组合管理的收益主要来自于以下几个方面。

（1）为公司项目管理标准的实施提供支持，从而使项目更容易按照预先确定的时间、预算和范围完成，带来成本节约。

（2）识别项目风险和资源约束，从而降低成本，带来成本节约。

（3）提供项目组合报告，为资源与投资分配划分优先级，从而使资源和资金的使用效率更高。

在本过程中，应及时了解项目组合的状态信息和变化情况。一方面，要建立组织项目组合视图，及时监控并了解影响项目组合分析的各种因素的变化情况；另一方面，要及时对项目环境、战略目标、影响因素等变化情况进行审查以及变更控制。

项目组合管理的实施过程也是一个组织变革的过程，在这一过程中，新的组织角色要被定义，新的组织能力要被建立。因此，实施项目组合管理的组织需要一个组织框架，在这一框架内项目组合管理所需的各种角色及其职责被准确定义，组织业务功能及其行为、活动被完整描述和恰当执行，以支持项目组合管理的规划、引导和持续执行所需的统筹、监控和复审工作。

21.4.5 改进项目组合管理过程

项目组合管理过程改进计划定义了从项目组合管理及指导、衡量和优先安排改进活动出发，有望实现的目标。此外，预先定义的度量推动了结果和责任制的绩效改进。度量提供了当前过程的绩效以及这些过程变化带来的结果。一个文档化的过程改进计划有利于评估和改进当前的项目组合管理过程。要确保变更以可控的方式实施，重要的是详细说明和管理项目组合管理的过程、程序和工具，以及对预期结果的验证。

21.4.6　项目组合管理生命周期

项目组合管理是一个持续的过程（不像项目或项目集管理有计划好的开始和结束），某些活动可能循环发生，如每年或由组织决定的活动，目的是将项目组合管理过程和组织其他活动过程整合在一起。例如，选择和授权项目组合组件可以是年度规划或每季度、每月（和）或每周策略性回顾更新的一部分。

项目组合的绩效监测通常是连续的，当组织由于这个项目组合受到严重影响时，项目组合可以被修改，但是项目组合修改一旦完成，项目组合管理过程将是连续的。而且真正有效的项目组合管理必须是一个动态、反复、交互的系统。

21.5　项目组合治理

跨职能部门和综合管理部门决定并授权项目组合管理治理的范围，从而指导项目组合管理监督和运营活动。项目组合决策过程一致性的输入包括（但不限于）：组织愿景、实施策略、组织资源能力、短期和长期组织计划。在规模较小的组织中，执行管理层可能承担包括监督项目组合决策在内的、全部或部分的项目组合管理治理职责。

项目组合治理管理包括对项目组合进行计划、定义、优化和批准，以及监督项目组合的执行情况，其目的在于支持组织级别的完整决策。

项目组合治理管理主要包如下五个子过程：

（1）制定项目组合管理计划。

制定项目组合管理计划包括定义项目组合的组件、建立项目组合管理和组织结构图以及制定项目组合管理计划。

（2）定义项目组合。

定义项目组合即创建合格的项目组合组件，并对组件进行持续评估、选择和设定优先级。

（3）优化项目组合。

优化项目组合是对项目组合中的组件进行评审、分析和更改，通过不断优化平衡项目组合中的组件来达到组织的战略目标。

（4）批准项目组合。

批准项目组合包括为准备项目组合组件的建议书分配资源、批准项目组合组件的资源申请、沟通项目组合中的决策结果。

（5）执行项目组合监督。

执行项目组合监督即监督项目组合，以确保其与组织的战略目标保持一致。执行项目组合监督时需要根据项目组合路线图、交付所遇到的问题和风险、当前进度以及资源等条件对项目组合的绩效目标、项目组合组件的变更等作出决策。

21.6 项目组合管理过程组

项目组合管理是对一个或多个项目组合的集中管理，通过对一个或多个项目组合、项目、项目集和运营的有效决策，在可利用的资源和企业战略计划的指导下，进行多个项目或项目群投资的选择和支持。项目组合管理是通过项目评价选择、多项目组合优化，确保项目符合企业的战略目标，从而实现企业收益最大化。项目组合管理的角色和过程覆盖了整个组织。

项目组合经理需要仔细考虑每个过程及其输入、输出。当管理一个项目组合时，包括选择和裁剪过程以适应组织和项目组合。项目组合管理是组织战略计划的一个整体任务，项目集、项目和其他管理过程，包括项目组合管理过程是具有一致性的、相关联的。

本部分分别阐述用以建立和管理项目组合组件的信息和内部联系过程，详述项目组合管理各个过程组，包括如下主要部分。

- 项目组合管理过程组。
- 定义过程组。
- 调整过程组。
- 授权与控制过程组。
- 项目组合管理过程的相互作用。

21.6.1 项目组合管理过程组

项目组合的过程组有清晰的依赖关系。项目组合经理可重复使用某个过程组，并且过程组内的个别过程优先于项目组合组件授权。一个过程组包括一些项目组合管理过程，它们通过各自的输入、输出联系在一起，一个过程的输出可能是另一个过程的输入。表 21-2 显示了分属于三个项目组合过程组和五个项目组合管理知识领域的 16 个项目组合管理过程。

表 21-2 项目组合管理过程组和知识领域

知识领域	过程组		
	定义过程组	调整过程组	授权与控制过程组
项目组合战略管理	制订项目管理战略计划 制定项目组合章程 定义项目组合路线图	管理战略变更	
项目组合治理管理	制订项目组合管理计划 定义项目组合	优化项目组合	授权项目组合 规定项目组合监督
项目组合绩效管理	制订项目组合绩效管理计划	管理供应与需求 管理项目组合价值	
项目组合沟通管理	制订项目组合沟通管理计划	管理项目组合信息	
项目组合风险管理	制订项目组合风险管理计划	管理项目组合风险	

21.6.2　定义过程组

定义过程组由这样一些过程组成：设定组织战略和目标如何在一个项目组合中被实现；确定项目组合战略计划；确定项目组合结构和路径；定义和授权一个项目组合或者子项目组合；制订项目组合管理计划和子计划。

定义过程组主要发生在组织识别和更新其战略目标、短期预算和计划时。通常来说，这些活动发生在每年做预算或业务评审时，一些组织的频率周期可能更长一些或更短一些。例如，这些活动可以按季度进行，或者因为组织的突然变更而发生（如公司合并、重组、事业环境因素改变等）。于信息系统集成企业而言，定义过程组可能发生每年的召开两会后，国家明确了信息化工作的重要工作重点和发展方向，企业根据国家的总体信息化形势和企业的战略发展方向，明确工作重点。

21.6.3　调整过程组

调整过程组由管理和优化项目组合的一些过程构成。本过程组确定如何在项目组合中对项目组合组件进行分类、评估、选择，以便进行总结、修正或删除、管理。调整过程组基于项目组合的战略目标，通过运营规则来评估组件和建立项目组合，从而提升和支持项目组合。本过程组的过程能帮助建立一个结构化的方法，从而让项目组合的各个组件与组织战略一致。调整过程组主要用于管理正在进行的项目组合活动，适时调整、及时匹配。

21.6.4　授权与控制过程组

授权与控制过程组包含决定如何授权的过程以及对进行中的项目组合进行监控的过程。这两个过程是所有项目组合管理过程的核心，是能让项目组合作为一个整体来执行，从而实现组织定义的基准和过程步骤和必需的活动。

授权与控制过程组确定如何监控战略变更；跟踪和审查绩效指标以便调整；授权项目组合组件和确认项目组合给组织带来的价值，包括为未来更好的战略规划提出的建议和最佳实践。

在项目组合管理过程中，项目组合经理经常重复这些过程组和其中的单个过程。过程组不是阶段，也不是生命周期的一部分，过程组可以在每个项目组合或子项目组合中重复使用。

21.6.5　项目组合管理过程的相互作用

项目组合管理过程组和持续的组织过程循环有密切联系，包括制定组织战略、为战略调整所有项目组合组件和监控这些决策的结果。项目组合管理过程在组织战略和项目集/项目中充当一系列内在联系的过程或桥梁，是实现目标、任务和组织战略的战术工作的一部分。这些过程适应组织战略，并通过重复使用调整过程来改变目标，并对所有项目组合组件提供监控。

图 21-3 显示了项目组合管理过程组和组织战略与目标的关系，以及能够影响项目组合管理环境的组织过程。项目组合管理过程组也与任务清单和组织资产相互影响，如项目组合过程资产、组织过程资产和事业环境因素。图 21-3 展示了这些过程组的依赖关系，以及项目组合经理利用这些过程组管理每个项目组合。过程组内的过程之间也相互影响，同时其过程组内的及其他过程组的过程相互影响。

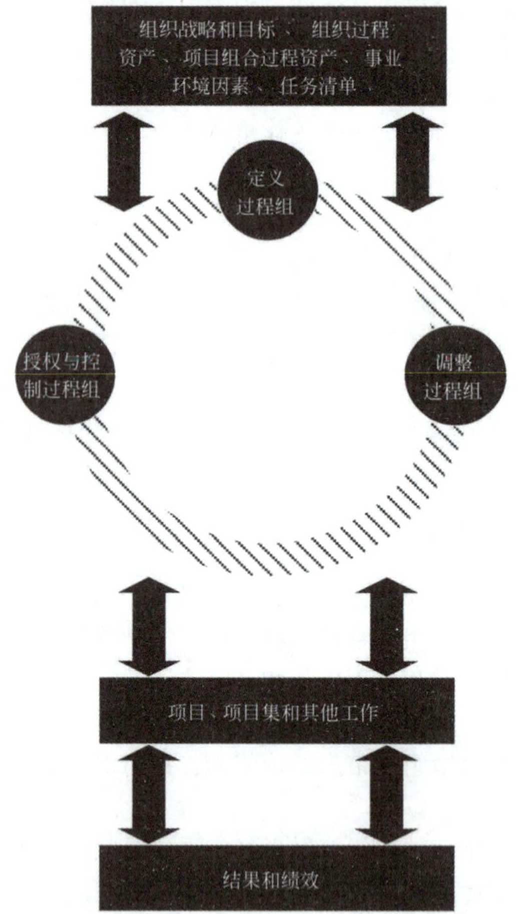

图 21-3 项目组合管理过程组的相互作用

21.7 项目组合风险管理

项目组合风险管理与项目风险管理的概念和方法都比较相似，区别之处在于所关注的对象不同，项目风险管理主要针对单一项目进行风险管理，而项目组合风险管理的对象却包含了单一项目、项目集以及项目组合子集等。项目组合风险管理主要由两个管理过程组成，分别是制订项目组合风险管理计划和管理项目组合风险。

项目组合风险管理不同于项目风险管理以及项目集风险管理。在项目组合级别，组织可能会主动选择那些风险较高的方案，从而获得更高的回报。项目集风险管理和项目风险管理关注的风险多来自于项目集和项目的内部，项目组合则重点关注以下三个方面的目标。

（1）项目组合财务价值最大化。

（2）裁剪项目组合，确保项目组合满足组织的战略目标。

（3）在组织给定的能力和实力限制条件下，对项目组合中的项目集和项目进行平衡。

因为项目组合的风险最终都会影响项目集和项目的绩效，应该继续在组织级别和项目组合级别进行风险的根本原因分析。一般来说，那些关注根本原因分析的投资风险管理模式都会产生最佳的回报结果。项目组合风险管理针对项目组合组件所面临的威胁提供备用资源，项目组合经理控制总的资源预留以便应对各种预期的风险。此时如果单纯根据风险对应的货币值判断风险的严重程度可能并不全面，例如有些风险的影响后果虽然很严重，但其发生的概率却很低，对这类的风险并不需要特别的关注。

项目组合经理还可以通过应用某些公共特征来集中管理风险，因为项目组合组件仅仅是松散地关联在一起，它们的产出或结果并不一定存在紧密的依赖关系。在项目组合中设置风险预留，当某个项目组合组件面临威胁时，可以应用项目组合中的资源预留进行应对，有时还需要考虑项目组合为何会批准那些高风险的组合组件，避免在风险应对过程中忽略项目组合的战略目标。

项目组合的风险管理过程体现在项目组合管理的其他过程之中。项目组合风险管理中包含三个关键要素，即风险计划、风险评估以及风险响应。

项目组合风险管理过程主要包含制订项目组合风险管理计划以及管理项目组合风险两个子过程，如下：

（1）制订项目组合风险管理计划：包括识别项目组合的风险、风险责任人、风险承受能力以及风险管理过程。

（2）管理项目组合风险：执行项目组合风险管理计划，包括风险评估、风险响应以及监督风险。

在制订项目组合风险计划过程中会识别出外部风险或者内部风险：

（1）外部风险。外部风险可能来源于竞争对手、竞争性市场、财务市场、政治事件、法律要求、自然事件、技术劣势、环境保护、法令要求以及全球化压力等。为了识别来自外部竞争对手的风险，组织需要收集大量的数据进行基准分析，组织应该收集那些同行数据以及行业最佳组织的数据，然后将自身组织与这些组织的数据差异转换为相应的机会和风险数值。

（2）内部风险。内部风险来源于组织内部，例如管理决策、公司破产、公司腐败、缺乏正直的工作态度、优先级随意更改、资金分配、公司/组织重组等。来自内部的风险还包括那些导致项目组合风险出现的组织环境因素，例如不成熟的管理实践（负面风险）、集成的管理系统（正面风险）、数量过多的并发项目（负面风险）以及可以依赖外部专家（负面或者正面风险）。

组织中不同角色都可识别出项目组合中所存在的风险，例如组织的最高管理层、运作管理人员、项目组合经理以及项目集管理团队都可从自己的角度识别出各不相同的项目组合风险。下面说明这些角色所关注的主要风险。

（1）最高管理层。这类角色关注的风险主要包括项目组合的价值风险、抢占市场风险、资金风险和投资风险等，此外还包括品牌风险、组织声誉风险、组织运作模式风险、组织战略目标风险、项目组合对现有产品和服务造成的冲击风险等。最高管理层还会关注如何保护股东利益、公司资产，如何发现和预防欺诈，以及如何识别和管理债务水平等。

（2）运作管理人员。这类角色通常关注产品和项目的开发，组织所提供的产品、服务内容，以及支持业务变革所需的支持过程等。

（3）项目组合经理。这类角色通常关注如何报告项目组合风险、风险数据的准确性、项目组合组件风险信息的可用性、项目组合的数据质量、项目组合与组织战略目标保持一致性所面临的风险，以及组织最高管理层与运作管理人员所关心的风险。

（4）项目集和项目团队。这类角色通常更关心项目组合组件的进度、成本和范围所面临的风险，以及所有组织层面都关心的透明性风险、组织价值是否正直的风险与贪污腐化的风险。

项目组合所面临的风险有可能是结构性风险或者在项目组合组件执行过程中所表现出的项目执行风险。正如项目风险不止是单一的项目风险综合，项目组合所面临的风险也不仅仅是各个项目组合组件所面临的风险之和。

（1）结构性风险。结构性风险主要指组织在现有的层级型和群组型的组织结构中执行项目组合时所面临的风险，组织在管理项目组合时所表现出来的管理水平也可视为项目组合所面临的结构性风险。采用项目组合的治理组织形式或者应用最佳风险管理实践有助于减弱项目组合所面临的结构性风险。另一方面，那些过于雄心勃勃的计划、频繁调整的组织战略可能会进一步加剧项目组合所面临的结构性风险。

（2）项目执行风险。项目执行风险关注组织在协调和监督项目组合过程中所表现的能力，例如如何通过执行一系列的任务来管理项目组合变更，管理项目组合变更有时需要对来自多个组合组件的风险进行合并管理，有时可以借助一些工具来支持对多个相互关联的项目组合组件风险进行有效管理。

21.7.1　制订项目组合风险管理计划

风险管理计划是项目组合组件管理计划中的组成部分，用于描述如何对风险相关的活动进行管理。风险管理计划可能还包括组织风险管理指南、策略和规程等，这些组织级的风险管理文档定义了组织的风险战略、风险承受度以及风险阈值等。项目组合治理组织也会参考风险管理计划中的方法来评估项目组合新组件所面临的风险。

组织在考虑新的投资时会重点考虑风险相关信息，高风险投资或者增长型投资总是更具备吸引力，因为它们通常都会有很高的回报率。另一方面，组织也应该意识到这种类型的投资也会面临更高的风险。为了使组织投资的资源回报最大化，风险管理计划中应该重点说明如何平衡投资风险与组织整体回报最大化目标之间的关系，项目组合治理组织需要做出基于风险的投资决策结论。

图 21-4 列出了制订项目组合风险管理计划的输入输出，图 21-5 说明了制订项目组合风险管理计划过程和其他过程的输入输出关系。下面介绍制订项目组合风险管理计划的输入、输出以及用到的工具与技术。

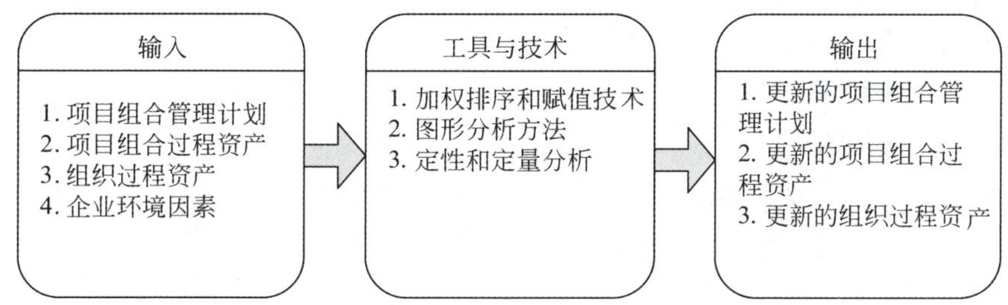

图 21-4　制订项目组合风险管理计划的输入输出

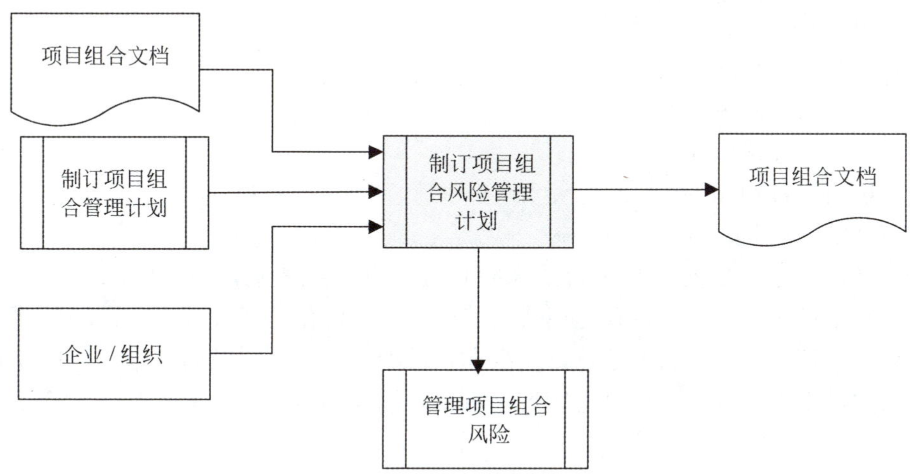

图 21-5　制订项目组合风险管理计划过程和其他过程的输入输出关系

1．输入

1）项目组合管理计划

项目组合管理计划提供项目组合治理模型、绩效管理、沟通管理和干系人管理方面相关的信息。项目组合管理计划中还可能定义了执行风险管理对应的角色和责任、风险预算、风险管理活动进度表、风险分类、风险概率和风险影响以及项目组合干系人的风险承受能力等。

2）项目组合过程资产

项目组合过程资产可为制订项目组合的风险管理计划过程提供相关的输入信息，包括：

（1）项目组合组件列表。

（2）项目组合组件选择标准。

（3）项目组合的优先级算法。

（4）项目组合风险登记册。

（5）项目组合问题登记册。

（6）项目组合绩效矩阵。

（7）项目组合资源。

（8）项目组合预算。

项目组合过程资产所提供的输入信息可能是历史文档、实际项目数据或者经验教训总结等。

3）组织过程资产

组织过程资产所包含的相关信息也可作为制订项目组合风险管理计划的输入信息，包括：

（1）组织愿景和组织使命。

（2）组织战略目标。

（3）组织的风险承受度。

（4）组织的经验教训总结。

（5）项目组合预算。

4）企业环境因素

企业环境因素可能对项目组合的风险管理计划产生影响，包括组织文化与组织架构、组织基础设施、组织项目管理模式、法律和法务约束、行业要求、市场条件等多种因素。另外，那些公开发布的信息，包括商业数据库信息、学术研究结果、市场研究结果以及基准调查报告等，均可以为制订项目组合的风险管理计划提供有益的输入信息。

2．工具与方法

1）加权排序与赋值技术

项目组合经理和治理委员会在对多个项目组合以及项目组合组件进行风险评估时，

将会采用加权排序和赋值技术。在制订项目组合风险管理计划过程中，可以应用这些技术来评估所有的技术风险和管理风险。在组织内许多具备专业知识和技能的团体和个人，都可以应用加权排序和赋值技术来评估风险，为项目组合风险管理提供重要的参考信息，制订项目组合风险管理计划中需要重点识别以下内容。

（1）项目组合风险对组织管理的重要意义。

（2）风险责任人。

（3）风险承受能力。

（4）风险管理的相关过程。

通常，在完成风险排序和风险赋值活动之后，需要执行相应的风险管理活动。与风险管理活动相关的成本信息和进度信息应该体现在项目组合组件的预算信息和进度信息之中。在制订风险管理计划过程中，还应该引入风险应急储备管理方法，指定风险管理的角色和责任。另外，还应该为每个项目准备相应的风险分类以及术语定义所应用的模板，包括风险级别的划分方法、风险的概率类型、风险影响严重程度级别，以及风险概率影响分析矩阵的相关说明等。如果目前的风险管理过程中还缺少某些风险活动所需要的模板，应该通过会议方式制定所需的模板。上述方法和活动的输出结果都应该体现在项目组合风险管理计划之中。

2）图形分析方法

在制订风险计划的过程中，应明确定义采用何种工具和模型来度量项目组合风险。用于度量风险的工具主要包括概率分析和影响分析两种分析方法。尽管为项目组合风险设置相应的概率级别和影响级别并不是一个严格的数量分析方法，但这样的分析方法具备直观简单的特点，图 21-6 为一种对组织风险进行概率和影响的组合分析方法。

概率与影响矩阵

概率	威胁					机会				
0.90	0.05	0.09	0.18	0.36	0.72	0.72	0.36	0.18	0.09	0.05
0.70	0.04	0.07	0.14	0.28	0.56	0.56	0.28	0.14	0.07	0.04
0.50	0.03	0.05	0.10	0.20	0.40	0.40	0.20	0.10	0.05	0.03
0.30	0.02	0.03	0.06	0.12	0.24	0.24	0.12	0.06	0.03	0.02
0.10	0.01	0.01	0.02	0.04	0.08	0.08	0.04	0.02	0.01	0.01
	0.05	0.10	0.20	0.40	0.80	0.80	0.40	0.20	0.10	0.05

对某一目标（如成本、进度、范围或质量）的影响

■=高　□=中　▨=低

图 21-6　概率与影响矩阵

风险概率评估确定每个特定风险发生的概率大小，而风险影响评估确定每个特定风险发生后，对项目组合目标带来的正面机会或者负面影响有多大。对每个识别出的风险都要进行相应的概率和影响评估。通常会采用会议或访谈的形式对项目组合的风险进行评估，参与评估的专家通常对于所评估的风险类别比较熟悉，有时也可以要求项目组合外部的相关专家参与到这样的风险评估活动中。专家在风险评估过程中多数会采用专家判断法，尤其在组织缺乏可参考的历史风险信息的情况下，例如组织缺乏相似的历史项目组合、项目集或者项目。在项目组合风险评估会议中，还需要记录关于每个风险的说明和解释以及所作的假设。根据项目组合的风险管理计划设置项目组合风险的概率级别和影响级别。有时会将那些概率明显偏低、影响后果不明显的风险归为一般风险类别。

3）定性和定量分析

在制订风险计划的过程中，还会应用到各种特定的工具和过程，用于分析项目组合的进展趋势、对项目组合进行平衡、管理投资决策等。这些工具和方法如下所述。

（1）状态和趋势分析。分析项目组合的当前绩效数据并判断最近的发展趋势，比较项目组合最近发生的变更等。

（2）再平衡方法。当项目组合的进展偏离组织的战略目标时，重新分配项目组合的资源以便进行更好地平衡项目组合所面临的风险。

（3）投资选择方法。投资选择方法包括以下多种方法。

① 通过折衷分析方法判断当改变项目组合中一个或多个影响因素时，对项目组合产生的影响。

② 市场变动分析方法则关注于价格和销量的预测，因为影响市场的一个或多个因素发生变动时非常可能会影响产品的价格和销量，同时还可能会影响项目组合本身以及项目组合战略。

③ 预算变动分析法分析项目组合的一个或者多个因素发生变动时对预算的影响。

④ 绩效变动分析法分析项目组合绩效发生变化时对项目组合投资的影响。

⑤ 市场需求变动分析法关注于市场需求变化可能对项目组合产生的影响。

⑥ 产品上市时间变动分析法关注于项目组合完成速度的变化情形。

（4）项目组合风险展示图提供如下信息。

① 项目组合回报结果概率。

项目组合经理根据项目组合的成功标准，评估项目组合潜在的回报结果，并同时列举出在不同的置信水平下对应的回报结果。这种基于置信度水平的项目组合回报结果通常表示为累计的成本曲线，项目组合组件经理可以根据这种成本评估信息，并结合项目干系人的风险承受能力，设置各自的项目目标，如图 21-7 所示。

② 项目组合目标的实现概率。

项目组合经理也可以根据当前的计划，采用相关的建模技术，估算达到某个特定项目组合目标时对应的概率信息。图 21-7 显示了达到某个特定成本目标所对应的累计概率信息。

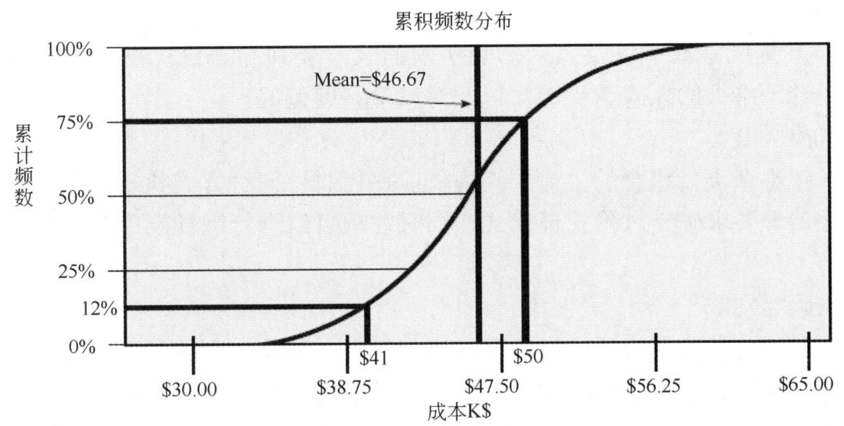

图 21-7　项目组合累计成本图

根据图 21-7 所描述的成本-风险信息，当成本目标设置为 410 000 元时，其对应的实现概率为 12%，也即意味着项目组合将成本控制在 410 000 元以里的概率大概为 12%；相似地，当成本目标设置为 500 000 元时，其对应的概率为 75%，也即意味着项目组合将成本控制在 500 000 元以里的概率大概为 75%。对项目组合的风险管理而言，在设置管理目标时同时要考虑相应的置信度水平，过低的置信度水平，例如上例中的 12%，没有足够的现实意义。实际中设置置信度水平时，一般要求最低的置信度水平高于 70%，建议的置信度水平为 90%。

3．输出

1）更新的项目组合管理计划

项目组合风险管理计划更新相关的风险评估标准，以便项目组合团队可以应用那些与组织风险管理策略一致的风险识别方法。项目组合风险管理计划详细说明应该识别和分析哪些类型的风险，应如何作出风险响应，如何对风险进行管理并及时将风险信息与相关的项目组合干系人进行沟通。项目组合风险管理是一个持续不断的过程，项目组合风险管理计划描述了风险管理应遵循的过程，风险管理执行的频度以及对风险管理报告的要求等。风险管理计划还描述了在项目组合中应该如何协调风险管理与其他管理过程之间的关系，项目组合风险管理计划是项目组合管理计划的一个子计划，它可以包含如下的内容。

（1）风险管理方法。

定义了项目组合风险管理过程中可能会应用的方法、工具以及数据源等信息。

（2）风险管理角色和责任。

定义了项目组合风险管理计划中每类活动的所有人、负责人、团队成员、支持人员等角色，并说明每类角色所应承担的责任。

（3）风险度量。

定义了度量风险概率以及风险影响所需的风险类别和评价标准，风险概率影响矩阵，项目组合干系人的风险承受能力以及对风险态度偏好。

（4）风险频度。

定义了在整个项目组合的生命周期内，应在何时以何种方式执行风险管理过程，根据项目组合治理要求确立风险管理模式，同时在项目组合管理计划中包含相应的风险管理活动。

（5）风险类别。

通过将风险总结为系统的分类，确保项目组合在风险识别的过程中可以保持较好的一致性，提高风险识别的效率和质量。组织可以根据历史经验准备相应的风险分类表，以便为后续的风险识别提供参考。风险分类可以采用简单的列表形式，如项目组合组件风险、组织风险、绩效风险、资源风险、财务/预算风险、市场风险等。

在制订项目组合的风险管理计划时，可以采用不同的方式，组织可以根据自身的需求或者预先设定的风险分类表识别不同类别的风险。

2）更新的项目组合过程资产

在完成制订项目组合风险管理计划后，可能引起项目组合过程资产的更新，例如项目组合的资金需求可能需要修改。

3）更新的组织过程资产

在完成制订项目组合风险管理计划后，项目组合经理可能建议对组织过程资产也作出相应的更新，例如对风险检查单、新的风险分类或者子类别进行更新。

21.7.2 管理项目组合风险

管理项目组合风险主要包含四个阶段的内容，分别是：

（1）风险识别。

（2）风险分析。

（3）风险响应。

（4）风险监控。

图 21-8 列出了管理项目组合风险的输入输出，图 21-9 说明了管理项目组合风险过程和其他过程的输入输出关系。下面介绍管理项目组合风险的输入、输出以及用到的工具与技术。

1. 输入

1）项目组合

项目组合包括批准的项目组合组件。项目组合风险要求识别每个项目组合组件中的风险，以及那些可能会影响到多个项目组合组件的风险事件。项目组合组件之间所存在的各种依赖关系也需要进行重点分析，例如项目组合组件间的逻辑依赖关系、后勤依赖关系以及收益实现依赖关系等，因为这些依赖关系往往是重要的风险来源。一般来说，项目组合风险主要区分为两种方式，分别是项目组合风险和项目组合问题管理。

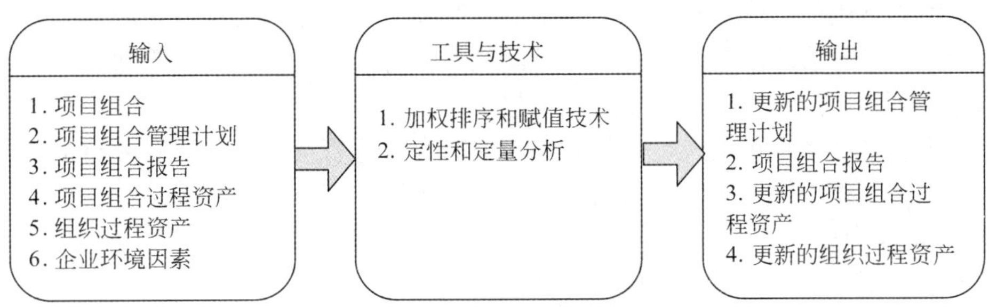

图 21-8　管理项目组合风险的输入输出

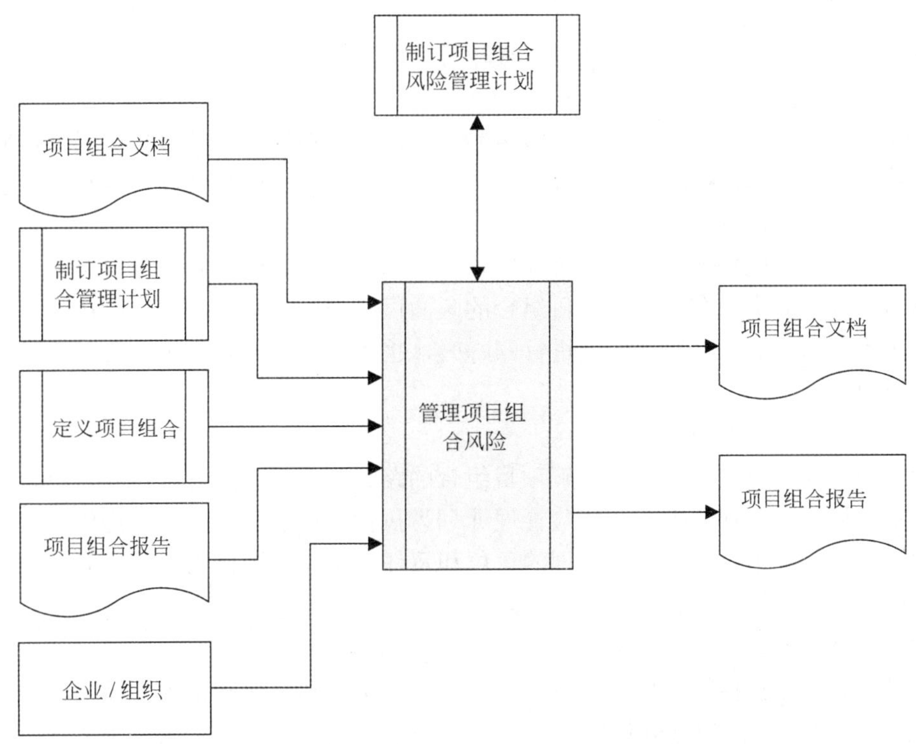

图 21-9　管理项目组合风险过程和其他过程的输入输出关系

（1）项目组合风险登记册。

项目组合的风险信息记录在风险登记册中。在制订项目组合风险管理计划时就应该建立风险登记册文档。风险登记册最终保存项目组合风险管理过程的对应结果。风险登记册中的风险信息由项目组合管理过程和项目组合风险管理过程共同维护，风险登记册可能包含以下信息。

① 风险列表。

包含所识别出的负面风险信息，风险的跟踪原因以及相关的假设条件等；也包含所识别出的正面风险信息，以及如何强化正面风险信息以获得更多的风险回报。

② 风险所有者。

项目组合经理指定相关人员负责对相应的风险进行管理，风险所有者负责对风险进行分析，并采取相应的风险应对活动，对风险持续跟踪直至风险结束。

③ 风险响应列表。

在风险识别过程中列举应对风险可能的响应措施。

④ 概率影响分析。

根据项目组合风险管理计划中的定义对风险对应的概率和影响级别进行评估。

⑤ 风险触发事件。

列举那些可能会引发风险的条件或者事件。

⑥ 更新风险分类。

在识别风险的过程中可能需要新增风险分类。如果在风险管理过程中已经建立了风险分解结构（Risk Breakdown Structure），则需要对 RBS 进行相应的扩充或者修改。

（2）项目组合问题。

与项目组合风险相比，项目组合问题指的是那些已经发生并且对项目组合产生了相应影响的风险。如果没有事先对项目组合的负面风险进行识别和应对，则风险就非常有可能转化为问题。对项目组合问题进行跟踪时，也可采用与风险登记册相似的项目组合问题登记册的形式。

2）项目组合管理计划

识别项目组合风险需要全面理解项目组合的路线图，资金支持以及项目组合组件相关的技术知识内容。项目组合的风险管理计划为执行项目组合风险识别提供了结构化的方法和指导，包括项目组合风险管理的角色和责任、工具应用指南以及如何为项目组合风险管理分配相应的时间和预算等信息。

3）项目组合报告

项目组合报告包括绩效报告、治理决策报告、项目组合状态报告、项目组合趋势报告、组织产能报告、组织资源使用报告、资金/预算报告以及战略一致性报告等。项目组合管理报告还包括项目组合组件的状态和绩效报告内容。项目组合中绩效报告的各个指标状态，通常也是重要的项目组合风险指标。为了减弱风险，在提升项目组合绩效的同时可能又会引发新的风险。项目组合报告可采用传统格式或者采用仪表盘方式的绩效报告模式。

4）项目组合过程资产

项目组合过程资产包括所有与过程相关的资产，以及与所有项目组合干系人相关的信息，这些过程和信息都可用于项目组合的风险管理过程。项目组合过程资产所包含的经验教训信息也可用于管理风险，历史项目所采用的风险管理模板通常也有重要的参考价值。

5）组织过程资产

组织过程资产，例如组织愿景、使命、战略目标、价值观等，也有助于项目组合的风险管理。

6）企业环境因素

那些公开发布的信息，例如商业数据库信息、学术研究报告、基准研究报告以及其他行业研究报告等对于项目组合风险管理也有重要的参考意义。

2．工具与技术

1）加权排序和赋值技术

项目组合治理委员会在管理过程中经常会应用加权排序和赋值技术，例如项目治理委员会在里程碑会议中用该方法对现有的风险进行评估，并且识别是否可能产生新的风险。除此之外，在其他类型的会议中，例如组织最高层参与的治理会议、组织战略会议、投资会议等，均可应用加权排序和赋值技术对相应的风险进行评估。

2）定性和定量分析

为了更好地管理项目组合风险，项目组合经理可能会应用多种定量方法和定性方法，用于分析项目组合风险之间的依赖关系、相对重要性、风险时机以及风险的置信区间等。

应用定量和定性分析方法，可以进行灵敏度分析和折衷分析，风险建模与风险模拟分析，以及确定进度、预算、绩效、产品上市时间等指标的趋势以及变动范围。可以从项目组合组件中所获取的数据进行变动分析和趋势分析，这种分析应定期进行，当发现变动范围过大，偏离了正常的基线范围时，可能意味着出现了新的风险或新的机会。风险趋势分析还用于检验之前所采取的风险应对措施是否有效。

一旦收集了项目组合绩效信息、风险信息以及治理信息等，项目组合的治理委员会经常需要对项目组合进行风险评估，并考虑是否需要对项目组合组件进行再平衡，包括资源再平衡和预算再平衡等。

（1）定量分析。

定量分析方法一般用于度量项目组合的财务指标，财务指标通常包括净现值（Net Present Value）、预估净现值（Estimated Net Present Value）、投资回收期（PayBack Period）、投资回报率（Return On Investment）以及内部回报率（Internal Rate of Return）等。

（2）灵敏度分析。

应用灵敏度分析方法有助于确定哪些风险对项目组合产生的影响最明显。应用灵敏度分析方法时，先假定其余的风险不变，然后检验单一风险如何对项目组合产生影响。龙卷风方法（Tornado）是一种典型的灵敏度分析结果表示法，它可以表示多个风险对项目组合产生不同程度的影响，如图 21-10 所示。

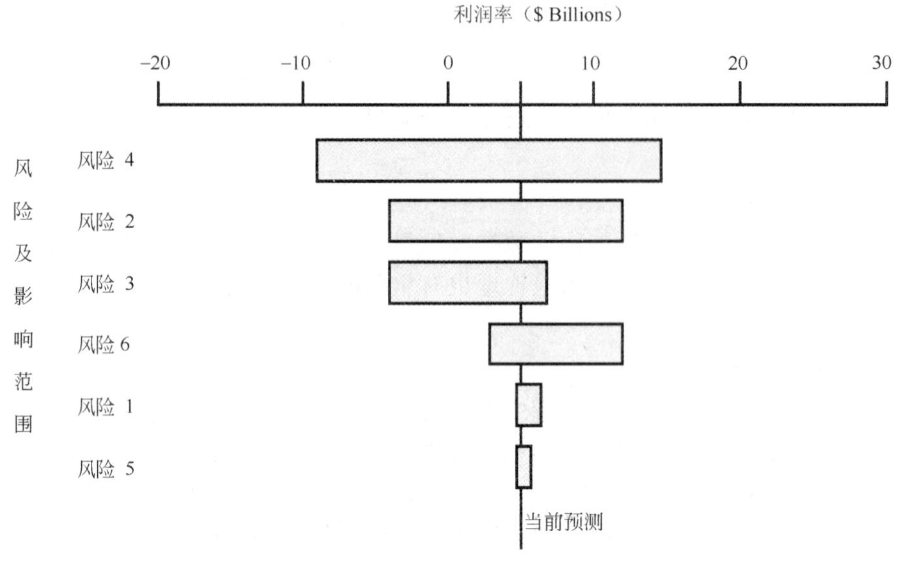

图 21-10　龙卷风方法

（3）风险建模与风险模拟。

风险模拟采用建模算法，将项目组合面临的各种不确定因素转换为相应的数值信息，风险模拟最常用的方法为蒙特卡洛模拟技术（Monte Carlo）。在蒙特卡洛模拟过程中，会针对模拟对象进行多次模拟，在每次模拟时，那些输入信息，例如项目范围、项目工期等，会根据指定的概率分布规律（例如服从正态分布或者贝塔分布等）被进行随机化处理。蒙特卡洛最后会针对每一个关心的关键参数（例如项目组合的总费用或者预期的完工时间）给出一个相应的分布区间。

蒙特卡洛方法是一种通用的分析方法，广泛地应用于科学研究领域、工程领域、生产领域以及项目管理等多个领域，它主要用于计算和分析各种不确定现象发生的概率大小以及对应的分布区间。应用蒙特卡洛方法计算软件风险成本可以归结为三个基本步骤。

- 描述软件风险成本过程。
- 为软件风险过程中的成本变量设定相应的概率分布模型。
- 对软件风险成本变量进行估计，确定变量在置信度下所对应的置信区间或者在指定置信区间内对应的置信度水平。

在应用蒙特卡洛方法时需要用到随机数模拟，涉及到较大的计算量，靠手工方式无法生成大量的随机数，所以应用蒙特卡洛方法需要借助相应的软件工具来实现。常用的蒙特卡洛模拟方式可借助微软的 EXCEL 实现，或者应用 ORACLE 公司所提供的 Crystal Ball 软件，读者也可以借助 IBM 的统计软件 SPSS 实现蒙特卡洛模拟算法。

（4）定性分析。

定性分析方法用于分析那些不容易进行定量分析的项目组合风险。在定性分析中也会包含部分与定量分析相似的方法，包括风险概率影响分析方法、灵敏度分析方法、建模与模拟方法、假设分析方法、影响力分析法、项目组合组件风险图方法、加权排序与赋值方法以及热度图（Heat Map）等。

（5）投资选项分析。

投资选项分析项目组合与组织战略的一致性。当组织的战略目标发生变化时，需要分析项目组合中的整体投资是否与组织的战略目标之间存在明显的差距，而这种差距往往是项目组合风险的重要来源。

项目组合中的差异分析过程将实际结果与计划结果相比较，根据比较结果预测项目组合是否在项目逾期完工时，与项目组合的基线产生明显的偏差，这种偏差对项目组合而言，往往意味着风险或者机会。

项目组合绩效评估度量项目组合绩效的真实结果，并将其与计划的目标相比较，这种方法有助于对项目组合实现目标的成功可能性做出预报。根据风险的来源可以将风险区分为内部风险和外部风险，对每类风险的响应可以考虑不同类型的风险应对策略。项目组合经理应该与风险所有者一起选择风险的应对策略，一般来说，混合型的风险应对策略效果最好。风险所有者在选择风险响应策略时，还可以确定主要的风险响应策略和补充的风险响应策略。风险所有者在制订风险应急计划时应识别出相应的触发条件，在项目组合管理过程中通常会为进度和成本安排相应的应急储备。如果风险所有者为应对风险所选定的响应策略没有收到预期的效果，风险所有者就应该制订相应的后备计划。

风险策略管理主要包括选择风险策略，区分风险是机会还是威胁，以及风险场景分析。一旦确定了风险响应策略，就需要根据项目组合的成本标准对风险响应的潜在后果进行分析，这个分析过程可能需要不断重复风险识别和风险分析的过程。对风险策略进行分析时可能还需要对现有的计划做出调整，以确保风险响应策略能够符合项目组合整体计划的要求。

3．输出

1）更新的项目组合管理计划

如果批准了风险响应计划，需要对项目组合管理计划及其相关的子计划进行更新，例如，如果采取风险预防措施，为项目的进度和成本设置应急储备，那么就应该增加项目组合的预算。为了确保应对风险措施作为项目组合管理和监控的一个组成部分，还需要对项目组合管理计划以及相关的文档进行更新。

2）项目组合报告

项目组合报告包括风险登记册中所列的顶层风险，如果对项目风险进行分类排序或者根据项目组合组件对风险进行分组，就可生成风险和项目组合组件的对应关系。

项目组合报告的内容还包括问题记录册中所记录的问题，对那些已经发生的风险采取了应对措施，那些风险就已经转换为了问题。项目组合治理委员会关于风险状态以及风险响应的建议也应作为项目组合报告的组成部分。制订对风险的应对计划并跟踪响应的应对措施，然后将应对结果与项目组合治理委员会进行沟通。项目组合治理委员会所提供的建议可能包括新的风险、新的风险状态、新的风险响应措施或者基于风险策略的项目组合组件做出调整。对项目组合组件进行调整包含多种形式，例如增加对某个组合组件的资金投入，为高风险组件投入更多的人力资源，增加、修改或者删除相应的项目组合组件等。

风险管理过程会生成项目组合所需的各种风险报告，包括风险响应和分析报告等，这些报告属于项目组合报告整体的组成部分。

3）更新的项目组合过程资产

对项目组合风险进行管理时，项目组合风险登记册、项目组合问题登记册以及其他的文档均需要进行更新。如果项目组合治理委员会基于风险管理的角度推荐对项目组合组件进行更新，项目组合组件列表也需要进行相应的更新。

4）更新的组织过程资产

当项目组合的风险管理出现更新时，例如对组织的风险进行评估，此时需要更新组织过程资产。

21.8 本章练习

（1）通过项目评价选择、多项目组合优化，确保项目符合企业的战略目标，从而实现企业收益最大化的管理过程属于________。

A．项目评价　　B．项目商业论证

C．项目组合管理　　D．项目治理

参考答案：C

（2）项目组合管理的角色和过程覆盖了________。

A．项目运营层级　　B．除职能层之外的所有层级

C．项目执行层级　　D．整个组织

参考答案：D

（3）下列关于项目组合管理的叙述，________是不恰当的。

A．项目组合管理借鉴了金融投资行业的投资组合理论

B．项目组合管理主要是平衡项目的风险和收益，选择最佳的投资组合

C．组织应该持续地评估和跟踪项目组合的风险和收益情况

D．项目组合管理是把项目合并起来进行管理

参考答案：D

（4）项目组合管理是一个保证组织内所有项目都经过风险和收益分析，平衡资源的方法论，其中________是项目组合管理工作的一个要素。

A．提高资源利用率　　B．风险管理

C．范围管理　　D．项目战术管理

参考答案：B

（5）在项目组合管理中，确定项目优先级的主要决定因素是________。

A．项目的进度　　B．项目组合的收益

C．项目总成本　　D．组织战略

参考答案：D

（6）项目组合管理可以将组织战略进一步细化到选择哪些项目来实现组织的目标，其选择的主要依据在于________。

A．交付能力和收益　　B．追求人尽其才

C．追求最低的风险　　D．平衡人力资源专长

参考答案：A

（7）项目组合管理的一个目标是________。

A．管理项目组合中每个项目文件中的各项内容

B．评估组织的项目管理成熟度，并依据评估结果估算完成组织当前在建项目所需的资源

C. 通过慎重选择项目或大型项目并及时剔除不满足项目组合战略目标的项目，使项目组合的价值最大

D．在组织的所有项目上平衡所使用的资源

参考答案：C

（8）大型复杂项目管理与一般项目管理相比较________。

A．管理原理不同　　B．管理方法和工具不同

C．管理程序不同　　D．管理范围不同

参考答案：C

（9）解决组织中多个项目之间的资源冲突问题，一般不宜采用的方法是________。

A．制订资源计划时，每个项目预留尽量多的资源富余量

B．检查组织内部的资源使用情况，看是否有资源分配不合理的情况

C．制订资源在项目间分配的原则，重要的项目优先得到资源

D．将组织中的资源进行统一管理，避免资源浪费和过度使用

参考答案：A

（10）项目组合管理的定义过程组由这样一些过程组成，不包括________。

A．设定组织战略和目标如何在一个项目组合中被实现

B．确定项目组合战略计划

C．确定项目组合结构和路径

D．对项目组合绩效进行分类、评估、选择

参考答案：D

第 22 章　信息系统安全管理

22.1　信息系统安全策略

22.1.1　信息系统安全策略的概念与内容

信息系统安全策略是指针对本单位的计算机业务应用信息系统的安全风险（安全威胁）进行有效的识别、评估后，所采取的各种措施、手段，以及建立的各种管理制度、规章等。由此可见，一个单位的安全策略一定是定制的，都是针对本单位的“安全风险（威胁）”来进行防护的。安全策略的归宿点（立脚点）就是单位的资产得到充分的保护。安全策略涉及技术的和非技术的、硬件的和非硬件的、法律的和非法律的各个方面。

由于计算机业务应用信息系统安全的事情涉及到单位（企业、党政机关）能否正常运营的大事，必须由单位的最高行政执行长官、部门或组织授权完成安全策略的制定，并经过单位的全员讨论修订。安全策略自从宣布施行之日起，就是单位（企业、党政机关）内部的一个重要法规，任何人不得违反。

安全策略的核心内容就是“七定”，即定方案、定岗、定位、定员、定目标、定制度、定工作流程。“七定”的结果就是确定了该单位组织的计算机业务应用信息系统的安全如何具体地实现和保证。安全策略一定要具有科学性、严肃性、非二义性和可操作性。

按照系统安全策略“七定”要求，系统安全策略首先要解决定方案，其次就是定岗。

目前，国家部级机关的信息中心负责计算机业务应用信息系统的运营。在信息中心设置安全处，配备一名处长和一到两名副处长，科室设置和科员配置各单位均不相同。但明确了单位的信息安全由安全处负责，处长就是单位的 CSO（Chief Security Officer）。国内银行系统由科技处负责全行的计算机业务应用信息系统的安全，科技处处长就是银行的 CSO。

以上做法虽然简单，但定岗、定位、定员、定目标都得到落实了。然后就要由安全处或科技处负责定制度、定工作流程。在定制度、定工作流程中，还要明确一些关键岗位和人员。CSO 之下，国内一般设置以下各种专业化的职能和职位，如机房设备安全管理、主机和操作系统管理、网络和数据库管理、应用和输入输出管理、应用开发管理以及应急事故管理等，相应的职位为各种管理员，如机房设备安全管理员、主机和操作系统管理员等。

有了岗位，就要有责、权、利以及相应的工作制度、工作流程，由此形成各种安全策略，包括机房设备安全管理策略、主机和操作系统管理策略、网络和数据库管理策略、应用和输入输出管理策略、应用开发管理策略、应急事故管理策略、密码和安全设备管理策略、信息审计管理策略等。

22.1.2　建立安全策略需要处理好的关系

1．安全与应用的依存关系

安全与应用是矛盾统一的。没有应用，就不会产生相应的安全需求；发生安全问题，就不能更好地开展应用。另外，安全是有代价的，不但会增加系统的开销，也会增加系统建设和运行的费用，同时还会规定对使用的限制，从而给应用带来不便。应用需要安全、安全为了应用。过分强调安全或者应用，都是有失偏颇的，都不是正确的态度。

2．风险度的观点

系统安全是一个动态的过程，今天看来是安全的系统，明天可能就不再安全。因为发现了新的漏洞，或者黑客研究出了新的攻击技术，病毒制造者设计了新的病毒程序，甚至仅仅是由于我们对系统进行了重新配置等。因此把信息系统的安全目标定位于“系统永不停机、数据永不丢失、网络永不瘫痪、信息永不泄密”，是错误的，是不现实的，也是不可能的。系统安全是相对的，是一个风险大小的问题。我们不能一厢情愿地追求所谓的绝对安全，而是要将安全风险控制在合理程度或允许的范围内。这就是风险度的观点。

3．适度安全的观点

怎样才是适度安全，需要运用风险评估的方法才能得出结论。风险评估围绕威胁、资产、脆弱性、安全措施展开分析。在评估时不仅要考虑现有环境，还要考虑近期和远期发展变化趋势。同时，还要评估控制风险所需的安全代价。在此基础上对风险和代价进行均衡，才能确定相应的安全策略。安全风险和安全代价两者之间的关系，可用图 22-1 表示。

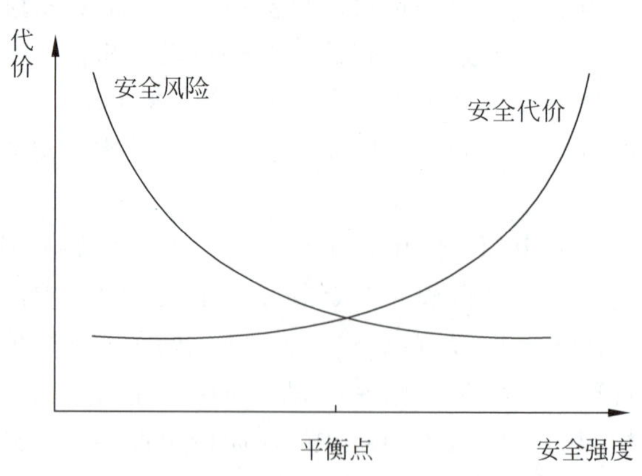

图 22-1　安全风险和安全代价之间关系

从图中不难看出，安全代价低，显然安全风险肯定很大；反之，安全风险要降得很低，安全的代价也就很大。这个代价不光指资金投入，包括系统性能下降、效率低下等引出的“代价”。一个好的信息安全保障系统的标志就是有效控制两者的“平衡点”，既能保证安全风险的有效控制，又使安全的代价可以接受。这个平衡点对于不同行业、不同单位、不同时间点都不一样，需要实现“动态”控制。三种不同架构的信息安全保障系统和网络信息安全的等级保护等的理念和建设方案，都是适度安全的观点的体现。

4．木桶效应的观点

木桶效应的观点是将整个信息系统比作一个木桶，其安全水平是由构成木桶的最短的那块木板决定的。同时，保护信息系统的各个安全要素是同等重要的，各方面要素均不容忽视。但是要强调的是，安全管理在所有要素中具有极其重要的地位。有人将安全管理的漏洞比作存在于木桶桶底的漏洞。如果安全管理有漏洞，其他安全措施即使投入再大也无济于事。

5．信息系统安全等级保护的概念

《计算机信息系统安全保护等级划分准则》（GB 17859—1999）是建立安全等级保护制度，实施安全等级管理的重要基础性标准，它将计算机信息系统分为以下 5 个安全保护等级。

第一级　用户自主保护级。通过隔离用户与数据，使用户具备自主安全保护的能力。它为用户提供可行的手段，保护用户和用户信息，避免其他用户对数据的非法读写与破坏，该级适用于普通内联网用户。

第二级　系统审计保护级。实施了粒度更细的自主访问控制，它通过登录规程、审计安全性相关事件和隔离资源，使用户对自己的行为负责。该级适用于通过内联网或国际网进行商务活动，需要保密的非重要单位。

第三级　安全标记保护级。具有系统审计保护级的所有功能。此外，还需提供有关安全策略模型、数据标记以及主体对客体强制访问控制的非形式化描述，具有准确地标记输出信息的能力；消除通过测试发现的任何错误。该级适用于地方各级国家机关、金融单位机构、邮电通信、能源与水源供给部门、交通运输、大型工商与信息技术企业、重点工程建设等单位。

第四级　结构化保护级。建立于一个明确定义的形式安全策略模型之上，要求将第三级系统中的自主和强制访问控制扩展到所有主体与客体。此外，还要考虑隐蔽通道。必须结构化为关键保护元素和非关键保护元素。计算机信息系统可信计算机的接口也必须明确定义，使其设计与实现能经受更充分的测试和更完整的复审。加强了鉴别机制；支持系统管理员和操作员的职能；提供可信设施管理；增强了配置管理控制。系统具有相当的抗渗透能力。该级适用于中央级国家机关、广播电视部门、重要物资储备单位、社会应急服务部门、尖端科技企业集团、国家重点科研单位机构和国防建设等部门。

第五级　访问验证保护级。满足访问控制器需求。访问监控器仲裁主体对客体的全部访问。访问监控器本身是抗篡改的；必须足够小，能够分析和测试。为了满足访问监控器需求，计算机信息系统可信计算机在其构造时，排除那些对实施安全策略来说并非必要的代码；在设计和实现时，从系统工程角度将其复杂性降低到最小程度。支持安全管理员职能；扩充审计机制，当发生与安全相关的事件时发出信号；提供系统恢复机制。系统具有很高的抗渗透能力。该级适用于国防关键部门和依法需要对计算机信息系统实施特殊隔离的单位。

不管是企业还是单位机构，应当根据其业务应用信息系统所处理信息的敏感程度、业务应用的性质和部门重要程度，按照国家有关标准分别确定其计算机信息系统的安全保护等级。

信息系统的安全保护等级由两个定级要素决定：等级保护对象受到破坏时所侵害的客体和对客体造成侵害的程度。

一是受侵害的客体。等级保护对象受到破坏时所侵害的客体包括公民、法人和其他组织的合法权益；社会秩序、公共利益；国家安全。

二是对客体的侵害程度。对客体的侵害程度由客观方面的不同外在表现综合决定。由于对客体的侵害是通过对等级保护对象的破坏实现的，因此，对客体的侵害外在表现为对等级保护对象的破坏，通过危害方式、危害后果和危害程度加以描述。等级保护对象受到破坏后对客体造成侵害的程度分为造成一般损害；造成严重损害；造成特别严重损害。因此，信息系统受到破坏后，会对公民、法人和其他组织的合法权益造成损害，但不损害国家安全、社会秩序和公共利益，则为第一级。信息系统受到破坏后，会对公民、法人和其他组织的合法权益产生严重损害，或者对社会秩序和公共利益造成损害，但不损害国家安全，则为第二级。信息系统受到破坏后，会对社会秩序和公共利益造成严重损害，或者对国家安全造成损害，则为第三级。信息系统受到破坏后，会对社会秩序和公共利益造成特别严重损害，或者对国家安全造成严重损害，则为第四级。信息系统受到破坏后，会对国家安全造成特别严重损害，则为第五级。

定级要素与信息系统安全保护等级的关系，如表22-1所示。

表22-1　定级要素与安全保护等级的关系

<table>
<tr><th>等　级</th><th>对　象</th><th>侵害客体</th><th>侵害程度</th><th>监管强度</th></tr>
<tr><td>第一级</td><td rowspan="3">一般系统</td><td>合法权益</td><td>损害</td><td>自主保护</td></tr>
<tr><td rowspan="2">第二级</td><td>合法权益</td><td>严重损害</td><td rowspan="2">指导</td></tr>
<tr><td>社会秩序和公共利益</td><td>损害</td></tr>
<tr><td rowspan="2">第三级</td><td rowspan="4">重要系统</td><td>社会秩序和公共利益</td><td>严重损害</td><td rowspan="2">监督检查</td></tr>
<tr><td>国家安全</td><td>损害</td></tr>
<tr><td rowspan="2">第四级</td><td>社会秩序和公共利益</td><td>特别严重损害</td><td rowspan="2">强制监督检查</td></tr>
<tr><td>国家安全</td><td>严重损害</td></tr>
<tr><td>第五级</td><td>极端重要系统</td><td>国家安全</td><td>特别严重损害</td><td>专门监督检查</td></tr>
</table>

22.1.3 信息系统安全策略设计原则

我国信息化建设总结出来的宝贵经验有 8 个总原则和 10 个特殊原则。

1. 8 个总原则

（1）主要领导人负责原则。信息安全保护工作事关大局，影响组织和机构的全局，主要领导人必须把信息安全列为其最关心的问题之一，并负责提高、加强部门人员的认识，组织有效队伍，调动必要资源和经费，协调信息安全管理工作与各部门的工作，使之落实、有效。

（2）规范定级原则。有关部门或组织根据其信息重要程度和敏感程度以及自身资源的客观条件，应按标准确定信息安全管理要求的相应等级，并在履行相应的审批手续后，切实遵从相应等级的规范要求，制定相应的安全策略，并认真实施。

（3）依法行政原则。信息安全管理工作主要体现为行政行为，因此必须保证信息系统安全行政主体合法、行政行为合法、行政内容合法、行政程序合法。

（4）以人为本原则。威胁和保护这两个对立面是信息安全管理工作的主体。实践表明它们在很大程度上受制于人为的因素。加强信息安全教育、培训和管理，强化安全意识和法治观念，提升职业道德，掌握安全技术是做好信息安全管理工作的重要保证。

（5）注重效费比原则。安全需求的不断增加和现实资源的有限性使安全决策处于两难境地。恰当地把握效费比是从全局上处置好信息安全管理工作的一个平衡点。

（6）全面防范、突出重点原则。全面防范是信息系统综合保障措施。它需要从人员、管理和技术多方面，在预警、保护、检测、反应、恢复和跟踪等多个环节上采用多种技术实施。同时，又要从组织和机构的实际情况出发，突出自身的信息安全管理重点。不同的部门、不同的信息系统应有不同的信息安全管理重点。

（7）系统、动态原则。信息系统安全管理的系统特征突出。要按照系统工程的要求，注意各方面，各层次、各时期的相互协调、匹配和衔接，以便能按照“木桶原理”体现信息保护安全管理的系统集成效果。同时，信息保护安全管理又是一种状态和过程，随着系统脆弱性及其强度的时空分布的变化，威胁程度的提高，系统环境的变化以及人员对系统安全认识的深化等，必须及时地将现有的安全策略、风险接受程度和保护措施进行复查、修改、调整以至提升安全管理等级。

（8）特殊的安全管理原则。在制定和实施安全策略和技术措施时，必须遵循安全管理的 10 个特殊原则。

2. 10 个特殊原则

（1）分权制衡原则。安全管理采取分权制衡的原则，避免操作权力过分集中，否则一旦出现问题就将全线崩溃。

（2）最小特权原则。对信息、信息系统的访问采用最小特权原则。任何实体（用户、管理员、进程、应用或系统）仅享有该主体需要完成其被指定任务所必须的特权，不应享有任何多余特权。

（3）标准化原则。安全技术和设备的使用要经有关部门批准，并按有关等级标准使用。

（4）用成熟的先进技术原则。成熟的技术提供可靠性、稳定性保证，采用新技术时要重视其成熟的程度。如果新技术势在必行，应该首先局部试点然后逐步推广，减少或避免可能出现的损失。

（5）失效保护原则。系统运行错误或故障时必须拒绝非授权访问，阻断非授权人员进入内部系统，直至必要时以牺牲使用为代价确保安全。

（6）普遍参与原则。不论信息系统的安全等级如何，要求信息系统所涉及人员普遍参与，共同保障信息系统安全。

（7）职责分离原则。职责分离是降低意外或故意滥用系统风险的一种方法。为减小未经授权的修改、滥用信息或服务的机会，对特定职责或责任领域的管理和执行功能实施分离。有条件的组织或机构，应执行专职专责。如职责分离比较困难，应附加其他的控制措施，如行为监视、审计跟踪和管理监督。

（8）审计独立原则。审计独立，才能保证公正。

（9）控制社会影响原则。非涉密信息的完整性、可用性对社会具有相当重大的影响，同样应针对其风险程度予以保护。

（10）保护资源和效率原则。风险度的观点和适度安全的观点都是安全策略制定中的具体体现。

22.1.4 信息系统安全方案

1．与信息系统安全方案有关的系统组成因素

系统方案直接影响到信息系统安全实施与效果，因此，建设一个计算机业务应用信息系统时，从信息安全角度考虑，确定一个有利于信息安全的系统组成方案是十分必要的。与系统安全方案有关的系统包括以下组成因素。

（1）主要硬件设备的选型。

（2）操作系统和数据库的选型。

（3）网络拓扑结构的选型。

（4）数据存储方案和存储设备的选型。

（5）安全设备的选型。

（6）应用软件开发平台的选型。

（7）应用软件的系统结构的确定。

（8）供货商和集成商的选择等。

（9）业务运营与安全管理的职责（岗位）划分。

（10）应急处理方案的确定及人员的落实。

这些全局性组成因素的选定是否科学合理，对以后整个系统的信息安全方案的确定具有决定的作用。

2．确定信息系统安全方案

确定信息系统安全方案主要包括以下内容。

（1）首先确定采用 MIS+S、S-MIS 或 S^2-MIS 体系架构，不同体系架构差别很大，对后续工作和目标影响很大。

（2）确定业务和数据存储的方案。业务和数据存储的方案对整个信息系统组成和信息安全方案的确定，影响很大。

（3）网络拓扑结构。信息安全的主要威胁都是来自网络，因此网络的拓扑结构对信息安全方案的确定，影响也是很大。

（4）基础安全设施和主要安全设备的选型。这部分是信息安全保障系统的核心，有没有这些设施，选用什么样的安全设备，对信息安全方案的确定起到关键的作用。

（5）业务应用信息系统的安全级别的确定。根据国家标准 GB 17859—1999《计算机信息系统安全保护等级划分准则》，单位可以根据使用的目的要求，确定本单位的计算机业务应用信息系统要确定为哪一等级，一旦你确定了某个安全级别，也就确定了安全的大体方案。

（6）系统资金和人员投入的档次。这条决定了前几条的选定，因为没有钱，一切设想、计划只能成为幻想。有了钱，没有人也是不可想象的。

我们知道，“信息安全保障系统”是一个在网络上，集成各种硬件、软件和密码设备，以保障其他业务应用信息系统正常运行的专用信息应用系统，以及与之相关的岗位、人员、策略、制度和规程的总和。因此，系统安全方案与系统的安全策略是密不可分的。没有安全策略就没有安全方案；相反，没有安全方案，也就没有安全策略。

22.2　信息安全系统工程

22.2.1　信息安全系统工程概述

随着国际互联网信息高速公路的畅通和国际化的信息交流，业务大范围扩展，信息安全的风险也急剧恶化。由业务应用信息系统再来解决安全，已经不能胜任。再由操作系统、数据库系统、网络管理系统来解决安全问题，也不能满足实际的需要，于是才不得不建立独立的信息安全系统。信息安全系统是一门新兴的工程实践课题。与国外的同行相比，我们极有必要加大对信息安全系统工程的研究，规范信息安全系统工程建设的过程和提高建设信息安全系统工程的成熟能力。否则，信息安全系统工程建立不合理、不科学、不到位、不标准，势必影响业务应用信息系统的正常运营，阻碍信息化的推进。

信息安全系统工程就是要建造一个信息安全系统，它是整个信息系统工程的一部分，而且最好是与业务应用信息系统工程同步进行，而它主要是围绕“信息安全”的内容，如信息安全风险评估、信息安全策略制定、信息安全需求确定、信息安全系统总体设计、信息安全系统详细设计、信息安全系统设备选型、信息安全系统工程招投标、密钥密码机制确定、资源界定和授权、信息安全系统施工中需要注意防泄密问题和施工中后期的信息安全系统测试、运营、维护的安全管理等问题。这些问题与用户的业务应用信息系统建设所主要关注的完全不同。业务应用信息系统工程所主要关注的是客户的需求、业务流程、价值链等的企业的业务优化和改造的问题。信息安全系统建设所关注的问题恰恰是业务应用信息系统正常运营所不能缺少的。

为了进一步论述信息安全系统工程，我们需要区分几个术语，并了解它们之间的关系。信息系统、业务应用信息系统、信息安全系统，信息系统工程、业务应用信息系统工程、信息安全系统工程以及信息系统安全和信息系统安全工程之间的关系，如图 22-2 所示。

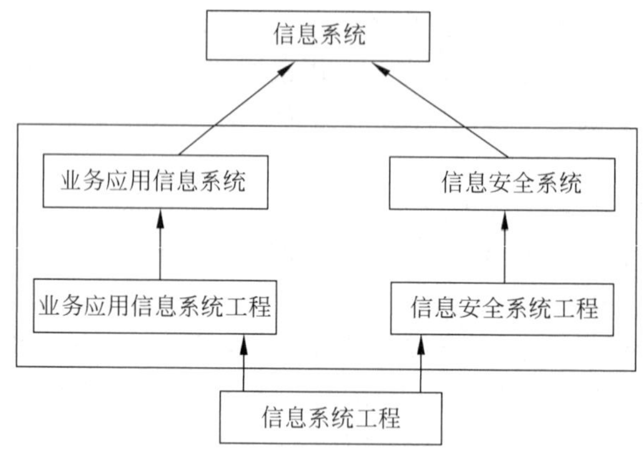

图 22-2 术语之间的关系

信息系统业界又叫作信息应用系统、信息应用管理系统、管理信息系统，简称 MIS（Management Information System）。信息安全系统服务于业务应用信息系统并与之密不可分，但又不能混为一谈。信息安全系统不能脱离业务应用信息系统而存在，比如我们说建立国税信息系统、公安信息系统、社保信息系统等，一定包含业务应用信息系统和信息安全系统两个部分。但二者的功能、操作流程、管理方式、人员要求、技术领域等都完全不同。随着信息化的深入，两者的界限就越来越明显了。

业务应用信息系统支撑业务运营的计算机应用信息系统，如银行柜台业务信息系统、国税征收信息系统等。

信息系统工程即建造信息系统的工程，包括两个独立且不可分割的部分，即信息安全系统工程和业务应用信息系统工程。

业务应用信息系统工程就是为了达到建设好业务应用信息系统所组织实施的工程，一般成为信息系统集成项目工程。它是信息系统工程的一部分。

信息安全系统工程是指为了达到建设好信息安全系统的特殊需要而组织实施的工程。它是信息系统工程的一部分。信息安全系统工程作为信息系统工程的一个子集，其安全体系和策略必须遵从系统工程的一般性原则和规律。信息安全系统工程原理适用于系统和应用的开发、集成、运行、管理、维护和演变，以及产品的开发、交付和演变。这样，信息安全系统工程就能够在一个系统、一个产品或一个服务中得到体现。

我们讲述的是信息安全系统工程，而不是信息系统安全工程。从字面上理解，信息系统安全工程可能会误解为安全地建设一个信息系统，而忽略信息系统中的信息安全问题。因为信息系统可以安全地建设成一个没有信息安全子系统的信息系统，在目前国内仍然存在这样的新建的信息系统——没有考虑信息安全的问题，或没有充分地考虑信息安全的问题，从而留下相当大的隐患。信息安全系统工程就明白无误地确定了，这个工程就是建设一个信息安全系统。

22.2.2　信息安全系统

信息安全保障系统一般简称为信息安全系统，它是“信息系统”的一个部分，用于保证“业务应用信息系统”正常运营。现在人们已经明确，要建立一个“信息系统”，就必须要建立一个或多个业务应用信息系统和一个信息安全系统。信息安全系统是客观的、独立于业务应用信息系统而存在的信息系统。

我们用一个“宏观”三维空间图来反映信息安全系统的体系架构及其组成，如图 22-3 所示。

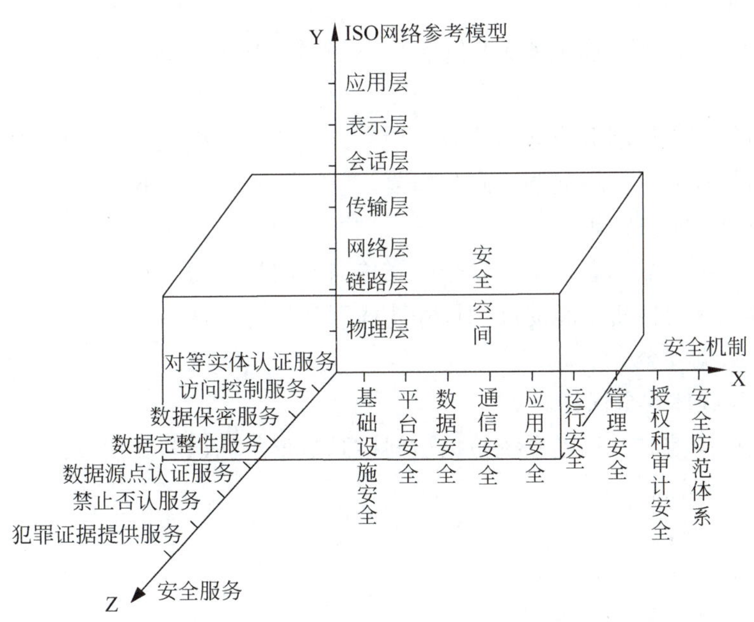

图 22-3　信息安全空间

X 轴是“安全机制”。安全机制可以理解为提供某些安全服务，利用各种安全技术和技巧，所形成的一个较为完善的结构体系。如“平台安全”机制，实际上就是指的安全操作系统、安全数据库、应用开发运营的安全平台以及网络安全管理监控系统等。

Y 轴是“OSI 网络参考模型”。信息安全系统的许多技术、技巧都是在网络的各个层面上实施的，离开网络，信息系统的安全也就失去意义。

Z 轴是“安全服务”。安全服务就是从网络中的各个层次提供给信息应用系统所需要的安全服务支持。如对等实体认证服务、访问控制服务、数据保密服务等。

由 X、Y、Z 三个轴形成的信息安全系统三维空间就是信息系统的“安全空间”。随着网络逐层扩展，这个空间不仅范围逐步加大，安全的内涵也就更丰富，达到具有认证、权限、完整、加密和不可否认五大要素，也叫作“安全空间”的五大属性。

1. 安全机制

第一层：基础设施实体安全

（1）机房安全，包括机房环境、包括机房环境、温度、湿度、电磁、噪声、防尘、静电和振动等。

（2）场地安全，包括建筑安全、包括建筑安全、防火、防雷、围墙和门禁系统等。

（3）设施安全，包括设备可靠性、通信线路安全性和辐射控制与防泄露等。

（4）动力系统安全，包括电源安全和空调等。

（5）灾难预防与恢复。

第二层：平台安全

（1）操作系统漏洞检测与修复，包括 Unix 系统、Windows 系统、Linux 系统和网络协议等。

（2）网络基础设施漏洞检测与修复，包括路由器、交换机和防火墙等。

（3）通用基础应用程序漏洞检测与修复，包括数据库、Web、FTP、Email、DNS 以及其他各种系统守护进程等。

（4）网络安全产品部署，平台安全的实施需要用到市场上常见的网络安全产品，主要包括防火墙、入侵检测、脆弱性扫描和防病毒产品。

第三层：数据安全

（1）介质与载体安全保护。

（2）数据访问控制，包括系统数据访问控制检查、标识与鉴别等。

（3）数据完整性。

（4）数据可用性。

（5）数据监控和审计。

（6）数据存储与备份安全。

第四层：通信安全

(1) 通信线路和网络基础设施安全性测试与优化。

(2) 安装网络加密设施。

(3) 设置通信加密软件。

(4) 设置身份鉴别机制。

(5) 设置并测试安全通道。

(6) 测试各项网络协议运行漏洞。

第五层：应用安全

(1) 业务软件的程序安全性测试（Bug 分析）。

(2) 业务交往的防抵赖测试。

(3) 业务资源的访问控制验证测试。

(4) 业务实体的身份鉴别检测。

(5) 业务现场的备份与恢复机制检查。

(6) 业务数据的唯一性、一致性和防冲突检测。

(7) 业务数据的保密性测试。

(8) 业务系统的可靠性测试。

(9) 业务系统的可用性测试。

第六层：运行安全

(1) 应急处置机制和配套服务。

(2) 网络系统安全性监测。

(3) 网络安全产品运行监测。

(4) 定期检查和评估。

(5) 系统升级和补丁提供。

(6) 跟踪最新安全漏洞及通报。

(7) 灾难恢复机制与预防。系统改造管理。

(8) 网络安全专业技术咨询服务。

第七层：管理安全

包括人员管理；培训管理；应用系统管理；软件管理；设备管理；文档管理；数据管理；操作管理；运行管理；机房管理。

第八层：授权和审计安全

授权安全是指以向用户和应用程序提供权限管理和授权服务为目标，主要负责向业务应用系统提供授权服务管理，提供用户身份到应用授权的映射功能，实现与实际应用处理模式相对应的、与具体应用系统开发和管理无关的访问控制机制。

审计安全是指：

- 监控网络内部的用户活动。
- 侦察系统中存在的潜在威胁。

- 对日常运行状况的统计和分析。
- 对突发案件和异常事件的事后分析。
- 辅助侦破和取证。
- 安全审计是信息安全系统必须支持的功能特性。

第九层：安全防范体系

企业安全防范体系的建立，就是使得企业具有较强的应急事故处理能力，其核心是实现企业信息安全资源的综合管理，即 EISRM（Enterprise Information Security Resource Management）。企业安全防范体系的建立可以更好地发挥以下六项能力：预警（Warn）、保护（Protect）、检测（Detect）、反应（Response）、恢复（Recover）和反击（Counter-attack）6 个环节，即综合的 WPDRRC 信息安全保障体系。

企业可以结合 WPDRRC 能力模型，从人员、技术、政策（包括法律、法规、制度、管理）三大要素来构成宏观的信息网络安全保障体系结构的框架，主要包括组织机构的建立、人员的配备、管理制度的制定、安全流程的明确等，并切实做好物理安全管理、中心机房管理、主机安全管理、数据库安全管理、网络安全管理、网络终端管理、软件安全管理，授权和访问控制管理、审计和追踪管理，确保日常和异常情况下的信息安全工作持续、有序地开展。

2．安全服务

（1）对等实体认证服务。对等实体认证服务用于两个开放系统同等层中的实体建立链接或数据传输时，对对方实体的合法性、真实性进行确认，以防假冒。

（2）数据保密服务。数据保密服务包括多种保密服务，为了防止网络中各系统之间的数据被截获或被非法存取而泄密，提供密码加密保护。数据保密服务可提供链接方式和无链接方式两种数据保密，同时也可对用户可选字段的数据进行保护。

（3）数据完整性服务。数据完整性服务用以防止非法实体对交换数据的修改、插入、删除以及在数据交换过程中的数据丢失。数据完整性服务分为以下几个部分。

- 带恢复功能的链接方式数据完整性。
- 不带恢复功能的链接方式数据完整性。
- 选择字段链接方式数据完整性。
- 选择字段无链接方式数据完整性。
- 无链接方式数据完整性。

（4）数据源点认证服务。数据源点认证服务用于确保数据发自真正的源点，防止假冒。

（5）禁止否认服务。禁止否认服务用以防止发送方在发送数据后否认自己发送过此数据，接收方在收到数据后否认自己收到过此数据或伪造接收数据，由两种服务组成：不得否认发送和不得否认接收。

（6）犯罪证据提供服务。

3．安全技术

1）加密技术

加密是确保数据安全性的基本方法。在 OSI 安全体系结构中应根据加密所处的层次及加密对象的不同，而采用不同的密码。由于有加密技术的存在，必须有密钥管理技术的存在。在网络环境中，密钥管理显得格外重要。

2）数字签名技术

数字签名是确保数据真实性的基本方法。利用数字签名技术还可以进行报文认证和用户身份认证。数字签名具有解决收发双方纠纷的能力，这是其他安全技术所没有的。

3）访问控制技术

访问控制按照事先确定的规则决定主体对客体的访问是否合法。当一主体试图非法使用一个未经授权的资源时，访问控制将拒绝这一企图，并将这一事件报告给审计跟踪系统，审计跟踪系统将给出报警并记录日志档案。

4）数据完整性技术

破坏数据的主要因素有：

数据在信道中传输时受信道干扰影响产生错误或是被非法侵入所篡改，或是被病毒所感染等。

数据完整性技术通过纠错编码和差错控制来应对信道干扰，通过报文认证来应对非法入侵者的主动攻击，通过病毒实时检测来应对计算机病毒。

数据完整性技术包括以下两种方式：数据单元的完整性和数据单元序列的完整性。

5）认证技术

在计算机网络中认证主要有站点认证、报文认证、用户和进程认证等。多数认证过程采用密码技术和数字签名技术。对于用户身份认证，随着科技的发展，用户生物特征认证技术将得到越来越多的应用。在大型计算机网络中，由于有众多的用户，而且并不是所有的用户都诚实、可信，同时由于设备故障等技术原因造成信息丢失、延迟等，这很可能引起责任纠纷。为了解决这个问题，需要有一个各方都信任的第三者实体以提供公正仲裁。

6）数据挖掘技术

随着高科技的发展，犯罪和不法之徒的手段也越来越高科技化，直截了当的犯罪我们好查，对于隐蔽的手法就需要新的高科技手段来对付，利用大量的数据积累和经验的积累，数据挖掘技术是及早发现隐患、将犯罪扼杀在萌芽阶段并及时修补不健全的安全防范体系的重要技术。

22.2.3 信息安全系统架构体系

信息安全系统大体划分为三种架构体系：MIS+S 系统、S-MIS 系统和 S^2-MIS 系统。

1．MIS+S 系统

MIS+S（Management Information System+Security）系统为“初级信息安全保障系统”或“基本信息安全保障系统”。顾名思义，这样的系统是初等的、简单的信息安全保障系统。其特点如下。

- 业务应用系统基本不变。
- 硬件和系统软件通用。
- 安全设备基本不带密码。

这里所说的“安全设备”主要是指那些在应用系统之外的信息安全设备，如防火墙、网络隔离、安全路由，以及病毒防治系统、漏洞扫描系统、入侵检测系统、动态口令卡等。不使用 PKI/CA 的 VPN 设备也属于这个范畴。这种系统的架构，如图 22-4（1）所示。

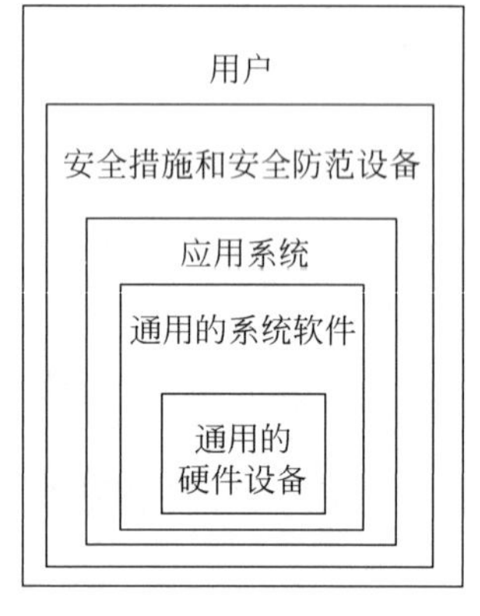

（1）MIS+S 系统架构

（2）S-MIS 系统结构

（3）S^2-MIS 系统架构

图 22-4 系统架构示意图

2．S-MIS 系统架构

S-MIS（Security- Management Information System）系统为“标准信息安全保障系统”。顾名思义，S-MIS 系统一定是涉密系统，即系统中一定要用到密码和密码设备，一定是基于 PKI/CA 和 PMI/AA 建立的支撑用户的业务应用信息系统的运营。其特点如下：

- 硬件和系统软件通用。
- PKI/CA 安全保障系统必须带密码。
- 业务应用系统必须根本改变。
- 主要的通用的硬件、软件也要通过 PKI/CA 认证。

业务应用系统必须根本改变就是指业务应用系统必须按照 PKI/CA 的标准重新编制的全新的安全的业务应用信息系统。这种系统的架构，如图 22-4（2）所示。

3. S^2-MIS 系统架构

S^2-MIS（Super Security-Management Information System）系统为“超安全的信息安全保障系统”。顾名思义，这样的系统是建立在“绝对的”安全的信息安全基础设施上的。它不仅使用世界公认的 PKI/CA 标准，同时硬件和系统软件都使用专用的、安全产品。主要的硬件和系统软件需要 PKI/CA 认证，可以说，这样的系统是集当今所有安全、密码产品之大成。其特点如下。

- 硬件和系统软件都专用。
- PKI/CA 安全基础设施必须带密码。
- 业务应用系统必须根本改变。

这种系统的架构，如图 22-4（3）所示。

三种不同系统架构的信息安全保障系统适用于不同业务应用系统的需要。显然，建立三种不同系统架构的信息安全保障系统所需要的投资和完成的工期将有非常大的差别。建立一个 MIS+S 系统需要几十万元（RMB）的话，建立一个 S-MIS 系统需要几百万到几千万元，而建立一个 S^2-MIS 系统将需要更大的投资。当然，系统的安全保障的能力与效果也将完全不同。

信息安全系统与业务应用信息系统既有区别又有紧密联系。用户的业务应用信息系统生命周期与信息安全系统生命周期的关系几乎是一样的，因为它们是同步进行的。但是，它们在工程实施过程和工程保证过程则完全不同的。其中最大不同点是，信息安全系统从项目启动（立项）开始，需要严格保密的。一般情况下，不允许外单位人员参加。所有参加该项目的人员，不仅需要签订工程建设期间的保密协议，还要签订 3～5 年不泄密的保密协议。

此外，信息安全系统需要专业知识和技能，涉及到这样的信息系统集成项目，承建单位需要有特殊的资质。还有，从工程要求来看，信息安全系统工程的建设决不能与业务应用信息系统工程建设混为一谈。我们要切记，任何一个信息系统，必定要有两个系统的生命周期并存。虽然两者始终保持并存的关系，或者可能延续到正常运营和维护阶段结束之后，彼此仍然保持“并存”的关系，但是他们之间有明显的主次之分。信息安全保障系统永远是业务应用信息系统中起到支撑保障作用的一个重要组成部分，因此永远处于次要地位。没有了业务应用信息系统，也就没有了信息安全系统。信息安全系统的“天职”就是保障业务应用信息系统的安全。相反，没有了安全，业务应用信息系统也就不能正常地运营了。所以，虽然处于次要地位，确实不可缺少的。

22.2.4　信息安全系统工程基础

1. 信息安全系统工程与技术工程的关系

信息安全系统的建设是在 OSI 网络参考模型的各个层面进行的，因此信息安全系统工程活动离不开以下相关工程。

（1）硬件工程。

（2）软件工程。

（3）通信及网络工程。

（4）数据存储和灾备工程。

（5）系统工程。

（6）测试工程。

（7）密码工程。

（8）企业信息化工程。

信息安全系统建设是遵从企业/单位（组织）所制定的安全策略进行的。而安全策略由业主与业主的客户、集成商、安全产品开发者、密码研制单位、独立评估者和其他相关组织共同协商建立。因此信息安全系统工程活动必须要与其他外部实体进行协调。也正是因为信息安全系统工程存在着这些与其他工程的关系接口，而这些接口又遍布各种组织且具有相互影响，所以信息安全系统工程与其他工程相比就更加复杂。

2．信息安全系统工程与安全管理的关系

信息安全系统工程应该吸纳安全管理的成熟规范部分，这些安全管理包括：

（1）物理安全。侧重于保护建筑物和物理场所的安全。

（2）计算机安全。各种类型计算设备的安全保护。

（3）网络安全。保护网络联结和数据传输的安全措施，包括网络硬件、软件和协议，以及在网络上传输的信息的安全。

（4）通信安全。保护有关安全域之间的通信安全，特别是信息在传输介质上传输时的安全。

（5）输入/输出产品的安全。保护与主机硬件和软件的安全、正常、稳定的连接和运行，防止外来的干扰和破坏。

（6）操作系统安全。保护操作系统本身安全运营的安全措施和由操作系统提供给使用者的安全措施。

（7）数据库系统安全。保护数据库管理系统本身安全运营的安全措施和由数据库管理系统提供给使用者的安全措施。

（8）数据安全。保护在存储、操作和处理中的数据。

（9）信息审计安全。保证审计信息和审计系统的安全运营，从而获得运行环境安全和安全运行态势维护。

（10）人员安全。有关人员及其可信度保证，以及安全意识培训教育保证。

（11）管理安全。有关安全管理和管理该系统的安全。

（12）辐射安全。控制所有机器设备保证不将未期望的信号发射到安全域外部。

22.2.5 信息安全系统工程体系结构

1．ISSE-CMM 概述

ISSE 是一门系统工程学，它的主要内容是确定系统和过程的安全风险，并且使安全风险降到最低或使其得到有效控制。

信息安全系统工程能力成熟度模型（Information Security System Engineering Capability Maturity Model，ISSE-CMM）是一种衡量信息安全系统工程实施能力的方法，是使用面向工程过程的一种方法。ISSE-CMM 是建立在统计过程控制理论基础上的。统计过程控制理论认为，所有成功企业的共同特点是它们都具有一整套严格定义、管理完善、可测可控的有效业务过程。ISSE-CMM 模型抽取了这样一组“好的”工程实施并定义了过程的“能力”。主要用于指导信息安全系统工程的完善和改进，使信息安全系统工程成为一个清晰定义的、成熟的、可管理的、可控制的、有效的和可度量的学科。

ISSE-CMM 模型是信息安全系统工程实施的度量标准，它覆盖了：

- 整个生命期，包括工程开发、运行、维护和终止。
- 管理、组织和工程活动等的组织。
- 与其他规范如系统、软件、硬件、人的因素、测试工程、系统管理、运行和维护等规范并行的相互作用。
- 与其他组织（包括获取、系统管理、认证、认可和评估组织）的相互作用。

1）ISSE-CMM 主要概念

（1）过程。过程（Process）是指为了达到某一给定目标而执行的一系列活动，这些活动可以重复、递归和并发地执行。

（2）过程域。过程域（Process Area，PA）是由一些基本实施（Base Practices，BP）组成的，它们共同实施来达到该过程域规定的目标。这些基本实施是强制性的，因为只有它们全部成功地得到执行，才能满足过程域规定的目标。ISSE-CMM 包含工程、项目和组织三类过程域。组织类与项目类过程域的差别仅仅是所有权的不同，项目过程域只针对一个特定的产品，而组织过程域则含有一个或多个项目。

（3）工作产品。SSE-CMM 中的工作产品（Work Product）系指在执行任何过程中产生出的所有文档、报告、文件和数据。

（4）过程能力。过程能力（Process Capability）是通过跟踪一个过程能达到期望结果的可量化范围。

一个组织的过程能力可帮助组织预见项目达到目标的能力。位于低能力级组织的项目在达到预定的成本、进度、功能和质量目标上会有很大的变化，而位于高能力组织的项目则完全相反。

2）ISSE-CMM 的组织

ISSE-CMM 主要适用于工程组织（Engineering Organizations）、获取组织（Acquiring Organizations）和评估组织（Evaluation Organizations）。

（1）信息安全的工程组织。信息安全工程组织包含系统集成商、应用开发商、产品提供商和服务提供商等。工程组织使用 ISSE-CMM 对工程能力进行自我评估。

（2）信息安全的获取组织。信息安全的获取组织包含采购系统、产品，以及从外部/内部资源和最终用户处获取服务的组织，他们使用 ISSE-CMM 来判别一个供应者组织的信息安全系统工程能力，识别该组织供应的产品和系统的可信任性，以及完成一个工程的可信任性。

（3）信息安全的评估组织。信息安全的评估组织包含认证组织、系统授权组织、系统和产品评估组织等，他们使用 ISSE-CMM 作为工作基础，以建立被评组织整体能力的信任度。

2．ISSE 过程

ISSE 过程的目的是使信息安全系统成为系统工程和系统获取过程整体的必要部分，从而有力地保证用户目标的实现，提供有效的安全措施以满足客户的需求，将信息系统安全的安全选项集成到系统工程中，去获得最优的信息安全系统解决方案。为了使信息安全系统具有可实现性并有效力，必须把信息安全系统集成在信息系统生命周期的工程实施过程中，并与业务需求、环境需求、项目计划、成本效益、国家和地方政策、标准、指令保持一致性。这种集成过程将产生一个信息安全系统工程（ISSE）过程，这一过程能够确认、评估、消除（或控制）已知的或假定的安全威胁可能引起的系统威胁（风险），最终得到一个可以接受的安全风险等级。在系统设计、开发和运行时，应该运用科学的和工程的原理来确认和减少系统对攻击的脆弱度或敏感性。ISSE 并不是一个独立的过程，它依赖并支持系统工程和获取（保证）过程，而且是后者不可分割的一部分。

ISSE 过程的目标是提供一个框架，每个工程项目都可以对这个框架进行裁剪以符合自己特定的需求。ISSE 表现为直接与系统工程功能和事件相对应的一系列信息安全系统工程行为。

ISSE 将信息安全系统工程实施过程分解为：工程过程（Engineering Process）、风险过程（Risk Process）和保证过程（Assurance Process）三个基本的部分，如图 22-5 所示。它们相互独立，但又有着有机的联系。这三个部分在 IS 中的定义与我们面所介绍的完全吻合。粗略地说来，在风险过程中，人们识别出所开发的产品或系统风险，并对这些危险进行优先级排序。针对危险所面临的安全问题，信息安全系统工程过程与其他工程一起来确定安全策略和实施解决方案。最后，由安全保证过程建立起解决案的可信性并向用户转达这种安全可信性。

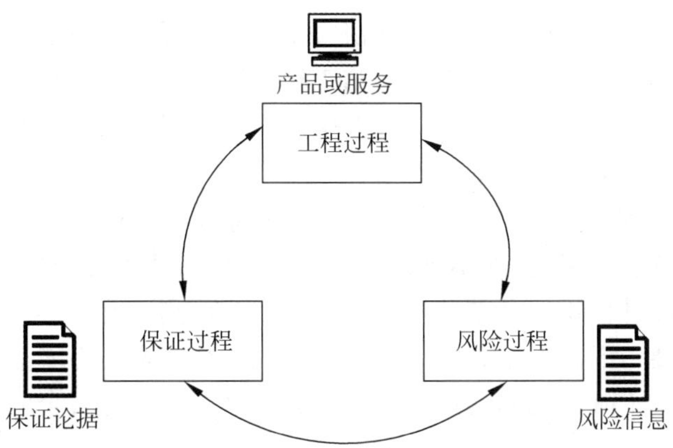

图 22-5　信息安全系统工程过程的组成部分

总的来说，这三个过程共同实现了信息安全系统工程过程结果所要达到的安全目标。

1）信息安全系统的工程过程

信息安全系统工程与其他工程活动一样，是一个包括概念、设计、实现、测试、部署、运行、维护、退出的完整过程，如图 22-6 所示。在这个过程中，信息安全系统工程的实施必须紧密地与其他的系统工程组进行合作。ISSE-CMM 强调信息安全系统工程是一个大项目队伍中的组成部分，需要与其他科目工程的活动相互协调。这将有助于保证安全成为一个大项目过程中一个部分，而不是一个分离的独立部分。

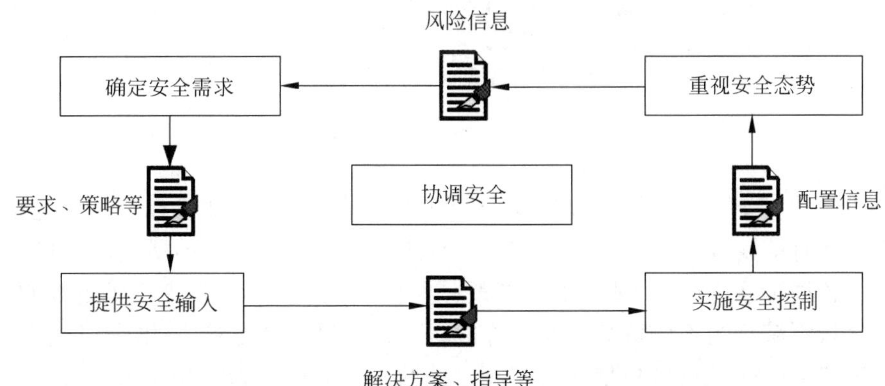

图 22-6　信息安全系统工程实施过程

使用上面所描述的风险管理过程的信息和关于系统需求、相关法律、政策的其他信息，信息安全系统工程就可以与用户一起来识别安全需求。一旦需求被识别，信息安全系统工程就可以识别和跟踪特定的安全需求。

对于信息安全问题，创建信息安全解决方案一般包括识别可能选择的方案，然后评估决定哪一种更可能被接受。将这个活动与工程过程的其他活动相结合，不但要解决方案的安全问题，还需要考虑成本、性能、技术风险、使用的简易性等因素。

2）信息安全系统的风险过程

信息安全系统工程的一个主要目标是降低信息系统运行的风险。风险就是有害事件发生的可能性及其危害后果。出现不确定因素的可能性取决于各个信息系统的具体情况。这就意味着这种可能性仅可能在某些限制条件下才可预测。此外，对一种具体风险的影响进行评估，必须要考虑各种不确定因素。因此大多数因素是不能被综合起来准确预报的。在很多情况下，不确定因素的影响是很大的，这就使得对安全的规划和判断变得非常困难。

一个有害事件由威胁、脆弱性和影响三个部分组成。脆弱性包括可被威胁利用的资产性质。如果不存在脆弱性和威胁，则不存在有害事件，也就不存在风险。风险管理是调查和量化风险的过程，并建立组织对风险的承受级别。它是安全管理的一个重要部分。风险管理过程，如图 22-7 所示。

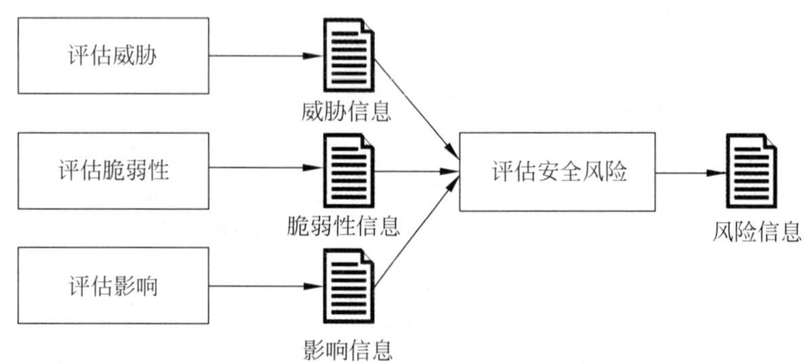

图 22-7 风险管理过程

安全措施的实施可以减轻风险口安全措施可针对威胁和脆弱性自身。但无论如何，不可能消除所有威胁或根除某个具体威胁。这主要是因为消除风险所需的代价，以及与风险相关的各种不确定性。因此，必须接受残留的风险。在存在很大不确定性的情况下，由于风险度量不精确的本质特征，在怎样的程度上接受它才是恰当的，往往会成为很大的问题。ISSE-CMM 过程域包括实施组织对威胁、脆弱性、影响和相关风险进行分析的活动保证。

3）信息安全系统的保证过程

保证过程是指安全需求得到满足的可信程度，它是信息安全系统工程非常重要的产品，保证过程，如图 22-8 所示。保证的形式多种多样。ISSE-CMM 的可信程度来自于信息安全系统工程实施过程可重复性的结果质量。这种可信性的基础是主程组织的成熟性，成熟的组织比不成熟的组织更可能产生出重复的结果。

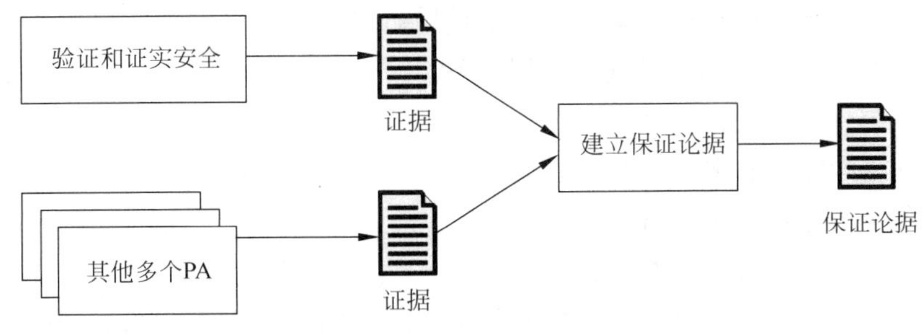

图 22-8 保证过程

安全保证并不能增加任何额外的对安全相关风险的抗拒能力，但它能为减少预期安全风险提供信心。安全保证也可看作是安全措施按照需求运行的信心。这种信心来自于措施及其部署的正确性和有效性。正确性保证了安全措施按设计实现了需求，有效性则保证了提供的安全措施可充分地满足用户的安全需求。安全机制的强度也会发挥作用，但其作用却受到保护级别和安全保证程度的制约。

3．ISSE 体系结构

ISSE-CMM 的体系结构完全适应整个信息安全系统工程范围内决定信息安全工程组织的成熟性。这个体系结构的目标是为了落实安全策略，而从管理和制度化突出信息安全工程的基本特征。为此，该模型采用两维设计，其中的一维是“域”（Domain），另一维是“能力”（Capability）。

1）基本模型

域维汇集了定义信息安全工程的所有实施活动，这些实施活动称为过程域。能力维代表组织能力，它由过程管理能力和制度化能力构成。这些实施活动被称作公共特性，可在广泛的域中应用。执行一个公共特性是一个组织能力的标志。通过设置这两个相互依赖的维，ISSE 在各个能力级别上覆盖了整个信息安全活动范围。

2）域维/安全过程域

ISSE 包括 6 个基本实施，这些基本实施被组织成 11 个信息安全工程过程域，这些过程域覆盖了信息安全工程所有主要领域。安全过程域的设计是为了满足信息安全工程组织广泛的需求。划分信息安全工程过程域的方法有许多种。典型的作法之一就是将实际的信息安全工程服务模型化，即原型法，以此创建与信息安全工程服务相一致的过程域。其他的方法可以是识别概念域，它们将识别的这些域形成相应的基本信息安金工程构件模块。

每一个过程域包括一组表示组织成功执行过程域的目标。每一个过程域也包括一组集成的基本实施。基本实施定义了获得过程域目标的必要步骤。

一个过程域：

（1）汇集一个域中的相关活动，以便于使用。

（2）就是有关有价值的信息安全工程服务。

（3）可在整个组织生命周期中应用。

（4）能在多个组织和多个产品范围内实现。

（5）能作为一个独立过程进行改进。

（6）能够由类似过程兴趣组进行改进。

（7）包括所有需要满足过程域目标的基本实施（BP）。基本实施的特性包括：

- 应用于整个企业生命期。
- 和其他 BP 互相不覆盖。
- 代表安全业界“最好的实施”。
- 不是简单地反映当前技术。
- 可在业务环境下以多种方法使用。
- 不指定特定的方法或工具。

由基本实施组成的 11 个安全工程过程域包括：

PA01—实施安全控制；PA02—评估影响；PA03—评估安全风险；PA04—评估威胁；PA05—评估脆弱性；PA06—建立保证论据；PA07—协调安全；PA08—监控安全态势；PA09—提供安全输入；PA10—确定安全需求；PA11—验证和证实安全。

ISSE-CMM 还包括 11 个与项目和组织实施有关的过程域：PA12 保证质量；PA13 管理配置；PA14 管理项目风险；PA15 监测和控制技术工程项目；PA16 规划技术工程项目；PA17 定义组织的系统工程过程；PA18 改进组织的系统工程过程；PA19 管理产品线的演变；PA20 管理系统工程支持环境；PA21 提供不断更新的技能和知识；PA22 与供应商的协调。

3）能力维/公共特性

通用实施（Generic Practices，GP），由被称之为公共特性的逻辑域组成，公共特性分为 5 个级别，依次表示增强的组织能力。与域维基本实施不同的是，“能力”维的通用实施按其成熟性排序，因此高级别的通用实施位于能力维的高端。

公共特性设计的目的是描述在执行工作过程（此处即为信息安全工程域）中组织特征方式的主要变化。每一个公共特性包括一个或多个通用实施。通用实施可应用到每一个过程域（ISSE-CMM 应用范畴），但第一个公共特性“执行基本实施”例外。其余公共特性中的通用实施可帮助确定项目管理好坏的程度并可将每一个过程域作为一个整体加以改进。

下面的公共特性表示了为取得每一个级别需满足的成熟的信息安全工程特性。

表 22-2

<table>
<tr><th>级　　别</th><th>公 共 特 性</th><th>通 用 实 施</th></tr>
<tr><td>Level 1
——非正规实施级</td><td>——执行基本实施</td><td>1.1.1：执行过程</td></tr>
<tr><td rowspan="4">Level 2
——规划和跟踪级</td><td>——规划执行</td><td>2.1.1：为执行过程域分配足够资源
2.1.2：为开发工作产品和/或提供过程域服务指定责任人
2.1.3：将过程域执行的方法形成标准化和/或程序化文档
2.1.4：提供支持执行过程域的有关工具
2.1.5：保证过程域执行人员获得适当的过程执行方面的培训
2.1.6：对过程域的实施进行规划</td></tr>
<tr><td>——规范化执行</td><td>2.2.1：在执行过程域中，使用文档化的规划、标准和/或程序
2.2.2：在需要的地方将过程域的工作产品置于版本控制和配置管理之下</td></tr>
<tr><td>——验证执行</td><td>2.3.1：验证过程与可用标准和/或程序的一致性
2.3.2：审计工作产品（验证工作产品遵从可适用标准和/或需求的情况）</td></tr>
<tr><td>——跟踪执行</td><td>2.4.1：用测量跟踪过程域相对于规划的态势
2.4.2：当进程严重偏离规划时采取必要修正措施</td></tr>
<tr><td rowspan="3">Level 3
——充分定义级</td><td>——定义标准化过程</td><td>3.1.1：对过程进行标准化
3.1.2：对组织的标准化过程族进行裁剪</td></tr>
<tr><td>——执行已定义的过程</td><td>3.2.1：在过程域的实施中使用充分定义的过程
3.2.2：对过程域的适当工作产品进行缺陷评审
3.2.3：通过使用已定义过程的数据管理该过程</td></tr>
<tr><td>——协调安全实施</td><td>3.3.1：协调工程科目内部的沟通
3.3.2：协调组织内不同组间的沟通
3.3.3：协调与外部组间的沟通</td></tr>
<tr><td rowspan="2">Level 4
——量化控制级</td><td>——建立可测度的质量目标</td><td>4.1.1：为组织标准过程族的工作产品建立可测度的质量目标</td></tr>
<tr><td>——对执行情况实施客观管理</td><td>4.2.1：量化地确定已定义过程的过程能力
4.2.2：当过程未按过程能力执行时，适当地采取修正行动</td></tr>
<tr><td rowspan="2">Level 5
—持续改进级</td><td>——改进组织能力</td><td>5.1.1：为改进过程效能，根据组织的业务目标和当前过程能力建立量化目标
5.1.2：通过改变组织的标准化过程，从而提高过程效能</td></tr>
<tr><td>——改进过程的效能</td><td>5.2.1：执行缺陷的因果分析
5.2.2：有选择地消除已定义过程中缺陷产生的原因
5.2.3：通过改变已定义过程来连续的改进实施</td></tr>
</table>

4）能力级别

将通用实施划分为公共特性，将公共特性划分为能力级别有多种方法。

公共特性的排序得益于对现有其他安全实施的实现和制度化，特别是当实施活动有效建立时尤其如此。在一个组织能够明确地定义、裁剪和有效使用一个过程前，单独执行的项目应该获得一些过程执行方面的管理经验。例如，一个组织应首先尝试对一个项目规模评估过程后，再将其规定为这个组织的过程规范。有时，当把过程的实施和制度化放在一起考虑可以增强能力时，则无须要求严格地进行前后排序。

公共特性和能力级别无论在评估一个组织过程能力还是改进组织过程能力时都是重要的。当评估一个组织能力时，如果这个组织只执行了一个特定级别的一个特定过程的部分公共特性时，则这个组织对这个过程而言：处于这个级别的最底层。例如，在2级能力上，如果缺乏跟踪执行公共特性的经验和能力，那么跟踪项目的执行将会很困难。

如果高级别的公共特性在一个组织中实施，但其低级别的公共特性未能实施，则这个组织不能获得该级别的所有能力带来的好处。评估组织在评估一个组织个别过程能力时，应对这种情况加以考虑。

当一个组织希望改进某个特定过程能力时，能力级别的实施活动可为实施改进的组织提供一个“能力改进路线图”。基于这一理由，ISSE-CMM的实施按公共特性进行组织，并按级别进行排序。

对每一个过程域能力级别的确定，均需执行一次评估过程。这意味着不同的过程域能够或可能存在不同的能力级别上。组织可利用这个面向过程的信息，作为侧重于这些过程改进的手段。组织改进过程活动的顺序和优先级应在业务目标里加以考虑。

业务目标是如何使用ISSE-CMM模型的主要驱动力。但是，对典型的改进活动，也存在着基本活动次序和基本的原则。这个活动次序在ISSE-CMM结构中通过公共特性和能力级别加以定义。

能力级别代表工程组织的成熟度级别，如图22-9所示，5个级别的基本内容概述如下。

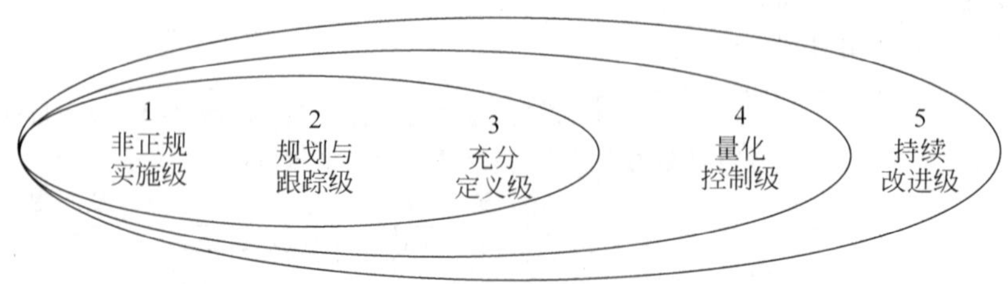

图22-9 能力级别代表工程组织的成熟度级别的5级模型

五级能力级别的重点及能力特点如表 22-3 所示。

表 22-3　能力级别的重点与能力特点

级　　别	重　　点	能 力 特 点
1 级 ——非正规实施级	着重于一个组织或项目只是执行了包含基本实施的过程	必须首先做它，然后才能管理它
2 级 ——规划和跟踪级	着重于项目层面的定义、规划和执行问题	在定义组织层面的过程之前，先要弄清楚与项目相关的事项
3 级 ——充分定义级	着重于规范化地裁剪组织层面的过程定义	这个级别的能力特点可描述为：用项目中学到的最好的东西来定义组织层面的过程
4 级 ——量化控制级	着重于测量。测量是与组织业务目标紧密联系在一起的。尽管在以前的级别上，也把数据收集和采用项目测量作为基本活动，但只有到达高级别时，数据才能在组织层面上被应用	只有知道它是什么，才能测量它和当被测量的对象正确时，基于测量的管理才有意义
5 级 ——持续改进级	从前面各级的所有管理活动中获得发展的力量，并通过加强组织的文明保持这种力量。这一方法强调文明的转变，这种转变又将使方法更有效	持续性改进的文明需要以完备的管理实施、已定义的过程和可测量的目标作为基础

22.3　PKI 公开密钥基础设施

22.3.1　公钥基础设施（PKI）基本概念

1. PKI 的总体架构

公钥基础设施 PKI（Public Key Infrastructure，公开密钥基础设施）是以不对称密钥加密技术为基础，以数据机密性、完整性、身份认证和行为不可抵赖性为安全目的，来实施和提供安全服务的具有普适性的安全基础设施。其内容包括数字证书、不对称密钥密码技术、认证中心、证书和密钥的管理、安全代理软件、不可否认性服务、时间邮戳服务、相关信息标准、操作规范等。

一个网络的 PKI 包括以下几个基本的构件。

数字证书：这是由认证机构经过数字签名后发给网上信息交易主体（企业或个人、设备或程序）的一段电子文档。在这段文档中包括主体名称、证书序号、发证机构名称、证书有效期、密码算法标识、公钥和私钥信息和其他属性信息等。利用数字证书，配合相应的安全代理软件，可以在网上信息交易过程中检验对方的身份真伪，实现信息交易双方的身份真伪，并保证交易信息的真实性、完整性、机密性和不可否认性。数字证书提供了 PKI 的基础。

认证中心：CA（Certification Authority）是PKI的核心。它是公正、权威、可信的第三方网上认证机构，负责数字证书的签发、撤销和生命周期的管理，还提供密钥管理和证书在线查询等服务。

数字证书注册审批机构：RA（Registration Authority）系统是CA的数字证书发放、管理的延伸。它负责数字证书申请者的信息录入、审核以及数字证书发放等工作，同时，对发放的数字证书完成相应的管理功能。发放的数字证书可以存放于IC卡、硬盘或软盘等介质中。RA系统是整个CA中心得以正常运营不可缺少的一部分。

数字签名：利用发信者的私钥和可靠的密码算法对待发信息或其电子摘要进行加密处理，这个过程和结果就是数字签名。收信者可以用发信者的公钥对收到的信息进行解密从而辨别真伪。经过数字签名后的信息具有真实性和不可否认（抵赖）性。

密钥和证书管理工具：管理和审计数字证书的工具，认证中心使用它来管理在一个CA上的证书。

双证书体系：PKI采用双证书体系，非对称算法支持RSA和ECC算法，对称密码算法支持国家密码管理委员会指定的算法。

PKI的体系架构：宏观来看，PKI概括为两大部分，即信任服务体系和密钥管理中心。

PKI信任服务体系，是为整个业务应用系统（如电子政务、电子商务等）提供基于PKI数字证书认证机制的实体身份鉴别服务，它包括认证机构、注册机构、证书库、证书撤销和交叉认证等。

PKI密钥管理中心（Key Management Center，KMC）提供密钥管理服务，向授权管理部门提供应急情况下的特殊密钥回复功能。它包括密钥管理机构、密钥备份和恢复、密钥更新和密钥历史档案等。PKI的体系架构，如图22-10所示。国家PKI组织结构示意图，如图22-11所示。

2．双证书、双密钥机制

一对密钥（一张证书）应用中的问题：

如果密钥不备份，当密钥损坏（或管理密钥的人员离职时带走密钥）时，以前加密的信息不可解密。

如果密钥不备份，很难实现信息审计。

如果密钥不备份，数字签名的不可否认性很难保证。

两对密钥（两张证书）的客观需求；一对密钥用于签名（签名密钥对），一对密钥用于加密（加密密钥对）。加密密钥在密钥管理中心生成及备份，签名密钥由用户自行生成并保存。

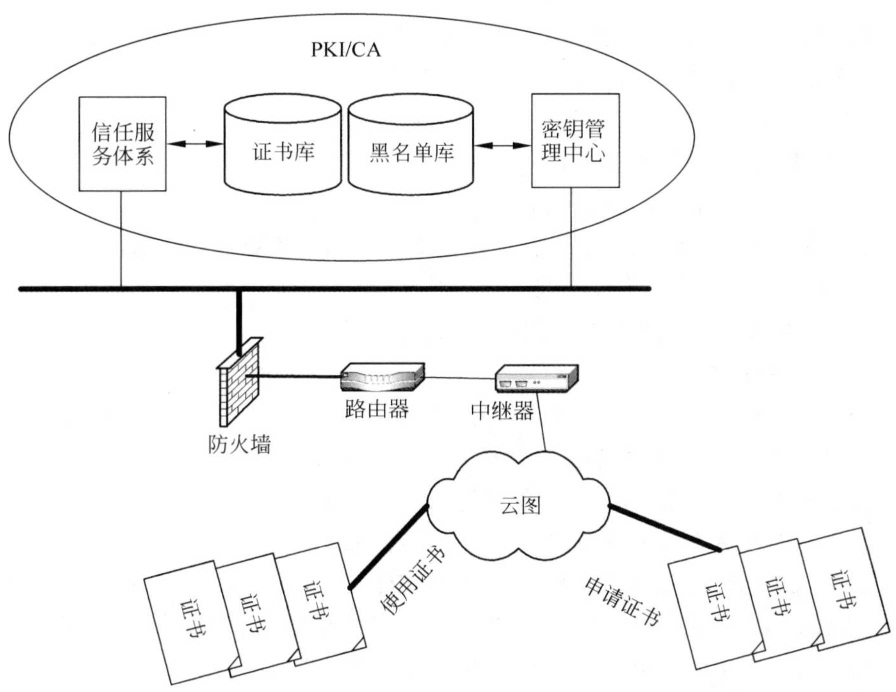

图 22-10　PKI/CA 认证体系架构示意图

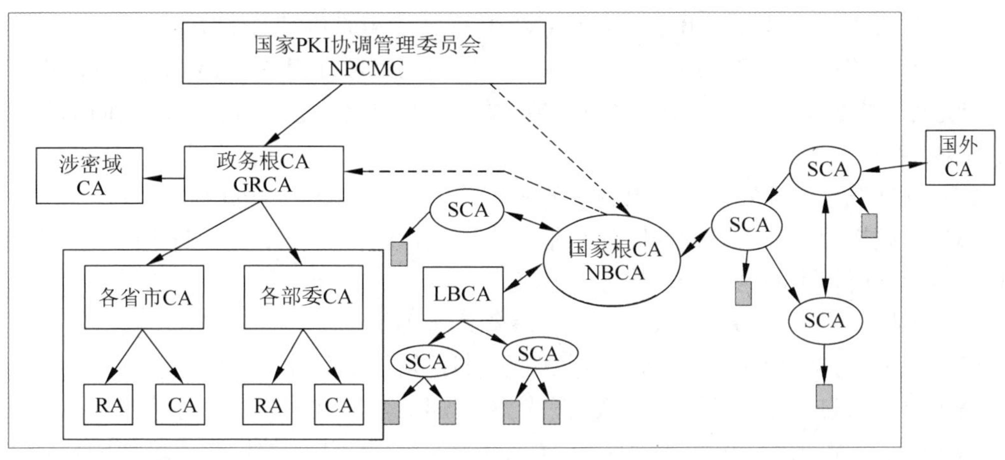

图 22-11　国家 PKI 组织结构示意图

3．双密钥证书的生成过程

（1）用户使用客户端产生签名密钥对。

（2）用户的签名私钥保存在客户端。

（3）用户将签名密钥对的公钥传送给 CA 中心。

（4）CA 中心为用户的公钥签名，产生签名证书。

（5）CA 中心将签名证书传回客户端进行保存。

（6）KMC（密钥管理中心）为用户生成加密密钥对。

（7）在 KMC 中备份加密密钥以备以后进行密钥恢复。

（8）CA 中心为加密密钥对生成加密证书。

（9）CA 中心将用户的加密私钥和加密证书打包成标准格式 PKCS#12。

（10）将打包后的文件传回客户端。

（11）用户的客户端装入加密公钥证书和加密私钥。

4. X.509 证书标准

在 PKI/CA 架构中，一个重要的标准就是 X.509 标准，数字证书就是按照 X.509 标准制作的。本质上，数字证书是把一个密钥对（明确的是公钥，而暗含的是私钥）绑定到一个身份上的被签署的数据结构。整个证书有可信赖的第三方签名。典型的第三方即大型用户群体（如政府机关或金融机构）所信赖的 CA。

此外，X.509 标准还提供了一种标准格式 CRL。

目前 X.509 有不同的版本，例如 X.509V2 和 X.509V3 都是目前比较新的版本，但都是在原有版本（X.509V1）的基础上进行功能的扩充，其中每一版本必须包含下列信息。

（1）版本号：用来区分 X.509 的不同版本号。

（2）序列号：由 CA 给每一个证书分配唯一的数字型编号，当证书被取消时，实际上是将此证书的序列号放入由 CA 签发的 CRL 中，这也是序列号唯一的原因。

（3）签名算法标识符；用来指定用 CA 签发证书时所使用的签名算法。算法标识符用来指定 CA 签发证书时所使用的公开密钥算法和 HASH 算法，需向国际指明标准组织（如 ISO）注册。

（4）认证机构：即发出该证书的机构唯一的 CA 的 X.500 规范用名。

（5）有效期限：证书有效的时间包括两个日期，即证书开始生效期和证书失效的日期和时间，在所指定的这两个时间之间有效。

（6）主题信息：证书持有人的姓名、服务处所等信息。

（7）认证机构的数字签名；以确保这个证书在发放之后没有被改过。

（8）公钥信息：包括被证明有效的公钥值和加上使用这个公钥的方法名称。

X.509 标准第三版在 V2 的基础上进行了扩展，V3 引进一种机制。这种机制允许通过标准化和类的方式将证书进行扩展以包含额外的信息，从而适应下面的一些要求。

一个证书主体可以有多个证书。

证书主体可以被多个组织或社团的其他用户识别。

可按特定的应用名（不是 X.500 规范用名）识别用户，如将公钥同 E-mail 地址联系起来。

在不同证书政策和实用下会发放不同的证书，这就要求公钥用户要信赖证书。

5．公开密钥证书的标准扩展

公开密钥证书并不限于以下所列出的这些标准扩展，任何人都可以向适当的权利机构注册一种扩展。将来会有更多的适于应用的扩展列入标准扩展集中。值得注意的是这种扩展机制应该是完全可以继承的。

公开密钥证书的标准扩展可以分为以下几组。

- 密钥和政策信息，包括机构密钥识别符、主体密钥识别符、密钥用途（如数字签字，不可否认性、密钥加密、数据加密、密钥协商、证书签字、CRL 签字等）、密钥使用期限等。
- 主体和发证人属性，包括主体代用名、发证者代用名、主体检索属性等。
- 证书通路约束，包括基本约束，指明其他的证书认证机构。
- 与 CRL 有关的补充。

6．数字证书的主要内容

数字证书是公开密钥体制的一种密钥管理媒介。它是一种权威性的电子文档，形同网络计算环境中的一种身份证，用于证明某一主体（如人、服务器等）的身份及其公开密钥的合法性。在使用公钥体制的网络环境中，必须向公钥的使用者证明公钥的真实合法性。

因此，在公钥体制环境中，必须有一个可信的机构来对任何一个主体的公钥进行公证，证明主体的身份以及它与公钥的匹配关系。数字证书的主要内容，如表 22-4 所示。

表 22-4 数字证书的主要内容

字　段	定　义	举　例
主题名称	唯一标识证书所有者的标识符	C=CN，O=CCB，OU=IT
签证机关名称（CA）	唯一标识证书签发者的标识符	C=CN，O=CCB，CN：CCB
主体的公开密钥	证书所有者的公开密钥	1024 位的 RSA 密钥
CA 的数字签名	CA 对证书的数字签名，保证证书的权威性	用 MD5 压缩过的 RSA 加密
有效期	证书在该期间内容有效	不早于 2000.1.1 19:00:00 不迟于 2002.1.1 19:00:00
序列号	CA 产生的唯一性数字，用于证书管理	01:09:00:08:00
用途	主体公钥的用途	验证数字签名

在表 22-4 中，CA 的数字签名保证了数字证书（实质是持有者的公钥）的合法性和权威性。主体（用户）的公钥可有两种产生方式。

（1）用户自己生成密钥对，然后将公钥以安全的方式传送给 CA，该过程必须保证用户公钥的可验证性和完整性。

（2）CA 替用户生成密钥对，然后将其以安全的方式传送给用户，该过程必须确保密钥对的机密性、完整性和可验证性。该方式下由于用户的私钥为 CA 生成，故对 CA 的可信性有更高的要求。

用户 A 可通过两种方式获取用户 B 的数字证书和公钥，一种是由 B 将数字证书随同发送的正文信息一起传送给 A，另一种是所有的数字证书集中存放子一个数字证书库中，用户 A 可从该地点取得 B 的数字证书。

CA 的公钥可以存放在所有节点处，方便用户使用。

表 22-4 中的“用途”是一项重要的内容，它规定了该数字证书所公证的公钥的用途。公钥必须按规定的用途来使用。一般地，公钥有两大类用途。

（1）用于验证数字签名。消息接收者使用发送者的公钥对消息的数字签名进行验证。

（2）用于加密信息。消息发送者使用接收者的公钥加密用于加密消息的密钥，进行数据加密密钥的传递。

相应地，系统中需要配置用于数字签名/验证的密钥对和用于数据加密/解密的密钥对，这里分别称为签名密钥对和加密密钥对。这两对密钥对于密钥管理有不同的要求：

（1）签名密钥对。签名密钥对由签名私钥和验证公钥组成。签名私钥具有日常生活中公章、私章的效力，为保证其唯一性，签名私钥绝对不能够作备份租存档，丢失后只需重新生成新的密钥对，原来的签名可以使用旧公钥的备份来验证。验证公钥需要存档、用于验证旧的数字签名。用作数字签名的这一对密钥一般可以有较长的生命期。

（2）加密密钥对。加密密钥对由加密公钥和解密私钥组成，为防止密钥丢失时丢失数据，解密私钥应该进行备份，同时还可能需要进行存档，以便能在任何时候解密历史密文数据。加密公钥无须备份和存档，加密公钥丢失时，只需重新产生密钥对。

加密密钥对通常用于分发会话密钥，这种密钥应该频繁更换，故加密密钥对的生命周期较短。

不难看出，这两对密钥的密钥管理要求存在互相冲突的地方，因此，系统必须针对不同的用途使用不同的密钥对，尽管有的公钥体制算法，如目前使用广泛的 RSA，既可以用于加密，又可以用于签名，在使用中仍然必须为用户配置两对密钥、两张数字证书，其一用于数字签名，另一个用于加密。

RA 提供 CA 和用户之间的交互界面，它捕获和确认用户身份并提交数字证书请求给 CA。CA 决定用户的信任级别，确认过程的质量存放在数字证书中。

22.3.2 数字证书及其生命周期

1．PKI/CA 对数字证书的管理

PKI/CA 对数字证书的管理是按照数字证书的生命周期实施的，包括证书的安全需求确定、证书申请、证书登记、分发、审计、撤回和更新。

映射证书到用户的账户是使数字证书的拥有者安全使用指定的应用所必不可少的环节，也是 PKI/CA 对数字证书管理的重要内容。

CA 是一个受信任的机构，为了当前和以后的事务处理，CA 给个人、计算机设备和组织机构颁发证书，以证实它们的身份，并为他们使用证书的一切行为提供信誉的担保。

2．数字证书的生命周期

下面分别介绍数字证书的生命周期的各个阶段。

阶段一：安全需求确定。为了确定 PKI 数字证书的安全需求，必须完成以下工作。

（1）标识需要证书的应用程序。在单位内部，确定与把信息暴露给非授权的用户相关的风险。例如，当交换机密数据时，一项业务可能正在保护商业伙伴之间的电子邮件消息。

（2）确定所需要的安全级别。选择所需要的安全级别来保护信息的完整性和保密性需要考虑的因素是私有密钥的长度、加密技术的算法、证书的生命周期和再生周期。例如，使用一个较长的私有密钥和一个较短的证书生命周期来为高价值的信息提供安全性。

（3）标识需要证书的用户、计算机和服务。标识用户、计算机和服务，它们将参与信息的安全交换。例如，确定来自外部伙伴的哪个用户将访问一个内部存货数据库。

（4）确定如何保护私有密钥。选择所需要的安全级别来保护私有密钥。选项包括在用户的简档里储存私有密钥，或者为了改善安全性，也包括要求使用智能卡储存私有密钥。

阶段二：证书登记。为了参与一个 PKI，用户和计算机必须申请和接收来自 CA 的证书。申请和接收一个证书的过程称为登记。通常，通过提供独一无二的信息和一个新生成的公开密钥，一个用户启动登记过程。在颁发证书之前，CA 使用已提供的信息来验证用户的身份。

申请和颁发一个证书的过程随着 CA 及其策略的变化而变化，但是总的来说这个过程可以划分为以下步骤。

（1）生成一个密钥对。申请人制定一个公开和私有密钥对，或者由单位给申请人分配一个密钥对。

（2）收集登记信息。申请人给 CA 提供颁发证书所需要的信息。例如，这些信息可能包括用户的名字和电子邮件地址，或者包括一个出生证、指纹、公证文档，或者 CA 需要确认申请人身份的其他任何信息。

（3）申请证书申请人发送一个证书申请，它包括用户的公开密钥和另外所需要的信息。

（4）用 CA 的公开密钥对申请进行加密，然后把加密的申请发送给 CA。

（5）验证信息。CA 使用它所需要的任何策略规则，来确定是否给申请人颁发证书。正如身份验证请求一样，CA 的验证策略和程序影响了证书生成的可信度，这些证书是由 CA 颁发的。

（6）创建证书。CA 创建和签署一个数字文档，此文档包含申请人的公开密钥和其他适当的信息。CA 的签署使主体名字和主体公开密钥的结合生效。签署过的文档就是证书。

（7）发送或邮寄证书。CA 发送证书给申请人，或者邮寄证书给申请人。

阶段三：证书分发。当用户向一个企业 CA 提交证书请求时，请求会立即得到处理，因为企业 CA 使用活动目录来验证用户。证书请求或者立即被拒绝，或者立即给予批准。如果批准的话，就颁发证书，而且提示用户安装它。

用户可以使用证书申请向导来申请一个证书。证书申请向导允许用户根据用户的访问权力在不同的证书类型中进行选择。

阶段四：证书撤回。当一些与安全有关的事情，如解除与其他公司的合伙关系，在这种情形下某个证书继续有效是不合适的，那么就需要撤回那个证书。

如果发生以下情况时，需要撤回证书：

- 破坏了颁发证书的 CA 的安全。
- 证书的接受者离开了单位，或者接受者的雇用状态已发生重大变化。
- 破坏了证书的私有密钥（例如，一个丢失的智能卡）。
- 通过欺骗的方式得到一个证书。
- 证书颁发给某个人，但是此人不再是一个受信任的伙伴。

需要强调一点：CRL 不会撤回客户机上的所有的证书，仅仅撤回 CRL 中指定的证书。

CA 证书服务支持使用行业标准的 CRLs 来公布关于撤回的证书的信息。认证机构在网络上公布 CRL 列表，或把它存储在活动目录中，用户和计算机都能够检索它；然后用户和计算机把 CRL 储存在他们当地的高速缓冲存储器中。

公布 CRL 列表必须在需求和冲突之间建立平衡。需求是指尽可能及时地公布 CRL 信息，而冲突是指公布 CRL 列表增加了网络通信量和服务器的负载。频繁的 CRL 公布使证书状态的变化能够很快地被人知道，但是也增加了服务器的负载，网给通信也受到影响。因为每当 CRL 到期和重新公布时，客户都需要下载 CRL，注意：如果不能够得到 CRL，那么就不能够验证证书，而且访问也将会被拒绝。

阶段五：证书更新。所有的证书，包括那些颁发给 CA 和用户的证书，都有一个有限的生命周期。当一个证书达到它的截止日期时，它自动变得无效，而且不能够再使用。需要用有效的日期重新颁发或更新一个到期的证书。

（1）规划 CA 证书的生命周期。当 CA 给一个用户或计算机颁发一个证书时，CA 确保新证书的有效期在 CA 自己证书的有效期内。这意味着，如果 CA 证书的有效期只剩六个月，那么 CA 颁发的新证书的最长有效期是六个月。

用户必须确保 CA 证书有一个足够长的生命期，这样就不需要太频繁地更新 CA 颁发的证书。过多的更新证书可能会给用户添加额外的负担。不论证书在何时到期，用户都需要与 CA 联系，申请一个新的证书，因为用户需要获得已经更新的证书。

（2）规划证书更新。一个发行 CA 直接给用户颁发证书，而不是颁发给其他 CA 发行的 CA 负责管理更多的证书，这些证书比一个只给 CA 颁发证书的 CA 管理的证书还多。通常用一个新的密钥频繁地更新一个 CA 的证书，对任何一个密钥的攻击，对攻击者的价值就降低，对单位 PKI 的伤害就更少。

阶段六：证书审计。使用审计来监控活动，这些活动与证书服务器上证书的颁布有关。

每个 CA 维护一个审计踪迹，可以在认证机构管理控制台（MMC）上观察这个踪迹。审计踪迹记录了所有的证书请求，也记录了已经颁发了的而目前仍然有效的证书。审计踪迹记录所有的事务处理，包括失败的请求，也包括所有的信息，这些信息包含在每个已经颁发的证书中。认证机构 MMC 控制台有能力撤回证书，并且把撤回的证书添加到撤回列表中。

一个审计踪迹可能需要满足 CA 和单位的安全义务。用户能够查询审计踪迹，从而定位和查看有关的信息，这些信息是关于任何证书申请的信息或 CA 已颁发的任何证书的信息。例如，如果把已颁发的证书用于非法活动或欺诈性的事务，那么可能需要用户向安全人员或法律人员提供活动的记录。

除此之外，用户也可能需要用审计踪迹记录来监控破坏网络安全的行为。例如，用户能够观察审计踪迹，从而探测失败的证书申请，或确定某人是否用不正确的方法获得证书的。

注意：经过授权，用户能够通过使用认证机构网络接口来查看 CA 证书服务日志和数据库的内容。

3．映射证书到用户的账户

证书映射为使用者使用数字证书进行实际的应用操作提供了安全的、实际的“交接认证”工作。没有使用数字证书时，使用者进行应用操作时，通过用户 ID 和口令进入应用程序，但那不能使用 PKI 提供的安全性，此安全性是以用户对一个有效身份验证的证书的所有权为基础的。证书到用户账户的映射可以分为一对一映射和多对一映射。

单位可能需要支持外部用户的身份验证。这些用户在活动目录中没有账户。以用户对一个有效身份验证的证书的所有权为基础，此证书是从单位外部获得的。证书映射允许单位给用户提供访问权。

当启用证书映射时，根据那些映射的证书的权限在活动目录中对用户进行身份验证并且根据身份验证，授予用户特权和权限。可以用以下方法来配置证书映射。

- 把一个证书映射到一个用户账户中。
- 使用映射的用户账户对用户进行身份验证。
- 用户接受由用户账户允许的特权和权限。

一对一映射创建从个人证书到相应的应用里用户账户的关系。能够把证书映射到用户的账户中，这样就能够授予证书持有者特权和权限。在一对一证书映射中可以在由一个用户所拥有的个人证书与相应的应用里一个相应的用户账户之间，创建一种关系。在证书被映射到相应的应用的用户账户中后，根据已映射的相应的应用的用户账户，对证书的持有者进行身份验证。身份验证之后，给用户授予得到映射的用户账户允许的特权和权限。

与管理多对一的映射相比，手工管理里一对一的映射将需要完成更多的管理工作。当客户数目相对很小时，使用一对一映射。

如果对很多客户使用一对一的映射，那么考虑通过使用有效服务器页（ASP）技术来开发顾客 Web 登记页，以自动管理映射过程。

多对一映射为所有的证书创建从一个特定 CA 到一个应用的用户账户的关系。能够把多个证书映射到一个用户的账户中，这样就能够授予证书持有者对资源的特权和权限。

（1）把由一个 CA 颁发的所有证书映射到一个用户账户中。

（2）使用映射的用户账户对用户进行身份验证。

（3）用户接受经过用户账户允许的特权和权限。

多对一的证书映射把来自一个 CA 的所有证书映射到相应的应用中的一个用户账户中。对于接受了来自 CA 的证书的任何一个用户，多对一映射允许给他们授予访问权，此访问权分配给相应的应用的用户账户。

有些用户可能需要访问网络上的一个给定的资源，例如内部 Web 站点。当对许多这样的用户进行身份验证时，多对一的映射是很有用的。必须把给那些用户颁发证书的 CA 安装成自己站点、域、组织单元（OU）或目录树上的一个可信任的根，然后设置规则，此规则把由 CA 颁发的所有的证书都映射到相应的应用中的一个用户账户中。

设置映射规则，此规则检查包含在用户证书中的信息，例如用户的单位和发行 CA，从而确定信息是否与规则中的标准相匹配。当用户证书中的信息与规则相匹配时，把用户映射到一个指定的用户账户中。设置在用户账户上的权限将应用与所有的用户，这些用户拥有由受信任的 CA 所颁发的证书。

对那些可能需要访问用户网络上资源的不同的群体，可以使用不同的多对一证书映射。可以配置用户账户，使其根据客户对有效证书的所有权而授予不同的特权和权限，那些有效证书与映射规则相匹配，例如，可以把单位雇员映射到一个用户账户，它只允许雇员阅读整个 Web 站点。然后，把顾问和商业伙伴的雇员映射到其他的用户账户，此账户只允许他们访问非机密的信息和经过选择的专有信息。

22.3.3 信任模型

1. 信任的概念

X.509 规范中给出了适于我们目标的定义：如果实体 A 认为实体 B 严格地按 A 所期望的那样行动，则 A 信任 B。因此，信任涉及假设、预期和行为。这明确地意味着信任是不可能被定量测量的，信任是与风险相联系的，而且信任的建立不可能总是全自动的。然而信任模型的概念是有用的，因为它显示了 PKI 中信任最初是怎样建立的，允许人们对基础结构的安全性以及被这种结构所强加的种种限制进行更详尽的推理，以确定 PKI 的可信任程度。在 PKI 上下文中，前面的定义能够如下应用：如果一个终端实体假设

CA 能够建立并维持一个准确地对公钥属性的绑定（例如，准确地指出发给对方-证书-实体的身份），则该实体信任该 CA，或者说该 CA 是可信任的 CA。

词语“信任”同样还通过另一种有用的方式频繁使用，PKI 文献经常提到所谓的可信公钥。这个短语并不描述关于行为的假设和预期，它是前面语义的推理结果。比如，Alice 相信某一公钥/私钥正当、有效，并能确定是被某一特定的实体所拥有，则 Alice 就可说该公钥是可信的。该实体的名字或鉴别的信息是在证书中与公钥一起出现的，但是 Alice 也可以通过其他方式知道该名字，例如，它可以是根 CA 的身份，而 Alice 是被该根 CA 初始化进入 PKI 的用户。

2．PKI/CA 的信任结构

1）层次信任结构

认证机构（CA）的严格层次结构可以描绘为一倒转的树，根在顶上，树枝向下伸展，树叶在下面。在这倒转的树上，根代表一个对整个 PKI 域内的所有实体都有特别意义的 CA，通常被叫作根 CA，其作为信任的根或“信任锚”。在根 CA 的下面是零层或多层中间 CA（也被称作子 CA，因为它们是从属于根的），这些 CA 由中间节点代表，从中间节点再伸出分支。与非 CA 的 PKI 实体相对应的树叶通常被称作终端实体或简称为终端用户，如图 22-12 所示。

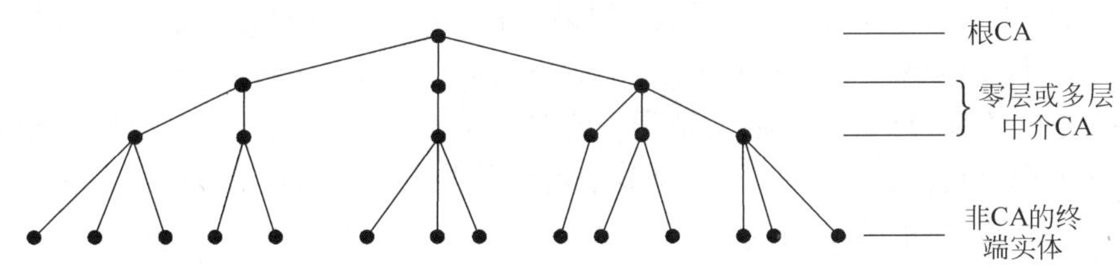

图 22-12　CA 的严格的层次模型

术语“根”通常被想象为在图 22-12 中作为一个具有众多分支和树叶的树形结构的始点，但实际上其描绘了一些更基本的内容。根不仅是网络、通信或子结构的始点，它还是信任的始点。在这个系统中的所有的实体（终端实体和所有的子 CA）都以根 CA 的公钥作为它们的信任锚，也就是它们对所有证书验证决策的信任始点或终点。

在这个模型中，层次结构中的所有实体都信任唯一的根 CA，这个层次结构按如下规则建立。

（1）根 CA 直接为它下面（零层）的 CA 认证（更准确地说是为其创建和签署证书）。

（2）每个零层 CA 都认证零个或多个直接在它下面的子 CA。

（3）倒数第二层的 CA 认证终端实体（非 CA 的终端实体）。

在层次结构中的每个实体（包括中介 CA 和终端实体）都必须拥有根 CA 的公钥，该公钥的安装是在这个模型中为随后进行的所有通信进行证书处理的基础。因此，它必须通过一种安全的传递方式来完成。例如，一个实体可以通过物理途径如（纸的）信件或电话来取得这个密钥，也可以选择通过电子方式取得该密钥，然后再通过其他方式确认它。例如，可以把密钥的“指纹”（密钥的SHA-1散列结果）由信件发送、公布在报纸上或者通过电话告知。

注意，在一个多层的严格层次结构中，终端实体被直接在其上面的CA认证（更准确地说是颁发证书），但是这些终端实体的信任锚是根CA。对没有子CA的较浅的层次结构，终端实体来的根和证书颁发者是相同的，这种层次结构被称作可信颁发者层次结构。

2）分布式信任结构

与在PKI系统中的所有实体都信任唯一CA的严格层次结构相反，分布式信任结构把信任分散到两个或更多个（或许是很多个）CA上。更准确地说，Alice把CA1的公钥作为她的信任锚，而Bob可以把CA2的公钥作为他的信任锚，因为这些CA的密钥都作为信任锚，因此相应的CA必须是整个PKI群体的一个子集所构成的严格层次结构的根CA（CA1是包括Alice在内的层次结构的根，CA2是包括Bob在内的层次结构的根）。

如果这些层次结构都是浅层的可信颁发者层次结构，那么该总体结构被称作“完全同位体结构”（Fully Peered Architecture），因为所有的CA实际上都是相互独立的同位体（在这个结构中没有子CA）。另一方面，如果现有的层次结构都是多层结构（Multi Level Hierarchy），那么最终的结构就被叫作“满树结构”（Fully Treed Architecture）。注意根CA之间是同位体，但是每个根又是一个或多个子CA的上级。混合结构（Hybrid Treed Architecture）也是可能的（具有一个或多个可信任颁发者层次结构和一个或多个多层树型结构），该结构如图22-13所示。

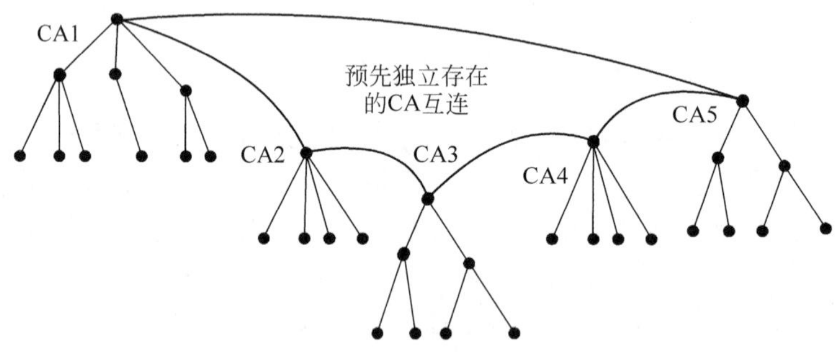

图22-13 分布式信任结构模型

一般地（但并不总是），完全同位体结构在单一的组织范围内（如在单一公司内）实施，而满树结构和混合结构则是对在不同的组织范围内已经存在的相互独立的PKI进行互联的结果。

端点是许多在企业范围内自选实施的PKI，并且这些PKI不必是源自同一个根CA。

这些孤立的 PKI 系统可以按照不同的方式诸如严格层次结构、完全同位体结构等来配置。

3）Web 模型

Web 模型依赖于流行的浏览器，例如 Netscape 公司的 Navigator 和 Microsoft 公司的 Internet Explorer，与 PKI/CA 的严格层次结构模型相似。在这种模型中，许多 CA 的公钥被预装在正在使用的标准浏览器上。这些公钥确定了一组 CA，浏览器用户最初信任这些 CA 并把它们作为证书检验的根。

Web 模型在方便性和简单互操作性方面有明显的优势，然而在一定的环境下做出实施决策时，这个模型的安全问题应该考虑。例如，因为浏览器的用户自动地信任预安装的所有公钥，所以即使这些根 CA 中有一个是“坏的”（例如，在认证实体时没有尽到应尽的努力），安全性也将完全被破坏。因此，Alice 必将相信任何声称是 Bob 的证书都是 Bob 的合法证书，即使它实际只是由其公钥嵌入浏览器中“坏的”CA 签署的挂在 Bob 名下的 Eve 的公钥，所以，Alice 就可能无意间向 Eve 透露机密或接受 Eve 伪造的数字签名，这种假冒能够成功的原因是 Alice 一般不知道一个给定的引入证书是由哪一个根密钥验证的。在嵌入到其浏览器中的 20 或更多个根密钥中，Alice 可能只认可所给出的一些 CA 对其他的根密钥并不了解。然而在这个模型中，其软件平等而无任何疑问地相互信任，造成它们中的任何一个所签署的证书都毫无疑问地被彼此接受。

在某些其他信任模型中也可能出现类似情况。例如，在分布式结构中，Alice 或许不能认可一个特定的 CA，但是在保证其软件在相关的交叉认证是有效的、可信任的情况下，可以信任它的密钥。然而，Web 模型可能比这更为糟糕。在分布式信任结构中，Alice 在 PKI 安全方面明确地相信她的局部 CA 就是可信任的；而在 Web 模型中，Alice 通常因为与安全无关的多种原因而获得了一个特定的浏览器。因此，她也没有任何理由假定这个浏览器持有可信任的“正确的”CA 密钥（从她的安全角度来看）。

另一个潜在的与 Web 模型有关的安全考虑是没有实用的机制来撤销嵌入到浏览器中的根密钥。如果发现一个根密钥是“坏的”或者与根（公开）密钥相应的私钥被泄密了，那么使全世界数百万个浏览器都有效地废止那个密钥的使用是不可能的，这部分是因为每个站点都要得到一个适当的消息实际上是很困难的，部分是因为浏览器软件本身并没有设计成可以理解这些消息。因此，从浏览器中去除坏密钥要求全世界的每个用户都需要有明确的行动，要求全世界立即采取这个行动，否则一些用户将是安全的，而另一些用户仍处于危险之中。

4）以用户为中心的信任模型

在一般被称作以用户为中心的信任模型中，每个用户都对决定依赖哪个证书和拒绝哪个证书直接完全地负责。尽管最初的可信密钥集可能是包括一个特定用户个人认识的朋友、家人或同事的密钥集合。

以用户为中心的信任用著名的安全软件程序 Pretty Good Privacy（PGP）可以说明，特别是对它的密钥更新实现，更可以看出这种模型的弱点。

因为对用户行为和决策的依赖，以用户为中心的信任模型在高技术性和高利害关系的群体中可能是可行的，但是对一般的群体（它的许多用户有极少的或者没有安全方面的知识或 PKI 的概念）是不现实的。而且，这种模型一般在公司、金融或政府环境下是不适合的。因为在这些环境下通常希望或需要对用户的信任实行某种控制（更准确地说，这些环境可能希望在组织的基础上使特定的一个密钥或一组密钥有效或无效）。这样的组织信任策略在以用户为中心的信任模型中不能用任何一种自动的和可实施的方式来实现。

3．实体命名（DN）信任机制

数字证书是把一个密钥对（明确的是公钥，而暗含的是私钥）绑定到一个身份上的被签署的数据结构。但是，身份必须是唯一的与一个特定的 PK 实体相联系的并且它必须在使用的上下文中是有意义的。否则，安全通信是不可能实现的。Alice 为了加密给 Bob 的数据或验证 Bob 的签名使用一个证书，但如果该证书实际上是（Alice 并不知道）与某个其他实体相联系的，安全实际上是被破坏了。

依赖于域的大小，身份的唯一性可能简单或很难实现。在一个小的、封闭的环境里，唯一性实质上可以“免费”出现，甚至名字就能够区别所有的实体。然而，当环境变大时，唯一性就较难保证了，在互联网的规模上，主张全球名称的唯一性实际上是不可能的。

从理论方面考虑，全球实体名称的唯一性通过 X.500 加可识别名机制是完全可以实现的。这是一个根在顶部而命名机构在每个节点（它的唯一目的是保证它下面节点的唯一性）的层次命名结构。如果用这种方法命名的每个实体都正式地由适当的命名机构注册并且接受它被赋予的名字，DN 机制就保证了唯一性，这种方法正用于现在的互联网协议（Internet Protocol，IP）和 RFC822（E-mail）的实体命名上，并成为现代电子通信中寻址和路由的基础。

最后，值得注意的是，即使全球唯一性的实现是困难的（也许是不可能的），实体名字也总是有局部意义的。更准确地说，它们在局部环境下是有意义的。因此，把一个密钥对绑定在一个特定实体名字的某种形式上是很有用的。一般而言，一个有用的实现依赖于身份已经有效存在而且权威的命名管理登记工作机构已经建立。

22.3.4 应用模式

在信息安全保障系统的架构体系中，PKI/CA 是 S-MIS 和 S^2-MIS 的安全基础平台。新的应用必须建立在 PKI/CA 的安全技术框架之内，让新的应用充分享受 PKI/CA 所提供的所有安全成果。PKI/CA 和 PMI/AA，都是在业务应用信息系统的“底层—核心层”，充分体现了信息安全保障系统的“定义”，它的运营就是要保障其他业务应用信息系统健康、正常的运行。

1．电子商务

电子商务的参与方一般包括买方、卖方、银行和作为中介的电子交易市场。买方通过自己的浏览器上网，登录到电子交易市场的 Web 服务器并寻找卖方，当买方登录服务器时，互相之间需要验证对方的证书以确认其身份，这被称为双向认证。

图 22-14 为电子商务中电子支付运行示意图，图中 PPT 表示支付验证信息，PRT 表示供货信息，CAC/CAR 表示确认/订购信息，PACK 电子支付认证工具包。在双方身份被互相确认以后，建立起安全通道，并进行讨价还价，之后向商场提交订单。订单里有两种信息：一部分是订货信息，包括商品名称和价格；另一部分是提交银行的支付信息，包括金额和支付账号。买方对这两种信息进行“双重数字签名”，分别用商场和银行的证书公钥加密上述信息。当商场收到这些交易信息后，留下订货单信息，而将支付信息转发给银行。商场只能用自己专有的私钥解开订货单信息并验证签名。同理，银行只能用自己的私钥解开加密的支付信息，验证签名并进行划账。银行在完成划账以后，通知起中介作用的电子交易市场、物流中心和买方，并进行商品配送。整个交易过程都是在 PKI 所提供的安全服务之下进行，实现了安全、可靠、保密和不可否认性。

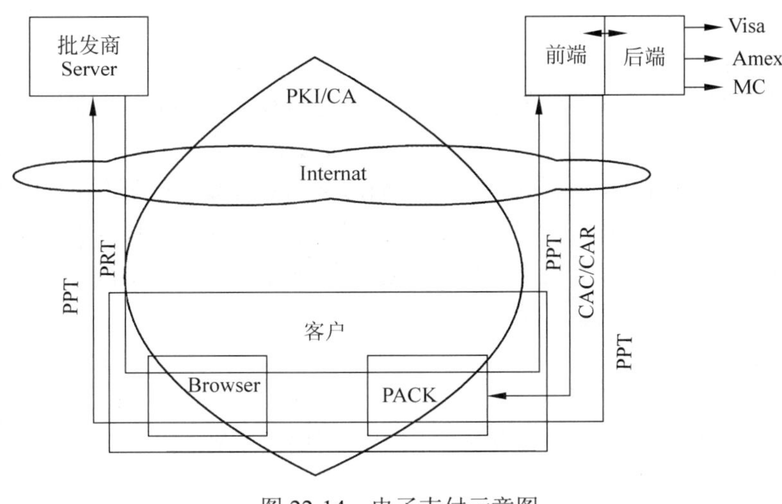

图 22-14　电子支付示意图

2．电子政务

电子政务包含的主要内容有网上信息发布、办公自动化、网上办公、信息资源共享等。按应用模式也可分为 G2C、G2B 和 G2G。PKI 在其中的应用主要是解决身份认证、数据完整性、数据保密性和不可抵赖性等问题。

例如，一个保密文件发给谁或者哪一级公务员有权查阅某个保密文件等，这些都需要进行身份认证，与身份认证相关的还有访问控制、权限管理。认证通过数字证书进行，而访问控制通过属性证书或访问控制列表（ACL）完成。有些文件在网络传输中要加密以保证数据的保密性，有些文件在网上传输时要求不能被丢失和篡改，特别是一些保密文件的收发必须要有数字签名等。只有 PKI 提供的安全服务才能满足电子政务中的这些安全需求。

3．网上银行

网上银行是指银行借助于互联网技术向客户提供信息服务和金融交易服务。银行通过互联网向客户提供信息查询、对账、网上支付、资金划转、信贷业务与投资理财等金融服务。网上银行的应用模式有 B2C 个人业务和 B2B 对公业务两种。

网上银行的交易方式是点对点的，即客户对银行。客户浏览器端装有客户证书，银行服务器端装有服务器证书。当客户上网访问银行服务器时，银行端首先要验证客户端证书，检查客户的真实身份，确认是否为银行的真实客户；同时服务器还要到 CA 的目录服务器，通过 LDAP 协议（Lightweight Directory Access Protocol，轻量级目录访问协议）查询该客户证书的有效期和是否进入“黑名单”；认证通过后，客户端还要验证银行服务器端的证书。双向认证通过以后，建立起安全通道，客户端提交交易信息，经过客户的数字签名并加密后传送到银行服务器，由银行后台信息系统进行划账，并将结果进行数字签名返回给客户端。这样就做到了支付信息的保密和完整以及交易双方的不可否认性。

4．网上证券

网上证券广义地讲是证券业的电子商务，它包括网上证券信息服务、网上股票交易和网上银证转账等。一般来说，在网上证券应用中，股民为客户端，装有个人证书：券商服务器端装有 Web 证书。在线交易时，券商服务器只需要认证股民证书，验证是否为合法股民，是单向认证过程。认证通过后，建立起安全通道。股民在网上的交易提交同样要进行数字签名，网上信息要加密传输：券商服务器收到交易请求并解密，进行资金划账并做数字签名，将结果返回给客户端。

5．其他应用

其他应用如网上看病、网上学习、网上联合开发、网上游戏、网上点播等。PKI/CA 为虚拟社会的正常运营提供了安全保障，网上应用层出不穷。

22.4 PMI 权限（授权）管理基础设施

PMI（Privilege Management Infrastructure）即权限管理基础设施或授权管理基础设施。PMI 授权技术的核心思想是以资源管理为核心，将对资源的访问控制权统一交由授权机构进行管理，即由资源的所有者来进行访问控制管理。

我们知道没有 PKI 就没有信息安全系统，但是只有 PKI 也没法对信息系统的资源进行合理有效的管理。PMI 几乎完全按照 PKI 的体系架构建立，外形很相像，但内容却完全不同。

PMI 建立在 PKI 基础上，以向用户和应用程序提供权限管理和授权服务为目标，主要负责向业务应用信息系统提供授权服务管理：提供用户身份到应用授权的映射功能；实现与实际应用处理模式相对应的、与具体应用系统开发和管理无关的访问控制机制；能极大地简化应用中访问控制和权限管理系统的开发与维护；减少管理成本和复杂性。

22.4.1　PMI 与 PKI 的区别

PMI 主要进行授权管理，证明这个用户有什么权限，能干什么，即“你能做什么”。PKI 主要进行身份鉴别，证明用户身份，即“你是谁”。

它们之间的关系如同签证和护照的关系。签证具有属性类别，持有哪一类别的签证才能在该国家进行哪一类的活动。护照是身份证明，唯一标识个人信息，只有持有护照才能证明你是一个合法的人。

1．PMI 与 PKI 逐项比较

PMI 与 PKI 的逐项比较见表 22-5。

表 22-5　PMI 与 PKI 比较

概　　念	PMI 实体	PKI 实体
证书	属性证书	公钥证书
证书签发者	属性证书管理中心	认证证书管理中心
证书用户	持有者	主体
证书绑定	持有者名和权限绑定	主体名和公钥绑定
撤销	属性证书撤销列表（ACRL）	证书撤销列表（CRL）
信任的根	权威源（SOA）	根 CA/信任锚
从属权威	属性管理中心 AA	子 CA

2．属性证书及其管理中心

AC（Attribute Certificate），即属性证书，表示证书的持有者（主体）对于一个资源实体（客体）所具有的权限，它是由一个做了数字签名的数据结构来提供的，这种数据结构称为属性证书，由属性证书管理中心 AA 签发并管理。

公钥证书是对用户名称和他/她的公钥进行绑定；而属性证书是将用户名称与一个或更多的权限属性进行绑定。在这个方面，公钥证书可被看为特殊的属性证书。

数字签名公钥证书的机构被称为 CA（Certification Authorities），签名属性证书的机构被称为 AA（Attribute Authorities）。

PKI 信任源有时被称为根 CA，而 PMI 信任源被称为权威源 SOA。

CA 可以有它们信任的次级 CA。次级 CA 可以代理鉴别和认证。同样，SOA 可以将它们的权利授给次级 AA。

如果用户需要废除他/她的签字密钥，则 CA 将签发一个证书撤销列表（CRL）。与之类似，如果用户需要废除授权，AA 将签发一个属性证书撤销列表（ACRL）。

22.4.2 属性证书定义

对一个实体权限的绑定是由一个被数字签名了的数据结构来提供的，这种数据结构称为属性证书，由属性证书管理中心签发并管理。一些应用使用属性证书来提供基于角色的访问控制。

1．属性证书的格式

属性证书的格式，如表22-6所示。

表22-6 属性证书格式

版本号	属性证书的版本号
持有者	属性证书持有者信息
颁发者	属性证书颁发者信息
签名算法	属性证书使用的签名算法
序列号	属性证书序列号
有效期	属性证书生效和失效日期
属性	属性证书持有者的属性信息
扩展项	定义诸如无撤销信息、证书颁发者密钥标识符、CRL 分布点、角色定义证书标识符及其他信息
签名信息	属性证书签发者对属性证书的签名

2．属性证书的特点

公钥证书将一个身份标识和公钥绑定，属性证书将一个标识和一个角色、权限或者属性绑定（通过数字签名）；和公钥证书一样，属性证书能被分发、存储或缓存在非安全的分布式环境中；不可伪造，防篡改。同时，属性证书具有以下特点。

- 分立的发行机构。
- 基于属性，而不是基于身份进行访问控制。
- 属性证书与身份证书的相互关联。
- 时效短。

一个人可以拥有好几个属性证书，但每一个都会与唯一的身份证书关联。几个属性证书可以来自不同的机构。

3．属性证书的使用

属性证书的使用有两种模式，如图22-15所示。

第一种是推模式，当用户在要求访问资源时，由用户自己直接提供其属性证书，即用户将自己的属性证书“推”给资源服务管理器。这意味着在客户和服务器之间不需要建立新的连接，而且对于服务器来说，这种方式不会带来查找证书的负担，从而减少了开销。

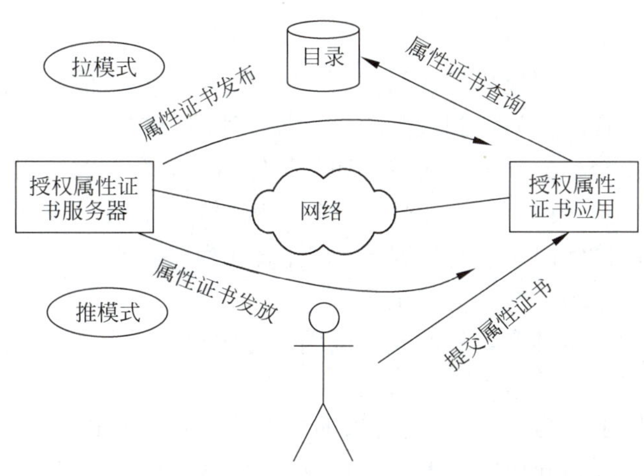

图 22-15　属性证书的使用

第二种是拉模式，是业务应用授权机构发布属性证书到目录服务系统，当用户需要用到属性证书的时候，由服务器从属性证书发放者（属性权威 AA）或存储证书的目录服务系统“拉”回属性证书。这种“拉”模式的一个主要优点在于实现这种模式不需要对客户端以及客户-服务器协议做任何改动。这两种模式可以根据应用服务的具体情况灵活应用。

22.4.3　访问控制

1．访问控制的基本概念

访问控制是信息安全保障机制的核心内容之一，是实现数据保密性和完整性的主要手段之一。访问控制是为了限制访问主体（或称为发起者，是一个主动的实体，如用户、进程、服务等）对访问客体（需要保护的资源）的访问权限，从而使计算机信息应用系统在合法范围内使用；访问控制机制决定用户以及代表一定用户利益的程序能做什么及做到什么程度。

访问控制有两个重要过程。

（1）认证过程，通过“鉴别（authentication）”来检验主体的合法身份。

（2）授权管理，通过“授权（authorization）”来赋予用户对某项资源的访问权限。

访问权限随不同的业务应用有不同的规范，一般至少包括读取数据、更改数据、运行程序和发起网络连接等基本操作。

2．访问控制机制分类

因实现的基本理念不同，访问控制机制可分为强制访问控制（Mandatory Access Control，MAC）和自主访问控制（Discretionary Access Control，DAC）两种。

1）强制访问控制

系统独立于用户行为强制执行访问控制（MAC），用户不能改变他们的安全级别或对象的安全属性。这样的访问控制规则通常对数据和用户按照安全等级划分标签，访问控制机制通过比较安全标签来确定的授予还是拒绝用户对资源的访问。

在强制访问控制系统中，所有主体（用户，进程）和客体（文件，数据）都被分配了安全标签，安全标签标识一个安全等级。即主体（用户，进程）被分配一个安全等级，客体（文件，数据）也被分配一个安全等级。

访问控制执行时对主体和客体的安全级别进行比较，确定本次访问是否合法。

2）自主访问控制

自主访问控制（DAC）机制允许对象的属主来制定针对该对象的保护策略。通常DAC通过授权列表（或访问控制列表）来限定哪些主体针对哪些客体可以执行什么操作。这样可以非常灵活地对策略进行调整。

自主访问控制中，用户可以针对被保护对象制定自己的保护策略。每个主体拥有一个用户名并属于一个组或具有一个角色。每个客体都拥有一个限定主体对其访问权限的访问控制列表（ACL），每次访问发生时都会基于访问控制列表检查用户标志以实现对其访问权限的控制。

3．访问控制安全模型

1）Bell-LaPadula访问控制安全模型

1973年，David Bell和Len LaPadula提出第一个正式的访问控制安全模型——Bell-LaPadula（BLP）。该模型基于强制访问控制系统，以敏感度来划分资源的安全级别，将数据划分为多安全级别与敏感度。

数据和用户由低到高被划分为以下安全等级：公开（Unclassified）→受限（Restricted）→秘密（Unfidential）→机密（Secret）→高密（Top Secret）。

BLP保密模型基于两种规则来保障数据的机密度与敏感度。

上读（NRU）：主体不可读安全级别高于它的数据。

下写（NWD）：主体不可写安全级别低于它的数据。

假如一个用户，他的安全级别为“高密”，想要访问安全级别为“秘密”的文档，他将能够成功读取该文件，但不能写入；而安全级别为“秘密”的用户访问安全级别为“高密”的文档，则会读取失败，但他能够写入。这样，文档的保密性就得到了保障。

2）Biba完整性模型

20世纪70年代，Ken Biba提出Biba访问控制模型，该模型对数据提供分级别的完整性保证，类似于BLP保密性模型，Biba模型也使用强制访问控制系统。

Biba完整性模型是对主体和客体按照强制访问控制系统的模型。数据和用户被划分为以下安全等级：公开（Unclassified）→受限（Restricted）→秘密（Confidential）→机密（Secret）→高密（Top Secret）。

Biba 模型基于两种规则来保障数据的完整性的保密性。

下读（NRU）属性：主体不能读取安全级别低于它的数据。

上写（NWD）属性：主体不能写入安全级别高于它的数据。

从这两个属性来看，我们发现 Biba 与 BLP 模型的两个属性是相反的，BLP 模型提供保密性，而 Biba 模型对于数据的完整性提供保障。

Biba 模型的一个应用例子是对 Web 服务器的访问过程，如图 22-16 所示。定义 Web 服务器上发布的资源安全级别为“秘密”；Internet 上用户的安全级别为“公开”。依照 Biba 模型，Internet 上的用户只能读取服务器上的数据而不能更改它，因此，任何 Paste 操作将被拒绝。Web 服务器上数据的完整性将得到保障。

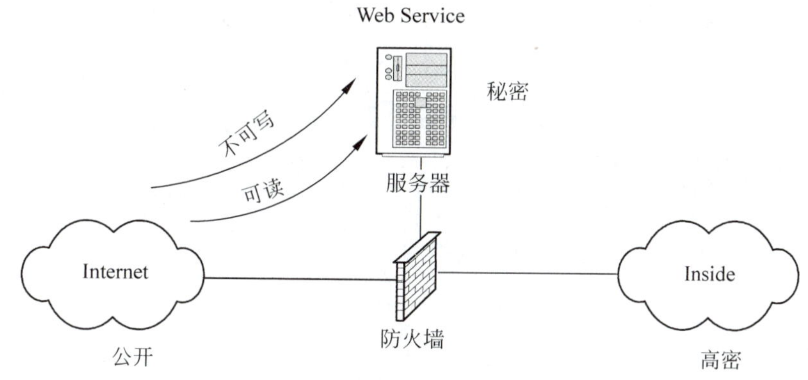

图 22-16　Biba 模型的应用示意图

另一个例子是对系统状态信息的收集。网络设备作为对象，被分配的安全等级为“机密”，网管工作站的安全级别为“秘密”，那么网管工作站只能使用 SNMP 的 get 命令来收集网络设备的状态信息，而不能使用 set 命令更改该设备的设置。这样，网络设备的配置完整性就得到了保障。

22.4.4　基于角色的访问控制

20 世纪 90 年代以来，出现的一种基于角色的访问控制 RBAC（Role-Based Access Control）技术，有效地克服了传统访问控制技术中存在的不足之处。

用户不能自主地将访问权限授给别的用户，这是 RBAC 与 DAC 的根本区别所在。

RBAC 与 MAC 的区别在于：MAC 是基于多级安全需求的，而 RBAC 不是。因为军用系统中主要关心的是防止信息从高安全级流向低安全级，即限制“谁可以读/写什么信息”。而基于角色控制的系统中，主要关心的是保护信息的完整性，即“谁可以对什么信息执行何种动作”。角色控制比较灵活，根据配置可以使某些角色接近 DAC，而某些角色更接近于 MAC。

基于角色的访问控制中，角色由应用系统的管理员定义。角色成员的增减也只能由应用系统的管理员来执行，即只有应用系统的管理员有权定义和分配角色；而且授权规定是强加给用户的，用户只能被动接受，不能自主地决定。用户也不能自主地将访问权限传给他人，这是一种非自主型访问控制。基于角色的访问控制的运行机理，如图 22-17 所示。

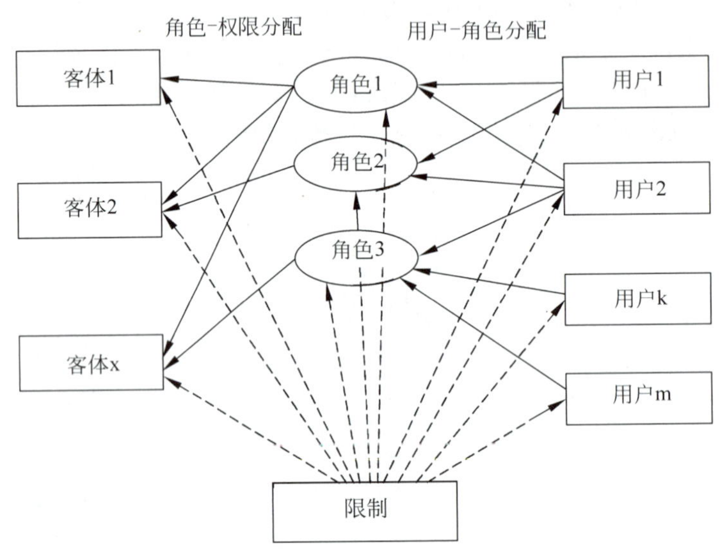

图 22-17 基于角色的访问控制示意图

需要指出的是角色和组的区别。组通常仅仅是作为用户的集合，而角色一方面是用户的集合，另一方面又是权限的集合，作为中间媒介将用户和权限连接起来。当然角色可以在组的基础上实现，这样就对保持原有系统非常有利。此时角色就成为一个策略部件，与组织的授权、责任关系相联系，而组成为实现角色的工具，两者间是策略与实现机理的关系。

22.4.5 PMI 支撑体系

1. PMI 平台

权限管理、访问控制框架、策略规则共同构成权限管理和访问控制实施的系统平台，或者说构成了属性证书应用支撑框架系统（PMI 平台）。

1）策略规则

策略规则是 PMI 真正发挥在访问控制应用方面的灵活性、适应性和降低管理成本的关键。策略应当包括一个企业/组织将如何将它的人员和数据进行分类组织管理。这种组织管理方式必须考虑到具体应用的实际运行环境，如数据的敏感性，人员权限的明确划分，以及必须和相应机构层次相匹配的管理层次等因素。

具体来说，策略包含：

（1）应用系统中的所有用户和资源信息。

（2）用户和资源信息的组织管理方式。

（3）用户和资源信息之间的权限关系。

（4）保证安全的管理授权约束。

（5）保证系统安全的其他约束。

2）权限管理

PMI 使用属性证书表示和容纳权限信息。对权限生命周期的管理是通过管理证书的生命周期实现的。属性证书的申请、签发、注销、验证等流程对应权限的申请、发放、撤销、使用验证的过程，而且使用属性证书来管理权限，使得权限的管理不必依赖某个具体的应用，而且有利于权限管理实现分布式的应用。

绝大多数的访问控制应用都能抽象成一般的权限管理模型，其中包括 3 个实体：对象、访问者和权限验证者。

（1）对象。对象可以是被保护的资源。在一个访问控制应用中，受保护资源就是对象，如数据库，网页等。对象又称为“客体”。

（2）访问者。访问者也就是权限声明者，声称拥有某种权限，并要求访问受保护对象。访问者可以是人、程序或设备等。访问者又称为“主体”。

（3）权限验证者。权限验证者对访问者的访问动作进行验证和决策，以决定访问者的权限对于使用内容来说是否充分。

权限验证者根据以下 4 个条件决定访问通过还是失败。

- 访问者的权限。
- 权限策略。
- 当前环境变量（如果有的话）。
- 对象方法的敏感度（如果有的话）。

访问控制的抽象模型，如图 22-18 所示。

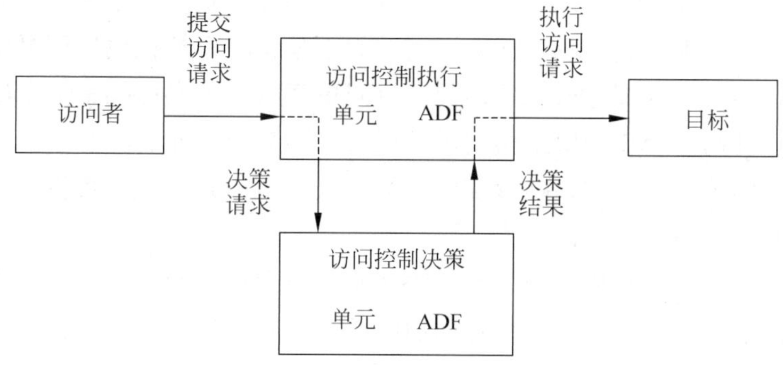

图 22-18　访问控制抽象模型

2．访问控制的应用

1）访问控制授权方案

目前我们使用的访问控制授权方案，主要有以下 4 种。

（1）DAC（Discretionary Access Control）自主访问控制方式：该模型针对每个用户指明能够访问的资源，对于不在指定的资源列表中的对象不允许访问。

（2）ACL（Access Control List）访问控制列表方式：该模型是目前应用最多的方式。目标资源拥有访问权限列表，指明允许哪些用户访问。如果某个用户不在访问控制列表中，则不允许该用户访问这个资源。

（3）MAC（Mandatory Access Control）强制访问控制方式，该模型在军事和安全部门中应用较多，目标具有一个包含等级的安全标签（如：不保密、限制、秘密、机密、绝密）；访问者拥有包含等级列表的许可，其中定义了可以访问哪个级别的目标：例如允许访问秘密级信息，这时，秘密级、限制级和不保密级的信息是允许访问的，但机密和绝密级信息不允许访问。

（4）RBAC（Role-Based Access Control）基于角色的访问控制方式：该模型首先定义一些组织内的角色，如局长、科长、职员；再根据管理规定给这些角色分配相应的权限，最后对组织内的每个人根据具体业务和职位分配一个或多个角色。

2）访问控制决策的基本因素

访问控制决策的基本因素有。

（1）访问者。应用中支持哪些用户——确定了用户的范围。

（2）目标。策略要保护的是哪些目标——确定了受保护的资源的范围。

（3）动作。应用中限定访问者可以对目标设施的操作——确定了权限的范围。

（4）权限信任源。应用信任什么机构发布的权限信息。

（5）访问规则。访问者具有什么权限才能够访问目标。

3）基于角色的访问控制

在 PMI 中主要使用基于角色的访问控制。其中，角色提供了间接分配权限的方法。在实际应用中，个人被签发成某个角色，并分配证书使之具有一个或多个对应的角色。而每个角色具有的权限通过角色定义来说明，而不是将权限放在属性证书中直接分配给个人。这种间接的权限分配方式，使得角色权限更新时，不必撤销每一个属性证书，极大地减小了管理开销。PMl 应用结构逻辑关系，如图 22-19 所示。

访问者。访问者是一个实体（该实体可能是人，可能是其他计算机实体），它试图访问系统内的其他实体（目标）。

策略。策略是一个信息库，包含着策略决策所需要的所有信息，如：应用系统中的所有用户和资源信息，用户和资源信息的组织管理方式，用户和资源信息之间的权限关系，保证安全的管理授权定义，保证系统安全的其他规定等。

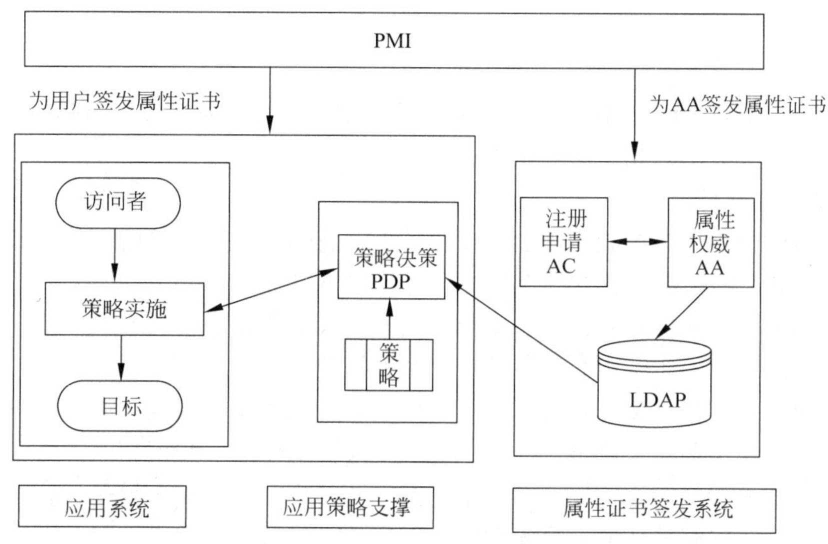

图 22-19　PMI 应用结构的逻辑关系

策略决策。策略决策（Policy Decision Point，PDP）也称作授权策略服务器，它接收和评价授权请求，根据具体策略做出不同的决策。

策略实施。策略实施（Policy Enforcement Points，PEPs）也称作 PMI 激活的应用。对每一个具体的应用，策略实施可能是不同的。如在某个具体的应用中，策略实施点可能是应用程序内部中进行访问控制的一段代码，也可能是安全的应用服务器（如在 Web 服务器上增加一个访问控制插件），或者是进行访问控制的安全应用网关。

PMI 应用整体结构，如图 22-20 所示。

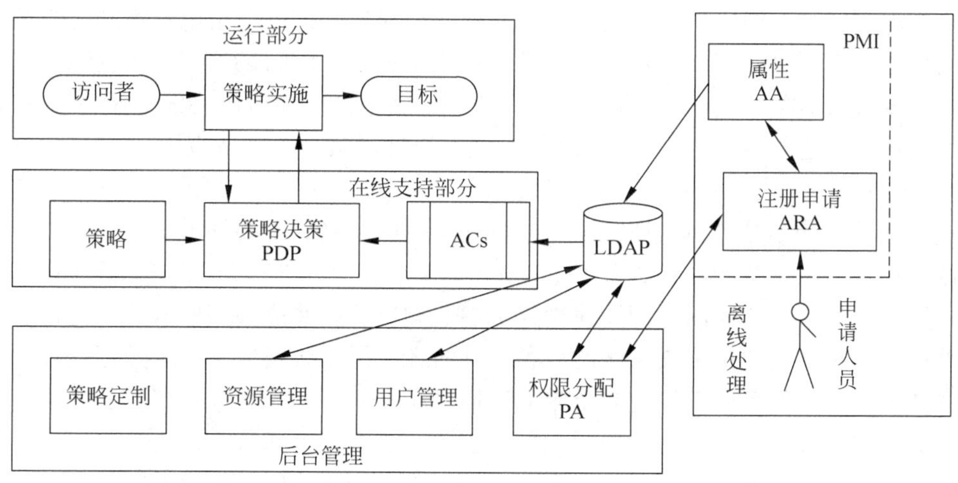

图 22-20　PMI 应用的整体架构

22.4.6 PMI 实施

单位/组织实施 PMI，建议采取的步骤为建立属性权威，制定授权策略，进行授权、访问控制和审计的程序编制与应用实施。

1．建立属性权威

属性权威的建立要考虑到系统的管理方便性，总的投资额度，用户和资源的数量以及更新对 AA 效率的影响。建立属性权威可分为以下三种类型：

（1）使用嵌入式属性权威管理。本单位内部的人员和权限管理不太复杂，数据的敏感度也不是太高的情况下，由数据库的管理员直接代管。

（2）在单位内部建立属性权威。本单位内由多种应用系统组成，用户数量以及资源数量较大，人员结构和管理复杂，人员职位和权限的变化比较频繁。

（3）建立属性权威中心。在一个更大的范围内的安全应用数量较多，有相同的访问群体，并且这些应用有整体的安全管理规定和要求。投资相对较大，但是能够进行全局的权限管理，能够覆盖区域内的所有用户和应用，管理能力最强，有利于制定全局统一的安全管理模式和策略。

2．制定授权策略

制定授权策略可以针对安全域内的人员和资源的组织进行分析入手，抓住业务应用的需要，制定系统的授权策略。

以公安“金盾工程”为例，根据公安业务的管理规定和保密的要求，公安部可以制定出保证所有公安系统应用需要的统一基本授权策略，对公安应用的基本角色、基本权限和访问控制原则进行约束和定义，形成“金盾工程”的授权策略。这种策略不是针对具体系统定义的，也不是针对具体哪一个人的，只是规定所有应用系统必须遵守的全局性的安全准则。如，规定总共定义多少种基本的全局角色，每个角色对不同的资源能够具有的最大的权限等。例如，对其他警种的科长是否允许访问某种类型的资源等。

在全局授权策略的基础上，各个应用系统可以根据被保护的资源的具体情况和访问系统的人员情况定制本地的局部授权策略；还可以针对某一个具体应用，定制授权策略。

3．授权

授权和访问控制是具体实现已经制定好的“授权策略”主要环节。

由于属性权威是资源的权威源/资源的拥有者，可以根据它管理的“用户”信息进行授权。比如，一个人可能同时拥有属性权威中心颁发的属性证书和嵌入式属性权威颁发的属性证书，来证明他是公安系统的科长，同时在应用系统内他是机密数据处理员。有了这样的授权，他就可以直接访问指定的应用系统。应用系统从他的属性证书中，验证发证机关的权威性，并提取与该应用相关的权限，进行判断和操作。

不同规模和级别的属性权威的安全性是不同的。嵌入式的属性权威管理员可以根据需要比较灵活的处理证书的发放和撤销。但是 AA 中心对证书的管理必须具有更严格的管理程序和安全性，以保证权威性，并避免失误带来的损害。即使区域型的 AA 中心一个不负责任签发的属性证书，就会给信任该属性权威的所有应用带来无法估计的损失。而嵌入式的属性权威造成的损害只是发生在单位内部。因此，AA 中心的授权实施管理是十分重要的安全管理内容。

4．访问控制

应用 PMI 平台建立访问控制系统的工作相对简单，只需针对具体的应用类型定制策略实施点，并安装相关的策略服务器、资源服务器及相应的服务程序即可。

5．审计

PMI 平台提供独立于应用的访问操作审计能力和系统中管理事件的审计，可以在 PMI 平台中根据需要选择审计内容，不必在开发应用系统前制定。通过标准的审计接口，可以定制将审计结果输出到日志、数据库或其他文件，甚至为入侵检测系统提供数据采集接口，支持基于应用的入侵检测系统。

6．PMI 实施的工作流程

一般 PMI 实施采用以下工作流程。

（1）使用用户管理工具注册应用系统用户信息。

（2）使用资源管理工具注册资源信息。

（3）使用策略定制工具制定应用系统的权限管理和访问控制策略。

（4）使用权限分配工具签发策略证书、角色定义证书。

（5）属性权威针对用户签发属性证书。

（6）启动策略实施点，使用指定的策略和相关信息初始化策略决策服务器。

（7）用户登录时，策略实施点验证用户身份，并根据下一个步骤获取权限信息。

（8）如果是推模式，直接从用户提供的属性证书中获得权限信息；如果是拉模式，根据用户身份信息从属性证书库中检索，并返回用户的权限信息。

（9）对每个访问请求，策略实施点根据权限、动作和目标信息生成决策请求。

（10）策略实施点向策略决策点发出决策请求。

（11）策略决策点根据策略对请求进行判断，返回决策结果。

（12）策略实施点根据结果决定是否进行访问。

（13）如果要停止运行，就关闭策略实施点，由策略实施点通知策略决策服务器停止。

22.5　信息安全审计

22.5.1　安全审计概念

1．安全审计

安全审计（Security Audit）是记录、审查主体对客体进行访问和使用情况，保证安全规则被正确执行，并帮助分析安全事故产生的原因。

安全审计是信息安全保障系统中的一个重要组成部分，是落实系统安全策略的重要机制和手段，通过安全审计，识别与防止计算机网络系统内的攻击行为，追查计算机网络系统内的泄密行为。安全审计具体包括两方面的内容。

（1）采用网络监控与入侵防范系统，识别网络各种违规操作与攻击行为，即时响应（如报警）并进行阻断。

（2）对信息内容和业务流程进行审计，可以防止内部机密或敏感信息的非法泄漏和单位资产的流失。

安全审计系统采用数据挖掘和数据仓库技术，对历史数据进行分析、处理和追踪，实现在不同网络环境中终端对终端的监控和管理，必要时通过多种途径向管理员发出警告或自动采取排错措施。因此信息安全审计系统被形象地比喻为“黑匣子”和“监护神”。

（1）信息安全审计系统就是业务应用信息系统的“黑匣子”。即使在整个系统遭到灭顶之灾的破坏后，“黑匣子”也能安然无恙，并确切记录破坏系统的各种痕迹和“现场记录”。

（2）信息安全审计系统就是业务应用信息系统的“监护神”，随时对一切现行的犯罪行为、违法行为进行监视、追踪、抓捕，同时对暗藏的、隐患的犯罪倾向、违法迹象进行“堵漏”、铲除。

安全审计系统属于安全管理类产品。安全审计产品主要包括主机类、网络类及数据库类和业务应用系统级的审计产品。各类安全审计系统可在日常运行、维护中，对整个计算机网络应用系统的安全进行主动分析及综合审计。

2．安全审计的作用

一个安全审计系统，主要有以下作用。

（1）对潜在的攻击者起到震慑或警告作用。

（2）对于已经发生的系统破坏行为提供有效的追究证据。

（3）为系统安全管理员提供有价值的系统使用日志，从而帮助系统安全管理员及时发现系统入侵行为或潜在的系统漏洞。

（4）为系统安全管理员提供系统运行的统计日志，使系统安全管理员能够发现系统性能上的不足或需要改进与加强的地方。

网络安全审计的具体内容如下。

（1）监控网络内部的用户活动。

（2）侦察系统中存在的潜在威胁。

（3）对日常运行状况的统计和分析。

（4）对突发案件和异常事件的事后分析。

（5）辅助侦破和取证。

3．安全审计功能

CC（即 Common Criteria ISO/IEC 17859）标准将安全审计功能分为 6 个部分：安全审计自动响应功能；安全审计自动生成功能；安全审计分析功能；安全审计浏览功能；安全审计事件选择功能；安全审计事件存储功能。

1）安全审计自动响应功能

安全审计自动响应（AU_APR）定义在被测事件指示出一个潜在的安全攻击时做出的响应，它是管理审计事件的需要，这些需要包括报警或行动。例如包括实时报警的生成、违例进程的终止、中断服务、用户账号的失效等。根据审计事件的不同，系统将做出不同的响应，其响应的行动可做增加、删除、修改等操作。

2）安全审计数据生成功能

安全审计数据生成（AU_GEN）功能要求记录与安全相关的事件的出现，包括鉴别审计层次、列举可被审计的事件类型，以及鉴别由各种审计记录类型提供的相关审计信息的最小集合。系统可定义可审计事件清单，每个可审计事件对应于某个事件级别，如低级、中级、高级。产生的审计数据有以下几方面。

（1）对于敏感数据项（如口令等）的访问。

（2）目标对象的删除。

（3）访问权限或能力的授予和废除。

（4）改变主体或目标的安全属性。

（5）标识定义和用户授权认证功能的使用。

（6）审计动能的启动和关闭。

每一条审计记录中至少应所含的信息有：事件发生的日期、时间、事件类型、主题标识、执行结果（成功、失败）、引起此事件的用户的标识以及对每一个审计事件与该事件有关的审计信息。

3）安全审计分析功能

安全审计分析（AU_SAA）功能定义了分析系统活动和审计数据来寻找可能的或真正的安全违规操作。它可以用于入侵检测或对安全违规的自动响应。当一个审计事件集出现或累计出现一定次数时可以确定一个违规的发生，并执行审计分析。事件的集合能够由经授权的用户进行增加、修改或删除等操作。审计分析分为潜在攻击分析、基于模板的异常检测、简单攻击试探和复杂攻击试探等几种类型。

（1）潜在攻击分析。系统能用一系列的规则监控审计事件，并根据规则指示系统的潜在攻击。

（2）基于模板的异常检测。检测系统不同等级用户的行动记录，当用户的活动等级超过其限定的登记时，应指示出此为一个潜在的攻击。

（3）简单攻击试探。当发现一个系统事件与一个表示对系统潜在攻击的特征事件匹配时，应指示出此为一个潜在的攻击。

（4）复杂攻击试探。当发现一个系统事件或事迹序列与一个表示对系统潜在攻击的特征事件匹配时，应指示出此为一个潜在的攻击。

4）安全审计浏览功能

安全审计浏览（AU_SAR）功能要求审计系统能够使授权的用户有效地浏览审计数据，它包括审计浏览、有限审计浏览、可选审计浏览。

（1）审计浏览。提供从审计记录中读取信息的服务。

（2）有限审计浏览。要求除注册用户外，其他用户不能读取信息。

（3）可选审计信息。要求审计浏览工具根据相应的判断标准选择需浏览的审计数据。

5）安全审计事件选择功能

安全审计事件选择（AU_SEL）功能要求系统管理员能够维护、检查或修改审计事件的集合，能够选择对哪些安全属性进行审计。例如，与目标标识、用户标识、主体标识、主机标识或事件类型有关的属性，系统管理员将能够有选择地在个人识别的基础上审计任何一个用户或多个用户的动作。

6）安全审计事件存储功能

安全审计事件存储（AU_STG）功能要求审计系统将提供控制措施；以防止由于资源的不可用丢失审计数据。能够创造、维护、访问它所保护的对象的审计踪迹，并保护其不被修改、非授权访问或破坏。审计数据将受到保护直至授权用户对它进行的访问。它可保证某个指定量度的审计记录被维护，并不受以下事件的影响。

（1）审计存储空间用尽。

（2）审计存储故障。

（3）非法攻击。

（4）其他任何非预期事件。

审计系统能够在审计存储发生故障时采取相应的动作，能够在审计存储即将用尽时采取相应的动作。

22.5.2　建立安全审计系统

在计算机网络环境下，建立信息安全审计系统是一个全方位、多层次的复杂系统工程，要深入到计算机应用的每一个领域与技术核心。它按一定规则，在不同层次获取并分析各种记录、日志、报告等信息资源，以如实反映系统安全情况和那里发生的所有事件。其中，事关网络、系统信息安全的网络与主机信息监测审计、应用系统信息监测审计、网络安全系统设备信息审计和系统安全评估报告应作为安全审计系统的主体，而物理安全日志记录则主要为重要场所提供直接的现场审计记录和监控，可作为安全审计系统的辅助系统。

建设安全审计系统的主体方案一般包括利用网络安全入侵监测预警系统实现网络与主机信息监测审计；对重要应用系统运行情况的审计和基于网络旁路监控方式安全

审计等。

1．基于入侵监测预警系统的网络与主机信息监测审计

网络安全入侵监测预警系统基本功能是负责监视网络上的通信数据流和网络服务器系统中的审核信息，捕捉可疑的网络和服务器系统活动，发现其中存在的安全问题，当网络和主机被非法使用或破坏时，进行实时响应和报警；产生通告信息和日志，系统审计管理人员根据这些通告信息、日志和分析结果，调整和更新已有的安全管理策略或进行跟踪追查等事后处理措施。所以，在这个层次上的入侵监测和安全审计是一对因果关系，前者获取的记录结果是后者审核分析资料的来源，或者说前者是手段而后者是目的，任何一方都不能脱离另一方单独工作。作为一个完整的安全审计需要入侵监测系统实时、准确提供基于网络、主机（服务器、客户端）和应用系统的审核分析资料。

入侵监测是指为对计算机和网络资源上的恶意使用行为进行识别和响应的处理过程。它不仅检测来自外部的入侵行为，同时也检测内部用户的未授权活动。

从安全审计的角度看，入侵检测采用的是以攻为守的策略，它所提供的数据不仅可用来发现合法用户是否滥用特权，还可以为追究入侵者法律责任提供有效证据。

1）系统配置拓扑结构

网络安全入侵监测系统由一台安全审计、控制中心和若干台网络探测器组成，采用集中管理的分布式体系结构，具体结构，如图 22-21 所示。

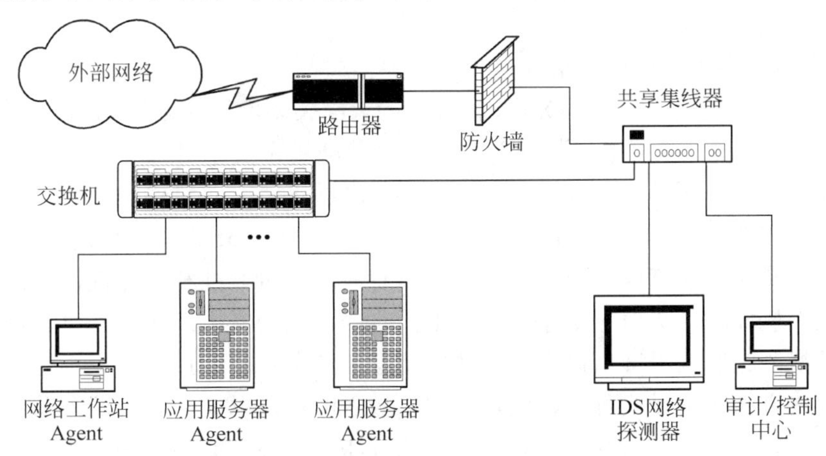

图 22-21　基于网络和主机监测的安全审计架构示意图

2）工作原理及连接配置

探测器负责监视通过网络相连的计算机主机，即按照指定的安全规则监视网络数据流，发现网络攻击、网络违规行为或迹象的时候，按照即定安全策略实施实时响应，如：向安全控制中心发送报警和网络活动信息，实时阻断非法的网络连接等。探测器设置在网络的敏感部位，如内部网络的入口处或担负重要任务、具有重要数据的服务器的周围等。安全控制中心负责通过与探测器通信来控制它们的运行，加载安全规则、接收报警信息，产生报警日志和全网的安全审计报告并进行实时与事后分析。

探测器应与被监测的主机或网络处于一个共享的以太网环境内。这是因为探测器的工作原理依赖于以太网的物理特性，探测器与被监控网络的连接有以下4种方式：

（1）探测器连接在集线器的一个端口上。

（2）若网络环境中只有交换设备，可以将探测器连接在交换设备的监视（Probe）端口上。

（3）在交换机上定义一个VLAN使其包含该交换机上所有需要监视的端口。

（4）特意地构造一个局部的共享总线式的以太网环境，使应被监视的主机或网络能够与探测器处于一个共享的以太网环境内。

安全控制中心原则上可以连接在网络的任何部位。同时，要保证到各探测器的物理网络通路。但由于安全控制中心担负着重要的管理任务，应将其放置在网络中的安全部位，如置于防火墙保护之内并关闭所有Internet服务与文件共享服务，删除所有不必要的用户。当安全控制中心与探测器之间存在防火墙时，应在防火墙中为安全控制中心与探测器通信设置端口过滤规则。

为了进一步保证探测器和控制中心运行安全并与某些交换机工作匹配，也可将探测器设置为双网卡结构。一块用于监听，采集网络数据，不设置IP地址，对网络透明；另一块用于与控制中心通信。

2．重要应用系统运行情况审计

目前，应用系统平台主要有Oracle、SQL Server（关系数据库系统）、Lotus的Domino/Notes（全文数据库、应用电子邮件系统），这些应用平台本身都内嵌有较为完备的信息审核机制，作为全面审计跟踪服务器上一切活动的工具，它可以实现在数据库的表、视图、目录、文档、列（域 field）等不同层次，对进行Open、Create、Update、Delete等细粒度访问操作时的监控。但是，要使其具有良好的可读性和实时性，还需应用程序开发人员做大量耗时、费力的工作。这是很困难的，因为应用系统的开发、销售商一般不会把审核机制底层应用接口提供给具体应用程序开发者。在技术力量不足的情况下，最便捷的解决方法还是寻找可靠、成熟的现有技术解决，以使应用程序开发人员能够专心于程序可用性开发上，而减少在难度较大的程序安全性方面的劳动，达到缩短开发周期、快速投入应用的目的。

截止到目前，从已知的现有技术分析，主要有4种解决方案。

1）基于主机操作系统代理

数据库操作系统（如Oracle、SQL Server）、电子邮件系统（如Microsoft Exchange）在启动自身审计功能之后自动将部分系统审核数据（如用户登录活动、对象访问活动）传送到主机系统审计日志。然后，再通过运行于主机操作系统下一个实时监控代理程序来读取并分析系统审计日志中的相关数据。此方案与应用系统编程无关，所以通用性、实时性好，但审计粒度较粗，并且对确认的违规行为不能实现阻断控制。原理如图 22-22 所示。

2）基于应用系统代理

此种解决方案与基于主机操作系统代理不同之处在于：

（1）首先根据不同应用，设计开发不同的应用代理程序，并在相应应用系统内运行。

（2）应用系统产生的审计数据不是直接传送给主机操作系统审核，而是首先由应用代理程序接收，再由其传送给主机操作系统审核，也可直接传送给主机操作系统实时监控代理程序处理。

此方案优点是实时性好，且审计粒度由用户控制，可以减少不必要的审核数据。缺点在于要为每个应用单独编写代理程序，因而与应用系统编程相关，通用性不如前者好。原理如图 22-23 所示。

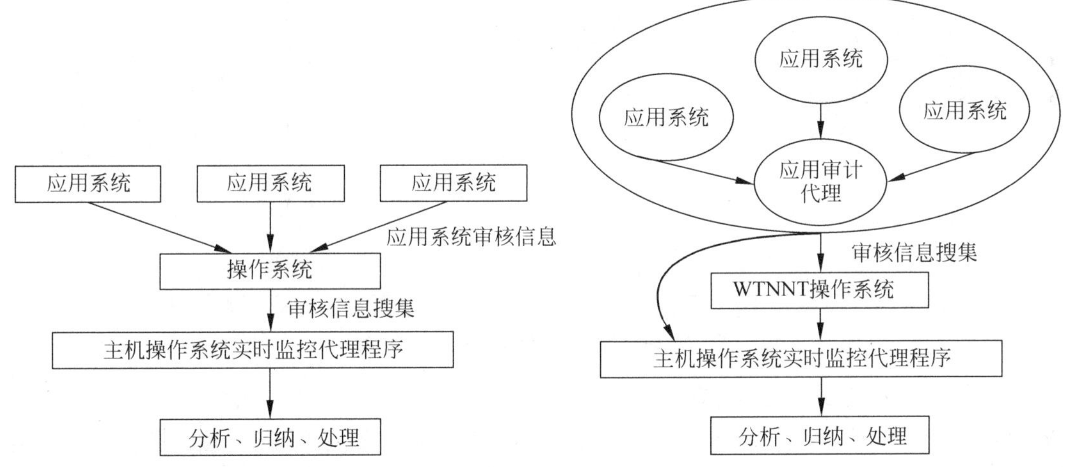

图 22-22　主机操作系统代理型审计示意图　　图 22-23　基于应用系统代理审计示意图

3）基于应用系统独立程序

在应用系统内部嵌入一个与应用服务同步运行专用的审计服务应用进程，用以全程跟踪应用服务进程的运行。以数据库系统为例，审计人员通过它建立一个监视文档库，作用如下。

- 指定需要监视的数据库。
- 指定需要监视的数据库的某个域（记录）。
- 选择需要记录的数据库对象操作行为（OPEN、CREATE、UPDATE、DELETE）。
- 选择需要记录的用户级行为（登录、创建、删除、授权）。
- 选择审计日志产生后，通知审计人员的方式（人工查看、电子邮件、寻呼）。

此方案与应用系统密切相关，每个应用系统都需开发相应的独立程序，通用性、实时性不好，价格将会较高。但审计粒度可因需求而设置，并且用户工作界面与应用系统相同。

现在最为有效的应用系统审计程序，已经解决了实时性问题，即在审计程序内增加一个能够和外部监控台保持实时通信的代理进程（Agent），外部监控台的作用一是在网络上实时监控若干个应用系统审计进程的运行，二是实时接受、处理各 Agent 传送过来的审计数据。这种解决方案实际上是基于应用程序代理方案的扩充。原理如图 22-24 所示。

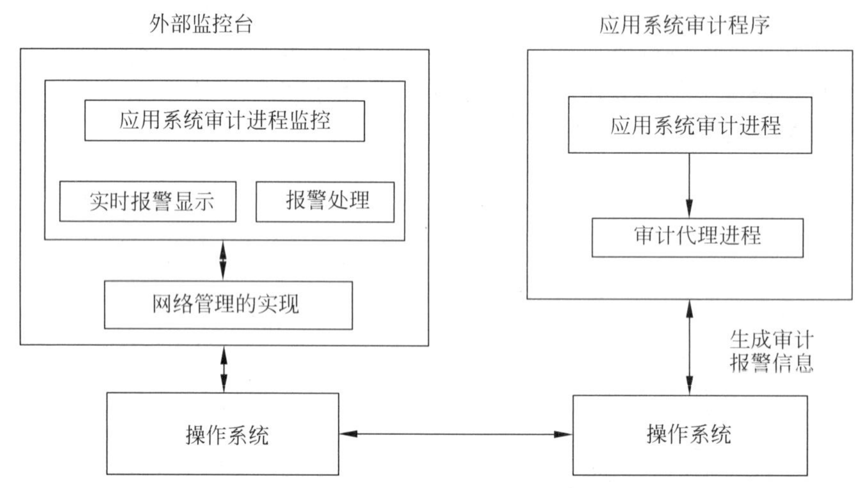

图 22-24 基于应用程序代理示意图

4）基于网络旁路监控方式

（1）工作原理。此方式与基于网络监测的安全审计实现原理及系统配置相同，仅是作用目标不同而已，其系统结构由网络探测器和安全控制中心组成。

① 网络探测器从网上获得用户访问应用系统的指令数据包，根据预先设置的规则分析数据包，进行应用操作的还原，经过数据处理后把实际的操作数据按一定格式提交给安全控制中心。

② 安全控制中心对获得的数据情报进行智能分析，当发现有可疑的操作时，自动进行记录入库、报警、阻断等操作。

③ 安全控制中心的控制台负责设置系统的各项工作参数；进行规则匹配设定以确定哪些操作是违法的，并且起到实时监视、响应的作用。

（2）主要优点。

① 能够有选择地记录任何通过网络对应用系统进行的操作并对其进行实时与事后分析和处理（如：报警、阻断、筛选可疑操作以及对审计数据进行数据挖掘等），无论系统采用的是 C/S 模式还是 B/W/DB 模式。

② 能够记录完整的信息，包括操作者的 IP 地址、时间、MAC 地址以及完整的数据操作（如数据库的完整 SQL 语句）。

③ 审计系统的运行不对应用系统本身的正常运行产生任何影响，不需要占用数据库主机上的 CPU、内存和硬盘。

④ 能够对审计数据进行安全的保存，能够保证记录不被非法删除和篡改。

原理如图 22-25 所示。

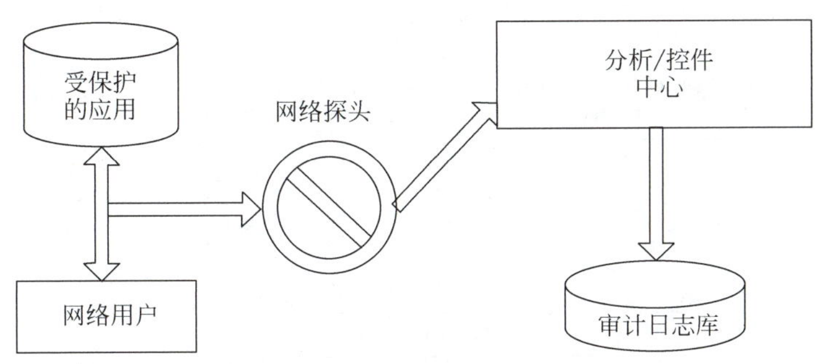

图 22-25 基于网络监测的安全审计示意图

22.5.3 分布式审计系统

网络安全审计系统是对网络系统多个层次上的全面审计。对于一个地点分散、主机众多、各种连网方式共存的大规模网络，网络安全审计系统应该覆盖整个系统，即网络安全审计系统应对每个子系统都能进行安全审计，这样才能保证整体安全。因此，网络安全审计系统不但是一个多层次审计系统，还是一个分布式、多 Agent 结构的审计系统。多层次审计是指整个审计系统不仅能对网络数据通信操作进行底层审计（如网络上的各种 Internet 协议），还能对系统和平台（包括操作系统和应用平台）进行中层审计，以及为应用软件服务提供高层审计。

分布式审计系统由审计中心、审计控制台和审计 Agent 组成。网络安全审计系统结构，如图 22-26 所示。

1．审计中心

审计中心是对整个审计系统的数据进行集中存储和管理，并进行应急响应的专用软件，它基于数据库平台，采用数据库方式进行审计数据管理和系统控制，并在无人看守情况下长期运行。

2．审计控制台

审计控制台是提供给管理员用于对审计数据进行查阅，对审计系统进行规则设置，实现报警功能的界面软件，可以有多个审计控制台软件同时运行。

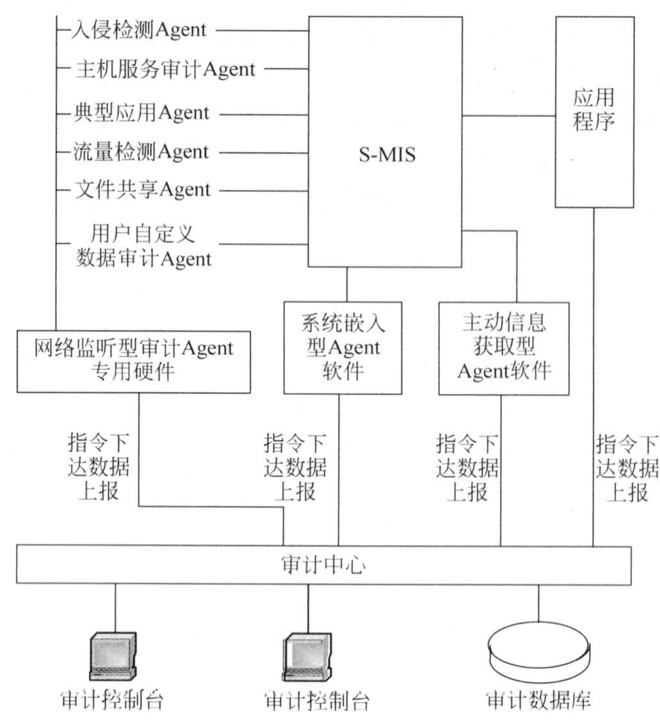

图 22-26 网络安全审计系统结构如

3. 审计 Agent

审计 Agent 是直接同被审计网络和系统连接的部件，不同的审计 Agent 完成不同的功能。审计 Agent 将报警数据和需要记录的数据自动报送到审计中心，并由审计中心进行统一的调度管理。

审计 Agent 主要可以分为网络监听型 Agent、系统嵌入型 Agent、主动信息获取型 Agent 等。

1）网络监听型 Agent

对于网络监听型的审计 Agent，需要运行在一个网络监听专用硬件平台上，在系统中，该硬件被称为网探。根据所处的网络平台的不同，网探分为百兆网探、千兆网探等。

根据实际网络的需求，可以在每一个网探上配置实现不同应用的 Agent。例如，在内部网的环境中可以适当配备文件共享 Agent 和用户自定义审计 Agent 等，在外部网的环境中可以配备入侵检测 Agent、典型应用 Agent 和流量检测 Agent。目前实现的网络监听型审计 Agent 有以下类型。

（1）入侵检测 Agent：主要实现对已知入侵手段的检测功能。

（2）典型应用 Agent：实现在 Telent、HTTP、FTP、SMTP、POP3 上的应用审计功能。

（3）流量检测 Agent：主要实现对实时和历史流量的检测功能。

（4）文件共享 Agent：主要实现对 Windows 环境中的基于 Netbios Over TCP/IP 的文件共享审计功能。

（5）用户自定义数据审计 Agent：实现对用户自定义服务的审计功能。

（6）主机服务审计 Agent：实现对网络上的主机所开放的服务端口进行审计的功能。

2）系统嵌入型 Agent

系统嵌入型 Agent 是安装在各个受保护的主机上的安全保护软件，这些软件实现基于主机的安全审计和监管。主要实现以下的功能。

（1）收集系统日志信息，并根据规则判断异常事件的发生。

（2）对系统内部产生的重要事件（并不一定产生系统日志）进行收集。

（3）对主机的资源和性能（包括 CPU、内存占用、硬盘占用等）进行例行的监视和记录，发现主机异常运转，并适时杀除异常进程。

（4）发现主机中存在的异常代码（例如特洛伊木马程序、后门程序、DDOS 程序、Proxy 程序等）。

（5）对电子邮件进行审查（针对邮件服务器），发现垃圾邮件中转情况，并中止垃圾邮件的发送（针对垃圾邮件源头主机），发现含有非法内容的邮件，发出报警信息。

（6）Web 浏览和发送内容过滤（例如对于 Web 方式的 BBS），自动删除含有不良内容的张贴文章。

（7）实现系统强制型的审计（无法通过设置系统参数而绕过审计）。

在软件设计上可以借鉴和部分采用 Wrapper 技术。Wrapper 技术是目前国际上兴起的新技术之一，它的主要思想是在已有的操作系统或应用平台外包裹一层安全增强功能，可以实现附加的网络访问控制、身份验证、审计、加密等功能，并且它对于原有的应用透明，能够兼容传统的应用。

系统嵌入型 Agent 主要针对一些主流操作系统和应用软件，例如，SUN Solaris 操作系统、HP_UX 操作系统、Linux 操作系统、Windows NT、 Windows 2000 操作系统，Apache Web Server、IIS Web Server、Sendmail 邮件系统、Exchange 邮件系统、Lotus Notes 邮件系统等。

3）主动信息获取型 Agent

主动信息获取型 Agent 主要实现针对一些非主机类型的设备的日志收集，如防火墙、交换机、路由器等。这些设备一般以硬件和固化型的软件提供应用，不支持在其操作系统上进行软件开发和嵌入软件模块，所以针对这些设备的日志收集需要采用主动信息采集的方法。

主动信息获取型的审计 Agent 以软件形式运行在相应的主机上，通过网络、Console 等方式同被审计设备进行交互，收集设备产生的日志或者定时轮巡一些参数，自己根据需求生成日志信息。

主动信息获取型的 Agent 主要采用以下的手段进行信息获取。

（1）通过 SNMP 的 TRAP 方式。

（2）通过定时的 MIB 轮巡，获取关键参数。

（3）通过定时的 Telnet script 获取数值。

（4）通过 Console 口定时运行操作终端 script 来获取参数。

（5）通过管理接口，如 HTTP 方式的管理来获取参数。

（6）通过一些联动接口，如 OPSEC 接口获取参数。

（7）通过 syslog server 的方式获取日志信息。

主动信息获取型 Agent 将根据预先设置的 script 和运行参数，对收集的信息进行过滤、格式化，以提供统一的日志格式。

第 23 章　信息系统综合测试与管理

23.1　测试基础

23.1.1　软件测试模型

所谓测试模型（Test Model），是测试和测试对象的基本特征、基本关系的抽象。它是测试理论家们根据大量的实际测试应用总结出来的，能够代表某一类应用的内在规律，并对应于适合此类应用的一组测试框架性的东西。

软件开发的主要模型有瀑布模型、原型模型、螺旋模型、增量模型以及Rational统一过程（RUP）模型等，这些模型对于软件开发过程具有很好的指导作用，但是在这些过程方法中，软件测试的地位和价值并没有体现出来，也没有给软件测试以足够的重视，利用这些模型无法更好地指导测试实践。

软件测试是与软件开发紧密相关的一系列有计划、系统性的活动，显然软件测试也需要测试模型去指导实践。由于软件开发和软件测试之间的紧密关系，根据不同的开发模型引申出对应的测试模型。软件测试过程的主要模型有以下几种。

- V 模型。
- W 模型。
- H 模型。
- X 模型。
- 前置测试模型。

1．V 模型

在软件测试方面，V 模型是最广为人知的模型，最早是由 Paul Rook 在 20 世纪 80 年代后期提出的，V 模型在英国国家计算中心文献中发布，旨在改进软件开发的效率和效果。V 模型已存在了很长时间，和瀑布开发模型有着一些共同的特性，因此也和瀑布模型一样地受到了批评和质疑。

V 模型实际是软件开发瀑布模型的变种，它反映了测试活动与分析和设计的关系。V 模型中的过程从左到右，描述了基本的开发过程和测试行为。V 模型的价值在于它非常明确地标明了测试过程中存在的不同级别，并且清楚地描述了这些测试阶段和开发过程期间各阶段的对应关系。软件测试 V 模型图中，左边标示开发过程中的各阶段，右边标示测试过程中的各阶段，每个开发阶段对应一个测试阶段。

软件测试 V 模型如图 23-1 所示。

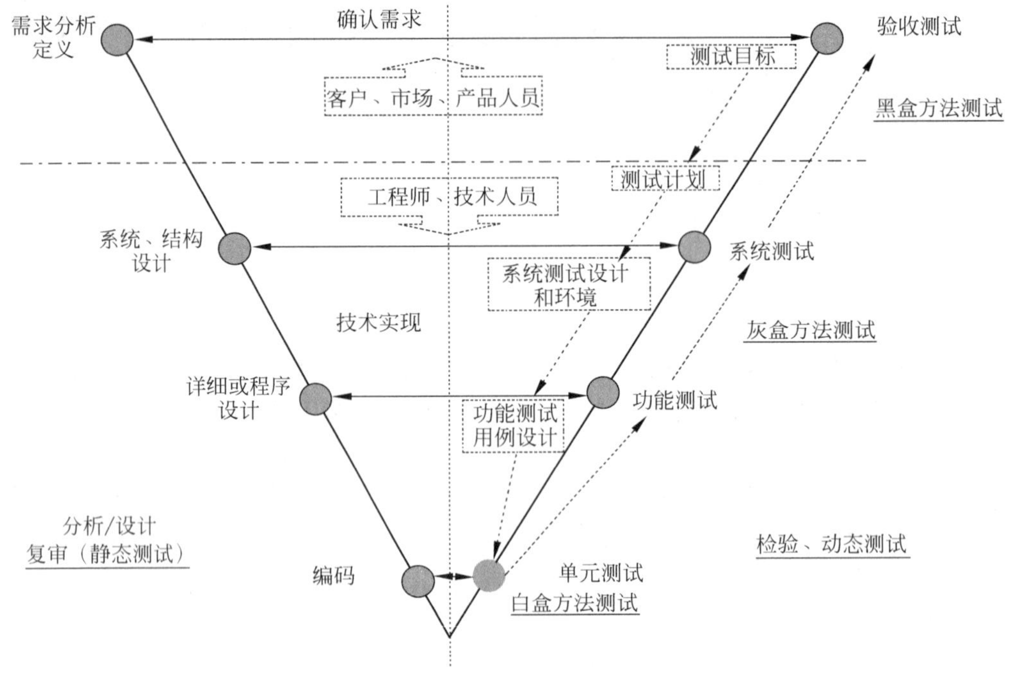

图 23-1 软件测试 V 模型

需求分析和功能设计对应验收测试，说明在做需求分析、产品功能设计的同时，测试人员就可以阅读、审查需求分析的结果，从而了解产品的设计特性、用户的真正需求，确定测试目标，可以准备用例并策划测试活动。

当系统设计人员在做系统设计时，测试人员可以了解系统是如何实现的，基于什么样的平台，这样可以设计系统的测试方案和测试计划，并事先准备系统的测试环境，包括硬件和第三方软件的采购。因为这些准备工作，实际上是要花去很多时间。

当设计人员在做详细设计时，测试人员可以参与设计，对设计进行评审，找出设计的缺陷，同时设计功能、新特性等各方面的测试用例，完善测试计划，并基于这些测试用例以开发测试脚本。

水平虚线上部表明，其需求分析、功能设计和验收测试等主要工作是面向用户，要和用户进行充分的沟通和交流，或者是和用户一起完成。水平虚线下部的大部分工作，相对来说，都是技术工作，在开发组织内部进行，由工程师完成。

V 模型存在一定的局限性，其优缺点如图 23-2 所示。它将测试过程作为在需求分析、概要设计、详细设计及编码之后的一个阶段，这样会导致需求分析或系统设计阶段隐藏的问题一直到后期的验收测试时才被发现，当在最后验收测试中发现这些需求错误时，可能已经很难再更改程序的逻辑结构去修正问题，从而导致项目的失败。等到软件编码完成后才开始软件测试工作，那么必须在代码完成后给测试工作预留足够的时间，否则将导致测试不充分，并且开发前期未发现的错误可能会传递并扩散到后面的测试阶段才被发现。

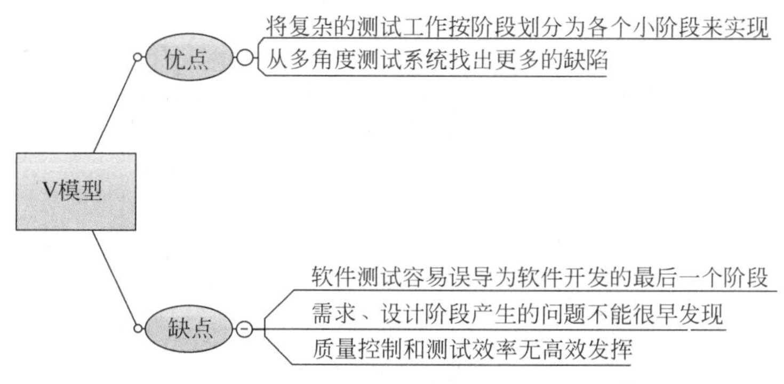

图 23-2　V 模型优缺点

有些测试应该执行得更早些，有些测试则需要延后进行。而且，它也阻碍了你从系统描述的不同阶段中取得信息进行综合。例如，某些组织有时执行这样的做法，即对完成的工作进行签署。这样的规定也扩展到系统测试的设计。签署表示已经通过评估，该测试设计工作已经完成，除非对应的设计文档改变，否则就不会被修订。如果同这些测试相关的信息后来被重新挖掘和认识，例如，架构设计表明有些测试是多余的，或者，详细设计表明有一个内部的边界可以和已存在的系统测试组合在一起进行测试的话，那么实际上还需要继续调整原来的系统测试设计。

V 模型失败的原因是它把系统开发过程划分为具有固定边界的不同阶段，导致测试人员很难跨过这些边界来采集测试所需要的信息，并且也阻碍了测试人员从系统描述的不同阶段中取得信息进行综合考虑。

2．W 模型

由于 V 模型在软件开发编码完成后才介入测试工作，导致一些在需求和设计中的问题在后期验收测试中才被发现，这样不能体现“尽早地和不断地进行软件测试”的原则。根据“尽早地和不断地进行软件测试”的基本原则，测试工作应对应软件各开发阶段同步进行，由此演化成一种 W 模型。

W 模型由 Evolutif 公司提出，相对于 V 模型，W 模型增加了软件各开发阶段中同步进行的验证和确认测试活动。如图 23-3 所示，W 模型由两个 V 字型模型组成，分别代表测试与开发过程，图中明确表示出了测试与开发的并行关系。

W 模型相当两个 V 模型的叠加，一个是开发的 V，一个是测试的 V，由于在项目中开发和测试的是同步进行，相当于两个 V 是并列、同步进行的，测试在一定程度上是随着开发的进展而不断向前进行。W 模型的优缺点如图 23-4 所示。

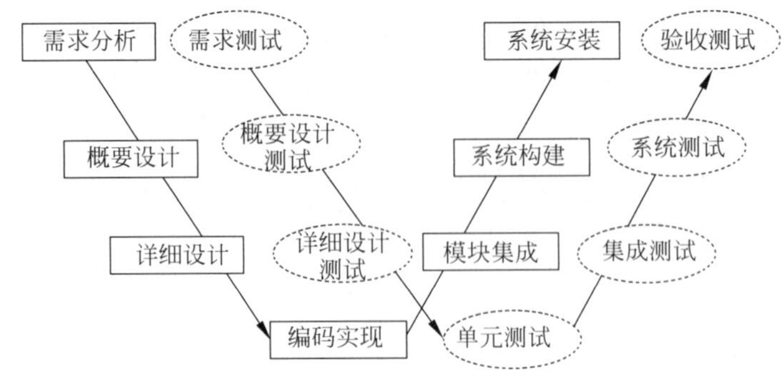

图 23-3　软件测试 W 模型

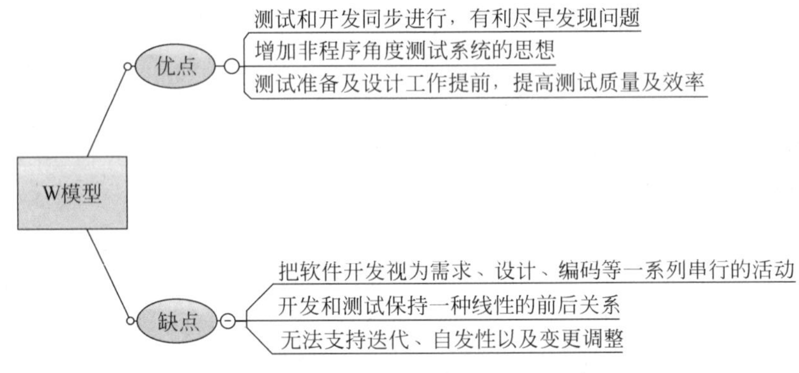

图 23-4　W 模型优缺点

W 模型强调测试阶段和开发阶段是同步进行的，而且测试的对象不仅仅是程序，还包括需求分析、概要设计和详细设计，测试伴随着整个软件开发周期。W 模型有利于尽早地全面的发现问题。例如，需求分析完成后，测试人员就应该参与到对需求的验证和确认活动中，以尽早地找出缺陷所在，且对需求的测试也有利于及时了解项目难度和测试风险，可尽早制订风险的应对措施。参与前期工作的测试人员可以预先估计问题和难度，这将可以显著地减少总体测试时间，加快项目进度。

W 模型也同样存在一定的局限性。W 模型和 V 模型都将软件的开发视为需求、设计、编码等一系列串行的活动。同时，测试和开发活动也保持着一种线性的前后关系，需要有严格的指令表示上一阶段完全结束，才能正式开始下一个阶段的工作，这样就无法支持迭代的开发模型。对于当前软件开发复杂多变的情况，W 模型并不能解除测试管理面临着的困惑。对于当前很多文档需要事后补充，或者在项目的开发过程中根本没有文档，开发人员和测试人员都面临着同样的困扰。

3．H 模型

在 V 模型和 W 模型中都存在一定的局限性，它们都把软件的开发过程视为需求、设计、编码等一系列串行的活动，但实际上，这些串行活动之间存在着相互牵制的关系，并且在大部分时间内，他们是可以交叉进行的。虽然软件开发周期期望有清晰的需求、设计和编码阶段，但实践经验告诉我们，严格的阶段划分只是一种理想状况。

软件项目不可能在需求非常明确的情况下才开始进行的，一般情况下，在最初的需求被评审通过后，开发工作就开始进行，当初版软件完成提交后，产品人员会根据实际情况更改部分需求或补充完善新的需求功能。所以，相应的测试之间也不存在严格的次序关系。同时，各层次之间的测试也存在反复触发、迭代和增量的关系。另一方面，V 模型和 W 模型都没有很好地体现测试流程的完整性。

为了解决 V 模型和 W 模型中存在的上述问题，有专家提出了 H 模型。H 模型将测试活动完全独立出来，形成一个完全独立的流程，将测试准备活动和测试执行活动清晰地体现出来。

软件测试 H 模型如图 23-5 所示。

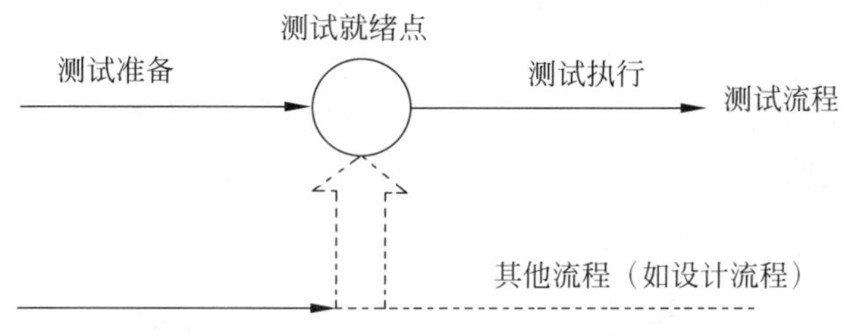

图 23-5　软件测试 H 模型

H 模型图仅仅演示了在整个生存周期中某个层次上的一次“测试循环”。图中的其他流程可以是任意开发流程，如设计流程和编码流程。也可以是其他非开发流程，如 SQA 流程，甚至是测试流程。也就是说，只要测试条件成熟了，测试准备活动完成了，测试执行活动就可以进行了。H 模型的优缺点如图 23-6 所示。

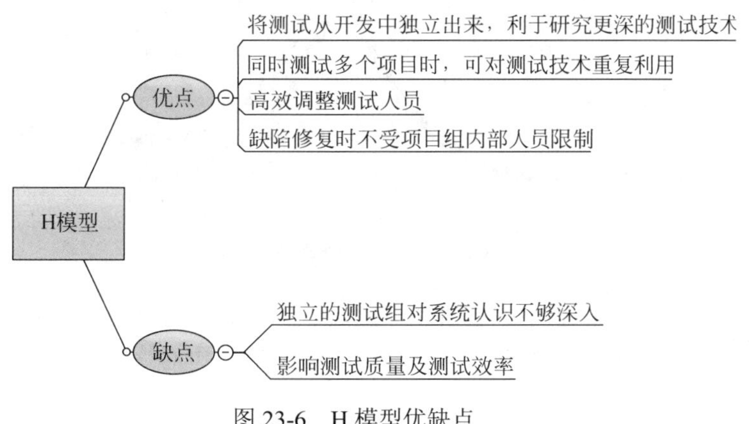

图 23-6　H 模型优缺点

H 模型揭示了一个原理：软件测试模型是一个独立的流程，贯穿于整个软件产品的周期，与其他流程并发地进行。当某个测试时间点就绪时，软件测试即从测试准备阶段进入测试执行阶段。软件测试不仅仅指测试的执行，还包括很多其他的活动。并且软件测试要尽早准备，尽早执行。软件测试可以根据被测物的不同而分层次进行。不同的测试活动可以是按照某个次序先后进行的，也可以是反复进行的，只要某个测试达到准备就绪点，测试执行活动就可以开展了。

4．X 模型

X 模型的基本思想是由 Marick 提出的。但是 Marick 并不建议要建立一个替代模型。Marick 对 V 模型的最主要批评是 V 模型无法引导项目的全部过程。他认为一个模型必须能处理开发的所有方面，包括交接、频繁重复的集成以及需求文档的缺乏等。Marick 认为一个模型不应该规定那些和当前所公认的实践不一致的行为，如 V 模型是按照一定顺序严格排列的开发步骤，而这很可能并没有反映实际的实践过程，因为在实践过程中，很多项目是缺乏足够的需求的，但是 V 模型还是从需求处理开始。并且在多数情况下，人们可能会跳过单元测试而直接进行集成测试。

X 模型也是对 V 模型的改进，X 模型提出针对单独的程序片段进行相互分离的编码和测试，此后通过频繁的交接和集成最终合成为可执行的程序。

软件测试 X 模型如图 23-7 所示。

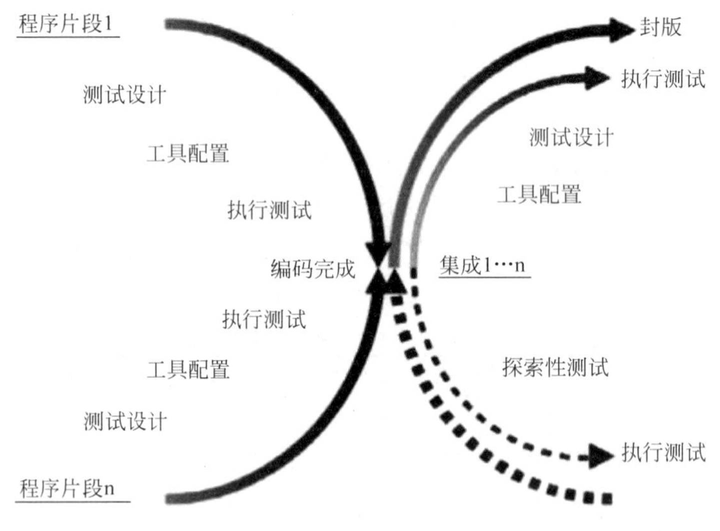

图 23-7 软件测试 X 模型

X 模型的左边描述的是针对单独程序片段进行的相互分离的编码和测试，此后将进行频繁的交接，通过集成最终成为可执行的程序，然后再对这些可执行程序进行测试。已通过集成测试的产品可以进行封装并提交给用户，也可以作为更大规模和范围内集成的一部分。多根并行的曲线表示变更可以在各个部分发生。X 模型的优缺点如图 23-8 所示。

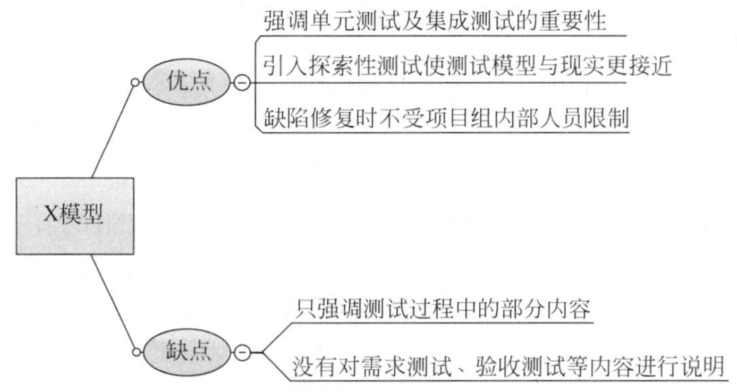

图 23-8　X 模型优缺点

由 X 模型图中可见，X 模型还定位了探索性测试，这是不进行事先计划的特殊类型的测试，这一方式往往能帮助有经验的测试人员在测试计划之外发现更多的软件错误。但这样也可能对测试造成人力、物力和财力的浪费，对测试员的熟练程度要求比较高。

5．前置测试模型

前置测试模型是由 Robin F.Goldsmith 等人提出的，该模型将测试和开发紧密结合，提供了一种轻松的方式，可以使你的项目加快速度。

前置测试模型如图 23-9 所示。

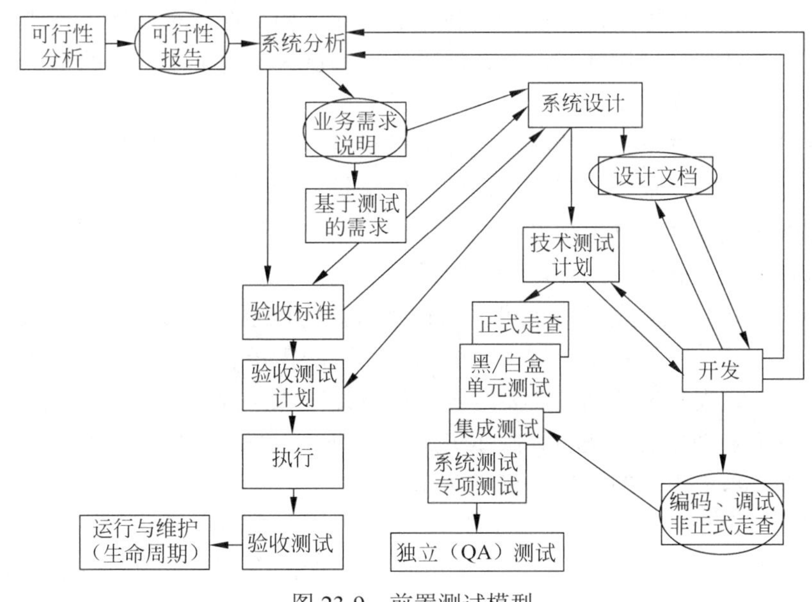

图 23-9　前置测试模型

前置测试模型将开发和测试的生命周期整合在一起，标识了项目生命周期从开始到结束之间的关键行为。并且表示了这些行为在项目周期中的价值所在。如果其中有些行为没有得到很好的执行，那么项目成功的可能性就会因此而有所降低。如果有业务需求，则系统开发过程将更有效率。如果没有业务需求，我们进行开发和测试都是不可能的，并且业务需求最好在设计和开发之前就被正确定义。这并不仅仅是为以后提交上来的程序的测试做好初始化准备，也是为了验证需求是否是可测试的。这些测试可以交由用户来进行验收测试，或者由开发部门做某些技术测试。

很多测试团体都认为，需求的可测试性即使不是需求首要的属性，也应是其最基本的属性之一。因此，在必要的时候可以为每一个需求编写测试用例。不过，基于需求的测试最多也只是和需求本身一样重要。一项需求可能本身是错误的，但它仍是可测试的。而且，你无法为一些被忽略的需求来编写测试用例。

前置测试将测试执行和开发结合在一起，并在开发阶段以“编码—测试—编码—测试”的方式来体现。当程序片段一旦编写完成，就会立即进行测试。一般情况下，先进行的测试是单元测试，因为开发人员认为通过测试来发现错误是最经济的方式。但也可以参考 X 模型，即一个程序片段也需要相关的集成测试，甚至有时还需要一些特殊测试。

对每一个交付内容进行测试。源程序代码并不是唯一需要测试的内容，我们必须要用一定的方式对每一个交付的开发结果进行测试。模型图中的被圈框表示了其他一些要测试的对象，包括可行性报告、业务需求说明，以及系统设计文档等。这同 V 模型中开发和测试的对应关系是相一致的，并且在其基础上有所扩展，变得更为明确。

在设计阶段进行测试计划和测试设计，设计阶段是作测试计划和测试设计的最好时机。很多项目组要么根本不做测试计划和测试设计，要么在即将开始执行测试之前才飞快地完成测试计划和测试设计。在这种情况下，测试只是验证了程序的正确性，而不是验证整个系统本该实现的东西。

验收测试应该独立于技术测试，这样可以提供双重的保险，以保证设计及程序编码能够符合最终用户的需求。前置测试模型提倡验收测试和技术测试沿循两条不同的路线来进行，每条路线分别验证系统是否能够如预期设计一样可以正常工作。当单独设计好的验收测试完成了系统的验证时，我们即可确信这是一个正确的系统。

与 V 模型不同的是，前置测试模型认识到验收测试中所包含的 3 个要素：基于测试的需求、验收标准和验收测试计划，其中基于测试的需求和验收标准都与业务需求定义相联系，但是，验收测试计划则需要等到系统设计完成，因为验收测试计划是由针对按设计实现的系统来进行的一些明确操作定义所组成，这些定义包括：如何判断验收标准已经达到，以及基于需求的测试已算成功完成。

技术测试主要是针对开发代码的测试，如 V 模型中所定义的动态的单元测试，集成测试和系统测试。另外，前置测试还提示我们应增加静态审查，以及独立的 QA 测试。QA 测试通常跟随在系统测试之后，从技术部门的意见和用户的预期方面出发，进行最后的检查。同样的还有负载测试、安全性测试、可用性测试等，这些测试不是由业务逻辑和应用来驱动的。对技术测试最基本的要求是验证代码的编写和设计的要求是否相一致。一致的意思是系统确实提供了要求提供的，并且系统并没有提供不要求提供的。技术测试在设计阶段进行计划和设计，并在开发阶段由技术部门来执行。

前置测试模型用较低的成本来及早发现错误，并且充分强调了测试对确保系统的高质量的重要意义。在整个开发过程中，反复使用了各种测试技术以使开发人员、经理和用户节省其时间，简化其工作。

23.1.2 软件测试类型

本节主要描述一些软件测试的常用类型。按照不同的划分方式，软件测试分为不同的类型。当按照开发阶段划分时，软件测试类型分为单元测试、集成测试、系统测试和验收测试。当按照测试实施组织划分时，软件测试类型分为开发方测试、用户测试、第三方测试。当按照测试技术划分时，软件测试类型分为黑盒测试、白盒测试和灰盒测试。当按照测试执行方式划分时，软件测试类型分为静态测试和动态测试。当按照测试对象类型划分时，软件测试类型分为功能测试、界面测试、流程测试、接口测试、安装测试、文档测试、源代码测试、数据库测试、网络测试和性能测试。当按照质量属性划分时，软件测试类型分为容错性测试、兼容性测试、安全性测试、可靠性测试、维护性测试、可移植性测试和易用性测试。当按照测试地域划分时，软件测试类型分为本地化测试和国际化测试。

1．按照开发阶段划分

按开发阶段划分的软件测试类型如图 23-10 所示。

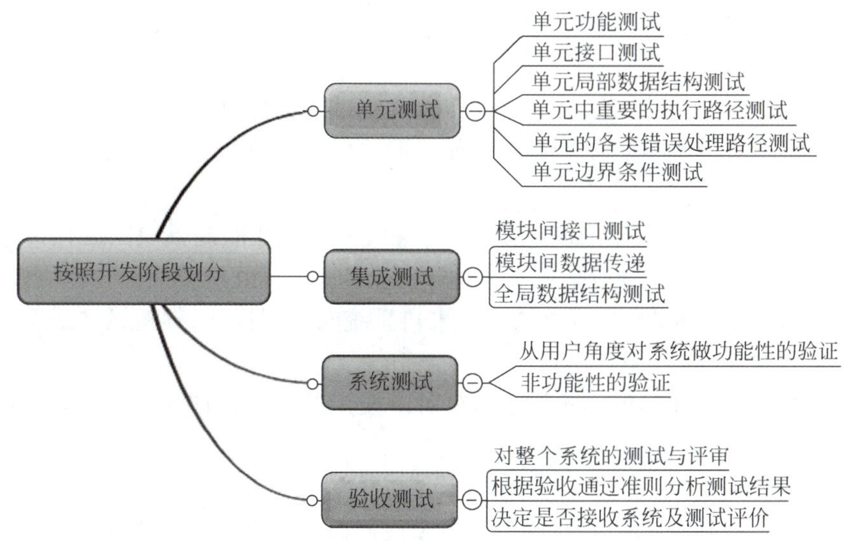

图 23-10 软件测试类型-按开发阶段划分

1）单元测试

单元测试又称模块测试，是针对软件设计的最小单元（即程序模块）进行正确性检验的工作。

单元测试可以作为无错编码的一种辅助手段，在一次性的开发过程中使用。单元测试必须是可重复的，无论是在软件修改，或是移植到新的运行环境的过程中。因此，所有的测试都必须在整个软件系统的生命周期中进行维护。程序员有责任编写功能代码，同时也就有责任为自己的代码编写单元测试。

单元测试可以作为规格说明来工作，测试能够以规格说明为基础。代码能够针对它的规格说明，而不是针对自身进行测试。这样的测试不仅能够抓住编译器的缺陷，同时也能找到更多的编码错误，甚至是一些规格说明中的错误，因为好的规格说明可以使得测试的质量更高。

单元测试的原则如下。

- 应该尽早进行软件单元测试。
- 应该保证单元测试的可重复性。
- 尽可能采用测试自动化的手段来支持单元测试活动。

单元测试的主要内容包括。

- 单元功能测试。
- 单元接口测试。
- 单元局部数据结构测试。
- 单元中重要的执行路径测试。
- 单元的各类错误处理路径测试。
- 单元边界条件测试。

2）集成测试

集成测试又称组装测试、联合测试、子系统测试或部件测试。集成测试是在单元测试的基础上，将所有模块按照设计要求（如根据结构图）组装成子系统或系统进行的测试活动。

单元测试完成后便进入集成测试阶段。 集成测试关注的是模块间的接口，接口之间的数据传递关系，单元组合后是否实现预计的功能，其目的是要找出在模块接口上面，包括整体体系结构上的问题，其测试的依据来自系统的高层设计（架构设计或概要设计）。集成测试组装的对象比单元测试的对象级别要高。

软件的集成测试工作最好由不属于该软件开发组的软件设计人员承担，以提高集成测试的效果。

集成测试的目的包括。

- 在把各个模块连接起来的时候，穿越模块接口的数据是否会丢失。
- 一个模块的功能是否会对另一个模块的功能产生不利的影响。

- 各个子功能组合起来，能否达到预期要求的父功能。
- 全局数据结构是否有问题。
- 单个模块的误差累积起来，是否会放大，从而达到不能接受的程度。
- 在单元测试的同时可进行集成测试，发现并排除在模块连接中可能出现的问题，最终构成要求的软件系统。

集成策略就是在测试对象分析的基础上，描述软件模块集成（组装）的方式、方法。集成的基本策略比较多，分类比较复杂，但不管怎样分，所有分类方法都可以归结为非增值式和增值式两大类，其余的很多方法都是在此基础上的细分。

非增值式策略，先分别测试每个模块，再把所有模块按设计要求放在一起结合成所要的程序。其优点一是方法简单，二是允许多个测试人员并行工作，对人力、物力资源利用率较高。 缺点是必须为每个模块准备相应的驱动模块和辅助桩模块，故测试成本较高；其次，一旦集成后的系统包含多种错误，难以对错误定位和纠正。

增值式策略，这种集成方式又称渐增式组装。首先对一个个模块进行模块测试，然后将这些模块逐步组装成较大的系统，在组装的过程中边连接边测试，以发现连接过程中产生的问题。通过增值逐步组装成为要求的软件系统。相对非增值式策略，可以较早发现模块间的接口错误，发现问题也易于定位。它的缺点是测试周期比较长，可以同时投入的人力物力受限。

3）系统测试

系统测试是对已经集成好的软件系统进行彻底的测试，以验证软件系统的正确性和性能等是否满足其规约所指定的要求。

系统测试检查软件的行为和输出是否正确，并非一项简单的任务，它被称为测试的“先知者问题”。因此，系统测试应该按照测试计划进行，其输入、输出和其他动态运行行为应该与软件规约进行对比。

系统测试的对象不仅仅包括需要测试的产品系统的软件，还要包含软件所依赖的硬件、外设甚至包括某些数据、某些支持软件及其接口等。因此，必须将系统中的软件与各种依赖的资源结合起来，在系统实际运行环境下进行测试。

系统测试更多程度上是站在用户的角度上对系统做功能性的验证，同时还对系统进行一些非功能性的验证，包括压力测试、安全性测试、容错测试、恢复性测试等。

系统测试过程包含了测试计划、测试设计、测试实施、测试执行、测试评估几个阶段，整个测试过程中的测试依据主要是产品系统的需求规格说明书、各种规范、标准和协议等。

系统测试的目的是在真实系统工作环境下通过与系统的需求定义作比较，检验完整的软件配置项能否和系统正确连接，发现软件与系统设计文档或软件开发合同规定不符合或与之矛盾的地方。而且，系统测试还要检验系统的文档等是否完整、有效。是为了发现缺陷并度量产品质量，按照系统的功能和性能需求进行的测试。系统测试的测试用例应根据需求分析说明书来设计，并在实际使用环境下来运行。系统测试一般使用黑盒测试技术，并由独立的测试人员完成。

从软件测试角度看，系统测试有以下两方面的意义：

（1）系统测试的环境是软件真实运行环境的最逼真模拟。系统测试中，各部分研制完成的真实设备逐渐替代了模拟器，是软件从未有过的运行环境。有关真实性的一类错误，包括外围设备接口、输入/输出或多处理器设备之间的接口不相容，整个系统的时序匹配等，在这种运行环境下能得到比较全面的暴露。

（2）通常系统测试的困难在于不容易从系统目标直接生成测试用例。而系统测试由系统人员组织，从系统完成任务的角度测试，软件在系统测试下获得了系统任务下直接的“测试实例”，这对检验软件是否满足系统任务要求是非常有意义的。

4）验收测试

验收测试是在软件产品完成了功能测试和系统测试之后、产品发布之前所进行的软件测试活动，它是技术测试的最后一个阶段，也称为交付测试、发布测试或确认测试。

验收测试是按照项目任务书或合同、供需双方约定的验收依据文档进行的对整个系统的测试与评审，决定是否接收系统。根据验收通过准则分析测试结果，作出验收是否通过及测试评价。通常会有四种情况。

（1）测试项目通过。

（2）测试项目没有通过，并且不存在变通方法，需要作很大的修改。

（3）测试项目没有通过，但存在变通方法，在维护后期或下一个版本改进。

（4）测试项目无法评估或者无法给出完整的评估。此时必须给出原因。如果是因为该测试项目没有说清楚，应该修改测试计划。

按照测试执行者的不同，对不同项目的验收测试的称呼也不同。当测试的执行者是测试内部人员，且待测系统为公司内部产品时，我们称为发布测试或确认测试。当测试的执行者是客户或用户，且待测系统为交付客户的项目时，我们称为验收测试或交付测试。

验收测试主要包括易用性测试、兼容性测试、安装测试、文档（如用户手册、操作手册等）测试等几个方面的内容。

验收测试完成标准如下。

- 完全执行了验收测试计划中的每个测试用例。
- 在验收测试中发现的错误已经得到修改并且通过了测试。
- 完成软件验收测试报告。

验收测试需要注意以下几点。

（1）必须编写正式的、单独的验收测试计划。

（2）验收测试必须在实际的用户运行环境中运行。

（3）由用户和测试部门共同执行比较好。如果是公司自我开发的产品，由测试人员和产品设计部门、市场部门等共同进行，可能还包括技术支持、产品培训部门。

2．按照测试实施组织划分

按照测试实验组织划分的软件测试类型如图 23-11 所示。

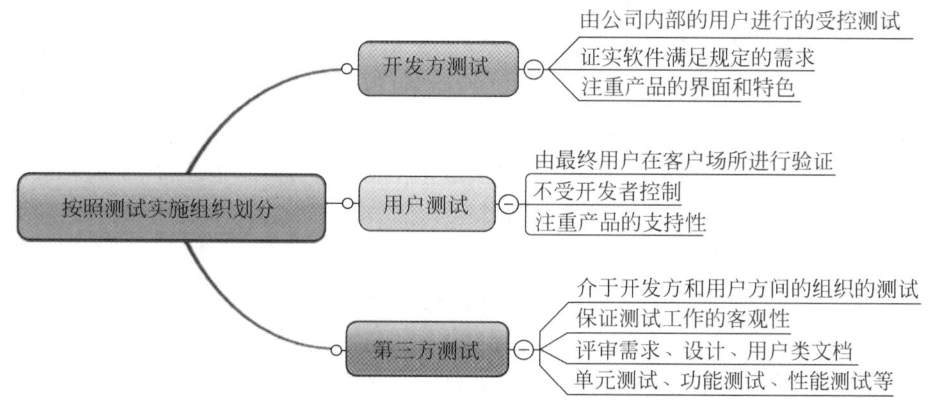

图 23-11　软件测试类型-按测试实施组织划分

1）开发方测试

开发方测试通常也叫“验证测试”或“α 测试”。开发方通过检测和提供客观证据，证实软件的实现是否满足规定的需求。

Alpha 测试（即 α 测试）是由一个用户在开发环境下进行的测试，并且在开发者对用户的“指导”下进行测试，也可以是公司内部的用户在模拟实际操作环境下进行的受控测试，Alpha 测试不能由程序员或测试员(有的地方又说可以让测试人员进行)完成。开发者负责记录发现的错误和使用中遇到的问题。 Alpha 测试发现的错误，可以在测试现场立刻反馈给开发人员，由开发人员及时分析和处理。

开发方测试的目的是评价软件产品的功能、可使用性、可靠性、性能和支持。尤其注重产品的界面和特色。Alpha 测试可以从软件产品编码结束之后开始，或在模块（子系统）测试完成后开始，也可以在确认测试过程中产品达到一定的稳定和可靠程度之后再开始。有关的手册等应该在 Alpha 测试前准备好。

2）用户测试

用户测试是在用户的应用环境下，用户通过运行和使用软件，检测与核实软件实现是否符合自己预期的要求。通常情况下用户测试不是指用户的“验收测试”，而是指用户的使用性测试，由用户找出软件的应用过程中发现的软件的缺陷与问题，并对使用质量进行评价。

Beta 测试（即 β 测试）通过被看成是一种“用户测试”。Beta 测试主要是把软件产品有计划地免费分发到目标市场，让用户大量使用，并评价、检查软件。

Beta 测试由软件的最终用户们在一个或多个客户场所进行。与 Alpha 测试不同的是开发者通常不在 Beta 测试的现场， Beta 测试不能由程序员或测试员完成。因而，Beta 测试是在开发者无法控制的环境下进行的软件现场应用。在 Beta 测试中，由用户记下遇到的所有问题，包括真实的以及主管认定的，定期向开发者报告，开发者在综合用户的报告后，做出修改，最后将软件产品交付给全体用户使用。Beta 测试着重于产品的支持性，包括文档、客户培训和支持产品的生产能力。只有当 Alpha 测试达到一定的可靠程度后，才能开始 Beta 测试。由于 Beta 测试的主要目标是测试可支持性，所以 Beta 测试应该尽可能由主持产品发行的人员来管理。

α、β、λ 常用来表示软件测试过程中的三个阶段：α 是第一阶段，一般只供内部测试使用；β 是第二个阶段，已经消除了软件中大部分的不完善之处，但仍有可能还存在缺陷和漏洞，一般只提供给特定的用户群来测试使用；λ 是第三个阶段，此时产品已经相当成熟，只需在个别地方再做进一步的优化处理即可上市发行。

3）第三方测试

也称为独立测试，是介于软件开发方和用户方之间的测试组织的测试。

一般情况下是在模拟用户真实应用环境下，进行软件确认测试。第三方测试有别于开发人员或用户进行的测试，其目的是为了保证测试工作的客观性。从国外的经验来看，测试逐渐由专业的第三方承担。同时第三方测试还可适当兼顾初级监理的功能，其自身具有明显的工程特性，为发展软件工程监理制奠定坚实的基础，不但要对应用进行各种测试，还进行需求分析的评审、设计评审、用户类文档的评审等，这些工作对用户进行系统的验收以及推广应用都非常有意义。

第三方测试工作内容主要包括需求分析审查、设计审查、代码审查、单元测试、功能测试、性能测试、可恢复性测试、资源消耗测试、并发测试、健壮性测试、安全测试、安装配置测试、可移植性测试、文档测试以及最终的验收测试等十余项。

第三方测试以合同的形式制约了测试方，使得它与开发方存在某种“对立”的关系，所以它不会刻意维护开发方的利益，保证了测试工作在一开始就具有客观性。第三方一般都不直接参加开发方系统的设计和编程，为了能够深入理解系统，发现系统中存在的问题，第三方测试必须按软件工程的要求办事，以软件工程的标准要求开发方和用户进行配合，从而较好地体现软件工程的理念。引入第三方测试后，由于测试方相对的客观位置，由用户、开发方、测试方三方组成的三角关系也便于处理以往用户、开发方双方纠缠不清的矛盾，使得许多问题能得到比较客观的处理。

第三方测试不同于开发方的自测试。由开发人员承担的测试存在很多弊病，除去自身利益驱使带来的问题外，还有许多不客观的毛病，主要表现在思维的定势上。由于他熟悉设计和编程等，往往习惯于按一定的“程式”考虑问题，以至思路比较局限，难于发现“程式”外存在的问题。因为第三方测试的目的就是为尽量多地发现程序中的错误而运行程序的过程，可以更多地发现问题。此外，随着系统越做越大，客观上讲开发人员也无精力参与测试，同时也不符合大生产专业分工的原则。

第三方测试不同于用户的自测试。用户是应用软件需求的提出者，对于软件应该完成的功能是非常清楚的，是进行功能验证的最佳人选。客观情况是，大部分的用户都不是计算机的专业人士，很难对系统的内部实现过程进行深入的分析。对系统的全面测试，功能测试仅仅是一个方面，还要包括并发能力、性能等多种技术测试。这些测试对技术有很高的要求，必须由计算机的专业人员才能完成。

3．按照测试技术划分

按照测试技术划分的软件测试类型如图 23-12 所示。

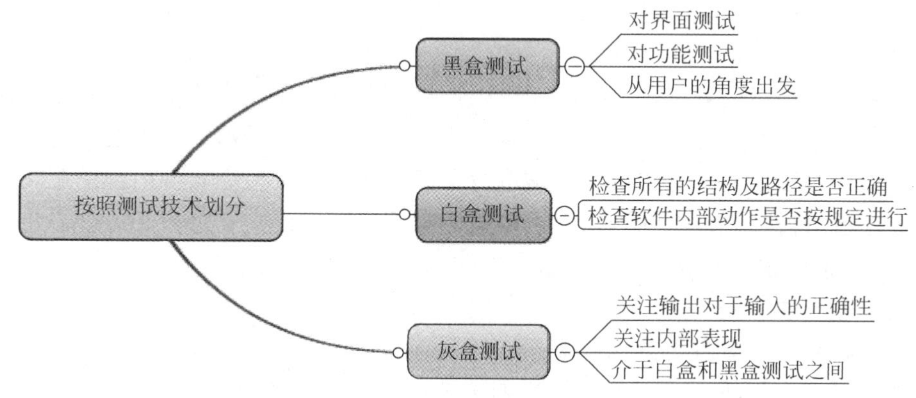

图 23-12　软件测试类型-按测试技术划分

1）黑盒测试

黑盒测试也称功能测试，它是通过测试来检测每个功能是否都能正常使用。在测试中，把程序看作一个不能打开的黑盒子，在完全不考虑程序内部结构和内部特性的情况下，在程序接口进行测试，它只检查程序功能是否按照需求规格说明书的规定正常使用，程序是否能适当地接收输入数据而产生正确的输出信息。黑盒测试着眼于程序外部结构，不考虑内部逻辑结构，主要针对软件界面和软件功能进行测试。

黑盒测试是以用户的角度，从输入数据与输出数据的对应关系出发进行测试的。很明显，如果外部特性本身设计有问题或规格说明的规定有误，用黑盒测试方法是发现不了的。

黑盒测试法注重于测试软件的功能需求，主要试图发现下列几类错误。

- 功能不正确或遗漏。
- 界面错误。
- 输入和输出错误。
- 数据库访问错误。
- 性能错误。
- 初始化和终止错误等。

从理论上讲，黑盒测试只有采用穷举输入测试，把所有可能的输入都作为测试情况考虑，才能查出程序中所有的错误。实际上测试情况有无穷多个，人们不仅要测试所有合法的输入，而且还要对那些不合法但可能的输入进行测试。这样看来，完全测试是不可能的，所以我们要进行有针对性的测试，通过制定测试案例指导测试的实施，保证软件测试有组织、按步骤，以及有计划地进行。黑盒测试行为必须能够加以量化，才能真正保证软件质量，而测试用例就是将测试行为具体量化的方法之一。具体的黑盒测试用例设计方法包括等价类划分法、边界值分析法、错误推测法、因果图法、判定表法、正交试验设计法、功能图法、场景分析法等。

2）白盒测试

白盒测试又称结构测试，白盒测试可以把程序看成装在一个透明的白盒子里，也就是清楚了解程序结构和处理过程，检查是否所有的结构及路径都是正确的，检查软件内部动作是否按照设计说明书的规定正常进行。其目的是通过检查软件内部的逻辑结构，对软件中逻辑路径进行覆盖的测试，可以覆盖全部代码、分支、路径和条件。

白盒测试的优点如下。

- 可以检查内存的泄露。
- 可以检查异常处理分支语句是否正确。
- 执行了多少逻辑，可以作为衡量测试是否完整的一个指标。

白盒测试和黑盒测试的联系如下。

- 用白盒测试验证单元的基本功能，用黑盒测试的思考方法设计测试用例。
- 黑盒测试中使用白盒测试的手段，常称为“灰盒测试”。
- 白盒测试需要对程序的内部实现十分熟悉，黑盒测试是完全基于对系统需求的了解。
- 仅仅使用白盒测试，或者仅仅使用黑盒测试都不能系统地全面测试一个软件。

3）灰盒测试

介于白盒测试与黑盒测试之间的测试。灰盒测试关注输出对于输入的正确性，同时也关注内部表现，但这种关注不像白盒测试详细、完整，只是通过一些表征的现象、事件、标志来判断内部的运行状态 。灰盒测试是基于程序运行时的外部表现同时又结合程序内部逻辑结构来设计用例，执行程序并采集程序路径执行信息和外部用户接口结果的测试技术。

如果某软件包含多个模块，当你使用黑盒测试时，你只要关心整个软件系统的外界，无需关心软件系统内部各个模块之间如何协作。而如果使用灰盒测试，你就需要关心模块与模块之间的交互。这是灰盒测试与黑盒测试的区别。

在灰盒测试中，无需关心模块内部的实现细节。对于软件系统的内部模块，灰盒测试依然把它当成一个黑盒来看待。而白盒测试还需要再深入地了解内部模块的实现细节。

优点：

- 能够进行基于需求的覆盖测试和基于程序路径覆盖的测试。
- 测试结果可以对应到程序内部路径，便于 Bug 的定位、分析和解决。
- 能够保证设计的黑盒测试用例的完整性，防止遗漏软件的一些不常用的功能或功能组合。
- 能够需求或设计不详细或不完整对测试造成的影响。

缺点：

- 投入的时间比黑盒测试大概多 20%～40%的时间。
- 对测试人员的要求比黑盒测试高；灰盒测试要求测试人员清楚系统内部由哪些模块构成，模块之间如何协作。
- 不如白盒测试深入。
- 不适用于简单的系统。所谓的简单系统，就是简单到总共只有一个模块。由于灰盒测试关注于系统内部模块之间的交互。如果某个系统简单到只有一个模块，那就没必要进行灰盒测试了。

4．按照测试执行方式划分

按照测试执行方式划分的软件测试类型如图 23-13 所示。

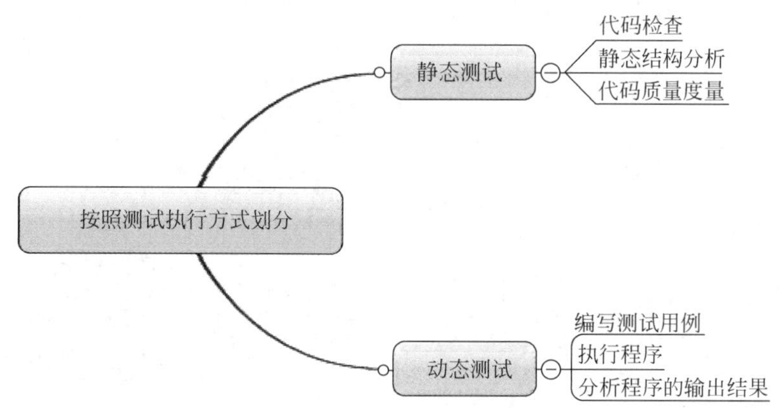

图 23-13　软件测试类型-按测试执行方式划分

1）静态测试

静态测试是指不运行程序，通过人工对程序和文档进行分析与检查；静态测试技术又称为静态分析技术，静态测试实际上是对软件中的需求说明书、设计说明书、程序源代码、用户手册等进行非运行的检查。

静态测试包括代码检查、静态结构分析、代码质量度量等。它可以由人工进行，也可以借助软件工具自动进行。因为静态测试方法并不真正运行被测程序，只进行特性分析。所以，静态方法常常称为“分析”，静态测试是对被测程序进行特性分析方法的总称。

2）动态测试

动态测试是指通过人工或使用工具运行程序进行检查、分析程序的执行状态和程序的外部表现。

动态方法指通过运行被测程序，检查运行结果与预期结果的差异，并分析运行效率结果与预期结果的差异，并分析运行效率和健壮性等性能，这种方法由三部分组成：编写测试用例，执行程序，分析程序的输出结果。

静态测试与动态测试的区别如下。

- 静态测试是用于预防的，动态测试是用于校正。
- 多次的静态测试比动态测试要效率高。
- 静态测试综合测试程序代码。
- 在相当短的时间里，静态测试的覆盖率能达到 100%，而动态测试经常是只能达到 50%左右。
- 动态测试比静态测试更花时间。
- 静态测试比动态测试更能发现 Bug。
- 静态测试的执行可以在程序编码编译前，动态测试只能在编译后才能执行。

5．按照测试对象类型划分

按照测试对象类型划分的软件测试类型如图 23-14 所示。

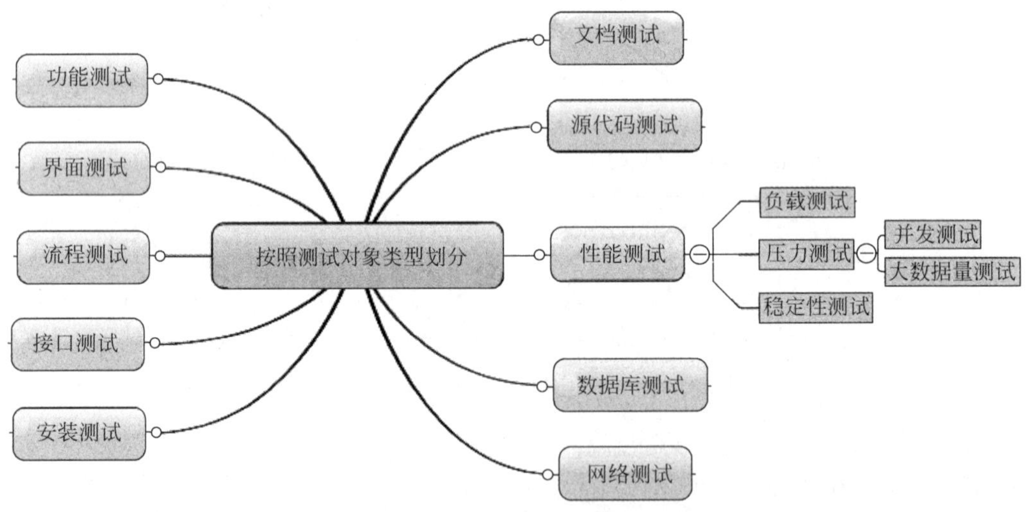

图 23-14　软件测试类型-按测试对象类型划分

1）功能测试

对软件功能进行的测试，主要检查软件功能是否实现了软件功能说明书（软件需求）上的功能要求。

对于测试对象的功能测试，应侧重所有用例或业务功能的测试需求追踪。这种测试的目标是核实数据的接受、处理和检索是否正确，以及业务规则的实施是否恰当。此类测试基于黑盒技术，该技术通过图形用户界面（GUI）与应用程序进行交互，并对交互的输出或结果进行分析，以此来核实应用程序及其内部进程。功能测试主要参考功能需求说明书之类的文档。

功能测试的主要测试内容包括以下几个方面。

- 每一个界面的菜单功能、工具栏、按钮、切换/链接/快捷键/触发键、单选/复选按钮，业务流程等选择项功能正确。
- 如果有多个界面，多个界面之间切换/下拉框正确。
- 检查数据项的关联与限制功能是否正确。
- 找出设计文档中要求的未被包含在上述几项测试中的功能，逐项测试，检查是否达到设计和需求的要求的功能。
- 有增、删、改、查、刷新等功能的系统，增、删、改、查、刷新等操作的结果正确，测试时应手工打开数据库表，以检查写/删除的效果。
- 有查询或报表操作时，检查在各种选择项的合理组合下，所产生的结果，对照数据库中的数据是否正确；对不符合条件的，应有相应的提示信息。
- 对照设计文档的要求，测试系统所有的功能是否正确。

2）界面测试

对软件的用户界面进行的测试，主要检查用户界面的美观度、统一性、易用性等方面的内容，如界面的风格是否满足客户要求，文字是否正确，页面美工是否好看，文字，图片组合是否完美，背景是否美观，操作是否友好等。界面测试应测试系统所有的界面，如登录界面、主界面、其他模块界面、输入界面、处理界面、输出界面、报表界面、提示界面等。

用户界面（UI）测试用于核实用户与软件之间的交互。UI 测试的目标是确保用户界面会通过测试对象的功能来为用户提供相应的访问或浏览功能。另外，UI 测试还可确保 UI 中的对象按照预期的方式运行，并符合公司或行业的标准。包括用户友好性，人性化，易操作性测试。UI 测试比较主观，与测试人员的喜好有关。

界面测试的主要测试内容包括以下几个方面。

- 用户操作界面、输出报表的格式以及代码的命名应符合统一的规则。
- 用户操作界面、输出报表的字段位置、长度、类型应与 UI 设计文档的要求一致。
- 用户操作界面、输出报表的风格一致、协调。
- 提示、菜单、帮助的格式是否一致。
- 提示、菜单、帮助中的术语是否一致。
- 各个控件之间的对齐方式是否一致。
- 输入界面和输出界面在外观、布局、交互方式上是否一致。

- 功能类似的相关界面在外观、布局、交互方式上是否一致。
- 同一层次的文字在同一种提示场合（一般情况、特殊字体、警告等）在文字大小、字体、颜色、对齐方式方面是否一致，字体大小是否与界面的大小比例协调。
- 多个连续界面依次出现的情况下，界面的外观、操作方式是否一致。
- 系统是否拒绝客户的错误输入并做出提示。
- 系统是否在用户完成操作时给出操作成功的提示。
- 用户界面是否存在空白空间，没有空白空间的界面是杂乱无章的。
- 各个控件的间隔是否一致，垂直和水平方向上是否对齐。
- 是否允许动作的可逆性，返回原有操作。

3）流程测试

按操作流程进行的测试，主要有业务流程、数据流程、逻辑流程，其目的是检查软件在按流程操作时是否能够正确处理。流程测试是测试人员把系统各个模块连贯起来运行、模拟真实用户的实际操作，满足用户需求定义的功能来进行测试的过程。

流程测试过程中需要注意以下几点。

- 流程测试要有基本数据，以便系统测试多次使用，同时方便自动化工具介入。
- 其他流程要依赖这套数据，使之每个流程可以更有针对性的执行。
- 构建的数据要尽量有具体的意义，严禁用 a、b、c；1、2、3 等。
- 流程要符合用户常用的业务操作习惯，尽量考虑用户的实际操作去执行。
- 流程可大可小，但每一个流程都要是一个典型的业务操作。
- 流程测试不必覆盖到所有功能点，因为流程测试是功能测试的一个补充。
- 流程不要被具体的模块所限制，各个模块可以交叉，用户实际的业务操作是没有界限的。

为了能编写更好的流程测试用例，我们在编写流程测试用例前可以先设计出系统总流程表、角色功能表、测试数据列表、流程用例表，然后根据这些统计表的内容设计出覆盖更全的流程测试用例。

系统总流程表，其目的首先是理清系统脉络和编写者的思路，其次是可以给其他角色人员对系统有一个大概的认识，对于系统的功能和各个模块之间的关系有个宏观的认识。

角色功能表，是将所有的角色权限统计出来，有一个清晰的角色权限列表，对于用户理解和测试系统有很大帮助，在测试不同角色对应的不同功能页面或操作，可以通过该表进行二维的对应，因为我们现在所做的系统很多都是多用户多权限的，对应不同的角色有不同的权限。

测试数据列表，包含一套可以重用的并且尽量符合用户实际操作的数据，测试用例中包含精心准备的数据，在执行时会有的放矢，更贴近用户的操作。

流程测试用例表，是最重要的一个部分，是我们测试流程的出发点和根据，和功能测试不同的是，我们这里所关注的是业务操作的流程。

在进行业务流程测试时，我们应该站在用户的角度思考，而不仅仅考虑在系统中如何操作业务流程。搞清楚每一项业务中的详细流程和各个环节涉及的角色，一项比较复杂的业务其详细流程往往比较多，只有彻底掌握了这项业务，才能对当前业务环节进行全方位的测试。我们还可以从需求人员或者客户那里了解各业务流程的重要程度和使用频率，这样方便我们对测试重点的把握。

4）接口测试

根据系统的需求说明书，以实体（即具体业务处理）为对象，主要按业务的需求测试其输入、处理、输出是否满足需求，验证每个业务既符合实际工作的需要，又验证业务的处理过程是正确的，输出的结果是正确的。

接口测试是测试系统组件间接口的一种测试。接口测试主要用于检测外部系统与系统之间以及内部各个子系统之间的交互点。测试的重点是要检查数据的交换，传递和控制管理过程，以及系统间的相互逻辑依赖关系等。

接口测试一般以用于多系统间交互开发，或者拥有多个子系统的应用系统开发的测试。接口测试适用于为其他系统提供服务的底层框架系统和中心服务系统，主要测试这些系统对外部提供的接口，验证其正确性和稳定性。接口测试同样适用于一个上层系统中的服务层接口，越往上层，其测试的难度越大。

接口测试实施在多系统多平台的构架下，有着极为高效的成本收益比，接口测试天生为搞复杂性的平台带来高效的缺陷监测和质量监督能力。平台越复杂，系统越庞大，接口测试的效果越明显。

接口测试的目的是测试接口，尤其是那些与系统相关联的外部接口，测试的重点是要检查数据的交换，传递和控制管理过程，还包括处理的次数。外部接口测试一般是作为系统测试来看待的。

不是所有的团队都可以在一个隔离的测试环境中进行测试工作的，因此使得对外部接口的测试显得困难。我们应该确保较早地与相关的组织协调好并确定进行外部接口测试的方案。有时候相关的组织只是人工的静态的审阅一次数据而并不真正的用这些数据来测试。等等这些都增加了实际测试执行中遇到的风险，但有些时候是可以避免的。

业务逻辑的容错能力，也是接口测试的重点，按照业务顺序逆向验证业务逻辑的容错能力。

5）安装测试

确保该软件在正常情况和异常情况的不同条件下，例如，进行首次安装、升级、完整的或自定义的安装都能进行安装。异常情况包括磁盘空间不足、缺少目录创建权限等，核实软件在安装后可立即正常运行。安装测试包括测试安装代码以及安装手册，安装手册提供如何进行安装，安装代码提供安装一些程序能够运行的基础数据。

在一些系统中，部分工作是软件自动完成的，其他工作则需由人工完成，包括操作员、数据库管理员、最终用户等，按一定的程序在计算机上完成。那么，这部分指定由人工完成的过程也要经过仔细的检查。特别注意，如果软件需求中有跨平台的要求，那么就应该在不同软件系统平台上作相应的安装测试。

在安装过程中需要注意测试以下几个方面。

- 软件在不同操作系统下安装的过程。
- 软件安装后的是否能够正常运行，安装后的文件夹及文件是否写到了指定的目录里。
- 软件安装各个选项的组合是否符合概要设计说明。
- 软件安装向导的 UI 测试。
- 软件安装过程是否可以取消，点击取消后，写入的文件是否如概要设计说明处理。
- 软件安装过程中意外情况的处理是否符合需求（如死机，重启，断电）。
- 安装过程是否是可以回溯的（即是否可以点上一步重新选择）。
- 软件安装过程中是否支持快捷键，快捷键的设置是否符合用户要求。
- 对某些软件要考虑客户端的安装、服务器端的安装、数据库的安装及单机版和网络版的安装。

卸载系统时，需要注意测试以下几个方面。

- 直接删除安装文件夹卸载的提示是否与概要设计说明一致。
- 测试使用系统自带的添加删除（以 Windows XP 为例）程序卸载的情况。
- 测试软件自带的卸载程序。
- 测试卸载后文件是否全部删除包括安装文件夹、注册表、系统环境变量。
- 卸载过程中出现的意外情况的测试（如死机、断电、重启）。
- 卸载是否支持取消功能，单击取消后软件卸载的情况。
- 软件自带卸载程序的 UI 测试。
- 如果软件有调用系统文件，当卸载文件时，是否有相应的提示。

系统升级时，需要注意测试以下几个方面。

- 测试升级后的功能是否与需求说明一样。
- 测试与升级模块相关的模块的功能是否与需求一致。
- 升级安装意外情况的测试（如死机、断电、重启）。
- 升级界面的 UI 测试。
- 不同系统间的升级测试。

6）文档测试

文档测试从交付用户的类型来划分，可分为两类，如图 23-15 所示。

- 非交付用户的文档测试。
- 交付用户的文档测试。

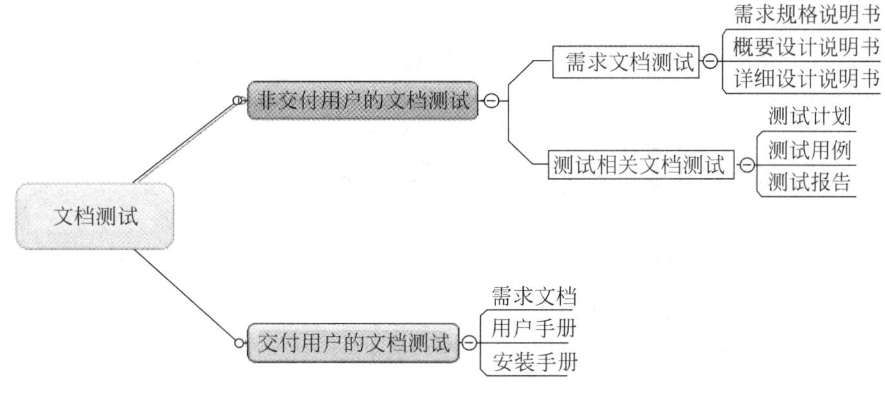

图 23-15 文档测试

非交付用户的文档测试，又分为需求文档测试和测试相关文档测试两种。

对需求文档进行测试，主要测试内容有需求规格说明书、概要设计说明书和详细设计说明书，对需求文档的测试可检查出需求文档中的错误，如错误业务流程及错误的功能描述，及早提出问题以便产品人员尽早修改，避免开发人员将问题植入系统。

对测试相关文档进行测试，主要是对测试过程中产生的文档进行测试，如测试计划、测试用例及测试报告等。

对用户文档进行测试，以需求、用户手册、安装手册等为主，检验用户文档是否和实际应用存在差别。

用户文档测试主要从以下几个方面来考虑：读者群、术语、正确性、完整性、一致性、易用性、图表与界面截图、样例和示例、语言、印刷与包装。

- 读者群。文档面向的读者定位要明确。对于初级用户、中级用户以及高级用户应该有不同的定位。
- 术语。文档中用到的术语要适用于定位的读者群，用法一致，标准定义与业界规范相吻合。
- 正确性。测试中需检查所有信息是否真实正确，查找由于过期产品说明书和销售人员夸大事实而导致的错误。检查所有的目录、索引和章节引用是否已更新，尝试链接是否准确，产品支持电话、地址和邮政编码是否正确。
- 完整性。对照软件界面检查是否有重要的分支没有描述到，甚至是否有整个大模块没有描述到。
- 一致性。按照文档描述的操作执行后，检查软件返回的结果是否与文档描述相同。
- 易用性。对关键步骤以粗体或背景色给用户以提示，合理的页面布局、适量的图表都可以给用户更高的易用性。需要注意的是文档要有助于用户排除错误，不但描述正确操作，也要描述错误处理办法。文档对于用户看到的错误信息应当有更详细的文档解释。

- 图表与界面截图。检查所有图表与界面截图是否与发行版本相同。
- 样例和示例。像用户一样载入和使用样例。如果是一段程序，就输入数据并执行它。以每一个模板制作文件，确认它们的正确性。
- 语言。不出现错别字，不要出现有二义性的说法。特别要注意的是屏幕截图或绘制图形中的文字。
- 印刷与包装。检查印刷质量；手册厚度与开本是否合适；包装盒的大小是否合适；有没有零碎易丢失的小部件等。

文档测试不需要编写测试用例。

7）源代码测试

通过本类型的测评发现应用程序、源代码中包括 OWASP 十大 Web 漏洞在内的安全漏洞，识别、定位存在的安全漏洞，并分析漏洞风险，提出整改建议，提高系统的安全性。

源代码安全测试的范围可以是以 C、C++、Java 等开发语言编写的应用程序或网站的全部源代码，也可以是某个独立的业务模块或关键的业务流程模块的源代码。

采用源代码分析工具对系统源代码的安全性进行测试，识别、定位代码存在的安全漏洞，并分析漏洞风险。

选择全部源代码进行测试时，需首先经代码编译，生成应用程序或网站，由委托方确认应用程序功能或网站内容无误。 代码量较大时，一般选择部分源代码进行测试。源代码的选择由委托测试方和测试方共同协商确定，对选定代码的测试结果仅对被测代码有效，不能作为评价全部源代码的依据。

支持 C/C++、Java、.NET 等开发语言，内置安全代码规范，能够对代码自动地进行数据流、语义、结构、控制流、配置五个方面的分析的测试工具，包括：

- Fortify 公司的 Source Code Analysis。
- Security Innovation 公司的 CxSuite。

8）数据库测试

数据库测试是 Web 网站测试的一个基本组成部分。网站把相关的数据和信息存储在数据库中，从而提高搜索效率。很多网站把用户的输入数据也存放在数据库中。对于测试人员要真正了解后台数据库的内部结果和设计概念，制订详细的数据库测试计划，至少能在程序的某个流程点上并发地查询数据库。

数据库测试的主要因素有：数据完整性、数据有效性和数据操作和更新。

- 数据完整性

测试的重点是检测数据损坏程序。开始时，损坏的数据很少，但随着时间的推移和数据处理次数的增多，问题会越来越严重。设定适当的检查点可以减轻数据损坏的程度。比如，检查事务日志以便及时掌握数据库的变化情况。

- 数据有效性

数据有效性能确保信息的正确性，使得前台用户和数据库之间传送的数据是准确的。在工作流上的变化点上检测数据库，跟踪变化的数据库，判断其正确性。

- 数据操作和更新

根据数据库的特性，数据库管理员可以对数据进行各种不受限制的管理操作。具体包括：增加记录、删除记录、更新某些特定的字段。

9）网络测试

网络测试就是验证网络的建设是否成功的手段。

主要是验证以下几个方面：链路连接情况、错包率、连通性、网络质量、路由策略、备份路由、网管等。

网络测试主要是利用 Ping 、traceroute、sh ip route、sh ip route vrp、sh int 命令和网管软件结合起来完成测试工作。

网络测试内容包括以下几方面。

- 链路测试

测试范围包括广域网中的每一条链路，利用 PING 工具验证这些链路的状况。

- 错包率测试

测试范围包括广域网中的每一个网络设备。利用 Cisco 的 iOS 命令 show interface 测试这些设备的在用端口的错包率。利用华为的 VRP 命令 display interface。

- 连通性测试

测试范围包括自治区的服务器到下面各个地州的工作站之间的连通情况，利用PING 工具验证这些路径的连通情况。

- 质量测试

测试范围包括第 1 项列出的每条广域网链路的时延和丢包率，利用 PING 工具测试这些的链路的质量。

- 路由策略测试
  - 进入广域网中的每一个路由器查看它们的 MPLS 路由表和 VPN 路由表。
  - 增加一台路由器，查看相应域的路由表的收敛速度。
  - 减少一台路由器，查看相应域的路由表的收敛速度。

利用 Cisco 的 iOS 命令 show ip route 、show ip route vrf 、ping、traceroute 等工具来测试这些内容。

- 备份路由测试。
  - 查看当前路由情况。
  - 断开主路由测试备份路由的启用情况，包括路由收敛速度。
  - 重新接上主路由测试主路由的恢复情况，包括路由收敛速度。

利用 ping、traceroute 等工具、测试备份路由。

10）性能测试

性能测试内容如图 23-16 所示。

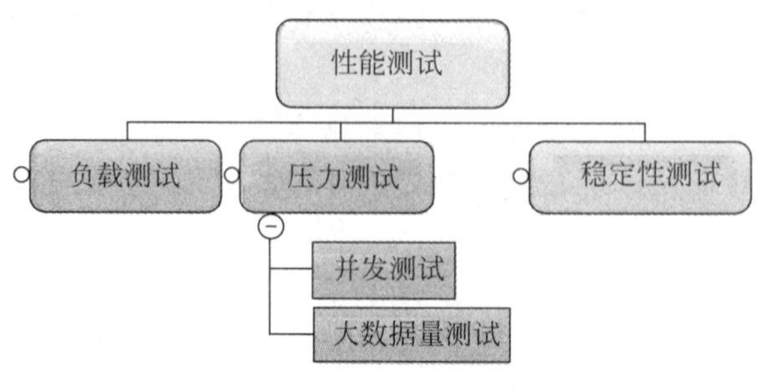

图 23-16 性能测试

检查系统是否满足需求规格说明书中规定的性能。特别是对于实时系统或嵌入式系统，软件仅满足功能需求而达不到要求的性能是不行的，所以需要进行性能测试。在系统测试阶段，性能测试通常是和强度测试结合起来进行，并通常要求同时进行硬件和软件的检测。

通常，对软件性能的测试表现在以下几个方面。

- 对资源利用（如内存、处理机周期等）进行的精确度量。
- 对执行间隔。
- 日志事件（如中断）。
- 响应时间。
- 吞吐量（TPS）。
- 辅助存储区（例如缓冲区、工作区的大小等）。
- 处理精度等进行的监测。

当然，对性能表现的测试项的选择要以软件需求规格说明书的具体要求来确定。性能测试执行时，注意观察资源使用率，如 CPU、内存、磁盘（I/O）的占用情况，资源率必须控制在 50%以下，当大于 50%以上时说明硬件或软件运行已占用空间太大，不符合一般情况。

（1）负载测试。

负载测试，又叫强度测试，是通过逐步增加系统负载，测试系统性能的变化，并最终确定在满足性能指标的情况下，系统所能承受的最大负载量的测试。负载测试也是检查在系统运行环境不正常到发生故障的情况下，系统可以运行到何种程度的测试。所以，负载测试总是在提供非正常数量、频率或总量资源的情况下运行系统的。例如：

- 在平均每秒产生 1～2 个中断的情况下，设计每秒产生 10 个中断的特殊用例进行测试。
- 将输入数据的频率提高一个数量级，确定输入功能的响应。

- 设计需要占用最大存储量或其他资源的测试用例进行测试。
- 设计出在虚拟存储管理机制中引起“颠簸”的测试用例进行测试。
- 设计出会对磁盘常驻内存的数据过度访问的测试用例进行测试。

负载测试是测试一个应用在重负荷下的表现。例如测试一个 Web 站点在大量的负荷下，何时系统的响应会退化或失败，以发现设计上的错误或验证系统的负载能力。在这种测试中，将使测试对象承担不同的工作量，以评测和评估测试对象在不同工作量条件下的性能行为，以及持续正常运行的能力。

负载测试的目标是确定并确保系统在超出最大预期工作量的情况下仍能正常运行。此外，负载测试还要评估性能特征，例如，响应时间、事务处理速率和其他与时间相关的方面。

（2）压力测试。

对系统逐渐增加压力的测试，来获得系统能提供的最大的服务级别的测试或者不能接收用户请求的性能点。通俗地讲，压力测试是为了发现在什么条件下应用程序的性能会变得不可接受。

根据压力测试结果，通常分析随着压力的增加，系统的平均吞吐量、响应时间的变化趋势，确定系统的性能瓶颈，进而为优化系统提供参考依据。

压力测试包括并发测试和大数据量测试。

① 并发测试。

主要指当测试多用户并发访问同一个应用、模块、数据时是否产生隐藏的并发问题，如内存泄漏、线程锁、资源争用等问题，几乎所有的性能测试都会涉及并发测试。

并发测试目的不是为了获得性能指标，而是为了发现并发引起的问题。在具体的性能测试工作中，并发用户往往都是借助工具来模拟的，例如在 LoadRunner 性能测试工具中叫作虚拟用户，因为实际情况中去实现同时多人并发的测试环境要求比较高，且测试时间也是比较长的。

并发测试一般有随机并发测试、共享并发测试和同步并发测试。随机并发测试是在两个或以上的客户端同时多次进入和退出被测试系统，检查系统是否正确无误；共享并发测试是在两个或以上的客户端同时调用被测试系统做同样的工作，检查系统是否正确无误；同步并发测试，就系统中使用到的同步机构，有针对性地组织数据进行测试，例如，有关同步的命令包括对数据库表、文件的共享，互斥操作，文件系统或记录的加锁、解锁，对公共数据区域的操作等。

在并发测试中如何确定并发用户数？想确定用户并发数，必须知道系统所承载的在线用户数，我们可以关注用户的总量、用户平均在线数值、用户最高峰在线数值，通过这些用户数来推算出并发用户数。 例如，公司 OA 系统账号或者总用户有 2000 人，最高峰在线 500 人，但是这 500 人并不是作为并发用户存在的概念，即并不表示服务器实际承载的压力。有可能 40%的用户关注的是首页新闻公告板之类（注意看新闻这个阶段是不能造成服务器的压力），20%的用户在查询资料或者操作表格，20%用户在发呆，20%在页面之间跳转。在这种情况下，只有真正 20%用户的查询或操作表格才会对服务器造成实质的影响，我们将这个查询、操作表格作为一个业务范畴来说，直接将这部分业务并发用户称为并发用户数。

计算并发用户数公式如下。

计算平均并发用户数：$C=NL/T$ （1）

并发用户峰值数：$C' \approx C+3\sqrt{C}$ （2）

公式（1）中，C 是平均的并发用户数，N 是 login session 的数量，L 是 login session 的平均长度，T 指考察的时间段长度。

公式（2）则给出了并发用户数峰值的计算方式，其中，C'指并发用户数的峰值，C 就是公式（1）中得到的平均的并发用户数。该公式的得出是假设用户的 login session 产生符合泊松分布而估算得到的。

假设有一个 OA 系统，该系统有 3000 个用户，（可以看注册信息）平均每天大约有 400 个用户要访问该系统，（日志文件查看）对一个典型用户来说，一天之内用户从登录到退出该系统的平均时间为 4 小时，在一天的时间内，用户只在 8 小时内使用该系统。则根据公式（1）和公式（2），可以得到：

$$C = 400 \times 4/8 = 200$$

$$C' \approx 200+3\sqrt{200} = 242$$

但是一般的做法是把每天访问系统用户数的 10%作为平均的并发用户数。最大的并发用户数乘上一个值，2 或者 3。假如说用户要求系统每秒最大可以处理 100 个登录请求，10/25/50/75/100 个并发用户来执行登录操作，然后观察系统在不同负载下的响应时间和每秒事务数。如果用户数在 100 的时候，响应时间还在允许范围，就要加大用户数，例如 120 等。

② 大数据量测试。

大数据量测试包括独立的数据量测试和综合数据量测试两类。独立的数据量测试指针对某些系统存储、传输、统计、查询等业务进行的大数据量测试。综合数据量测试指和压力性能测试、负载性能测试、稳定性性能测试相结合的综合测试。

大数据量测试主要是针对数据库有特殊要求的系统进行的测试，主要分为三种：

- 实时大数据量。模拟用户工作时的实时大数据量，主要目的是测试用户较多或者某些业务产生较大数据量时，系统能否稳定地运行。
- 极限状态下的测试。主要是测试系统使用一段时间即系统累积一定量的数据时，能否正常地运行业务。
- 前面两种的结合。测试系统已经累积较大数据量时，一些实时产生较大数据量的模块能否稳定地工作。

大数据量测试用例的设计主要从两个方面来考虑，历史数据引起的大数据量测试和运行时大数据量测试。首先确定系统数据的最长迁移周期，和选择一些前面的核心模块，或者组合模块的并发用户测试用例作为其主要内容即可。

大数据量测试的关键是测试数据的准备，可以依靠工具准备测试数据。

（3）稳定性测试。

稳定性测试，也叫疲劳强度测试。通常是采用系统稳定运行情况下的并发用户数，或者日常运行用户数，持续运行较长一段时间，保证达到系统疲劳强度需求的业务量，通过综合分析交易执行指标和资源监控指标，来确定系统处理最大工作量强度性能的过程。一般情况下，利用稳定性测试来模拟系统日常业务操作。进行稳定性测试的环境中必须要存有一定的数据。

稳定性测试是概率性的测试，也就是说即使稳定性测试通过，也不能保证系统实际运行的时候不出问题。所以要尽可能提高测试的可靠性。可以通过多次测试，延长测试时间，增大测试压力来提高测试的可靠性。稳定性测试的测试时间和压力存在一定的关系。在测试时间不能保证的情况下，可以通过增强压力在一定程度上来挽救。

稳定性测试可以反映出系统的性能问题，例如内存泄漏等问题。在执行稳定性测试时，可以观察系统的各种监控指标曲线，预测系统的发展状况；响应时间是否有增长，可用内存是否在减少，CPU 利用率是否在上升等等都可以说明系统是否存在问题。

6．按照质量属性划分

按照质量属性划分的软件测试类型如图 23-17 所示。

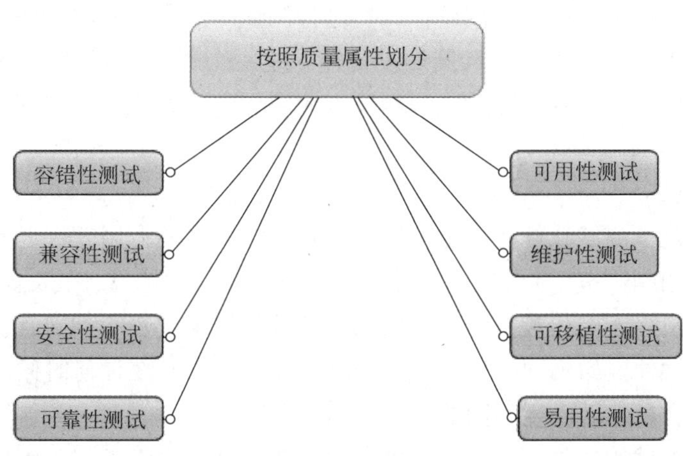

图 23-17 软件测试类型-按质量属性划分

1）容错性测试

容错性测试主要检查系统的容错能力，检查软件在异常条件下自身是否具有防护性的措施或者某种灾难性恢复的手段。容错性测试是检查软件在异常条件下的行为。当系统出错时，能否在指定时间间隔内修正错误并重新启动系统。

容错性测试包括两个方面：

- 输入异常数据或进行异常操作，以检验系统的保护性。如果系统的容错性好，系统只给出提示信息，而不会导致系统出错甚至崩溃。比如在不同的界面，业务流程的非法操作或其他空白处任意点击时，被测试系统应有非法操作容错能力；在不同的界面，不同的字段输入异常数据（如数据宽度和数据类型不同、非法日期等），被测试系统应有异常数据容错能力，并给出相应信息提示等。
- 灾难恢复性测试。通过各种手段，让软件强制性地发生故障，然后验证系统已保存的用户数据是否丢失，系统和数据是否能尽快恢复。退出被测试系统后应恢复到进入前的系统状态，不应影响其他系统的正确运行。

对于自动恢复需验证重新初始化、检查点、数据恢复和重新启动等机制的正确性；对于人工干预的恢复系统，还需估测平均修复时间，确定其是否在可接受的范围内。容错性好的软件能确保系统不发生无法预料的事故。

从容错性测试的概念可以看出，当软件出现故障时如何进行故障的转移与恢复有用的数据是十分重要的。故障转移是确保测试对象在出现故障时能成功完成故障的转移，并能从导致意外数据损失或数据完整性破坏的各种硬件、软件和网络故障中恢复。数据恢复可确保：对于必须持续运行的系统，一旦发生故障，备用系统将不失时机地“顶替”发生故障的系统，以避免丢失任何数据或事务。

容错测试是一种对抗性的测试过程。在这种测试中，将把应用程序或系统置于（模拟的）异常条件下，以产生故障。例如设备输入/输出（I/O）故障或无效的数据库指针和关键字等，然后调用恢复进程并监测和检查应用程序和系统，核实系统和数据已得到了正确的恢复。

2）兼容性测试

兼容性测试是指测试软件在特定的硬件平台上、不同的应用软件之间、不同的操纵系统平台上、不同的网络等环境中是否能够很友好的运行的测试。在大多数生产环境中，客户机工作站、网络连接和数据库服务器的具体硬件规格会有所不同。客户机工作站可能会安装不同的软件，如不同的应用程序驱动程序等，而且在任何时候，都可能运行许多不同的软件组合，从而占用不同的资源。

根据兼容性测试的对象不同，兼容性测试分为软件兼容性测试、硬件兼容性测试和数据兼容性测试。如图 23-18 所示。

兼容性测试的目的如下。

（1）测试软件是否能在不同的操作系统平台上正常运行。

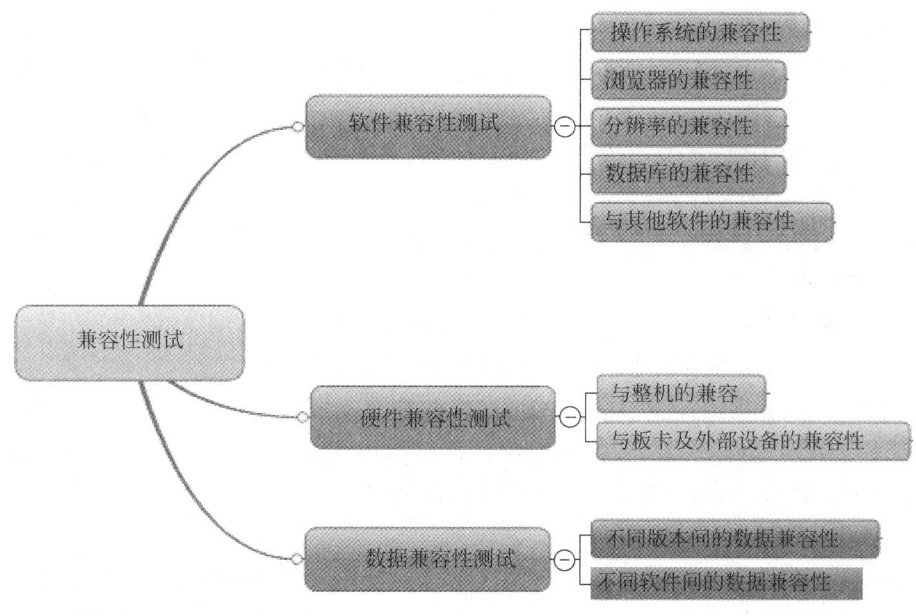

图 23-18　兼容性测试

（2）测试软件是否能在同一操作平台的不同版本上正常运行。

（3）软件本身能否向前或向后兼容。

（4）测试软件能否与其他相关的软件兼容。

（5）数据兼容性测试，主要是指数据能否共享。

常用的兼容性测试有操作系统兼容性测试、浏览器兼容性测试、分辨率兼容性测试、数据库的兼容性测试和软硬件配合的兼容性测试。

- 操作系统兼容性测试

常见的操作系统有 Windows、Unix、Linux 等，对于普通用户来讲，最常用的是 Windows 操作系统。Windows 操作系统包括 Windows XP、Windows 2003、Windows 2000/NT、Windows 9X 等等。用户使用操作系统的类型，直接决定了我们操作系统平台兼容性测试的操作系统平台数量，进行操作系统平台的兼容性测试的主要目的就是保证我们的待测试项目在该操作系统平台下能正常使用。 对于一些特殊项目（比如定制项目），可以指定某一类型的操作系统版本，这些都应该在需求规格说明书中指明，针对这些指明的操作系统版本必须进行兼容性测试。 大部分的其他项目，是不指定操作系统版本的，针对这样的项目，我们应当针对当前主流操作系统版本进行兼容性测试，在确保主流操作系统版本兼容性测试的前提下，在对非主流操作系统版本进行测试，尽量保证项目的操作系统版本的兼容性测试的完整性。

- 浏览器兼容性测试

浏览器是 Web 系统中对核心的组成构建，来自不同厂家的浏览器对 JavaScript、ActiveX 或不同的 HTML 规格有不同的支持，即使是同一厂家的浏览器、也存在不同的版本的问题。不同的浏览器对安全性和 JAVA 的设置也不一样。 目前最为常用的浏览器为：IE 6.0、IE 7.0，但由于操作习惯的问题，还有相当一部分用户喜欢使用腾讯 TT，以及 FireFox 浏览器，这些浏览器同样也存在各个版本的问题，这个对于 Web 系统来讲是一个相当大的挑战。

对于一些特殊项目（比如定制项目），可以指定某一类型的浏览器（包括版本），这些都必须在需求规格说明书中指明，针对这些指明的浏览器必须进行兼容性测试，但大部分的项目，是不能指定浏览器的，针对这样的项目，那么我们必须针对当前的主流浏览器（含版本），在确保主流浏览器的兼容性测试通过的前提下，再对非主流浏览器（含版本）进行测试，尽量保证项目的浏览器兼容性测试。

- 分辨率兼容性测试

分辨率的测试是为了页面的版式在不同的分辨率模式下能正常显示，字符符合要求而进行的测试。用户使用什么模式的分辨率，对于我们来讲是未知的，通常情况下，在我们的需求规格说明书中会建议某些分辨率。对于测试来讲，必须针对需求规格说明书中建议的分辨率进行专门的测试。现在常见的分辨率是 1024×768，800×600。

对于需求规格说明书中规定的分辨率，测试必须保证测试通过，但对于其他分辨率，原则上也应该尽量保证，但由于这个在需求规格说明书中没有加以约束，所以在一定程度上，开发往往会拒绝进行调整。对于需求规格说明书中没有规定分辨率的项目，测试应该在完成主流分辨率的兼容性测试的前提下，尽可能进行一些非主流分辨率的兼容性测试，在一定程度上保证大部分。

- 数据库的兼容性测试

现在很多软件尤其是 ERP、CRM 等软件都需要数据库系统的支持，对此类软件应考虑对不同数据库平台的支持能力，如从 BD2 平台替换到 MSSQL 平台时，软件是否可直接挂接，或者提供相关的转换工具。还有新旧数据转换的是否存在问题，软件是否提供新旧数据转换的功能。另外，还需要测试转换过程中数据的完整性与正确性。

- 软硬件配合的兼容性测试

考察软件对运行硬件环境有无特殊说明，有些软件可能在不同的硬件环境中，出现不同的运行结果或根本就不能执行。

3）安全性测试

安全测试是在 IT 软件产品的生命周期中，特别是产品开发基本完成到发布阶段，对产品进行检验以验证产品符合安全需求定义和产品质量标准的过程。

安全性的两个关键方面如下。

- 应用程序级别的安全性，包括对数据或业务功能的访问。
- 系统级别的安全性，包括对系统的登录或远程访问。

对于应用程序级别的安全性，在预期的安全性情况下，可确保特定权限的账号只能访问部分功能模块，或者只能访问有限的数据。例如，可能会允许所有人输入数据，创建新账户，但只有管理员才能删除这些数据或账户。如果具有数据级别的安全性，测试就可确保“用户一”能够看到所有客户消息（包括财务数据），而“用户二”只能看见同一客户的统计数据。在 B/S 系统中，不通过登录页面，在地址栏中直接输入 URL，验证是否能够正常进入系统。

对于系统级别的安全性，可确保只有具备系统访问权限的用户才能访问应用程序，而且只能通过相应的网关来访问。例如，输入管理员账户，检查其密码是否容易猜取，或者可以从数据库中获得。系统级别的安全性主要是检验在系统中设计好的安全性、保密性措施是否发挥作用，有无漏洞。一般的模拟测试从以下几个方面考虑。

- 正面攻击或从侧面、背面攻击系统中易受损坏的部分。
- 以系统输入为突破口，利用输入的容错性进行正面攻击。
- 申请和占用过多的资源压垮系统，以破坏安全措施、从而进入系统。
- 故意使系统出错，利用恢复系统的过程，窃取用户口令及其他信息。
- 通过浏览器残留在计算机上的垃圾信息，以窃取口令、安全码、译码关键字等重要信息。
- 浏览全局数据，期望从中找到安全信息。
- 浏览那些逻辑上不存在，但在物理上存在的各种记录和资料等。
- 假如有充分的时间和资源，好的安全性测试最终应该突破保护、进入系统。

4）可靠性测试

软件可靠性测试是指在预期的使用环境中，为检测出软件缺陷，验证和评估是否达到用户对软件可靠性需求而组织实施的一种软件测试。软件可靠性测试是面向故障的测试，每一次测试都由代表用户完成，使得测试成为最终软件产品运行的预演。

软件可靠性测试包括可靠性增长测试和可靠性验证测试。

可靠性增长测试和可靠性验证测试从不同的角度理解、分析和处理故障数据。在可靠性增长测试中，测试以迭代方式进行，根据测试过程中检出和跟踪到的故障，使用基于软件可靠性增长模型和统计推理的可靠性评估方法，进行故障强度估计和测试进展跟踪。可靠性验证测试是软件产品发布前进行的最后测试，它是最终检验而不是调试。可靠性验证测试的目标是确定一个软件产品在风险限度之内的可接收程度。

软件可靠性测试是在预期的使用环境中或仿真环境下，按照运行剖面组织实施的测试。在使用中发生概率高的缺陷通常最先暴露，而实际高发生概率的缺陷即是影响软件可靠性的主要缺陷，排除这些缺陷可以有效地实现可靠性增长，提高软件可靠性。软件可靠性测试过程中，可以根据用户给定的可靠性要求确定测试方案，生成测试用例，进行可靠性验证测试。软件可靠性测试及其失效数据分析，不仅可以验证软件可靠性是否满足给定需求，跟踪软件可靠性的增长情况，指导软件测试和交付，而且可以预测未来可能达到的可靠性水平，从而为软件开发及其管理提供决策依据。

软件可靠性测试是指为了保证和验证软件的可靠性要求而对软件进行的测试。其采用的是按照软件运行剖面（对软件实际使用情况的统计规律的描述）对软件进行随机测试的测试方法。通过软件可靠性测试可以达到以下目的：

有效地发现程序中影响软件可靠性的缺陷，从而实现可靠性增长：软件可靠性是指"在规定的时间内，规定的条件下，软件不引起系统失效的能力，其概率度量称为软件可靠度。软件的"规定的条件"主要包括相对不变的条件和相对变化的条件，相对不变的条件如计算机及其操作系统：相对变化的条件是指输入的分布，用软件的运行剖面来描述。按照软件的运行剖面对软件进行测试一般先暴露在使用中发生概率高的缺陷，然后是发生概率低的缺陷。而高发生概率的缺陷是影响产品可靠性的主要缺陷，通过排除这些缺陷可以有效地实现软件可靠性的增长。

验证软件可靠性满足一定的要求：通过对软件可靠性测试中观测到的失效情况进行分析，可以验证软件可靠性的定量要求是否得到满足。

估计、预计软件可靠性水平：通过对软件可靠性测试中观测到的失效数据进行分析，可以评估当前软件可靠性的水平，预测未来可能达到的水平，从而为开发管理提供决策依据。软件可靠性测试中暴露的缺陷既可以是影响功能需求的缺陷也可以是影响性能需求的缺陷。软件可靠性测试方法从概念上讲是一种黑盒测试方法，因为它是面向需求、面向使用的测试，它不需要了解程序的结构以及如何实现等问题。

5）可用性测试

可用性测试，是评估（测试）设计方案或者产品的可用性水平。目前最常用的评估可用性水平的指标有：用户在没有帮助的情况下完成任务的比例，完成任务所用的时间，用户寻求帮助的次数等。这些指标对于描述可用性水平有益处，但却不是重点。可用性测试的更重要的成果是从可用性工程学的角度来支持这些数据，也就是发现并指出产品或者设计方案中存在的可用性问题，当然也包含优点。可以说在大多的项目中，特别是在迭代反复的产品开发流程中，可用性测试的根本目的是发现问题并解决它，从而提高产品的可用性水平。

但是，如果你的项目经理希望通过这个测试来了解这个产品有多好，上市后有多少人会喜欢？或者喜欢那个特殊设计点？或者有多少比例的用户能顺利完成某个操作？请明确告诉项目经理，这不是可用性测试能做的。记住，可用性测试是定性研究，定性研究的样本量得出来的结论不具备推论的效果。可用性测试中确实会有一些比例数据，但这个比例只能作为参考。

可用性测试是找可用性问题的方法，所以可用性测试非常适合于发现设计方案、产品中存在哪些可用性问题，并帮助解决它。这个优点，特别对于迭代式的产品开发流程来说，非常有效，经过测试－改进－再测试的几个周期，可以显著地提高产品的可用性水平。

6）维护性测试

可维护性是衡量对已经完成的软件进行调整需要多大的努力。

在软件生命周期，涵盖了两个重要阶段，包括开发期和运营期，运行期是系统有效发展的阶段，在系统开发时，出于花了很多大量人力和物力资源，所以，大家总是希望能看到，可以尽可能地延长系统的运行周期，使软件发挥更大的性能，软件成本也较低。

事实上，软件在运行的过程中，是不可能不修改软件的。开发是一项大投资，可以提高生产效率，降低成本，并保证软件的品质，人们总是希望使用现有的软件，对其功能进行扩张或移植。所以，在操作过程中，软件人员的任务是继续进行修改软件，这项工作就是所说的系统维护。

软件维护一般包括三大类，一是纠正性维护（Corrective Maintenance）。这类工作主要是纠正软件存在的错误；二是适应性维护（Adaptive Maintenance）。这类工作主要是为能适应变化的外部环境，对软件应用程序做出修改；三是完善性维护（Perfective Maintenance）。这类工作是为能提升系统性能或扩大其功能，也对软件进行更改。这三个方面的维护工作中，适应性维护和完善性维护所占的份额最大，占 80%左右的总维护工作。可见，软件在运行过程中也是开发商的维修过程，维护软件的价值也是不用多说的。根据调查表明，软件维护成本已占到整个软件生命周期成本的 70%以上，软件的可维护性居于首位。软件维护的难度越来越大，并已成为目前所面临的最大问题。

提高软件可维护性一般方法如下。

- 提升软件工具模块化和质量技术

在软件开发过程，有效方法之一是提高软件质量和降低成本，其有效技术也是提高可维护性。它的优点是，如果需要改变一个功能模块，只需要改变这个模块，不会影响到其他模块；如果程序需要添加一些功能，只需完成这些功能，增加一个新的模块或模块层；程序测试和重复测量更容易，序列错误很容易发现和改正，以提高程序的运行效率。采用结构化程序设计技术，以提高现有系统的可维护性。这种办法需要掌握更换模块的外部特征，不需要把握其内部运作的状态。它可以帮助其减少新的错误，并有机会提供一个结构化的模块，并逐步取代非结构化的模块，运用自动重建结构和重新格式化的工具。

- 创建精密的软件品质目标和优先级

程序的维护性应该是可以理解的、可靠的、可修改和测试的、可移植的、可以使用和效率高的。为了实现这些目标，要求付出的代价很大，也未必是可行的。一些质量特性存在互补性，如可理解性和可测试性、可理解性和可修改性等。然而，其他一些质量特性互相矛盾，如效率和可移植性、效率和可变性。因此，各品质特性的维护性要求可以得到满足，但它们相对重要性应遵循程序使用作用和计算环境变化而变化。

- 选有可维护的程序设计语言

根据程序可维护性，选择程序设计语言，其影响是极大的。低层次的语言就是机器语言和汇编语言，这非常难以理解和掌握，也更难以对其进行维护。高级语言更容易理解，具有更好的可维护性，而低层次语言相对要差，但作为高层次语言，难易程度不一样也是可以理解的。一些第四代语言是过程化语言，而有些是非程序语言。不管是什么语言，程序编制出来都很容易理解和修改，但存在指令数量可能会少一个数量级，而语言编制数量级要多一个，其开发速度会快多倍。

7）可移植性测试

可移植性指未经修改或修改部分源代码后，应用程序或系统从一种环境移植到另一种环境中还能正常工作的难易程度。这里的环境包括软件环境、硬件环境和组织环境。可移植性是一种程度量，代表移植的难易程度。可移植性测试检查软件是否可以被成功移植到指定的硬件或软件平台上。

在系统或软件的移植过程中，其测试的生存周期与软件的移植过程同步。一个典型的移植测试生存周期主要包含以下阶段。

（1）移植可行性分析：对系统或软件进行移植相关因素的分析和考量，为以后确定测试目标和测试范围做准备。

（2）分析测试的需求：明确测试的测试目标、测试范围及所需的各种资源。

（3）设计测试用例：根据测试需求创建详细的测试用例。

（4）制订测试计划：根据系统或软件的规模和测试需求来决定测试类型与测试的工作量，并为其合理分配资源。

（5）搭建测试环境：根据测试需求和测试计划建立测试必需的硬件与软件环境。

（6）执行测试：执行测试用例并对测试结果进行管理。

（7）分析测试结果：将测试结果与预期目标进行比较，判断用例是否通过，从而得出各指标的值。判断是否需要更换环境进行新的移植性测试，如果是，则重新进入新一轮的测试生存周期，如果已经完成了测试，则进入评估阶段。

根据可移植性测试类型与指标体系结构的对应关系，可移植性测试类型包括代码变更测试、安装测试、用户界面测试和功能测试。

根据可移植性测试类型与指标体系结构的对应关系，在修改阶段可进行代码变更测试，在安装阶段可进行安装测试，在使用阶段可进行用户界面测试和功能测试。可移植性测试类型与指标体系结构的对应关系图，如图23-19所示。

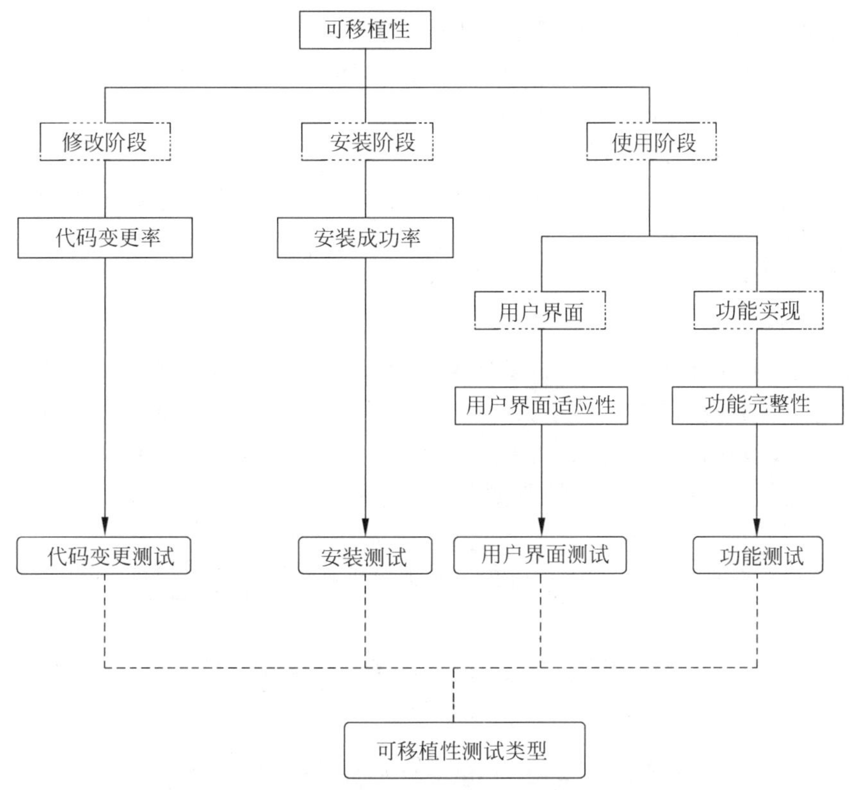

图 23-19　可移植性测试类型与指标体系结构的对应关系图

- 代码变更测试

部分系统或软件在进行移植前必须要修改部分代码来适应目标环境，代码变更测试的目标是得到代码的变更行数，这里的变更包括增加、删除和修改。

代码变更测试包括源代码的移植和可执行文件的移植。

可执行文件的移植要求提供代码变更说明。源代码的移植可利用版本控制管理工具（如 CVS、Subversion 和 RCS 等）和代码统计工具（StatSVN 等）对移植前后的源代码进行自动比对，并根据比对结果统计出发生变动的代码行数。

如果是可执行文件的移植，要求必须提供数据真实可靠的代码变更说明，给出总的源代码变更行数。

如果是源代码的移植，则按下述步骤执行代码变更测试。

（1）获取移植前后两个不同的源代码版本。

（2）以 Subversion 为例，将两组源代码添加到 SVN 仓库中。

（3）从仓库中 CheckOut 要统计的源代码的路径，如果在工作副本目录下进行，先进行更新，保证取出是最新的版本，以保证统计的结果准确性。

（4）结合 Subversion 的同步比对可以得到修改的代码行数。

（5）生成工作副本的 XML Log 文件供 StatSVN 解析使用。

（6）调用 StatSVN 的统计分析工作。

（7）查看 StatSVN 分析的结果。

（8）new 代表新增的文件，del 代表删除文件，+int 代表该文件新增代码行数，-int 代表该文件删除代码行数。

（9）综合上述结果可以得出代码比对统计报告。

- 安装测试

测试系统或软件在正常情况的多种条件或设置时是否都能进行安装以及是否能正常卸载。主要用的是黑盒测试的方法。针对不同的安装环境、安装顺序（安装过程涉及顺序）和安装步骤中的不同选项设计测试用例，不要求完全覆盖测试范围。

安装测试的测试用例的设计原则如图 23-20 所示。

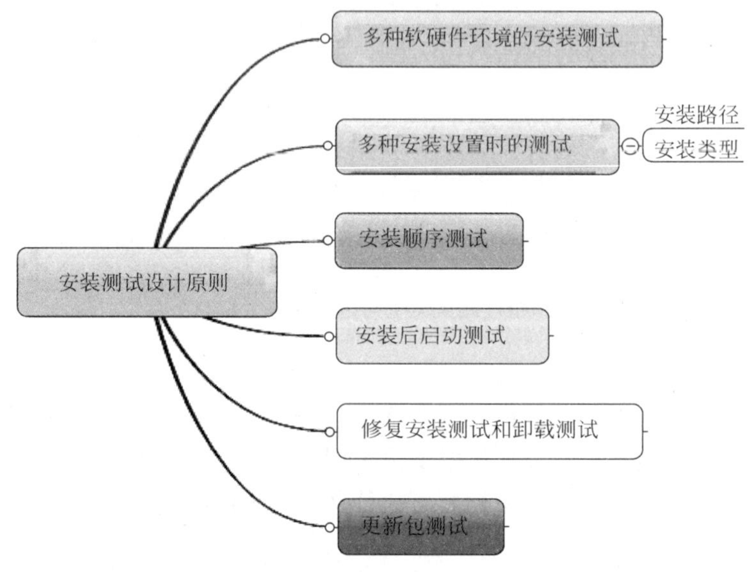

图 23-20 安装测试设计原则

- 多种软硬件环境的安装测试

从测试的软件环境来考虑，要考虑操作系统和相关应用软件的影响。

（1）要在软件能够运行的集中操作系统下都进行安装，至少要在目前常用的 Windows 2000、Windows XP 系统中进行测试。

（2）如果测试的软件设计为不依赖开发环境而运行的，那就需要测试在不安装开发环境的计算机中是否能正常组装和使用。

（3）要考虑软件安装后是否会影响其他应用软件，或受到其他软件的影响，特别是与其相关性大的软件。如果所测试的软件是二次开发的，需要在相应的软件平台上运行（例如一些专业工程应用软件是在 AutoCAD 平台上开发的），或所测试的软件经常跟其他软件进行数据交换（如 AutoCAD 与 GIS 类专业软件经常有数据），或者是否有同一软件的不同版本，或有同类软件，那么就必须严格测试该软件的安装是否与其相关的软件产生不良影响，或者受到这类软件的影响。

- 多种安装设置时的测试

为了适应用户的多种需求，安装程序通常提供了一些选项和设置供用户选择，如安装路径、安装类型等。因此，测试时需要判断安装程序是否提供了方便灵活的用户设置方式，测试各种设置的情况下是否都能进行相应的安装。

（1）安装路径。至少要测试安装路径为默认路径、自定义路径时是否能正确安装。同时，也要测试安装路径为磁盘根目录、路径较长、路径中包含中文或空格等情况下是否能正常安装，如果安装程序对这些情况进行了限制，那么测试出现这些情况时是否给出了明确的提示。

（2）安装类型。对于包括多个组件的软件来说，一般要提供用户选择典型安装、自定义安装、完全安装、最小化安装的方式。要测试在这几种情况下，是否都能够按照用户的设置进行相应的安装。

- 安装顺序测试

对于大多数应用系统，特别是分布式系统，常常需要安装软件系统的不同组成部分。不同的安装顺序可能会导致安装失败，或者会引起一些不可预料的错误。因此需要对安装顺序进行测试。

先安装客户端再安装服务器，会导致某些软件的客户端与服务器连接不上。

在 AutoCAD 平台上运行的二次开发专业软件，通常需要先安装 AutoCAD，然后再安装二次开发的软件。

在这些情况下，需要对不同安装顺序时的安装情况进行测试，要考虑以下几个方面。

（1）在正确的安装顺序下，是否能够正常安装。

（2）在不正确的安装顺序下，是否能给出明确提示，而且不出现异常，以便用户调整安装顺序。

（3）安装手册中是否对安装顺序进行了明确的说明。

- 安装后启动测试

安装的测试不仅是安装过程的测试，更重要的是安装结果的测试，也就是安装后是否能正常启动。所以安装后启动测试主要测试如下一些问题。

（1）该软件是否在注册表中正确写入。

（2）是否提供了常用的启动方式。一般应在开始菜单中创建一个程序组，并在桌面上建立一个快捷方式。

（3）几种启动方式是否都能正常启动软件，并且启动时间在一定限度内。

（4）资源文件是否自动配置。例如 CAD 软件安装后启动，要查看字体文件、填充图案等自动配置正常，能够方便地使用，而不需要用户手动配置。

- 修复安装测试和卸载测试

修复安装和卸载的测试也是软件安装测试的一个重要部分，特别要注意软件卸载后是否会造成不良影响，如删除了不该删除的文件而损坏了操作系统。修复安装测试和卸载测试需要从以下方面考虑。

（1）安装后直接再次安装，测试是否提示用户已安装，出现修复和卸载的页面，而不是安装页面。

（2）测试软件是否能够完全卸载，并且不影响操作系统和其他软件的正常使用。在特殊情况下，不能完全卸载时，是否有明确提示以方便用户手动操作。

（3）测试软件卸载后，再次安装是否正常。

（4）在软件运行的情况下，进行卸载操作时，是否提示用户先关闭软件，而不出现异常。

（5）测试软件是否能正常修复。修复是指软件使用后，根据需要添加或删除软件的一些组件，或修复受损的软件。修复测试时，需检查修复是否起到作用，并且有无不良影响。

- 更新包测试

有些软件的更新是用更新包的方式实现的，即在安装有软件的计算机上，运行更新包后，软件得到更新。更新包测试包括是否能正常更新软件、更新后软件是否能正常使用、更新该软件是否产生其他不良影响等。

- 用户界面测试

测试目标软件的界面与预期目标吻合。

用户界面测试通常与系统或软件在原环境下同时运行并比较，从而更容易分辨目标环境下系统或软件的用户界面与预期（或原环境下）系统或软件的用户界面不统一的地方。主要测试的内容包括：各个界面（包括界面、窗口、提示信息）风格、文字、描述是否准确，是否符合需求说明书、数据字典要求；内容、顺序相互是否一致；功能键，包括“确定”“取消”“最大化”“最小化”“关闭”“上一页”“下一页”“返回首页”和“退出”等是否有效、准确。

- 功能测试

测试在目标环境下系统或软件的各个部分是否满足需求说明中功能性需求。

采用功能点抽查的策略，对功能点主要应用黑盒测试的方法。

根据系统或软件各个功能模块的重要程度和业务流程来选取要测的功能点。

对每个抽查的功能点分别设计测试用例。

执行测试用例并记录执行的结果信息。

8）易用性测试

易用性测试主要考察评定软件的易学易用性、各个功能是否易于完成、软件界面是否友好等，在很多类型的管理类软件中是非常重要的。

通常对易用性有如下定义：

- 易见（Easy to Discover）：单凭观察，用户就应知道设备的状态，该设备供选择可以采取的行动。
- 易学（Easy to Learn）：不通过帮助文件或通过简单的帮助文件，用户就能对一个陌生的产品有清晰的认识。
- 易用（Easy to Use）：用户不翻阅手册就能使用软件。

易用性测试遵循以下原则。

（1）完成相同或相近功能的按钮用 Frame 框起来，常用按钮要支持快捷方式。

（2）完成同一功能或任务的元素放在集中位置，减少鼠标移动的距离。

（3）按功能将界面划分局域块，用 Frame 框起来，并要有功能说明或标题。

（4）界面要支持键盘自动浏览按钮功能，即按 Tab 键的自动切换功能。

（5）界面上首先应输入的信息和重要信息的控件在 Tab 顺序中应当靠前，位置也应放在窗口上较醒目的位置。

（6）同一界面上的控件数最好不要超过 10 个，多于 10 个时可以考虑使用分页界面显示。

（7）分页界面要支持在页面间的快捷切换，常用组合快捷键 Ctrl+Tab。

（8）默认按钮要支持 Enter 操作，即按 Enter 后自动执行默认按钮对应操作。

（9）可输入控件检测到非法输入后应给出说明信息并能自动获得焦点。

（10）Tab 键的顺序与控件排列顺序要一致，目前流行总体从上到下，同时行间从左到右的方式。

（11）复选框和选项框按选择几率的高低而先后排列。

（12）复选框和选项框要有默认选项，并支持 Tab 选择。

（13）选项数相同时多用选项框而不用下拉列表框。

（14）界面空间较小时使用下拉框而不用选项框。

（15）选项数较少时使用选项框，相反使用下拉列表框。

（16）专业性强的软件要使用相关的专业术语，通用性界面则提倡使用通用性字眼。

（17）对于界面输入重复性高的情况，该界面应全面支持键盘操作，即在不使用鼠标的情况下采用键盘进行操作。

对于易用性测试还可从以下几个方面入手，如图 23-21 所示。

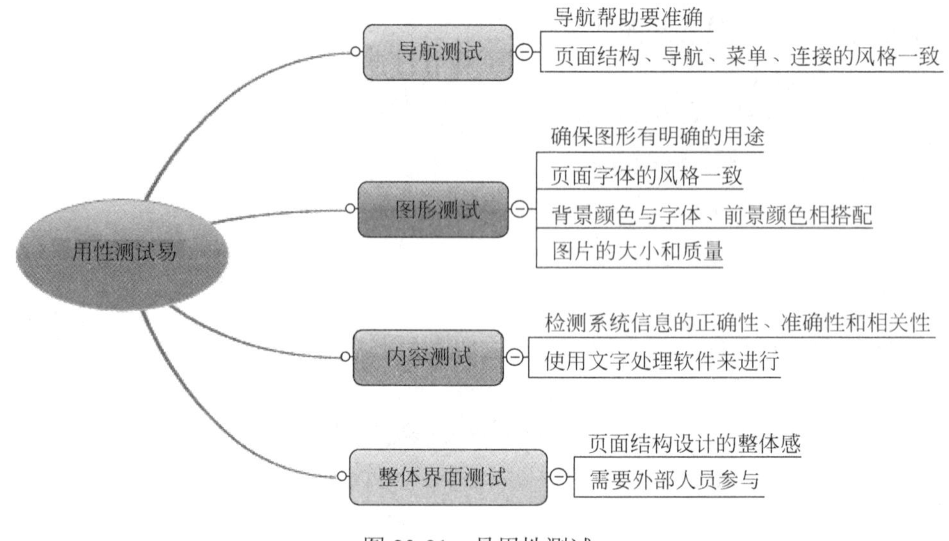

图 23-21　易用性测试

- 导航测试

导航描述了用户在一个页面内操作的方式，在不同的用户接口控制之间，例如按钮、对话框、列表和窗口等；或在不同的连接页面之间。通过考虑下列问题，可以决定一个应用系统是否易于导航，导航是否直观？系统的主要部分是否可通过主页存取？系统是否需要站点地图、搜索引擎或其他的导航帮助？

在一个页面上放太多的信息往往起到与预期相反的效果。应用系统的用户趋向于目的驱动，很快地扫描一个应用系统，看是否有满足自己需要的信息，如果没有，就会很快地离开。很少有用户愿意花时间去熟悉应用系统的结构，因此，应用系统导航帮助要尽可能地准确。导航的另一个重要方面是应用系统的页面结构、导航、菜单、连接的风格是否一致。确保用户凭直觉就知道应用系统里面是否还有内容，内容在什么地方。

应用系统的层次一旦决定，就要着手测试用户导航功能，让最终用户参与这种测试，效果将更加明显。

- 图形测试

在应用系统中，适当的图片和动画既能起到广告宣传的作用，又能起到美化页面的功能。一个应用系统的图形可以包括图片、动画、边框、颜色、字体、背景、按钮等。图形测试的内容如下。

（1）要确保图形有明确的用途，图片或动画不要胡乱地堆在一起，以免浪费传输时间。应用系统的图片尺寸要尽量地小，并且要能清楚地说明某件事情，一般都链接到某个具体的页面。

（2）验证所有页面字体的风格是否一致。

（3）背景颜色应该与字体颜色和前景颜色相搭配。

（4）图片的大小和质量也是一个很重要的因素，一般采用 JPG 或 GIF 压缩。

- 内容测试

内容测试用来检验应用系统提供信息的正确性、准确性和相关性。 信息的正确性是指信息是可靠的还是误传的。例如，在商品价格列表中，错误的价格可能引起财政问题甚至导致法律纠纷；信息的准确性是指是否有语法或拼写错误。这种测试通常使用一些文字处理软件来进行，例如使用 Microsoft Word 的“拼音与语法检查”功能；信息的相关性是指是否在当前页面可以找到与当前浏览信息相关的信息列表或入口，也就是一般 Web 站点中的所谓“相关文章列表”。

- 整体界面测试

整体界面是指整个应用系统的页面结构设计，是给用户的一个整体感。例如：当用户浏览应用系统时是否感到舒适，是否凭直觉就知道要找的信息在什么地方？整个应用系统的设计风格是否一致？

对整体界面的测试过程，其实是一个对最终用户进行调查的过程。一般应用系统采取在主页上做一个调查问卷的形式，来得到最终用户的反馈信息。对所有的可用性测试来说，都需要有外部人员（与应用系统开发没有联系或联系很少的人员）的参与，最好是最终用户的参与。

7．按照测试地域划分

按照测试地域划分的软件测试类型如图 23-22 所示。

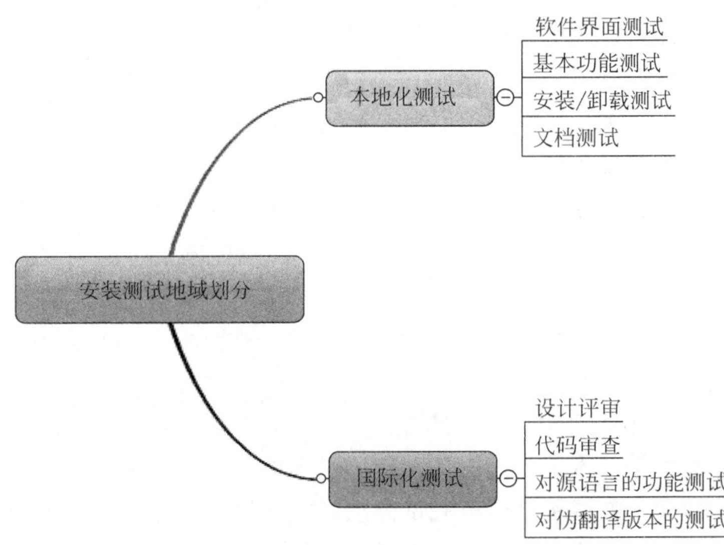

图 23-22　软件测试类型-按测试地域划分

1）本地化测试

本地化测试的对象是软件的本地化版本。本地化测试的目的是测试特定目标区域设置的软件本地化质量。本地化测试的环境是在本地化的操作系统上安装本地化的软件。从测试方法上可以分为基本功能测试，安装/卸载测试，当地区域的软硬件兼容性测试。测试的内容主要包括软件本地化后的界面布局和软件翻译的语言质量，包含软件、文档和联机帮助等部分。

本地化就是翻译产品的 UI，有时也更改某些初始设置以使产品适合于另一个地区。本地化测试检查针对特定目标区域性或区域设置的产品本地化质量，此测试基于全球化测试的结果，后者验证对特定区域性或区域设置的功能性支持。本地化测试只能在产品的本地化版本上进行，本地化性测试不对本地化的质量进行测试。

本地化测试的主要工作内容有以下几个方面。

- 软件界面测试

（1）软件安装窗口中的按钮，菜单等的布局是否合理，美观。

（2）软件运行后的界面元素，包括菜单、快捷键、对话框、屏幕提示、按钮、列表框的布局和本地化字体和字号是否正确。界面文字的翻译是否与术语表一致，是否存在没有翻译的元素。

- 基本功能测试

（1）本地化软件功能是否与源语言软件功能相同。

（2）是否支持当地语言的输入和输出，如对双字节支持和正确显示。

（3）对当地日期、时间、货币符号等的支持性能。

（4）是否支持当地语言的文件名和目录名。

- 安装/卸载测试

（1）测试本地化的软件是否可以正确地安装/卸载在本地语言的操作系统上（包括是否支持本地语言的安装目录名）。

（2）安装/卸载前后安装文件、快捷方式、程序图标和注册表等的变化是否与源语言程序一致。

- 文档测试

（1）本地化帮助文件的功能是否与源语言软件一致。

（2）本地化帮助文件的布局是否合理，美观。

（3）本地化帮助文件的文字翻译是否准确、专业，是否存在没有翻译的段落。

软件本地化测试是在本地化的操作系统上对本地化的软件版本进行的测试。根据软件本地化项目的规模、测试阶段以及测试方法，本地化测试分为多种类型，每种类型都对软件本地化的质量进行检测和保证。为了提高测试的质量，保证测试的效率，不同类型的本地化测试需要使用不同的方法，掌握必要的测试技巧。

2）国际化测试

软件国际化的测试就是验证软件产品是否支持一些特性，包括多字节字符集的支持、区域设置、时区设置、界面定制性、内嵌字符串编码和字符串扩展等。软件国际化的测试通常在本地化开始前进行，以识别潜在的不支持软件国际化特性的问题。理想的情况是，国际化测试在英文版本完成时就已结束。

实际上，设计评审和代码审查是国际化测试中最有效的方法，首先在设计上，要验证其是否遵守软件国际化的软件开发标准，是否具有国际化特性的一些基本功能——用户的时区、语言和地区等设置，然后审查程序代码和资源文件，确认源代码和显示内容是否被分离、是否使用各类正确的数据格式处理函数等。代码审查，可以采用走查的方法。先列出一个简单的检查列表（Checklist），依据这个列表，从头到尾快速地浏览所有代码，确保在代码上对国际化的充分支持。通过代码审查，可以发现大部分有关国际化的问题。

除了设计评审和代码审查之外，I18N 测试有两种基本方法。

一种是针对源语言的功能测试。在源语言版本中，直接检查某些功能特性是否符合要求，如不同的区域设置、不同的时区显示等。

另一种是针对伪翻译（pseudocode，pseudo-translation）版本的测试。即文字、图片信息中的源语言被混合式的多种语言（如英文、中文、日文和德文等）替代，然后进行全面的 I18N 测试，包括相关的功能测试、界面测试，但不包括翻译验证等。

23.2　软件测试技术

一般地讲，软件测试技术主要包括白盒测试技术和黑盒测试技术，然而随着近些年测试技术的不断应用及实践，功能自动化测试技术、接口测试技术、性能测试技术以及探索式测试技术都被人们越来越重视。

23.2.1　黑盒测试法

黑盒测试也称功能测试，它是通过测试来检测每个功能是否都能正常使用。在测试时，把被测程序视为一个不能打开的黑盒子，在完全不考虑程序内部结构和内部特性的情况下，在程序接口进行测试，它只检查程序功能是否按照需求规格说明书的规定正常使用，程序是否能适当地接收输入数据而产生正确的输出信息，并且保持外部信息（如数据库或文件）的完整性。黑盒测试主要检查程序外部结构，不考虑内部逻辑结构，主要针对软件界面和软件功能进行测试。

黑盒测试注重于测试软件的功能需求，主要试图发现以下几类错误。

（1）是否有不正确或遗漏了的功能。

（2）在接口上，能否正确地接受输入数据，能否产生正确地输出信息。

（3）访问外部信息是否有错。

（4）性能上是否满足要求。

（5）界面是否错误，是否不美观。

（6）初始化或终止错误。

黑盒测试有两种基本方法，即通过测试和失败测试。在进行通过测试时，实际上是确认软件能做什么，而不会去考验其能力如何。软件测试员使用最简单，最直观的测试案例。在设计和执行测试案例时，总是先要进行通过测试。在进行破坏性试验之前，看一看软件基本功能是否能够实现。这一点很重要，否则在正常使用软件时就会奇怪地发现，为什么会有那么多的软件缺陷出现？在确信了软件正确运行之后，就可以采取各种手段通过搞"垮"软件来找出缺陷。纯粹为了破坏软件而设计和执行的测试案例，被称为失败测试或迫使出错测试。

黑盒测试的优点主要有以下几点。

（1）比较简单，不需要了解程序内部的代码及实现。

（2）与软件的内部实现无关。

（3）从用户角度出发，能很容易地知道用户会用到哪些功能，会遇到哪些问题。

（4）基于软件开发文档，所以也能知道软件实现了文档中的哪些功能。

（5）在做软件自动化测试时较为方便。

黑盒测试的缺点主要有以下两点。

（1）不可能覆盖所有的代码，覆盖率较低，大概只能达到总代码量的30%。

（2）自动化测试的复用性较低。

从理论上讲，黑盒测试只有采用穷举输入测试，把所有可能的输入都作为测试情况考虑，才能查出程序中所有的错误。实际上测试情况有无穷多个，人们不仅要测试合法的输入，而且还要对那些不合法但可能的输入进行测试。这样看来，完全测试是不可能的，所以我们要进行有针对性的测试，通过制定测试案例指导测试能够加以量化，才能真正保证软件质量，而测试用例就是将测试行为具体量化的方法之一。

黑盒测试的测试用例设计方法主要有：测试区域确定法、数据覆盖法、逻辑推断法、业务路径覆盖法等等。为了获得高质量的测试用例集合，在设计测试用例时，只使用一种测试用例设计方法往往是不够的。

1．测试区域确定法

测试区域确定法分为等价类划分法和边界值分析法如图23-23所示。

1）等价类划分法

等价类划分法是把所有可能的输入数据，即程序的输入域划分为若干部分（子集），然后从每一个子集中选取少数具有代表性的数据作为测试用例。每一类的代表性数据在测试中的作用等价于这一类中的其他值。

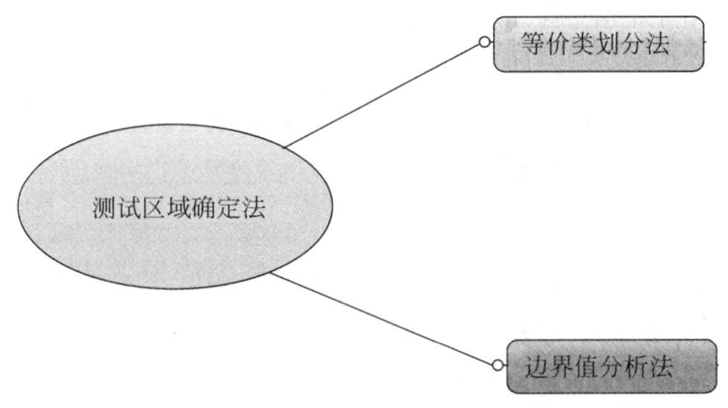

图 23-23　测试区域确定法

等价类划分法是一种重要的、常用的黑盒测试用例设计方法。

划分等价类的方法有以下 6 种。

（1）在输入条件规定了取值范围或值的个数的情况下，则可以确立一个有效等价类和两个无效等价类。

例如：学生成绩是 0-100 分，那么“0≤x≤100”就是有效等价类，“x>100”和“x<0”就是两个无效等价类。输入手机号码，那么 11 位数字就是有效等价类，小于或大于 11 位数字就是无效等价类了。

（2）在输入条件规定了输入值的集合或者规定了“必须如何”的条件的情况下，可确立一个有效等价类和一个无效等价。

例如：查询日期要小于当前系统日期，“小于”是有效等价类，“大于、等于”就是无效等价类了。

（3）在输入条件是一个布尔量的情况下，可确定一个有效等价类和一个无效等价类。

例如：当输入错误的 B、C 时，系统会报错，所以输入“正确的 B、C”就是有效等价类，“错误的 B、C”就是无效等价类。

（4）在规定了输入数据的一组值（假定 n 个），并且程序要对每一个输入值分别处理的情况下，可确立 n 个有效等价类和一个无效等价类。

例如：面试条件说明学历可为本科、硕士、博士三种之一，则分别取这三值作为三个有效等价类，三种学历之外的任何学历就是无效等价类。

（5）在规定了输入数据必须遵守的规则的情况下，可确立一个有效等价类（符合规则）和若干个无效等价类（从不同角度违反规则）。

例如：规定必须输入正整数，那么“正整数”就是有效等价类，而“0、负数、小数、分数、字母、汉字等”都是无效等价类。

（6）在确知已划分的等价类中各元素在程序处理中的方式不同的情况下，则应再将该等价类进一步划分为更小的等价类。

例如：输入日期，初步的有效等价类是“1≤M≤12,1≤D≤31”，但有的月份只有28、29、30天，所以还需要细分。

在确立了等价类后，可建立等价类表，列出所有划分出的等价类，然后从划分出的等价类中按以下三个原则设计测试用例。

（1）为每一个等价类规定一个唯一的编号。

（2）设计一个新的测试用例，使其尽可能多地覆盖尚未被覆盖地有效等价类，重复这一步，直到所有的有效等价类都被覆盖为止。

（3）设计一个新的测试用例，使其仅覆盖一个尚未被覆盖的无效等价类，重复这一步.直到所有的无效等价类都被覆盖为止。

等价类划分法测试示例

【功能描述】

城市的电话号码由两部分组成。

这两部分的名称和内容分别是：

地区码：以0开头的三位或者四位数字（包括0）；

电话号码：以非0、非1开头的七位或者八位数字。

假定被调试的程序能接受一切符合上述规定的电话号码，拒绝所有不符合规定的号码，就可用等价分类法来设计它的调试用例。

【等价类划分法设计测试用例步骤】

第一步：划分等价类并编号，见表23-1。

表23-1　划分等价类并编号

输入数据	有效等价类	无效等价类
地区码	（1）以0开头的3位数串 （2）以0开头的4位数串	（3）以0开头的含有非数字字符的串 （4）以0开头的小于3位的数串 （5）以0开头的大于4位的数串 （6）以非0开头的数串
电话号码	（1）以非0、非1开头的7位数串 （2）以非0、非1开头的8位数串	（3）以0开头的数串 （4）以1开头的数串 （5）以非0、非1开头的含有非法字符7或者8位数串 （6）以非0、非1开头的小于7位数串 （7）以非0、非1开头的大于8位数串

第二步：为有效等价类设计测试用例，见表23-2。

表 23-2　测试用例

测 试 用 例	测 试 数 据	期 望 结 果	覆 盖 范 围
Test 1	010　23 145 678	显示有效输入	（1）、（8）
Test 2	023　2 234 567	显示有效输入	（1）、（7）
Test 3	0851　3 456 789	显示有效输入	（2）、（7）
Test 4	0851　23 145 678	显示有效输入	（2）、（8）

第三步：为每一个无效等价类至少设计一个测试用例，见表 23-3。

表 23-3　测试用例

测 试 用 例	测 试 数 据	期 望 结 果	覆 盖 范 围
Test 5	0a34　23 456 789	显示无效输入	（3）
Test 6	05　23 456 789	显示无效输入	（4）
Test 7	01234　23 456 789	显示无效输入	（5）
Test 8	2341　23 456 789	显示无效输入	（6）
Test 9	028　01 234 567	显示无效输入	（9）
Test 10	028　12 345 678	显示无效输入	（10）
Test 11	028　qw123 456	显示无效输入	（11）
Test 12	028　623 456	显示无效输入	（12）
Test 13	028　886 234 569	显示无效输入	（13）

2）边界值分析法

边界值分析法就是对输入或输出的边界值进行测试的一种黑盒测试方法。通常边界值分析法是作为对等价类划分法的补充，这种情况下，其测试用例来自等价类的边界。长期的测试工作经验告诉我们，大量的错误是发生在输入或输出范围的边界上，而不是发生在输入输出范围的内部，因此针对各种边界情况设计测试用例，可以查出更多的错误。

边界值分析法与等价类划分法的区别在于：

（1）边界值分析不是从某等价类中随便挑一个作为代表，而是使这个等价类的每个边界都要作为测试条件。

（2）边界值分析不仅考虑输入条件，还要考虑输出空间产生的测试情况。

一般边界值包括：略小于最小值、最小值、略大于最小值、中间值、略小于最大值、最大值、略大于最大值。通常情况下，软件测试所包含的边界检验有几种类型：数字、字符、位置、质量、大小、速度、方位、尺寸、空间等。相应地，边界值应该在：最大/最小、首位/末位、上/下、最快/最慢、最高/最低、最短/最长、空/满等情况下。

边界值分析法选择测试用例原则有以下 6 种。

（1）如果输入条件规定了值的范围,则应取刚达到这个范围的边界的值,以及刚刚超越这个范围边界的值作为测试输入数据。

例如，如果程序的规格说明中规定："重量在10公斤至50公斤范围内的邮件，其邮费计算公式为……"。作为测试用例，我们应取10及50，还应取10.01、49.99、9.99及50.01等。

（2）如果输入条件规定了值的个数，则用最大个数,最小个数，比最小个数少一，比最大个数多一的数作为测试数据。

例如，一个输入文件应包括1～255个记录，则测试用例可取1和255，还应取0及256等。

（3）将规则（1）和（2）应用于输出条件，即设计测试用例使输出值达到边界值及其左右的值。

例如，某程序的规格说明要求计算出"每月保险金扣除额为0至1165.25元"，其测试用例可取0.00及1165.24、还可取−0.01及1165.26等。

（4）如果程序的规格说明给出的输入域或输出域是有序集合，则应选取集合的第一个元素和最后一个元素作为测试用例。

（5）如果程序中使用了一个内部数据结构，则应当选择这个内部数据结构的边界上的值作为测试用例。

（6）分析规格说明，找出其他可能的边界条件。

在多数情况下，边界值条件是基于应用程序的功能设计而需要考虑的因素，可以从软件的规格说明或常识中得到，也是最终用户可以很容易发现问题的。然而，在测试用例设计过程中，某些边界值条件是不需要呈现给用户的，或者说用户是很难注意到的，但同时确实属于检验范畴内的边界条件，称为内部边界值条件或子边界值条件。

边界值分析法测试示例

【功能描述】

某选课系统中规定每门课程的选修人数在[20，60]之间，小于20人不开设该门选修课，大于60人不接受后面的选课要求。

【边界值分析法设计测试用例步骤】

第一步：确定输入变量。

输入变量：选修人数。

第二步：根据需求设计输入变量的边界值及正常值。

边界值：选修人数在[20，60]之间的边界值为19、20、21、59、60和61。

正常值：选取任意一个正常值点，如30。

第三步：根据边界值和正常值设计测试用例，见表23-4。

表 23-4　测试用例

输入变量	测试用例	测试输入	预期结果
选修人数	Test 1	19	不开设选修课
	Test 2	20	开设选修课
	Test 3	21	开设选修课
	Test 4	59	开设选修课
	Test 5	60	开设选修课
	Test 6	61	开设选修课，且不接收 60 以后的报名
	Test 7	30	开设选修课

2．组合覆盖法

组合覆盖是设计尽可能少的测试用例，使各个被测元素的中的各类测试数据组合都被至少执行一次。

组合覆盖是覆盖率很高的覆盖法。

组合覆盖测试技术是一种设计测试用例的方法，它利用组合产生能够覆盖规定组合的测试用例。根据覆盖程度的不同，可以分为全组合覆盖、成对组合覆盖、正交实验设计法、数据覆盖法等。这种方法力求用尽可能少的测试用例，覆盖尽可能多的影响因素，如图 23-24 所示。

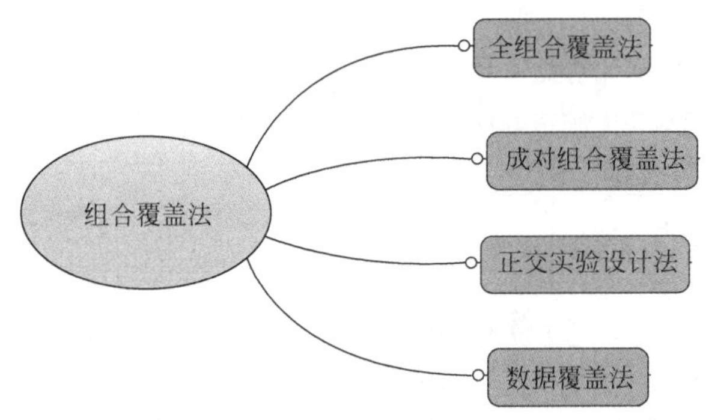

图 23-24　组合覆盖法

1）全组合覆盖法

全组合覆盖法是将所有因素组合起来，每个因素的值都至少遍历一次。全组合法覆盖率比较高，但是测试用例量比较大，且会产生冗余。

我们用以下查询示例来说明全组合覆盖法的思想。

2）成对组合覆盖法

成对组合（Pair-Wise），又称两两组合或对对组合，它是将所有因素的水平按照两两组合的原则而产生的。成对组合覆盖的概念是 Mandl 于 1985 年在测试 Ada 编译程序时提出的。Cohen 等人应用成对覆盖测试技术对 Unix 中的 sort 命令进行了测试，测试结果：模块覆盖率 93.5%，判断覆盖率为 83%。由此可见，运用成对组合覆盖技术设计出的测试用例具有经济有效的特点。

成对组合覆盖要求任意两个因素（输入条件）的所有水平组合至少要被覆盖 1 次。组合覆盖的算法已经被很多工具实现，测试人员可以直接利用这些工具，例如：TConfig、微软的 PICT 等。

使用成对组合覆盖法设计测试用例步骤如下。

（1）构造对偶表。

- 列数为被测试的变量个数。在列上标出变量名称，按可能取值的数量降序排列变量。
- 行数计算方法如下：如果第一列的可能取值个数是 V1，第二列的可能取值个数是 V2，表中的行数至少为 V1×V2（也就是说至少有 V1×V2 个测试用例）。

（2）填写对偶表，一次填写一列。

- 第一列的填写规则：每次重复第一列变量的各个取值 V2 次。约定第一个变量的相同取值构成一个段（最好在各个段空出一行，再重复给出下一个取值）。
- 第二列的填写规则：对于第一个变量的每个段列出第二个变量的所有取值。
- 增加第三列，使得每个段要包含第三列变量的所有取值，并且这些取值的顺序要使第三列变量和第二列变量也构成全对偶。
- 依次增加第四列、第五列方法同步骤 3，检查各变量之间是否构成全对偶，直至所有变量列完为止。

3）正交实验设计法

正交试验设计法，就是使用已经造好了的表格（正交表）来安排试验并进行数据分析的一种方法。它简单易行，计算表格化，使用者能够迅速掌握。正交实验设计法可以用最少的测试用例达到最高的测试覆盖率。

试验工作者在长期的工作中总结出一套办法，创造出所谓的正交表。按照正交表来安排试验，既能使试验点分布得很均匀，又能减少试验次数，而且计算分析简单，能够清晰地阐明试验条件与指标之间的关系。用正交表来安排试验及分析试验结果，这种方法叫正交试验设计法。

正交表是一整套规则的设计表格，用 Ln（tc）标识，其中 L 为正交表的代号，n 为试验的次数（行数），t 为水平数，c 为因子数（列数）。例如 L8(27)它表示需作 8 次实验，最多可观察 7 个因子数，每个因子数均为 2 水平，则 L8(27)=7×（2−1）+1。

正交表具有两条性质：

- 每一列中各数字出现的次数都一样多。
- 任何两列所构成的各有序数对出现的次数都一样多。所以称之为正交表。

例如在 L9(34)中（见表 23-5），各列中的 1、2、3 都各自出现 3 次；任何两列，如第 3、4 列，所构成的有序数对从上向下共有 9 种，既没有重复也没有遗漏。其他任何两列所构成的有序数对也是这 9 种各出现一次，这反映了试验点分布的均匀性。

表 23-5　正字表

行　号	列　号			
	1	2	3	4
	水　平			
1	1	1	1	1
2	1	2	2	2
3	1	3	3	3
4	2	1	2	3
5	2	2	3	1
6	2	3	1	2
7	3	1	3	2
8	3	2	1	3
9	3	3	2	1

安排试验时，只要把所考察的每一个因子任意地对应于正交表的一列（一个因子对应一列，不能让两个因子对应同一列），然后把每列的数字"翻译"成所对应因子的水平。这样，每一行的各水平组合就构成了一个试验条件（不考虑没安排因子的列）。

如对于案例 1，因子 A、B、C 都是三水平的，则试验次数要不少于

$$3\times（3-1）+1=7（次）$$

可考虑选用 L9(34)。因子 A、B、C 可任意地对应于 L9(34)的某三列，例如 A、B、C 分别放在 1、2、3 列，然后试验按行进行，顺序不限，每一行中各因素的水平组合就是每一次的试验条件，从上到下就是这个正交试验的方案，见表 23-6。

表 23-6　正字实验方案

列号/行号	A	B	C			实验号	水平组合	实验条件		
	1	2	3	4				温度（℃）	时间（分）	加碱量（%）
1	1	1	1	1		1	$A_1B_1C_1$	80	90	5
2	1	2	2	2		2	$A_1B_2C_2$	80	120	6
3	1	3	3	3		3	$A_1B_3C_3$	80	150	7
4	2	1	2	3		4	$A_2B_1C_2$	85	90	6
5	2	2	3	1	⇨	5	$A_2B_2C_3$	85	120	7
6	2	3	1	2		6	$A_2B_3C_1$	85	150	5
7	3	1	3	2		7	$A_3B_1C_3$	90	90	7
8	3	2	1	3		8	$A_3B_2C_1$	90	120	5
9	3	3	2	1		9	$A_3B_3C_2$	90	150	6

三个 3 水平的因子，做全面试验需要 33＝27 次试验，现用 L9(34)来设计试验方案，只要做 9 次，工作量减少了 2/3，而在一定意义上代表了 27 次试验。

4）数据覆盖法

设计尽可能少的测试用例，使每个被测元素在设计中的各类数据都被至少执行一次。 该方法是比较弱的测试覆盖法，见表 23-7。

表 23-7 测试用例

行 号	列 号			
	1	**2**	**3**	**4**
	水 平			
1	1	1	1	1
2	1	2	2	2
3	1	3	3	3
4	2	1	2	3
5	2	2	3	1
6	2	3	1	2
7	3	1	3	2
8	3	2	1	3
9	3	3	2	1

3．逻辑推断法

逻辑推断法包括因果图法、判定表法和大纲法等，如图 23-25 所示。

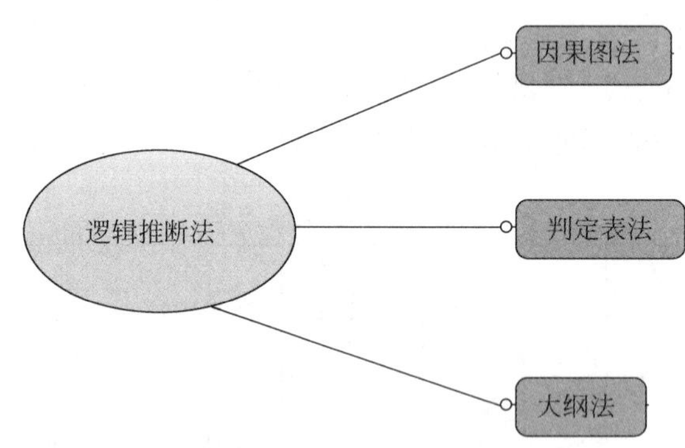

图 23-25 逻辑推断法

1）因果图法

前面介绍的等价类划分方法和边界值分析方法，都是着重考虑输入条件，但未考虑输入条件之间的联系、相互组合等。考虑输入条件之间的相互组合，可能会产生一些新的情况。但要检查输入条件的组合不是一件容易的事情，即使把所有输入条件划分成等价类，它们之间的组合情况也相当多。因此必须考虑采用一种适合于描述对于多种条件的组合，相应产生多个动作的形式来考虑设计测试用例，这就需要利用因果图（逻辑模型）。

通过因果图，可以建立输入条件和输出之间的逻辑模型，从而比较容易确定输入条件组合和输出之间的逻辑关系，有利于设计全面的测试用例。

因果分析图，是一种适合于描述对于多种输入条件组合的测试方法，根据输入条件的组合、约束关系和输出条件的因果关系，分析输入条件的各种组合情况，从而设计测试用例的方法。因果图法着重分析输入条件的各种组合，每种组合条件就是“因”，它必然有一个输出的结果，这就是“果”。

因果图法最终生成的就是判定表，它适合于检查程序输入条件的各种组合情况。

因果图中使用了简单的逻辑符号，以直线联接左右结点。左结点表示输入状态（或称原因），右结点表示输出状态（或称结果）。如图 23-26 所示，C1 表示原因，通常在图的左部；e1 表示结果，通常在图的右部。C1 和 e1 均可取值 0 或 1，0 表示某状态不出现，1 表示某状态出现。

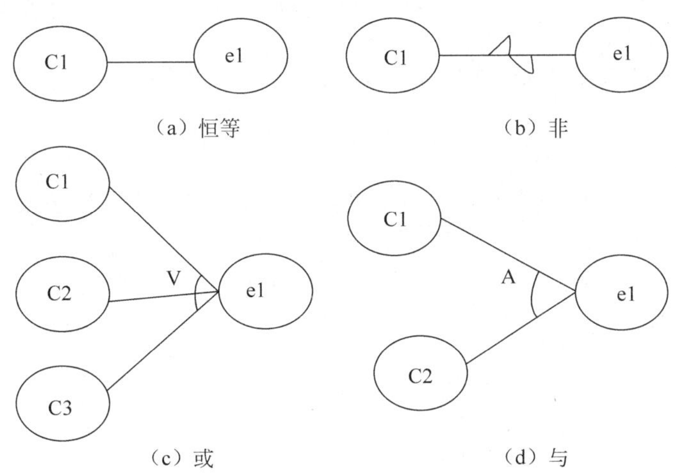

图 23-26　因果图逻辑符号

4 种符号分别表示了规格说明中 4 种因果关系。

（a）恒等：若 C1 是 1，则 e1 也是 1；否则 e1 为 0。

（b）非：若 C1 是 1，则 e1 是 0；否则 e1 是 1。

（c）或：若 C1 或 C2 或 C3 是 1，则 e1 是 1，若三者都不为 1，则 e1 为 0。“或”可有任意个输入。

（d）与：若 C1 和 C2 都是 1，则 e1 为 1，否则若有其中一个不为 1，则 e1 为 0。“与”也可有任意个输入。

输入状态之间可能存在某些依赖关系，这种依赖关系被称为“约束”。例如，某些输入条件本身不可能同时出现，输出状态之间也往往存在约束。在因果图中，用特定的符号标明这些约束。

输入条件的约束有以下 4 类。

（1）E 约束（异）：a、b 最多有一个可能为 1，不能同时为 1，如图 23-27 所示。

（2）I 约束（或）：a、b、c 中至少有一个必须为 1，不能同时为 0，如图 23-28 所示。

（3）O 约束（唯一）：a 和 b 必须有一个且仅有一个为 1，如图 23-29 所示。

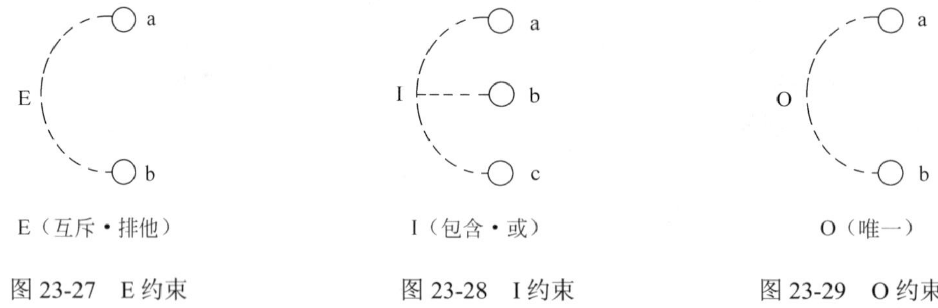

图 23-27　E 约束　　图 23-28　I 约束　　图 23-29　O 约束

（4）R 约束（要求）：a 是 1 时，b 必须是 1，即 a 为 1 时，b 不能为 0，如图 23-30 所示。

输出条件的约束有一类：

M 约束（强制）：对输出条件的约束，若结果 a 为 1，则结果 b 必须为 0，如图 23-31 所示。

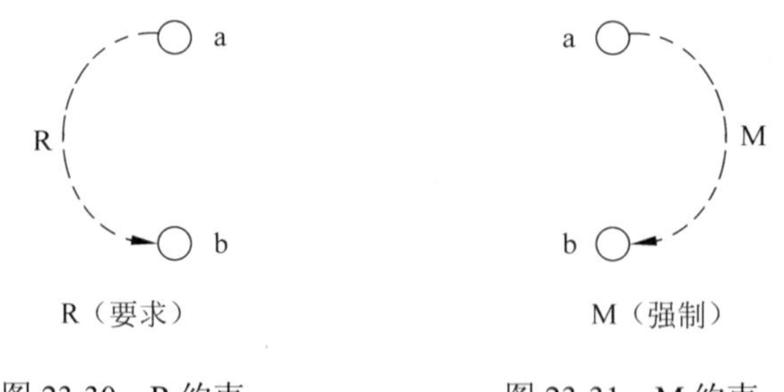

图 23-30　R 约束　　图 23-31　M 约束

利用因果图生成测试用例的步骤。

（1）分析软件规格说明描述中，哪些是原因（即输入条件或输入条件的等价类），哪些是结果（即输出条件），并给每个原因和结果赋予一个标识符。

（2）分析软件规格说明描述中的语义。找出原因与结果之间，原因与原因之间对应的关系。根据这些关系，画出因果图。

（3）由于语法或环境限制，有些原因与原因之间,原因与结果之间的组合情况不可能出现。为表明这些特殊情况，在因果图上用一些记号表明约束或限制条件。

（4）把因果图转换为判定表。

（5）将判定表的每一列作为依据，设计测试用例。

以上生成测试用例步骤可简化，如图 23-32 所示。

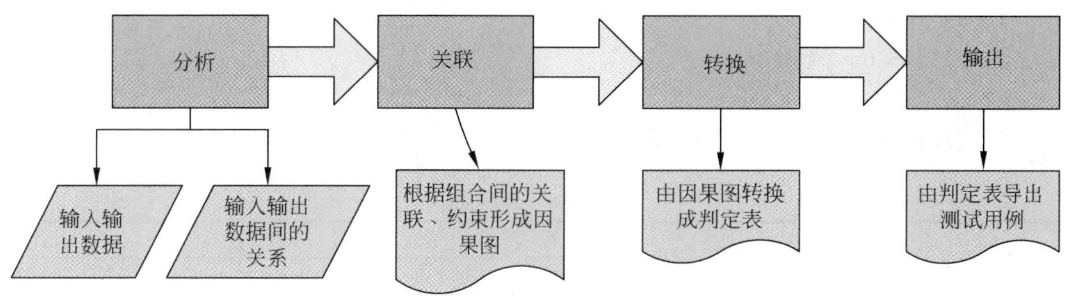

图 23-32　使用因果图设计用例步骤图

使用因果图法的优点如下。

（1）考虑到了输入情况的各种组合以及各个输入情况之间的相互制约关系。

（2）能够帮助测试人员按照一定的步骤，高效率的开发测试用例。

（3）因果图法是将自然语言规格说明转化成形式语言规格说明的一种严格的方法，可以指出规格说明存在的不完整性和二义性。

因果图法测试示例

【功能描述】

某厂的工资制度如下（其中 a 表示输入、b 表示输出）：

（1）工资分为年薪制 a1，月薪制 a2。

（2）错误程度分为普通 a3，严重 a4。

当工资为 a1 的员工犯普通错误的扣工资 2%（b1），犯严重错误扣工资 4%（b2）；

当工资为 a2 的员工犯普通错误的扣工资 4%（b3），犯严重错误扣工资 8%（b4）；

其中，a1 和 a2 为互斥；a3 和 a4 可以同时具备。

输入：基本工资，错误程度

输出：员工扣多少工资

【因果图法设计测试用例步骤】

第一步：分析输入，输出条件。

输入条件：a1,a2,a3,a4

输出条件：b1,b2,b3,b4

第二步：列出所有可能情况。

a1+a3->b1

a1+a4->b2

a1+a3+a4->b1+b2

a1->0

a2+a3->b3

a2+a4->b4

a2+a3+a4->b3+b4

a2->0

第三步：画判定表，见表 23-8。

表 23-8　画判定

输入条件								
a1	T	T	T	T	F	F	F	F
a2	F	F	F	F	T	T	T	T
a3	T	F	T	F	T	F	T	F
a4	F	T	T	F	F	T	T	F
输出条件								
b1	X		X					
b2		X	X					
b3					X		X	
b4						X	X	

第四步：根据判定表写用例，见表 23-9。

表 23-9　用例

测试用例	输入数值	预期输出
Test 1	工资为 a1 的员工，犯普通错误	b1
Test 2	工资为 a1 的员工，犯严重错误	b2
Test 3	工资为 a1 的员工，犯普通错误和严重错误	b1+b2
Test 4	工资为 a1 的员工，不犯普通错误	0
Test 5	工资为 a2 的员工，犯普通错误	b3
Test 6	工资为 a2 的员工，犯严重错误	b4
Test 7	工资为 a2 的员工，犯普通错误和严重错误	b3+ b4
Test 8	工资为 a2 的员工不犯普通错误	0

2）判定表法

在所有的黑盒测试方法中，基于判定表的测试是最为严格、最具有逻辑性的测试方法。判定表是分析和表达多逻辑条件下执行不同操作的情况的工具。

判定通常由以下 4 部分组成。

（1）条件桩—列出问题的所有条件。

（2）条件项—针对条件桩给出的条件列出所有可能的取值。

（3）动作桩—列出问题规定的可能采取的操作。

（4）动作项—指出在条件项的各组取值情况下应采取的动作。

将任何一个条件组合的特定取值及相应要执行的动作称为一条规则。在判定表中贯穿条件项和动作项的一列就是一条规则。

判定表的优点如下。

（1）能够将复杂的问题按照各种可能的情况全部列举出来，简明并避免遗漏。因此，利用判定表能够设计出完整的测试用例集合。

（2）在一些数据处理问题当中，某些操作的实施依赖于多个逻辑条件的组合，即：针对不同逻辑条件的组合值，分别执行不同的操作。判定表很适合于处理这类问题。

一般构造判定表有 5 个步骤，具体步骤如下。

（1）确定规则的个数。

有 n 个条件的判定表有 2^n 个规则（每个条件取真、假值）。

（2）列出所有的条件桩和动作桩。

（3）填入条件项。

（4）填入动作项，得到初始判定表。

（5）简化判定表，合并相似规则。

若表中有两条以上规则具有相同的动作，并且在条件项之间存在极为相似的关系，便可以合并。

合并后的条件项用符号“-”表示，说明执行的动作与该条件的取值无关，称为无关条件。

判定表测试法适用于具有以下特征的应用程序。

（1）if-then-else 逻辑突出。

（2）输入变量之间存在逻辑关系。

（3）涉及输入变量子集的计算。

（4）输入与输出之间存在因果关系。

适用于使用判定表设计测试用例的条件如下。

（1）规格说明以判定表形式给出，或较容易转换为判定表。

（2）条件的排列顺序不会也不应影响执行的操作。

（3）规则的排列顺序不会也不应影响执行的操作。

（4）当某一规则的条件已经满足，并确定要执行的操作后，不必检验别的规则。

（5）如果某一规则的条件要执行多个操作，这些操作的执行顺序无关紧要。

以上 5 个必要条件的目的是为了使操作的执行完全依赖于条件的组合。其实对于某些不满足这几条的判定表，同样可以借以设计测试用例，只不过尚需增加其他的测试用例罢了。

判定表能把复杂的问题按各种可能的情况一一列举出来，简明而易于理解，也可避免遗漏。缺点是不能表达重复执行的动作，例如循环结构。

判定表法测试示例

【功能描述】

对某厂某机器进行定期维修工作，其中功率大于 50 瓦的机器、维修记录不全或已运行 10 年以上的机器，应给予优先的维修处理。请建立判定表设计测试用例。

【判定表法设计测试用例步骤】

第一步：确定规则的个数。

需求中有 3 个条件，每个条件有两个取值，所以有 $2^3=8$ 种规则。

第二步：列出所有条件桩和动作桩，见表 23-10。

表 23-10 条件桩和动作桩

条件	功率大于 50 瓦吗？
	维修记录不全吗？
	运行超过 10 年吗？
动作	进行优先处理
	做其他处理

第三步：填入条件项、填入动作桩和动作项。

条件项可以从最后一行条件项开始填写，逐行向上填满。如第三行是 YNYNYN，第二行是 YYNNYYNN 等等。

然后再填入动作桩和动作项，得到表 23-11 所示初始判定表。

表 23-11 初始判定表

		1	2	3	4	5	6	7	8
条件	功率大于 50 瓦吗？	N	Y	Y	Y	N	N	N	N
	维修记录不全吗？	Y	Y	N	N	Y	Y	N	N
	运行超过 10 年吗？	Y	N	Y	N	Y	N	Y	N
动作	进行优先处理	X	X	X		X		X	
	做其他处理				X		X		X

第四步：化简，合并相似规则。

化简以上判定表，得到如表 23-12 所示简化后的判定表。

表 23-12 判定表

		1	2	3	4	5
条件	功率大于 50 瓦吗？	Y	Y	Y	N	N
	维修记录不全吗？	Y	N	N	—	—
	运行超过 10 年吗？	—	Y	N	Y	N
动作	进行优先处理	X	X		X	
	做其他处理			X		X

（说明：其中，Y 表示“是”，N 表示“否”，—表示取“是”或“否”。）

3）大纲法

大纲法是一种着眼于需求的方法，为了列出各种测试条件，我们将需求转换为大纲的形式。大纲表示为树状结构，在根和每个叶节点之间存在唯一的路径。大纲中的每条路径定义了一个特定的输入条件集合，用于定义测试用例。树中叶子的数目或大纲中的路径给出了测试所有功能所需测试用例的大概数量。

大纲的形成是一个迭代的过程，初始列表是从被划分为输入条件的需求中产生的，并用需求编号实现需求的可跟踪性。大纲的每个后续版本都是对前者的细化，通过与开发人员和项目专家的讨论，不断细化扩充大纲，解决需求中不够明确的问题。大纲是一个组织个人思维的好工具，它汇集了需求文档的核心内容，大纲的每项都可以根据测试人员的喜好以逻辑形式分组。

大纲仅仅是对需求或界面的描述，不同测试人员生成的大纲是不同的，但是其核心内容是一致的，目的在于列出用户操作来产生覆盖所有相关内容的测试。

大纲法测试示例

【功能描述】

有一个处理单价为 5 角钱的饮料的自动售货机。使用大纲法设计其测试用例。

需求规格说明：若投入 5 角钱或 1 元钱的硬币，押下【橙汁】或【啤酒】的按钮，则相应的饮料就送出来。若售货机没有零钱找，则一个显示【零钱找完】的红灯亮，这时在投入 1 元硬币并押下按钮后，饮料不送出来而且 1 元硬币也退出来；若有零钱找，则显示【零钱找完】的红灯灭，在送出饮料的同时退还 5 角硬币。

【大纲法设计测试用例步骤】

第一步：编写输入项。

用户对自动售货机的输入选项如下。

（1）当售货机没有零钱时：

① 投入 5 角钱，押下【橙汁】或【啤酒】的按钮，则相应的饮料就送出来。

② 投入 1 元钱，押下【橙汁】或【啤酒】的按钮，显示【零钱找完】的红灯亮，饮料不送出来而且 1 元硬币也退出来。

（2）当售货机有零钱时：

① 投入 5 角钱，押下【橙汁】或【啤酒】的按钮，则相应的饮料就送出来。

② 投入 1 元钱，押下【橙汁】或【啤酒】的按钮，显示【零钱找完】的红灯灭，在送出饮料的同时退还 5 角硬币。

第二步：根据输入项，重新细化组织输入信息。

（1）当售货机没有零钱时：

① 投入 5 角钱，押下【橙汁】的按钮，橙汁被送出来。

② 投入 5 角钱，押下【啤酒】的按钮，啤酒被送出来。

③ 投入 1 元钱，押下【橙汁】的按钮，显示【零钱找完】的红灯亮，橙汁不送出来，1 元钱被退出来。

④ 投入 1 元钱，押下【啤酒】的按钮，显示【零钱找完】的红灯亮，啤酒不送出来，1 元钱被退出来。

（2）当售货机有零钱时：

① 投入 5 角钱，押下【橙汁】的按钮，橙汁被送出来。

② 投入 5 角钱，押下【啤酒】的按钮，啤酒被送出来。

③ 投入 1 元钱，押下【橙汁】的按钮，显示【零钱找完】的红灯灭，橙汁被送出来，且找回 5 角钱。

④ 投入 1 元钱，押下【啤酒】的按钮，显示【零钱找完】的红灯灭，啤酒被送出来，且找回 5 角钱。

以上列出的大纲内容可用以下树型结构图，如图 23-33 所示。

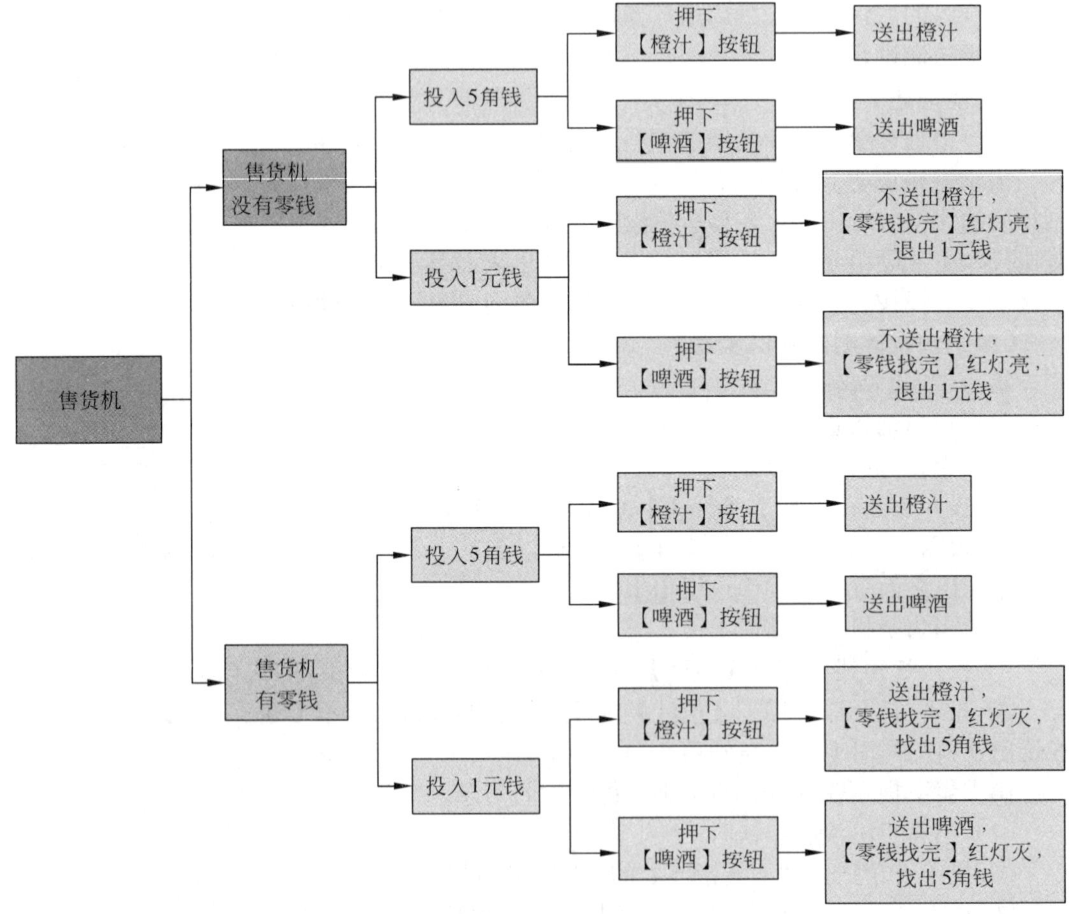

图 23-33 树型结构图

第三步：编写测试用例。

从上面的大纲树型图可以看出，投入 5 角钱时得到的测试结果是一样的，所以我们可以将 “投入 5 角钱”的测试用例合并，见表 23-13。

表 23-13　测试用例

测 试 用 例	测 试 来 源	输　　入	预 期 结 果
Test 1	1.1 或 2.1	投入 5 角钱，押下【橙汁】按钮	送出橙汁
Test 2	1.2 或 2.2	投入 5 角钱，押下【橙汁】按钮	送出啤酒
Test 3	1.3	售货机没有零钱时， 投入 1 元钱，押下【橙汁】按钮	不送出橙汁， 【零钱找完】红灯亮， 退出 1 元钱
Test 4	1.4	售货机没有零钱时， 投入 1 元钱，押下【啤酒】按钮	不送出啤酒， 【零钱找完】红灯亮， 退出 1 元钱
Test 5	2.3	售货机有零钱时， 投入 1 元钱，押下【橙汁】按钮	送出橙汁， 【零钱找完】红灯灭， 找出 5 角钱
Test 6	2.4	售货机有零钱时， 投入 1 元钱，押下【啤酒】按钮	送出啤酒， 【零钱找完】红灯灭， 找出 5 角钱

4．业务路径覆盖法

业务路径覆盖法包括场景分析法和功能图法，如图 23-34 所示。

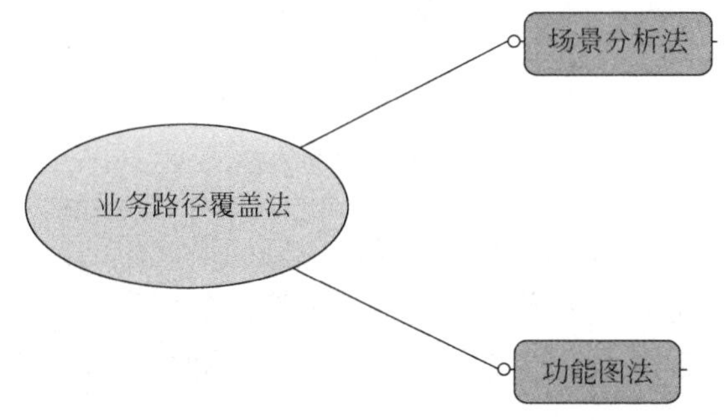

图 23-34　业务路径覆盖法

1）场景分析法

现在的软件几乎都是用事件触发来控制流程的，事件触发时的情景便形成了场景，而同一事件不同的触发顺序和处理结果就形成事件流。这种在软件设计方面的思想也可引入到软件测试中，可以比较生动地描绘出事件触发时的情景，有利于测试设计者设计测试用例，同时使测试用例更容易理解和执行。场景分析法的测试思想首先是由 Rational

公司提出的。

场景分析法是通过运用场景来对系统的功能点或业务流程的描述，从而提高测试效果的一种方法。用例场景来测试需求是指模拟特定场景边界发生的事情，通过事件来触发某个动作的发生，观察事件的最终结果，从而用来发现需求中存在的问题。我们通常以正常的用例场景分析开始，然后再着手其他的场景分析。

场景主要包括 4 种主要的类型：正常的用例场景，备选的用例场景，异常的用例场景，假定推测的场景。

场景分析法一般包含基本流和备用流，从一个流程开始，通过描述经过的路径来确定的过程，经过遍历所有的基本流和备用流来完成整个场景，如图 23-35 所示。

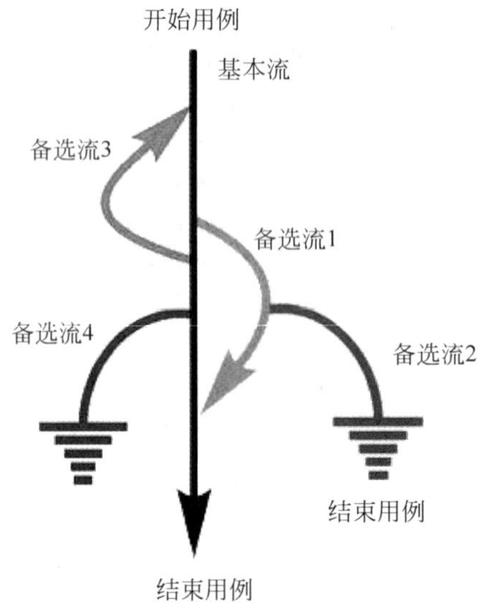

图 23-35 场景流图

上图中，基本流采用直黑线表示，是经过用例的最简单的路径。备选流采用不同颜色表示，一个备选流可能从基本流开始，在某个特定条件下执行，然后重新加入基本流中（如 1 和 3），也可以起源于另一个备选流（如 2），或终止用例，不再加入到基本流中（如 2 和 4）。

每个经过用例的可能路径，可以确定不同的用例场景。从基本流开始，再将基本流和备选流结合起来，可以确定以下用例场景：

场景 1：基本流。

场景 2：基本流，备选流 1。

场景 3：基本流，备选流 1，备选流 2。

场景 4：基本流，备选流 3。

场景 5：基本流，备选流 3，备选流 1。

场景 6：基本流，备选流 3，备选流 1，备选流 2。

场景 7：基本流，备选流 4。

场景 8：基本流，备选流 3，备选流 4。

场景法的基本设计步骤如下。

（1）根据说明，描述出程序的基本流及各项备选流。

（2）根据基本流和各项备选流生成不同的场景。

（3）对每一个场景生成相应的测试用例。

（4）对生成的所有测试用例重新复审，去掉多余的测试用例，测试用例确定后，对每一个测试用例确定测试数据值。

场景分析法测试示例

【功能描述】

用户进入一个在线购物网站进行购物，选购物品后，进行在线购买，这时需要使用账号登录，登录成功后，进行付钱交易，交易成功后，生成订购单，完成整个购物过程。

【场景分析法设计测试用例步骤】

第一步：确定基本流和备选流。

基本流：登录在线网站→选择物品→登录账号→付款→生成订单。

备选流 1：账户不存在。

备选流 2：账户密码错误。

备选流 3：用户账户余额不足。

备选流 4：用户账户没钱。

第二步：根据基本流和备选流确定场景。

场景 1 成功购物：备选流。

场景 2 账号不存在：基本流，备选流 1。

场景 3 账号密码错误：基本流，备选流 2。

场景 4 账户余额不足：基本流，备选流 3。

场景 5 账户没钱：基本流，备选流 4。

第三步：对每一个场景生成相应的测试用例，见表 23-14。

表 23-14　测试用例

测试用例 ID	场景/条件	账号	密码	用户账号余额	预期结果
1	场景 1：成功购物	V	V	V	成功购物
2	场景 2：账号不存在	1	n/a	n/a	提示账号不存在
3	场景 3：账号密码错误（账号正确，密码错误）	V	1	n/a	提示账号密码错误，返回基本流步骤 3

续表

测试用例ID	场景/条件	账号	密码	用户账号余额	预 期 结 果
4	场景4：用户账号余额不足	V	V	1	提示用户账号余额不足，请充值
5	场景5：用户账号没钱	V	V	1	提示用户账号没有钱，请充值

第四步：设计测试数据，见表23-15。

表23-15 测试数据

测试用例ID	场景/条件	账号	密码	用户账号余额	预 期 结 果
1	场景1：成功购物	Test	123456	800	成功购物，账号余额减少100元
2	场景2：账号不存在	aa	n/a	n/a	提示账号不存在
3	场景3：账号密码错误（账号正确，密码错误）	Test	111111	n/a	提示账号密码错误，返回基本流步骤3
4	场景4：用户账号余额不足	Test	123456	50	提示用户账号余额不足，请充值
5	场景5：用户账号没钱	Test	123456	0	提示用户账号没有钱，请充值

2）功能图法

功能图法是用功能图形象地表示程序的功能说明，并机械地生成功能图的测试用例，功能图法是一种黑盒白盒混合用例设计方法。功能图法是为了解决动态说明问题的一种测试用例的设计方法。

每个程序的功能说明通常由动态说明和静态说明组成。动态说明描述了输入数据的次序或转移的次序。静态说明描述了输入条件与输出条件之间的对应关系。用功能图形象地表示程序的功能说明，并机械地生成功能图的测试用例。对于较复杂的程序，由于存在大量的组合情况，因此，仅用静态说明组成的规格说明对于测试来说往往是不够的。必须用动态说明来补充功能说明。

功能图模型由状态迁移图（STD）和逻辑功能模型（LMF）构成。状态迁移图用于表示输入数据序列以及相应的输出数据，在状态迁移图中，由输入数据和当前状态决定输出数据和后续状态。逻辑功能模型用于表示在状态中输入条件和输出条件之间的对应关系。逻辑功能模型只适合于描述静态说明，输出数据仅由输入数据决定。测试用例则是由测试中经过的一系列状态和在每个状态中必须依靠输入/输出数据满足的一对条件组成。

从功能图生成测试用例，得到的测试用例数是可以接受的。问题的关键是如何从状态迁移图中选取测试用例。若用节点代替状态，用弧线代替迁移，则状态迁移图就可以转化成一个程序的控制流程图形式，问题就转化为程序的路径测试问题了。

为了把状态迁移（测试路径）的测试用例与逻辑模型（局部测试用例）的测试用例组合起来，从功能图生成实用的测试用例，必须定义一定的规则：在一个结构化的状态迁移（SST）中，定义三种形式的循环：顺序、选择和重复。但分辨一个状态迁移中的所有循环中有困难的。

用功能图法设计测试用例，就是如何覆盖软件所表现出来的所有状态，可以转化为两个层次的测试用例。

（1）从功能逻辑模型（决策表或因果图）导出局部测试用例，即设计测试用例覆盖某个状态的各种输入数据的组合。

（2）从状态迁移图导出整体的测试用例，以覆盖系统（程序）控制的逻辑路径。

使用功能图生成测试用例步骤如下。

（1）生成局部测试用例：在每个状态中，从因果图生成局部测试用例。

（2）测试路径生成：利用上面的规则生成从初始状态到最后状态的测试路径。

（3）测试用例合成：合成测试路径与功能图中每个状态的局部测试用例。结果是初始状态到最后状态的一个状态序列，以及每个状态中输入数据与对应输出数据的组合。

测试用例的合成算法：采用条件构造树。

功能图法测试示例

【功能描述】

员工进行电脑资产申请，只有正式员工可以提交电脑资产申请。申请提交后，需要成本中心负责人、资产负责人、安装人员审批，且资产负责人需要填写 IT 资产相关内容，安装人员需要填写机器号；审批人拒绝时流程结束。申请流程完成时，申请人、资产负责人、财务人员都能收到通知邮件。

【功能图法设计测试用例步骤】

第一步：根据需求说明画出功能流程图，如图 23-36 所示。

第二步：根据功能流程图生成测试路径。

（1）申请（非正式员工），提交（失败）。

（2）申请（正式员工），提交（成功）。

（3）审批（成本中心负责人），流程继续（同意）。

（4）审批（成本中心负责人），流程结束（拒绝）。

（5）审批（资产负责人），流程继续（同意）。

（6）审批（资产负责人），流程结束（拒绝）。

（7）审批（安装人员），流程完成（同意）。

（8）审批（安装人员），流程结束（拒绝）。

（9）审批流程完成时，发送通知邮件。

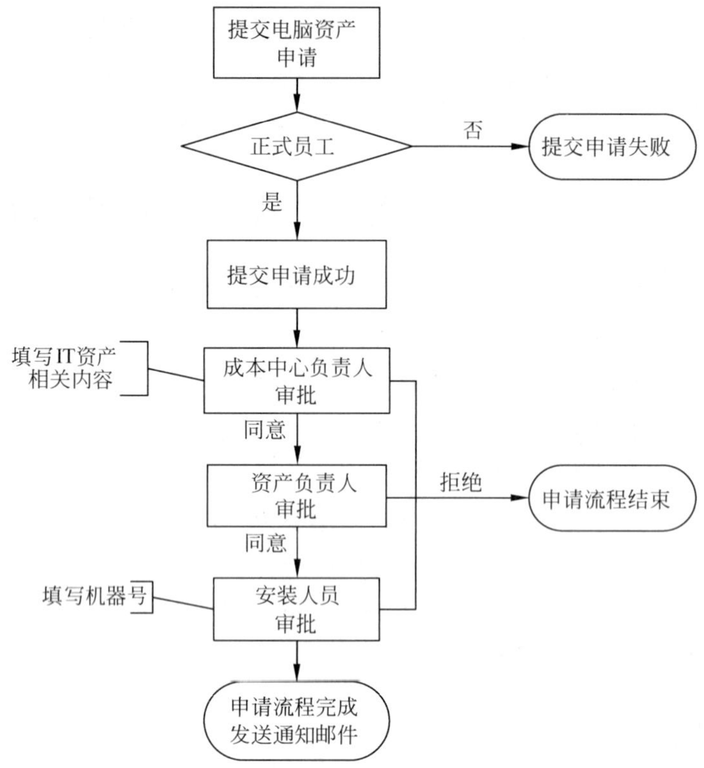

图 23-36　功能流程图

由以上状态生成测试路径如下。

2→3→5→7→9；

1；

2→4；

2→3→6；

2→3→5→8；

第三步：生成测试用例，见表 23-16。

表 23-16　测试用例

测试用例	输　入	预 期 结 果
Test 1	（1）正式员工提交申请； （2）成本中心负责人审批申请流程，“同意”申请； （3）资产负责人审批申请流程，“同意”申请； （4）安装人员审批申请流程，“同意”申请； （5）系统自动发送提醒邮件	（1）提交申请成功； （2）流程继续，进入下级审批状态； （3）流程继续，进入下级审批状态； （4）流程完成； （5）申请人、资产负责人、财务人员收到提醒邮件

续表

测试用例	输　入	预 期 结 果
Test 2	非正式员工提交申请	提交申请失败
Test 3	（1）正式员工提交申请； （2）成本中心负责人审批申请流程，“拒绝”申请	（1）提交申请成功； （2）流程结束
Test 4	（1）正式员工提交申请； （2）成本中心负责人审批申请流程，“同意”申请； （3）资产负责人审批申请流程，“拒绝”申请	（1）提交申请成功； （2）流程继续，进入下级审批状态； （3）流程结束
Test 5	（1）正式员工提交申请； （2）成本中心负责人审批申请流程，“同意”申请； （3）资产负责人审批申请流程，“同意”申请； （4）安装人员审批申请流程，“拒绝”申请	（1）提交申请成功； （2）流程继续，进入下级审批状态； （3）流程继续，进入下级审批状态； （4）流程结束

5．黑盒测试方法综述

测试用例的设计方法不是单独存在的，具体到每个测试项目里都会用到多种方法，每种类型的软件有各自的特点，每种测试用例设计的方法也有各自的特点，针对不同软件如何利用这些黑盒方法是非常重要的。

在实际测试中，往往是综合使用各种方法才能有效提高测试效率和测试覆盖度，这就需要认真掌握这些方法的原理，积累更多的测试经验，以有效提高测试水平。

以下是测试方法选择的综合策略。

（1）首先进行等价类划分，包括输入条件和输出条件的等价划分，将无限测试变成有限测试，这是减少工作量和提高测试效率的最有效的方法。

（2）在任何情况下都必须使用边界值分析方法。经验表明这种方法设计出的测试用例发现程序错误的能力最强。

（3）可以用错误推测法追加一些测试用例，这需要依靠测试工程师的智慧和经验。

（4）对照程序逻辑，检查已设计出的测试用例的逻辑覆盖程度。如果没有达到要求的覆盖标准，应当补充足够的测试用例。

（5）如果程序的功能说明中含有输入条件的组合情况，则一开始就可以选用因果图法和判定表驱动法。

（6）对于参数配置类的软件或对多条件查询功能进行测试时，要用正交试验法选择较少的组合方式达到最佳效果。

（7）对于业务清晰的系统，可以利用场景法贯穿整个测试案例过程，在案例中综合使用各种测试方法。

为了最大程度地减少测试遗留的缺陷，同时也为了最大限度地发现存在的缺陷，在测试实施之前，测试工程师必须确定将要采用的测试策略和测试方法，并以此为依据制定详细的测试方法。通常，一个好的测试策略和测试方法必将给整个测试工作带来事半功倍的效果。

如何才能确定好的测试策略和测试方法呢？通常，在确定测试方法时，应该遵循以下原则：

- 根据程序的重要性和一旦发生故障将造成的损失来确定测试等级和测试重点。
- 认真选择测试策略，以便能尽可能少地使用测试用例，发现尽可能多的程序错误。因为一次完整的软件测试过后，如果程序中遗留的错误过多并且严重，则表明该此测试是不足的，而测试不足则意味着让用户承担隐藏错误带来的危险，但测试过度又会带来资源的浪费，因此，测试需要找到一个平衡点。

23.2.2 白盒测试法

1．白盒测试基本概念

白盒测试将测试对象看作一个透明的盒子，按照程序内部的结构测试程序，检验程序中的每条通路是否都能按预定要求正确工作，而不顾它的功能。通过在不同点检查程序的状态，确定实际的状态是否与预期的状态一致。因此白盒测试又称为结构测试或逻辑驱动测试。

白盒测试允许测试人员利用程序内部的逻辑结构及有关信息，设计或选择测试用例，对程序所有逻辑路径进行测试，是一种穷举路径的测试方法。但即使每条路径都测试过了，仍然可能存在错误。因为：

- 穷举路径测试无法检查出程序本身是否违反了设计规范，即程序是否是一个错误的程序。
- 穷举路径测试不可能查出程序因为遗漏路径而出错。
- 穷举路径测试发现不了一些与数据相关的错误。

采用白盒测试方法必须遵循以下几条原则，才能达到测试的目的。

（1）保证一个模块中的所有独立路径至少被测试一次。

（2）所有逻辑值均需测试真（true）和假（false）两种情况。

（3）检查程序的内部数据结构，保证其结构的有效性。

（4）在上下边界及可操作范围内运行所有循环。

用于白盒测试的测试工具可以分为内存泄漏检查工具、代码覆盖率检查工具和性能测试工具。其基本概念如图 23-37 所示。

2．白盒测试方法

白盒测试方法分类如图 23-38 所示。

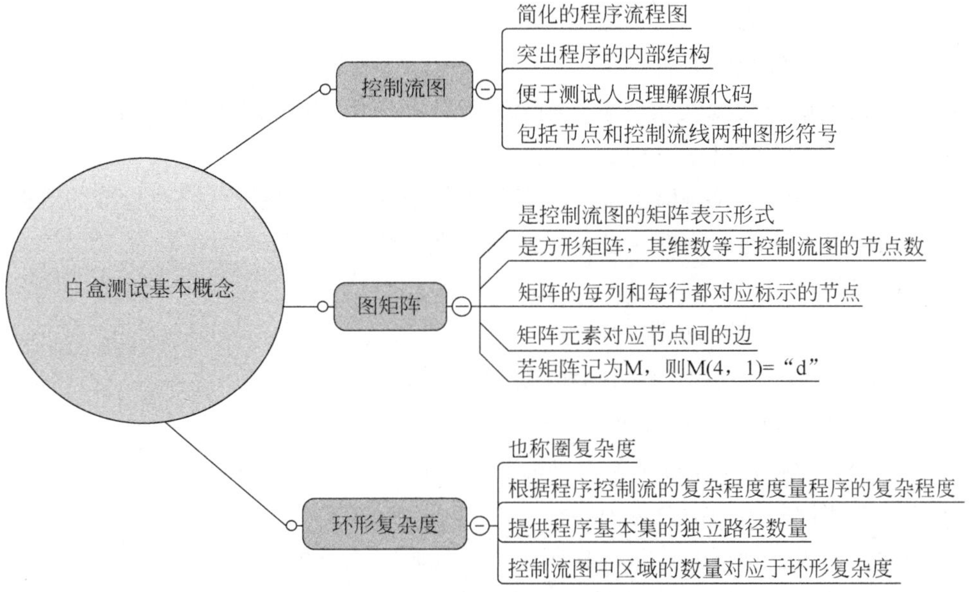

图 23-37　白盒测试基本概念

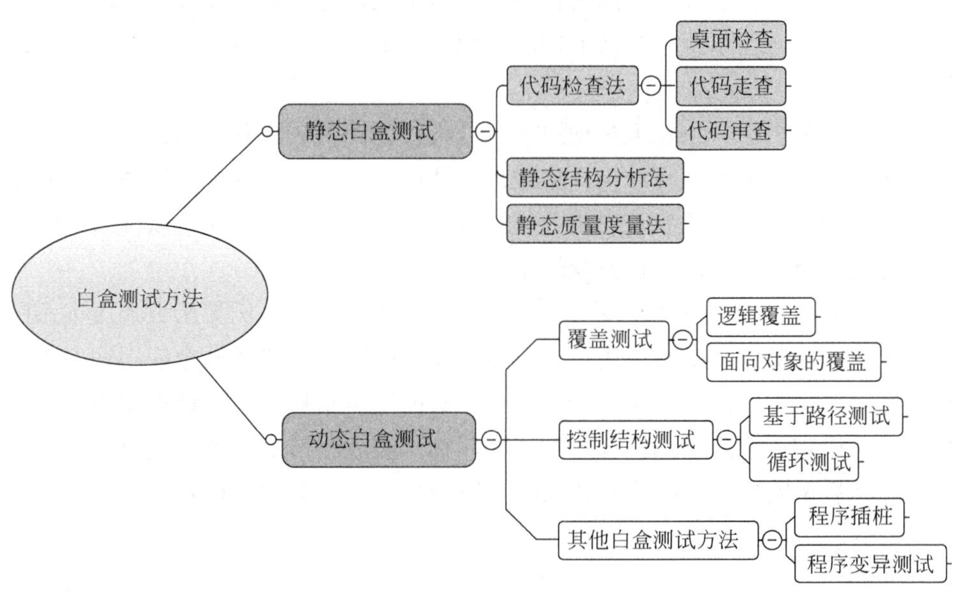

图 23-38　白盒测试方法

1）静态白盒测试

静态白盒测试是在不执行的条件下，有条理地仔细审查软件设计、体系结构和代码，从而找出软件缺陷的过程。

静态白盒测试的优点：

- 尽早发现软件缺陷。
- 为黑盒测试员在接受软件进行测试时设计和应用测试用例提供思路。

静态测试技术主要包括三种：

（1）代码检查法。代码检查主要检查代码与设计的一致性，代码对标准的遵循，可读性，代码逻辑表达的正确性，及代码结构的合理性等方面。

代码检查的目的如下。

① 发现违背程序编写标准的问题。

② 发现程序中不安全、不明确和模糊的部分。

③ 找出程序中不可移植部分。

④ 违背程序编程风格的问题，包括变量检查、命名和类型审查、程序逻辑审查、程序语法检查和程序结构检查等内容。

代码检查一般包括桌面检查、代码走查、代码审查三种方法。

（2）静态结构分析法。程序的结构形式是白盒测试的主要依据。研究表明程序员 38%的时间花费在理解软件系统上，因为代码以文本格式被写入多重文件中，这是很难阅读理解的，需要其他一些东西来帮助人们阅读理解，如各种图表等，而静态结构分析满足了这样的需求。

在静态结构分析中，测试人员通过工具分析程序源代码的系统结构、数据结构、数据接口、内部控制逻辑等内部结构，生成函数调用关系图、模块控制流图、部分文件调用图、子程序表、宏、函数参数表等各类图表，可以清晰地标识整个软件系统的组成结构，然后通过分析这些图表，检查软件是否存在缺陷或错误。

静态结构分析主要是以图形的方式表现程序的内部结构，例如函数调用关系图、函数内部控制流图。其中，函数调用关系图以直观的图形方式描述一个应用程序中各个函数的调用和被调用关系；控制流图显示一个函数的逻辑结构，它由许多节点组成，一个节点代表一条语句或数条语句，连接结点的叫边，边表示节点间的控制流向。

（3）静态质量度量法。根据 ISO/IEC 9126 国际标准的定义，软件质量包括以下 6 个方面。

- 功能性。
- 可靠性。
- 易用性。
- 有效性。
- 可维护性。

- 可移植性。

软件的质量是软件属性的各种标准度量的组合。

根据以上模型可以构造质量度量模型，用于评估软件的每个方面。如可维护性可以再分为质量因素、分类标准和度量规则。

- 质量因素。质量因素的取值与分类标准的计算方式类似：依据各分类标准取值组合权重方法计算。

  function_MAINTAINABILITY=function_ANALYZABILITY

  +function_CHANGEABILITY

  +function_ATABILITY

  +function_TESTABILITY

- 分类标准。软件的可维护性采用以下四个分类标准来评估：可分析性（ANALYZABILITY）、可修改性（CHANGEABILITY）、稳定性（STABILITY）、可测性（TESTABILITY）。每个分类标准由一系列度量规则组成，各个规则分配一个权重，由规则的取值与权重值计算出每个分类标准的取值。

  function_TESTABILITY_DRCT_CALLS+LEVL+PATH+PARA

- 度量规则。度量规则使用了代码行数、注释频度等参数度量软件的各种行为属性。

2）动态白盒测试

动态白盒测试又称结构测试，因为软件测试员可以查看并使用代码的内部结构，从而设计和执行测试。

对一个具有多重选择和循环嵌套的程序，不同的路径数目可能是天文数字。即使精确地实现了白盒测试，也不能肯定测试过的程序完全正确。穷举测试的工作量过大，需要的时间过长，实施起来是不现实的。为了节省时间和资源，提高测试效率，就必须精心设计测试用例，从数量巨大的可用测试用例中挑选少量代表性的测试数据，使这些测试数据能够达到最好的测试效果。

（1）覆盖测试。包括逻辑覆盖和面向对象的覆盖。覆盖测试分类如图 23-39 所示。

覆盖测试准则：逻辑覆盖的出发点是合理的、完善的。所谓“覆盖”，就是想要做到全面而无遗漏，但逻辑覆盖并不能真正做到无遗漏。

（2）控制结构测试。控制结构测试包括基于路径的测试和循环测试。

基于路径的测试：是从一个程序的入口开始，执行所经历的各个语句的完整过程。从广义的角度讲，任何有关路径分析的测试都可以被称为路径测试。

完成路径测试的理想情况是做到路径覆盖，但对于复杂性大的程序要做到所有路径覆盖（测试所有可执行路径）是不可能的。

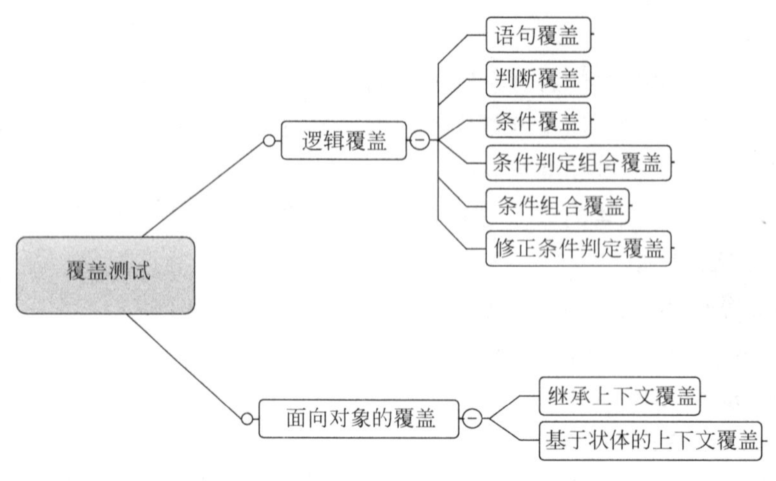

图 23-39　覆盖测试

为了满足路径覆盖，必须首先确定具体的路径以及路径的个数。我们通常采用控制流图的边（弧）序列和节点序列表示某一条具体路径，概括的表示方法如下。

- 弧 a 和弧 b 相乘，表示为 ab，它表明路径是先经历弧 a，接着再经历弧 b，弧 a 和弧 b 是先后相接的。
- 弧 a 和弧 b 相加，表示为 a+b，它表明两条弧是“或”的关系，是并行的路段。

路径数的计算：在路径表达式中，将所有弧均以数值 1 来代替，再进行表达式的相乘和相加运算，最后得到的数值即为该程序的路径数。

循环测试：从本质上说，循环测试的目的是检查循环结构的有效性。通常，循环可以划分为简单循环、嵌套循环、串接循环和非结构循环 4 类。

（3）其他白盒测试方法。

- 程序插桩。在软件测试中，常常要用到一种“插桩”技术，通过在源代码中加入记录信息语句，以便进行运行信息的追踪和调试，统计有关的运行资源状况。借助往被测程序中插入语句的操作，来实现测试目的的方法，即向源程序中添加一些语句，实现对程序语句的执行、变量的变化等情况进行检查。

最简单的插桩：在程序中插入打印语句 printf（“……”）语句。

- 程序变异测试。程序变异测试技术的基本思想如下。

对于给定的程序 P，先假定程序中存在一些小错误，每假设一个错误，程序 P 就变成 P'，如果假设了 n 个错误：e1，e2，…，en，则对应有 n 个不同的程序：P1，P2，…，Pn，这里 P1 称为 P 的变异因子。存在测试数据 C1，使得 P 和 P1 的输出结果是不同的。因此，根据程序 P 和每个变异的程序，可以求得 P1，P2…，Pn 的测试数据集 C={C1，C2，…，Cn}。运行 C，如果对每一个 C1，P 都是正确的，而 Pi 都是错误的，这说明 P

的正确性较高。如果对某个 C1，P 是错误的，而 P1 是正确的，这说明 P 存在错误，而错误就是 e1。

23.3 信息系统测试管理

23.3.1 测试管理概述

作为软件开发的重要环节，软件测试越来越受到人们的重视。随着软件开发规模的增大、复杂程度的增加，以寻找软件中的错误为目的的测试工作就显得更加困难。然而，为了尽可能多地找出程序中的错误，生产出高质量的软件产品，加强对测试工作的组织和管理就显得尤为重要。

从软件的生存周期看，测试往往指对程序的测试，这样做的优点是被测对象明确，测试的可操作性相对较强。但是，由于测试的依据是规格说明书、设计文档和使用说明书，如果设计有错误，测试的质量就难以保证。即使测试后发现是设计的错误，这时，修改的代价是相当昂贵的。因此，较理想的做法应该是对软件的开发过程，按软件工程各阶段形成的结果，分别进行严格的审查。为了确保软件的质量，对软件的生命周期的过程应进行严格的管理。虽然测试是在实现且经验证后进行的，实际上，测试的准备工作在分析和设计阶段就开始了。

测试管理不仅需要对测试项目的过程、测试人员的工作内容进行管理，还需要对其他外部管理体系间的相互关联、相互影响作用进行关注和问题的跟踪解决。测试管理是为了实现测试工作预期目标，以测试人员为中心，对测试生命周期及其所涉及的相应资源进行有效的计划、组织、领导和控制的协调活动。

测试管理的主要因素包括测试策略的制定、测试项目进度跟进、项目风险的评估、测试文档的评审、测试内部和外部的协调沟通、测试人员的培养等。

23.3.2 测试管理内容

测试管理的内容按照管理范围和对象，一般可分为测试部门管理和测试项目管理两种。测试部门管理包含部门日常事务、部门人员、部门下属项目、部门资产等的跟踪及管理工作。测试项目管理包含测试人员管理、测试计划及测试策略的编写、测试评审的组织、测试过程的跟进、测试内部和外部的沟通协调、缺陷跟踪等。

测试管理内容主要有以下几个方面。

- 测试目标的明确，进行测试计划及过程监控准则的制订。
- 测试团队搭建和测试人员管理。
- 测试实施过程的监控，包括测试计划执行的跟踪和测试人员的工作安排等内容。
- 测试风险的评估和风险的应对策略。

- 测试外部的沟通协调和测试问题的确认处理。
- 测试资产、测试产品的统一管理。
- 测试规范的制定。
- 测试绩效考核的制定与考评。

23.3.3 测试监控管理

测试监控的目的是为测试活动提供反馈信息和可视性。测试监控的任务和目的主要有以下几方面。

- 记录和管理测试用例的执行状态。
- 根据当前的执行状态，判定测试用例的设计质量和效率。
- 根据发现的缺陷分布，判定结束测试的条件是否成熟。
- 评估测试软件的质量，根据缺陷的数量、严重程度和种类来判断质量。
- 评估开发过程的质量，根据缺陷的分布、修复缺陷的时间、回归测试中发现的缺陷数据来判断质量。
- 评估测试工程师的表现，如是否按计划完成测试任务，发现的缺陷的数量及质量。

测试监控的内容如下。

（1）测试用例执行的进度。

计算公式为：测试用例执行的进度 = 已执行的数目/总数目。

测试用例执行进度只表明用例执行的进度，不表示测试的成功率。

（2）缺陷的存活时间。

计算公式为：缺陷的存活时间 = 缺陷从 open 到 closed 的时间。

缺陷存活时间表明修改缺陷的效率。

（3）缺陷的趋势分析。

按照测试执行的时间顺序（以月、周、天或测试版本为时间单位），统计被发现的缺陷数量的分布情况。如果发现缺陷越来越少，趋近于 0，则考虑结束测试执行；相反，则说明存在以下问题。

- 代码修改引发新的缺陷。
- 前一版本的测试存在覆盖率的问题，新的测试发现了原先未发现的缺陷。
- 必须先修改某些缺陷后才能继续测试，然后才发现其他的缺陷。

（4）缺陷分布密度。

计算公式为：缺陷分布密度 = 对应于一项需求的总缺陷数/对应于该项需求的测试用例总数。

需要考虑缺陷的优先级和严重程度；如果过多的缺陷集中在某项需求上，可能表明以下问题。

- 该项功能需求是否过于复杂？

- 该项的需求设计、实现是否有问题？
- 分配给该项的开发资源是否不足？

（5）缺陷修改质量。

计算公式为：缺陷修改质量 = 每次修改后发现的缺陷数量（包括重现的缺陷和由修改所引起的新缺陷）。

缺陷修改质量评价开发部门修复缺陷的质量，如果修改某项功能后，此数值较高，测试部门应当及时通知开发部门。

23.3.4　配置管理

软件测试需要进行充分的测试准备，需要科学的规范的过程管理，有效的配置管理对跟踪和提高测试质量和效率十分重要。测试过程中的配置管理不仅包括搭建满足要求的测试环境，还包括获取正确的测试、发布版本。

在软件测试执行中，我们常常遇到以下 3 个问题。

（1）缺陷只能在测试环境出现，但是在开发环境中无法重现。

（2）已经修复的缺陷在测试时又重现。

（3）发布程序在内部确认测试中测试通过，但是发布时却发生系统运行失效的情况。

产生以上常见的 3 个问题的原因如下。

- 测试环境配置的复杂性。
- 测试产品与开发产品之间的密切关系。
- 开发人员在处理新的开发任务时又间接修复了缺陷。
- 开发人员漏提交待测试的源码。
- 公共参数、基础数据、配置文件未进行配置管理。
- 上线的源码版本组合为未经测试的版本组合。

为了避免上述的问题发生，可以从以下 6 点出发考虑测试过程中配置管理问题。

（1）选取适合的配置管理工具。

（2）整理配置项，明确相应管理流程。

（3）将配置项作为一个整体进行配置管理。

（4）增加发布前验收测试环节。

（5）采用并行开发方式区分不同的开发活动。

（6）明确角色与职责。

23.3.5　测试风险管理

在测试工作中，主要的风险表现为以下几个方面。

（1）需求风险。对软件需求理解不准确，导致测试范围存在误差，遗漏部分需求或者执行了错误的测试方式；另外需求变更导致测试用例变更，同步时存在误差。

（2）测试用例风险。测试用例设计不完整，忽视了边界条件、异常处理等情况，用例没有完全覆盖需求；测试用例没有得到全部执行，有些用例被有意或者无意的遗漏。

（3）缺陷风险。某些缺陷偶发，难以重现，容易被遗漏。

（4）代码质量风险。软件代码质量差，导致缺陷较多，容易出现测试的遗漏。

（5）测试环境风险。有些情况下测试环境与生产环境不能完全一致，导致测试结果存在误差。

（6）测试技术风险。某些项目存在技术难度，测试能力和水平导致测试进展缓慢，项目延期。

（7）回归测试风险。回归测试一般不运行全部测试用例，可能存在测试不完全。

（8）沟通协调风险。测试过程中涉及的角色较多，存在不同人员、角色之间的沟通、协作，难免存在误解、沟通不畅的情况，导致项目延期。

（9）其他不可预计风险。一些突发状况、不可抗力等也构成风险因素，且难以预估和避免。

以上是测试过程中可能发生的风险，其中有的风险是难以避免的，如缺陷风险等。有的风险从理论上可以避免，但实际操作过程中出于时间和成本的考虑，也难以完全回避，如回归测试风险等。对于难以避免的风险，我们的目标是将风险降到最低水平。

23.3.6 测试人员绩效考核

测试考核基于测试过程进行，因此必须在测试过程结束之后才能进行。由于工程是分布提交测试的，每月可以根据实际情况进行月考核，工程结束后或任务结束后再统一考核。按照传统测试周期，测试过程分为：测试计划、测试设计和测试执行三个方面。测试计划属于测试经理的范畴，测试人员主要是测试设计和测试执行。

1．工作内容考核

（1）参与软件开发过程的工作内容考核。比如参与需求和设计的评审，就需要对需求的理解上，对需求提出问题的质量上等做出评价。

（2）参与测试文档的准备工作。如测试用例等，需要通过评审测试文档来考核测试人员的能力。如评审测试用例的质量，对需求的覆盖程度，可理解和执行等方面来判断测试人员的能力。

（3）执行测试的工作。需要从测试人员所发现的问题对测试人员进行评价。包括发现问题是复杂的还是简单的，是隐藏较深的，还是一些表面的问题。包括问题的书写上进行评价，问题的书写是否详细清晰，开发人员可以再现，还是含糊其词，不明所以。一个问题是否写多遍等。

（4）测试结果缺陷残留。对于已经发布的产品，从用户反馈问题考核测试人员的绩效，但是这个可能需要的时间比较长；对于不同版本的测试，可从版本的漏检进行统计。

（5）测试人员的沟通能力考核。包括缺陷在开发工程师中沟通的达成率和拒绝率。

2．工作效率与工作质量考核

1）测试设计中工作效率相关指标

（1）文档产出率。这项指标值主要为测试用例文档页数除以编写文档的有效时间获得。用于考察测试人员测试用例文档的生产率大小。

公式：Σ测试用例文档页数（页）/Σ编写测试用例文档有效时间（小时）

参考指标：根据项目汇总得出平均在 1.14 页/小时左右，高于此值为优，低于此值为差。

（2）用例产出率。这项指标值主要为上述指标值的补充，用于考察测试人员测试用例产出率大小。测试文档页数可能包含的冗余信息较多，因此要查看文档中测试用例的多少。方法是测试用例文档中测试用例编号总和数除以编写文档的有效时间。

公式：Σ测试用例数（个）/Σ编写测试用例文档有效时间（小时）

参考指标：平均 4.21 个用例/小时。

2）测试设计中工作质量相关指标

（1）需求覆盖率。计算测试用例总数之和除以与之一一对应的功能点数之和，主要查看是否有功能点遗漏测试的情况。

公式：Σ测试用例数（个）/Σ功能点（个）

参考指标：100%。如果连功能指标都不能满足 100%覆盖，起码说明测试不充分。这个指标收集起来相当困难，如果存在需求跟踪矩阵或者测试管理工具能把用例与需求一一对应就容易得多。

注意：有的功能是难以测试的，那么未能覆盖到的需求要综合分析，明确是测试人员遗漏？还是无法测试？这需要放入问题跟踪表中进行后续跟踪；另外，有的功能点包含的信息较多或者有的用例包含几个功能点，这时只能把重复的功能点或重复用例按一个计，难于区分的要做说明。

（2）文档质量。测试用例进行评审和同行评审发现的缺陷数，或者将此缺陷数除以文档页数算出比率。此指标考察测试人员文档编写的质量如何。

公式：Σ缺陷数（评审和同行评审）（个）/Σ测试用例文档页数（页）

参考指标：由于评审是发现的缺陷数是不固定的，因此，这个指标没有可供参考的数值。如果缺陷数大小不能直接用于比较就使用缺陷/页方式进行横向对比。

（3）文档有效率。使用测试用例文档进行测试时发现的系统测试缺陷数除以此文档页数。

公式：Σ缺陷数（系统测试）（个）/Σ测试用例文档页数（页）

参考指标：平均 2.18 个缺陷/页。

注意：如果存在测试人员在测试时创建新文档用于辅助测试时应包含这一部分。

（4）用例有效率。使用测试用例发现的全部缺陷除以测试用例数总和。这一指标是上一指标的补充指标，用于考察用例质量是否较高。

公式：Σ缺陷数（系统测试）（个）/Σ测试用例数（个）

参考指标：平均 0.59 个缺陷/用例，也就是说，每执行两个用例才得到 1 个缺陷，各工程有所不同，可以自己实践一下。

（5）评审问题数。是否存在对需求理解、系统架构设计、系统设计等方面引起争议的问题。体现出测试人员发现问题的深入层次，有利于产品质量的提高。

3）测试执行中工作效率相关指标

（1）执行效率。利用测试用例文档页数除以此次系统测试执行的时间总和（不包含用例文档编写时间）。补充指标方法是用例的个数除于此次系统测试的时间总和。用于获得工作中测试人员每小时执行测试的速度。

公式：Σ测试用例文档页数（页）/Σ执行系统测试的有效时间（小时）

Σ测试用例数（个）/Σ执行系统测试的有效时间（小时）

参考指标：平均 0.53 页/小时，1.95 个用例/小时。

即测试人员每小时执行半页测试用例或者每小时执行 2 个测试用例。通过横向比较，容易知道那位成员的执行效率较高。

注意：执行效率高的不代表测试质量也高，甚至执行效率和测试质量成反比，所以后面工作质量的指标会补充这一部分的偏离。实际结果表明，用例执行效率高的成员，其缺陷发现率往往偏低，考核如果不将此纳入进来也可以将其作为测试改进的一项重要数据进行收集。

（2）进度偏离度。检查计划时间和实际时间的进度，方法是计划时间差额减去实际时间差额除以实际工时总和，用于考察测试人员进度情况，监控测试是否按照日程进行，是否满足了工程的进度要求。

公式：Σ（计划开始时间−实际开始时间）+Σ（计划结束时间−实际结束时间）/总工时

参考指标：15%进度偏离是个相对的指标，可能偏离了 20 个工作日，但是对于一个长达半年时间的测试而言偏离天数比上整体测试所需天数不足 15%，可能偏离了 3 个工作日，但是对于一个只有 1 星期时间的测试已经超过了整个测试阶段所需天数的 60%。

注意：计算时分子分母要保持一致，即开始或结束时间已经去除了非工作日时间，则总工时也要去除非工作日时间。因为制订计划时是根据每个公司的工作日来制订的，也就是说，考虑了非正常工作日的日程。

测试进度也是考核很重要的一步，如果没有进度保证，所有的测试都存在风险，第一种方法是测试人员可以采用自下而上的方式向测试经理报告计划用时，这种方式风险比较少，个人根据自己能力大小确定，但是缺点是存在测试人员虚报可能性。另一种方法是测试经理进行估算后分配工作日程，这时估算是很重要的前提，除了依赖于测试经理的经验外，对评估结果进行同行评审是很客观可取的方法。

（3）缺陷发现率。测试人员各自发现的缺陷数总和除以各自所花费的测试时间总和。由于执行效率不能足够代表测试人员是否认真工作，那么，每小时发现的缺陷数就是重要的考核指标，你的工作可以通过这项指标得到反馈。

公式：Σ缺陷数（系统测试）（个）/Σ执行系统测试的有效时间（小时）

参考指标：平均 1.1 个缺陷/小时。假使有位测试人员没有达到 1 小时发现 1 个缺陷，那么，除非产品质量高、模块较小，否则，就是他的缺陷发现能力不如其他测试人员。当然，详细分类中可以根据发现重要缺陷的多少来定义缺陷发现能力。

4）测试执行中工作质量相关指标

（1）缺陷数。为了更客观度量，考虑到 Bug 的严重性、技术难度、产品类型、模块稳定性等因素影响，不是用“所发现的 Bug 数量”，而是用“所获得的 Bug value（缺陷值）”来度量。

公式被定义为：

Bug_value=（P0_Bug_Number×1.6+P1_Bug_Number×1.4+P2_Bug_Number×0.7+P3_Bug_Number×0.3）×Wd×Ws×Wt

其中：P0_Bug_Number：致命的（fatal）缺陷数量。

P1_Bug_Number：严重的（critical）缺陷数量。

P2_Bug_Number：一般的（major/normal）缺陷数量。

P3_Bug_Number：次要的（minor）缺陷数量；

Wd：技术难度系数，如 Database, Enterprise Server, Java 难度系数大，发现 Bug 不容易，Wd 可以定在 1.5～5.0。

Ws：稳定性系数，全新模块，Bug 比较多，发现缺陷比较容易；版本越高，越稳定。Ws 可以定在 0.5～1.0，假如以 version 10.0 为 1.0, Version 1.0 = 1/100, Version 2.0 = 4/10, Version 3.0 = 9/100, …, Version 8.0 = 64/100, Version 8.0 = 81/100。

Wt：产品类型系数，可根据实际情况和历史数据来判断。Wt 也可以和 Wd 合并为一个系数。

（2）有效缺陷数/率。被拒绝和删除的缺陷数总和，或者被拒绝和删除的缺陷数总和除以缺陷总数。这项指标用于考察测试人员发现的、被确认为缺陷的缺陷数高低或者百分比，数和比率越低测试质量越高。

公式：Σ缺陷数（系统测试中被拒绝和删除的）（个）

Σ缺陷数（系统测试中被拒绝和删除的）（个）/Σ缺陷数（系统测试）（个）

参考指标：平均 21.9 %（测试人员发现的每 100 个缺陷中平均有 22 个缺陷不被开发组确认、认为不是“缺陷”或者错误录入缺陷）。有效缺陷比率容易给出，但是有效缺陷数具体数据要根据项目情况，无法给出可参考的数值。

注意：这项指标可能有不正确的情况，假使缺陷被拒绝和被删除的原因不是因为测试人员误操作和需求理解等自身错误引起，而是系统本身不能实现或者数据错误引起的，那么就要考虑剔除这部分。对于测试人员发现系统框架根本性的、初始化参数设置错误引发的、错误数据、错误环境等而开发人员因无法修正、可以通过改变环境而无需修改程序、重新导入数据、再次发布从而拒绝或删除的缺陷，应给予此测试人员奖励。

（3）严重缺陷率。这个比例用于弥补缺陷发现率的不足。主要是根据严重程度分类的缺陷数比全部缺陷或者有效缺陷数。一般而言，每个公司基本把缺陷严重程度分为严重、一般和微小，或者更细（通常等级数为奇数）。另外，可以对缺陷严重程度进行折算（严重：一般：微小=1：3：5）通过折算可以得出权重，然后再计算测试人员分值。

公式：Σ严重/一般/微小/Σ缺陷数

Σ严重/一般/微小/Σ有效缺陷数

参考指标：严重～10% 一般～70% 微小～20%。

当测试人员发现的缺陷中严重错误比率越高，说明测试质量相对就好，通常严重程度缺陷数的分布呈正态分布。

（4）模块缺陷率。这个指标主要是根据一个单独测试模块的缺陷数除以模块本身功能点数得出来的。假使一个模块是单独测试的话，很容易可以和其他模块进行指标横向对比，参照对应的测试人员，得出所测试模块的缺陷数，可以考察测试人员测试水平，也为开发考核提供数据。

公式：Σ缺陷数（系统测试（个）/功能点（个）

Σ缺陷数（系统测试（个）/子功能点（个）

参考指标：平均 3.74 个缺陷/功能点 1 个缺陷/子功能点。

注意：有些功能点没有子功能点，计算子功能点时要进行说明。

（5）遗漏缺陷率。发布后的线上故障，现阶段测试相关的故障主要都是因为测试遗漏，有遗漏就说明我们的测试还是效率不高，可以改进。

公式：Σ遗漏缺陷数/（Σ遗漏缺陷数 + Σ遗漏版本发现缺陷数）

（6）Bug 发现的时间点，Bug 曲线的收敛性。理想的效率高的模式应该是前多后少，慢慢收敛的，如果前期 Bug 非常少，后期却发现大量 Bug，那我们的前期效率就有问题。

（7）缺陷定位和可读性。可读性内容包括 Bug 描述的规范性，分优秀、良好、普通与不合格，描述是否清晰，问题定位的附件是否完备等。如果一个测试人员只会通过页面将现象表达出来，而无法定位这种现象是由什么引起的，或者无法定位该缺陷到底错在何处，那么可以判定测试人员只是做了简单的表面测试，并没有对所发现问题进行分析定位。

3．对自动化测试人员效率的度量

（1）自动化测试的引入和使用是否合理，不是每个项目都适合做自动化的，自动化并不能保证效率的提高，用 5 个小时开发的自动化脚本来替代 3 个小时的手工测试并不合算，自动化测试需要评审，按照项目的大小不同，必要的情况下才引入自动化测试。

（2）自动化测试，特别是性能测试结束之后，我们要分析部分测试结果，测试结果的分析水平，也可以作为衡量测试效率的一个指标。

4．对测试项目负责人效率的度量

（1）测试是否提早介入项目。例如 FRD 阶段就介入，越早介入，越有利于测试，使测试人员更加熟悉整个项目，使问题早暴露，提高整体效率。

（2）开发提交测试的时候，标准是否合理，把关是否严格。如果开发的质量不行，坚决要退回，不然会影响测试的效率和进度。

（3）测试计划阶段，评价测试计划的合理性。包括任务细化，细化的程度是否合理，任务顺序，资源安排，任务分配合理，风险预估等等。

（4）项目结束后，评价项目进行阶段中负责人的跟进情况，特殊情况处理，风险触发之后的处理，资源协调、信息收集、共享、沟通、配合等。

5．测试管理的度量

（1）计划质量。测试计划的评审缺陷数或比率，可以与其他同类型项目或数据库平均指标进行对比。

Σ缺陷数（评审和同行评审）（个）/Σ测试计划文档页数（页）

（2）成本质量。成本度量主要放在工作量这块。因为无论涉及工资还是奖金，都要和工作量挂上关系。成本质量主要是对测试活动的计划工作量总和比上实际的工作量数值总和。对测试人员考核的进度偏离已经考虑了进度因素，而工作量涉及的是成本因素。

公式：Σ测试活动计划工作量（估算人日）/Σ测试活动的实际工作量（人日）

参考指标：原则上不能偏离计划的±15 %～±20 %。实际上，这个指标是对成本的一种度量。对于一个大的项目来说，估算值往往差距非常大，阶段统计时可能有±500 %！这时调整计划是很必要的，在最终阶段取考虑计算平均估算值。一个测试经理必须对完成任务的成本进行有效控制。这两项指标是相对容易量化的部分，而需要添加其他量化指标需要综合考虑由项目经理和测试部部门经理给出标准，例如管理用时比率（整个项目测试期间管理时间占整个项目测试总时间）、系统整体缺陷数与其他同类型项目或数据库平均指标进行对比等。

6．考核注意事项

（1）项目并不是一个月就能完成的，如每月进行考核，要考虑“可考核部分”为哪些，挑选那些指标能够横向对比，然后分阶段、分任务评定。

（2）参与测试的时间长短也要给予重视，除了上述量化指标外，测试人员整体投入时间长短也是很重要的，加班也要作为特殊考虑因素，也许某个测试人员只参加了测试执行3小时，各项指标都是良好的，但是不可能给他比其他参与时间更长的人员更多的分数。这部分就是增加调整系数的原因。

（3）测试经理的测试设计和执行部分和项目测试人员一起考核，但是测试管理工作要单独考核，作为另外的加分，或者如文章前面所述纳入项目组给予考核。因为测试经理在项目测试中起着管理者和质量保证负责人的角色，不要把他和其他测试工程师平等对待。

（4）考核前要考虑项目的实际情况，不要盲目地轻易承诺测试组人员考核会和薪金或者淘汰机制挂钩，否则考核会起到反效果。

作为考核者要注意以下比例，也许有些没有列入考核内容，但是如下这些点可以指导测试。

- 测试团队发现的Bug和所有Bug之间的比例。
- spec设计造成的Bug。
- 重复或者误提交的Bug所占的比例。
- 每周发现的Bug的趋势图。
- Bug严重等级的构成比例。
- Bug从提交到解决的平均需要时间。
- Bug从解决到关闭的平均需要时间。

项目组测试人员考核的主要目的是在于激励测试组测试人员工作，鼓励能者，鞭策落后；另外，还可以起到发现人才和查找不足的作用。考核中即要体现多劳多得的原则，也要体现公正性和合理性原则，奖罚分明才能有效促使质量管理工作的进步。

要想考核得到满意的效果，上述方法的重要的前提条件是：必须要在项目中充分收集相关的数据，包括采集缺陷数，记录工时、提交详细工作日志和进行文档配置管理，没有这些数据，定量分析就无从谈起，测试人员考核也无从谈起。

23.4 本章练习

（1）测试管理是为了实现 测试工作预期目标 ，以 测试人员 为中心，对 测试生命周期 及其所涉及的相应资源进行有效的 计划 、组织、领导和 控制 的协调活动。

（2）测试管理的主要内容有哪些？

答：测试管理的内容按照管理范围和对象，一般可分为测试部门管理和测试项目管理两种。测试部门管理包含部门日常事务、部门人员、部门下属项目、部门资产等的跟踪及管理工作。测试项目管理包含测试人员管理、测试计划及测试策略的编写、测试评审的组织、测试过程的跟进、测试内部和外部的沟通协调、缺陷跟踪等。

（3）对项目的测试风险进行评估管理时，主要考虑哪些风险因素？

答：测试风险主要包括需求风险、测试用例风险、缺陷风险、代码质量风险、测试环境风险、测试技术风险、回归测试风险、沟通协调风险和其他不可预计风险。以上是测试过程中可能发生的风险，其中有的风险是难以避免的，如缺陷风险等。有的风险从理论上可以避免，但实际操作过程中出于时间和成本的考虑，也难以完全回避，如回归测试风险等。

（4）如何对测试人员进行绩效考核？

答：测试考核基于测试过程进行，因此必须在测试过程结束之后才能进行。由于工程是分布提交测试的，每月可以根据实际情况进行月考核，工程结束后或任务结束后再统一考核。可以从测试人员的工作态度（如工作责任心和工作积极性）、工作职责与期望达成度、工作内容、工作效率与工作质量等方面进行综合考核。

（5）软件测试模型主要有哪些？软件开发模型主要有哪些？

答：软件测试模型主要包括 V 模型、W 模型、H 模型、X 模型、H 模型和前置测试模型等；软件开发模型主要包括瀑布模型、原型模型、螺旋模型、增量模型和 RUP 模型等。

（6）软件开发的螺旋模型的原理是什么？简述螺旋模型的优缺点？

答：螺旋模型采用一种周期性的方法来进行系统开发，该模型是快速原型法，以进化的开发方式为中心，在每个项目阶段使用瀑布模型法。这种模型的每一个周期都包括需求定义、风险分析、工程实现和评审 4 个阶段，由这 4 个阶段进行迭代。软件开发过程每迭代一次，软件开发又前进一个层次。

优缺点：螺旋模型支持用户需求的动态变化，为用户参与软件开发的所有关键决策提供了方便，有助于提高目标软件的适应能力，并且为项目管理人员及时调整管理决策提供了便利，从而降低了软件开发风险。螺旋模型需要开发人员具有丰富的风险评估经验和很强的专业知识，螺旋模型只适合于大规模软件项目。

（7）白盒测试必须遵循哪些原则？

答：采用白盒测试方法必须遵循以下几条原则，才能达到测试的目的：

- 保证一个模块中的所有独立路径至少被测试一次；
- 所有逻辑值均需测试真（true）和假（false）两种情况；
- 检查程序的内部数据结构，保证其结构的有效性；
- 在上下边界及可操作范围内运行所有循环。

（8）对系统进行并发测试时，如何确定并发用户数？

答：想确定用户并发数，必须知道系统所承载的在线用户数。我们可以关注用户的总量、用户平均在线数值、用户最高峰在线数值，通过这些用户数来推算出并发用户数。

例如，公司 OA 系统账号或者总用户有 2000 人，最高峰在线 500 人，但是这 500 人并不是作为并发用户存在的概念，即并不表示服务器实际承载的压力。有可能 40%的用户关注的是首页新闻公告板之类（注意看新闻这个阶段是不能造成服务器的压力），20%的用户在查询资料或者操作表格，20%用户在发呆，20%在页面之间跳转。在这种情况下，只有真正 20%用户的查询或操作表格才会对服务器造成实质的影响，我们将这个查询、操作表格作为一个业务范畴来说，直接将这部分业务并发用户称为并发用户数。

（9）什么是集成测试？什么是系统测试？它们有什么区别？

答：集成测试是在单元测试的基础上，将所有模块按照设计要求（如根据结构图）组装成子系统或系统进行的测试活动。集成测试关注的是模块间的接口，接口之间的数据传递关系，单元组合后是否实现预计的功能，其目的是要找出在模块接口上面，包括整体体系结构上的问题，其测试的依据来自系统的高层设计（架构设计或概要设计）。

系统测试是对已经集成好的软件系统进行彻底的测试，以验证软件系统的正确性和性能等是否满足其规约所指定的要求。系统测试的对象不仅仅包括需要测试的产品系统的软件，还要包含软件所依赖的硬件、外设甚至包括某些数据、某些支持软件及其接口等。

系统测试更多程度上是站在用户的角度上对系统做功能性的验证，同时还对系统进行一些非功能性的验证，包括压力测试、安全性测试、容错测试、恢复性测试等。

（10）什么是性能测试？性能测试包括哪些测试类型？它们有什么区别？

答：

① 性能测试是检查系统是否满足需求规格说明书中规定的性能要求。在系统测试阶段，性能测试通常是和强度测试结合起来进行，并通常要求同时进行硬件和软件的检测。性能测试执行时，注意观察资源使用率，资源率必须控制在 50%以下，当大于 50%以上时说明硬件或软件运行已占用空间太大，不符合一般情况。

② 性能测试包括负载测试、压力测试和稳定性测试，其中压力测试又包括并发测试和大数据量测试。

负载测试又叫强度测试，是通过逐步增加系统负载，测试系统性能的变化，并最终确定在满足性能指标的情况下，系统所能承受的最大负载量的测试。负载测试也是检查在系统运行环境不正常到发生故障的情况下，系统可以运行到何种程度的测试。

压力测试是为了发现在什么条件下应用程序的性能会变得不可接受。压力测试包括并发测试和大数据量测试。并发测试主要指当测试多用户并发访问同一个应用、模块、数据时是否产生隐藏的并发问题，如内存泄漏、线程锁、资源争用等问题，几乎所有的性能测试都会涉及并发测试，其目的不是为了获得性能指标，而是为了发现并发引起的问题。大数据量测试包括独立的数据量测试和综合数据量测试两类。独立的数据量测试指针对某些系统存储、传输、统计、查询等业务进行的大数据量测试。综合数据量测试指和压力性能测试、负载性能测试、稳定性性能测试相结合的综合测试。大数据量测试主要是针对对数据库有特殊要求的系统进行的测试。

稳定性测试，也叫疲劳强度测试。通常是采用系统稳定运行情况下的并发用户数，或者日常运行用户数，持续运行较长一段时间，保证达到系统疲劳强度需求的业务量，通过综合分析交易执行指标和资源监控指标，来确定系统处理最大工作量强度性能的过程。

第 24 章　项目管理成熟度模型

24.1　项目管理成熟度模型概述

项目管理成熟度表达的是一个组织（通常是一个企业）具有的按照预定目标和条件成功地、可靠地实施项目的能力。严格地讲，项目管理成熟度应该指的是项目管理过程的成熟度。

项目管理成熟度模型作为一种全新的理念，为企业项目管理水平的提高提供了一个评估与改进的框架。项目管理成熟度模型在基于项目管理过程的基础上把企业项目管理水平从混乱到规范再到优化的进化过程分成有序的多个等级，形成一个逐步升级的平台。其中每个等级的项目管理水平将作为达到下一更高等级的基础，企业项目管理成熟度不断升级的过程也就是其项目管理水平逐步积累的过程。借助项目管理成熟度模型，企业可找出其项目管理中存在的缺陷并识别出项目管理的薄弱环节，同时通过解决对项目管理水平改进至关重要的几个问题，来形成对项目管理的改进策略，从而稳步改善企业的项目管理水平，使企业的项目管理能力持续提高。

项目管理成熟度模型的要素包括改进的内容和改进的步骤，使用该模型用户需要知道自己现在所处的状态，还必须知道实现改进的路线图。项目管理成熟度模型有以下三个基本组成部分，如图 24-1 所示。

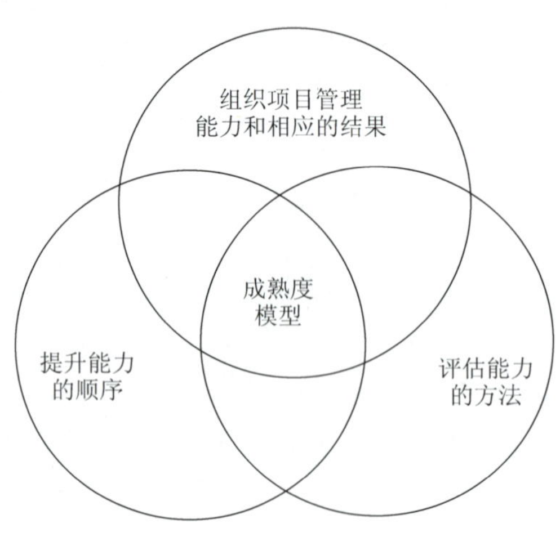

图 24-1　成熟度模型的构成

目前成熟度模型总数超过了 30 种。其中，以美国卡内基·梅隆大学软件研究院（SEI）提出的 CMM 模型、美国项目管理学会 PMI（Project Management Institute）从组织级项目管理层面提出的 OPM3（Organization Project Management Maturity Model）、著名项目管理专家 Harold Kerzner 博士提出的项目管理成熟度模型 K-PMMM 和 FM solution 提出的项目管理成熟度模型 FMS-PMMM 等最为有名。

CMM 已经发展成为 CMMI（C Maturity Model Integration），在 24.3 节将做详细介绍。OPM3 在 24.2 节有详细介绍。这里介绍一下 Harold Kerzner 博士提出的项目管理成熟度模型 K-PMMM。

Kerzner 提出的项目成熟度模型分为 5 个梯级（如图 24-2 所示）：

（1）通用术语（Common Language）：在组织的各层次、各部门使用共同的管理术语。

（2）通用过程（Common Processes）：在一个项目上成功应用的管理过程，可重复用于其他项目。

（3）单一方法（Singular Methodology）：用项目管理来综合 TQM、风险管理、变革管理、协调设计等各种管理方法。

（4）基准比较（Benchmarking）：将自己与其他企业及其管理因素进行比较，提取比较信息，用项目办公室来支持这些工作。

（5）持续改进（Continuous Improvement）：从基准比较中获得的信息建立经验学习文档，组织经验交流，在项目办公室的指导下改进项目管理战略规划。

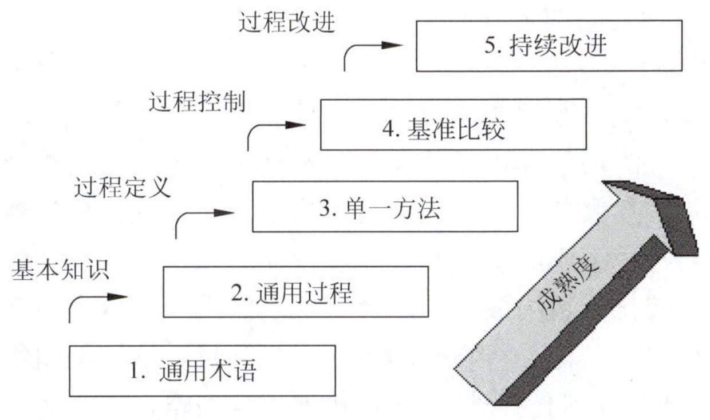

图 24-2　Kerzner 模型的 5 个梯级

每个层次都有评估方法和评估题，可以汇总评估本梯级的成熟度，分析不足和制订改进措施，确定是否进入下一梯级。

24.2　OPM3

24.2.1　组织级项目管理成熟度模型 OPM3 概述

组织级项目管理成熟度模型 OPM3 是灵活和可扩展的，有益于不同类型、规模、复杂度、地域的组织。它可在大部分时间支持大多数组织，不论其时间阶段、成熟度或其他因素如何。

OPM3 包含来自广泛的行业和地区的组织级项目管理社团的集体经验。OPM3 识别和组织了被普遍接受和证明的组织级项目管理实践。OPM3 框架提供了评估一个组织的实践对比 OPM3 最佳实践的过程。评估结果——并非指定——指引一个组织进行相关改进。这些结果使组织能够对潜在的变革措施做出明智的决策。

OPM3 有助于组织达到实现一定水平的绩效和效益，或者持续提高组织竞争力和赢利能力这样的目标。

应用 OPM3 所获得的关键利益包括（但不限于）：

- 更大的市场份额。
- 提升竞争优势。
- 提升客户满意度和黏度。
- 缩短投入市场时间。
- 提高生产效率。
- 运营效益。
- 可预测交付绩效。
- 降低成本和返工。
- 增强战略和执行之间的关联性。

1．OPM3 的目的

日益加速的变化伴随不断提高的经济和全球竞争的复杂性，要求高管们重新审视他们的战略以满足干系人的期望和市场的需求。更完善的战略需要重新聚焦于开发产品、改进运营效益及增强客户服务。然而，定义战略本身不能保证成功或满足市场需求。确切地说，高管们需要关注组织的敏捷和项目管理能力以保证成功。组织应该寻找通过基于项目的机制把战略转化为组织成功的途径。成功的组织培育交付单个项目和项目集的环境；同时创建一种组织文化，将临时的工作视为项目。这样的组织通过管理项目和项目集来支持组织的目标。他们的目标是选择传递组织战略，产生更好的绩效、更好的结果和持续竞争优势所需要的具体措施。为此，组织需要知道与特定的组织级项目管理相关的、证明是一贯有效的实践、知识、技能、工具和技术。另一个方法是通过识别改进所需的能力和创建针对实现具体所需改进的路线图，来对比组织的组织级项目管理现状与业界实践。

《组织级项目管理成熟度模型（OPM3）》（第 3 版）建立了战略与项目组合、项目集和项目管理关联的基础。OPM3 描述了组织级项目管理成熟度模型中的重要组件，并提供了一个项目组合、项目集和项目管理支持获得最佳实践的组织级视角。另外，OPM3 阐明了怎样应用最佳实践帮助实现组织改进。最佳实践是当前在给定行业公认的、达成既定目标或目的的方法。

2. 组织级项目管理 OPM

组织级项目管理是一个战略执行框架，利用项目组合、项目集和项目管理及组织运行潜能实践，自始至终地、可预测地交付组织战略，以产生更好的绩效、更好的结果和持续的竞争优势。

OPM 致力于集成如下内容。

- 知识（项目组合、项目集和项目过程的知识）。
- 组织战略（使命、愿景、目的和目标）。
- 人（有胜任能力的资源）。
- 过程（过程改进各个阶段的应用）。

术语“组织”不一定是指整个公司、机构、协会或社团，它可以是一个整体中的业务单元、职能小组、部门或分支机构。如果说一个个项目被认为是战术，那么 OPM 则可以被定义为战略（见图 24-3）。

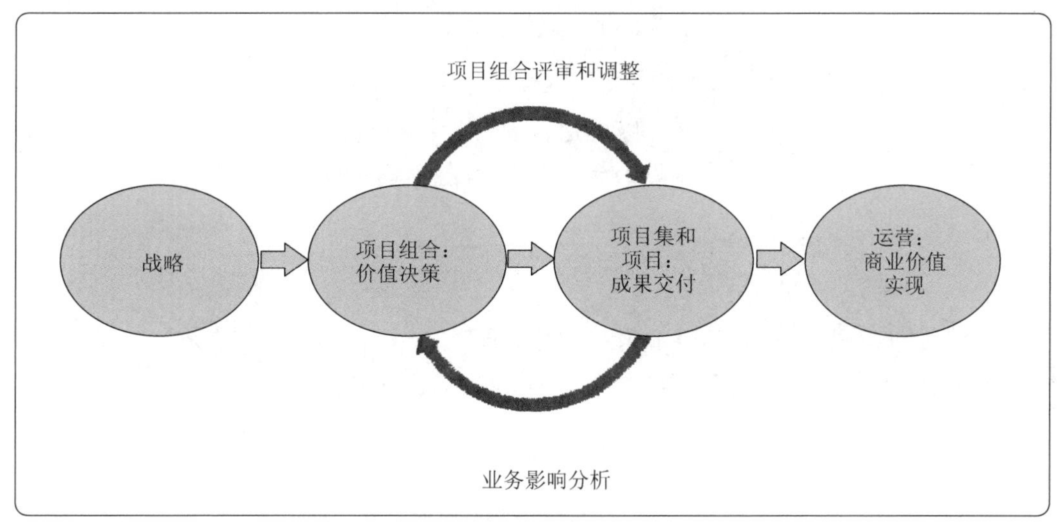

图 24-3　组织级项目管理

以战略驱动，OPM 保证了项目组合与一系列的项目集和/或项目的一致性，以落实组织相应的价值决策和组织利益。项目组合定期进行评审，随市场条件或战略变化调整。项目组合的业务影响分析指导项目组合评审，并随交付成果需要或当其他工作使其必须修订时被调整。这些结果直接关联商业价值的实现。价值绩效分析的反馈影响组织战略。

下面介绍 OPM 和组织战略的关系。

组织战略是在战略规划周期中，愿景和使命被转化为战略规划的结果。然后，根据市场动态、客户和合作伙伴的需求、股东、政府法规、资源能力及竞争计划和行动的影响，战略规划被细分为一组措施，这些措施在执行规划期间构成战略和运营的项目组合。

OPM的概念如同在图24-4中的描述，它与一个组织项目组合、项目集和项目管理的组织能力，以及实施战略、愿景和使命时的组织有效性相互关联。OPM主动地把组织的项目组合、项目集和项目与它的业务战略及支持业务目标相关联。

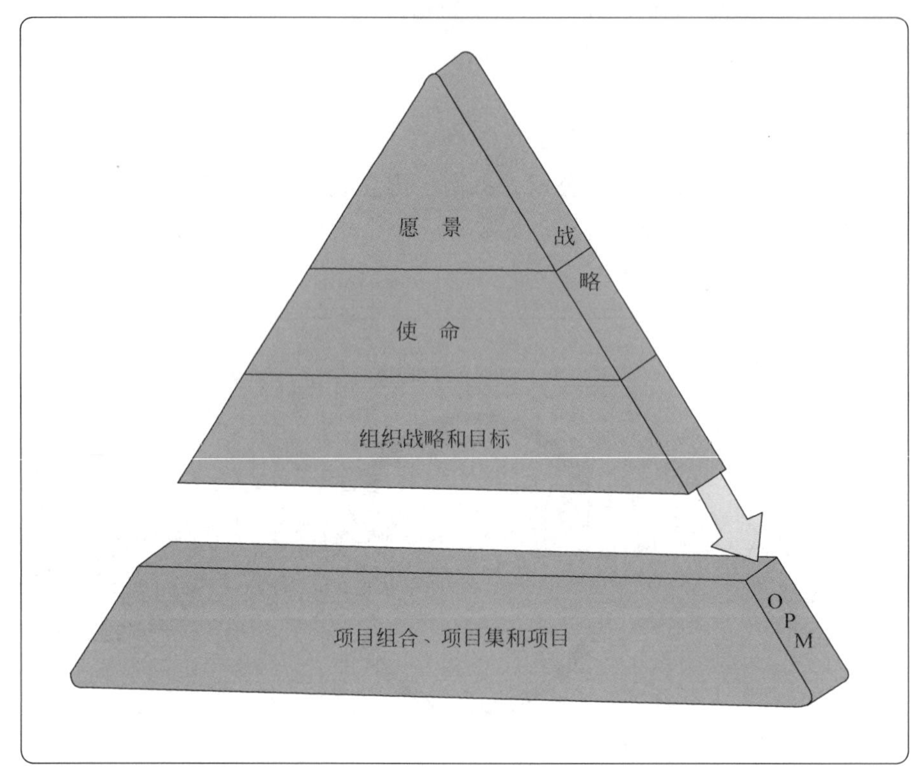

图24-4 OPM和组织战略的关系

3．OPM3是什么

OPM3通过清晰关联的项目组合、项目集和项目提供了一个交付战略的途径。OPM3通过开发项目组合、项目集和项目能力（干系人参与、估算、进度计划和管理等）有效地提升了人力资本的使用。OPM3把项目组合、项目集和项目领域过程转化为高质量的交付过程，这些过程容易理解、稳定、可重复和可预测。OPM3特别强调更灵活、更具适应性和改进管理系统的机会。

OPM3是灵活的、可扩展的，它支持不同类型、不同规模、不同复杂度、不同地域的组织，而无须考虑年限或成熟度。OPM3有益于组织、管理、治理主体、项目组合、项目集或项目管理办公室、OPM顾问、过程改进专家、变革先锋、部门管理者和那些从事项目管理活动的人员。

4．项目组合管理、项目集管理、项目管理和组织级项目管理的关系

为了更好地理解项目组合、项目集和项目管理，认识到它们之间的相似性和不同点是非常重要的，这也有助于理解它们是怎样和组织级项目管理（OPM）进行关联的。OPM是一个战略执行框架，利用项目组合、项目集和项目管理及组织运行潜能实践，自始至终地、可预测地交付组织战略，以产生更好的绩效、更好的结果和可持续的优势。

项目组合、项目集和项目管理均需符合组织战略，或者由组织战略驱动。反之，项目组合、项目集和项目管理又以不同的方式服务于战略目标的实现。项目组合管理通过选择正确的项目集或项目，对工作进行优先排序，以及提供所需资源，来与组织战略保持一致。项目集管理对项目集所包含的项目和其他组成部分进行协调，对它们之间的依赖关系进行控制，从而实现既定收益。项目管理通过制订和实施计划来完成既定的项目范围，为所在项目集或项目组合的目标服务，并最终为组织战略服务。 OPM 把项目、项目集和项目组合管理的原则和实践与组织驱动因素（如组织结构、组织文化、组织技术、人力资源实践）联系起来，从而提升组织能力，支持战略目标。组织首先度量其能力，然后规划并执行改进措施，以系统化地达成最佳实践的目标。

一个实施了 OPM 的组织能通过采用已识别的最佳实践改进它的过程，以获得项目组合、项目集和项目一致的支持战略目标的成功。

5．组织级问题和项目管理

在传统的组织中，决策和达成组织目标的职责被分配成运营功能。有着不同头衔的高管们，如首席运营官、首席技术官、首席信息官、首席财务官、战略规划顾问等，建立目标和目的，以及制定达成目标和目的的战略。高管们希望从计划和待定的项目中选择，以创建一个项目的混合，在已提出的战略、组织风险容许和组织资源（如人员和资金）约束的范围内最大限度地支持组织目标的实现。

项目管理需要深思熟虑的规划和行动来营造成功的条件。这需要实施战略、领导力、目标、过程、技能、体系、问题处理及架构去指导和开发项目工作的动态特性。然而，当战略从董事会会议室回到办公室和市场时，利用项目管理交付的能力就经常被忽视。实施有效的　项目管理能使组织满足它们的战略和运营目标。

这里有几个对项目成功必不可少的条件，这些条件适用于所有项目，无论是与顶层战略业务还是与运营相关的项目。

6．商业价值

商业价值是一种理念，它对每个组织来说都是独一无二的。商业价值被定义为商业的全部价值：所有有形和无形要素的总计。有形要素的例子包括货币资产、固定资产、股权和公共设施；无形要素的例子包括信誉、品牌认知、公益和商标权。在不同的组织中，商业价值范围可能是短期、中期或长期的。价值可以通过持续运营的有效管理创造。无论如何，通过有效使用项目组合、项目集和项目管理，组织拥有通过使用已建立的可靠的流程来满足战略目标和从项目投资获得更大商业价值的能力。虽然不是所有组织都是业务驱动的，但是所有组织都实施业务相关的活动。无论组织是政府行政部门还是非营利性组织，所有组织都关注为它们的活动获得商业价值。

成功的商业价值从全面战略规划和管理开始实现。组织战略能通过组织使命和愿景被呈现，包括市场导向、竞争和其他环境因素。有效的组织战略除提供明确的发展和壮大方向之外，还提供成功的绩效标准。为了搭建组织战略和成功实现商业价值之间的桥梁，使用项目组合、项目集和项目管理技术是必需的。

项目组合管理将组件（项目、项目集或运营）与组织战略保持一致，组织成项目组合或子项目组合来优化项目或项目集的目标、依赖关系、成本、时间表、利益、资源和风险。这允许组织有一个全景视图描述战略目标怎样反映在项目组合中，怎样建立适当的治理结构，以及怎样基于期望的绩效和利益授权人力、财务或材料资源分配。

利用项目集管理，组织有能力协调多个项目以优化和整合成本、进度计划、效能及利益。项目集管理侧重项目的相关性，并且帮助确定管理和实现期望利益的优化机制。

通过项目管理，组织有能力应用知识、过程、技能、工具和技术，提高项目在更广的范围内成功的可能性。项目管理关注成功交付产品、服务或成果。在项目集和项目组合范围内，项目是取得组织战略和目标的一种手段。

组织通过加强组织运行潜能，如架构、文化、技术和人力资源实践，进一步促进这些项目组合、项目集和项目管理活动的一致性。通过持续实施项目组合战略的调整和优化，执行业务影响分析，并发展健康的组织运行潜能，组织可以取得项目组合、项目集和项目层次域范围内的成功飞跃，并进行有效投资管理和实现商业价值。

7. 干系人

因为关键决策人员没有被有效识别出来或没有积极参与项目战略和方向的决策，所以项目经常失败。干系人是个人、小组或组织，他们可以影响、被影响，或者自我感知被一个决定、活动或项目组合、项目集或项目的成果所影响。很多干系人在任何成功的项目或项目集中提供有价值的输入，并发挥至关重要的作用。他们也有能力基于他们的感知去正面或负面影响项目的目标。所以，识别关键干系人，并理解他们的职位、影响和权力源头是必须的。干系人可以是组织内部或外部的。在组织内部，干系人覆盖所有组织层级。应该有规律地更新干系人列表和影响因素。

OPM3 活动中的关键干系人包括，但不限于如下所列：

- OPM3 实践者。OPM3 实践者是一名组织级项目管理成熟度评估和改进方面的主题专家，他为组织评估项目管理能力并制订一个关注最佳实践的改进计划，组织应该基于优先级、可获得性、利益和成本实施这些最佳实践。
- 项目集主管。拥有项目集的行政所有权的人。
- 项目集经理。负责管理项目集的人。
- 项目经理。负责管理项目的人。

- 发起人。一个人或小组，提供项目、项目集或项目组合的资源和支持，对整体的成功负责。
- 客户。个人或组织，促进新能力的使用和支持投资。
- 受益人。个人或组织，从新能力的使用中受益。
- 执行组织。执行工作的群组。
- 项目管理办公室（PMO）。被赋予了不同职责的组织主体，这些职责关系到项目组合、项目集和项目的集中与协调管理。
- 治理委员会。负责保证目标达成，并提供应对风险和问题支持的群体。
- 供应商。为组织提供货物和服务的个人和组织。
- 政府管理行政部门。将政策、法律、制度或指南强制执行的权威部门。
- 竞争对手和潜在客户。对组织的产品、服务和绩效有兴趣的竞争对手和潜在客户。
- 群体。消费者、环境或者其他利益方代表。

8．OPM3 实践者知识和技能

为了使对组织的评估或改进工作成功，一名 OPM3 实践者应该有如下所有领域的专业能力。

- PMI 项目组合、项目集和项目标准的最新版的知识。一名 OPM3 实践者需要有使用项目组合、项目集和项目管理方法和技术的专业能力，包括定性的和定量的度量技术。
- 过程管理和持续过程改进。无论组织的大小和复杂度怎样，OPM3 实践者都应该在过程定义、开发、维护、控制和改进方面具备能力。
- 战略一致性。OPM3 实践者需要理解组织的战略目标和优先级，以及项目组合、项目集和项目是如何支持它们的。
- 执行评估的能力。一名有效的 OPM3 实践者需要如何进行评估的培训。
- 得出结论和提出建议的能力。一名有效的 OPM3 实践者需要在执行评估时怎样得出结论和提出建议的相应培训。
- 协调干系人的能力。一名有效的 OPM3 实践者能通过和不同层级人员的互动来理解和影响他们的期望。
- 咨询经验。一名 OPM3 实践者需要拥有商业头脑。OPM3 实践者应该有相关市场、客户基础、竞争、趋势、标准、法律和监管环境及适当的行为准则方面的知识。OPM3 实践者需要善于与高管、经理、项目经理和项目集经理以及其他内外部干系人一起工作，恰当地面对不同人员和角色。
- 业务技能。一名有效的 OPM3 实践者需要拥有相关的治理、风险和合规、利益管理、范围管理、资源管理和财务管理方面的技能。OPM3 实践者需要拥有在沟通、团队建设、规划、冲突处理、合同谈判、会议掌控、决策制定及消除组织级障碍以获得成功方面的良好技能。OPM3 实践者还需具有适应从专制到合议制的不同类型的组织决策模型的能力。

- 风险管理。一名有效的 OPM3 实践者应该精通对机会和威胁的管理。
- 组织变革管理。一名OPM3实践者应该能理解一个OPM3活动是如何影响其组织的。

24.2.2 OPM3 基本概念

1. 组织级项目管理描述

组织级项目管理（ OPM ）是一个战略执行框架，利用项目组合、项目集和项目管理及组织运行潜能实践，自始至终地、可预测地交付组织战略，以引导实现更好的绩效、更好的结果和可持续的竞争优势。 OPM 是人员、知识和过程的集成，它基于目标市场价值战略，以贯穿所有层次域的工具做支撑。使用“集成”这个词，源于 OPM 是知识、过程、人员及支持工具的适度平衡。

图 24-5 描述了一个横跨所有组织级项目管理层次域的系统方法，包括如下内容。

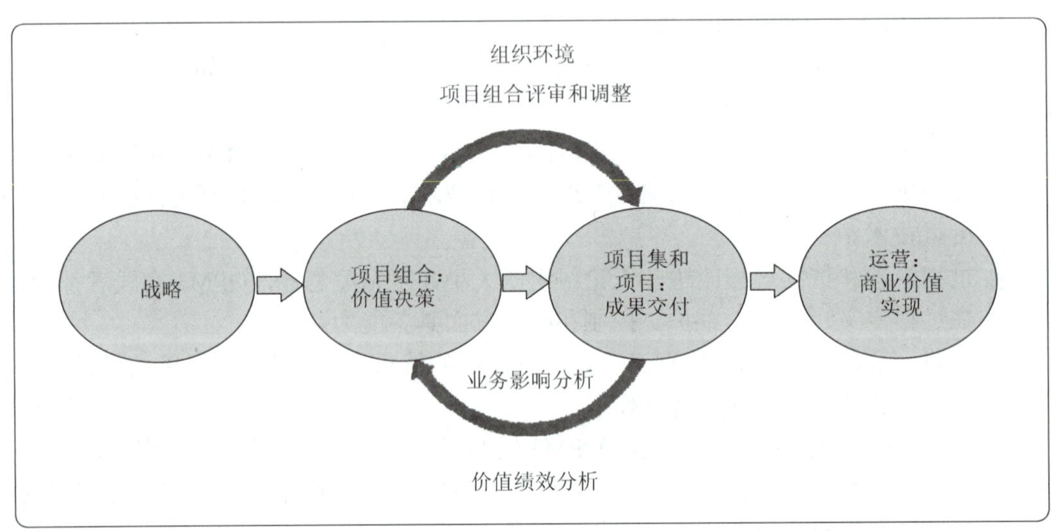

图 24-5 组织级项目管理

- 战略。创建一个支撑组织战略执行的组织环境。
- 项目组合：价值决策。分解战略转化为措施，并协调组织资源，通过严谨的商业价值决策过程执行组织战略。
- 项目集和项目：成果交付。通过可预测业务成果交付体系，为预期的商业价值制订措施。
- 运营：商业价值实现。通过商业价值实现过程，实施措施并度量商业价值。
- 业务影响分析。从业务决策过程分析影响和价值，并提供业务成果数据。
- 项目组合评审和调整。基于商业价值实现和成果数据，评审和调整项目组合组件。

- 价值绩效分析。为了提供商业价值的真实数据，要从商业价值的实现追溯到组织的战略。

图 24-5 指出了之前描述的组织级项目管理的能力。每个组织级项目管理层次域包含多个过程，把它们转化成特定的能力，组织为改进成熟度和获得更成功的战略执行应该拥有这些能力。另外，组织需要施展能力的环境，以支撑 OPM 交付战略的方法。

这个方法基于组织价值战略，为目标市场量身定制。每个组织都有独特的愿景、使命和一系列战略，这些传达了组织的信仰——组织为何存在，组织打算为客户和其他干系人完成什么。这些因素是组织的指导原则，并且所有行动都需要与这些原则一致以使组织获得成功。因为组织级项目管理表述了很多能力，每个组织需要决定哪个 OPM 能力对组织在行业范围内的竞争中实现其战略价值是必需的。例如，某个国家的一个银行不需要与不同国家的某个银行或其他国家的某个软件开发组织完全相同的能力。

OPM 表明仅仅执行项目组合、项目集和项目管理不足以一贯地取得成果或维持竞争优势。正如一个组织即使有准备充分的专业人员，如 MBA、注册会计师和 PMP 证书持有者，也并不足以保证获得更好的成果。支撑战略发展框架的业务实践的实施、适当的自我过程改进也不能保证获得更好的成果。更好的成果来自战略执行，即正确的人使用正确的过程，并且为了改进而度量和控制过程。

组织级项目管理是一个战略执行框架，利用项目组合、项目集和项目管理及组织运行潜能实践，自始至终地、可预测地交付组织战略，以产生更好的绩效、更好的结果和可持续的竞争优势。

2．在 OPM 上的投资

以往多次提到，组织由于面临危机而在项目管理方面进行投资，这个危机发起一次关于项目管理的会谈，并导致小规模的战术投资，以避免下一次危机，或显示从上次危机中得到的改进。这些战术投资包括诸如以下内容。

- 项目管理能力发展。
- 项目管理培训。
- 实施工具。

虽然每种战术解决方案都提供了一定的改进，并快速产生一些成果，然而这些解决方案大部分时候不能处理组织所面临的真正问题，这些战术有时候能支持个别项目成功，而在交付组织战略方面的项目中并不一定成功。

对项目管理投资需要细心考虑到组织战略目标和业务驱动力。

- 寻找一个运营效率战略的组织，可能希望增强对交付预算的控制。
- 遵循一个客户亲密度战略的组织，可能希望改进市场营销和交付团队之间的一致性。
- 遵循一个产品创新战略的组织，可能最关心其上市时间、创新和创造性。

- 追求经济增长的组织，显然注重价值实现，包括增长性、信誉度提高、市场份额和客户黏度。

OPM 寻求从因危机而投资到为了创造组织价值而积极主动投资的改变。在形成符合这种挑战性的文化时，组织要有耐心。转变为后一种投资方式的组织比使用传统投资方式的组织更能收获积极主动调整战略和更好执行战略的利益。

3．组织级项目管理成熟度模型

1）组织级项目管理成熟度模型组成

OPM3 由很多要素组成，OPM3 把项目组合、项目集和项目领域过程转化为高质量的交付过程，这些过程容易理解、稳定、可重复和可预测。

2）层次域

组织级项目管理由三个层次域组成：项目组合、项目集和项目。这些层次域在如下标准中有详细解释。

- 《项目组合管理标准》描述了项目组合管理实践。在 OPM3 上下文中，项目组合管理描述了一个过程，此过程通过其他业务规则建立了一个将业务战略分解到活动以交付商业价值的机制。
- 《项目集管理标准》提供了在组织中进行项目集管理的指南，它定义了项目集管理、绩效域和相关概念；描述了项目集管理生命周期及相关的活动和过程的概要内容。
- 《项目管理知识体系指南》描述了单一组件成功交付其受委托的商业价值所需要的过程。

这些标准为每个层次域提供了良好的实践。 OPM3 对这些良好实践应用质量概念以创造最佳实践。

3）组织运行潜能（Organizational Enablers，OE）

组织环境应该支持组织级项目管理的战略执行框架。这种支持作用转化为一系列的最佳实践，这些最佳实践描述了支持 OPM 的能力。可以把组织运行潜能最佳实践归类为 18 个群组。不同类型的组织运行潜能最佳实践包括，但不限于：

（1）架构。组织架构有很多不同的形式。一些是基于职能、地理区域、产品、服务线或其组合的架构。这些架构驱动员工、资源分配和战略一致性之间的报告关系。架构运行潜能帮助组织建立战略一致性和基于组织架构的资源分配，这些都有效地支持了组织级项目管理。

（2）文化。组织内人员理解组织的文化程度不同。他们理解人们怎样一起努力来完成工作。一个组织的文化是根深蒂固的，它需要花很大的努力去改变。为了 OPM 能在组织范围内获得成功，组织的文化需要包含项目组合、项目集和项目管理。高管们可以通过建立治理、政策和远景，作为发起人而不仅仅是一名管理者行动，以及支持共享和利用 OPM 最佳实践的社团来构建这种文化。

（3）技术。技术帮助组织更好、更快和更低成本地执行其他手动任务。它也能激励重用良好的实践和技术，改进知识共享，并且能允许组织获取更多的数据以便和相似组织进行比较。组织通过如下方式巩固项目、项目集及整体的项目组合的成功。

- 投资有效支持项目组合、项目集和项目管理的管理系统。
- 跨项目共享实践和技术。
- 开发一种方法论，使它变成项目和项目集执行工作的方法。
- 参考可以比较的组织，建立项目组合、项目集和项目绩效标杆。

（4）人力资源。OPM 的成功依赖于正确的人员到位地执行他们的职责。人力资源运行潜能，如胜任资格管理、个人绩效评估和培训投资，帮助保证 OPM 应用的成功，从而提高组织绩效。

组织运行潜能最佳实践在 24.2.3 节中有更进一步的详细解释。

4）过程改进

多年以来，业务就已经应用过程改进技术提升运营效率和有效性，如过程重组。这些相同的技术可应用于 OPM 来提升整个 OPM 框架的效率和有效性。

过程改进的步骤（见图 24-6）包括以下内容。

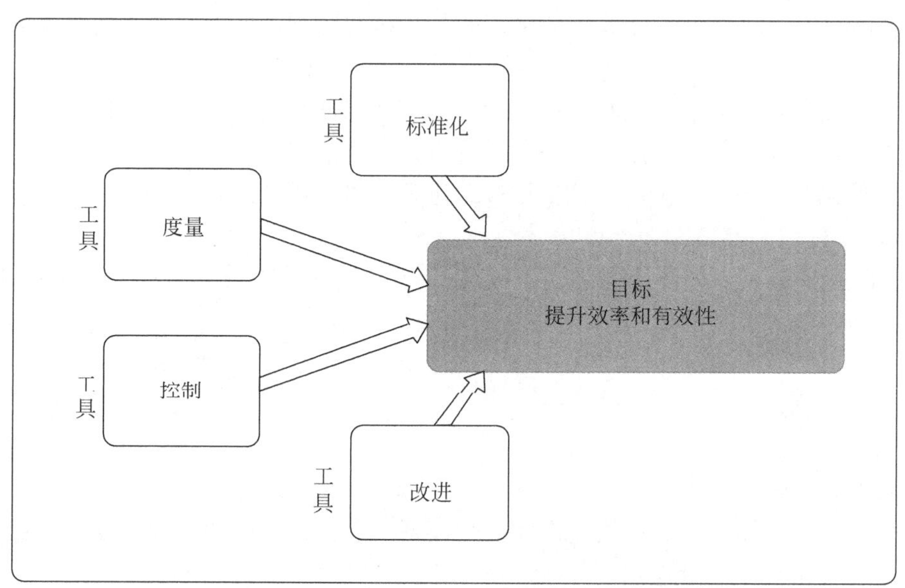

图 24-6　过程改进步骤

（1）标准化。使过程标准化有四个关键步骤。

- 治理主体概述。保证一个过程治理主体的存在——在组织中被授权，并对过程负责。
- 文档化过程。开发和记录过程——它可以购买或由组织内的某人编写。

- 沟通过程。与那些负责执行过程的人沟通的过程。
- 遵守过程。在整个组织范围内自始至终地应用过程。

如果没有以上四个步骤，那么对过程的标准化就是不到位的或不可持续的。

（2）度量。一旦过程被标准化，即选择那些能被度量的过程去审视它们对组织来说如何有效。度量阶段量化过程和过程输入的质量。在度量步骤中共涉及五个关键活动。

- 识别关键过程用户关注的度量指标。
- 识别关键过程特性。
- 度量关键过程特性。
- 识别上游度量指标。
- 度量关键输入。

（3）控制。一旦一个过程被度量，组织就可以收集趋势数据用来判断过程是否在控制中。为了获得最佳实践的控制，组织需要：

- 制订带有上下限控制界线的过程控制计划。
- 实施过程控制计划。
- 随着时间的推移，持续地观察过程运行是否在计划边界以内。

（4）改进。一旦一个过程被标准化、被度量和被控制，组织就能持续地改进它。改进不仅仅是对一个过程进行更新。改进基于三个关键的概念。

- 识别过程根本问题，判断过程为什么没有在它应有的水准上执行的根本原因。
- 在有潜在解决方案的过程改进上进行有针对性的努力。
- 当明确一个解决方案后，就把过程改进整合进组织的工作方法中。

5）怎样使用 OPM3

OPM3 运作周期，如图 24-7 所示，它是一个循序渐进的采用战略执行框架的过程。这些步骤是：

- 获取知识。
- 实施评估。
- 管理改进。
- 重复此过程。

OPM3 运作周期和它的步骤能作为比较模型、设计模型或改进模型使用。这些步骤能更好地发现相关业务问题。

比较模型。对于已经采用了组织级项目管理的一些要素的组织，最好的方法就是比较。在这种方法中，组织首先对照模型，使用模型的步骤评估它们自己，以决定实施模型的范围。组织使用模型剩下的步骤去决策要制定什么改进，以及如何实施那些改进。最后，组织决定是否应该重复此过程。

设计模型。组织在新建或形成组织级项目管理方法时，使用模型的最佳实践，以便设计方法和实施组织级项目管理。它们进入 OPM3 运作周期的管理改进步骤。

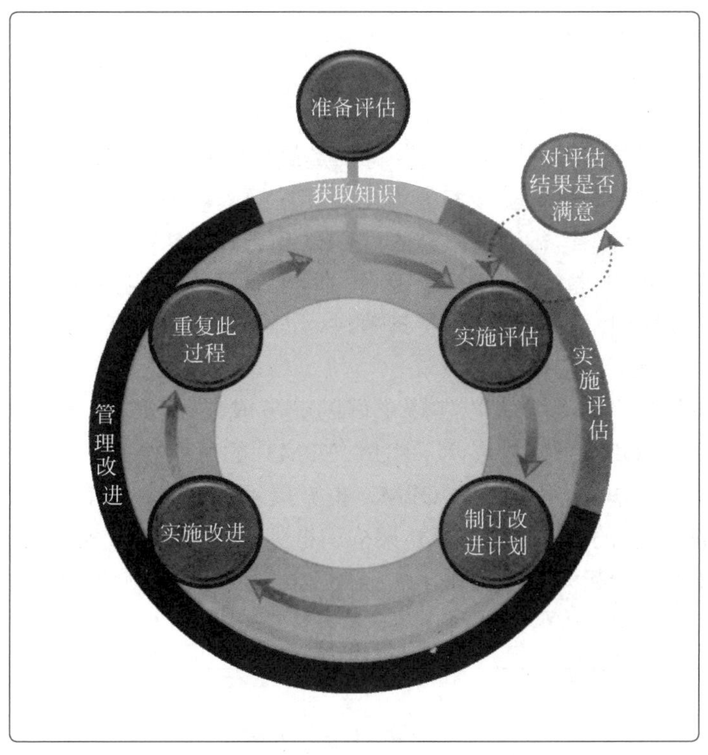

图 24-7 OPM3 运作周期

改进模型。缺乏一个制度化的战略执行框架的组织使用模型的最佳实践，以便确定应该适当地实施哪些最佳实践。它们进入 OPM3 运作周期的管理改进步骤。

（1）获取知识：准备评估。在此步骤中，组织为一次组织级项目管理评估而做准备。这通过如下工作完成。

- 理解组织，它的使命、愿景和核心价值。
- 理解组织需求、痛点、目标和可视化结果。
- 理解 OPM3 模型和怎样实施评估。

（2）实施评估。在此步骤中，组织的能力和 OPM 模型的能力进行比较。

（3）管理改进：制订改进计划。一旦组织对照 OPM3 模型来比较自己，组织就可以定位哪些能力需要改进。组织判断这些需求，然后决定哪些相关的最佳实践和能力需要实施以满足需求。

（4）管理改进：实施改进。组织实施已经计划的改进，利用项目管理和组织变革的方法。

（5）管理改进：重复此过程。在完成改进周期的基础上，组织评估针对所选组织能力的改进是否对业务成果产生影响。如果需要更多的改进，组织可以定期地重复 OPM3

运作周期来获得期望的结果。

24.2.3 组织级项目管理成熟度模型（OPM3）

这部分详细解释了 OPM3 的结构，特别是最佳实践和它们的构成组件：能力和成果。这里将会进一步探寻最佳实践和能力之间存在的依赖关系，并为实际应用提炼最佳实践列表。还描述了组织运行潜能最佳实践，以及它们是怎样支撑组织的改进计划的。

本节介绍了 OPM3 框架、OPM3 运作周期要素及支撑相关过程的专业领域。运作周期要素包括获取知识、实施评估和管理改进，而专业领域包括治理、风险和合规、交付和收益管理，以及组织变革。

为了协助组织提升成熟度，以实现更好的业务成果，OPM3 实践者需要理解整个 OPM3 环境，其中 OPM3 架构展示了组成 OPM3 的所有要素。知道并理解这些要素是任何 OPM3 活动成功所必需的。OPM3 框架展示了许多过程，这些过程形成了能够用来实施 OPM3 活动的方法。OPM3 架构和框架连同 OPM3 实践者的技能、知识、能力及工具和技术，一起为组织提供了所需的业务成果和增强的能力。

图 24-8 描述了 OPM3 环境。

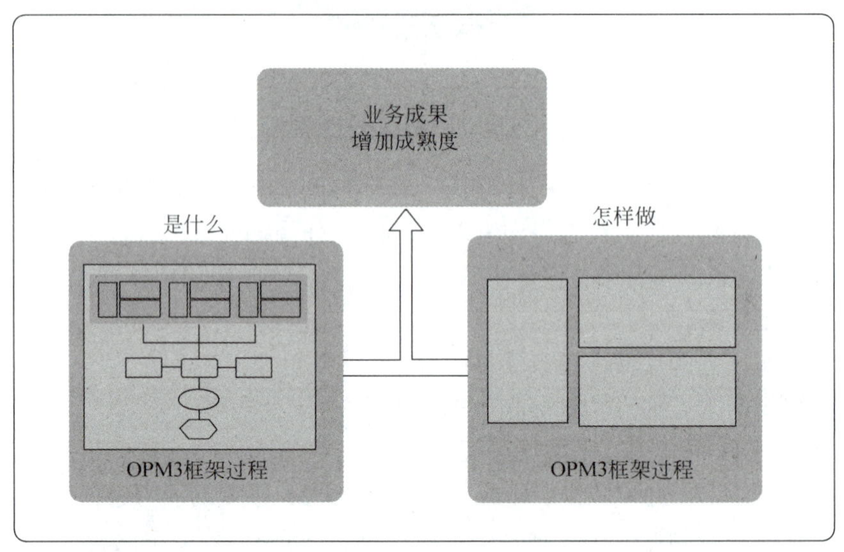

图 24-8 OPM3 环境

1. OPM3 架构

OPM3 架构（见图 24-9）描述了 OPM3 组件和它们之间的关系。这些组件包括层次域、过程改进阶段、最佳实践、能力和成果。一旦提出这些概念，为了客户化应用，就需要开发分类和成熟度度量。当读者从较高组件到较低组件转移时，OPM3 架构渐进地表达了更多详细内容。

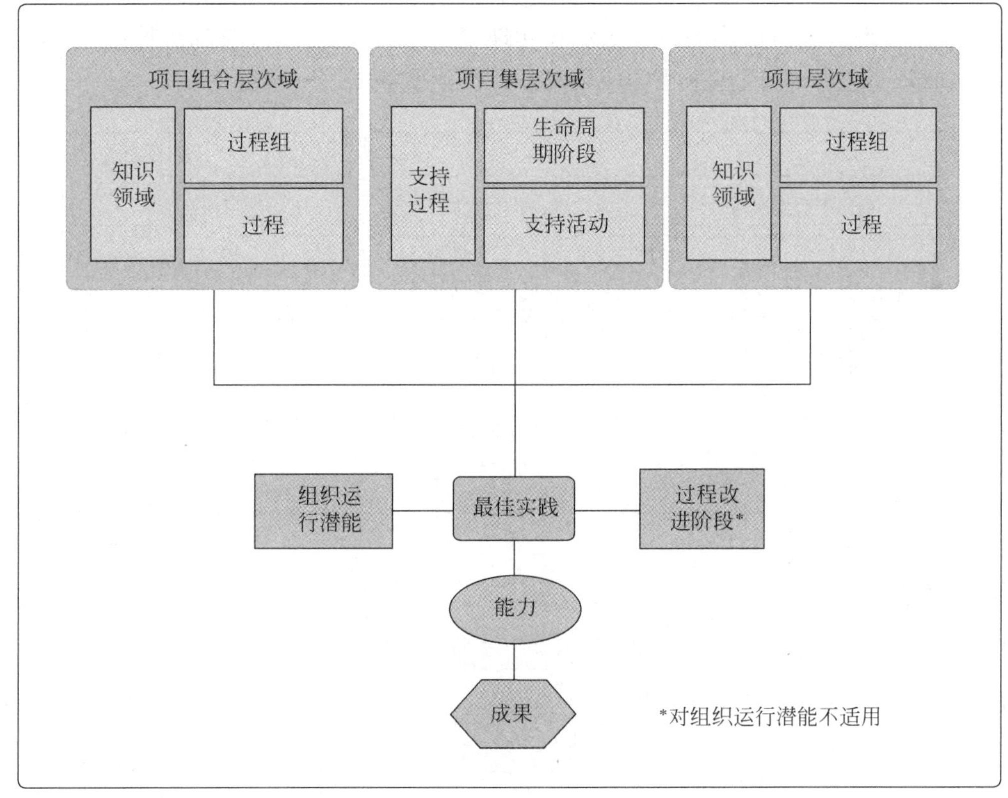

图 24-9　OPM3 架构

最佳实践映射到过程改进阶段只针对过程最佳实践（对应于项目组合、项目集和项目层次域的最佳实践）。

2．最佳实践

OPM3 通过评估实际存在的最佳实践度量组织级项目管理成熟度。最佳实践指的是目前公认的在一个特定的行业或学科实现一个目标或目的的最佳方法。来自全球的业界实践者定期地沟通使他们组织成功的当前趋势和实践。例如，《PMBOK 指南》更新团队收集项目管理信息，并通过这些已建立的过程对其进行提炼。美国项目管理协会 PMI 发布经认可的《PMBOK 指南》过程，方便行业实践者共享和应用。OPM3 将这些《PMBOK 指南》过程融入 OPM3 框架，并应用质量模型去获得最佳实践，它也应用于项目组合和项目集标准。

当组织通过能力和成果的成功实施证明成熟度时，该组织实现了最佳实践。对组织级项目管理来讲，这包括可预测、持续地并成功地交付项目的能力。OPM3 鼓励改进的文化，借助实现最佳实践并追求期望的最佳实践，以达成组织的目标。

图 24-10 解释了每个最佳实践包含一系列能力，每个能力又包含一系列成果。当组织证明其符合所有支持能力时，该组织就实现了一个最佳实践。在有形和无形证据的支撑下，当组织实现一个或多个相关成果时，该组织就获得了一项能力。

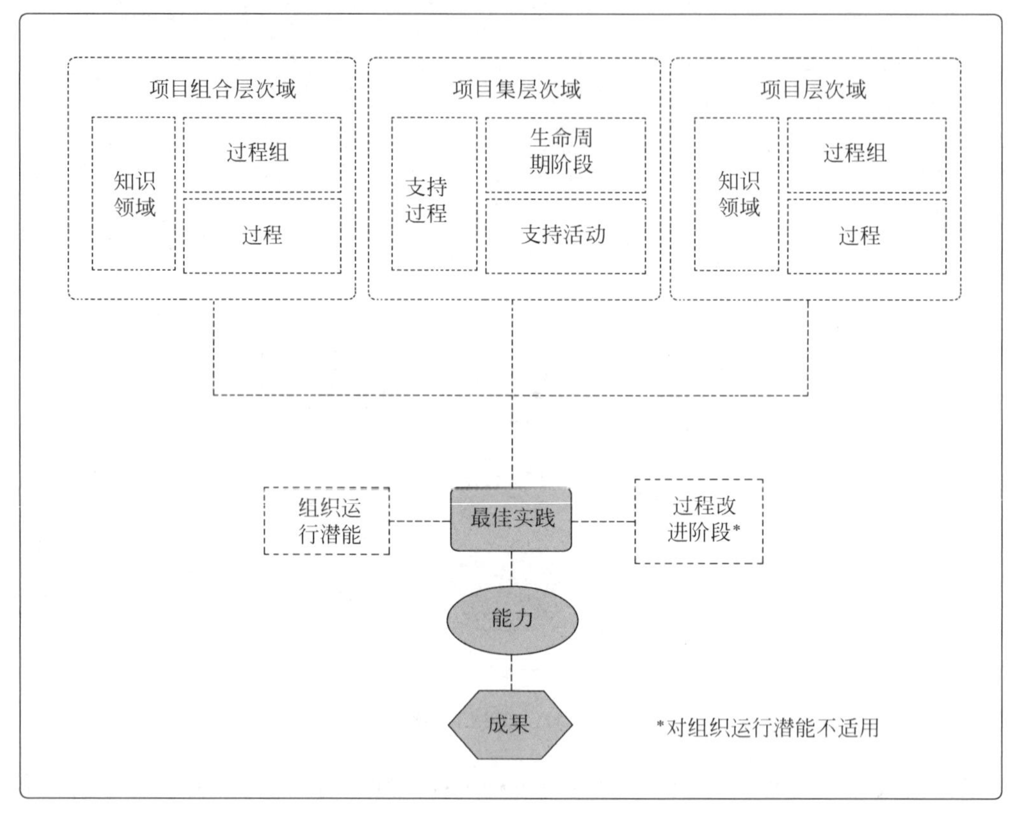

图 24-10 OPM3 最佳实践

如果组织说明除了一项能力之外其他所有能力都已经获得，它们不能声称完成了该最佳实践。即使组织没有完整地实现一个最佳实践，该组织仍旧可以实现满足组织需要的利益。

3. 能力

能力展示了人员、过程和技术的结合，使组织能够提供组织级项目管理（OPM）。能力是引导一个或多个最佳实践达成的渐进步骤。OPM3 没有规定实现能力的顺序，但是所有的能力必须满足实现一个最佳实践的要求。一项来自最佳实践的能力可以是一个实现其他最佳实践的前提。依赖关系可能存在，在一个最佳实践能够实现之前，一定的最佳实践和能力需要到位。将每个最佳实践分解到组成它的能力，并显示它们之间的依赖关系，提供了有关改进决策的基础。

4．成果

成果是组织展示能力的结果（有形或无形的），项目管理政策是一项有形成果的例子。项目管理政策的口头承诺是一项无形成果的例子。一项能力可以有多个成果，但一项成果可能足以满足一项能力。

图 24-11 解释了 OPM3 架构中不同的组件。

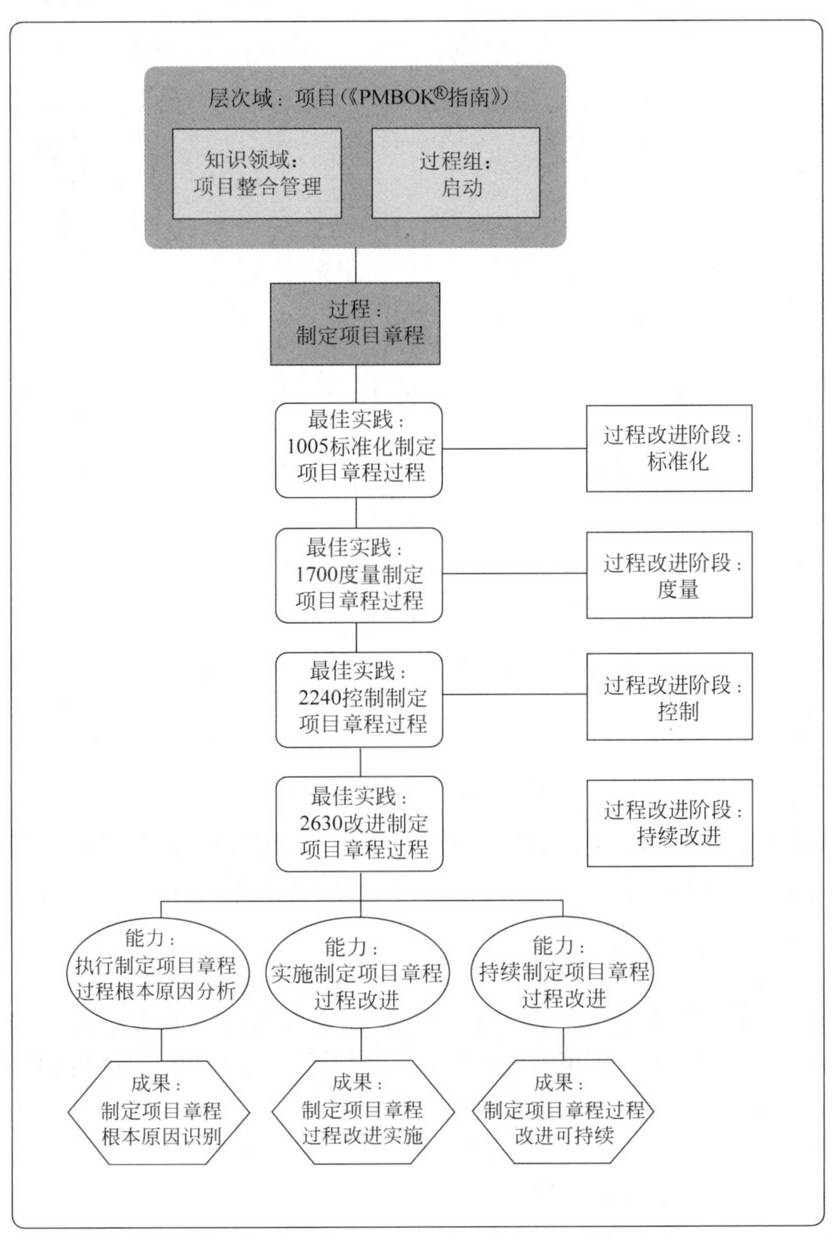

图 24-11　OPM3 架构样例

5．层次域

层次域展示了三个基于过程的标准（见图 24-12）：《项目组合管理标准》代表项目组合层次域；《项目集管理标准》代表项目集层次域；《PMBOK 指南》代表项目层次域。

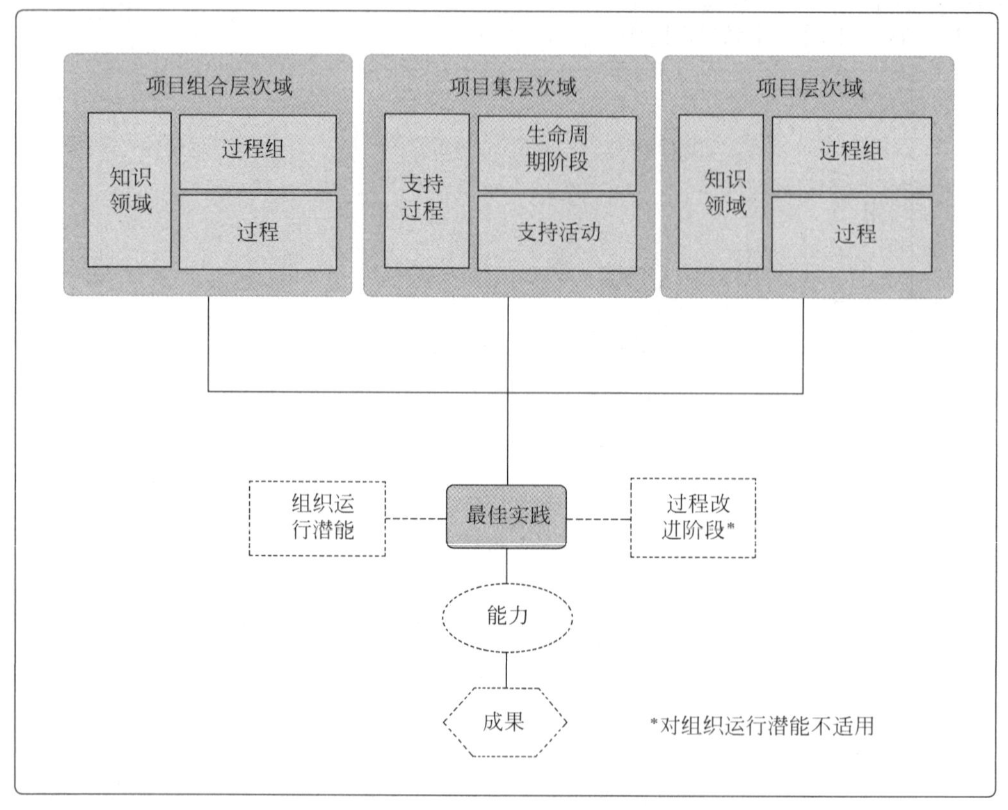

图 24-12　OPM3 层次域

基于过程的标准充当了最佳实践的基础。当这些过程被集成到 OPM3 中形成最佳实践时，相关细节也同样被引入。这些信息包括项目和项目组合层次域的过程组和知识领域、项目集层次域的绩效域。

1）项目

《PMBOK 指南 》识别了五个项目管理过程组和十大知识领域。这五个过程组和项目生命周期一致，并独立于应用领域或行业关注焦点。过程组和构成它们的过程通常在完成项目前都被重复执行；这被称为渐进明细。

这五个过程组是：

（1）启动。定义和授权项目或项目阶段。

（2）规划。定义和细化目标，并计划达成目标和范围所需行动的过程。

（3）执行。集成人员和其他资源去执行项目管理计划。

（4）监控。度量和监控进展，用来识别项目管理计划的偏差，以便采取必要的纠正行动来实现项目目标。

（5）收尾。正式验收产品、服务或结果，并让项目或项目阶段有序结束。

OPM3 提供了一个灵活的方法，鼓励组织关注层次域、过程和过程组，这样最佳实践的采用将最好地支撑战略目标的成功实现。理解过程组和它们支持的过程及组织运行潜能最佳实践，能够帮助组织判断它们应该在哪些地方开始努力改进其 OPM 实践。

2）项目集

《项目集管理标准 》协调五个相互依赖的绩效域的管理。

（1）项目集战略一致性。通过项目集的实施，识别达成组织战略目标的利益和机会。

（2）项目集利益管理。定义、创造、最大化、维持项目集提供的利益。

（3）项目集干系人参与。获取干系人需求和期望，获得和维护干系人的支持，减轻/疏导干系人的反对。

（4）项目集治理。在实施整个项目集期间，为维持项目集管理的主动监督和决策而建立过程和程序，以及为适用的政策和实践提供决策支持。

（5）项目集生命周期管理。管理所有与项目集定义、项目集利益交付和项目集收尾有关的项目集活动。

项目集管理支持过程使以交付项目集利益为目的的协同方法成为可能。这些项目集管理支持过程包括如下内容。

项目集沟通管理；项目集财务管理；项目集整合管理；项目集采购管理；项目集质量管理；项目集资源管理；项目集风险管理；项目集进度计划管理；项目集范围管理。

3）项目组合

《项目组合管理标准》识别了包含五大知识领域的三个项目组合过程组。这些过程促进了合理的决策、战略转换和项目组合平衡。这三个过程组独立于应用领域或行业关注焦点。

三个项目组合管理过程组如下。

（1）定义过程组。决定在项目组合中将怎样实施战略目标；定义和授权一个项目组合或子项目组合：制订项目组合管理计划。

（2）组合过程组。决定组件将要在项目组合中怎样被分类、评估、入选和管理。

（3）授权和控制过程组。决定怎样监控战略变革，追踪和评审项目组合的绩效指标，授权项目组合，以及验证项目组合的组织价值。

6．过程改进阶段

OPM3 应用质量组件（见图 24-13），称为过程改进。过程改进阶段包括标准化、度量、控制和改进（Standardize，Measure，Control，Improve；SMCI）。

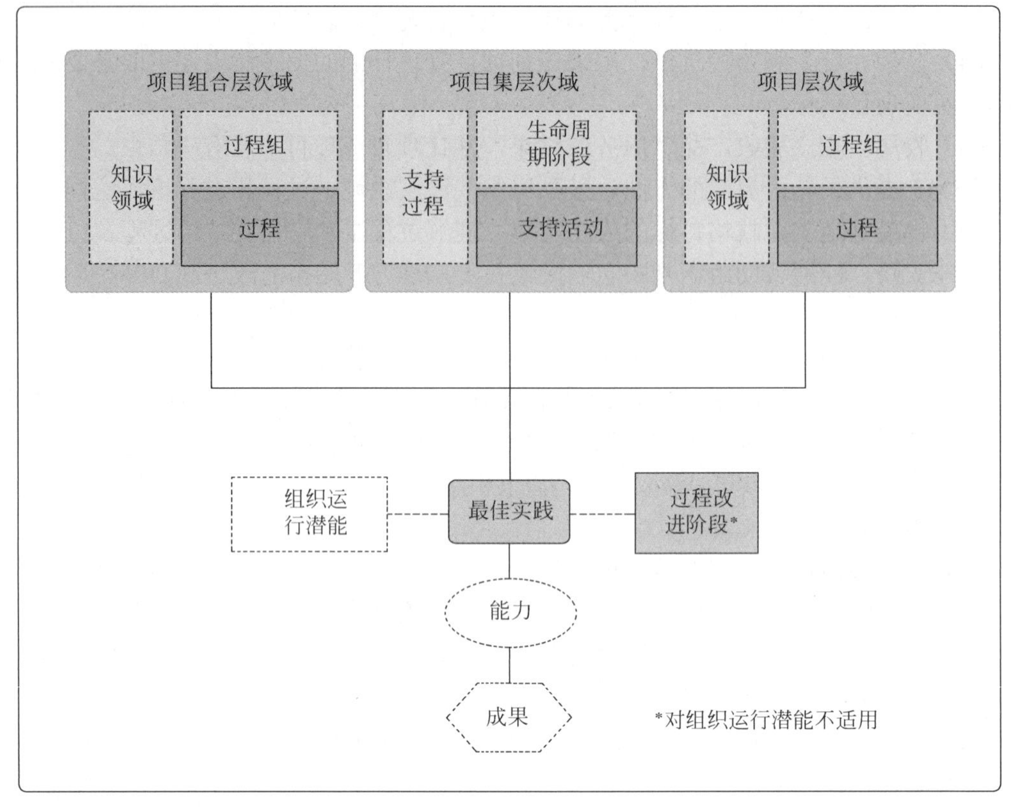

图 24-13 OPM3 过程改进阶段

1）标准化

当应用于一个过程时，标准化产生可重复和始终一致的最佳实践。一个标准化过程的特性包括：有一个治理主体来管理过程和相关变化，这一过程有明确的文档记录，将明确记录的标准文档用于执行该过程的活动中，收集过程证据验证该过程遵守过程标准。

例如，当应用到《PMBOK 指南》过程时，标准化“制定项目章程”，产生 OPM3 最佳实践，即“标准化制定项目章程过程”。

2）度量

当应用于一个过程时，度量产生一个量化的最佳实践。一个度量过程的特性包括纳入度量的客户需求、识别关键特性、度量关键特性、相关结果的输入及度量的重要参数。这些特性明确了客户需求、关键输入和输出。

例如，当应用到《PMBOK 指南》过程时，度量“制定项目章程”，产生 OPM3 最佳实践，即“度量制定项目章程过程”。

3）控制

当应用于一个过程时，控制产生一个管理的最佳实践。一个控制过程的特性包括制订控制计划、执行控制计划，以及达到稳定性。

控制过程是比较实际绩效和计划绩效的行动，分析偏差，评价影响过程改进的趋势，评估可能的备选方案，以及推荐适当的必要的纠正行动。

在 OPM3 中，能力的级别包括决定控制界限，寻找过程出界的根本原因，以及识别把过程拉回控制界限以内的改进。

当用于评估能力成熟度时，所有控制活动的应用构成了 OPM3 SMCI 质量管理模型的第三个阶段。

例如，当应用到《PMBOK 指南》过程时，控制“制定项目章程”，产生 OPM3 最佳实践，即“控制制定项目章程过程”。

4）改进

当应用到一个过程时，改进产生一个改进的最佳实践。一个改进过程的特性包括识别问题、实施改进和持续改进。

例如，当应用到《PMBOK 指南》过程时，改进“制定项目章程”，产生 OPM3 最佳实践，即“改进制定项目章程过程”；当应用到“识别干系人”时，产生 OPM3 最佳实践，即“改进识别干系人”。

表 24-1 概括了来自《PMBOK 指南》的制定项目章程过程的全套最佳实践。有四个被唯一识别的最佳实践，它们为每个进入 OPM3 项目组合、项目集和项目层次域的过程创建。

表 24-1　《PMBOK 指南》制定项目章程过程应用于 SMCI

最佳实践编号	最佳实践名称
1005	标准化制定项目章程过程
1700	度量制定项目章程过程
2240	控制制定项目章程过程
2630	改进制定项目章程过程

7. 组织运行潜能

组织运行潜能（Organizational Enablers，OE）是架构、文化、技术和人力资源实践，它们能成为支持和持续实施项目组合、项目集和项目中最佳实践的杠杆。组织运行潜能最佳实践描述了通用的管理过程，它们应该在组织中被开发，用来支持组织级项目管理。很多系统和文化因素影响组织和它的业务环境。OPM3 围绕培训、实施方法论和技术把这些因素转化为最佳实践。

组织运行潜能最佳实践致力于组织需要的基本能力，以支持和维持基于过程的标准（见图 24-14）。在组织范围内，组织运行潜能的缺失降低了基于过程的最佳实践的成熟度水平。

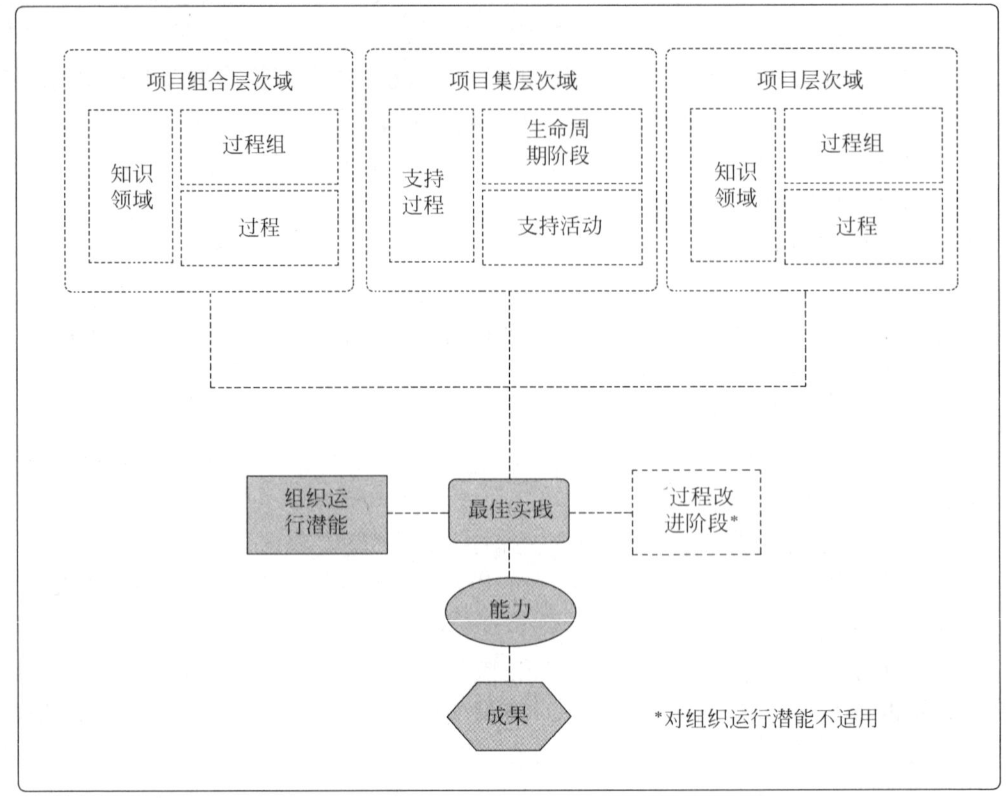

图 24-14 OPM3 组织运行潜能（OE）

当组织运行潜能被转化为 OPM3 时，产生 OE 最佳实践。OE 的特性根据它们的类别不同而不同。组织运行潜能被归为 18 个分类，如表 24-2 所示。

表 24-2 组织运行潜能分类

组织运行潜能
1．标杆
2．胜任资格管理
3．治理
4．个人绩效评估
5．知识管理和 PMIS
6．管理系统
7．组织级项目管理社团
8．组织级项目管理方法论

续表

9．组织级项目管理政策和愿景
10．组织级项目管理实践
11．组织级项目管理技术
12．组织架构
13．项目管理度量指标
14．项目管理培训
15．项目成功标准
16．资源分配
17．项目发起人的牢固关系
18．战略一致性

例如，最佳实践 5240，建立内部项目管理社团，和 OE 分类 7 相关联。组织级项目管理社团这个最佳实践包括如下能力：促进项目管理活动、发展项目管理活动意识和发起项目管理活动。

图 24-15 显示了组织运行潜能最佳实践 5240“建立内部项目管理社团”，以及它的能力和成果。

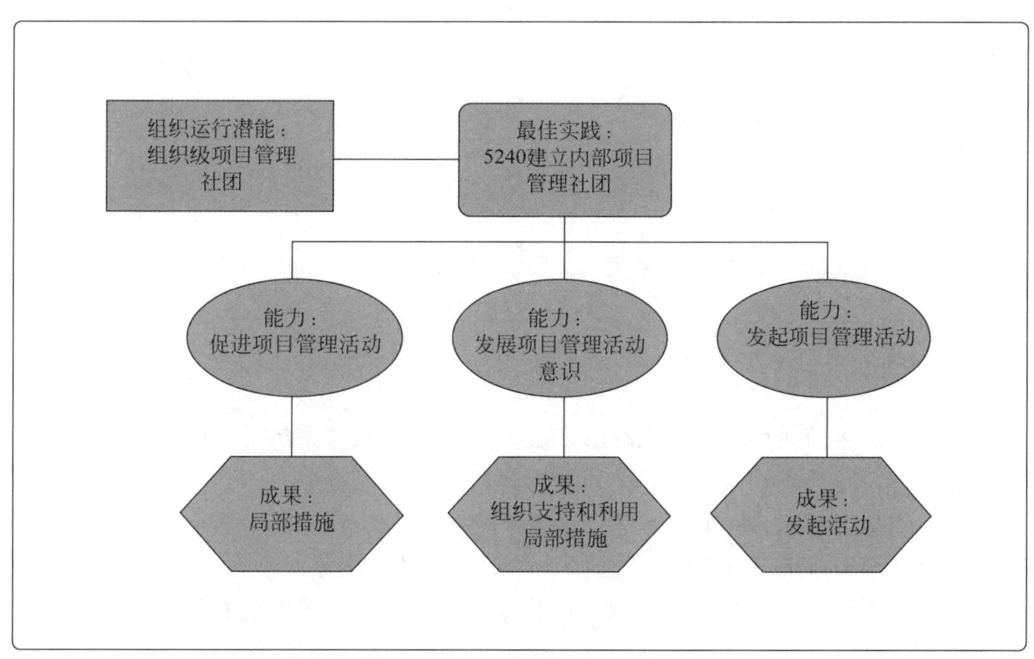

图 24-15　最佳实践 5240 能力和成果

8．分类

分类将 OPM3 最佳实践划分为可以管理的群组（见图 24-16）。

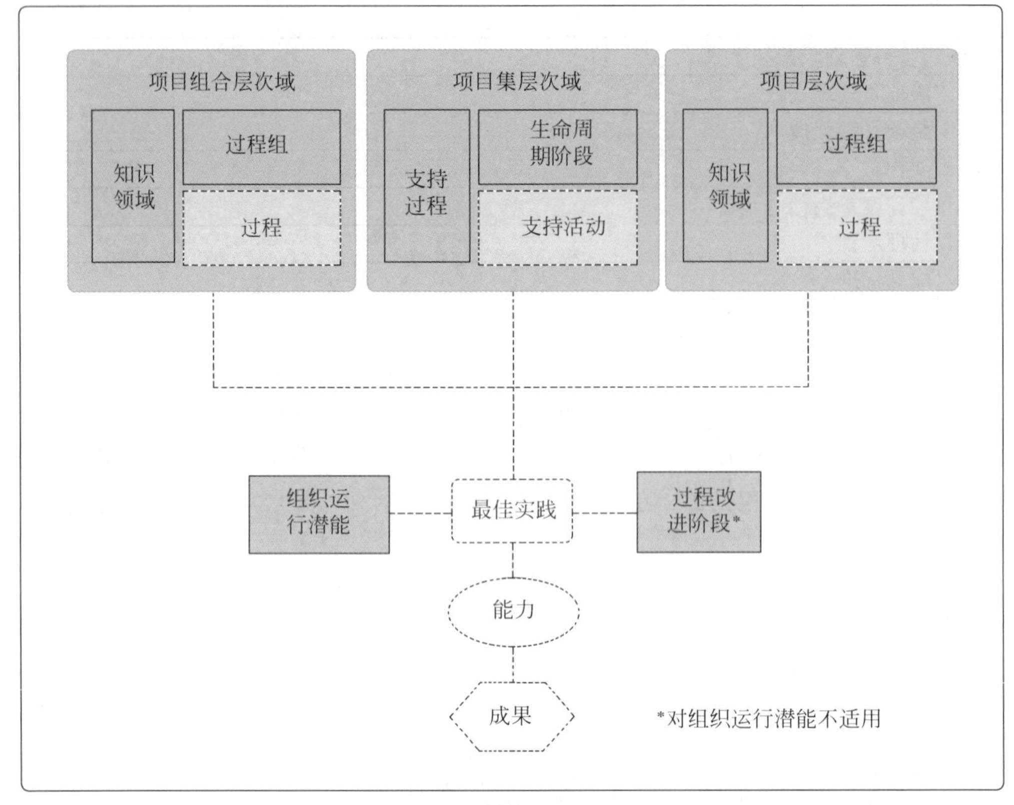

图 24-16 OPM3 分类

有 9 种最佳实践分类被组织使用。

（1）层次域。它呈现了三个层次域：项目组合、项目集和项目。每个基于 SMCI 最佳实践的过程都映射到一个或多个层次域，这为组织聚焦于一个或多个层次域提供了渠道。

（2）过程改进阶段（Process Improvement Stage，SMCI）。每个最佳实践映射到一个过程改进阶段，这为组织聚焦于单一过程改进阶段提供了途径。

（3）组织运行潜能。每个组织运行潜能都映射到 18 个 OE 分类中的一个，这为组织明确聚焦于单一 OE 群组提供了选择。

（4）过程组。来自项目和项目组合层次域的每个最佳实践都映射到一个过程组：项目层次域的启动、规划、执行、控制和收尾，以及项目组合层次域的定义、组合、授权和控制过程组。

（5）绩效域。来自项目集层次域的每个最佳实践都映射到一个绩效域：战略一致性、利益管理、干系人参与、治理和项目集生命周期管理。

（6）知识领域。来自项目和项目组合层次域的每个最佳实践都映射到一个知识领域。

项目层次域的知识领域包括：

- 项目整合管理。
- 项目范围管理。
- 项目时间管理。
- 项目成本管理。
- 项目质量管理。
- 项目人力资源管理。
- 项目沟通管理。
- 项目风险管理。
- 项目采购管理。
- 项目干系人管理。

项目组合层次域的知识领域包括：

- 项目组合战略管理。
- 项目组合治理管理。
- 项目组合绩效管理。
- 项目组合沟通管理。
- 项目组合风险管理。

这些知识领域通过提供输入、工具和技术和输出支持每个过程标准。例如，《PMBOK 指南》使用项目成本管理知识领域构成过程，提供培训细节。希望减少成本超支的组织选择改进它们的过程，利用最佳实践映射到项目成本管理。

（7）项目可预测性。每个支持组织预测项目成功交付能力的最佳实践都被映射到项目可预测性。组织希望在生命周期中尽可能早地意识到任何被批准的可能处于风险中的工作。

（8）资源优化。提供识别、部署和释放那些交付客户价值的项目资源的能力的每个最佳实践都被映射到资源优化。

（9）平衡计分卡。每个最佳实践支持制订和执行统一的报告和追踪机制。平衡计分卡的一个应用是可以持续地、客观地度量战略执行情况。

最佳实践的分类为组织评价、设计或关注组织目标达成的改进领域提供了一个渠道。

9．OPM3 框架

OPM3 框架为组织提供一个应用 OPM3 的指南。OPM3 框架包括运作周期要素、专业领域和具有输入、工具和技术及输出的 OPM3 过程，如图 24-17 所示。

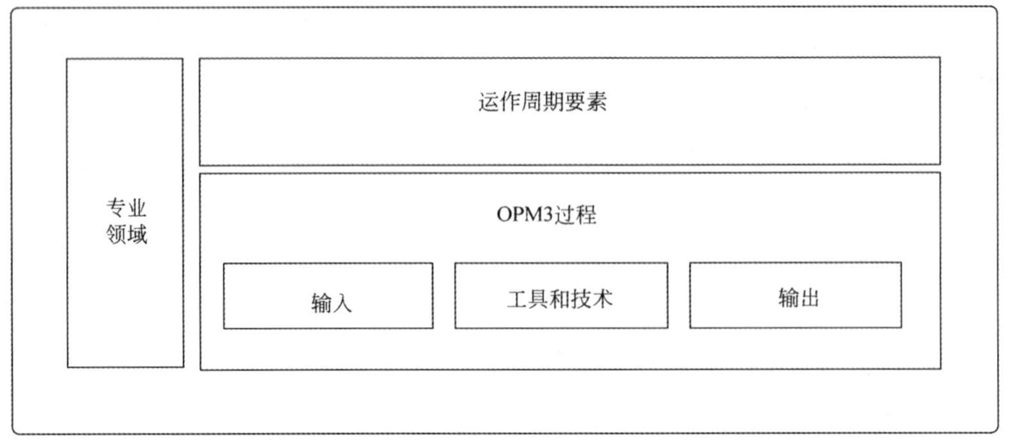

图 24-17 OPM3 框架概述

成功应用 OPM3 框架的关键活动包括，但不限于：

（1）确认实施基于组织需要和 OPM3 实践者经验选择的过程对变革的影响。

（2）作为项目或项目集来管理 OPM3 措施。

（3）获得干系人的认同。

（4）掌握第 1 章描述的专业知识。

（5）理解并从 OPM3 框架中选择适当的过程。

（6）理解专业领域和运作周期要素之间的区别。

表 24-3 提供了 12 个 OPM3 过程的运作周期要素和专业领域的概要。

表 24-3 OPM3 过程

<table>
<tr><th>运作周期要素
专业领域</th><th>获取知识</th><th>实施评估</th><th>管理改进</th></tr>
<tr><td>治理、风险和合规</td><td>理解 OPM</td><td>建立计划</td><td>度量结果</td></tr>
<tr><td rowspan="3">交付和利益管理</td><td rowspan="3">理解组织</td><td>定义范围</td><td>制定建议</td></tr>
<tr><td rowspan="2">执行评估</td><td>选择措施</td></tr>
<tr><td>实施改进</td></tr>
<tr><td>组织变革</td><td>评估变革准备状态</td><td>发起变革</td><td>管理变革</td></tr>
</table>

10．OPM3 专业领域

OPM3 专业领域展示了承担一次成功的 OPM3 活动所需的实践知识和应用技能。OPM3 框架中这三个专业领域概述如下。

1）治理、风险和合规

组织采取行动，如基于法律和制度的公司治理、企业风险管理（ERM）和公司合规来实现 GRC。组织接受这些领域来确保适当地监督、管理风险，以及强调政策和公司合规。

在 OPM3 框架范围内，在项目组合、项目集合和项目管理的规划和实施上，组织建立和严格执行适当的治理。建立适当的治理帮助保证成功的结果。OPM3 框架专业领域为 OPM3 评估聚焦于影响治理、风险管理和合规方面的实践建立了规划，并管理评估的结果。GRC 包含三个过程：理解 OPM、建立计划和度量结果。

2）交付和利益管理

交付和利益管理专业领域贯穿 OPM3 执行的整个生命周期。它关注为了执行一次成功的 OPM3 活动所需的是什么。交付和利益管理包括六个过程：理解组织、定义范围、执行评估、制定建议、选择措施和实施改进。

3）组织变革

组织变革专业领域关注伴随OPM3层应该认识和理解组织适应变革的能力活动的巨大变革。为了提升持续变革的成功率，领导层应该认识和理解组织适应变革的能力。这种适应性包括多重变量，如准备状态、意识、期望、能力和意愿。这个专业领域包含三个过程：评估变革准备状态、发起变革和管理变革。

组织为改变其环境、过程和工具的活动，评估变革准备状态、发起变革和管理变革。清晰地理解当前状态和期望，加上过程和人员因素的有效管理及领导，组织能实现成功的变革活动。

11．OPM3 运作周期要素

OPM3 运作周期要素是实施一次 OPM3 活动所需过程的组合。OPM3 实践者确定适合建立在活动特性基础上的组织的那些过程。OPM3 运作周期要素有获取知识、实施评估和管理改进。

图 24-18 描述了运作周期要素，它们生成了一个持续改进的周期。

1）获取知识

干系人为 OPM3 活动获得 OPM3、组织、行业和机会的知识。获取知识有三个过程，概述如下。

（1）理解 OPM。在开始 OPM3 活动之前，OPM3 实践者和组织必须获取知识以应用 OPM3 。这是一次尽职调查的过程，以获取如下信息。

- 人员：包括，但不限于具有技能的 OPM3 实践者、OPM3 主题专家、干系人、领导层、日常管理层、推动者和调查研究者。
- 过程：包括，但不限于精益生产过程控制、过程设计、组织运行潜能、项目管理过程、项目集管理过程和项目组合管理过程。
- 技术：包括，但不限于项目管理信息系统和工具。

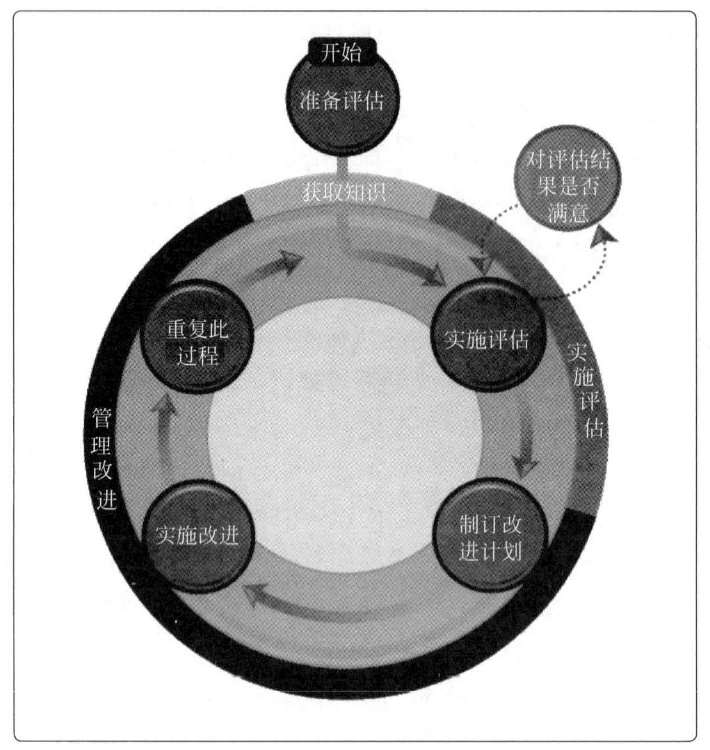

图 24-18 OPM3 框架

理解 OPM 过程建立了 OPM3 价值和适用性的认知。理解为什么组织要实施 OPM3 是非常重要的——为了改进业务成果。

（2）理解组织。此过程概要描述了 OPM3 实践者和组织实施 OPM3 时所需的知识。这是一次尽职调查的过程，以获取如下信息。

- 战略：愿景、使命、产品、服务、期望收益、当前绩效、规章、竞争优势。
- 人员：地理位置、技能、组织架构、供应商、客户、组织文化、理解过程和工具、理解过程组、过程设计、精益概念、培训和积极性水平。
- 过程：自动化程度、度量标准、过程稳定性、文档化、沟通、过程复杂度、过程相互作用、项目管理过程、项目集管理过程、项目组合管理过程、资产库。
- 技术：自动化工具、项目管理信息系统、模板。

理解组织这一过程融合了正确的技能、行业知识、文化、工具和评估准备的战略。理解为什么组织要实施 OPM3 活动是非常重要的——为了改善业务成果。

（3）评估变革准备状态。评估变革准备状态过程获取组织变革的意愿及变革的准备状态。

OPM3 实践者基于多重因素（如培训、文化、设备）收集、评价和认证组织变革的准备状态。

2）实施评估

评估领导者规划、执行和管理评估；编写分析数据和文档；并且展示结果。实施评估有四个过程，概述如下。

（1）建立计划。建立计划过程产生一份执行 OPM3 评估的规划。OPM3 实践者利用《PMBOK 指南》制订这份规划，并完成此过程。建立计划可以包括子规划，包括如下内容。

- 实施方法论。
- 角色和职责。
- 范围和工作分解结构（WBS）。
- 高阶进度计划和里程碑列表。
- 成功度量标准和成功因素。
- 假设和约束。
- 治理、风险和合规。
- 质量管理。
- 预算。

规划提供了范围、进度计划、成本和干系人认同的整体视图。

（2）定义范围。定义范围过程制定评估工作说明，它包含资源、业务单元、地理位置、交付物和验收标准。当实施 OPM3 评估时，OPM3 实践者依照实践分类来识别评估的范围。

定义范围过程设定所从事的评估工作的期望。

(3)执行评估。执行评估过程是基于工作说明的 OPM3 评估计划的执行。OPM3 对团队收集、处理和分析组织信息进行评估，以及在一份评估报告中记录评估结果。

（4）发起变革。发起变革过程启动支持采纳改进措施的组织变更管理活动。组织建立机制来识别和评估那些可能减少成果的行为、态度和环境。

3）管理改进

改进领导者基于评估结果和组织业务成果的期望识别、选择和实施改进活动。管理改进有五个过程，概述如下。

（1）度量结果。度量结果过程使改进规划和已实现的业务成果相互关联，此过程作为一个反馈机制，把改进规划衔接到业务成果。这强化了度量文化和绩效报告有效性，并且作为改进评估的基础。

（2）制定建议。制定建议过程寻求识别组织的项目组合、项目集和项目最佳实践当前状态和未来状态之间的差距。分析这些差距将会导致一系列建议成果，这些建议基于努力、复杂度、投资和组织影响的程度。 OPM3 评估团队展示这些成果供干系人考虑。

（3）选择措施。选择措施过程依据措施的优先级、成本/利益和战略相关度提供给干系人最合适实施的建议。这些建议应足够详细以可以进行决策。干系人从建议列表中选择改进内容。

（4）实施改进。实施改进过程将已选择的措施转化成项目、项目集或项目组合。利用《PMBOK 指南》《项目集管理标准》或者《项目组合管理标准》，组织实施改进来实现业务利益。

（5）管理变革。管理变革过程利用到位的机制在发起变革过程期间去监控和适当调整。组织从事 OPM3 活动以改进业务成果时，OPM3 评估团队考虑到企业架构、技术、文化和过程变革影响。

12．OPM3 应用

OPM3 实践者和评估团队采用 OPM3 架构和 OPM3 框架（见图 24-19）确定组织的成熟度，并开辟改进所期望的业务成果的途径。持续改进周期促进组织在项目组合、项目集和项目管理能力方面得到提高，通过这些能力，组织交付战略。

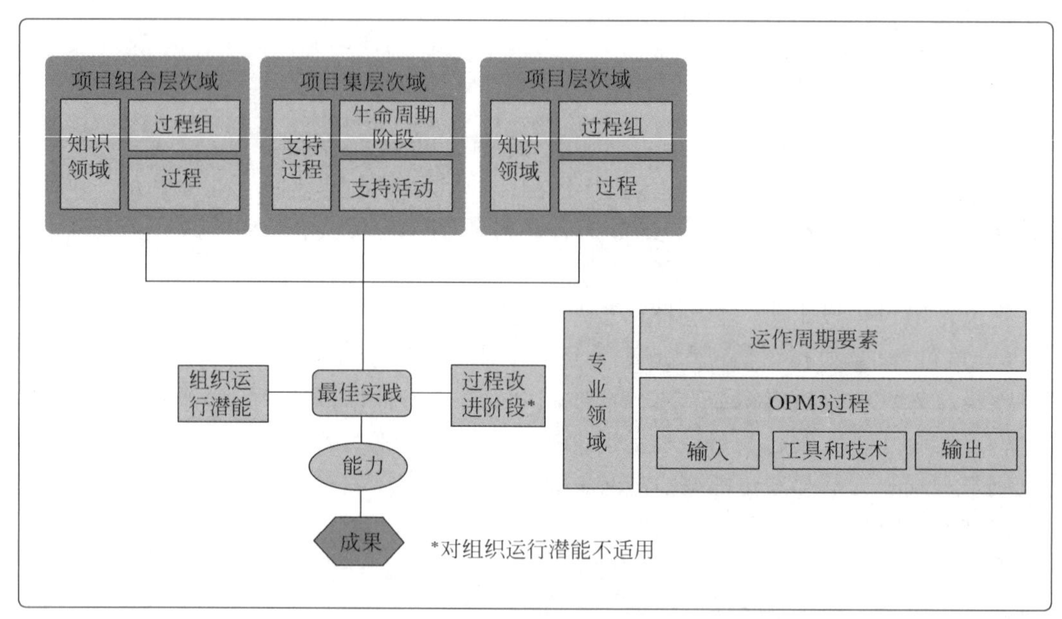

图 24-19 组织级项目管理成熟度模型（OPM3）

13．OPM3 评分方法

OPM3 实践者应用严格的评分方法确定每个最佳实践能力的成果是否存在（二元评分）或多少/多久（变量度量）。两个评分方法附加细节如下。

- 二元评分。OPM3 实践者将充分存在的成果评分为 1，没有充分存在的成果评分为 0。二元评分方法有点简单化，并且不能局部计分。

- 变量度量。OPM3 实践者基于成果存在的多少和多久而给予一个分值。变量度量方法更加复杂并可以局部计分。图 24-20 提供了一种变量度量评分方法。

3—全面实施，有持续的最佳实践成果
2—全面实施，没有持续的最佳实践成果
1—部分实施，有部分最佳实践成果
0—没有实施，没有最佳实践成果

图 24-20　OPM3 变量度量评分方法

14．OPM3 最佳实践列表

最佳实践是目前在特定行业或学术界被认可的实现目标或目的的最优方法。最佳实践的类型有：

- 层次域。项目组合、项目集和项目具有过程改进阶段：标准化、度量、控制和改进（SMCI）。
- 组织运行潜能。非基于层次域的过程，与组织环境和文化方面有关。

24.3　CMMI

24.3.1　关于过程改进

组织改进业务的关注点可集中在几个方面。图 24-21 展示了组织典型关注的三个重要方面：人员、规程与方法以及工具与设备。

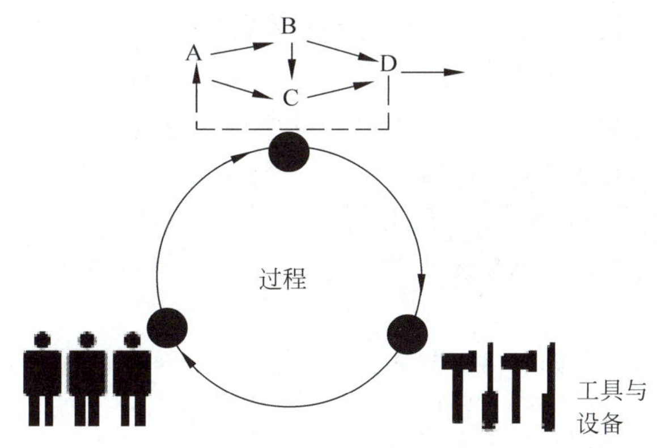

图 24-21　组织关注的三个主要方面

将这些结合到一起的是组织中所使用的过程。过程使业务方式协调一致；过程支撑业务的规模化发展与术业精进的知识整合；过程还促进资源的有效利用与对业务趋势的把握。

这并不是说人员与技术无关紧要。我们身处的时代是技术飞速发展的时代。类似地，人们的职业生涯往往也要经历许多公司。我们就生活在这样一个日新月异的世界。对过程的关注为我们提供了必需的基础与稳定性，来应对变化莫测的世界，最大化人们的生产力，并运用技术赢得竞争优势。

长期以来，制造业便意识到了过程有效性与效率的重要性。如今，制造业同服务业的很多组织更意识到了高质量过程的重要性。过程有助于组织的员工以更具智慧的、更为一致的工作方式去满足业务目标，而不是只会埋头苦干。有效的过程还提供了一种手段，便于组织以最能满足其业务目标的方式来引进并使用新技术。

24.3.2 关于能力成熟度模型集成

能力成熟度模型（Capability Maturity Model®，CMM®），包括 CMMI，都是对现实世界的简化表述。能力成熟度模型包含了有效过程的基础元素。这些元素建立在 Crosby、Deming、Juran 与 Humphrey 等人发展出的概念的基础之上。

在 20 世纪 30 年代，Walter Shewhart 开始用他的统计质量管理原理从事过程改进工作［Shewhart 1931］。这些原理由 W. Edwards Deming［Deming 1986］、Phillip Crosby［Crosby 1979］与 Joseph Juran［Juran 1988］进行了提炼。Watts Humphrey、Ron Radice 与其他人又进一步扩展了这些原理，并在 IBM（International Business Machines，国际商用机器公司）与 SEI 的工作中将这些原理应用到了软件领域［Humphrey 1989］。Humphrey 的著作 Managing the Software Process（管理软件过程）所描述的基本原理与概念则成为众多能力成熟度模型（Capability Maturity Model，CMM）的基础。

SEI 采纳了过程管理的假设前提，即“系统或产品的质量很大程度上受影响于所使用的开发与维护过程的质量”，并定义了体现这一前提的多个 CMM。我们可以在全球的质量运动中看到对这一前提的信仰，并在国际标准化组织/国际电工委员会（International Organization for Standardization/International Electrotechnical Commission，ISO/IEC）的系列标准中得到印证。

CMM 关注于改进组织内部的过程，所包含的是单学科或多学科的有效过程的基础元素，描述了从随意、不成熟的过程到提高了质量与有效性的、有秩序、成熟的过程的演进道路。

同其他 CMM 类似，CMMI 模型给出了制订过程所使用的指南。CMMI 模型并非过程或过程描述。组织实际使用的过程取决于很多因素，包括应用领域以及组织架构与规模。尤其是，CMMI 模型的过程域与组织使用的过程往往并非一一对应。

SEI 创建的第一个 CMM 模型面向软件组织而设计，并成书出版，题为 The

Capability Maturity Model: Guidelines for Improving the Software Process（能力成熟度模型：软件过程改进指南）［SEI 1995］。

如今的 CMMI 所应用的，是在近一个世纪前就已被引入至永无止境的过程改进循环中的原理。这一过程改进方法的价值得到了时间的检验。很多组织都经历了生产率的增长、质量的提升、周期时间的改进，并且进度与预算变得更为准确并可预测［Gibson 2006］。

CMM 集成（CMM Integration®）这一项目的建立就是为了解决使用多个 CMM 的问题。选择模型并组合成单一的改进框架，其初衷是给从事企业级过程改进的组织使用。

开发一套集成的模型不仅仅是简单地把现有的模型资料组合在一起。CMMI 产品团队采用了促进达成共识的过程，构建出一个可以容纳多个群集的框架。

首个开发出的模型是 CMMI 开发模型（当时被简单称为“CMMI”)。最初，CMMI 是一个结合了以下三个源模型的模型：软件能力成熟度模型（Capability Maturity Model for Software，SW-CMM）2.0 版草稿 C，系统工程能力模型（Systems Engineering Capability Model，SECM）［EIA 2002a］，和集成产品开发能力成熟度模型（Integrated Product Development Capability Maturity Model，IPD-CMM）0.98 版。

选择以上三个源模型是由于它们在组织中的成功应用或者是它们采用的过程改进方法具有前景。

第一个 CMMI 模型（1.02 版）设计给从事企业级过程改进的开发型组织使用。它于 2000 年发布。两年后 1.1 版发布，又过了四年 1.2 版发布。

到发布 1.2 版时，另外两个 CMMI 模型又处在了酝酿之中。由于此次计划中的扩增，第一个 CMMI 模型的名称需要进行改变，成为了 CMMI 开发模型，群集的概念也自此产生。

CMMI 采购模型于 2007 年发布。由于它建立在 CMMI 开发模型 1.2 版的基础之上，因而也被命名为 1.2 版。两年后，CMMI 服务模型发布。它建立在另外两个模型基础之上，并且也被命名为 1.2 版。

2008 年开始计划制订 1.3 版，以确保三个模型之间的一致性，并改进所有模型中高成熟度的资料。1.3 版的 CMMI 采购模型［Gallagher 2011，SEI 2010b］、CMMI 开发模型［Chrissis 2011］和 CMMI 服务模型［Forrester 2011，SEI 2010a］于 2010 年 11 月发布。

CMMI 框架给出了所需的结构，用来生成 CMMI 模型、培训与评估等组件。为允许在 CMMI 框架中使用多个模型，模型组件又进行了分类，分为通用于所有 CMMI 模型的组件或适用于某个特定模型的组件。通用资料被称为“CMMI 模型基础（CMMI Model Foundation）”或称“CMF”。

CMF 的组件同时也是基于此框架生成的每个模型的组成部分。这些组件与适用于所关注领域（如：采购、开发、服务）的资料结合，就形成一个模型。

这样的 CMMI 组件的集合就定义为一个群集：这些组件用于构建针对所关注领域（例如采购、开发、服务）的模型、培训材料和评估相关文档。开发群集的模型被称为“CMMI 开发模型”或“CMMI-DEV”。

CMMI 开发模型是一个参考模型，涵盖了开发产品与服务的活动。来自很多行业的组织，包括航空航天、银行、计算机硬件、软件、国防、汽车制造与电信等，都使用 CMMI 开发模型。

CMMI 开发模型所包含的实践覆盖了项目管理、过程管理、系统工程、硬件工程、软件工程与其他用于开发与维护的支持过程。

应使用专业判断与常识来为组织解读模型。也就是说，尽管模型描述的过程域刻画了被多数用户视为最佳实践的行为，仍应结合深入的 CMMI-DEV 知识、组织的约束与业务环境来解读过程域与实践。

24.3.3 CMMI 过程域

1. 过程域组件

所有的 CMMI 模型都生成自 CMMI 框架。该框架包括了所有的目标与实践，用以生成属于 CMMI 群集的 CMMI 模型。

所有的 CMMI 模型都包含 16 个核心过程域。这些过程域论及的基本概念对任一关注领域（即采购、开发、服务）的过程改进来说都是基础。核心过程域中的有些资料在所有群集中内容相同。而另一些资料的内容可能会有所调整，来应对特定的关注领域。因此，核心过程域的资料可能并不完全相同。

模型组件被分为三类——必需的、期望的与说明性的——这种分类体现了应如何对它们进行解读。

（1）必需的组件。必需的组件是在给定过程域中对实现过程改进来说必不可少的 CMMI 组件。这样的成果必须在组织的过程中以可视的方式得到落实。在 CMMI 中，必需的组件是特定目标与通用目标。在评估中，采用目标满足度作为决定某个过程域是否得到满足的基础。

（2）期望的组件。期望的组件是描述了实现必需的 CMMI 组件的重要活动的 CMMI 组件。期望的组件指导那些实施改进或执行评估的人员。在 CMMI 中，期望的组件是特定实践与通用实践。

在目标被认为得到满足之前，所描述的实践或其可接受的备选，必须在组织已计划并实施的过程中得到体现。

（3）说明性的组件。说明性的组件是帮助模型用户理解 CMMI 必需的组件与期望的组件的 CMMI 组件。这些组件可以是实例框、详细解释或其他有用信息。子实践、注释、参考、目标标题、实践标题、来源、工作产品实例以及通用实践详细说明都是说明性的模型组件。如图 24-22 所示。

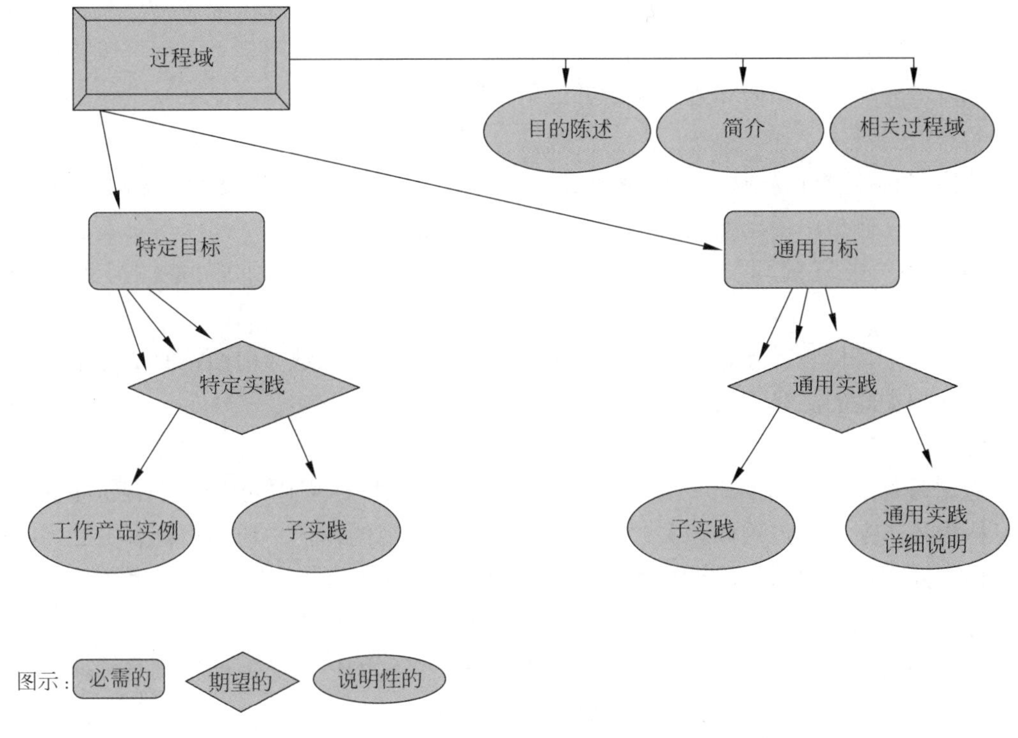

图 24-22　CMMI 模型组件

说明性资料在理解模型时扮演重要的角色。仅仅使用一句目标或实践陈述来充分描述组织必需的或期望的行为往往是不可能的。模型的说明性资料提供了必要信息，以达到对目标与实践的正确理解，因此不可以忽略。

每个过程域的描述主要包括以下几个部分。

1）目的陈述

目的陈述描述了过程域的目的，属于说明性的组件。

例如，“组织级过程定义”过程域的目的陈述是“组织级过程定义（Organizational Process Definition，OPD）的目的在于建立并维护一套可用的组织级过程资产、工作环境标准以及团队规则与指南。”

2）简介

过程域的简介小节描述了过程域所涉及的主要概念，属于说明性的组件。

例如，“项目监督与控制”过程域的简介中写道“当实际状态与预期情况显著偏离时，就要酌情采取纠正措施。”

3）相关过程域

相关过程域小节列出了至相关过程域的引用，反映过程域之间高层次的关系。相关过程域小节属于说明性的组件。

例如，“项目计划”过程域的相关过程域小节中的一条引用是“参阅‘风险管理’过程域以进一步了解如何识别、分析并缓解风险。”

4）特定目标

特定目标描述了为满足过程域而必须呈现出的独特特征。特定目标属于必需的模型组件，并在评估中用于帮助确定过程域是否得到满足。

例如，“配置管理”过程域中的一个特定目标是“基线的完整性得到建立与维护”。

只有特定目标陈述才是必需的模型组件。特定目标的标题（前面标有目标编号）以及与目标相关联的注释则被视为说明性的模型组件。

5）通用目标

通用目标之所以被称为“通用”，是因为同样的目标陈述适用于多个过程域。通用目标描述了把某一过程域相关过程制度化所必须呈现的特征。通用目标属于必需的模型组件，并在评估中用于确定过程域是否得到满足。

通用目标的一个实例是“过程得到制度化为已定义的过程。”

只有通用目标陈述才是必需的模型组件。通用目标的标题（前面标有目标编号）以及与目标相关联的注释则被视为说明性的模型组件。

6）特定目标与特定实践概要

特定目标与特定实践概要提供了对特定目标与特定实践的高层次的总结。特定目标与特定实践概要属于说明性的组件。

7）特定实践

特定实践是对活动的描述，该活动被认为在达成所关联的特定目标方面具有重要性。特定实践描述活动，这些活动预期带来在过程域的特定目标的达成。特定实践属于期望的模型组件。

例如，“项目监督与控制”过程域中的一条特定实践是“对照项目计划，监督所识别的承诺。”

只有特定实践陈述才是期望的模型组件。特定实践的标题（前面标有实践编号）以及与特定实践相关联的注释则被视为说明性的模型组件。

8）工作产品实例

工作产品实例列出了特定实践的输出例子。工作产品实例属于说明性的模型组件。

例如，“项目监督与控制”过程域中“监督项目计划参数”特定实践的一个工作产品实例是“重大偏差记录”。

9）子实践

子实践是为解释和实施特定实践或通用实践提供指导的详细描述。子实践的措辞可能会让人感觉是规定的作法，不过它们实际仅旨在为过程改进提供可能有用的思路。

例如，“项目监督与控制”过程域中“采取纠正措施”特定实践的一个子实践是“确定所需的适当措施并将其文档化，以处理已识别的问题。”

10）通用实践

通用实践之所以被称为“通用”，是因为相同的实践适用于多个过程域。与通用目标相关联的通用实践描述了一些活动，这些活动被认为对通用目标的达成具有重要意义，并且有助于过程域所关联过程的制度化。通用实践属于期望的模型组件。

例如，“过程得到制度化为已管理的过程”通用目标中的一条通用实践是“提供充分的资源，以执行过程、开发工作产品并提供过程的服务。”

只有通用实践陈述才是期望的模型组件。通用实践的标题（前面标有实践编号）以及与实践相关联的注释则被视为说明性的模型组件。

11）通用实践详细说明

通用实践详细说明出现在通用实践之后，为该通用实践在某一过程域的特定应用提供指导。通用实践详细说明属于说明性的模型组件。

例如，“项目计划”过程域中“建立并维护组织级方针，以计划并执行过程”通用实践的详细说明是“要估算计划的参数，做出内部的与外部的承诺，并且制订管理项目的计划。为此，本方针建立了组织级期望。”

12）附加部分

附加部分是得到明确标记的模型组件，它含有特定用户所关心的信息。附加部分可以是说明性的资料、特定实践、特定目标或整个过程域，它延伸了模型的范围或突出了其使用上的某一特别的方面。在 CMMI 开发模型中不存在附加部分。

2．CMMI 过程域

过程域是某一领域内的一组相关实践，当它们共同得到实施时，能满足一组对于在本领域作出改进较为重要的目标。

22 个过程域按字母顺序排列如下。

- 原因分析与解决（Causal Analysis and Resolution，CAR）。
- 配置管理（Configuration Management，CM）。
- 决策分析与解决（Decision Analysis and Resolution，DAR）。
- 集成项目管理（Integrated Project Management，IPM）。

- 度量与分析（Measurement and Analysis，MA）。
- 组织级过程定义（Organizational Process Definition，OPD）。
- 组织级过程关注（Organizational Process Focus，OPF）。
- 组织级绩效管理（Organizational Performance Management，OPM）。
- 组织级过程性能（Organizational Process Performance，OPP）。
- 组织级培训（Organizational Training，OT）。
- 产品集成（Product Integration，PI）。
- 项目监督与控制（Project Monitoring and Control，PMC）。
- 项目计划（Project Planning，PP）。
- 过程与产品质量保证（Process and Product Quality Assurance，PPQA）。
- 量化项目管理（Quantitative Project Management，QPM）。
- 需求开发（Requirements Development，RD）。
- 需求管理（Requirements Management，REQM）。
- 风险管理（Risk Management，RSKM）。
- 供方协议管理（Supplier Agreement Management，SAM）。
- 技术解决方案（Technical Solution，TS）。
- 确认（Validation，VAL）。
- 验证（Verification，VER）。

3. CMMI 过程域分类

CMMI 过程域可以分为 4 类，包括项目管理、过程管理、工程和支持等 4 个类别。

项目管理类过程域涵盖了与项目的计划、监督和控制相关的项目管理活动。

CMMI-DEV 中的七个项目管理类过程域如下。

- 集成项目管理（Integrated Project Management，IPM）。
- 项目监督与控制（Project Monitoring and Control，PMC）。
- 项目计划（Project Planning，PP）。
- 量化项目管理（Quantitative Project Management，QPM）。
- 需求管理（Requirements Management，REQM）。
- 风险管理（Risk Management，RSKM）。
- 供方协议管理（Supplier Agreement Management，SAM）。

过程管理类过程域包含跨项目的活动，这些活动与过程的定义、计划、部署、实施、监督、控制、评估、度量及改进相关。

CMMI-DEV 中的五个过程管理类过程域如下。

- 组织级过程定义（Organizational Process Definition，OPD）。
- 组织级过程关注（Organizational Process Focus，OPF）。

- 组织级绩效管理（Organizational Performance Management，OPM）。
- 组织级过程性能（Organizational Process Performance，OPP）。
- 组织级培训（Organizational Training，OT）。

工程类过程域涵盖了工程学科所共有的开发与维护活动。工程类过程域的书写使用了通用的工程术语，这样，涉及产品开发过程（如软件工程、机械工程等）的任何技术学科都能够将其用于过程改进。

工程类过程域还将不同工程学科的关联过程整合到单一的产品开发过程之中，来支持以产品为导向的过程改进策略。这样的策略瞄准的是实质性的业务目标，而非特定的技术学科。这种过程方法有效避免了组织级“烟囱”型隔阂思想的倾向。

工程类过程域适用于开发领域中任何产品或服务的开发（如，软件产品、硬件产品、服务、过程等）。

CMMI-DEV 中的五个工程类过程域如下。

- 产品集成（Product Integration，PI）。
- 需求开发（Requirements Development，RD）。
- 技术解决方案（Technical Solution，TS）。
- 确认（Validation，VAL）。
- 验证（Verification，VER）。

支持类过程域涵盖了支持产品开发与维护的活动。支持类过程域应对执行其他过程时使用到的过程。总的来说，支持类过程域应对面向项目的过程，并能够应对通用于组织的过程。

例如，“过程与产品质量保证”过程域能够与所有的过程域一起使用，来对全部过程域中所描述的过程与工作产品提供客观评价。

CMMI-DEV 中的五个支持类过程域如下。

- 原因分析与解决（Causal Analysis and Resolution，CAR）。
- 配置管理（Configuration Management，CM）。
- 决策分析与解决（Decision Analysis and Resolution，DAR）。
- 度量与分析（Measurement and Analysis，MA）。
- 过程与产品质量保证（Process and Product Quality Assurance，PPQA）。

24.3.4　CMMI 表示法与级别

1．级别

CMMI 开发模型推荐使用渐进的路径供组织改进其开发产品或服务的过程，并采用级别来描述这一渐进的路径。级别也可以是评估中评定活动的结果。评估可应用于整个组织或小一些的组，如一组项目或一个部门。

CMMI 支持两种使用级别的改进路径。一条路径使组织能够逐步改进其选定的单个过程域（或一组过程域）所对应的过程。另一条路径使组织能够以增量方式应对层次相继的过程域集合来改进相关的过程集。

这两种改进路径与两种类型的级别相关联：能力等级与成熟度级别。这些等级或级别对应至两种过程改进方法，称作“表示法”。这两种表示法被称为“连续式”与“阶段式”。使用连续式表示法使你能够达成“能力等级”。使用阶段式表示法使你能够达成“成熟度级别”。

为达到某一特定的级别，不管是能力等级或成熟度级别，组织都必须满足预定进行改进的过程域或过程域集合中的所有目标。

这两种表示法都能够提供对过程进行改进的方式，以达成业务目标，两者也都提供了相同的要素，并使用相同的模型组件。

2．表示法

CMMI 具有连续式表示法与阶段式表示法两种结构。图 24-23 展示了连续式表示法与阶段式表示法的结构。这两种结构之间的区别微妙却重大。阶段式表示法相对于模型整体，使用成熟度级别来描述组织过程总体状态的特征；而连续式表示法则相对于单个过程域，使用能力等级来描述组织过程状态的特征。

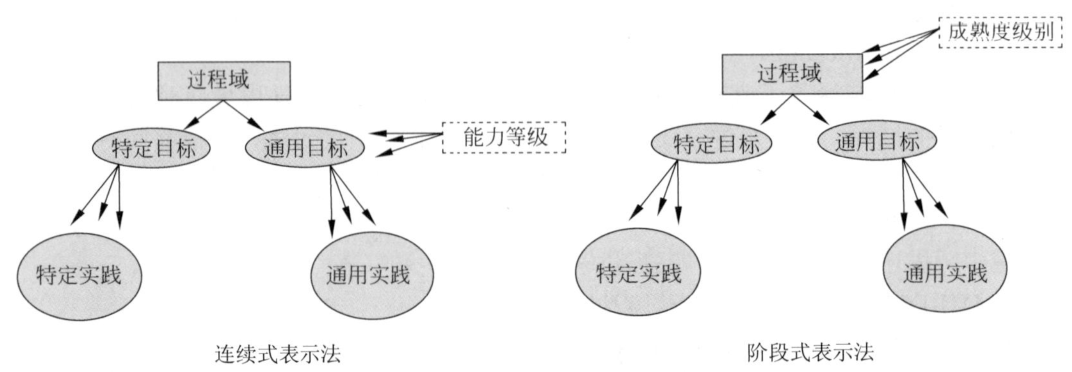

图 24-23　展示了连续式表示法与阶段式表示法的结构

两者有很多相同的组件（如：过程域、特定目标、特定实践等），并且这些组件拥有相同的层级与配置。

从图 24-23 的概要视图中不能立即清楚了解的是，连续式表示法的关注点在于由能力等级度量的过程域能力，而阶段式表示法的关注点在于由成熟度级别度量的总体成熟度。CMMI 的这一尺度（能力/成熟度尺度）被用于基准比较与评估活动，并且用于指导组织的改进工作。

能力等级适用于组织在单个过程域的过程改进达成情况。这些等级作为一种手段，增量式地改进与给定过程域相对应的过程。四个能力等级用数字 0 至 3 进行编号。

成熟度级别适用于组织内横跨多个过程域的过程改进达成情况。这些级别作为一种手段，改进与一组给定过程域相对应的过程（即成熟度级别）。五个成熟度级别用数字 1 至 5 进行编号。

表 24-4 将四个能力等级与五个成熟度级别进行对比。注意在两种表示法中，有两个等级的名称是相同的（即已管理级与已定义级）。区别在于不存在成熟度级别 0 级、没有能力等级 4 级或 5 级；另外在 1 级时，能力等级 1 级与成熟度级别 1 级所使用的名称不同。

表 24-4 能力等级与成熟度级别的对比

级　别	连续式表示法 能力等级	阶段式表示法 成熟度级别
0 级	不完整级	
1 级	已执行级	初始级
2 级	已管理级	已管理级
3 级	已定义级	已定义级
4 级		已量化管理级
5 级		持续优化级

连续式表示法涉及选择一个特定的过程域进行改进，以及确定对这个过程域预期达到的能力等级。在这种情况下，过程已得到执行或仍不完整，这一点是重要的。因此，采用名称“不完整级”作为连续式表示法的起点。

阶段式表示法涉及选择某一成熟度级别下的多个过程域进行改进；单个过程已得到执行或仍不完整就不是首要关注点。因此，采用名称“初始级”作为阶段式表示法的起点。

能力等级与成熟度级别都提供了一种改进组织过程的方式，并对组织能够并切实改进其过程的程度进行度量。然而，与过程改进相关联的途径却有所不同。

3. 能力等级

为支持对连续式表示法的使用，所有的 CMMI 模型在其设计与内容方面都体现了能力等级。

四个能力等级定名为 0 级至 3 级，每一级是一个层次，作为继续进行过程改进的基础。

- 0. 不完整级。
- 1. 已执行级。
- 2. 已管理级。
- 3. 已定义级。

当某等级下的所有通用目标都得到满足时，过程域的该能力等级就被达成。事实上，能力等级 2 级与 3 级使用的名称和通用目标 2 与通用目标 3 相同是有意为之，因为这些通用目标与实践的每一条都反映了目标与实践的能力等级的意义。

1）能力等级 0 级：不完整级

不完整的过程是没有得到执行或部分得到执行的过程。过程域的一个或多个特定目标没有得到满足，并且该等级下通用目标也不具备，这是因为没有理由对一个部分执行的过程进行制度化。

2）能力等级 1 级：已执行级

能力等级 1 级的过程被描述为已执行的过程。已执行的过程是完成所需工作而产生工作产品的过程；过程域的特定目标得到满足。

尽管能力等级 1 级会取得重要改进，但如果未得到制度化，那些改进经过一段时间后可能会丢失。利用制度化（CMMI 能力等级 2 级与 3 级的通用实践）有助于确保改进得以保持。

3）能力等级 2 级：已管理级

能力等级 2 级的过程被描述为已管理的过程。已管理的过程是一种已执行的过程，这种过程按照方针得到计划和执行；雇用有技能的人，具备充分的资源以产生受控的输出；使相关干系人参与其中；得到监督、控制与评审；并且对其过程描述的遵守程度得到评价。

能力等级 2 级所体现的过程规范有助于确保现有实践在有压力的情况下得以保留。

4）能力等级 3 级：已定义级

能力等级 3 级的过程被描述为已定义的过程。已定义的过程是一种已管理的过程，这种过程按照组织的裁剪指南，从组织的标准过程集中裁剪得到；它具有受维护的过程描述；并且将过程相关经验贡献给组织级过程资产。

能力等级 2 级与 3 级之间的关键区别在于标准、过程描述与规程的范围。在能力等级 2 级中，标准、过程描述与规程在过程的每个特定实例中（如在某一特定项目中）都可能有很大的不同。在能力等级 3 级中，项目的标准、过程描述与规程是从组织的标准过程集中裁剪得来，以适应特定的项目或组织级单位，因而就更为一致，除非是裁剪指南所允许的差别。

另一关键区别在于能力等级 3 级的过程描述往往比能力等级 2 级更为严谨。已定义的过程清晰地陈述了目的、输入、入口准则、活动、角色、度量项、验证步骤、输出与出口准则。在能力等级 3 级中，通过使用对过程活动之间相互关系的理解，并使用过程及其工作产品的详细度量项，过程得到了更为积极的管理。

5）能力等级的提高

过程域的能力等级的达成通过应用了通用实践或应用了与过程域相关联过程的合适替代实践来实现。

达到过程域的能力等级 1 级等同于说与该过程域相关联的过程是已执行的过程。

达到过程域的能力等级 2 级等同于说具备方针表明将执行过程。具备执行的计划，资源得到了提供，职责得到了分派，执行过程的培训得到了提供，与执行过程相关的所选工作产品得到了控制，等等。换而言之，能力等级 2 级的过程能够如同任何项目或支持活动那样得到计划与监督。

达到过程域的能力等级 3 级等同于说存在与该过程域相关联的组织级标准过程，该过程可根据项目的需要被裁剪。组织内的过程现在得到了更为一致的定义与应用，因为它们的基础都是组织级标准过程。

组织在其选定进行改进的过程域达到能力等级 3 级之后，可以继续其改进旅程来应对高成熟度过程域（组织级过程性能，量化项目管理，原因分析与解决与组织级绩效管理）。

高成熟度过程域关注于改进那些已实施过程的性能。高成熟度过程域描述了使用统计与其他量化技术来改进组织级过程与项目过程，以便更好达成业务目标。

当组织以这种方式继续其改进旅程时，能够通过首先选择 OPP 与 QPM 过程域来获得最大收益，并将这些过程域带到能力等级 1 级、2 级与 3 级。这样，项目与组织能够将过程的选择和分析与其业务目标更加紧密地保持一致。

在 OPP 与 QPM 过程域达到能力等级 3 级之后，组织能够选择 CAR 与 OPM 过程域来继续其改进道路。这样，组织能够使用统计与其他量化技术来分析业务绩效以确定性能方面的不足，并识别与部署有助于满足质量与过程性能目标的过程改进与技术改进。项目与组织使用原因分析来识别并解决影响性能的问题，并且促进最佳实践的传播。

4．成熟度级别

为支持对阶段式表示法的使用，所有的 CMMI 模型在其设计与内容方面都体现了成熟度级别。成熟度级别由可改进组织整体绩效的、预先定义好的过程域集合中相关的特定实践与通用实践组成。

组织的成熟度级别提供了描述其绩效特征的方式。经验表明，当组织每次过程改进工作所专注的过程域在数量上易管理时，组织能够做到最好；那些领域随着组织的改进，也需要不断成熟。

成熟度级别是组织级过程改进的预定义的演进平台。每一个成熟度级别使组织过程中重要的子集合成熟，并为其走向下一个成熟度级别做准备。成熟度级别通过与预先定义好的过程域集合相关联的特定目标与通用目标的达成情况进行度量。

五个成熟度级别定名为 1 级至 5 级，每一级是一个层次，作为继续进行的过程改进的基础。

- 1. 初始级。
- 2. 已管理级。
- 3. 已定义级。
- 4. 已量化管理级。
- 5. 持续优化级。

记住成熟度级别 2 级与 3 级使用和能力等级 2 级与 3 级相同的名称。这种名称上的一致性是有意而为之，因为成熟度级别与能力等级的概念是互补的。成熟度级别被用于描述相对于一个过程域集合的组织级改进特征，而能力等级被用于描述相对于单个过程域的组织级改进特征。

1）成熟度级别 1 级：初始级

处于成熟度级别 1 级时，过程通常是随意且混乱的。组织往往不能提供一个稳定的环境来支持过程。这些组织的成功依赖于组织内人员的能力，而不是使用经过实践证明的过程。尽管有这些混乱的情况，成熟度 1 级的组织也常常能产出能用的产品与服务，但它们经常超出在计划中记录的预算与成本。

成熟度级别 1 级的组织的特征是具有过度承诺的倾向，他们在危机情况下会舍弃他们的过程，而且没有能力去复制他们的成功。

2）成熟度级别 2 级：已管理级

处于成熟度级别 2 级时，项目确保其过程按照方针得到计划与执行；项目雇用有技能的人，具备充分的资源以产生受控的输出；使相关干系人参与其中；得到监督、控制与评审；并且对其过程描述的遵守程度得到评价。成熟度级别 2 级体现的过程规范有助于确保现有实践在有压力的情况下得以保留。当具备了这些实践时，项目的执行与管理能够根据其文档化的计划来进行。

另外在成熟度级别 2 级，工作产品的状态在定义好的时间点（如，在主要里程碑点，在完成主要任务时）对管理层是可视的。相关干系人之间承诺得到建立并在必要时得到修改。工作产品得到了适当的控制。工作产品与服务满足其规定的过程描述、标准与规程。

3）成熟度级别 3 级：已定义级

处于成熟度级别 3 级时，过程得到清晰的说明与理解，并以标准、规程、工具与方法的形式进行描述。作为成熟度级别 3 级的基础，组织的标准过程集得到了建立并随时间进行改进。这些标准过程被用于在整个组织中确立一致性。项目根据裁剪指南，通过对组织的标准过程集进行裁剪来建立已定义的过程。

成熟度级别 2 级与 3 级的关键区别在于标准、过程描述与规程的范围。在成熟度级别 2 级中，标准、过程描述与规程在过程的每个特定实例中（如在某一特定项目中）都可能有很大的不同。在成熟度级别 3 级中，项目的标准、过程描述与规程是从组织的标准过程集中裁剪得来，以适应特定的项目或组织级单位，因而就更为一致，除非是裁剪指南所允许的差别。

另一关键区别在于成熟度级别 3 级的过程描述往往比成熟度级别 2 级更为严谨。已定义的过程清晰地陈述了目的、输入、入口准则、活动、角色、度量项、验证步骤、输出与出口准则。在成熟度级别 3 级中，通过使用对过程活动相互关系的理解，并使用过程、其工作产品及其服务的详细度量项，过程得到了更为积极的管理。

在成熟度级别 3 级，组织进一步改进与成熟度级别 2 级过程域相关的过程。在成熟度级别 2 级时没有解决的与通用目标 3 相关联的通用实践得到应用，以达成成熟度级别 3 级。

4）成熟度级别 4 级：已量化管理级

在成熟度级别 4 级，组织与项目建立了质量与过程性能的量化目标并将其用作管理项目的准则。量化目标基于客户、最终用户、组织、过程实施人员的需要。质量与过程性能以统计术语的形式得到理解，并在项目的整个生命期内得到管理。

针对选定的子过程，过程性能的具体度量项得到了收集与统计分析。在选择需要分析的子过程时，理解不同子过程之间的关系及其对达成质量与过程性能目标所产生的影响十分关键。这种方法有助于确保使用统计与其他量化技术的子过程监督能应用于对业务最有整体价值的地方。过程性能基线与模型能用于帮助设定有助于达成业务目标的质量与过程性能目标。

成熟度级别 3 级与 4 级的关键区别在于对过程性能的可预测性。处于成熟度级别 4 级时，项目绩效与选定的子过程的性能得以使用统计与其他量化技术进行控制，预测则部分地基于对精细粒度的过程数据的统计分析。

5）成熟度级别 5 级：优化级

处于成熟度级别 5 级时，组织基于对其业务目标与绩效需要的量化理解，不断改进其过程。组织使用量化的方法来理解过程中固有的偏差与过程结果的原因。

成熟度级别 5 级关注于通过增量式的与创新式的过程与技术改进，不断地改进过程性能。组织的质量与过程性能目标得到建立，然后被不断修改来体现变化的业务目标与组织级绩效，并被用来作为管理过程改进的准则。部署的过程改进的效果通过使用统计与其他量化技术来进行度量，并与质量与过程性能目标进行比较。项目已定义的过程、组织标准过程集与作为支撑的技术都是可度量的改进活动的目标。

成熟度级别 4 级与 5 级的关键区别在于管理与改进组织级绩效的关注点。处于成熟度级别 4 级时，组织与项目关注于子过程层面对性能的理解与控制，并使用其结果来管理项目。处于成熟度级别 5 级时，组织使用从多个项目收集来的数据对整体的组织级绩效进行关注。对数据的分析识别出绩效方面的不足与差距。这些差距用于驱动组织级过程改进，并产生绩效方面的可度量的改进。

6）成熟度级别的提高

组织可以实现其成熟度的累进式进步，从实现对项目级的控制开始，直至最高级别，即在整个组织范围的绩效管理与持续的过程改进，并使用定性的与定量的数据进行决策。

提高了的组织级成熟度与组织能够达成的预期范围内的改进结果相关联，因而，成熟度也是预测组织今后项目大致结果的一种方法。例如，在成熟度级别 2 级，通过建立扎实的项目管理，组织已经由随意的状态提升到规范的状态。随着组织达成某一成熟度级别中一系列过程域的通用目标和特定目标，组织在提升组织级成熟度的同时也收获了过程改进带来的收益。由于每一成熟度级别都为下一级别打下必要的基础，因此，在成熟度级别上的跳级尝试往往会导致反效果。

同时，需要认识到的是，过程改进活动应该关注于以组织的业务环境为背景的组织需要上，并认识到更高的成熟度级别中的过程域可以应对组织或项目的当前的与未来的需要。

例如，试图从成熟度级别 1 级迈向成熟度级别 2 级的组织常常被鼓励成立一个过程组，而过程组的建立由成熟度级别 3 级的过程域“组织级过程关注”所应对。虽然过程组并非成熟度级别 2 级组织的必要特征，但是它可以成为组织达成成熟度级别 2 级途径中的有用部分。

这个情形有时被描述成建立一个成熟度级别 1 级的过程组来引导成熟度级别 1 级的组织走向成熟度级别 2 级。成熟度级别 1 级的过程改进活动可能主要依赖于过程组人员的洞察力与能力，直到具备了能够支持更规范与更大范围改进的基础。

组织可以选择任何时间开始过程改进，即使还没有准备好迈向某些特定实践所处的成熟度级别。然而，在这种情况下，组织应该理解这些改进的成功存在风险，因为进行成功制度化的基础尚未完成。缺乏适当基础的过程有可能在最需要它们的时候被舍弃——当面临压力时。

当成熟度级别 2 级的管理实践有所缺失时，作为成熟度级别 3 级组织特征的已定义的过程可能处于较大风险之中。例如，管理层可能对一个计划得很糟糕的进度安排去作出承诺，或者不能控制已形成基线的需求的变更。类似地，很多组织过早地去收集具有成熟度级别 4 级特征的数据，却发现由于过程和度量定义的不一致导致这些数据难以解读。

使用与较高成熟度级别相关联过程域中过程的另一个例子存在于构建产品的过程中。我们当然期望成熟度级别 1 级的组织会进行需求分析、设计、集成与验证。然而，这些活动直到成熟度级别 3 级时，才会得到描述，并被定义为紧密结合的、融为一体的工程类过程。成熟度级别 3 级的工程类过程与已具备的正在逐渐成熟的项目管理能力互为补充，这样，工程类改进就不会因随意的管理过程而丢失。

24.3.5 CMMI 评估方法与过程改进

很多组织进行了评估，获得了成熟度级别评定或能力等级达成情况概览图，从中找到了度量他们所取得进展方面的价值。进行这些类型的评估往往是出于以下一个或多个原因。

- 确定组织过程相比 CMMI 最佳实践的完善程度，并识别可改进之处。
- 告知外部客户与供方有关组织过程相比 CMMI 最佳实践的完善程度。
- 满足一个或多个客户的合同需求。

使用 CMMI 模型的组织，其评估必须符合 CMMI 评估需求（Appraisal Requirements for CMMI，ARC）文档中定义的需求。评估专注于识别改进机会，以及将组织的过程与 CMMI 最佳实践进行对比。

评估团队使用 CMMI 模型与符合 ARC 的评估方法来指导他们对组织的评价，并进行最终的结论报告。评估结果被用于（如：为过程组所用）计划组织的改进。

1．CMMI 评估需求

CMMI 评估需求（Appraisal Requirements for CMMI，ARC）文档描述了几种评估类型的需求。完全的基准式评估被定义为 A 类评估方法。较为非正式的方法被定义为 B 类或 C 类方法。ARC 文档设计用于帮助改进评估方法间的一致性，并帮助评估方法的开发者、发起人与用户理解如何在各种方法间进行相关的权衡。

根据评估的目的与环境的性质，一种类别可能会优先于其他类别。有时自我评估、初始评估、快速查看或迷你评估或外部评估都可能合适；而其他场合，正式的基准式评估则是合适的。

基于评估方法开发者在设计该方法时所应对的 ARC 需求中的不同集合，特定的评估方法被宣布为 ARC 的 A 类、B 类或 C 类评估方法。

2．SCAMPI 评估方法

SCAMPI A 类评估方法是普遍认可用于使用 CMMI 模型来实施 ARC A 类评估的方法。SCAMPI A 类方法定义文档（SCAMPI A Method Definition Document，MDD）定义了确保 SCAMPI A 类评估评定一致性的规则［SEI 2011a］。为了与其他组织进行基准比较，评估必须确保具有一致的评定。达成具体的成熟度级别，或满足某一过程域，对不同的已评估的组织必须具有相同的意义。

SCAMPI 评估系列包括 A 类、B 类、C 类评估方法。SCAMPI A 类评估方法是正式认可的、最为严谨的方法，仅有该方法能够给出具有基准特性的评定。SCAMPI B 类与 C 类评估方法为组织提供了改进信息，其结果与 SCAMPI A 类评估的结果相比更为非正式，但仍然有助于组织识别改进机会。

3．评估方面的考虑

对基于 CMMI 的评估产生影响的选择有：

- CMMI 模型。
- 评估范围，包括待评估的组织级单位、待审查的 CMMI 过程域，以及待评估的成熟度级别或能力等级。
- 评估方法。
- 评估小组组长与小组成员。
- 从评估实体中选取的待访谈的评估参与人员。
- 评估输出（如：评定、特定于实例的发现）。
- 评估约束（如：现场时间）。

SCAMPI MDD 允许在评估中对预设选项进行选择使用。这些评估选项被设计用于帮助组织使 CMMI 与其业务需要和目标协调一致。

CMMI 评估计划与结果应该始终包括对评估选项、模型范围与选定的组织级范围的描述。这一文档确定了评估是否能够满足进行基准比较的需求。

对那些想要评估多个职能或团队的组织，CMMI 的集成化途径能够让模型与评估的培训获得规模化的经济效果。一种评估方法就可以为多个职能单位提供单独的或联合的结果。

以下的 CMMI 评估原则与其他过程改进模型评估中使用的原则相同。

- 高层管理人员的发起与资助。
- 专注于组织的业务目标。
- 为被访谈人员保密。
- 使用文档化的评估方法。
- 使用过程参考模型（如：CMMI 模型）。
- 协作的、团队式的途径。
- 专注于过程改进行动。

24.4 本章练习

（1）以下对软件过程能力描述正确的是_______。

A．人们在开发和维护软件及其相关产品时所涉及的各种活动、方法、实践和改革等，其中软件相关产品包括软件项目计划、设计文档、程序代码、测试用例和用户手册等

B．当遵循某个软件过程时所能达到的期望效果，它可以有效预测企业接收新的软件项目时可能得到的结果

C．当遵循某个软件过程时所达到的实际效果。它可以用于验证软件过程能力

D．当遵循某个软件过程时所达到的实际效果。它可以用于验证软件开发能力

参考答案：B

（2）对成熟的软件机构的描述正确的是_______。

A．具有在企业范围内管理、控制软件开发和维护过程的能力

B．现有人员和新进人员均了解所遵循的软件过程，且工作活动均按照事先的计划完成

C．在定义好的软件过程中，所有项目和机构中的角色和责任分明

D．制订的计划是有效的且与实际的工作进展一致

E．以上都是

参考答案：E

（3）对不成熟的软件机构的描述正确的是_______。

A．缺乏确定的软件过程和相应的管理和控制

B．缺乏评价软件产品质量和解决产品缺陷和过程问题的客观基础

C．即使给出了软件过程，也不严格遵循和强制执行

D．管理是完全被动的，管理者采用的策略是救火式的，即出了事才去解决，解决的时候也难以纵观全局，往往只顾眼前

E．以上都是

参考答案：E

（4）在软件项目开始之前，客户就能对过程能力和风险有了定量的了解的是______。

A．可重复级　　B．已定义级　　C．已管理级　　D．优化级

参考答案：C

（5）以下关于关键实践的说法中，正确的是_______。

A．关键实践是每个关键过程域中的所有活动

B．关键实践描述了应当怎样完成关键过程域的目标

C．关键实践只是描述了部分关键过程域的活动

D．关键实践在不同的成熟度级别是一样的

参考答案：B

（6）组织级项目管理 OPM 致力于集成_______内容。

A．能力、组织战略、人、过程

B．组织战略、人、过程

C．知识、组织战略、人、过程

D．知识、组织架构、人、过程

参考答案：C

（7）组织级过程改进的步骤包括_______。

A．标准化、度量、控制、改进

B．计划、度量、控制、改进

C．标准化、度量、控制、优化

D．标准化、实施、控制、优化

参考答案：A

（8）OPM3 运作周期包括_______。

A．准备评估，实施评估，制订改进计划，实施改进

B．准备评估，实施评估，制订改进计划，实施改进，重复此过程

C．准备评估，制订改进计划，实施评估，实施改进，优化过程

D．准备评估，制订改进计划，实施评估，实施改进，重复此过程

参考答案：B

（9）最佳实践指的是目前公认的_______。

A．在一个特定的行业或学科实现一个目标或目的的最佳方法

B．在一个特定的行业实现一个目标或目的的最佳方法

C．在一个特定的学科实现一个目标或目的的最佳方法

D．在多个特定的行业或学科实现一个共同目标或目的的最佳方法

参考答案：A

（10）CMMI 的阶段式和连续式分别表示_______。

A．组织的过程能力和项目的成熟度

B．组织的过程能力和组织的成熟度

C．项目的过程能力和项目的成熟度

D．项目的过程能力和组织的成熟度

参考答案：B

第 25 章　量化的项目管理

25.1　量化的项目管理概述

项目管理之所以要量化，其目的在于无论出现任何意外情况，都务必保障所有结果准确无误的达成。因此，我们从开始到结果，都必须以量化的数据进行监督和检验。通过量化项目管理，根据项目初期设定指标，可以将项目过程中状态清晰化,将信息系统或产品内部隐藏的质量缺陷、过程存在的风险展现出来。

IT 项目管理目前所面临的突出问题在于“说不清”：说不清项目的范围到底有多大、说不清项目的工期应该设置多长、说不清项目的成本应该是多少。IT 项目“说不清”的主要原因在于缺乏“说清楚”的具体方法。如何“说清楚”？“说清楚”的基本要求是信息量化，但量化信息的前提是细化，因为只有足够细化的信息才能检验量化信息的真伪。量化信息还必须以简单、直观的图形化方式呈现给 IT 项目的客户和管理层，这样他们才能一目了然地“看清楚”IT 项目。

项目管理知识体系中，涉及到需要量化管理的领域非常多，从事前管理和事后管理的角度来分，可以分为估算和度量两大类。估算是以实际统计调查资料为基础，根据事物的联系及其发展规律，间接地估算和预计有关事物的数量关系和变化前景。而度量则是依据特定的标准，衡量当前的事物与标准之间的差异。

量化项目管理（Quantitative Project Management，QPM）的目的在于量化地管理项目，以达成项目已建立的质量与过程性能目标。

CMMI 中的“量化项目管理”过程域涉及以下活动。

- 建立并维护项目的质量与过程性能目标。
- 组成项目已定义的过程以帮助达成项目的质量与过程性能目标。
- 选择对理解性能起关键作用并有助于达成项目质量与过程性能目标的子过程与属性。
- 选择将用于量化管理的度量项与分析技术。
- 使用统计与其他量化技术来监督所选子过程的性能。
- 使用统计与其他量化技术管理项目，以确定项目的质量与过程性能目标是否正在得到满足。
- 对所选定的问题执行根本原因分析，以解决在达成项目质量与过程性能目标上的不足。

通过使用 CMMI 中的组织级过程性能过程，建立用于实现高成熟度的组织级过程资产，包括质量与过程性能目标、所选过程、度量项、基线以及模型，并用于量化项目管理过程。在必要时，项目可以使用组织级过程性能的过程来定义附加的目标、度量项、基线及模型，以有效地分析并管理性能。将量化项目管理过程所产生的度量项、度量及其他数据纳入组织级过程资产。通过这种方式，组织与项目通过使用改进后的资产而从中受益。

“量化项目管理”实践有助于形成对于过程或者子过程所期望性能的量化理解。通过为项目评价备选过程或子过程，并选择那些最可能达成质量与性能目标的过程或子过程。

与供方建立有效的关系对于成功地实施量化项目管理也至关重要。建立有效的关系包括为供方建立质量与过程性能目标，确定用于深入了解供方的进展及绩效的度量项与分析技术，并监督达成那些目标的进展。

量化管理的一个基本要素是对预测有信心（即，能够准确地预测项目在多大程度上满足其质量与过程性能目标的能力）。基于对可预测过程性能的需要，选择将使用统计与其他量化技术管理的子过程。 另一个量化管理的基本要素是理解在过程性能中遇到的偏差本质和程度，并且察觉项目的实际绩效何时可能不足以达成项目的质量与过程性能目标。

因此，量化管理包括统计思维方式与各种统计技术的正确使用。

统计与其他量化管理技术用于开发对过程的实际性能的理解，或者预测过程的性能。这些技术可用于多个层面，从对单个子过程的关注到对跨生命周期阶段、项目以及支持职能的分析。非统计技术提供了不够严格但依然有用的方法集，它与统计技术一起帮助项目理解是否质量与过程性能目标正在得到满足，并识别任何需要的纠正措施。

25.2 量化的项目管理过程

这部分主要介绍 CMMI 中的量化项目管理过程。

量化项目管理（Quantitative Project Management，QPM）的目的在于量化地管理项目，以达成项目已建立的质量与过程性能目标。这个过程域包括两个具体目标。

- 准备量化管理项目。
- 量化地管理项目。

25.2.1 准备量化管理

准备量化管理主要工作是进行量化管理的准备工作。准备活动包括建立项目的量化目标，组成有助于达成那些目标的项目已定义过程，选择对理解性能及达成目标起关键作用的子过程与属性，并选择支持量化管理的度量项与分析技术。

当需要与优先级发生变更时，当对过程性能有更好的理解时，或作为风险缓解或纠正措施的一部分时，这些活动可能需要重复进行。

1．建立项目的目标

主要工作是建立并维护项目的质量与过程性能目标。

当建立项目质量与过程性能目标时，要考虑项目已定义过程中会包括的过程，并考虑历史数据对这些过程的性能具有何种意义。这些考虑连同技术能力等其他方面一起，可以有助于项目建立现实的目标。

在适当的细节层次建立并协商项目的质量与过程性能目标（例如，单个产品组件、子过程、项目团队等），以允许在项目级对目标与风险的整体评价。随着项目进展，当对项目的实际绩效获得了解、并且更加可预测时，就可以更新项目目标，以反映相关干系人变化的需要与优先级。

2．组成已定义的过程

主要工作是使用统计与其他量化技术，组成使项目能够达成其质量与过程性能目标的已定义过程。

它包括识别一个或多个过程或子过程的备选过程，执行性能的量化分析以及选择最能帮助项目达成其质量与过程性能目标的备选方案。

3．选择子过程与属性

主要工作是选择对评价性能起关键作用，并有助于达成项目质量与过程性能目标的子过程与属性。

一些子过程之所以关键是因为它们的性能显著地影响或有助于项目目标的达成。这些子过程可能是使用统计与其他量化技术进行监督并控制合适的候选。同样，这些子过程的一些属性可以充当下游子过程期望的过程性能的先导指示器，也可以用来评估不能达成项目目标的风险（例如，通过使用过程性能模型）。

对于小项目，以及项目可能无法足够频繁地生成子过程数据来支持充分灵敏的统计推断的场合，通过在多个相似的迭代、团队或项目间对性能的考查，仍然有可能形成对性能的理解。

4．选择度量项与分析技术

主要工作是选择将用于量化管理的度量项与分析技术。

25.2.2　量化的管理项目

量化的管理项目主要工作是使项目得到量化管理。量化管理项目涉及使用统计与其他量化技术执行以下活动。

- 使用统计与其他的量化技术监督所选子过程。
- 确定项目的质量与过程性能目标是否正在得到满足。
- 对所选问题执行根本原因分析以解决不足。

1. 监督所选定子过程的性能

主要工作是使用统计与其他量化技术来监督所选定子过程的性能。这个步骤的意图是使用统计与其他量化技术以分析子过程性能中的偏差，并确定对于达成各子过程的质量与过程性能目标所必要的措施。

2. 管理项目绩效

主要工作是使用统计与其他量化技术管理项目，以确定项目的质量与过程性能目标是否会得到满足。

这个步骤关注于项目，并且使用多个输入以预测是否项目的质量与过程性能目标将会得到满足。基于此预测，识别并管理未满足项目的质量与过程性能目标的相关风险，以及适当定义解决不足的行动。

该分析的关键输入包括来源于所选定的单个子过程的稳定性与能力数据，以及来自于监督其他子过程、风险与供方进展的性能数据。

3. 执行根本原因分析

主要工作是对所选定的问题执行根本原因分析，以解决在达成项目质量与过程性能目标上的不足。

待解决的问题包括在子过程稳定性与能力方面的不足，以及项目绩效与其目标相比存在的不足。对所选问题的根本原因分析最好在问题的初次识别后立即进行，此时该事件刚刚发生，能够进行仔细的调查。

根本原因分析的正式程度与所需的工作量可能有很大不同，并且取决于一些因素，如参与的相关干系人；呈现出的风险与机会；情况的复杂度；情况可能再度发生的频度；可用于分析的数据、基线以及模型的可用性；引发稳定性与能力不足的事件发生后已经过去了多少时间等。

如果子过程呈现出太多偏差，几乎很少得到执行，并且涉及到不同干系人，根本原因的识别就可能需要几周或几个月的时间。同样，在确定、计划及执行将要采取的行动时，所需工作量与时间可能变化很大。

25.3 量化的项目管理过程指标

定义了量化项目管理的目标之后，下一步是选择合适的度量指标，以便确定如何支持这些目标。例如，针对上面标识的目标，确定度量指标，如表 25-1 所示。

表 25-1 选择度量指标

目　标	度 量 指 标
提高项目生产率	每小时的功能点数
提高项目质量	每个功能点产生的缺陷数
降低项目成本	每个功能点的成本

作为 IT 企业，在开始选择度量时，可以从少数的度量值入手，这样才能更便捷、准确和一致地收集到数据。下面给出一个适合起步阶段的度量方案。

（1）生产率。生产率是指消耗资源、开发软件过程中的效率。例如 LOC/小时。

（2）质量。质量既是软件过程的度量指标，又是已交付软件产品的度量指标。例如缺陷率、缺陷排除率等。

（3）规模成本。规模成本是决定项目能否继续进行的一个至关重要的参数，成本超出会导致项目失败。例如人月工作量、实际成本、计划成本等。

（4）时间。时间用来编制项目进度，也用来确定在预定日期内完成项目所需要的资源，时间还能影响软件的质量。例如工期等。

为了完成这些度量体系，需要更多其他的基本度量，例如表示规模的代码行、功能点，表示工作量的工时数，表示质量的缺陷数，表示时间的日期，表示成本的金钱等度量指标。它们可以以各种方式组合成上面的度量体系。软件组织必须明确、一致地定义这些度量指标，并且可以捕获它们。

选择了度量指标之后，就可以定义支持这些度量指标所需要的数据：明确度量的各项具体活动；确定度量时间、确定度量负责人、确定度量报告形式等，必要时可以赋予各种度量相应的优先级。

1．数据定义

度量指标的每项定义都要进行验证，并以可以理解的方式进行定义，例如如果选择了每小时功能点的生产率作为度量指标，就需要定义功能点和功能点的工作时间量。

2．数据收集

尽最大可能把度量收集活动集成到项目的软件开发过程中，作为软件项目活动的一部分，而不是额外的工作。数据应该在支持选择的度量指标的那些点上进行收集。例如，如果项目的目标是提高项目生产率，而且度量指标是功能点/小时，那就需要计算执行的功能点数，同时收集其工作时间量。

3．收集度量的责任

为了确保数据的收集，需要指定收集和报告每项数据的负责人，例如，一些人负责记录数据，一些人负责收集数据，还有一些人负责报告数据等。

4．度量收集的工具

在收集度量数据的时候，应该利用现有的数据收集形式或者体系，避免重复和混乱，尽可能利用自动化的工具帮助度量数据的收集和分析，可以通过采用纸面模板、电子数据表、预定义报告、软件工具等方式实现。收集过程的自动化可以降低度量工作的成本，并增强收集数据的准确性。例如，作为一个软件配置项的软件模块放入配置库之后，计数器程序就可以自动计算代码行数等。

项目度量可以帮助预测项目及其过程的质量以及发展趋势。可以使用企业的度量数据库估计类似项目的成本、进度、资源以及缺陷密度等，经验表明：大部分项目信息可以按照通用的域来分组，即信息分类（或者度量组）。信息分类（度量组）几乎对所有项目都是基本的，它是项目经理每日需要管理的主要关注点。这些信息分类如下。

- 产品规模。
- 产品质量。
- 过程质量。
- 资源与成本。
- 项目进展状态。
- 客户满意度。
- 技术有效性。

其中，信息分类中的每个分类又包含一定的度量指标和度量指标的结合，它们构成了度量体系，见表 25-2。

表 25-2 度量组及其度量指标

度量组	分组	度量指标
产品规模	功能规模	需求 功能变更 功能点
	物理规模	数据库规模 构件 代码行 接口
技术有效性	技术适合性	需求覆盖
	技术易变性	基线变更
产品质量	功能正确性	缺陷 缺陷的延续时间 技术性能水平
	可维护性	恢复的时间 复杂度
	效率	利用率 吞吐率 响应时间
	可移植性	一些标准间的依从性
	可用性	操作员的错误
	可靠性	平均故障时间
过程质量	过程依从性	参考成熟度评定 过程审计
	过程效率	生产率 循环时间

续表

<table>
<tr><th>度　量　组</th><th>分　　组</th><th>度 量 指 标</th></tr>
<tr><td>过程质量</td><td>过程有效性</td><td>已包含的缺陷
遗漏的缺陷
返工工作量
返工构件</td></tr>
<tr><td rowspan="3">资源与成本</td><td>个人工作量</td><td>员工水平
开发工作量
经验水平
员工流动</td></tr>
<tr><td>财务性能</td><td>BCWS, BCWP, ACWP
预算
费用</td></tr>
<tr><td>环境和支持资源</td><td>需要的数量
可用的数量
可用的时间
已用的时间</td></tr>
<tr><td rowspan="4">项目进展状态</td><td>完成的里程碑</td><td>里程碑日期</td></tr>
<tr><td>关键路径的性能</td><td>缓冲时间</td></tr>
<tr><td>工作单元进展</td><td>已跟踪的需求
已测试的需求
已打开的问题
已关闭的问题
已完成的评审
已打开的变更请求
已解决的变更请求
已设计的单元
已编码的单元
已集成的单元
正在执行的测试用例
已通过的测试用例
尚未解决的项
已经完成的项</td></tr>
<tr><td>增量式模式</td><td>已集成的构件
已集成的功能</td></tr>
<tr><td rowspan="2">客户满意度</td><td>客户反馈</td><td>客户满意度
奖金</td></tr>
<tr><td>客户支持</td><td>支持的请求数
支持时间</td></tr>
</table>

25.4 项目度量方法

项目度量是实现量化管理的关键，没有度量，项目管理永远是主观的管理。但是，项目度量常被项目管理过程所忽略，其实它很重要。度量的作用不是立竿见影的，它的作用是潜在的，是逐步体现出来的。所以，应该在项目计划中建立度量计划。

我们的生活中同样充满了度量。度量物体的长、宽、高以判断物体是否合乎相关标准，度量体温以便判断是否有发烧症状，度量读书的速度以便计划将来读书的时间等。总之，度量在我们的日常生活中是无处不在的，而且起着比较重要的作用。

度量就像一把尺子，衡量合乎标准、规则、计划的情况。在激烈的软件行业竞争中，客户都希望以更低的费用、更快的速度，获得更多的高质量的产品功能，并可以迅速实现新的功能，以满足不断变化的市场需求。软件度量已经成为企业能否跟上快速变换的信息技术发展的关键要素。

从宏观上，可以将度量分为过程度量、项目度量、技术度量。过程度量是量化了用于软件开发的环境或者过程的特征，过程度量具有战略性目的，有助于进行连续的过程改进。项目度量量化了被开发软件项目的特征，项目度量具有战术性目的，辅助估算、质量控制、生产率评估、项目控制等。技术度量是评估技术工作产品的质量，在项目中进行决策，比如：项目的复杂性，偶合性等。对于项目管理者，感兴趣的是项目度量和过程度量。本章主要讲述过程度量和项目度量。

度量方法学，可以用于决策支持，目的是为一个软件开发项目选择、组织、交流和评价所需的度量。其中 GQM（Goal 目标-Question 问题-Metric 度量）和 PSM（Practical Software Measurement，实用软件度量）是两种重要的度量方法或者技术。

1．GQM 技术

由于度量工作不易开展，实施度量之初，选择一组数量少而且平衡的度量，有助于企业达到目标。GQM（Goal 目标-Question 问题-Metric 度量）是一种不错的技术，可以用于选择适当度量来满足需求。采用 GQM 方法选择度量指标的基本步骤如下（详见图 25-1）。

（1）首先选择几个项目目标或几个企业目标，尽可能将目标叙述得可以量化、可以测量。

（2）对于每个目标，设想一些必须回答的问题，看看是否达到目标。

（3）选择回答每个问题所必需的度量指标。

（4）确认进行软件度量的度量体系。

例如：某 IT 企业确定的目标如下。

（1）一年内降低 50%维护成本。

（2）将进度估计的准确性提高到 10%以内。

（3）将下一个项目的系统测试时间减少 15%。

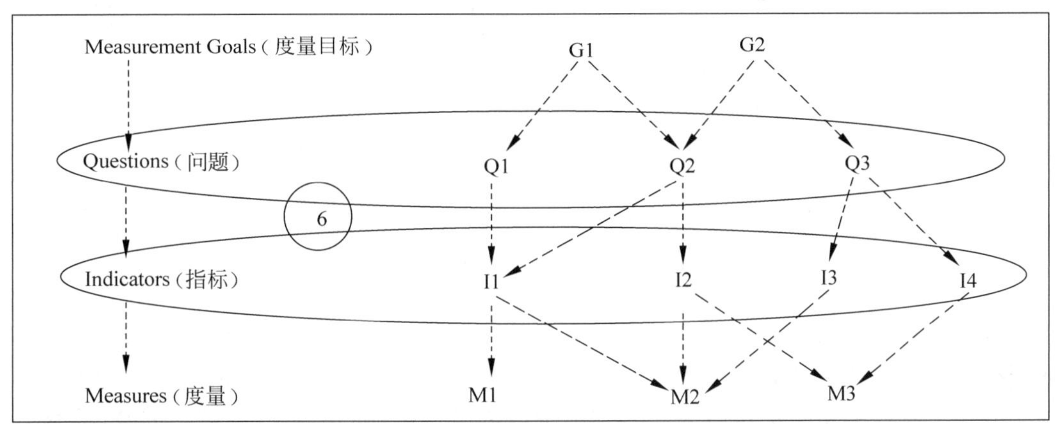

图 25-1　GQM 技术

对于第一个目标：一年内降低 50%维护成本，应该确定如下问题。

（1）每个月的维护费用是多少？

（2）支持每个应用软件的维护成本是多少？

（3）用于调整（调整以适应变更的环境）、完善（增加、提高）和修正（纠正缺陷）的费用各是多少？

对于最后一个问题，可以提出如下的度量。

（1）每类维护活动的时间。

（2）每类维护活动时间内的总维护成本。

类似地，对于其他的目标，我们也可以逐步提出问题，然后再确定相应的度量指标。

2．PSM 技术

PSM（实用软件度量）是数十年来数十个组织的经验总结，它们是在实现如何最佳地完成软件项目度量过程中积累起来的。PSM 是基于成功量度工作中关键实践的一个全面度量过程，该过程反映每个项目的技术和管理特点，是基于风险和问题驱动的。PSM 包括三个基本的度量活动：裁剪、应用和实施。裁剪是选择一组有效、平衡的度量，GQM 方法可以帮助实现这一目标。应用是收集、加工、分析定义的度量数据。实施是根据具体的企业和项目，建立一个有效的度量实践过程。

PSM 采用度量信息模型解决了度量信息的数据结构，采用度量过程模型描述了度量活动和任务。度量信息模型如图 25-2 所示，它提供了定义特定项目度量并将度量与项目决策者的需要相关联的结构。项目经理需要对项目的进度、成本、质量等做出综合的决策，因此，需要有项目实践中的信息作为决策的依据。在度量实施和数据的收集过程中，度量信息模型将度量数据和相关的分析构造作为决策信息。

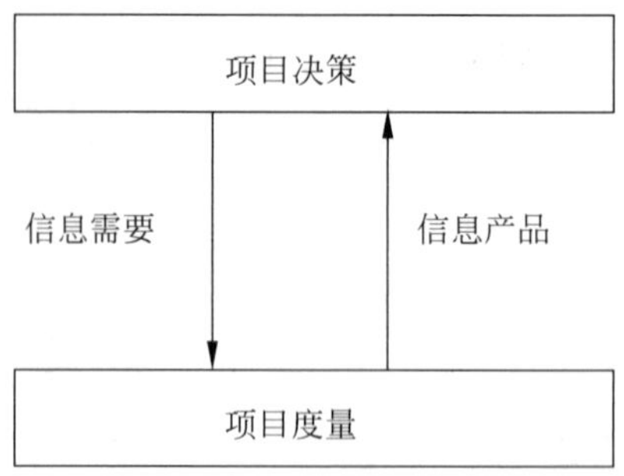

图 25-2 度量信息模型

度量过程模型（见图 25-3）可以同度量信息模型一起，对一个项目提供实施度量的应用框架，它是通过计划，实施，检查，行动的管理顺序构造的，包括四个基本活动：计划度量、执行度量、评价度量、建立和维持承诺。核心的度量过程是计划度量和执行度量。计划度量活动包括数据收集、分析和报告规程的定义和规划，它的输出是定义良好的度量方法、直接支持项目的信息需要。执行度量活动直接解决了度量用户的需求，包括度量数据的收集、分析、处理；执行度量活动是通过执行度量计划而为项目决策提供有效的信息产品。评价度量活动可以通过评估度量的应用和度量过程能力，提供改进措施，便于持续改进。建立和维持承诺是确保度量获得相应的支持，获得相应的资源和基础设施。

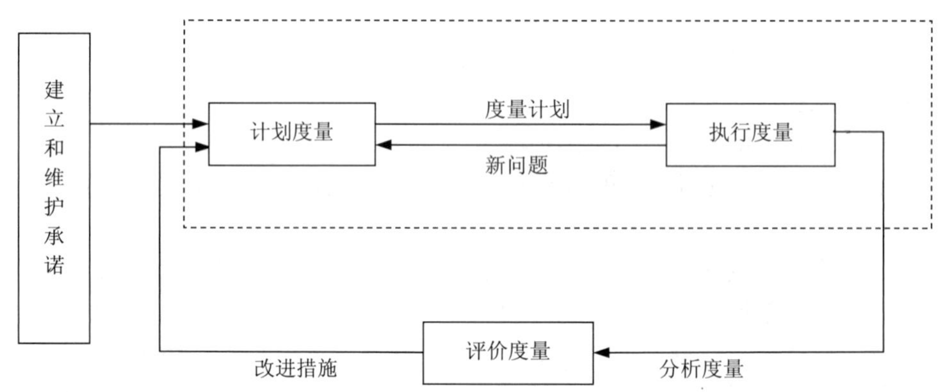

图 25-3 度量过程模型

只有进行正确的度量，才可能真正获得软件项目中的各种实际数据，为正确地估算、计划、控制项目性能提供帮助。

项目度量可以采用 CMMI 中的度量与分析过程。度量与分析（Measurement and Analysis，MA）的目的在于开发并保持用于支持管理信息需要的度量能力。

“度量与分析”过程域涉及以下活动。

（1）明确说明度量与分析的目标，使其与所识别的信息需要及项目、组织级或业务目标协调一致。

（2）明确说明度量项、分析技术以及数据收集、数据存储、报告与反馈的机制。

（3）实施分析技术以及数据收集、数据报告与反馈的机制。

（4）提供客观的结果，这些结果可用于做出有根据的决策以及采取适当的纠正措施。

度量与分析活动集成到项目过程中支持以下活动。

（1）客观的计划与估算。

（2）对照建立的计划与目标跟踪实际的进展与绩效。

（3）识别并解决过程相关的问题。

（4）为将来把度量纳入其他过程提供基础。

为实现度量能力所需的员工可以属于也可以不属于单独的组织层面的项目。度量能力可以集成到个别项目或其他组织级职能中（例如：质量保证）。

度量活动最初的关注点在项目级。然而，度量能力可能证明对组织与企业层面的信息需要也是有用的。为了支持这个能力，度量活动应该支持多级别的信息需要，包括业务、组织级单位与项目，以随着组织成熟度的提高将返工减到最少。

项目可以在其特定的存储库中保存项目特定的数据与结果，但是当数据将要被广泛使用或被分析以支持确定数据趋势或基准时，数据可存放在组织的度量库中。

为有效管理项目质量与成本，对供方提供的产品组件进行度量与分析极为重要。对供方协议的细致管理可深入了解支持供方绩效分析的数据。

度量目标是从来源于项目、组织级或业务目标的信息需要导出的。在这个过程域中，术语“目标”在没有“度量”限定的情况下使用时，它表示项目、组织级或业务目标。

度量与分析过程域的特定目标有两个：

1）使度量与分析活动协调一致

主要工作为度量目标和活动与所识别的信息需要和目标协调一致。建立度量目标时，有经验的人通常提前考虑明确说明度量项与分析规程的必要准则。同时他们也考虑数据收集与存储规程带来的限制。通常在专注于度量规格说明、数据收集或存储的细节之前，重要的是先明确将要进行的分析。

这个目标包括如下特定实践。

（1）建立度量目标，建立并维护从所识别的信息需要与目标中导出的度量目标。

度量目标将度量与分析的目的文档化，并明确说明基于数据分析结果可能采取措施的种类。度量目标还可以识别预期的行为变化，作为实施度量与分析活动的结果。

度量目标可能受限于现有过程、可用资源或其他度量相关的考虑因素。可能需要判断结果的价值是否与投入这项工作的资源相当。反之，对已识别的信息需要与目标的修改，又可看作是度量与分析的过程及结果所带来的影响。

（2）明确说明度量项，明确说明应对度量目标的度量项。

将度量目标细化为精确的、可计量的度量项。

项目与组织级工作的度量通常可以追溯到一个或多个度量信息类型。这些类型包括：进度与进展、工作量与成本、规模与稳定性以及质量。

度量项可以是基本的或衍生的。基本度量项的数据通过直接度量得到。衍生度量项的数据来自于其他数据，一般通过组合两个或多个基本度量项。

（3）明确说明数据收集与存储的规程，明确说明如何获得并存储度量数据。

收集方法的明确规格说明有助于确保适当地收集正确的数据。该规格说明也有助于进一步澄清信息需要与度量目标。适当注意存储与检索规程有助于确保数据的可用性与可访问性，以便将来使用。

（4）明确说明分析规程，明确说明如何分析并沟通度量数据。

事先明确说明分析规程，确保能进行适当的分析与报告以应对文档化的度量目标（从而也应对作为它们基础的信息需要与目标）。这个方法也是对实际是否收集了必要数据的一种检查。分析规程应该说明所有进入分析的数据（不论来源于项目、组织的度量库或其他来源）的质量（例如，年龄、可靠性）。为有助于选择适当的分析规程并评价分析的结果，应当考虑数据的质量。

2）提供度量结果

主要工作为提供应对所识别的信息需要与目标的度量结果。

进行度量与分析的主要原因是要应对所识别的源于项目、组织级与业务目标的信息需要。基于客观证据的度量结果能够帮助监督进展与绩效，履行供方协议中文档化的职责，做出有根据的管理与技术决策，并使采取纠正措施成为可能。

这个目标包括如下特定实践。

（1）获得度量数据，获得规定的度量数据。

获得分析所必需的数据，并检查其完备性与完整性。

（2）分析度量数据，分析并解释度量数据。

根据计划分析度量数据，必要时进行附加的分析，与相关干系人一起评审结果，并标注未来分析所必需的修订。

（3）存储数据与结果，管理并存储度量数据、度量规格说明与分析结果。

存储度量相关信息使其作为历史数据与结果能够被及时地、经济有效地使用。为数据、度量准则与分析结果的解释提供充分的背景情况，也需要这些信息。

（4）沟通结果，与所有相关干系人沟通度量与分析活动的结果。

采取及时、可用的方式，向相关干系人沟通度量与分析过程的结果，以支持决策制订并帮助采取纠正措施。相关干系人包括最终用户、发起人、数据分析人员与数据提供人员。

25.5 量化的项目管理工具

量化项目管理涉及到项目范围、进度、成本、质量、采购等方面的量化估计、度量与预测。在项目管理体系中的 WBS、网络图、PERT、挣值分析工具、质量管理工具在量化的项目管理中都可以采用。

量化项目管理要以数据为基础。数据分析方面要用到数据采集、预处理、数据分析、数据挖掘与数据预测、数据可视化方面的工具。这些工具包括大量的数理统计与随机过程分析工具。

1．统计过程控制

统计过程控制（简称 SPC）是应用统计技术对过程中的各个阶段进行评估和监控，建立并保持过程处于可接受的且稳定的水平，从而保证产品与服务符合规定的要求的一种质量管理技术。它是过程控制的一部分,从内容上说主要是有两个方面：一是利用控制图分析过程的稳定性，对过程存在的异常因素进行预警；二是计算过程能力指数分析稳定的过程能力满足技术要求的程度,对过程质量进行评价。

SPC 软件常用控制图为：

（1）控制图：用来对过程状态进行监控，并可度量、诊断和改进过程状态。

（2）直方图：是以一组无间隔的直条图表现频数分布特征的统计图，能够直观地显示出数据的分布情况。

（3）排列图：又叫帕累托图，它是将各个项目产生的影响从最主要到最次要的顺序进行排列的一种工具。可用其区分影响产品质量的主要、次要、一般问题，找出影响产品质量的主要因素，识别进行质量改进的机会。

（4）散布图：以点的分布反映变量之间相关情况，是用来发现和显示两组数据之间相关关系的类型和程度，或确认其预期关系的一种示图工具。

（5）工序能力指数（CPK）：分析工序能力满足质量标准、工艺规范的程度。

（6）频数分析：形成观测量中变量不同水平的分布情况表。

（7）描述统计量分析：如平均值、最大值、最小值、范围、方差等，了解过程的一些总体特征。

（8）相关分析：研究变量之间关系的密切程度，并且假设变量都是随机变动的，不分主次，处于同等地位。

（9）回归分析：分析变量之间的相互关系。

2．可视化工具

数据可视化无处不在，而且比以前任何时候都重要。无论是在行政演示中为项目数据创建一个可视化进程，还是用可视化概念来细分项目客户，数据可视化都显得尤为重要。以前的工具基本不能处理大数据。可视化软件工具平台，能够进行复杂的数据分析并生产报告，并配有多种方式实现数据可视化。这里列举一些工具。

1）SAS Visual Analytics

SAS 可视化分析工具为了更加全面的分析能够探索各种尺寸的数据集可视化。拥有直观的平台和自动化预测工具，SAS 视觉分析允许甚至可以让无技术基础的用户来探索数据和潜在机会之间更加深层次的关系。

2）The R Project

R Project 是在 UNIX、Windows 和 Mac OS 上运作的统计计算软件。设计的目的是用于统计计算和统计制图，它考虑了不同应用的 S 语言，也包含了一些本身的 S 代码，在 R 里没有改变，虽然也有一些显著的不同。

3）Tableau Public

Tableau 是一个简单的、使用友好的用来迅速创建交互式可视化数据，并将它们嵌入网站的工具。设计的目的是能由开发者或无开发经验的人使用，例如博主、记者、研究员、律师、教授和学生。

4）iCharts

iCharts 是基于网络端的应用程序能够在网页上生成引人注目的数据可视化工具。这种云本地应用程序工具是“是为企业云应用内置的唯一数据可视化平台”。将图表和图形集成到网站/应用程序或通过社交媒体或 iCharts 图表频道分发完成可视化。

5）ECharts

ECharts，缩写来自 Enterprise Charts，商业级数据图表，一个纯 Javascript 的图表库，可以流畅运行在 PC 和移动设备上，兼容当前绝大部分浏览器（IE 6/7/8/9/10/11、Chrome、Firefox、Safari 等），底层依赖轻量级的 Canvas 类库 ZRender，提供直观、生动、可交互、可高度个性化定制的数据可视化图表。创新的拖曳重计算、数据视图、值域漫游等特性大大增强了用户体验，赋予了用户对数据进行挖掘、整合的能力。

支持折线图（区域图）、柱状图（条状图）、散点图（气泡图）、K 线图、饼图（环形图）、雷达图（填充雷达图）、和弦图、力导向布局图、地图、仪表盘、漏斗图、事件河流图等 12 类图表，同时提供标题，详情气泡、图例、值域、数据区域、时间轴、工具箱等 7 个可交互组件，支持多图表、组件的联动和混搭展现。

25.6 本章练习

（1）量化管理项目涉及使用统计与其他量化技术执行以下活动，但不包括________。

A．使用统计与其他的量化技术监督所选子过程

B．确定项目的质量与过程性能目标是否正在得到满足

C．对所选问题执行根本原因分析以解决不足

D．确定项目是否制订了量化的计划

参考答案：D

（2）准备量化管理主要工作是进行量化管理的准备工作。准备活动不包括________。

A．建立项目的量化目标

B．组成有助于达成那些目标的项目已定义过程

C．选择对达成目标起作用的过程与属性

D．选择支持量化管理的度量项与分析技术

参考答案：C

（3）进度绩效指数用比率来表示的原因是要________。

A．在不考虑进度偏差价值的情况下，使相关人员能够进行详细的进度分析

B．区分关键路径和非关键路径工作包

C．提供了显示某特定时期绩效的可能，该绩效用于趋势分析

D．测量完成项目所需的实际时间

参考答案：C

（4）项目的成本绩效指数是 0.82，这意味着你应当________。

A．重点提高实际进程的及时性

B．重新评估产品的生命周期成本，包括生命周期阶段的长度

C．承认你最初的估算存在根本性缺陷，并且项目并不处于常规情况

D．重点提高正执行工作的生产率

参考答案：D

（5）如果某工作包的工作估算要花费$1500，截至目前已花费了$1350，而仅完成了 2/3，那么成本偏差是________。

A．$150　　B．−$150　　C．−$350　　D．−$500

参考答案：C

（6）你正力图决定是否对工厂中的 500 个地面雷达实施 100%的最终系统测试。雷达无效率的历史数据是 4%；在工厂测试每个雷达的成本是$10 000；工厂测试后重新组装每个测试合格雷达的成本是$2 000；工厂测试后修理并重新组装每个不合格雷达的成本是$23 000；另外修理并将每个不合格雷达重新安装于现场的成本是$350 000。利用决策树分析，若决定进行测试，预期价值是多少________。

A．$550 万　　B．$596 万　　C．$642 万　　D．$700 万

参考答案：C

（7）质量既是软件过程的度量指标，又是已交付软件产品的度量指标。________指标最能体现质量的高低。

A．缺陷率　　B．缺陷　　C．功能点中的缺陷　　D．检查表

参考答案：A

（8）________不是量化管理的基本要素?

A．对预测有信心（能够准确地预测项目在多大程度上满足其质量与过程性能目标的能力）

B．理解在过程性能中遇到的偏差本质和程度，并且察觉项目的实际绩效何时可能不足以达成项目的质量与过程性能目标

C．基于对可预测过程性能的需要，选择将使用统计与其他量化技术管理的子过程

D．建立并维护项目的功能与成本过程目标

参考答案：D

（9）________指标不能反映过程的有效性？

A．遗漏的缺陷数　　B．返工工作量

C．返工构件　　D．开发工作

参考答案：D

第 26 章　知识产权与标准规范

经过多年的信息化建设，我国的 IT 产业越来越成熟，与国际先进水平国家的差距也越来越小，在这个过程中，知识产权与标准规范的价值日益突显。在国家信息化体系中，将信息化政策法规和标准规范作为六大要素之一，可见其重要程度。本章将介绍信息系统集成项目中经常涉及的一些法律法规，以及项目管理过程中将使用到的一些标准规范。

26.1　合同法

根据《中华人民共和国合同法》（以下简称为“合同法”），合同是平等主体的自然人、法人、其他组织之间设立、变更、终止民事权利义务关系的协议。其中，自然人指依照宪法和法律相关规定享有权利和承担义务的自然人；法人指法律赋予民事权利能力和民事行为能力，依法独立享有民事权利和承担民事义务的社会组织；其他组织是指不具有法人资格，但可以以自己名义进行民事活动的组织，也称为非法人组织。

26.1.1　合同的订立

当事人订立合同，应当具有相应的民事权利能力和民事行为能力。当事人订立合同，有书面形式、口头形式和其他形式。书面形式是指合同书、信件和数据电文（包括电报、电传、传真、电子数据交换和电子邮件）等可以有形地表现所载内容的形式。

合同的内容由当事人约定，一般包括以下条款：当事人的名称或者姓名和住所、标的、数量、质量、价款或者报酬；履行期限、地点和方式；违约责任和解决争议的方法。

1．要约

当事人订立合同，采取要约、承诺方式。要约是希望和他人订立合同的意思表示，该意思表示应当内容具体确定，表明经受要约人承诺，要约人愿意受该意思表示约束；要约邀请是希望他人向自己发出要约的意思表示，例如寄送的价目表、拍卖公告、招标公告、招股说明书、商业广告等，都是要约邀请。投标人根据招标内容在约定期限内向招标人提交的投标文件，也可以看作是一种要约。另外，如果商业广告的内容符合要约规定的，则视为要约。

要约到达受要约人时生效。采用数据电文形式订立合同，收件人指定特定系统接收数据电文的，该数据电文进入该特定系统的时间，视为到达时间，未指定特定系统的，该数据电文进入收件人的任何系统的首次时间，视为到达时间。

要约可以撤回。撤回要约的通知应当在要约到达受要约人之前或者与要约同时到达受要约人。要约可以撤销。撤销要约的通知应当在受要约人发出承诺通知之前到达受要约人。 有下列情形之一的，要约不得撤销：

（1）要约人确定了承诺期限或者以其他形式明示要约不可撤销。

（2）受要约人有理由认为要约是不可撤销的，并已经为履行合同作了准备工作。

有下列情形之一的，要约失效：

（1）拒绝要约的通知到达要约人。

（2）要约人依法撤销要约。

（3）承诺期限届满，受要约人未作出承诺。

（4）受要约人对要约的内容作出实质性变更。

2．承诺

承诺是受要约人同意要约的意思表示。承诺应当以通知的方式作出，但根据交易习惯或者要约表明可以通过行为作出承诺的除外。承诺应当在要约确定的期限内到达要约人。要约没有确定承诺期限的，承诺应当依照下列规定到达：

（1）要约以对话方式作出的，应当即时作出承诺，但当事人另有约定的除外。

（2）要约以非对话方式作出的，承诺应当在合理期限内到达。

要约以信件或者电报作出的，承诺期限自信件载明的日期或者电报交发之日开始计算。信件未载明日期的，自投寄该信件的邮戳日期开始计算。要约以电话、传真等快速通讯方式作出的，承诺期限自要约到达受要约人时开始计算。

承诺生效时合同成立，承诺通知到达要约人时生效。承诺不需要通知的，根据交易习惯或者要约的要求作出承诺的行为时生效。

承诺可以撤回。撤回承诺的通知应当在承诺通知到达要约人之前或者与承诺通知同时到达要约人。受要约人超过承诺期限发出承诺的，除要约人及时通知受要约人该承诺有效的以外，为新要约。受要约人在承诺期限内发出承诺，按照通常情形能够及时到达要约人，但因其他原因承诺到达要约人时超过承诺期限的，除要约人及时通知受要约人因承诺超过期限不接受该承诺的以外，该承诺有效。

承诺的内容应当与要约的内容一致。受要约人对要约的内容作出实质性变更的，为新要约。有关合同标的、数量、质量、价款或者报酬、履行期限、履行地点和方式、违约责任和解决争议方法等的变更，是对要约内容的实质性变更。承诺对要约的内容作出非实质性变更的，除要约人及时表示反对或者要约表明承诺不得对要约的内容作出任何变更的以外，该承诺有效，合同的内容以承诺的内容为准。

3．合同成立

当事人采用合同书形式订立合同的，自双方当事人签字或者盖章时合同成立。当事人采用信件、数据电文等形式订立合同的，可以在合同成立之前要求签订确认书。签订确认书时合同成立。

承诺生效的地点为合同成立的地点。采用数据电文形式订立合同的，收件人的主营业地为合同成立的地点；没有主营业地的，其经常居住地为合同成立的地点。

当事人采用合同书形式订立合同的，双方当事人签字或者盖章的地点为合同成立的地点。法律、行政法规规定或者当事人约定采用书面形式订立合同，当事人未采用书面形式但一方已经履行主要义务，对方接受的，该合同成立；采用合同书形式订立合同，在签字或者盖章之前，当事人一方已经履行主要义务，对方接受的，该合同成立。

采用格式条款订立合同的，提供格式条款的一方应当遵循公平原则确定当事人之间的权利和义务，并采取合理的方式提请对方注意免除或者限制其责任的条款，按照对方的要求，对该条款予以说明。格式条款是当事人为了重复使用而预先拟定，并在订立合同时未与对方协商的条款。对格式条款的理解发生争议的，应当按照通常理解予以解释。对格式条款有两种以上解释的，应当作出不利于提供格式条款一方的解释。格式条款和非格式条款不一致的，应当采用非格式条款。

4．责任

当事人在订立合同过程中有下列情形之一，给对方造成损失的，应当承担损害赔偿责任：

（1）假借订立合同，恶意进行磋商。

（2）故意隐瞒与订立合同有关的重要事实或者提供虚假情况。

（3）有其他违背诚实信用原则的行为。

当事人在订立合同过程中知悉的商业秘密，无论合同是否成立，不得泄露或者不正当地使用。泄露或者不正当地使用该商业秘密给对方造成损失的，应当承担损害赔偿责任。

26.1.2　合同的效力

依法成立的合同，自成立时生效。当事人对合同的效力可以约定附条件。附生效条件的合同，自条件成就时生效。附解除条件的合同，自条件成就时失效。当事人为自己的利益不正当地阻止条件成就的，视为条件已成就；不正当地促成条件成就的，视为条件不成就。

当事人对合同的效力可以约定附期限。附生效期限的合同，自期限届至时生效。附终止期限的合同，自期限届满时失效。

行为人没有代理权、超越代理权或者代理权终止后以被代理人名义订立的合同，未经被代理人追认，对被代理人不发生效力，由行为人承担责任。相对人可以催告被代理人在一个月内予以追认。被代理人未作表示的，视为拒绝追认。合同被追认之前，善意相对人有撤销的权利。撤销应当以通知的方式作出。

行为人没有代理权、超越代理权或者代理权终止后以被代理人名义订立合同，相对人有理由相信行为人有代理权的，该代理行为有效。法人或者其他组织的法定代表人、负责人超越权限订立的合同，除相对人知道或者应当知道其超越权限的以外，该代表行为有效。无处分权的人处分他人财产，经权利人追认或者无处分权的人订立合同后取得处分权的，该合同有效。有下列情形之一的，合同无效：

（1）一方以欺诈、胁迫的手段订立合同。

（2）恶意串通，损害国家、集体或者第三人利益。

（3）以合法形式掩盖非法目的。

（4）损害社会公共利益。

（5）违反法律、行政法规的强制性规定。

合同中的下列免责条款无效：

（1）造成对方人身伤害的。

（2）因故意或者重大过失造成对方财产损失的。

下列合同，当事人一方有权请求人民法院或者仲裁机构变更或者撤销：

（1）因重大误解订立的。

（2）在订立合同时显失公平的。

一方以欺诈、胁迫的手段或者乘人之危，使对方在违背真实意思的情况下订立的合同，受损害方有权请求人民法院或者仲裁机构变更或者撤销。当事人请求变更的，人民法院或者仲裁机构不得撤销。有下列情形之一的，撤销权消灭：

（1）具有撤销权的当事人自知道或者应当知道撤销事由之日起一年内没有行使撤销权。

（2）具有撤销权的当事人知道撤销事由后明确表示或者以自己的行为放弃撤销权。

无效的合同或者被撤销的合同自始没有法律约束力。合同部分无效，不影响其他部分效力的，其他部分仍然有效。合同无效、被撤销或者终止的，不影响合同中独立存在的有关解决争议方法的条款的效力。合同无效或者被撤销后，因该合同取得的财产，应当予以返还；不能返还或者没有必要返还的，应当折价补偿。有过错的一方应当赔偿对方因此所受到的损失，双方都有过错的，应当各自承担相应的责任。

当事人恶意串通，损害国家、集体或者第三人利益的，因此取得的财产收归国家所有或者返还集体、第三人。

26.1.3 合同的履行

当事人应当遵循诚实信用原则，根据合同的性质、目的和交易习惯履行通知、协助、保密等义务。合同生效后，当事人就质量、价款或者报酬、履行地点等内容没有约定或者约定不明确的，可以协议补充；不能达成补充协议的，按照合同有关条款或者交易习惯确定。当事人就有关合同内容约定不明确的，适用下列规定：

（1）质量要求不明确的，按照国家标准、行业标准履行；没有国家标准、行业标准的，按照通常标准或者符合合同目的的特定标准履行。

（2）价款或者报酬不明确的，按照订立合同时履行地的市场价格履行；依法应当执行政府定价或者政府指导价的，按照规定履行。

（3）履行地点不明确，给付货币的，在接受货币一方所在地履行；交付不动产的，在不动产所在地履行；其他标的，在履行义务一方所在地履行。

（4）履行期限不明确的，债务人可以随时履行，债权人也可以随时要求履行，但应当给对方必要的准备时间。

（5）履行方式不明确的，按照有利于实现合同目的的方式履行。

（6）履行费用的负担不明确的，由履行义务一方负担。

执行政府定价或者政府指导价的，在合同约定的交付期限内政府价格调整时，按照交付时的价格计价。逾期交付标的物的，遇价格上涨时，按照原价格执行；价格下降时，按照新价格执行。逾期提取标的物或者逾期付款的，遇价格上涨时，按照新价格执行；价格下降时，按照原价格执行。

当事人约定由债务人向第三人履行债务的，债务人未向第三人履行债务或者履行债务不符合约定，应当向债权人承担违约责任。当事人约定由第三人向债权人履行债务的，第三人不履行债务或者履行债务不符合约定，债务人应当向债权人承担违约责任。

当事人互负债务，没有先后履行顺序的，应当同时履行。一方在对方履行之前有权拒绝其履行要求。一方在对方履行债务不符合约定时，有权拒绝其相应的履行要求。当事人互负债务，有先后履行顺序，先履行一方未履行的，后履行一方有权拒绝其履行要求。先履行一方履行债务不符合约定的，后履行一方有权拒绝其相应的履行要求。

应当先履行债务的当事人，有确切证据证明对方有下列情形之一的，可以中止履行：

（1）经营状况严重恶化。

（2）转移财产、抽逃资金，以逃避债务。

（3）丧失商业信誉。

（4）有丧失或者可能丧失履行债务能力的其他情形。

当事人没有确切证据中止履行的，应当承担违约责任。当事人依照合同法的规定中止履行的，应当及时通知对方。对方提供适当担保时，应当恢复履行。中止履行后，对方在合理期限内未恢复履行能力并且未提供适当担保的，中止履行的一方可以解除合同。

债权人分立、合并或者变更住所没有通知债务人，致使履行债务发生困难的，债务人可以中止履行或者将标的物提存。债权人可以拒绝债务人提前履行债务，但提前履行不损害债权人利益的除外。债务人提前履行债务给债权人增加的费用，由债务人负担。债权人可以拒绝债务人部分履行债务，但部分履行不损害债权人利益的除外。债务人部分履行债务给债权人增加的费用，由债务人负担。

因债务人怠于行使其到期债权，对债权人造成损害的，债权人可以向人民法院请求以自己的名义代位行使债务人的债权，但该债权专属于债务人自身的除外。代位权的行使范围以债权人的债权为限。债权人行使代位权的必要费用，由债务人负担。

因债务人放弃其到期债权或者无偿转让财产，对债权人造成损害的，债权人可以请求人民法院撤销债务人的行为。债务人以明显不合理的低价转让财产，对债权人造成损害，并且受让人知道该情形的，债权人也可以请求人民法院撤销债务人的行为。撤销权的行使范围以债权人的债权为限。债权人行使撤销权的必要费用，由债务人负担。撤销权自债权人知道或者应当知道撤销事由之日起一年内行使。自债务人的行为发生之日起五年内没有行使撤销权的，该撤销权消灭。

合同生效后，当事人不得因姓名、名称的变更或者法定代表人、负责人、承办人的变动而不履行合同义务。

26.1.4 合同的变更和转让

当事人协商一致，可以变更合同。当事人对合同变更的内容约定不明确的，推定为未变更。债权人可以将合同的权利全部或者部分转让给第三人，但有下列情形之一的除外：

（1）根据合同性质不得转让。

（2）按照当事人约定不得转让。

（3）依照法律规定不得转让。

债权人转让权利的，应当通知债务人。未经通知，该转让对债务人不发生效力。债权人转让权利的通知不得撤销，但经受让人同意的除外。债权人转让权利的，受让人取得与债权有关的从权利，但该从权利专属于债权人自身的除外。债务人接到债权转让通知后，债务人对让与人的抗辩，可以向受让人主张；债务人接到债权转让通知时，债务人对让与人享有债权，并且债务人的债权先于转让的债权到期或者同时到期的，债务人可以向受让人主张抵销。

债务人将合同的义务全部或者部分转移给第三人的，应当经债权人同意。债务人转移义务的，新债务人可以主张原债务人对债权人的抗辩。债务人转移义务的，新债务人应当承担与主债务有关的从债务，但该从债务专属于原债务人自身的除外。

当事人一方经对方同意，可以将自己在合同中的权利和义务一并转让给第三人。当事人订立合同后合并的，由合并后的法人或者其他组织行使合同权利，履行合同义务。当事人订立合同后分立的，除债权人和债务人另有约定的以外，由分立的法人或者其他组织对合同的权利和义务享有连带债权，承担连带债务。

26.1.5 合同的权利义务终止

有下列情形之一的，合同的权利义务终止：债务已经按照约定履行；合同解除；债务相互抵销；债务人依法将标的物提存；债权人免除债务；债权债务同归于一人；法律规定或者当事人约定终止的其他情形。

合同的权利义务终止后，当事人应当遵循诚实信用原则，根据交易习惯履行通知、协助、保密等义务。当事人协商一致，可以解除合同。当事人可以约定一方解除合同的条件。解除合同的条件成就时，解除权人可以解除合同。有下列情形之一的，当事人可以解除合同：

（1）因不可抗力致使不能实现合同目的。

（2）在履行期限届满之前，当事人一方明确表示或者以自己的行为表明不履行主要债务。

（3）当事人一方迟延履行主要债务，经催告后在合理期限内仍未履行。

（4）当事人一方迟延履行债务或者有其他违约行为致使不能实现合同目的。

（5）法律规定的其他情形。

法律规定或者当事人约定解除权行使期限，期限届满当事人不行使的，该权利消灭。法律没有规定或者当事人没有约定解除权行使期限，经对方催告后在合理期限内不行使的，该权利消灭。当事人一方依照合同法的规定主张解除合同的，应当通知对方。合同自通知到达对方时解除。对方有异议的，可以请求人民法院或者仲裁机构确认解除合同的效力。法律、行政法规规定解除合同应当办理批准、登记等手续的，依照其规定。

合同解除后，尚未履行的，终止履行；已经履行的，根据履行情况和合同性质，当事人可以要求恢复原状、采取其他补救措施，并有权要求赔偿损失。合同的权利义务终止，不影响合同中结算和清理条款的效力。当事人互负到期债务，该债务的标的物种类、品质相同的，任何一方可以将自己的债务与对方的债务抵销，但依照法律规定或者按照合同性质不得抵销的除外。当事人主张抵销的，应当通知对方。通知自到达对方时生效。抵销不得附条件或者附期限。当事人互负债务，标的物种类、品质不相同的，经双方协商一致，也可以抵销。有下列情形之一，难以履行债务的，债务人可以将标的物提存：

（1）债权人无正当理由拒绝受领。

（2）债权人下落不明。

（3）债权人死亡未确定继承人或者丧失民事行为能力未确定监护人。

（4）法律规定的其他情形。

标的物不适于提存或者提存费用过高的，债务人依法可以拍卖或者变卖标的物，提存所得的价款。标的物提存后，除债权人下落不明的以外，债务人应当及时通知债权人或者债权人的继承人、监护人。标的物提存后，毁损、灭失的风险由债权人承担。提存期间，标的物的孳息归债权人所有。提存费用由债权人负担。

债权人可以随时领取提存物，但债权人对债务人负有到期债务的，在债权人未履行债务或者提供担保之前，提存部门根据债务人的要求应当拒绝其领取提存物。债权人领取提存物的权利，自提存之日起五年内不行使而消灭，提存物扣除提存费用后归国家所有。债权人免除债务人部分或者全部债务的，合同的权利义务部分或者全部终止。债权和债务同归于一人的，合同的权利义务终止，但涉及第三人利益的除外。

26.1.6 违约责任

当事人一方不履行合同义务或者履行合同义务不符合约定的，应当承担继续履行、采取补救措施或者赔偿损失等违约责任。当事人一方明确表示或者以自己的行为表明不履行合同义务的，对方可以在履行期限届满之前要求其承担违约责任。当事人一方未支付价款或者报酬的，对方可以要求其支付价款或者报酬。当事人一方不履行非金钱债务或者履行非金钱债务不符合约定的，对方可以要求履行，但有下列情形之一的除外：

（1）法律上或者事实上不能履行。

（2）债务的标的不适于强制履行或者履行费用过高。

（3）债权人在合理期限内未要求履行。

质量不符合约定的，应当按照当事人的约定承担违约责任。对违约责任没有约定或者约定不明确，受损害方根据标的的性质以及损失的大小，可以合理选择要求对方承担修理、更换、重作、退货、减少价款或者报酬等违约责任。

当事人一方不履行合同义务或者履行合同义务不符合约定的，在履行义务或者采取补救措施后，对方还有其他损失的，应当赔偿损失。当事人一方不履行合同义务或者履行合同义务不符合约定，给对方造成损失的，损失赔偿额应当相当于因违约所造成的损失，包括合同履行后可以获得的利益，但不得超过违反合同一方订立合同时预见到或者应当预见到的因违反合同可能造成的损失。经营者对消费者提供商品或者服务有欺诈行为的，依照《中华人民共和国消费者权益保护法》的规定承担损害赔偿责任。

当事人可以约定一方违约时应当根据违约情况向对方支付一定数额的违约金，也可以约定因违约产生的损失赔偿额的计算方法。约定的违约金低于造成的损失的，当事人可以请求人民法院或者仲裁机构予以增加；约定的违约金过分高于造成的损失的，当事人可以请求人民法院或者仲裁机构予以适当减少。当事人就迟延履行约定违约金的，违约方支付违约金后，还应当履行债务。

当事人可以依照《中华人民共和国担保法》约定一方向对方给付定金作为债权的担保。债务人履行债务后，定金应当抵作价款或者收回。给付定金的一方不履行约定的债务的，无权要求返还定金；收受定金的一方不履行约定的债务的，应当双倍返还定金。当事人既约定违约金，又约定定金的，一方违约时，对方可以选择适用违约金或者定金条款。

因不可抗力不能履行合同的，根据不可抗力的影响，部分或者全部免除责任，但法律另有规定的除外。当事人迟延履行后发生不可抗力的，不能免除责任。不可抗力是指不能预见、不能避免并不能克服的客观情况。当事人一方因不可抗力不能履行合同的，应当及时通知对方，以减轻可能给对方造成的损失，并应当在合理期限内提供证明。

当事人一方违约后，对方应当采取适当措施防止损失的扩大；没有采取适当措施致使损失扩大的，不得就扩大的损失要求赔偿。当事人因防止损失扩大而支出的合理费用，由违约方承担。当事人双方都违反合同的，应当各自承担相应的责任。

26.1.7　其他规定

当事人对合同条款的理解有争议的，应当按照合同所使用的词句、合同的有关条款、合同的目的、交易习惯以及诚实信用原则，确定该条款的真实意思。

合同文本采用两种以上文字订立并约定具有同等效力的，对各文本使用的词句推定具有相同含义。各文本使用的词句不一致的，应当根据合同的目的予以解释。

当事人可以通过和解或者调解解决合同争议。当事人不愿和解、调解或者和解、调解不成的，可以根据仲裁协议向仲裁机构申请仲裁。涉外合同的当事人可以根据仲裁协议向中国仲裁机构或者其他仲裁机构申请仲裁。当事人没有订立仲裁协议或者仲裁协议无效的，可以向人民法院起诉。当事人应当履行发生法律效力的判决、仲裁裁决、调解书；拒不履行的，对方可以请求人民法院执行。

因国际货物买卖合同和技术进出口合同争议提起诉讼或者申请仲裁的期限为四年，自当事人知道或者应当知道其权利受到侵害之日起计算。

26.2　招投标法

为了帮助读者掌握《中华人民共和国招投标法》（以下简称为“招投标法”），本节主要介绍招投标的主要过程，以及每个过程需要注意的事项。

26.2.1　招标

根据招投标法的规定，下列工程建设项目（包括项目的勘察、设计、施工、监理，以及与工程建设有关的重要设备、材料等的采购）必须进行招标：

（1）大型基础设施、公用事业等关系社会公共利益、公众安全的项目。

（2）全部或部分使用国有资金投资或者国家融资的项目。

（3）使用国际组织或者外国政府贷款、援助资金的项目。

任何单位和个人不得将依法必须进行招标的项目化整为零或者以其他任何方式规避招标。招标投标活动应当遵循公开、公平、公正和诚实信用的原则。必须进行招标的项目，其招标投标活动不受地区或者部门的限制。任何单位和个人不得违法限制或者排斥本地区、本系统以外的法人或其他组织参加投标，不得以任何方式非法干涉招标投标活动。

招标分为公开招标和邀请招标。公开招标是指招标人以招标公告的方式邀请不特定的法人或者其他组织投标；邀请招标是指招标人以投标邀请书的方式邀请特定的法人或者其他组织投标。国务院发展计划部门确定的国家重点项目和省、自治区、直辖市人民政府确定的地方重点项目不适宜公开招标的，经国务院发展计划部门或者省、自治区、直辖市人民政府批准，可以进行邀请招标。

1．招标代理机构

招标人有权自行选择招标代理机构，委托其办理招标事宜。任何单位和个人不得以任何方式为招标人指定招标代理机构。招标人具有编制招标文件和组织评标能力的，可以自行办理招标事宜。依法必须进行招标的项目，招标人自行办理招标事宜的，应当向有关行政监督部门备案。

招标代理机构是依法设立、从事招标代理业务并提供相关服务的社会中介组织。招标代理机构应当具备下列条件：

（1）有从事招标代理业务的营业场所和相应资金。

（2）有能够编制招标文件和组织评标的相应专业力量。

（3）有符合规定条件、可以作为评标委员会成员人选的技术、经济等方面的专家库。

从事工程建设项目招标代理业务的招标代理机构，其资格由国务院或者省、自治区、直辖市人民政府的建设行政主管部门认定。从事其他招标代理业务的招标代理机构，其资格认定的主管部门由国务院规定。

招标代理机构与行政机关和其他国家机关不得存在隶属关系或者其他利益关系。招标代理机构应当在招标人委托的范围内办理招标事宜。

2．招标公告

招标人采用公开招标方式的，应当发布招标公告。依法必须进行招标的项目的招标公告，应当通过国家指定的报刊、信息网络或者其他媒介发布。招标公告应当载明招标人的名称和地址、招标项目的性质、数量、实施地点和时间，以及获取招标文件的办法等事项。

招标人采用邀请招标方式的，应当向三个以上具备承担招标项目的能力、资信良好的特定法人或者其他组织发出投标邀请书。投标邀请书应当载明的事项与招标公告相同。

招标人可以根据招标项目本身的要求，在招标公告或者投标邀请书中，要求潜在投标人提供有关资质证明文件和业绩情况，并对潜在投标人进行资格审查。招标人不得以不合理的条件限制或者排斥潜在投标人，不得对潜在投标人给予歧视待遇。

3．招标文件

招标人应当根据招标项目的特点和需要编制招标文件。招标文件应当包括招标项目的技术要求、对投标人资格审查的标准、投标报价要求和评标标准等所有实质性要求和条件，以及拟签订合同的主要条款。

招标项目需要划分标段、确定工期的，招标人应当合理划分标段、确定工期，并在招标文件中载明。招标文件不得要求或者标明特定的生产供应以及含有倾向或者排斥潜在投标人的其他内容。

招标人根据招标项目的具体情况，可以组织潜在投标人踏勘项目现场。招标人不得向他人透露已获取招标文件的潜在投标人的名称、数量，以及可能影响公平竞争的有关招标投标的其他情况。招标人设有标底的，标底必须保密。

招标人对已发出的招标文件进行必要的澄清或者修改的，应当在招标文件要求提交投标文件截止时间至少十五日前，以书面形式通知所有招标文件收受人。该澄清或者修改的内容为招标文件的组成部分。

招标人应当确定投标人编制投标文件所需要的合理时间。但是，依法必须进行招标的项目，自招标文件开始发出之日起至投标人提交投标文件截止之日止，最短不得少于二十日。

26.2.2　投标

投标人是响应招标、参加投标竞争的法人或者其他组织。投标人应当具备承担招标项目的能力。投标人应当按照招标文件的要求编制投标文件。投标文件应当对招标文件提出的实质性要求和条件作出响应。招标项目属于建设施工的，投标文件的内容应当包括拟派出的项目负责人与主要技术人员的简历、业绩和拟用于完成招标项目的机械设备等。

投标人应当在招标文件要求提交投标文件的截止时间前，将投标文件送达投标地点。招标人收到投标文件后，应当签收保存，不得开启。投标人少于三个的，招标人应当重新招标。在招标文件要求提交投标文件的截止时间后送达的投标文件，招标人应当拒收。

投标人在招标文件要求提交投标文件的截止时间前，可以补充、修改或者撤回已提交的投标文件，并书面通知招标人。补充、修改的内容为投标文件的组成部分。

投标人根据招标文件载明的项目实际情况，拟在中标后将中标项目的部分非主体、非关键性工作进行分包的，则应当在投标文件中载明。

两个或两个以上法人或者其他组织可以组成一个联合体，以一个投标人的身份共同投标。联合体各方均应当具备承担招标项目的相应能力；国家有关规定或者招标文件对投标人资格条件有规定的，联合体各方均应当具备规定的相应资格条件。由同一专业的单位组成的联合体，按照资质等级较低的单位确定资质等级。联合体各方应当签订共同投标协议，明确约定各方拟承担的工作和责任，并将共同投标协议连同投标文件一并提交招标人。联合体中标的，联合体各方应当共同与招标人签订合同，就中标项目向招标人承担连带责任。

招标人不得强制投标人组成联合体共同投标，不得限制投标人之间的竞争。投标人不得相互串通投标报价，不得排挤其他投标人的公平竞争，损害招标人或者其他投标人的合法权益。投标人不得与招标人串通投标，损害国家利益、社会公共利益或者他人的合法权益。禁止投标人以向招标人或者评标委员会成员行贿的手段谋取中标。投标人不得以低于成本的报价竞标，也不得以他人名义投标或者以其他方式弄虚作假，骗取中标。

26.2.3 评标

本节主要介绍开标、评标、中标和分包的规定与流程。

1．开标

开标应当在招标文件确定的提交投标文件截止时间的同一时间公开进行。开标地点应当为招标文件中预先确定的地点。开标由招标人主持，邀请所有投标人参加。

开标时，由投标人或者其推选的代表检查投标文件的密封情况，也可以由招标人委托的公证机构检查并公证；经确认无误后，由工作人员当众拆封，宣读投标人名称、投标价格和投标文件的其他主要内容。招标人在招标文件要求提交投标文件的截止时间前收到的所有投标文件，开标时都应当当众予以拆封、宣读。开标过程应当记录，并存档备查。

2．评标

评标由招标人依法组建的评标委员会负责。依法必须进行招标的项目，其评标委员会由招标人的代表和有关技术、经济等方面的专家组成，成员人数为五人以上单数，其中技术、经济等方面的专家不得少于成员总数的三分之二。专家应当从事相关领域工作满八年并具有高级职称或者具有同等专业水平，由招标人从国务院有关部门或者省、自治区、直辖市人民政府有关部门提供的专家名册或者招标代理机构的专家库内的相关专业的专家名单中确定；一般招标项目可以采取随机抽取方式，特殊招标项目可以由招标人直接确定。与投标人有利害关系的人不得进入相关项目的评标委员会，已经进入的应当更换。评标委员会成员的名单在中标结果确定前应当保密。

招标人应当采取必要的措施，保证评标在严格保密的情况下进行。任何单位和个人不得非法干预、影响评标的过程和结果。

评标委员会可以要求投标人对投标文件中含义不明确的内容做必要的澄清或者说明，但是澄清或说明不得超出投标文件的范围或者改变投标文件的实质性内容。评标委员会应当按照招标文件确定的评标标准和方法，对投标文件进行评审和比较；设有标底的，应当参考标底。评标委员会完成评标后，应当向招标人提出书面评标报告，并推荐合格的中标候选人。招标人根据评标委员会提出的书面评标报告和推荐的中标候选人确定中标人。招标人也可以授权评标委员会直接确定中标人。

3．中标

中标人的投标应当符合下列条件之一：

（1）能够最大限度地满足招标文件中规定的各项综合评价标准。

（2）能够满足招标文件的实质性要求，并且经评审的投标价格最低；但是投标价格低于成本的除外。

评标委员会经评审，认为所有投标都不符合招标文件要求的，可以否决所有投标。依法必须进行招标的项目的所有投标被否决的，招标人应当重新招标。

在确定中标人前，招标人不得与投标人就投标价格、投标方案等实质性内容进行谈判。评标委员会成员应当客观、公正地履行职务，遵守职业道德，对所提出的评审意见承担个人责任。评标委员会成员不得私下接触投标人，不得收受投标人的财物或其他好处。评标委员会成员和参与评标的有关工作人员不得透露对投标文件的评审和比较、中标候选人的推荐情况，以及与评标有关的其他情况。

中标人确定后，招标人应当向中标人发出中标通知书，并同时将中标结果通知所有未中标的投标人。中标通知书对招标人和中标人具有法律效力。中标通知书发出后，招标人改变中标结果的，或者中标人放弃中标项目的，应当依法承担法律责任。招标人和中标人应当自中标通知书发出之日起三十日内，按照招标文件和中标人的投标文件订立书面合同。招标人和中标人不得再行订立背离合同实质性内容的其他协议。招标文件要求中标人提交履约保证金的，中标人应当提交。

依法必须进行招标的项目，招标人应当自确定中标人之日起十五日内，向有关行政监督部门提交招标投标情况的书面报告。

4．分包

中标人应当按照合同约定履行义务，完成中标项目。中标人不得向他人转让中标项目，也不得将中标项目肢解后分别向他人转让。中标人按照合同约定或者经招标人同意，可以将中标项目的部分非主体、非关键性工作分包给他人完成。接受分包的人应当具备相应的资格条件，并不得再次分包。中标人应当就分包项目向招标人负责，接受分包的人就分包项目承担连带责任。

26.2.4　法律责任

根据招投标法的规定，必须进行招标的项目而不招标的，将必须进行招标的项目化整为零或者以其他任何方式规避招标的，责令其限期改正，可以处项目合同金额千分之五以上千分之十以下的罚款；对全部或者部分使用国有资金的项目，可以暂停项目执行或者暂停资金拨付。

投标人相互串通投标或者与招标人串通投标的，投标人以向招标人或者评标委员会成员行贿的手段谋取中标的，中标无效，且处中标项目金额千分之五以上千分之十以下的罚款，对单位直接负责的主管人员和其他直接责任人员处单位罚款数额百分之五以上百分之十以下的罚款；有违法所得的，并处没收违法所得；情节严重的，取消其 1～2 年内参加依法必须进行招标的项目的投标资格并予以公告，直至由工商行政管理机关吊销营业执照。给他人造成损失的，依法承担赔偿责任。

投标人以他人名义投标或者以其他方式弄虚作假，骗取中标的，中标无效；给招标人造成损失的，依法承担赔偿责任。同时处中标项目金额千分之五以上千分之十以下的罚款，对单位直接负责的主管人员和其他直接责任人员处单位罚款数额百分之五以上百分之十以下的罚款；有违法所得的，并处没收违法所得；情节严重的，取消其 1～3 年内参加招标项目的投标资格并予以公告。

评标委员会成员收受投标人的财物或者其他好处的，评标委员会成员或者参加评标的有关工作人员向他人透露对投标文件的评审和比较、中标候选人的推荐以及与评标有关的其他情况的，给予警告，并没收收受的财物，还可以并处三千元以上五万元以下的罚款，不得再参加任何招标项目的评标。

招标人在评标委员会依法推荐的中标候选人以外确定中标人的，依法必须进行招标的项目在所有投标被评标委员会否决后自行确定中标人的，中标无效。责令改正，并可以处中标项目金额千分之五以上千分之十以下的罚款。

中标人将中标项目转让给他人的，将中标项目肢解后分别转让给他人的，违反规定将中标项目的部分主体、关键性工作分包给他人的，或者分包人再次分包的，转让、分包无效，处转让、分包项目金额千分之五以上千分之十以下的罚款；有违法所得的，并处没收违法所得。

中标人不履行与招标人订立的合同的，履约保证金不予退还，给招标人造成的损失超过履约保证金数额的，还应当对超过部分予以赔偿；没有提交履约保证金的，应当对招标人的损失承担赔偿责任。

26.3 著作权法

1990 年 9 月通过，1991 年 6 月 1 日正式实施的《中华人民共和国著作权法》（以下简称为“著作权法”）是知识产权保护领域的最重要的法律基础。另外，国家还颁发了《中华人民共和国著作权法实施条例》（以下简称为“实施条例”）作为执行补充，该条例于 1991 年 5 月通过，2002 年 9 月修订。在这两部法律法规中，对著作权保护及其具体实施做出了明确的规定。

1．著作权法客体

著作权法及实施条例的客体是指受保护的作品。这里的作品是指文学、艺术、自然科学、社会科学和工程技术领域内具有独创性并能以某种有形形式复制的智力成果。

为完成单位工作任务所创作的作品，称为职务作品。如果该职务作品是利用单位的物质技术条件进行创作，并由单位承担责任的，或者有合同约定，其著作权属于单位的，作者将仅享有署名权，其他著作权归单位享有。其他职务作品，著作权仍由作者享有，单位有权在业务范围内优先使用。在两年内，未经单位同意，作者不能许可其他个人或单位使用该作品。

2．著作权法主体

著作权法及实施条例的主体是指著作权关系人，通常包括著作权人和受让者两种。著作权人又称为原始著作权人，是根据创作的事实进行确定的，依法取得著作权资格的创作、开发者；受让者又称为后继著作权人，是指没有参与创作，通过著作权转移活动而享有著作权的人。

著作权法在认定著作权人时，是根据创作的事实进行的，而创作就是指直接产生文学、艺术和科学作品的智力活动。为他人创作进行组织、提供咨询意见、物质条件或进行其他辅助工作的，不属于创作的范围，不被确认为著作权人。

如果在创作的过程中有多人参与，则该作品的著作权由合作的作者共同享有。合作的作品是可以分割使用的，作者对各自创作的部分可以单独享有著作权，但不能在侵犯合作作品整体著作权的情况下行使。如果遇到作者不明的情况，则作品原件的所有人可以行使除署名权以外的著作权，直到作者身份明确。如果作品是委托创作的，著作权的归属应通过委托人和受托人之间的合同来确定。如果没有明确的约定，或者没有签订相关合同，则著作权属于受托人。

3．著作权

根据著作权法及实施条例的规定，著作权人对作品享有以下五种权利：

（1）发表权：决定作品是否公之于众的权利。

（2）署名权：表明作者身份，在作品上署名的权利。

（3）修改权：修改或授权他人修改作品的权利。

（4）保护作品完整权：保护作品不受歪曲、篡改的权利。

（5）使用权、使用许可权和获取报酬权、转让权：以复制、表演、播放、展览、发行、摄制电影、电视、录像，或者改编、翻译、注释和编辑等方式使用作品的权利，以及许可他人以上述方式使用作品，并由此获得报酬的权利。

根据著作权法的相关规定，著作权的保护是有一定期限的，具体规定如下：

（1）著作权属于公民。署名权、修改权、保护作品完整权的保护期没有任何限制，永远受法律保护；发表权、使用权和获得报酬权的保护期为作者终生及其死亡后的 50 年（第 50 年的 12 月 31 日）。作者死亡后，著作权依照继承法进行转移。

（2）著作权属于单位。发表权、使用权和获得报酬权的保护期为 50 年（首次发表后的第 50 年的 12 月 31 日），若 50 年内未发表的，不予保护。但单位变更、终止后，其著作权由承受其权利义务的单位享有。

当第三方需要使用时，需得到著作权人的使用许可，双方应签订相应的合同。合同中应包括许可使用作品的方式，是否专有使用，许可的范围与时间期限，报酬标准与方法，以及违约责任等。若合同未明确许可的权力，需再次经著作权人许可。合同的有效期限不超过 10 年，期满时可以续签。

在下列情况下使用作品，可以不经著作权人许可、不向其支付报酬，但应指明作者姓名、作品名称，不得侵犯其他著作权：

（1）为个人学习、研究或欣赏，使用他人已经发表的作品；为学校课堂教学或科学研究，翻译或者少量复制已经发表的作品，供教学或科研人员使用，但不得出版发行。

（2）为介绍、评论某一个作品或说明某一个问题，在作品中适当引用他人已经发表的作品；为报道时事新闻，在报纸、期刊、广播、电视节目或新闻纪录影片中引用已经发表的作品。

（3）报纸、期刊、广播电台、电视台刊登或播放其他报纸、期刊、广播电台、电视台已经发表的社论、评论员文章；报纸、期刊、广播电台、电视台刊登或者播放在公众集会上发表的讲话，但作者声明不许刊登、播放的除外。

（4）国家机关为执行公务使用已经发表的作品；图书馆、档案馆、纪念馆、博物馆和美术馆等为陈列或保存版本的需要，复制本馆收藏的作品。

（5）免费表演已经发表的作品。

（6）对设置或者陈列在室外公共场所的艺术作品进行临摹、绘画、摄影及录像。

（7）将已经发表的汉族文字作品翻译成少数民族文字在国内出版发行，将已经发表的作品改成盲文出版。

26.4 政府采购法

根据《中华人民共和国政府采购法》（以下简称为“政府采购法”）的规定，采购是指以合同方式有偿取得货物、工程和服务的行为，包括购买、租赁、委托、雇用等；政府采购是指各级国家机关、事业单位和团体组织，使用财政性资金采购依法制定的集中采购目录以内的或者采购限额标准以上的货物、工程和服务的行为；货物是指各种形态和种类的物品，包括原材料、燃料、设备、产品等；工程是指建设工程，包括建筑物和构筑物的新建、改建、扩建、装修、拆除、修缮等；服务是指除货物和工程以外的其他政府采购对象。

政府采购应当遵循公开透明原则、公平竞争原则、公正原则和诚实信用原则。政府采购工程进行招标投标的，适用招标投标法。任何单位和个人不得采用任何方式，阻挠和限制供应商自由进入本地区和本行业的政府采购市场。

政府采购实行集中采购和分散采购相结合。集中采购的范围由省级以上人民政府公布的集中采购目录确定。属于中央预算的政府采购项目，其集中采购目录由国务院确定并公布；属于地方预算的政府采购项目，其集中采购目录由省、自治区、直辖市人民政府或者其授权的机构确定并公布。纳入集中采购目录的政府采购项目，应当实行集中采购。

政府采购应当采购本国货物、工程和服务。但有下列情形之一的除外：

（1）需要采购的货物、工程或者服务在中国境内无法获取或者无法以合理的商业条件获取的。

（2）为在中国境外使用而进行采购的。

（3）其他法律、行政法规另有规定的。

政府采购的信息应当在政府采购监督管理部门指定的媒体上及时向社会公开发布，

但涉及商业秘密的除外。

26.4.1　政府采购当事人

政府采购当事人是指在政府采购活动中享有权利和承担义务的各类主体，包括采购人、供应商和采购代理机构等；采购人是指依法进行政府采购的国家机关、事业单位、团体组织；集中采购机构为采购代理机构。设区的市、自治州以上人民政府根据本级政府采购项目组织集中采购的需要设立集中采购机构。集中采购机构是非营利事业法人，根据采购人的委托办理采购事宜。集中采购机构进行政府采购活动，应当符合采购价格低于市场平均价格、采购效率更高、采购质量优良和服务良好的要求。

采购人采购纳入集中采购目录的政府采购项目，必须委托集中采购机构代理采购；采购未纳入集中采购目录的政府采购项目，可以自行采购，也可以委托集中采购机构在委托的范围内代理采购。纳入集中采购目录属于通用的政府采购项目的，应当委托集中采购机构代理采购；属于本部门、本系统有特殊要求的项目，应当实行部门集中采购；属于本单位有特殊要求的项目，经省级以上人民政府批准，可以自行采购。

采购人可以委托经国务院有关部门或者省级人民政府有关部门认定资格的采购代理机构，在委托的范围内办理政府采购事宜。采购人有权自行选择采购代理机构，任何单位和个人不得以任何方式为采购人指定采购代理机构。采购人依法委托采购代理机构办理采购事宜的，应当由采购人与采购代理机构签订委托代理协议，依法确定委托代理的事项，约定双方的权利义务。

供应商是指向采购人提供货物、工程或者服务的法人、其他组织或者自然人。供应商参加政府采购活动应当具备下列条件：

（1）具有独立承担民事责任的能力。

（2）具有良好的商业信誉和健全的财务会计制度。

（3）具有履行合同所必需的设备和专业技术能力。

（4）有依法缴纳税收和社会保障资金的良好记录。

（5）参加政府采购活动前三年内，在经营活动中没有重大违法记录。

（6）法律、行政法规规定的其他条件。

采购人可以根据采购项目的特殊要求，规定供应商的特定条件，但不得以不合理的条件对供应商实行差别待遇或者歧视待遇。采购人可以要求参加政府采购的供应商提供有关资质证明文件和业绩情况，并根据供应商条件和采购项目对供应商的特定要求，对供应商的资格进行审查。

两个以上的自然人、法人或者其他组织可以组成一个联合体，以一个供应商的身份共同参加政府采购。以联合体形式进行政府采购的，参加联合体的供应商均应当具备规定的条件，并应当向采购人提交联合协议，载明联合体各方承担的工作和义务。联合体各方应当共同与采购人签订采购合同，就采购合同约定的事项对采购人承担连带责任。

政府采购当事人不得相互串通损害国家利益、社会公共利益和其他当事人的合法权益；不得以任何手段排斥其他供应商参与竞争。供应商不得以向采购人、采购代理机构、评标委员会的组成人员、竞争性谈判小组的组成人员、询价小组的组成人员行贿或者采取其他不正当手段谋取中标或者成交。采购代理机构不得以向采购人行贿或者采取其他不正当手段谋取非法利益。

26.4.2 政府采购方式

根据政府采购法的规定，政府采购采用以下方式：公开招标、邀请招标、竞争性谈判、单一来源采购、询价，以及国务院政府采购监督管理部门认定的其他采购方式。

公开招标应作为政府采购的主要采购方式，因特殊情况需要采用公开招标以外的采购方式的，应当在采购活动开始前获得设区的市、自治州以上人民政府采购监督管理部门的批准。采购人不得将应当以公开招标方式采购的货物或者服务化整为零或者以其他任何方式规避公开招标采购。

符合下列情形之一的货物或者服务，可以依照政府采购法采用邀请招标方式采购：

（1）具有特殊性，只能从有限范围的供应商处采购的。

（2）采用公开招标方式的费用占政府采购项目总价值的比例过大的。

符合下列情形之一的货物或者服务，可以依照政府采购法采用竞争性谈判方式采购：

（1）招标后没有供应商投标或者没有合格标的或者重新招标未能成立的。

（2）技术复杂或者性质特殊，不能确定详细规格或者具体要求的。

（3）采用招标所需时间不能满足用户紧急需要的。

（4）不能事先计算出价格总额的。

符合下列情形之一的货物或者服务，可以依照政府采购法采用单一来源方式采购：

（1）只能从唯一供应商处采购的。

（2）发生了不可预见的紧急情况不能从其他供应商处采购的。

（3）必须保证原有采购项目一致性或者服务配套的要求，需要继续从原供应商处添购，且添购资金总额不超过原合同采购金额百分之十的。

采购的货物规格、标准统一、现货货源充足且价格变化幅度小的政府采购项目，可以采用询价方式采购。

26.4.3 政府采购程序

根据政府采购法的规定，货物或者服务项目采取邀请招标方式采购的，采购人应当从符合相应资格条件的供应商中，通过随机方式选择三家以上的供应商，并向其发出投标邀请书。货物和服务项目实行招标方式采购的，自招标文件开始发出之日起至投标人提交投标文件截止之日止，不得少于二十日。

在招标采购中，出现下列情形之一的，应予废标：

（1）符合专业条件的供应商或者对招标文件作实质响应的供应商不足三家的。

（2）出现影响采购公正的违法、违规行为的。

（3）投标人的报价均超过了采购预算，采购人不能支付的。

（4）因重大变故，采购任务取消的。

废标后，采购人应当将废标理由通知所有投标人。废标后，除采购任务取消情形外，应当重新组织招标；需要采取其他方式采购的，应当在采购活动开始前获得设区的市、自治州以上人民政府采购监督管理部门或者政府有关部门批准。

采用竞争性谈判方式采购的，应当遵循下列程序：

（1）成立谈判小组。谈判小组由采购人的代表和有关专家共三人以上的单数组成，其中专家的人数不得少于成员总数的三分之二。

（2）制定谈判文件。谈判文件应当明确谈判程序、谈判内容、合同草案的条款以及评定成交的标准等事项。

（3）确定邀请参加谈判的供应商名单。谈判小组从符合相应资格条件的供应商名单中确定不少于三家的供应商参加谈判，并向其提供谈判文件。

（4）谈判。谈判小组所有成员集中与单一供应商分别进行谈判。在谈判中，谈判的任何一方不得透露与谈判有关的其他供应商的技术资料、价格和其他信息。谈判文件有实质性变动的，谈判小组应当以书面形式通知所有参加谈判的供应商。

（5）确定成交供应商。谈判结束后，谈判小组应当要求所有参加谈判的供应商在规定时间内进行最后报价，采购人从谈判小组提出的成交候选人中根据符合采购需求、质量和服务相等且报价最低的原则确定成交供应商，并将结果通知所有参加谈判的未成交的供应商。

采取单一来源方式采购的，采购人与供应商应当遵循规定的原则，在保证采购项目质量和双方商定合理价格的基础上进行采购。

采取询价方式采购的，应当遵循下列程序：

（1）成立询价小组。询价小组由采购人的代表和有关专家共三人以上的单数组成，其中专家的人数不得少于成员总数的三分之二。询价小组应当对采购项目的价格构成和评定成交的标准等事项作出规定。

（2）确定被询价的供应商名单。询价小组根据采购需求，从符合相应资格条件的供应商名单中确定不少于三家的供应商，并向其发出询价通知书让其报价。

（3）询价。询价小组要求被询价的供应商一次报出不得更改的价格。

（4）确定成交供应商。采购人根据符合采购需求、质量和服务相等且报价最低的原则确定成交供应商，并将结果通知所有被询价的未成交的供应商。

采购人或者其委托的采购代理机构应当组织对供应商履约的验收。大型或者复杂的政府采购项目，应当邀请国家认可的质量检测机构参加验收工作。验收方成员应当在验收书上签字，并承担相应的法律责任。

采购人、采购代理机构对政府采购项目每项采购活动的采购文件应当妥善保存，不得伪造、变造、隐匿或者销毁。采购文件的保存期限为从采购结束之日起至少保存十五年。采购文件包括采购活动记录、采购预算、招标文件、投标文件、评标标准、评估报告、定标文件、合同文本、验收证明、质疑答复、投诉处理决定及其他有关文件、资料。

采购活动记录至少应当包括下列内容：

（1）采购项目类别、名称。

（2）采购项目预算、资金构成和合同价格。

（3）采购方式，采用公开招标以外的采购方式的，应当载明原因。

（4）邀请和选择供应商的条件及原因。

（5）评标标准及确定中标人的原因。

（6）废标的原因。

（7）采用招标以外采购方式的相应记载。

26.4.4 政府采购合同

政府采购合同适用合同法。采购人和供应商之间的权利和义务，应当按照平等、自愿的原则以合同方式约定。采购人可以委托采购代理机构代表其与供应商签订政府采购合同。由采购代理机构以采购人名义签订合同的，应当提交采购人的授权委托书，作为合同附件。政府采购合同应当采用书面形式。

采购人与中标、成交供应商应当在中标、成交通知书发出之日起三十日内，按照采购文件确定的事项签订政府采购合同。中标、成交通知书对采购人和中标、成交供应商均具有法律效力。中标、成交通知书发出后，采购人改变中标、成交结果的，或者中标、成交供应商放弃中标、成交项目的，应当依法承担法律责任。

政府采购项目的采购合同自签订之日起七个工作日内，采购人应当将合同副本报同级政府采购监督管理部门和有关部门备案。

经采购人同意，中标、成交供应商可以依法采取分包方式履行合同。政府采购合同分包履行的，中标、成交供应商就采购项目和分包项目向采购人负责，分包供应商就分包项目承担责任。

政府采购合同履行中，采购人需追加与合同标的相同的货物、工程或者服务的，在不改变合同其他条款的前提下，可以与供应商协商签订补充合同，但所有补充合同的采购金额不得超过原合同采购金额的百分之十。

政府采购合同的双方当事人不得擅自变更、中止或者终止合同。政府采购合同继续履行将损害国家利益和社会公共利益的，双方当事人应当变更、中止或者终止合同。有过错的一方应当承担赔偿责任，双方都有过错的，各自承担相应的责任。

26.4.5　质疑与投诉

根据政府采购法的规定，供应商对政府采购活动事项有疑问的，可以向采购人提出询问，采购人应当及时作出答复，但答复的内容不得涉及商业秘密。

供应商认为采购文件、采购过程和中标、成交结果使自己的权益受到损害的，可以在知道或者应知其权益受到损害之日起七个工作日内，以书面形式向采购人提出质疑。

采购人应当在收到供应商的书面质疑后七个工作日内作出答复，并以书面形式通知质疑供应商和其他有关供应商，但答复的内容不得涉及商业秘密。采购人委托采购代理机构采购的，供应商可以向采购代理机构提出询问或者质疑，采购代理机构应当依法就采购人委托授权范围内的事项作出答复。

质疑供应商对采购人、采购代理机构的答复不满意或者采购人、采购代理机构未在规定的时间内作出答复的，可以在答复期满后十五个工作日内向同级政府采购监督管理部门投诉。政府采购监督管理部门应当在收到投诉后三十个工作日内，对投诉事项作出处理决定，并以书面形式通知投诉人和与投诉事项有关的当事人。政府采购监督管理部门在处理投诉事项期间，可以视具体情况书面通知采购人暂停采购活动，但暂停时间最长不得超过三十日。

投诉人对政府采购监督管理部门的投诉处理决定不服或者政府采购监督管理部门逾期未作处理的，可以依法申请行政复议或者向人民法院提起行政诉讼。

26.4.6　法律责任

根据政府采购法的规定，采购人、采购代理机构有下列情形之一的，责令限期改正，给予警告，可以并处罚款，对直接负责的主管人员和其他直接责任人员，由其行政主管部门或者有关机关给予处分，并予通报：

（1）应当采用公开招标方式而擅自采用其他方式采购的。

（2）擅自提高采购标准的。

（3）委托不具备政府采购业务代理资格的机构办理采购事务的。

（4）以不合理的条件对供应商实行差别待遇或者歧视待遇的。

（5）在招标采购过程中与投标人进行协商谈判的。

（6）中标、成交通知书发出后不与中标、成交供应商签订采购合同的。

（7）拒绝有关部门依法实施监督检查的。

采购人、采购代理机构及其工作人员有下列情形之一，构成犯罪的，依法追究刑事责任；尚不构成犯罪的，处以罚款，有违法所得的，并处没收违法所得，属于国家机关工作人员的，依法给予行政处分：

（1）与供应商或者采购代理机构恶意串通的。

（2）在采购过程中接受贿赂或者获取其他不正当利益的。

（3）在有关部门依法实施的监督检查中提供虚假情况的。

（4）开标前泄露标底的。

有前两条违法行为之一影响中标、成交结果或者可能影响中标、成交结果的，按下列情况分别处理：

（1）未确定中标、成交供应商的，终止采购活动。

（2）中标、成交供应商已经确定但采购合同尚未履行的，撤销合同，从合格的中标、成交候选人中另行确定中标、成交供应商。

（3）采购合同已经履行的，给采购人、供应商造成损失的，由责任人承担赔偿责任。

采购人对应当实行集中采购的政府采购项目，不委托集中采购机构实行集中采购的，由政府采购监督管理部门责令改正；拒不改正的，停止按预算向其支付资金，由其上级行政主管部门或者有关机关依法给予其直接负责的主管人员和其他直接责任人员处分。

采购人未依法公布政府采购项目的采购标准和采购结果的，责令改正，对直接负责的主管人员依法给予处分。采购人、采购代理机构违反规定隐匿、销毁应当保存的采购文件或者伪造、变造采购文件的，由政府采购监督管理部门处以二万元以上十万元以下的罚款，对其直接负责的主管人员和其他直接责任人员依法给予处分；构成犯罪的，依法追究刑事责任。

供应商有下列情形之一的，处以采购金额千分之五以上千分之十以下的罚款，列入不良行为记录名单，在一至三年内禁止参加政府采购活动，有违法所得的，并处没收违法所得，情节严重的，由工商行政管理机关吊销营业执照；构成犯罪的，依法追究刑事责任：

（1）提供虚假材料谋取中标、成交的。

（2）采取不正当手段诋毁、排挤其他供应商的。

（3）与采购人、其他供应商或者采购代理机构恶意串通的。

（4）向采购人、采购代理机构行贿或者提供其他不正当利益的。

（5）在招标采购过程中与采购人进行协商谈判的。

（6）拒绝有关部门监督检查或者提供虚假情况的。供应商有前款第（1）至（5）项情形之一的，中标、成交无效。

采购代理机构在代理政府采购业务中有违法行为的，按照有关法律规定处以罚款，可以依法取消其进行相关业务的资格，构成犯罪的，依法追究刑事责任。

政府采购监督管理部门对集中采购机构业绩的考核，有虚假陈述，隐瞒真实情况的，或者不作定期考核和公布考核结果的，应当及时纠正，由其上级机关或者监察机关对其负责人进行通报，并对直接负责的人员依法给予行政处分。集中采购机构在政府采购监督管理部门考核中，虚报业绩，隐瞒真实情况的，处以二万元以上二十万元以下的罚款，并予以通报；情节严重的，取消其代理采购的资格。

任何单位或者个人阻挠和限制供应商进入本地区或者本行业政府采购市场的，责令限期改正；拒不改正的，由该单位、个人的上级行政主管部门或者有关机关给予单位责任人或者个人处分。

26.5　软件工程国家标准

本节将介绍一些标准化方面的基础知识，以及在信息系统集成项目中将要用到的各种标准。为了保持国家标准的严肃性和原版性，避免对读者产生不必要的误导，本节的专业术语和描述尽量将引用国家标准中的原话，有些词语或句子可能比较晦涩，其技术和要求相对比较过时，请读者进行“适应性”阅读。

26.5.1　标准化基础知识

根据《中华人民共和国标准化法》的规定，标准化工作的任务是制定标准、组织实施标准和对标准的实施进行监督。国务院标准化行政主管部门统一管理全国标准化工作。国务院有关行政主管部门分工管理本部门、本行业的标准化工作。省、自治区、直辖市标准化行政主管部门统一管理本行政区域的标准化工作。省、自治区、直辖市政府有关行政主管部门分工管理本行政区域内本部门、本行业的标准化工作。市、县标准化行政主管部门和有关行政主管部门，按照省、自治区、直辖市政府规定的各自的职责，管理本行政区域内的标准化工作。

1．标准的层次

标准可以分为国际标准、国家标准、行业标准、地方标准及企业标准等。

国际标准主要是指由国际标准化组织（International Standard Organization，ISO）制定和批准的标准。

国家标准由国务院标准化行政主管部门编制计划，组织草拟，统一审批、编号并发布。

对没有国家标准而又需要在全国某个行业范围内统一的技术要求，可以制定行业标准（含标准样品的制作）。制定行业标准的项目由国务院有关行政主管部门确定。行业标准由国务院有关行政主管部门编制计划、组织草拟，统一审批、编号和发布，并报国务院标准化行政主管部门备案。行业标准在相应的国家标准实施后，自行废止。

对没有国家标准和行业标准而又需要在省、自治区、直辖市范围内统一的工业产品的安全、卫生要求，可以制定地方标准。制定地方标准的项目，由省、自治区、直辖市人民政府标准化行政主管部门确定。地方标准由省、自治区、直辖市人民政府标准化行政主管部门编制计划，组织草拟，统一审批、编号、发布，并报国务院标准化行政主管部门和国务院有关行政主管部门备案。法律对地方标准的制定另有规定的，依照法律的规定执行。地方标准在相应的国家标准或行业标准实施后，自行废止。

企业生产的产品没有国家标准、行业标准和地方标准的，应当制定相应的企业标准，作为组织生产的依据。企业标准由企业组织制定，并按省、自治区、直辖市人民政府的规定备案。对已有国家标准、行业标准或者地方标准的，鼓励企业制定严于国家标准、行业标准或者地方标准要求的企业标准，在企业内部适用。

2．标准的类型

国家标准、行业标准分为强制性标准和推荐性标准，下列标准属于强制性标准：

（1）药品标准，食品卫生标准和兽药标准。

（2）产品及产品生产、储运和使用中的安全、卫生标准，劳动安全、卫生标准，运输安全标准。

（3）工程建设的质量、安全、卫生标准及国家需要控制的其他工程建设标准。

（4）环境保护的污染物排放标准和环境质量标准。

（5）重要的通用技术术语、符号、代号和制图方法。

（6）通用的试验、检验方法标准。

（7）互换配合标准。

（8）国家需要控制的重要产品质量标准。国家需要控制的重要产品目录由国务院标准化行政主管部门会同国务院有关行政主管部门确定。

强制性标准以外的标准是推荐性标准。省、自治区、直辖市人民政府标准化行政主管部门制定的工业产品的安全、卫生要求的地方标准，在本行政区域内是强制性标准。

3．标准的表示

按照新的采用国际标准管理办法，我国标准与国际标准的对应关系有等同采用（identical，IDT）、修改采用（modified，MOD）、等效采用（equivalent，EQ）和非等效采用（not equivalent，NEQ）等。等同采用是指技术内容相同，没有或仅有编辑性修改，编写方法完全相对应；修改采用是指与国际标准之间存在技术性差异，并清楚地标明这些差异以及解释其产生的原因，允许包含编辑性修改；等效采用（修改采用）是指主要技术内容相同，技术上只有很少差异，编写方法不完全相对应；非等效采用是指与相应国际标准在技术内容和文本结构上不同，它们之间的差异没有被清楚地标明。非等效还包括在我国标准中只保留了少量或者不重要的国际标准条款的情况，非等效不属于采用国际标准。

推荐性标准的代号是在强制性标准代号后面加“/T”，国家标准代号，如表26-1所示。

表26-1 国家标准代号

序号	代号	含义	管理部门
1	GB	中华人民共和国强制性国家标准	国家标准化管理委员会
2	GB/T	中华人民共和国推荐性国家标准	国家标准化管理委员会
3	GB/Z	中华人民共和国国家标准化指导性技术文件	国家标准化管理委员会

与 IT 行业相关的各行业标准代号，如表 26-2 所示。

表 26-2　行业标准代号

序　号	代　号	行　　业	管 理 部 门
1	CY	新闻出版	国家新闻出版总署印刷业管理司
2	DA	档案	国家档案局政法司
3	DL	电力	中国电力企业联合会标准化中心
4	GA	公共安全	公安部科技司
5	GY	广播电影电视	国家广播电影电视总局科技司
6	HB	航空	国防科工委中国航空工业总公司（航空）
7	HJ	环境保护	国家环境保护总局科技标准司
8	JB	机械	中国机械工业联合会
9	JC	建材	中国建筑材料工业协会质量部
10	JG	建筑工业	建设部（建筑工业）
11	LD	劳动和劳动安全	劳动和社会保障部劳动工资司（工资定额）
12	SJ	电子	工业和信息化部科技司（电子）
13	WH	文化	文化部科教司
14	WJ	兵工民品	国防科工委中国兵器工业总公司（兵器）
15	YD	通信	工业和信息化部科技司（邮电）
16	YZ	邮政	国家邮政局计划财务部

注意：国家军用标准的代号为 GJB，其为行业标准；国际实物标准代号为 GSB，其为国家标准。

地方标准的代号由地方标准代号（DB）、地方标准发布顺序号和标准发布年代号（4 位数）三部分组成。企业标准的代号由企业标准代号（Q）、标准发布顺序号和标准发布年代号（4 位数）组成。

26.5.2　基础标准

在基础标准方面，主要有《软件工程术语》（GB/T 11457—2006）、《信息处理 数据流程图、程序流程图、系统流程图、程序网络图和系统资源图的文件编辑符号及约定》（GB 1526—1989）和《信息处理系统 计算机系统配置图符号及约定》（GB/T 14085—1993）等标准。

1．GB/T 11457—2006

GB/T 11457—2006 规定了软件工程领域中的 1859 个中文术语，以及每个中文术语对应的英文词，还对每个术语给出了一个或一个以上的定义。标准的最后附有英文索引和中文索引。与项目管理相关的术语摘录如下。

（1）验收准则：软件产品要符合某一测试阶段必须满足的准则，或软件产品满足交货要求的准则。

（2）验收测试：确定一系统是否符合其验收准则，使客户能确定是否接收此系统的正式测试。

（3）需方：从供方获得或得到一个系统、产品或服务的一个机构。需方可以是买主、客户、拥有者、用户、采购人员等。

（4）活动：一个过程的组成元素。对基线的改变要经有关当局的正式批准。

（5）审计：为评估是否符合软件需求、规格说明、基线、标准、过程、指令、代码以及合同和特殊要求而进行的一种独立的检查；通过调查研究确定已制定的过程、指令、规格说明、代码和标准或其他的合同及特殊要求是否恰当和被遵守，以及其实现是否有效而进行的活动。

（6）代码审计：由某人、某小组或借助某种工具对源代码进行的独立的审查，以验证其是否符合软件设计文件和程序设计标准。还可能对正确性和有效性进行估计。

（7）配置审计：证明所要求的全部配置项均已产生出来，当前的配置与规定的需求相符。技术文件说明书完全而准确地描述了各个配置项目，并且曾经提出的所有更动请求均已得到解决的过程。

（8）认证：一个系统、部件或计算机程序符合其规定的需求，对操作使用是可接受的一种书面保证。例如，一计算机系统是安全的允许在定义的环境中操作的书面的认可；为使系统获准投入运行性使用，对系统遵循规定的需求是可接受的所做的正式演示；验证系统或部件遵循规定的需求，且其操作使用是可接受的过程。

（9）走查：一种静态分析技术或评审过程，在此过程中，设计者或程序员引导开发组的成员通读已书写的设计或编码，其他成员负责提出问题并对有关技术、风格、可能的错误、是否违背开发标准等方面进行评论。

（10）鉴定：一个正式的过程，通过这个过程确定系统或部件是否符合它的规格说明，是否可在目标环境中适合于操作使用。

（11）基线：业已经过正式审核与同意，可用作下一步开发的基础，并且只有通过正式的修改管理步骤方能加以修改的规格说明或产品；在配置项生存周期的某一特定时间内，正式指定或固定下来的配置标识文件和一组这样的文件。基线加上根据这些基线批准统一的改动构成了当前配置标识。对于配置管理，有以下三种基线：功能基线（最初通过的功能配置）、分配基线（最初通过的分配的配置）、产品基线（最初通过的或有条件地通过的产品配置）。

（12）配置控制委员会：对提出的工程上的更动负责进行估价、审批，对核准进行的更动确保其实现的权力机构。

（13）配置管理：标识和确定系统中配置项的过程，在系统整个生存周期内控制这些项的投放和更动，记录并报告配置的状态和更动要求，验证配置项的完整性和正确性；

对下列工作进行技术和行政指导与监督的一套规范：对配置项的功能和物理特性进行标识和文件编制工作；控制这些特性的更动情况；记录并报告对这些更动进行的处理和实现的状态。

（14）配置状态报告：记录和报告为有效地管理某一配置所需的信息。包括列出经批准的配置标识表、列出对配置提出更动的状态表和经批准的更动的实现状态。

（15）设计评审：在正式会议上，将系统的初步的或详细的设计提交给用户、客户或有关人士供其评审或批准；对现有的或提出的设计所做的正式评估和审查，其目的是找出可能会影响产品、过程或服务工作的适用性和环境方面的设计缺陷并采取补救措施，以及（或者）找出在性能、安全性和经济方面的可能的改进。

（16）桌面检查：对程序执行情况进行人工模拟，用逐步检查源代码中有无逻辑或语法错误的办法来检测故障。

（17）评价：决定某产品、项目、活动或服务是否符合它的规定的准则的过程。

（18）故障、缺陷：功能部件不能执行所要求的功能。

（19）功能配置审计：验证一个配置项的实际工作性能是否符合它的需求规格说明的一项审查，以便为软件的设计和编码建立一个基线。

2．GB 1526—1989

GB 1526—1989 规定了信息处理文件编制中使用的各种符号，并给出在下列图形中使用这些符号的约定：数据流程图、程序流程图、系统流程图、程序网络图、系统资源图。项目团队在信息系统开发过程中，如果需要绘制以上图形，则必须使用该标准规定的符号，以便快速在项目干系人之间达成共识，节约沟通和培训的成本。

3．GB/T 14085—1993

GB/T 14085—1993 规定了计算机系统（包括自动数据处理系统）的配置图中所使用的图形符号及其约定。该标准中包含的图形符号是用来表示计算机系统配置的主要硬件部件。配置图用于表示计算机系统的物理结构，例如，硬件设备和连接电缆等。该标准不涉及：

（1）硬件的详细表示，例如，逻辑图或电路图等。

（2）利用图像或图画描述系统的示意图。

（3）任何用于标志特定设备的缩写词或助记符。

配置图由下列几部分组成。

（1）硬件符号：按照物理设备的基本功能，一个硬件符号表示一种物理设备。

（2）连线：表示本地的或远程的（传输线）物理连接。

（3）专门约定：以便于阅读和绘制配置图。

配置图能够表示包含所有硬件部件的最大配置、由于硬件部件的重新布局及设备暂时不用而形成的实际配置、为解决给定问题所需要的最小配置，以及相同设备的配置替换等。配置图可应用在以下方面：计算机厂商的商业宣传小册子、计算机配置的选择和评估、计算机购买或租借合同的技术条款、计算机中心的表示、在杂志文章中描述数据处理的应用、数据处理应用说明书、教学等。

26.5.3 生存周期管理标准

在生存周期管理标准方面，主要有《信息技术 软件生存周期过程》（GB/T 8566—2007）等标准。

GB/T 8566—2007 为软件生存周期过程建立了一个公共框架，可供软件工业界参考。它包括在含有软件的系统、独立软件产品和软件服务（软件包括固件的软件部分）的获取期间，以及在软件产品的供应、开发、运作和维护期间需应用的过程、活动和任务。

过程是指一系列活动、任务和它们之间的关系，它们共同将一组输入转换成所需要的输出。活动是一个过程的组成元素。任务是构成活动的基本元素，由若干个任务构成一项活动。GB/T 8566—2007 提供一种过程，这种过程能用来确定、控制和改进软件生存周期过程。

GB/T 8566—2007 适用于系统和软件产品，以及服务的获取，还适用于软件产品和固件的软件部分的供应、开发、操作和维护，可在一个组织的内部或外部实施。GB/T 8566—2007 为系统和软件产品，以及服务的获取者编写，也是为软件产品的供方、开发者、操作者、维护者、管理者、质量保证管理者和使用者编写。GB/T 8566—2007 适用于供需双方，它覆盖从一项非正式协议直到法律约束的合同。若此双方来自同一组织时也可等同应用。GB/T 8566—2007 还可由单方作为自我改进工作采用。

软件生存周期的过程、活动和任务，如表 26-3 所示。

表 26-3 软件生存周期的过程、活动和任务

过程名		主要活动和任务描述
主要过程	获取过程	定义、分析需求或委托供方进行需求分析而后认可；招标准备；合同准备以及验收
	供应过程	评审需求；准备投标；签定合同；制订并实施项目计划；开展评审及评价；交付产品
	开发过程	过程实施；系统需求分析；系统结构设计；软件需求分析；软件结构设计；软件详细设计；软件编码和测试；软件集成；软件合格测试；系统集成；系统合格测试；软件安装及软件验收支持
	运作过程	过程实施（制订并实施运行计划）；运行测试；系统运行；对用户提供帮助和咨询
	维护过程	问题和变更分析；实施变更；维护评审及维护验收；软件移植及软件退役

续表

过　程　名		主要活动和任务描述
支持过程	文档编制过程	设计文档编制标准；确认文档输入数据的来源和适宜性；文档的评审及编辑；文档发布前的批准；文档的生产与提交、储存和控制；文档的维护
	配置管理过程	配置标志；配置控制；记录配置状态；评价配置；发行管理与交付
	质量保证过程	软件产品的质量保证；软件过程的质量保证，以及按 ISO 9001 标准实施的质量体系保证
	验证过程	合同、过程、需求、设计、编码、集成和文档等的验证
	确认过程	为分析测试结果实施特定的测试；确认软件产品的用途；测试软件产品的适用性
	联合评审过程	实施项目管理评审（项目计划、进度、标准、指南等的评价）；技术评审（评审软件产品的完整性、标准符合性等）
	审核过程	审核项目是否符合需求、计划、合同，以及规格说明和标准
	问题解决过程	分析和解决开发、运行、维护或其他过程中出现的问题，提出响应对策，使问题得到解决
	易用性过程	过程实施、以人为本的设计（HCD）、策略、推广和保障方面的人为因素
组织过程	管理过程	制订计划；监控计划的实施；评价计划实施；涉及到有关过程的产品管理、项目管理和任务管理
	基础设施过程	为其他过程所需的硬件、软件、工具、技术、标准，以及开发、运行或维护所用的各种基础设施的建立和维护服务
	改进过程	对整个软件生存期过程进行评估、度量、控制和改进
	人力资源过程	过程实施、定义培训需求、补充合格的员工、评价员工绩效、建立项目团队需求、知识管理
	资产管理过程	过程实施、资产存储和检索定义、资产的管理和控制
	重用大纲管理过程	启动、领域标识、重用评估、策划、执行和控制、评审和评价
	领域工程过程	过程实施、领域分析、领域设计、资产供应、资产维护

26.5.4　文档化标准

在文档化标准方面，主要有《计算机软件文档编制规范》（GB/T 8567—2006）和《计算机软件需求规格说明规范》（GB/T 9385—2008）等标准。

1．GB/T 8567—2006

GB/T 8567—2006 根据 GB/T 8566—2001 的规定，主要对软件的开发过程和管理过程应编制的主要文档及其编制的内容、格式规定了基本要求。该标准原则上适用于所有类型的软件产品的开发过程和管理过程。

1）标准的内容

GB/T 8567—2006 规定了文档过程，包括软件标准的类型（含产品标准和过程标准）、源材料的准备、文档计划、文档开发、评审、与其他公司的文档开发子合同；GB/T 8567—2006 规定了软件生存周期与各种文档的编制要求，包括可行性与计划研究、需求分析、设计、实现、测试、运行与维护共六个阶段的要求，以及在文档编制中应考虑的各种因素。

GB/T 8567—2006 详细给出了 25 种文档编制的格式（但在文档的归类中，却只给出了其中的 18 种文档），包括可行性研究（研究）报告、软件开发计划、软件测试计划、软件安装计划、软件移交计划、运行概念说明、系统/子系统需求规格说明、接口需求规格说明、系统/子系统设计（结构设计）说明、接口设计说明、软件需求规格说明、数据需求说明、软件（结构）设计说明、数据库（顶层）设计说明、软件测试说明、软件测试报告、软件配置管理计划、软件质量保证计划、开发进度月报、项目开发总结报告、软件产品规格说明、软件版本说明、软件用户手册、计算机操作手册、计算机编程手册。GB/T 8567—2006 给出了这 25 种文件的具体内容，使用者可根据实际情况对该标准进行适当剪裁。

GB/T 8567—2006 还规定了面向对象的软件应编制以下文档：总体说明文档、用例图文档、类图文档、顺序图文档、协作图（通信图）文档、状态图文档、活动图文档、构件图文档、部署图文档、包图文档。

2）文档的编制

软件生命周期各阶段与软件文档编制工作的关系，如表 26-4 所示。

表 26-4 软件生命周期各阶段与软件文档编制工作的关系

文档 \ 阶段	可行性与计划研究	需求分析	设计	实现	测试	运行与维护
可行性分析（研究）报告	√					
软件（或项目）开发计划	√					
软件需求规格说明		√				
接口需求规格说明		√				
系统/子系统设计（结构设计）说明			√			
软件（结构）设计说明			√			
接口设计说明			√			
数据库（顶层）设计说明		√				
（软件）用户手册		√		√		
操作手册				√		
测试计划			√	√		
测试报告					√	
软件配置管理计划	√					
软件质量保证计划	√					
开发进度月报	√	√	√	√	√	
项目开发总结报告					√	
软件产品规格说明				√		
软件版本说明				√		

3）文档的使用

各类人员与软件文档的使用关系，如表 26-5 所示。

表 26-5　各类人员与软件文档的使用关系

文档＼人员	管理人员	开发人员	维护人员	用　　户
可行性分析（研究）报告	√	√		
软件（或项目）开发计划	√	√		
软件需求规格说明		√	√	
接口需求规格说明		√	√	
系统/子系统设计（结构设计）说明				
软件（结构）设计说明		√	√	
接口设计说明		√		
数据库（顶层）设计说明		√		
（软件）用户手册				√
操作手册				√
测试计划		√		
测试报告		√	√	
软件配置管理计划	√			
软件质量保证计划	√			
开发进度月报	√			
项目开发总结报告	√			
软件产品规格说明				√
软件版本说明				√

4）文档的控制

在软件的开发过程中，随着程序的逐步形成和逐步修改，各种文件也在不断地产生、不断地修改或补充。因此，必须加以周密的控制，以保持文件与程序产品的一致性，保持各种文件之间的一致性和文件的安全性。这种控制表现在以下 6 个方面：

（1）就从事一项软件开发工作的开发集体而言，应设置一位专职的文件管理人员（接口管理工程师或文件管理员）；在开发集体中，应该集中保管本项目现有全部文件的主文本两套，由该文件管理人员负责保管。这两套主文本的内容必须完全一致。其中有一套是可供出借的，另一套是绝对不能出借的，以免发生万一；可出借的主文本在出借时必须办理出借手续，归还时办理注销出借手续。

（2）每一份提交给文件管理人员的文件都必须具有编写人、审核人和批准人的签字。

（3）开发集体中的工作人员可以根据工作的需要，在本项目的开发过程中持有一些文件，即所谓个人文件，包括为使他完成他承担的任务所需要的文件，以及他在完成任务过程中所编制的文件；但这种个人文件必须是主文本的复制品，必须同主文本完全一致，若要修改，必须首先修改主文本。

（4）不同开发人员所拥有的个人文件通常是主文本的各种子集；所谓子集是指将主文本的各个部分根据承担不同任务的人员或部门的工作需要加以复制、组装而成的若干个文件的集合；文件管理人员应该列出一份不同子集的分发对象的清单，按照清单及时将文件分发给有关人员或部门。

（5）一份文件如果已经被另一份新的文件所代替，则原文件应该被注销；文件管理人中要随时整理主文本，及时反映出文件的变化和增加情况，及时分发文件。

（6）当一个项目的开发工作临近结束时，文件管理人员应逐个收回开发集体内每个成员的个人文件，并检查这些个人文件的内容；经验表明，这些个人文件往往可能比主文本更详细，或同主文本的内容有所不同，必须认真监督有关人员进行修改，使主文本能真正反映实际的开发结果。

2．GB/T 9385—2008

GB/T 9385—2008 详细描述了 SRS 应该包含的内容及编写格式。该指南为软件需求实践提供了一个规范化的方法，不提倡将软件需求说明划分成等级，避免将它定义成更小的需求子集。该指南规定，SRS 的内容应该包括以下 4 个方面。

（1）前言：包括目的、范围、定义、简称和缩略语、引用文件、综述。

（2）总体描述：包括产品描述、产品功能、用户特点、约束、假设和依赖关系、需求分配。

（3）具体需求。

（4）支持信息：附录和索引。

SRS 应该具有以下特性：无歧义性、完整性、可验证性、一致性、可修改性、可追踪性（向后追踪、向前追踪）、运行和维护阶段的可使用性。

26.5.5 质量与测试标准

在质量与测试标准方面，主要有《信息技术 软件产品评价 质量特性及其使用指南》（GB/T 16260—2006）等标准。

GB/T 16260—2006 分为四个部分，分别是 GB/T 16260.1—2006、GB/T 16260.2—2006、GB/T 16260.3—2006 和 GB/T 16260.4—2006。GB/T 16260.1—2006 中提出了软件生存周期中的质量模型，如图 26-1 所示。

为满足软件质量要求而进行的软件产品评价是软件开发生存周期中的一个过程。软件产品质量可以通过测量内部属性（典型地是对中间产品的静态测度），也可以通过测量外部属性（典型地是通过测量代码执行时的行为），或者通过测量使用质量的属性来评价。目标就是使产品在指定的使用环境下具有所需的效用。过程质量有助于提高产品质量，而产品质量又有助于提高使用质量。

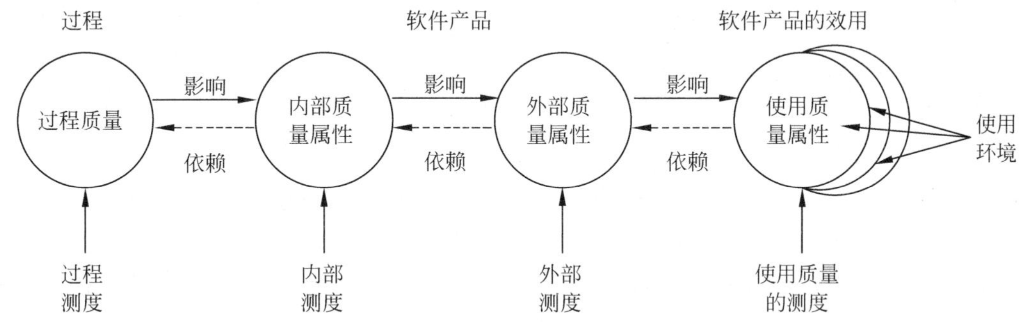

图 26-1　软件生存周期中的质量

GB/T 16260.1—2006 定义了 6 个质量特性和 21 个质量子特性，它们以最小的重叠描述了软件质量。质量特性和质量子特性，如表 26-6 所示。

表 26-6　质量特性和质量子特性

质量特性	质量子特性	含　义
功能性：与功能及其指定的性质有关的一组软件属性	适宜性	规定任务提供一组功能的能力及这组功能的适宜程度
	准确性	系统满足需求规格说明和用户目标的程度，即在预定环境下能正确地完成预期功能的程度
	互用性	与其他指定系统的协同工作能力
	依从性	软件服从有关标准、约定、法规及类似规定的程度
	安全性	避免对程序及数据的非授权故意或意外访问的能力
可靠性：与软件在规定的一段时间内和规定的条件下维持其性能水平有关的一组软件属性	成熟性	由软件故障引起失效的频度
	容错性	在软件错误或违反指定接口情况下维持指定性能水平的能力
	可恢复性	在故障发生后重新建立其性能水平、恢复直接受影响数据的能力，以及为达此目的所需的时间与工作量
可用性：与使用的难易程度及规定或隐含用户对使用方式所做的评价有关的软件属性	可理解性	用户理解该软件系统的难易程度
	易学性	用户学习使用该软件系统的难易程度
	可操作性	用户操作该软件系统的难易程度
效率：与在规定条件下软件的性能水平与所用资源量之间的关系有关的一组软件属性	时间特性	响应和处理时间及软件执行其功能时的吞吐量
	资源特性	软件执行其功能时，所使用的资源量及使用资源的持续时间
可维护性：与软件维护的难易程度有关的一组软件属性	可分析性	诊断缺陷或失效原因、判定待修改程序的难易程度
	可修改性	修改、排错或适应环境变化的难易程度
	稳定性	修改造成难以预料的后果的风险程度
	可测试性	测试已修改软件的难易程度

续表

质量特性	质量子特性	含义
可移植性：与软件可从某一环境转移到另一环境的能力有关的一组软件属性	适应性	软件无需采用特殊处理就能适应不同的规定环境的程度
	易安装性	在指定环境下安装软件的难易程度
	一致性	软件服从与可移植性有关的标准或约定的程度
	可替换性	软件在特定软件环境中用来替代指定的其他软件的可能性和难易程度

GB/T 16260.1—2006定义的特性适用于每一类软件，包括固件中的计算机程序和数据。这些特性为确定软件的质量需求和权衡软件产品的能力提供了一个框架。GB/T 16260.1-2006可供软件产品的开发者、需方、质量保证人员和独立评价者，特别是对确定和评价软件产品质量负责的人员使用。

26.6 本章练习

（1）委托开发完成的发明创造，除当事人另有约定的以外，申请专利的权利属于________所有。

A．完成者　　B．委托开发人

C．开发人与委托开发人共同　　D．国家

试题分析

《中华人民共和国专利法》第一章第八条规定，两个以上单位或者个人合作完成的发明创造、一个单位或者个人接受其他单位或者个人委托所完成的发明创造，除另有协议的以外，申请专利的权利属于完成或者共同完成的单位或者个人；申请被批准后，申请的单位或者个人为专利权人。

按照法律规定，题目中所涉及的情况，申请专利的权利属于完成者。

参考答案：A

（2）根据GB/T 11457—2006的规定，使客户能确认是否接受系统的正式测试为________。

A．合格性测试　　B．验收测试　　C．运行测试　　D．系统测试

试题分析

根据《软件工程术语GB/T 11457—2006》第2.19条款可知：验收测试为使客户能确认是否接受系统的正式测试。

参考答案：B

（3）根据《软件工程术语GB/T 11457—2006》，________是一个正式的过程，通过这个过程决定产品是否符合它的规格说明，是否可在目标环境中使用。

A．走查　　B．审计　　C．认证　　D．鉴定

试题分析

根据《软件工程术语 GB/T 11457—2006》：

走查：一种静态分析技术或评审过程，在此过程中，设计者或程序员引导开发组的成员通读已书写的设计或编码，其他成员负责提出问题并对有关技术、风格、可能的错误、是否违背开发标准等方面进行评论。

审计：为评估是否符合软件需求、规格说明、基线、标准、过程、指令、代码以及合同和特殊要求而进行的一种独立的检查；通过调查研究确定已制定的过程、指令、规格说明、代码和标准或其他的合同及特殊要求是否恰当和被遵守，以及其实现是否有效而进行的活动。

认证：一个系统、部件或计算机程序符合其规定的需求，对操作使用是可接受的一种书面保证。例如，一计算机系统是安全的允许在定义的环境中操作的书面的认可；为使系统获准投入运行性使用，对系统遵循规定的需求是可接受的所做的正式演示；验证系统或部件遵循规定的需求，且其操作使用是可接受的过程。

鉴定：一个正式的过程，通过这个过程确定系统或部件是否符合它的规格说明，是否可在目标环境中适合于操作使用。

参考答案：D

（4）根据《中华人民共和国招投标法》，以下做法中，________是正确的。

A．某项目于 4 月 7 日公开发布招标文件，标明截止时间为 2015 年 4 月 14 日 13 时

B．开标应当在招标文件确定的提交投标文件截止时间的同一时间公开进行

C．某次招标活动中的所有投标文件都与招标文件要求存在一定的差异，评标委员会可以确定其中最接近投标文件要求的公司中标

D．联合投标的几家企业中只需要一家达到招标文件要求的资质即可

试题分析

依据《中华人民共和国招标投标法》：

选项 A 违背第二十四条：招标人应当确定投标人编制投标文件所需要的合理时间；但是，依法必须进行招标的项目，自招标文件开始发出之日起至投标人提交投标文件截止之日止，最短不得少于二十日。

选项 C 不满足第四十二条：评标委员会经评审，认为所有投标都不符合招标文件要求的，可以否决所有投标。依法必须进行招标的项目的所有投标被否决的，招标人应当依照本法重新招标。

选项 D 违背第三十一条：两个以上法人或者其他组织可以组成一个联合体，以一个

投标人的身份共同投标。联合体各方均应当具备承担招标项目的相应能力。

参考答案：B

（5）某集成企业的软件著作权登记发表日期为2017年7月30日，按照著作权法规定，其权利保护期到________。

A．2067年12月31日　　B．2067年7月29日

C．2037年12月31日　　D．2037年7月29日

试题分析

根据《计算机软件保护条例》第十四条　软件著作权自软件开发完成之日起产生。

自然人的软件著作权，保护期为自然人终生及其死亡后50年，截止于自然人死亡后第50年的12月31日。

软件是合作开发的，截止于最后死亡的自然人死亡后第50年的12月31日。

法人或者其他组织的软件著作权，保护期为50年，截止于软件首次发表后第50年的12月31日，但软件自开发完成之日起50年内未发表的，本条例不再保护。

参考答案：A

（6）信息系统设备供货商在与业主单位签订采购合同前，因工期要求，已提前将所采购设备交付给业主单位，并通过验收。补签订合同时，合同的生效日期应当为________。

A．交付日期　　B．委托采购日期

C．验收日期　　D．合同实际签订日期

试题分析

依据《中华人民共和国合同法》第一百四十条：标的物在订立合同之前已为买受人占有的，合同生效的时间为交付时间。

参考答案：A

（7）依据《中华人民共和国政府采购法》，在招标采购中，________做法不符合关于废标的规定。

A．出现影响采购公正的违法、违规行为的应予废标

B．符合专业条件的供应商或者对招标文件作实质响应的供应商不足三家的应予废标

C．投标人的报价均超过了采购预算，采购人不能支付的应予废标

D．某投标人被废标后，采购人将废标理由仅通知该投标人

试题分析

依据《中华人民共和国政府采购法》第三十六条规定，在招标采购中，出现下列情形之一的，应予废标：

（1）符合专业条件的供应商或者对招标文件作实质响应的供应商不足三家的。

（2）出现影响采购公正的违法、违规行为的。

（3）投标人的报价均超过了采购预算，采购人不能支付的。

（4）因重大变故，采购任务取消的。

废标后，采购人应当将废标理由通知所有投标人。

参考答案：D

（8）依据《合同法》第九十二条，合同的权利义务终止后，当事人根据交易习惯履行保密义务，此义务的依据是________。

A．诚实信用原则　　B．协商原则

C．自愿原则　　D．第三方协助原则

试题分析

依据《中华人民共和国合同法》第九十二条：合同的权利义务终止后，当事人应当遵循诚实信用原则，根据交易习惯履行通知、协助、保密等义务。

参考答案：A

（9）________不受《著作权法》保护。

① 文字作品

② 口述作品

③ 音乐、戏剧、曲艺

④ 摄影作品

⑤ 计算机软件

⑥ 时事新闻

⑦ 通用表格和公式

A．②⑥⑦　　B．②⑤⑥　　C．⑥⑦　　D．③⑤

试题分析

著作权法不适用于下列情形：时事新闻；历法、通用数表、通用表格和公式；开发软件所用的思想、处理过程、操作方法或者数学概念；法律、法规，国家机关的决议、决定、命令和其他具有立法、行政、司法性质的文件，及其官方正式译文。

参考答案：C

第 27 章　管理科学基础知识

项目管理就是项目管理团队运用各种资源达成预定目标的过程。在这一过程中，项目管理团队为了更有效地运用有限的资源以更高水平达到目标，必须不断地做出各种决策。可以说，管理的过程也就是不断地进行各种决策的过程。

尽管决策的正确性不仅依靠科学而且凭借经验与艺术，但随着决策的难度以及决策失误后造成的损失程度的不断增大，那种仅凭经验与艺术的决策情形越来越少，即使是以往认为主要靠经验和艺术的那些非程序化或高层次决策，也往往要先经过一系列基于科学方法的信息处理和可行性研究。管理科学正是为管理决策提供科学方法的一门学科。

27.1　数学建模基础知识

当需要从定量的角度分析和研究一个实际问题时，人们就要在深入调查研究、了解对象信息、作出简化假设、分析内在规律等工作的基础上，用数学的符号和语言，把它表述为数学式子，也就是数学模型，然后用通过计算得到的模型结果来解释实际问题，并接受实际的检验。这个建立数学模型的全过程就称为数学建模。

数学建模是一种数学的思考方法，是运用数学的语言和方法，通过抽象和简化，建立能近似刻画并解决实际问题的模型的一种强有力的数学手段。

1．数学模型

数学模型是客观世界中的实际事物的一种数学简化，它常常是以某种意义上接近实际事物的抽象形式存在的，但它和真实的事物有着本质的区别。要描述一个实际现象可以有很多种方式，例如，录音、录像、比喻等。为了使描述更具科学性、逻辑性、客观性和可重复性，人们采用一种普遍认为比较严格的语言来描述各种现象，这种语言就是数学。使用数学语言描述的事物就称为数学模型。

模型的一般数学形式可用下列表达式描述：

目标的评价准则：$U=f(x_i,\ y_i,\ \xi_k)$

约束条件：$g(x_i,\ y_i,\ \xi_k)\geqslant 0$

其中：x_i 为可控变量，y_i 为已知参数；ξ_k 为随机因素。

目标的评价准则一般要求达到最佳（最小或最大）、适中、满意等。准则可以是单一的，也可以是多个的。约束条件可以没有也可有多个。当 g 是等式时，即为平衡条件。

当模型中无随机因素时，称它为确定性模型，否则为随机模型。随机模型的评价准则可用期望值、方差表示，也可用某种概率分布来表示；当可控变量只取离散值时，称为离散模型，否则称为连续模型。也可按使用的数学工具，将模型分为代数方程模型、微分方程模型、概率统计模型、逻辑模型等；若用求解方法来命名时，有直接最优化模型、数字模拟模型、启发式模型等；也有按用途来命名的，例如，分配模型、运输模型、更新模型、排队模型、存储模型等；还可以用研究对象来命名，例如，能源模型、教育模型、军事对策模型、宏观经济模型等。

2．数学建模的过程

应用数学去解决各类实际问题时，建立数学模型是十分关键的一步，同时也是十分困难的一步。建立数学模型的过程，是把错综复杂的实际问题简化、抽象为合理的数学结构的过程。要通过调查、收集数据资料，观察和研究实际对象的固有特征和内在规律，抓住问题的主要矛盾，建立起反映实际问题的数量关系，然后利用数学理论和方法去分析和解决问题。这就需要深厚而扎实的数学基础，敏锐的洞察力和想象力，对实际问题的浓厚兴趣和广博的知识面。

虽然面临的各种实际问题不一样，但数学建模的基本过程基本上是一致的，可以遵循以下过程。

（1）模型准备：了解问题的实际背景，明确其实际意义，掌握对象的各种信息。用数学语言来描述问题。

（2）模型假设：根据实际对象的特征和建模的目的，对问题进行必要的简化，并用精确的语言提出一些恰当的假设。

（3）模型建立：在假设的基础上，利用适当的数学工具来刻划各变量之间的数学关系，建立相应的数学结构。只要能够把问题描述清楚，尽量使用简单的数学工具。

（4）模型求解：利用获取的数据资料，对模型的所有参数做出计算（估计）。

（5）模型分析：对所得的结果进行数学上的分析。

（6）模型检验：将模型分析结果与实际情形进行比较，以此来验证模型的准确性、合理性和适用性。如果模型与实际较吻合，则要对计算结果给出其实际含义，并进行解释。如果模型与实际吻合较差，则应该修改假设，再次重复建模过程。

（7）模型应用：应用方式因问题的性质和建模的目的而异。

3．数学建模的方法

构造模型是一种创造性劳动，成功的模型往往是科学与艺术的结晶，一般的建模方法和思路有以下四种。

（1）直接分析法：根据对问题内在机理的认识，直接构造出模型。

（2）类比法：根据类似问题的模型构造新模型。

（3）数据分析法：通过试验，获得与问题密切相关的大量数据，用统计分析方法进行建模。

（4）构想法：对将来可能发生的情况给出逻辑上合理的设想和描述，然后用已有的方法构造模型，并不断修正完善，直至比较满意为止。

27.2 图论

在现实世界中，有很多现象、事物、状态都可以用图形来描述，许多学科都以图论作为工具来研究和解决问题。例如，在软件开发中，各项任务之间怎么衔接，才能使开发工作完成得既快又好。在信息系统建设中，将庞大而复杂的信息系统工程和管理问题用图来描述，可以解决很多工程设计和管理决策的最优化问题，例如，完成工程任务的时间最少、费用最省等。

27.2.1 最小生成树

在连通的带权图的所有生成树中，权值和最小的那棵生成树（包含图中所有顶点的树），称作最小生成树。求带权连通无向图的最小生成树的算法有普里姆（Prim）算法和克鲁斯卡尔（Kruskal）算法。

1．普里姆算法

设已知 $G=(V, E)$ 是一个带权连通无向图，顶点 $V=\{0, 1, 2, \cdots, n\text{-}1\}$。设 U 是构造生成树过程中已被考虑在生成树上的顶点的集合。初始时，U 只包含一个出发顶点。设 T 是构造生成树过程中已被考虑在生成树上的边的集合，初始时 T 为空。如果边（i，j）具有最小代价，且 $i \in U$，$j \in V-U$，那么最小代价生成树应包含边（i，j）。把 j 加到 U 中，把（i，j）加到 T 中。重复上述过程，直到 U 等于 V 为止。这时，T 即为要求的最小代价生成树的边的集合。

普里姆算法的特点是，当前形成的集合 T 始终是一棵树。因为每次添加的边是使树中的权尽可能小，因此，这是一种贪心的策略。普里姆算法的时间复杂度为 $O(n^2)$，与图中边数无关，适合于稠密图（边数远远大于顶点数的图）。

2．克鲁斯卡尔算法

设 T 的初始状态只有 n 个顶点而无边的森林 $T=(V, \phi)$，按边长递增的顺序选择 E 中的 $n-1$ 安全边（u，v）并加入 T，生成最小生成树。所谓安全边是指两个端点分别是森林 T 里两棵树中的顶点的边。加入安全边，可将森林中的两棵树连接成一棵更大的树，因为每一次添加到 T 中的边均是当前权值最小的安全边，这能保证最终的 T 是一棵最小生成树。

克鲁斯卡尔算法的特点是当前形成的集合 T 除最后的结果外，始终是一个森林。克鲁斯卡尔算法的时间复杂度为 $O(e\log_2 e)$，与图中顶点数无关，较适合于稀疏图（边数远远小于顶点数的图）。

【例】 图 27-1 是某地区的通信线路图，假设其中标注的数字代表通信线路的长度（单位为千米），现在要求至少要架设多长的线路，才能保持 6 个城市的通信连通。

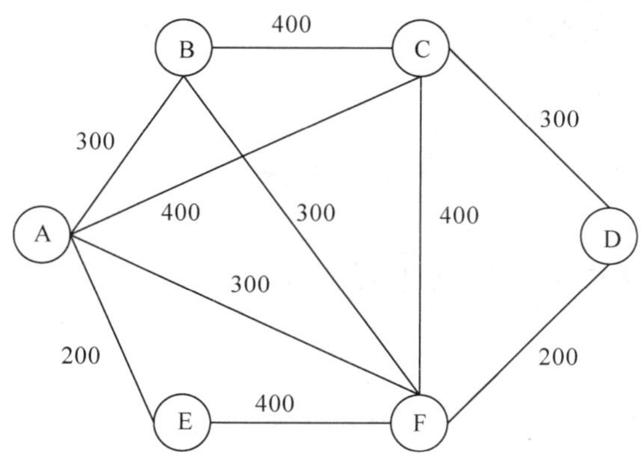

图 27-1　由线路相接的城市

【解】作为一个例子，下面使用克鲁斯卡尔算法来解答，如图 27-2 所示。

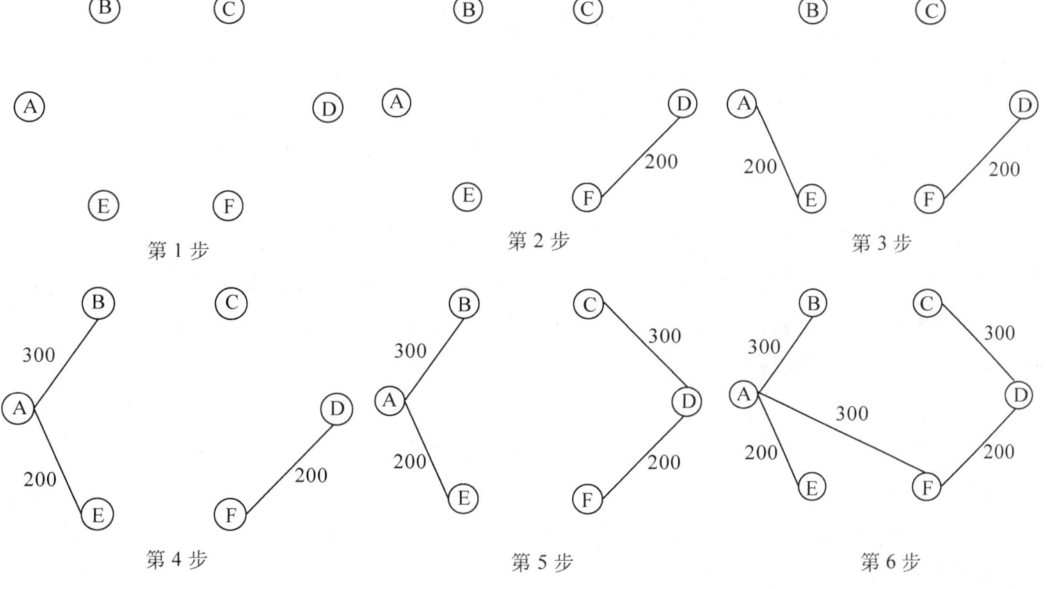

图 27-2　求解的过程

到了第 5 步，就有了多种选择，既可以选择 AF，也可以选择 BF，因为其路程都是 300 千米。图 27-2 给出的第 6 步是选择 AF 的结果。还有一种结果，就是在第 4 步时，不是选择 AB，而是选择 AF 或者 BF，则结果如图 27-3 所示。

从第 6 步的结果可以计算出，至少要架设的线路长度为 200*2+300*3=1300 千米。

作为一个练习，建议读者使用普里姆算法解答本题，看能得到什么样的结果。

通过这个例子可以发现，一个给定的图的最小生成树不一定是唯一的，但不管有多少棵最小生成树，其权值之和是相等的。

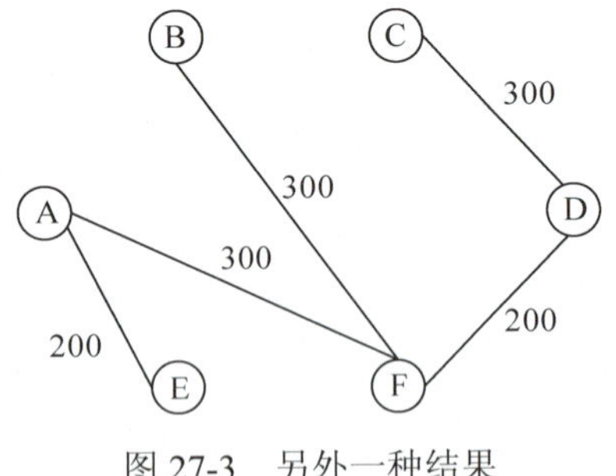

图 27-3　另外一种结果

27.2.2　最短路径

带权图的最短路径问题即求两个顶点间长度最短的路径。其中路径长度不是指路径上边数的总和，而是指路径上各边的权值总和。路径长度的具体含义取决于边上权值所代表的意义。

1．单源最短路径

已知有向带权图 $G=(V,E)$，找出从某个源点 $s \in V$ 到 V 中其余各顶点的最短路径，称为单源最短路径。

目前，求单源最短路径主要使用迪杰斯特拉（Dijkstra）提出的一种按路径长度递增次序产生各顶点最短路径的算法。若按长度递增的次序生成从源点 s 到其他顶点的最短路径，则当前正在生成的最短路径上除终点以外，其余顶点的最短路径均已生成（将源点的最短路径看作是已生成的源点到其自身的长度为 0 的路径）。

迪杰斯特拉算法的基本思想是：设 S 为最短距离已确定的顶点集（看作红点集），$V\text{-}S$ 是最短距离尚未确定的顶点集（看作蓝点集）。

（1）初始化：初始化时，只有源点 s 的最短距离是已知的（$SD(s)=0$），故红点集 $S=\{s\}$，蓝点集为空。

（2）重复以下工作，按路径长度递增次序产生各顶点最短路径：在当前蓝点集中选择一个最短距离最小的蓝点来扩充红点集，以保证算法按路径长度递增的次序产生各顶点的最短路径。当蓝点集中仅剩下最短距离为 ∞ 的蓝点，或者所有蓝点已扩充到红点集时，s 到所有顶点的最短路径就求出来了。

需要注意的是：

（1）若从源点到蓝点的路径不存在，则可假设该蓝点的最短路径是一条长度为无穷大的虚拟路径。

（2）从源点 s 到终点 t 的最短路径简称为 t 的最短路径；s 到 t 的最短路径长度简称为 t 的最短距离，并记为 $SD(t)$。

根据按长度递增次序产生最短路径的思想，当前最短距离最小的蓝点 k 的最短路径是：

源点，红点 1，红点 2，…，红点 n，蓝点 k

距离为：源点到红点 n 的最短距离+<红点 n，蓝点 k>的边长

为求解方便，可设置一个向量 $D[0..n\text{-}1]$，对于每个蓝点 $v \in V-S$，用 $D[v]$记录从源点 s 到达 v 且除 v 外中间不经过任何蓝点（若有中间点，则必为红点）的“最短”路径长度（简称估计距离）。若 k 是蓝点集中估计距离最小的顶点，则 k 的估计距离就是最短距离，即若 $D[k]=\min\{D[i] \mid i \in V-S\}$，则 $D[k]=SD(k)$。

初始时，每个蓝点 *v* 的 *D*[*c*]值应为权 *w*<*s*，*v*>，且从 *s* 到 *v* 的路径上没有中间点，因为该路径仅含一条边<*s*，*v*>。

将 *k* 扩充到红点后，剩余蓝点集的估计距离可能由于增加了新红点 *k* 而减小，此时必须调整相应蓝点的估计距离。对于任意的蓝点 *j*，若 *k* 由蓝变红后使 *D*[*j*]变小，则必定是由于存在一条从 *s* 到 *j* 且包含新红点 *k* 的更短路径：*P*=<*s*，…，*k*，*j*>。且 *D*[*j*]减小的新路径 *P* 只可能是由于路径<*s*，...，*k*>和边<*k*，*j*>组成。所以，当 length(*P*)=*D*[*k*]+*w*<*k*，*j*>小于 *D*[*j*]时，应该用 *P* 的长度来修改 *D*[*j*]的值。

【例】 如图 27-4 所示，有一批货物要从城市 *s* 发送到城市 *t*，线条上的数字代表通过这条路的费用（单位为万元）。那么，运送这批货物，至少需要花费多少元？

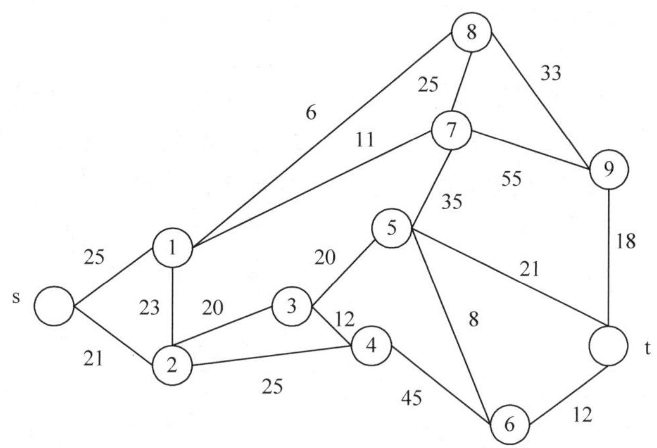

图 27-4　待求最少费用的图

【解】 这是一个求最短路径的问题，求解过程如表 27-1 所示。

表 27-1　求最短路径的过程

红　点　集	D[1]	D[2]	D[3]	D[4]	D[5]	D[6]	D[7]	D[8]	D[9]	D[t]
{s}	25	21	∞	∞	∞	∞	∞	∞	∞	∞
{s,2}	25		41	46	∞	∞	∞	∞	∞	∞
{s,2,1}			41	46	∞	∞	36	31	∞	∞
{s,2,1,8}			41	46	∞	∞	36		64	∞
{s,2,1,8,7}			41	46	71	∞			64	∞
{s,2,1,8,7,3}				46	61	∞			64	∞
{s,2,1,8,7,3,4}					61	91			64	∞
{s,2,1,8,7,3,4,5}						69			64	82
{s,2,1,8,7,3,4,5,9}						69				82
{s,2,1,8,7,3,4,5,9,6}										81
{s,2,1,8,7,3,4,5,9,6,t}										

因此，从 s 到 t 的最短路径长度为 81 万元，路径为 s→②→③→⑤→⑥→t。

2．每一对顶点之间的最短路径

对图中每对顶点 u 和 v，找出 u 到 v 的最短路径问题。在实际应用中，这一问题可用每个顶点作为源点调用一次单源最短路径问题的迪杰斯特拉算法予以解决。但在理论算法上，更常用的是弗洛伊德（Folyd）提出的求每一对顶点之间的最短路径的算法。限于篇幅，本书不再介绍。

27.2.3 网络与最大流量

许多应用包含了流量问题。例如，公路系统中有车辆流，控制系统中有信息流，网络系统中有数据流，金融系统中有现金流等。在实际应用中，很多时候需要寻求最大流量问题。

最大流量问题是一个特殊的线性规划问题，有关线性规划的知识，请学习 27.4 节。为了便于读者理解和解答相关问题，本节不介绍有关网络与最大流量的理论知识，而是通过一个实际例子，来说明最大流量问题的基本概念和解答方法。

【例】 图 27-5 标出了某地区的运输网，各节点之间的运输能力，如表 27-2 所示。

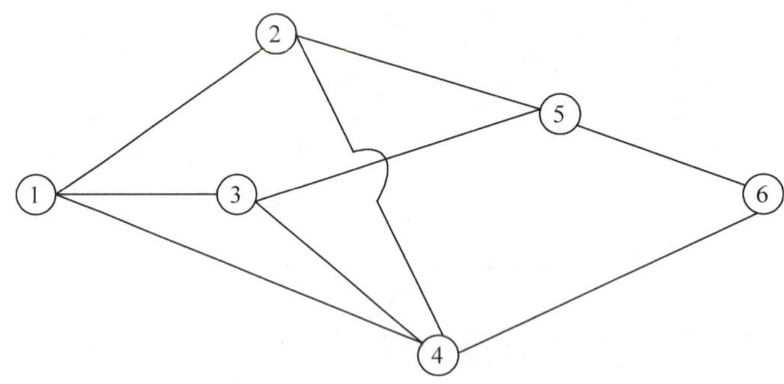

图 27-5 某地区的运输网

表 27-2 各节点之间的运输能力（单位：万吨 / 小时）

	①	②	③	④	⑤	⑥
①		6	10	10		
②	6				7	
③	10				14	
④	10	4	1			5
⑤		7	14			21
⑥				5	21	

那么，从节点①到节点⑥的最大运输能力（流量）可以达到多少万吨/小时？

【解】 为了便于计算，将表 27-2 中的数据标记到图 27-5 上，形成图 27-6。

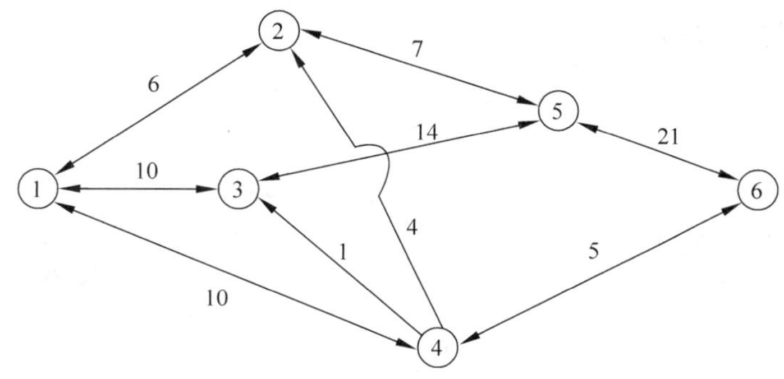

图 27-6　新的运输网

在运输网络的实际问题中，可以看出，对于流有两个明显的要求，一是每条边（弧）上的流量不能超过该边的最大通过能力（即边的容量），二是中间节点的流量为 0。因为对于每个节点，运出这个节点的产品总量与运进这个节点的产品总量之差，是这个节点的净输出量，简称为这个节点的流量。由于中间节点只起到转运作用，所以中间节点的流量为 0。另外，起始点的净流出量和终点的净流入量必须相等，也是这个方案的总运输量。

在本题中，从节点①到节点⑥可以同时沿多条路径运输，总的最大流量应是各条路径上的最大流量之和，每条路径上的最大流量应是其各段流量的最小值。

解题时，每找出一条路径算出流量后，该路径上各段线路上的流量应扣除已经算过的流量，形成剩余流量。剩余流量为 0 的线段应将其删除（断开）。这种做法比较简单。例如，路径①③⑤⑥的最大流量为 10 万吨，计算过后，该路径上各段流量应都减少 10 万吨。从而①③之间将断开，③⑤之间的剩余流量是 4 万吨，⑤⑥之间的剩余流量为 11 万吨，如图 27-7 所示。

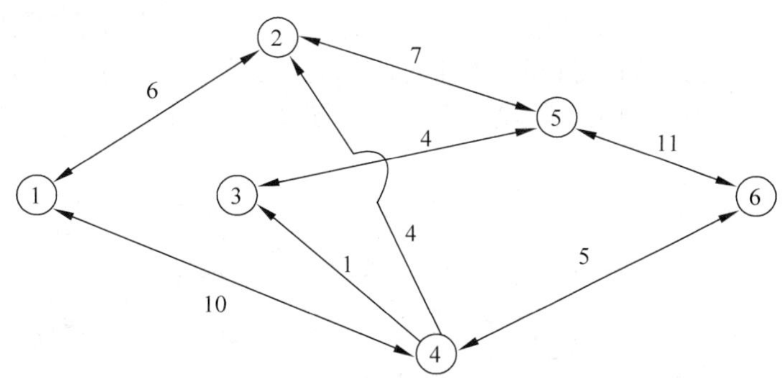

图 27-7　①③断开后的运输网

同理，依次执行类似的步骤：

（1）路径①②⑤⑥的剩余最大流量为 6 万吨。计算过后，该路径上各段流量应都减少 6 万吨。从而①②之间将断开，②⑤之间的剩余流量是 1 万吨，⑤⑥之间的剩余流量为5万吨，如图27-8所示。

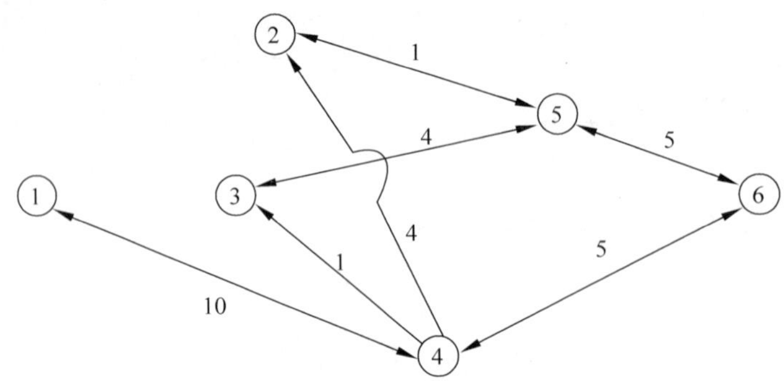

图27-8　①②断开后的运输网

（2）路径①④⑥的剩余最大流量为5万吨。计算过后，该路径上各段流量应都减少5万吨。从而④⑥之间将断开，①④之间的剩余流量是5万吨，如图27-9所示。

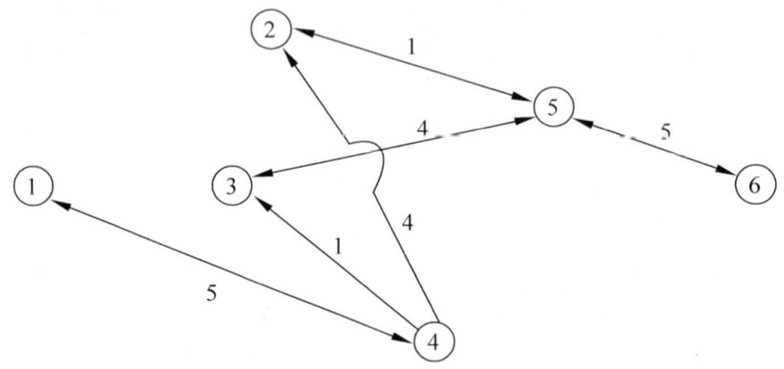

图27-9　④⑥断开后的运输网

（3）路径①④③⑤⑥的剩余最大流量为1万吨。计算过后，该路径上各段流量应都减少1万吨。从而④③之间将断开，①④之间的剩余流量是4万吨，③⑤之间的剩余流量是3万吨，⑤⑥之间的剩余流量是4万吨，如图27-10所示。

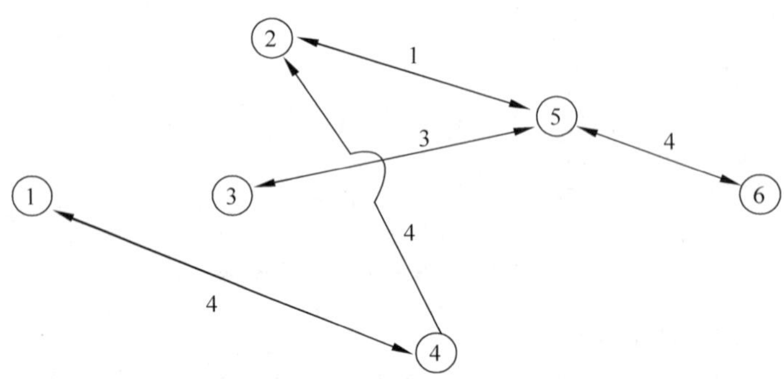

图27-10　④③断开后的运输网

（4）路径①④②⑤⑥的剩余最大流量为 1 万吨。计算过后，该路径上各段流量应都减少 1 万吨。从而②⑤之间将断开，①④之间、④②之间、⑤⑥之间的剩余流量都是 3 万吨，如图 27-11 所示。

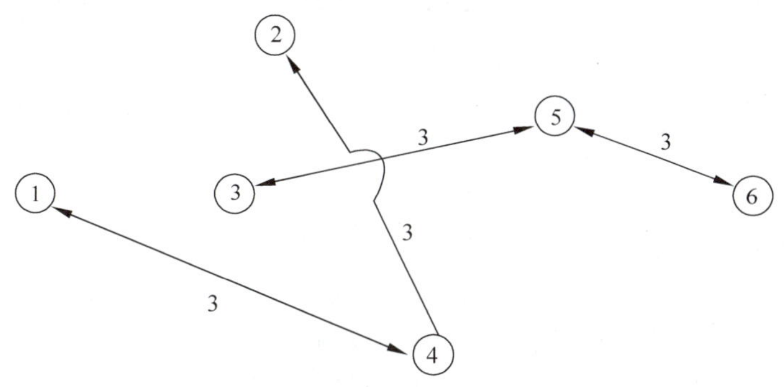

图 27-11　②⑤断开后的运输网

至此，从节点①到节点⑥已经没有可通的路径，因此，从节点①到节点⑥的最大流量应该是所有可能运输路径上的最大流量之和，即 10+6+5+1+1=23 万吨。

按照习惯，每次应尽量先找出具有最大流量的路径。理论上可以证明，虽然寻找各种路径的办法可以不同，运输方案也可以有很多种，但总的最大流量是唯一确定的。

27.3　决策论

决策就是为了到达一定目标，采用一定的科学方法和手段，从两个以上的方案中选择一个满意方案的分析判断过程。大至国家经济、政治，小到个人生活，凡是在有选择的地方就有决策。关于决策的重要性，诺贝尔奖奖金获得者西蒙有一句名言“管理就是决策”。这就是说，管理的核心是决策。

决策论是一门与经济学、数学、心理学和组织行为学有密切相关的综合性学科。它的研究对象是决策，它的研究目的是帮助人们提高决策质量，减少决策的时间和成本。因此，决策论是一门创造性的管理技术，它包括发现问题、确定目标、确定评价标准、方案制订、方案选优和方案实施等过程。

27.3.1　决策的分类与模型

决策是人们在政治、经济、技术和日常生活中普遍存在的一种行为，是管理中经常发生的一种活动。决策是决定的意思，它是为了实现特定的目标，根据客观的可能性，在占有一定信息和经验的基础上，借助一定的工具、技巧和方法，对影响目标实现的诸因素进行分析、计算和判断选优后，对未来行动作出决定。

1．决策的分类

从不同的角度出发，可以对决策进行不同的分类。

按性质的重要性分类，可将决策分为战略决策（涉及某组织发展和生存有关的全局性、长远问题的决策），策略决策（为完成战略决策所规定的目的而进行的决策）和执行决策（根据策略决策的要求对执行方案的选择）。

按决策的结果分类，可分为程序决策（有章可循的决策，可重复的）和非程序决策（无章可循的决策，一次性的）。

按定量和定性分类，可分为定量决策和定性决策。

按决策环境分类，可分为确定型决策（决策环境是完全确定的，作出的选择的结果也是确定的），风险决策（决策的环境不是完全确定的，其发生的概率是已知的）和不确定型决策（将来发生结果的概率不确定，凭主观倾向进行决策）。

按决策过程的连续性分类，可分为单项决策（整个决策过程只作一次决策就得到结果）和序列决策（整个决策过程由一系列决策组成）。

2．决策模型

构造决策行为的模型主要有两种，分别为面向结果的方法和面向过程的方法。面向决策结果的方法程序比较简单，其过程为"确定目标→收集信息→提出方案→方案选择→决策"。面向决策过程的方法一般包括"预决策→决策→决策后"三个阶段，其中决策阶段又可分为分部决策和最终决策两个子阶段。任何决策问题都由以下要素构成决策模型。

（1）决策者。可以是个人、委员会或某个组织，一般指领导者或领导集体。

（2）可供选择的方案（替代方案）、行动或策略。

（3）衡量选择方案的准则。包括目的、目标、属性、正确性的标准，在决策时有单一准则和多准则。

（4）事件：不为决策者所控制的客观存在的将发生的状态。

（5）每一事件的发生将会产生的某种结果。例如，获得收益或损失。

（6）决策者的价值观。例如，决策者对货币额或不同风险程度的主观价值观念。

27.3.2 不确定型决策

研究确定型决策的价值不是很大，因为一切都是确定的。值得研究的决策有风险决策和不确定型决策。预期货币价值分析就是一种风险型决策，本节介绍不确定型决策。

不确定型决策（非确定型决策）是指决策者对环境情况一无所知，决策者根据自己的主观倾向进行决策。根据决策者的主观态度不同，可分为五种准则，分别为悲观主义准则、乐观主义准则、折中主义准则、等可能性准则和后悔值准则。下面通过一个例题，具体介绍这些准则的含义和求解方法。

【例】 某公司需要根据下一年度宏观经济的增长趋势预测决定投资策略。宏观经济增长趋势有不景气、不变和景气三种，投资策略有积极、稳健和保守三种，各种状态的收益，如表 27-3 所示。

表 27-3　各种状态的收益

预计收益（单位：百万元人民币）		经济趋势预测		
		不景气	不变	景气
投资策略	积极	50	150	500
	稳健	150	200	300
	保守	400	250	200

【解】 在本题中，由于下一年度宏观经济的各种增长趋势的概率是未知的，所以是一个不确定型决策问题。

1．乐观主义准则

乐观主义准则也称为最大最大准则（maxmax 准则），其决策的原则是“大中取大”。持这种准则思想的决策者对事物总抱有乐观和冒险的态度，他决不放弃任何获得最好结果的机会，争取以“好中之好”的态度来选择决策方案。决策者在决策表中各个方案对各个状态的结果中选出最大者，记在表的最右列，再从该列中选出最大者。在表 27-3 中，积极方案的最大结果为 500，稳健方案的最大结果为 300，保守方案的最大结果为 400。三者的最大值为 500，因此，选择其对应的积极投资方案。

2．悲观主义准则

悲观主义准则也称为最大最小准则（maxmin 准则），其决策的原则是“小中取大”。这种决策方法的思想是对事物抱有悲观和保守的态度，在各种最坏的可能结果中选择最好的。决策时从决策表中各方案对各个状态的结果选出最小者，记在表的最右列，再从该列中选出最大者。在表 25-3 中，积极方案的最小结果为 50，稳健方案的最小结果为 150，保守方案的最小结果为 200。三者的最大值为 200，因此，选择其对应的保守投资方案。

3．折中主义准则

折中主义准则也称为赫尔威斯（Harwicz）准则，这种决策方法的特点是对事物既不乐观冒险，也不悲观保守，而是从中折中平衡一下，用一个系数 α（称为折中系数）来表示，并规定 $0\leqslant\alpha\leqslant1$，用以下公式计算结果：

$$cv_i=\alpha\times\max\{a_{ij}\}+（1-\alpha）\times\min\{a_{ij}\}$$

即用每个决策方案在各个自然状态下的最大效益值乘以 α，再加上最小效益值乘以 $1-\alpha$。然后再比较 cv_i，从中选择最大者。显然，折中主义准则的结果取决于 α 的选择。α 接近于 1，则偏向于乐观；α 接近于 0，则偏向于悲观。

4．等可能准则

等可能准则也称为拉普拉斯（Laplace）准则。当决策者无法事先确定每个自然状态出现的概率时，就可以把每个状态出现的概率定为 $1/n$（n 是自然状态数），然后按照最大期望值准则决策。也就是说，把一个不确定型决策转换为风险决策。

5．后悔值准则

后悔值（遗憾值）准则也称为萨维奇（Savage）准则、最小机会损失准则。决策者在制定决策之后，如果不能符合理想情况，必然有后悔的感觉。这种方法的特点是每个自然状态的最大收益值（损失矩阵取为最小值），作为该自然状态的理想目标，并将该状态的其他值与最大值相减所得的差作为未达到理想目标的后悔值。这样，从收益矩阵就可以计算出后悔值矩阵。最后按照最大后悔值达到最小的方法进行决策，因此，也称为最小最大后悔值（minmax）。在本题中，根据表 27-3 可以得出后悔值矩阵，如表 27-4 所示。

表 27-4　各种状态的后悔值

预计收益（单位：百万元人民币）		经济趋势预测		
		不景气	不变	景气
投资策略	积极	350	100	0
	稳健	250	50	200
	保守	0	0	300

在表 27-4 中，积极方案的最大后悔值为 350，稳健方案的最大后悔值为 250，保守方案的最大后悔值 300。三者的最小值为 250，因此，选择其对应的稳健投资方案。

27.3.3　灵敏度分析

通常，在决策模型中，自然状态的概率和损益值往往由估计或预测得到，不可能十分准确。此外，实际情况也是在不断发生变化的。因此，需要分析为决策所用的数据可在多大范围内变动，原最优决策方案继续有效，这就是灵敏度分析，也称为敏感性分析。

【例】 假设有外表完全相同的木盒 100 只，将其分为 2 组，一组装白球，有 70 盒；另一组装黑球，有 30 盒。现从这 100 盒中任取一盒，请你猜，如果这盒内装的是白球，猜对了得 500 分，猜错了罚 200 分；如果这盒内装的是黑球，猜对了得 1000 分，猜错了罚 150 分。为使期望得分最多，应选哪一个方案？

【解】 先画出决策树，如图 27-12 所示。

根据图 27-12，可以计算出各方案的期望值。

“猜白”的期望值：$(0.7\times500)+(0.3\times(-200))=290$；

“猜黑”的期望值：$(0.7\times(-150))+(0.3\times1000)=195$。

因此，“猜白”的方案是最优的。现假定出现白球的概率从 0.7 变为 0.8，这时，各方案的期望值如下。

“猜白”的期望值：$(0.8\times500)+(0.2\times(-200))=360$；

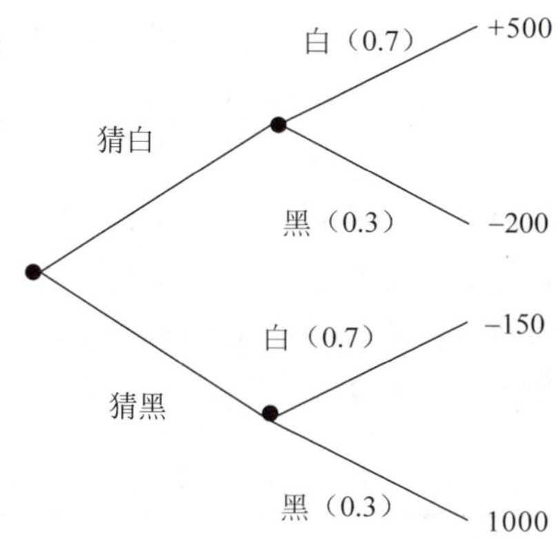

图 27-12　猜球问题的决策树

“猜黑”的期望值：（0.8×（−150））+（0.2×1000）= 80。

可见，“猜白”的方案仍然是最优的。但是，如果假设出现白球的概率从 0.7 变为 0.6。这时，各方案的期望值如下。

“猜白”的期望值：（0.6×500）+（0.4×（−200））= 220；

“猜黑”的期望值：（0.6×（−150））+（0.4×1000）= 310。

现在的最优方案就不是“猜白”，而是“猜黑”了。由此可见，各自然状态发生的概率的变化，可引起最优方案的改变。那么，转折点如何确定呢？

设 p 为出现白球的概率，$1-p$ 为出现黑球的概率。当这 2 个方案的期望值相等时，即

$$p\times 500+(1-p)\times(-200)=p\times(-150)+(1-p)\times 1000$$

求得 $p=0.65$。称它为转折概率。

同理，对其他数据也可以进行类似的分析，看哪些数据是非常敏感的变量，哪些数据是不太敏感的变量，以及最优方案在不变的条件下，这些变量允许变化的范围。这都是灵敏度分析的内容。

27.4　线性规划

线性规划是研究在有限的资源条件下，如何有效地使用这些资源达到预定目标的数学方法。用数学的语言来说，也就是在一组约束条件下寻找目标函数的极值问题。

求极大值（或极小值）的模型表达如下。

$$\begin{cases} a_{11}x_1+a_{12}x_2+\cdots+a_{1n}x_n\leqslant b_1 \\ a_{21}x_1+a_{22}x_2+\cdots+a_{2n}x_n\leqslant b_2 \\ \vdots \\ a_{m1}x_1+a_{m2}x_2+\cdots+a_{mn}x_n\leqslant b_n \end{cases},\quad x_i\geqslant 0,\quad 1\leqslant i\leqslant n$$

在上述条件下，求解 x_1，$x_2,\cdots$，x_n，使满足下列表达式的 z 取极大值（或极小值）：

$$z = c_1x_1 + c_2x_2 + \cdots + c_nx_n$$

1．图解法

解线性规划问题的方法有很多，最常用的有图解法和单纯形法。图解法简单直观，有助于了解线性规划问题求解的基本原理，下面，通过一个例子来说明图解法的应用。

【例】 某工厂在计划期内要安排生产 I、II 两种产品，已知生产单位产品所需的设备台时及 A、B 两种原料的消耗，如表 27-5 所示。

表 27-5　产品及原料表

	I	II	总数
设　备	1	2	8 台时
原材料 A	4	0	16kg
原材料 B	0	4	12kg

该工厂每生产一件产品 I 可获利 2 元，每生产一件产品 II 可获利 3 元，问应该如何安排计划使该工厂获利最多？

【解】 该问题可用以下数学模型来描述，设 x_1，x_2 分别表示在计划期内产品 I、II 的产量，因为设备的有效台时是 8，这是一个限制产量的条件，所以在确定产品 I、II 的产量时，要考虑不超过设备的有效台时数，即可用不等式表示为

$$x_1 + 2x_2 \leqslant 8$$

同理，因原料 A、B 的限量，可以得到以下不等式

$$4x_1 \leqslant 16$$

$$4x_2 \leqslant 12$$

该工厂的目标是在不超过所有资源限制的条件下，如何确定产量 x_1，x_2，以得到最大的利润。若用 z 表示利润，这时 $z = 2x_1 + 3x_2$。综上所述，该计划问题可用数学模型表示如下。

目标函数：

$$\max z = 2x_1 + 3x_2$$

满足约束条件：

$$x_1 + 2x_2 \leqslant 8$$

$$4x_1 \leqslant 16$$

$$4x_2 \leqslant 12$$

$$x_1,\ x_2 \geqslant 0$$

在以 x_1，x_2 为坐标轴的直角坐标系中，非负条件 x_1，$x_2 \geqslant 0$ 是指第一象限。上述每个约束条件都代表一个半平面。例如，约束条件 $x_1 + 2x_2 \leqslant 8$ 代表以直线 $x_1 + 2x_2 = 8$ 为边界的左下方的半平面。若同时满足 x_1，$x_2 \geqslant 0$，$x_1 + 2x_2 \leqslant 8$，$4x_1 \leqslant 16$ 和 $4x_2 \leqslant 12$ 的约束条

件的点，必然落在由这三个半平面相交组成的区域内，如图 27-13 中的阴影部分所示。阴影区域中的每一个点（包括边界点）都是这个线性规划问题的解（称可行解），因而此区域是本题的线性规划问题的解的集合，称它为可行域。

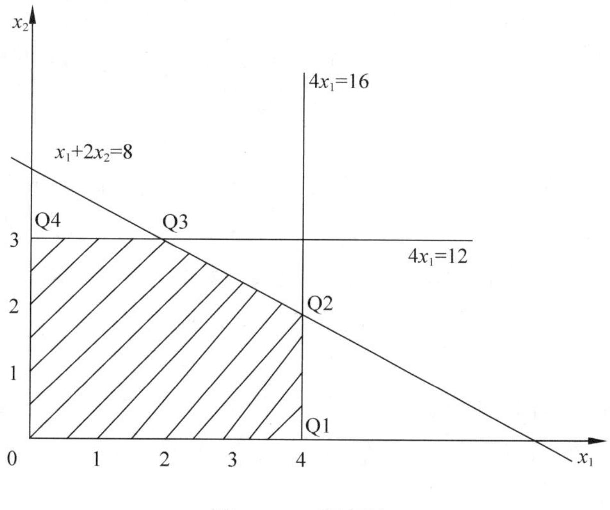

图 27-13　图解法

再分析目标函数 $z=2x_1+3x_2$，在坐标平面上，它可表示以 z 为参数，–2/3 为斜率的一族平行线：

$$x_2=-\left(\frac{2}{3}\right)x_1+\frac{z}{3}$$

位于同一直线上的点，具有相同的目标函数值，因此称它为等值线。当 z 值由小变大时，直线沿其法线方向向右上方移动。当移动到 Q_2 点时，使 z 值在可行域边界上实现最大化，这就得到了本题的最优解 Q_2，Q_2 点的坐标为（4，2）。经过计算，可以得出 $z=14$。

这说明该厂的最优生产计划方案是：生产 4 件产品 I，2 件产品 II，可得最大利润为 14 元。

2．关于解的讨论

在上述例题中，得到的最优解是唯一的，但对一般线性规划问题而言，求解结果还可能出现以下几种情况：无穷多最优解（多重解），无界解（无最优解），无可行解。当求解结果出现后两种情况时，一般说明线性规划问题的数学模型有错误。无界解源于缺乏必要的约束条件，无可行解源于矛盾的约束条件。

从图解法中直观地看到，当线性规划问题的可行域非空时，它是有界或无界凸多边形。若线性规划问题存在最优解，它一定在可行域的某个顶点得到；若在两个顶点同时得到最优解，则它们连线上的任意一点都是最优解，即有无穷多最优解。

3．单纯形法

图解法虽然直观，但当变量数多于 3 个以上时，它就无能为力了，这时需要使用单纯形法。

单纯形法的基本思路是：根据问题的标准，从可行域中某个可行解（一个顶点）开始，转换到另一个可行解（顶点），并且使目标函数达到最大值时，问题就得到了最优解。限于篇幅，本书不再介绍单纯形法的详细求解过程。

4．线性规划的适用性

线性规划模型用在原材料单一、生产过程稳定不变、分解型生产类型的组织是十分有效的，例如，石油化工厂等。对于产品结构简单、工艺路线短，或者零件加工组织，有较大的应用价值。需要注意的是，对于机电类组织用线性规划模型只适用于作年度的总生产计划，而不宜用来做月度计划。这主要与工件在设备上的排序有关，计划期太短，很难安排过来。

一般来说，一个经济管理问题满足以下条件时，才能建立线性规划的模型。

（1）要求解问题的目标函数能用数值指标来反映，且为线性函数。

（2）存在着多种方案。

（3）要求达到的目标是在一定约束条件下实现的，这些约束条件可用线性等式或不等式描述。

27.5 动态规划

动态规划法是决策分析中的一种常用方法，是解决多阶段决策过程问题的一种最优化方法。所谓多阶段决策过程，就是将问题分成若干个相互联系的阶段，每个阶段都作出决策，从而使整个过程达到最优化。许多实际问题利用动态规划法处理，常比线性规划法更为有效，特别是对于那些离散型问题。

动态规划的实质是分治思想和解决冗余，因此，动态规划是一种将问题实例分解为更小的、相似的子问题，并存储子问题的解而避免计算重复的子问题，以解决最优化问题的算法策略。由此可知，动态规划法与分治法和贪心法类似，它们都是将问题实例归纳为更小的、相似的子问题，并通过求解子问题产生一个全局最优解。其中贪心法的当前选择可能要依赖已经作出的所有选择，但不依赖于有待于做出的选择和子问题。因此，贪心法自顶向下，一步一步地作出贪心选择；而分治法中的各个子问题是独立的（即不包含公共的子问题），因此，一旦递归地求出各子问题的解后，便可自下而上地将子问题的解合并成问题的解。但不足的是，如果当前选择可能要依赖子问题的解时，则难以通过局部的贪心策略达到全局最优解；如果各子问题是不独立的，则分治法要做许多不必要的工作，重复地解公共的子问题。

设计一个标准的动态规划算法，通常可按以下两个步骤进行。

（1）划分阶段：按照问题的时间或空间特征，把问题分为若干个阶段。这若干个阶段一定要是有序的或者是可排序的（即无后向性），否则问题就无法用动态规划法求解。

（2）选择状态：将问题发展到各个阶段时所处于的各种客观情况用不同的状态表示出来。状态的选择要满足无后效性，即无论当前取哪个解，对后面的子问题都没有影响。

动态规划法可以解决很多方面的问题，下面通过一个例子来说明其应用。

【例】 某工厂平均每月生产 6 吨货物，分别发往 A、B、C、D 四个卖场，为了便于管理，发往每个卖场的货物数量为整数吨，如果各卖场出售该货物获得的利润，如表 27-6 所示。每个月给四个卖场分配多少货物，能让总利润最大。

表 27-6　发货量与利润表（单位：万元）

卖场 数量/吨	卖场 A	卖场 B	卖场 C	卖场 D
0	0	0	0	0
1	3	2	3	4
2	6	3	6	5
3	7	5	7	6
4	7	7	8	6
5	7	9	8	6
6	7	10	8	6

【解】 将问题按卖场分为四个阶段，将 A、B、C、D 四个卖场分别编号为 1、2、3、4。设：

- 状态变量 S_k：表示每月分配给第 k 个卖场至第 4 个卖场的货物吨数（k=1，2，3，4）。
- 决策变量 X_k：表示每月分配给第 k 个卖场的货物吨数（k=1，2，3，4）。
- 状态转移方程为：$S_{k+1}=S_k-X_k$，即 $S_k= S_{k+1}+ X_k$。
- 已知 $S_1=6$，$S_4=X_4$。
- $f(S_k)$：表示第 k 阶段的最佳总效果。
- $r(X_k)$：表示第 k 阶段取得最佳效果时 X_k 的取值。

第四阶段

当 k=4 时的具体利润情况，如表 27-7 所示。

表 27-7　第四阶段分析表

S_4 \ X_4	0	1	2	3	4	5	6	$r(X_4)$	$f(S_4)$
0	0							0	0
1	0	4						1	4
2	0	4	5					2	5
3	0	4	5	6				3	6
4	0	4	5	6	6			3,4	6
5	0	4	5	6	6	6		3,4,5	6
6	0	4	5	6	6	6	6	3,4,5,6	6

注：Max(X_4)是指能使本阶段得到利润最大值的 X_4 取值集合。

第三阶段

当 k=3 时的利润情况，如表 27-8 所示。

表 27-8　第三阶段分析表

S_3 \ X_3	0	1	2	3	4	5	6	$r(X_3)$	$f(S_3)$
0	0							0	0
1	4	3						0	4
2	5	7	6					1	7
3	6	8	10	7				2	10
4	6	9	11	11	8			2,3	11
5	6	9	12	12	12	8		2,3,4	12
6	6	9	12	13	13	12	8	3,4	13

第二阶段

当 k=2 时的具体利润情况，如表 27-9 所示。

表 27-9　第二阶段分析表

S_2 \ X_2	0	1	2	3	4	5	6	$r(X_2)$	$f(S_2)$
0	0							0	0
1	4	2						0	4
2	7	6	3					0	7
3	10	9	7	5				0	10
4	11	12	10	9	7			1	12
5	12	13	13	12	11	9		1,2	13
6	13	14	14	15	14	13	10	3	15

第一阶段

当 k=1 时的具体利润情况，如表 27-10 所示。

表 27-10　第一阶段分析表

S_1 \ X_1	0	1	2	3	4	5	6	$r(X_1)$	$f(S_1)$
0	0							0	0
1	4	3						0	4
2	7	7	6					0,1	7
3	10	10	10	7				0,1,2	10
4	12	13	13	11	7			1,2	13
5	13	15	16	14	11	7		2	16
6	15	16	18	17	14	11	7	2	18

此时，可逆向追踪，得到最佳的分配方案，如表 27-11 所示。

表 27-11　最佳分配方案

方案 \ 卖场	A	B	C	D	合计	利润
1	2	1	2	1	6	18

因此，A 卖场分配 2 吨，B 卖场分配 1 吨，C 卖场分配 2 吨，D 卖场分配 1 吨，可以获得最大利润，最大利润值为 18 万元。

27.6　本章练习

（1）山区某乡的 6 个村之间有山路，如图 27-14 所示，其中的数字标明了各条山路（公里）。

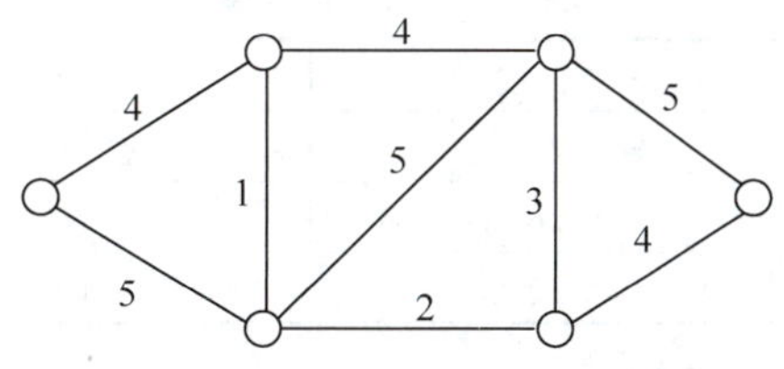

图 27-14　山路示意图

乡政府决定沿山路架设电话线。为实现村村通电话，电话线总长至少为__________公里。

A. 11　　B. 14　　C. 18　　D. 33

试题分析

本题需要在给定的图上寻找最小生成树。

图由若干个结点以及结点之间的连线组成，每条连线上标记了权数（本题为长度）。最小生成树实际上是其中的一个子图，它包括所有的结点以及部分连线，这些连线需要连接所有的结点，但其总权数（长度）最小。

从本题应用看，就是要在上述山路图中确定部分山路，使其能连接 6 个村，又能使总长度最短。

最小生成树的求解方法：先选择最短的一条线（如有多条，可以任选一条），它已经连接了两个点。从这两点出发，再找出能连接其他一个点的最短线（如有多条，可以任选一条）。这样，就已经用两条线连接了 3 个点。依此类推，逐步做下去，连线也逐步增多，连接的点也逐步增多，直到所有的点都连上为止。这样求出的若干条连线以及所有结点就组成了最小生成树。

本题求出的一种最小生成树，如图 27-15 所示。

其连线的总长度等于 14 公里，连接了 6 个村。

在同一个图中，最小生成树的方案可能有多个，但其连线的总长度是相等的。

这是运筹学求解最优问题的普遍原则：最优值如果有，则必是唯一的，但达到最优值的方案可能不止一个。

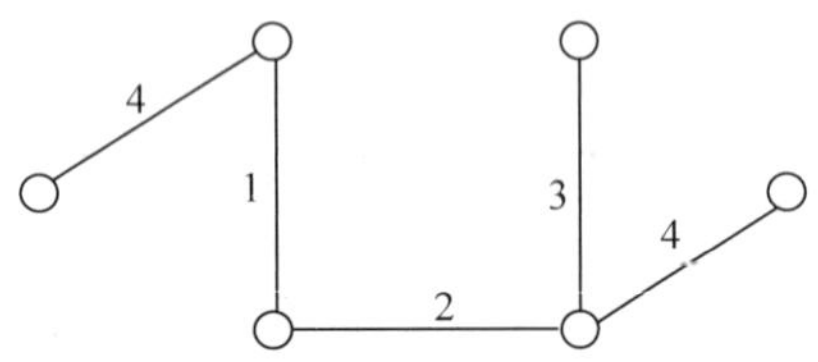

图 27-15 最小生成树

参考答案：B

（2）某企业开发了一种新产品，拟定的价格方案有三种：较高价、中等价、较低价。估计这种产品的销售状态也有三种：销路较好、销路一般、销路较差。根据以往的销售经验，他们算出，这三种价格方案在三种销路状态下的收益值，如表 27-12 所示。

表 27-12 收益值表

收益值（万元）	销路较好	销路一般	销路较差
较高价	20	11	8
中等价	16	16	10
较低价	12	12	12

企业一旦选择了某种决策方案，在同样的销路状态下，可能会产生后悔值（即所选决策方案产生的收益与最佳决策收益值的差值）。例如，如果选择较低价决策，在销路较好时，后悔值就为 8 万元。因此，可以根据上述收益值表制作后悔值表，如表 27-13（空缺部分有待计算）所示：

表 27-13　后悔值表

后悔值（万元）	销路较好	销路一般	销路较差
较高价	0		
中等价		0	
较低价	8		0

企业做定价决策前，首先需要选择决策标准。该企业决定采用最小-最大后悔值决策标准（坏中求好的保守策略），为此，该企业应选择决策方案________。

A．较高价　　B．中等价　　C．较低价　　D．中等价或较低价

试题分析

本题考查不确定型决策的后悔值分析。

首先算出各种方案在各种销路状态下的后悔值，填写后悔值表中的空缺部分，并算出每种方案的最大后悔值，如表 27-14 所示。

表 27-14　后悔值表

后悔值（万元）	销路较好	销路一般	销路较差	最大后悔值
较高价	0	5	4	5
中等价	4	0	2	4
较低价	8	4	0	8

按照最小最大后悔值决策标准（坏中求好的保守策略），应根据最大后悔值中的最小值来选择对应的决策方案。表 27-14 中，最大后悔值中的最小值为 4 万元（对应中等价），所以，决定采用中等价方案。

参考答案：B

（3）某厂准备生产甲、乙、丙三种产品，生产每件产品所需的 A、B 两种原料数量，能获得的利润，以及工厂拥有的原料数量，如表 27-15 所示。

表 27-15　原料数量表

	产品甲	产品乙	产品丙	拥有量
原料 A（吨）	6	5	3	45
原料 B（吨）	3	5	4	30
每件利润（万元）	3	4	1	

根据该表，只要安排好生产计划，就能获得最大利润________万元。

A．25　　B．26　　C．27　　D．28

试题分析

本题考查管理科学基础知识中的线性规划。

设该厂生产甲 x 件，乙 y 件，丙 z 件，则有线性规划模型：

Max $S=3x+4y+z$

$6x+5y+3z<=45$

$3x+5y+4z<=30$

$x, y, z>=0$

线性规划问题的最优解必然在可行解区的顶点处达到。

由于产品丙对利润的贡献最低，不妨先设 $z=0$。

此时，容易解得，在 $x=5$，$y=3$ 时能获得最大利润 27 万元。

当 $z=\Delta>0$ 时，

Max $S=3x+4y+\Delta$

$6x+5y<=45-3\Delta$

$3x+5y<=30-4\Delta$

$x, y>=0$

可以得到最优解：$x=5+\Delta/3$，$y=3-\Delta$，$s=27-2\Delta$。

即 z 增加某个增量时，总利润将减少 2 倍的这些增量。

因此，在 $x=5$，$y=3$，$z=0$ 时能获得最大利润 27 万元。

参考答案：C

（4）如图 27-16 的网络图表示从城市 A 到城市 B 运煤的各种路线。各线段上的数字表示该线段运煤所需的费用（百元/车）。城市 A 有 3 个装货点，城市 B 有 3 个卸货点，各点旁标注的数字表示装/卸煤所需的费用（百元/车）。根据该图，从城市 A 的一个装卸点经过一条路线到城市 B 的一个卸货点所需的装、运、卸总费用至少为________（百元/车）。

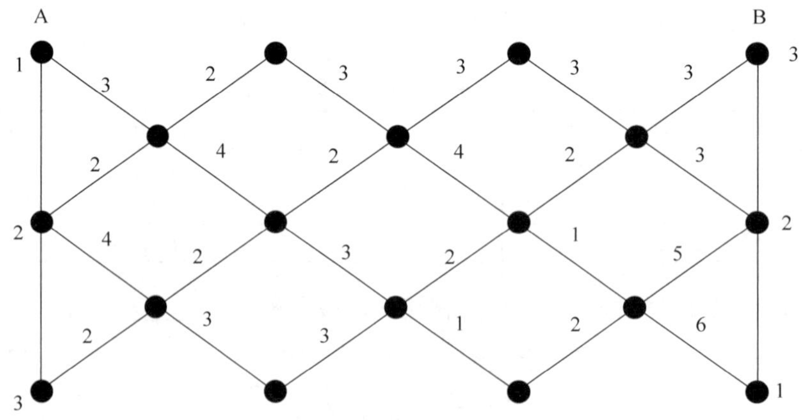

图 27-16 运煤路线网络图

A．19　　　　B．20　　　　C．21　　　　D．22

试题分析

解决这个问题，可以考虑从起点到终点层层推导的方式。

具体过程如图 27-17 所示，其中红色字体标记的数字代表从起点到当前结点，最短路径长度。

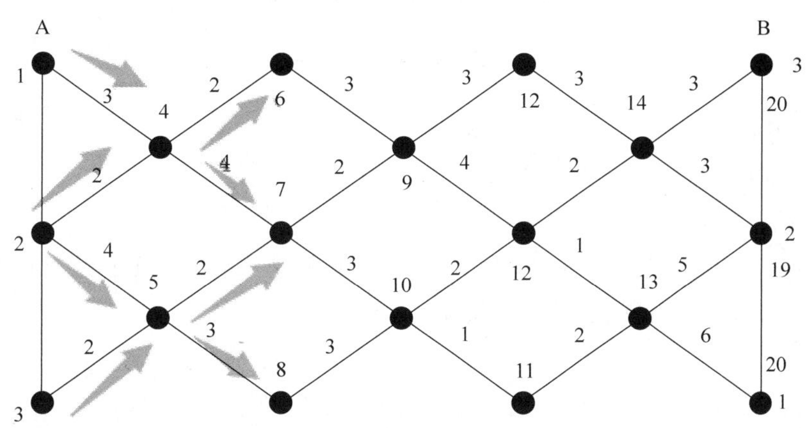

图 27-17　具体过程

参考答案： A

（5）线性规划问题不可能________。

A．没有最优解

B．只有一个最优解

C．只有 2 个最优解

D．有无穷多个最优解

试题分析

线性规划问题求解结果可能出现以下情况：无穷多最优解（多重解），只有一个最优解，无界解（无最优解），无可行解。

参考答案： C

（6）某石油管理公司拥有，如图 27-18 所示的输油管道网。其中有 6 个站点，标记为①～⑥。站点①是唯一的供油站。各站点之间的箭线表示输油管道和流向。箭线边上标注的数字表示该管道的最大流量（单位：百吨 / 小时）。据此可算出，从站点①到达站点⑥的最大流量为________百吨/小时，而且当管道________关闭维修时管道网仍可按该最大流量值向站点⑥供油。

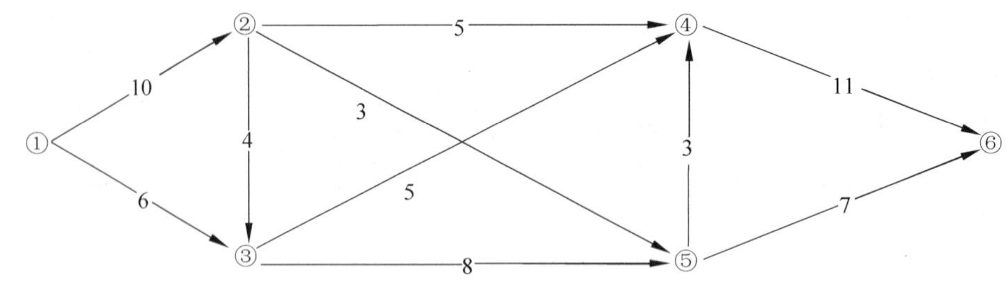

图 27-18　输油管道网

A．14　　B．15　　C．16　　D．18

A．②→③　　B．②→⑤　　C．③→④　　D．⑤→④

试题分析

本题要求从结点 1 到结点 6 的最大流量，其实就是把从结点 1 到结点 6 所有的路径找出来，然后把每条路径的流量进行累加。

如：

① 路径 1-2-4-6 的最大流量是 5，注意：一条路径的最大流量是等于该路径上每段流量中的最小值的，因为他是整个路径的瓶颈所在。在找到这条路径后，可把这条路径从原图中抽掉，即：1-2 之间的运力由 10，变成了 5，2-4 由 5 变成了 0，4-6 由 11 变成了 6。

② 路径 1-2-5-6 的最大流量是 3。

依此类推，找出的所有路径运力累加和为 16。

后面的一空的问题，可以通过代入法进行求解，即，假设②→③运力为 0，计算图中结点 1 到结点 6 的最大运力有没有发生变化。并以此类推，尝试 B、C、D 选项。

参考答案：C、D

（7）用一辆载重量为 10 吨的卡车装运某仓库中的货物（不用考虑装车时货物的大小），这些货物单件的重量和运输利润如表 27-16 所示。适当选择装运一些货物各若干件，就能获得最大总利润________元。

表 27-16　运输重量和利润表

货物（类）	A	B	C	D	E	F
每件重量（顿）	1	2	3	4	5	6
每件运输利润（元）	53	104	156	216	265	318

A．530　　B．534　　C．536　　D．538

试题分析

根据题意可知，若能把 10 吨货刚好装满，且装的货均是单位利润最高的那些货物，应能达到最大的利润，所以可将每类货物的单位利润计算出来，如表 27-17 所示。

表 27-17　运输利润表

货物（类）	A	B	C	D	E	F
每件重量（顿）	1	2	3	4	5	6
每件运输利润（元）	53	104	156	216	265	318
单位利润	53	52	52	54	53	53

由此表可知，装 2 件 A 与 2 件 D 能达到最大利润：538 元。

参考答案：D

（8）某公司拟将 5 百万元资金投放下属 A、B、C 三个子公司（以百万元的倍数分配投资），各子公司获得部分投资后的收益如表 27-18 所示（以百万元为单位）。该公司投资的总收益至多为________百万元。

表 27-18　投资收益表

子公司 / 收益	**0**	**1**	**2**	**3**	**4**	**5**
A	0	1.2	1.8	2.5	3	3.5
B	0	0.8	1.5	3	4	4.5
C	0	1	1.2	3.5	4.2	4.8

A．4.8　　B．5　　C．5.2　　D．5.5

试题分析

本题属于典型的动态规划问题，在解这种题时，除了采用本章介绍的方法外，还可以采用枚举法进行求解，即把所有可能的方案列出来，再择优，该方法在应对考题时，往往更有效，更快捷，如表 27-19 所示。

表 27-19　枚举表

	A	B	C	利润值（百万元）
增加投资数额	0	0	5	4.8
		1	4	5
		2	3	5
		3	2	4.2
		4	1	5
		5	0	4.5

续表

	A	B	C	利润值（百万元）
增加投资数额	1	0	4	5.4
		1	3	5.5
		2	2	3.9
		3	1	5.2
		4	0	5.2
	2	0	3	5.3
		1	2	3.8
		2	1	4.3
		3	0	4.8
	3	0	2	4
		1	1	4.3
		2	0	4
	4	0	1	4
		1	0	3.8
	5	0	0	3.5

参考答案：D

第 28 章　项目管理过程实践和案例分析

28.1　项目管理过程进化之路

中国 IT 企业的项目管理进化过程，大体相同，下面以一个典型企业 D 公司为例进行简单回顾：

D 公司成立于九十年代，最初是只有十几个人的小型民营企业，主营信息系统集成业务，经过不断发展壮大，现已成为上千人的系统集成一级资质企业。

D 公司的项目管理发展道路并非一帆风顺，曾经遇到过很多曲折和反复，这也是和国内 IT 服务业的发展的坎坷道路相符合的。

28.1.1　初始状态

如同众多草根企业一样，在早期，D 公司并没有组织级项目管理的概念，当时连普通的单项目管理还没有普及。公司对项目采取粗放管理模式，一个项目经理带着一班人，直奔客户现场，每天加班加点编写程序。项目如何做，是项目经理说了算。某种意义上说，是项目经理承包制，公司 100%相信项目经理。早期项目的成功几乎全部依赖于“有能力的项目经理报告一个成功的结果”，而项目的真实情况无人知晓。

但是随着时间的推移，以及项目的增多，这种模式出现了重大的问题。因为逐渐发现有的项目做得很糟糕，而且公司往往都是一直到客户投诉之后，才察觉到项目出现了重大问题。当公司高层开始关注项目并试图解决项目问题的时候，已经为时已晚。

而且各项目组的管理水平参差不齐、管理风格迥异，公司的高层搞不清楚到底一线的项目在发生什么事情，有没有问题、困难和风险。

当失败项目逐渐增多，企业开始深入反思后，发现一个关键问题：如果得到组织的支持，很多项目本可以不失败。但企业管理层无从知晓项目中出现的问题，无法及时的帮助项目组，解决诸如客户关系问题、技术和业务问题、人力资源问题等这些项目组自身可能没有能力解决的问题。

这时候管理层意识到，不能简单地依靠项目经理来管理项目。公司必须能够看清楚项目在如何进行，是不是有问题，这样公司才能够及早发现问题、解决问题，不至于等到项目已经病入膏肓才大吃一惊。初始状态下的项目如图 28-1 所示。

图 28-1　初始状态下的项目

D 公司领导认为，要保证项目的成功，企业首要的是能够看清楚项目在如何进行的，如果项目是一团迷雾，那么企业的能力再强，也不能保证项目的成功。

在早期，D 公司的一个朴素的目标就是如何“看”住那些项目。所以，项目监管，是组织级项目管理最先发展的职能。

28.1.2　改进 1：规范立项标准、跟踪执行状态、审批结项依据

为使混沌的状态得到控制，就必须使项目逐步透明，首先能做到的就是“掐头”“去尾”，并进行宏观上的监控。

“掐头”就是要规范项目审批流程，只有满足一定入口条件的项目才能进入到实施阶段。同时，明确项目要做的工作，为项目建立目标（进度、成本、质量），建立项目的绩效测量基准。

“去尾”就是要完善项目的结项审批工作，对项目的结果进行验证，保证项目的范围得到实现，要对项目的结果进行验收，审查项目是否能够结项，结项的资料是否齐全，对项目进行评估（项目结项管理评估、项目后评估）。

状态跟踪，获得项目经理的书面或口头报告，了解项目的进展情况及预算执行情况。

如图 28-2 所示，可能一开始并不能完全达到“项目可视化”，但是，通过立项审批和状态监控，“一团迷雾”的状况开始改善，图中蓝色部分表示的是项目真实的执行轨迹。

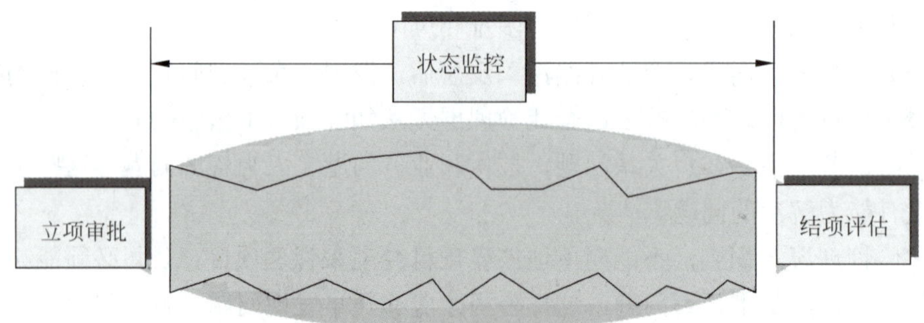

图 28-2　掐头、去尾、状态监控

28.1.3　改进 2：阶段评审、偏差控制

项目监控化繁为简的一个途径是将一个项目切分成若干个阶段，在每个阶段对项目进行审查和评估。如同学生在期终考试前总要安排若干次考试一样，这是控制项目的重要手段。

阶段评估，　可以将项目分成不同的里程碑，对里程碑点进行全面的评估，组织专业的评审。

偏差控制，在一般情况下，要求每个项目提交模板统一的项目周报，或直接在项目管理系统中提交周报，再结合项目初期的数据，从财务系统中得到项目的成本信息。可以获得项目的进度偏差、成本偏差，也就是根据项目管理中著名的“挣值分析三条曲线”来监控项目的偏差。

在这个阶段，为进一步看清项目的状态，就需要建立专业的项目管理团队，按照统一的规范和要求收集数据、分析数据。

如图 28-3 所示，将一个完整的项目分成阶段来监管，每个阶段都有起始和结束的里程碑，在里程碑进行阶段评估和偏差控制。将每个阶段的理想状况用红色虚线框表示（实际与计划 100%匹配），而真实的情况用蓝色的块表示。可以看到，真实的情况与理想状况差距很大。

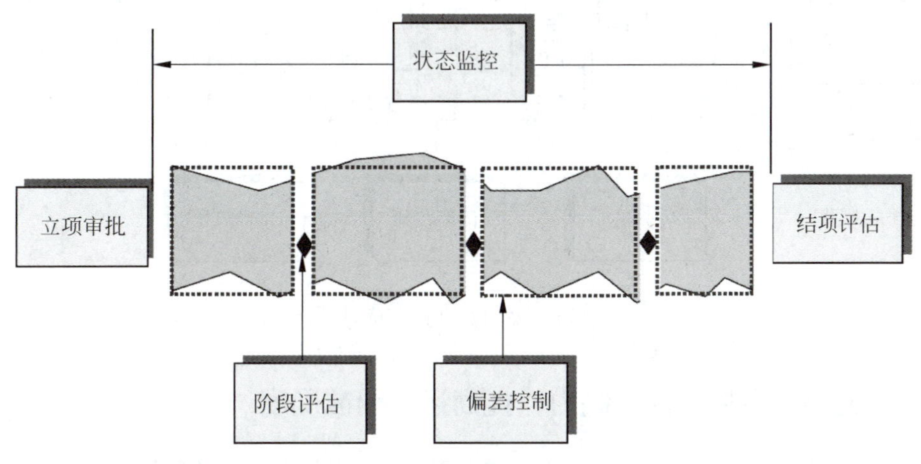

图 28-3　引入阶段评审和偏差控制

28.1.4　改进 3：通过过程审计规范内部过程

根据系统工程和质量管理的理论，要改善最终的结果，唯一的努力，就是改进“生产流程”。通过阶段评审、偏差控制发现项目问题，但不改进生产的过程，仍然无法真正提升项目的质量。

在实际工作中，D公司也确实发现这样的问题。有的时候，因为发现了项目问题而一味地责怪项目经理是没有用的：因为项目经理已经尽了全力。这时候往往是项目经理的能力和方法的问题。因此，企业需要教会项目经理每个特定阶段的“好”方法，这个“好”方法，可以是通过总结出来的企业的“最佳实践”，也可以是某种标准。比如需求管理是项目中的关键任务之一，企业可以总结自己的需求管理的方法，也可以采用诸如CMMI的需求管理的方法。

总之，企业需要逐步制定每个阶段、每个环节的“生产流程”，并且确保这个企业标准的“生产流程”得到贯彻。在这个阶段D公司引入了“过程审计”这个工作，目标就是保证每个项目在主要环节都能够按照企业的标准方法来进行。

这个阶段是难度最大的阶段，也是任何一个组织管理成熟的关键阶段。只有真正贯彻了，企业才能够“整齐划一”的往前走。

如图28-4所示，在每一个阶段都采用一个标准的生产流程，这是管理的关键。

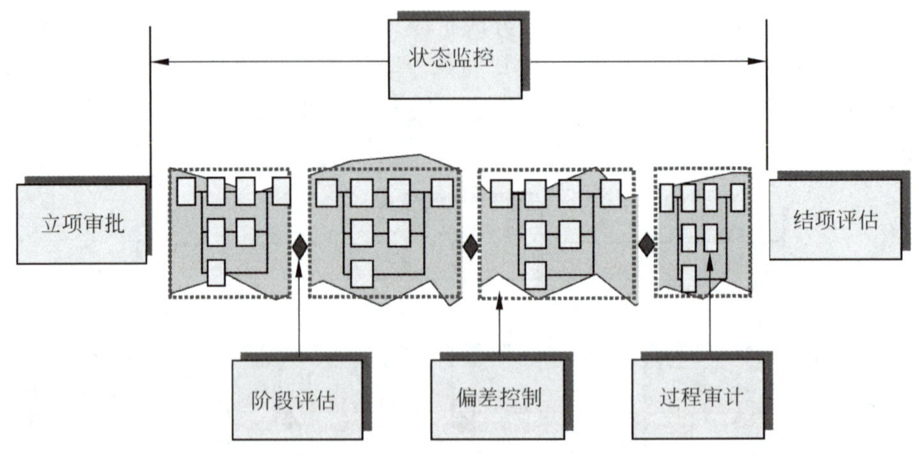

图28-4 采用标准过程的项目

28.1.5 改进4：增强过程控制力，提高运行的准确度

当前面的手段得到建设后，就可以获得项目运行的准确、有效数据。从管理者的角度，就是要分析项目的偏差、质量问题、项目的风险，用统一的指标去衡量目前正在运行的项目，发挥管理职能。

如图28-5所示，每个阶段的实际情况与理想情况的差距已经缩小，但是仍然有差距——或者叫偏差。进一步管理的目标，就是缩小偏差值，从而进一步提升项目的质量和成功率。

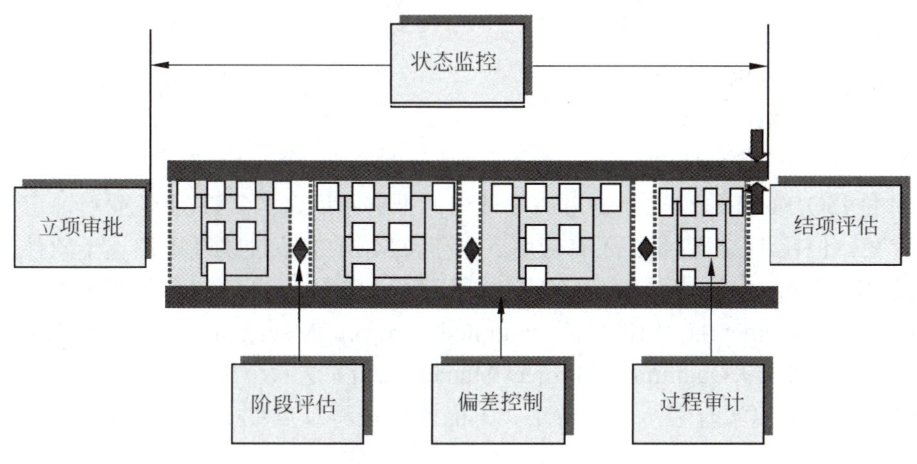

图 28-5　压缩偏差后的项目

28.1.6　持续改进：不断通过过程优化和新工具/方法提高效率

项目管理能力提升之路没有止境，优化改进永不停歇，如图 28-6 所示。

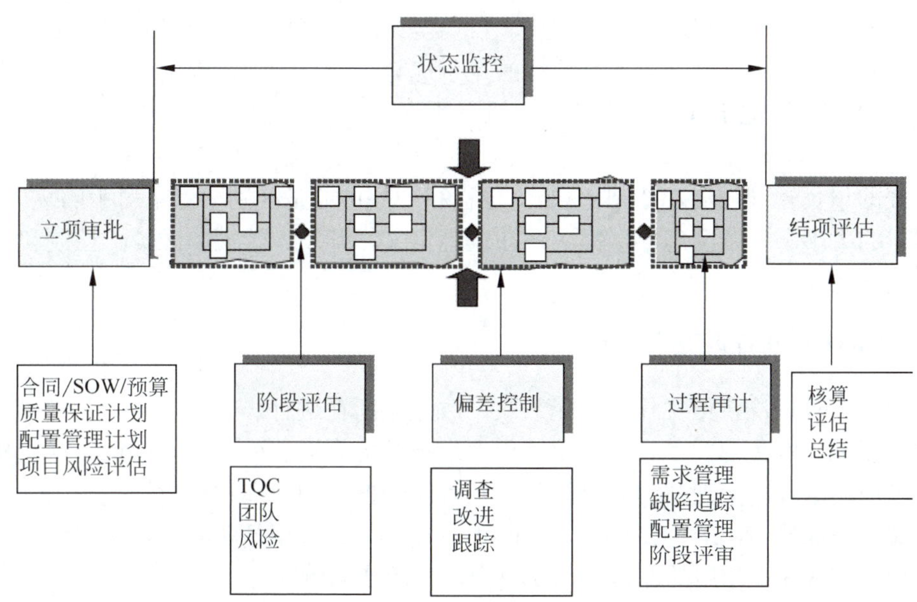

图 28-6　持续改进，不断压缩偏差

项目管理体系初成之后，还需要在日常进行不断的优化和改进。

在实践中，建立和优化项目管理过程体系主要有四种路径。

（1）基于 ISO 9000。

（2）基于 PMBOK。

（3）基于 CMMI。

（4）一体化项目管理过程。

其中的 ISO 9000 路径过于侧重质量管理，不够系统全面，IT 服务业目前已经基本弃用此方案，但在 IT 制造业中还有应用。基于 CMMI 的改进路径更偏重于软件工程，主要涉及 PP（Project Planning）、PMC（Project Monitoring and Control）、SAM（Supplier Agreement Management）、IPM（Integrated Project Management）、RSKM（Risk Management）、QPM（Quantitative Project Management）这六个过程域的实施和改进，不是本书的重点，因篇幅有限，暂予省略。下面的讨论将重点集中于第 2 和第 4 种路径。

28.2 基于 PMBOK 的项目管理过程实践

这是 IT 企业最常见、最普通的项目管理过程改进路径，上节中 D 公司的改进之路就是基于此路径。

如前所述，从组织层面看，项目管理体系是一个战略执行框架，利用项目组合、项目集和单项目管理及组织运行潜能实践，自始至终地、可预测地交付组织战略，以引导实现更好的绩效、更好的结果和可持续的竞争优势。项目管理是人员、知识和过程的集成。使用“集成”这个词，源于项目管理体系是知识、过程、人员及支持工具的适度平衡。

良好的项目管理技能，创新的实践、过程和产品可能是区别于竞争对手的重大优势。无论组织的大小和复杂度怎样，都应该在过程定义、开发、管理、维护、控制和改进方面具备足够的能力。

28.2.1 SMCI 过程改进模型

过程建立只一次，但优化却要无数次，改进不断在进行。

多年以来，业务部门一直在应用过程改进技术提升运营效率和有效性。这些相同的技术也可应用于项目管理部门来提升整个项目管理框架的效率和有效性。

SMCI（Standardize，Measure，Control，Improve）模型是业界普遍采用的一种过程改进模型。OPM3 中使用的即是 SMCI 模型，如图 28-7 所示。

SMCI 模型共有四大步骤。

1. 标准化

当应用于一个过程时，标准化产生可重复和始终一致的最佳实践。

一个标准化过程的特性包括：有一个治理主体来管理过程和相关变化，过程文档化并传达到该过程的执行者，确认过程在被遵守。

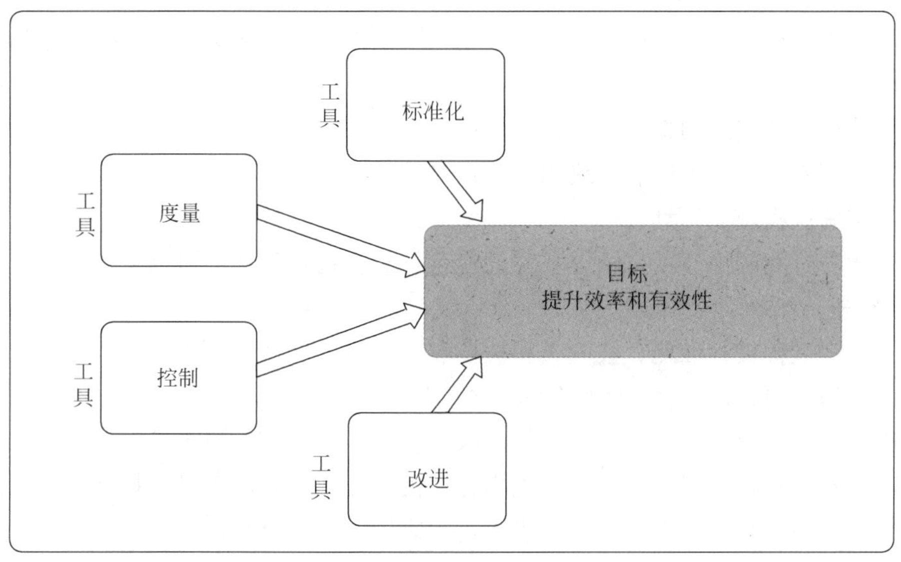

图 28-7　SMCI 过程改进模型

过程标准化又可分为四个关键步骤。

（1）明确治理主体。保证每一个过程都有明确的治理主体的存在——在组织中被授权，并对过程负责。

（2）文档化过程。开发和记录过程一一它可以购买或由组织内的某人编写。

（3）沟通过程。与那些负责执行过程的人沟通过程。

（4）遵守过程。在整个组织范围内自始至终地应用过程。

如果没有以上四个步骤，那么对过程的标准化就是不到位的或不可持续的。

2．度量

一旦过程被标准化，即选择那些能被度量的过程去审视它们对组织来说如何有效。度量阶段量化过程和过程输入的质量。度量能够帮助理解正在执行的过程是否运行在可接受的限定范围内。

在度量步骤中共涉及五个关键活动。

（1）识别关键过程用户关注的度量指标。

（2）识别关键过程特性。

（3）度量关键过程特性。

（4）识别上游度量指标。

（5）度量关键输入。

3．控制

一旦一个过程被度量，组织就可以收集趋势数据用来判断过程是否在控制中。

控制过程需要：确定控制界限，比较计划绩效和实际绩效，分析偏差，寻找过程出界的根本原因，识别并评估把过程拉回控制界限以内的改进方案，以及推荐适当的必要的纠正行动。

为了获得最佳实践的控制，组织需要：

（1）制订带有上下限控制界线的过程控制计划。

（2）实施过程控制计划。

（3）随着时间的推移，持续地观察过程运行是否在计划边界以内。

4．改进

一旦一个过程被标准化、被度量和被控制，组织就能持续地改进它。一个改进过程的特性包括识别问题、实施改进和持续改进。

改进不仅仅是对一个过程进行更新，改进基于3个关键的概念。

（1）识别过程根本问题，判断过程为什么没有在它应有的水准上执行的根本原因。

（2）在有潜在解决方案的过程改进上进行有针对性的努力。

（3）当明确一个解决方案后，就把过程改进整合入组织现有的工作方法中。

图28-8为SMCI模型在OPM3中的应用示例。

28.2.2 僵化、优化和固化

很多国内公司在建设和优化项目管理过程体系时并未使用SMCI这类概念和模型，但其思路和精神实质是相通的。下面以H公司引进美国I公司研发项目管理体系过程的案例进行说明。

1．僵化：站在巨人的肩膀上削足适履

管理进步的基本手段有两个方面：一是向他人学习，二是自我反思。

H公司从一个小公司发展起来，一直都是凭着感觉走，在实践中摸索，管理体系缺乏理性、科学性和规律性，因此特别希望能学习美国I公司的项目管理经验和方法，站在巨人的肩膀上。公司领导甚至高调宣布：“百分之百自己搞，那就是农民”。

但是，员工在学习国外管理和学习国外技术时的心态是不一样的：学技术容易虚心，学管理却容易产生抵触情绪，强调“中国特色”“中国国情”“本土化”。

为此，公司提出，在学习西方先进管理方面的方针是先僵化，后优化，再固化。

僵化就是学习初期阶段的“削足适履”。公司领导认为：现阶段还不具备条件搞中国版，引进项目管理体系要先僵化，现阶段的核心是教条、机械地落实，切忌产生中国版、H 公司版的幻想，在当前二、三年之内以理解消化为主，二、三年后，有适当的改进。

先僵化，说起来容易做起来难，削足适履是个痛苦的过程。不过公司领导认为：削比不削好，早削比晚削好，因为“继续沿用过去的土办法尽管眼前还能活着，但不能保证我们今后还能继续活下去”。

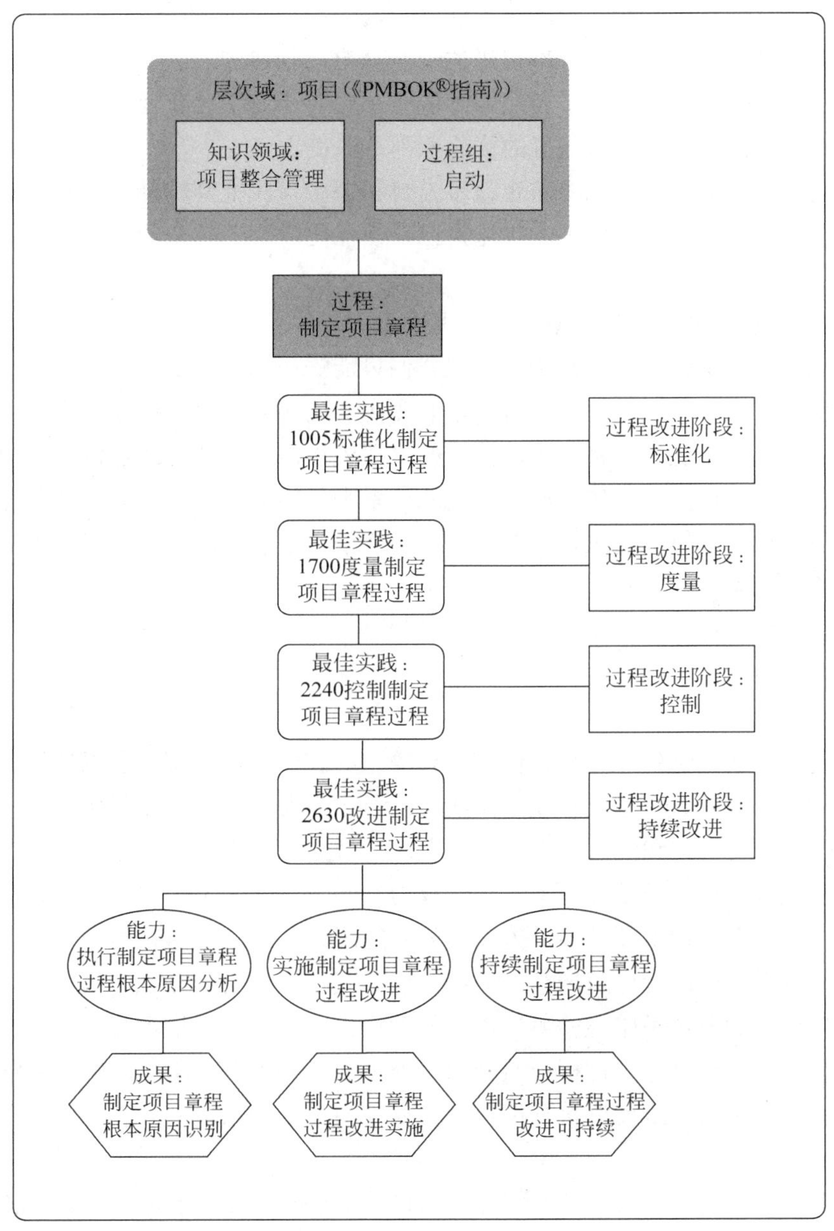

图 28-8　OPM3 中的 SMCI 模型

2．优化：改良主义和自我批判

僵化是有阶段性的。僵化不是妄自菲薄，更不是僵死。

当H公司的项目管理体系建设进入中期后，公司业务状况成熟稳定，开始逐步打破原有体系，进行创新，由僵化阶段进入优化阶段。

优化对象分为两块，一是外部引进的，一是自己创造的。

对于引进部分的优化，除了要注意不能耍小聪明还没学会就要改进之外，还要注意不在优化时全盘推翻，H公司坚持的优化原则是改良主义。

对于自创部分的优化，则要防止故步自封和缺少自我批判精神。只有认真地自我批判，才能在实践中不断吸收先进，优化自己，使优化成为一种企业文化，以获得持续的管理进步。

3．固化：规范创新、夯实基础、管理进步

世界上唯一不变的事情就是变化，但我们只能踩在相对坚实的地面上才能够前进。变化是有阶段性的，一段时间内相对稳定的变化才是我们能够把握和接受的。

优化就是改进，优化就是创新，持续的管理进步需要持续的改进创新。但创新应该是有阶段性的和受约束的，如果没有规范的体系进行约束，创新就会是杂乱无章、无序而混乱。公司领导认为，优化之后要像夯土一样，一层层夯上去，一步步固化公司已有的创新和改进成果。

固化就是例行化（制度化、程序化）、规范化（模板化、标准化），固化阶段是管理进步的重要一环。

1）例行化

管理就是不断把例外事项变为例行事项的过程。H公司强调建立以流程型和时效型为主导的体系，就是要将已经有规定，或者已经成为惯例的东西，尽快在流程上高速通过去，并使还没有规定和没有成为管理的东西有效地成为规定和惯例。

例外事项例行化，经验知识科学化，权力空间责任化，是公司对人负责制向对事负责制转变的关键。例行事项越多，处理例外的经理就越少；科学程序越多，归属个人的经验知识就越不需要；责任越能纳入流程，权力空间就越简明。

公司要进行的应该是围绕"事"进行的例行化，管理者的最大贡献就是利用自己的知识和智慧，解决项目进行过程中遇到的例外事项，并为例外事项的解决方法定出有效的规程或流程，然后教给拥有执行例行事项权力的员工去做。

2）规范化

重视管理的规范化是公司长期努力的目标和任务。规范化的具体手段之一是模板化、标准化，这是所有员工快速管理进步的法宝。

规范化管理的要领是工作模板化，就是把所有的标准工作做成标准的模板，按模板来工作。一个新员工，看懂模板，会按模板来做，就已经专业化、职业化了，他甚至三个月就可以掌握前人摸索几十年才摸索出来的东西，而不必再从头去摸索。管理部门，要善于引导各类已经优化的、已经证实行之有效的工作模板化。清晰流程、重复运行的流程，工作一定要模板化。一项工作达到同样绩效，少用工，又少用时间，这才能说明管理的进步。

例行化（制度化），规范化（模板化），两化的结果是固化，也是简化。有了固化和简化，就可以在已夯实的管理平台上，再建一层楼，使公司核心竞争力获得持续的，有质量的提升。

僵化式学习，优化式创新，固化式提升，这就是 H 公司项目管理进化的三部曲。

28.2.3　过程改进项目化

过程改进项目化就是使用项目管理的方法进行过程改进。把一个个的过程改进转化为一个个的项目或项目活动，再使用项目管理的工具和技术加以管理。

1．项目组合管理：选择改进点

项目组合管理的工具和技术可以用于对过程改进的实施范围和优先级达成共识。考虑到有限的资源，为达成改进目标，在一定的时间周期内，只实施有限的举措才是切合实际的规划。

例如，可以使用优先矩阵图（如图 28-9 所示），将每个改进举措相对于其他举措的“实施难度”与“价值”两个维度进行排序，以迅速识别出本次改进需要实施的举措。

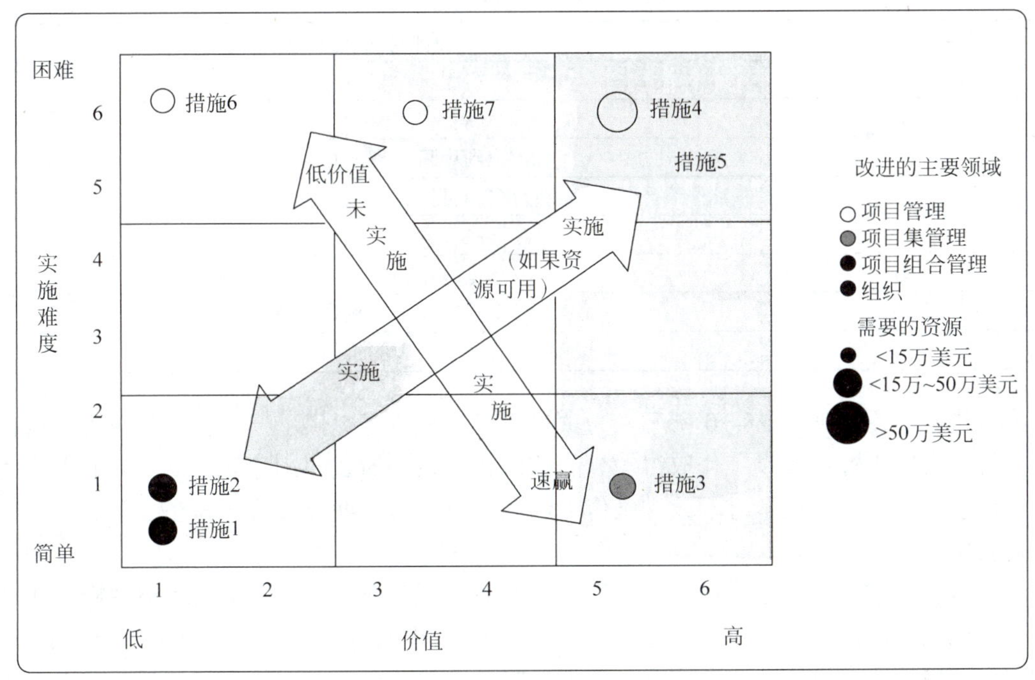

图 28-9　过程改进措施优先矩阵图

基于其优先级得分，举措可以分为以下 4 类。

（1）速赢举措。这些举措具有较高的价值和战略重要性，且比较容易实施，可以在较短时间内完成。速赢举措也有助于获得组织对推行项目管理过程的认同。因此，应该立即实施这些举措，把它们列入短期计划。

（2）差异化举措。这些举措在“实施难度”和“价值”上得分都比较高。它们是最为复杂的举措。应该把它们列入长期计划。

（3）基本举措。这些举措很容易实施，但对实现组织目标的贡献也很小。应该使用严格的筛选标准来选择这类举措，否则它们可能严重分散组织的精力。可以选择一部分列入短期计划。

（4）低价值举措。这类举措会与高优先级举措争夺资源，而且可能风险很大。不要实施这类举措。

2．单项目管理：落地实施

采用项目管理的工具和技术，将优先举措排成网络图，形成进度计划，并对其进展情况进行跟踪和管理。

优先实施的举措如表 28-1 所示。

表 28-1　需要优先实施的举措

举　措	最佳实践名称
A	制定组织级项目管理策略
D	培训高管
E	认识到项目管理的价值
F	为共同目标相互协作
G	对干系人的组织级项目管理培训
H	多文化的意识
I	组织级项目管理领导力规划
J	定义项目管理的价值

改进路线图（如图 28-10 所示）为项目管理过程改进提供了一种长期的视角。这种长期视角有助于过程改进工作取得领导的信任和干系人的认同，因为：① 对当前工作的威胁比较小；②能够展示过程改进工作可以融入组织的长期发展战略并在合理的时间框架内实施。

项目管理过程改进是一种变革，很难一蹴而就。多数情况下，引入较小规模的变革具有较低的风险，当然成功步伐也会较小。例如，过程改进可以先引入组织的一个部分，如一个区域、一个机构，或者一个系统中一些具体的、有针对性的部门。随着试点的成功再逐步展开。

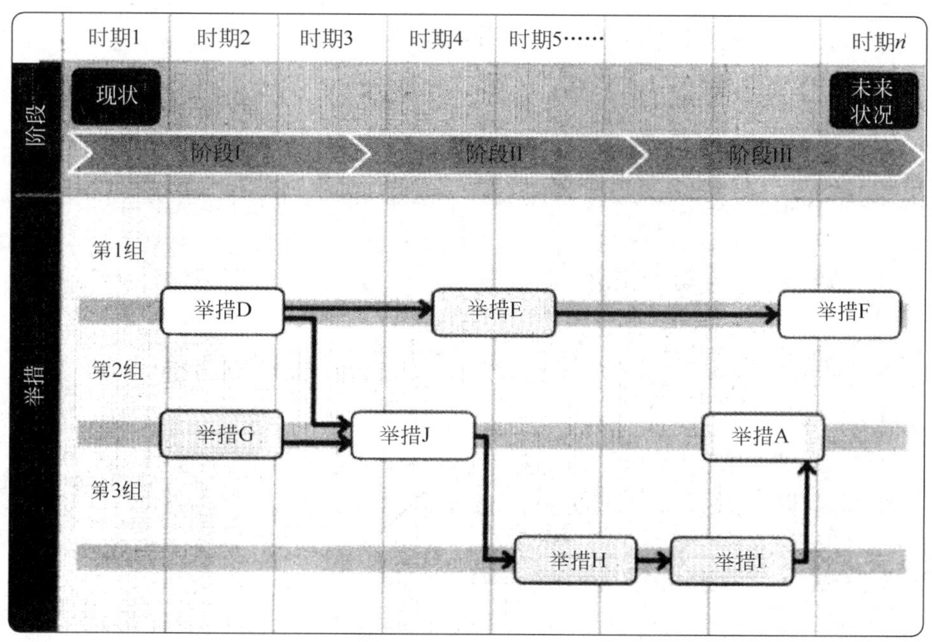

图 28-10　过程改进路线图

3．迭代模型：持续改进

使用软件工程的迭代模型（如图 28-11 所示）作为过程改进的生命周期模型，通过如下步骤引导组织进行持续的项目管理过程改进。

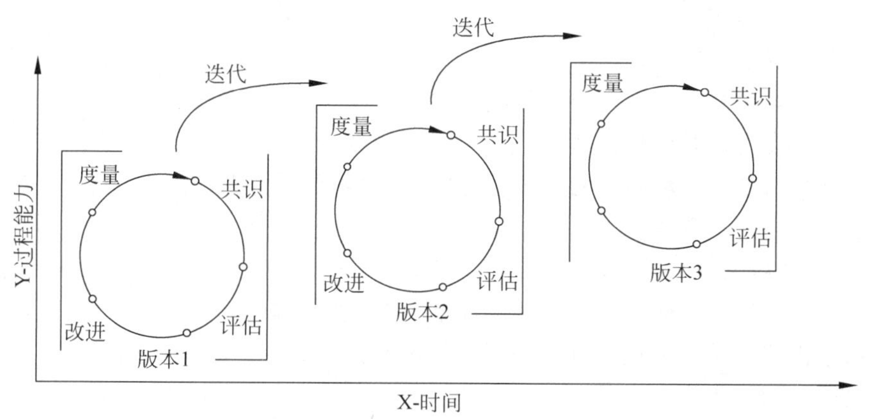

图 28-11　过程改进迭代模型

（1）对组织项目管理的情况达成共识。

（2）执行一次评估来评估当前的状态。

（3）管理改进来获得组织所需的能力。

（4）度量这些短期或长期的变革对提升组织绩效的影响。

28.2.4 项目管理过程裁剪方法

PMBOK 的知识领域和过程体系过于完善，全部全面实施的话对很多企业尤其是中小型 IT 企业是不必要的。但很不幸，许多中小企业在建立项目管理过程体系的时候，都选择了大而全的模式，而且是项目不分大小、类型统统采用同一套过程体系。杀鸡不需用牛刀，应该通过有效裁剪，使组织的项目管理过程体系更适合组织的商业模式和项目的具体情况。

注意，“裁剪”不是“裁减”，“裁剪”是量体裁衣，根据项目特点量身定做最适合项目的过程，不一定是减法。

1．裁剪，以适应组织需要

裁剪是指根据组织需要实施的项目的价值和类型，来合理选择和匹配组织级的实践和方法，形成所需的“适应”。为了达到“适应”，组织都需要认真考虑许多因素，例如：

- 如果组织高度依赖项目集和项目，而不是松散管理的职能或部门，来交付价值，那么采用综合的、由高级管理人员领导的方法，就是合适的。
- 如果在进行主要的项目组合决策时，需要跨职能人员的参与，那么采用事先定义并经一致同意的正式决策过程，就比不透明的非正式决策过程更加有效。
- 对于需要实施多种不同类别项目的组织，按项目类别来安排不同级别的管理和治理要求，或者以项目集的形式进行归组管理，也许比由传统的职能或部门经理来掌权更加有效。

每一个组织都是独特的，有不同的目标、文化、商业模式、价值观、组织模型、战略驱动力、过程和程序以及内外部限制因素。即便是同一行业的组织，也会用不同的方法实施各自的战略。只有被裁剪成适合组织环境且符合组织的业务需要，项目管理体系才能发挥最好的作用。裁剪出的项目管理体系应具有足够的灵活性，能够根据组织中的未来情况变化进行相应调整。

2．区分项目类型

裁剪项目管理过程体系时，需要关注项目的类型、规模和复杂性等因素，例如：

- 对于需要与第三方产品和服务相协调的设施项目，过程体系中就应该有对第三方进行管理的指南和过程。
- 对于需要严格监控以确保所有要素高度—致的复杂项目，就应该把过程体系裁剪成适合开展这种严格的监控。

需要管理不同类型项目的组织，应该开发出多种项目管理过程体系。每种过程体系都适用于一种项目类型。需要采用不同过程体系的项目类型包括但不限于：施工、软件、航天和制药项目。组织应该为每—类项目制定独特的过程体系。如果不同的项目类型之间存在一定的相似性，组织可以考虑修改现行的项目管理过程体系，以便简化过程体系制定过程。无论组织是制定第一个过程体系，还是对现有的过程体系进行修改，都应该遵循图 28-12 所示的要点来确保特定项目类型的独特方面不被忽视。

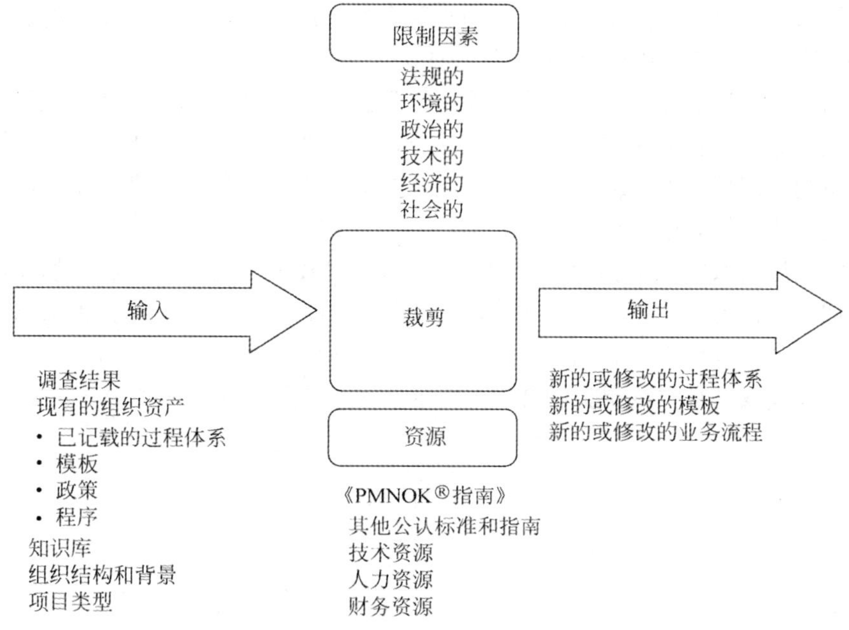

图 28-12　过程体系裁剪要点

每个组织都是独特的，需要确定自己用于区分项目类型的方法。组织可以用下列问题来区分项目类型：

- 有需要实施类似项目的共同的业务线吗？如施工、航天、制药业务线。
- 有共同的项目风险水平吗？
- 有不同的复杂程度吗？例如，在单个地点用成熟的工业技术开发小设备，或者由众多需要整合在一起的部件所组成的国际项目。
- 有内部和/或外部客户吗？
- 项目的规模有多大的差别？
- 项目的工期有多长？
- 项目的紧急程度如何？
- 项目会引起公众或媒体的特别关注吗？
- 项目的可交付成果能被清晰定义吗？或者是未知的吗？例如桥梁建设或开展理论测试研究。
- 项目将使用的技术是成熟的还是需要特别开发的？例如建造传统的内燃机，或者开发下一代交通技术。

- 项目是劳动力密集型还是资本密集型的？或者两者都是？
- 有任何监管机构会参与项目吗？或者必需满足相关法律法规吗？

3．裁剪程序

在裁剪项目管理过程体系时，应该基于现有的组织过程资产，以设计出能够提高项目成功率的管理结构和指南。其中包括：

- 识别组织现有的项目管理过程体系，以便把其修改成适用于某特定项目类型。现有项目管理过程体系的可利用性取决于项目类型之间的差异的大小。组织应该明确说明不同项目类型之间的差异，确保在基于现有过程体系来开发新过程体系时考虑这些差异。
- 识别已经出版的相关指南，例如PMBOK、PMI的其他标准、出版物和模板。可以把这些标准和文件作为基础，结合组织和项目的具体情况及其他输入，来开发项目管理过程体系。

项目过程裁剪的基本逻辑如图28-13所示。

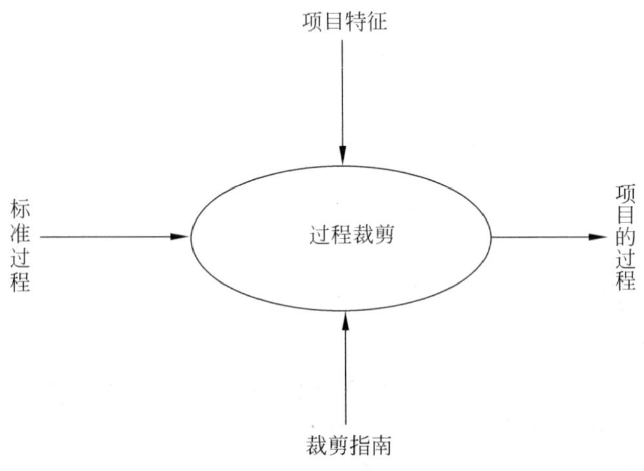

图28-13 项目过程裁剪

每个组织都应有裁剪过程体系的具体程序，以下为一典型程序的示例：

（1）组建多专业的团队，其中应包括负责制订、支持和执行组织项目管理过程的各主要干系人的代表。

（2）设计特定类型项目的生命周期。

（3）画出生命周期的每个阶段所需的具体步骤。建议使用流程图，并写明职责。

（4）识别将受生命周期中的每个步骤影响的业务领域。

（5）确定需要对现行业务或项目过程所做的修改，如果这是一个新过程，就要从已记录的现状开始。

（6）确定生命周期的每个阶段需要使用哪些项目管理过程。

（7）确定应该如何把每一个过程都裁剪成适合组织现有的过程、标准和要求。例如：

- 规划沟通管理过程。大型组织的沟通管理计划应该比小型组织的更加正式。根据监管要求，可能要向政府机构报告相关事宜。
- 规划采购管理过程。确定是否整个项目都由组织内部的力量来完成，是否需要利用外部力量。
- 规划干系人管理过程。制定合适的干系人管理策略，以便在整个项目生命周期中管理干系人，使干系人合理参与项目。

（8）创建所需的模板或核对表，以便记录在该组织或行业中所必需的步骤。

（9）记录裁剪完成的过程体系。

4．避免过度裁剪

在组织制定、裁剪自己的项目管理过程体系的过程中，分寸和火候的把握是非常关键的。以下一则比喻可以给我们很好的启示：【树木】一棵树在 1 米高的地方分叉叫灌木，在十米高的地方分叉，才可以成长为乔木。

灵活性和独特性是基于一定的基础之上的，过分强调灵活性和独特性，组织就只能在低水平上重复（灌木）。在一定基础之上再考虑灵活性和独特性，组织才可以成长壮大（乔木）。

28.2.5　管理最佳实践

许多年来，项目管理界一直对“最佳实践”相当着迷。

一项最佳实践的起源来自一个想法，认为存在一种技术、流程、方法或活动、能够比其他途径更有效地产生成果，或者减少产生成果过程中的各种问题和麻烦。一旦这个想法经过大量人员及项目长时间的考验被证明是有效的，我们通常将这一最佳实践整合到我们的项目过程中去、使它成为工作中的标准做法。PMBOK 其实就是业界最佳实践的一个汇集。

组织收集、整理、归纳、运用最佳实践主要基于如下 4 个主要动机。

- 提高效率。
- 进行标准化。
- 提升有效性。
- 保持一致性。

随着项目管理的不断演进、最佳实践的定义也在不断演进。每家公司可以有自己的最佳实践定义，典型的最佳实践定义可能是：

- 起作用的实践。
- 效果好的实践。

- 经反复实践证明起作用的做法。
- 常来竞争优势的实践。
- 能带来更多业务的提议。
- 与竞争对手的差别。
- 使公司避免麻烦的实践，或者有麻烦时可以帮助公司摆脱麻烦的实践。

1．相关误区

最佳只是一句口号，改进永无止境，记录终将被打破，只有更高、更快、更强、更佳，没有最佳。

最佳实践的认定会让一些人认为过去的很多做事方式是错的，而实际上未必这样，最佳实践仅仅是一种达成目标的更有效手段。还有一些人认为最佳实践的出现意味着完成任务只有唯一正确的方式，这也是一种误区。

最佳实践不必是成功的经验，也可以是失败的教训。例如，很多公司都发现即使项目陷入困境、中途改变项目经理也不是好办法。更换项目经理会不可避免地延长项目时间，并使项目情况变得更糟糕。

最佳实践不是通用的、普适的。最佳实践可能无法在公司间转移，甚至可能无法在同一公司的部门之间转移。例如，某家电信公司建立了一套价值观，声称质量就是一切，结果员工过于注重质量，导致客户满意度下降。然后，公司调整其价值观、将客户满意度排在首位，对客户满意度的强调使得质量也得到了提高。在这家公司中，强调质量导致了客户满意度的下降，然而在另一家公司，强调质量也可能导致客户满意度的提高。管理者必须小心谨慎，确保发现的最佳实践适用于你的公司。盲目地将其他公司的最佳实践照搬到本单位，无异于邯郸学步。

2．管理最佳实践

最佳实践的管理可分为 9 个步骤。

（1）定义最佳实践。

（2）寻找最佳实践。

（3）确认最佳实践。

（4）确定最佳实践的等级。

（5）设定实施人员的权责。

（6）重新确认最佳实践。

（7）运用最佳实践做项目。

（8）在公司内部交流最佳实践。

（9）确保最佳实践得到运用。

这些步骤与下列 9 个问题一一对应。

（1）最佳实践的定义是什么？

（2）谁应该负责鉴别最佳实践、我们又应该从哪里入手寻找？

（3）我们如何确认某种行为是最佳实践？
（4）最佳实践是否分为不同层次或者级别？
（5）当最佳实践获得批准之后，谁应该负责监管它的实施？
（6）我们应当隔多久重新确认某种行为仍然是最佳实践？
（7）最佳实践得到确认之后，公司应该如何利用？
（8）大型企业如何确保每个员工都知晓最佳实践的存在？
（9）我们怎样才能确定员工都在运用最佳实践、并且运用得当？

3．实施要点

最佳实践的实施过程必须在处处小心，确保它不会使情况比以前更糟。曾有一家公司认为：组织必须将项目管理视为专门职业，才能尽最大可能提高绩效，留住优秀员工。因此设立了与项目管理相关的事业发展路径，并与企业薪酬体系相结合。然而公司犯了一个严重的错误：项目经理的工资涨幅远远高于一线经理和工人。其他人开始妒忌项目经理，这山望着那山高，于是纷纷申请转入项目管理岗位。公司的技术力量减弱，有些人因为得不到成为项目经理的机会而离职。

有时，最佳实践实施的动机是好的，但最终结果却没达到管理层预期的效果，甚至产生了副作用。这些副作用可能在一段时间内还不太明显，如表 28-2 中的第一个最佳实践，很多公司现在都使用的红绿灯项目报告。有家公司简化了它的项目管理体系方法，换之以“红绿灯”状态报告：工作分解结构的每个工作细目旁边，都有一个能变红、变黄或变绿的交通灯。状态报告简洁，管理层易于理解，高级管理人员花在状态评审会议上的时间显著降低，极大地节约了成本。

表 28-2　最佳实践的不当应用

最佳实践的种类	期望的收益	潜在的影响
使用红绿灯报告	快捷、简单	信息不确切
使用风险管理模板或表格	有前瞻性、准确	无法看到所有可能的风险
及其详细的工作分解结构	便于控制、准确、完整	控制过多，汇报的成本较高
对所有项目使用企业项目管理方法	标准化、一致性好	对某些特定项目来说过于昂贵
使用专门的软件	决策质量提高	过多地依赖工具

最开始，这个最佳实践显得对公司有利，然而过了几个月，问题就显现了。工作细目的红绿灯状态不如书面报告准确，干系人也在关注到底应由谁来决定交通灯的颜色。最后，交通灯系统扩充为 8 种颜色，并且建立了确定颜色的指导方针。在这个案例中，公司的运气不错，找出了最佳实践的问题并予以纠正。但是，不是所有的问题都很容易找到，即使容易找到的问题，也不一定总能纠正。

还有其他一些原因常导致最佳实践失败，或者结果不太令人满意，这些原因有：

- 最佳实践缺乏稳定性、清晰度或者难以理解。

- 不能正确使用最佳实践。
- 找出的最佳实践不够精确。
- 基于错误的判断找出最佳实践。
- 不能提供价值。

此外，每家公司必须自行决定要将最佳实践应用到什么程度，粗略地停留在高层，还是详细地执行到基层？没有下到基层的最佳实践可能达不到预期的效果，而高度细化的最佳实践则适用范围有限。

28.3 一体化项目管理过程实践

一体化项目管理是中国本土 IT 企业在企业管理和项目管理方面的自主探索和突破，下面结合 Simple 公司的案例加以介绍。

28.3.1 一体化的背景

近些年来，中国的软件行业得到了极大的发展。软件企业也越来越重视客户，也越来越重视产品的质量，重视项目的进度和成本，重视项目管理，重视软件的设计开发过程和服务维护过程。

基于这种背景，软件行业（包括系统集成行业）普遍建立了项目管理体系，引入了 ISO 9000 质量管理体系，进行了 CMM/CMMI 评估，以提升企业能力，规范企业自身的流程和活动，规范软件开发和系统集成的过程，提高产品质量，提高项目成功率，不断满足客户需要，提高客户满意度。

但这导致了企业内部多套管理体系同时并存，极大地增加了企业的负担，企业需要为多个管理体系实施大量的重复性管理活动，比如很多企业内部有 SEPG、贯标小组、PMO 等多种管理机构并存，工作人员要重复填写多套表格，收效甚微，效率低下，严重浪费资源。此外，这些管理体系通常是不同机构帮助企业建设的，相互之间术语、概念、甚至业务流程都不一致，缺乏自洽性，引发了很多混乱。

对中小型软件企业来说，还有另一方面的苦恼：

- ISO 9000 是一个国际通用标准，偏重于质量，没有软件行业的特征，加上很多软件企业没有充分加以消化吸收、没有充分考虑自身实际，导致实施效果不是很好，多流于形式。
- CMMI 是比较有效的改进过程，但较为复杂、实施成本大而且没有指明具体的改进建议，实际实施操作有一定的难度。

简言之 ISO 较宏观，CMMI 只说做什么，不说如何做，与企业的实践有相当的距离。中小软件企业需要的管理体系是：实际有效的（不是高高悬在天上的，而是能落地的）、同时又符合 ISO、CMMI 精神的（为以后的改进铺平道路）。将 ISO 9000 与 CMMI、项目管理进行有机地结合，整合成为一套符合多种标准的管理体系，以保证企业的高效运转，成为很多中小型软件企业的迫切需求。

为了解决企业内存在的多套管理体系的重复与冲突，先后有很多著名 IT 企业进行了体系整合工作的尝试。Simple 公司作为一家有着远大志向的初创公司，具有卓越的眼光，公司领导决定：在公司规模扩张之前，迅速建立一套立足公司实际、完善实用的、基于项目管理并融合 ISO 9000 和 CMMI 的一体化管理体系。

28.3.2　一体化的目标

Simple 公司将该体系的建立作为一个项目正式立项，并提出了如下要求。

1．建立一套融合过程管理、项目管理和质量管理的管理一体化体系，简称“三个一”

- 一个体系：公司将建立一套体系，该体系融合了 ISO9000 和 CMMI、项目管理的要求，而不是 ISO 9000、CMM、项目管理等多个孤立的体系，从而使企业的员工不再需要重复填写表格。
- 一个机构：由一个机构建设一套体系而不是多套人马来建设多套体系。
- 一个班子：体系的建立、推广、执行、维护和改进都是由同一组人来完成，不需要建立不同的部门和小组。

2．“三个证”：使企业快速获得市场准入

- 体系建立并有效运行后，公司应能通过 ISO 9000 认证。
- 体系建立并有效运行后，公司应能通过 CMMI 三级的评估。
- 体系建立并有效运行后，公司应能符合信产部系统集成企业二级资质关于管理能力方面的要求。

3．“有实效”

- 帮助企业提升项目管理水平、有效控制项目成本、规范开发过程、缩短开发周期、提高产品质量、提高服务水平、提高客户满意度。
- 真正做到 ISO 9000 和 CMMI、项目管理的有机融合，建立一个完整、全面、规范、有机的体系，并能与企业的实际相结合。
- 建立的体系符合公司的整体战略，符合企业的实际，能够顺利地建立、推广、维护和改进，有效避免“建”和“用”两层皮。

4．“时间短”

项目周期要明显短于正常企业获得这三个证书的时间周期的累加。

28.3.3　阶段工作流程图

项目组根据上述要求，制订了项目计划，排出了工作流程图（如图 28-14 所示），预期二年时间内完成上述目标，获得 3 个证书。

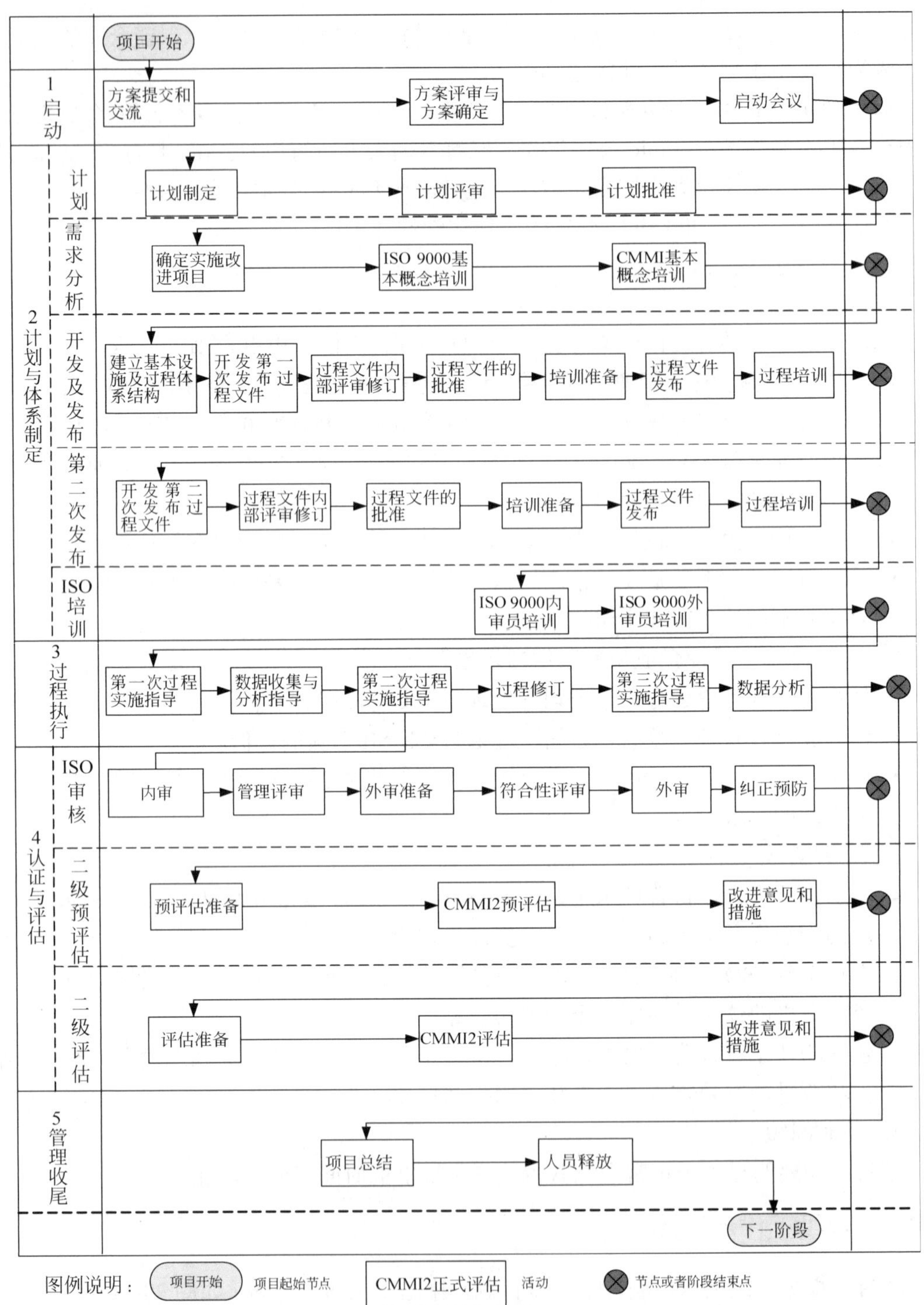

图 28-14 阶段工作流程图（部分）

28.3.4　一体化管理体系

经过两年艰苦卓绝的努力，项目组顺利完成了既定任务，开发了一体化管理体系并获得了 3 个证书。项目组将一体化管理体系命名为集成化软件工程知识体系（Integrated Software Engineering Body of Knowledge）简称为：ISEBOK。该体系在 Simple 公司获得成功后，又被多家同行企业所借鉴和采用，并快速地提升了它们的内部管理水平与市场竞争力。

1. ISEBOK 的内容组成结构

一体化管理体系共分为 3 层，分别是：标准层、指南层、样例层，如图 28-15 所示。

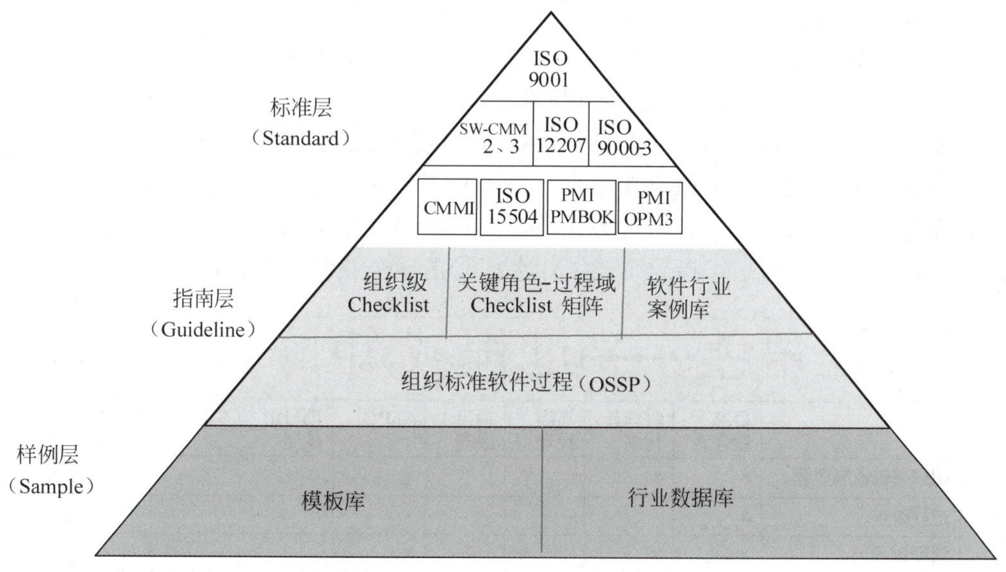

图 28-15　ISEBOK 内容结构图

标准层是整个知识体系的框架、总则，集成 ISO 9000 的方针原则与软件工程的指导思想，从共性出发，具有广泛的指导意义。目前，标准层已经将 ISO 9001、SW-CMM（L2 可重复级和 L3 已定义级）、ISO 9003、CMMI、PMBOK、OPM3、ISO 15504、ISO 12207 等标准和模型进行了融合与集成。

指南层，实施指南与操作流程：

- 组织级 Checklist，针对组织，集中阐述在组织级别软件企业如何提高过程能力，帮助企业进行过程能力评估，发现其软件生产过程的薄弱环节（如果你不知道自己在哪里，给你地图也没有用）。
- 关键角色-过程域矩阵，针对项目，以软件开发项目为主要视角，集中阐述在微观级别（站在业务流程、工作岗位的层面上），如何在具体项目工作中贯彻 ISO、软件工程的方针思想并集成业界的最佳实践，并对关键角色的具体工作给予指导，以真正地提高项目的过程能力。

- 软件行业案例库，汇集了众多国内软件企业的经验、教训，其组织形式为关键角色-过程域矩阵。
- OSSP（Organizational Standard Software Process，组织标准软件过程），供企业针对具体项目来裁剪出 PDSP（Project's Defined Software Process，项目定义软件过程）。

样例层，模板库与行业数据库是对前两层的一个有力支撑：

- 模板库中重点收集国内软件企业的管理体系（包括 Procedure、Guideline、Template、Form、Checklist 等），在根据前两层的精神进行必要的修订后，针对软件企业规模、成熟程度以及行业特征进行分类，累积形成知识库。
- 行业数据库收集软件企业的过程数据，形成为一个系统的行业标杆数据体系，使企业有一个可以不断比对的行业标杆，从而能准确识别需要改进之处，将有效的资源投入到最迫切的改进要素上，真正从“创建”过渡到“量化改进”。

关键角色-过程域矩阵是知识体系的核心部分（见图 28-16），由 8 个关键角色、14 个过程域组成，其作用是①指导企业做什么；②指导企业怎么做。

关键角色——过程域 矩阵

	最高管理者	管理者代表	高级经理	项目经理	SEPG	项目组成员	SQA	SCM
组织基础设施过程	x	x			x			
过程改进	x	x			x			
培训过程	x	x			x			
立项过程			x	x		x	x	x
计划过程						x	x	x
需求过程						x	x	x
设计过程						x	x	x
实现过程			x	x		x	x	x
测试过程			x	x		x	x	x
发布过程			x	x		x	x	x
维护过程（包括服务）			x	x		x	x	x
结项过程			x	x		x	x	x
配置管理过程			x	x		x	x	x
质量保证过程			x	x		x	x	x

矩阵中的每一格由三部分组成
- Checklist
- 经验教训典型实例
- 文档模版

图 28-16　关键角色-过程域矩阵

- 纵坐标：软件关键过程。根据国际软件生命周期标准 ISO 15504 与 ISO 12207 裁减而成，具体细分为：组织级管理过程组、软件项目基本生存周期过程组、软件项目支持过程组。
- 横坐标：关键角色。针对软件开发过程抽象出关键角色模型（见图 28-17），可适应各种软件开发企业和各种软件项目。注意：① 关键角色并不需要介入每一个过程；② 在小公司中最高管理者可以与高级经理甚至项目经理重合，为同一人。

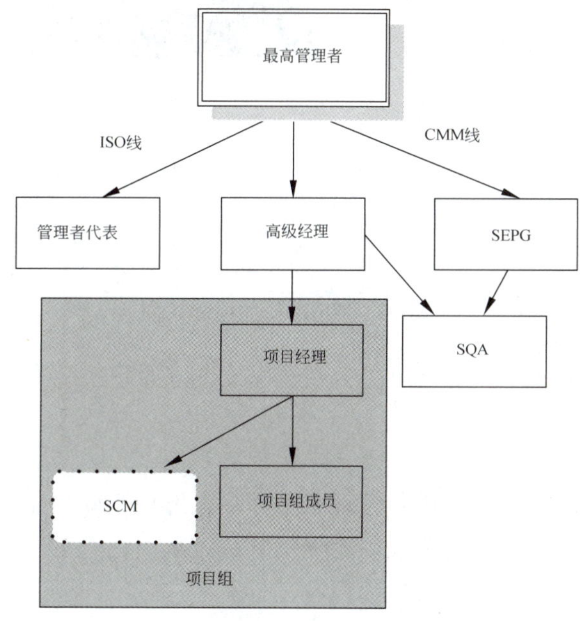

图 28-17　关键角色模型

- 矩阵中的每一格填充：关键角色在此过程中的 Checklist、经验教训典型实例以及相关文件的模板。用以具体指导、检查其在该阶段的工作。
- 关键角色-过程域矩阵有效地把企业和行业的最佳实践整合进来，融合了一系列对软件行业行之有效的管理方法，以避免理论脱离实际，保证了整个体系的实用性和可操作性。

28.3.5　与 ISO、CMMI、PMBOK 之间的关系

（1）ISEBOK 是以项目管理为主线，充分融合 CMMI 与 ISO 的内容，并结合几十家软件企业同行的最佳实践后总结出的既有利于标准规范的实施、又有效提升企业软件开发管理水平的成果。

（2）ISEBOK 是一个实施指南体系，更立足于怎么做，是项目管理、ISO 9000 和

CMMI 实施的具体指南。ISEBOK 的概念模型如图 28-18 所示。

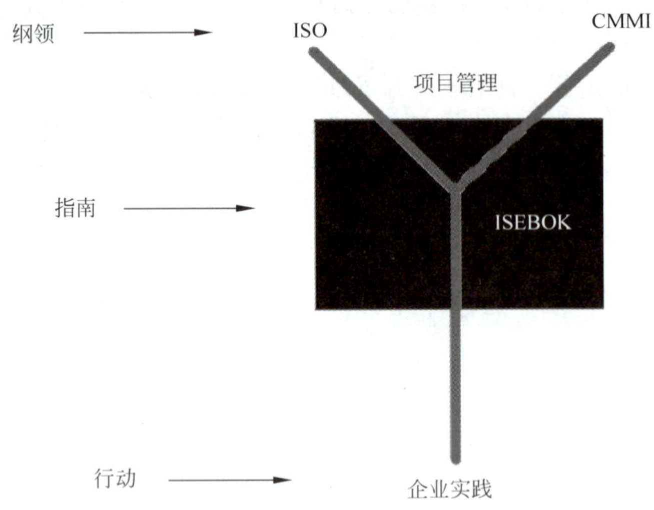

图 28-18　ISEBOK 的概念模型

（3）ISEBOK 能帮软件开发企业在实施过程改进方面解决两类问题。

- 一是应该改进什么。
- 二是企业该如何改进。

（4）ISEBOK 帮助软件企业进行管理水平评估，发现其软件生产过程的薄弱环节，并且还通过给出改进路线图、对典型问题提供解决方案、对关键角色的具体工作给予指导来帮助软件企业改善软件过程管理能力。

（5）一体化管理的目标是：帮助软件企业快速而节省地建立一套实际有效又符合国际标准的管理体系，切实地提高企业的核心运营能力。注意，体系建立过程快速而节省是一体化的特色，但不是它的初衷，它的目标是真正提高软件企业尤其是中等规模的软件企业的管理水平。

28.4　案例分析：真实环境下的项目管理

两个铁球会同时落地，但铁球和羽毛会同时落地么？

IT 项目不是生活在真空里，书本上的理论与真正的项目实践之间有着很大的距离。下面结合一个实际案例探讨现实中的项目管理问题。

28.4.1　项目背景

随着电子政务的普及，政府机关的信息化进程不断加深。不久前，北方的工业化重镇洪阳市市政府正式推出《洪阳市政府电子政务发展纲要》，其电子政务二期工程在年初也正式立项并得到批准，这标志着该市的电子政务工程二期工程开始启动。

市信息化办公室负责整个工程的开发与实施，其首要任务包括在该市电子政务一期工程已经完成的电子政务专网的基础上，实现政府机关全部网络化，并实现无纸化办公，与此同时，还要建设相应的配套服务设施，政府网站等，总投资 3000 万元。

此项目经过方案设计、公开招投标、专家评审，最终确定了系统集成商 Simple 公司作为项目总包，全部工期预计 6 个月，整个二期项目年底前完成。此项目包括了以下子项目：① 计算机机房建设；② 政府办公大楼的综合布线工程；③ 全楼的网络系统、服务器设备的集成；④ 洪阳市政府办公自动化软件平台的开发。并在符合安全规范的基础上，实现内外网的隔离和信息交换，并确保能够顺利并入电子政务专网。

28.4.2　项目启动

签约后 Simple 公司项目组进入该局现场项目实施，项目分为软件开发、硬件集成和综合布线等三个实施部分。负责软件部分的项目经理是石涛，公司任命他牵头负责整个项目的实施。但他深知，这次中标主要原因还是金额较低和完全承诺了苛刻的工期要求，因此内心一直忐忑不安。

由于 Simple 公司是该市的著名 IT 公司，公司总经理庞伟已经下了决心，一定要保质、保量、按时地完成洪阳市的政府信息化项目，决不能有半点差错。于是，公司派出了副总经理郑洪亲自主管该项目，三个项目组也都是由 Simple 公司的精兵强将组成。虽然公司还在南方某市进行着另外两项电子政务工程的实施工作，人员一直紧张。但郑洪认为，家门口的事情都办不好，还有何面目见家乡父老，况且，洪阳市的电子政务第二年还将上三期，将要建设呼叫中心、社保信息系统等大型项目。征得庞总同意后，郑洪将各分公司的项目技术人员重新调配，采用矩阵式项目管理模式，前提是以首先保证这个项目为原则。

28.4.3　遭遇困难

布线和硬件建设方面进展相对软件开发比较顺利。

软件开发在该项目中实际上是难度最大的一块内容，由于洪阳市政府机关关系复杂，工作流程比较烦琐，再加上工期非常紧，因此甲方很重视，要求很高。项目经理石涛及需求开发组组长韩立在开发计划、进度安排、需求调研上与甲方进行了一周时间的沟通，总体比较顺利，项目很快完成了需求调研阶段。

由于洪阳市信息化办公室主管领导正在出国考察，因此项目需求评审暂时搁置，于是项目直接进入到系统设计和编码阶段。开发计划中的第一阶段是完成功能开发，第二阶段是界面确认和性能优化。至此，由于 Simple 公司已经拥有了成型的商业化办公软件（Perfect 系统），郑洪认为下面的只是定制工作了，对年底交工充满了信心。

建设方对 Simple 公司的进度也比较满意，主管该项目的市信息办领导向市委汇报：项目进展顺利，年底前一定请市长给该项目剪彩。

一个月后，软件开发进入第二阶段的界面确认和性能优化工作。但是在项目的第一次阶段性审查中，Simple 公司的整体设计方案却受到了专家组（由外聘专家和本地政府领导组成）的批评，认为该系统的设计没有充分体现洪阳市政府办公的实际需求，而是过多地沿袭了 Simple 公司的商业化办公软件的流程，一句话，针对性不够，责成 Simple 公司立即对项目进行补救。

两周后，修改后的方案在第二次评审会上又遭到了置疑，而且由于这次评审加大了洪阳市政府各部门主管领导和相关业务处室领导的比重，大家对方案评头论足，与 Simple 公司争执不休，而且许多意见是与当初需求调研时不同或改进的，或者就是主管领导进行调整导致意见完全不同的，最终会议几乎没有达成统一的意见，这使郑洪十分难堪，只得答应补充技术人员，再进行更进一步的需求调研。

又过了一周，在各方参加的项目协调会上，Simple 公司宣布由总经理庞伟亲自挂帅，誓将此项目做成功。

庞总到位后，并没有急于对眼前的僵局拿出方案，而是先亲自与一线的项目经理石涛和项目骨干韩立进行了深入沟通。

28.4.4 项目经理石涛

负责项目总体工作的石涛对项目目前的状况谈了自己的看法。

（1）用户需求难以确定：市政府中很多用户很明确政府信息化的作用，也找到了实施方向，但对于自己在其中的需求很模糊，所以这次项目中他们要么就是各部门提出很多杂乱的要求交给项目组，要么就是请项目组自己通过调研整理出需求，然后交用户确认。但随着项目的开展，往往需求的想法也随之发生变化，变化是需要的，但是变化太频繁、变化的幅度大，直接影响了项目的实施进度和效果。

（2）工作量难以确定，导致项目总体时间进度无法把握。用户需求不确定导致工作量不确定是原因之一，更重要的原因是迄今为止仍然缺少有效的技术与方法来事先估算系统分析与系统设计所需要的时间。尽管时间经验很重要，但因为电子政务发展很快且信息技术更新也很快，解决方案越来越细，越来越专业，很多大系统也是首次开发或使用，估算的计划与实际往往有偏差。还有另外一个原因就是系统实施过程中出现的不确定因素，比如政府人员变动、部门定位受到改革的巨大冲击等等。

（3）项目实施难以按期完成。项目不能按期完成现在已经是明摆着的了，这也是用户抱怨最多和最强烈的。可以说大多数子项目都不能如期完成，或者会留有尾巴，有的甚至很可能会导致整体项目失败。而目前且不说已无人可调，即使人力增加实际效果也无法保证。

（4）用户方没有及时了解问题。在这类信息化项目过程中，往往坏消息向上传递的速度较慢，报喜不报忧几乎是所有组织存在的通病，实施过程中出现的问题往往被中层过滤掉，不能及时反映到管理和决策的高层中去，有时候用户也碍于情面私下解决，导致出现的问题不断积累，出现的错误不能及时纠正，直到评审会上才暴露出来。而这时已经发展扩大积累到难以纠正，或者调整的代价太大，就像现在的状况。

（5）项目组内部的工作方法的不一致。由于项目组技术和管理人员被临时抽调在一起，甚至是来自不同分公司，以往工作方法不尽相同，所以在工作中难免会造成冲突，尤其在项目进展不顺时，互相埋怨和推卸责任使项目也受到影响。本项目中，大家对于目前的局面意见不一，几乎没法协调统一工作。

所以，石涛认为，本项目已经很难进行下去了。

28.4.5　项目骨干韩立

负责项目需求调研工作的韩立也发表了自己的意见："我最怕做政府的项目"，他认为政府项目的"围城"难以逾越。也许是看到石涛在场，他没有直接说明对本项目的看法，只是对庞总谈了他两年前的一段相似的经历：

韩立原是北京一家软件企业 Biger 公司的技术经理，大大小小的项目也做过了十几个，一年前来到 Simple 公司，对于政府项目他颇具发言权，他认为虽然近两年电子政务很热，好多公司都把政府行业作为发展的重点，但是有些项目并不好做，原因一言难尽。

首先，是需求调研的结果难以控制：两年前，Biger 公司承接了一个金额为两百万元的政府 OA 项目。项目金额虽然不大，却被该公司内部定为"力保"的项目，配备了公司最强的项目经理、组建了一个十几人的开发队伍，公司并且指示该项目组可以随意调配所需资源。如此重视该项目的原因一方面因为源于对电子政务的重视，另外很重要的一个原因是公司正是在该政府部门管辖范围以内，论起级别来，公司的老总也不过是该部门的处级干部。然而，双方地位的不对等使得项目实施过程凭空增加了几分难度：客户稍有不满，便会直接给老总打电话，而这是公司上上下下一致惧怕的。

其间政府错综复杂的关系令项目经理诚惶诚恐、如履薄冰，却仍然不能避免麻烦的发生。在项目最开始的需求阶段，公司就尝到了苦头。做软件项目最怕的就是用户需求模糊，几乎和现在的项目一样，他们从客户这里无法得到一个明确的需求是让软件项目组最为头疼的事情，当时，政府信息办这边共有 3 个人，3 个人都略懂技术，虽然所知有限，但是按理说，提出个需求应该不是什么难事。但是因为客户这边没有配备专门的、专业的技术人员来负责确认，因此提出的项目需求朝令夕改，光是项目需求这个程序就用了两个月的时间，项目不得已只好延期；然后，客户以项目不能如期交付为理由，投诉到公司。（所以这次韩立他们做需求调研直接到基层，可结果依然不理想）。

随着项目一步步地进展，接下来所发生的事情表明，需求阶段出现的这段插曲并不是偶然的，其间暴露出来的问题几乎贯穿了整个项目始终。为了保证客户满意，项目组对客户言听计从，但是，客户这边自己觉得自己懂技术，于是经常指手画脚，可实际上他们并非专业人员，很多技术程序并不十分明白，无法理解软件公司的方案实质，与之沟通也往往没有结果；另一方面，又对软件公司有很强的防范心理，放在嘴边上的一句话是："别以为我们不懂"，言外之意是"别蒙我们"，诸如此类，令项目经理们苦不堪言。最要命的是，这三人中没有指定一个明确领导，又都想借此项目攒些"政治资本"，所以对这个项目的掌控欲望都很强，而项目组是哪边也不敢得罪，哪边也得罪不起。

公平地讲，需求总是变化，也不光是人的因素，在目前的情况下，很多政府职能在不断调整变化当中，这也给项目正常进行添加了很大难度：项目进行当中，"客户那边可能就是调整一个部门，但是我们这边可能前边的开发就都白做了，又得从头干起，而客户并不理解这些，他觉得是应该的。做那个项目比做多少企业项目都累！那个项目打单的时候价格就给压得很低，再这么个折腾法儿，Biger 公司没少赔钱"韩立如此感慨。（这与本项目也几乎一模一样）。

"当然，上述问题当然也不仅仅是客户方面的问题"。韩立认为项目经理也是关键，从 Biger 公司方面来讲，项目经理对政府内部业务不熟悉，同时由于双方地位的悬殊，因此很难得到政府客户的有效支持。很多政府机关在 IT 项目中，相关的责权不够分明，同时缺乏协调性。这无形中增加了项目的实施难度，同时也很容易埋下隐患。

另一方面，很多项目中，作为公司在客户方面代表的项目经理、甚至是公司级领导在本公司所能调配到的资源也很有限。事实上，在一般的公司中，项目经理甚至很难调配公司资源。现在很多的软件和系统集成公司运用的是矩阵式管理模式，为了实现对项目管理的重视，项目管理部往往被独立出来。理论上来说，这样做可以让项目经理更自如地组织各方资源实施项目，但实际上，由于成本原因，公司的技术人员有限，使得项目经理无法组织有效的工作。两方夹击之下，项目经理根本无法真正地执行项目管理职责。如果再加上公司内部项目冲突（就像现在），就会更加加剧这种情况。

聊完之后，庞伟陷入了深深的思考。

28.4.6 案例解析

这是一个堪称经典的案例，可以从很多角度进行分析并给出应对方案，如：需求工程、范围管理、变更控制、沟通管理、干系人管理等，但总让人感觉只能治标、难以治本。本节拟从另一个角度来分析这类项目的治理难题。

爱因斯坦认为，我们无法用提出问题的思维来解决问题。解决问题不能在提出问题的高度上，必须在更高的高度，以打破思维的局限。在科学发展史上，物理和数学相互交织、互相推动，多次出现这种情形：使用世上现有的数学已经无法解决某个物理问题，必须发明新的数学方法和工具。一种物理理论往往和相应的一个数学分支相伴产生，如运动基本定律和微积分，运动方程的求解和常微分方程，弹性力学及流体力学和数学分析理论，天体力学中运动稳定性和微分方程定性理论，广义相对论与黎曼几何等。

我们在生活中也有这种体验，当你身处迷宫之中，很难走出去，但如果给你迷宫平面图或者从高处俯瞰迷宫，则很容易找到出去的路，如图 28-19 所示。

图 28-19　俯瞰迷宫

这类电子政务项目案例的核心不仅仅是需求分析方法和需求变更控制的问题。从更高的角度上看是规则的问题，项目运行规则没有建立并得到遵守和尊重的问题。

没有规则就没有成功（No Rule，No Success！）。如果做一件事情没有成本和风险——那就很难控制。不以规矩无以成方圆，如果不能建立规则而是默许无规则——谁来当项目经理都没用！

电子政务类项目或者强势客户项目的常见情形就是项目承建方无法促使客户遵守规则，而导致项目范围、成本、进度、质量失控。

经常有初出茅庐的项目经理反映，学习大量的项目管理工具和方法，在实践中却全无用处，用户非常霸道、说怎么样就得怎么样，什么需求确认流程、变更控制过程完全都形同虚设，需求签字有用么，签了字的需求用户随时还能变。公司领导同样蛮横，不关心项目遇到了多大困难，公司只管压迫项目组，想要加人——公司还想从你们组抽人走呢，想要领导出马协调客户——领导只会在验收庆功会上露面。

这就是我们的项目经理每天要面对的客观现实，现实生活中的项目管理非常艰苦，远不止书本上的理论那么简单。

有道是，“一流企业做标准、二流企业做品牌、三流企业做产品”，与之相对应的是：

一流的项目经理建立规则、二流的项目经理建立关系、三流的项目经理挣值分析。

下面以几个启发性案例来探讨项目规则的设计与建立。

案例：分粥规则

有七个人每天都要一起吃一锅粥，先后产生了如下五种分粥规则：

方法一：指定一个人负责分粥事宜。很快大家发现，这个人为自己分的粥最多。于是又换了一个人，结果总是主持分粥的人碗里的粥最多最好。权力会导致腐败；绝对权力绝对腐败。

方法二：大家轮流主持分粥，每人一天。这样等于承认了个人为自己分粥的权利，同时给予了每个人为自己多分粥的机会。虽然看起来平等了，但是每个人在一周中只有一天吃的饱而且有剩余，其余六天都饥饿难挨。大家认为这种办法造成了资源浪费。

方法三：大家选举一个信得过的人主持分粥。开始这位品德尚属上乘的人还能公平分粥，但不久他开始为自己和溜须拍马的人多分。不能放任其堕落和风气败坏，还得寻找新思路。

方法四：选举一个分粥委员会和一个监督委员会，形成监督和制约。公平基本做到了，可是由于监督委员会常提出各种议案，分粥委员会又据理力争，等分粥完毕时，粥早就凉了。

方法五：每个人轮流值日分粥，但是分粥的那个人要最后一个领粥。令人惊奇的是，在这个制度下，七只碗里的粥每次都是一样多，就像用科学仪器量过一样。每个主持分粥的人都认识到，如果七只碗里的粥不相同，他确定无疑将享用那份最少的。

规则和制度是人选择的，是博弈的结果。好的规则浑然天成，清晰而精妙，既简洁又高效，令人为之感叹。可惜的是，稍微复杂一点的问题，比如国家治理、比如公司治理、比如家庭治理，我们就很难设计出这样精妙的规则了。

好的规则会使干系人多赢，坏的规则或没有规则会使干系人多输。好的规则如果不能有效实施等同于没有规则。类比于法治社会，没有规则相当于无法可依，有了规则只相当于有法可依，要达到依法治国的境界还需要规则被各干系人认真遵守。

设计规则难，建立规则更难。

案例：孙武练兵

公元前 515 年，吴国公子光在伍子胥的辅佐下夺得吴国王位，称阖闾。阖闾胸怀大志，礼贤下士，任用贤能。在发展生产，增强国力的同时，他还广泛的搜罗人才，立志要称雄天下。伍子胥便借这个机会向阖闾推荐了隐居的孙武。孙武见到吴王后，把自己撰写的兵法 13 篇呈献给了吴王。吴王看罢后，赞不绝口，但他却想考验一下孙武是否能将这些理论运用于实战，便对孙武说："你的兵法十三篇，我已经逐篇拜读，实在是见解独到，令我耳目一新，受益不浅，但不知实行起来如何呢？"孙子便说："可以用后宫的宫女试验一下。"吴王同意了。

于是孙武让 180 个宫女都披上铠甲、戴上头盔，拿起剑和盾，又向吴王借了宠爱的妃子二人，让她们当军队的队长，并使她俩每人带领一队。接下来孙武又把军队的法规告诉她们，叫她们随着鼓声或前进或后退、或向左或向右、或者旋转打圈，并向她们讲述了操练时的禁例。安排就绪后，孙武便亲自击鼓发令，但宫女们由于内心的好奇，虽然嘴上答应听令，但做起来却嘻嘻哈哈，不成体统。

孙武便根据军法，要斩两位队长。吴王见孙武要杀掉自己的爱姬，便马上派人向孙武求情。孙武却毫不留情地说："臣既然受命为将，将在军中，君命有所不受。"孙武执意杀掉了两位队长，重新任命两队的排头充当队长，继续练兵。当孙武再次击鼓发令时，众宫女前后左右，进退回旋，跪爬滚起，全都合乎规矩，阵形十分齐整。

吴王虽然失去了两名爱姬，但他看了孙武所操练的阵法后，明白了孙武是能帮助他成就霸业的难得将才，因此最后还是拜孙武为将军。

前面章节讲过，利益驱动是干系人管理的核心手段。设计和建立规则的核心要点仍然是利益驱动和利益捆绑。其逻辑链条为：项目的成败直接与核心干系人的利益挂钩，而规则能否有效建立又直接影响着项目的成败，任何破坏规则的行为都将影响到核心干系人的利益，核心干系人成为规则的守护者。

实践中常用的需求分层策略即是此种思想的具体实现。将需求划分成若干层次，用户高层（决策层）负责明确目标、划定范围，中层（管理层）负责理清框架和脉络，底层（操作层）负责填充需求细节。上层需求与下层需求之间存在明确的制约关系。

需求被结构化以后，需求的稳定性也会大幅提高。这是因为，在系统开发过程中，高层需求通常不变，中层需求变的较少，真正多变的是底层需求。而底层需求通常是一些文字细节和界面调整，引发的设计和编码的返工量相对小得多。

需求结构化要与相应的需求提出和变更规则相配套。这是遏制范围蔓延的关键一步！底层的员工只能提出和变更底层的需求，这就好比，基层群众不能去修改发改委的计划一样。低层需求不能与上层需求冲突和抵触，不能影响上层需求的实现。例如，某政府项目定于十月一日上线为国庆献礼，项目组在紧张地工作，突然用户单位的一个处长（中层干部）提出要增加一个子系统以使系统更加完善，项目组认真分析后，发现若采纳该变更，项目就不可能在十一按期上线（影响了高层需求的实现），便紧急向用户高层做了汇报，了解情况后，高层领导毫不犹豫地撤销了此次变更提议。

案例：项目启动后先做什么

中国某电信运营商计费中心主任曾对其管理过的数十个重大项目的承包商进行过归纳分析，发现"入流"和"不入流"的公司，在项目合同签订后就立即显现出了差别：

- "不入流"的软件公司，通常签完合同就忙着需求调研、系统分析，看似忙得热火朝天，实质却失之下乘。
- "入流"的公司则不同，以他最为欣赏的美国 I 公司为典型，接到项目后的首要任务就是给项目建立规则：
  - 具体形式通常是举行一场为期 3 天的项目启动大会或研讨会。

- ➢ 会议会请到用户的高层领导（尽可能是一把手）来坐镇，会议日程饱满紧凑，有很多国外著名专家来做报告。会议的主要听众是用户单位参与和配合项目的各个部门的处级以上干部。
- ➢ 会议的核心内容是统一思想、统一认识、将 I 公司的全球项目管理方法论在项目中具体落实，即项目分成哪些个阶段，每个阶段 I 公司做什么有哪些交付成果，用户单位要做哪些配合（现场要把每个任务由哪个部门负责落实到位），项目有哪些关键程序（变更、评审、验收等），具体规则是什么。
- ➢ 会议地点通常远离市区，白天开会，晚上宾主双方或继续恳谈或外出娱乐，整个过程中，I 公司项目组成员经常对用户单位骨干采取 1 对 1 的人盯人模式。
- ➢ 这样，会议结束后，项目规则被正式建立并得到高层领导的背书，同时，项目组成员与用户中层干部之间的人际关系也得到了初步建立，所谓一举两得。

I 公司建立规则和关系的具体方法可能无法照搬，但其思想值得借鉴。

有的项目经理说，我的项目时间紧、任务重，撸起袖子干还来不及，哪有时间搞规则？磨刀不误砍柴工，项目压力大时更要规范，就好比交通繁忙的路口就更要守规则，如果没有规则或大家都不遵守红绿灯，就会堵成一锅粥。规则和制度看似会牺牲一些局部和短期利益，但是对整体和长期发展是有利的。越是工期紧张、资源匮乏的项目越需要统筹规则、越需要制定和遵守规则。

案例：敌强我弱、敌弱我强

一位金融企业的 CIO 曾经把与乙方项目组打交道的经验形象地总结成一句话：敌强我弱、敌弱我强。

- 如果乙方项目组规范、成熟，项目规则明确并且得到甲方高层的支持，则甲方人员对待项目就会很认真、很谨慎。比如，提需求的时候就会反复斟酌、唯恐遗漏。如果确有遗漏，则必须走标准的变更程序，能否被批准就不一定了。
- 如果乙方项目组很不规范、很不成熟，项目没有规则或规则流于形式，则甲方人员对待项目就会很随意。提需求就是拍脑袋，想到哪儿算哪儿，因为回头想起来还可以随时再变。

一位旅游工作者发现旅行团并不总是随地吐痰，当他们在干净整洁的场所时通常表现就会文明，普通人很难在一尘不染的音乐大厅随地吐痰，但同样一批人，去到混乱不堪的城乡接合部时，随地吐痰现象大增。当然，如果旅行地对乱吐痰有惩罚（比如罚款、鞭刑），那就根本不会有人随地吐痰了。

打铁还要自身硬，生活中的道理和项目管理的道理是相通的，要想把项目管理好，项目经理必须充分动用自己的智慧。爱因斯坦曾将智慧分为五个等级：聪慧，明智，卓越，天才和简单（Smart，Intelligent，Brilliant，Genius，Simple）。

- 聪慧：头脑聪明或聪颖。
- 明智：做事理性，合理。

- 卓越：做事超群。
- 天才：做事无与伦比。
- 简单：就是在某一领域，读透世界的能力。

在建设项目管理体系与设定项目规则时，管理者必须牢记：

- 如果你不希望体系和规则得到实施，就把它复杂化；
- 复杂的理念、复杂的体系、复杂的规则，不能被大多数人迅速理解，就难以得到支持，无法化为实践；
- 很多时候，不简单=不实用；
- 复杂事物的推广最常见的结局就是运动式（热闹一时，然后束之高阁）。

使用者感觉简单的东西，设计和制造过程通常很复杂。Google 的用户界面很简单，但背后的算法很复杂。化繁为简，将这本书中厚重的理论和知识化为项目中简易平淡的操作，需要项目经理具有很强的能力和智慧。

项目管理是变理想为现实，化抽象为具体的一门科学和艺术。

参 考 文 献

[1] 谭志彬，柳纯录.系统集成项目管理工程师教程（第 2 版）. 北京：清华大学出版社，2016

[2] 张友生，陈志风，邓子云，等.系统分析师教程（第 2 版）.北京：清华大学出版社，2010

[3] 张焕国，杜瑞颖，傅建明，等.信息安全工程师教程.北京：清华大学出版社，2016

[4] 张友生. PMP 考试全程指南.北京：电子工业出版社，2011

[5] Project Management Institute.项目管理知识体系指南（PMBOK 指南）（第 5 版）. 北京：电子工业出版社，2013

[6] 运筹学教材编写组.运筹学（第 3 版）. 北京：清华大学出版社，2005

[7] 张友生.信息系统项目管理师考试辅导教程（第 3 版）.北京：电子工业出版社，2012

[8] 柳纯录，刘明亮，高章舜.信息系统项目管理师教程（第 2 版）. 北京：清华大学出版社，2008

[9] 耿洪彪. 信息系统项目管理师考试试题分类精解. 北京：清华大学出版社，2014

[10] 法律出版社法规中心. 中华人民共和国招标投标法.北京：法律出版社，2015

[11] 张友生.信息系统项目管理师考试全程指导（第 2 版）. 北京：清华大学出版社，2011

[12] Jim Highsmith.敏捷项目管理（第 2 版）. 杨金梅译.北京：清华大学出版社，2010

[13] 卢开澄.计算机密码学：计算机网络中的数据保密与安全（第 3 版）. 北京：清华大学出版社，2003

[14] 关义章，戴宗坤，罗万伯，等.信息系统安全工程学. 北京：电子工业出版社，2002

[15] 沈昌祥.信息安全工程导论.北京：电子工业出版社，2003

[16] 中国信息安全产品评测认证中心.信息安全理论与技术. 北京：人民邮电出版社，2003

[17] 中国信息安全产品评测认证中心.信息安全工程与管理. 北京：人民邮电出版社，2003

[18] 张世永.网络安全原理与应用.北京：科学出版社，2003

[19] Project Management Institute.组织级项目管理成熟度模型（OPM3）（第 3 版）. 北京：电子工业出版社，2015

[20] Project Management Institute. 组织级项目管理实践指南.北京：中国电力出版社，2015

[21] Harold Kerzner.项目管理最佳实践方法：达成全球卓越表现（第 3 版）.栾大龙，译. 北京：电子工业出版社，2016

[22] 石海东. 神州数码组织级项目管理实践[J]项目管理技术.2004（10）：23-28